欧洲大学史

第三卷

19世纪和20世纪早期的大学

(1800－1945)

总主编　瓦尔特·吕埃格

General Editor WALTER RÜEGG

欧洲大学史

A HISTORY OF THE UNIVERSITY IN EUROPE

第三卷　19世纪和20世纪早期的大学(1800–1945)

VOLUME III UNIVERSITIES IN THE NINETEENTH AND EARLY TWENTIETH CENTURIES (1800–1945)

主编　瓦尔特·吕埃格

Edited by WALTER RÜEGG

张斌贤 杨克瑞 林　薇
刘冬青 陈露茜　译

张斌贤 张　驰 陈露茜　审校

河北大学出版社

Hebei University Press

《欧洲大学史》第三卷《19世纪和20世纪早期的大学》

A History of the University in Europe, Volume III,

Universities in the nineteenth and early twentieth centuries, 1800-1945

本书根据剑桥大学出版社(Cambridge University Press)2004年版翻译

图书在版编目(CIP)数据

欧洲大学史. 第3卷, 19世纪和20世纪早期的大学 / (瑞士)吕埃格主编 ; 张斌贤, 杨克瑞译. -- 保定 : 河北大学出版社, 2013.11

书名原文: A history of the university in Europe

ISBN 978-7-5666-0339-5

Ⅰ. ①欧… Ⅱ. ①吕… ②张… ③杨… Ⅲ. ①高等教育-教育史-欧洲-19世纪~20世纪 Ⅳ. ①G649.509

中国版本图书馆CIP数据核字(2013)第251594号

责任编辑: 邹　卫

　　　　　王占梅

装帧设计: 王占梅

版式设计: 赵　谦

责任印制: 靳云飞

出版: 河北大学出版社(保定市五四东路180号)	字数: 820千字
经销: 全国新华书店	版次: 2014年6月第1版
印制: 保定市北方胶印有限公司	印次: 2014年6月第1次
开本: 1/16 (787mm×960mm)	书号: ISBN 978-7-5666-0339-5
印张: 55.125千字	定价: 140.00元

欧洲大学史

由编委会领导的这套四卷本丛书的筹备工作一直得到欧洲大学校长常设会议（现在的欧洲大学协会）的指导。总部位于布鲁塞尔和日内瓦的欧洲大学协会是一个非政府组织，在东欧和西欧有650个会员大学。其设在布鲁塞尔和日内瓦的秘书处负责本项目的管理。

大学是过去一千多年中始终保持其基本模式、主要社会作用与功能的唯一的欧洲机构。本丛书展示了大学如何和为什么逐渐囊括了所有的知识和世界绝大部分地区，大学如何形成欧洲共同的智力传统，大学如何造就精神气质跨越国界的学术精英和职业精英。

本套丛书包括：

第一卷　中世纪大学
　主编　希尔德·德·里德—西蒙斯
第二卷　近代早期的欧洲大学（1500—1800）
　主编　希尔德·德·里德—西蒙斯
第三卷　19世纪和20世纪早期的大学（1800—1945）
　主编　瓦尔特·吕埃格
第四卷　1945—1992年的大学
　主编　瓦尔特·吕埃格（准备中）

谨以此纪念亲爱的同事约翰·罗伯茨和爱德华·希尔斯，他们的人格和学识令人景仰。

欧洲大学史

总主编　瓦尔特·吕埃格

本书为四卷本《欧洲大学史》中的第三卷，由瓦尔特·吕埃格教授领导的国际专业团体完成。该丛书得到了欧洲大学校长常务会议（即今天的欧洲大学协会）的赞助，旨在为一般读者及专业人员提供一种普通读物。它包括欧洲（东欧和西欧）大学自起源至今的发展，它所关注的不是一所大学或一个国家的历史，而是一系列欧洲视野中的重要主题。

本书的创新之处在于比较的、跨学科的、合作的和跨国的特征。尽管每卷“学术”部分涉及到该时期大学的教学内容，但本书并不是思想史，而是从变化中的条件、观念和价值背景下对大学功能的评价。

第三卷是“19 世纪及 20 世纪早期的大学”，试图将大学置于 1800 年至 1945 年这一个半世纪的社会与政治关系中加以考察。

目　录

译校者序 …………………………………………… 张斌贤（ 1 ）

作者与主编 ……………………………………………（ 1 ）

读者指南 ………………………………………………（ 5 ）

注释文献缩写 …………………………………………（ 6 ）

前言 ……………………………………… 瓦尔特·吕埃格（ 9 ）

鸣谢 ……………………………………………………（ 13 ）

第一编　主题与模式

第一章　主题 ……………………………… 瓦尔特·吕埃格（ 3 ）

导言 ……………………………………………………（ 3 ）

法国与德国的大学模式 ………………………………（ 5 ）

世俗化、官僚化、专门化 ……………………………（ 6 ）

欧洲各国对两类模式的采纳 …………………………（ 10 ）

新科学精神 ……………………………………………（ 13 ）

从哲学时代到科学时代 ………………………………（ 16 ）

“我相信的自由就在我心中” …………………………（ 20 ）

大卫与歌利亚 …………………………………………………………… (25)
第二章　模式 …………………………………… **克里斯托弗·查理**(33)
导言 ………………………………………………………………… (33)
德国、法国和俄国的大学变革……………………………………… (34)
西北欧和南欧大学的缓慢发展 …………………………………… (37)
中欧和东欧的民族国家与大学发展 ……………………………… (42)
拿破仑的大学模式 ………………………………………………… (46)
普鲁士的大学模式 ………………………………………………… (49)
欧洲的大学模式：大不列颠………………………………………… (54)
法国的局部改革：1868—1904 …………………………………… (56)
德国模式的危机 …………………………………………………… (59)
英国体制内的变革与调整 ………………………………………… (63)
德国模式影响下的变化 …………………………………………… (66)
南欧大学创新的艰难历程 ………………………………………… (71)
总结 ………………………………………………………………… (75)
第一至四章精选文献 ……………………………………………… (77)

第二编　结构

第三章　与当局的关系 ………………………………… **保罗·热尔博**(87)
财政依赖 …………………………………………………………… (88)
公共教育部的创建 ………………………………………………… (92)
教育依附 …………………………………………………………… (94)
法律保障和学术自由的实际衰落 ………………………………… (98)
大学的抵抗 ………………………………………………………… (102)
第四章　资源与管理 ………………………………… **保罗·热尔博**(105)
导言 ………………………………………………………………… (105)
再议设施 …………………………………………………………… (106)
日益沉重和庞杂的支出 …………………………………………… (113)
财政来源 …………………………………………………………… (116)
管理任务的日益多样化与复杂化 ………………………………… (120)

大学治理 …………………………………………………………………… (123)
第五章　教师 ………………………………… **马尔蒂·克林格**(127)
总体情况 …………………………………………………………………… (127)
新教席的发展 ……………………………………………………………… (132)
学术职业入门 ……………………………………………………………… (135)
任命程序 …………………………………………………………………… (139)
收入和生活方式 …………………………………………………………… (145)
公共形象 …………………………………………………………………… (152)
政治角色 …………………………………………………………………… (157)
社会地位 …………………………………………………………………… (162)
精选文献 …………………………………………………………………… (166)
第六章　欧洲模式在欧洲之外的传播
…………………………… **爱德华·希尔斯　约翰·罗伯茨**(169)
概述 ………………………………………………………………………… (169)
北美 ………………………………………………………………………… (170)
拉丁美洲 …………………………………………………………………… (183)
中东 ………………………………………………………………………… (191)
非洲 ………………………………………………………………………… (197)
南亚:印度和锡兰 …………………………………………………………… (204)
东南亚 ……………………………………………………………………… (214)
澳大利西亚 ………………………………………………………………… (219)
东亚 ………………………………………………………………………… (221)
总结 ………………………………………………………………………… (232)
精选文献 …………………………………………………………………… (234)

第三编　学生

第七章　入学 ………………………………………… **弗里茨·林格**(239)
量化方法 …………………………………………………………………… (239)
大学学习的容纳度 ………………………………………………………… (241)
学生的准备与分布 ………………………………………………………… (254)

大学学习的费用 …………………………………………………… (258)
大学入学人数的增长 …………………………………………… (262)
大学生的社会来源 ……………………………………………… (265)
精选文献 ………………………………………………………… (276)
第八章　学生运动 ………………… **利弗·热韦尔　路易·福斯**(278)
为自由而战的学生(1800—1830) ……………………………… (281)
革命和复辟(1830—1845) ……………………………………… (291)
造反中的学生(1845—1850) …………………………………… (299)
整合或反抗(1850—1870) ……………………………………… (308)
统一和反自由主义(1870—1885) ……………………………… (320)
社会和民族的解放(1885—1900) ……………………………… (329)
世界政治和社团主义(1900—1914) …………………………… (339)
对于民主政治而言，世界形势安全吗？(1919—1939)………… (353)
种族的民族主义(1919—1939) ………………………………… (362)
法西斯主义的魔力(1919—1939) ……………………………… (369)
无国界的学生运动(1919—1939) ……………………………… (374)
精选文献 ………………………………………………………… (379)
第九章　毕业与职业 ………………………… **康拉德·H.雅拉什**(382)
导言 ……………………………………………………………… (382)
知识在职业兴起中的作用 ……………………………………… (385)
职业化的过程 …………………………………………………… (389)
各类职业就业人数的增长统计 ………………………………… (394)
各国的差异 ……………………………………………………… (402)
总结 ……………………………………………………………… (406)
精选文献 ………………………………………………………… (410)

第四编　学术

第十章　神学与人文学科 ……………………… **瓦尔特·吕埃格**(415)
导言 ……………………………………………………………… (415)
天主教神学与教皇至上主义的影响 …………………………… (417)

教皇对现代主义的艰难胜利 …………………………………………… (424)
新教神学作为大学研究的一门学科 ……………………………… (429)
神学和宗教研究中的实证派与自由派 …………………………… (434)
作为精神科学的语言学 …………………………………………… (439)
古典语言学的突破 ………………………………………………… (445)
现代语言学的起源 ………………………………………………… (455)
欧洲现代语言学的传播 …………………………………………… (465)
东方研究和比较语言学 …………………………………………… (470)
哲学 ………………………………………………………………… (482)
精选文献 …………………………………………………………… (486)
第十一章　历史学与社会科学 …………………… 阿萨·布里格斯(490)
批判史学的兴起 …………………………………………………… (490)
对真实性的寻求 …………………………………………………… (495)
从米什莱到年鉴学派的法国历史学 ……………………………… (510)
社会科学的兴起 …………………………………………………… (514)
精选文献 …………………………………………………………… (527)
第十二章　数学与精确科学 ……………………… 保罗·布克斯塔尔(530)
1800年后法国的数学与精确科学 ………………………………… (533)
德国大学中的精确科学 …………………………………………… (537)
英国大学的精确科学 ……………………………………………… (545)
俄国高等教育中的精确科学 ……………………………………… (548)
专业化与科学研究:1870－1939 ………………………………… (551)
精选文献 …………………………………………………………… (557)
第十三章　生物学与地球科学 ……………………… 安托·雷考拉(560)
生物学的诞生 ……………………………………………………… (560)
不同的形式:法国与德国 ………………………………………… (563)
新兴的生理学 ……………………………………………………… (565)
细胞理论 …………………………………………………………… (565)
贝纳尔与巴斯德 …………………………………………………… (570)
达尔文与达尔文主义 ……………………………………………… (573)

新世纪的新领域 …………………………………………………… (580)
精选文献 ………………………………………………………………… (587)
第十四章 医学 ……………………… **安东妮·鲁叶迪克·爱尔舒特**(589)
导言 ……………………………………………………………………… (589)
浪漫主义时代(1790—1830):启蒙运动的影响……………… (590)
浪漫主义时代:医学教育的机构………………………………… (600)
新知识(1830—1870) …………………………………………… (611)
医学机构的扩张 ………………………………………………… (619)
医学专业化的发展(1870—1940) …………………………… (624)
医学教育的"现代化" …………………………………………… (629)
两次世界大战之间 ……………………………………………… (635)
总结 ……………………………………………………………………… (638)
精选文献 ………………………………………………………………… (640)
第十五章 技术 ………………………………… **安娜·古葛尼妮**(643)
导言 ……………………………………………………………………… (643)
培养公务员的技术教育 ………………………………………… (644)
法国模式的影响 ………………………………………………… (650)
工业工程的出现:1830—1850 ………………………………… (656)
萌芽时代:1850—1890 ………………………………………… (661)
社会地位的寻求 ………………………………………………… (667)
研究与多样化 …………………………………………………… (672)
研究机构的发展 ………………………………………………… (675)
两次世界大战之间的高等技术教育 ………………………… (678)
精选文献 ………………………………………………………………… (680)
尾声:20 世纪的大学与战争 ……………… **诺克特尔·哈默施泰因**(686)
导言 ……………………………………………………………………… (686)
背景:19 世纪的学术界 ………………………………………… (688)
第一次世界大战及其后果 ……………………………………… (690)
两次世界大战之间的英国 ……………………………………… (694)
德军占领的国家 ………………………………………………… (700)

中立国与德国的盟国 …………………………………………………… (708)
德国 ……………………………………………………………………… (708)
苏联 ……………………………………………………………………… (715)
美国 ……………………………………………………………………… (715)
后记 ……………………………………………………………………… (717)
精选文献 ………………………………………………………………… (719)
1812—1944 年间的欧洲大学及其类似机构:年表
…………………………………………………… **瓦尔特·吕埃格**(722)
大学 ……………………………………………………………………… (724)
其他重要高等教育机构 …………………………………………………… (750)
重要高等教育机构所在城市 ……………………………………………… (765)

人名索引 ……………………………………………………………… (775)
主题索引 ……………………………………………………………… (814)

译校者序

由欧洲大学校长常设会议(现更名为欧洲大学协会)组织编写，瓦尔特·吕埃格任总主编的《欧洲大学史》第一、二卷的中文译本已于2008年由河北大学出版社出版。现在摆在读者面前的是该书第三卷的中文译本(该书第四卷英文版已于2011年出版)。本卷主要探讨1800—1945年间欧洲主要国家大学发展的基本问题和基本格局，并叙述和分析了欧洲大学模式在全球的拓展和影响。关于《欧洲大学史》的结构、编写特色等，中文译本的第一、二卷都已作了说明，不再赘述。

尽管我本人对《欧洲大学史》"情有独钟"，并以有机会将这套书译介到国内而感到荣幸，但学界和高等教育界将对该书持何种态度，既是我非常在意的，但同时也是我难以把握的。让我感到欣慰的是，《欧洲大学史》第一、二卷中文译本出版后，学界的评价非常积极，南京大学龚放教授、南京师范大学胡建华教授、北京师范大学周作宇教授、北京大学阎凤桥教授、华东师范大学阎光才教授等人都曾以不同方式推介该书。多有学界的朋友相继索书，我先后购买的一百五十多套书如今只剩下三套。在部分高校，该书被列为高等教育学等相关专业研究生的重要阅读文献。我还记得一个细节。2008年10月，中国教育学会教育史分会在河北大学召开年会。

会议期间，出版社曾设摊展销，原意不过是借机宣传一下，让与会的教育史学科的师生知道有这么一套书。不料，在很短的时间内，带去展销的书就被“一抢而光”。有的同行一边抱怨书价太高，一边又抓紧掏钱购买，同时还不忘批评我“太抠”(因我未曾赠书)。那个场景至今想来仍让人“忍俊不禁”。

高校行政管理干部对该书的热情是出乎我意料之外的。据《欧洲大学史》第一、二卷中文译本的责任编辑臧燕阳告诉我，一些院校把该书作为校领导中心组学习或中层干部培训的学习材料。有的院校直接驱车去出版社，一下就购置数十套。原国家教育行政学院党委副书记庄益群先生也曾告诉我，在该校接受培训的部分高校领导干部对《欧洲大学史》具有深厚的兴趣。他认为把这样的好书译介过来是做了一件好事。

多年从事教育史教学科研的经历告诉我，除教材外，教育史类的书籍由于专业性强，读者的面通常都不大，“销量”也都不会很大。像《欧洲大学史》这样的著作能在短短的两三年销售两千多套实属不易(当然，我很清醒地意识到，这并不是我的功劳，而是原书作者和编者的贡献)。

由此，我想到的另一个深层次的问题是，为什么一套专业性很强的历史类著作能有一定的社会效益或赢得一定数量的、超出专业圈子的读者？以我的判断，在经历了从上世纪末到本世纪前十年中国大学教育快速增长和扩张之后，在中国大学教育正在逐渐进入改革的深水区、面临着更为复杂的困难和挑战之际，确实有一部分人已经开始理性和深入地思考中国大学教育更为深层的问题。而对这些深层问题的思考，确实不能仅仅依靠对现实和当代需求的了解、把握，还必须进一步深入到大学作为教育组织、学术组织和社会组织的本质。只有深入理解大学教育的本质，才有可能真正把握大学教育改革的基本方向，才有可能形成科学的改革方案，也才有可能产生预期的改革成效。而这一切，都离不开对大学历史发展的深入认识和领悟。我相信，随着大学教育发展方式转变进程的不断推进，会有越来越多的有识之士开始关注大学的历史。

本书由张斌贤组织翻译和校对。参加翻译的有张斌贤、杨克瑞、陈露茜、林薇和刘冬青。翻译完成后，译者之间交叉校对，然后由陈露茜负责初校。我和张弛负责复校。

正如《欧洲大学史》第一、二卷的翻译和出版一样，本书得到了河北大学出版社有关人士的大力支持。臧燕阳编辑虽由于工作变动，不再担任责任编辑，但几年来他一直非常精心地关心支持本书的翻译和校对工作。在此一并表示衷心感谢。

张斌贤

2012 年 3 月 20 日

作者与主编

保罗·博克斯特勒(Paul Bockstaele,比利时),1920 年出生于根特附近的米勒,是鲁汶天主教大学的数学及数学史荣誉退休教授,比利时皇家佛兰芒科学学会会员和国际科学史学会会员。

阿萨·布里格斯(Asa Briggs, 英国),1921 年出生于约克郡,1976 年成为刘易斯布里格斯勋爵,曾任牛津大学伍斯特学院院长(1976—1992)、苏塞克斯大学校长(1967—1992)、开放大学校长(1978—1994)、巴黎的欧洲教育与社会政策研究所所长(1974—1980)以及英国社会史学会会长(1966—1971)。其著作领域涵盖经济史、社会史、文化史以及传播史。他也是英国及美国人文与科学院院士。

艾丽森·布朗宁(Alison Browning,英国/美国),1951 年出生于白金汉郡,是欧洲大学校长常设会议及欧洲大学协会副秘书长(1986—1994),曾负责许多国际或跨学科组织项目,包括这套《欧洲大学史》的筹备,现在主要活动于美国和欧洲两地。

克里斯托弗·查理(Christophe Charle,法国),1951 年出生于巴黎,是巴黎第一大学(索邦)现当代史教授和现当代史研究所主任(巴黎高等师范学校),已出版多本 19 世纪和 20 世纪的欧洲知识分子史、文化与社会比较

史方面的著作，其中有些已被翻译成多种文字。

保罗·热尔博（Paul Gerbod，法国），1925年出生于巴黎，是法国多所大学当代史荣誉退休教授，法国大学当代史协会和法国科学史理事会主席，在教育与文化史方面已出版十多本专著和发表上百篇论文。

利夫·赫韦尔斯（Lieve Gevers，比利时），1947年出生于蒂伦豪特，是鲁汶天主教大学神学院宗教史教授，担任近代宗教史的教学。她曾在宾夕法尼亚大学作访问学者，在欧洲和比利时宗教文化史、中等和高等教育、宗教和民族主义、学生运动以及青年协会等方面出版或发表了多种著作或论文。

安娜·瓜尼尼（Anna Guagnini，意大利），1952年出生于米兰，为博洛尼亚大学哲学系研究员。她的研究兴趣在于19世纪及20世纪初的欧洲技术史，出版了多种关于英国和意大利技术教育和研究组织的著作。

诺特克尔·哈默施泰因（Notker Hammerstein，德国），1930年出生于美因河畔的奥芬巴赫，缅因河畔法兰克福大学近代早期史荣誉退休教授，出版了数本关于德国大学史和知识史的著作，也是《大学史》编委会成员。

康拉德·加劳斯基（Konrad Jarausch，德国/美国），1941年出生于德国的马格德堡，北卡罗莱纳大学欧洲文明史的客座教授，德国波茨坦大学《中央历史研究》（*Zentrum für zeithistorische Forschung*）主编之一。他也是20多本关于德国近现代史著作的作者或编者，最近又与迈克尔·盖耶（Michael Geyer）合著了《往事不堪回首：德国重建史》（普林斯顿，2003）一书。

马尔蒂·克林格（Matti Klinge，芬兰），1936年出生于赫尔辛基，巴黎索邦大学副教授（1970－1972）和赫尔辛基大学历史学教授（1975－2001），并指导了赫尔辛基大学的纪念史研究。他曾讲授并出版了大量北欧国家政治文化史以及它们与欧洲其他地区关系方面的著作，为芬兰17世纪教育学会（the *Société d'étude du XVIIe siécle*）前会长以及芬兰科学学会（*the Societas Scientiarum Fennica*）会长，乌普萨拉大学荣誉博士，斯德哥尔摩皇家历史与文学院院士。

安托·莱伊克拉（Anto Leikola，芬兰），1937年出生于赫尔辛基，从1988年起任赫尔辛基大学科学史教授，直至1997年退休。1980至2002

年任奥卢(Oulu)大学科学史特聘教师,1998至2002年任赫尔辛基大学科学史特聘教师。他从1976到1997年担任芬兰科学和观念史协会会长,是国际科学史学会、芬兰科学协会以及拉脱维亚科学学会会员。

安东尼·卢伊迪克—艾苏特(Antonie M. Luyendijk-Elshout,荷兰)1921年出生于霍林赫姆,莱顿大学医学史荣誉退休教授。她积极参与莱顿的布尔哈夫(Boerhaave)博物馆工作,已出版与医学史相关的大学史研究方面的著作。

希尔德·德·里德—西蒙斯(Hilde de Ridder-Symoens,比利时),1943年出生于布鲁塞尔的圣·詹斯·莫伦贝克。根特大学(比利时)早期近代史教授,国际大学史委员会主席,出版有欧洲大学史、中世纪和近代的早期教育史方面的著作。

弗里茨·林格(Fritz Ringer,德国/美国),1934年出生于德国的路德维希港,是华盛顿特区乔治敦大学德国和欧洲BMW中心历史学助理访问教授,匹兹堡大学荣誉退休梅隆历史教授,曾讲授并出版了大量有关近代欧洲知识分子史、高等教育史以及文化和社会科学的历史或哲学研究方面的著作。

约翰·罗伯茨(John Roberts,英国),1928年生于巴斯,2003年卒于萨默塞特郡。他曾任牛津大学默顿学院院长(1984—1994),之前曾为该院现代史研究员和导师,还担任过南安普敦大学的副校长(1979—1983),1967至1976年任《英格兰历史评论》的共同主编。

瓦尔特·吕埃格(Walter Rüegg,瑞士),1918年出生于苏伊士,伯尔尼大学社会学教授(1973—1986),缅因河畔法兰克福大学社会学教授(1961—1973),曾于1965至1970年任缅因河畔法兰克福大学校长。他是西德校长会议(Westdeutschen rektorenkonferenz)会长(1967—1968)、社会科学协会国际联盟(International Federation of Social Science Associations)主席(1976—1978)和欧洲科学艺术学院院士(Academia scientiarum et artium europea),其丰富的著作主要集中于人文主义、历史社会学和高等教育史方面。

爱德华·希尔斯(Edward Shils,美国),1910年生于马萨诸塞的斯普林菲尔德,1995年卒于芝加哥。他曾任芝加哥大学社会思想(委员会)和

社会学教授，剑桥大学彼得豪斯学院和伦敦大学经济学院的研究员，《密涅瓦》(*Minerva*)的创办人和编辑，出版了许多社会学著作，着重研究当代社会的科学或学者的作用。

雅克·韦尔热(Jacques Verger，法国)，1943 年出生于波尔多附近的塔伦斯，巴黎第四索邦大学中世纪史教授，高等师范学校研究所主任(巴黎)，著名的中世纪专家，其著作集中于知识分子和文化领域，特别是中世纪大学史，已被翻译为多国语言。

路易斯·沃斯(Louis Vos，比利时)，1945 年出生于摩尔，鲁汶天主教大学文学院历史学教授，曾为宾夕法尼亚大学和尼杰梅根(Nijmegen)大学访问教授，讲授欧洲当代史波兰历史，已出版关于学生运动史、比利时青年协会和民族主义方面的多种著作或论文。

读者指南

本套丛书尽管是由专家们编撰的，但却面向一般读者。因此，各章所附的注释和精选文献都尽量精简。这些注释要么是引文出处（一般是与该主题相关的最主要或最新的资料），要么是一些量化的数据或用以说明对某个问题的两种阐释之间的区别。每一章后面都有一份精选文献。这些文献并不是详尽无遗漏的，其目的只是鼓励进一步的阅读。读者可以在本书文献中涉及的著作中找到更完整的参考书目。由于这一时期有一些著名的著作在几章中都被引用，所以在注释中就使用这些著作题目的缩写形式。本书中有注释文献缩写表。此外，第二章（《模式》）论述了本分卷整个时期的大学状况和特征，读者可在该章结尾处找到更加广泛的文献。为了避免各章之间过多的重复，编者们相互参照其他章节的内容及注释，从而告知读者关于某一主题可以在本丛书的其他地方找到更为丰富的资料（也可参考主题索引）。全书都使用标准的英语的专有名词的写法；必要的时候，通过在人名索引中的相互参照，也会采取一种在欧洲大陆更为常用的表达形式。

注释文献缩写

Bildungsbürgertum

W. Conze and J. Kocka (eds.), *Bildungsbürgertum im 19. Jahrhundert*, vol. I: *Bildungssystem und Professionalisierung in internationalen Vergleichen* (Stuttgart, 1985).

Charle, *République des universitaires*

C. Charle, *La République des universitaires (1870 — 1940)* (Paris, 1994).

Forschung im Spannungsfeld

R. Vierhaus and B. vom Brocke (eds.), *Forschung im Spannungsfeld von Politik und Gesellschaft. Geschichte und Struktur der Kaiser-Wilhelm — /Max-Plauk-Gesellschaft* (Stuttgart, 1990).

Gerbod, *Condition universitaire*

P. Gerbod, *La Condition universitaire en France au XIXe siècle* (Paris, 1965).

Hammerstein, *Universität Frankfurt am Main*

N. Hammerstein, *Die Johann Wolfgang Goethe Universität Frank-*

furt am Main, vol. I: *1914 bis 1950* (Neuwied and Frankfurt-am-Main, 1989).

History of Oxford VI

M. G. Brock and M. Curthoys (eds.), *The History of the University of Oxford*, vol. VI: *The Nineteenth Century* (general editor: T. H. Aston)(Oxford, 1997).

History of Oxford VII

M. G. Brock and M. Curthoys (eds.), *The History of the University of Oxford*, vol. VII: *The Nineteenth Century Oxford* (Oxford, 2000).

History of Oxford VIII

B. Harrison (eds.), *The History of the University of Oxford*, vol. VIII: The *Twentieth Century* (general editor: T. H. Aston)(Oxford, 1994).

Jarausch, *Students Imperial Germany*

K. H. Jarausch, *Students, Society and Politics in Imperial Germany: The Rise of Academic Illiberalism* (Princeton, NJ, 1982).

Jílek, *Historical Compendium*

L. Jílek(ed.), *Historical Compendium of European Universities/Répertoire historique des universités européennes* (Geneva, 1984).

Kassow, *Students Tsarist Russia*

S. D. Kassow, *Students, Professors and the State in Tsarist Russia*, V. E. Bonnell and L. Hunt(eds.), Studies on the History of Society and Culture 5 (Berkeley, Los Angeles and London, 1989).

Klinge, *Universität Helsinki*

M. Klinge, *Eine nordische Universität. Die Universität Helsinki 1640—1990* (Helsinki and Göttingen, 1992).

Nipperdey, *Bürgerwelt*

T. Nipperdey, *Deutsche Geschichte 1800—1866. Bürgerwelt und starker Staat* (Munich, 1983).

Paul, *Knowledge*

H. W. Paul, *From Knowledge to Power: The Rise of the Science Empire in France 1860—1939* (Cambridge, 1985).

Peset, *Universidad Española*

M. Peset and J. L. Peset, *La Universidad Española (siglos XVIII y XIX). Despotismo ilustrado y revolución liberal* (Madrid, 1974).

Ringer, *Education and Society*

F. K. Ringer, *Education and Society in Modern Europe* (Bloomington and London, 1979).

Schwabe, *Deutsche Hochschullehrer*

K. Schwabe (ed.), *Deutsche Hochschullehrer als Elite 1815—1945* (Boppard, 1988).

Shinn, *Savoir scientifique*

T. Shinn, *Savoir scientifique pouvoir social: L'Ecole polytechnique, 1794—1914* (Paris, 1980).

University of Cambridge IV

C. N. L. Brooke, *A History of the University of Cambridge*, vol. IV: *1870—1990* (Cambridge, 1993).

Verger, *Universités en France*

J. Verger (ed.), *Histoire des Universités en France* (Toulouse, 1986).

Weisz, *Emergence*

G. Weisz, *The Emergence of Modern Universities in France (1863—1914)* (Princeton, NJ, 1983).

前　言

总主编　瓦尔特·吕埃格

套用一句格言:“十年磨一剑。”这句话出自贺拉斯(Horace)的《诗艺》(*Ars poetica*),用于说明诗歌的创作。如果一部历史著作的出版花费了同样长的时间,或许需要作出说明。这部著作从 1994 年就已经计划并精心筹备。

正如第一卷前言所描述的,欧洲大学校长常设会议(即现在的欧洲大学协会)定期开会讨论其 650 多个成员大学当前面临的问题和未来的需要。1982 年,该协会认为需要更为充分地认识大学的历史。由于缺乏这方面的新近著作,在大学历史学家和社会学家的帮助下,协会进行了可行性研究。1983 年 3 月,在瑞士伯尔尼召开的一次会议对这项可行性工作给予了充分的肯定。同年 9 月,欧洲大学校长常设会议组成了一个编辑委员会。编辑委员会要基于当前的学术状况,着重对历史变化和区域差异进

行比较的和综合性的主题分析，从而编写出版四卷本的《欧洲大学史》。第一卷于1991年出版了英文版，1992年出版了德文版，第二卷则于1996年用两种语言同时出版。1994年开始了西班牙语和葡萄牙文版的翻译，俄文版的翻译正在莫斯科进行，中文版的翻译在中国河北积极准备。

1985年7月，在西班牙的萨拉曼卡大学(the University of Salamanca)，开始了第三卷的筹备工作。鉴于19世纪和20世纪早期大学史的复杂性，1986年3月，在美因河畔法兰克福附近的巴特洪堡(Bad Homburg)，专家们开展了“头脑风暴”。作为这次会议的成果，同年9月，在葡萄牙的圣马尔科斯宫(the São Marcos)、它是属于科英布拉大学(the University of Coimbra)的一座历史建筑，编委会拟出了编写大纲。1988年6月，可能的作者们在牛津大学与编委会进行了第一次研讨，并于1990年在德国波鸿大学(the University of Bochum)提交了供讨论的初稿。1992年9月，编委会在比利时根特大学(the University of Ghent)审阅了第三卷的初稿(当时三章初稿尚未提交)。鉴于以前的教训——第二卷的一位作者在耽搁很久后方才提交了差强人意的初稿，编委会决定替换这位不守信誉的作者，代之以承诺能在1993年底完成任务的作者。但这个办法也只解决了部分问题。即使如此，有一章的提交还是拖延了几年。为催促稿件的提交，主编曾两次跋涉数百英里。直到2002年9月，主编才最终收到延误多时的章节部分。

虽然我们在1994年就已收到第一章，但因我们的同事爱德华·希尔斯身患绝症，并于1995年去世，因此，本书的出版又推迟了数年。以他对现代大学及其科学研究的全球扩展和社会影响的社会学认识，以他的敏锐的判断力和友善可行的忠告，爱德华·希尔斯不仅是编委会非常活跃的成员，而且完成了第三卷三章的初稿。第一章(主题)在全书中具有指南的作用，它需要根据其他作者的结论进行修改。由于他的去世，这个导引性的章节就不再适宜，只能由主编择时重写。希尔斯起草的第六章初稿(欧洲模式在欧洲之外的传播)充分表明了他对各洲大学的深入了解，但是，他的去世中断了这个主题的研究。在各地专家的帮助下，我们的合作者约翰·罗伯茨及时修改了全部稿件，并补充了参考文献和最新信息。在有关社会科学的章节中，却出现了相反的情况。由于爱德华·希尔斯对这个主题非

常熟悉，因此，他将初稿扩展到了一部专著的篇幅，而疾病又使他不能进行删减。最后，我们的合作者阿萨·布里格斯决定在第十一章中增加关于历史学（这是第二次世界大战前社会科学中最为重要的发展）的章节。事实上，除了法律和新兴的经济学，社会科学都未被纳入欧洲的大学课程。

尽管不能成为借口，但这些情况也许可以说明第三卷比原计划推迟 9 年后付印的原由。本卷的结构与前两卷基本相同，但为了反映大学史的三项重大变化，我们也对其结构进行了调整：第一，18 世纪末之前整个欧洲共有的传统大学模式为高等教育的不同模式所取代；第二，现代大学日益关注专业化的科学研究；第三，在为争取个人、社会或政治自由的国内和国际运动中，学生运动开始发挥重要的作用。

基于上述原因，我们将前两卷的第八章《学生教育与生活》的内容集中到本卷的《学生运动》一章中。这意味着第一次以比较的视角分析从大学中的内容涌现出来的政治权力，并以欧洲诸多不同国家的大量事例加以说明。除在结语中论及的两次世界大战时期外，该时期在学院、亲友关系或私人社交等其他方面的学生生活基本上没有变化。学生流动性问题，在前面两卷是单独一章描述的，在这一代的学生中也已失去了其教育与文化意义。学生教育方面最重要的变化是，该部分的人文、科学、医学和技术的创新逐渐被吸收到相关的课程中，这些创新在第四编（学术）中论述。

研究导向的学科扩张与专业化是与四个学院组成的传统大学被高等教育三种不同组织模式所取代相联系的，这导致了新的学院和学系的建立。这将在第一编（主题与模式）和第二编（结构）中分析。前两卷第二章后的"欧洲大学名录"已经扩大到"1812—1944 年间的欧洲大学及其类似机构"，并置于书的最后；除大学外，它也包括了从 18 世纪开始出现的诸如技术、商业和教师培训等领域的类似高等教育机构。为适应多种需要，该名录尽可能地介绍新的学院或学系。

继 1995 年希尔斯去世后，编委会又失去了其他几位成员：1997 年是丹麦科学史专家彼德森（Olaf Pedersen），1999 年是波兰历史学家亚历山大·盖伊什托尔（Aleksander Gieysztor）。他们特殊的专长以及宽广的欧洲视野，不仅确保了前两卷的成功，而且他们也亲自执笔：盖伊什托尔参与了第一卷，彼德森参与了第二卷。2003 年 5 月 30 日，编委会又失去了一

位极其重要的成员，约翰·罗伯茨。罗伯茨教授智识超群，是一位知识宽广的历史学家，在多个领域硕果累累，他的一本著作被誉为“当代最好的世界史成果”。作为一名务实的学术管理者，罗伯茨教授曾担任南安普顿大学的副校长和牛津大学默顿学院的院长。作为一位良师益友，罗伯茨教授对这项工作的筹划与评价作出了巨大贡献。罗伯茨教授参编了第二、三卷欧洲大学模式的世界性影响部分，并计划撰写第四卷的导论，却因疾病而被迫终止，但这并不会有损于其坚韧的品格。

1995 年，编委会迎来了一位新成员，这就是欧洲大学校长常设会议副秘书长艾丽森·布朗宁。她精力旺盛、敏锐和友善，促进了众多欧洲学者的合作，在《欧洲大学史》的编写，尤其是本书英文版的编辑中发挥了重要作用。

鸣 谢

《欧洲大学史》的准备工作得到了下列机构与人士的无私支持:他们有荷兰、德国、葡萄牙、瑞典、西班牙和瑞士的基金会和赞助人,阿姆斯特丹的欧洲文化基金会,科隆的弗里茨·蒂勒森基金会,圣奥古斯丁的康拉德·阿登纳基金会,斯图加特的罗伯特·博施基金会,埃森的德国促进科学与人文捐赠者协会和德意志银行,汉诺威的大众汽车基金会,葡萄牙高等教育部秘书处、国家科学研究院以及里斯本的卡勒斯特·格尔本肯基金会,西班牙马德里的拉蒙·阿雷塞斯基金会,波尔图的安东尼奥·艾尔美达基金会,斯德哥尔摩的瑞典银行三百周年基金会,苏黎世的瑞士信贷银行,巴塞尔霍夫曼－拉·洛克公司,以及苏黎世－维塔－艾尔皮纳保险公司朱比利基金会,伯尔尼大学的马克斯和埃尔斯·比尔－布朗温德基金会,沃韦的雀巢公司和伯尔尼的瑞士国家资助科学研究基金会。

在第二卷提到的各国通讯人员中,沃尔特·霍夫勒纳(Walter Höflechner,格拉茨大学),马里安诺·佩塞特·雷格(Mariano Peset Reig,巴伦西亚大学),伊拉里亚·波尔奇尼(Ilaria Porciani,博洛尼亚大学)和格里戈里·A. 季申(Griigori A. Tishkin,圣彼得堡大学)在本卷中对“欧洲”的界定给予了很大帮助,其他同事的帮助会在有关章节中提及。

对所有在经济与学术上对本项目的支持，我们都表示非常感谢，感谢那些承办会议或讨论的大学，特别是伯尔尼大学、萨拉曼卡大学、科英布拉大学、艾希施泰特大学、牛津大学、波鸿大学、博洛尼亚大学和根特大学。我们还要感谢欧洲大学校长常设会议及其继任者欧洲大学协会，它们的秘书长安德里森·巴伯兰博士及其在日内瓦办公室同事的重要帮助。虽居其后但不失重要的是，我们还要感谢各位作者、赞助人、出版社在长期的拖延中所表现出来的耐心和理解。

第一编 主题与模式

第一章 主 题

瓦尔特·吕埃格

导 言

法国大革命和拿破仑战争所引发的政治动荡，对欧洲大学产生了毁灭性的影响。1789 年，欧洲有 143 所大学；到 1815 年，仅有 83 所。法国有 24 所大学停办，在 12 个城镇中，它们分别为专科学校或独立的学院所取代。德国 34 所大学中，消亡了 18 所。西班牙 25 所大学中也仅有 10 所勉强生存。到 19 世纪中叶为止，加之后来新建的 15 所大学，欧洲共有 98 所大学。到第二次世界大战前夕，这个数字又翻了一倍，约有 200 所大学，60 多万名学生和 3.2 万名教授。而当 19 世纪 40 年代大学统计数据开始汇编成册时，只有 80 000 名学生和 5000 名教授。这意味着，在 100 年里，学

生数量增长了 700%，教授人数增长了 500%。①

专门学校或职业学校取代大学与启蒙运动以来的主要观点相一致，这种观点认为高等教育的职能是传授公共利益所需的实用知识与技能。因此，专门学校或职业学校在数量和规模上得到了迅猛的扩张。当然，在 20 世纪 30 年代，200 所大学也被大约 300 所军事、技术、多种工艺、商业、医学、兽医、农业、教育、政治和音乐等领域的高等教育机构所包围，但它们并没有取代大学，而且入学人数较少。

4 1895 年，法国大学重建。东欧新兴的民族国家也急于建立自己的大学，这使得“大学是欧洲最为卓越的机构”的观念得以充分体现。② 在法国，大学校因其严格的选拔与培养体制而居于高等教育的顶端。在法国以外，专门学校在努力争取大学的特权与认可——在德国和奥地利，它们获得了成功；而在英国和意大利，它们则被并入大学。这些特殊的高等教育机构现在也已成为欧洲大学协会 670 个会员中的成员。19 世纪初，大学开始向欧洲以外的地区扩展(但不包括拉丁美洲)，在那里，原来只有一些学院、学园、讲习所、穆斯林学校或其他学校，负责培训知识精英、政治精英和宗教精英。如何解释现代大学命运的这种转机？这是本书要回答的基本问题。我将从不同大学模式的竞争着手，尝试进行归纳，这种竞争开辟了走向现代大学的道路。

法国大革命前，欧洲大学虽然可以划分为天主教或新教的势力范围，但是，大学的组织方式是相同的，都在四五个古典学院传播大同小异的知识。高等教育结构和内容的同质性受到卢梭的批评。1772 年，卢梭指出：“现在已不再有法国人、德国人、西班牙人甚至英国人了，只有欧洲人。他们都有着相同的品味、相同的感情和相同的道德，因为他们都受着同样的

① 见第二章和第四章，“List of European Universities and Similar Institutions”.

② 见本套丛书第一卷，前言，xix.

熏陶。”③

法国与德国的大学模式

19世纪初，出现了两种崭新的大学模式，并开启了对传统大学的根本性变革。首先是以专门学院为代表的法国模式，它纪律严明，常带有军事性质，组织严密，并由一套开明的专制制度来统辖课程、学位的授予，并要求其观点与官方学说保持一致，甚至是个人的习惯都受到严格的管理，例如，1852年就曾禁止蓄胡。 5

该模式的实施源于大革命时期的“白板论”(*tabula rasa*)，完成于拿破仑时期。但是一些基本特征，如中央政府控制、独立学院以及专门学校的设立等，在启蒙时代就已有萌芽。法国模式在政权的不断交替中得以持续，直到19世纪最后30年，它才为德国模式的影响所渗透。有些法国历史学家甚至认为它持续到1968年，因为受1968年1月6日西德大学校长们起草的改革计划影响的埃德加·富尔(Edgar Faure)的《高等教育方向指导法》(*loi sur l'orientation de l'enseignement supérieur*)在这一年颁布。④

德国模式与洪堡大学相联系。该殊荣的确应归功于著名博物学家亚历山大的哥哥、学者兼政治家的威廉·洪堡(Wilhelm von Humboldt)，他劝说了曾赞赏法国模式的普鲁士国王，以神学家和哲学家施莱尔马赫(Friedrich Schleiermacher)的自由思想为宗旨，于1810年在柏林建立一所大学。根据施莱尔马赫的思想，大学的职能不是像一些学校或学院那样传授已知、直接可用的知识，而是要展现这些知识是如何被发现的，“以激

---

③ J.-J. Rousseau, *Considèrations sur le gouvernement de Pologne et sur sa réformation projetée*, ed. Jean Fabre, *Œuvres complètes*, ed. B. Gagnebin and M. Raymond (Paris, 1964), vol. Ⅲ, 620. The incorrect attribution to Voltaire, e.g. in O. Dann and J. Dinwiddy (eds.), *Nationalism in the Age of the French Revolution* (Lindon and Ronceverte, 1988), 14, has been corrected thanks to the insight of Charles Wirz, curator of the Voltaire Institute and Museum in Geneva.

④ 参见第四章，第120页。J. G. Passeron, ‘L'explosion institutionnelle de 1968: Légendes noires et dorées’, in Verger (ed.), *Universités en France*, 378—389.

发学生们的科学观念，鼓励他们运用科学的基本法则来进行思考"⑤。

学习方式、教学内容以及大学和政府的关系，都是以"自由"为特性的。以洪堡之见，政府对大学只有两项任务：保证自由和任命教授。这种理想模式不如拿破仑的干涉主义模式那么简易可行。洪堡为大学提供大片土地以保证其财政独立的设想也被其后继者放弃，自由的思想由于控制和审查措施而于 1819 年以及此后的学生运动而受阻，直到 1848 年才得以复兴。

6 同样的，通过研讨和实验来引导学生进行科学研究，其发展也是步履蹒跚。尽管如此，自由主义的改革依然硕果累累。⑥ 19 世纪初，巴黎曾是全世界学者和科学家心目中的"麦加"(Mecca)，但从 19 世纪 30 年代开始，法国政府就开始向德国派遣代表，了解高等教育的发展。同样的，年轻的法国人和后来的美国人都在德国大学中受到了新的科学方法的训练。从 19 世纪末开始，德国模式就成了现代大学的代表，它不仅出现在欧洲，而且也出现在美国和日本。

世俗化、官僚化、专门化

大学的世俗化、官僚化与专门化是伴随着民族国家的世俗化和官僚化而出现的。《欧洲大学史》第二卷中截至到 18 世纪末的图表，已经对天主教大学和新教大学进行了区分。尽管有些国家在启蒙运动时期就开始了世俗化的进程，但绝大多数大学从本质上说依然是教会机构，在一定程度上，它们要么直接受到各自教会的监督，要么通过对教师的聘任、招生，以及学术研究与职业的意识形态导向，与各自的教会紧密地联系在一起。

---

⑤ F. Schleiermacher, *Gelegentliche Gedanken über Universitäten im deutschen Sinn. Nebst einem Anhang über eine neu zu errichtende* (Berlin, 1808), 32—33, See W. Rüegg, 'Der Mythos der Humboldtschen Universität', in M. Krieg and M. Rose (eds.), *Universitas in theologia—theologia in universitate, Festschrift für Hans Heinrich Schmid zum 60. Geburtstag* (Zurich, 1997), 162—166；参见第二章，第 48 页。

⑥ 参见 B. vom Brocke, 'Die Entstehung der deutschen Forschungsuniversität, ihre Blüte und Krise um 1900', in R. C. Schwinges (ed.), *Humboldt International, Der Export des deutschen Universitätsmodells im 19. und 20. Jahrhundert*, Veröffentlichungen der Gesellschaft für Universitäts-und Wissenschaftsgeschichte 3 (Basle, 2001), 367—401.

19世纪，各地的公立大学相继转化为世俗机构。在法国和西班牙，虽然少数天主教神学院再度"开张"，但也难以为继，并最终在公共教育中消失，"神学消遁到了习明纳(seminaries)，而政府的大学几十年来则一直继续着那些数百年来主导着并充盈于教育殿堂的研究"⑦。

同时，大学逐步隶属于政府当局，政府也将大学的管理视为国家教育政策的一部分。19世纪初，君主开始在宠臣和尚不成熟的行政系统的帮助下直接干预大学事务。1806年，拿破仑建立了"帝国大学，这是一个专门负责帝国内部公共教育和教学事务的机构"⑧，其负责人直接向皇帝报告，享有极大的独立性。两年后，他成为中央行政部门的负责人。在后来的政治体制中，这一模式得以延续和扩大，并于1828年升格为教育部。⑨ 1810年，在16个月成功的实践后，在柏林大学即将开学之际，洪堡辞去了内务部宗教事务与教育司负责人的职务，这是因为国王不愿意将该部门升格为教育部，并赋予其必要的政治权力。 7

7年后，宗教事务与教育司实现了升格。在19世纪的欧洲大陆，类似的"部"相继出现，这是公共教育的方方面面在民族国家总方针和国家预算中的重要性不断增长的结果。部门式的行政管理决定了一个国家整体高等教育的类型和构成，例如统一后的西班牙和意大利；它控制着大学的入学、课程与考试。它为大学提供了现代化的建筑和实验室，例如，法国政府在1871年战败后的举措——舆论大多将其归结为德国先进的高等教育。

最后，该进程最重要的结果就是实现了大学职业的专业化。在欧洲大陆，教授成了世俗的官僚国家的公务员。最典型的例子就是法国高等学校教师精英的培训机构——高等师范学校。它招收"17岁以上的学

---

⑦ Peset, *Universidad Española*, 717(注释译者，非特别说明均为本章原作者——原注)。

⑧ Loi du 10 mai 1806, Art. I; V. Karady, 'De Napoléon à Duruy: origines et naissance de l'Université contemporaine', in Verger (ed.), *Universités en France*, 269. See G. Schubring, 'The Impact of the Napoleonic Reforms on the Educational System in Europe', in L. Blanco and L. Pepe (eds.), *Stato e pubblica istruzione. Giovanni Scopoli e il suo viaggio in Germania (1812), Annali dell'Istituto storico italo-germanico in Trento 1995*, 21 (Bologna, 1996), 435－443.

⑨ Karady, 'Napoléon' (注释8), 284.

生"，并"通过考试和竞争从中学生中"选拔，其毕业生必须同意为公共教育服务至少十年。⑩ 因此，公共教育成为政府行政的一个部门。在旧政权下建立起的学术学位和通过竞争和考试来进行选拔的制度，整合为一种等级制度：获得学士学位是在学院中谋得职位的关键；获得高级证书(license)是教席晋升和担任高级官员的必需；通过竞争激烈的"会士考试"(*agrégation*)，则为进入"行政管理职业……和高等教育教席，开辟了道路"⑪。该制度的优越性是与官僚化和世俗化密切联系的，并可以从1822年和1830年反动分子在法国重新掌权中找到证据：他们关闭了高等师范学校，并将"大批教职任命给教会成员，其中大多都是没有学位的"⑫。

在大学的学位中，博士学位意味着其获得者已掌握了他所学的学术科目，并已达到大学层次的教学水平。在18世纪末，考试是由论文陈述和讨论组成的，由在几页印刷纸上发展的学科是毫无科学原创性和价值可言的。1830年后，在巴黎，这种在文学院或理学院的教师们面前进行的论文答辩开始让位于更加宽泛的研究，并常常因其具有的真正意义上的科学价值而受到关注。⑬ 这种转向主要应归功于维克多·库新(Victor Cousin)，他的自由主义思想受到了康德和费希特的启发，这使得他丢掉了哲学教席，在1830年七月革命后，他成了重建后的高等师范学校的负责人。他前往德国考察了那里的公共教育状况，并出版了研究报告。⑭ 尽管由此引发的改革遭到了牧师与左翼分子的联合抵制，但由于库新在教授培养中的重要地位，这使得他能够将普鲁士采用的科学标准引入博士论文中。⑮ 科学教育作为柏林大学的根本理念需要体现在"著作"之中，而这就成就了一种以科学精神为特征的职业。

德国大学教授也是政府官员。但是德国是由诸州组成，教授可以自由地选择最佳的职位。他的职业是封闭性的，像法国一样，它位于一个官

---

⑩ *Ibid.*, 277.

⑪ Gerbod, *Condition universitaire*, 57－64；注释64.

⑫ *Ibid.*, 57.

⑬ *Ibid.*, 65.

⑭ V. Cousin, *De l'instruction publique dans quelques pays de l'Allemagne, et particulièrement en Prusse* (Paris, 1832), 2 vols.

⑮ 参见Gerbod, *Condition Universitaire*, 74－75.

员的等级体制之内，必须服从上级。通常，德国教授的大学职业是从编外讲师(*Privatdozent*)开始的，他向全体教师展示学科教学能力后，可以很容易地获得该头衔，但要自己掏腰包。之后，他就要不畏艰难地学习进取，锻炼自由讲学(*libertas docendi*)能力，如果幸运的话，坚持下来直到成为教授。

法国模式将科学价值置于封闭的和中央集权的框架中，赋予了大学教授像基于竞争和自由的德国模式同样多的权力和尊严。他获得了国家授予的公职，这是因为他在公共利益中的重要性不断提高；并且通过垄断进入专业职位必需的文凭和学位的授予，他的权力也在不断增强。另一方面，他的个人尊严也日益依赖于其专业或科学专业化的集体尊严。

在法国，巴黎理工学院、巴黎高等师范学校以及其他大学校的毕业生，都愿意将自己和学校联系起来，以借助学校的声望。在德国模式的大学系统中，正是这种科学学科的专业化，为教授们引入了新的交流、认同和荣誉形式。在教派分裂的年代，建立于中世纪教皇庇护下的“神圣之学术共同体”(*sancta quaedam communitas eruditorum*)，在人文主义者的信件交往、学会以及大众读物中得以延续，在19世纪日益分裂为若干科学学科。教授们开始通过专业期刊来交流观点和成果，通过组织全国性的会议(在世纪末甚至是国际会议)来会面，并按照学科来组织社团。⑰ 因此，这不再只是个人的行为和荣誉，而是属于有组织的学科，这首先赋予教授以社会威望。科学学科的专业化，以及他们学术和社会地位的改变，构成了现代大学的特征。

---

⑰ L. Daston, ‘Die Akademien und die Einheit der Wissenschaften. Die Disziplinierung der Wissenschaften’, in J. Kocka *et al*. (eds.), *Die Königlich Preussische Akademie der Wissenschaften zu Berlin im Kaiserreich* (Berlin, 1999), 73－74.（德国、法国和英国科学杂志比较表；引自 Hermann Diels 的作品；1906 年，他自惭形秽地说：德国 1887 年就有“数量众多的各类专业科学协会”和多达 892 家学者社团，到 1900 年已有 1278 家数学和自然科学杂志。）根据 C. Grau, ‘Profildifferenzen und Profildifferenzierung der Preussischen Akademie und anderer deutscher Wissenschaftler-Gemeinschaften im 19. Jahrhundert’, in Kocka *et al*. (eds.), *Preussische* Akademie, 48, the *Gesellschaft deutscher Naturforscher und Ärzte*, 1828 年它被分为 7 部分，1894 年为 41 部分。1821 年创立的 *The Societas pro Fauna et Flora Fennica*，是自然科学领域成立的第一家专业社团，参见 A. Leikola, ‘The Importance of Scientific Societies for Biological Research in Finland’, *Memoranda Soc. Fauna Flora Fennica*, 72 (1996), 99－102.

欧洲各国对两类模式的采纳

在被拿破仑所吞并的国家中，大学并没有消亡，而是为 1815 年后重建的学院所取代，但依然保留了文理学院的分治。遍布于这些国家的专科学院、师范学院、高等学院以及专业学院，都没有达到法国大学校或者德
10 国高等学校（*Hochschulen*）的水平和层次。在意大利，1933—1937 年前，学院就被整合进大学。拿破仑强加给那些被占领国家的法国模式，并没有留下深厚的历史印迹；该模式集权化的特征是开明专制的产物，它影响了 18 世纪法国、西班牙和奥地利的高等教育。除昙花一现的拿破仑帝国之外，仅有拉丁语系的小国罗马尼亚，在学术组织和从大学向公职输送人才的路径方面，采用了法国模式。1861 年，在这个新兴国家的首都成立的大学，用于培养统治阶级。

法国模式中的成功典范之一，就是培养工程师和炮兵军官的巴黎理工学院，其在理论导向方面有广泛而又深远的影响。18 世纪，由德国、奥地利、匈牙利和俄国政府建立的，旨在对公务员进行实践培训的矿业和民用工程学院，到 19 世纪由于数学和物理的高等理论教学的引进，被转化为高等理工学院（*Higher Polytechnical Schools*）。但是，在军事化和政府的严格控制方面，它们与法国模式的关系不大。相反，它们渴望有大学的基本权力。它们先是获得了内部组织的法人自治，后来又得到了任命编外讲师的权力，到 19 世纪末，它们又获得了授予博士学位的权力，并进而得以跻身于大学的行列。

法国模式的另一变式则是俄国大学的发展。它们拒绝了法国的学院模式而接受了德国的大学模式，而且这一选择也因任命德国讲师或在德国受过教育的俄国讲师而得以强化。但是，与此同时，政府又向这些致力于科学原理、至少理论上享有自治的大学分派任务，要求它们像法国的大学校那样为政府培养官吏。此两种模式之间的紧张关系也表现在自由主义与压制和专制之间的两极摇摆。1830 年革命之后，政府当局要求学生统一着装，将他们纳入政府行政管理体系之中。1848 年后，这些措施与校长的官方任命、肃清教师队伍、查禁宪法及哲学等危险学科的方式相结

合，加强了对学术和学生的管制，这些都成为自由主义时代专制主义大学模式的主要特点。苏维埃政权时期，这一幕又再次上演，并得以强化，1930—1931 年间甚至试度图将大学分解为专科学院。两年后，以提供高深理 11
论课程和诸多专业培训为使命的大学得以重建，所有的高等教育和研究也都在政府的严格控制之下。

在英伦诸岛，1800 年时的 7 所大学比欧洲大陆的大学享有更多的自由。它们保持着中世纪大学法人自治的模式。牛津、剑桥、圣三一学院和都柏林大学，代表着牧师型大学，它们是建立在寄宿学院的基础之上，并提供广泛的经济支持，在校内导师的协助下进行人文陶冶。大学的主要功能是授予学位。政府赋予新大学全部的自治权，这为创新和灵活性打开了天窗，而这些在欧洲大陆都是闻所未闻的。1832—1905 年间，有 13 所未经周全规划的地方大学得到皇家特许状的认可，它们大多在大城镇中。它们由富裕的个人、团体和市政当局建立并提供资助，提供医学、综合职业技术和商业等学科的大学教学。四所苏格兰大学在财政上更依赖于政府，但另一方面它们又独立于政府。它们没有采用住宿制和导师制，而是更多地采用讲座的方式。亚当·斯密等人的现代思想借此得以传播。它们大多向社会底层开放，进行专业训练，特别是医学和临床教学，在 18 世纪的英伦诸岛这些已经成了大学学科。它们的开放性和灵活性有利于新学科的引入，例如，在格拉斯哥(Glasgow)引入了造船学，该学科教席的设立要归功于一位船主遗孀的资助。到 19 世纪末，这四所大学都设立了理学院，爱丁堡又设立了音乐学院。除理学院是由议会提议改革的结果外，所有这些创新都源自地方创新，毫不受外部模式的影响。

牛津和剑桥则不同。根据阿那多·蒙明哥列诺(Arnaldo Momigliano)的说法，"牛津运动失败后，牛津就成了德意志"。[18] 的确，1834 年的《评论季刊》(*Quarterly Review*)也证实了，在古代研究方面——这曾是牛津精英教学的核心，德国人已达到了难以企及的水平，他们的历史批判也变革了圣经研究和古典研究。[19] 专业杂志于 1831 年和 1845 年出现在不列颠，但 12

[18] A. Momigliano, *Quinto Contributo alla Storia degli studi classici e del mondo antico* (Rome, 1975), vol. I, 128.

[19] *Quarterly Review*, 51 (1834), 144—145.

是几年后又消失了。⑳ 从 1880 年开始，这些杂志又陆续发行，直至今天。㉑ 从德国考察归来的学者也开始介绍其科学精神，引导大学教师走向科学研究。到 19 世纪末，牛津和剑桥已吸纳了德国模式，科学研究在现代大学中的重要性已经确立。

在《牛津大学史》有关 19 世纪的分卷中，劳伦斯·布罗克利斯（Laurence Brockliss）认为，比起德国的大学，牛津和剑桥更为忠实地实践了洪堡所提出的现代研究型大学的理念，这是因为牛津、剑桥保留了法人自治与大学自治，而且它们的首要职责是非专业化的教育。相反，大陆的大学则从属于政府当局，其首要的任务是培养医生、法学教师或其他专业人才，而只有最有天资的学生才能与教授进行科研合作，进而从科学教育中获益。㉒

当人们回想起洪堡曾主张以公共捐赠的形式来保障柏林大学的经济独立的时候，当人们回想起美国著名的研究型大学以洪堡标榜自我，而德国的洪堡大学则为学生团体压抑得毫无生机的时候，以上的这种坚持是值得我们深思的。事实上，欧洲大陆的高等教育系统从来没有将大学生的普通教育（general education）与洪堡的科学教育有机地结合起来，而在英美国家则极好地做到了这一点。

然而，尽管其过程是曲折的，科学精神也征服了法国模式的大学。从 1866 年开始，当罗曼语语言学的教席、杂志和科学协会在法国建立时，一位巴黎的法国文学教授曾说“这些都是德国人发明的垃圾”㉓，1892 年，《两个世界月刊》抱怨道：“他们想把我们变成德国人。”事实上，1868 年，教

---

⑳ *The Philological Museum* 1831—1833; *The Classical Museum* 1845—1850. 参见 *History of Oxford*, VI, Part I, 528—529.

㉑ *Journal of Hellenic Studies* 1880—, *Classical Review* 1887—, *Classical Quarterly* 1907—.

㉒ L. W. B. Brockliss, 'The European University 1789—1850', in *University of Oxford*, VI, Part I, 131—133.

㉓ 'Ces cochonneries, cette invention des Germains', 参见 W. Hirdt (ed.), *Romanistik, Eine Bonner Erfindung* (Bonn, 1994), 1012. 参见第十章，第 416 页，以及 W. Rüegg, 'Humboldt in Frankreich', in R. C. Schwinges (ed.), *Humboldt International. Der Export des deutschen Universitätsmodells im 19. und 20. Jahrhundert*, Veröffentlichungen der Gesellschaft für Universitäts-und Wissenschaftsgeschichte 3 (Basle, 2001), 247—261.

育部长迪吕伊(Victor Duruy) 在巴黎成立了“高等研究实践学校”(*Ecole Pratique des Hautes Etudes*),其目的是为了让感兴趣的学生像在德国大学的习明纳和实验室里一样熟悉科学研究。路易·巴斯德(Louis Pasteur)绝大多数的发酵实验是在阁楼上的两个房间里进行。1868 年,他曾向皇帝抱怨说,德国、不列颠、美国和奥地利都有大型的大学实验室,而法国却没有。㉔

在意大利也是如此,从 19 世纪初开始,德国模式影响了皮德蒙特王国(Kingdom of Piedmont)的大学政策,并在意大利统一后,特别是普法战争后,成为意大利大学的理念。㉕ 到 19 世纪末,博士论文已开始呈现严肃的科学研究,而不再仅仅是文献汇编;㉖专业教席得以建立,科学杂志也实现了连续出版。

新科学精神

这也许有助于解答本章开篇提出的问题:怎样才能解释现代大学在 19 世纪的巩固?我们已经看到,正是在德国,首先是在新建的柏林大学发展起来的科学精神,在 19 世纪 30 年代初改变了德语国家的大学和少数英语法语国家的大学,到 19 世纪末遍及全欧洲。之所以这样说,是因为科学精神把学生引向大学和准大学的习明那、实验室和研究机构的研究,对博士论文的科学内容提出了要求,开办了专业的科学杂志和学会,举办了按学科召开的国内和国际学术会议,产生了同行和公众对这些新鲜事物的反应。本书的各章都将列举许多实例,但为了形成一个完整的图景,还有许多工作要做。有必要更为深入地研究在这个过程中扮演不同角色的“演员”:经常得到学界指导和建议的官员、大学机构、学生和教学机构、先

㉔ R. Vallery-Rabot, *La Vie de Pasteur*, 2nd edn (Paris, 1905), 216;参见第十三章,第 529 页。

㉕ M. Moretti, ‘La commissione reale e la relazione Ceci’, in I. Porciani (ed.), *L'Università tra Otto e Novecento: i modelli europei e il caso italiano* (Naples, 1994), 277ff.

㉖ M. Isnenghi, ‘Per una storia delle tesi di laurea. Tracce e campioni a Padova fra Ottocento e Novecento’, in F. De Vivo and G. Genovesi (eds.), *Cento anni di università. L'istruzione superiore in Italia dall' Unità ai nostri giorni* (Naples, 1986), 102—105.

驱者、不同社会团体的压力和倡议，等等。

14 这种科学精神成功的原因何在？如果将法国、德国模式与英国模式进行比较，就可以得出令人惊奇的结论：科学精神的成功强化了一种将传统大学的法人自治与其成员在教学、学习和研究中的自由相结合的模式。洪堡和他的顾问施莱尔马赫最大的成功在于，他们拒绝了法国的专门学院模式，并使中世纪大学的结构现代化。从长远的观点看，这为摆脱政府对学术自由的干预提供了保障。英美大学的实例证明了学术自由和法人自治的重要性。

但更加引人注目的是，科学精神在日益增长的大学自治和公共权威的关系中所扮演的角色，这是包括英美高等教育在内的所有高等教育赖以存在的基础。现代史上绝大多数的专制和压迫政权都对大学进行了监督管理，在监管权威的控制与压迫的交互关系中，本书既分析了其中的消极因素，也分析了其中的积极因素，这些政权有法西斯主义和民族社会主义等。

大学的法人自治及其成员的自由进程不能仅从外在原因解释，其成功的真正原因在于科学精神自身。但本书难以达此深度，因为 19 世纪大学发展的具体研究现状要求我们应首先搭建原因分析的历史事实。但在重读手稿的过程中，我感到其答案可能蕴涵在以下方面。

柏林大学的精神之父将它们与人文主义大学进行了区分，在他们看来，那些大学仅满足于探索事物的外在现象，而没有探究其本质。神学家、哲学家施莱尔马赫在他的柏林大学建校方案中提出了习明纳制度，认为“这样的哲学教学所唤醒的科学精神，可以更深入到具体问题的深层，以研究、组合并形成对事物的真正认识，并通过完善认识，从而获得对所有知识的本质及其关系的真知灼见”㉗。

伟大的罗马法史学家萨维尼（Friedrich Karl von Savigny），在其著作《中世纪罗马法史》的前言中对这种“科学精神”给出了一个具体的事例。它将自身与法律史和法律文献史之间肤浅的分立区分开来。为超越早期
15 研究的描述性著作，萨维尼要寻找一个核心，“一个关键点，以解释最近的

㉗ F. Schleiermacher, *Gelegentliche Gedanken*（注释 5），39.

法律是如何真正地直接源于西罗马帝国形成的罗马法及其持续的演变”㉘。

批判史学的先驱尼布尔(Barthold Georg Niebuhr)在其《罗马史》的序言中也曾提到,他与萨维尼谈话中所提及的“关键点”,促使他开始从事历史批判工作。早期著作将罗马史视为“历史图表或印刷图景,从未尽力从这些原始资料中抽取客观对象的内在理念”㉙。

作为语言哲学家,洪堡在“观念的集合中探究这个关键点,其深度与广度将影响世界事件的进程,在其中必将隐藏着人类神秘发展的根本原理与各种方式”㉚。

这种科学精神源泉的“核心”、“关键点”、“结点”或“基本原则”,也可用其他事例说明。它将自然科学引向哲学思辩并逐步取代了经验研究。在施莱尔马赫之后,对科学精神的最佳解释者,以及对柏林大学影响最大的就是语言学家、古希腊历史学家菲利普·伯克(August Böckh)。在他看来,唯一合适的科学方法就是“循环法,它将所有的现象与核心相联系,并以此为出发点逐步向周边扩展”。根据伯克的观点,此核心存在于“整体相关的最内核”(*im innersten Kern seines Gesamtzusammenhanges*)。㉛ 因此,新方法应以“内核”相称,因为其目标就是核心,是哲学的本质,是自然和精神现象的历史或物质起源。

在尼布尔看来,这种新科学精神的“热情和喜悦”(Begeisterung und Seligkeit)将使柏林大学在其建立之初就焕发出生命活力,㉜此核心方法推动了对一切事物最核心的研究,也打开了现代大学的汹涌奔腾之路。

㉘ F. C. von Savigny, *Geschichte des römischen Rechts im Mittelalter*, Vol. I: *Vorrede zur ersten Ausgabe* (Darmstadt, 1956, reprint), vii.

㉙ B. G. Niebuhr, *Römische Geschichte*, Berichtigte Ausgabe in einem Bands, 5th edn (Berlin, 1853), vol. I, xv—xvi.

㉚ W. von Humboldt, ‘Über die Verschiedenheit des menschlichen Sprachbaus und ihren Einfluss auf die geistige Entwicklung des Menschengeschlechts (1830—1835)’, in *Werke in fünf Bänden*, ed. A. Flitner and K. Giel, vol. Ⅲ, *Schriften zurSprachphilosophie* (Darmstadt, 1965), 392. 新版(2002)结论(*Nachwort*)中描述了从1981年来对洪堡的研究,并增加了1981—2001年的参考书目。

㉛ A. Boeckh, *Encyclopädie und Methodologie der philologischen Wissenschaft*, ed. E. Bratuschek (Leipzig, 1877), 47, 56.

㉜ Niebuhr, *Römische Geschichte* (注释29), xvi.

从哲学时代到科学时代

拥有36名教授、11名编外讲师的柏林大学，在建校之初就充满着“热情和喜悦”，㉝这是令人非常惊异的，特别是如果将其与10年前洪堡在柏林时的不快相比，更是如此。他曾抱怨说：“我在柏林已经待了几个月了，我很不高兴。如果一定要我挑个地方的话，除了巴黎之外的所有城市都很糟糕。”㉞事实上，客观地说，19世纪初的柏林的确是一片荒地。当然，皇家内阁也曾决定在1801年建立一所“与科学院相结合的高等教育机构”。所以当1806年在哈勒大学失陷后国王再次提起该计划时，包括物理学家胡夫兰德（Hufeland，1800年以来他一直是科学院的正式成员）在内的专家权威们都对科学院的科学水平持否定态度。他们认为那仅是一种满足院士虚荣的荣誉勋章（*Légion d'honneur*），仅是老学究们聚会的场所。就高等教育机构而言，科学院几乎没有什么贡献。尽管如此，它仍可以从新组织中有所科学借鉴模仿。㉟ 在1809－1810年间，这使得洪堡将柏林大学构建于施莱尔马赫撰写的非官方文件之上，并要求他负责实施，进而将科学知识引入大学的真正使命之中。

威廉·洪堡于1789年8月初，即巴士底狱风暴后的几个星期，参观过巴黎，并于1797年作为一名私人学者，作为“公民洪堡”，与其家人定居于此，继续他的人类学和语言学研究。他对法国首都的知识状况非常失望，他在那看到了某种“疲惫与虚弱”（*Mattigkeit und Schwäche*）。但是，那

㉝ 参见‘Übersicht über die Zahl der Lehrer’, in M. Lenz, *Geschichte der königlichen Friedrich-Wilhelms-Universität zu Berlin* (Halle, 1910), vol. Ⅲ, 490.

㉞ ‘Ich bin also auf einige Monate in Berlin, was mir nicht lieb ist; da, wenn man einmal eine Stadt zum Aufenthalt nehmen muss, alle anderen, ausser Paris, doch rein unangenehm sind und bleiben.’ W. von Humboldt, letter to J. G. Schweighäuser, Berlin, 22 October 1801, in R. Freese (ed.), *Wilhelm von Humboldt. Sein Leben und Wirken, dargestellt in Briefen, Tagebüchern und Dokumenten seiner Zeit* (Darmstadt, 1986), 339ff. 247.

㉟ W. Rüegg, ‘Ortsbestimmung. Die Königlich Preussische Akademie der Wissenschaften und der Aufstieg der Universitäten in den ersten zwei Dritteln des 19. Jahrhunderts’, in Kocka *et al.* (eds.), *Preussische Akademie* (注释 17), 24.

里的数学与自然科学家的水平给他留下了深刻的印象，㊱其中有些人是洪堡在后来接替法兰西科学院的“全国科学与艺术研究所”(*Institut national des sciences et des arts*)举办的会议上认识的；有些则是通过经常造访巴黎植物园(*Jardin des Plantes*)认识的，该园于1795年成为新建的“全国历史博物馆”(*Muséum national d'histoire naturelle*)的一部分。㊲ 因此，1798年夏天，他就引介并安排他的弟弟亚历山大拜访了研究所的数学家彼埃尔·拉普拉斯侯爵(Pierre Simon Marquis de Laplace，1749—1827)、巴黎理工学院的路易·拉格朗日(Louis comte de Lagrange，1736—1813)，以及博物馆两位活跃的自然学家乔治·居维叶男爵(Georges Baron Cuvier，1769—1832)和艾蒂安·圣-伊莱尔(Etinne Geoffroy Saint-Hilarie，1772—1844)。在巴黎，亚历山大受到启发，开始了他的拉丁美洲自然科学研究之旅。归来后，他发现只有巴黎最适合他潜心分析20余年的研究。

1830年后，情况发生了变化。德国已经成为比巴黎更为重要的医学和科学研究的重镇。到19世纪中叶，在自然科学方面德国已经超过了法国。这种成功的超越仅靠德国研究者的聪明才智是无法实现的。在其他国家也出现了自然科学和医学的重大发现。但是，德国的大学系统使得科学研究成为专业的、组织严密的活动。实际上，到19世纪中叶，所有活跃于德国的自然科学和医学的研究者要么是研究所或大学实验室的负责人，要么是其合作者；而在不列颠和法国，这些领域的研究仍停留在业余爱好者或大学外的个体学者或机构的兴趣上。㊳

在德国，研究的贡献成为全社会各阶层有科学天赋男性和20世纪有科学天赋的女性获得学术职业的重要条件。1840年后，柏林出现了三位著名的教授，他们通过发明创造以及培养的遍及德国各地的诸多杰出弟

㊱ 洪堡1798年10月26日与巴黎F. H. Jacobi的通信，参见Freese (ed.)，*Wilhelm von Humboldt*（注释34），268—269.

㊲ *Idem*，Tagebuch，1 April 1798，ibid.，254；参见Brief an Goethe aus dem Frühjahr 1798，*ibid.*，252.

㊳ J. Ben-David，*The Scientist's Role in Society：A Comparative Study*（Englewood Cliffs，N. J.，1971），108—138；L. K. Nyhart，'Civic and Economic Zoology in Nineteenth-Century Germany：The "Living Communities" of Karl Möbius'，*Isis* 4，85 (1998)，605—607；其案例研究的导论提供了整个主题研究现状的概述。

子，进而改革了医学研究，他们是出生于鞋匠家庭的生理学家约翰内斯·缪勒(Johannes Müller，1801—1858)、出生于造绳业主家庭的病理学家、临床医学教师约翰·卢卡斯·舍恩莱因(Johann Lukas Schönlein，1793—1864)和出生于中学教师家庭的外科医生约翰·弗里德里希·迪芬巴赫(Johann Friedrich Dieffenbach，1795—1847)。

约翰内斯·缪勒在25岁的时候就已经成为波恩大学的教授。8年后，他又在柏林接替了他的老师——著名的解剖学家卡尔·鲁道菲(Carl Asmund Rudolphi，1771—1832)。在向普鲁士教育部长申请该职位时，缪勒说明了他所具备的并得到国际认可的领导大型科学研究所的能力，而这正是波恩所不具有的。因此，他写道，他的任命“将在多年之中决定着从柏林这所伟大的机构中折射出的精神，将决定着人们期望它所彰显的精神，并赋予那里其他的自然科学以巨大的生机与活力”㊴。

一位年轻教授将自己引荐给上级的信件中所展示出的自信是引人注目的，而这种态度后来也被证实是恰如其分的，这是因为，正是在缪勒的领导下，柏林才成了欧洲比较解剖学的中心。更有意思的是，他反复提到了“精神”在伟大的大学机构中的重要性，正是有了这种“精神”，医学问题才得以与自然科学联系在一起，进而得到系统、完整、全面的研究。为获得该机构所需的资金，就必须得到柏林当局——国王、教育部长和国王的私人顾问的支持，其中就有1827年从巴黎返回柏林的亚历山大·洪堡。这位被称为“国王陛下日常餐桌伴侣、旅行伴侣和永不忘怀的忠诚朋友，是弗里德里希·威廉三世(Friedrich Wilhelm Ⅲ)及其之后时代难得的一位发展科学的天才”，他在一定程度上以自己的影响促进了科研，并推进了自然科学中年轻研究者的职业发展。㊵

法国的情况则相反。克劳德·贝纳尔(Claude Bernard，1813—1878)

㊴ 见第十三章，第523—524页。

㊵ ‘[Alexander von Humboldt] der tägliche Tischgenosse, der stete Begleiter auf Reisen, der vertraute Freund des unvergesslichen königlichen Herrn, Schutzgeist der fortschreitenden Wissenschaft in der Zeit Friedrich Wilhelms III. und noch darüber hinaus’. R. Virchow, ‘Die Gründung der Berliner Universität und der Übergang aus dem philosophischen in das naturwissenschaftliche Zeitalter’, Rektoratsrede 3 August 1893 (Berlin, 1893), 20—29; here 20, 22.

不得不在地下室从事重要的生理学发现。而路易·巴斯德也在两间阁楼上进行其大部分的发酵实验。直到普法战争后,他才得到了实验室。之前他也曾多次向国王恳求但都未成功:“应该将实验科学从贫困的流亡中解放出来。30年前的德国,就已经有了配备了必要研究设备的大型实验室,并且每年都会涌现出新的机构;英国、美国、奥地利和巴伐利亚也为此进行了巨大的投资,甚至是意大利也开始了这方面的准备。”㊶ 19

和他的同事一样,缪勒痴迷于自然哲学研究,并终生仰慕亚里士多德。“核心”方法同样地引领着柏林古代科学教授伯克在不放弃将其作为教学模式的前提下,通过历史学与语言学的研究来挖掘希腊古典主义的新人文主义理念,也使得自然科学家们通过实验研究做出了革命性的发现,例如,缪勒及其学派发展了细胞理论,并承认是哲学的动力激发了他们的研究兴趣。

一战前,德国只有图宾根(1869)、斯特拉斯堡(Strasburg, 1872)、海德堡(Heidelberg, 1890)和缅因河畔的法兰克福(1914)有数学和自然科学系。它们对哲学可以从机制层面上保障人文科学、自然科学和社会科学在理智上的大一统有着如此深刻的信念,以致于基尔(kiel)、科隆(Cologne)、马尔堡(Marburg)直到20世纪的60年代还维持着统一的哲学系,而格拉茨和维也纳则一直维持到1975年。㊷

提出细胞在分裂中生长而发展了其老师缪勒的细胞理论的鲁道夫·菲尔绍(Rudolf Virchow, 1821—1902),1893年在柏林大学皇家奠基周年纪念活动中发表了演讲。在演讲中,他发展了电子工程学的奠基人维系纳·冯·西门子(Werner von Siemens,1816—1892)提出的人类已经进入科学时代,自然科学将主导实践运用的论点,进而实现了培根(Francis Bacon,1561—1626)设想的由科学主导自然的理念。

作为校长和一名研究者,霍尔姆赫兹从柏林大学建立之日起就开始赞美自然科学的进步。而作为一名活跃的自由主义政治家和有责任感的医生,他也对“被一些冒险家灌输给人们灵魂中的神秘冲动”力量提出了

㊶ 参见第十三章,第529页(前面第13页已经提到)。

㊷ 参见第十章,第415—416页。具体内容参见“1812—1944年间的欧洲大学及其类似机构:年表”。

警告，并以当时的反闪米特主义(anti-Semitism)为例说明，没有人真正了解它(反闪米特主义)在追求平等权利时代的目的，但尽管如此，或者说正是由于此，它吸引了受过教育的年轻人"㊸。

菲尔绍提出了"从哲学时代到科学时代的过渡"。1895 年，他的同事，哲学家、教育史学家弗里德里希·包尔生(Friedrich Paulsen，1846—1908)更清晰地将此过渡概括为"德国绝对哲学之后的绝对缺乏哲学的时代"。㊹德国的哲学与法国或英国有所不同，因为它丧失了普遍理智生活的意义。这并非是小事，因为德国精英没有打造足够多的知识分子抗体以对付伪科学意识形态。

"我相信的自由就在我心中"㊺

菲尔绍与包尔生的观点不同。包尔生一再徒劳地强调把作为中学科目的哲学当作学术精英培养的基础。而菲尔绍则认为，哲学已经在 19 世纪末的教育中发挥了作用。他在演讲的结尾曾回忆，在柏林大学，"学生的学术教育提供了大量的自由"，"这也赋予他们无限的责任，以便使每个人都以自己的方式成为独立的人"。所期待的结果是"自由地构建均衡、真诚和美好的人格"。㊻

这种理想在柏林大学也受到国家考试制度、习明纳的实施和学生日常生活方面的社会压力等问题的制约。但尽管如此，与其他国家相比，学生的自由依然是 19 世纪德国大学最主要的成就。

13 世纪末，博洛尼亚大学的学生，以及巴黎大学的师生都不是本地的

㊸ 'Stärke der mystischen Regungen, welche von einzelnen Abenteurern in die Volksseele getragen werden... [Antisemitismus], von dem niemand weiss, was er eigentlich in dieser Zeit der Rechtsgleichheit will, und der trotzdem, vielleicht auch deshalb, fascinirend selbst auf die gebildete Jugend wirkt.' 见：Virchow, 'Gründung'(注释 40), 27.

㊹ 'Es folgte in Deutschland auf das Zeitalter der absoluten Philosophie ein Zeitalter der absoluten Unphilosophie.' 见第十章。

㊺ 'Freiheit, die ich meine, die mein Herz erfüllt.' 为自由而战期间，马克斯·冯·申肯多夫(Max von Schenkendorf, 1783—1817)所写的著名学生歌曲及其他学生爱国歌曲第一节和最后一节的开头。

㊻ Virchow, 'Gründung'(注释 40), 29.

市民，他们联合组成了称之为“大学”(*universitates*)的社团。其主要任务是抵制当地霸道的势力集团，维护个人自由，保护学生免受政治、宗教当局的司法处置，在生活消费中与房东和商贩们进行斗争，以及监督“教师”履行教学义务——尤其是在博洛尼亚。大学是由学生共同生活的“学院”(college)以及基于籍贯的“同乡会”(nations)组成。当这些共同体在近代早斯丧失了权力之后，籍贯相同的学生便组织了学生会或学生俱乐部，在那里，“自由”往往从会员的个人自由退化为侮辱性的入会仪式或酗酒仪式。 21

与中世纪和近代早期大学的学生自由不同，个人自由在柏林大学的模式中意味着为学生提供学术教育，意味着将研究视为教育活动的中心，并赋予其应有的职责。威廉·洪堡将此视为其大学理念的根本，“在大学中，人只能通过自己、在自我中洞悉科学。自由是必需的，寂静有助于自由的自主施展。大学所有的外部组织都以这两点为旨归。听课是次要的，重要的是一个人常年与年龄相同、心智相仿的人处于紧密的联系中，他们都意识到在同一个地方有许多饱学之士，正全身心地致力于科学的发展与传播”㊼。

作为大学教授，为强调学生自己对学业负责的自由观念，施莱尔马赫赋予讲演和听课以新的意义，他比作为个体学者和政治家的供堡更为明确地指出：“教师必须向学生提供一切：他一定不能只描述他所知道的，而应再现他获取知识的方式和行为本身。学生不仅应当搜集知识，更应直接地观察获取知识的智力行为，并通过观察掌握自己如何获取知识的方

㊼ ‘Der Universität ist vorbehalten, was nur der Mensch durch und in sich selbst finden kann, die Einsicht in die Wissenschaft. Zu diesem Selbst Actus im eigentlichsten Verstand ist nothwendig Freiheit und hülfreich Einsamkeit, und aus diesen beiden Punkten fliesst zugleich die ganze äussere Organisation der Universitäten. Das Kollegienhören ist nur Nebensache, das Wesentliche, dass man in enger Gemeinschaft mit Gleichgesinnten und Gleichaltrigen und dem Bewusstseyn, dass es am gleichen Ort eine Zahl schon vollendet Gebildeter gebe, die sich und der Erhöhung und Verbreitung der Wissenschaft widmen, eine Reihe von Jahren sich nur der Wissenschaft lebe.’ W. von Humboldt, ‘Unmassgebliche Gedanken über den Plan der Errichtung eines Litthauischen Stadtschulwesens (1809 年 9 月 27 日)’, *Werke* (注释 30), 191.

式”。[48]

施莱尔马赫和洪堡，以及后来所谓洪堡大学模式的追随者都不再将教授视为在现有知识水平上按步就班地进行授课的教书匠，而是将其视为学生学习的榜样，进而使其能够客观地掌握学习内容，发展出新的、经过理性审视的知识。至少，研究应以掌握专业知识和解决问题的能力为目标，这也使得专业知识出现了科学的学科分化。

因此，在本卷讨论的历史时期内，在以德国大学为模式的大学中，除医学外，是不存在进行出勤率考核或考试的强制性课程的。只是在学期末，候选人需要参加他选修领域中的学术考试或官方考试。但尽管如此，个人的学习方式完全是由自己决定的。学生可以根据自己的喜好来制定学习方案，并且这也正是那些已获得文凭的成功学生所采用的科学方法，这一点我们可以从他们的自传信息中看出。他们时常参加他们自己选修领域之外的讲座和习明纳，或者，有些编外讲师会展示基于他们的研究的一些新知识。因此，对柏林大学的创办者而言，学习自由和自我负责不再是乌托邦式的理念。并且，直到20世纪中叶，在那些效法德国大学模式的大学中，学习自由始终是其主要标志。

个体自由与个体职责并不仅限于大学的改革。这仅是1807年卡尔·冯·施泰因(Karl Reichsfreiherr vom und zum Stein, 1757—1831)和1810年卡尔·奥古斯特·冯·哈登贝格侯爵(Karl August von Hardenberg, 1750—1822)为解决普鲁士专制国家现代化过程中出现的问题而进行的改革中的一部分。两人都主张实行独立的政府行政、解放农民、解放科学，并施行全民兵役制度。从这些个意义上来说，普鲁士人应该成为为个人生活负责、为公共利益负责的自由公民。

正如康德在柏林的追随者费希特(Johann Gottlilb Fichte, 1976—1814)和施莱尔·马赫宣称的那样，以个体自由和个体职责的精神来改革

---

[48] 'Der Lehrer muss alles, was er sagt, vor den Zuhärern entstehen lassen; er muss nicht erzählen, was er weiss, sondern sein eignes Erkennen, die Tat selbst, reproduzieren, damit sie nicht etwa nur Kenntnisse sammeln, sondern die Tätigkeit der Vernunft im Hervorbringen der Erkenntnis unmittelbar anschauen und anschauend nachbilden.' Schleiermacher, *Gelegentliche Gedanken* (注释 5), 63.

国家与社会，需要广泛的教育改革。在1809年至1810年洪堡任普鲁士内政部宗教事务和教育司司长的短暂时期内，他不仅为柏林大学奠定了基础，而且还根据瑞士教育学家裴斯泰洛齐（Johann Heinrich Pestalozzi，1746—1827）教学教育一体化的学校实验，改革了初等教育。学生们相互负责，他们并不是机械地重复着规定的技能，而是独立思考，学会如何负责任地行动。“如此清晰、明确、自发的教学方法，必然产生清晰认识和准确的行动。”洪堡不仅要通过裴斯泰洛齐的基础教育巩固解放农民的成果，而且进一步朝着“脑、心和手”统一的方向发展。最重要的是，他希望用从小学到大学的自由和负责的精神来塑造和团结整个民族，进而践行学校教学就是普遍的文化教育的理念，并将其做为对抗法国高等专科学校模式的另一种模式。㊾

高一级的、所谓“学术性”的学校，即高级文科中学（*Gymnasien*）的情况也是如此。洪堡在“论全面教育”（*allgemeine Menschenbidung*）和“完善的个性培养”（*allseitige Bildung der Persönlichkeit*）中说，其目标是构建于古希腊理想化的概念模式之上的，这种概念在希腊的学说中得到了辉煌的阐述。㊿ 1806年和1807年在罗马时，洪堡就已经在他的语言哲学的研究中确立起他对古希腊和当时的德意志之间的内在精神联系的信念，并像歌德一样表达出对古希腊精神中世界公民理念的关注。

在德国，古希腊人反抗强权、争取独立的战争被用作教育学生抵抗拿破仑侵略的光辉例证。教师们把回归希腊精神视为世界清新明朗的早晨，并将这种回归比作年轻一代德国人从几个世纪以来玷污纯粹德意志精神的拉丁罗马文化霸权的精神解放。经过人文主义者的整合并使拉丁文化更为丰富从而成为欧洲精英教育基础的希腊语，常常成为德国文科

㊾ Humboldt, *Werke* IV（注释 30）, delegation of young pedagogues to Pestalozzi's *Schulanstalt* in Yverdon: 65, 135; 'planmässige Verbreitung einer besseren <Pestalozzischen> Unterrichts-Methode über das ganze Land', 221, here 225, *Landschulwesen*, 225—228. 关于教育的整体讨论，参见 K.-E. Jeismann, 'Schulpolitik, Schulverwaltung, Schulgesetzgebung', in K.-E. Jeismann and P. Lundgreen (eds.), *Handbuch der deutschen Bildungsgeschichte*, vol. III: *1800 — 1870. Von der Neuordnung Deutschlands bis zur Gründung des Deutschen Reiches* (Munich, 1987), 106—109.

㊿ Jeismann and Lundgreen (eds.), *Handbuch*, 108.

中学民族沙文主义教育的基础。[51]

从大学建立之日起，摆脱权力的滥用和为共同事业负责就已将学生们团结在一起。因此，他们关注自身的自由，以及与他们的学习直接相关的责任。1800 年左右，学生们开始感到他们也要对整个民族的其他社会阶层的自由负责。1794 年，波兰学生组建了自己的军事组织，参加了由塔德乌什·柯斯丘什科(Tadeusz Kos'ciuszko, 1746—1817)领导的一场失败了的起义。在拿破仑统治下的德国也出现了类似的争取自由的起义，并获得成功。1806 年，在普鲁士遭到毁灭性打击后，大学教授们发起了一场真正意义上的爱国主义觉醒运动，如费希特的《告德意志国民书》、施莱尔马赫的布道和恩斯特·莫里茨·阿恩特(Ernst Moritz Arndt, 1769—1860)的诗篇；1810 年后，这场运动通过学生组织得以传播，最重要的是，于 1813 年在耶拿成立了“学生联盟”(*burschenschaften*)。就这样，学生志愿者们以自己的方式加入了这场斗争。[52]

学生参与到为国家争取政治自由和个人职责的斗争，成了学生运动的典范。1815 年后，经验丰富的学生战士们尝试通过一部自由民主主义宪法来统一德国，因而激怒了已经击败拿破仑的政府。1819 年，同盟国通过了由奥地利政治家梅特涅建议的措施，对学生聚会和自由观念进行镇压。这导致了学生运动在整个欧洲的扩散。在初始阶级，这一新现象的诸多核心方面纷纷涌现，并在进一步的发展中得以审视，最终在大学史发挥了重要的作用。

学生运动并不意味着学生学习和大学组织的更多自由与更多职责的使命感。法国学校或学院高度规整的课程没有激发出任何形式的学生抗议。在 1830 年的七月革命中，巴黎理工学院的学生们也装模做样地穿上了象征着军事教育的制服。1816 年，芬兰的奥布大学(University of Åbo)效法德国的“学生联盟”，但它仅要求更多的“学术自由”。1817 年，当其目标达成后，抗议也随之结束了。学生运动的历史影响仅出现在芬兰，当时

---

[51] W. Rüegg, ‘Die Antike als Begründung des deutschen Nationalbewusstseins’, in W. Schuller (ed.) *Antike in der Moderne*, Xenia Konstanzer Althistorische Vorträge und Forschungen 15 (Konstanz, 1985), 267—287.

[52] 参见第八章，下面其他未注明者均相同。

它在政治上依附于俄国当局，在文化上依附于瑞典语，这些都挑战着芬兰的民族意识。

学生运动标志着在学生生活中，已开始关注社会环境中政治或社会自由的缺失，并用他们的特殊地位来加以捍卫。这也常与内部的学术要求相关联。佛兰德学生正是这样经过几年的斗争获得了用自己语言上课的权利。这仅是佛兰德作为整体追求政治与文化解放的前哨战。学生运动不仅要求在学习中获得平等的语言权，它还发动了一场要求佛兰德语作为佛兰德人唯一官方语言的斗争，并进而引发了摆脱法兰西瓦龙人统治的政治解放运动。用自助组织和联盟的方式来表达学生的共同教育利益时，也是如此，尤其是当他们有了一个普遍的社会目标时，他们愈加积极。19 世纪 60 年代，在俄国出现的骚乱废除了农奴制，这引发了学生团体与联盟的强烈反应，使得该运动充满生机，就是其中的一个例子。

因此，学生团体的政治或社会参与是孕育学生运动的必要但不充分条件。无论是旨在提高农村人口智力和物质条件的成功的学生改革（特别是在不列颠和斯堪的纳维亚），还是社会主义学生团体的发展都没有引发学生运动。只有通过整个民族或某一社会阶层的政治或社会解放运动，学生的使命感才会产生，才会引发学生运动。

大卫与歌利亚

这使我们回到学生运动的起源，回到德国反抗拿破仑的自由战争，回到法国大革命和美国宪法所引发的人民自由战斗中去。在 20 世纪之前，学生运动主要是为实现整个民族的政治自由、反抗外来统治而斗争。在德国解放战争后，它们又活跃于战败后的波兰，以及北欧和南欧受外族统治的其他民族，还有欧洲在非洲和亚洲的殖民地。另一方面，它们往往还和民族解放运动联系在一起，献身于本国的公民自由运动，如德国、法国、意大利和俄国。

上述两种情况中，学生都不得不与非常强大的对手做斗争。他们与本国的其他大学学生，以及后来的国外大学学生形成了强烈的团结意识，他们在物质上和精神上相互支持，并提高了自信心，组成了全国性的同盟

(federations),后来又形成了国际性的联盟(unions)。首先,他们战胜了意识形态上的弱点,使其目标合法化和理想化。因此,学生运动从一开始就连续不断地受到精神领袖们的鼓励,他们大多是大学教授,如费希特的演讲或施莱尔马赫的布道,他们以口头、书面或冠名等形式赋予学生运动以其所需的合法性。高年级的学生往往在组织和安排上扮演着运动领导人的角色。如果他们必须付出生命,他们便慷慨就义。精神领袖的名号已简化为战斗的呐喊,发挥着象征性的作用,既为学生运动提供了有力的感情支撑,也为他们的合法性提供了意识形态基础。

将具体的物体或个人作为共同事务的象征,有助于团结,并从情感上强化这种团结,而当个体与其他组织分离开,并遇到来自对手的挑战时,只有其目标能与这一群体的身份认同达成共识,如某种颜色总与奖牌或服饰联系在一起,或使用某人的名号来彰显其纲领时,其手段才是有竞争性的。因此,象征在集体的迷惘中有多样的形式。[53] 在学生运动中也是如此,从其产生之初,富有想象力地使用象征形式就成为其标志,其使用范围,我们从现代集体运动,如足球或曲棍球中,便可见一斑。

1817 年,在埃森纳赫的瓦特古堡(the Wartburg in Eisenach),学生们就德意志学生运动的创立进行了详细地筹划,并由此形成了历次的纪念活动。在纪念活动中充溢着象征性的文化与政治形式,起初是以追忆从路德开始的德国宗教自由领袖的聚会为主,后来退化为焚烧反动著作的仪式。[54] 战士所穿戴的黑色、红色和金黄色的徽章是具有民族政治的象征意味的,并产生了不可预见的影响。[55] 这使人想到流传甚广的吕佐(Lützow)学生自由军,它在德意志学生运动中广为流传并成为为争取自由和国家统一而战的象征。魏玛共和国就使用黑、红、金黄色的旗帜代替

---

[53] W. Rüegg, 'Symbole als politische Ausdrucksformen', in A. Zweig (ed.), *Symbolforschung mit politischen, religiösen und ästhetischen Ausdrucksformen. Akten des 4. und 5. Symposions der Gesellschaft für Symbolforschung Bern 1986, 1987*, Schriften zur Symbolforschung 5 (Bern, Frankfurt-am-Main, New York and Paris, 1988), 9—32.

[54] 关于维滕伯格仪式的具体内容以及参考书目,参见 J. Bauer, 'Zur Geschichte einer Festlegende 1817—1848—1867', in H.-W. Hahn and W. Greilling (eds.), *Die Revolution von 1848/1849 in Thüringen* (Rudolstadt, 1998), 535—561.

[55] W. Klose, *Freiheit schreibt auf eure Fahnen. 800 Jahre deutsche Studenten* (Oldenburg and Hamburg, 1967), 136—141.

了帝国的黑、白、红旗帜，用于代表今天的德国。

意识形态和象征意义上的大团结战胜了反抗强权、为自由和自治而战的斗争中带来的不安定因素，成为了学生运动史上一以贯之的主题，它以自治自由的斗士为起点，后来却沦为法西斯主义和纳粹主义的专制学生组织。

意大利学生反对奥地利霸权、教皇国及其所保护的公国，争取国家统一和个人自由的斗争，清晰地展示了学生运动的三大核心趋势。早在文艺复兴，小城市的大学便更受人关照，因为这里的学生组织比大地方的更便于监视。因此，洛伦佐·德·美第奇(Lorenzo de' Medici，1449－1492)就将佛罗伦萨大学迁往了比萨。米兰人在帕维亚(Pavia)，威尼斯人在帕多瓦(Padua)有了自己的大学。1831 年 9 月 12 日，负责管理“留守”大学的教皇国当局取消了有“大学之母”之称的博洛尼亚大学的法律地位，仅保留了它的学术头衔，成为一个考试机构。各系被遣散到不同地区，教授则在教会的监控下教授管理当地的学生。 27

教廷希望借此瓦解学生的团结，但却引发了一场自 1830 年巴黎七月革命以来更大规模的、遍及大部分欧洲地区的革命运动。1831 年 2 月 4 日，博洛尼亚政府被临时政权和平取代。仅两天后，“好战的学生之歌”就已流行，这是一首完全称颂为自由而战的歌曲。当时有两份文献也表明，博洛尼亚的学生运动是需要精神领袖的。一份是学生向革命政府宣读的大学改革意见。当时的公共教育部部长是数学家、哲学家弗朗切斯科·奥里奥希(Francesco Orioli，1785－1856)，毫无疑问，他对学生的建议提供了帮助；该建议也几乎被政府逐条接受。另一份是 3 月 9 日出版的致巴黎学生的团结宣言，在宣言中公开颂扬了教授给予的智力支持。博洛尼亚的学生回顾了七月革命，在强调法国哲学家在为自由而进行的斗争中发挥的重要作用的同时，也逐一列举了老师的名字，称他们为意大利的楷模。该宣言赞扬了学生在为自由而战中形成的国际团结，并以寻求军事援助的外交辞令为结尾。两星期后，博洛尼亚被奥地利军队占领，根据梅

特涅的命令，大学被关闭。[56]

这些命令规定按系科拆分大学，并准确无误地说明只有那些过着清白的基督徒生活的年轻人才能获准学习并参加学术考试。其实际意义可以从对奥地利占领下的伦巴底的中等规模的帕维亚国立大学和由奥大利大公们开办的微型的摩德纳大学的学生生活进行的新普查中看出。[57] 1814年，摩德纳大学拥有4个系，28名教授，200名学生。到1859年，学生数量增长为原来的3倍，而教授的数量则为原来的2倍。其职责是培养公国所需的毕业生。不允许招收留学生，本地人也只能在摩德纳学习。半数的申请者被退回，但有90%的学生可通过学位考试。学生的日常作息制度十分严格，他们的一天是从早上七点的弥撒开始，晚上十点半熄灯。在上午的讲座结束后，他们对下午和晚上的自习也有严格的规定。学生必须请假才能在晚祷前离开学院，这在理论上仅起到监督的作用。

1815年，政府训令禁止学生在咖啡馆赌博，1821年，又对学生观看剧场演出进行了限制，这说明学生在这些规定颁布之前能更自由地利用他们的闲暇时间。咖啡馆作为休闲和自由的场所，在那里阅读报纸，不仅能展开学生之间的交流，而且能拓展学生与公众之间的交流，因此，它在政治上所具有的重要性正处于意大利当局的调查之中。[58] 哪些地方还能让

---

[56] A. Sorbelli, 'L' Università di Bologna e la rivoluzione del 1831', *Studi e memorie per la storia dell'Università di Bologna* IX (Biblioteca de 'l' Archiginnasio', Serie I, vol. IX) (Bologna, 1926), 147－186 页：大学解散，第 167 页；the *Sagra Congregazione degli Studj* 法令，第 167－170 页；学生歌，第 152 页；大学改革建议，第 159 页；巴黎学生团结宣言，第 157－158 页；Metternich 干涉，第 164 页。

[57] 1995 年，Gian Paolo Brizzi 提出，现代研究集中于外在影响和结果，对学生运动，特别是意大利的学生运动，没有给予重视（G. P. Brizzi, 'Studenti: una storia ancora da scrivere', in *Gaudeamus igitur. Studenti e goliardia 1885－1923* (Bologna, 1995), 10－11）。我也要对下列资料的作者表示感谢：S. Polenghi, 'Studenti e politici nell'Università di Pavia durante il Risorgimento (1814－1860)', *Università e studenti nell'Ottocento*, Storia in Lombardia, 21, 3 (2001), 5－38 页. A. Magnani, 'Gli studenti pavesi fra contestazione e impegno politico (1885 － 1894)', *ibid.*, 39 － 58. R. Gambiglioni Zoccoli, 'Gli studenti nel' Università estense della Restaurazione. Un caso di studio', *ibid.*, 59－74；70 页，注释 42，Brizzi's 上面提到的发展状况）。

[58] M. Agulhon, *Il salotto, il circolo e il caffé* (Rome, 1993). E. François, 'Il caffé', in H. G. Haupt (ed.), *Luoghi quotidiani nella storia d'Europa* (Rome and Bari, 1993).

摩德纳的学生与秘密的烧炭党接头呢？在街头徘徊使得富有想象力的学生将其与政治上的重要象征形式联系起来。这也使得政府当局以监禁相威胁，禁止学生在街面或广场上穿戴贝雷帽、抽烟斗或长雪茄烟。后者与军事行动相联系，它为学生所效法，作为反奥的一种挑衅姿态；而前者则象征着他们与群众起义的大团结。⑲ 事实上，对学生生活极为严格的管制，使得人们更容易理解摩德纳的学生为什么特别愿意参与到群众运动之中去，尽管他们必须为此付出代价。1821 年，有 19％的学生被开除，到了 1831 年，被开除的学生达到 32％。

像摩德纳这种地方大学在学生运动中的领袖地位也很好地培养了一批公众人物，诸如首领尼古拉·法布里齐（Nicola Fabrizi，1804－1885）和曼弗雷多·凡廷（Manfredo Fanti，1806－1865），1831 年后他们都逃离了意大利。1832 年又加入了由马志尼（Giuseppe Mazzinl，1805－1872）在马赛建立的遭禁的秘密社团——“青年意大利”（Young Italy），并最终通过各种渠道在 1859－1860 年的民族统一战争中成了成功的将军和作战部部长。曼弗雷多·凡廷毕业于摩德纳大学的军事学院，1830 年获得了数学博士学位，后到西班牙开始了军事生涯，1848 年他作为伦巴第旅的将军（major-General）参加了米兰的解放战斗，是 1859－1860 年反奥地利和罗马教皇战争中的陆军将领，1860 年被卡米洛·本索·卡武尔伯爵（Camillo Benso，conte di Cavour，1810－1861）任命为作战部长，负责整规军事力量。在其流放期间，法布里齐法官与马志尼一起组织了秘密社团，后来又组织了自己的“意大利兵团”（Italian Legion），并指挥自己的部队参加了 1860 年西西里的解放战斗。他被朱塞佩·加里波第（Giuseppe Garibaldi，1807－1882）提升为陆军将军，并成为新民族国家的国防部长，开始了他动 29

⑲ Zoccoli，‘Studenti’（注释 57）：入学：第 59－61 页；考试：第 68－69 页；日常制度：第 67 页；咖啡馆：第 71 页；剧院：第 72 页；雪茄烟、贝雷帽：第 71 页；纪律：66ff；开除：第 73 页。

荡的政治生涯。[60]

摩德纳的情况形象地说明了在这些封闭的高等教育机构中潜藏着学生运动的发展，这在 19 世纪前半叶的欧洲一直是非常普遍的。它们受外国或地方专制统治者的统治，唯一的任务就是在严格的纪律下训练其领土范围内需要的专业人才。帕维亚则是另一种较为开放的大学类型。该大学不仅为伦巴底的经济发展培养专业人才，而且也一直受到外国学生的追捧。帕维亚濒临由撒丁岛国王统治的较为自由的皮埃蒙特（Piedmont），而且伦巴底与法国在历史上一直有密切的关系。

司汤达（Stendhal）在 1816 年指出，帕维亚学生的反德（即说德语奥地利人）情绪十分激烈，以致于他们常常以在夜晚的小巷中用木棍惊吓德裔年轻人取乐。学生们追忆着彼特拉克（Petrarch）的名言，憧憬着一个统一的意大利。而他们所希望的仅仅在 1821 年就由他们的法国先师和 1831 年后在马志尼的呼吁和密谋中得以实现。

1821 年，在帕维亚的 893 名学生中有 84 人越过了与皮埃蒙特接壤的边境，帮助那里起义的学生同伴们。但尽管如此，他们中只有一半人幸运地回来，并以生病为由告假，以避免惩罚。而那些被逮住的反叛者，虽说他
30 们中有一部分人被流放，但大多很快就被赦免了，而参加暴动的老师则受到了严厉的制裁。1825 年，政府进一步严格了对学生自由的规定。不再招收那些主要来自皮埃蒙特或著名的被流放自由战士的政治庇难所——瑞士的学生。本国出生的学生也受到了严格的行为限制，要按照所谓的基督徒的生活方式生活，教授则应成为监督者。许多学生，有时在教授的帮助下，努力摆脱教堂的限制。但是，与医学院的学生相比，法学院的学生要难得多，这是因为医学院的学生可以以清晨的解剖课为由来逃避要求其必须参加的弥撒。首先，学生常常使用具有象征意味的外衣来进行挑衅。他们蓄胡，尽管屡遭禁止（因为蓄胡总与军事行动相联系），不过最后学校当局还是允许蓄胡。或者他们以服饰来表达与普通民众的团结，他们穿戴各种各样的头饰——到 1821 年一种名为“àla Sand”的贝雷帽就已

[60] 参见 G. Monsagrati, ‘Nicola Fabrizi’, *Dizionario biografico degli italiani*, 43 (Rome, 1993), 803—812; V. Caciulli, ‘Manfredo Fanti’, *ibid.*, 44 (Rome, 1994), 635—638.

成为造反的暗号。1848 年,军事当局严禁穿戴有政治嫌疑的卡拉布里亚帽;到 1849 年,学生则有意地戴上饰以红、白、绿玫瑰样的草帽。剧院的事件——特别是威尔地(Verdi)的歌剧,或贝利尼(Vincenzo Bellini)的诺玛(*Norma*)——激发了强大的爱国力量。总之,学生运动总是能找到那些在政治上无伤大雅的物体,来象征性地表达他们对个人自由和政论自由的渴望。

1832 年,年轻牧师托马索·比安基(Tommaso Bianchi, 1804—1834)开始在熙列里(Ghislieri)自由学院向学生讲授马志尼的作品。1834 年,他被一个助手举报而遭逮捕,不久死于狱中。但除了马志尼追随者“殉难”的这种方式之外,马志尼的作品还通过手抄本的形式传遍了整个大学。在某种程度上可以说正是由于马志尼的失败,才使得他的追随者遍及全国。他在法国、瑞士或伦敦流放中发起的密谋或起义的失败越多,其强烈要求自由的信念对学生运动的影响就越大。这一直持续到民族统一之时——甚至更长一段时间。在 1848 年前后,帕维亚的学生还阅读了其他疑似为危险分子而遭禁的作家的著作,例如黑格尔、大卫·弗里德里希·施特劳斯(David Friedrich Strauss, 1808—1874),其中首先是著名的法国作家,从圣西门(Saint-Simon, 1760—1825)、本亚明·贡斯当(Benjamin Constant, 1767—1830)到儒尔·米什莱(Jules Michelet, 1798—1874)和布朗基(Louis Auguste Blanqui, 1805—1881)。[61] 人们发现,在意大利人对其复兴时代大学史的研究中,几乎没有不提及马志尼的,时常是仅有一句话,它使意大利的读者认识到这是一位神秘的、具有激进主义思想的、为自由而战的现代典范,尽管他屡屡受挫。 31

* * *

本章试图勾勒出本卷重点关注的新问题,并审视其结论。在本卷以及前面的各卷中,习惯做法仅是提出了一系列初步的论点,而远非定论。

---

[61] Polenghi, 'Studenti e politici'(注释 57),司汤达:第 11—12 页;1821 革命和 1825 措施:第 12—15 页;政治标志的衣服、帽子、胡须:第 16—18 页,第 26 页,第 29—30 页;工作:第 17 页;雪茄烟:第 35 页;马志尼:第 20 页,第 31 页;颠覆性读物:第 21 页。

尽管目前已有许多成果和大有前途的努力，但是在欧洲现代大学史这个庞杂的领域中，确实需要我们通过系统地研究，来更加深入地对待其中一些突出的主题。

本章的切入点是德国人通过强调大学科学研究、教学和学习自由的理念，进而揭开了现代研究型大学之路。在与拿破仑时代由政府主导的专门学校模式竞争的过程中，德国开启了自然科学的胜利征程，并导致了大学制度结构的第二次划时代的复兴。本章以第三次，也是同样重要的创新——学生运动——为终点，大学因之也成为了争取自由的政治斗争的“兵工厂”。意大利的学生运动表明，“我要自由”已很快地割裂了与要自由的普鲁士战争之间的血缘联系，并拓展成为囊括整个欧洲的自由斗争，其中以巴黎1820年、1831年和1848年革命为典范。为自由而战在不同的国家各不相同。但自由的内在理念则是遍布各地，尤其以那些要求大学成为践行自由的场所的教授和大学毕业生为代表。

第二章 模 式

克里斯多弗·查理

导 言

以法国大革命和拿破仑帝国为肇始，在1800年至1945年的漫长历史中，欧洲大学发生了很多变化，它有时是以渐变的方式进行着，有时则是革命式的突变。现代早期的一些大学结构，这些来自中世纪的传统，的确在19世纪欧洲的诸多地区得以延续，尤其是在英伦诸岛以及欧洲南部和北部的半岛地区，但与此同时，截然不同的，新的大学组织模式也开始在法国和德国渐露头角。它们引发了这些国家的旧大学里的一系列变革，并为新建立的民族国家的大学奠定了基础。德国模式，即所谓的洪堡模式，在19世纪末横扫了整个欧洲大陆，并影响到其他两种模式——法国模式和英国模式。但尽管如此，最终它也发现自己身处危机之中，这是因为它逐渐发现无法适应工业社会中社会和知识的发展需要，以及大学作为

一个社会机构的需求。在柏林大学成立一百年之后，1910 年成立了威廉皇帝协会(Kaiser-Wilhelm-Society)。这开启了以大规模的研究和教学、科研逐步分离为特征的时期，标志着变革的继续深化。

德国、法国和俄国的大学变革

1789 年，欧洲仍在运行的 143 所大学中，①有 35 所在**德国**，它共有学生 7900 名，其中“四大巨头”，即哈勒、哥廷根、耶拿和莱比锡拥有其中 40% 的学生。在大革命期间，18 所旧大学及斯图加特大学停办了；16 所幸存的大学是爱尔兰根(Erlangen)、弗莱堡(Freiburg)、吉森(Giessen)、哥廷根、格瑞夫斯沃德(Greifswald)、哈勒、海德堡、耶拿、基尔、柯尼斯堡(Königsberg)、兰茨胡特(Landshut，1825 年迁往慕尼黑)、莱比锡、马尔堡、罗斯托克(Rostock)、图宾根(Tübingen)和维尔茨堡(Würzburg)。普鲁士建立了 3 所新大学，其中最有影响的就是 1810 年在柏林建立的弗里德里希一洪堡大学，其目的是为了弥补《提尔西特和约》(Peace of Tilsit)后哈勒大学划归威斯特伐利亚所造成的损失。1811 年布雷斯劳大学(Breslau)及 1818 年波恩大学的重建，意在强化普鲁士的统治。1815 年之后，普鲁士在从波兰被占领的部分领土到受天主教和法国影响的莱茵地区之间广大的、截然不同的区域内得到了普遍的复兴。在 19 世纪的后半叶，三所重

① J. Verger, ‘Universités, pouvoir et société *à* l’époque moderne (XVIe－XVIIIe siècle)’, in C. Charle and J. Verger (eds.), *Histoire des universitiés* (Paris, 1994), 35.

要的普鲁士大学合并到洪堡模式中，这种模式将随后详加讨论。②

在法国，变化更为明显。从1789年12月22日（将大学与新成立的政府各部相联系）至共和三年风月7日（7th *ventôse of the Year III*，即1794年2月27日），法国的专门学校以及神、医、文、法学院为接二连三的法律法令所取缔，专门学校停办。③ 在国民大会（National Convention）统治下相对具有创造性的阶段后，随着罗伯斯比尔（Robesperre，1758－1794）的倒台和督政府（Directory，1795－1799）的建立，拿破仑执政府（National Consulate）和帝国执行了严格的官僚行政管制，这使得大学自治成为一纸空文。大学被专业学院所取代：从1794年始，巴黎、斯特拉斯堡（Strasburg）、蒙彼利埃（Montpellier）有3所医学院；1804年前后，整个帝国只有12所法学院；至于文学院和科学院，在每个学区都各有两所此类学校——它们隶属于国立高等学校（lycées）和中央政府，并颁发学士学位，即最低的正规学术学位，也是国立高等学校的毕业文凭。幸运的是，拿破仑宽恕了学术创新的真正核心，即伟大的国家教育机构。诸如法兰西学院和皇家学园（*Jardrn du Roi*，动植物园），从某种程度上说，它们起源于旧制度，后来成了博物馆。在大革命时期成立的其他机构有艺术与商业博物院（*Conservatoire des arts et métiers*）、法兰西研究所（*Institut de France*，五大学院的中心）、东方语言学院（*École des langues orientales*），以及诸多的专门学校，有培养军事工程和炮兵军官的巴黎理工学院（*École polytech-* 35

② 关于统计与历史资料：H. Titze, with H.-G. Herrlitz, V. Müller-Benedikt and A. Nash, *Wachstum und Differenzierung der deutschen Universitäten 1830－1945*, Datenhandbuch zur deutschen Bildungsgeschichte 1, Hochschulen 2 (Göttingen, 1995), 71－73, 122－123. 关于三所普鲁士大学：M. Lenz, *Geschichte der Königlichen Friedrich-Wilhelms Universität zu Berlin, 1810－1910*, 5 vols. (Halle, 1910－1918); M. Braubach, *Kleine Geschichte der Universität Bonn 1818－1968* (Bonn, 1968); F. Andreae and A. Grisebach (eds.), *Die Universität Breslau* (Berlin, 1928). 关于法国和普鲁士高等教育趋势的比较，参见G. Schubring, 'Spezialschulmodell versus Universitätsmodell. Die Institutionalisierung von Forschung', in G. Schubring (eds.), *Einsamkeit und Freiheit neu besichtigt. Universitätsreformen und Disziplinenbildung in Preussen als Modell für Wissenschaftspolitik im Europa des 19. Jahrhunderts. Proceedings of the Symposium of the XVIIIth International Congress of History of Science at Hamburg－Munich, 1－9 August 1989* (Stuttgart, 1991), 276－326.

③ L. Liard, *L'Enseignement supérieur en France* (Paris, 1888), vol. I, 119－120; J. Schriewer, *Die französischen Universitäten* 1945－1968 (*Bad Heibronn*, 1972), 24－25.

nique)、培养其他军官的圣西尔军校(*Saint Cyr*)和培养大学教师的巴黎高等师范学校(*École Normale*)。④

如此极度的分化与专门化的格局,解释了法国大学的多样化,而这恰好与德国形成了鲜明对比。的确,在整个 19 世纪,它都受制于政治和知识的变革。为了应对领土的沦陷和财政上的不济,1816 年复辟时期一举取缔了 17 所文学科学院和 3 所科学学院,而在七月王朝和第二帝国时期则新建了一些学校,并取得了不同程度的成功。第三共和国遭到了来自地方的巨大压力,使其无法像德国一样集中打造几所大学的中心。1896 年,重建了 16 所大学,虽然改革者认为要打破巴黎高校一家独尊的沉闷氛围只需 10 所大学就足够了。⑤

在**俄国**,也发生着类似的急速的统制方式的变革。除 1755 年建立的莫斯科大学外,19 世纪最初 10 年里又出现了 5 所大学。1802 年,亚历山大一世(Alexander I, 1777—1825)重建了 1710 年关闭的、位于多尔帕特(Dorpat)的德语塔尔图大学(Tartu),之后,1803 年在维尔纽斯(Vilnius)[维尔纳(Vilna), 立陶宛],1804 年在恰尔科夫(Charkov, 乌克兰),1805 年在喀山(Kazan, 俄国)建立了新大学。1819 年他又将圣彼得堡(St Petersburg)科学院的教学部提升到帝国大学(Imperial University)的位置。维尔纽斯大学于 1832 年被关闭,其神学院和医学院被作为独立的学院迁至基辅(Kiev)。⑥ 19 世纪下半叶,敖德萨(Odessa, 1865)、托木斯克(Tomsk, 1888)、萨拉托夫(Saratov, 1909)的大学,特别是居于首都的大学,均

36

④ 参见巴黎理工学院和巴黎高等师范学校 200 周年的出版文集:B. Belhoste *et al*. (eds.), *La formation polytechnicienne* (Paris, 1994); B. Belhoste *et al*. (eds.), *La France des X, deux siècles d'histoire* (Paris,1995); J.-F. Sirinelli(ed.), *École normale supérieure. Le livre du bicentenaire* (Paris, 1994); 以及他们的前辈: Shinn, *Savoir scientifique*; *École normale supérieure 1795—1895, le livre du centenaire* (Paris, 1895), J. Verger 重印的历史研究 (Paris, 1994)。关于 St. Cyr: S. W. Serman, *Le Corps des officiers français sous la Deuxième République et le Second Empire*, 3 vols. (Lille, 1978). 关于博物馆:C. Blanckaert, C. Cohen, P. Corsi and J.-L. Fischer (co-ord.), *Le Muséum au premier siècle de son histoire* (Paris, 1997).

⑤ V. Karady, 'De Napoléon à Duruy: origines et naissance de l'Université contemporaine', in Verger (ed.), *Universités en France*, 282—288; Weisz, *Emergence*, 134—161.

⑥ D. Beauvois, *Lumières et société en Europe de l'Est: l'Université de Vilna et les écoles polonaises de l'Empire russe (1803—1832)* (Lille, 1977).

增设了技术学院。⑦ 欧洲其余各地的大学的变革则更为缓慢、持久。

西北欧和南欧大学的缓慢发展

相对于其他国家，**英国**在固守传统方面是最为坚定的。1800 年，爱尔兰仅有 1 所大学(都柏林三一学院)，苏格兰有 4 所(阿伯丁、爱丁堡、格拉斯哥和圣安德鲁斯)，英格兰有 2 所(牛津和剑桥)，威尔士则一所也没有。伦敦大学成立于 1828—1836 年间。在没有特别的全国性规划的情况下，地方性的大学纷纷涌现：达拉谟(Durham，1832)、曼彻斯特(Manchester，1851)、阿伯里斯特威斯(Aberystwyth，1872)、利兹(Leeds，1875)、伯明翰(Birmingham，1875)、布里斯托尔(Bristol，1876)、谢菲尔德(Sheffield，1879)、利物浦(Liverpool，1881)、诺丁汉(Nottingham，1881)、加的夫(Cardiff，1884)和班戈(Bangor，1884)、里丁(Reading，1902)，以及南安普敦(Southampton，1902)。1858 年，苏格兰大学进行了改革，1870 年后，牛津和剑桥也进行了改革，因此，在第一次世界大战之前，一个全国性大学系统开始出现。⑧

质疑传统，并使其适应社会经济的变革，对意大利和伊比利亚半岛而言，是极为困难的，而同样的情况也出现在阿尔卑斯山脉以北的小国和斯堪的纳维亚半岛的国家中。政府几乎没有关闭已有的机构，而且还更倾向于新建一些具有特定功能的新机构以满足社会和政治的需要。其结果导致了大学的分布具有不均衡性和随意性。

意大利在统一前有 21 所大学，其规模差异巨大，并不能适应社会的实

---

⑦ A. Besançon, *Education et société en Russie dans le second tiers du XIXe siècle* (Paris and The Hague, 1974).

⑧ R. D. Anderson, *Universities and Elites in Britain since 1800*, Studies in Social and Economic History (Basingstoke and London 1992), 12—23; W. H. G. Armytage, *Civic Universities: Aspects of a British Tradition* (London, 1990); A. H. Halsey and M. A. Trow, *The British Academics* (London, 1971); R. Lowe, 'The Expansion of Higher Education in Britain', in K. H. Jarausch (ed.), *The Transformation of Higher Learning, Expansion, Diversification, Social Opening and Professionalization in England, Germany, Russia and the United States* (Stuttgart, 1983), 37—56; G. Sutherland, 'Education', in F. M. L. Thompson (ed.), *The Cambridge Social History of Britain* (Cambridge, 1990), vol. III, 137—140, 154—158.

际需要。由于历史的原因,这些大学集中在意大利的北部和中部,而南部除一所巨型的那不勒斯大学外,则是一片教育荒漠。1861年,卡洛·马托伊斯(Carlo Matteucci,1811—1868)尝试关闭一些小规模的学院以调整大学布局,但以失败告终。只有1923年由墨索里尼(Mussolini,1883—1945)颁布的《改革法案》(*Riforma Gentile*)才真正对大学进行了调整,该法案对政府资助的、高效的、综合性大学和天主教资助、政府部分赞助的小型免费大学进行了明确地区分。⑨ 与此同时,在巴里(Bari)、佛罗伦萨和米兰等一些较大的城市中也引入了类似大学的高等教育机构,它们于1923年开始成为大学。20世纪30年代之初,除了技术和商贸学院之外,意大利共有27所大学,它们大多为商业大学,诸如米兰的博可尼(L. Bocconi),这些大学多为私人赞助,⑩并且在它们中仅有15所大学(即占全部大学数的一半稍多些)拥有超过1000名学生。⑪ 由于意大利民族国家由于议会制里的地方利益冲突,上述法国雅各宾模式的改革被证明是不成功的。

西班牙则恰恰相反。其中央集权的传统,使得伊比利亚的大学格局在整个19世纪始终表现为一种单一化的特征。1807年、1824年和1845年,陆续关闭了一些旧大学,保留了10所大学作为各学区的"首脑机关",而它们是以法国的学院为模式形成的。这10个学区是巴塞罗纳(Barcelona)、格拉纳达(Granada)、马德里(Madrid)、奥维耶多(Oviedo)、萨拉曼卡(Salamanca)、孔彼斯特拉的圣地亚哥(Santiago de Compostela)、萨拉戈萨

---

⑨ I. Porciani, 'Lo stato unitario di fronte alla questione dell'università', in I. Porciani (ed.), *L'Università tra Otto e Novecento: i modelli europei e il caso italiano* (Naples, 1994), 135—184; T. Tomasi and L. Bellatalla, *L'Università italiana nell'età liberale (1861—1923)* (Naples, 1988), 22—23, 100—103, 116—118; S. Polenghi, *La politica universitaria italiana nell'età della Destra storica (1848—1876)* (Brescia, 1993) with multiple tables.

⑩ D. Musiedlak, *Université privée et formation de la classe dirigeante. L'exemple de l'Université L. Bocconi de Milan* (Rome, 1990).

⑪ *Statistiche sul Mezzogiorno d'Italia 1861—1953* (Rome, 1953), quoted by V. Karady, *Relations interuniversitaires et rapports culturels en Europe (1871—1945)*, rapport de fin d'ètude, décembre 1992, 177—178.

(Zaragoza)、塞维利亚(Seville)、巴伦西亚(Valencia)、瓦来多利(Valladolid)。⑫ 1836年,阿尔卡拉大学(University of Alcalá)迁至马德里之后,西班牙的大学就像法国一样,完全陷入首都气息的影响之下,出现了众所周知的"中央大学"(Central of University)的特权。同时期的还有巴塞罗那大学,这是唯一一所拥有所有学院的大学,也是唯一一所可以授予博士学位的大学。在首都还出现了效法法国模式,以为国家培养工程师为己任的专门技术学院。

荷兰、比利时、瑞士和斯堪的纳维亚的国家中也存在着合理组织大学 38
系统的问题。在现代早期,受宗教传统和全国或地方利益冲突的影响,畸形地催生了一大批为迎合实际需求而成立的大学。但尽管如此,它们仍间接地促进了社会的发展和开放。这些大学几乎得不到地方和国家的支持,其所依赖的国外留学生的学费成了大学经费的重要来源。

最典型的例子是瑞士,1910年,它拥有375万居民和7所大学,其中有4所是面向80万说法语的瑞士人。它们共招收8000多名学生。其中绝大部分是由原有的中学升格为大学的:1872—1873年的日内瓦(其前身为1559年成立的学院)、1890年的洛桑(Lausanne)(1537年成立学院)、1889年的弗里堡(Freiburg)(1763年成立的法律学园,后来1882年成为法律学院)、1909年的纳沙泰尔(Neuchâtel)(1838年成为学院)。在德国的影响下,瑞士的德语地区,提前半个世纪进入大学转型时期,苏黎世是在1833年(其前身是1525年成立的神学学校)、伯尔尼是在1834年(其前身是1528年成立神学学校)。此外,还有1459年成立的巴塞尔大学(University of Basel),1855年成立的苏黎世联邦综合技术学校(1911年更名为"联邦技术中学"),以及1911年由贸易学园转型而成的圣加仑高等商业学

⑫ P. Melon, *L'enseignement supérieur en Espagne* (Paris, 1898); Peset, *Universidad española*; J.-L. Guereña, 'L'université espagnole vers 1900', in J. Schriewer, E. Kleiner and C. Charle (eds.), *Sozialer Raum und akademische Kulturen. Studien zur europäischen Hochschullandschaft im 19. und 20. Jahrhundert / A la recherche de l'espace universitaire européen. Etudes sur l'enseignement supérieur aux XIXe et XXe siècles* (Frankfurt-am-Main, 1993), 113—331.

校(Business High School of St Gallen,并于 1996 年最终升格为大学)。⑬

荷兰与比利时一样,是法兰西帝国的一部分,拿破仑的野蛮政策对其大学也有着深刻影响。到 1815 年,仅有莱顿(Leiden)、乌特勒支(Utrecht)和格罗宁根(Groningen)大学得以保存。曾有着辉煌历史的莱顿大学尚未来得及完全吸收法国大学的模式,就几乎已经完全消亡,1814—1815 年间仅有学生 328 人。⑭ 1815 年,威廉一世(King William I, 1772—1843)对全国的大学系统进行了改革,他对莱顿、乌特勒支和格罗宁根的完全国立大学的地位作出限制,允许在那些没有大学的省份重建没有博士授予权的大学(如雅典学院,*Athenaea*),对弗拉讷克(Franeker)和哈尔德韦克(Harderwijk)提供财政支持,直至它们因缺少生源而分别于 1843 年和 1818 年关闭。1848 年宪章运动使得国家监督下的私立大学得以成立,1905 年的法律还赋予它们学术资格的国家认证。1876 年,雅典学院关闭,并升格为大学。其中决定性的因素不再是博士学位的授予权,而是拥有

---

⑬ 学生人数取自 the Schweizer Hochschulstatistik 1890—1935 (Bern, 1935) by Karady, *Relations interuniversitaires* (注释 11), 23. 关于瑞士大学:E. Bonjour, *Die Universität Basel von den Anfängen bis zur Gegenwart 1460 — 1960* (Basle, 1960); R. Feller, *Die Universität Bern 1834 — 1934* (Bern and Leipzig, 1935); U. Im Hof *et al.*, *Hochschulgeschichte Berns 1528 — 1984. Zur 150 — Jahr Feier der Universität Bern 1984. Ergänzungsband: Die Dozenten der bernischen Hochschule* (Bern, 1984); R. Ruffieux *et al.* (eds.), *Histoire de l'Université de Fribourg 1889 — 1989 — Institutions, enseignement, recherche=Geschichte der Universität Fribourg 1889 — 1989. Institutionen, Lehre und Forschung*, 3 vols. (Fribourg, 1989—1991); M. Marcacci, *Histoire de l'Université de Genève 1559 — 1986* (Geneva, 1987); A. Delessert, *L'Université au défi. Une histoire sociale de l'Université de Lausanne* (Lausanne, 1991); R. Lorusso, D. Nilles, with E. Golay, *Histoire de l'Université de Lausanne. Aspects économiques et financiers* (Lausanne, 1996); L. Tissot, *Politique, société et enseignement supérieur dans le canton de Vaud: l'Université de Lausanne* 1890—1916(Lausanne, 1996); *Histoire de l'Université de Neuchâtel*, vol. I: *La première Académie* (Hauterive, 1988); vol. II: *La seconde Académie 1866 — 1909* (Hauterive, 1944); G. Thürer, *Hochschule St Gallen für Wirtschafts-und Sozialwissenschaften 1899—1974* (St Gallen, 1974); G. Guggenbühl *et al.*, *Eidgenössische Technische Hochschule 1855—1955* (Zurich, 1955); J.-F. Berbier and H. W. Tobler (eds.), *Eidgenössische Technische Hochschule Zürich 1955—1980* (Zurich, 1980); E. Gagliardi, H. Nabholz and J. Strohl, *Die Universität Zürich 1833 bis 1933 und ihre Vorläufer* (Zurich, 1938); P. Stadler, *Die Universität Zürich 1933—1983* (Zurich, 1983).

⑭ W. Frijhoff, *La Société néerlandaise et ses gradués 1575 — 1814* (Amsterdam, 1981), 23.

完整的学院。就这样，1877 年，阿姆斯特丹的市立雅典学院成为城市大学。3 年后，加尔文教徒建立了独立于政府和宗教的"自由"大学，并得到了国家的承认，同样的还有 1923 年天主教建立的奈梅亨大学（University of Nijmegen）和在提耳堡（Tilburg）成立的天主教商业学校，后者的建立可回溯至 1919 年，并于 1939 年获得大学资格，但与其他"部分大学"一样，它被称为"应用科学大学"（*Hoogeschool*）。1937 年，在国家认可了鹿特丹的商业学校后，这所始于 1913 年的私立学校也获得承认，成为应用科学大学，它仅有一个学院，1973 年它发展成为伊拉斯漠大学（Erasmus University）。[15]

在**比利时**的新王国中，由于政治、宗教而非语言的原因（一战后，佛兰德语才在北方获得认可），大学供大于求。1816 年，威廉一世下令在当时尼德兰联邦（United Netherlands）的南部建立 3 所大学，以制衡上面提到的 3 所荷兰大学。这样，根特（Ghent）和列日（Liège）大学得以重建，1797 年被法国关闭的鲁汶大学（Louvain）也得以重新开放。1834 年，在独立的比利时又建立了 2 所私立大学，即天主教马林丝大学（Catholic University of Malines）和自由思想者和互济会会员（Free Thinkers and Freemasons） 40
赞助的布鲁塞尔"自由大学"。1835 年的重组导致大学数缩减为根特和列日的两所国立大学、鲁汶的一所天主教大学和布鲁塞尔的自由大学。

在**斯堪的纳维亚**，大学的格局也出现了类似的变化，其根源在于由政治事件引发的学术改革。自治权以及最终完全独立的获得，使挪威和芬兰能够分别效法丹麦和俄罗斯建立了自己的大学系统。已有的大学是哥本哈根（Copenhagen，1475）、乌普萨拉（Uppsala，1447）和隆德（Lund，1668）。1811 年，挪威又建立了天主教奥斯陆大学（Oslo），在 1905 年获得独立之前，它一直是挪威民族主义的核心重镇。芬兰也是如此，1828 年它脱离俄罗斯帝国，成为独立的大公国，这使得奥布大学（Åbo）搬到了新首

---

⑮ W. Frijhoff, 'Netherlands', in B. R. Clark and G. Neave (eds.), *The Encyclopaedia of Higher Education*, vol. I (Oxford, 1992), 491－504; W. Frijhoff, 'Netherlands', in Jílek, *Historical Compendium*, 43－46; M. Groen, *University Education in the Netherlands, 1815－1980* (Eindhoven, 1988).

都赫尔辛基。⑯ 瑞典的斯德哥尔摩（*Stockholms Högskola*）建立于1877年，是一所享受政府资助的私立高校，其遭遇不同于乌普萨拉和隆德——对它们而言，需要的是更加现代的大学教育，且以实际需求为导向的。1891年，哥德堡（Gothenburg）也建立了类似的私立大学。⑰ 这两类大学的冲突主要集中在大学法人特权的授予上，并可回溯至中世纪。自由主义者要求将瑞典的大学集中在首都，以联合医院和其他研究机构，并集中加强对实际问题的研究。1873年，随着授予罗林斯卡研究所（Karolinska Institute）在不贬低传统大学地位的基础上，颁发医学学士学位的权力，意味着一种妥协的达成。尽管哥德堡和斯德哥尔摩分别从1893年和1904年始获准采用政府认可的考试，但它们直到二战后才获得承认，成为大学。⑱

中欧和东欧的民族国家与大学发展

现代早期，中欧和东欧大学的光景一片惨淡。三十年战争、土耳其人侵及其在一定程度上的长期占领，阻碍了学术的发展。只有宗教与种族的对立、民族主义或自由主义运动的出现、西欧大学中地方精英的培养、新国家的建立、战胜西欧的统治等因素，才逐渐填补了大学图景的空白。

奥地利产生了很好的大学。那里有6所大学，以建立时间先后排序：布拉格（Prague，1348）、克拉科（Cracow，1364）、维也纳（Vienna，1365）、格拉茨（Graz，1586）、莱姆伯格[Lemberg，原名为利沃夫（Lwów），1661]和因斯布鲁克（Innsbruck，1668）。萨尔茨堡大学（University of Salzburg）始建于1622年，在1810年成了研究神学和哲学的“吕克昂”（Lyceum）。这种局面在整个19世纪中几乎都没有变化。1875年切尔诺维茨（Cernowitz）建立了一所大学，1882年布拉格大学分裂为德语大学和捷克语大学。⑲

---

⑯ M. Klinge *et al.*, *Kejserliga Alexanders Universitetet 1808－1917* (Helsinki, 1989); Klinge, *Universität Helsinki*, 198－671.

⑰ E. Crawford, *The Beginning of the Noble Institution*: *The Science Prizes 1901－1915* (Paris and Cambridge, 1984).

⑱ S. Lindroth, *A History of Uppsala University*, *1477－1977* (Stockholm, 1976), 150. 关于 Gothenburg and Stockholm: Jílek, *Historical Compendium*, *158－159*, 286.

⑲ T. Vetter, 'Die Entwicklung des Universitätswesens in der Habsburgermonarchie 1815－1918', *Etudes danubiennes*, 3, 2 (1987), 97－115.

此外，还有许多技术大学。在布拉格，大学中的工程学教职于1806年被调至理工学院（Polytechnic Institute），该学院在1868年又分裂为德语学院和捷克语学院。1879年，它们又被调整为相应的技术大学（Technical Universities）。成立工程学院的地方有：格拉茨（1811）、维也纳（1815）、布尔诺（Brno，1846）、莱姆伯格（1873）；莱昂本（Leoben，1840）和普日布拉姆（Pribram，1843）成立了矿业学院；大多数重要的城镇还有艺术学校。1898年维也纳建立了“出口学院”（Export Academy），并于1919年成为“世界贸易学院”（Institute for World Trade）。[20]

匈牙利王国在19世纪初只有一所大学能授予博士学位。1777年建于瑙吉松博特（Nagyszombat），后来迁至布达（Buda），最后于1784年迁至佩斯（Pest）。布达（1395）、佩奇（Pécs，1367）和布拉迪斯拉发（Bratislava，1465）都曾成立了“大学”（*Studia generalia*），但都夭折了。直到旧多瑙河君主国（Danube Monarchy）末期才建立了一些新的大学机构，即1872年在克卢日（Cluj）的科洛斯堡（Kolozsvar）、1874年萨格勒布（Zagreb）的阿格拉姆（Agram）、1912年在布拉迪斯拉发的（Bratislava）帕塞尼（Poszony）和1914年的德布勒森（Debrecen，1922年开始）。在《特里亚农条约》（Treaty of Trianon）后，除德布勒森外的所有新大学都位于多瑙河君主国崩溃后形成的国家疆域内。1921年匈牙利又新建了佩奇和塞格德（Szeged）两所大学，以代替布拉迪斯拉发和科洛斯堡的大学。但是，匈牙利内战期间的贫穷和隔绝使得庞杂的大学系统难以为继，特别是许多犹太学生因“名额限制”（*numerus clausus*）而被迫出国留学。[21]

在波兰，从1795年被周边帝国分割到1919年重新独立，其大学系统 42

---

[20] H. Engelbrecht, *Geschichte des österreichischen Bildungswesens*, 5 vols. (Vienna, 1982—1988).

[21] Z. Magyari, *Die Entstehung einer internationalen Wissenschaftspolitik* (Leipzig, 1932), 444—450; V. Karady, 'Une nation de juristes. Des usages sociaux de la formation juridique dans la Hongrie d'ancien régime', *Actes de la recherche en sciences sociales*, 86/87 (1991), 106—124; V. Karady and I. Keményi, 'Antisémitisme universitaire et concurrence de classe: la loi du numerus clausus en Hongrie entre les deux guerres', *Actes de la recherche en sciences sociales*, 34 (1980), 67—96; V. Karady and I. Keményi, 'A l'ombre du "numerus clausus". La restratification du système universitaire hongrois dans l'entre-deux-guerres', in Schriewer, Kleiner and Charle (eds.), *Sozialer Raum* (注释 12), 345—351.

的发展有着很大的不同。被压迫的波兰民族的精英们在这块特殊的地方更依赖于他们的大学。在德国西西里亚的波兰人到柏林和布雷斯劳(Breslau)求学，但却因其行政职务而被拒绝，因而转向天主教神学。在奥地利的加利西亚(Galicia)，有两所以波兰人为主的大学城，它们是克拉科(Cracow)和莱姆伯格。很多有志向的波兰学生来到了维也纳，甚至成为了首都的政府公务员。受压迫最严重的大学位于俄国统治下的“波兰王国”。1830 年起义后，华沙大学从 1831 年起一直关闭到 1862 年。在此期间，那些希望学习的波兰人不得已要前往基辅或圣彼得堡。1864 年后，华沙大学被“俄化”(Russified)，而由私人方式资助的某种自由大学，也难以为继，并于 1869 年丧失了独立性。到 19 世纪末，波兰的精英人士，要么出国留学或在秘密的教学点学习，要么在相对自治的波兰语加利西亚地区的大学学习。而其中受压迫最严重的是那些渴望学习的犹太人，他们必须应对来自波兰和俄国两方面的反犹太主义(anti-Semitism)。无论是在分裂的彼兰，还是在国外，幸好或多或少地有不同的合法获得教育的手段，这使得波兰的大学系统犹如凤凰涅槃一般于 1920 年迅速崛起，共拥有 13 所高等教育机构，690 名教授，其中大多都是从国外返回的。㉒

在欧洲的边缘，罗马尼亚、希腊和保加利亚，在强有力的外来势力的影响下，它们的大学是与民族国家同时出现的，前者受到法国的影响，后两者受到德国的影响。在这些落后的小国中，在首都建立大学成为国家独立的标志，它是在长达数个世纪的与外国统治力量的斗争中实现的。

在**罗马尼亚**，雅西大学(Iasi University)成立于 1860 年，它是在 1835 年成立的一所学园的基础上发展形成的，布加勒斯特(Bucharest)的理学
43 院、法学院、政治学院和哲学院以及高等文学语言学院，都是各自独立建立的，1860 年它们合并为一所大学，1869 年增加了医学院，1884 年又加入了东正教神学院。这两所大学反映了摩尔达维亚(Moldavian)和瓦拉几亚

㉒ N. Koestler, ‘Intelligenzschicht und höhere Bildung im geteilten Polen’, in *Bildungsbürgertum*, vol. I, 186—206; *The University of Warsaw* (Warsaw, 1967); J. B. Neveux, ‘Les universités de Galicie dans les conflits de nationalités 1851—1914’, *Etudes danubiennes*, 4, I (1988), 1—20; J. Buszko, ‘L'Université Jagellonne de Cracovie (1869—1914)’, *ibid.*, 21—28; S. Grodziski, ‘Le rôle de l'Université de Lemberg dans la vie scientifique de la monarchie des Habsbourg’, *ibid.*, 29—38.

(Walachian)精英从邻邦奥匈帝国的(Austro-Hungrian)教育中心争取独立的斗争过程。罗马尼亚大学系统的政治意义体现在大学研究与政治官员之间的密切联系之中。尽管如此,罗马尼亚是个小国,罗马尼亚语也是以法语为取向的。大多数教授和相当比例的学生,特别是法学院和医学院的师生,都曾在巴黎受教育。㉓

在**希腊**,由巴伐利亚国王(King of Bavaria)之子奥托一世(King Otto I,1815—1867)统治的新王国,从一开始就决心要用自己的大学来加强民族意识。1837 年 5 月 3 日,雅典大学成立,它在 19 世纪成为沟通奥斯曼帝国的希腊裔离散犹太人的桥梁。它有超过 40%的学生出生于希腊境外。在他们返回土耳其统治下的出生地后,他们依然抱有希腊的精神,直至祖国最终实现统一。雅典大学是以普鲁士的方式来组织的,分为神、医、法、哲四所学院。哲学院于 1904 年被分为文学院和理学院。随着 1840 年药物学校(School of Pharmacy)和 1860 年综合技术学院的建立,技术和科学学科也得到了深化发展。㉔

在**保加利亚**,索菲亚大学(University of Sofia)建立于 1904 年。其前身为 1888 年在"吕克昂"中引入的哲学、辩证法、语言和文化研究中的高等教育学专门课程,这使得 1889 年出现了一所独立的中学,并且还增加了自然科学。一战后,大学又获准建立了医学、神学、农业和兽医学。1920 年,斯沃博登大学加入其中。这是一所私立学院,以培养外交和行政人员的己任,它是效法巴黎的政治科学自由学校建立的,1940 年被政府接管,成为财政与管理大学(University of Finance and Administration)。除该学院和艺术学校(1896)、音乐学校(1904)以及瓦尔纳(Varna)的商业学校等几 44

㉓ O. Bozgan, 'Din istoria Universitatii din Bucuresti in perioada 1864—1940 (I)', *Revista Istorica*, Serie noua, 2 (1991), 155—170 (with French summary); O. Bozgan, 'L'Université de Bucarest et la France de 1864 aux années 1940', *Cahiers d'histoire*, 37, 2 (1992), 151—171; C. Durandin, *Révolution à la française ou à la russe* (Paris, 1989); J. Sadlak, *Higher Education in Romania 1860—1990: Between Academic Mission, Economic Demands and Political Control*, Special Studies in Comparative Education 27 (Buffalo, NY, 1990).

㉔ K. Zormbala, 'Die Gründung der athener Universität 1837 durch die Bayern – nach welchem "deutschen" Modell?', in Schubring, *Einsamkeit und Freiheit* (注释 2), 268—273.

所专科学校外，索菲亚大学一直是保加利亚唯一的学术机构。㉕

在**土耳其**，直到一战之前，高等教育都是以奥斯曼的迈德萨斯为基础的，这可上溯至中世纪。第一卷已经探讨了伊斯兰教和欧洲大学的关系以及其对学术史的重要意义。㉖ 19世纪，发现的热情一直让位于传统主义，它在各方面都制约了现代化的进程。但尽管如此，1771年，伊斯坦布尔帝国航海工程学校（*Mühendischan-i Bahri-i Humayun*）依然顺利地得以建立，1883年又加进了市政工程学校（*Hendese-i Mülkye*），并经过1909年和1928年的整改，于1944年升格为大学，并更名为伊斯坦布尔·泰克尼大学（*Istanbul Tekni Universitesi*）。事实证明，按照欧洲模式在伊斯坦布尔建立大学是比较困难的。1863年成立的"学术宫"（House of Scholarship），经过17年的准备，其中经历了两度的停办与重开，并最终于1900年成为大学学院，拥有伊斯兰神学、哲学、数学科学和语言学系，并于1921年引进20名德国教授，逐步提高了学术水平。直到1931年，加尔文派教授、教育部长阿波特·麦尔奇（Albert Malche, 1876—1956）才在政府的倡导下，引入了欧洲大学系统。1933年，伊斯坦布尔大学根据德国模式进行了整改，它引入了诸多德国教授，并增设了各学院，但却不包括神学院。首都安卡拉也于1946年进行了类似的变革。㉗

拿破仑的大学模式

19世纪上半叶的法国大学系统与欧洲其他国家有很大的不同。在许多地方它都是建立在"白板"之上的，而在欧洲其他地方，源自中世纪或旧政权的结构依然得以延续，尽管也有部分地改革。拿破仑的大学政策既保留了18世纪的某些创新，如专门学院，又恢复了面向所有人开放的大
45 学系统，保留了激进革命时期的特征。它的三个首要目标：首先，为保障革命后的国家与社会的安全，为政治和社会稳定培养必要的官员；其次，要

㉕ Jílek, *Historical Compendium*, 20—21, 284; M. M. Chambers (eds.), *Universities of the World outside USA* (Washington, 1950), 163—166.

㉖ 参见第一卷，主题索引：阿拉伯世界。

㉗ A. Kuran, 'Turkey', in Jílek, *Historical Compendium*, 59—60, 174—175.

确保教育与新的社会秩序保持步调和谐，防止新的专业阶级的产生；再次，如可能对国家造成危害，就可限制思想自由。除了为数不多的让步外，其政策在诸多方面都表现出了开明专制的特征：体现在学校的主导模式之上——实际上在某些地方也被称为学院；体现在国家对文凭的控制上，这为公务员或特定专业开辟了一条狭窄但却具有确定性的道路；体现在对侯选人及其考试进行分级，即便对那些对此无要求的职业，也是如此；体现在对统一的学习方案的详尽规定之上；体现在国家对学位授予的垄断上。帝国大学是唯一的法人，这是在大革命后重建起来的，而且它与旧制度中的大学毫无相似之处。它吸纳了中学和学院的教学组织，是一个由国家控制的法人团体，并被整合到文官等级之中。

该系统涵盖了学院与职业专门化的僵硬划分。简言之，它代表了高等教育的结构，这与我们后面所说的洪堡的大学观是截然相反的。德国大学的哲学院，即具有学术性的文理学院，肩负着激励创新的职能，这在法国大学模式中无从体现。巴黎大学是一个例外，其职责是严格负责举行学位考试，并为业余爱好者举办讲座。其他研究和创新只限于在著名的教育机构中进行，例如，索邦和法兰西学院（*Collège de France*）、法兰西研究所（*Institut de France*）或其他学术社团。在1860年之前，在巴黎之外的法国大学的图景就是一片学术的沙漠；尽管这遭到了当代的批判，历界政府也反复尝试改变现状，但教授职业本身的终极目标就是回归首都，而且他们中大多人都在一所或多所大学校中学习过。因此，在19世纪末的改革之前，它都无法进行真正的学术活动，以及为公众提供文学讲座。

与商业贸易一样，高等专业教育是由中央政府负责进行的。大学的学费涵盖了大部分的花销。事实上，在第二帝国时期，文学院和法学院的确十分富足。由于大部分的研究是在学院外进行的，因此，图书馆、教室和实验室，以及其他辅助人员等方面的学术投入，都受到了严格的限制。其结果是使得德国大学在学术方面遥遥领先于法国。 46

根据教学机构和学生教育路径的分野，教学团体的等级地位也有所不同，这也造成了学院与学校之间隔膜的加深。以法学为例，资格证书考试要求三年的学习，需570法郎的学费。而相应的，文学只需学习一年，学

费仅为150法郎。医学博士需1300法郎，而理学则是140法郎。㉘ 经文理学科的学习后，可获得法国省一级的教学职位，收入微薄——尤其是在各省，但从第二帝国开始，专业职业可收取巨额学费——尤其是在巴黎。学生的社会出身也像面镜子一样反映了法学、医学、文学、理学和药学的等级差异。㉙

同样的不公平逻辑也塑造着大学教师的职业等级。由于他们的收入中有一部分是来自偶然的、额外的考试费，因此，在专业学院中那些学生多的教授的收入往往也较为丰厚，特别是在巴黎。额外的专业收入也进一步加大了收入的差别，尤其是对律师和医生而言。特别是巴黎的文理学科教授，竭尽全力地试图通过额外的学术和行政职位来增加收入。这就导致了以连任为目的的非正常任命，从而对研究产生了消积影响。德国则与此不同，学者向另一所大学的流动往往提高了其学术声望。

同时，拿破仑的模式对南欧也有间接的影响：在意大利，它影响了对政治统一的渴望；在**西班牙**，它影响了对拿破仑文化殖民的反抗。在反法运动中，学生成了领袖，这也导致了1811年的罢课。在波旁王朝复辟之后，反对自由主义的反法政策成了主流，但政府对大学的态度则与拿破仑政权时毫无差别。1857年立法加强了马德里政府对大学的专制控制。就
47 像巴黎统治着法国的大学系统一样，在整个19世纪，马德里也主导着西班牙的大学，类似的中央大学系统也被引入南美的殖民地中。㉚

在**意大利**也是如此，拿破仑的大学系统是其模板，但其效法的成功度则存在着地域上的差别。㉛ 在复辟后出现了倒退现象，伦巴底的大学处于维也纳政府的严格控制之下。在基督教国家，主教就是权威。这两种情况

㉘ Karady, 'De Napoléon à Duruy'（注释5）, 298.

㉙ 关于法国学生的社会出身，仅有部分的研究：J. Burney, *Toulouse et son université* (Toulouse and Paris, 1988), 165 (1841—1844年统计); J.-C. Caron, *Générations romantiques. Les étudiants de Paris et le Quartier latin (1814—1851)* (Paris, 1991), 96 (pharmacy); V. Karady, 'Scientists and Class Structure: Social Recruitment of Students at the Parisian *École Normale supérieure* in the Nineteenth Century', *History of Education*, 8, 2 (1979), 105 (艺术与科学1830—1849).

㉚ S. d'Irsay, *Histoire des universitiés françaises et étrangères des origines à nos jours* (Paris, 1935), vol. II, 253—256; Peset, *Universidad española*, 401—429.

㉛ R. Boudard, *Expériences françaises de l'Italie napoléonienne* (Rome, 1988).

都导致了诸多学生暴动，它们都是以追求自由和反教士为目标的。㉜ 在1821年动乱之后，皮埃蒙特国王将部分教学交付给了耶稣会士；但在他改宗自由主义之后，从1840年开始，他对大学系统进行了改革，设立了许多新的教席，拓展了医学研究，引入了教育学。另一方面，博士论文仍保留了其纯粹的正规风格，学生仍以地域为差别进行组合。为了应对律师潮，他又增设了其他限制。㉝ 在下一阶段到来之前，这两个地中海国家以巨大的努力进行其大学系统的现代化。

普鲁士的大学模式

普鲁士的大学系统是以1810年洪堡创办柏林大学为形成标志的，它完全不同于拿破仑的大学系统。㉞ 在19世纪哥廷根大学和哈勒大学的改革中，个别的因素就已形成。这包括了研究对教授教学的重要性，以及由此形成的用习明纳来补充讲座，进而鼓励以研究为基础的学习，为学生进 48
入专业作准备。㉟ 哲学院获得了与其他学院平等乃至更高的地位，成为柏林模式中的一个核心要素，并在康德、费希特和施莱尔马赫的著作中日益

㉜ *La città del sapere. I laboratori storici e i musei dell'Università di Bologna* (Bologna 1987), 94—96; G. Forni, 'L'università di Bologna dalla Restaurazione all'Unità nazionale', *Convegno di studi sul Risorgimento a Bologna e nell'Emilia* (*27—29 febbraio 1960*), Parte seconda: *Comunicazioni* (Bologna, 1960), 490—509; F. Gasnault, 'La réglementation des universitiés pontificales au XIXème siècle: 1. Réforme et restaurations: les avatars du grand projet zelante (1815—1834); 2. Pie IX et le monopole universitaire', *Mélanges de l'École française de Rome, Moyen Age Temps Modernes*, 96 (1984), 177—237, 1105—1168; F. Gasnault, *La cattedra, l'altare, la nazione. Carriere universitarie nell'Ateneo di Bologna 1803—1859* (Bologna, 2001).

㉝ F. Traniello(ed.), *L'Università di Torino* (Turin,1993),36—44.

㉞ G. Schubring, 'Spezialschulmodell versus Universitätsmodell. Die Institutionalisierung von Forschung', in schubring (ed.), *Einsamkeit und Freiheit* (注释 2), 276—326; K. Stierle, 'Zwei Hauptstädte des Wissens: Paris und Berlin', in O. Pöggeler and A. Gethmann-Siefert (eds.), *Kunsterfahrung und Kulturpolitik im Berlin Hegels*, Hegel-Studien (Bonn, 1983), 83—111; R. vom Bruch, 'Il modelle tedesco', in Porciani (ed.), *L'Università tra Otto e Novecento* (注释 9), 35—59.

㉟ R. S. Turner, 'University Reforms and Professorial Scholarship in Germany 1760—1806', in L. Stone (ed.), *The University in Society* (Princeton, 1974), vol. II, 495—532.

成为突出的主题。施莱尔马赫认为，大学是通过“师徒”交流、提供以哲学为基础的学术教育的场所。大学是师徒交流的理想所在，因为“大学是大师云集的场所”。㊱ 他这样描述大学的使命：

> 唤醒已由多种知识武装起来的心灵高贵的年轻人的学术观念，帮助他们掌握有志于从事研究的专门领域的知识，以便使他们将从学术观点看待任何事物变成为第二天性，使他们不是孤立地而是在与知识整体的密切联系中认识个别事物。这样，在他们的思想中，就意识到了学术的原理，从而获得开展研究、发现、呈现和解决问题的能力。这就是大学的职责。㊲

这种雄心勃勃的学术教育的理想有意识地否定了法国的专门学校，这是因为它歪曲了大学的真正目的，即大学是要唤醒学术精神、培养各领域研究中的关联意识，并为研习科目提供自由的选择。德国的唯心主义塑造了柏林大学的蓝图，但该蓝图在执行过程中却没有完整地在洪堡大学表现出来。尤其值得关注的是，尽管教学和科研之间的联系是普鲁士
49 模式的核心要素，但至少在一开始，研究处于从属地位，它们是后来才逐步渗透到习明纳和之后的各学院的研究所之中的。㊳

德国大学的另一特征是编外讲师制度，教授便是从中选聘产生的，它因促进了学术更新而受到外国人士的青睐，但在 19 世纪前半期的天主教帮国中是不存在这种制度的。除了医学院和理学院之外，这一制度的创新潜能是有限的，这是因为政府决定着教师的聘用，它们往往拒绝不受欢

㊱ F. Schleiermacher, *Gelegentliche Gedanken über die Universitäten im deutschen Sinn. Nebst einem Anhang über eine neu zu errichtende* (Berlin 1808), 22—23(总的说来，后者是前面的再版). 关于施莱尔马赫对柏林大学模式的理念、实践和运作意义的论述，参见 W. Rüegg, ‘Der Mythos der Humboldtschen Universität’, in M. Krieg and M. Rose (eds.), *Universitas in theologia — theologia in universitate, Festgabe für Hans Heinrich Schmid* (Zurich, 1997), 155—174.

㊲ Schleiermacher, *Gelegentliche Gedanken* (注释 36), 33.

㊳ M. Lenz, *Geschichte der königlichen Friedrich-Wilhelms-Universität zu Berlin*, vol. III: *Wissenschaftliche Anstalten, Spruchkollegium, Statistik* (Halle, 1910), 3—446.

迎的候选人。这种情况也出现在许多著名的事件中。[39]

柏林模式的特定动力机制也许并非源于费希特严格的唯心主义，而是源于施莱尔马赫和洪堡的自由主义[40]，这使得它与其他系统相比，在面对19世纪理性和社会的发展过程中更具开放性。政治上的分权也有利于地方以各种方式采纳或至少部分效仿该制度。而且，学生的流动性（这在法国是几乎不存在的）也在一定程度上减少了教育体制自身难以避免的惰性。因此，为了吸引那些高要求和志向的学生，教授们往往通过在其他大学举办新讲座的方式来补充教学量，这不仅满足了教授们的物质利益，而且还促进提升了学术研究。各地之间的竞争也为教授们提供了自由的尺度，使得他们能够商谈更有利的条件，特别是设备和助手的配备。个别地方也通过招聘知名教授来提高自己的声望，这在法国这样中央集权的国家中几乎是不可能的。但这些和那些因素并不能归因于某一特定的大学理念，而应归因于德国历史的特殊本质。

19世纪上半叶，大学学生人数的迅猛增长也改善了教授的收入，这是因为他们可以从学生缴纳的学费中分得一部分。18世纪末，莱比锡大学的教授收入仅为225塔拉（Taler，德国旧银币名），1820－1830年间，柏林、图宾根、马尔堡和罗斯托克的教授收入为400－1400塔拉。[41] 物质条
件的逐步改善，使得教授们可以不再从事以往他们在旧制度中从事的兼 50
职工作，从而使其能将更多的时间用于研究。大学的角色也随着各个学院比重的相应变化而变化着。法学院和神学院的地位有所下降，而在19世纪80年代的医学院和哲学院则显示出增长的势头，分别占学生总数的21.5％和40.3％。当时尚未分为文学院和理学院的哲学院成了高等教育师资的摇篮，当这些教师通过制度竞争分布到各地，模仿便到处发生。教学形式也发生了变化。除讲座外，习明纳逐渐被引入神学、古典和现代哲

㊴ A. Busch, *Die Geschichte der Privatdozenten. Eine soziologische Studie zur grossbetrieblichen Entwicklung der deutschen Universitäten* (Stuttgart, 1959). 关于编外教师的起源与发展，参见第五章。

㊵ Rüegg, 'Humboldt'sche Universität' (注释 36), 169－170.

㊶ C. E. McClelland, 'Die deutschen Hochschullehrer als Elite 1815－1850', in Schwabe (ed.), *Deutsche Hochschullehrer*, 37.

学、历史学和经济学之中。[42] 诸如吉森的化学家李比希(Liebig，1803—1873)所拥有的习明纳研究所和实验室，以及临床诊所日益受到关注，成为未来的学者、教授或研究者教育的必需。这种发展使得大学生活的实际状况日益接近于 19 世纪初改革者们所设想的理念。

当然，旧有的制度还继续存在着。例如，在诸如巴伐利亚之类的天主教地区中，信仰上的偏见依然和哲学院的从属地位联系在一起，日尔曼的王子们依然保留着原有的传统，维持对"他们的"大学的政治监视。1819 年，梅特涅(1773—1859)呼吁召开的德意志诸邦的卡尔斯巴德会议(Carlsbad conference，1819)，决定在每所大学中任命一位政府代表。1848 年后，在普鲁士，政府代表被学监(curator)取代，其职责仅限于负责与国家直接相关的事务。理论上自由竞争的系统(这个系统具有欧洲难以相比的众多参与者)由于委任教授职位中任人唯亲所产生的潜在惰性而被破坏，这种现象尤其存在于那些规模较小的大学，如基尔、吉森和马尔堡大学。[43] 政府试图为非专业的或私人讲座者提供大量的教学岗位，进而鼓励年轻学者间的竞争，但与此同时，这也限制了教授对职位的控制，使其倾向于录用自己的学生，而不是外部的竞争者。非学术领域的竞争也同样
51 遭到破坏，在一战之前，在由新教主导的地区，天主教徒受到歧视，而犹太人则被排斥在教授职位之外。[44]

奥地利，毫无疑问，由于同样使用德语，它也效仿了普鲁士的模式，但与德国大学相比，它们所采用的形式更为传统与专制。1773 年，在驱赶了耶稣会士后，根据 1777 年的《教育法令》(*Ratio educationis*)，整个教育系

---

[42] B. vom Brocke, 'Verschenkte Optionen. Die Herausforderung der Preussischen Akademie durch neue Organisationsformen der Forschung um 1900, Tabelle 2: Gründungswellen geisteswissenschaftlicher Seminare an den 21 Universitäten des Deutschen Reiches im 19. Jahrhundert', in J. Kocka, R. Hohlfeld and P. T. Walther (eds.), *Die Königlich Preussische Akademie der Wissenschaften zu Berlin im Kaiserreich* (Berlin, 1999), 129.

[43] P. Moraw, 'Humblodt in Giessen. Zur Professorenberufung an einer deutschen Universität des 19. Jahrhunderts', *Geschichte und Gesellschaft*, 10(1984), 47—71.

[44] N. Hammerstein, 'Bildungsdefizit und Bildungschancen der Katholiken im 19. Jahrhundert: Universitäten und Wissenschaften', *Rottenburger Jahrbuch für Kirchengeschichte*, 14 (1995), 131—152; N. Hammerstein, *Antisemitismus und deutsche Universitäten* (Frankfurt, 1995).

统都被置于维也纳政府的管辖之下，甚至在帝国的非德语地区也是如此，而1815—1848年间专制主义的延续也使得德国改革模式的引入日益维艰。大学系统的全部职责就在于为一个差异很大的帝国培养其所需的官员、牧师、公务员和教师。因此，教学计划制定得极为详尽，与德国盛行的教学自由形成了鲜明的反差。除维也纳的医学院外，奥地利大学的学问荒废，但学生"同乡会"和博士学院(doctoral colleges)等中世纪的传统依然存在。

在1848年革命中，维也纳和匈牙利的学生扮演了领导者的角色，他们强迫政府逐步采纳了普鲁士的模式。1849—1860年间的教育部长恩施泰因(Count leo von Thun und Hohenstein，1811—1888)，按照德国模式组织了文科中学(*Gymnasien*)和学院，并从德国邀请了大批优秀的大学教师来到奥地利。文科中学的教学时间延长了两年，大学也不用再像过去的文学院那样教授初学者，这样，通过中学毕业考试也就成为了升入大学的必要条件。就这样，与德国一样，哲学院取得了与其他学院对等的地位。政府废止了学生的"同乡会"，并根据学生入学人数按比例为教师发放津贴。编外讲师数量的增加，加速了对教授席位的需求，而德国教授的引入也强化了竞争，逐步提高了其学术水平。但尽管如此，直到一战之前，奥匈帝国的大学系统还是不同于德国，学院对学生进行的是专业化的培训，尤其是法学院，它往往要比文学院大得多。1860年，维也纳有45.7%的学生在法学院注册，1909年达到了53.8%。在匈牙利，该比例在60%左右。[45] 这就 52
是"约瑟夫主义"(Josephism)的官僚传统，它在拿破仑体制中发挥到了极至。

在沙皇**俄国**，普鲁士的模式发生了更大的变化。19世纪初的高等教育改革，否定了法国专门学校的模式，而采用了德国模式。第一批教授就是德国人或者在德国(尤其是在哥廷根大学)受教育的俄国人。新体制的内在矛盾贯穿于整个沙皇时期，这就是在以研究和自治——至少在理论上是如此——为特征的德国模式的大学中，进行着与法国的大学校极为

---

[45] Engelbrecht，*Bildungswesens*(注释20)，vol. IV，237；Karady，'Nation de juristes'(注释21)，196.

相似的公务员教育。这种紧张关系导致了在自由和压迫间的“钟摆”运动，在自由时期彰显的是学生们渴望并为之行动的西方理念和政治参与，而在压迫军事化阶段则是国家在加强控制。

第一次变化发生在 19 世纪 30 年代，这是对 1830—1832 年西欧和波兰革命的反应。从 1835 年开始，学生被迫穿制服，这明确地表明他们必须接受政府的管辖。同时还规定了严格的课程，教授被迫宣誓效忠于东正教、独裁政治与沙皇当局。欧洲 1848 年革命事件导致了俄国大学的军事化管制。由政府任命的校长统治着教学队伍，持不同政见者被清除，讲课内容要送交接受初步审查。大学提高了学费，以减少学生人数，并要求学生轮流服兵役，接受严格的监视。诸如宪法、哲学等具有政治风险的学科从教学大纲中消失了。但在 1860 年后，崭新的、更为强盛的自由主义再次盛行，学科控制逐渐放松，讲座也对外开放。

为了与初衷保持一致，即将贵族纳入政府部门，大学仅招收少量的非贵族学生。1831 年，在莫斯科有 65.9%的学生，要么是贵族要么是高级官员的儿子，在基辅、喀山和圣彼得堡的比例也是如此。[46] 教学体制非常严
53 格，每周有 20 多个小时的必修课，年考必须过关，否则无法升学，正常 4 年的学习自动延长至 6 年。但仍有超过 2/3 的学生通过了毕业考试。由于其精英结构和与学术资格息息相关的社会便利，因此，即使他们无法实现其教育理想，大学也在俄国享有很高的威望。

欧洲的大学模式：大不列颠

说英国大学是一种“模式”，只是一种比喻。英格兰和苏格兰大学的最突出特点，与其说是国家政策的结果，不如说是数个世纪的传统与长期的局部改革的妥协。此外，正如英国大学调查所显示的那样，也有新的机构试图通过私人或市政创设来弥补传统大学的不足。其结果是使得高等教育机构出现了多样化的形式，这与缺少内部联系的法国模式和德国模式形成了鲜明的对比。只有到本卷所涵盖的历史阶段的后期，才可称得上

㊻ 数据计算来源：Besançon, *Éducation et société en Russie* (注释 7)，82. 其他信息同样出自此书。

"模式",这是因为在原有的纷繁复杂的英国大学系统中已出现了一定程度的全国一致性。这其中有多种因素在发生作用:新大学的成功、德国模式的影响、重建旧大学的尝试,以及学术职业轨道的形成,由于新大学中的教授都十分向往牛津一剑桥,这就意味着在各类大学中出现诸多的一致性。㊼

19 世纪初,苏格兰大学不同于两所古老的英国大学。㊽ 它们更像其大陆的同伴,但主要受国家的财政支持,也时常受到社会中产阶级的资助。它们不要求学生住校,也没有导师,与英格兰的学院相比,它们的教学更依赖于教授讲座。此外还有慷慨的资助体制、灵活的学习课程和入学程序,这也使得那些有职业的人能够学习。1828 年与 1876 年的两部皇家委托令和 1858 年与 1889 年的两部议会法案,促使它们先于英格兰进行改革,增进了学术研究的新领域。从 1820 年始,其学生数为 4250 人,这与学生数不足 1000 人的英格兰相比而言,算是较高的了;㊾改革的批评者认为他们制衡了"民主理性"的权利。㊿ 牛津和剑桥提供的是人文主义教育,职业培训是在校外进行的,而苏格兰大学则像欧洲大陆的大部分大学一样,提供这两类教育。它们是第一批提供医学临床教学的英国大学,这也吸引了来自北欧,甚至英格兰的学生。

19 世纪初,牛津和剑桥在各个方面都表现出另一番景象。它们正慢慢地从 18 世纪的停滞中苏醒。到 1829 年前后,每年注册人数达 840 名,终于恢复到了 17 世纪的一般水平。51 强制性的寄宿制、高额的学费、除牧师外不进行任何职业培训,以及必须是国教徒的规定,限制了学生数量。正规的考试制度的引入,如剑桥大学的荣誉学位考试(Tripos),渐渐地提高了学习及学生的质量。由于它们丰厚的财产及地产,以及与国教的密

㊼ Sutherland, 'Education'(注释 8), 138.

㊽ R. D. Anderson, *Education and Opportunity in Victorian Scotland* (Oxford, 1983).

㊾ *Ibid.*, 347.

㊿ G. Davie, *The Democratic Intellect: Scotland and Her Universities in the 19th Century*, *Edinburgh* University Publications: History, Philosophy and Economics 12 (Edinburgh, 1961).

51 L. Stone, 'The Size and Composition of the Oxford Student Body, 1580—1910', in Stone (ed.), *University* (注释 35), 3—109.

切联系，这两所大学可以从政府那里享受到完全的自治。其教育理想是培养受到良好教育的绅士，对他们而言，美德与知识具有同样的价值。因此，大学的师生比较低，尤其是当它们与欧洲大陆进行比较时。1814 年，牛津的师生比为 1∶19，1900 年为 1∶16。[52] 荣誉学位考试，就像法国的大学荣誉考试（concours）一样，的确也导致了某种程度的精英竞争。这也为未来职业提供了重要的资质，而且正如其名称所示，它们从其所反映的挑战性到学生个人的智力才能上都赢得了应有的价值。

在 1870 年法案宣布废除牛津和剑桥的宗教限制之前，1828 年，它们就已经处于伦敦第一所非国教学院的围困之中了，这就是后来的大学学院（University College）。作为回应，1831 年，英国国教建立了国王学院（King's College）。1836 年，自由主义的辉格政府将两校合并为伦敦大学，
55 并给予它授予伦敦学院毕业生学位的权利。这样，新大学的引入促进了英国大学系统的多样化，它不再要求学生寄宿，但与苏格兰大学不同的是，它没有形成内部一致性。[53] 它也授予“校外学位”（external degrees），并鼓励在南安普敦和莱斯特（Leicester）等郡建立大学学院。

英国大学发展的第三阶段是由城市大学（civil universities）的建立构成的，其中有些是以这种形式建立的，另外一些，如伯明翰等，则是地方企业及实际需要的产物。此外，还有大量被认定为是准大学的机构（sub-University institutions），主要从事技术学科与艺术教育。

法国的局部改革：1868—1904[54]

从 1860—1940 年，这段时期的教育史和社会史是以大学系统的多样化、扩张和专业化为特征的。[55] 这三方面的现象是随着德国模式影响的加

---

[52] A. J. Engel, *From Clergyman to Don: The Rise of Academic Profession in 19th-Century Oxford* (Oxford and New York, 1983), 288.

[53] S. Rothblatt, 'London: A Metropolitan University?', in T. Bender (ed.), *The University and the City: From Medieval Origins to the Present* (Oxford, 1991), 119—149.

[54] 特别参见 Karady 和 Weisz 的成果，在注释 5 中有引用。

[55] 参见 Jarausch (ed.)的副标题，'Transformation' (注释 8). Titze *et al.*, *Wachstum und Differenzierung* (注释 2).

剧而出现的，但也因民族差异和具体情况的不同而不同。

从 1830 年开始，拿破仑学院系统的衰败逐渐显迹，并遭到了来自教授和政治家们的公开批判。[56] 在对 1871 年战争失利的原因调查中，以德国模式来发展学院中的科学研究，并减少教育组织系统的过度集权这双重任务成了重中之重，这也为改革派带来了新的驱动。1868 年，由维克多·迪吕伊推进的高等研究院第一批四个机构的成立，完成了第一项任务。肩负教学任务的研究所和传递知识的习明纳，也开始出现。这与学院面向公众举办公开讲座的传统方法有很大的不同。而第二项任务则难以很快实现。这是因为，它需要有效的地方支持，需要共和主义的自由化，选举产生的自由派的治安官参与大学城的事务。同时，这也需要加强教学 56
力量以及财政投入力度。事实上，从 1865 年至 1919 年，教学人员的数量较之从前翻了 3 番，而 1875—1913 年的学院开支也翻了 3 番。大多数大学都有了新建筑或规模更大的建筑。学院(academic faculties)也加入了专业行列，因此，也更加接近于德国模式。行政结构方面的改革，证明是最为困难的。根据 1896 年的相关法律，学院再次被整合形成大学，正如德国模式一样，由选举的委员组成法人团体，他们可掌控部分的经费，创建或撤销教席、接受赠予——简言之即具有自主权。

与德国模式相比，这仅是局部的改革。分权化在实际中并没有发挥作用，所有的权力仍然集中在巴黎。1876 年，有 55%的法国学生在巴黎注册，1914 年，该数据为 43%，1934—1935 年，又上升到 54.9%。而且，各类学院以对等的身份与大学合并(但在意大利和西班牙却出现了一流大学和二流大学的区分)，这便阻碍了能与巴黎抗衡的区域精英中心的形成。而在 1900 年后采取的某些措施又进一步加强了中央集权，例如，1903 年，决定将巴黎高等师范学校整合到巴黎大学中去。最后但却同样重要的是，财富集中于首都也意味着地方大学的私人捐赠再也无法与巴黎大学获得的捐赠同日而语，但应用科学除外。这些私人资助促进了新的教席

---

[56] 参见 V. Cousin, *Rapport sur l'état de l'instruction publique dans quelques pays d'Allemagne et particulièrement en Prusse* (Paris, 1832).

或研究所的建立，进一步扩大了巴黎大学对地方大学的优势。[57]

改革也促进了学科教学的多样化。新教职的建立充实了教学队伍。后者是由各级别构成的：与德国讲座教授(*Ordinarien*)相对应的是讲座教授(*professeurs titulaires*)；与编外教授(*Extraordinarien*)对应的是课程教师(*chargés de cours*)或副教授(*professeurs adjoints*)；在整个大学讲师(*maîtres de conferences*)的入门层次还引进了(德国)编外讲师的模式——但他们拥有与公务员相当的地位，常常在短时间内就可被提拔为正式讲师。大学改革对文、理学院有特别的影响。而法学院、医学院和药物学院，尽管受到严厉的批评，却仍然保留了高等教师资格考试(*concours d'agrégation*)制度。这使得各种形式的大学职业准入制度建立起来了。
57 文法讲师主要来自高等学校，而科学家们也有机会凭借他们在实验室的高超技艺而获得提升。这些差别与各学院之间的其他差异共同阻碍了大学中各系间团结意识的形成，而在德国却不是这样。[58]

国家监督仍是难以忍受的，大学的实际负责人——校长(*recteur*)仍是由国家任命的，他们要对行政职权内的整个教育体系统，即学院(*acdémie*)负责。考试制度束缚着知识创新。改革尤其受到了控制着技术和行政职业准入资格的大学校的掣肘。[59] 尽管共和党人进行了各种的改革尝试，但那些精英学校不仅依旧保持着他们的主导地位，而且还保留并扩充了他们的特权。除早期的一些学校外——矿业学校(*École des mines*)、路桥学校(*École des ponts et chaussées*)、巴黎高等师范学校和中央工艺与手工制造学校(*École centrale*)——1881 年又增加了一些商业学校，如高级商业研究学院(*HEC*)和高等商学院(*hautes études commerciales*)；新技术学校，如 1894 年的高等电气学校(*École supérieure d'électricité*)和 1909 年的高等航空学校(*École supérieure d'aéronautique*)；行政管理学校，如殖民地学校(*Ecole coloniale*)和高等邮电学校(*École supérieure des PTT*)，以及

---

[57] R. Fox and G. Weisz (eds.), *The Organization of Science and Technology in France (1808－1914)* (Paris and Cambridge, 1980); M.-J. Nye, *Science in the Provinces: Scientific Communities and Provincial Leadership in France 1860－1930* (Berkeley, 1985); Paul, *Knowledge*.

[58] Charle, *République des universitaires*.

[59] 参见 Belhoste *et al*. (eds.), *Formation polytechnicienne* (注释 4).

1871 年成立的政治科学自由学院（*École libre des sciences politiques*），它是为政府部门的高级管理职位入门考试做准备的私立学校。1875 年后建立的天主教学院，也是为学生的专门职业发展做准备的。这些学校的毕业生所属的社会阶级之广超出了普遍的预期，由于他们都是通过考试进入大学的，因此他们往往以其技术和专业知识见长，以竞争精神和对某特定精英集团的归属感见长，而这一切都是与大学的教育理念相矛盾的。

德国模式的危机

在 19 世纪末以及内战期间，当德国模式横扫整个欧洲以及欧洲以外的地区时，它在德国本土却遭遇危机，暴露出其原始概念在设计时所忽略的诸多问题。这涉及到将现代技术整合入大学和教学人员层级化所带来的问题。这些危机不仅影响到大学的发展，而且也影响到大学目标的实现。

1830—1865 年，学生人数几乎没有变化，而到 1914 年却长了 4 倍，总数达到 61000 人。这种增长对小型大学和文学院尤为有利。几个世纪以 58
来，文学院学生的数量第一次超过法学院，但在 1830—1914 年间神学院的注册学生人数则锐减至原来的一半。这些发展反映了大学学习向现代职业的转向。除已有的大学外，技术大学也从原来的国立专门学院或私立专门学院中应运而生，如 1879—1880 年的亚琛（Aachen，原为综合技术学校，建于 1865 年）、1879 年的柏林（原为 1799 年的皇家建筑学会）、1877 年的不伦瑞克（Brunswick，原为 1745 年的卡洛琳学院［*Collegium Carolinum*］）、1904 年的但泽（Danzig）、1868 年的达姆施塔特（Darmstadt，原为 1812 年的建筑学校）、1890 年的德累斯顿（Dresden，原为 1742 年的工程学院）、1879 年的汉诺威（Hanover，原为 1831 年的高等商业学校）、1865 年的卡尔斯鲁厄（Karlsruhe，原为 1800 的 Weinbrenner 建筑学校）、1868 年的慕尼黑（原为 1827 年的综合技术中心学校）、1876 年的斯图加特（原为 1829 年的文、理、商联合学校）。[60] 这些学校学生人数增长也远远超过了

---

[60] 参见'European Universities and Similar Institutions in Existence Between 1812 and the End of 1944'，673—709.

大学：从1871—1872年冬的5000人增长到1903年的17 000人，约为原来的三倍，而同期大学学生数仅为原来的两倍。但这些技术学校仍为大学轻视，被视为二等公民。在经过艰难的斗争后，1865年，它们最终获得了自主权，并于1899年获得了授予博士学位的权利，进而获得了与大学同等的地位。

这些新学生与之前的学生相比，大多不是来自有文化的中产阶级，因此，他们持有的是一种更加实用的观点。学习就是为了谋生，他们对洪堡的教育理念不感兴趣，他们需要的是特定的职业培训。这也导致了教授们的误解，他们在特定领域内的专业化程度不断提高，并日益脱离社会，他们中有些人甚至还沉湎于对德国沦陷的深刻缅怀之中。[61] 学生人数的增长与可能的研究领域的多样化的出现，促进了保守主义情绪的抬头，他们开始担忧"学术无产阶级"(an academic proletariat)的出现。的确如此，因为在德国大学系统中缺少像法国考试制度一样的规范机制。此外，专业渠道的自由化意味着法、医、文和理学院的学生增长已超过了实际需要发展的临界点。到世纪之交，德国系统的灵活性使其可以无须通过强制
59 来解决毕业生供大于求的问题，但到魏玛共和国期间，这个矛盾再次趋于尖锐。[62]

比学生人数危机产生的影响更为严重的危机，是德国模式的理念危机，这导致了大学内部的分裂。洪堡大学是以学术方法来造就教育精英，他们大多来自有文化的中产阶级和贵族阶级。但这一切都发生了变化，大学中的学生主体大多希望从所受的教育中获利，在1900年后，它们甚至开始招收女生。学生中只有部分是从人文主义的文科中学里毕业的，这使得他们对人文学科价值毫无兴趣；他们的学习也完全集中于实践领域，集中于职业的实用性与专门性。在帝国建立之后，一些个别邦国的政府依然要为大学事务负责，它们通过在现有高等教育机构和大学中开设满

---

[61] 参见 Jarausch, *Students Imperial Germany*; J. Craig, *Scholarship and Nation Building: The Universities of Strasbourg and Alsatian Society, 1870—1939* (Chicago and London, 1984).

[62] H. Titze, *Der Akademikerzyklus. Historische Untersuchungen über die Wiederkehr von Überfüllung und Mangel in akademischen Karrieren* (Göttingen, 1990), 389—422.

足工业社会需求的课程来鼓励这种趋势。他们也支持构建研究与商业的联系,以扩大德国的影响,便于外国学生进入德国大学。这些新的职责不可避免地引发了对原有大学理念的置疑。

教师群体的结构、社会构成和意识形态的变化中所显现的危机,也影响到了支持原有大学理念的教授们。首当其冲的变化就是非专业教职工的迅速增长,他们大多处于特定的学科,如科学或医学,并构成了学院中的主体,但却没有发言权。教授与高级讲师(reader)或私人讲师之间在数量上的差异逐步缩小,并使其事业上的发展日益艰难。所有这些不满情绪,都在1914年前一场由非专业的教职工组织的抗议运动中得到了体现。[63] 非专业教职工数量的迅猛增长一方面可以从邦国的财政政策方面进行解释,它可以使政府从这些低工资甚至根本没有工资的教师中节省大批经费。这也是教授社会地位优越的结果,进而吸引了越来越多的候选人。另一个深层次的原因是,学术专门化的持续发展,往往意味着新的研究领域将被委派给非专业的同行们,至少在一开始是这样。这将对他们的创新能力产生积极的影响,但同时也将带来挫败感,这是因为学校不可能提拔所有的人。地位上的差异也反映在收入水平上。教授的候选人们要么是在获得任命后取得其收入,要么就要接受二等公民的地位。一 60
战刚结束时,马克斯·韦伯(Max Weber, 1864—1920)就声称,"德国的学术职业从根本上说是建立在财阀政治的基础上的。"[64]其结果就是当学生群体日益向社会开放时,教师群体则日益隔绝。1918年后,许多"旧官僚"仍效忠于皇帝,这是因为他们大多对民主持保留意见,甚至反对民主,并日益与整个德国社会相隔绝。[65]

---

[63] R. vom Bruch, 'Universitätsreform als soziale Bewegung. Zur Nicht-Ordinarienfrage im späten deutschen Kaiserreich', *Geschichte und Gesellschaft*, 10 (1984), 72—91.

[64] M. Weber, *Wissenschaft als Beruf* (1917—1919), ed. W. J. Mommsen and W. Schluchter (Tübingen, 1992), 71—72.

[65] 参见F. K. Ringer, *The Decline of the German Mandarins: The German Academic Community, 1890—1933* (Cambridge, Mass., 1969); F. K. Ringer, 'A Sociography of German Academics, 1863—1938', *Central European History*, 25, 3 (1993), 251—280.

此外，大学自治也日益受到政府的干预，这体现在教授的任命中[66]——事实上整个欧洲都是如此；体现在科学研究所、医学和研究开销对政府财政依赖性的日益加强；体现在文科图书馆扩充对政府的资助的依附。1860年，柏林的教授工资构成了大学预算的主要部分。但从1870年开始，习明纳、研究所及其开支日益增涨，并超过了人员工资，因此，到1910年，大学预算的一半已为研究所和习明纳的运行经费所占用，此外还有建设和仪器设备的花费。1882—1907年间，普鲁士大学共增加了9个新的法学习明纳、4个神学习明纳、77个文理习明纳或研究所，以及86个医学研究所、实验室和临床诊所。[67] 1887年，柏林建立了帝国物理技术学院（Imperial Physical-Technical Institute），1911年又建立了威廉皇帝研究所，它们将大学之外的政府、企业和研究紧密地联系在一起，迈出了教学
61 与科研分野的重要一步。[68] 一方面，1890年，应西奥多·蒙森（Theodor Mommsen，1817—1903）的要求，撤销了"巨型研究"（*Grossforschung*），意在防止大学演变为"大工厂"（*Grossbetrieb*），这是由威廉皇帝研究所主席、神学家阿道夫·冯·哈纳克（Adolf von Harnack，1851—1930）首次使用的概念，这实际上维持了大学中研究与教学的联系。而另一方面，如果忽视了考试制度以及以大学校为表现形式的精英大学的话，那么作为一个整体的德国大学及其学术制度，就将陷入当初它们所反对的拿破仑模式的泥潭中。

---

[66] B. vom Brocke, 'Hochschul-und Wissenschaftspolitik in Preussen und im Deutschen Kaiserreich 1882—1907: Das System Althoff', in P. Baumgart (eds.), *Preussen in der Geschichte*, vol. I: *Bildungspolitik in Preussen zur Zeit des Kaiserreiches* (Stuttgart, 1980), 9—118.

[67] McClelland, 'Die deutschen Hochschullehrer', (注释 41), 280—281.

[68] R. Riese, *Die Hochschule auf dem Wege zum wissenschaftlichen Grossbetrieb. Die Universität Heidelberg und das badische Hochschulwesen 1860—1914* (Stuttgart, 1977); *Forschung im Spannungsfeld*; D. Lee Cahan, *An Institute for the Empire: The Physikalisch-Technische Reichsanstalt* (Cambridge, 1988); B. vom Brocke, 'Forschung und industrieller Fortschritt: Berlin als Wissenschaftszentrum', in W. Ribbe and J. Schmädeke (ed.), *Berlin im Europa der Neuzeit* (Berlin, 1990), 165—197; B. vom Brocke, 'Im Grossbetrieb der Wissenschaft. Adolf von Harnack als Wissenschaftsorganisator und Wissenschaftspolitiker—zwischen Preussischer Akademie und Kaiser-Wilhelm-Gesellschaft. Auch ein Beitrag zur vergeblichen Reform der deutschen Akademien seit 1900', *Sitzungsberichte der Leibniz-Sozietät*, 45, 2(2001), 59—144.

1900—1945 年间，企业大学在曼海姆(Mannheim，1908)的建立，法兰克福(1914)、科隆和汉堡(1919)三所城市大学中新的社会研究与经济学院的建立，以及以汉堡为例的教师教育机构的建立，都说明了人们已意识到古典大学中的缺陷。但这种摇摆不定的变革并不足以适应内战时期毕业生所面临的社会危机。任何改革都受到了纳粹政权对大学所采取的敌对政策的阻碍。对教授创新能力与自由意志的大清洗，进一步加剧了教师群体中的反抗力量，虽然他们削减了学生人数，缓和了毕业生的失业问题，但是大学中结构性变革的问题依然存在。[69]

英国体制内的变革与调整[70]

19 世纪末，英国大学经历了自 13 世纪早期大学建立以来最重要的变革。19 世纪 70 年代，牛津和剑桥受到议会法令的压力，开始面向现代社会，招收非国教徒和妇女学生。学院也逐步开始允许学生结婚。[71] 现在，真正的学术职业开始出现，而在从前，在大学中任教往往只是通向教会职业、专业职业或公务员职业的过渡阶段。学生人数经过长期的低迷之后有了明显的增长。[72] 19 世纪中叶左右尚仅限于古典学科和数学的课程，也已经扩展到了自然科学、历史、法学和外语。研究终于有了起色，特别是在剑桥，要感谢德文郡八世公爵卡文迪什(Spencer Compton Cavendish, 8th Duke of Devonshire，1833—1908)的遗赠，这使得卡文迪什实验室得以在 1871 年成立，并从此成了英国科学精英的摇篮。 62

但尽管如此，英国大学图景中最为重要的变化却是发生在牛津、剑桥之外，即城市大学在地方大城市中的繁荣，其主要任务是为工业化的城市社会培育新的领袖。在它们完全获得皇家特许状的认可之前，是由伦敦

---

[69] H. Titze，'Hochschulen'，in D. Langewiesche and H. E. Tenorth (eds.)，*Handbuch der deutschen Bildungsgeschichte*，vol. V：*1918—1945*. *Die Weimarer Republik und die nationalsozialistische Diktatur* (Munich，1989)，209—240.

[70] Anderson，*Universities and Elites* (注释 8)；C. Brooke and R. Highfield，*Oxford and Cambridge* (Cambridge，1988)；*History of Oxford*，VIII；N. Boyd Harte，*The University of London*，*1836—1986* (London，1986).

[71] Engel，*From Clergyman to Don* (注释 52)，288.

[72] Lowe，'Expansion' (注释 8)，45，表 1.

大学为其毕业生颁发文凭的;在大部分地区,它们通过整合各类专门机构进而实现了飞速的扩张,例如:各医院的医学学校、皇家矿业学校、皇家科学学院、中央技术学院于 1907 年合并为帝国科学与技术学院,1898 年成立了伦敦经济学院和许多女子大学。1898 年,伦敦大学,这所巨型大学拥有了自己的章程。[73]

打破中世纪传统的第二项创新是政府提高了对大学的资助水平,这既包括了能够通过投资收入实现自给自足的牛津和剑桥,也包括了通过私人或城市基金会来维持的城市大学。1889 年,就政府资助达成了一致意见,到 1906 年便达到了 10 万英镑;尽管该额度与欧洲大陆的大学获得的资助相比要少得多,但仍实属可观。例如,1890 年法国对 15 所学院的资助是英国的 4 倍。苏格兰大学则比其英格兰大学更依赖于政府资助。从 1892 年起,它们每年获得政府 7.2 万英镑的资助。此外,还有基建投资、地方商业人士对建立实用学科的捐赠;从 1901 年起,美国亿万富翁安德鲁·卡内基(Andrew Carnegie, 1835—1919)所设立的基金会还为其提供 100 万英镑的资助。[74]

在牛津、剑桥学习的学生依然大多出身于精英阶层。在新大学,特别是在苏格兰的大学,则出现了与欧洲大陆相似的情况。1910 年,在格拉斯
63 哥大学有 24%的学生来自工人阶级家庭,有 20%的学生出身于鞋商、小店主和书记员家庭,尽管这两大群体共占不列颠总人口的 90%,但在牛津,它们所占的比重却只有 10%。[75] 社会构成方面的差异,在很大程度上是由经济状况决定的。在苏格兰,学生只需交纳很少的学费,并且还能获得诸多奖学金中的一部分。而且,学校体制也发展得较为成熟。在英格兰,尽管也有各类的学院奖学金,但是牛津、剑桥的学生大多来自收费高昂的公

---

[73] Boyd Harte, *University of London*(注释 70), 166—167.

[74] 1913 年,剑桥各学院收入总计为 45.15 万英镑,支出为 43.76 万英镑;牛津各学院的收入为 56.52 万英镑,支出为 56.09 万英镑。参见 J. P. D. Dunbabin, 'Oxford and Cambridge College Finances', *Economic History Review* (1975), 640. 关于苏格兰大学的财政,参见 Anderson, *Education* (注释 48), 285.

[75] Anderson, *Education*, 310—311; Stone, 'Size and Composition' (注释 51), 103, 表 11. 关于剑桥:*University of Cambridge*, IV, 602: between 1752 and 1886 3.2 per cent were 'Plebeians'. 关于牛津: *History of Oxford*, VIII, 56,表 3.3 (1900—1913, 1920—1939, 1946—1967).

学，他们每年需要支付的学费为200镑，这相当于一个中产阶级家庭一年的收入。1910年，在英格兰的大学里，仅有7%的学生获得奖学金，而且还主要是由市政当局为技术培训提供的奖学金。

这一时期，英国大学系统的社会角度也开始发生变化。在新大学于特定领域树立起威望之前，牛津和剑桥几乎培养英国的所有精英。正是由于它们能够从公学和文法学校中选取最好的学生，并根据时代的需要改革课程，因此，它们也就决定了学术标准。[76] 与此同时，地方大学的一些学生在牛津、剑桥中完成了他们的学业，他们中的有些人成了新大学中的教授。这便进一步促使了苏格兰大学的“英格兰化”。[77] 事实上，1889年后，在一个新组成的任委员会的领导下，变革开始了，通过引入入学考试，设立新教席，设置助教与讲师以扩充教职，建立理学院，安排研究任务并使之与博士培养相联系，拓宽课程并设立荣誉课程等渠道，剥弱了苏格兰大学模式的主要特征。[78] 但英格兰模式的基本结构却没有变化：学科等级森严，这使得社会学或商学难以进入大学；高度重视通识教育；实行个人导师制；并尽可能地保留学院制。[79]

两次大战期间的英国大学没有根本性的变化，但是，与日俱增的财政 64
困难也导致国家的进一步介入。1920年后，政府设立了学生奖学金（男生及女生），到1936年已达到360个名额。1919年，成立了大学拨款委员会（University Grants Committee），它是一个自治性的大学组织，主要负责在各大学中分配政府拨款，很快地，它便成为大学财政的支柱之一。[80] 即便是在牛津和剑桥，由战争引发的通货膨胀使其财力大打折扣，被迫依赖于政府资助。1936－1937年间，资助的额度达231万英镑，占英国大学收入

---

[76] 参见 B. Simon, H. Steedman, J. Honey and R. Lowe, in D. K. Müller, F. Ringer and B. Simon (eds.), *The Rise of the Modern Educational System, Structural Change and Social Reproduction 1870－1920*, 3rd edn (Cambridge and Paris, 1989).

[77] Anderson, *Universities and Elites*（注释 8），17; Anderson, *Education*（注释 48），16－24.

[78] Anderson, *Education*,（注释 48），268－275.

[79] Halsey and Trow, *British Academics*（注释 8）.

[80] E. Hutchinson, 'The Origins of the University Grants Committee', *Minerva. A Review of Science, Learning and Policy*, 13, 4 (1975), 583－620.

的 36.06%。[81] 但与欧洲大陆的大学相比，其拨款比例仍较低，这说明英国的大学在很大程度上依然是一个自足的实体。

德国模式影响下的变化

19 世纪后半叶，奥匈帝国以及新建立的巴尔干国家都受到了德国模式的影响。大学因此也在两个不同的体系中摇摆。一方面，它们实现了现代化，并与德国保持密切的联系，向在奥地利和远在布达佩斯的说德语的教授和学生开放。但在另一方面，它们主要受内地不发达农业的影响，因此，与 19 世纪上半叶的西方大学相比，其学术职业的前景更多地依赖于政府部门、教会、法律或医疗部门，而不是科学与艺术。约瑟芬时代的重要遗产之一就是孕育了大量的技术学院。这一时期大学景象中的更深层次的特征，就是诸多由民族和教派冲突引发的矛盾与紧张关系。越是来自东部的学生，他们想去西方，去维也纳或去德国、瑞士的大学的渴望就越强烈，后来他们也愿去巴黎。其结果就是，新近建立的一些大学未能吸引到最有抱负的学生。

奥匈帝国的大学渐渐获得了使用本地语言进行教学的权利，就这样，匈牙利语首先出现在布达佩斯，然后逐渐扩展到科洛斯堡(Koloszvar)、德布勒森(Debrecen)和布拉迪斯拉发(Bratislava)；波兰语出现在莱姆伯格
65 (Lemberg)和克拉科(Cracow)；捷克语出现在布拉格的技术大学；克罗地亚语出现在萨格勒布(Zagreb)等。通过这种途径，它们成了民族主义运动的中心，这使得它们既疏远了德国大学的模式，又抛弃了国际文化生活。

匈牙利大学的特征在于强调法学，这也受到了统治阶级的支持，匈牙利因此也以“律师国家”[82]而著称。这种数量上的优势可以从 1867 年妥协后匈牙利文官制度的发展以及法律知识在自由经济中的重要作用得到解释。由于地租的消逝，使得依赖地租为生的中低贵族热衷于学习法律，以

---

[81] *Ibid.*, 612, 表 IV；参见 Sutherland, ‘Education’(注释 8), 157; Halsey and Trow, *British Academics* (注释 8), 63.

[82] Karady, ‘Nation de juristes’(注释 21), 106－124; V. Karady, ‘Jewish Over-Schooling: Its Sociological Dimensions’, in V. Karady and W. Mitter (eds.), *Sozialstruktur und Bildungswesen in Mitteleuropa* (Vienna and Cologne, 1990), 209.

期获得公务员职务。世纪之交,他们遭到了来自中产阶级,特别是犹太人的竞争,犹太人充分利用了多学科的知识,并对其进行整合,形成了一种与相关活动结合在一起的、易于掌握的学习模式。随着日尔曼裔和斯拉夫裔融入到主流的匈牙利文化,通往法律界的道路就变得更加平坦。

在两次世界大战期间,匈牙利的功用就像"熔炉",这给匈牙利的少数民族带来了不便。《特里亚农条约》留下的是一个满目疮痍、危机四伏的民族国家,并导致了学院和官员的过剩,但尽管贫困,他们还是将大学和精英们从沦陷的领土中送回了祖国。为了应对这种情况,统治阶级出台了一项法案,提出了反犹主义的"名额限制"方案,这使得许多匈牙利的犹太人去国外学习,甚至永久定居于国外。[83] "名额限制"法也针对那些战前就已成功获得高等教育教席的年轻女性。由此引发了两大变革:一方面,科学、技术和医学研究开始与法学比肩,另一方面,匈牙利的学生数下降,而国外的留学生则增多。

在**比利时和尼德兰**,19 世纪 80 年代之前,大学的校门是相当开放的,这是之前提及的大学网络密集化引起的结果。1876 年开始在大学外举行考试之前,留学生的数量很多。1876 年,1800 学生中有 450 名是外国人。世纪之交,法国的语言帝国主义导致了语言战争的爆发。1920 年,佛兰德的大学最终获得了使用母语教学的权利,而根特则是到 1932 年才获得该权益。比利时制度的独创性在于它的开放性,它可以不受限制地从法国、德国和英国招收最好的学生。比利时不仅从法国和德国借鉴了大学的组织结构,而且还吸引了大批的教授,因此,在比利时的大学中就形成了不同文化的交汇。[84] 66

荷兰大学的情况也是如此。1815 年的法律将文学院分为了哲学与文学学院和数学与物理学学院。不可否认的是,它们继续承担着为高级学院做准备的职责,但它们可以为应试者授予文凭,甚至是博士学位,因此它们也获得了同等的地位。[85] 其他诸如注重科研与教学的联系、引入习明

---

⑧③ Karady and Kenényi, 'Antisémitisme'(注释 21), 67—96.

⑧④ E. Lamberts and J. Roegiers (eds.), *Leuven University 1425—1985* (Louvain, 1990);参见第十章,第 427 页。

⑧⑤ W. Frijhoff, 'Netherlands'(注释 15), 492.

纳等个别因素，与讲师（编外讲师）制度的运用一起，都是效法自德国模式。在使用管制模式管理大学，以及使用中央集权的大学立法认可私立大学方面，荷兰走出了一条自己的道路。

在**斯堪的纳维亚**，普鲁士模式在1811年奥斯陆等新大学[86]的建立以及哥本哈根、隆德和奥布等老大学[87]的现代化中起到了关键的作用。在19世纪的发展中，德国在学术工作和研究方面的影响逐渐增加，这不仅体现在路德神学、法学和文学上，也体现在化学和物理学上。1909年至1914年间，赫尔辛基大学约有半数的博士论文是以德文写作的，到1916年，大部分的教学用语都是德语。[88]

在**俄国**，之前提及的高等教育的矛盾日益突出。[89] 一方面，由于其开明专制的传统，政府将大学视为现代化与西方化的栋梁。另一方面，在周期性的地方革命暴动后，反对势力往往占据优势地位，他们迅速地将大学视为孕育反动观点、颠覆社会秩序的温床。引人注目的是，学生数量增长
67 的起点很低。1860年，在9所俄罗斯大学中，注册了5000名学生，其中大多数在莫斯科或圣彼得堡。50年后，这个数字增长至37 000名，尽管1881年在亚历山大二世（Alexander Ⅱ，1818－1881）遭暗杀后曾出现了对犹太裔学生和贫困学生的配额制度。学生人数的快速增长，可以从大学学习在社会中的威望以及由此进入公职并获得较高社会声望等方面来进行解释。除直接提供进入公职渠道的法学院外，医学院也是颇具吸引力的，这是因为在整个国家有着庞大的卫生服务需求，而其自身也被证明是与贫困和无知进行斗争的最有效武器。

中产阶级与社会下层的所取得的社会进步，也可以从大学和技术学校中贵族学生比例的减少中反映出来。1865－1914年，大学中的比例从

---

[86] S. Langholm, 'Norway', in Jílek, *Historical Compendium*, 42.

[87] Klinge *et al.*, *Kejserliga Universitetet*（注释16），48；Klinge, *Universität Helsinki*, 240.

[88] Klinge *et al.*, *Kejserliga Universitetet*（注释16），906－910；Klinge, *Universität Helsinki*, 565－567.

[89] 参见 D. R. Brower, 'Social Stratification in Russian Higher Education', in Jarausch (ed.), 'Transformation'（注释8），247－248；J. C. McClelland, *Autocrats and Academics: Education, Culture and Society in Tsarist Russia* (Chicago and London, 1979), 39, 64.

67%下降到35%，技术学院中的比例则从55%下降到25%。由于政府为那些小资产阶级、中产阶级和犹太社区的人们设置了很多障碍，他们的子女便成群结队地出国留学，以期获得大学文凭。在巴黎、柏林和瑞士大学中有如此庞大的俄国学生聚居区，以致他们的人数必须加入沙皇俄国的官方统计中。女子也争取学习的机会，她们往往通过私立机构或出国留学来绕开官方的限制。一战前10年，这些障碍才逐渐消除，1914－1915年间，女学生已占到大学生总人数的30%。

世纪之交，政治上的暴动仍在继续，这说明沙皇大学已无法适应变革社会的需求。当局对学生组织的无视及其专制的镇压手段引发了革命。革命在1905年达到了高潮，而引发十月总罢工的源头正是大学。

俄国的大学系统已难以发挥其社会作用，这清晰地表现在出身上层社会和贵族家庭的教授们（1904年的比例为39%）对自由主义和改革的支持。他们理想中的大学是洪堡模式的，而沙皇权力当局则反对学术研究必需的学术自由。[90] 在亚历山大二世被暗杀后，1884年的《大学规程》加强了政府对大学的控制，更倾向于实践培训，而不是学术教育，但却没有
取得任何进展。由于缺少合格的教师，使得德国模式的讲师制也没有带 68
来成功的希望。平庸的收入以及艰苦的工作环境，消除了学术职业的吸引力。[91] 1900年至1914年间，大学的工作环境因财政困难而进一步恶化。政府仅提供60%的大学预算，其余的就要从学费中收取。尽管学生人数增长，却没有增加新的教席。教授与非教授之间的内在紧张关系，以及教授和学生与国家权力之间的外在紧张关系的加剧，都导致了该体制的崩溃。1902年任命的委员会对此也无济于事。他们建议采纳德国大学的章程。但这项建议却成了一纸空文。

1917年革命完全改变了俄国的制度：它加速了学生构成的变化，建立了全新的大学结构。布尔什维克开放的高等教育政策增加了学生的人数，使其从1914年的127 000人增加到1922年的216 000人；并建立了新大学以及上百所专门技术学校，尤其是在俄国以外的地区。20世纪20年

[90] McClelland, *Autocrats*, 78ff.

[91] Kassow, *Students Tsarist Russia*, 31ff.

代，学生人数有所下降，这是因为当时采用了有利于工人阶级的“配额”制度。之后，高等教育便成了计划经济中的一部分，工程学和其他应用科学更受推崇，这是因为其他学科受到了当权者的质疑，并因此受到了严密的监视。学术精英也源于人民大众，他们也以技术为取向，并具有政治上的可靠性。就 4.3％的适龄人口受过大学教育而言，苏联以社会精英完全倒置的形式达到可与西方社会比肩的水平。[92] 尽管政治制度发生了各种变化，但俄国大学的政策仍是以自上而下的管制为特征，在这种制度中，自治是不存在的。

在对德国模式的改造和适应中，比较顺利的是**瑞士**。这个时期瑞士大学制度有三个特点：第一，它不是一个统一的制度，除苏黎世的联邦理工学院外，大学就是各大学区政机构；第二，大学区直接干预大学的运行，这使得大学直接受到政治变革的影响；第三，大学城之间距离较近，大学
69 城外同一语言区或瑞士其他两个语言区的学生也能轻易入学。这就为竞争提供了一个重要的机制，并使之与德国相媲美。为了筹集必要的经费，实现旧学院向研究型大学的转型，招收外国留学生是不可避免的；而向女性开放则成为一个更具原创性的解决问题的方案，这是因为在当时，在其他地方都是不可能实现的。1914 年前，瑞士大学女学生数占总人口的 1/5，是当时法国的两倍。国外学生份额同样很高。1880 年在日内瓦占 44％，1910 年达到 80％；在整个瑞士，1900 年占 47％，1910 年占 57％。由于中欧和东欧的大学发展，外国学生在两次世界大战期间的比例下降到 25％，1940 年在日内瓦的比例为 25％。[93]

尽管采用了德国模式，但上述特点使得小规模的瑞士大学不乏创新。例如，在日内瓦，1912 年建立的教育科学学院（*École des sciences de l'éducation*），于 1929 年与大学合并；1915 年，一所经济与社会学习学院开始招生；1927 年，成立了高等国际关系大学（*Institut universitaire des hautes etudes internationales*），并与大学相联系。1941 年，翻译学院（*École de traduction et d'interprétation*）应运而生，并成了大学中的一部分。

---

[92] P. L. Alston, 'The Dynamics of Educational Expansion in Russia', in Jarausch (ed.), 'Transformation'（注释 8），107.

[93] Marcacci, *Université de Genève*（注释 13），164－165.

与此同时，原先主要从大学城的贵族家庭中募集的教师队伍，也开始接纳外国人，其中有些人是为外国当局所驱逐的。[94] 1851 年拿破仑三世(Napoleon III，1808－1873)政变的受害者保罗·阿尔芒·沙拉梅尔－拉库尔(Paul Armand Challemel-Lacour，1827－1896)、1848 年革命失败后的那不勒斯的弗朗切斯科·德·桑克蒂斯(Francesco De Sanctis，1817－1883) 和德国人西奥多·施沃恩(Theodor Schwann，1810－1882)，都曾在苏黎世的高等院校中寻求避难，至少是暂时的避难。在日内瓦，出身于伯尔尼教授家庭的法兰克福国民议会(Frankfurt National Assembly)成员、吉森大学教授卡尔·福格特(Karl Vogt，1817－1895)，出任地质学教席，他在其他曾在德国受教育的同事帮助下，按德国方式将日内瓦学院重组为大学。[95] 1834－1855 年间，40％的伯尔尼教授来自德国，这与来自伯尔尼本州的人数相当。[96] 到 20 世纪初，所有的瑞士大学都有了讲师。在医学院和理学院，还增加了助教和实验人员(demonstrators)，像在德国一样，他们由教授来任命，以免后继乏人。但学术职业仍无任何安全保障，地区流动仍是最佳的升迁途径。在所有州，教授的任命仍集权于政府，尽管政府会向学院咨询。科学的传播和现代大学设施的建立，突出了研究工作的重要性。1878 年，在日内瓦，以德国模式建立了化学学校(*École de chimie*)[97]，1888 年，洛桑也接受了捐赠，在路文尼宫(*Palais de Rumine*)建立了大学。[98] 70

南欧大学创新的艰难历程

在**意大利**，重建大学系统是新的民族国家的主要任务之一。但这是极为艰难的，其原因在于大学的中世纪及近代遗产十分强势，再加之教会在意大利社会中的特殊角色，这使得现代化的每一步都看作是对宗教特权的挑衅。1859 年的《卡萨蒂法》(*Legge Casati*)试图以法国模式来实现

---

[94] 从 1822 年德国神学家开始，参见第十章，第 429 页。
[95] Marcacci，*Université de Genève*（注释 13），145.
[96] Im Hof，*et al.*，*Dozenten der bernischen Hochschule*（注释 13），226.
[97] Marcacci，*Université de Genève*（注释 13），149－153.
[98] Delessert，*L'Université au défi*（注释 13），207.

高等教育系统的集权，教会被排除在大学教学之外，但事实证明，要废除小而古老的城市大学是行不通的。[99] 19 世纪末，意大利拥有 17 所国立大学、4 所“自由”大学。就人口与领土面积而言，与法国（15 所大学）和德国（20 所大学）相比，意大利的大学显然过剩了。更重要的是，其分布是非常不平衡的。在艾米利亚—罗马涅地区（Emilia-Romagna）共有 8 所大学，即博洛尼亚、卡美日诺（Camerino）、费拉拉（Ferrara）、马切拉塔（Macerata）、摩德纳、帕多瓦、帕尔马（Parma）、乌尔比诺（Urbino）；在托斯卡纳和翁布里亚（Tuscany/Umbria）有 3 所，即比萨、锡耶纳（Siena）、佩鲁贾（Perugia）；西西里也有 3 所，即卡塔尼亚（Catania）、墨西拿（Messina）、巴勒莫（Palermo）；撒丁岛有 2 所，即卡利亚里（Cagliari）和锡耶纳（Sassari）；利古里亚（Liguria）、热那亚（Genoa）、伦巴底（Lombardy）、帕维亚（Pavia）、皮埃蒙特（Piedmont）和都灵（Turin）则各有 1 所；而整个意大利南部却仅有 1 所大学（那不勒斯）。1892 年，不足 500 学生的大学有 10 所，其中 3 所大学不到 100 人。而那不勒斯则处于另一极端，它有 4592 名学生。[100] 尽管有多种努力试图简化大学格局，但教育部长和议员们（他们中间许多人就是大学教授[101]）都未能克服地方利益集团的阻力。唯一重大的变化是 1873 年废除了神学院。

71 尽管受到德国学术的影响，在 1870 年后这种影响日益增强，但旧制度的缺陷仍然存在：以法律研究为主、大学规模小且缺乏自治权、教学方法与课程的陈旧。特别是后两项因素使其出现了以学术和公职为取向的学科的过剩，以及以商业和贸易为取向的现代学科的缺失。[102]

由于私人的努力，高等教育取得了大规模的扩张。在热那亚（1874）、巴里（1886）和罗马（1906）建立了公立商业学校。1902 年，米兰建立了一所私立的商业大学，名为博科民商业大学（*Università commerciale*，‘*Luigi*

---

[99] Porciani，*L'Università tra Otto e Novecento*（注释 9）.

[100] *Minerva*，*Jahrbuch der gelehrten Welt*，2（1892—1893）（Strasburg，1893），736.

[101] 1859—1876 年间，17 名公共教育部长中有 10 名大学教授，1848—1874 年间，议会中有 159 名教授议员。参见 Polenghi，*Politica universitaria*（注释 9），表 4，509—516.

[102] M. Barbagli，*Disoccupazione intellettuale e sistemo scolastico in Italia*（Bologna，1974）.

Bocconi')[103]。都灵(1859)、米兰(1862)和那不勒斯(1863)也建立了机械学校,其职责是为意大利的新兴工业培养劳动力。小规模的城市大学,如锡耶纳、费拉拉、佩鲁贾等,由于地方银行的支持而得以生存发展。大学讲师工资很低,因此他们不得不寻找第二职业,而法学院往往也成为了步入政坛的跳板。与德国模式一样,法国模式也继续发挥着作用。教席的授予是需要通过考试制度才能获得的,大学系统处于公共教育部的管辖之下,其自主性十分有限。[104] 一战前的意大利就是这样的一个国家,从中可以找到各种欧洲大学模式的影响,即中欧的法学院和医学院的主导地位,法国的中央集权,德国的研究取向,以及如同英国的地方法团组织。

一些最重要的变革出现在两次世界大战期间,尤其是在法西斯统治之下,但战后随之而来的危机使其难以为继。由于通货膨胀,教授们更加依赖第二职业,并进而开始损害教学质量。学生的数量几乎翻番,但许多学生不得不寻找工作以维持生存,从而使其远离课堂。1920 年,哲学家、教育部长本尼狄托·克罗齐(Benedetto Croce, 1866—1952)引入了与德国的习明纳相似的学术训练,并将其作为获得博士学位的前提之一。他的哲学家同事、1922—1925 年的教育部长乔瓦尼·泰梯利(Giovanni Gentile, 1875—1944),在 1923 年大学改革中再次借助了洪堡的大学理念。但尽管如此,他却以一种专制主义的方式来进行改革,这使得他原本的自由理想主义反而为法西斯主义对大学与日俱增的控制铺平了道路。根据大学的重要性、规模和拥有学院的数量,将其分为三类,国家依次控制着其投资水平。严格的教授选拔考试条件,使得申请人数大减。1919 年到 1929 年间,学生人数也从 5 万下降到 4 万,并被强行组织到相应的法西斯组织中去。对此持反对态度的教授,或者被迫保持缄默,或者被驱逐 72

[103] Musiedlak, *Université* (注释 10); L. Lenti, *Gli ottant'anni della Bocconi* (Crassina/Firenze, 1984).

[104] A. Santoni Rugiu, *Chiarissimi e Magnifici. Il professore nell'università italiana (dal 1700 al 2000)* (Scandicci and Florence, 1991); Tomasi and Bellatella, *L'Università italiana* (注释 9).

出国。[105]

西班牙的大学系统,与19世纪下半叶地中海其他国家的大学系统相同,远远落后于它们的北欧同伴们。直到1898年被美国击败后才引发了改革。而在此之前,西班牙大学一直深受拿破仑模式之害:极端的中央集权,这点也体现在前面提到的马德里中央大学中。除学生人数下降外,管理模式极度官僚化,公务员思想模式制约了教授们的创造力。绝大多数学生就读于法学院。仅在巴塞罗纳和马德里有技术学校,在科尔瓦多(Córdoba)、里昂(León)、马德里、孔彼斯特拉的圣地亚哥(Santiago de Compostela)和萨拉戈萨(Zaragoza)有兽医外科学校,在巴塞罗那、马德里和帕尔马(Palma)有商业学校,在马德里有农业学校。[106]

1900年,在1.7万注册学生中,有8000人听讲座,有2000人获得大学证书(Licentiate),166人获得博士学位。在466名教授中,有99人在马德里执教,约占总数的1/5。与专业学院相比,文理学院由于现代学科导致了"灰姑娘"(Cinderella)的延续。有2/3的教授工资仅为5000比塞塔,或者更低,他们被迫从事第二职业或在马德里另谋生计。改革运动始于奥维耶多的一小群年轻的大学教师,而奥维耶多也是全国最小的大学。他们的建议被教育部长所接受,并从1900年开始付诸实践。文理学院引进了新课程,社会研究被整合入法学院,并设立了奖学金。然而,周期性的
73 资金匮乏制约了改革。萨拉戈萨最先出现了解决办法,然后被其他大学效仿:由教授和外部讲师联合执教,有的甚至在大学城外执教。[107] 1917年后,[108]西班牙大学学生人数有了极快的增长,学生和教授也形成了保守与

---

[105] On Croce: Santoni Rugiu, *Chiarissimi* (注释104), 160-162; On Gentile, *ibid.*, 162-197, and Tomasi and Bellatella, *L'Università italiana* (注释9), 116-128. 关于法西斯大学政策:M. Ostenc, *L'éducation en Italie pendant le fascisme* (Paris, 1980), 65ff.

[106] *Minerva* (注释100), 23 (1913-1914), lxi-lxii.

[107] Guereña, 'L'université espagnole' (注释12), 113-131.

[108] P. Sosa Alonso, 'Reforma y cambio social de la universidad española de principios de siglo', in *Higher Education and Society: Historical Perspectives* (Salamanca, 1985), vol. II, 642-651; R. López Martin, 'Análisis Legislativo de la política universitaria primoriverista', *ibid.*, 416-426; S. Marquès i Sureda, 'La universidad en Catalunya de la II República al actual estado de las autonomía', *ibid.*, 444-453; J. M. Fernández Soria and A. Mayordomo Pérez, 'En torno a la idea de universidad en la España de la post-guerra (1939-1943)', *ibid.*, 249-261.

改革两大阵营，这也与当时的政治斗争密切相连。在奥瓦内哈(Rivera y Orbaneja，1870—1930)专政期间(1923—1930)，根据普遍的法团主义意识形态，大学作为独立的法人实体或法团获得了自治权力。但是，对教会教育机构的偏袒引起了学生的极大不满和动乱，当局只能以关闭马德里大学来应对。1931年，第二共和国赋予了大学真正的自治权力，尤其是在地方。多年后，在加泰罗尼亚(Catalonia)地区举办的讲座也可使用加泰罗尼亚语来进行授课。

在佛朗哥(Francisco Franco，1892—1975)掌权后，教师队伍却遭受了严厉肃清，支持前共和国的教授被流放。1943年通过了一部法律，长枪党人(phalangists，长枪党是成立于1933年的一个西班牙法西斯政党——译注)和传统天主教大学的支持者达成了妥协。新大学应当在道德、教义，以及西班牙语、权威等级秩序上高度尊重天主教的训导。传统价值的结合葬送了之前的所有改革，这个局面直到20世纪60年代才被打破。

总 结

如果人们比较一下本卷所涵盖的历史时期之初与结束时的大学图景，就会明显地发现，在包括苏联的欧洲部分，从1790年至20世纪30年代，大学的数量增长了一倍多，从143所增长到308所。如果除去苏联，因为其大学结构因专门大学的大规模增长而被完全改造，则大学数量几乎保持不变，维持在156所左右。但是，该数目并不包括240所左右受普鲁士模式影响的学术学院、大学分部或私立大学，它们拓展到了大学之外的诸多地区。加上大学性的学术机构，总数则增长为原来的3倍。

到1939年，大学已成为遍布欧洲的教育机构，而在19世纪初，作为中世纪和现代早期传统的遗产，大学仅限于欧洲大陆的部分地区，主要在西部和南部。大学的生命力体现在19世纪和20世纪上半叶多种多样的政治、经济、文化和社会危机之中。作为新兴民族国家的象征，几乎所有的新大学，特别是中欧的大学都采用了德国模式，建立了四五个学院，将教学人员也被分为三级，讲座教授、副教授和讲师。拿破仑的专业学院模式，在1800年前后曾风靡一时，但随着19世纪的发展渐渐地失去了其基础。 74

然而，它仍在那些现代研究和教学为大学所忽视的地区盛行，甚至在德国模式的核心地带流行着，因为在那里出现了教学与科研的分离。

这种双重运动也可从学生人数的巨大变化——从 1800 年前后的 8 万人增长到 20 世纪 30 年代的 80 万——若不包括苏联，则为 60 万——以及大学职责的拓展中体现出来。在 19 世纪，古典大学已充分适应了这种新的需求，但却在两次世界大战期间，在其主要任务的重压之下走向了瓦解。基于其功能、财政、地位、位置或大学活动的延伸性，大学组织越来越向底层机构下移。政府开始为大学财政负责，并成功地促进了大学结构与其他组织之间的调和。所有这些都支持了学院的设置以及大学巨型化的趋势。意大利、德国、西班牙和俄国的专制政权采取这种极端手段，而在之后的大学大众化的时期，这一发展得到了延续。

然而，尽管存在这些趋势，但人们不应忽视本卷研究阶段大学史中的另一个方面，那就是，穿越国境的“无形大学”(invisible university)的出现。它构建于教授和学生的流动基础之上，并且战胜了个别民族国家中大学政策内在的政治与机制障碍。[109] 对教授来说，有会议或国际学术组织进行学术交流。[110] 而对这些欧洲组织所发挥的桥梁功能的研究才刚开始，它们
75 迈出了构建“无形大学”的第一步。[111] 它甚至比“真正的”大学更符合洪堡的理念，它是建立在所有对学术知识感兴趣的各民族开放合作的基础之上的，它跨越了所有地理和制度的限制，预示着教学的自由是不受任何课程限制的。学生何处求学的选择取决于自由竞争和各门课程的创新或成功的程度。教授的流动在另一方面也标志着各种语言领域和文化之间学术的紧密联系，以及一两个国家特定的学术专业的吸引力。因此，这一时期以可憎的民族主义为终结的大学史，可以看作是以中世纪为基石的欧洲大学的复兴之路。

---

[109] Karady, *Relations interuniversitaires* (注释 11).

[110] Charle, *République des universitaires*.

[111] Karady, *Relations interuniversitaires* (注释 11).

第一至四章精选文献

文献目录

'Bibliographie d'histoire de l'éducation française', published yearly since 1979 in the review *Histoire de l'Education*.

Coing, H. (ed.) *Handbuch der Quellen und Literatur der neueren europäischen Privatrechtsgeschichte*, vol. III, 1 — 5 Munich, 1982 —1988.

Craigie, J. *A Bibliography of Scottish Education Before 1872*, London, 1970.

De Ridder-Symoens, H. (and J. Paquet, until 1996), 'Bibliografisch Overzicht Universiteitsgeschiedenis der Nederlanden/Bibliographie de l'histoire des Universités aux Pays Bas et en Belgique', *Batavia Academica*, 2(1984)—12(1994), continued since 1995 in *Nieuwsbrief Universiteitsgeschiedenis/Lettred'infomation sur l'histoire des universités*.

Erman, W. and Horn, E. *Bibliographie der deutschen Universitäten. Systematisch geordnetes Verzeichnis der bis Ende 1899 gedruckten Bücher und Aufsätze über das deutsche Universitätswesen*, 3 vols., Leipzig and Berlin, 1904—1905; rpt. 1965.

Fletcher, J. M. and Deahl, J. *The History of European Universities: Work in Progress and Publications*, 5 vols., Birmingham, 1977—1981.

Fletcher, J. M. and Upton, C. A. 'Publications on University History Since 1977: A Continuing Bibliography', *History of Universities*, 7 (1988)—13 (1994).

García y Garcia, A. 'Bibliografía de historia de las universidades españolas', *Repertorio de historia de las ciencias eclesiásticas en España*, 7 (1979), 599—627.

Hammerstein, N. 'Jubiläumsschrift und Alltagsarbeit. Tendenzen bil-

dungsgeschichtlicher Literatur', *Historische Zeitschrift*, 236 (1983), 601—633.

'Neue Wege der Universitätsgeschichtsschreibung', *Zeitschrift für historische Forschung*, 5(1978), 449—463.

76 'Nochmals Universitätsgeschichtsschreibung', *Zeitschrift für historische Forschung*, 7 (1980), 321—336.

Lubenow, W. C. 'University History and the History of Universities in the Nineteenth Century', *Journal of British Studies*, 39 (2000), 247—262.

Parker, L. (ed.) *Institutions of Higher Education: An International Bibliography*, New York and Westport, 1990.

Pester, T. *Geschichte der Universitäten und Hochschulen im deutschsprachigen Raum von den Anfängen bis 1945. Auswahlbibliographie der Jahre 1945—1968*, Jena, 1990.

Petry, L. 'Deutsche Forschungen nach dem zweiten Weltkrieg zur Geschichte der Universitäten', *Vierteljahrsschrift für Sozial und Wirtschaftsgeschichte*, 46 (1969), 145—203.

Porciani, I. (ed.) *L'Università italiana. Repertorio di atti e provvedimenti ufficiali 1859—1914*, Biblioteca di bibliografia italiana, CLXVI, Florence, 2001.

Porciani, I. and Moretti, M. (eds.) L 'Università italiana. *Bibliografia 1848—1914*, Biblioteca di bibliografia italiana, CLXXII, Florence, 2002.

Stark, E. *Bibliographie zur Universitätsgeschichte*, *Verzeichnis der im Gebiet der Bundesrepublik Deutschland 1945—1971 veröffentlichten Literatur*, ed. E. Hassinger, Freihurg and Munich, 1974.

Steiger, G. and Straube, M. 'Forschungen und Publikationen Seit 1945 zur Geschichte der deutschen Universitäten und Hochschulen auf dem Territorium der DDR', *Zeitschrift für Geschichtswissenschaft*, 7 (special issue) (1960), 563—599.

Straube, M. and Fläschendräger, W. 'Forschungen zur Geschichte der

Universitäten, Hochschulen und Akademien der DDR', in *Historische Forschungen in der DDR 1960－1970. Analysen und Berichte. Zum XIII. Internat. Historikerkongreß in Moskau 1970*, Berlin, 1970, 187－209 (＝*ZfG*, Sonderbd. 18. Jg.).

Straube, M., Fläschendräger, W., Grau, C., Klaus, W., Köhler, R., and Kraus, A. *Forschungen zur Geschichte des Hochschulwesens, der Akademien der DDR sowie der Wissenschaften in den 70er Jahren*, Institut für Hochschulbildung Berlin, 1981.

Vico Monteoliva, M. 'Bibliografía sobre la historia de las universidades españolas', *Historia de la Educación*, 3(1984), 281－290.

Zanella, G. 'Bibliografia per la storia dell'università di Bologna dalle origini al 1945, aggiornata al 1985', *Studi e memorie per la storia dell'Università di Bologna*, new series, 5(1985).

一般著作

Boehm, L. and Müller, R. A. (eds.) *Universitäten und Hochschulen in Deutschland, Österreich und der Schweiz. Eine Universitätsgeschichte in Einzeldarstellungen*, Dusseldorf, 1983.

Charle, C. and Verger, J. *Histoire des universités*, Paris, 1994.

Conze, W. and Kocka, J. (eds.), *Bildungsbürgertum im 19. Jahrhundert. Bildungssystem und Professionalisierung in internationalen Vergleichen*, Stuttgart, 1985.

d'Irsay, S. *Histoire des universités françaises et étrangères des origines à nos jours*, 2 vols., Paris, 1933－1935.

Frijhoff, W. 'Universities: 1500－1900', in B. R. Clark and G. R. Neave (eds.), *The Encyclopaedia of Higher Education*, vol. II, Oxford, New York, Seoul and Tokyo, 1992, 1251－1259.

Higher Education and Society: Historical Perspectives. 7th International Standing Conference for the History of Education, 2 vols., Salamanca, 1985.

Karady, V. 'La migration internationale d'étudiants en Europe, 1890—1940', *Actes de la recherche en sciences sociales*, 145 (December 2002), 47—60.

Jílek, L. (ed.) *Historical Compendium of European Universities/ Répertoire historique des universités européennes*, Geneva, 1984.

Minerva, Handbuch der gelehrten Welt I, Die Universitäten und Hochschulen usw., *ihre Geschichte und Organisation*, Strasburg, 1911.

Minerva. Jahrbuch der gelehrten Welt, 1 (Strasburg, 1891/1892) — 33 (Berlin, 1938), Abt. Universitäten und Fachhochschulen, I. Band: Europe.

Müller, D. K., Ringer, F. and Simon, B. (eds.) *The Rise of the Modern Educational System: Structural Change and Social Reproduction, 1879—1920*, Cambridge and Paris, 1987; 3rd edn, 1989.

Ringer F. K. *Education and Society in Modern Europe*, Bloomington and London, 1979.

Romano, A. (ed.) *Università in Europa. Le istituzioni universitarie dal Medio Evo ai nostri giorni. Strutture, organizzazione, funzionamento*, Atti del Convegno Internazionale di Studi, Milazzo 28 Settembre-2 Ottobre 1993, Messina, 1995.

Romano, A. and Verger, J. (eds.) *I poteri politici e il mondo universitario* (*XIII—XX secolo*), Atti del Convegno Internazionale di Madrid 28—30 Agosto 1990, Messina, 1994.

Rothblatt, S. and Wittrock, B. (eds.) *The European and American University Since 1800: Historical and Sociological Essays*, Cambridge, 1993.

Schriewer, J., Keiner, E. and Charle, C. (eds.) *Sozialer Raum und akademische Kulturen. Studien zur europäischen Hochschul-und Wissenschaftsgeschichte im 19. und 20. Jahrhundert / A la recherche de l'espace universitaire européen. Étude sur l'enseignement supérieur aux XIXe et XXe siècles*, Frankfurt-Am-Main, 1993.

Schubring, G. (ed.) '*Einsamkeit und Freiheit*' *neu besichtigt. Universitätsreformen und Disziplinenbildung in Preussen als Modell für Wissenschaftspolitik im Europa des 19. Jahrhunderts. Proceedings of the Symposium of the XVIIIth International Congress of History of Science at Hamburg-Munich, 1—9 August 1989*, Stuttgart, 1991.

国别研究

比利时

Demoulin, R. 'L'université en Belgique', in M. Gresset and F. Lassus (eds.), *Institutions et vie universitaire dans l'Europe d'hier et d'aujourd'hui. Actes du Colloque de l'Association interuniversitaire de l'Est, Besançon, 27—28 septembre 1991*, Besançon and Paris, 1992, 243—261.

Woitrin, M. 'Belgium', in B. R. Clark and G. R. Neave (eds.), *The Encyclopedia of Higher Education*, vol. 1, Oxford, New York, Seoul and Tokyo, 1992, 61—70. 78

法国

Charle, C. *La république des universitaires (1870—1940)*, Paris, 1994.

Condette, J.-F. *La Faculté des lettres de Lille de 1887 à 1945. Une Faculté dans l'histoire*, Lille, 1999.

Gerbod, P. *La Condition universitaire en France au XIXe siècle*, Paris, 1965.

Neveu, B. *Les facultés de théologie catholique de l'Université de France (1808—1885)*, Paris, 1998.

Verger, J. (ed.) *Histoire des universités en France*, Toulouse, 1986.

Weisz, G. *The Emergence of Modern Universities in France (1863—1914)*, Princeton, 1983.

德国

Espagne, M. *Le creuset allemand, histoire interculturelle de la Saxe XVIIIe-XIXe siècles*, Paris, 2000.

Handbuch der deutschen Bildungsgeschichte, vol. III: *1800—1870. Von der Neuordnung Deutschlands bis zur Gründung des Deutschen Reiches*, ed. K. E. Jeismann and P. Lundgreen, Munich, 1982; vol. IV: *1870—1918. Von der Reichgründung bis zum Ende des Ersten Weltkriegs*, ed. C. Berg, Munich, 1991; vol. V: *1918—1945. Die Weimarer Republik und die nationalsozialistische Diktatur*, ed. D. Langewiesche and H. E. Tenorth, Munich, 1987.

Jarausch, K. H. *Students, Society and Politics in Imperial Germany: The Rise of Academic Illiberalism*, Princeton, 1982.

McClelland, C. E. *State, Society and University in Germany, 1700—1914*, Cambridge and New York, 1980.

Müller, R. A. *Geschichte der Universität. Von der mittelalterlichen Universität zur deutschen Hochschule*, Munich, 1990.

Paulsen, F. *Geschichte des gelehrten Unterrichts auf den deutschen Schulen und Universitäten: vom Ausgang des Mittelalters bis zur Gegenwart mit besonderer Rücksicht auf den klassischen Unterricht*, 2 vols., 3rd edn, Leipzig and Berlin, 1919—1921; rpt. 1985.

Ringer, F. K. *The Decline of the German Mandarins: The German Academic Community, 1890—1933*, Cambridge, Mass., 1969.

Titze, H. 'Die Evaluierung des Bildungswesens in historischer Sicht', *Zeitschrift für Erziehungswissenschaft*, 5 (2002), 552—569.

Titze, H., with Herrlitz, H.-G., Müller-Benedict, V. and North, A. *Hochschulstudium in Preussen und Deutschland, 1820—1944*, Göttingen, 1982.

意大利

Fioravanti, G., Moretti, M. and Porciani, I. (eds.) *L'Istruzione univer-*

sitaria (*1859—1915*) (Pubblicazioni degli Archivi di Stato, Fonti XXXVIII; Archivio Centrale dello Stato, Fonti per la storia della scuola V), Rome, 2000.

Gasnault, F. *La cattedra, l'altare, la nazione. Carriere universitarie nell' Ateneo di Bologna 1803—1859*, Bologna, 2001.

Malatesta, M. (ed.) *Society and the Professions in Italy, 1860—1914*, Cambridge, 1995.

Palma, B. *L'Università fra accentramento ed autonomia*, Urbino, 1983.

Polenghi, S. *La politica universitaria italiana nell'età della Destra storica* (*1848—1876*) (Brescia, 1993)

Porciani, I. (ed.) *L'Università tra Otto e Novecento: i modelli europei e il caso italiano*, Naples, 1994.

Università e scienza nazionale, Naples, 2001.

Tomasi, T. and Bellatalla, L. *L'università italiana nell'età liberale* (*1861—1923*), Naples, 1988.

荷兰

Frijhoff, W. 'The Netherlands', in B. R. Clark and G. R. Neave (eds.), *The Encyclopaedia of Higher Education*, vol. I, Oxford, New York, Seoul and Tokyo, 1992, 491—504.

Groen, M. *University Education in the Netherlands, 1815—1980*, Eindhoven, 1988.

西班牙

Ajo Gonzáles de Rapariegos y Sáinz de Zúñiga, C. M. *Historia de las universidades hispánicas. Origenes y desarollo desde su aparición a nuestras dias*, 11 vols., Madrid, 1957—1977.

Aulas y Saberes. VI Congreso Internacional de Historia de las Universidades Hispánicas (Valencia, December 1999), 2 vols. Valencia, 2003.

Claustros y estudiantes. Congreso internacional de historia de las univer-

sidades americanas y españolas en la edad moderna, Valencia, noviembre de 1987, 2 vols. Valencia, 1989.

Guereña, J.-L., Fell, E.-M. and Aymes, J.-R. *L'université en Espagne et en Amérique latine du Moyen Age à nos jours*, vol. I: *Structure et acteurs*, Tours, 1991; vol. II: Enjeu, conditions, images, Tours, 1998.

Peset, M. and J. L. *La universidad española (siglos XVIII y XIX). Despotismo ilustrado y revolución liberal*, Madrid, 1974.

Rodríguez-San Pedro Bezares, L. E. (ed.) *Las Universidades Hispánicas de la monarquía de los Austrias al centralismo* liberal. V Congreso Internacional sobre Historia de las Universidades Hispánicas, Salamanca, 1998, 2 vols., vol. II: *Siglos XVIII y XIX*, Salamanca, 2000.

Torres, P. R. (ed.) *Doctores y Escolares*. II Congreso Internacional de Historia de las Universidades Hispánicas, Valencia, 1995, 2 vols. Valencia, 1998.

英国

Anderson, R. D. *Education and Opportunity in Victorian Scotland*, Oxford, 1983.

Armytage, W. H. G. *Civic Universities: Aspects of a British Tradition*, London, 1990.

Brock, M. G. and Curthoys, M. C. (eds.) *The History of the University of Oxford*, vol. VI: *Nineteenth-Century Oxford*, part 1, Oxford, 1997; *Nineteenth-century Oxford*, part 2, Oxford, 2000.

80 Brooke, C. N. L. *A History of the University of Cambridge*, vol. IV: *1870—1990*, Cambridge, 1995.

Dahrendorf, R., *LSE: A History of the London School of Economics and Political Sciences, 1895—1995*, Oxford, 1995.

Searby, P. *A History of the University of Cambridge*, vol. III: *1750—1870*, Cambridge, 1997.

第二编 结构

第三章 与当局的关系

保罗·热尔博

自高等教育机构创建以来，它们与权力当局之间那些宗教的、政治的或者经济利益的关系问题总是表现得非常复杂，这些问题有些是临时性的，有些则是结构性的。它们引发了关于大学师生是否在教育、科学和管理方面拥有独立性的这一重要和持久的争论。只要回想一下 13 世纪欧洲大学面对主教或王室的霸权所爆发的许多、有时是悲剧性的冲突就足够了。① 83

1800 年之前，由于欧洲政治体制的世俗化和与教会（天主教、新教和东正教）的分离，因此这种频繁的冲突关系较之前数个世纪带来了截然不

① 参见第一卷，第 12－13，48－52，83－84，101－105 页。关于 19 世纪和 20 世纪大学与其监督机构关系的研究，还没有成为专门的研究和出版主题。于是，我们不得不求助于第二章结尾的“精选文献”提及的一般著作、各个大学的大量手稿以及发表在法国的 *Revue Britannique*（自 1826 年）和 *Revue des Deux-Mondes*（自 1839 年）、英国的 *Quarterly Review*（自 1809 年）和德国的 *Preussische Jahrbücher*（自 1858 年）这些期刊上关于高等教育的文章。

同的问题，到了 19 世纪和 20 世纪后更是如此。政府往往竭力扮演"教师一国家"(teacher-state)的角色，试图根据其政治或"哲学"目标，将统一的教育制度强加给既有的教学机构。1806 年后，法国形成了大学垄断机制，由帝国大学独享这种垄断的权力。② 大学不得不适应新的教学以及科学任务，提供当时还未知的课程，接纳人数日益增多的教师和学生。在从大西洋到乌拉尔山脉的整个欧洲，在一个部分是崭新的但却又具有显著的不安定因素的社会背景中，这种古老的"独立一从属"的两难困境再次出现，并随着时空的变化，随着政治经济、社会和文化的变化而变化。

对大学与权力当局之间关系属性的任何界定，首先要必须分析 1800 年后大学机构的各种依赖形式，其次要描述外部当局所使用的压力类型，最后要描述大学团体反抗这些"外部"威胁的抵制形式。

财政依赖

1800 年之后，在欧洲大学中可能存在着的依赖形式首先要属财政依赖。从法国大革命结束到 1939 年第二次世界大战爆发之前，在这不到 150 年的时间里，几乎所有的大学机构都或早或晚，或快或慢地丧失了它们的经济独立性。在中世纪大学创立之初，它们曾被赠予财产(土地、农田租金、建筑及各种圣俸)，其目的就是保证将来可以尽可能地享有物质上的独立性。牛津和剑桥大学的学院就是极好的例子。1477 年自乌普萨拉大学创建之时，它就接受了国王阿道弗斯·古斯塔夫二世(Gustavus Adolphus Ⅱ，1594－1632)的慷慨捐赠，这包括了小片农场、教会的牧师俸禄和各种财产，其目的是为了保证大学享有完全的独立性。③ 然而，到了第二次世界大战前夕，政府却要承担起绝大部分的大学开支。隆德(Lund)大学就是这种情况，它在 1668 年建立之初，天主教教会赠予它很多财产与收益，以及城镇的牧师职位(包括 30 个牧师俸禄和 900 份小块地)。在丹麦，1479 年创建的哥本哈根(Copenhagen)大学，在 1539 年得到了天主教牧师

---

② 参见第二章，第 44－46 页；A. Aulard, *Naopléon Ier, et le Monopole universitaire* (Paris, 1911)；J. Godehot, *Les institutions de la Révolution et de l'Empire* (Paris, 1951).

③ 参见第二卷，第 187 页。

的收入(什一税和地产)。在匈牙利,自1773年以来,布达佩斯(Budapest)大学支配收益就能保证其经济上的独立,直到1869年为止。④ 毫无例外,直到18世纪末,这些大学所拥有的捐赠以及私人和市政的捐献,从整体上至少部分保证了它们的自足;这使得其中一些大学的私心作祟,只剩下少许教师和少得可怜的资产,尤其是在法兰西王国。

这种传统在法国拿破仑时期后依然得以延续,但与之矛盾的是,这位皇帝建立了帝国大学并赋予其教学的垄断权力。拿破仑向帝国大学赠予了1789年前大学的财产(或至少是国民大会决定出售的国家财产后剩下的部分)以及中学生、大学生和私立世俗教育机构所支付的"学费"(university fees)。所有这些收入都由大学司库管理,不受任何政府控制。所以,法、医、神、理和文学院这些在法国代替了大学的学院从一开始在物质方面就是自治的,这种情况一直持续到1896年,⑤甚至到1968年《富尔法案》(Edgar Faure Law)颁布之时。⑥

这个"黄金时代",对大多数大学而言多多少少是个神话般的回忆。紧接而来的就是"钢铁时代",权力当局,尤其是政府,用铁棒统治着大学的财政。但从英伦列岛到沙俄帝国,从斯堪的纳维亚到地中海诸国的这些地区,这些控制的程度和出现的时间是不同的。

比如,牛津和剑桥大学得以保持它们在财政上的独立性。尤其牛津大学的绝大多数学院都拥有巨额收入,这些收入保证了其校长和教师的实际收入。而且,在19世纪中期之前,无论是在道义上还是在法律上,议会都不能对这些大学收入实行哪怕是最微弱的控制,甚至无法得知这些收入的准确状况和来源。即使是在一些极端例子中,20世纪30年代后政府也加强了控制,英国大学整体上只是在大学拨款委员会的资助下才幸存下来;在1934—1935年间,大学拨款委员会的资助占大学收入的

---

④ *Minerva, Jahrbuch der gelehrten Welt*, 1—23 (Strasburg, 1891/1892—1914), 24—32 (Berlin and Leipzig, 1920—1936), 33/31: *Europa* (Berlin, 1938).

⑤ 参见第四章,第120页。

⑥ C. Jourdain, *Le Budget de l'Instruction Publique de 1802 à 1856* (Paris, 1857); P. Gerbod, 'Le financement de l'enseignement supérieur et de la recherche en France au XIXe siècle', *Revue administrative*, 35 (1983).

34%。[7] 在 20 世纪 30 年代之前，19 世纪创建的英国大学（即“红砖”大学），诸如伯明翰或曼彻斯特，则主要受益于市政当局的财政支持。在爱尔兰，从 19 世纪开始，贝尔法斯特长老会学院和梅努斯（Maynooth）的皇家天主教学院就受益于公共补助金。苏格兰的大学也是如此，甚至在 1900 年之前，政府就开始为其提供经费。

86 在法国，1806—1808 年创建的学院已享有物质上的独立，政府的财政控制是逐渐介入的。从 19 世纪 20 年代开始，在复辟时期，财税法庭（Revenue Court）获得了管理大学财政的权力，而在此之前，大学财政一直是由大学司库独掌。1834 年，大学预算已经成了公共教育部预算的一部分，因而也成了每年国民议会（Parliamentary Assemblies）要讨论和投票决定的政府普通预算的一部分。[8] 也正是在这一时期，大学自身日益入不敷出（特别是有赖于注册费的那一部分），也迫使学院开始接受国家的财政支持。从那时起，政府的物质监管逐年加大。其严重程度可以从 1939 年 7 月开始的连续数款财政法规中看出，这些法规详细记载了大学机构的年度经费与投资基金。[9]

同时，“教师一国家”保证了对一定数目大学校的全额资助，如巴黎理工学校（通过战争部），海军学校（*Ecole navale*）和中央艺术与制造业学校（*Ecole central des arts et manufactures*，1829 年建立的时候是一所私立学校）和教师培训的高等师范学校［如：乌尔姆街、塞夫尔（Sèvres）、圣一克罗德（Saint-cloud）和玫瑰泉（Fontenay-Aux-Roses）］。同时还应注意的是，从大革命开始，各主要的人文科学机构［自然历史博物馆（*Musée d'histoire naturelle*）、法兰西学院和巴黎工艺技术学院（*Conservatoire des arts et métiers*）］就已完全由政府资助了。

德国也是一种典型情况。德国大学的建立得益于自治城市的统治者或教会的慷慨捐赠，因此它们往往有充裕的资金来保证经济上的独立。

---

[7] 参见第二章，第 55 页，第 62 页。

[8] 议会档案集和集会辩论的记录也出版在 *Journal Officiel* 里，记录了关于政府（自 1835 年关于高等教育）预算的年度讨论。

[9] 参见第四章；学院总赠款和花费的统计分析，可以在公共教育部的准确支出记录以及议会投票表决的财政法案文本中发现。

但到了19世纪，这些都成为往事，前神圣罗马帝国的各邦国政府在1815年组成了德意志联邦，它们开始介入大学的收支预算。1894—1895年间，柏林大学的政府赠予达到84%，海德堡大学则高达86%。即使是在那些大部分收益来自捐赠的大学中，从1853年到1894—1905年间，政府的经济干预也在逐步加强。如，格瑞夫斯沃德接受政府赠予比例从2%上升到50%，莱比锡从39%增加到78%。⑩ 在奥匈帝国，政府的财政负担明显要 87
轻得多：1895年，政府支付了维也纳大学49%的开支，布拉格大学53%的开支，布达佩斯大学60%的开支。⑪ 之后，这种惯列便被巩固下来。在第一次世界大战后，无论是在魏玛共和国（以及之后的纳粹政权），还是在奥地利共和国中，大学财政完全依赖于当局是大势所趋，且不断强化。

在沙皇俄国，虽然中央政权从开始就或多或少地确保了大学的物质独立性，但也不得不满足大学的物质需求。在1900年，政府投入约占大学收入的56%（约650万卢布）。但对某些大学而言，比例则更高，例如，圣彼得堡和恰尔科夫（Charkov，在乌克兰）大学都超过了70%。1917年革命及共产主义政权建立以后，快速重组了俄国高等教育的历史结构，政府承担了全部的财政职责。

这一长久的进程统治了整个欧洲并最终以大学在经济和物质上完全依赖于政权而告终，它与美国的情况不同，唯一的例外就是剑桥和牛津（但也只是部分独立）。1935年，两所瑞典大学，即乌普萨拉和隆德大学，有将近92%的资金依赖于政府。在意大利，政府几乎支付了大学的所有花费，那些保持其宗教和私立地位的大学当然不在此列。西班牙和葡萄牙也是如此，这两个国家自中世纪以来就是由国王创建和资助大学的。希腊也是如此，1837年在雅典建立了第一所大学。

在教会、君主、自治城市和私人机构倡导下赋予大学的经济和物质上的独立性，既为这些机构奠定了基础，又保护了这些机构，使它们在教学

⑩ R. S. Turner, 'Universitäten', in K.-E. Jeismann and P. Lundgreen (eds.), *Handbuch der deutschen Bildungsgeschichte*, III: *1800 — 1879. Von der Neuordnung Deutschlands bis zur Gründung des Deutschen Reiches* (Munich, 1987), 234.

⑪ 除特别说明，关于大学预算的统计信息来自 *Minerva*, *Jahrbuch der gelehrten Welt*（注释4）。

和科学上享有完全的独立性，而这是师生思想自由的必需。绝大多数欧洲大学至少起初是如此。事实上，从 19 世纪到 20 世纪，高等教育的自由成了大学机构日益依赖于外部世俗或宗教权威而带来的各种限制的牺牲品。这种依赖性体现在以下四个特定领域：由政府控制教育的管理部门的创建，教师聘用，学习规章以及对研究的控制。

公共教育部的创建

在大多数国家，创建公共教育部的首要任务是将高等教育事务列为它们的行政管理职责。当威廉·冯·洪堡以其爱国热忱和科学创新思想，不畏艰难地成功创办了柏林大学之时，他正是普鲁士内务部宗教事务与教育司司长。[⑫] 然而，在成功地主持了 16 个月的工作后，他于 1810 年辞职，原因是他不能把该司提升为部。这样的一个宗教、公共教育和卫生部是 1817 年建立的。[⑬] 1806 年，法国成立了帝国大学，两年后又成立了中央行政组织，由帝国大学总监、诗人和政治家路易·德·丰塔纳(Louis de Fontanes，1757—1821)领导。就这样，国立学院的管理便委托给一个建立在政治权威之上的外部权威。后来这种行政结构也为历任政权延用，并被冠以不同的名称：公共教育委员会、宗教和公共教育的政府秘书、公共教育和宗教部、国民教育部(1932 年后)。[⑭] 在其他国家，如丹麦、意大利、西班牙和俄国，也存在着类似的结构，有的甚至成立时间更早些。可以说，直到“国家社会主义”的第三帝国之前，公共教育行政管理一直是德意志各邦的特权，然后是“国家”(Länder)的特权，1934 年 5 月 1 日，德意志第三

---

⑫ 参见第二章，第 1,22 页；第二章，第 47—49 页。

⑬ W. Vogel, 'Karl Sigmund Franz von Altenstein', in W. Treue and K. Gründer (eds.), *Berlinische Lebensbilder, Wissenschaftspolitik in Berlin, Minister, Beamte, Ratgeber*, Einzelveröffentlichungen der Historischen Kommission zu Berlin 60 (Berlin, 1987), 98. M. vom Broche, 'Kultusministerien und Wissenschaftsverwaltungen in Deutschland und Österreich', in *Wissenschaften und Wissenschaftspolitik*, ed. R. vom Bruch and B. Kaderas (Stuttgart, 2002), 192—214.

⑭ Gerbod, 'Le financement, (注释 6); P. Bousquet *et al.*, *Histoire de l'Administration de l'enseignement en France (1789—1981)*, Publications de l'Ecole des Hautes Etudes, IVe Section: Histoire et philologie V. Hautes Etudes Médiévales et Modernes 49 (Geneva, 1983), 19—56.

帝国创建了公共教育部。⑮ 在苏联,大学机构依赖于加盟共和国的管理,但就苏联作为一个整体而言,它有一个公共教育部长(Minister of Public Instruction),作为苏联部长会议的成员之一管理着高等教育。1932 年 9 月 19 日的法令进一步加强了这种行政管理层级。从 19 世纪和 20 世纪建立的教会、自治市和私立大学中,⑯我们能看到这种外部监督体制的出现。英国大学则是这种准通行规则(quasi-General rule)的一个明显例外。

外部权力正是通过这些中央行政管理影响着教育和研究。比如,教师的聘任逐渐脱离了大学本身。大学的议事机构[学术理事会(academic senate)和教授评议会(faculty council)]或西班牙的全国认证委员会和法国的高等教育咨询委员会无疑能够作出任命决议,但最后的选择决定仍属于皇家特权。独裁或极权国家完全实施了上述做法。而民主国家也并不能完全免俗。比如:在英格兰,君主能够任命一些教席;在 19 世纪的德国,终身教授的任命是君主或皇家的权力;在西班牙,由五名教授成员组成的委员会(oposición procedure)负责全国范围内的竞争招聘,而在此之外还有一个程序被称为"开考"(concurso),它允许部长任命一个由他挑选的候选人。⑰ 在法国,从一开始,学院评议会就有为空缺职位提名候选人的权利,但公共教育部部长也总是能够推翻先前的决定,甚至录用一个先前并无希望的人。纵览上个世纪的部长的选择结果,我们可以看出,部长极少尊重学院的意愿。这种依赖性持续的时间已经超出了 19 世纪,但在像法国这样的民主国家中,它已明显走向下坡。1924 年,公共教育部部长反对巴黎法学院评议会的提议,转而任命乔治·塞勒(Georges Scelle,1878—1961),塞勒那时在左翼联盟(Cartel des Gauches)选举胜利后的爱德华·赫里欧(Edouard Herriot,1872—1957)的政府劳工部任首席私人秘书。这次任命被认为是有政治倾向性的,并有悖于大学的传统,因此激起

---

⑮ 1934 年 5 月 1 日法令创建了第三帝国科学、教育和公共教育部(*Reichsministerium für Wissenschaften, Erziehung und Volksbildung*),其中,被称作科学办公室(*Amt Wissenschaft*)的部门负责高等教育;参见 H. Huber, *Der Aufbau des deutschen Hochschulwesens* (Berlin,1939),16—22。

⑯ 参见第二章,第 37,39,40,57 页。

⑰ 参见第五章,第 134—140 页。

了法国学生的暴力反抗，并在整个拉丁区引发了暴乱反抗。[18] 希特勒时期的德国、墨索里尼时期的意大利都加强了政府干预。应该注意的是，在教
90 会或私立大学中，监督部门的监管权利也并非无足轻重的。在整个欧洲，这是学术依赖的一种真实的形式，它在逐年加强，而非减弱。

教育依附

从严格意义上说，在学习的规章制度方面，教育的依赖性是十分显著的，它表现为政府要求建立国家标准，不仅是针对医学[19]和法学[20]的职前训练，而且还针对未来的文理学科教师而设定。[21] 而且，高等教育机构的现代化需要进行新学科的教学，并废除陈旧学科。在各种教学部门中，从 19 世纪到 20 世纪的政府干预逐步蔓延，甚至是势不可当。

在西班牙，1845 年后，政府取代了之前的大学联合会，而在那之前，教学一直保持它的独立性，并且固守传统，反对变革。之后，政府便设置了新的学习课程并制定了考试规章。[22] 在 1867 年的妥协后建立的奥匈帝国中的匈牙利，也是如此。它是由公共教育部长来确定教席的数量、课程的内容、考试的顺序，以及批准讲师的任命。1830 年后，德国和比利时的绝大部分地区中也出现了干涉主义。在法国，1808 年在建立了国立学院之后，学习和考试章程不再是机构自身的权限，而成了中央行政部门下达的法律(laws)、政令(decrees)、命令(orders)、布告(edict)和通告(circulars)的对象，这也为各学院的教学以及每个学科确定了构架。中央行政部门得以修改这些规章。在 1852 至 1856 年间，希波吕忒·福托尔(Hippolyte Fortoul，1811－1856)部长甚至要求教师团体要在三年内教授所有的专业，并且每年都要向部长汇报课程内容。[23]

---

⑱ J. F. Sirinelli，*Génération intellectuelle* (Paris，1994)。

⑲ 参见第十四章，第 553－563 页。瑞士大学依赖于州，联邦政府控制医学和兽医学的课程和考试。

⑳ 德国是自 1877 年后。

㉑ 普鲁士是由威廉·冯·洪堡实施的(1810 年 7 月 12 日法令)，参见 W. Lexis (ed.)，*Die Reform des hoheren Schulwesen in Preussen* (Halle，1902)，373.

㉒ Peset，*Universidad Española*.

㉓ Gerbod，*Condition universitaire*.

一战后，政府与大学之间的教育关系几乎没有变化。只有几所像牛津和剑桥那样的古老大学保留了完全的教育独立。“红砖”大学在某种程度上也是如此，它们更好地适应了国家的需要。然而，在欧洲大陆，我们只 91
能说国家干预在日益增强。这一点可以从受共产主义意识形态主导的俄国大学的命运中看出。苏维埃政府规定了课程内容、学习规则、考试章程和高等教育入学条件（它们以社会学的“招生限额”为由赋予工人阶级的子女以优先地位）。㉔ 在希特勒的德国，政府对大学实行了真正的学术专制。还应该提及的是，20 世纪 30 年代，在波兰的军事政权统治下，它像匈牙利或安东尼奥·德·萨拉萨尔（Antonio de Salazar，1889—1970）统治下的葡萄牙一样，专制政府要求对高等教育进行更为严厉控制的意愿是不可抗拒的。

19 世纪，政府干预通过开办大学之外的高等教育机构（政府对这些机构拥有独一无二的控制权），也留下了一个更圆滑、更间接的教育标记。1800 年后，我们可以看到一些为绝大多数专门职业（军事、商业和工业）提供高级技术培训的专门学校在成倍增长。这些学校也许依附于不同的部门，但它们都是由政府来运作的。㉕ 教会或私立大学的教育依附也很典型。罗马、比利时、西班牙或波兰的天主教大学都直接或间接依附于（通过当地的教会当局）罗马教宗（Roman Holy See）。法国的天主教神学院尤其如此。1875 年以后，巴黎、里尔、安格斯（Angers）、里昂和图卢兹的天主教研究所也是这样；这也同样适用于斯特拉斯堡，1919 年，阿尔萨斯—洛林光复后，当地唯一的一所天主教神学院就开始依附于国家。㉖

在一个完全不同的领域，科学研究似乎也无法避免对外部的依赖。在大学机构中，教师应肩负着知识进步的职责，这是一个古老的欧洲传统。除了不可小觑的、积极的业余科学家之外，大学在人文与自然科学，以

㉔　19 世纪，俄国政府数次颁布法规限制大学学生注册（参见第二章）。1917 年后，工人学院（rabfak）发展迅速，从 1928 年的 177 所增加到 1932 年的 694 所。那时这些学院拥有近 30 万名学生。在同一时期，“无产阶级”生源的百分比从 30%增加到 55%。

㉕　参见‘European Universities and Similar Institutions in Existence Between 1812 and the End of 1944’，692—702.

㉖　参见第十章，第 397 页。

92 及神学和医学知识的进步中扮演着重要角色。㉗ 19 世纪，这一传统得以延续，但也受到了一定的限制。这些限制主要是一些物质障碍：在法国和其他国家，大学不断抱怨由其研究者掌握的经济和物质资源日益匮乏，它们还抱怨用于建造现代的实验室和充实图书馆的资金配给不足。在法国，以科学发现而闻名的路易斯·巴斯德对国家的吝啬和漠不关心表示愤慨；20 世纪初，费迪南德·洛特（Ferdinand Lot，1866—1952）在《双周书刊》（*Cahiers de la Quinzaine*）中抗议国立大学的经费不足（将其与德国大学得到的慷慨赠予相比）。但这可能还不是一个真正重要的因素。政府干预还影响了研究的本质与取向。研究不得不迎合现行政府或主流宗教的官方哲学，并与其意识形态架构保持一致。所有的异常行为都将受到斥责与责备。在法国旧政权统治下，索邦神学院是正统神学研究的审判者，它可以公开处罚那些离经叛道者。在大革命之后，随着政局的更迭（这是法国历史的特点），政府会接连惩罚那些“错误”的历史或哲学研究（例如，复辟时期“自由的”史学家所面临这样的困境）。在神学研究方面，教会往往非常拘泥于形式，这一点我们可以从 20 世纪初期现代主义的危机时代对数位解释学家的审判中看出。㉘ 在苏联的斯大林时期，特罗菲姆·李森科（Trofim Lysenko，1898—1976）获得性状遗传理论被立为国家正统理论。无论是从潜在的可能性角度上来看，还是从历史的角度上来看，教学和科学上的依附性成了大学与其权力部门之间紧张关系的根源。

这种依附形式无论其有害程度和广度如何，只能说明另一种形式的依附，那就是政治和意识形态上的依附性。自中世纪以来，官方教会就已表现了这种意识形态的歧视。这种歧视在 19 世纪的天主教大学和学院中依然十分普遍。㉙ 在大不列颠，成为国教徒是在牛津和剑桥大学学习的必
93 要条件（*sin qua non*），这种情况一直持续到 1871 年。㉚ 1833 年，牛津大学爆发了“丑闻”运动（当时国教派试图恢复天主教的运动，即“牛津运动”——译注），其中涉及到几位像约翰·亨利·纽曼（John Henry New-

---

㉗ 参见第二卷，第十一至十四章。

㉘ 参见第十章，第 401—405 页（The Papacy's Pyrrhic Victory over Modernism）。

㉙ 参见第十章，第 395—400 页。

㉚ *University of Cambridge*，IV，99—102.

man，1801—1890)这样的学者。宗教权力机构反应强烈，牛津运动的领导者不得不在屈服或与教会断绝关系之间作出选择。[31] 在严格的教派大学之外，我们也可以看到主流的或排外的宗教意识形态的负隅顽抗。在法国，在1831—1857年间废除大学垄断的激烈斗争中，文学院受到了部分主教的恶意批评，这是因为他们认为哲学教授们正在进行反宗教的教学。[32] 几年后，《耶稣的一生》的作者、语言学家欧内斯特·勒南(Ernest Renan，1823—1892)成了一场反对其教学的观点争论的受害人，因而不得不放弃法兰西学院的教授席位。[33]

在这方面，严格地讲，政治依附从未停止过对高等教育自由的限制(当它还未被废除时)，这是因为，特别是在19世纪，大学似乎很快就能够推翻政府了。在法国，从帝国大学创建之日起，帝国大学的总监就必须向皇帝宣誓效忠，作为大学成员的教师和学生也被强行邀去指责那些损坏拿破仑政权的行为。这一义务是由1808年3月17日颁布的帝国敕令，即法兰西大学宪章规定的，显而易见，1815年后，历任政权也没有废除这一义务。其结果是使得政府能够使用大学的处罚条例来采取法律措施，用于对抗政治异端，并在1811年对这些处罚条例进行了更为细致的规定。之后，在1815年、1830年、1848年、1851年和1871年的政治动荡中，教师团体也遭到了接连不断的、合法的清洗。[34] 1820—1822年间、1832年和两次世界大战期间的学生"骚动"也受到了制裁，当时"国王的报贩"(属于"法兰西行动"组织的年轻人)控制了拉丁区，并组织了反对共和国政府的暴力示威游行。

在沙皇俄国，已经有了一套严格的大学控制系统。[35] 在欧洲其他国家，尽管这种约束毫无疑问没那么明显，也没那么露骨，但它们依然是存

---

[31] P. B. Nockles '"Lost Causes and... Impossible Loyalties": The Oxford Movement and the University', in *History of Oxford*, VI, Part 1, 191—267.

[32] Gerbod, *Condition universitaire*, 141—185.

[33] 参见第十章，第400页。

[34] P. Gerbod, 'Les Epurations administratives (XIXe et XXe siècles)', *Actes du Colloque*, Publications de l'Ecole des Hautes Etudes, IVe Section: Histoire et Philologie V: Hautes Etudes Médiévales et Modernes 29 (Geneva, 1977), 81—98.

[35] 参见第二章，第52页；第八章，第303—308页。

在的。当 1819—1820 年革命骚动在德意志各邦的学生中发展起来的时候，1815 年神圣同盟框架下的卡尔斯巴德大会(Congress of Carlsbad)要求政府采取高压措施。1837 年，当汉诺威的国王废除自由宪法时，哥廷根大学的 7 位教授公开抗议这种政变，因此不得不放弃教席。㊱ 在奥地利统治下的意大利，一直到 19 世纪中期，维也纳政府都对亚本宁半岛大学实行煞费苦心的监管。后来，在 20 世纪 20 年代法西斯统治的意大利和 30 年代希特勒统治的德国，对教授和学生的政治监控成为新政权的主要关注点之一，并以之前闻所未闻的清洗和制裁为特征。

总而言之，这三种主要依附形式是紧密相连的，目的是防止高等教育机构引发政治或意识形态的动荡或颠覆政权。宗教正统或意识形态上的正统是以牺牲思想自由为代价来维持的，尽管思想自由是高等教育的特权之一。而政府也需要采取法律手段来确立这种宗教"正统"或意识形态"正统"。

法律保障和学术自由的实际衰落

为了实现防范和镇压的合法化，监管当局，尤其是政府首先做的就是强化立法，它们往往废止了大学成立之时特许状的内容，以及自中世纪以来形成的高等教育传统。许多国家的宪法都明确而又坚定地宣布了要尊重无形但却是神圣不可侵犯的思想自由，尤其是要尊重高等教育应享有的自由。1924 年苏联宪法，魏玛共和国宪法的 142 条款("艺术、科学及其教学是自由的——国家为它们提供保护和鼓励……")，就是这样的例子㊲；明确波兰政府和大学之间的统领关系的 1933 年的法律(1933 年 3 月 15 日法案，1937 年 3 月和 7 月修订)，也表达了同样的意思。1848 年的匈牙利宪法，也明确地说明了教学自由的问题。在罗马尼亚，1931 年的《约尔加法》(Jorga Law)授予高等教育完全的独立地位；1937 年，自由的范围

㊱ 参见第五章，第 152 页。

㊲ R. A. Müller, 'Vom Ideal der "libertas philosophandi" zum Dogma der "Freiheit der Wissenschaft" (1848 – 1918/1919)', in C. Friedrich, *Die Friedrich-Alexander-Universität Erlangen-Nürnberg 1743–1993. Geschichte einer deutschen Hochschule* (Erlangen and Nürnberg, 1993), 第 65—95 页，引自第 71 页。

受到《安杰列斯科法》(Angelesco law)的限制。1933 年,随着西班牙共和 95
国的成立,出现了一份自由主义大学法案,但却从未投票表决过。在法国,1806 年法创建了帝国大学,并赋予政府在事实上的教育垄断权力,被称为"大学垄断"。对高等教育自由的认可仅始于 1875 年,即经由君主主义者和自由派右翼主导的国民大会投票表决后,通过了 1875 年 7 月 12 日法律,自 1830 年开始的由天主教教会为争取教育自由而展开的斗争宣告终结。实际上,这场战斗在 1850 年就已经结束了,这要归功于关于初等和中等教育的法卢(Falloux, 1811—1886)法。随着 1877 年下议院中"共和派"多数的来临,1875 年法律被修订;授予大学学位的联合评委会(公立高等教育和私立高等教育)被废除了,且自 1880 年起,私立高等教育机构不再被称作大学。

此外,政府往往通过君主的旨意或议会的表决来限制、有时甚至是废除大学理应享有的自由。欧洲因而也积累了一笔由复杂的法律或立法武器构成的"非凡财富":法律、法令、命令、布告和通告。立法和规章的例子有很多,不胜枚举。[38] 在西班牙,起源于中世纪的大学特权被 1845 年和 1857 年法所废除。[39] 在大不列颠,1850 年,像牛津和剑桥这样的古老大学所享有的特权似乎还未被触及,但建立了"调查牛津大学及其学院的纪律、研究和收入状况的皇家委员会"。两年后剑桥大学也建立了同样的委员会。在这两个委员会的努力下,议会投票通过了两个法案,一个是在 1854 年,另一个更重要的是在 1877 年,并还任命了一个执行委员会,肩负起保障实施该议会立法的职责。对苏格兰大学来说,它们也遭到了政府干预。1858 年,英国议会免除了爱丁堡市议会管理大学的职能。

在俄国,1755—1912 年间,沙皇政权别出心裁地连续为大学颁布章
程。在罗马尼亚王国,通过 1864 年、1898 年、1907 年和 1912 年法为大学 96

---

[38] 例如:A. de Beauchamps, *Recueil des lois et règlements sur l'enseignement supérieur de 1798 à 1880* (Paris, 1886); E. R. Huber, *Dokumente zur deutschen Verfassungsgeschichte*, 4 vols. (3rd edn, Stuttgart, 1978—1991); I. Porciani (ed.), *L'Università Italiana. Repertorio di atti e proffedimenti ufficiali 1859—1914* (Florence, 2001).

[39] Peset, *Universidad española*, 430, 461ff.

戴上了"紧箍咒"。[40] 国家社会主义党执政后，德国 1935 年 4 月 1 日的法令加强了政府对教育的控制。[41] 在意大利王国，1859 年 11 月 13 日颁布的《卡萨蒂法》(Casati Law)强制推行统一制度，并强化了政府对教育的控制。该法案虽然在特定细节上进行了修改，但还是被新兴法西斯政府颁布的两部法令所取代，它们分别是 1923 年法(*Decreto Gentile*)和 1935 年法(*Decreto-Lesse De Vecchi*)。[42]

就天主教大学而言，权力掌握在罗马教宗手中，并由地方主教或那些管理教学秩序的人来执行。

由于这些立法逐年复杂且名目繁多，因此它们在大学机构中的真正贯彻程序则是另外一回事。政府在大学内外安排了公务员或协调人，以确保所有这些立法的实施。公共教育部部长处在监督层级的顶端，政府办公室的成员则在政治权力(君主或立法会议)和教学机构之间扮演了中间人的角色。以法国为例，自大学建立以来[实际上是自从花月法案(Floréal Law, 1802 年 5 月 15 日)以来]，它们就有被称作总监(inspectors general)的高级公务员，其使命就是每年对各种机构进行视察("巡视")并向部长汇报大学的运作状况。第二帝国时期设立了高等教育总监，以及初等和中等教育总监，这种特殊的视察制度一直延续到 1887 年。[43] 而且，在各学区内(包括几种划分，1856 年后是包括阿尔及利亚的 17 个学区，1871 年阿尔萨斯、洛林被德国合并之后是 16 个学区)，学区总长(rector)这一职位负责监督其区域内建立的所有学校教育机构(包括国立高校)。

97 在法国之外似乎很难找到一个与此类似的机构，当然英国在 1919 年设立的大学拨款委员会员在一定意义上与之相近，这是一个管理申请贷款大学活动的常设机构。而在大学和政治权威之间扮演管理中间人角色

[40] J. Sadlak, *Higher Education in Romania: Between Academic Mission, Economic Demands, and Political Control*, Special Studies in Comparative Education 27 (Buffalo, NY, 1990).

[41] Huber, *Aufbau des deutschen Hochschulwesens* (注释 15), 17.

[42] T. Tomasi and L. Bellatella, *L'Università italiana nell'età liberale (1861 — 1923)* (Naples, 1988), 94 — 128. A. Santoni Rugiu, *Chiarissimi e Magnifici. Il Professore nell'università italiana (dal 1700 al 2000)* (Scandicci and Florence, 1991), 201ff.

[43] P. Gerbod, "Inspection générale et inspecteurs généraux de l'instruction publique de 1802 à 1880', *Revue historique*, 217 (1966), 79—105.

的人们，在不同的国家有着不同的称呼。当这些人不是地方主教的时候（例如达拉漠大学或乌普萨拉大学），它可能只成为一个荣誉头衔，例如，英国君主的"视察员"或者是牛津、剑桥和苏格兰大学的荣誉校长（通常是等级较高的贵族，他也许与皇室联姻，也许没有）。在一些日尔曼国家，以及俄国的广大地区，最普遍的头衔是"总监"。他拥有广泛的内部管辖和财政权力；由政府当局任命，并肩负着协调政府与大学机构的职责。在缺少协调人的时候，因为政府有时扮演中间人角色会的人会偏袒他所负责的机构，这时政府当局就会任命一个他们完全信任的教师来担当机构的管理人或校长。在天主教的鲁汶大学，校长（rector magnificus）是由比利时主教指派的。

面对来自大学内部的反抗，当局总能够采取各种高压措施对付对手或其认定的对手（教师和学生）。所以教学组织也无法摆脱制裁。在法国，自帝国大学建立以来，特别是自 1811 年法颁布以来，由法律、法令、布告和通告编纂而成的大学法律条文统治着大学，为惩罚大学成员提供了诸多细节：责备、自动调职、开除和被迫辞职或离职。[44] 通过这些法律规定，政府才有可能在必要的时候"清洗"教学队伍中的异己。按照法律程序，制裁决议首先是由学术委员会和大学委员会提出，但在危机时刻或政权更迭时代，当局常常无视这一程序。这就是 19 世纪法国的状况，清洗运动频繁地出现在 1814－1815 年间镇压波拿巴主义教师的时候，1819－1822 年间镇压自由派教师的时候，索邦的弗朗索瓦·基佐（François Guizot，1787－1874）和维克托·库新被迫停课，以及在 1830 年和 1848－1851 年间镇压拥护王位（Carlist）的大学教师中。在接下来的政治危机中，比如 1871 年巴黎公社、1889 年布朗热主义（Boulangism）、19 世纪末的德雷福斯事件（the Dreyfus Affair）或在 1880－1909 年间共和国和天主教会之间挑起的冲突中，它们采用了新的个别制裁方式。

法国并不是例外，清洗事件遍及整个欧洲。在俄国，1820－1822 年 98
间，政府采取了激进的措施，把大学置于严格的监管之下。它免除了彼得

[44] A. Rendu, *Code universitaire* (Paris 1811, 1827, 1836, 1846，连续出版的版本)；参见：de Beauchamp, *Recueil des lois*（注释 38），*passim*, and *Bulletin administratif du Ministère de l'Instruction Publique* (1850－1932), 20.

堡大学和喀山大学的校长(rector),并直接任命了主管(director)以取代他们,并决定驱逐所有的外国教师。在整个 19 世纪里,对自由派教师的迫害以及 1890—1905 年间对那些(或多或少)政敌的迫害,从未停止过。实际上,各国政府显然都或多或少地通过镇压那些传播"不健康"和"革命"思想的教师来保护自己。这种政治迫害在第一次世界大战后建立的独裁政权中演变成一种体制。意大利墨索里尼政府打击了反法西斯的教授,并开除了他们的教授职位;在德国,1933 年后,迫害的对象扩展到那些反对希特勒独裁的教师以及那些犹太裔教师。这种清洗行动也扩展到其他国家,比如葡萄牙,扩展到 1939 年前被佛朗哥控制的西班牙,扩展到匈牙利和罗马尼亚,并最终影响到法国,1940—1944 年间维希政府加入了清洗犹太人、共济会会员和共产党教师的行列。㊺ 与此同时,迫害还扩展到那些通过各种途径对现行政权持敌对态度的学生身上。㊻

政治权力机构(以及宗教势力,以天主教机构为例)并非是赤手空拳地向大学施加他们的观点。一般而言,他们拥有适时而变的法律。有各种各样的中介(intermediary)来负责确保这些法律的实施,还有针对教师和学生的各种制裁措施。而且,当公共秩序被扰乱时,政治权威往往会派出警察和军队。他们的对手(学生和教师)能抵抗这各种各样的政治高压吗?

大学的抵抗

大学在反抗监管权威的威胁与高压政策时的手段看似有限,但却是不容忽视的。其中有以评议会为代表的合法手段,虽然它们在各国的名称各不相同,但其职责都是对大学机构进行学术管理。㊼ 从原则上说,英
99 国大学有三个评议会,它们组织学习、授予学术学位、接受遗产、争取和管理地产或向民众引见神职人员。所以,得益于源自中世纪的特权的支持,英格兰和苏格兰的古老大学很长时间内能够抵制议会的压力和干预的

㊺ C. Singer, Vichy, *l'université et les juifs. Les silences et la mémorie* (Paris, 1992).

㊻ 参见第八章。

㊼ 参见第四章,第 117—121 页。

企图。

在欧洲大陆也是如此，大学通常是由评议会来运作的，虽然它们的名称各不相同。大学的法规授权它们组织方案、制定课程、授予学术学位、维持内部秩序和纪律。在某些地区，独立性还拓展到物质和经济领域，但这种独立性是有限的。在一些重要问题（人员任命、课程大纲、教授席位的增减、财政和设备）上，评议会仅能提出建议，甚至这种提建议的权利也是19世纪才慢慢出现的。以对高等教育负责的部长为代表的政治权力，才有权决定这些事务。在一般情况下，它会遵循评议会的意见，但当出现冲突矛盾时，政治权力便无视评议会的反抗。在独裁政权中，这种抵制完全是形式上的。

如果大学的抵抗希望引起人们的注意，使政治当局聆听它们的声音，它们就必须采用“非法的”或“合法途径以外的”手段，并多多少少地引起政府部门的暴力反应才行。程度最弱的“非法”反抗形式就是向公众呼吁。因而，1819年德国以政治原因撤销德·韦特（De Wette，1780－1849）在柏林大学的神学教席，[48]1837年开除哥廷根大学7位教授，这些事件都引起了广泛的公众抗议运动。19世纪30年代的英格兰，非国教派的人为让非国教派者能够进入牛津和剑桥大学学习而进行了斗争，并通过请愿等方式来取得公众的支持，但他们的目标直到1854年才达成。反对派们有时在出版界和反对派政治议会阵营中寻求外部支持，这种努力通常是徒劳的。19和20世纪的法国尤其是如此。

大学抵抗也会采取教师辞职乃至流亡形式。在1851年11月2日的政变之后，1852年，库新的继承人、索邦神学院哲学教授朱尔·西蒙（Jules Simon，1814－1896）宁肯放弃教授职位，也不对政变后产生的新政权宣誓。法兰西学院的教授——儒尔·米什莱和埃德加·基内（Edgar Quinet，1803－1875）在1852年后宁愿流亡也不愿意继续上课。这仅仅是部分事例。20世纪，辞职和流亡是许多反对派在面对遍布欧洲的独裁政权时所采用的一种间接抵抗形式。在1925年后墨索里尼统治的意大利和 100
1933年后的德国也都是如此，比如，古典学者库尔特·冯·弗里茨（Kurt

[48] 参见第十章，第404页。

von Fritz，1900—1980)拒绝向希特勒宣誓，尽管这些事例都是少数的，但却都是自愿的。

学生的抵抗不再像中世纪时那样，把整个大学迁移到另外一个城镇来躲避政治权力的高压。在德国，许多学生跟随被开除或辞职的教师，来到其他大学寻求庇护。更普遍的是，非法的学生运动往往更加活跃。在两次世界大战之间，莫拉斯(Maurras)右翼组织的抗议活动(拉丁区的"国王的报贩")持续了相当长的时间，正如之前提及的那样，在 1925 年塞勒事件中和在 1936 年反对法国法律顾问加斯东·热兹(Gaston Jèze，1869—1953)教授的事件中，他在意大利占领埃塞俄比亚后赞成国际联盟对其进行经济制裁，抗议活动恶化为名副其实的暴乱。

因而，在近一个半世纪中，大学与其权力监督机构之间的关系是冲突，其冲突不仅局限于技术和专业事务上(课程、预算、考试和教职的任命)，而且往往因为政治和意识形态的问题而加剧。它们提出了关于教学和科学研究中思想自由这一永恒的问题。无论多么民主的政权都不能真正接受大学的全部自治。虽然由于中世纪的传统——那是一个大学与西方基督教教会保持有机联系的时代，它们保留了一定的独立性，但在高压之下，大学也或多或少地被迫接受了对其物质和精神上的独立性的严格限制。在 19 世纪和 20 世纪初的欧洲，由于各国在政治、意识形态和社会上的动荡，因此与政治权力达成的任何妥协都是靠不住的。

第四章 资源与管理

保罗·热尔博

导 言

从1800年到1939年,高等教育机构、特别是大学不得不应对一些史无前例的,通常是极其困难的问题,这是由日新月异的教学和科学目标、快速发展的科学和技术,以及持续增长的学生人数(男生如此,女生逐渐也如此)引发的。1789年,法国约有12 500名注册学生,比400年前只有6000名学生的时候翻了一番。① 1937年,巴黎大学已经有32 144名学生,罗马大学有14 203名,比1800年意大利所有大学的学生总数还要多。②

① C. Charle and J. Verger, *Histoire des Universités* (Paris, 1994), 46.

② *Minerva, Jahrbuch der gelehrten Welt*, 1 (Strasburg, 1891/1892), 33, *Abt. Universitäten und Fachhochschulen I: Europa* (Berlin, 1938), 关于巴黎,第33, 754页,罗马,第870页。

日益增长的学生人数带来了新的、更为尖锐的物质和财政问题。陈旧的基础设施大多是不足和不适用的。19 世纪末，古老大学的修缮和新大学的建设使得上述问题充斥着整个欧洲。日益增长的学生人数以及与之相伴的大规模的教师需要支付报酬、提供住宿和进行管理；与此同时，学科的多样化（特别是精确科学的空前重要性）要求提供新的条件（实验室、科学材料和设备、图书馆），以更好地适应教学与研究的需要。

只有在高等教育的专门学校里（法国的大学校、德国的高等技术专科学校，以及农业研究所和美术学院）才在一定程度上获得了管理的自治权，大体上避免了过度增长所带来的问题。许多机构采用竞争性入学考
102 试来限制录取人数，但是，这部分学生仅仅是欧洲学生总数的一小部分。本章将依次探讨财产结构、财政、学生补助金，以及财政、教学和行政管理问题，欧洲大学虽处在因战争和革命的影响而时局不稳的欧洲，却成功地解决了这些问题。

再议设施

19 世纪初，绝大多数大学使用的仍然是 1800 年之前的建筑物。依旧是在中世纪的建筑之中，牛津和剑桥的学院为一代又一代的大学教员、学生、领取奖学金的学生提供住宿。科英布拉（Coimbra）和萨拉曼卡继续使用它们的华丽房屋。在法国，文理学院和神学院将其师生安置在“老索邦神学院”的阴暗的、不舒服的房间里，在其周边是根据红衣主教黎塞留（Richelieu，1585－1642）的倡议而建造的小教堂。③ 在其他地方，（在整个 19 世纪）城市还使用原本为其他目的而建造的建筑来安置大学，如修道院、私人住宅和府邸。普罗旺斯地区艾克斯（Aix-en-Provence）的法学院坐落于 15 世纪建造的收容所里，贝桑松（Besançon）的文学院隐藏在一个古老的本笃会（Benedictine）修道院中。莫斯科大学直到 1812 年火灾后才搬出烈普宁（Repnin）王子的宫殿。1884 年的维也纳大学仍在使用兴建于 16

③ K. Rückbrod, *Universität und Kollegium. Baugeschichte und Bautyp* (Darmstadt, 1977), 121－123.

世纪早期的建筑,“这是一个庞大建筑,其门廊前面有一段楼梯并饰以雕刻”。④ 在意大利的一些大学城里,中世纪或近代的宫殿被用作教室,虽然其环境优美,但却是残破不堪且无法满足需求。

绝大多数古建筑和大厦都引起了使用者的抱怨和愤慨。1938 年,只有牛津的学院或多或少地引起了造访者的称颂,“名副其实的宫殿,既简朴又辉煌,设计和建造得非常宏伟”。⑤ 它们的内部装饰几个世纪以来几乎丝毫未变,但还是宏伟而令人向往。但在大多数地方,情况就不同了,那些老建筑物很明显不适合于教学和研究。在法国,这种批评在 1865 年前 103
的总督学报告里反映得日益激烈。1868 年,第一份教育部统计报告对绝大多数学院的物质条件进行了否定性的评价,并敲响了警钟。⑥

19 世纪后半期,整个欧洲都对新的大学建筑产生了明确且急迫的需求。虽然在法国,始于 1855 年的“新索邦”的建设直到 1901 年才完成,但其他地方的房屋修缮和建设则要快得多。这是一个关乎要在城市中心或近郊建设新的“知识殿堂”的问题。在瑞典,乌普萨拉和隆德大学重建于 19 世纪 80 年代。⑦ 在大不列颠,旧大学获得了许多新建筑,而新大学则在诸如利兹(Leeds)、伯明翰(Birmingham)、曼彻斯特(Manchester)或利物浦(Liverpool)等工业城镇中拔地而起。在德意志帝国,1870 年后国家和市政当局在捐助大学建设“宏伟建筑”方面做出了重要的财政努力,哈勒、海德堡、哥廷根、慕尼黑和卡尔斯鲁厄(Karlsruhe)都从中受益。这一建设的

---

④ A. Wurtz, *Les hautes études pratiques dans les universitiés allemandes et d'Autriche-Hongrie* (Paris, 1879),具体描述了实验室、学院 (institute)和图书馆。旅行指导在描述大学城的时候也会提及大学建筑。

⑤ P. Gerbod, *Voyageurs français à la découverte des Iles britanniques* (Paris, 1996).

⑥ 第一份关于高等教育的教育部统计报告起草于 1865 年,当时维克多·迪吕伊(Victor Duruy)是部长,出版于 1868 年;1878、1889 和 1900 年的统计调查描述了国家学院获得的物质条件(建筑、收藏、图书馆)。关于 1865 年前的信息,参见 *Archives de France*, *rapports d'inspection générale des facultés*, F17/13068ff; *bâtiments* F17/13255ff.

⑦ C. Hippeau, *L'Instruction Publique en Scandinavie* (Paris, 1879); P. Ponnelle, *Les universités scandinaves* (Paris, 1882).

成果在法国被广为传颂，⑧但在巴黎之外的“大学殿堂”却寥寥无几。20 世纪初，许多文学院、法学院和理学院仍然坐落在非常狭窄的、不卫生的且不舒适的建筑中，格勒诺布尔(Grenoble)、卡昂(Caen)和雷恩(Rennes)都是这样的例子。

一战后，随着学生人数和大学数量的增加，大学建设再次兴起，特别是在那些根据 1919 年条约建立的新兴国家中。在匈牙利，有 3/4 的大学是 1920 年后在政府的财政支持下修建的。捷克斯洛伐克[新的布拉迪斯拉发大学(Bratislava)]、波罗的海诸国和南斯拉夫也是这样。在大不列颠、法国、荷兰和意大利还出现了进一步的建设。在西班牙，直到 1920—1939 年间才开始在马德里大学城中修建新建筑，这包括新的实验室、图书馆和学生宿舍。1920 年苏维埃的政策是要实现高等教育中心的多样化，尤其是在中亚和东西伯利亚共和国。

1800—1939 年间，大学之外的高等教育机构也在建设热潮中受益。
104 虽然女子高等师范学校(*Ecole Normale Supérieure de Jeunes Filles*, 1882)占用了前塞夫勒(Sèvres)工厂 17 世纪的旧建筑，但其中绝大多数人员被安置在专门建造的建筑里。又如，在 1845 年之前，综合高等师范学校(*Ecole Normale Supérieure de Jeunes Gens*)一直位于邮政路(Rue de Postes)的临时建筑中，后来才迁到位于云姆路(Rue d'Ulm)的新校舍里。在整个欧洲，这些例子比比皆是，尤其是在那些由技术和商贸学校发展而来的准大学中。

19 世纪的许多大学建筑都具有新古典主义或新文艺复兴风格，⑨比如，法国的“新索邦”；芬兰赫尔辛基大学的主楼、图书馆、天文台和临床诊

⑧ R. Blanchard, *A propos des universitiés allemandes* (Paris, 1884); F. Minssen, *A propos de l'enseignement supérieur en Allemagne* (Paris, 1866); Wurtz, *Hautes études* (注释 4). 参见 P. Gerbod, ‘L'enseignement à l' étranger vu par les pédagogues français (1800—1914). Approche bibliographique’, *Histoire de l'éducation*, 5 (1979), 19—29.

⑨ 参见 Rückbrod, *Universität und Kollegium* (注释 3), 155; H.-D. Nägele, *Hochschulbau im Kaiserreich. Historische Architektur im Prozess burgerlicher Konsensbildung* (Kiel, 2000).

所;⑩在奥地利和德意志各邦,希腊一罗马式的塔形三角墙和柱廊则被饰以雕廊画栋。就像马尔堡和弗顿堡采用了新哥特式的建筑一样,大不列颠的建筑师们也发现他们自己难以摆脱新哥特式的风格。但尽管如此,这些"红砖大学"偶尔也使用了铁和玻璃这样的材料。

建筑师的先锋者们开始对建造所谓的"科学的殿堂"产生了浓厚的兴趣:如,苏黎世的戈特弗里德·森佩尔(Gottfried Semper, 1803—1879),维也纳的海因里希·费雷赫尔·冯·费斯特尔(Heinrich Freiherr von Ferstel, 1828—1882),牛津的阿尔弗雷德·沃特豪斯(Alfred Waterhouse, 1830—1905)和托马斯·格雷厄姆·杰克逊爵士(Sir Thomas Graham Jackson, 1835—1924),以及巴黎的亨利一保罗·内诺(Henri-Paul Nénot, 1845—1934)。从整体上来说,新古典主义或新哥特式的风格依然保持着与宗教的联系,这体现在院墙和回廊式的四方院上。但尽管如此,在 20 世纪,特别是在两次世界大战期间,我们依然可以看到由多样化的建筑所构成的大学校园的理念在隐约闪烁,例如,在新建的马德里大学中。同样地,在 1920 年后,巴黎大学的学生宿舍在首都的南部落成,其中的建筑之间的间隙较大,在整个区域都覆盖着草坪,植有绿树,周边还有风景如画的人行道围绕。当然,在英国城市的郊区还存在着一些红砖宿舍楼。

随着时间的发展,大学的建设开始强调拥有科学设备与仪器标本。大学学科中精确科学的重要性的日益突显,尤其要求建设教学与科研所使用的实验室。19 世纪上半期,物理和化学实验室,以及矿物学和动物学的标本都是微不足道的,经常被安置在大学建筑的地下室或阁楼里。所 105
有这些在 19 世纪下半期都发生了变化。⑪ 但关于科学设备投资政策的结果在各国间是不一样的。德国又一次树立了榜样。在一次访问莱茵河对岸大学的过程中,法国教授阿道夫·武尔茨(Adolphe Wurtz, 1817—1884)在其报告(1871 和 1878 年)中强调了要建造像柏林和莱比锡大学那

⑩ R. Knapas, 'Universitetets Byggnader', in M. Klinge (ed.), *Keyserliga Alexanders Universitetet 1808—1917* (Helsinki, 1989), 216—276; Klinge, *Universität Helsinki*, 291—292, 304ff.

⑪ P. Gerbod, 'Le financement de l'enseignement supérieur et de la recherche en France au XIXe siècle', *Revue administrative*, 35 (1983).

样“宏伟”的、现代的和设备精良的化学、物理、生理学和解剖学研究所。德国模式同样也出现在奥匈帝国的维也纳和格拉茨，在那里，建筑位于壁垒之外的广大空地之中，“充溢着阳光和清新的空气”。⑫

法国的发展则比较迟缓。19 世纪 80 年代初的一份部长调查说明许多理学院实验室经常处于悲惨的状态：年代久远且不舒适的房屋，陈旧无用的科学设备，极其原始且危险的卫生和安全条件。⑬ 然而，由于政府资金的支持、教职工的贡献和市政当局的帮助，到 1914 年，这些缺陷已得到部分解决。在两次世界大战期间，科学的威望得以确立，在 20 世纪 30 年代，实验室进入了大学机构，虽然这些设备依然很有限，且不适用。面对这些困难，各主要的科学中心依然开始了实验与研究，例如剑桥的卡文迪什实验室。

几个世纪以来，高等教育本身也要求学生和教师要接触学术著作——这也被视为不可或缺的工具。自成立之日起，大多数大学都持之以恒地扩大藏书。⑭ 从 19 世纪开始，这些藏书就成了大学生活的核心要素。起初，图书馆往往被安置在主楼的旮旯里，后来才逐渐被搬入更适宜的建筑中，并往往和教学楼相分隔。一些图书馆还占据了历史遗迹、前君主的宫殿、修道院和私人官邸。但在 1850 年后，图书馆大多被安排在新建筑里。巴黎的圣·吉纳维芙(Sainte Geneviève)图书馆建于第二帝国时期，而 1901 年大学图书馆才被搬到新索邦。除大学图书馆外，确切地说，在欧洲各国的首都，由国王、政府或市政当局资助和管理的大型公共图书馆也对大学活动的发展作出了贡献。

106 **表 4.1　一些大学和公共图书馆提供的书籍**[a]

	创建	c. 1830[b]	1890[c]	1910[d]	1938[e]
雅典	1837		160′	314′	400′
贝尔格莱德	1926		30′	63′	200′
柏林	1831		140′	558′	987′

⑫ Wurtz, *Hautes études* (注释 4).

⑬ *Enquêtes et documents sur l'enseignement supérieur*, 9 (1883).

⑭′ 参见第一卷和第二卷中的主题索引：“图书馆”。

续表

kgl. /pr. Staatsb.	1659		875′	1480′	2698′
布鲁塞尔	1887			80′	100′
皇家图书馆(B. royale)	1837		375′	600′	900′
布达佩斯	1635		190′	480′	700′
科英布拉	1591		95′	160′	500′
哥本哈根	1482		300′	350′	430′
皇家图书馆	1665		500′	750′	920′
克拉科	1517		205′	403′	620′
根特	1797		300′	350′	600′
哥廷根	1735	300	450′	600′	960′
赫尔辛基	1640,1827		170′	230′	800′
莱顿	1587		310′	520′	1200′
伦敦′	1838			85′	310′
英国博物馆	1753		1600′		4450′
隆德	1671		150′	200′	500′
马德里	1822		52′	289′	295′
国立的	1711		450′	1650′	1400′
莫斯科	1756		180′	414′	990′
奥斯陆	1811		307′	450′	872′
牛津	1602	400	550′	800′	1500′
巴黎索邦神学院	1765		142′	902′	1000′
圣日内维耶夫	1624	112	120′	400′	520′
路易的/国立的	1518	430′	2016′	3500′	4000′
罗马	1661		90′	240′	516′
国立的	1815		491′	818′	1129′
梵蒂冈的	1450(c.)		220′	445′	650′
圣彼得堡					
研究院	1728		160′	500′	4520′
帝国/国立图书馆	1814		1000′	′1807′	6520′
维也纳	1775		417′	856′	1226′
霍夫/国立	1526		500′	1000′	1313′

a 通常包括小册子和学位论文,但不包括古版书,以三位数计。

b J. -L. -A. Bailly,‘Aperçu statistique sur les bibliothèques anciennes et modernes’, *Journal des Travaux de la société française de statistique* (1831); J.

Laude, *Les bibliothèques universitaires allemandes et leur organisation* (Paris, 1900).

c *Minerva*(注释 2), 2(1892—1893).

d 同上,23(1913—1914)。

e 同上,32(1937),*Abt. Forschungsinstitute. Observatorien, Bibliotheken usw.*

f 没有学院图书馆。

高等教育机构发展所必需的投资还包括那些为建设大学宿舍而进行的投资。这可以上溯至中世纪,当时,君主、王子、主教或有钱人主动资助学院建设,为贫穷学生提供食宿,例如,1253 年,由罗伯特·德·索邦
107 (Robert de Sorbon, 1201—1274)在拉丁区创建的学院。[15] 1800 年后,保存下来的仅有牛津和剑桥的学院,它们为教职工、房客和获得奖学金的学生提供住宿。但尽管如此,在许多高等教育机构中,寄宿制的传统依然得以延续,例如法国的巴黎高等师范学校和巴黎理工学校。总体而言,学生都住在大学之外。19 世纪末,"学生之家"的理念在学生组织的框架内重新出现。[16]

直到第一次世界大战结束之后,由大学主办的学生宿舍才开始成形。20 世纪 20 年代,在巴黎南部落成了巴黎大学城,其中就包括了拥有 350 个房间的德奇拉默尔大楼(*Deutsch de la Meurthe* Hall)。1935 年,在其他国家或法国社团的资助下又建造了 19 幢宿舍楼,这些宿舍可为 2500 名男女学生提供膳宿。20 世纪 30 年代,在巴黎模式的引领下,部分省城也修建了宿舍楼。也是在 20 世纪 30 年代,我们看到了建于首都近郊的马德里大学城(*ciudad universitaria*)的主体轮廓,它是由教学和研究建筑以及为西班牙人和拉丁美洲学生提供住宿的宿舍楼构成的。在两次世界大战期间,在其他国家,诸如罗马尼亚和捷克斯洛克,也出现了学生寄宿的兴盛,它们大多由天主教和新教组织来进行管理。在罗马大学的赞助下,关于建造学生宿舍的讨论也拉开了帷幕。

最后,在大学的附属建设中还包括新的或扩建的植物园、动物园、天

---

⑮ 参见第一卷,第 213—222 页。

⑯ 参见第八章。

文观测台以及自然科学和历史教学所必需的自然史和考古学方面的标本。在英国，还包括了运动场。在两次世界大战之间，在其他国家，大学体育也变得日益重要。

日益沉重和庞杂的支出

大学修建新校舍、收藏科学著作和搜集科学材料，预示着增加财政资源的长期战略开始出现。大学的“额外”预算逐年增长。还有年度运营的负担，这包括取暖、照明以及招聘大批教职工的需要。而“正常”的开支管理，其中一些是专用开支，也日益加重了机构的负担。

为这些五花八门的开支记账也变得越来越复杂。各种类型和身份的教学人员和研究人员不断增多。在19世纪初，服务性雇员仅包括几位守门人、秘书和司库，可能还有一两名图书管理员。⑰ 科学学科的拓展、学生实验的引入、行政管理任务的增加，这些都需要一支更大、更多样化的服务队伍来各司其职：实验室助手、助理图书管理员、解剖员和秘书处的会计员。⑱ 108

教学人员也随着大学学科专业化的发展和高等教育入学人数的增加而变得日益庞杂。19世纪30年代，法国的教职人员大约共为200名；而到1860年和1940年时，则分别为360人和1500人。1840年，荷兰乌特勒支大学有19名教师，而1937年有150名教师。在同一时期，如果算上助教和讲师的话，爱丁堡大学的教学人员增加了3倍。在西班牙，随着学生人数的增长，大学讲座教授(*catedráticos*)的人数从1847年的276名增加到1935年的540名。⑲ 总而言之，在一个半世纪的时间里，大多数机构的教学人员至少增至原来的3倍，在一些机构甚至增长了10倍。⑳

各国和各机构之间的工资水平也有着巨大的差别，尤其是在大不列颠和德国。在受拿破仑模式影响的各国中，中央政府当局很早就开始根

---

⑰ 参见第二卷主题索引：“大学官员 (officials)”。

⑱ 1835年以来公共教学部的预算草案包括详细的教学和服务人员职位的清单，并附带说明了各自的工资。

⑲ *Minerva* (注释2).

⑳ 关于工资，又可参见第五章，第140—147页。

据资格、功能和资历来对教师工资水平的制定进行干预。法国是在1809年后才出现这种情况的，而在西班牙和意大利，到19世纪后半期才如此。在第一次世界大战后，欧洲所有国家的工资调整变得更加精确和严格。但国与国之间的差别仍然很大。[21] 在一些国家，普通工资是由大学预算或国家支付，并辅以讲座和考试的学费、公职津贴等，这些构成了各式各样的“奖金”。[22] 在牛津和剑桥，自治的学院支付其教学人员的报酬。

109 支出的第二大项是学生资助，主要包括提供奖学金。这种援助形式的确立可以追溯到中世纪。自13世纪以来，大多数欧洲大学都创建了学院，为贫困且应获经济援助的学生提供食宿。尽管法国的学院及其提供的奖学金在大革命时期被废除，但在其他地方，奖学金大多被保留了下来。在1858年之前，苏格兰的4所大学里共设有463项奖学金，在接下来的半个世纪中则有458项。[23] 在牛津和剑桥，教员实际上代替了原来的学者，但每个学院依然在入学时及以后为有需要的学生提供资助。[24] 在法国，为中学教师及高校教师资格候选人提供的学习补助在19世纪80年代重新出现。在德国、奥地利和比利时大学，为学生提供的财政援助相对丰厚一些(1868年列日和根特的援助是5万法郎，哥廷根的是10万法郎)。1876年，俄国的喀山大学提供了95项奖学金，哈尔科夫大学提供了170项。20世纪，尤其在两次世界大战之间，虽然奖学金的总额度相对较少，但种类却急剧增多。1937年，法国提供了2911项奖学金。西班牙在奖学金方面花费了100万西班牙银币。就资助而言，该额度仍不算大。大不列颠、德国和苏联，财政资助规模更大。

从严格意义上说，在奖学金中还包括了由教育部或公共教育部的预算提供的其他形式的资助。19世纪初，一些学生获得了学费的豁免；1925—1934年间，法国有7000多名学生获得信用贷款(prêts d'honneur)。在某些高等教育机构中，机构自身能为学生提供物质资助。法国的巴黎理

---

[21] *Annuaire international d'éducation* (1934—1936).

[22] 参见第二章，第46—47页，以及第五章，第140—147页。

[23] *Minerva* (注释2).

[24] *Statutes of the University of Cambridge* (Cambridge, 1985), Index, s. v. 'Exhibitions, Funds, Studentships, Prizes,' etc.; *Statutes and Regulations of the University of Oxford* (Oxford, 1969), Index, s. v. 'Scholarships and Studentships'.

工学校和巴黎高等师范学校就是这样；在许多其他欧洲国家也能发现类似的例子。19世纪早期，在学生援助的花费中包括了学生住宿补助金、交通补助以及补助性的大学餐厅。19世纪末，学生会在数量上有所增加，㉕它们也获得了财政支持。

第三，高等教育机构更加担心物质方面的花费。这不仅是指大学建筑维护、取暖和照明的费用，或是行政管理方面的花费（办公室供给、邮费、课程和讲座海报的印刷费），而且是指科学设备或图书馆书籍的购置（比 110
如物理和化学试验和实验室工作的设备更新以及持续升级）。花费逐年不同，但却是持续增长。

另外还有所谓的“额外”花费。这主要是就大学建筑而言。如前所述，19世纪后半期，需要开始更换被毁坏的、不实用的和不当的建筑。同时还要考虑修建实验室和图书馆等附属建筑。所以，国立大学的建设政策日益重要，并成为管理高等教育预算的机构的沉重负担。德意志诸邦，尤其是在1871年后，为新的教学楼和最重要的现代的、设备精良的实验室投放了巨额资金，这些都被法国观察家心怀妒意地记录下来。㉖对20世纪30年代的罗马大学而言，涉及的数目总计是7000万里拉。对德国、意大利和法国新建的“大学殿堂”而言，市政当局以建设土地补助的方式所做的贡献是至关重要的，如里昂、波尔多和图卢兹。巴黎市承担的新索邦的费用，在1881年时总计为2500万法郎。㉗

私人赞助者也对新建筑及其运作费用做出了贡献。许多英国的大学就是这样的例子，西班牙为马德里大学城投资的阿摩基金会也是如此；法国的德奇拉默尔学生宿舍和政治科学自由学院（*Ecole libre des Sciences politiques*，1872）也是由私人资助的。斯德哥尔摩（*Stockholms*）（原著为1977，估计是排版错误，推测应为1877——译注）、哥德堡学院（*Göteborg Högskola*，1891），以及1914年法兰克福的一所被升格为大学的社会和商

㉕ 参见第八章，第315—324页。

㉖ F. Lot, 'De la situation faite à l'enseignement supérieur en France', in *Les Cahiers de la Quinzaine* (11 Febrary and 14 June 1906); Wurtz, *Hautes études*（注释4）.

㉗ O. Gréard, *Education et Instruction*, Vol. IV: *Enseignement supérieur* (Paris, 1885). 各处的法郎数目是基于1914年的黄金法郎计算的。

业科学学院(*Akademie für Sozial- und Handelswissenschaften*,1901)、芬兰的私立土尔库大学(*Turku*,1917)和丹麦的奥尔胡斯大学(*Aarhus*,1928),同样如此。

19 世纪和 20 世纪之间,院校支出的多样化与国际增长使得大学预算恒定增长了 10 倍。19 世纪 30 年代和 40 年代,法国高等教育花费约近 300 万法郎,而在第二次世界大战前夕,则上升到4 500多万法郎。在意大利,1870 年到 1937 年之间花费的增长比例接近 1 比 5(从 1860 年 550 万里拉增加到 1937 年 14 600 万里拉)。在半个世纪中(从 1850 年到 1900
111 年),柏林大学的花费增至原来的 3 倍。[28]

财政来源

从 19 世纪开始,大学的财政需求越来越倾向于由政府来包揽。在法国,1800 年后,帝国(1815 年后,皇家)大学获得了 400 000 法郎的资助和收取各种学费的权利。在 1834 年之前,它能够自主管理收支,不受政府的干预,而此后,学校和大学的预算就被纳入政府的总体预算之中。多亏了学生交纳的学费,学院才能在大学基金会(University Fund)不定期的帮助下,成功地解决自己的开销问题。法学院和医学院的收入甚至超出了支出。从 1809 年到 1819 年,法学院的累积利润增长到 630 454 法郎。但在七月王朝时期(1830—1848 年),这种收支平衡被打破,政府不得不进行干预。[29] 1840 年,学院不得不接受公共教育部 516 000 法郎的补助金来平衡各项预算。最初这种政府补助金仅是杯水车薪,但后来逐年得到了适当增加;1860 年是 807 000 法郎,到 1880 年是 4 100 000 法郎,到 1898 年是 10 200 000法郎。这种年度资助是包括在政府总体预算之中的,在整个 19 世纪,它反映了政府资助在学院收入中所占比重的持续攀高。1898 年,在 17 所法国大学中,这种资助占到了 74%。但就巴黎大学而言,由于它收取

---

[28] 关于机构预算的信息在 1890 年前是稀少的。此后,*Minerva*(注释 2)和 *Index Generalis* 大体上提及年度总体花费(尤其是奖学金、图书馆)和收入(政府的角色、自身的资源和大学费)。

[29] C. Jourdain, *Le Budget de l'Instruction Publique de 1802 à 1854* (Paris, 1857).

学费，因此，政府拨款在其收入中的比重仅为57%，但在省府大学中的比重则要高得多。贝桑松大学有93.5%的收入来自政府拨款，第戎(Dijon)大学是86%，普罗旺斯地区艾克斯大学是85.5%。

同样地，在德国，由于一般性支出和额外支出的普遍增长，大学自身收入的比重则逐年下降。19世纪60年代，柏林大学的学生学费仅占其收入的4%。同一时期，7所普鲁士大学的收入(学费、捐赠和基金收入)仅占其总收入的23%。1880年后，德国政府接管了高等教育的所有开支。[30]在匈牙利，1869年之前，布达佩斯大学一直是自负盈亏，之后，才出现了政府干预，意大利、西班牙、俄国和斯堪的纳维亚诸国的情况也相似，其收入难以应付日益增长的大学开支，不得不利用公共手段加以补充。

牛津和剑桥大学是两个例外，至少在19世纪是这样。这两所机构中的一些学院拥有丰富的捐赠基金，其收入是相当丰厚的。据估计，1860年，牛津诸学院的收入大约为20万英镑(相当于1914年的600万金法郎)。1900年，总计约为34万英镑，足够支付校长、400多位教师和770项奖学金所需的费用了；但在20世纪30年代初，牛津大学的总收入仅为800万法郎，其中还包括通过大学拨款委员会得到的政府援助，其他大学的情况也是如此。剑桥大学的情形也与之相似。19世纪60年代，剑桥大学学院的收入总计600万法郎，其中最殷实的学院有近100万法郎的收入。而在1933年，剑桥大学的收入约为1150万法郎。 112

从整体上来看，在欧洲，只有那些获得了丰厚的捐赠，以及那些历经数个世纪且无重大变故的大学才能保持真正意义上的经济自主权。事实上，从19世纪到20世纪，大学学费一般都保持在一个较低的水平，收入与开支之间的差距继续扩大。更重要的是，1800年后，除少数个案之外，捐赠与遗赠日益萎缩。因此，政府，有时还有地方团体，与天主教、新教教会一起进行了干预。

1800年前，政府经济财政干预包括了皇室与王室的捐赠，到19世纪，政府的角色日益重要且更加有条不紊。不仅是大学，而且还有专门的军

---

[30] Blanchard, *Universités allemandes* (注释8).

事、科学、文学、教育教学机构都在政府的资助下进行建设与重组。[31] 地方或地区的社团在资助大学方面承担的份额难以细述。当出现了诸如房屋建设或修葺等关于资产转让的问题时,它们都身处其中,甚至有时是被迫如此。这些团体的慷慨解囊还涉及资助新兴的或专门的课程,颁发奖学金或购买图书资料。19 和 20 世纪,这种赞助形式实际上在各地逐渐减少。但还是有相关机构接替了它们的职责。它们是公共或私人团体,诸如商业或工业会所、雇主协会乃至商会组织。在 19 世纪 90 年代的大不列颠
113 和一战后的德国,商会参与了大学推广运动和工人学院的创建。[32] 大学与企业之间开始出现密切的联系。尤其是在德国,公司通过拨款或科学设备的赠予来鼓励大学实验室的科研工作。甚至是在法国,也出现了理学院与当地企业有密切联系的应用科学研究所的合并[例如,格勒诺布尔(Grenoble)理学院中的工业和水力电学和电化学]。

欧洲教会的经济角色也不得小觑。从某种程度上来说,大批成立于中世纪的大学依赖教会的捐赠为生,因此教会也就保留了财政监管的权利。随着 19 世纪非教派政府的出现,这种联系便日益衰弱,甚至消亡。[33] 甚至是神学院都避开了教会当局的财政控制。在这种形势下,教会的财政输入是微不足道的。但尽管如此,教会(主要是天主教教会)对高等教育的再征服产生了局部但又不可小觑的影响。教会发展了一套以受教皇权威控制的神学院系统,这使得法国出现了天主教神学院的中立化。在罗马,教皇的机构得以创建或重新开放,其中最有声望的格里高利大学于 1824 年重回耶稣会;天主教大学在都柏林、弗里堡(Fribourg,瑞士)、巴黎、安格斯和里昂得以创建,在鲁汶、卡梅里诺(Camerino)和乌尔比诺(Urbino)得以重新开办。[34]

最后,政府援助的普遍化使得院校得以应付逐年增长的年度一般性开支和额外开支。1938 年,政府参与欧洲大学财政的比重,根据各大学的

---

[31] 基于比较的原因,数字是以金法郎的形式给出的。

[32] 在法兰克福,the *Akademie der Arbeit* 附属于大学,1921 年为了给工会培训职员而创立:Hammerstein, *Universität Frankfurt am Main*, 50—56。

[33] 参见第十章,第 315—317 页。

[34] 参见第二章和'European Universities and Similar Institutions in Existence Between 1812 and the End of 1944',参见有关的大学名称。

不同，保持在25％－100％之间。从某种程度上来说，由于这些经费来自公共教育预算或政府总体预算，因此，它们也受到了政治（与经济）变迁的影响，受到了政府及其立法团体意愿的影响。这就开始了一个与政治和经济变更相联系的预算沉浮的过程。大学的财政稳定性因而成了问题，受经济理性观点控制的政府干预也延伸到教学和研究之中，诸如废除或

表4.2　每名学生的居民数

	欧洲	德国	法国	俄国	大不列颠	意大利	希腊	西班牙	荷兰
1800		8200							
1815			6000						
1840	3375[a]								
1850				17 500					
1870		1578	3958	8242					
1900	1410	818	1384	4200					
1913					1470	1270	1438	1022	1074
1934		604	480	1340	887	808	760	655	522
1938	950								

a 每2.7亿居民中有8万名学生。

建课程、制定员工工资、控制开支和额外开支。 114

但尽管如此，从19世纪末到第二次世界大战，在高等教育发展中政府经济参与的整体性较大增长是值得关注的，尽管批判、声援、愤怒之声往往也不绝于耳。在一些国家和大学中，1900年与1936－1937年度的政府资助额度之间的比较（我们的分析基于1914年恒定金法郎），使我们得出结论，即政治当局变得日益慷慨。从更大的范围来看，20世纪初和20世纪30年代末的高等教育支出之间的比较（照例换算为1914年金法郎），揭示了政治当局、地方与地区团体、全国性协会、教会与个人以及特别要记住的全国人口统计趋势，对其持续的、不可否认的关注。（表4.2和表4.3）。

这些例子显示了国与国之间的巨大差别，但这种差距不及1900年牛津大学生均费用约3000法郎，而西班牙生均不到200法郎之间的差距那

么大。但从欧洲整体的观点看，大学年度收入的增长是毋庸置疑的。由于高等教育在公共舆论中的良好形象，大学年度收入在 1900—1937 年间得以加速增长。在整个欧洲，高等教育推广与专门化与平均水平的提高有着密切的联系，从外部环境来看，这也与 20 世纪 30 年代初经济危机时毕业生的失业有着密切联系。㉟

115

表 4.3　年度费用，(t)以百万法郎总计，(s)每名学生，(i)每位居民

	欧洲			法国			德国		大不列颠		
	(t)	(s)	(i)	(t)	(s)	(i)	(t)	(i)	(t)	(s)	(i)
1840/50	65	810[a]	0.25	3							
1900	270	900	0.60	17	833	0.40	41	0.70	43	2150	1.10
1934/35									33		0.70
1937	1000	1700[b]	2.50	47							

a 德国、法国、意大利和英国大学的平均数。

b 32 所大学的平均数。

管理任务的日益多样化与复杂化

在 19 世纪初以前，大学的行政管理都没遇到过问题，这是因为学生和教师的人数都很少。在法国，19 世纪的大部分时间里，行政管理通常仅由一位学院秘书负责，并有一位会计秘书、若干守门人和服务人员的协助。㊱物质方面的问题也仅限于供暖和可能出现的教学场所的照明问题。地下室和阁楼的旮旯成了实验室，图书收藏也无须雇佣一支庞大的职工队伍。这些状况大多在这一个世纪中发生了变化，这使管理方面临着更加烦琐、细致与繁重的任务。

首先，它必须确保对教学和服务人员的日常管理，19 世纪和 20 世纪，

㉟　A. Rosier, *Du Chômage intellectuel*: *De l'encombrement des professions intellectuelles* (Paris, 1934); P. Allard, *Que faire de nos filset de nos filles* (Paris, 1934).

㊱　参见 *Almanach de l'Université* (1810—1840), *passim*.

教职工人数迅猛增长。一些大学雇佣了上百名员工,其中一些在二战前的雇员人数就超过了数千人。这些雇员各自有着不同的身份地位:教师、兼职讲师、助教、实验室助理、办公室人员等。他们的招聘需要通过学院的集体决议、公开的竞争性考试或简单的口头商议。教师的推荐、筛选和提拔需要遵守极为严格的公式程序。此外,作为一种职业,教学职责的各个阶段需受行政部门的管辖。至少在 19 世纪的大部分欧洲大学中,教师之间在工资和奖金(考试和学费)方面存在着巨大的差别。

管理机构的管理还延伸到了教学之中。教师必须开设一定数量的课程并监督实验室或研讨班工作。规章也因时因地而异。频繁使用与某些教席相关的代课教师,尤其是在法国和德国,破坏了现行的规章。教师必须在学年开始之前对其课程进行说明,并由管理部门进行公示。在一些地方——如 19 世纪的法国和俄国——政治当局通过教育部来了解课程内容。[37] 116

教学人员所享有的自由,从科学和意识形态的角度而言,既不意味着无序,也不意味着管制。作为公仆,教学人员如果在行使职责(或在其私人生活中)犯错,他们就要接受大学纪律的处罚。在法国尤其是这样,第一帝国确立了针对所有大学成员的训诫程序规则和各种司法团体(学院评议会、学术评议会、大学评议会,然后是公共教学高级评议会)的权限和程序。[38] 在俄国和法国国内政治关系紧张时期,这些限制是很有意义的,也是非常重要的。第一次世界大战后,专制政权利用了训诫程序来镇压大学中的异议者。

管理学生团体是管理部门的第二大任务。这种管理逐渐扩展到整个领域。学生事务首先是选拔性的入学考试。在大多数国家,中等教育证书是进入大学教育的一个先决条件(*sine qua non*)。在法国,学士学位被认为是大学中的第一级学位,是由文理学院授予的。一般来说,在理学、文学或技术高中,授予学位的数量是有限的,并且需由一个高水平的机构来组织入学考试,如法国的巴黎理工学校或巴黎高等师范学校的入学考试。在大

---

[37] 参见第三章,第 97—98 页。

[38] A. Rendu, *Code Universitaire* (Paris, 1846).

不列颠，牛津和剑桥的学院也是通过入学考试来选拔有潜能的学生。在集权政府中，往往还要考虑诸如种族、社会阶层或意识形态倾向性等问题。

每位被录取的学生必须登记注册。这意味着要向相关的负责部门缴纳学费（例如，印花税、文凭和考试费）。这些程序是可以更新的，每一学年都有部分的更新。从教学的观点来看，行政管理的监督还延伸到管理讲
117 座和实验室的出勤率、举行考试、开放图书馆和教室。其他服务人员，比如守门人或图书管理员，也参与其中。

学生日常生活中的问题——比如大学内发生的过错、决斗、食宿、助学金、贷款、国内和国际学生组织——仅仅部分增添了大学行政管理部门的责任。除了赞助协会之外，他们还建立了地方性和全国性的组织以便于接收留学生，鼓励交换学生和教师。这就是两次世界大战期间建立起来的全国大学办公室的职责。20世纪30年代，当经济危机在欧洲继续加剧，且大学毕业生失业率节节攀升之时，学生的就业问题就变得非常尖锐。在一些国家，大学当局通过建立组织尽力给予帮助，找到解决问题的办法，尽管他们认为不应对此状况负责。在法国，1932年，在巴黎创建了大学统计局（*Bureau Universitaire de Statistique*，*BUS*），在1939年之前它在个人救济方面发挥的作用不可小觑。

由于人事（教师、服务人员和学生）管理任务的增加，处理财产、实验室设备和图书馆的任务也随之增加了。19世纪后半期，这些物质方面的问题日益增多，并日益棘手。这不仅是一个经年累月、不断恶化的财产管理问题，也不是数世纪以来在拮据的环境中增添藏书的问题。新的基础建设要开工，实用的实验室要创建，图书馆应扩展并实现现代化。管理部门天天面对的是应急事件（维修房屋、更新科学设备）的处理和财产持有政策的制定，这意味着他们要与政府、地方社团以及使用者本人进行协商。

对年度账目清楚、精确和客观的要求，额外增加了财政管理的负担，就像1835年后的法国那样。只有像牛津和剑桥这样自治的大学才能在账目中使用“近似值”，这种情况一直持续到19世纪末。[39] 最后，在管理任务的不断膨胀中，通讯联系的任务不断增加。

---

[39] 参见第二章，第54—64页。

大学治理

由于强势的中世纪传统，当时的大学被定义为教师和学生自治的共同体，[40]并在理论上受到地方主教或君主、教皇的监护，因此欧洲的大学也成功地将这种基本的管理形式延续到18世纪之后。尤其是在大不列颠，英国议会通过枢密院，只具有为大学颁发特许状、部分地修改章程、下令对学习制度和院校的财政管理进行调查的权利。除了学生交付的学费外，苏格兰大学从1705年开始接受国王的资助，从1858年到1889年间接受政府的资助，而19世纪英格兰的城市大学则接受当地政府和私人赞助者的资助。直到1919年，中央政府的补助金才得以推广。但是这些补助金受到了制约，它们的分配受到了由大学代表构成的大学拨款委员会的控制。因此，无论是拨款还是监管，都因触犯了大学自治而招来骂名。[41] 118

尽管大学在财政上主要依赖国家政府，但是无论是尼德兰还是斯堪的纳维亚，无论是纳粹统治下的德意志诸邦还是奥匈帝国，情况大多如此。一直到19世纪中期，西班牙和意大利的大学仍为自治性的团体，它们墨守成规，没有意识到文化与社会变革，反对任何形式的改革。尽管西班牙的改革于1845年由安东尼奥·吉尔德·萨拉塔部长(Antonio Gil de Zárata，1793—1861)发起，并在1857年至1868年间经由克劳迪奥·莫亚诺·桑南涅戈(Claudio Moyano Samaniego，1809—1890)及相应法令得以落实；[42]尽管意大利的多位教育部长也进行了改革，即1857年的卡萨蒂(Casati)、1861年的马托伊斯(Matteucci)和1923年的乔瓦尼·泰梯利(Giovanni Gentile，1875—1944)，并且政府在一定程度上也成功地实现了管理监督，但大学自治的传统依然十分强势。[43] 法国和俄国也是如此，尽管这两国的政府已对大学进行了强有力的控制，正如第二章和第三章所述。然而，俄国的大学(它与法国单一的国立大学一样。后者于1887年被

---

[40] 参见第一卷和第二卷的第四章。

[41] F. Hutchinson, 'The Origins of the University Grants Committee', *Minerva, A Review of Science, Learning and Policy*, 13, 4 (1975), 583—620.

[42] Peset, *Universidad Española*, 406—407, 461—491.

[43] 参见第二章，第70—73页，以及相应的精选文献。

分解为学院和大学校)保留了某些法人自治,这与那些19世纪末、20世纪初建立的、完全受政府控制的高等教育机构不同。

显而易见,许多国家大学管理的自治受到了一系列外部束缚的制约,政府只是其中之一。但尽管如此,各地的大学在一定程度上依然努力坚
119 持着自治的历史传统。这种自治基于法人的原则。其应用的模式随国家和大学而异。但尽管如此,我们依然可以界定出欧洲大学的一系列共有特质。

在基础层面,是校务委员会成员选举官员并决定所有学术事务。牛津和剑桥通过"文科硕士"保留了法人自治的中世纪传统。其最高机关在牛津被称为"大评议会"(Convocation),在剑桥被称为理事会(Senate),均由所有注册的研究生组成,在中世纪他们是可以甚至是必须从事教学的。[44] 在牛津,其成员人数"在20世纪20年代平均有7691人,但几乎没有人露过面,长期以来,其权力不断削减,而且他们也几乎不集会"[45]。其最重要的任务是选举校长(终身)。大学的立法机关,担负着授予学位和决定重要管理事务的职责——在牛津被称为"教授会"(Congregation),在剑桥被称为"众议院"(House of Residents),后来被称为"评议院"(Regent House)——是由大学中的所有成员构成,大多是评议会的教学人员。它有数百名成员,除了颁布章程与选举副校长和其他官员之外,还担负着表决的职能,它制定决议,并在《牛津大学公报》或《剑桥大学通报》上公布决议,其少数法定成员还具有否决权。两大最高机构,即处理日常事务的主要执行机构——在牛津被称为每周"评议会"(Hebdomadal Council),在剑桥被称为"理事会会议"(Council of Senate)——以及学院评议会和专门委员会——例如学生助学金委员会、大学图书馆委员会、大学出版社委员会——它们都由学院主导,学院的特殊利益仅勉强和大学的公共利益保持一致。[46]

---

[44] 参见第一卷,第147页。

[45] *History of Oxford*, VIII, 678.

[46] 同上,第39—43页,第683—719页;*University of Cambridge*, IV,第341—369页. *Statutes, Decrees and Regulation of the University of Oxford*. *Statutes and Ordinances of the University of Cambridge*. 参见 J. Rose and J. Ziman, *Camford Observed* (London, 1964), 195—216.

在其他地方，在19世纪，由评议会主导的大学治理往往把教席主持人以外的所有教师排除在外。在20世纪，一些国家则允许副教授和讲师往评议会中派送代表。[47] 在20世纪70年代之前，学生和职工是被排除在外的。而大学的立法机构则是由所有的讲座教授组成——在效法德国模式的大学里被称为"教授会"(*Konzil*，*Konsistorium*，*Senat*)，在意大利被称为"教授大会"(*Assemblea Generale dei professori*，1875)、"大学教授总会"(*Collegio Generale dei professori*，1923)"学术委员会"(*Corpo accademico*，1944)[48]——处理与整个大学公共利益密切相关的事务，特别是章 120
程，在一些地方还可提名教授、选举校长(如果校长不是由政府任命的话，由政府任命校长是拿破仑大学模式的特征)。执行机关，如评议会委员会(*Senatsausschuss*)、评议会理事会(*Kleiner Senat*)、大学评议会(*Conseil de l'Université*)、学术评议会(*Consiglio accademico*，1875)等由学院代表组成。学院评议会负责选举院长(在那些不是由政府指派的地方)以及他们参加其他团体的代表，处理所有课程和考试事务，准备任命教授的提案。在意大利，从1875年开始，除了任命程序外，所有教师都可参加学院评议会。

尽管它们办事拖拖拉拉、毫无生气，简言之，就是它们的墨守成规往往遭到批评，但评议会却在维护自治和自我管理方面扮演着重要的角色。通过它们，教学人员参与到管理之中，并承担了一定的职责。在第二次世界大战和欧洲专制政体终结之后，它们促进了真正意义上的大学自治的复兴。

其他高等教育机构也要求更大程度的自治。通常，它们的校长(presidents或rectors)、院长以及管理委员会(governing board)会受到来自教育部、市政府或私人捐赠者的影响。在德国，理工学院(*Technische Hochschulen*)在大学的法人权利方面经历了一个世纪的反抗之后，最终赢得了选举院长和校长和授予"大学授课资格"(*Habilitation*)，即博士后的资格(1899)。在法国，直到1968年才由埃德加·富尔的《方向法》(*Loi*

---

[47] 参见第五章，第138页。

[48] B. Palma, *L'Università fra accentramento ed autonomia* (Urbino, 1983), 90, 141, 168.

d'orientation of Edgar Faure)授予大学法律、管理、财政和教育的自治权;㊾直到1984年,由教育部管理的其他高等教育机构才被《萨瓦里法》(*Loi Savary*)授权授予学术学位。

从教授会中挑选出来的管理者,基本上仅是各种评议会的执行代理。事实上,在从大西洋到乌拉尔山脉的所有大学中,他们都只是充当闲职。在外部的政治机构、市议会以及宗教、民间或军事权贵面前,他们充当大学或其成员的代表。在教师、学生和服务人员的机构内部,他们则代表着权力。他们准备评议会的审议,引导和保证评议会的决议得以实行。他们掌管着负责执行评议会颁布的措施的部门。一般情况下,他们的职能是临时的,可能是一到两年,很少会超过数年。只有在偶然情况下才会出现
121 永久性的职务,如比利时、意大利和法国的天主教大学的管理者们。㊿ 英国大学的校长也是如此。他们一般属于上流社会,日常事物由副校长代理,因此,他们能够代表并保护大学的利益,免受外部政治机构的侵犯。一般而言,这个时期大学管理是讲座教授的职责,从原则上说,他们是轮流执行其职责。在这里,中世纪法团自我管理的传统得以延续。

就其管理结构而言,欧洲大学几乎完全继承了几个世纪的传统。他们因其悠久的历史而自豪,循规蹈距,有时甚至是固执的、盲目地反对变革。但是,学生的增长潮淹没了大学的自治和自我管理的理念。有必要修建"大学殿堂"或"知识殿堂",即使在多年之后往往被证明是太小了。大学的财政管理日益成为负担,也日益复杂,财政的紧急状况驱使他们寻求政府给予更多的资金。政府对大学和学校职能的干预也因此日益加剧。这使得大学自治在19世纪消逝了。但评议会自我管理原则的传统则成了重要的遗产被保留下来,并在二战之后得到了重新确立。

㊾ C. Fourrier, *Les institutions universitaires* (Paris, 1971), 42—56.

㊿ 关于比利时,见鲁汶大学的校长 de Ram 的例子,参见第十章第401页;关于意大利乌尔比诺自由大学(the Free University of Urbino)的校长们,参见 F. Marra & L. Scirollo (eds.),*Relazioni dei rettori. Discorsi inaugurali dei docenti nella Libera università degli studi di Urbino, 1864—1946*, 3vols. (Urbino, 1997). Carlo Bo (1911—2001)从1947年担任其校长长达54年,直至其去世。

123

第五章 教 师

马尔蒂·克林格

总体情况

19 世纪初，尽管经历了启蒙运动和普遍的世俗化①，但是，大学教师(特别是教授)仍被看作是古老社团的成员，这些社团大多是宗教的，但也包括法学和医学的社团。在许多欧洲国家，大学教师身着传统的长袍，以区别于贵族和中产阶级。大学是教会世界的重要组成部分。在本卷所涉及阶段的末期，即 20 世纪中叶前后，只有神学院的教师依然保留了神职，他们是神父(ordinati)。而在 19 世纪早期，文理学院教授的神父资格并不自动意味着他们被授予神职。

18 世纪中期，诸如哥廷根等新大学已经是现代意义上的大学了，它们

① 参见第二卷，尾声。

不再与宗教社团有联系,而哥廷根本身也不是一所古老的、重要的主教大学(Episcopal See)。② 从 1755 年开始,莫斯科大学也不再是教会的一部分了;俄国的大学制度起源于西欧,并且从来不是宗教社团的一部分。1802 年,当俄国沙皇亚历山大一世在利沃尼亚创立了崭新的、现代的多帕特大学(位于塔尔图,17 世纪在这里曾有过一所瑞典大学)时,的确曾设有路德神学院,但大学并不由当地的主教来管辖,而是由一位专门的长官,即校
124 长来管理,他是政府的高级官员。这所大学在这古老的哥特式大教堂的宏伟废墟上建立了图书馆,以彰显其现代性:科学与知识是真理的衣钵。③

在法国,旧政权的大学系统与宗教系统有着密切的联系,而大革命废除了这些大学,新建立的拿破仑帝国大学是世俗的大学。④ 在德国,拿破仑时代以另一种方式产生了相同的影响。许多与宗教世界或多或少有着密切联系的、古老的、小型大学在战争期间被迫停办,不再维持;另一方面,新的大学得以创建。这些大学,尤其是 1810 年创建的柏林大学,不再与教会有联系,当然神学院的专业联系除外。⑤

从属于宗教社团,意味着大学是在其与政府的关系中来保存其法人与自治特性的。在 16、17 世纪,这种关系在欧洲的许多地方的确发生了变化,但一般来说,大学仍被视为以教授为主、学生为辅的法人。其与教会的关联日益萎缩。牧师和军队是提供公共服务的主要工具,显而易见大学及其教师属于前一种。法学院和医学院的情况则更复杂,这是因为这些学院的教师也从属于专业社团。

---

② N. Hammerstein, 'Göttingen. Eine deutsche Universität im Zeitalter der Aufklärung', in A. Patschovsky and H. Rabe (eds.), *Die Universitäten Alteuropas* (Constance, 1994); A. Schindling, *Bildung und Wissenschaft in der frühen Neuzeit 1650—1800* (Munich, 1994).

③ 关于俄国大学的创建,参见第二卷,主题索引,以及"俄国","莫斯科","圣彼得堡";关于多尔帕特,参见 G. von Pistohlkors *et al*. (eds.), *Die Universität en Dorpat/Tartu, Riga und Wilna/Vilnius 1579—1979* (Cologne and Vienna, 1987).

④ 参见第一章,第 6—7 页;V. Karady, 'De Napoléon à Duruy: origines et naissance de l'université contemporaine', in Verger (ed.), *Universités en France*, 261ff.

⑤ 参见第十章,第 395—400 页; R. S. Turner, 'Universitäten', in K.-F. Jeismann and P. Lundgreen (eds.), *Handbuch der deutschen Bildungsgeschichte*, 第三卷: *1800—1879. Von der Neuordnung Deutschlands bis zur Gründung des Deutschen Reiches* (Munich, 1987), 221ff.

19 世纪早期的普遍趋势是大学的都市化，它抛弃了与教会和主教城市的联系，从古老的土地基金与特权收益走向了政府预算，大多从为教会培养神职人员走向为政府培养官员。在整个欧洲，所有这些趋势都反映在教授和其他教师的地位、自我意识和身份等级之中，但其过程在欧洲大陆的广大地区则各不相同。在 18 世纪末大革命前的欧洲有许多相似之处，⑥在第二次世界大战之后也是如此。而在此之间，则由于欧洲大陆各地在政治、经济和文化发展上的差别，呈现出巨大的差异。 125

反映 19 世纪早期大学变革的典型事例是芬兰的大学。1809 年，古老的瑞典王国的东部变为沙俄帝国的一个自治大公国，这使得大学的收益在 1811 年几乎翻了一番，并使其有能力为新政府培养一支优良的管理队伍。经济体制继而从土地收入转向了预算收入。1828 年，这所大学从古老的主教城市——奥布/图尔库迁移到新的行政首府赫尔辛基。从 1817 年开始，该校获得或者说被赋予了考核政府所有部门服务能力的专属特权，从行政、司法到神职；除非在这个国家的唯一一所大学中学习过，否则就无法获得公职或神职。教会的“副校长”(pro-chancellor)，一职于 1817 年被撤销，而政府官员则成了“副校长”(vice-chancellor)，一般而言，他不是教会的人。这种发展在很大程度上得到了俄国部长斯佩兰斯基伯爵(Count Speransky, 1772－1839)的支持，他希望把这一系统引入俄国，以建立高效的官僚制度。芬兰确实是现代化的一个典型，这种现代化是在德国的关于大学理念的生动讨论的强烈影响之下实现的。⑦

1800－1940 年间，不同国家的不同大学之间存在相当大的差异。日趋古老的、法人式的大学在许多地区得以延续，它通常位于天主教或路德教主教所在的小城市中。摆脱了都市的艰难生活，这些城市的教授和学生开始过起了半浪漫主义的田园牧歌生活。海德堡成了一种理想；而贡纳尔·文纳贝里(Gunnar Wennerberg 1871－1901)谱写的二重奏——《格伦塔恩》(Gluntarne，乌普萨拉大学的经典学生曲目——译注)因将 19 世纪 40 年代乌普萨拉大学学生生活理想化而誉满北欧诸国。在牛津、塔尔

---

⑥ N. Hammerstein (ed.), *Universitäten und Aufklärung* (Göttingen, 1996).

⑦ Klinge, *Universität Helsinki*, 198－302.

图或图宾根都出现了许多以《我的岁月》为名的纪念文章。到 19 世纪末，尤其是在 20 世纪，在诸如耶拿、剑桥和隆德等这样的较小城市的大学再次名扬四海，而这要归功于其所取得的科学成就。对教授和其他教师及其他们的家庭来说，古老的大学有着特殊的身份认同，这便是献身于科学与稍显迂腐的外表或行为的结合。这些大学更有可能保留着法人意识，他们以学术的分野与辩论、敌对与友爱等形式来彰显其归属。

126 这一时期的另一类模式是位于都市的大学，它们虽不再与宗教世界有联系，但与中央政府组织的联系则日益紧密：公共生活及其机构、议会、政党、俱乐部和报纸。这造就了一类新型的教授和学院教师，他们更多地专注于外部联络，往往忽略了他们的学生，同时也遗失了法人认同感。在一些例子中，大学的迁徒把这些模式结合起来——例如，慕尼黑和赫尔辛基——但在许多国家里，新旧大学之间出现了紧张关系。由于把牛津大学迁往伦敦或把乌普萨拉迁到斯德哥尔摩的想法都没有成功，因此，在 19 世纪 20 和 30 年代，伦敦大学及其师生中出现了不同的身份认同。创建于 1878 年的斯德哥尔摩大学则在很大程度上不同于乌普萨拉——隆德国立大学传统，这是因为，从其创建之日起就没有考试制度，只有自然科学的教授和著名的作家、自由派记者维克多·吕德贝里（Viktor Rydberg，1828—1895）主持的文化史（以后改为艺术史与理论）讲座是一个例外。这个机构不像是所谓的大学，因此被命名为斯德哥尔摩学院（*Stockholms Högskola*）。从 1904 年开始，该学院获得了举办考试的权利，并由于成立了新的法学和社会科学学院而于 1907 年获得了半市立大学的地位，成为了事实上的大学，并于 1960 年获得了国立大学的地位，更名为斯德哥尔摩大学。与其他国立大学相比，斯德哥尔摩学院中犹太裔教授的比例很高，世界第一批女性教授中的一位还在那里任教。

另一个例子是瑞典的哥德堡学院，它从一开始就是一个高度市政化的机构。自 19 世纪 90 年代以来，许多工商业城市及其中产阶级精英大多喜欢拥有自己的大学，这既出于实际的需要，又出于地位的考虑。而瑞典的范例影响了芬兰的奥布（Åbo）和丹麦的奥胡斯（Århus）。作为两个相对富饶的城市，它们在 1920 年前后建立了自己的大学。这些大学里的教师不得不在尽忠竭力的都市教师和原有的古典大学中以教学和研究为取向

的知识渊博的教授之间寻求平衡。19世纪末，在工业、商业城市中的许多基于实用和地位的考虑而建立的大学中，教师也面临着同样的情况(这已在第2章中讨论过)。这些大学在教授任命中表现出了更大的开放性。法兰克福城市大学就是一个例子，1914年，它在私人基金的赞助下得以成立，它脱离了教会和国立大学遵循的传统，组建了经济和社会科学学院，而不是神学院，并雇用这些领域的从业者担当教师。在这里，大学的精神再一次以高比例的犹太裔教授和以商贸和自由职业为取向的总体定位所标识。⑧ 127

总体而言，在1800—1945年期间，教授和其他教师的角色和功能必须从社会官僚化(用马克斯·韦伯的话说)和新兴的社会政治化两个方面来进行审视。官僚化意味着引入或加强"功能性的"资格、能力层级、专业训练、专业纪律和法律认同，这与公共服务中的封建和世袭组织形成了反差。这种趋势可以从大学及教授的角色与整体国家、与大学内部组织之间的关系中看出。而第二点在一定程度上是不同于第一点的，这是因为1800—1945年这一时期，不仅是官僚专业化的阶段，也是公民参与的重要阶段，所以学生、尤其是教授，都在大学中扮演了重要的角色。

在公民参与的第一个方面，即教授的参与，是与现代官僚制的发展息息相关的。这一制度的本质是反对将出身和荫佑作为进入公职的手段，而主张引入一种新的职业可能性，进而造就了不同的传统。显而易见，在英格兰，旧制度得以保存。在牛津和剑桥这类古典大学中，教育依然保留了通识教育和公民教育的传统，其中，公共参与、辩论、礼仪与同辈人之间的联系是其核心；尽管英国的寄宿制传统本身强调公平与其他罗马式的公正德行，以及绅士风度，但这一传统还是有利于来自上流社会的学生。品格训练，无论是在修辞和拉丁语中，还是在运动和军事中，都是核心。⑨在英格兰，现代化的趋势并没有在古典制度中产生重要的变革，但新的理念却在新机构中得以展现，尤其是在伦敦大学和被冠以"红砖大学"绰号的大学群中，这个绰号污辱这些新大学是粗野的或暴发户。⑩

⑧ Hammerstein, *Universität Frankfurt am Main*.

⑨ G. McCulloch, *Philosophers and Kings: Education for Leadership in Modern England* (Cambridge, 1991).

⑩ D. R. Jones, *The Origin of Civic Universities* (London, 1988).

128 在法国，以及其他受革命启发的国家，如意大利，考试制度得以生根发芽。在原则上，公职是向所有人开放的，但以考试选拔候选人的方法却自然而然使其偏向学术研究。这从本质上说是古老的教会一大学关系的现代延伸，大学教育几乎义不容辞地承担起培养高级神职人员的职责，但并不参与实际任命。⑪ 另一方面，作为 18 世纪重要教育发明的军官学校(*cadet* schools)传统，在大学校组织中清晰可见，比如，巴黎理工学校和巴黎高等师范学校。而最重要的变化是 19 世纪初在普鲁士和俄国出现的关于公职的新类型与新理念。

新教席的发展

相对而言，1800—1940 年间见证了欧洲大学系统的巨大扩展。即使是 20 世纪 60 年代的扩展，也仅仅是纯粹数量上的超越。在新大学得以创立的同时，原有的大学也得到了极大的扩展，新建筑、实验室、图书馆，以及学生潮纷纷涌现，当然，在这一扩展中最为重要的一点莫过于新教席的出现。该时期伊始，许多大学是由 15 名左右的教授和其他一些教师组成。到 1939 年，一所具备四个或以上学院的好大学则拥有约 60 名教授，而那些在首府的大学拥有的教授人数增加到 150 名，助理教师和其他人员的数量则增长得更为迅速。因而，所有德国大学的教席数从 1840 年的 886 名(1840 年)一直增加到 1870 年的 1140 名、1892 年的 1650 名和 1938 年的 1850 名。拥有和没有教授头衔的编外讲师数目也从 324 名(1840 年)增加到 643 名(1892 年)和 2117 名(1938 年)。⑫ 但尽管如此，教师数量的这种增长仍落后于学生数量的增长。第四章的作者保罗·热尔博曾估计，在 1840 年(从此开始，所有欧洲大学的统计信息都是已知的)大约有 5000 名

---

⑪ Verger, *Universités en France*; I. Porciani (ed.), *L'università fra Otto e Novecento: i modelli europei e il caso italiano* (Naples, 1994).

⑫ 关于 1840、1870 和 1892: F. Paulsen, *Die deutschen Universitäten und das Universitätsstudium* (Berlin, 1902), 229; 1938 年的数字是根据 *Minerva, Jahrbuch der gelehrten Welt*, 33 (1938)中关于个别大学的推测, Abt. *Universitäten und Fachhochschulen* 1. Bd.: *Europa* (Berlin 1938), and on *Empfehlungen des Wissenschaftsrates zum Ausbau der wissenschaftlichen Einrichtungen*, vol. I: *Wissenschaftliche Hochschulen* (Tübingen, 1960), 表 10, 第 487 页.

129

大学教师，要教授约 8 万名学生，平均每位教师要教授 16 名学生。将此数据与 1937 年的数据相比，在整个欧洲，当时约有 32 000 名教师和大约 560 000名学生，即一位教师要教授 17 名学生。如果我们再思考一下当时

表 5.1 德国学院中每位教师或教授对应的学生数[a]

学院	神学院		法学院		医学院		哲学院	
	教师	教授	教师	教授	教师	教授	教师	教授
1840	18	26	16	30	8	17	5	10
1870	17	23	15	24	7	17	6	12
1892	23	33	31	47	12	41	6	14

a N. Hammerstein, "Bildungsdefizit und Bildungschancen der Katholiken im 19. Jahrhundert: Universtäten und Wissenschaften', *Rottenburger Jahrbuch für Kirchengeschichte*, 14 (1995), 131－152; *idem*, *Antisemitismus und deutsche Universitäten 1870－1933* (Frankfurt-am-Main, 1995).

众口一词的典范，即 19 世纪的德国大学，我们也可以看到相同的趋势，尽管在数据上有一些细微的差别(表 5.1)。

尽管如此，每个学院的平均数据并没有表明教职数量的增加也有助于新教席和新学科的设立，特别是在医学、人文和自然科学领域。一般来说，新教席意味着知识领域的深刻变革，即各门类科学的系统化和专门化发展，同时在大多数情况下，也意味着对以研究为导向的大学教师(尤其是教授)角色认识的发展。这种演变不仅没有削弱教授作为讲座教授(*ordinarius*)或讲座主持人的职责，而是巩固了他在所从事领域中作为一流专家的地位，加强了他在自己知识分支中确定科研方向和学习课程方面的权威。这对文理学院的教授尤其是这样。而在神学院、法学院和医学院，课程更多是由充当学院评议会角色的教授会来制定，因此也就在这些领域中引入了额外的学术权威。而教授的权威也只有在其教席成为某一专门研究所或实验室的首席时，才能确立。由于拿破仑时代以来，政府或宗教的控制日渐削弱，所以，1800－1945 年间成了真正意义上的"教授大学"

的时代。教授的作用得益于大学作为整体的出现，得益于大学在公务员培养方面的能力，得益于其在各类研究和知识的专业化方面的能力；政府控制削弱了，这使得大学内外没有团体提出参与院校治理的要求，因此，给大学带来了有益的结果。

这极好地描述了德国大学的模式。这一模式也出现在北欧，而且其核心要素对整个欧洲大陆来说，都是适用的。同时，还应指出的是，德国大
130 学的模式是欧洲的典范，⑬它也支持了德国式的教授权威的扩展。第10—15 章中讨论了它对个别学科的影响，但由于专业化水平的提高，学科也不再依附于个别教授。同事之间的交流和合作得了更多的重视，其中教授会是其典范，通常是每周集会一次，商讨擢升、大学授课资格和任命举荐的问题。这些联系也发生在非正式的聚会、学术咖啡圈或与大学联系密切的机构，诸如学园和学会中。在许多国家中，是由大学的最高权力机构，例如理事会或校务委员会来保护教授利益的，其中法国是一个例外，因为在 1896 年之前，法国的教职人员是直接依附于国家的。然而，直到 19 世纪末，在大城市和各主要大学的不同学院之间，仍然很少有同事间的跨学科联系。

19 世纪的一个新现象是大学校际会议和国际会议的出现，主要是在自然科学领域。到 19 世纪末，在大多数知识的核心领域都出现了这种现象。例如在德国和斯堪的纳维亚，会议的初衷具有科学和政治的双重性，它旨在加强国内或国际的知识联合与学者联盟。在德国和意大利统一前，这些会议具有明确的政治意义，后来在泛斯拉夫、泛北欧地区和各种科学或科学群体的会议也是如此。

自相矛盾的是，会议现象也带来了科学出版物与科学信函的重大发展。科学出版的快速发展引发了对个人联络的需求。学术共同体仍然很小，但来自国外的年轻科学家可以见到像黑格尔这样的名人并向他请教一些问题，诸如“他何时决定出版《哲学全书》中关于自然哲学的那部分内容？”

---

⑬ Paulsen, *Deutschen Universitäten*, 230.

学术职业入门

在英格兰,要想进入牛津或剑桥这样的老大学,就要成为官方国教的成员,这是因为他们是政府官员。这反映了所有拥有官方教会的国家的共有模式。当由君主或国王来任命公职,且存有官方宗教时,那么只有那些依附于官方信仰的人才能成为国王的官员也就很自然了。只要大学被当作为国家和教会培养官员的机构,那么这一点便是毋庸置疑的。但当 131
大学日益成为科学教育和研究的场所,信仰的同质论也就值得商榷了。

信仰上的差异也意味着其他方面的差异,如民族、种族或社会背景。在不列颠诸岛,天主教和犹太教就是这样两类群体。在普鲁士以及德意志的其他新教邦国中,虽然天主教没有正式地被排除在学术职业之外,但实际上,他们几乎没有获得学术职位的任命。1918 年前,信仰犹太教的大学教师一般无法被任命为讲座教授。⑭

1919—1920 年间,在那些曾发生内战或有革命企图的国家中,共产党人及其支持者被清洗出大学,例如波兰和匈牙利;右翼分子和许多其他人遭到驱逐,被迫移民,在俄国甚至遭到谋杀。在德国的国家社会主义政权期间,大约有三分之一的大学教师,即 11 500 位教授失去了教席,一些人死于集中营,大多数人则移居国外。⑮

关于 1800—1940 年间教授和其他大学教师的社会背景没有得到系统地研究。公务员数量的大幅增长和社会的官僚化,迫使整个社会(尤其是大学),响应这个世纪的口号——"唯才是举(*carrière ouverte aux talents*)!"这导致了世袭特权的消亡。但入职的正式障碍的消亡,并不总意味着实践中的巨变。⑯ 显而易见,许多职业,比如法学和医学专业,便保留

⑭ N. Hammerstein, 'Bildungsdefizit und Bildungschancen der Katholiken im 19. Jahrhundert, Universitäten und Wissenschaften', *Rottenburger Jahrbuch für Kirchengeschichte* 14 (1995), 131—152; N. Hammersein, *Antisemitismus und deutsche Universitäten 1870—1933* (Frankfurt am Main, 1995).

⑮ H. Möller, 'Wissenschaft in der Emigration-Quantitative und geographische Aspekte', *Berichte zur Wissenschaftsgeschichte*, 7 (1964), 1—9.

⑯ Charle, *République des universitaires*.

了许多世袭的职业忠诚。虽然有时任人唯亲确实存在，但普遍的趋势更多的是教授的儿子（后来，还有女儿）从小就立志并为学术职业做准备，因而也能在竞争中获胜。在这一时期，青年才俊与教授女儿的结合，仍时有发生。显而易见，许多新生家庭迅速地与古老的书香门第建立了姻亲关系。

如果说学术家庭的核心往往可以在大学教师队伍中看到的话，那么我们还可以考察一下其他输送人才的圈子，在世纪之交的德国，专门职业长期以来是对外开放的，其中最大的群体，约占总数的 20%，来自学术共
132 同体。在某些学院和某些大学中，贵族和资产阶级的上层将大学职业视为一种时尚。法学院具有很好的声望，法学教授能获得较高的行政职务或法院职务、政治职务，在一些情况下，还可进入金融业。在信仰路德教的国家中，神学教授往往能被擢升为主教。⑰

至此，我们可以划分在 18 世纪业已存在的两种模式。在许多家庭中都出现了学术法人的归属感。例如，在法律和医学职业中，以及新教牧师的职业队伍中，法人性质的从属关系具有双重的意义。学术职业成了从社会较低阶层向较高阶层流动的阶梯：农民或是小市民（*Kleinbürger*）的儿子能成为神学教授，儿子的儿子能成为主教；或是小市民的儿子能成为法学教授，儿子的儿子能成为银行家或外交官。在契诃夫（Anton Pavlovich Chekhov, 1860—1904）的《沉闷的故事》中，那个著名法学教授的儿子是一个官员，他总是缺钱，因为其他同事大部分出身贵族和富裕家庭。⑱

在德语国家之外，哲学院分为文学院和理学院，并日益成为所有大学的核心。⑲ 它从一个预科性的、年轻的学院成长为一个卓越超群的、科学的、以研究为取向的、成果丰硕的学院，这首先出现在德国，后来才拓展到

---

⑰ M. Schmeiser, *Akademischer Hasard. Das Berufsschicksal des Professors und das Schicksal der deutschen Universität 1870—1920* (Stuttgart, 1994); H. Titze with H.-G. Herrlitz, V. Müller-Benedikt and A. Nash, *Wachstum und Differenzierung der deutschen Universitäten 1830—1945*, Datenhandbuch zur deutschen Bildungsgeschichte 1, Hochschulen 2 (Göttingen, 1995); P. Moraw, 'Vom Lebensweg des deutschen Professors', *Beilage zu: Forschung, Mitteilungen der DFG*, 4 (1988), 5.

⑱ 参见第 157 页。

⑲ 参见第十章，以及 'European Universities and Similar Institutions in Existence Between 1812' 和 'the End of 1944'。

其他地区。这也反映在那些学院教授的身份地位中。起初,他们只不过是教书匠,与中学老师联系密切;在英国和法国,他们还身著长袍,但后来,尤其是在大都市中,他们成了著名的、优雅的"知识王子",在宏伟的阶梯教室中讲课,舒服地生活在拥有大型图书室、艺术绘画、时兴的晚餐和仆人的豪宅里。这就影响了贵族家庭,并向其子孙放开学术职业。

19 世纪末的技术大学为工业、银行业和应用科学,尤其是化学和电子物理学,搭建了社会的桥梁。1880 至 1914 年间,自然科学和技术教授与工业和殖民主义一起增长。人文学科的教授与政界——新闻记者、作家、伟大且久负盛名的艺术家和作曲家结合在一起,所有这些都使学术职业更具吸引力。 133

但尽管如此,相当多的未来的教授仍来自社会底层。对有才华但却没有财产或有利家庭背景的年轻人来说,学术职业毕竟是实现向上层社会流动的最好方式,但它需要吃苦和奉献的精神。就像在社会的其他部门一样,如有亲友在大学中居要职,那么大学职业的入门则要容易得多。社会关系能在个人遭遇困境时,提供极为重要的帮助,但尽管如此,许多新秀在实现其雄才大略之前就为疾病、酒精和精神错乱所压垮。

在 1800—1940 年这一时期,几乎没有女性能成为大学教授。没有明文规定禁止聘用女性,事实上,在 18 世纪的博洛尼亚就已经出现了女性教授。[20] 但是女性成为科学家继而成为教授的突破发生在 19 世纪末。女性学习的主要科目是数学、物理和医学。1884 年,索妮亚·科瓦莱夫斯基(Sonia Kowalewsky, 1850—1891)成为斯德哥尔摩自由大学的数学教授。出身贫寒的朱塞平娜·卡塔尼(Giuseppina Cattani, 1859—1914),1884 年毕业于博洛尼亚大学,成了第一位药学与外科学的女博士,1886 年,她申请了帕尔马大学普通病理学的教席,虽然得到了肯定,但却没有获得讲座教授的任命;1887 年和 1889 年,她分别获得了都灵大学和博洛尼亚大学

⑳ 参见第二卷,第 296—297 页。M. Cavazza, '"Dottrici" e lettrici dell' Università di Bologna nel Settecento', *Annali di storia delle università italiane*, 1 (1997), 109—126. M. Zannetti, 'Giuseppina Cattani e la ricerca batteriologica sul tetano', in *Alma Mater Studiorum. La presenza femminile dal XVII a XX secolo, Ricerche sul rapporto Donna / Cultura Universitaria nell'Ateneo Bolognese* (Bologna, 1988), 175ff.;参见'Cattani, Giuseppina', in *Dizionario biografico degli Italiani*, 22 (Rome, 1979), 503ff.

的讲师职位。玛丽·居里(Marie Curie, 1867—1934),是索邦的第一位女性教席主持人,1909年她被任命为物理学教授。在20世纪,女性教授越来越普遍。她们一般具有很高的社会地位,其中许多人是教授的女儿,或是后来嫁给了雄心勃勃的青年才俊,夫妇两人都追求学术职业,成为大学教师。[21]

134 20世纪20年代,著名的文学史学家安托万·蒂博代(Antoine Thibaudet,1874—1936)将巴黎大学描述为首都中乡村因素的代表,这里用一种平等主义的方式来教育整个国家中最有前途的年轻人。他将此与英格兰进行比较,在那里贵族们出于同样的目的,将子女送到郊外的小城镇中去。这在很大程度上也标识着教学机构。尽管出身卑微要成为教授并不容易,但还是有可能的;但若想在部队或外交部门获得较高的职位,如缺少有利的家庭背景则是相当困难的。

除了所有这些因素和其他因素,如日益重要的民族语言和公民权也影响了教授的任命,1800—1940年间的普遍趋势是大学教师学术地位的改善,以及教授和其他教师选拔的客观化进程。这在不同的国家以不同的方式导致了传统学术任命原则与中央政府利益之间的冲突。其总体趋势就是个人知识和举荐的作用逐渐降低。早期的程序,尽管并没有得到严格执行,但来自神职领域:申请人必须进行专题演讲,并参与答辩。在19世纪上半期,这似乎是一个更客观、更开放的任命程式。然而,这种方式没有考虑候选人早期的成就,因此就逐渐产生了要求考虑这些学术成就的需求。与纯粹的学术成就相比,教学技能、资历(*ancienneté*)以及社会优越性的重要性在下降。这一趋势可以从语言学中窥见端倪:尽管原有的名称还得以保留,[22]但修辞学和诗学教席日益为拉丁语言学和希腊语言学的教席所取代,这使得作为诗人、翻译家、雄辩家或文学批评家的才能与学术成就(即发表在科学协会学报上的出版物和作为当代理论著作的参考书目)相比显得无足轻重。

---

[21] I. Costas, 'Der Kampf um das Frauenstudium im internationalen Vergleich', in A. Schlüter (ed.), *Pionierinnen, Feministinnen, Karrierefrauen?* (Pfaffenweiler, 1992), 115—144.

[22] 参见第十章。

任命程序

在很多国家,任命教授的权力掌握在君主和政府手中。这就为形成统一和客观的考察申请人的业绩提供了可能性。在经常更换教育部长的国家(例如第三共和国时期的法国),各种压力和党派政见会影响这个任命过程。普鲁士的情形相反,像在其他国家一样,学院无权提出候选人。学院只能在评价晋职的学术资格和(柏林大学成立后)大学任教资格表达自己的意见。部长可以自由作出任命的决定,并经常亲自考察候选人。[23] 然而,当教席出现空缺时,部长在提出候选人时,通常会征求学院的意见和建议。虽然这随时都将受到政府的限制,但却已经成了一种惯例。在1882—1907 年的这 25 年间,前斯特拉斯堡大学法学教授阿尔特霍夫(Friedrich Althoff,1839—1908)局长阁下控制了普鲁士所有大学的任命政策。阿尔特霍夫的政策,在德国仍被称之为阿尔特霍夫制(*System Althoff*),它因其连贯性与成效而受褒奖,但也受到了自由派和保守派的批判。阿尔特霍夫的性格刚烈,他成功实施的政策使大学获得了更多的资源,但也迫使其必须最大限度地产生成效。他的影响可以从巨大的、新兴的物质资源和普鲁士大学的普遍兴起中看出,这包括 1911 年创建的威廉皇帝协会,即马克斯—普朗克科学促进协会的前身,并且还对其他采用了德国大学模式的国家,如奥地利、瑞士、俄国和北欧诸国,产生了重要的

135

㉓ 参见 M. Lenz, *Geschichte der königlichen Friedrich-Wilhelm-Universität zu Berlin*, vol. I: *Gründung und Ausbau* (Halle, 1910), 200—276 中所描述的新建柏林大学的任命程序,部长所进行的考察,参见 R. Fester (ed.), 'Der "Universitätsbereiser" Friedrich Gedike und sein Bericht an Friedrich Wilhelm II', *Archiv für Kulturgeschichte*, *Ergänzungsheft 1* (Berlin 1905),部分内容在下书中重印, H. Bookmann (ed.), *Mehr als irgend eine andere in Deutschland bekannt. Die Göttinger Universität im Bericht des 'Universitätsbereisers' Friedrich Gedike aus dem Jahre 1789* (Göttingen, 1996).

影响。㉔

阿尔特霍夫制的成功必须从德国兴起的大背景中来考察。将教学和研究、大学和教授视为经济和生产过程的工具，这既不是第一次也不是最后一次。这一时期意识到了专业化的需求，与工业的联系，学生潮以及经
136 济竞争中的国家利益问题。㉕ 阿尔特霍夫挖掘、提升和任命有才华的人——必要的时候，甚至不顾学院的意见，他以各种方式给德国学术生活以鼓励和荣耀。他并不反对将学术仪式和传统作为一种自重的手段，但所有的这一切都与学术自由和机构的独立无关。通过经济扩张，大学与其教师日益被视为国家教育制度的一部分。

阿尔特霍夫在德意志缔造了一个全国性的大学及其教师的结构。为了避免对普鲁士强权中习以为常的不信任，他请求其萨克森(Saxon)教育部的同事卡尔·海恩里希·温蒂希(Karl Heinrich Waentig，1843－1917)召集了一次"主管高等教育的德意志政府代表会议"；从长远来看，这次会议旨在促成一个普遍的高等教育系统，但同时又允许就任命问题进行适当的磋商。这种代表会议一直持续到 1933 年，每年都举行几次会议，总共举行了 47 次；后来，1937 年和 1941 年分别在柏林和斯特拉斯堡举行。㉖

对阿尔特霍夫制以及"德国大学管理的联盟"的反对，导致了 1903 年

㉔ B. vom Brocke，'Hochschul-und Wissenschaftspolitik in Preussen und im Deutschen Kaiserreich 1882－1907：Das System Althoff'，in P. Baumgart (ed.)，*Preussen in der Geschichte*，vol. I：*Bildungspolitik in Preussen zur Zeit des Kaiserreich* (Stuttgart，1980)，9－118；B. vom Brocke (ed.)，*Wissenschaftsgeschichte und Wissenschaftspolitik im Industriezeitalter. Das'System Althoff' in historischer Perspektive* (Hildesheim 1991)；B. vom Brocke，'Friedrich Althoff：A Great Figure in Higher Education policy in Germany'，*Minerva*，29 (1991)，269－293.

㉕ T. Nipperdey，*Deutsche Geschichte 1866 － 1918*，vol. I：*Arbeitswelt und Bürgergeist* (Munich，1990)，588ff. D. Langewiesche，'Die Universität als Vordenkerä Universität und Gesellschaft im 19. Jahrhundert'，*Saeculum*，45 (1994)，316－331.

㉖ B. vom Brocke and P. Krüger (eds.)，*Hochschulpolitik im Föderalismus. Die Protokolle der Hochschulkonferenzen der deutschen Bundesstaaten und Österreichs 1898－1918* (Berlin，1994). 包括 Althoff's (p. 395)和 Waentig's (p. 409)的传记。B. vom Brocke (ed.)，*Hochschulpolitik im Föderalismus und Diktatur. Die Protokolle der Hochschulkonferenzen der deutschen Länder，Österreichs und des Reiches*，vol. II：*1919 bis 1941* (Berlin，2004).

在莱比锡召开的第一次"非正式的"大学校长会议,[27]并促成了 1907 年 9 月的第一个德国大学教师节(*Hochschullehrertag*),同月,阿尔特霍夫辞职。会议在萨尔茨堡(Salzburg)而不是在普鲁士举行,在会议的组织者中仅有一位来自普鲁士,即立场坚定的左翼分子、国民经济学普鲁士皇家教授(*Königlich Preussische Professor der Staatsund Wirtschaftwissenschaften*)桑巴特(Wilhelm Sombart,1863—1941)。[28] 著名的非普鲁士教授,比如经济学家卢霍·布卢塔诺(Lujo Brentano,1844—1931)和马克斯·韦伯,指责阿尔特霍夫制"以专制独裁的形式来决定大学事务",并"将普鲁士之外的大学管理视为附庸"。[29] 总体而言,许多教授日益把自己定位为公务员,只有少数杰出的博学之士认为自己是独立和天才的学术传统之象征。学院反对政府官员介入的唯一响应是加强科学能力。 137

这一原则的制度基础,在其他国家眼中看来是独一无二的:[30]即编外讲师或私人讲师(private lecturer),是不拿薪水的大学成员。按照大学的传统,以通过答辩为标识的博士学位的获得者是有资格在大学任教的。从 1799 年开始,一些政府为大学教师的招录设置了专门规定。当硕士或博士的学位论文得到了科学共同体的认可,或其演讲已经证实了其教学

---

[27] Konferenz der Universitätsrektoren des Deutschen Reiches im Sitzungssaale des akademischen Senats der Universität Leipzig, den 29 November 1903. Abschrift des Protokolls, 20 S. masch. , in: A. B. R: Strasburg, A. L. 103 Paq 39 No 130, Rektorat, betr. Rektorenkonferenz. B. vom Brocke 正在编辑普鲁士和德国从 1898—1944 年 80 届官方与非正式的大学校长会议备忘录。

[28] *Verhandlungen des ersten deutschen Hochschullehrer-Tages zu Salzburg im September 1907. Hrsg. von dem engeren Ausschuss für 1907/1908* (Strasburg, 1908). 关于 Sombart:B. vom Brocke, 'Werner Sombart 1863—1941. Eine Einführung in Leben, Werk und Wirkung', in B. vom Brocke (ed.), *Sombarts 'Moderner Kapitalismus'. Materialien zur Kritik und Rezeption* (Munich, 1987), 11—65.

[29] L. Brentano, 'Eine Professorengewerkschaft', in *Berliner Tageblatt*, No. 283, 7 June 1907, Morgenausgabe; M. Weber, *Verhandlungen des 4. Deutschen Hochschullehrertages 1911* (Leipzig, 1912), 71.

[30] 参见第二章,第 49 页;第六章,第 172—173 页。

能力时，他就能成为一名编外讲师。㉛ 柏林大学引入了附加考试，即大学授课资格考试。其采用的形式是，"在学院认为申请人的学术造诣已满足相关的规定要求后，申请人可就学院选择的一个专题或经学院的许可由申请人自选专题进行公开演讲"。㉜ 1831 年的哥廷根大学、1834 年的波恩大学、1838 年的柏林大学、1840 年的布雷斯劳大学、1842 年的巴伐利亚大学、1883 年的图宾根大学，以及 1888 年的奥地利和瑞士德语地区的大学章程中，还规定要提交一项独立于博士论文的科学研究，从质量上来看，该科研的要求往往略低一些。到 19 世纪末，在说德语的大学中几乎所有

的学院都采纳了这一规定。㉝ 由于博士学位获得者的数量日益增多——其中许多是医学博士——以及特定专业中学术头衔声望提高的普遍趋

㉛ Verordnung der Hochschule zu Ingolstadt vom 1799 年 11 月 25 日；vgl. Heidelberg 1803；Halle 1804，Landshut 1804，in T. Nauck，*Die Privatdozenten der Universität Freiburg i. Br. 1818—1955*（Freiburg im Breisgau，1956），18—19. 关于教授资格获取程序的历史及史前情况，包括其实践效果，参见 E. Schubert，'Die Geschichte der Habilitation'，in H. Kössler（ed.），*250 Jahre Friedrich-Alexander-Universität Erlangen-Nürnberg*（Erlangen，*1993*），*115—151*；S. Paletschek，'Geschichte der Habilitation an der Universität Tübingen im 19. und 20. Jahrhundert. Das Beispiel der Wirtschaftswissenschaftlichen（ehemals Staatswirtschaftlichen/Staatswissenschaftlichen）Fakultät'，in H. Strecker *et al.*（eds.），*Tübinger Professoren der Wirtschaftswissenschaften*（*1817—1991*）*—Leben und Werk*（Stuttgart，2002）. M. Huttner，'Humboldt in Leipzig? Die "Alma Mater Lipsiensis" und das Modell der preussischen Reformuniversität im frühen 19. Jahrhundert'，in M. Hettling，U. Schirmer and S. Schötz（eds.），*Figuren und Strukturen. Historische Essays für Hartmut Zwahr zum 65. Geburtstag*（Munich，2002），552—553（'Habilitationsdisputation' in Leipzig，18. Jh.）.

㉜ *Statuten der Universität zu Berlin v. 31. October 1816*，*Abschnitt VIII. Von den Vorlesungen der Universität §4*，42. 关于规定的新精神，主要受施莱尔马赫的影响，参见 Schubert，'Geschichte der Habilitation'（注释 31），125—129.

㉝ P. Daude，*Die Rechtsverhältnisse der Privatdozenten. Zusammenstellung der an den Universitäten Deutschlands und Österreichs，sowie an den deutschsprachigen Universitäten der Schweiz über die rechtliche Stellung der Privatdozenten erlassenen Bestimmungen*（Berlin，1896），20ff.：Berlin；36：Bonn；75ff.：Göttingen. 感谢 Martin Schmeiser（Berne），Heinz-Elmar Tenorth（Berlin），Harmut Boockmann and Ulrich Hunger（Göttingen），Walter Höflechner（Graz）以及 G. A. Nogler（Zurich）的帮助，编者能够以原始资料确证并补充 Daude 总结资料。参见 S. Paletschek，'Verbreitete sich ein "Humboldt'sche Modell" an den deutschen Universitäten im 18. Jahrhundert?'，in R. C. Schwinges（ed.），*Humboldt International. Der Export des deutschen Universitätmodells im 19. und 20. Jahrhundert*（Basel，2001），914—912.

势，这使得大学授课资格的相关规定日益提高。㉞ 编外讲师是大学职业的起点，㉟之后通常便是特聘教授(extraordinary professorship)，主要从事某一领域的教学，再之后便是讲座教授，为整个领域的研究负责。教授通常是从其他大学聘请的，这是一种荣誉，也能获得更高的收入。

教授负责主要的讲座并决定考试内容，这极大地增加了他的收入。总的来说，在1848年前，只有教授才能被任命为院长或校长，而大学最高权力机关——理事会或校务委员会则由讲座教授组成。逐渐地，一些特聘教授在其中也获得了席位，但数量十分有限，继而，他们在学院中也获得了投票权。另一方面，私人讲师不参与大学的管理。他们仅有权在其"任教资格"(*venia legerdi*)领域范围内举办讲座，其内容不受规定限制，讲座听众所交纳的听课费是他们唯一的收入来源。在19世纪末的普鲁士，他们受到了国家有关部门的庇护，这对他们是有利的，因为这些任教讲师将来还要指靠养老金生活。㊱ 总而言之，这一制度在大学内部和大学之间制造了各种矛盾。这些矛盾进而发展形成一场运动，来保护那些非教授人员的利益。1909年，成立了普鲁士特聘教授联合会(*Vereinigung ausserordentlicher Professoren Preussens*)，紧跟着，1910年成立了德意志编外讲师协会(*Verbend Deutscher Privatdozenten*)。1912年，这两大协会与德意志其他邦国的机构合并，形成了德意志非教授联合会(*Kartell* 139 *deutscher Nichtordinarien*)。㊲

牛津和剑桥的情况则大不相同。尽管从19世纪30年代以来建立了许多新大学，但牛津和剑桥仍然还是英国的一流大学。在这里，教学人员也有自己的等级。学院成了所有教学和研究的中心，而大学的主要任务

㉞ A. Kluge, *Die Universitäts-Selbstverwaltung* (Frankfurt-am-Main, 1958), 186ff.

㉟ A. Busch, *Die Geschichte der Privatdozenten. Eine soziologische Studie zur grossbetrieblichen Entwicklung der deutschen Universitäten* (Stuttgart, 1959).

㊱ R. Fick, *Auf Deutschlands hohen Schulen* (Berlin and Leipzig, 1900; rpt. 1997), 146.

㊲ F. Paulsen, *Geschichte des gelehrten Unterrichts auf den deutschen Schulen und Hochschulen vom Ausgang des Mittelalters bis zur Gegenwart*, 3rd edn (Berlin and Leipzig, 1921), vol. II, 708—709. R. vom Bruch, 'Universitätsreform als soziale Bewegung. Zur Nicht-Ordinarienfrage im späten Deutschen Kaiserreich', *Geschichte und Gesellschaft*, 10 (1984), 72—91.

是举行毕业所需的考试。因而几乎没有大学的教授。在学院中,那些特别有天赋的毕业生(学士和硕士学位获得者),获准执教,并受命成为导师,负责管理本科生,这便是他们的学徒期。在他们成为学院的研究员后,他们便获得了终身教职,并被擢升为讲师、高级讲师、副教授、教授(但这并没有改变他们作为学院研究员的身份地位,并享有所有同等的权利)。他们不是公务员,也无须通过研究或考试来证明其学术职业资格。

直到 19 世纪中期,某些专业才对学术资格或技术资格提出要求。在一些大学中,比如伦敦和曼彻斯特,这种要求促进了相关规定的出现,以及特定专业准入考试的发展。但尽管如此,对大学教师的新生代而言,传统的、模糊的、有弹性的筛选标准依然适用,但申请程序和选拔委员会依然要符合教授任命的规范。更高级的大学学位和出版物,开始与推荐、关系和半官方的偏好等因素一样,在人员选拔中发挥作用,但并没有具体的规定。这种招聘教学人员的方法,以相似的形式出现在苏格兰的四所大学、都柏林三一学院,但没有排除先前的研究,也没有对德国大学模式理论上的教学与科研的结合进行要求或作文字上的规定。

长期以来,法国都与这些理念相距甚远。君主制时期发展起来的集权式的教育制度为大革命和拿破仑完全废除。㊳ 有抱负的大学教师也必
140 须满足一定的条件。在 1820 年后,获得博士学位——并在毕业后从事一定时间研究——成了申请教席的必需。部分由学院提供的高级证书和会士考试(后者逐渐仅由巴黎大学颁发),成了其他教职的必备资格,尤其是在结构松散的高等教育系统内。尽管,或者说正是因为集权化,使得不同大学使用的方法不具可比性。其唯一的共同特征是继承了自启蒙运动以来的以职业为基础的学术训练,这也在大学校、博物馆和学院中取得巨大的成功。直到 19 世纪末,大学学术(*universitas litterarum*)的理念才得以确立。1871 年的战败就部分归结于德意志教育制度优越性,这便使得德国大学模式的影响日盛。㊴ 学院获得了更多的自主权,研究也得到鼓励,

---

㊳ 参见第二章,第 56—57 页。

㊴ 参见第一章,第 7 页,第二章,第 5—7 页,第十五章,第 616 页;V. Karady, 'Les universités de la Troisième République', in Verger (ed.), *Universités en France*, 325—326; Weisz, *Emergence*.

其重要性也在考试制度中得到突显，但考试仍为统一组织。㊵

随着意大利的统一，大学教师职业成了法国制度和德国制度的混合物。这些包括针对新的职位和教席的选拔性考试和证明其独立性的、得到全国认可的科学成果要求。在获得博士学位后，获得大学授课资格，并担任一段时间的私人讲师，也成了参加大学教席考试的前提条件。㊶

收入和生活方式

在19世纪大多数老大学中，教授和助教(在北欧国家被称作"*adjuncti*")的工资从实物工资——诸如谷物、木材、酒或以其他封建租金的形式——转变货币工资。而在新大学中，工资来源于政府预算，已成为惯例。20世纪初，乌普萨拉教授的部分收入仍来自大学的土地收入，神学教授仍然是受俸牧师，也就是说，除了完成纯粹的学术任务外，他们还是城市附近的教区中名义上或真正意义上的教区牧师。

在早些时候，所有教师都能从学生身上获得经济报酬，尤其是通过除公开授课之外的个别指导的方式。例如，这包括讲解公开授课的内容，起初是用拉丁语，后来是用本族语；或是解释课程中的难点与要点，如《圣经》的部分章节、古典作家或化学实验。追求效率的总体趋势意味着公开授课的次数越来越多、质量越来越高，而对私人讲学的需求则日益减少。但主要是在德国大学中，为讲座付费依然得以延续，并具体化为为所有的教学活动支付"钟点费"(*Kolleggeld*)——钟点费的额度在不同教职的经济比较中发挥着作用。㊷ 在像柏林大学这样的著名城市大学中，钟点费比在 141

㊵ Charle, *République des universitaires*.

㊶ B. Brunello, *L'Università fra accentramento ed autonomia* (Urbino, 1983), 43—44. F. De Vivo and G. Genovesi (eds.), *Cento anni di università. L'istruzione superiore in Italia dall' unità ai nostri giorni* (Naples, 1986), 42, 127, 250. S. Polenghi, *La politica universitaria italiana nell'età della Destra storica (1848—1876)* (Brescia, 1993), 59; 总结：M. Moretti and I. Porciani, 'Il reclutamento accademico in Italia. Uno sguardo retrospettivo', *Annali di storia delle università italiane*, 1 (1997), 11—39.

㊷ 参见 I. Jastrow, 'Kollegiengelder und Gebühren', in *Das Akademische Deutschland*, vol. III (Berlin, 1930), 219ff.; *Wirtschaft und Wissenschaft* 中重印, 5, 1 (1997), 2—9.

像图宾根这样的"小型学术"大学中重要得多。一旦被任命,德国的教授就会协商工资。在德国系统中,教授往往频繁地在各个大学中流动,并且总能商定更高的工资。但钟点费和其他形式的施庖特勒(Sporteln,即专门业务佣金,18 世纪德意志的一类手续费的统称——译注)——诸如医疗从业者支付给医院主任教授的学费——往往要高于工资。施庖特勒制的最大缺陷在于它的不可预见性,以及由它造成的教授与其同事——特聘教授和编外讲师——之间的矛盾。

这种收入制度及其间存在着的工资差异随着由政府资金产生的额外收入的出现而进一步拉大,这也促进了大学教师之间和大学之间的竞争。[43] 这使得这一制度的不可预见性日益增强,并使得政府的权力和教授对其他教师的优势地位更为显著。1899 年,一位讲座教授的基本工资是 4000—6000 马克。相比之下,特聘教授的起点工资为 2100 马克,尽管他们还能从教授的服务年限中获得津贴。1897 年,普鲁士教育部通过使高额的钟点费折半的方法,设立了一个专门基金,用于支付额外的高额工资,并补贴没有工资的教师。[44] 非特聘教授甚至在退休金中也处于不利地位。

1919 年,当时的国务秘书,后来的普鲁士教育部长卡尔·海因里希·贝克尔(Carl Heinrich Becker,1876—1933)认为"这种状况是无法接受的";在 1916 年之前,他曾任波恩大学的东方学教授。"对政府而言,特聘教席……是一笔极好的买卖。一份微薄的工资(在普鲁士仅为 2600 马克,
142 20 年后则为 4800 马克)雇用到一位全职的大学教师。这年头,这些工资既雇不到中小学的老师,也雇不到铁路的护路工,事实上,只够雇一名日工(day-labourer)。"[45]尽管遭到了大学的反对,尤其是柏林大学的反对,尽管他无法使得所有教授都在同一起点之上获得永久性的公职地位,但他

---

[43] 参见第二章,第 49—50 页。

[44] Fick, *Deutschlands hohen Schulen* (注释 36), 147.

[45] B. vom Brocke, 'Hochschule und Wissenschaftspolitik' (注释 24), 63—64.

还是成功地将特聘教授的职位转变为个别的讲座教授职位。[46]

法国的大学制度是建立在自由教学的基础之上的，但学生还是必须为考试付巨额的费用。在19—20世纪之交，获得法学学位共要通过12场考试，每场考试要花费40个金法郎。大学教师，尤其是教授的收入和个人财富差别悬殊。工资已有差别，学院里的老前辈、院长和其他身居要职的人员收入则更为丰厚。无论是老大学中的专门机构还是现代机构，它们都为一定的教席提供住房。教授的家人可以住在天文观测台，因为教授要在晚上观察星象；许多新诊所的修建使得教授的家属可以在里面居住，这是因为外科和产科的教授每天都要不定时地出诊。同样的模式也扩展到新的机构建设中——物理学、生理学、化学、植物学，等等——而1890—1914年也成了横扫整个欧洲的机构建设的伟大时代。医学教授总能在行医过程获得报酬，法学教授甚至神学教授也是如此。从布尔迪厄(Bourdieu)对1968年前的巴黎大学教授的分析中推断，法学和医学教授似乎在那之前的几十年中就已经属于富有的中产阶级阶层，至少在大都市中如此。这是他们的中产阶级背景及其工资收入的结果。[47]

人文学科教授和自然科学教授的情况则较为复杂。1830—1850前后，随着新发明的出现，尤其是木质纸张的出现，印刷业翻开了新篇章，这使得人们有更多的机会购买书籍和报纸，人们学习和求知的能力与需求创建了由博学家所掌握的不断扩张的知识市场。专业作家、随笔作家和 143
新闻记者继续以18世纪的哲学家(*les philosophes*)的方式发挥着影响，而有着更坚实知识基础的大学教师则从业余爱好者中脱颖而出。这在19世纪末的德国和所有仿效德国的国家中尤其明显。布鲁克豪斯百科全书(Brockhaus Encyclopaedia)、基森·佩尔特斯(Justus Perthes，1747—

[46] *Ibid.*, 69; W. W. Wittwer, 'Carl Heinrich Becker', in W. Treue and Kf. Gründer, *Berlinische Lebensbilder. Wissenschaftspolitik in Berlin, Minister, Beamte, Ratgeber*, Einzelveröffentlichungen der Historischen Kommission zu Berlin 60 (Berlin, 1987), 261.

[47] P. Bourdieu, *Homo academicus* (Paris, 1984); P. Bourdieu and J.-C. Passeron, *La reproduction: éléments pour une théorie du système d'enseignement* (Paris, 1972). 关于19世纪法国教授的国际比较，参见 *Bildungsbürgertum*, 109—146, 458—494; C. Charle, *Intellectuels et élites en France (1880—1900)*, *Thèse d'ètat*, *Université Paris I* (Paris, 1985).

1818)的绘图传统，以及高斯(Almanach de Gotha)的系谱精度和统计精度，都是为了满足社会需求而创作的成果。这为教授提供了许多赚钱的机会，尤其在《伯尔尼条约》开始保证作者翻译和再版的经济权益后，著名的布鲁克豪斯百科全书被译成俄文。恩斯特·海克尔(Ernst Haeckel，1834—1919)的《宇宙之谜》(*Welträthsel*)和卡尔·卡普雷茨(Karl Lamprecht，1856—1915)的《德意志史》(*Deutsche Geschichte*)都成了畅销书，编辑业发明了各种科普方式，其中就包括连载长篇。这些活动的成功是与学习和教育标准的普遍提高密切相关的，是与作家们在变化时代的媒介中的个人表现密切相关：作为教师和雄辩家；作为面向城乡公众和从 20 世纪 20 年代起面向广播听众的演说家。

对所有拿政府工资的人而言，第一次世界大战后的一段时期是艰难的——在像德国和俄国这样的国家中甚至是悲惨的。一战前是学术人员工资增长、威望上升的时期，而现在工资和其他收入的锐减导致了大学教师及其家庭的准无产阶级化。他们的地位在 20 世纪 20 年代慢慢恢复并在 30 年代快速上升，但一般仅达到战前水平的四分之三。

在长期的质疑中，孤寡人员的抚恤金和津贴问题也被提上议事日程，并进行了改革。在这里，政府官僚制的普遍理性化再次成了发展趋势，但在欧洲的许多地方，古老的行政管理形式被保留了下来，在那里，出于以下目的，大学设立了专门的机构：例如，他们可以拥有自己的田地，学者的家人可以在田地上耕作并自己收益，也有互助基金以满足学术共同体的社会需求。但在大多数情况下，父亲的早亡往往会引发家庭中的经济问题。在许多学者家庭中，生活就是一场艰难的终身经济战，他们要花很长时期来偿还早期沉重的债务，这便缩短了他们为子女教育和退休积攒资金的时间。

大致说来，在 1800—1945 年这段时期内，按照活动的主要场所，大学
144 教师的工作可分为两部分。实验室把工作集中到一个专门的地方——研究所。老大学中的第一批化学实验室、植物园和天文台出现于前一时

期，㊽但在19世纪它们才真正地开始扩张。自然科学的实验室和研究所最初是与大学分离的，而且往往是鲜为人知、令人厌恶的场所，直到19世纪后期，它们才日益赢得尊重；在世纪之交，新的实验建筑几乎已经成了圣地。同样的发展也出现在图书馆和博物馆，但它们的发展较为平缓，对传统的破坏也较为轻微。大学的博物馆和图书馆成了公共机构，有时还是国家的或中央的机构。它们雇用的专门人员或多或少地都与大学有着密切的管理和机制上的联系。㊾

科学研究所、实验室，以及图书馆和博物馆的发展，产生了许多新的学术职位，在学术层次上，它们要低于教授和助教。在之前的层级中，它们是植物园解说员、解剖学解剖员、化学实验室助理员和天文观测员。但现在，层级得到进一步地扩大化，将助理人员以及照管设备与建筑的“技术”人员都囊括在内。所有的这些都要求大学管理机构更多地投入，这也进而促进了它的发展。

大多数的助理和秘书都是短期雇用（雇用期为三年），而且他们还要忙于自己的论文或其他科研工作。这导致了那些未长期聘任的年轻的（后来还有年纪大的）博士生数量的增长，他们都在寻找那些几乎是不存在的教席空缺。20世纪初，“饥饿的讲师”第一次成了一个问题。一些人在大学外谋得了职业，例如，在企业和行政部门、中等教育领域等。一些人则呆在学术领域等待提升的机会。正如一些文学作品，甚至是侦探小说中描述的那样，竞争是相当残酷的。另一方面，这也把公众的兴趣集中到大学现状并给教席竞争中的获胜者带来了更多的声誉。

教授地位的上升造成了那些学术职位较低人群的边缘化，尤其是那些长期聘任的人。大学之外的研究者和“个人学者”则遭到了更多的排斥。
知识成了那些献身学术的大学教师和学生的势力范围。 145

诊所、实验室和研究所模式对人文学院、法学院和神学学院的影响程度相对较小。在这里，教师——通常是教授或讲师，因为这里没有助理和

㊽ 化学实验室：1654年 杜伊斯堡（Duisburg）（参见第二卷，第195页）；植物园：1544年 帕多瓦，比萨（参见第二卷，第192页）；天文台：Ingolstadt 1637年（参见第二卷，第473页）。

㊾ 参见第四章，第104—106页。

秘书——在家工作，并通常在大学的主建筑中的讲堂里授课。在大多数情况下，他们在家中接待学生和同事，这是因为他们有自己的工作室或图书馆。这种非正式的氛围颇具中产阶级传统的古典牧师家庭的遗风，教授的妻子和女儿在学生生活中也扮演了重要角色。在20世纪40年代之前的整个时期，以及之后的一段时间内，家庭接待的方式依然得以延续，但在大都市，这种形式开始改变，这是由于学校教师开始安家于远离大学的郊区。

由于教师私人行医的发展，在医学院中另一类非正式的形式也得以维持：教授上午在诊所中工作或教学，下午或晚上在家中接待患者，这时通常得到家庭成员的帮忙。正如中产阶级商人或某一领域的专家在家中工作和生活，这种家庭氛围长期以来也为大学教师所效法，并且正如我们所见，在一些情形中，当研究所的负责人在医学或自然科学的新建筑中得到家庭公寓时，这种形式依然得以延续。巴黎学院（Academy of Paris）的院长在索邦有一个私人公寓，而牛津或剑桥学院的教务长、学监或校长也正是如此。这种普遍的社会演变把中产阶级家庭的意识形态引入了学术界。1810年的小城市和1930年的大城市之间的差距是显而易见的，但家庭音乐是两者的共同特征——教授的女儿弹钢琴，教授本人拉着小提琴或表演其他个人爱好，儿子则与同学们一起唱歌或表演室内乐。乌普萨拉的著名教授埃里克·古斯塔夫·耶耶尔（Erik Gustaf Geijer，1783—1847）本人就是一位相当著名的作曲家和诗人。在类似唱诗班的传统中，音乐与学术界得以结合。实际上，从19世纪初的哥本哈根、奥斯陆（克里斯蒂安娜）、赫尔辛基和哥廷根到19世纪末的维也纳、乌普萨拉、巴黎的新大学建筑的大讲堂中都设有音乐厅。

在前一时期的手工匠师傅的传统中，家庭与教师的生活融为一体，随着时间的消逝，这便逐步消亡了。随着女性教育标准的提升及其管家身
146 份的消亡，教授的妻子——这时期几乎所有的教授都是男性——往往成了科学和文学工作中的重要伴侣：她们阅读校样、从事翻译，并帮忙回信。出国留学和研究日益普及，在20世纪初，这往往成了大学教师家庭史及其身份认同的重要部分。在19世纪之前，“游学”（*grand tour*）是在结婚之前

进行的。[50] 日益亲密的工作模式逐渐取代了父亲的工作与整个家庭无关的观念。1836 年，伟大的俄国历史学家尼古拉·米哈伊洛维奇·卡拉姆津(Nikolai Mikhailovich Karamzin，1766—1826)的子女谈到了其父亲的一位法国崇拜者的言论，这位崇拜者总是将卡拉姆津的著作随身携带："尼古拉斯喊道：'你为什么总要把这 40 本书放在车上?'——'哦，那是因为爸爸这辈子写不了这 40 本书；你看，这多好啊!'——为什么我要知道? 我不知道，也永远不想知道。"

在 19 世纪及其之后的岁月中，慈善是女性社交活动中的重心。有一个案例研究考察了赫尔辛基大学在慈善事业中的作用。19 世纪 40 年代，它成了教授、学生及中上层妇女公共活动的新形式。赫尔辛基慈善妇女会(从 1848 年起有两大对立的协会)就是受到另一个大学城早期活动的启发而设立的。乌普萨拉则大不相同，这是因为赫尔辛基是一个小城市，而它受到的是圣彼得堡的影响。教授夫人和女儿在这些协会中发挥着核心作用。一位正在走红的历史学家、新闻记者和学生领袖，即后来的扎卡里亚斯·托佩柳斯(Zacharias Topelius，1818—1898)教授，是一个重要协会的秘书，而学生参加这些活动，进而借此结识这些年轻的未婚女性，进入这些家庭——慈善会往往是由舞会、音乐会和乐透奖组成的。1900 年前后，一些著名教授的妻子往往为学术俱乐部、知识共同体的俱乐部和大学家属的社交生活出谋划策，但国家中政治矛盾的普遍化阻碍了这些方案。1950 年前后，教授夫人协会成立，它将社交生活与大学中慈善活动，如贫困或残疾学生的扶助，结合起来，一直到今天依然如此。

托佩柳斯教授是现代哲学家，是新闻记者、小说家、戏剧作家和抒情诗人，在北欧国家以学术界的安徒生，即童话作家而闻名。这并没阻碍他成为一名教授，当选为校长，获得国务委员(*Staatsrat*)的头衔，终身受尊敬，在他去世后还塑有公共雕像、发行邮票来纪念他，等等。女性和儿童的活动与普遍的中产阶级和公民发展结合在一起，这种结合给那些参与公共活动且在百科全书或童话写作中彰显出其写作能力的教授们带来了益处。 147

---

[50] 参见第二卷，第十章，流动，第 431—436 页.

公共形象

奥诺雷·德·巴尔扎克(Honoré de Balzac,1799—1850)在《优雅的生活》(*Traité de la vie élégante*)中总结了宝隆·布兰麦(Beau Brummel)的思想,"人文学科教授远离优雅生活"。巴尔扎克在《科学家之间》(*Entre savants*)中专门论述了教授。普遍的观点是学者的生活方式是荒谬且不真实、不切实际或不风雅的。除巴尔扎克之外,奥诺雷·杜米埃(Honoré Daumier,1808—1879)、叙尔皮斯—纪尧姆·谢瓦利埃(Sulpice-Guillaume Chevalier)和著名的加瓦尔尼(Gavarni,1804—1866)都创作了教授的形象。对哲学院、文理学院来说,确实如此,然而,法学和医学教授则属于他们自己的专业团体。当然关于荒唐学者的古老传统不仅可上溯至拉伯雷(Rabelais,1494—1553)和文艺复兴时期索邦的其他批评家,而且也与对法国教职人员的实际观察相符。学者不再受益于教会权威,并脱离了教会世界,而教会自身,无论怎样,也丧失了其社会地位。尤其自19世纪30年代以来,中产阶级的兴起及其自尊的出现,使得财富比以往任何时候都更为重要。

教授成了文学和轻歌剧中的喜剧人物,而德国的《教授先生》(*Herr Professor*)则在德国内外多多少少地代表了一个滑稽但正面的人物形象。在盎格鲁一撒克逊世界中,这也出现在威廉·吉尔伯特[Gilbert,(Sir William Schwenck, 1836—1911)]和亚瑟·西摩·沙利文[Sullivan,(Sir Arthur Seymour, 1841—1900)]的轻歌剧中。卡尔·策勒(Carl Zeller)的《鸟类经销商》(*Der Vogelhändler*)中有一段相当著名的两位教授的二重唱,"学院先生(*Herr Kollege*)",提及了钟点费和考试费(*Prüfungsgeld*)。电影延续了这种路线,强调了德国教授"自以为是"(*Besserwisser*)的传统,习惯写多卷本的著作,其标题为"简论"。教授和科学家(大多数是物理学或医学领域的科学家)在科幻文学中是以英雄形象出现的,他们想象并制造了机器、空中交通工具甚至怪物,正如雪莱(Mary Wollstonecraft Shelley,1797—1851)将瑞士科学家和德国南部教授塑造成"科学怪人,即现代的普罗米修斯"那样。在福尔摩斯(Sherlock Holmes)故事中的莫里亚提

(Moriarty)教授也是世界上“最聪明的罪犯”。自20世纪30年代以来，雅各布(Jacob)的动画中的莫蒂默(Mortimer)教授就是一位在社会上有影响的、我行我素的英雄人物。一般来说，教授尤其是人文学科的教授往往被描绘成一副心不在焉的样子，其他学科的教授也是如此，例如，20世纪三四十年代埃尔热(Hergé)[乔治·雷米(Georges Rémi,1908－1975)]的《丁丁历险记》(*Tintin*)中的地理学者卡尔库鲁斯教授(Professeur Tourneol)。对教授心不在焉的看法也许是从日常生活和象牙塔相对照产生的。

在18世纪的传统中，大学教师是学者(érudits)，而社会的道德、政治和其他的准则则取决于哲学家(*philosophes*)，其中主要有自由文学家、小册子作家。在法国和英国这种差别是清晰可辨的。本国语对拉丁语的连续胜利，尤其是18世纪欧洲较边远地区的精神王国(*esprit provincial*)，使得教授与哲学家的角色融合在一起。主要例子包括柯尼斯堡(Königsberg)的伊曼纽尔·康德(Immanuel Kant,1724－1804)、格拉斯哥(Glasgow)的亚当·斯密(Adam Smith,1723－1790)和哥廷根的奥古斯特·路德韦希·冯·施勒策(August Ludwig von Schlözer,1735－1809)，当然还有来自波尔多(Bordeaux)、土尔库(Turku)或其他地方的人也值得一提。19世纪，在大学里任教的作家包括弗里德里希·冯·席勒(Friedrich von Schiller,1759－1805；耶拿史)，著名的瑞典孪生兄弟，都是诗人、作家和政治家的埃萨亚斯·特根纳(Esaias Tegnér,1782－1846,隆德的希腊语教授，后来成为主教)与埃里克·古斯塔夫·耶耶尔(Erik Gustaf Geijer,乌普萨拉的历史学教授)，以及芬兰民族认同的三位奠基人，即约翰·威廉·鲁内贝格(Johan Vihelm Runeberg,1804－1881,修辞学教授)、埃利亚斯·伦罗特(Elias Lönnrot,1802－1884,芬兰语和文学教授)和约翰·威廉·斯内尔曼(Johan Vilhelm Snellman,哲学教授，后来是财政部长)。

显而易见，作为哲学家的大学教师，其在德国及东北欧地区的地位要比在西南欧重要得多；在西南欧，自由作家和新闻记者更受欢迎，但有时大学教师也是至关重要的，例如在巴黎。在北欧国家中，对新闻业和自由专业的经济支持并不发达，因而学术职业便满足了公众对评论员的需要。这导致了教授与讲师间的忠诚的分裂。一方面，他们是政府官员；另一方

面，他们是评论员，是其时代与社会机制的潜在的批判者。对许多教授来说，这并没有造成问题，因为他们要对政府事务负责，比如作为议会议员，或者支持政府的政治纲领；但有时他们也发现自己处于沉默或公开对立的处境。

从 19 世纪 20 年代开始，索邦就常常出现这样的例子：1821 年和 1822 年有许多政治性的学生游行，局面的动荡使得一些教授被解职，而其他人
149 则被停课。1824 年，其中一位被解职的教授保罗－弗朗索瓦·迪布瓦（Paul-François Dubois，1793－1874）与其著名的同事，比如历史学家彼埃尔·纪尧姆（Pierre Guillaume，1787－1874）合作，创建了哲学杂志《环球》（*Le Globe*）。当从 1827 年和 1828 年开始再次获准进行公开讲座时，基佐（Guizot）的历史课、阿贝尔－弗朗索瓦·维尔曼（Abel-François Villemain，1790－1870）的文学课，以及维克多·库新（1792－1867）的哲学课风靡一时；他们的听众多达 2000 名，其讲座有速记员记录，报纸上有定期的栏目来刊登他们每周的课程。出席这些讲座并在那里结识其他人成为了一种"必须"。大学已经成了一个媒介：成了报纸和文学沙龙的混合体。从 19 世纪 30 年代起，这一传统为历史学教授儒尔·米什莱（Jules Michelet，1798－1874）和文学教授埃德加·基内（Edgar Quinet，1803－1875）这样的学者所继承。他们都参与了政治：基佐、维尔曼和库新是部长，基内是议会议员，米什莱的讲座也为 1848 年的二月革命作好了智力上的准备。他的教席被吊销以及接下来的再次任命都成了 1848 年中的关键性事件，正如 1852 年他与基内、米茨凯维奇被法兰西学院开除一样。其他国家的情况也是如此，教授被解职或移居到像瑞士这样的国家。[51]

自然科学的公开课没有产生像人文课程那样的影响。乔治－路易·勒克莱·布丰伯爵（Georges-Louis Leclerc，comte de Buffon，1707－1788）在担任巴黎植物园（*Jardin des Plantes*）负责人时，曾作出了革命性的发现；但他从来就没当过大学教师。亚历山大·冯·洪堡（Alexander von Humboldt，1767－1859）也不是，1827－1828 年间，当他就宇宙问题发表著名演讲时，是柏林皇家科学院的成员。但公开讲座这一现象本身是十

[51] 参见第二章，第 69 页。

分重要的。在19世纪,它与大学理念的联系日益密切。面向公众举办讲座是对大学教授的要求,同时,学校设施在建造时也日益兼顾这种公共职能。

在欧洲大部分地区,1800—1945年间见证了宏伟的、新兴的大学建筑的拔地而起——成了世俗社会的新教堂。就柏林而言,大学成了打败拿破仑后国家复兴的象征,而雅典和赫尔辛基成了19世纪30年代以后新兴民族理念形成的标志。根特也成了尼德兰联省共和国,以及后来的新比利时的象征。从19世纪70年代到1914年这一时期所建造的宏伟建筑,是对世俗科学的赞扬,是对中世纪传统的欢呼,也满足了对新型实验室的实践需要。这种事例不胜枚举,但仅指出巴黎的新索邦和维也纳在环城大道(Ring)的新大学复合建筑群就足够了。[52] 作为这些世俗教堂的"所有 150
者",在其装饰有细木护壁板、肖像和寓言壁画的大阶梯教室里进行公开演讲,确实提高了教授的地位。正如法国的例子所展示的那样,大学教师的角色往往成了一种政治角色。

维尔纽斯(Vilnius)大学的历史学教授约阿希姆·勒莱韦尔(Joachim Lelewel,1786—1861)在1831年波兰起义的智力准备中发挥了重要作用,学生指责其他教师只是教他们"教父学、罗马诗和三角形"。后来,道德约定对纯粹科学的反抗成了批判大学及其教师的一种普通现象,正如维克多·雨果(Victor Hugo,1802—1885)在一首诗中责备著名的科学家和数学家的那样:[53]

> 什么!我胸膛中跳动的心脏什么都不是。
> 什么!化学是一切,当我化为骨灰时,
> 一切灰烬,一切影子,我什么都不要!
> 不要再去证明法律和强权,

---

[52] Weisz, *Emergence*.

[53] Victor Hugo, *La Légende des Siècles* (avec 'La fin de Satan-Dieu', dans l' Edition de la Pléiade) (Paris, 1950), 688.

法律是不存在的！约翰·布朗，斯巴达克，威尔伯福斯，㊿
如果毕奥无法拯救他们（奴隶），就不要耽搁！㊿
什么！在盖吕萨克面前，马志尼很渺小。㊿
加里波地不知道要对拉美特利说什么。㊿
什么！除了代数与几何外的一切，
一切，除了普安索，一切，除了贝佐特。㊿
除了二十二年之外，都自行消融！

从另一个角度看，年轻的奥古斯特·斯特林堡（August Strindberg，1849—1912）批评了乌普萨拉及其教授，声称他们不知道英国文化发展最重要的理论家亨利·托马斯·巴克尔（Henry Thomas Buckle，1821—1862）；他本人就不是一个大学教师。许多有才智的年轻人要求大学及其
151 教授有“现代”意识并向他们解释当前的理性观念。但尽管如此，其他许多学生以及父母，都期望教授能集中传授传统知识，维护保守主义价值观。这样，大学受到了敌对两方的批判：一方面，为改革方案及其措施奠定基础；另一方面，其建议与措施削弱了大学的影响力，分化了他们的教师。

在法国，著名的作家往往也是最受敬重的思想家，但在维克多·雨果之后，知识分子的学者类型就普及开来了。入主法兰西学院、公开庆祝生日、神圣化，以及葬礼仪式都成了研究者与教师——教授——的理想，成就了新型的“伟人”（Grand Homme）形象。生理学家克劳德·贝纳尔（Claude Bernard，1813—1878）、生物学家路易·巴斯德（Louis Pasteur，

㊿ 约翰·布朗（John Brown，1800—1859），美国废奴运动的拥护者；斯巴达克（Spartacus），死于公元前 71 年，罗马奴隶暴动的领导人；威尔伯福斯（William Wilberforce，1759—1833），英国奴隶解放的拥护者。

㊿ 毕奥（Jean-Baptist Biot，1774—1862），法兰西学院的物理学教授和索邦的天文学教授。

㊿ 盖吕萨克（Joseph-Louis Gay-Lussac，1778—1850），索邦的物理和化学教授；马志尼（Giuseppe Mazzini，1805—1872），意大利自由战士。

㊿ 加里波地（Giuseppe Garibaldi，1807—1882），意大利统一的拥护者；拉美特利（Julien Offay de La Mettrie，1709—1751），唯物主义的自然哲学的先驱。

㊿ 普安索（Louis Poinsot，1777—1859），几何学家；贝佐特（Etienne Bezout，1730—1783），数学家。（诗中普安索代表几何，贝佐特代表代数。——译者）

1822—1895)、化学家马塞兰·贝特洛(Marcellin Berthelot,1827—1907)、宗教史学家欧内斯特·勒南(Ernest Renan,1823—1892),以及文学批评家希波吕忒·泰因(Hippolyte Taine,1828—93),在19世纪80年代和90年代都成了民族的象征。显而易见,“学者”(Savant)的理想化受到了德国大学组织模式改革的影响。[59] 在拥有伟人传统的中央集权的法国,顶级学者的提升形成了具有长期影响的传统,在大部分学术教职人员就“德雷福斯案件”(Dreyfus affair)进行政治和道德评论时,尤其如此。[60]

作为学术理念的政治意义上的知识分子在意大利也日益产生了重要的影响,其具体形式也体现在20世纪20年代和30年代牛津学院主智主义中。在牛津(和剑桥),左翼分子、和平主义者和亲苏的主智主义在那个时期发挥了重要作用。

政治角色

1800—1945年,这一时期的重要主题是两大(有时是对立的)原则之间的紧张关系。首先是社会的全面官僚化。这使大学成为培养公务员的重要基地,尤其是在德语国家中,欧洲其他地区也大多如此。这意味着未来的建设是通过自上而下的筹划和理性改革来实现的。另一大原则就是自由思想的世俗社会的确立,这是另一股重要力量,通常或多或少意味着对政府权威的公开反抗。即便如此,大学及其师生在这一段待考察的时期中依然是至关重要的。 152

即便是在复辟时期(Restoration),这种反抗也是冲突之源。欧洲复辟政策的创始人和发言人梅特涅亲王(Prince Klemens von Metternich, 1773—1859)将其视为“革命运动之先锋”。[61] 在俄国沙皇的支持下,他试图用政府控制的公务员培养机构来取代大学,但却在1818年的亚琛会议上惨遭失败。这要归功于普鲁士代表的抵制,其中就包括了威廉·冯·洪堡,

[59] 参见第十章,第400页;C. Charle, 'Paris/Berlin—Essai de comparaison des professeurs des deux universitiés centrales', 参见 C. Charle (ed.), *Les universités germaniques XIX—XX siècles* (Paris, 1994), 75—103.

[60] J. Reinach, *Histoire de l'affaire Dreyfus*, 7 vols. (Paris, 1901—1911).

[61] 参见第八章,第272—276页;Nipperdey, *Bürgerwelt*, 281ff.

他已经在柏林成功地抵制了这种大学模式,并建立了一所以施莱尔马赫的自由观念为基础的大学取而代之。[62] 但尽管如此,在学生袭击了统治阶级的代表后,梅特涅在 1819 年的卡尔斯巴德会议(Carlsbad conference)上说服了德意志的君主们,取缔青年敢死团,对新闻界和教授进行严格的审查和控制,并派驻政府代表掌管大学。[63] 1825 年,就在伦敦大学成立之前,他警告说,"请以我的名义转告陛下,我绝对可以确信该方案的执行将导致英格兰的毁灭"。

卡尔斯巴德决议一直执行到 1848 年。欧洲几乎没有大学被完全关闭,虽然经历了短时间的动乱,教授们时常有挑衅行为,但绝大部分教授还是保住了他们的教职。1822 年,有四位教授离开了圣彼得堡大学,有两位教授离开了奥布/赫尔辛基大学;1823 年,有多位教授离开了维尔纽斯大学。1837 年,哥廷根的七位教授由于抗议更专制的王国新宪法而被解职。他们的行为遭到一些同事的批评;但尽管如此,他们的解职引起了轰动,这使得他们中的大多数人都能较轻松地在其他大学中谋得职位。[64] 在这同一时期,如前所述,一些被认为是极左翼的教授在巴黎大学被停职。在法国,对 19 世纪 20 年代初的右派和 1830 年后的左派来说,更经常遭解
153 雇的是中学教师而不是大学讲师。1848—1852 年的动乱时期也是如此,第二帝国使用许多新规定和规章来限制中学和大学教师,并最终导致了自身的灭亡。[65]

在 1830—1831 年和 1848—1849 年的动乱中,许多大学生,主要是那些来自首都的大学生,在暴乱和起义中扮演了积极的,甚至是决定性的角色。教授被分成保守和革命两大群体,一些教授拥护政府与秩序,而另一些教授则拥护革命青年。但从政府权威的观点看,教授应为学生的观点

---

[62] 参见第一章,第 5—6 页,以及第二章,第 47—49 页。

[63] 参见第一章,第 24 页,第八章,第 276 页。

[64] Nipperdey, *Bürgerwelt*, 376; W. Sellert, 'Die Aufhebung des Staatsgrundgesetzes und die Entlassung der Göttinger Sieben', in E. Blanke, N. Kamp, A. Schöne, W. Sellert, R. vonThadden and H. Wellenreuther, *Die Göttinger Sieben. Ansprachen und Reden anlässlich der 150. Wiederkehr ihrer Protestaktion*, Göttinger Universitätsreden 85 (Göttingen, 1988), 23—45. K. von 参见 *Die Göttinger Sieben. Kritik einer Legende*, Beiträge zur neueren Literaturgeschichte 155, 2nd edn (Heidelberg, 1997).

[65] Karady, 'Napoléon à Duruy'(注释 4), 287.

负责。在镇压了匈牙利起义之后，沙皇尼古拉最亲密的顾问，亚历山大·谢尔盖耶维奇·缅什科夫亲王（Aleksander Sergeievich Menshikov，1787—1869）在一封信中写道："这就是赫尔辛基所有大学里的全体下流教授和无赖学生的疯狂勾当！"[66]

这一时期，德国教授则扮演了另一种主要的政治角色（虽然是暂时的）。德意志国民大会（German National Assembly）1848 年在法兰克福的圣保罗教堂起草了一个新宪法，在其成员中有近 3/4 的人是大学毕业生，其中主要是法学专业的。在 830 名成员中仅占总人数的 6%的 49 名教授主导了这次讨论，以致于后来人们就统称之为"教授议会"。虽然在 1849 年，它没有实现一个统一的、如其宪法草稿中所述的"自由与秩序，民主，人民的意志与权力"那样受宪法约束的德意志帝国，但它却成功地终结了梅特涅的复辟时代，缔造了公共的国民意识。[67] 后续的议会则不再由教授支配。在德意志帝国议会中（*Reichtstag*）中，教授代表约占总人数的 5%，而在世纪之交，该比例下降至 0.7%。在魏玛共和国中，其代表比例再次上升到 4%左右。[68] 在德意志诸邦国里，议会中仍然有很多的教授。

在其他国家中也是如此，教授在 1848 年运动中发挥了最重要的作用。1848 年法兰西第二共和国的著名领袖中有几位是大学教师，其中包括极端左翼的物理学教授多米尼克·弗朗索瓦·阿拉戈（Dominique François Arago，1786—1853），他在临时政府中担任战争和海军部长。在撒丁岛—皮德蒙特高原（ Sardinia-Piedmont），都灵大学的教授、意大利统一的狂热支持者温琴佐·焦贝蒂（Vincenzo Gioberti，1801—1852）曾于 154
1848—1849 年度担任首相。丹麦的情况则很有趣：在 1848 年之前，包括荷尔斯坦因公国和石勒苏益格公国在内的丹麦王国是受君主专制统治的。1842 年担任最后一位首相的是一位法学教授，名叫安德斯·厄斯泰兹（Anders Ørsted），他是因电磁学研究而闻名于世的物理学教授汉斯·

---

[66] Klinge, *Universität Helsinki*, 386; M. Klinge, *Kejserliga Alexanders Universitetet 1808—1917* (Helsinki 1989), 184.

[67] Nipperdey, *Bürgerwelt*, 594—670; H. Thielberg, *Universität und Politik in der Deutschen Revolution 1848* (Bonn, 1983).

[68] B. vom Brocke, 'Professoren als Parlamentarier', in Schwabe, *Deutsche Hochschullehrer*, 55—92.

克里斯蒂安·厄斯泰兹(Hans Christian Ørsted)的兄弟。1848 年,新国王决定采用立宪制,这次改革是由教授组成的执行管理委员会(*collegium*)着手准备的,而"教授党"(Professors' Party)也成了自由派的主要特征。在这次改革后,许多教授成了代表或部长,但安德斯·厄斯泰兹则继续担任首相,并担任了一段时间的内务和文化部部长。尽管他在自由主义阵营中不受欢迎,但还是成了文理学院(Academy of Letters and Sciences)的院长。教授们既可以是保守主义者,也可以是自由主义者,他们之间的合作取决于每个国家的特殊情况。

在欧洲大部分地区,19 世纪 60 年代见证了自由主义的突破性进展,这是一个新闻业、议会和工业从集权主义和军人手中夺取社会领地的时代;这也是一个国际化和世界博览(*Exposition universelle*)的时期。在 19 世纪 40 年代的三月革命(*Vormärz*)时期,学术圈中涌现出许多反对派人物,当然其中的长者和智者获得了各类公职。其总体趋势强调的是自由企业,而这是与教育的大扩张紧密相连的。包括宗教在内的初等教育的重要性被普遍接受,同时也支持了教育系统中的高级阶段,而大学教师在其中正居首位。不仅在法国,教授成为教育部长,而且如前所述,在意大利任教育部长的教授人数更多。[69]

教授在国际政治事务中合作的一个有趣的事件是 1899 年的著名演讲——《为了芬兰》(*Pro Finlandia*),作为事件背景的海牙和平法庭(The Hague Peace Court)在很大程度上是由皇帝尼古拉二世(Nicholas II,1868—1918)发起创建的。而现在学术界中的大部分人认为这位皇帝在芬兰的新政策是有悖于海牙原则的。这一主张是耶拿大学哲学教授鲁道夫·欧肯(Rudolf Eucken,1846—1926)提出的,他在 1908 年曾获诺贝尔文学奖。许多教授和其他文化界的著名代表都在他准备好的请愿书上签字,并由一个著名的代表团将该请愿书带到了圣彼得堡,但沙皇却没有接受。无论是法国反对"德雷福斯事件"的教授,还是自身深陷印度和南非的民族
155 主义问题的英国,都没有签署这份请愿书。在这里,像在本世纪中的每一个政治问题一样,学术界都没有形成一个政治统一体,与其说它是一个政

---

[69] Polenghi, *Politica universitaria* (注释 41), 516; 参见第十章, 第 455 页。

党，不如说它是一个论战的舞台。

从传统上来看，在大多数欧洲国家中，大学可以在议会中占据一个或多个席位。牛津、剑桥和都柏林三一学院在众议院里都有代表。在瑞士，教授也经常是议会成员：在“四院”制中（即一直到1866年），他们属于牧师集团，后来在两院制中（即一直到1974年），教授往往也是议会代表和政党领袖。大多数政党都是如此，其中也包括自1932年开始执政的社会民主党。

在芬兰，1863年“四院”制议会的重新组阁使得教授和教师不仅要出现在教士院中（House of Clergy），为此大学要选派代表，教授将作为全国各地区教师和牧师的代表，而且还可因出身门第或爵位，成为贵族院的代表；有时他们在城市院（House of Burgesses）中代表一个小城市，或担任农民院（House of Peasants）的顾问或代表。著名的数学教授劳伦兹·林德勒夫（Lorenz Lindelöf，1827－1908），最初在教士院里代表大学，后来又被选为赫尔辛基的城市代表，加入了城市院，再后来被授予爵位后，继续留在贵族院的下一届议会中。由于任命议长（Speaker）是君主的特权，因此林德勒夫被任命为副议长或三个院的议长。著名法学教授利奥波德·冯·梅克林（Leopold von Mechelin，1839－1914）长期以来是赫尔辛基市议会的领袖，他既是城市院的代表又是贵族院的代表。1905年，他成为第一位通过准议会选举产生的首相。当“四院”极速被改革为普选制和一院制时，1907年的投票选举选民增加了10倍，教授们几乎都被留任在新议会中。

在俄国第一次全国杜马（1906年组建）中，重要党派宪法民主党（cadets）的代表大多来自学术界。俄国的自由传统在学术界具有极为坚实的基础，其中包括历史学家帕维尔·尼古拉耶维奇·米柳科夫（Pavel Nikolaievich Miljukov，1859－1943）等众多知名人物。在1900－1905年度担任莫斯科大学校长的谢尔盖·尼古拉耶维奇·特鲁别茨科伊亲王（Prince Sergei Nikolaievich Trubetskoi，1802－1905）是自由主义反对派的领袖人物之一，1905年，他的葬礼成了动乱时代的重大政治象征。

1910年后，身居要职的教授人数急剧上升。在美国，普林斯顿大学校长、法学和经济学教授伍德罗·威尔逊（Woodrow Wilson，1856－1924）成

了美国第28任总统;芬兰共和国的第一任总统是法学教授卡洛·斯托尔贝里(Kaarlo Ståhlberg,1862—1952);捷克斯洛伐克的第一位总统(1918、1920、1927和1934年)是前哲学教授托马斯·加里格·马萨里克(Tomáš Garrigue Masaryk,1850—1937);瑞典的历史学教授尼尔斯·埃登(Nils Edén,1871—1945)是1917—1920年度的首相;数学教授保罗·潘勒韦(Paul Painlevé,1863—1933)在1917年和1925年成为了法国总理;科英布拉大学的政治经济学教授安东尼奥·德·奥利韦拉·萨拉萨尔(António de Oliverira Salazar,1889—1970)在葡萄牙确立了其位置,最初在1926年任财政部长,后来在1932年任首相及战争和外务部部长。

显而易见,在我们所讨论的这一时期,教授在政治生活中扮演了一个重要的角色,尤其是在从专制主义向官僚政治,而后又从官僚政治向议会制改变的过程中。后来,他们的角色,从公民参与的官僚层次——形成了新的管理核心,作为专家为管理事务做贡献——转向了议会层次。

社会地位

在英国,大学教师的社会地位并不高,而在一些老大学里还是有较高地位的,在牛津和剑桥学习的经历确保了个人的这种社会地位。19—20世纪之交英国大学科学水平的提高和相应的第一次世界大战后贵族精英的消亡,巩固了学术界的地位。在英国,自由的、非大学所属的科学家和作家的理想要比欧洲其他地区延续更长时间。

在英国及其殖民地,学术理念与其说是由大学及其教授来坚持,不如说是由那些著名大学的历界毕业生来坚持。对英国学术界而言,皇家协会俱乐部(Royal Socieites' Club,建于1894年)的成员名单是极为有趣的。学术界中的组织和互相认可成了学术协会中的首要因素。其成员仅限于"主要的皇家和学术协会的会员(fellows)和成员(members),皇家学院的院士(academicians)及会员(associates)大学成员和毕业生,校长,理事会成员,教授,大不列颠、印度及其殖民地的文学、科学和艺术机构的会员和成员,皇家陆军和海军委任官员,以及高级文职官员"。1914年,该成员名单上共约有7000个人,俱乐部常常吹嘘它们拥有如下会员:喀土穆和布鲁姆

的霍雷肖·赫伯特·基奇纳勋爵(Lord Horatio Herbert Kitchener),以及著名的科学巨匠,如威廉·汤姆森勋爵(Lord William Thomson Kelvin,1824—1907);但成员中几乎没有外国人。

在法国,在七月革命(1830—1848)以及第三共和国(1870—1940)时期,教授的地位达到了顶峰,然而在第一帝国、君主复辟(1814—1830)以及第二帝国(1851—1870)时期,更多是由军队及富有的贵族和资产阶级来支配。如前所述,普遍而言,大学教师积极介入评论、政治、新闻和书籍出版领域。启蒙运动的突出传统就是强调教育和广博的知识。但尽管如此,成为教授往往不是贵族子弟的目标。与英国一样,法国贵族进入资产阶级圈子的主要渠道是财富经营。军界职务和外交官依然是具有吸引力的职业,那些部门的精英团体(*esprit de corps*)也更偏爱有贵族和上层资产阶级背景的人员。

在法国,也许和其他地方一样,大学从其外表而言,是略具地方性的。那些地方大学确实如此,它们在其研究和教学中经常强调地区特性;然而在首都,大部分的教授和学生也来自外省。正如之前已展示的那样,著名的文学教授蒂博代(Thibaudet)所言,在20世纪20年代,(塞纳河)左岸和拉丁区就是巴黎的郊区省。法国教授的典型形象正如马塞尔·普鲁斯特(Marcel Proust,1871—1922)在克罗塔和布里绍的人物描述中写得那样,通常是较好的上流社会形象,但却不是最好的;这一时期,大学教师已获得了一定的地位。这是基于以下几个因素:共和国政府起用博学者,使其身居要职,塑造了"教授的共和国"(*la répubilique des professeurs*);这一时期的总体趋势偏重于各类世俗知识;在法国,和在英国一样,一战后古老贵族势力的消亡引发了大学教师与博学者的地位的提高,但这并非立竿见影的影响。

俄国是由军人和文职官僚——他们大多为贵族——来支配的。1899年,契诃夫在《万尼亚舅舅》(*Uncle Vanja*)中描述了那位自以为是的退休文学教授瑟卜加科夫(Serebrjakov)。1889年出版的《沉闷的故事》也例证了一位著名医学教授、他的助教和他的儿子的狭隘世界,尽管财力有限,他还是偏爱武职。

德国的情况最有趣,也相当出名:从古老的、有序的、有着紧密家庭纽

带的牧师集团,转变为极具科学实力的精英集团(*Leistungselite*),是很明显的。包括教授在内的、普遍意义上的知识世界,在政治统一以及贯穿其始终的民族统一、语言和道德统一的过程中发挥了重要作用。在这种意义上讲,许多教授都是价值精英(*Wertelite*)集团的重要成员。但与其他地方一样,在德国,许多声望是与教授的社会背景、社会关系联系在一起的;
158 因此,问题的关键依然是大学职业是提升了还是贬低了贵族或上层资产阶级门第出身的人们的社会地位。但总体而言,教授所属社会集团中的大多数人是来自牧师集团和中产阶级,这是与19世纪后期大学的兴起及其与工业、与德意志帝国的兴起的紧密联系密切相关的。[70] 当然,柏林、慕尼黑和莱比锡教授的地位与那些小城市教授的地位确实不可同日而语。虽然哥廷根、海德尔堡、耶拿、图宾根和其他小型大学也有一些非常著名的教授,但总体而言,他们对这一职业成为民族精英没有产生多大影响。

不同学院和学科的地位也大不同,在宗教界内部,路德神学教授享有极高的威望,但随着外部世界中宗教威望的普遍下降,其教授声望也随之下降。随着卫生保健制度与卫生保健意识的普遍成功,医学院也获得了威望。技术科学与新兴工业之间的联系,使其声望得以提升,而技术中学地位的改善就是最好例证。20世纪初,国民经济与社会科学是极具吸引力的,并取代了19世纪哲学家和史学家所扮演的先知角色。

让我们再次以芬兰为例,这也与其他小国相关。赫尔辛基的亚历山大帝国大学(The Imperial Alexander University)及其教授在确立现代芬兰民族过程中发挥了根本性的作用,其原因是多方面的,但主要根源在于缺乏反对派。由于它只有少数贵族和为数不多的富裕资产阶级,皇帝也住在圣彼得堡,大主教居住在奥布,它使得这所大学和官僚机构才得以占居支配地位,并通过共同的信念和家庭关系联结在一起。在这种情况下,大学成员无处不在:他们出现在新闻界、议会、公众组织、保险公司、银行等一切场所。一战后,由于国家实现了完全主权,出现了共和国的总统,出现了拥有将军和海军司令的新军队,以及外交团体等,大学的声望才逐渐降

---

[70] C. E. McClelland, 'Die deutschen Hochschullehrer als Elite, 1815－1850', in Schwabe, *Deutsche Hochschullehrer*, 27－57; F. Ringer, 'Das gesellschaftliche Profil der deutschen Hochschullehrer schaft 1871－1933's', *ibid.*, 93－104.

低。但尽管如此，在 20 世纪 30 和 40 年代，流行电影仍然把教授刻画为居于社会顶层的、有责任感的、杰出的绅士。

在整个欧洲，学术界造就了包罗万象的荣誉授予制度，既向其内部人员授予荣誉，也向其他人员授予荣誉，其形式有：授予荣誉博士学位、庆祝大学的百年校庆（这在 19 世纪的 70 和 80 年代非常流行）、委派和分配纪念文集（Festschriften）以及肖像和勋章等，因此，他们也主要以会员身份或奖赏来分发学术荣誉。其中一些奖项非常有名，尤其是 1903 年以来的诺贝尔奖。 159

对某些观察者来说，学术自尊有时近乎荒谬，虽然周年庆典的中世纪情调包括了隆重的典礼和表演，但有时这会被认为是反现代精神的或太戏剧化。在这一阶段的初期，欧洲大陆的一些地方拒绝学院的长袍——隆德大学的教授、著名诗人和后来的主教特根纳（Tegnér），把校长的长袍描述为“滑稽”的服饰并拒绝穿上它；但另一方面，他总是带着他的博士圆筒尖帽，甚至在骑马的时候也这样。一般来说，不列颠群岛保留了学院服饰的地位，然而像在柏林和巴黎这样的首都城市，它们的使用更受限制，俄国和斯堪的纳维亚则是根本不使用它们，芬兰的大学校长（*rector magnificus*）却是个例外。

耶拿的恩斯特·海克尔（Ernst Haeckel），是当代最著名的教授之一，他以其《世界之谜》（*Welträthsel*）的出版而成为那个时代的象征；1914 年，在他 80 岁高龄时，他在世界媒体刊登了大量的通告，为“恩斯特·海克尔基金会”（*Ernst-Hawckel-Stiftung*）筹集资金，但却未提他的其他荣誉与著作；这也引来了世人的嘲笑。

除了学术共同体自身授予的荣誉之外，政府首脑还通过颁发荣誉头衔和嘉奖令来为大学教师授予荣誉。尤其是德国、奥地利和俄国，其他像丹麦和芬兰这些国家也一样，荣誉头衔[枢秘院顾问（Geheimer Rat）、国务委员（Staatsrat）]受到高度尊重。在芬兰，如果大学校长能够在任六年或以上就会被封为贵族（这是因为在 1906 年之前，贵族是组成芬兰议会的四大阶层之一）。德国和奥地利也有加封贵族的行为，但在法国并没有这种做法。

一方面，教授对成为枢秘院顾问和国务委员已习以为常；另一方面，

“教授”本身也成了一种荣誉头衔，授予那些不是大学教授的人。这种情况在 18 世纪就发生过，此后变得更为普遍，尤其在德国和北欧国家。政府勋章被授予教授和其他教师。在法国，拿破仑一世为教师队伍建立了一套专门等级制度，即“学术骑士”（*Palmes académiques*）。1800 年，向教授授勋是非常罕见的，但到 1940 年，欧洲大部分国家的教授迟早都会被授予勋章，其他的大学教师有时也如此。

大学建筑最突出地反映出了学术界及其人员（包括学生，特别是教
160 师）的地位，这一点已在前面的教授的公共角色中已经提到。

丹麦非常著名的文艺评论家格奥尔格·莫里斯·科恩·布兰德斯（Georg Morris Cohen Brandes，1842—1927）曾错过了哥本哈根大学的一个教席，20 年后他获得了一个荣誉教席作为补偿。1889 年，他在乌普萨拉新建的主楼上写道：“其整体就如同密涅瓦（Minerva）的巨大神殿，最好的房间是留给音乐和舞蹈之神缪斯（Muses）的祭仪，留给政府的权威，留给扬善罚恶的权威与宗教法院（*Consistorium*），但仅有一小部分房间和角落是留给神殿原本的女神。它向年轻人传达一种进步的精神。这里的一切都是要告诉年轻人：不断成长，不断向前成为一名教授！——之后你就会拥有舒服的椅子，墙上挂着艺术大师的美丽画作。”[71]

但从学术自由的立场来看，欢快、诗意和拉丁化的成排壮丽建筑的外部，以及对理性辩论和参与的需求，都是抵制大学官僚化的保守主义趋势，[72]它们代表了学术风气的不同声音。这种风气，在不同的环境中代表了不同的层次和不同类型的大学师生。尽管如此，在学术自治中，教授自然是在教学、研究和道德上扮演了最为重要的角色。

精选文献

Autio，V. -M. *Yliopiston virkanimitykset 1809—1952*，Helsinki，1981.

---

[71] G. Brandes，‘Tale i Upsala (1889)’，in Brandes，*Samlede Skriften* xv (Copenhague，1905)，419.

[72] 关于学术仪式中的古老内容作为一个“非相同时代的同一时期”（contemporaneity of the noncontemporaneous）（Mannheim）和“人性的躁动”（ferment of humanity）（Horkheimer），参见 W. Rüegg，‘Die Bildungsgesellschaft. Antrittsrede als Ordinarius für Soziologie an der Johann Wolfgang Goethe-Universität Frankfurt am Main’，in W. Rüegg，*Anstösse. Aufsätze und Vorträge zur dialogischen Lebensform* (Frankfurt-am-Main，1973)，264ff.

Baumgart, P. (ed.) *Preussen in der Geschichte*, vol. I: *Bildungspolitik in Preussen zur Zeit des Kaiserreichs*, Stuttgart, 1980.

Baumgarten, M. *Professoren und Universitäten im 19. Jahrhundert, Zur Sozialgeschichte deutscher Geistes- und Naturwissenschaftler*, Göttingen, 1997.

Berg, C. (ed.) *Handbuch der deutschen Bildungsgeschichte*, vol. IV: *1870 — 1918. Von der Reichsgründung bis zum Ende Ersten Weltkriegs*, Munich, 1991.

Charle, C. *Naissance des intellectuels*, Paris, 1990.

Ferber, Chr. von *Die Entwicklung des Lehrkörpers der Deutschen Universitäten und Hochschulen 1864 — 1954*, Untersuchungen zur Lage der deutschen Hochschullehrer 3, Göttingen, 1956.

Gerbod, P. *La Condition universitaire en France au XIXe siècle*, Paris, 1965. 161

Gerbod, P. 'Les Epurations administratives (XIXe et XXe siècles)', *Actes du Colloque*, Publications de l'Ecole des Hautes Etudes, IVe Section: Histoire et Philologie V: Hautes Etudes Médiévales et Modernes 29, Geneva, 1977, 81—98.

Hammerstein, N. *Antisemitismus und deutsche Universitäten 1870—1933*, Frankfurt-am-Main, 1995.

Hammerstein, N. (ed.) *Universitäten und Aufklärung*, Göttingen, 1996.

Jeismann, K. E. and Lundgreen, P. (eds.) *Handbuch der deutschen Bildungsgeschichte*, vol. III: 1800 — 1870. *Von der Neuordnung Deutschlands bis zur Gründung des Deutschen Reiches*, Munich, 1982.

Jílek, L. (ed.) *Historical compendium of European Universities/Répertoire historique des universités européennes*, Geneva, 1984.

Klinge, M. *Eine Nordische Universität. Die Universität Helsinki 1640 — 1990*, Helsinki and Göttingen, 1992.

Košenina, A. *Der gelehrte Narr. Gelehrtensatire seit der Aufklärung*, Göttingen, 2003.

Maurer, T. *Hochschullehrer im Zarenreich, Ein Beitrag zur russischen Sozial-und Bildungsgeschichte*, Cologne, Weimar and Vienna, 1998.

McCulloch, G. *Philosophers and Kings: Education for Leadership in Modern England*, Cambridge, 1991.

Paletschek, S. 'Geschichte der Habilitation der Universität Tübingen im 19. und 20. Jahrhundert. Das Beispiel der Wirtschaftswissenschaftlichen (ehemals Staatswirtschaftlichen / Staatswissenschaftlichen) Fakultät', in *Tübinger Professoren der Wirtschaftswissenschaften (1817—1991)—Leben und Werk*, ed. H. von Strecker et al. Stuttgart, 2004.

Pedersen, O. *Lovers of Learning: A History of the Royal Danish Academy of Sciences and Letters 1742—1992*, Copenhagen, 1992.

Schmeiser, M. *Akademischer Hasard. Das Berufsschicksal des Professors und das Schicksal der deutschen Universität 1870—1920*, Stuttgart, 1994.

Schubert, E. 'Die Geschichte der Habilitation', in H. Kössler (ed.), *250 Jahre Friedrich-Alexander-Universität Erlangen-Nürnberg*, Erlangen 1993, 115—151.

Schwabe K. (ed.) *Deutsche Hochschullehrer als Elite 1845—1945*, Deutsche Führungsgeschichten in der Neuzeit 17, Boppard am Rhein, 1988.

Verger, J. (ed.) *Histoire des universités en France*, Toulouse, 1986.

第六章　欧洲模式在欧洲之外的传播

爱德华·希尔斯　约翰·罗伯茨

概　述[①]

当西欧和中欧的新大学在新环境中延续着既有的模式时，19 世纪和

① 本章草稿由于爱德华·希尔斯的过早去世而未能完成，约翰·罗伯茨和本书主编进行了系统的修改编辑，更值得感谢的是以下人员的慷慨帮助和中肯意见：麦迪逊的 Jurgen Herbst（美国）、弗雷德里克顿的 Steven Turner（加拿大）、加拉加斯的 Orlando Albornoz 和 Erlangen 的 Hans-Albert Steger（中南美洲）、耶路撒冷的 H. Gerber（中东）、巴黎的 Jacques Verger（法属殖民地）、约翰内斯堡的 Philip V. Tobias（南非）、牛津的 Judith M. Brown（南亚）、堪培拉的 M. C. Rickleffs（菲律宾、泰国）、伦敦的 Patricia Herbert（缅甸）、伦敦的 Annabel TehGallop（马来亚）；莱顿的 Andries Teeuw（印度尼西亚）、墨尔本的 Don Garden（澳大拉西亚）、慕尼黑的 Herbert Franke 和北京的陈洪捷（中国）、牛津的 Ann Waswo（日本）。

20世纪初，欧洲之外的新大学与学院的成立继承了早期院校的模式。1800年之前，中美洲和南美洲已经采用了西班牙的模式，而北美洲则采用了英国模式。19世纪，明显受到施莱尔马赫和洪堡思想影响并在柏林大学中实现的德国大学，②成为了欧洲的另一种大学模式的源头，并影响了美国、日本和其他地区。古老与现代的英格兰和苏格兰大学的特征的融合也极大地塑造了北美以及加拿大、印度、澳大利亚和南非的新学院与大学。最后，尽管法国大学模式的传播是有限的，但在我们所考察这一时段的后期，北非、法属的西非、叙利亚和印度支那都受到了法国高等教育的影响。

164 因此，19世纪形成的世界各国大学理念都源自欧洲。与宗教经文有关的高等学术研究与教学中心，进行哲学讨论与教学的学园，进行军事、管理、法律和神学培训的专门学校，在古代欧洲，在古代的印度、伊斯兰世界的大部和中国就已为人所知。但其中只有一所院校还保存至今，这就是开罗的爱资哈尔(al Azhar)大学。

欧洲以外所有大学在新建或再建时，都是根据其创办者心目中的欧洲大学图像而建立的。需要大学和渴望大学的坚定信念，是现代社会理想图景的一部分，也是关于大学在现代社会中的地位图景的一部分。这个信念是一个更为巨大信条的组成部分，这个信条是，社会需要正式建立的、得到官方认可的机构，在这个机构中，高级知识得以探索和传授，而个人将得到实际的专业训练，这些专业要求专门的理性知识和技能，不能仅仅通过学徒制和经验而获得。从大学是社会福祉之必需的信念出发，形成了另外一个信念，即这些知识的掌握必须由具有恰当资质的机构通过颁发证书和学位而进行权威认定。在一些国家中，人们还坚信，国家的权威和社会的尊严要求在其领土上建立大学，以有别于政府、教会和社会事务管理所表达的知识的功利性。大学成为进步文明和现代性的要求。

北　美

英属北美殖民最早建立的学院被看作是久经考验的英国大学模式适

② 参见第二章，第47—49页。

应新环境的典范。③ 与英国大学一样，殖民地学院与教会机构具有密切联系；保留了古典大学学院的拉丁语、希腊语和数学，实行寄宿制，并主要是教学机构，原创性的学术不是它们的最高目的。随着时间的推移，虽然苏格兰的大学逐渐对美国学院产生了广泛的影响，但是，殖民地学院和其他1800年前建立的北美学院通常只能把学生培养到本科层次。职业教育不是通过学徒制而是由其他机构通过其他方式实施的，这些机构大多独立于学院和大学，并且是私立的和专有的。

后来的北卡罗莱纳(1776)和佐治亚(1785)的州立大学与先前的宗教依附关系决裂，并在苏格兰大学和后来的伦敦大学学院的影响下，扩充了教学范围。尽管获得了这些发展，但州立大学依然延续了之前学院的特征。值得注意的是，它们的创建和维持几乎没有得到政府的鼓励和援助；虽然也采用了苏格兰大学的道德哲学、政治经济学和科学，但它们依然基本原封不动地保留了牛津和剑桥的传统课程；严格制定课程，严格要求出勤率，学生的德行也受到严格的监督。尽管环境各异，但英国模式却都得到严格地遵守。与其先驱相似，19世纪的新学院，甚至是最初的州立大学都未将丰富知识储备或鼓励学生丰富知识储备视为其使命。在教师中，也没有人将学术生活视为天职或将追求知识本身视为一种职业。在19世纪的大部分时间乃至20世纪的部分时间中，这种方式和氛围依然在许多学院中盛行。 165

组织机构也长期延用英国模式。高等教育机构必须得到政治权力当局颁发的特许状。一旦获得特许状，私立学院就成为自治团体。统治它们内部运营和结构的章程和议事程序是由机构自身起草的，即由董事会起草的；既不是由政府——像在德国那样，也不是由教学人员——像在古老的英国大学里那样——来帮助颁布的。相反，北美的学院治理与18世纪英格兰的非国教派学园极为相似；通常有一个强大的外行管理者组成的董事会、一位行使权力的校长和一群无法有效表达意见的教职工群体。毫无疑问，即使是最资深、最有经验的教师也无权选举校长，这完全操纵在外行董事会手中。院长是由校长举荐并为校长服务。随着学院规模、教

③ 参见第二卷，第六章。

职工和学生人数的扩大，不同的学科形成了不同的系，并指派了系主任和院长。只有几百名学生的小规模学院，则没有达到这种分化和授权的阶段。美国学院借鉴了非国教派学园模式，而不是牛津和剑桥学院的模式，
166 部分原因在于其宗派和教派传统；英国国教及其奢侈、放任的声誉往往受到了严格的抵制。

小型的寄宿机构将教师和学生联系在一起，这有时还促进了他们之间的生活联系与个人友谊。强调教学引发了人们对教学的热爱，并激发了学生对教学的尊重，这持续了许多年。从这点上看这其实是对牛津和剑桥学院模式的选择性整合[后来则出现了更为有意的模仿，如在20世纪20年代和30年代，哈佛大学引入的"住宿制"(house system)和耶鲁的"寄宿学院"(residential colleges)]。甚至在那些大张旗鼓地要接受德国模式的大学——比如芝加哥大学——也提供了与牛津、剑桥的学院模式相关联的住宿安排，而且这往往还被视为标志性的建筑。

到20世纪，北美的文理学院和医学院模式也向外传播，特别是影响了中东和中国。这也是欧洲模式的传播，但只不过是间接传播：美国输出了经其改造的英国模式，在那些地区的文理学院烙下了自己的印记，并继续在20世纪初中启发了那里的本科生教学组织。

北美学院的教职工队伍往往规模很小，因此除了极明显的不同学科外，是无法实现教学的专业化或分别管理的。在19世纪的大部分时间中，研究资源非常有限，那些想从事研究的教职人员使用的是为教学提供的书籍和实验室。学生无法获得研究训练；博士学位的获得者非常少，且大部分是神学博士。即使是高级教学人员也没有终身制。在19世纪早期，学术职业是极少见的。许多教师也许为学院甚至大学贡献了他们的全部职业生涯——如在牛津和剑桥的学院，但却从未打算将教学作为其职业，他们大多将其视为等待合适的牧师职位时的一个过渡阶段；在英格兰的非国教派学园中也是如此，教师只不过是一个"帮手"。

美国的学院和大学的入学年龄较小，毕业时也较年轻。它没有提供职业准备课程；之后，毕业生也只能进入诸如牧师等行业。其目标是提供基础教育，认为这可以磨练心智，形成并强化品格，以及为社会中负责任
167 的领导生活提供文化必需。这又是英国理念的改造品。其宣称的目标往

往是塑造品格；这在今天美国本科生的生活中，在自我发现或发掘自我认同的梦想中依然存在。

主要的变革发生在19世纪50年代前后，这是因为德国大学模式日益成为影响美国各主要大学（无论新旧）的主要模式。一流大学，无论公立或私立，它们在发展研究生院的过程中都较明显地借鉴了德国模式。在英国模式影响下形成的传统依然存在，但在19世纪30、40年代，尽管英国大学仍在美国学术界享有很高的威望，但越来越多的美国学院和大学的毕业生前往德国大学而不是英国大学留学。英国模式依然在发挥作用，并在那些以英语为母语或推崇英国大学的古风和成就、尤其是那些祖先是不列颠—爱尔兰移民的人群中得到强化。在19世纪末之前，这部分构成了美国学院和大学教师的主体。但是，由于研究生人数的剧增，由于训练学生进行研究的规定日益增多，德国的影响不断扩大。④

德国大学不可避免地成为一种模式，并得到积极的宣传。但也不乏反对的声音，早在1828年，耶鲁学院的教职工便宣称，由于德国大学主要是以专业研究为要，而美国学院的根基是自由教育，因此，他们怀疑德国大学否成为美国学院效仿的模式。⑤ 但尽管如此，德国模式依然大行其道。它还获得了强有力的支持，这不仅包括那些曾在德国大学学习过的人们，而且还包括那些坚持认为这将为美国社会的福祉和美国的国际威望提供强劲推动力的人们。年轻教师和许多大学校长坚定地支持德国模式，尽管受到批判，但是这些归国的年轻科学家和学者希望他们曾经历过的培养高级人才的德国模式能够引入美国大学。

在1837年密歇根州加入联邦后，它便获得特许状，准许它效仿德国大学模式建立密歇根大学，但它并没有成立神学院。显而易见，德国模式因 168
其奠基人而获得崇高的威望，甚至是在大学开学前，在州境内就出现了许

④ 关于德国在宗教和人文方面的研究，参见第十章。

⑤ 'Original Papers in Relation to a Course of Liberal Education', *American Journal of Science and Arts*, 15 (January 1829), 297—351.

多德国式的文科中学，让学生为升学作好准备。⑥ 另一个则是那些在德国观察了农业、采矿业和工程学院作用的年轻美国人宣传的结果。这促使了美国农工学院理念的迅速传播，这在内战后及提出向教育机构赠予公共土地的 1862 年《莫里尔法》(Morrill Act) 颁布后快速扩张。⑦ 这些学院也成了亚非许多国家高等教育的模式。

到 19 世纪末，美国已经有 9000—10000 名学生在德国大学学习过。⑧他们回国后，那些成为大学和学院教师的人希望从事研究并且想要其他人也从事研究工作。用一种截然不同的、更接近于德国大学的机构来取代在英国模式上形成的、并且已在美国根深蒂固的学院，是不可能轻松地实现的。研究生院的理念因而成了一种可能的妥协。这是美国的创新。英国没有这种机制，而且还曾抵制像马克·帕蒂森(Mark Pattison，1813—1884)那样推崇德国实践的改革家的努力。⑨ 德国也没有这一机构，这是因为其大学本身就是研究生院，而且它本身就为美国研究生院提供了范式。

进行这一伟大创新的三所美国新大学的校长，或是在德国学习过，或是在他们成为新大学的校长时求教于德国。丹尼尔·吉尔曼(Daniel Coit Gilman，1813—1908)是位于巴尔的摩的约翰·霍普金斯大学的第一任校

---

⑥ 关于密歇根大学和早期德国的影响：J. Turner and P. Bernard，'The "German Model" and the Graduate School：The University of Michigan and the Origin Myth of the American University'，*History of Higher Education Annual*，13 (1993)，69—83；H. H. Peckham，*The Making of the University of Michigan*，*1817—1967* (Ann Arbor，1967)；A. Creutz，'The Prussian System of Practical Training：The Educational Philosophies of the University of Michigan's First Two Presidents'，*Michigan History*，65 (Jan.-Feb. 1981)，37—39. 关于密歇根预备学校：J. Herbst，*The One and Future School*：*350 Years of American Secondary Education* (*New York*，*1996*)，*58—60*.

⑦ E. D. Ross，*Democracy's College*：*The Land Grant Movement in the Formative Stage* (Ames，1942).

⑧ J. Herbst，*The German Historical School in American Scholarship* (Ithaca，1965)，1ff. ；K. H. Jarausch，'American Students in Germany，1815—1914：The Structure of German and U. S. Matriculants at Göttingen University'，in H. Geitz，J. Heideking and J. Herbst (eds.)，*German Influences on Education in the United States to 1917* (Cambridge，1995)，195ff.

⑨ 参见第十章，第 427 页。

长，这所大学于1876年开学；⑩格兰维尔·霍尔（Granville Stanley Hall，1844—1924）是位于伍斯特（马萨诸塞州）的克拉克大学的第一任校长，该大学于1887年获得特许状；⑪威廉·哈珀（William Rainey Harper，1856—1906）是芝加哥大学的第一任校长，这所大学于1892年开学。⑫ 引入德国模式的另一位主要人物是哈佛大学校长查尔斯·艾略特（Charles William Eliot，1834—1926），他曾在德国学习化学并亲身体验了德国大学。⑬前三位人物想把美国大学建成像德国大学那样，作为进行研究和提供研究所需训练的场所。艾略特吸收了这种观点，但却冷静得多，他更关注本科生的教育。

并非德国大学的所有特点都被引入美国。他们没有引入学术自治（*akademische Selbstverwaltung*）的模式。校长负责制早已根深蒂固，并获得广泛认同。但在20世纪的前40年中，学术自治依然取得了显著进步。

在推崇"教学自由"和"学习自由"（Lehr-und Lernfreiheit）原则的德国大学模式出现之前，学术自由的理念很少被提及。但后来逐步从无足轻重的位置转变为受到大学教师的广泛认可，以及大学管理者、董事会和政论家极大尊重的理念。关注学术自由以及1916年（应为1915年——译注）旨在保护学术自由的美国大学教授联合会（American Assocration of

---

⑩ H. Hawkins, *Pioneer: A History of the Johns Hopkins University, 1874—1889* (Ithaca, 1960); F. Cordasco, *Daniel Coit Gilman and the Protean Ph. D.* (Leiden, 1960); A. Flexner, *Daniel Coit Gilman: Creator of the American Type of University* (New York, 1946).

⑪ D. Ross, *G. Stanley Hall: The Psychologist as Prophet* (Chicago, 1972); L. Pruette, *G. Stanley Hall: A Biography of a Mind* (New York, 1926); W. A. Koelsch, *Clark University, 1887—1987: A Narrative History* (Hanover, NH, 1987).

⑫ T. W. Goodspeed, *William Rainey Harper, First President of the University of Chicago* (Chicago, 1928); J. P. Wind, *The Bible and the University: The Messianic Vision of William Rainey Harper* (Decatur, GA, 1987); R. J. Storr, *Harper's University: The Beginnings* (Chicago, 1966).

⑬ H. Hawkins, *Between Harvard and America: The Educational Leadership of Charles W. Eliot* (New York, 1972); H. James, *Charles W. Eliot, President of Harvard University, 1869—1909*, 2 vols. (Boston, 1930); C. W. Eliot, *Educational Reform: Essays and Addresses* (New York, 1898).

University Professors)[14]的成立,并不仅是因为学术自由在美国经常被侵犯才出现的。这也是一个在学院开始寻求自由表达观点与信仰的权利并要求赋予机构神圣不可侵犯的权利之前,必然要求出现的一个关于学术
170 职业尊严和大学作为社会团体的价值的概念。没有学术自由的理念,就不会有对侵犯该原则的反抗,因此这个理念,也是美国学术界从德国吸收过来的。

"教学和科研相统一"(*Einheit von Forschung und Lehre*)的原则是德国化运动的主要目标,并在这个国家的主要私立和州立大学中获得了巨大成功。而其接受程度则在美国的学术圈中存在着巨大的差别。即使在那些最为成功的大学中,其程度也不是完全一样的;在最德国化的大学中仍然存在旧制度的孤岛。学习自由(*Lernfreiheit*)并不总是从德国回来的人们非常想要的东西。学生的学习自由始于选课制,这是19世纪70年代哈佛大学校长艾略特为本科生创设的制度。[15] 没有证据表明艾略特所思所想的是德国模式,但之前普遍使用的课程大纲的限制如此之狭隘,这使得德国模式成了为学生寻求扩大知识面的极为重要的时机。但自相矛盾的是,在受德国影响最显著的研究生阶段,自由学习、自由选课和自由出勤却没有实现。德国学生可自由选择课程和要学习的科目,但同时代的美国研究生要服从必修课、笔试以及在德国闻所未闻的课堂评分。但另一方面,美国的研究生可以不受"替代父母"(*in loco parentis*)原则的束缚,而本科生则要严格遵守该原则。

研究与教学相统一的理念,对像芝加哥、约翰·霍普金斯和克拉克这样的新大学而言,是至关重要的。它们任命的教师都理解应将研究和教

---

⑭ W. P. Metzger, 'The German Contribution to the American Theory of Academic Freedom', *Bulletin of the American Association of University Professors*, 41 (1955), 214—230; R. Hofstaedter and W. P. Metzger, *The Development of Academic Freedom in the United States* (New York, 1955); H. Mumford Jones, 'The Amercian Concept of Academic Freedom', *Bulletin of the American Association of University Professors*, 46 (1960), 66—72.

⑮ H. C. Carpenter, 'Emerson, Eliot and the Elective System', *New England Quarterly*, 24 (1951), 13—334; S. E. Morison (ed.), *The Development of Harvard University since the Inauguration of President Eliot*, *1869—1929* (Cambridge, Mass., 1930). 也参见注释13。

学放在同等重要的位置，大学的管理者同样也认识到了这一点，因此他们为科学研究提供了所需的空间与设备，为人文科学和社会科学提供了所需的图书馆。新大学发现这样做更容易，因为它们不需要应对那些坚持传统模式的教师的抵抗。但克拉克大学却成了模式冲突的牺牲品；其创建者及资助者乔纳斯·吉尔曼·克拉克（Jonas Gilman Clark，1815—1900）原本希望他的大学能成为一所传统的本科生教育机构，而钟情于德国理念的霍尔则或多或少地悄悄地将它变成了一个研究生教育机构，为此克拉克不得不追加剩余的资产，建造了本科生教育的克拉克学院。⑯

新机构在招聘教师时经常有意地吸收那些曾在德国学习过的年轻人。约翰·霍普金斯大学开学前，其校长就曾旅欧招募教师。曾在哥廷根 171
获得博士学位的艾拉·雷姆森（Ira Remsen，1846—1927）就是他的杰作。在约翰·霍普金斯大学历史学和政治经济学的第一批教师中，赫伯特·巴克斯特·亚当斯（Herbert Baxter Adams，1850—1901）和理查德·西奥多·艾利（Richard Theodore Ely，1854—1943）都曾在海德堡学习过。哈珀曾在德国学习，他一被任命为校长就又回到德国，以了解柏林模式的运行，招募教师，并购置了柏林一位著名学术书商的全部库藏，为芝加哥大学图书馆奠定了基础。他力劝詹姆斯·亨利·布雷斯特德（James Henry Breasted，1865—1935）去柏林接受埃及古物学方面的训练。1894 年，布雷斯特德获得柏林大学的博士学位，成了美国最著名的埃及古物学家。芝加哥大学社会学系的第一任主任阿尔比诺·伍德伯里·斯莫尔（Albion Woodbury Small，1854—1926），就曾在德国学习历史学和经济学；罗伯特·帕克（Robert Park，1864—1944）在芝加哥开始他的学术生涯前，也曾在柏林大学学习，在斯特拉斯堡的文德尔班（Windelband）的指导下获得了学位。在克拉克大学，由德国大学培养的人才不仅有霍尔，还有其他一些著名教师，比如人类学家弗朗兹·博阿斯（Franz Boas，1858—1942）和 1907 年获得诺贝尔物理学奖的德国人阿尔贝特·迈克逊（Albert Abraham Michelson，1852—1931）。年轻教师有时也会得到机会去德国休假。

曾在德国留学的美国人记忆中的标准的德国学术程序，极大地影响

---

⑯ Koelsch, *Clark University*（注释 11）.

了研究生院教学模式。在他们的记忆中，除了受到导师个别指导之外，就是习明纳了，这也成了美国研究生院最主要的、最突出的特征。习明纳是让研究生们发表研究成果并由教师和同学们进行批判性讨论的场所。在实验室或教师办公室中，教师对学生研究进行严格地指导，也成为了另一大特征；而这也是从德国引进的。许多系的研究生还组织了读书会，这是另一种形式的习明纳，他们在这里主要是对研究进行批判性分析；正在考虑中的研究也可以在科学或学术期刊上发表，其中许多都是德文期刊或引注德文文献的期刊。流利地阅读德文是必需的，否则就无法接触大部
172 分重要文献。为美国所采用的德国模式的另一个特征是在期刊和系列专著中出版研究成果。显然，美国大学成立出版社，不仅是向德国学习，而且也是向英国学习。

当习明纳制进入美国大学的时候，与教席相联系的研究却没能进入美国大学。各种原因很难解释。但其中的一个原因也许是美国大学起初是按学系以及教席任命的灵活性发展起来的，而不是按学院来发展的。在很长一段时间里，德国大学中每个主要学科仅有一位教授，而在美国许多大学中，在早期一个特定学科中往往有多名教授。德国制度是个人负责制，由一位教授负责他的整个学科，全权负责分配教学任务、资源及任命下级（编外讲师除外）。而研究所，也就是德语国家大学中的宗教与人文研究习明纳，⑰也是完全由教授负责，根据他所认为的该学科中的重点来划拔空间、设备和资金。在美国大学中，虽然系主任有时也是专横的，但并不一定是该领域最著名的科学家或学者，远不及德国的教授，他们往往就是最著名的学术人物。因此，在特定大学中，设立一个由非一流学者领导的研究所是十分困难的。美国人不希望给自己制造那样的困难。虽然美国的一些大学时不时地会设立“研究所”——例如，芝加哥大学的东方研究所、哈佛大学的哈佛—燕京学社、耶鲁大学的人类关系研究所——但它们都是跨学科和跨系的研究所。因而，它们不是某位教授的领地。它们允许多样化的研究；并能够在大学常规预算外获得经费，这使其可以购置专门的仪器和专门的图书，其成员也享有极大的自由。因此，美国研究所与

---

⑰ 关于个人负责的习明纳主任的介绍，参见第十章，第408页，第425—426页。

德国的研究所(*Institut*)并无关联。大多数研究依然是在系的实验室中或大学图书馆中完成的。

另一个没有飘洋过海的德国大学的重要特征是"大学授课资格"制,即要求在博士论文之外就某一学科发表一本专著,并就某一学科进行公开演讲,接受答辩。⑱ 直到19世纪末,在所有德语国家大学中,这是授予"任教资格"、获得教学权及编外教师头衔的前提条件。编外讲师授权其任职者从事教学,但却没有薪水,不享受教授享有的公职任期或地位,仅靠其讲座听众缴纳的人头费为生。获得"大学授课资格"和"编外教师"的身份是成为教授的必要条件。为什么这种极为苛刻的教授选拔程序没有在美国大学找到立身之处呢?原因是极难解释的,但其中最重要的原因,毫无疑问是财政问题。编外讲师的职位要么是依附私人财富、一个富有的妻子,要么依附于一份职业或生意,使其有闲暇时间用于研究和教学。大多数富有的美国人——东北部的一些人除外——几乎不考虑进入学术职业。成为一名鉴赏家或一名收藏家或一名私人学者是一回事,但如果要处于教授——大多是盛气凌人的教授的颐指气使之下,则就无法引起人们的兴趣和热情。美国的学者与德国的学者相比,更多地来自中低阶层:他们通常是农民和小生意人的后代,无薪工作会让他们无法糊口。无论其需求有多少,实际上,都不可能找到足够多的有能力的年轻人来承担这些无薪的教学工作。因而,美国大学虽然渴望像德国大学那样拥有"docent"(讲师)这一学术层级,但这一头衔是没有生命力的。因此,"docent"(讲师)消失了,取而代之的是"instructor"(讲师)。但在德国却没有类似"instructor"(讲师)的职称。 173

美国大学在图书馆设置方面也背离了德国模式。在欧洲,大学依赖于富足的帝国图书馆、皇家图书馆和其他类型的政府图书馆。⑲ 19世纪末,德国大学的研究所或习明纳能根据其负责人的科学或学术兴趣建造

---

⑱ 关于'Habilitationsschrift'的缓慢引入,参见第五章,第37页。参见 N. Rheingold, 'Graduate School and Doctoral Degree: European Models and American Realities', in N. Rheingold and M. Rothenberg (eds.), *Scientific Colonialism: A Cross-Cultural Comparison* (Washington, DC, 1986), 129-149.

⑲ 参见第四章,第106页。

174 和发展自己的图书馆。在美国，一流的私立大学和一些州立大学营建了宏伟的、丰富的图书收藏；这在很大程度上归功于美国学术图书馆学职业的出现。也许大家还注意到，在一些例子中，美国大学图书馆购买了已故的德国杰出学者的全部私人藏书。密歇根大学购买了奥古斯特·伯克（August Böckh）的图书馆，而锡拉库扎（Syracuse）大学购买了利奥波德·冯·兰克（Leopold von Ranke）的图书馆。

到1914年，美国学生的德国留学潮已经开始消退。那时研究生教育已在美国一流的私立和州立大学中确立下来，美国大学教师与研究生们也不再普遍认为能在德国大学中学到美国大学中学不到的东西，美国科学家和学者仍习惯于阅读德文，德国大学及其科学和学术仍受到高度重视。德国模式对美国大学研究生教育的深远的、显著的影响并没有消退，但在第一次世界大战后，美国大学几乎完全是从已吸收的传统中获取了灵感。德国影响已经成为美国传统的一部分，以致于它们不再是德国的，而已经成了美国的了；其驱动力现在仍是美国科学家和学者的理性灵感和动机。尽管如此，德国大学对美国大学的直接影响并没有消失。20世纪20年代和30年代早期，曾在德国学习的教师仍然在岗；他们的学生也继续吸收他们的才智风格和信念。20世纪20年代，随着美国物理学家开始大规模地到欧洲游学并接受当时最先进的物理学教育时，这种影响还得到了进一步地强化。虽然美国的物理学日渐成熟，但德国从未丧失其在物理学中的领先地位，美国人依然普遍认为能在德国大学中学到更多的东西。因而，20世纪20年代和30年代，美国许多一流的物理学家都在德国大学中与像马克斯·玻恩（Max Born，1882－1970）、瓦尔特·赫尔曼·能斯特（Walther Hermann Nernst，1864－1941）、马克斯·冯·劳恩（Max von Laue，1879－1960）、维尔纳·海森伯（Werner Heisenberg，1903－1976）和埃尔温·薛定谔（Erwin Schrödinger，1887－1961）这样的科学家一起长期共事。他们大多都得到了由洛克菲勒基金会提供的旅德奖学金项目的资助。20世纪20年代，该基金会还资助密歇根大学的理论物理学暑期习明纳，这对美国物理学接下来的发展而言意义重大，一流的德国

物理学家成为这些习明纳中的嘉宾和教师。⑳ 美国人也去德国学习数学，例如，师从克里斯蒂安·费利克斯·克莱因(Christian Felix Klein，1849—1925)这样的数学家。但美国人对具体事务更感兴趣；与其先辈一样，他们受到德国科学的启发，但却不再对新兴的、普遍的关于大学应是什么样的问题感兴趣了。他们已从在美国大学的学习中得到了这些。 175

随着希特勒的掌权，从德国流向美国大学的知识分子潮日益活跃，许多一流的科学家和学者被迫离开了德国。㉑ 意大利的种族法也驱逐了一些最好的意大利科学家和学者。他们也受教于德国模式，其中许多人——最著名的是恩里科·费米(Enrico Fermi，1901—1954)——都在美国大学中找到了职位。早些时候，同样的情况也出现在俄国，在俄国十月革命之后，许多俄国的科学家和学者就离开了大学另谋生计，并在美国大学中找到职位，继续其学术事业。㉒ 避难的科学家和学者提升了美国科学和学术教学与研究的质量，但他们没有带来关于大学应该如何组织和如何运作的新理念。美国人也没有在大学理念方面寻求他们的指导。

加拿大的大学也体现出了影响的多样性，但在其中英国传统占据了绝对优势。加拿大最古老的大学是位于温索尔(Windsor)的国王学院大学，它组建于1809年，其前身是一所文法学校，即新斯科舍(Nova Scotia)的国王学院，它是1789年由那些效忠国王的、从美国移民来的英国国教徒牧师创建的。加拿大的第一所国立高等教育机构是位于弗雷德里克顿(Fredericton)的新布伦瑞克(New Brunswick)大学，它始于1785年，其前身是一所文法学校，即省立文理学院，1828年并入国王学院，1859年成为新布伦瑞克大学。这两个机构起初都是以牛津学院为模式建造的，这反映了当地的英国国教徒精英在英属北美殖民地重建英国社会模式的决

⑳ D. J. Kevles, *The Physicists: The History of a Scientific Community in Modern America* (New York, 1978).

㉑ D. Fleming and B. Bailyn (eds.), *The Intellectual Migration: Europe and America, 1930—1960* (Cambridge, Mass., 1969); L. A. Coser, *Refugee Scholars in America: Their Impact and Their Experiences* (New Haven, 1984); H. Lehmann and J. Sheehan (eds.), *An Interrupted Past: German-Speaking Refugee Historians in the United States After 1933* (Washington, DC, and Cambridge, 1991).

㉒ 德国模式对意大利和俄国大学的影响在第二章中已有论述，参见第66—68页，第70—72页。

心。与其他省一样，在新斯科舍和新布伦瑞克，他们的努力遭到了其他教派的新教徒的强烈反对。他们游说省立法机构，强迫学院废除强制的英国国教教义或采用排外程度较小的古典课程，并创建了与牛津－剑桥模式相对立的学院。

爱丁堡大学为蒙特利尔(Montreal)的麦吉尔(McGill)学院大学、为新斯科舍哈利法克斯(Halifax)的达尔豪西(Dalhousie)学院(创建于1818
176 年，1841年成为达尔豪西大学)提供了机构模式。这两个机构在早期史中一片混乱。1821年，麦吉尔获得皇家特许状，即当时常见的英国司法措施，得以组建，但其启动资金却因法庭斗争而被冻结；除医学院外，直到1843年它才开始招收学生；从1829年起，它开始附属于大学。在蒙特利尔商业精英的支持下，麦吉尔发展成为加拿大较大、较富足的机构之一，这部分也归功于它与蒙特利尔的其他机构以及加拿大国内的其他机构发展了联系。这些机构包括蒙特利尔的四所新教学院，他们的文科学生通过参加麦吉尔的考试获得学位；圣·安妮·贝勒由(St Anne de Bellevue)的麦克唐纳(Macdonald)学院、英属哥伦比亚(British Columbia)的麦吉尔大学学院、维多利亚(Victoria)的维多利亚学院，以及1827年获得特许状的多伦多不列颠哥伦比亚(BC. King's College)的国王学院。一所依据牛津模式建造的英国国教派学院——国王学院——引起了敌对教派及其位于上加拿大(Upper Canada，即安大略省)的学院的反对。1853年，国王学院解除了其宗教关系，更名为大学学院，重组为新多伦多大学的“教学部”。这使得多伦多大学很快成为加拿大最大的高等教育机构。它发展为一个举办考试和授予学位的实体，部分是通过联合多伦多地区的其他学院和职业学校达成的。这种机构模式在加拿大要比在美国更普遍，并反映了伦敦大学的影响。但尽管如此，它的一些治理模式仍反映了牛津的影响。多伦多借鉴了牛津的通过召集所有毕业生投票选举校长的惯例。大学评议会的权限扩展到文学、科学和艺术研究的各个领域，并授予各附属机构以特权。多伦多大学还领导了加拿大各院校开展研究。数学家詹姆斯·劳登(James Loudon，1841－1916)，1892－1906年间任多伦多大学校长，他推崇德国高等教育系统，并于1898年引入了以研究为取向的博士培养模式。劳登的继任者、1907－1932年多伦多大学的校长、神学家和古典学

者罗伯特·福尔克纳(Robert Falconer, 1867—1943),进一步发展了研究生教育,他主要学习美国的机构模式,部分地限制了人才流失到美国的研究生院。㉓ 麦吉尔在发展研究和研究生教育方面紧紧跟随多伦多大学,成了加拿大一流的自然科学和医学研究中心。

加拿大法语地区的高等教育效仿了法国的大陆模式。1663 年,拉瓦尔(Laval)主教在魁北克(Quebec)城建立了说法语的"圣神学院"(*Grand séminaire*);1852 年,它发展成为拉瓦尔大学,其课程、学位和结构都受欧洲天主教高等教育机构和法国大学模式的影响。魁北克省已经拥有 13 所古典学院,它们代表了大学年轻学生教育的较高形式,新大学很快与其中的 5 所学院达成共识,接收他们的毕业生。1876 年,拉瓦尔大学在蒙特利尔创建了一个分校,但学生还是必须在魁北克的拉瓦尔大学参加考试。1887 年,拉瓦尔与始建于 1874 年的多科技术学校(*École polytechnique*)合并,后来与兽医学校(建于 1886 年)、牙科学校(建于 1894 年)、药剂学学校(建于 1906 年)以及农业研究所(1908 年)合并。㉔

拉丁美洲

18 世纪末和 19 世纪初,独立战争的风起云涌虽然没给拉美大学带来现实或立竿见影的变革,但在原则上发生了巨变。新政府以各种不同的方式、不同的速度应运而生并取代了西班牙和葡萄牙帝国。南部大陆的大学虽然与旧制度(*ancien régime*)保持着有机而密切的联系,但它们都是源自教会或政府机构,依赖于那些机构决议的效力而存在。革命和独立意味着其赖以生存的力量消失了。教会当局保住了它的大学,但去殖民化的结果明显地限制了它的行动自由。这终结了政教之间互相依赖、互相合作的悠久传统(由于专制主义现代化的影响以及世俗政策在西班牙

㉓ P. N. Ross, 'The Origins and Development of the Ph. D. Degree at the University of Toronto, 1871—1932', Ph. D. diss. University of Toronto, 1975.

㉔ P. Axelrod, 'Higher Education in Canada and the United States. Exploring the Roots of Difference', *Historical Studies in Education*, 7, 2 (1995), 141—175; R. S. Harris, *A History of Higher Education in Canada 1663—1960* (Toronto, 1976); A. B. McKillop, *Matters of Mind: The University in Ontario 1791—1951* (Toronto, 1994).

本土的执行,到18世纪下半期,它已开始衰落),并带来了机制与宗教的重大变革。部分变革(例如,耶稣会的解散)在独立之前就已经发生,这是由君主专制造成的;而另一些变革则是直接或间接地受到了法国大革命的影响(最终调整了教会大学的权限,例如,随着1808年西班牙宗教法庭的取缔而消亡)。更重要且从长远发展来看,由于新兴的民族国家采取了反教会的态度和政策,因此教会的合法地位也受到进一步的影响。㉕

178 有趣的是,这种发展自身却显示出了极大的历史连续性。许多拉美政治家和掌权者不愿意废除古老的王权至上论原则,这在革命前数十年间以及当时皇家大学成立时将“启蒙”理念部分地、然而有效地强加于大学之上的行为中得到了最佳的阐释。在旧制度末期,政府在大学发挥了前所未有的作用。那时的革新——特别是采用(甚至在教会大学中)西班牙语作为教学语言,并改革课程,以期反映“启蒙”与展现卡洛斯三世的部长们推崇法国理性引导的思想——极好地说明了,大学是一个服务公共的机构,而不是服务于自身自治的机构。㉖ 因此,在独立时期,欧洲模式对拉美新大学的影响是极为显著的。不仅其课程与人事构成了新秩序的坚实物质保障,而且旧制度的持续世俗化与“启蒙”阶段也预示了未来将得到显著发展的某些方面;共和国也无意放弃古老的君主制的赞助。

起初,在19世纪,甚至是在1914年一战前,本土的拉丁美洲人是极少考虑大学的。从最宽泛和最普遍的概念与思想来看,大学的发展依然是受到了欧洲的启发。正如在旧制度中,持续不变的真理是,高等教育机构的首要职能是为社会培养充足的、受到专业训练的专门人才;而这也体现在源于法国拿破仑模式的管理形式和为此建立的专门学校中。另一种关注较少的影响是实证主义。它强调大学在塑造人的外表与品格、民族认同与民族文化中以及在反宗教和唯物主义思想中的普遍教育作用。法国的文化优势成了这些趋势的背景,再次唤起了人们对18世纪马德里“法国

㉕ 这些概括,像接下来的大多数内容一样,绝大部分也适用于前西班牙领地的大学。巴西的特例将作为一个独立主题来论述。

㉖ Mario Gongora, ‘Origins and Philosophy of the Spanish American University’, in J. Maier and R. W. Weatherhead (eds.), *The Latin American University* (Albuquerque, 1979), 43—45 and *passim*.

化”(*afrancesados*)的关注;革命岁月仅仅是暂时中断了法国对拉丁美洲文化的影响。直到 20 世纪,法国依然对拉丁美洲的大学有着强势且清晰可辨的影响;英国和北美的影响逐步减弱,而德国研究型大学模式的影响也就更弱了。关于对法国影响的具体地方环境的讨论,需要我们对拉丁美洲的社会背景与环境有着更清晰的认识,而这一点直到 19 世纪末才被认识到。 179

法国理念首先体现在殖民地时期遗留下的机构中,后来也体现在个别国家政治和社会发展中出现的新情况和新环境中。从这个意义上来说,甚至到今天,还可以认为拉丁美洲大学特有的政治化根源可回溯至“旧制度”启蒙阶段的思想。抛开意识形态,仅论殖民地时期的实践与物质遗产是无用的。在 19 世纪初的西属美洲的确有 25 所大学,它们大多分布在墨西哥(8 所)和秘鲁(4 所),还有 3 所在哥伦比亚,3 所在阿根廷,但除了那些老古董外,没有人会认为这些大学是著名大学。㉗ 这种情景与北美学院和大学世界的繁荣多样和相对富有形成了鲜明对比。随着耶稣会机构的关闭和耶稣会教师的驱逐,大学教职工队伍受到严重的削弱。在 1814 年恢复耶稣会,并使其继续在南美洲发挥作用之前,其他宗教机构是无法从这一打击中完全恢复过来的。

就 19 世纪所有美洲新兴民族国家高等教育中的政治或管理趋势而言,它破坏或忽视(有时甚至是废除)了现有的大学。取而代之的是在人文学科和科学的具体领域中成立了新的学院和研究机构(这突出反映了文学和语言学研究而非自然科学研究的传统)。其他机构则提供专业培训。㉘ 同样重要的还有一些国家中成立的师范学校(*escuelas normales*),这些教师培训机构,尤其是在墨西哥和阿根廷,事实上承担起了为有才能的贫困人口普及中学后教育的职责,因而它也承担了一小部分的大学职能。这些措施旨在使得这些多样化的机构能够至少在理论和形式上达成 180
协调与统一,更好地反映拿破仑的大学理念。它产生的另一个结果是将研究集中于非大学机构。新的安排是政府行为的结果,那些机构拥有极

㉗ 参见第二卷,第六章,第 262—266 页。

㉘ 鼓励力量不应该被夸大:Ouro Prete 的矿业学校“创建”于 1832 年,后来成了 *Scuola Nacional de Minas e Metallurgia da Universidade do Brasil*,直到 1876 年才开学。

少或根本没有自治权。在这一过程中，幸存下来的旧大学有时退化为单纯的学位授予机构。尽管如此，它们几乎都与创建民族认同与文化的新目标保持一致，并在反教权主义和实证主义的旗帜下前行。到20世纪，政府对它们的兴趣日益高涨，但却不总是慷慨的赞助人。

实证主义的普遍影响虽然常常强化了现有的反宗教意识，但却没有在拉丁美洲产生真正意义上的革新或激进主义改革。事实上，从其对立面来看，它促进了一股逆流，而这逆流本身便是改革的担当者，即私立大学的出现。大多数共和国的宪法宣扬自由主义和宗教自由：正如一些人所见，这一点也被教会所利用，成立了自己的新大学。第一所这样的大学是1888年在智利的圣地亚哥成立的。事实上，私立大学的繁荣直到下个世纪下半叶才实现，当时只是私立大学繁荣发展的开端。但1939年之前成立的为数不多的大学却代表了高等教育的另一重要原则。当然，它们也反映了来自欧洲的其他影响，即来自天主教大学的影响，19世纪的天主教大学在面对政府问题时采取了比以往更激进的教皇至上主义和防御的态度。[29]

在不同的共和国中，国家高等教育系统的变革受到了不同环境和不同的迫切程度的影响。智利较早地开始了变革之路。1842年，一位出生于委内瑞拉的律师兼政治家安德烈·贝洛（Andrés Bello，1791—1865），在殖民时期建立的大学前身的基础上成立了圣地亚哥的智利大学；这所大学在结构上反映了拿破仑时期制度的影响，但其志向却是要造就一个能够通过研究为新兴民族国家的福祉作贡献的机构。后来出现的智利国家研究所（*Istituto Nacional*）成了国家教育的中心，它通过学院与其他组织的联合来监管各类教学机构，其中也包括习明纳和印地安传教学校。乌
181 拉圭自1849年起拥有国立大学；它也采用了拿破仑的协调结构。墨西哥是一个非常典型的案例，它以始于1830年的政教之间为争夺教育主导权而展开的斗争著称。古老的殖民地大学曾一度被废除但很快又在保守主义的支持下得以复兴。新墨西哥国立大学成立于1910年，这是革命的一年，它有意识地在思想上唤醒了另一场长达百年的革命斗争，这便是“多

㉙ 参见第十章，第397页。

洛雷斯呼声”,它揭开了独立战争的序幕。20世纪20年代,大学成为一个自觉和重要的观念的化身,这种观念把大学看作是民主主义自我意识的创造者。而这也许是诸多这方面实验中最为成功的事例。㉚

巴西是个特例。它从未有过殖民地大学,其独立的进程也非常特殊。1808年,葡萄牙对巴西的统治受到削弱,但君主制的残余仍得以延续。1889年前,巴西皇帝的皇宫一直在布拉干扎宫(royal house of Braganza)。与欧洲文化的传统联系始终很强,对19世纪追寻大学教育的大多数巴西人而言,和殖民地时期一样,葡萄牙的科英布拉大学是令人满意的,直到世纪末巴黎大学的吸引力才日渐突显。在1889年联邦共和国取代君主制之前,巴西出现的新型高等教育机构,要么从本质上来说是中等教育机构[其中最著名、最好的可能是1803年创建于里约(Rio)的佩德罗二世皇家学院(*Colegio Imperial de Pedro II*)],要么是特定学科的学院或学校。人 182
们还提出了许多进一步改进的主张,在19世纪,议会收到了诸多主张采取措施建立大学的议案,并就此展开了辩论(但都未通过并形成法律)。在佩

㉚ 参见第二卷殖民时期的历史,下面是1800年以来各国新建的大学。阿根廷:Buenos Aires 1821, Cuyo 1939, Litoral 1919, La Plata 1897, Mendoza 1939, Santa Fé 1889, Tucumán 1912;玻利维亚(Bolivia):Cochabamba 1832, La Paz 1832, Oruro 1892, Potosí 1894, René Moreno 1879, San Andrés 1830, San Simón 1832, Santa Cruz 1890, Tomás Frias 1892;智利:Católica de Chile 1898, Católica de Valparaíso 1928, Chile 1842, Concepción 1920;哥伦比亚:Antioquia 1801, Bogotá 1867, Cartagena 1827, Cauca 1827, Medellin 1886, Pontificia Medellin 1936, Popayán 1827;厄瓜多尔(Ecuador):Central 1826, Cuenca 1867, Guyaquil 1867, Loja 1869;萨尔瓦多(El Salvador):San Salvador 1841;海地(Haiti):Port au Prince 1944;洪都拉斯(Honduras):Tegucigalpa 1882,墨西哥:Chiapas 1826, Coahuila 1867, Culiacan 1918, Durango 1860, Guerrero 1869, Guadalajara 1925, Hermosillo 1938, Hidalgo 1869, Mérida 1848, Monterrey 1933, Morelos 1872, Nayarit 1925, Nuevo León 1933, San Luis Potosí 1826, Sinaloa 1874, Sonora 1928, Tabasco 1903, Yucatán 1922, Zacatecas 1832;尼加拉瓜(Nicaragua):León 1812, Managua 1812;巴拿马(Panama):Panama 1935;巴拉圭(Paraguay):Asunción 1890;秘鲁:Agraria de la Molina 1902, Arequipa 1828, Ingenieria 1875, La Libertad 1824, San Agustin 1825, Trujillo 1824, Católica del Perú, Lima 1917;乌拉圭(Uruguay):Montevideo 1849;委内瑞拉:Carabobo 1892, Los Andes 1810, Maracaibo 1891, Mérida 1805. 参见H.-A. Steger, *Die Universitäten in der gesellschaftlichen Entwicklung Lateinamerikas* (Bielefeld, 1967);T. Halperin Donghi, *Historia de la Universidad de Buenos Aires* (Buenos Aires, 1962);M. Pacheco Gómez, *La Universidad de Chile* (Santiago de Chile, 1953);G. I. Sánchez, *The Development of Higher Education in Mexico* (New York, 1944);I. Leal, *Historia de la Universidad Central de Venezuela* (Caracas, 1961).

德罗二世在位时的最后一次演讲中，他也认识到在巴西成立大学的必要性——最好是两所——一所在北方，一所在南方。

与此同时，法国的文化影响依然在巴西社会、文学和学术生活中占绝对支配地位。出现了许多提供高等教育的私立机构。最后，1920 年，在合并现有的学术机构（一所多科技术学校、里约医学院和一所私立的法学院）的基础上，成立了里约热内卢（Rio de Janeiro）大学。1930 年，增设了巴西第一所哲学院、文学院和理学院。那时，另一所大学已于 1927 年在米纳斯州（Minas Gerais）成立。值得注意的是，人们在讨论在圣保罗（São Paolo）建立第三所大学时，派出了一个代表团到法国，而法国一批杰出的社会科学家也回访来到巴西并帮助他们筹备大学，这所大学于 1934 年开学。但在二战前夕，这些生机勃勃的机构仍暴露出明显的不足。直到 1930 年之前，巴西都没有关于历史学和地理学的高级研究课程，而研究生院则直到 20 世纪 60 年代才出现。研究仍主要局限于一些有声望的非大学中心和私人机构中。

19 世纪末，本土文化思潮开始在拉丁美洲的大学中抬头，知识分子们开始关注公共舆论中拉丁美洲文化认同不断削弱的现象，并将其与欧洲文化的移植区分开来。乌拉圭的何塞·恩里克·罗多（José Enrique Rodó）发表了一篇评论——《爱丽尔》（*Ariel*，莎士比亚剧本《暴风雨》中空气般的精灵。——译注），虽然这篇文章没有直接提出大学改革的问题，但它提出了两大危机形象，并在拉丁美洲的学术生活和辩论中引起了共鸣：即代表拉丁美洲文化与独立的爱丽尔与威胁拉美文化和独立的凯列班（Caliban，莎士比亚剧《暴风雨》中半人半兽形怪物，比喻丑恶而残忍的人。——译注），凯列班代表了美国以及寡头政治资本主义的威胁。这些主题虽然仍是拉美大学激进主义的惯用手段，但具有讽刺意味的是，去国外攻读高级学位的拉美研究生现在去的却是美国的大学。

20 世纪初，阿根廷学生怨声载道，这些不满情绪导致了 1918 年所谓的“改革”运动；它始于学生起义和科尔多瓦（Córdoba）大学发表的包含了

多年来布宜诺斯艾利斯学生理念的著名《宣言》。[31] 这些倡议很快地便得 183
到了甚至是政府最高层的附和，这也许说明了（如同《宣言》在乌拉圭的迅速传播一样）地点是至关重要的。当时，柏拉特河地区是格兰德河南部最富庶、社会最稳定的地区，所住居民与欧洲的中产阶级极为相似。[32] 在初级农产品出口基础上形成的经济繁荣带动了实质上的城市化进程，这使得阿根廷和乌拉圭的政治稳定性要优于拉丁美洲的其他国家。因此，布宜诺斯艾利斯大学不久便采用了《宣言》中的部分具体建议也就不足为怪了。从这一地区开始，改革的理念便传播开来，它首先赢得了邻近国家——智利、玻利维亚和秘鲁——的学生支持，之后又得到进一步地推广。1921 年，墨西哥城召开了国际学生代表大会，引起了海内外甚至是拉丁美洲之外的关注。

虽然该运动的起源具有限定性和地方性，但它在实践中产生了深远的影响，毫不夸张地说，1918 年以来拉丁美洲大学中大部分的内部政策都是《宣言》的长长的注脚。而科尔多瓦则没有受到外部的影响。那个城市有一所小型的传统大学，它的教授职位由学霸和学术寡头所支配。这便导致了教学的不充分，以及那些本应受到良好教育的人们的怨恨。在运动爆发前的几个月，因校方恣意关闭学生宿舍而导致了学生的不满。1918 年 3 月，医学院学生开始鼓动改革，并得到了布宜诺斯艾利斯全国政府的支持。总统本人也受到了委员会的邀请，进行干预，直到大学当局措施惨遭失败之后，局面才失去了控制。

这次改革的主要特征是呼吁通过大学来提升民族认同，促进独立（这
一要求本身并不具新意），并抵制帝国主义——这意味着美国的影响及其 184

㉛ O. Albornoz, 'The Latin American University at the Beginning of the Twentieth Century: The Córdoban Movement and the Emergence of the Latin American Model of University', in O. Albornoz (ed.), *The Latin American University Facing the 21st Century* (New Delhi, 1994), 11－15；更详细的信息，参见 E. Garzon Valdes, 'Die Universitätsreform von Cordoba/Argentinien', in H.-A. Steger (ed.), *Grundzüge des Lateinamerikanischen Hochschulwesens* (Baden-Baden, 1965), 163－208, and Anhang I: *Das Manifest von Cordoba (12. 5. 1918) Manifiesto de la Juventud Argentina de Cordoba a los Hombres Libres de Sud-America*.

㉜ 世纪之交创建的几所地方或省级的高等教育机构分别成了拉普拉塔（La Plata）(1906)，Tucumán (1914) 和 Santa Fé (1919) 的国立大学。

对拉美文化的威胁。迄今为止，这依然表现在许多知识分子对本土认同，包括民族认同与拉丁美洲认同的不断追寻之中。这当然也得到了政府的欢迎，因为政府当时正面临着来自美国的“罗斯福推论”(Roosevelt Corollarry)、门罗主义以及威尔逊总统野心勃勃地在中美洲推进民主与政治道德的威胁。《宣言》也部分地回到了关于教育在品格塑造中的首要意义的古老命题当中。改革者也表达出了强烈的反教权倾向(尤其是置疑耶稣会)，他们认为大学自身的解放、自治的实现、面向大众敞开大门、最大限度地实现大众化都是当务之急。值得关注的是，那些传统上在拉丁美洲大学中承担大量教学工作的兼职教授，屈服于全职的教师，而学生则在大学治理中真正地获得一席之地。诸如此类的改革成就都是希望大学能真正地成为民族之魂。更重要的是，《宣言》的作者们认为，如果这些目标得以实现，那么每一所改革了的大学便能参与到纵贯整个拉丁美洲的、超越了国界的自由制度的网络之中。另一方面，学生们认为对大学自治的重要性的肯定首先意味着回归欧洲传统。虽然至今为止这表达了他们对现行事务的具体的、强烈的不满，但他们也反对用既定的欧洲理念来统领拉丁美洲的大学。19世纪，这些理念长期以来被视为不言自明的真理，但在实践中却导致了20世纪初大学中的典型缺陷。因此，不难理解的是，改革的真谛不在于制定具体的方案，而在于它宣告了一个新的事实，即拉丁美洲学生政治新纪元的开始，宣告了大学政治化的新高度。

在拉丁美洲学院激进主义者心目中，改革运动从未丧失其魅力。这一方式标志着对拉丁美洲大学思考的崭新的、本土化的出发点，而不再仅仅借用舶来品的理念。其本身的理念和口号，而不是来自欧洲和北美的影响，为20世纪20年代和30年代旧大学的扩建和新大学的创立奠定了基础，同时也前所未有地显现出对地方环境和特殊需求的日益敏感，但也
185 仍存在着不足。这也使得政治当局出现了摇摆，出现了对大学政治化的新层次以及学生团体的不信任，乃至镇压现象。

1939年，拉丁美洲大学成就中的制衡并不特别引人注目。当时拉美最好的科学研究工作仍不是在大学中进行，而是在与教学无关的专门机构中进行，这仍反映了最初的法国影响。大学正竭尽全力地成为大规模的高等教育与专门培训机构，生产出拉丁美洲传统社会所急需的法律、政

治、医学和其他专业的专门人才（老式的拉美高等教育机构以律师大学为特征）。这样做的原因是，适应少数精英的需要，而在绝大多数为农村人口和文盲的总人口中，他们只占少数。虽然许多机构扩大了，但大部分仍没有像改革者所设想的那样，实现民主招生（1940 年，秘鲁 7 所大学的注册学生不到 4000 名，墨西哥大学则已走向了后来的巨型扩张以及与研究机构精心合作的道路㉝）。

拉丁美洲的大学继续为横扫拉美城市生活的、长期的、言过其实的理性思潮做贡献，这也反映了城市中产阶级在人口数量上的不足。它们既没有北美大学所表现出的目标的多元性与生机勃勃的灵性，也没有获得重要的经济资源来维持。拉美的大学被称作“拉美与世隔绝的精英的玩物”㉞，如果说在 20 世纪上半期就得出这一定论，显得过于苛刻，但到了本应是扩张的黄金时代的 20 世纪下半期，这便成了事实；人口压力、技术发展、精英社会观念的改变以及政治稳定都鼓励调整规模、扩大数量以及提高质量。

186

中　东

1939 年，中东地区现代大学的名单——区别于伊斯兰教神学院——是由伊拉克和叙利亚共和国的许多独立的学院、黎巴嫩的两所传教士大学和许多独立学院，以及巴勒斯坦的一所发展完备的大学组成的。

阿拉伯语地区的独立学院，通常是指医学（经常与药剂学联系在一起）、法学院和人文学院。它们具有不确定性，有时会停学相当长的一段时间。作为独立机构，它们不与其他学院相联系，其本质上体现了法国的理念，是废除了旧制度大学后革命与拿破仑高等教育改革的产物。在欧洲，

㉝ H.-A. Steger, ‘Die Entstehung von “El Colegio de México”’, in *Wirkungen von Migrationen auf aufnehmende Gesellschaften*, Schriften des Zentralinstituts für fränkische Landeskunde und allgemeine Regionalforschung an der Universität Erlangen (Nürnberg, 1996), 119－132.

㉞ H.-A. Steger, ‘Universitätsgeschichte und Industriegesellschaft in Lateinamerika’, in *Die Universität in der Welt. Die Welt in der Universität*, *Schriften* (Nürnberg, 1994), 45－61; H. A. Steger, ‘The European Background’, in Maier and Weatherhead (eds.), *Latin American University* (注释 26), 89.

没有其他国家拥有这样的机构。它们在法国被视为高等教育系统的“养子”。它们在公众心目中的地位远在政府嘉奖的大学校之下。[35] 但中东没有一个国家能够通过独立学院提供一连串至少是优于次好级学院的高等教育。在叙利亚和伊拉克共和国，只有奥斯曼统治者引入的学院。

伊拉克：1908 年，伊拉克的奥斯曼统治者在巴格达（Baghdad）建立了一所法学院。这是美索不达米亚（Mesopotamia）的第一所世俗教育机构。1919 年，这所法学院由司法部管理；1926 年转由教育部管理。它提供四年制的课程。1923 年，巴格达成立了一所教师培训学院，1931 年关闭，但不久又重开。这所学院为未来的夜校教师提供两年制的课程。1939 年改为提供四年制课程。随后，在 1927 年，巴格达又成立了一所医学院。这所医学院提供六年制课程。1933 年又建立了化学和药剂学学院。在第二次世界大战期间，一所多科技术学校于 1944 年开学，它一开始附属于工程和通信部，而后又附属于教育部。所有这些学院都可以颁发证书和授予学位，起初是文学学士学位，后来一直往上到哲学和医学博士学位。[36] 伊拉克政府显然对奥斯曼帝国遗留下来的高等教育设置并不满意，并就该问题进行了多次汇报。但毫无结果。在 1945 年之前，伊拉克仍然没有大学。

187 **叙利亚**：像伊拉克一样，叙利亚的高等教育始于奥斯曼帝国，土耳其人为其奠定了基础，例如，1901 年在大马士革（Damascus）创建的医学研究所。到 1909 年，有 40 名学生注册了六年制课程。土耳其语是教学语言，教职人员也是由在伊斯坦布尔招聘的教授组成。1905 年，苏丹把这个研究所更名为帝国医学院。第一次世界大战期间，这所学院迁移到贝鲁特（Beirut），安置于已离开的原法国耶稣会所在地。1918 年停学，在其关闭之时，这所学院已经培养了 110 名内科医生和 152 名药剂师。1912 年，贝鲁特成立了一所法学院，这也是由土耳其教授用土耳其语来进行教学，实行五年制课程。1914 年，它迁到大马士革，占用前英荷学校的旧址。1918

---

[35] 参见第二章，第 34—35 页，第 44—45 页。

[36] *Encyclopaedia of Islam*, vol. II, 3rd edn (Leiden, 1965), s. v. 'Djami'á; R. D. Matthews and M. Akrawi (eds.), *Education in Arab Countries of the Near East* (Washington, DC, 1949), 199—209; J.-J. Waardenburg, *Les universités dans le monde Arabe actuel*, vol. I (Paris, 1966), 152—157.

年，该法学院迁回贝鲁特，但不久后就停办了。1913 年在大马士革出现了一所三年制的阿拉伯法学院；1931 年它根据德国法学教育的形式改为四年制学院。

1919 年，前土耳其帝国医学院得以重建，并增设了药剂学学院、牙科学院、护理学院和助产术学院。这所医学院被重新命名为阿拉伯医学院，阿拉伯语成了教学语言，虽然学院里的法国教授是用法语进行教学的。1919 年法学院在大马士革也重新开学。1923 年，叙利亚联邦总统颁布法令，旨在通过联合两所之前的独立学院来组建叙利亚大学。大多数教师是叙利亚人，还有一小部分法国人。1929 年，政府通过法令建立了高级文学研究高等学院（*École supérieure des hautes études littéraires*）。1929 年，它成了大学的一部分，1933 年关闭。[37]

黎巴嫩：黎巴嫩高等教育受到的影响与伊拉克和叙利亚受到的土耳其思想的影响大不相同。在黎巴嫩，振奋人心的理念来自美国和法国，并且都是宗教性的。黎巴嫩的第一所高等教育机构，即建于 1789 年的艾因瓦拉克（Ayn Warak），主要致力于培养马龙派（Maronite，流行于黎巴嫩的天主教教派——译注）高级牧师。它不仅教授神学，而且还教授宽泛的人文课程，不仅招收有志于献身宗教事业的学生，而且还招收世俗学生。法国的影响占支配地位。1849 年，阿布赫（Abrih）开办了一所长老会神学院。

1863 年，叙利亚的新教学院在英美新教徒的支持下从纽约州获得了特许状。三年后这所学院开学。它起初是一所具有当时美国文理学院风格的学院。1867 年，增设了一所医学院；1871 年，增设了药剂学学院；1900 年增设了商学院；1905 年增设了护理学院；1910 年，增设了牙科学院。到 1901 年，叙利亚的新教学院已经拥有学生 600 多人，成为该地区最大的现代教育机构；其学生来自中东各主要教会团体，不仅有穆斯林、犹太人，而且还有来自各教派的基督徒。1910 年，它更名为“贝鲁特美国大学”，并成为一所世俗机构。1924 年起，开始招收女性。它继续得到了美国和英国 188

[37] Matthews and Akrawi (eds.), *Education* (注释 36), 379－388; Waardenburg, *Universités* (注释 36), vol. I, 274－277.

新教团体的经济支持，并于1929年按照美国农工学院的模式创建了农村生活研究所。

贝鲁特美国大学的大多数教师是从中东地区招聘的，起初曾占优势的欧洲人和美国人成了少数派。在很长一段时间里，校长的职位是由美国人把持的；第一位校长是一名传教士，但随着时间的推移，对聘用的宗教限制，尤其是对从教人员的宗教限制也随之被废除。在内部治理以及管理政策和宗教要求方面，叙利亚的巴勒斯坦学院和贝鲁特美国大学与美国文理学院的发展历程极为相似。校长由独立的董事会任命，并对董事会负责。学术任命最终由董事会决择，但通常是由校长提名并经董事会核准。直在第二次世界大战之前，并没有有效的自我治理制度。除了在教学中比美国的文理学院更强调阿拉伯语和伊斯兰科目外，贝鲁特美国大学是一所设在中东的美国学院。因此，它也是在这一地区倡导、接纳自由主义理念的重要力量。当时，穆斯林和基督教学生对它评价甚高。政论作家也如此。但它仍是一件舶来品。尽管贝鲁特美国大学极受尊重，但其以外语为媒介的教学，以及非本土的起源和资助都引起了甚至是最虔诚的毕业生的不安。㊳

黎巴嫩的另一所主要高等教育机构是圣约瑟大学(*Université Saint Joseph*)，这是另一件舶来品。它起源于1850年耶稣会在加吉尔(Ghazir)创建的罗马天主教神学院。1881年，一所学院并入到这所神学院，升格为主教大学，它所颁发的神学和哲学博士学位得到了利奥十三世的承认，并
189 具有与格利高里大学同等的效力。虽然圣约瑟大学是一个教会机构，但代表着国内世俗和反教权势力的法国政府与负责管理该大学的耶稣会达成一致意见，于1883年成立了一所医学院。医学院和大学之间的法律关系是不明确的，法国的公共教育部授予了它医学院的地位。1889年，增设了药学学院，因此更名为法国医学和药学学院。它的文凭得到了公共教育部的认证，1898年，公共教育部声明该文凭与法国国家文凭(*diplômes d'état*)具有同等的效力。第一次世界大战结束后的五年中，它

㊳ Matthews and Akrawi (eds.), *Education*（注释 36），487－499; Waardenburg, *Universités*（注释 36），vol. I, 186－194.

又增设了化学和细菌学研究所、物理疗法研究所、癌症研究和治疗研究所、牙科、助产术和护理学校。也正是在那时，圣约瑟大学建造了一座天文台。1902 年，增设东方学院（*Faculté orientale*）；1908 年，增设高等商业学校。

1913 年，贝鲁特的耶稣会与里昂市商会团体，以及约瑟大学的多位教授达成一致，成立了法国法律学校（*Ecole française de droit*）和法国工程师学校（*École française des ingénieurs*），并将它们作为圣约瑟大学的一部分。这家里昂海外高等教育和技术发展协会（*Association Lyonnaise pour le développement à l'étranger de l'enseignement supérieur et technigue*）早在 1911 年就已提出提议，于 1912 年再次倡议并访问了黎巴嫩，负责调查在那里资助高等教育的可能性。1913 年，他们与耶稣会达成了一致意见。由他们组织和管理法国的学院，由协会和法国政府提供经济支持。教师任命则由他们共同决定。[39]

法学院扩展了其领域；它起先教私法，然后增加了公法和政治经济学。在法国成为托管国后，法国政府曾考虑创建一所新大学的可能性。到 1925 年，法国政府得出结论，认为此举不可行，应继续保持与圣约瑟大学的合作，为其提供经济资助。显而易见，一些经济支持直接给了学院，而没有通过大学，但无论支付的渠道是什么，资金最终都来自法国政府。有趣的是，法国政府采用了 19 世纪法国独立学院的模式，其目的也许是为了避免耶稣会大学管制的干预，但就法国而言，它早在 1892 年就废弃了这一制度，至少在原则是这样。[40]

巴勒斯坦：1924 年建立在耶路撒冷的希伯来大学并没有遵循某一个 190
国家的模式。虽然这是英国的属地，主要是受德国的影响，但其第一任校长却是一位美国拉比（rabbi）。这所大学致力于教学和研究的共同发展，其创建者坚定不移地深信学术自治和教学自由。其早期任命的学术人员把德国人和英国人推上了高级职位。当国家社会主义者在德国掌权后，

㊴ Waardenburg, *Universités*（注释 36）, vol. I, 471ff.

㊵ 参见第二章，第 56 页。

其他杰出的德国学者在这里也得到任命，并将德国大学风格发扬到极致。[41]

但尽管如此，希伯来大学的构成形式仍保留了英国特色。它不依赖于任何部门来批准其任命。大不列颠是巴勒斯坦的托管国，虽然它极慷慨地照管该地区，并提供经济支持，但它依然避免对大学事务的干预。在学术机构之外的外行治理模式使其与英国地方大学极为相似。它所授予的学位名称与英国一样；但与当时美国的同类学位一样，要获得文学硕士(MA)学位就必须完成一篇研究论文。

从本质上看，这所大学涵盖了20世纪20年代德国或英国大学中的所有学科，但它不像英国大学那样强调技术，从这个方面看，它更接近于德国模式。除了欧洲人文主义传统的基础科学学科外，它特别重视犹太人的宗教史和思想史，并为伊斯兰和中东研究提供了必要的条件。教学语言是希伯来语。基础科学教师的研究结果大部分用英语发表，在1933年前，也有一些是用德语发表的。但在与地方利益相关的学科中，以及对那些对犹太研究(广义上的)感兴趣的人来说，希伯来语是主要的出版语言。

耶路撒冷的希伯来大学可能是第二次世界大战前西欧大学模式移植到亚洲的最为成功的例子。在基本忠实于其模式的同时，它并不只是简单地仿效。它将其作为自身特征的出发点。支撑这所大学的严格的学术规范，起先是由教师从国外带来的，并且教师们在教学和研究活动中也一再重申和遵循这些学术规范。它的财政支持来自国外，在最初的20年中，其教学人员中几乎没有巴勒斯坦出生的犹太人，没有阿拉伯教师，实际上
191 也没有阿拉伯学生。犹大·利昂·马格内斯(Judah Leon Magnes，1877—1948)是其第一任校长，他希望这所大学能成为一所通过共同追求科学和学术真理，使犹太人和阿拉伯人走在一起的机构，但他的这个愿望没有实现。

在海法(Haifa)，柏林德国犹太人的救助协会(*Hilfsverein der deutschen Juden*)在来自莫斯科和纽约的赠予的支持下，于1912年开办了一所

---

[41] *Encyclopaedia Judaica*, vol. VIII (Jerusalem, 1971), s. v. 'Hebrew University of Jerusalem'.

技术高等学院(*Technikum*);但关于教学语言的争执——是德语还是希伯来语——耽搁了它的开学时间。一战后,犹太人复国运动组织获得了这所学校的所有权,1924年开始,它成了一所以中东欧类似机构为模型的技术大学,并取名为"理工学院"(*Technion*)。[42]

非　洲

埃及:爱资哈尔(al Azhar)大学,是世界上最古老的大学,始建于公元970年。在20世纪之前,它完全是一所伊斯兰神学大学。埃及的高级世俗教育直到19世纪才出现。在19世纪的前30年,穆罕默德·阿里(Mohammed Ali, 1769? —1849)派遣300多名埃及人去欧洲学习,尤其是去法国。1827年政府和军事学院负责创建了一所医学院——1838年增设了药剂学和助产术学校,1834年增设了兽医学校和多科技术学校,1837年增设了公民与贸易管理学校和语言翻译学校,1839年增设了一所技术学校。1886年创建了一所授予法学学位的法学院。1871年建立了一所训练阿拉伯教师的学校,1880年创建了师范学院,1911年创建了商业学校,在1925年它们都成了埃及大学的组成部分。尽管埃及是英国的殖民地,但其高等教育制度效法的却是法国模式。

在1894年之前,几乎没有人想过把这些学校合并成一所大学,当时,雅各布·阿尔廷·帕沙(Yacoub Artin Pasha,1842—1919)在巴黎发表文章,提出了要建立一所埃及大学的理念。经过充分的公开讨论,便开始募集资金,1908年成立了一所私立的埃及大学。它一开始主要关注人文学科、历史学、古典文学与思想以及社会科学,1914年建成了法律系。它能授予博士学位,却没有得到政府的承认。教学用语是阿拉伯语,教师却主要是欧洲人。

政府支持和管理的学校与学院各自为政。直到1917年,教育部才组织一个委员会去考察组织公立或国立大学的问题。该委员会建议,现存的高等学校(*écoles supérieures*)应该集中于统一的管理之下。1923年,教 192

[42] *Ibid.*, vol. XV, s. v. 'Technion, Israel Institute of Technology'.

育部和埃及大学的管理委员会达成一致意见，认为后者应该被合并到新的国立大学中；这样，1925年便成立了福阿德一世大学（Fuad the First University）。它有四所学院；文学院是通过将埃及大学的文学系和高级培训学院的相同部门合并而成的，高级培训学院成立于1922年，其前身是创建于1880年的师范学院。法国的影响盛行于法学院和文学院。英国的影响则反映在理学院和医学院以及后来的多科技术学院，它们于1935年实现了合并，同年，农学院、商学院和兽医学院也进入大学。㊸ 1942年，在亚历山大（Alexandria）建立了第二所国立大学，名为法鲁克一世大学（Faruk the First University）。它由现有的文学院、法学院和多科技术学院组成，它们原为福阿德一世大学在亚历山大的分校。按照教育部的决定，还增设了医学院、理学院、商学院和农学院。但尽管如此，埃及的高等教育不只受到了英法的影响。随着开罗美国大学（American University of Cairo）的成立，美国的文理学院模式也在埃及出现了。该规划始于1914年，1920年与美国哥伦比亚特区合作。其董事会成员都居住在美国，经济支持也主要来自美国。从各个方面来说，它与贝鲁特美国大学都极为相似。它基本上是一个本科院校，但在某些领域也从事高级研究工作。其治理模式与贝鲁特美国大学或19世纪末20世纪初的美国私立文理学院极为相似，虽然它的学位没有得到埃及政府的承认，但它在埃及非常受尊重，肯定不会使那些持有该校学位的人丧失公职资格。㊹

苏丹：1902年在喀土穆（Khartoum）成立的戈登纪念学院（Gordon Memorial College），是由私人创建的，为了响应建立一所学院纪念查尔斯·乔治·戈登（Charles George Gordon，1833－1885）将军的提议，公众募集了10万英镑，但从一开始，它就得到了私人慈善基金和苏丹政府的资助，而且苏丹政府承担了其绝大部分的开销。它有一个董事会和一个执
193 行委员会，维多利亚女王是其赞助人。其校长是苏丹的教育主管，它把学院置于政府官员的管理之下。其教师是公务员。1934年，董事会将职权移交给总督。实际上，它不是高等教育机构。起初，它拥有附属职业学校、

㊸ Waardenburg, *Universités*（注释36）, vol. I. 226.

㊹ *Ibid.*, vol. I, 256－261.

师范学校和技术工业学校。它还拥有一所小学，但于1924年停办，当时的政府决定把这所学院转变成一所中等学校。

1924年在喀土穆建立了基奇纳(Kitchener)医学院。其治理当局与戈登学院相似，但没有与之合并。其校长是苏丹医疗服务主管。最初，这所医学院只颁发文凭。从1940年开始，医学校的毕业生可以参加由伦敦的两所皇家学院——内科学院和外科学院——举办的毕业文凭考试。获得该文凭后才能参加皇家学院的正规考试。

1936年创建了一所法学院，它附属于苏丹政府的法律部门。东非高等教育特拉华委员会(de la Warr Commission)首肯了殖民地办公室提出的建立更多专门学校的主张。它还建议要将戈登纪念学院升格为"准大学"机构，并迟早成为一所真正的大学。1938年成立了农学和兽医学院，1939年成立了科学和技术学院，1940年成立文学院。这些学院彼此独立，也独立于戈登纪念学院，但在1942年，它们合并由高等学校指导委员会管理。1943年，所有这些独立学院都被合并进戈登纪念学院，并更名为戈登学院。它的文凭由伦敦大学授予，并由伦敦大学举行考试、任命考试官，并安排对它们的评估。

这些专门学校和它们的后继者以及随后的"联合体"——戈登学院，完全是英国的创造物，用英语教学。与大英帝国的其他部分相比，它们对殖民地政府的依附性更强。它们在学科设置和教学媒介方面效法英国模式，成了英国高等教育系统的外围部分，这是因为它由伦敦大学负责举办考试并给那些成功者颁发文凭。但至于它们的章程和内部治理，则与英国模式大相径庭。[45]

非洲的法属殖民地：法兰西第三共和国对其殖民地学校和大学教育的政策是无力的，如与其在法国都市所取得的辉煌成就相比，就更是如 194
此。[46] 部分的原因是殖民者担忧让当地居民接受高等教育不仅花费高昂，且具有政治危险，因此，把教育当作通向自由和民主的共和理想，在海外殖民地就被置之一旁。即使是对欧洲人而言，共和理想的实现也是有限

㊺ *Ibid.*, vol. I, 267－268.

㊻ 除非另外说明，下面的数据和统计来自 J. Thobie *et al.*, *Histoire de la France coloniale*, *1914－1990* (Paris, 1990).

的。只是在最早的殖民地(阿尔及利亚、塞内加尔)——那里的城市人口充足——才建立了差强人意的小学和中学网络,这些学校或者属于政府,或者属于教团。如果他们想上大学,殖民者家庭的子女往往要回到法国,去巴黎或者去像普罗旺斯地区艾克斯(Aix-en-Provence)或波尔多(Bordeaux)这样有着传统海外联系的城镇。

对本地人而言,教育机会就更少了。已有的传统学校,如北非的古兰经学校(Koranic schools)和迈德拉斯学校(*madrasas*),得以保留。还建立了一些由法国人或本地人任教的小学或"高级小学"(*primaire supérieure*),但其数量则因地而异。关于中等教育,本地人可以去一些古老的有声望的学院[像拉巴特(Rabat)的穆莱·伊德里斯(Moulay Idriss)学院或突尼斯的沙迪基(Sadiki)学院]或一些国立中学(*lycées*),它们招收当地显要家庭与城市家族的子弟。至于本地人上大学的机会,就更少了。极少人能够去法国学习法学和医学。1932年,在法国城市学习的北非学生(主要来自突尼斯)不到200名,来自"黑非洲"(Black Africa)和马达加斯加(Madagascar)的学生大约有20名。当然,这些数字也在稳步增长,到1938年几乎已经翻了一番。1927年建立了非穆斯林学生会(*Association des étudiants musulmans nord-africains*),它很快就成了反殖民主义的政治中心和培养未来民族主义领袖的温床。

在海外,法国大学政策的成功也体现在一些具体案例上。这往往也取决于当地政府官员的个人能力。这些殖民地高等学校和大学多少也是意在给予年轻的欧洲裔学生在本地接受大学教育的机会(或至少打下基础);对于本地学生而言,他们都属于严格意义上的地方精英,这也为他们
195 进入上层、往往还是与特定专业和技术专业相联系的上层职业作准备;后来也服务于支持特定领域的研究,如地方考古学、历史或语言学、人类学或殖民地医学。除了几个特例外,所有的教授都来自法国。

阿尔及利亚:第一所高等教育机构是创建于1857年的"医学和药剂学预备学校"(*École préparatoire de médicine et de pharmacie*)。[47] 1879年

---

[47] 关于阿尔及利亚大学:C. Taillart, 'L'Université d'Alger', in *Histoire et historiens de l'Algérie* (Paris, 1931), 363 — 380; E. Guernier (ed.), *Algérie et Sahara*, L'Encyclopédie coloniale et maritime (Paris, 1946), 183—184.

12月20日的法律增设了法学院以及“文理高等学校”(*École supérieures des lettres et des sciences*)。这些学校起初并不是很成功的:1887年,它们以法国新都市大学为原型,修建了“大学宫”(palais universitaire);但到1889年,在这个宏伟的“大学宫”宽敞的空间里只有不到300名学生。关键是这些高等学校是不被允许授予大学学位的(尤其是博士学位),因此,它们的学生只能去法国完成学业;例如,医学学生通常会去蒙彼利埃(Montpellier)大学。1909年,高等学校被重新改组为四所学院[法学、医学和药剂学、文科(文学)和理学],成了新成立的阿尔及利亚大学的组成部分。它是按照都市模式建造的,并具有些许典型特征。学院没有自己的预算;仅有整个大学的预算,且这种预算本身就是阿尔及利亚总预算的一部分,而教授工资则是由在巴黎的教育部直接支付的。关于课程、考试制度和教师任命,同样也是由巴黎的教育部对阿尔及利亚大学施加影响,实行的是和都市大学完全一样的规则。

1918—1939年间,阿尔及利亚大学内兴建了几个研究所。其中一些研究所在多个领域(伊斯兰法、阿拉伯和柏柏尔语言、罗马非洲考古学)取得了很好的科学声誉,还有阿尔及利亚天文台、殖民地卫生学和医学研究所(*Institut d'hygiène et de médicine coloniales*)、全球地形研究所(*Institut de physique du globe*)、地理学研究所(*Institut de géographie*)、撒哈拉研究研究所(*Institut de recherches sahariennes*)和城镇规划研究所(*Institut d'urbanisme*)。

学生人数从1910年的751名上升到1929年的1870名和1939年的2246名,最大的学院是法学院(1929年占学生总数的44%)和医学院(占29%),遥遥领先于文学院(16%)和理学院(11%)。但需要强调的是,它从本质上来说,依然是欧洲大学;到1939年,仅有94名穆斯林学生(4.2%)。

突尼斯和摩洛哥是法国的保护国;但法国政府保留了突尼斯古老的伊斯兰“大学”——捷突纳(al-Zaytuna)和非斯(卡鲁因)。这两所学校和城市中的大清真寺都有联系;它们在突尼斯和摩洛哥当局的监督下教授伊斯兰神学和法律。此外,法国政府仅建立了一些“高等学校”(*Ecole supérieures*),但不允许它们授予学术学位,学术学位必须去阿尔及利亚或法国获取。就这样,突尼斯创建了农业高等学校(1898)、阿拉伯语言和文 196

学高等学校(1911)以及法律研究中心(1922)。1912年摩洛哥在拉巴特成立了摩洛哥高等研究所(*Institut des hautes Etudes marocaines*)，致力于阿拉伯语和柏柏尔语、历史、文化和法律的研究；[48]1914年后，该研究所获准颁发一些阿拉伯语和柏柏尔语的“证书”、“荣誉证书”与“文凭”，但它们并不是真正意义上的学术学位；在1939年间，它们共颁发了198项此类的“证书”、“荣誉证书”和“文凭”。1920年在拉巴特和卡萨布兰卡(Casablanca)建立了两所法学院，它们有权授予摩洛哥的法律和管理学习证书，甚至还有权授予和阿尔及利亚或波尔多大学授予的法学学位具有同样效力的法学学位；1939年，拉巴特共授予了63个学位，主要颁给了法裔学生。最后，1940年，拉巴特还创建了一个高级科学研究中心。

在黑非洲，法国在大学教育方面几乎无所作为。只有第一次世界大战后在达喀尔(Dakar)和塔那那利佛(Tananarive)建立的医学校，用来培养当地的辅助医师、药剂师以及护士和助产士。但他们仅接受基本的训练，当然也就不能获得医生的头衔。1918—1931年间，达喀尔的医学校大概培养了97名辅助医师、15名辅助药剂师、150名助产士和12名合格的护士。[49]

南非：1829年在开普敦(Cape Town)成立的南非学院是南非第一所现代教育机构。它起初是一所私立的私营中小学，其中包括一个质量较差的附属大学分部。1857年，它不再是一个私人机构，并开始提高学术水平。这便是后来的南非大学(University of South Africa)的主体，接下来，1858年，它又成立了文理公共考试委员会。1873年，“公共考试委员会”停办，并成立了新的好望角大学，它于1873年获得皇家特许状，并严格地效
197 法伦敦大学，[50]惠灵顿(Wellington)的胡格诺教徒大学学院(Huguenot University Callege)，最初是1874年成立的女子学院，它主要帮助参加由好望角大学考试团体安排并评分的考试的女性作准备。1904年，拥有物理

㊽ E. Guernier (ed.), *Le Maroc*, L'Encyclopédie coloniale et maritime (Paris, 1940), 159—160.

㊾ G. Peter, *L'effort français au Sénégal* (Paris, 1933), 298—300.

㊿ A. P. Newton, *The Universities and Educational Systems of the British Empire* (London, 1924), 36.

学、化学、动物学和植物学实验室的罗德斯(Rhodes)大学学院在格雷厄姆斯敦(Grahamstown)建立。1866 年荷兰语市民建立了斯特伦博斯文科中学(Stellenbosch Gymnasium),1874 年又增设高等教育部,并于 1881 年成为斯特伦博斯学院。1887 年,在维多利亚女王 50 年金典之际,更名为维多利亚学院。这也是斯特伦博斯大学的前身。在约翰内斯堡(Johannesburg),威特沃特斯兰德(Witwatersrand)大学的前身是南非矿业学校,它始于 1896 年在钻石城市金伯利(Kimberley)成立的矿业学校。1906 年,它成为德兰士瓦(Transvaal)学院,1910 年成为南非矿业技术学院,并最终于 1922 年获得完全的大学资格。

1916 年和 1921 年通过的国会法案,为南非设立了以下四所大学。1. 比勒陀利亚(Pretoria)的南非大学(UNISA),1918 年它取代了好望角大学,并形成了囊括下列大学的联邦体制:由 1855 年创建于布隆方丹(Bloemfontein)的格雷学院(Grey College)发展而来的奥兰治自由邦(Orange Free State)大学学院;位于惠灵顿的胡格诺女子学院;1909 年在彼得马里茨堡(Pietermaritzburg)成立的纳塔耳(Natal)大学学院;1904 年在格雷厄姆斯敦成立的罗德斯大学学院,它是由 1855 年成立的圣安德鲁学院发展而来;以及 1919 年形成的波彻斯卓姆(Potchefstroom)大学学院,它是由 1869 年创建的荷兰归正宗神学学校的文科部发展而来的。[51] 2. 建于 1922 年的威特沃特斯兰德大学,它是由位于约翰内斯堡的南非矿业技术学校逐渐发展而成。[52] 3. 取代了维多利亚学院的斯特伦博斯大学。[53] 4. 组建于 1916 年的开普敦大学,一开始它就是一所一元制的大学。[54] 1930 年,比勒陀利亚的德兰士瓦大学学院成了比勒陀利亚大学,它原本建于 1908 年,是从约翰内斯堡的德兰士瓦大学学院的文学系和理学系发展而来。除南 198

---

[51] *Ibid.*, 73; *University of Cape Town and University of the Witwatersrand: The Open Universities in South Africa* (Johannesburg, 1957).

[52] B. K. Murray, *Wits the Early Years: A History of the University of the Witwatersrand, Johannesburg and its Precursors, 1896 — 1939* (Johannesburg, 1982).

[53] H. M. Thom *et al.*, *Stellenbosh 1866 — 1966. Honderd Jaar Hoër Onderwys* (Cape Town, 1966).

[54] J. H. Louw, *In the Shadow of Table Mountain: A History of the University of Cape Town Medical School and its Associated Teaching Hospitals up to 1950, with Glimpses into the Future* (Cape Town, 1969).

非大学外，南非其余所有的大学都是联邦制大学，以伦敦大学为模式，效法像曼彻斯特这样的英国现代地方大学的模式。[55] 在这些高等教育机构中还要算上南非本土学院(South African Native College)，它成立于1916年，是艾利斯(Alice)城的卫理公会教派的教育联合体和神学院的一部分，1951年成为福塔雷萨(Fort Hare)大学学院。

时至所回顾的这一时期末，南非的大学在语言和社会学上可分成以英语大学(开普敦、威特沃特斯兰德、纳塔耳、罗德斯和福塔雷萨)和南非语大学(斯特伦博斯、比勒陀利亚、奥兰治自由邦和波彻斯卓姆)。在这些机构中，其中有8所大学的学生群体主要是白人或欧裔，在英语大学中，还有一小部分非洲黑人、"有色人种"和亚裔的学生，不过，福塔雷萨的学生几乎全是黑人[科萨人(Xhosa)]。[56]

南亚：印度和锡兰

印度：到1800年，印度还没有大学，到1939年则已经有了17所大学。印度代表了欧洲大学模式向一个没有本土类似机构传统的社会进行传播的典型。在远古时代，在塔克撒西拉有一所宏伟、精美的建筑，它是用于从事高深的宗教与哲学研究的，到1900年为止，它早已了无痕迹，在纳兰院(Nalanda)也不再有类似的机构了。莫卧儿王朝统治印度期间，有许多穆斯林学校或伊斯兰学校，其中一些学校是从事高深的《可兰经》研究工作；但它们都不是大学。

印度的第一所提供欧洲学科和印度学科的高等教育机构是加尔各答(Calcutta)的印度学院(Hindu College)，它成立于1817年，是由一位名叫大卫·黑尔(1775—1842)的英国工匠和多位希望印度能够从西方科学文

---

[55] Newton, *Universities* (注释50), 105—106.

[56] P. V. Tobias, *The African in the Universities* (Johannesburg, 1951). 关于南非大学教育的种族隔离问题：*Apartheid Medicine: Health and Human Rights in South Africa* (Washington, DC, 1990); M. Horrell, *Bantu Education to 1968* (Johannesburg, 1968); H. W. van der Merwe and D. Welsh (eds.), *Student Perspectives on South Africa* (Cape Town, 1972); P. V. Tobias, *The Sixth Freedom*, Edgar Brookes Academic and Human Freedom Lecture (Pietermaritzburg, 1977).

明中受惠的孟加拉人——他们多为宗教改革家和倡导者——提议建立的。另一方面，政府希望建立一所"梵语学院"来教授传统的印度学科。改革主义者宗教协会"梵天运动"(Brahmo Samaj，也译作梵社，印度教内部的一神论改良派组织，1828 年由罗伊在加尔各答创建——译注)的精神领袖拉默洪·罗伊(Rammohun Roy，1772—1833)希望建立一所教授"数学、自然哲学、化学、解剖学和其他实用科学"的学院，[57]并且由在欧洲受教育的人来进行教学。但在六年左右的时间内，梵语学院逐步消沉，多亏黑尔和一些印度朋友坚韧不拔的努力，从东印度公司获得了经济援助，学院才得以生存。东印度公司欣然接受了他们的求助。这是英国官方首次在印度为英国式的高等教育提供支持。到 1828 年，梵语学院已有 436 名学生。其课程大纲包括"自然哲学和实验哲学、化学、数学、几何、泰特勒(Tytler)的《通史要览》(Elements of General History)、罗素(Russell)的《现代欧洲》，以及弥尔顿(Milton)和莎士比亚(Shakespeare)的作品"。[58] 此后，又新建了许多教授现代基础科目的学院，即物理和生物科学、数学、地理、历史和欧洲文学和语言——主要是英国的科目。1830 年，孟买(Bombay)创建了埃尔芬斯通学院(Elphinstone Institution)，它由印度公共募捐来提供经费，并接受了东印度公司的赠与作为补充。但梵语学院和埃尔芬斯通学院都不能授予学位。这两所学院主要是由印度的慈善捐赠和学生学费来维持的。

19 世纪中期，印度大约有 25 所这样的学院。它反映了印度商人和专业阶层对现代科学和欧洲学科的高等教育的强烈持久的需求，而这两个阶层也开始在印度社会中形成了一个富有特色的"现代部门"。关于印度政府及其省政府应支持何种教学的问题，已经在英国国会和印度政界进行了多次讨论。印度"现代派"的舆论强烈支持现代欧洲学科的教学。而英国人，即那些著名的"东方通"则反对英国官方所鼓励的在印度进行现代学科的高等教育，他们希望能够通过梵语和波斯语的教学来培植印度

---

[57] Memorial to Governor-General, 11 December 1823, W. H. Sharp, *Selections from Educational Records*, vol. I (Calcutta, 1920), 101.

[58] M. Sayeed, *A History of English Education in India 1781－1893* (Aligarh MAO College, 1895), 26.

和伊斯兰学科。他们的想法遭到了"英国通"的反对，这在总督理事会的立法成员和公共教育委员会主席托马斯·巴宾顿·麦考利（Thomas Babington Macaulay, 1800—1859）1835年的一份教育备忘录中得到了清晰的体现。他以贬抑的口气谈到"东方学问"，他说，印度全部的"本土文学"还不
200 如"欧洲一家好图书馆里的一个书架上的书多"；他的观点引起了持久的共鸣，其后，印度政府的政策就转变为通过英语媒介弘扬欧洲的科学与文学。[59] 之后不久又决定，政府的官方语言将是英语，而不是波斯语；这个决议一作出，有教养的印度公众接受西方高等教育的需求就变得更强烈了。1854年，东印度公司管理委员会主席查尔斯·伍德爵士（Sir Charles Wood, 1800—1885）就教育政策发出了一份急件（后来也被称为"伍德急件"。——译注）。他提出要在印度创办现代大学。在1857年，印度民族大起义这一年，有3所大学开学，它们分别位于加尔各答、孟买和马德拉斯，它们由公共资金资助，效仿伦敦大学的模式。[60]

新大学的主要特征是以英语为教学语言。这一方面造就了新印度大学与其后来的附属学院之间的牢固联系，另一方面也建立了与某些英国模式的联系。语言相同大大促进了印度大学与一些英国大学课程大纲的相似度。新大学是"附属学院制大学"，并不从事教学，所有的教学是在附属学院中进行的。这便是伦敦大学的模式，其附属学院有伦敦大学学院和国王学院。伦敦大学是个举办考试、授予学位的权力机关，教学则是在所辖的学院中进行的。这也与牛津和剑桥模式有相似之处，牛津和剑桥的绝大多数教学是在学院中进行的，大学仅负责考试和学位授予。通过其对考试管理以及对课程大纲的相应影响，大学就能保证维持着统一的和高水准的教学与研究。

加尔各答大学的附属学院广泛分布在孟加拉（Bengal）、比哈尔（Bihar）、联合省和西部的旁遮普（Punjab）。孟买大学则接纳了孟买统辖区内

---

[59] Minute of 2 February 1835. See H. Woodrow (ed.), *Macaulay's Minutes on Education in India* (Calcutta, 1862).

[60] B. T. McCully, *English Education and the Origins of Indian Nationalism* (Gloucester, Mass., 1940; rpt. 1966), 131ff. A classic account of education during British rule in India: S. Nurullah and J. P. Naik, *A History of Education in India* (Bombay, 1951).

的所有学院；马德拉斯大学也是把马德拉斯统辖区的学院都纳入麾下。为了响应一些“印度头面人物”(eminent Indians)的强烈要求，旁遮普大学于1882年在拉合尔(Lahore)建立；1888年，第五所大学在阿拉哈巴德(Allahabad)成立，与前三所大学采用了相同的组织模式。在一元制的教学大学出现后，这种形式在20世纪出现了一定程度的变化，但它们没有改变“附属大学”模式的优势地位。

印度所实行和延续的这种模式并不是印度人的选择，渴望“现代知识”的印度人并没有明确说明他们需要何种机构。英帝国政府之所以选择“附属大学”的模式，也在于成本的考虑。加尔各答、孟买和马德拉斯这三个统辖区已经有了三所学院，政府已感到其维持的成本不菲。中央政府也认为没有必要且也没有经济实力来独自创办三所教学型大学。但尽管如此，将现有的辖区学院(Presidency colleges)升格为大学似乎也不可行；而且当时已有许多得到政府认可的非官方学院，满足了日益增长的教育需求。由于怀疑它们的教学水准，政府认为需要对它们进行一定程度的管理。官员对成本是非常敏感的，这部分是由于许多英国官员在不同程度上都是功利主义者。功利主义的倾向也助于他们转向伦敦模式，因为伦敦大学在很大程度上就是一个功利主义的产物。虽然许多印度人也曾在牛津和剑桥就读，但他们认为该模式并不合适。当时它们的声誉正处于低潮：课程大纲与英国和苏格兰的新大学相比是陈旧的，在推选奖学金和招生方面有宗教要求，而这些不合理要求剥夺了非天主教印度人的资格。它们的开支很大，而且还无法得到公共资助。但尽管如此，牛津和剑桥的学院在一定程度上对印度的一些英国传教士学院产生了影响。苏格兰大学模式更适用于印度，这是因为它们不拘泥于古典主义，对社会的所有阶层开放且没有宗教要求，但它们是教学大学。如果可以将辖区学院升格为大学，并授予它们颁发学位的权利的话，那么它们将成为极好的模式。但是，这将使私立学院摆脱控制，政府对此并不愿意。

在接下来的80年间，由印度及欧洲的教育家和慈善家创建的私立学院数量也在快速增长。例如，在1881－1882年和1901－1902年间，英式文理学院的数目从63上升到140，其学生从近5500名增加到17 000名以

202 上。到世纪之交,这些学院从本质上看大多数仍是私立机构。[61] 其中一些学院有较高的学术水平。它们中有一些是由英国传教士协会建立的,像孟买的威尔逊学院和加尔各答的苏格兰教会学院,是长老会建立的;而像德里(Delhi)的圣斯蒂芬学院,则是由英国国教派建立的;马德拉斯天主教学院也是由传教士建立的。罗马天主教传教士学院也成倍增加;其中有几所学院,比如孟买的圣沙勿略学院(St Xavier's College)和其他同名的学院,都是耶稣会学院。尽管对基督的领悟各异,但这些学院全是教授所有的西方科目,而且其课程大纲也是由所隶属的大学校准。在这些欧洲教师中,有许多是牧师和宗教神职的人员,一般都受过良好的教育,能够进行高水准的教学。与伦敦大学学院和程度较低的伦敦国王学院不同,它们是从事科学和学术研究的重镇,而印度的学院和大学则不要求其教师从事研究,也几乎没有教师进行研究工作。学院,除了主要的辖区学院或政府学院外,大多依赖于学生的学费;传教士学院则得到其所属传教士协会的资助。省政府在大学资助方面存在严重不足,除了上述的特例外,政府几乎不资助学院。为了使其学生合格地获得学位,所有学院不得不在课程大纲方面严格遵守大学的要求。

伦敦大学有两个独特且相互独立的大学治理层次,一个是外行管理,一个是学术治理。外行管理委员会是自我征聘的,其成员不是由政府选派的。相反,印度被称为理事会的外行管理委员会,也是学术委员会。其部分成员是通过毕业生选举产生的,但主要是通过政府任命的方式产生的,其中只有一小部分学术代表。印度大学总是惧怕大学事务将引发不可预期的政治影响,教师也没有自我组织来制衡理事会与校长的权力。

政府学院和传教士学院,尤其是前者,都有严格的招生和任命教师的标准。政府学院的教师具有公务员的地位和任期。新教传教士学院的教师则没有这种保障;而在罗马天主教学院中,如果教师有神职,则就有保障。在新教和罗马天主教学院教学的世俗人士,没有无限期连任的保证。
203 在大多数私立学院中,教师是没有安全保障的,任凭校长处置。私立学院

---

[61] A. Seal, *The Emergence of Indian Nationalism: Competition and Collaboration in the Later Nineteenth Century* (Cambridge, 1968), 22.

也有外行管理委员会，但他们极不尊重自我权限与其所负责的学院内部学术权限之间的必要差异。私立学院的教师质量参差不齐，这是因为它们并没有明确的任命方式或资格要求。通常，他们是由校长任命，并征得了管理委员会的同意。除非他们也教授文科硕士学位的"大学课程"，否则，他们的任命便不是"大学任命"，"附属大学"也不得插手其任命事务。印度的学院不像牛津和剑桥的学院，大部分是独裁式的，在学院事务方面没有为教师表达自己意见提供制度保证。在形式上也没有保护教学自由和学习自由的措施。政府学院以及传教士学院的一些教师，也是杰出的学者或科学家。但其主要任务是教学，一些特定的管理职位也对他们虚位以待。

就这样，印度在实践伦敦大学模式中缺乏创造性。伦敦大学之所以成立，是因为它不需要监管其所属学院，以保证其学术标准，它们的教师也是如此。在这种意义上，伦敦大学是多余的。在印度，即使一些学院想要独立于它们所属的大学，但学生们希望获得学位；它们没有授予学位的权力，据认为这样做不会导致标准的降低。要想学位得到认可，就必须由主管部门来颁发学位。在印度，除了辖区学院和最好的传统士学院外，有关机构，即使是私立学院是十分脆弱的，管理委员会对教学和学习质量漠不关心，大学对由此产生的危害也不闻不问。但尽管如此，它仍可以决定课程大纲，安排并评估考试。决定候选人能否被授予学位的这三项活动，是由学院内的教师和大学管理委员会中选拔出的、最具权势的外行人员来操作的。

大学为其所属学院安排学位课程，这与伦敦大学极为相似。除一小部分"东方"科目，尤其是梵语、波斯语及一些课文外，其主要科目与在伦敦学院教学的科目完全一样。为了获得学位，学生学习的科目种类一点也不比 19 世纪 50 年代牛津和剑桥正式提供的科目少。通过讲座和课堂背诵，学院也采用在伦敦大学和苏格兰大学实行的方法来教学。偶尔也采用英国传统大学中的导师制，但这种模式极少能够实现，这是因为教师有繁重的常规课堂教学负担。 204

所授予的低级学位是英国的学士学位。一些学院也可按照它们各自的大学规章，提供硕士学位的教学。学位的授予也无须提交严格的学术

研究论文。在大学中引入研究生学习和研究的第一步，是由加尔各答高级法庭的法官和加尔各答大学的副校长（1906—1914，1920—1923）、杰出的数学家阿舒托什·慕克吉爵士（Sir Aschutosh Mookerjee）（1864—1924）在20世纪20年代迈出的。虽然当时印度已有不少杰出的科学家和学者，但他们大部分都是自学成才。他们没有受过研究方法的训练，也没有接受过本身曾从事过研究的教师的指导。阿舒托什爵士对加尔各答大学的章程进行了修订，允许按照德国长期以来的既有传统和当时已在英国现代大学和美国大学研究生院中实践的方法来进行深入地培训。虽然慕克吉对这些发展都了如指掌，但他不能确定采用何种改革模式。他曾一度提出希望能效仿约翰·霍普金斯大学。在加尔各答改革之后，印度其他大学也开始了研究生水平的教学。进行这一层次教学的教师是直接由大学任命的；一些人也来自学院中的教师队伍。

20世纪，一些印度的新大学从一开始就是"一元制大学"，是集教学、考试和授予学位为一身的机构。其中的一些还可能鼓励其教学人员从事研究，但研究时间和设备却非常缺乏。长期以来偏向教学而无视研究是贫困的结果，但有时也被认为是效法牛津和剑桥的学院模式的产物。

在研究成为印度大学的常态之前，已有许多诸如印度考古发掘研究所（Archaeological Survey of India）这样的政府研究机构与诸如孟加拉皇家亚洲协会（Royal Asiatic Society of Bengal）[62]和浦那的班德哈克研究学会（Bandharkar Research Institute）这样的私人研究机构。这些研究所出版报告、期刊和专著。大学中研究生院的发展也产生了对印度科学期刊
205 的需求。加尔各答大学建立了加尔各答大学出版社，将印度的科学和学术著作以及关于印度学科的译著带给了更广泛的公众。在印度，所有的科学期刊和几乎所有的学术期刊都是用英语出版的。而且，印度的科学家和学者依然向往海外，这不仅是为了聚焦研究方向，而且也是为了出版。由欧洲出版社出版或在欧洲期刊上发表，将会得到更高的荣誉。求学于欧洲大学——主要是英国大学，也是如此，它们的管理、教学和研究都被认为是优于国内的教育机构。

---

[62] 参见第十二章。

虽然印度学院和大学的教师从一开始就主要是印度人，甚至在传教士学院和辖区学院中也是这样，但也有许多移居来的国外教师，他们通常是欧洲人，主要是英国人，其中许多人在印度获得了永久性的职业。在大学教授和传教士学院与辖区学院的院长中，移民现象十分普遍。许多来自欧洲大陆的人们，如奥雷尔·斯坦(Aurel Stein，1862－1943)和尤利乌斯·E. 约利(Julius E. Jolly，1849－1932)，为了在印度做印度学研究，便加入到印度教育服务处(Indian Educational Service)，成了政府学院的教师。

从19世纪70年代以来，印度人开始出国留学，他们几乎都是去英国。那些去牛津和剑桥学习的人回印度后会获得非常高的声望，哪怕他们在那里只是拿到了一个本科学位。继牛津和剑桥之后，伦敦大学也吸引了许多印度人。比如，甘地(M. K. Gandi)曾在“律师学院”(Inns of Court)中学习，而印度第一任总理尼赫鲁(J. Nehru)也曾是剑桥的一名本科生。20世纪20年代和30年代的伦敦经济学院尤其吸引他们，一些人留在了英国，再也没有回印度，也有许多印度人想通过“律师学院”以寻求法律职业，但这些人后来几乎与大学毫无联系。在19世纪的最后30年，去大不列颠学习，成为印度年轻人打算进入公职的准备阶段。后来，尤其在第一次世界大战后，越来越多的欧洲(尤其是英国)大学的印度毕业生进入了印度的学术专业领域。他们的加入强化了印度高等教育中的英国大学模式的烙印。

但也有一小部分印度学生去了德国，因为他们在政治上反感听从英国人的指令之下。还有部分印度学生去了法国。去美国的人不是很多，他们中间的一小部分在美国大学和学院里获得教职，但大多为二流学校。
在第二次世界大战之前，美国及其大学才开始进入印度知识分子的视野。 206

曾在19世纪德国大学学习过的美国人回国后，通常决定以德国的所学为起点，继续提高。但从英国回国的印度人在选择个人志向时，往往要面临更为艰难的情形。他们面临的是一个顽固的模式，在此模式中大学与教学人员彼此分离；教师被分散在许多学院中，无力创建一种全国性的学术风气。由于附属大学的章程，他们不得不依据课程大纲进行教学，毫无发言权。印度在移植外国大学模式的过程中，更为重要的问题不仅是

章程和结构的问题，而且还有教学内容的问题。虽然数学和物理科学以及大部分的生物科学具有普遍的有效性和相关性——但它们不是本土科学传统的产物——而课程大纲的其他部分，像历史和文学，则可能体现出欧洲中心的倾向。回国的印度学者可能十分欣赏欧洲，但也感受到它的不协调性，特别是在20世纪民族主义运动不断增强的时候，他们宣称他们不仅需要政治上的独立，而且需要一个真正意义上的"民族的"教育制度，因此要用本族语来进行教学，而不能用帝国主义的制度。

对印度高等教育的批判并非都来自民族主义政治家和新闻记者，也有来自英国的批评。他们普遍认为大学应该更好地适应印度的国情。但要进行精心、有效且合意的改造是十分困难的。人们不断抱怨，对农业社会而言，年轻的毕业生已过剩了，这里没有足够的职位来接纳这些大学毕业生。而任何削减机会的建议或暗示都会激起巨大的反抗。在大学内广泛使用印度语教学成了最可行的改造方法。1882—1917年间关于印度高等教育的许多重要报告，都谈到了用外国语对年轻人进行教育所遇到的困难。英语的使用经常遭到批判，但即使是那些批判它的人，除了极端的民族主义者之外，最终还是接受了它，因为其他的选择更加不可行。

简而言之，没人对舶来的大学模式的现状表示满意，但却缺乏关于如
207 何使大学适应印度国情的建设性的、富有想象力的和实际的想法。英国和印度的教育家似乎都不能找到解决方法。在20世纪要建立"真正的印度大学"的多项尝试中，就包括了在1907年抵制英国货运动时期创建的孟加拉国立学院(Bengal National College)。但它尤如昙花一现般消亡了，而更稳固、更持久的成就则是伟大的文学家罗宾德拉纳特·泰戈尔(Rabindranath Tagore，1861—1941)1917年在孟加拉的桑地尼克丹(Shatiniketan)创建的大学。对于固定模式而言，即便这样著名的实验，也只是一个特例而已。印度的大学因而继续追随英国大学的模式。但考虑到用外国语教外国课程这一异常现象，以及最高权力与无形的、边缘化的附属大学的结合，这使得学术伦理难以在印度植根。但在辖区学院、主流的传统士学院和一些由印度人运营的学院，如浦那(Poona)的弗格森学院(Fergusson College)也存在一些突出的例外。但除了纯粹的学术意义之外，印度高等教育的出现还具有长期深远的影响。印度的毕业生是新型公共领域和新

型公共身份的创造者，这在1947年的独立中发挥了政治作用。由于20世纪高等教育不仅向男性开放，也向女性开放，这使得性别角色得以重塑，印度妇女日益在公共生活和专业职业的诸多领域中发挥重要作用。无论英国人移植过来的高等教育有多么光怪陆离，但如果没有这些经验，现代印度的政体和印度社会的巨大变革就不可能发生。

锡兰：锡兰（即斯里兰卡）的第一所高等教育机构是女王学院。这是由一所中学，即科伦坡学院（Colombo Academy）发展而来的，1859年，它成为加尔各答大学的附属学院。它有了一个新的名字，皇家学院，提供入学后教育，并在一定程度上为伦敦大学的外部考试作准备。1870年创建了锡兰医学院，提供医学教育。当地的慈善家为学校修建了校舍。而且它还得到了1886年医疗法（Medical Act）的认可。随后法学院也很快得以建立。但除了医学和法学之外，对19世纪的英国人和富有的锡兰家庭而言，如果希望他们的子女受大学教育，则不得不把他们送到大不列颠。锡兰大学教育的起步要晚于印度，其中以专业阶层和较富裕的商业阶层的大学教育需求最为突出，1906年成立了锡兰大学协会。著名的知识分子要求建立大学，实现现代西方知识与传统知识的结合。而政府则必须成为这一机构的代理人。对于这一点，政府既不反对，也不赞成。1912年，立 208
法委员会提议在皇家学院中成立一所大学。但由于第一次世界大战的干扰，一切都成为了泡影。战后，1921年建立了锡兰大学学院，它附属于伦敦大学，由它为锡兰大学学院学生组织外部考试。与此同时，对全职大学的需求也与日俱增，政府也在原则上接受了这个提议。1930年起草了一份章程。1942年终于成立了锡兰大学。与其前身大学学院一样，它完全依赖于政府的财政支持。

1940年，杰出的英国宪法律师艾弗·詹宁斯（Ivor Jennings，1903—1965）成了大学学院的院长，1942年成了大学的副校长。他坚持新大学的自治与统一。在大学内部权力运作的安排方面，它完全照搬两次世界大战之间的现代英国大学。据一位观察者说，帕拉代民亚大学（Peredeniya）

的新分校就像是“马哈维里（Mahaveli）的剑桥”。[63] 它再一次效法了英国大学。但这一模式自印度第一所大学建立以来，已获得了较大的发展。印度附属制的经验足以证明将来必须避免这一情况的出现。同时，现代英国大学的发展已硕果累累，它们启发了新理念和新标准，这些在印度大学诞生之初都是不存在的。

东南亚

缅甸：仰光大学（University of Rangoon）开创于1920年，当时有6位教授和829名学生。它由两个学院组成，分别是：前仰光学院，最初是仰光高中的学院部（1904年重命名为政府学院，1920年再次更名为大学学院），1885年成为加尔各答大学附属文学院；贾德森学院（Judson College，1918年前为浸信会学院），它是由美国浸信会传教团创建的，1895年成为加尔各答大学附属学院，成为“第一文科学院”，1909年开始颁发文科学士学位。像印度大学一样，学院的创建大多是为了满足一小部分缅甸专业阶层和商业阶层对高等教育的需求；而另一推动力则是英国殖民政府，他们
209 认识到为附属国提供高等教育的责任。英语是教学用语，大部分教师是欧洲人；也有一些中国人、印度人和缅甸人，教学方法和学科课程沿用牛津和剑桥模式（而其前身加尔各答大学是效法古老的伦敦大学模式，其考试职能被明确地回避了）。[64] 这所大学逐渐扩张，1930年成立了大学教师培训学院，农业学院和曼德勒（Mandalay）研究学会也于1938年也获得承认，附属的曼德勒中间学院（Mandalay Intermediate College，建于1925年）于1948年获得学位资格（到1958年才成为独立的大学）。

仰光大学从一开始就被学生视为具有帝国主义性质和限制性的大学，1920年12月1日大学的开学也遭到了抵制，并在全国的学校中蔓延开来。随着缅甸民族主义呼声的增强，1936年和1938年在仰光大学又爆发了两次罢工，仰光大学高度政治化的学生联合会的领导人成了缅甸独

[63] K. De Silva, ‘The Universities and the Government in Sri Lanka’, *Minerva*, 15, 2 (Summer 1978), 251ff., quotation p. 254.

[64] H. Tinker, *The Union of Burma*, 4th edn (Oxford, 1967), 193.

立的缔造者。[65]

马来亚:1905 年,(英属)海峡殖民地和马来亚联邦政府医学院(Straits Settlement and Federated Malay States Government Medical School)在新加坡建立。它的建立是应当地华人的需求,其目的仅为培养医疗辅助人员,但它却是当时马来亚第一所现代高等教育机构。1912 年,它更名为国王爱德华七世医学校(King Edward VII Medical School),1926 年伦敦医学总会(General Medical Council)认证了它的医学学位。1921 年,再次更名为国王爱德华七世医学院。1928 年,又在新加坡成立了莱佛士(Raffles)学院。它也是应受过教育的华人阶层的需求建立的,并与医学院合并。这两所学院都是英式机构。莱佛士学院自身不能授予学位或文凭,其学生不得不参加由英国的考试机构负责出题和判分的考试。教师主要是英国人,也有一小部分华人,高级管理者也是英国人。教学语言是英语,为学生准备的学科以及学位和文凭,与现代英国大学相同,教学方法也是如此。[66]

泰国:国王朱拉隆功(Chulalongkorn,1853—1910)从 19 世纪末开始 210
就打算在泰国创建一所培训公务员的大学。但没有成功,于是 1911 年他就将原建于 1906 年的皇家佩奇学校(Royal Pages' School)改组为行政学院(Civil Service College)。后来它成为 1917 年成立的朱拉隆功大学的核心部分,效法英国大学模式。它将已有的几所独立的医学院和工程学院合并为大学。新大学包括一所法学院以及一个道德政治科学系。最初的教师主要是外国人,大多数是英国人。许多教学是用英语进行的,这是因为许多学科都没有泰语教材,既没有原创性教材,也没有翻译教材。

1933 年,成立了第二所大学,即国立法政大学(Thammasarat University);它合并了之前的建立于朱拉隆功国王时代的一所独立的法学学校。

---

[65] Nyi Nyi, 'The Development of University Education in Burma', *Journal of the Burma Research Society*, 47, 1 (June 1964), 11—57.

[66] Chai Hon-Chan, *Education and Nation-building in Plural Societies: The West Malaysian Experience* (Canberra, 1977); P. Loh Fook-Seng, *Seeds of Separation, Educational Policy in Malaya, 1874—1940* (Kuala Lumpur, London and Oxford, 1975); R. Stevenson, *Cultivators and Administrators, British Educational Policy Towards the Malays, 1875—1906* (Kuala Lumpur, London and Oxford, 1975); S. Kanagasabai *et al.*, *Studies in Malaysian Education, An Annotated Bibliography* (Kuala Lumpur, 1980).

它设有法学院、政治科学院、公共管理学院、社会工作学院和文学院，但没有自然科学学院或技术学院。尽管其缔造者极力避免过度依附于某一个欧洲国家及其大学模式，但国立法政大学依然与伦敦经济学院保持高度的相似性，其相关度远远胜过于大陆任何一所社会科学的专门学院。像伦敦大学一样，它允许外部学生参加其考试并获得学位。它也从巴黎的政治科学学院那里获得启发；其目标定位于现代统治阶级的教育。

第三所大学是位于班耿（Bang Kaen）的卡色萨（Kasetsart）农业大学，它成立于20世纪40年代初日本占领期间，是由各类部属的渔业、农业和林业部门官员的培训学校合并而成，以美国的农工学院为模式。与其他大学相比，它对政府财政的依赖程度较低，这是因为它得到了林业特许和农产品销售的收益。[67]

印度支那（柬埔寨和越南）：印度支那本地有着深厚的学校教育传统，提供着规范的学校教育：1932年，92%的南圻（Cochinchina）镇区（南越）都有学校。1932年，有21所学院（*lycées*）（其中有3所是女子学院），共有学生4800名。一些人去了法国，主要学习法学和医学。殖民地学生在巴黎
211 的第一个协会是建于1926年的印度支那人互助协会（*Association mutuelle des Indochinois*），1931年，巴黎城市大学（*Cité universitaire*）内的印度支那会馆（an Indo-China House）向印度支那的学生开放。

法属殖民地建立的唯一一所具有原创性的大学是位于北部湾（Tonkin）的河内大学（University of Hanoi，1917），主要是因为它是唯一一所真正向本地人开放的大学。[68] 首次尝试是在1907年，主要是为了平衡日本大学对印度支那学生的吸引力，但由于学生发动的民族主义暴动，所以不得不在1908年关闭。河内大学的真正创建者是总督阿尔伯特·萨罗（Albert Sarraut，1872—1962）。为废除传统的官僚考试制度，他殚精竭虑以促使印度支那整个教育制度的发展和现代化。河内大学不仅接受法裔

[67] B. A. Batson, *The End of the Absolute Monarchy in Siam* (Singapore, 1984), 78; D. K. Wyatt, *Thailand: A Short History* (New Haven, 1984), 228; J. A. Stowe, *Siam Becomes Thailand: A Story of Intrigues* (Honolulu, 1991), 76, 85.

[68] 必须注意到，在印度支那和北非，塞内加尔或马达加斯加岛，第一次真正提升某种高等教育的尝试与第一次世界大战紧密联系在一起。一战期间，本土军队大规模地参与了欧洲战场。这是提供给这些人的一种补偿。

学生，而且还接受本土学生。早在 1920 年就建立了学生宿舍。它规划了 8 个学院和研究所(法学、医学、兽医学校、工程学、农业等)，其中，印度支那的美术和东方医学与欧洲科学共同成为教学科目；但是到了 1931 年，由于资金的匮乏，实际上只开设了法学、医学和美术课。1934 年，河内大学成了一所完全的法国大学，其高级学院被授权授予理科学位，甚至法学或医学方面的博士学位。讲座采用法语和越南语。教学和考试标准似乎相当不错，类似殖民地学院也大同小异。

对殖民地资产阶级而言，河内大学是一次危险的革新，尽管民族主义运动依然对其表示不满。然而它却是第三共和国海外大学政策最具开创性的成就，因为它是唯一一所考虑到当地文化和教育传统，且同时竭力支持本土精英的进步和团结的大学。

印度尼西亚：在高等教育方面，荷兰的东印度群岛(Netherlands East Indies)落后于英国和法国在南亚和东南亚的大多数殖民地。虽然荷兰的大学有非常重要的印度学和汉学研究中心——包括对印尼生活所有方面的研究——虽然荷兰官方、当地居民和访问学者在印尼作了大量研究，但直到我们所回顾的这一时期末，荷兰东印度群岛地区仍没有大学。1909 年为创建一所法律学校曾发起过一次运动，但却因殖民地荷兰律师的反 212
对而受挫。不过 1924 年于巴达维亚(Batavia)还是建立了法学院，1926 年，雅加达(Djakarta)和苏腊巴亚(Surabaja)建立了医学院，取代了曾在 1913 年遭到荷兰内科医生反对的荷兰印尼内科学校。1920 年万隆(Bandung)也建立了一所工程学校。由第一次世界大战造成的通讯中断的促进，印尼商人与荷兰商人都迫切要求建立这样一种机构。它最初是私立的，但殖民地政府在 1924 年接管了它。1914 年，普沃勒佐(Purworjedjo)成立了一所高级教师培训学校，茂物(Bogor)也开始筹建农学院。那些希望学习物理和生物科学、历史、社会科学等科目的印尼人不得不去国外留学，他们主要是去荷兰的大学，但人数是很少的。[69]

直到第二次世界大战之前，巴达维亚才开始筹建大学，它主要以三所

[69] B. A. Knoppers, 'Het hoger onderwijs in Indonesia', *Indonesia*, 3 (1949), 36—60.

专门学校为基础。然而，由于 1941 年 12 月太平洋战争的爆发，这些计划没有付诸实施。唯一的一个新发展是文学和哲学学院(*Faculteit der Letteren en Wijsbegeerte*)的建立，它于 1940 年 12 月 4 日在巴达维亚正式开学。这项建立大学的计划在日本军队投降之后再次被提起，当时荷兰试图在印尼实现自身重建，但却惨遭失败，它是通过所谓“印尼临时大学”(Nood-Universiteit van Indonesia)的创建才得以实现，该临时大学合并了战前的法学院、医学院与文学院。它于 1946 年 1 月 21 日开学，不久又增设了一个社会科学学院。1949 年 12 月在荷兰把主权转交给印尼共和国后，这所临时大学转变为印尼大学(Universitas Indonesia)。临时大学采用了经荷兰移民引入并改造过的德国模式，这些移民将自己关于大学何为的理念带到了东印度群岛。

菲律宾是第一个拥有欧洲高等教育机构的亚洲国家。1611 年，马尼拉(Manila)成立了圣·托马斯(Santo Tomás)学院。它从西班牙国王那里获得了授予学位的皇家授权，1645 年又获得了罗马教皇的特许状。在顺利启航后的一个世纪中，它又接管了多明我会(Dominican)创建的罗马天主教牧师的高级培训工作。它成了多明我会的机构，并在很长一段时间内，它的教师也是多明我会的成员。它效法了西班牙由教会秩序主导的
213 学院模式。1743 年，它引入了民法的教学，同年，又获准授予民法和教会法学位。直到 18 世纪中期，它的大部分学生都希望成为牧师。1871 年，它开办了医学院。此时引入的改革是受西班牙自由主义改革者的理念启发，效法德国大学模式。当时它被称作圣·托马斯的马尼拉大学，是一所私立大学，主要依赖于学生所交费维持。教学人员是兼职的或是报酬很少的罗马天主教牧师。1896 年，它组建了哲学与文学院，1907 年建立了工程学院。

1901 年，菲律宾被纳入美国的管辖，1909 年菲律宾大学也在马尼拉建立。在许多方面，它效法了美国赠地学院的模式。资金主要来自政府。教授诸如兽医、商业、护士和新闻这样的实用学科。同时也教授一些人文学科方面的课程。

除这两所大学外，还有一些传教士大学，如 1859 年创建的雅典耀大学(Ateneo de Manila)，其前身为一所小学。1865 年，耶稣会引入了五年制的

文学学士计划。1959年,雅典耀获得了大学特许状。相应的,1907年,新教创建了协和神学院(Union Theological Seminary)。菲律宾也有营利性的学院和大学,为私益运营。此类机构中最著名的是远东大学,它于1934年获得大学地位,之前是一所私立商业夜校。某些私立大学是单科性的。例如,亚诺妮塔(Araneta)大学以农学为专长。由于菲律宾是美国殖民地,所以它比美国以外的其他国家更早开始实现高等教育的大众化。

澳大利西亚*1

澳大利亚(Australia):19世纪后半期,当英国还只有少数几所可以追溯到几个世纪前的大学时,四个新生的、荒芜的澳大利亚殖民社区和新西兰殖民地,把有限资源中的大部分都用于建立大学,似乎是不适宜的。他们这样做的目的在于以祖国文化和哲思的彰显来掩饰自己,以证明虽然远离帝国中心,但英国文化与学识在外围依然得以延续。大学成为文明的代理人,意在提高殖民地的道德品质。距离和殖民地的不利因素意味着,他们都渴求知识。

通过立法,在悉尼(1850)⑩、墨尔本(1853)⑪、阿德莱德(Adelaide)(1874)⑫和塔斯马尼亚(Tasmania)(1890)⑬创建了澳大利亚的殖民地大学。1901年,澳大利亚成为国家后,又分别于1909年在昆士兰(Queensland)和1911年在西澳大利亚建立了新大学。⑭ 澳大利亚殖民者的背景和大学经验的多样性意味着模式选择的多种可能。牛津和剑桥是 214

* 澳大利西亚(Australasia):一个不明确的地理名词,一般指澳大利亚、新西兰及附近南太平洋诸岛。——译注

⑩ H. E. Barff, *A Short Historical Account of the University of Sydney* (Sydney, 1902).

⑪ G. Blainey, *A Centenary History of the University of Melbourne* (Melbourne, 1957).

⑫ W. G. K. Duncan and R. A. Leonard, *The University of Adelaide 1874 - 1974* (Adelaide, 1973).

⑬ R. Davis, *Open to Talent: The Centenary History of the University of Tasmania* (Hobart, 1990).

⑭ F. Alexander, *Campus at Crawley: A Narrative and Critical Interpretation of the First Fifty Years of the University of Western Australia* (Melbourne, 1963).

难以企及的理想，然而都柏林三一学院和苏格兰的大学则常受追捧，因为它们在澳大利亚有许多毕业生。但尽管如此，殖民地大学也是当代自由主义思想的产物，因而更普遍地反映了英国最新机构，如伦敦大学和爱尔兰大学的模式，因为它们是非教派主义的。在其他方面，殖民地大学与英国模式不同，因为它们基本上是州立学院，而不是私立或教会事业，它们与英国大学相比更世俗，因而也限制了教会的影响。它们还挑战了传统，因为教学成了教师的职责，而不是由学院承担的负责考核学生的大学当局的职责。它们允许甚至是鼓励建立教会学院，但它们大多是寄宿制机构，与英国相比，它们更多的是补充性和边缘性质的机构。悉尼的第一批学院有圣保罗学院（1854）和圣约翰学院（1857），以及墨尔本的三一学院（1872）、奥尔蒙德学院（1882）和女王学院（1888）。

澳大利亚的大学小而精，它们为数不多的学生主要来自社会经济的富裕阶层。直到 19 世纪 80 年代，学生仍只有男性。部分出于教学的考虑，部分出于可行性的因素，在课程范围和课程内容方面存在着激烈的争论，支持古典主义取向教育的传统主义者和那些出于自由主义与实用主义因素而支持医学、工程学、教育学等实用课程的人们之间，往往是剑拔弩张。最终，大学如果要维持下去的话，就必须采用后者。直到进入 20 世纪后，大多数教授还是来自英国，最优秀的学生也被送到英国进行研究生阶段的学习，这使英国制度的影响得以长期存在。

215 **新西兰**的大学也是英国传统与地方多样性相结合的产物。它创建大学的动机与澳大利亚相似，既包括城市和省之间、学生数量和资源之间的显著的地方竞争，也包括对建立完全的教学大学的倾向。该制度是一种集权式的学位授予制，并由地方学院承担教学。

苏格兰长老会主要负责 1869 年由奥塔戈省委员会在达尼丁（Dunedin）建立奥塔戈（Otago）大学，一所完全教学大学。但尽管如此，依然存在着建立国立大学的竞争压力，这使得殖民地政府通过立法于一年后（1874 年由修订法案核准）建立了新西兰大学。它建在首都惠灵顿，其治理模式在某种程度上效法了伦敦大学。它不是一所教学大学，其职责在于录取、

奖学金和学位的考核。附属的学院将负责教学。[75]

一开始并不存在附属学院。奥塔戈不愿意放弃了独立地位，而谈判又毫无结果。最终，1873 年英国国教徒在克赖斯特彻奇(Christchurch)成立了坎特伯雷(Canterbury)学院，1874 年奥塔戈最后放弃了授予学位的权力并成为附属机构，但仍保留奥塔戈大学的头衔。在财政和其他方面的延误之后，1882 年世俗的奥克兰(Auckland)大学学院得以成立，1897 年惠灵顿成立了维多利亚大学学院。

像澳大利亚的大学一样，这四所学院的教职工几乎完全依赖于英国学术界。像澳大利亚的政府一样，新西兰在一个人烟稀少的国家里奋斗了几十年用于支持几个规模虽小但却有着宽广的课程范围的机构，但非同寻常的是大部分新西兰人都接受了大学教育。在多数情况下，这些学院的运作独立于惠灵顿的新西兰大学，它们也对联邦制的延续表示不满。竞争和资源的紧张意味着没有一所学院能够如其所愿地发展，也没有一所学院能坚持独立。[76]

在澳大利亚和新西兰，直到二战后的几十年间，随着经济和人口的繁荣昌盛，对第三级教育的需求日益发展，才出现了第三级教育中英国因素的发展、转型与挑战。

东 亚

216

香港：建于 1911 年的香港大学，一开始就与英国现代地方大学相似。它有四个学院——文学院、工程与建筑学院、医学院和理学院——和一个东方研究所。除中国文学、语言学和历史学外，其他所有学科的教学用语都是英语。在支出方面，它几乎完全依赖香港政府的财政支持，在经常性支出中也有超过一半的预算来自政府。这不可避免地给大学带来了约束，但政府并没有插手大学事务。其内部治理模式与英国现代大学极为

[75] H. Parton, *The University of New Zealand* (Auckland, 1979).

[76] S. Keith and T. McNaughton, *A History of the University of Auckland, 1883－1983* (Auckland, 1983).

相似。[77]

中国:除了现代西方文明之外,没有一种文明能像中华帝国的文明一样,在漫长的历史中将学术资质与政府高级官员的任命如此紧密地联系起来。毫无疑问,这将有助于解释为什么中国有着最为悠久和持续的、为文明涵养提供制度保障的历史。拥有圣贤(sages)及其弟子的学校,拥有学者和学生的学术机构(academy)在中国已有 2000 多年的历史。然而,这些学习机构在教学内容上与西方大学极为不同,其学位、文凭及证书的授予是建立在选择性考试的基础之上,这也成为中国历史最突出的特点之一。

19 世纪在列强面前软弱绝望的中国,在社会诸多方面慢慢地甚至急躁地推进激进的手段。然而,若要抛弃传统秩序和儒家学说,用"西方知识"来取而代之,则心存芥蒂。许多中国人已经在欧洲和北美大学学习过,或者在世界其他地方游历过;因而在 19 世纪末,现代大学机构形式和实质内容已为中国所了解。因此,在中国,辩论的焦点不是是否应效法西方建立大学,更为重要的、更为根本的、更为紧迫的是关于是否需要或是否必须学习西方科学技术的问题,如果答案是肯定的,那么是否有可能在不影响中国社会、政体与文化特质的情况下学习它们。[78]

217 对这些问题的第一个回答就是 1861 年建立了一所外国语学校(即京师同文馆——译注),其中包括英语、法语和俄语。它坐落在北京的政府兵工厂里,由一个等同于外事办公室的机构(即总理各国事务衙门——译注)进行管理。1863 年,广州和上海也建立了外国语学校(广州同文馆实为 1864 年建立——译注)。1866 年,天文、数学和其他自然科学也被加进了外国语学堂的课程大纲。19 世纪 80 年代,又建立了军事技术和电报学院。这些学校是应付西方挑战的首次努力,因为他们认识到要"师夷长技以制夷"。

成立于 1898 年的北京大学(即原京师大学堂——译注),并不是对此问题作出的圆满回答。它于 1902 年停办,于次年重新开学,并取缔了原有

---

[77] 参见《香港大学年鉴》(*Yearbook of the University of Hong Kong*)。

[78] E-tu Zen Sun, 'The Growth of the Academic Community 1912－1949', in J. K. Fairbank and A. Feuerwerker (eds.), *Cambridge History of China*, vol. XIII: *Republican China 1912－1949* (Cambridge, 1986), 361－420.

的语言学研究所和医学研究所(实际上京师同文馆和京师大学堂均毁于1900年八国联军的战火,1902年复校。——译注)。该大学教授中国的古典名著、政治与法律、医学、自然历史、农学、工程学和商学。对外,它也教授管理并提供教师培训。北京大学的行政组织、教学科目、促进科学和现代学术研究的教学目的、课程大纲的组织和学位的授予,大致上都受到欧洲的启发。除了广泛地讲授欧洲学科外,它还大规模地教授中国古典哲学、宗教和文学。在北京大学诞生之初,它是受政府管辖的。由于课程大纲变动不居,学习课程也难以述说,学生松懈不拘。校长大多没有学术经验,尤其是欧洲的学术经验。但尽管如此,它始终秉持着一个模糊的信念,即要成为一所欧式的大学。

紧随京师大学堂建立而来的是1905年科举制度的废除和1910年要求各省都建立一所帝国大学(即高等学堂。——译注)法令的颁布。1911年,中国成为了一个共和国;1912年,民国教育部颁布《大学校令》,宣布,"大学以教授高深学术、养成硕学宏材、应国家需要为宗旨"。[79] 北京大学少有进步。1911—1912年间,严复(Yen Fu,1853—1921)曾短期任校长,他在英国居住了几年,是由政府派到英国学习航海技术和技艺的。旅英期间,他接受了英国政体与自由主义的政治观念。回国后,他把斯宾塞 218 (Herbert Spencer,1820—1903)、赫胥黎(Thomas Henry Huxley,1825—1895)、斯图亚特·密尔(John Stuart Mill,1806—1873)的著作和孟德斯鸠(Montesquieu)的《论法的精神》(*Esprit des lois*)翻译成中文,可他并不熟悉英国的大学。1908—1911年曾在莱比锡学习的蔡元培(1867—1940)回国后,曾掌管教育部,1917年他担任北京大学校长一职。他是德国大学的热情崇拜者,认为德国大学中教师培训与政府资助的科学研究和德国的崛起有必然的联系。他密切关注教职工的学术资质,并将其作为学术任命的唯一标准,进而提高了教职工的水平。他创建了附属于大学部的研究所,创建了处理学术事务的教授会和大学评议会。他为学生自己的报纸提供了经费。他为学生引入了选修制,并允许女性入学。作为一个德国大学理念的信徒,他与在法国学习过的李书华(1889—1979)的观点存在冲

---

[79] *Ibid.*, 379.

突，后者倾向于法国模式，把研究置于大学之外的独立研究所中。1918年，蔡元培起草了人文学科、自然科学、社会科学和法律方面的研究生方案。在关于研究生学习的理念中，他以柏林大学为范式。[80] 在政府武力镇压 1919 年的“五四运动”时，他辞职以示抗议，但被说服重回北大任职，直到 1927 年。

20 世纪 20 年代和 30 年代，中国的学术自由主义希望中国能达到更高的学术标准，以使中国大学跻身于哈佛大学、巴黎大学、牛津和剑桥大学的行列，其国家图书馆能与美国的国会图书馆、法国的国家图书馆和大英博物馆相匹敌。当时掌管中央政治学校的罗家伦（1896－1969）说，他希望这所四年制的学校能与伦敦经济学院和法国的政治科学学院相比肩。[81]

到 1922 年，（中国）共有 5 所国立大学、2 所省立大学和 7 所基督教学院。1936 年，在中国的 78 所大学和学院中，有近一半是私立的，在这些私立学校中，大约有一半以上是原先的传教士学院，得到外国的较多支持。
219 在 1936 年开办的 42 所大学中，将近 1/4 是国立大学，1/4 是省立大学。20 世纪 20 年代早期，其他重要机构有（仅北京一地）：国立师范大学，成立于 1898 年；燕京大学，由美国和英国的新教传教团体建于 1919 年，设有文科、理科和法学；北京协和医学院，建于 1906 年，自 1915 年起得到洛克菲勒基金会的资助；以及国立清华大学，这是一所旨在为青年出国作准备的学院，学者得到美国庚子赔款的资助——英语是教学用语。总而言之，1922 年仅在北京，就有 40 所现代高等教育机构。它们的西方参照来源非常多元：吸收了英国、美国和法国模式，并进行自由组合。各个国家的基督教传教团体的努力，也带来了许多基督教教派的影响。传教士学院的明确思路是，效法美国文理学院的模式。

最主要的私立高等教育机构之一，就是天津的南开大学，这是前海军军官张伯苓（1876－1951）的贡献。他为了抗议中国对英国的让步而离开军队，转向教育，以期实现救亡图存。1917－1918 年间，他在哥伦比亚大学师范学院学习了一年。1919 年，在富有的朋友的经济支持下创办了南

[80] *Ibid.*, 372.

[81] *Ibid.*, 408ff.

开大学。这所新大学起初设三大部门：文学、理学和商学。这位创始人多次旅美考察大学、募集资金。1928—1929年，他把南开大学重组为三个学院：文学院，包括政治科学、历史和经济学；理学院，包括数学、物理学、化学和生物学；商学院，包括财政管理、银行业、统计和商学。

最有趣的是上海私立震旦公学，它成立于1903年，是由富裕地主、杰出的学者与外交家马相伯(1840—1939)创建的。马相伯是罗马天主教徒，在上海的圣·伊格内修斯学院(St Ignatius College)接受耶稣会的教育，并于1872年成了这所大学的校长。它的学生首先要集中学习中国古典名著，然后是西方学科。他也是一位数学家和天文学家，撰写了中国和西方的数学方面论文。1876年，他离开了耶稣会。他的弟弟马建忠(1844—1900)在巴黎获得学士学位，并在政治科学学院学习过。在经商和旅欧、旅美的诸多经历后，他蒙发了要创建"与西方大学比肩的新大学"的想法。[82]后来，1903年他建立了震旦公学。震旦公学的学生人数不多——到1905 220
年约有100人——在其周密筹划的课程中，中国古典课程与西方知识和科学得到有机结合，而不是像北京大学那样只是机械的结合。出于教学技能的考虑，马相伯雇用了耶稣会士。

1905年，趁着马相伯缺席之机，耶稣会士按法国耶稣会学院和法国高等教育的标准进行改革。改革大获成功。1908年，有241名学生，主要学习两类课程，一类将获得理科证书(*licence-ès-Sciences*)，另一类将获得文科证书(*licence-ès-Lettres*)。1914年震旦公学成立了文学、理学和医学三个院系。1909—1924年间，约有1500名学生学习了这些课程。在1919年"五四运动"中，有200名学生支持大罢工，其中大多数人离开了学院。

在1905年危机后，马相伯离开了震旦公学并组建了新的复旦公学。复旦公学在定位上更注重中国而不是西方。一直试图成为"在中国的法国大学"的震旦公学，[83]保留了马相伯的捐赠，这是因为马相伯是用自己的财产建起这所学院的，这也使得复旦公学的根基较为薄弱，尽管它也得到了政府的资助。学生成了管理者，其中一些学生也负责教学。这所公学还

[82] R. Hayhoe, 'Towards the Forging of a Chinese University Ethos: Zhendan and Fudan, 1903—1919', *The Chinese Quarterly* 94 (June 1983), 341.

[83] *Ibid.*, 333.

有幸聘请了李登辉(1873—1947),他自 1905 年起任教务长,1913—1915 年间任校长。李登辉曾在耶鲁受教育,是最早在国外受过教育且在中国以学术管理为职业的专业学院派人士之一。头两年的课程分为法语和英语两部分。法语不久后便废止,而英语成了教学语言。主要科目包括中国古典名著、政治学、法学、商学、自然科学、工程学和农业。1907 年,注册学生有 200 名;1911 年,有 57 名学生毕业。复旦公学没有达到震旦公学那样的高学术标准。同时,无论从事其他职业的教师还是教授以及学生,都更密切地关注着中国当时的社会现实。

基督教传教士学院通常强调科学教育以及外国文化和语言。一些学院成就斐然,最著名的是由英国新教传教团体于 1906 年创办的北京协和医学院。1934 年,中国有 26 所医学院,其中有 14 所是由洛克菲勒基金会
221 赞助的传教士机构。创办于 1919 年北京的燕京大学,可能是最为卓越的,这也归功于其教师质量以及首都的地理环境。其他还有南京(即金陵)大学(1915 年)、岭南大学、广东大学以及 1907 年创办于长沙的中国耶鲁医学院。[84] 同年,德国赞助者在上海创办了一所医学院,即同济大学,1919 年据《凡尔赛条约》(135 条款)收归法国所有,1924 年在私人捐赠的帮助下,才得以复学。[85]

传教士学院不同程度地放松了让学生皈依的尝试,并或多或少地转型为美国文理学院的模式。上海的圣·约翰大学,创办于 1879 年,曾在华盛顿特区注册,由文理学院、市政工程学院、神学院、医学院和一个研究生院组成,由美国圣公会传教士负责管理,拥有足够高的智力水平,其毕业生能获得美国的高级学位。教师主要是中国人,只有一小部分是外国人,其中主要是美国人和英国人。英语是教学用语。在罗马天主教大学中,应特别注意的是 1925 年创办于北京的辅仁大学。教师在气象学、地质学和考古学等方面做了显著的成绩,在这些领域中留下了中国的烙印。其中

---

[84] J. Chen, *China and the West* (London, 1979), 133.

[85] R. Bieg-Brentzel, *Die Tongji-Universität: Zur Geschichte deutscher Kulturarbeit in Shanghai* (Heidelberg, 1984); *Kuo-Li T'ung-Chi ta-Hsüeh ch'uang-Chiao pa-Shih chou-Nien chinien t'e-k'an* (Shanghai, 1987); 参见: R. Reinbothe, *Kulturexport und Wirtschaftsmacht. Deutsche Schulen in China vor dem Ersten Weltkreig* (Frankfurt-am-Main, 1992), 141—230.

著名的学者有利昂·维格(Leon Wieger,1856－1933)和德日进（Teilhard de Chardin,1881－1955)等人。传教士学院将现代科学和医学引入到中国，并开男女合校教育之先河,师生比例协调。与中国私立大学相比,它们拥有更好的图书馆和实验室,几乎比中国最好的国立大学的标准还要高。但它们的毕业生受到中国政府的歧视,而且它们也拒绝当时在中国政治中居主导地位的民族主义运动。他们因为有外国和基督教育背景而受到排挤。

科学的声望以及师夷长技以制夷的信念,使得中国的教育改革者相信,学院和大学应从事研究,而不仅仅局限于教学。在中国,这是一种新理念。我们有理由相信,代表着 19 世纪与 20 世纪初期德国大学的教学研究相统一的模式,与美国大学以及英国地方大学模式相结合,成了中国新兴的关于大学教师必须从事科学研究的理念的源头。[86] 南开大学和交通大学聘用了近期从欧洲和美国回国的年轻科学家任教,教授科学科目。一群在康奈尔大学的中国学生于 1914 年成立了科学协会。更准确地说,是中国科学促进会,1918 年以来,它在普及科学教育和传播科学方面作出了一些积极的贡献。 222

美国模式影响的另一源流,来自于美国政府决定返回“庚子赔款”余额,这笔赔款实际上大大超过了美国的损失。它有近 1200 万美元,将被用作中国学生到美国大学学习的奖学金。1909－1929 年间,共授予了1268 个这样的奖学金。1926－1929 年间,庚子赔款的余额还被用于向 13 所中国大学和学院以及 3 个研究所提供赠款。[87] 为了使年轻人为深造作好准备,尤其在美国大学的学习作好准备,1909 年在北京建立了国立清华学堂。该学校强调英语、法语、德语、历史、地理、生理、物理和化学,后来发展成了中国最著名的大学之一。1928－1945 年间在获得“庚子赔款”的奖学金从事研究学习的 732 位科学家和学者中,有 327 位留在中国,有 208 位去了美国,有 64 位去了法国,有 56 位去了德国,有 39 位去了大不列颠。[88]

---

[86] 一份关于 1928－1940 年间中央研究院(Academia Sinica)的秘书长和主任的清单中有 19 人。其中 9 位曾在美国、6 位在英国、2 位在德国、1 位在比利时的大学学习过。

[87] 后来,为了同样的目的支付给英国、法国和意大利的部分“庚子赔款”也都返还了中国。

[88] E-tu Zen Sun,‘Academic Community’(注释 78),405.

但不幸的是，政治上的极端混乱，干扰了大学，打击了那些希望通过科学研究和科学的现代化来振兴中国的人们的愿望。除了中国杰出知识分子的理想难以实现的障碍外，中国学者与有识之士根深蒂固的儒家传
223 统情节也使得他们不愿意接受外国的模式。1928 年以来，政府在这种抵制外国影响的过程中采取了排外的立场，并要求各个有外国渊源的大学和学院都要在教育部登记。宗教科目的学习完全出于自愿，执政党——国民党——要求孙中山(1888－1926)的“三民主义”——民族、民权、民生——成为必修的科目。其他要求还有，大学和学院应该有中国人的校长和以中国人为主导的董事会。

共和政府虽然不信任大学，却又离不开大学。虽然在一定程度上，它们允许在中国引入大学机制，但却对其运行进行严格控制。因此，它们决定牺牲私立大学和传教士学院来加强国立大学。但由于政府无法提供充足的资金支持，这使得大学难以成为推动经济进步、实现民族团结的动力。国立大学有 90％的预算依赖于中央政府，这些必要的经费在许多情况下难以保证。尽管尝试使用了各种方法，但政府还是无法肃清那些虽然已扎根中国但有着海外渊源的、已饱受摧残的学校。中国大学，尽管是支离破碎的，但它们的存在本身，确证了效仿欧洲大学模式的坚韧之志。

日本：它与中国不同，日本自愿了接受欧洲和北美大学的制度模式。[89]因而，它们的接受是果断的，移植的过程也相对简明。它同样也经历了简短的摇摆期，在那些希望将西方与儒家研究整合为“国学、国史、国教”的神道教传统派支持者中也产生了矛盾冲突。[90] 但不像中国，寻求外国指导的决定是由具有公认权威的政府作出的，而且这个决定一旦作出，便能得以贯彻执行。它们经过适当的思考之后，便采用了那时所理解的德国大学
224 模式。与中国一样，日本也有着高等教育的悠久历史，培养政府高级官员，解决历法、占星术和占卜问题。它们有着同样模式、同样目的的地方机构，如教授日本传统文化的贵族学校和教授传统儒家课程的私塾。在德川幕

[89] Ikuo Amano, ‘Universities and Colleges’, in *Kodansha Encyclopaedia of Japan*, vol. VIII (Tokyo and New York, 1983), 170.

[90] G. B. Samson, *The Western World and Japan* (New York, 1950), 478. 关于荷兰军事医学学校模式的影响，参见第十四章，第 557 页。

府(Tokugawa Regime,1603—1867)后期,西方学科,如地理、外语、自然科学基础开始进入学校;这些科目有时被称为"兰学",这是因为在两个多世纪的闭关锁国中,荷兰人是唯一能进入日本的欧洲人。1856 年,创办了蕃书调所(*Bansho Shirabesho*),这是一个学习西学的场所。这些作品起初是用荷兰语写的,但后来范围扩展到英语、法语、德语和俄语作品以及一些化学著作。在 1862 年后,这个学校也送一些学生到西方学习。

为了学习荷兰,西学的主要倡导者福泽谕吉(Yukichi Fukuzawa,1835—1901)于 1858 年创办了一所学校——庆应义塾(*Keiogijuku*)。当时,它成了教授英语、经济学、法学和其他工商学科的重镇。从 19 世纪 40 年代起,江户(Yedo)的一所私立医学校开始教授西医外科和医学;在这所学校一开始的 20 年中,共培养了约 3000 名学生。明治维新(Meiji Restoration)后,它成了东京大学医学院。疫苗中心——1849 年一位在日的德国医生从巴达维亚的疮痂病中提取了疫苗——在 1861 年成了西医中心。还有其他教授西医外科的私立医学学校,还开始教授化学和药剂学。之前的幕府(Bakufu)医学院由于德国教师教授医学和外科也得以复兴。

1863 年,开成所(*Kaiseijo*)取代了蕃书调所,旨在学习"夷学";后来成了东京大学的一部分。1869 年,前儒家学院昌平学问所(*Shohei Gakko*)得以复兴并被纳入东京的大学,它还合并了开成所和医学校。这所大学如同昙花一现。居支配地位的日本和中国古典课程教授之间的矛盾,以及他们对西学教师的抵制,导致了它的失败。1877 年,它成为东京大学,重新开学,着重强调西学;没有日本和中国古典学校的立足之地。

从 1871 到 1873 年,岩仓具视(Iwakura)代表团游历了主要的西方国家,考察了西方大学及整体教育系统,其目的是举荐日本所应接受的模式。其成员之一田中不二麿(Tanaka Fujimaro,1845—1909)后来成了教育部的高官,也为 1879 年教育法令的制定铺平了道路,这一法令更多地是 225
基于分权式的美国制度,但由于它引起了教育的混乱和衰落,而受到严厉的批评。[91]

1886 年 3 月 1 日的《帝国大学令》(Imperial University Ordinance)规

---

[91] Hideo Satô, 'Tanaka Fujimaro', in *Kodansha Encyclopaedia* (注释 89), vol. VII, 336.

定:"帝国大学的目的是教授国家所必需的那些文理学科,并进行未知领域的研究。"这一法令沿用了北美的强化监督模式,底层是各"学院"院长,顶层是由政府任命的校长,并辅之以由各"学院"院长和教授代表组成的大学评议会。大学拥有两大宗旨,第一个宗旨是基础的文理教学,被分为法学院、医学院、工程学院、文学院、理学院和农业学院,第二大宗旨为研究,即拥有研究生院——"大学堂(University Hall)"。[92] 事实上,几乎没有为研究提供必需的设备和材料,即使提供了,也分给了教学。

就这样,东京大学更名为东京的日本帝国大学;1897 年,又成立了京都(Kyoto)的帝国大学。开成学校(*Kaisei Gakko*)是东京帝国大学的萌芽形式。许多德国科学家和学者应邀来到这两所帝国大学任教。起初他们可以用德语教学,但两年后,他们就必须用日语做讲座。帝国大学起初被视为将西方知识引入日本的手段。但这种对日本和中华文学的忽视并没有持续多久,很快地便成立了日本法律史系和中国哲学系。[93] 然而,传统的宗教学科却从没有获得像在欧洲大学,或在中国的国立北京大学的前几十年里那样的重要地位。

1900 年至第二次世界大战之间成立的其他帝国大学:1907 年在仙台(Sendai)建立的东北帝国大学,设有大学堂和理学院、医学院、工程学院、法学院和文学院;1910 年,在福冈(Fukuoka)建立的九州帝国大学,设有医学院、工程学院、法学院和文学院;1918 年,在札幌(Sapporo)建立的北海道帝国大学,设有大学讲堂和农学、医学院、工程学院和理学院;1924 年,在汉城(Keijo-Seoul,朝鲜)建立了设有医学、法学和文学学院的帝国大学;1928 年,在台湾建立了台北帝国大学,设有文学院和政治学院、理学院和农学院以及医学院。(日本于 1910－1945 年侵占朝鲜,1895－1945 年侵占中国台湾。——译者)1929 年,建立的广岛帝国大学(Hiroshima Bunri-ka Daigaku),设有教育学、哲学、历史、文学、数学、物理学、化学和生物八个系;1931 年,建立了大阪帝国大学(Osaka Teikoku Daigaku),设有大学堂和医学院、理学院、工程学院;1939 年,名古屋(Nagoya)的医学校(Nago-

226

[92] Minerva, *Handbuch der gelehrten Welt*, 1 (Strasburg, 1911), 547－549.

[93] Samson, *Western World* (注释 90), 487.

Ikawa-Daigaku)升格为帝国大学。⑭

日本的私立大学也有着悠久传统。东京的私立大学：建于1858年的庆应义塾大学，由文学院、经济学院、法学院和医学院及其研究生课程组成；1882年由大隈重信（Marquis Shigenobu Okuma）、小野梓（Azusa Ono）和坪内雄藏（Sanai Takata）创建的早稻田大学（Waseda University，创建之初名为东京专门学校，1902年更名为早稻田大学。——译注），它仅设有一个含研究生课程的大学部和一个专业部。中央大学（Chûô University，1885）则是由法学院、商学院和经济学院组成；1881年建立的明治法学院（Meiji Law School）也是如此，它于1918年发展成了明治大学（Meiji University）；还有一所女子学院。

大学和仅有一个学院的大学研究所在几个城镇发展起来：在金泽（Kanazawa），有一所医学校和另一所药剂学校；在神户（Kobe），有商业大学（Kôbe Shôgyô Daigaku，1903）；在熊本（Kumamoto），有一所医学校（1931）；在大阪（Osaka），有商业大学（1928），它建于1880年，名为大阪商业研究所；在台湾，有商业学院（1910）；在东京，有商业大学（1920），建于1875年，名为东京高等商业学校。在没有教工程学的帝国大学的城镇中，建立了帝国的或其他的技术学院：例如1907年在福冈，在滨松（Hamamatsu）、广岛（Hiroshima）和金泽；鹿儿岛（Kagoshima）于1908年建立了帝国农业和林业学院。⑮

在所考察的这一时期中，日本大学及其管理者以牺牲学术自由的代价实现了大学的自治。⑯ 1891年，东京大学的久米邦武（Kume）教授因宣称神道教最初是一种原始崇拜而被剥夺了教授职位。日本在接受欧洲大学模式的过程中，对构成欧洲大学整体不可分割的西方学术伦理和学术自由的接纳，则是一个艰难的过程。

---

⑭ Minerva, *Jahrbuch der gelehrten welt*, 33 (1938), *Abteilung Universitäten und Fachhochschulen*, II: *Die Aussereuropäischen Hochschulen* (Berlin, 1938); Ikuo Amano, 'Imperial Universities', in *Kodansha Encyclopaedia* (注释 89), vol. III, 281.

⑮ *Minerva* (注释 94).

⑯ B. K. Marshall, *Academic Freedom and the Japanese Imperial University, 1868—1939* (Berkeley, and Los Angeles and Oxford, 1992).

227
总 结

欧洲大学模式传播的方式，以及它在世界其他地区传播的原因，显然是非常复杂的。但尽管如此，接收的社会都经历了政治上的重组，而且大学的移植都不仅仅是不断扩张的欧洲中心的自发机能。而且在不同程度上，它也激发了未来的当地受众的创新精神。日本对欧洲模式的接受，与美国和印度一样，都属于这种情况。例如，在日本，虽然社会中存在着一定的需求，但稳固的本土政府依然进行了创新。在美国，中央政府一点都没发挥作用；在印度，中央政府扮演了重要角色。这两大社会中的本土外行人士成了决策的真正来源。在美国，留学归国的年轻学者，在德国大学模式的传播和移植过程中发挥了主要作用；在印度，是本地的专业阶层、商业阶层和有教养的地主阶层迫使外国统治者移植外国的大学模式。

印度以一种剧烈的形式例证了由殖民政府移植国外大学模式所遇到的主要问题。它出现在政治独立运动的背景之中，而这也塑造了对统治权力的不信任与愤恨的环境。其结果是，大学虽为殖民社会所急需，但也经常受到当地成年公众舆论和政治激进学生的严厉批评。在19世纪，尤其是20世纪上半期，欧洲大学模式所传播到的大多数国家中，除美国外，学生经常破坏大学的运营。确实可以说，学生的破坏行动，及其被证实了的政治信仰，往往成为大学模式扩张的衍生物。

总体而言，在我们所讨论的这一个半世纪中，殖民地官员和大城市的牧师们并不急于在其统治区域内建立大学。在自治的社会中，中央政府对建立大学也不感兴趣；通常是由个别积极的官员或一部分官员进行创新尝试。地方和国家的政府机构在依据外来模式创建新大学时发挥了重要作用，而这种外来模式是直接或间接地在仿效外国模式的本地机构中孕育而成的。

无论是在欧洲还是欧洲之外，往往是治理模式推动了欧洲大学模式
228 的传播。当一个被征服了的边缘集团希望与统治中心竞争并使其自身获得与外国实体同等的尊严时，它往往把大学看作是提升其权力和地位的手段。外来中心与积极的本土外围往往就大学对社会的重要意义达成一

致。当殖民地管理者希望发展其所统治的社会时，他们往往借助于大学。当然，其间也时常有来自民间的推动力，其中就包括一些曾在他们所效法的主要大学模式中学习过的人们。

主权社会之间的关系差别甚微。在美国，有教养的阶层大多相信，系统地、顺序地掌握知识有助于提升其所在个人与社会的尊严，也有助于更有效地行使权力。他们中的部分人就极其关注德国大学。但吸引美国注意力的，既不是德国的控制权力，也非德国的宣传。欧洲大学模式的传播，主要是受众期望的结果，而非随着时间的流逝被外围奉为典范的机构中的教授和管理者。伦敦大学的管理者并没有强迫伦敦的东印度公司或印度的总督委员会(Governor General's Council)接受它，并将其作为孟买、马德拉斯和加尔各答大学的典范。莱比锡和柏林大学的教授也没有强迫任何美国巨头或新任命的准备筹建大学的校长——例如，哈珀(William Rainey Harper)——把它们或整个德国的制度作为新芝加哥大学的模式。德意志的君主邦国政府或帝国政府也没有发起运动来说服美国人让他们在 19 世纪末以德国大学为模式扩充、改革美国大学。也许 1872 年当日本的专员田中不二麿游历欧美以详察日本可能采用的备选模式时，他遇到的一些官员和教授可能会说服他接受他们自认为的最佳模式。但对日本而言，它们有充分的理由采用德国大学的模式：主要原因是德国大学在那时大致是公认的世界上最好的大学。

大学承载着掌握知识、传递知识和创造知识的渴望。国家的尊严不仅需要有主权，而且还需要有大学，这种信念无论在本质上还是在现实中都彰显了知识的重要性。大学从欧洲传播开来是日益出现的世界共识的产物——虽然在某个社会中或世界上所有社会间的共享、传播的水平存在差异——即，特定知识的掌握与传递是至关重要的，这种知识是经过系统地探究的，它是建立在严格搜索集的事实之上的，并对其最佳来源进行了审视，它们既验证了理论，也接受理论的检验。这种知识就是大学里的知识。这就是欧洲大学模式扩展的一个主要原因。 229

当时移植现象具有多面性。其模式也还是完全清晰可见的。它是由来自对第一手经验和传闻的想象构成的一个松散、模糊的混合物。它也不是一个单一的存在，就像大学也不是单一的、个别的存在一样。就像任

何一种大学模式一样，它们都不是坚固不可分割的构造，要么完全接受，要么完全拒绝。模式往往是形成之事实的改观。既然如此，它是不可能实现完全移植的，即使是打算如此，它也不可能完全实现。本土传统往往是强大而难以根除的，而20世纪的某些政权却自欺欺人地这样做了。本土传统的执著，意味着没有一个模式能够被移植并如同它所发迹的大学那样丝毫不差地实现繁荣。而且，模式从来都没有满足其受众的所有渴望与祈求（以及不适当之处）。

然而，欧洲大学模式本身——尽管具有多样性与模糊性——也无论这一模式的移植是多么地笨拙和畸形——它仍是世界文化史的主要一面。它已经改变了所有接受这一模式的国家的智力面貌，并生产出了知识的世界共同体。

精选文献

Chai Hon-Chan *Education and Nation-Building in Plural Societies*: *The West Malaysian Experience*, Canberra, 1977.

Coser, L. A. *Refugee Scholars in America*: *Their Impact and Their Experiences*, New Haven, 1984.

E-tu Zen Sun 'The Growth of the Academic *Commuity* 1912—1949', in J. K. Fairbank and A. Feuerwerker(eds.), *Cambridge History of China*, vol. XIII: *Republican China 1912 — 1949*, Cambridge, 1986, 361—420.

230 Geitz, H., Heideking, J. and Herbst, J. (eds.) *German Influences on Education in the United States to 1917*, Cambridge, 1995.

Harris, H. S. *A History of Higher Education in Canada*, *1663—1960*, Toronto and Buffalo, 1976.

Herbst, J. *The German Historical School in American Scholarship*, Ithaca, 1965.

Horrell, M. *Bantu Education to 1968*, Johannesburg, 1968.

Kanagasabai, S. *et al*. *Studies in Malaysian Education*: *An Annotated*

Bibliography, *Kuala* Lumpur, 1980.

Kevles, D. J. *The Physicists: The History of a Scientific Community in Modern America*, New York, 1978.

Kreissler, F. *L'action culturelle allemande en Chine. De la fin du XIXe siècle à la Seconde Guerre Mondiale*, Paris, 1989.

Loh Fook-Seng, Ph. *Seeds of Separation*, *Educational Policy in Malaya*, *1874—1940*, Kuala Lumpur, London and Oxford, 1975.

Maier, J. and Weatherhead, R. W. (eds.) *The Latin American University*, Albuquerque, 1979.

Marshall, B. K. *Academic Freedom and the Japanese Imperial University*, *1868—1939*, Berkeley, Los Angeles and Oxford, 1992.

Matthews, R. D. and Akrawi, M. (eds.) *Education in Arab Countries of the Near East*, Washington, DC, 1949.

Newton, A. P. *The Universities and Educational Systems of the British Empire*, London, 1924.

Nurullah, S. and Naik, J. P. *A History of Education in India*, Bombay, 1951.

Parton, H. *The University of New Zealand*, Auckland, 1979.

Reinbothe, R. *Kulturexport und Wirtschaftsmacht. Deutsche Schulen in China vor dem Ersten Weltkrieg*, Frankfurt-am-Main, 1992.

Rheingold, N. and Rothenberg, M. (eds.) *Scientific Colonialism: A Cross-cultural Comparison*, Washington, DC, 1986.

Ross, E. D. *Democracy's College: The Land Grant Movement in the Formative Stage*, Ames, 1942.

Steger, H.-A (ed.) *Grundzüge des Lateinamerikanischen Hochschulwesens. Eine Einführung in seine Probleme*, Baden-Baden, 1965.

Tobias, P. V. *The Sixth Freedom*, Edgar Brookes Academic and Human Freedom Lecture, Pietermaritzburg, 1977.

Waardenburg, J. J. *Les universités dans le monde Arabe actuel*, Paris, 1966.

[illegible] Kaufman [illegible]

Keeles, D. J., The Physicists [illegible] Modern America. New York, 1978.

Kreissler [illegible] Communauté [illegible] XIXe siècle [illegible]

Lo, [illegible] 1900 [illegible] London [illegible]

Major, [illegible] and Weatherhead [illegible] Albuquerque [illegible]

Marshall, [illegible] 1867 [illegible]

Matthews, [illegible] the Near East [illegible] Washington, DC [illegible]

Newton, [illegible] England. London, 1984.

[illegible] A [illegible]

Reinhold, [illegible] Wuppertal [illegible]

Rosenblatt [illegible]

Ross, L. D., Democracy [illegible]

Stewart, [illegible] Canada [illegible]

Tobias, [illegible] Freedom Lecture [illegible]

Wardenburg, [illegible] Paris, 1963.

第三编 学生

233

第七章　入　学*

弗里茨·林格

量化方法

在较近时期的高等教育史研究中，学者们试图以一种系统的跨国比较的方法来计算进入大学及其相关机构的学生人数。高等教育体系中一个最为重要的统计参数就是它的容纳度（inclusiveness），即是否是一个能够接纳总人口比例相对多部分的具有接受度的系统。具有大学水平机构的注册总人数在人口中所占的比例，可以作为衡量容纳度的合理数据。但由于各个国家大学学习的平均期限都有所不同，这些数据可能不宜进

* 尽管本章是数年前完成的，但是现在仍然可将其看作是本人下列著作第三章的缩写，即 F. K. Ringer, *Toward a Social History of Knowledge: Collected Essays* (New York, 2000).

行跨国比较。要绕开这个难题，一种方法是集中统计第一年的注册人数，计算出入学学生在适龄人口中所占的比例。另一种方法是估计出大学学习的平均期限，再计算总注册人数在适龄人群中所占的比例。无论采用哪种方法，我们都能得到在相应年龄段中大学学生的入学率。当然，这些计算都要取决于研究者所获数据的性质。由于在普鲁士/德国体系中的统计数据极为丰富，因此该体系的各项指标都将被作为本章其他部分的参照值。

以这种定量方法来考察高等教育体系，就会偏离叙述史的视界。单个机构的命运变得无足轻重，甚至连涉及整个体系的立法改革和行政革
234 新，也常常隐退为背景；这些内容在定量上的作用，不及它们在通常有关政治和机构发展的描述中那么重要。另一方面，一种新的模式出现，需要新的分析思路，也会提出有关它自身的新问题。在大学水平机构的注册人数的变化历程中出现了哪些重要的历史时期和转折点？入学人数的短期波动是否有别于长期趋势？造成短期变动、相对稳定以及容纳度长期发展的基本原因是什么？怎样看待高等教育的定量变化与社会发展其他方面的关系？在对各国主要的数量指标进行比较时，能发现哪些相似和不同之处，以及怎样来解释这些异同？既然对这些问题仍未得出结论性的答案，而且也不能囊括欧洲所有的大学体系，我只能就部分国家的情况，简要介绍一些初步的研究结果和假设。①

在高等教育史中，一个受到特别关注的问题是危机的循环周期，这种危机就是当代人提到的大学毕业生相对于为他们提供的适当就业机会"过剩"或"过量"的危机。在 19 世纪 30 年代和 40 年代，在 19 世纪 80 年代和 90 年代，在两次大战之间，尤其在 1930 年左右，一些欧洲国家都爆发了这种危机，并且欧洲所有国家都有爆发危机的可能。还有一些证据表明，在 18 世纪晚期，甚至更早时期，一些国家就已爆发了这种危机。当代人观察到大学毕业生供求的这种不平衡，认为它是一种典型的社会机能

① 除其他特别指出的地方外，本章的分析将基于 Ringer, *Education and Society* 一书中有关德国大学体系中的定量数据；但该书已经为 H. Titze (ed.), 'Das Hochschulstudium in Preussen und Deutschland 1820－1944', in *Datenhandbuch zur deutschen Bildungsgeschichte*, vol. Ⅰ: *Hochschulen*, Teil 1 (Göttingen, 1987) 所取代。也参见 Weisz, *Emergence*.

失调,是危险的。其实,"知识无产阶级"(academic proletariat)这一术语是在德国出现的,到19世纪末时就已在法国经常被使用;并且,这种现象本身出现得更早,因此那种担心青年(尤其是出身低微的青年)因接受过多教育而成为人口中非生产性、孤立的和破坏性部分的忧虑也早已存在。② 这种忧虑通常会导致公众对文化职业(learned professions)试用期较长和存在潜在失业的情况发出警告。至少在德国,这种忧虑引起政府当局加强对考试和入学要求的限制,以此来引导中学毕业生不进入大学,(在19世纪晚期)政府还采取了减少贫困学生财政补助的政策。普鲁士的著名高级中学毕业考试和证书(*Abitur*),最初是在1788年形成的,就是为了控制假想中过多的大学不合格入学者。1834年,文化"过剩"时期再次出现,政府为此补充了一条法令,极大限制了大学接受合格的高级中学毕业生(*Abitu-* 235 *rienten*)。这些限制性政策至少在短期内起到了预期的作用。而且,有关学术职业中从业人员过多的公开讨论,也会更多影响到那些出身比较低微的学生;比起较富裕的学生,他们更容易接受劝阻,以免承担学术失业(academic unemployment)的风险。因此,学术"生产过剩"(overproduction)危机的反复发生,至少会暂时减少从社会较低阶层进入大学的学生的比例。③

大学学习的容纳度

德国数据充分说明了大学录取率存在一种循环的模式,录取率增长

② 参见第二卷,第56,301—302,393—397页。

③ L. O'Boyle, 'The Problem of an Excess of Educated Men in Western Europe, 1800—1850', *Journal of Modern History*, 42 (1970), 471—495; H.-G. Herrlitz and H. Titze, 'Überfüllung als Bildungspolitische Strategie', *Die deutsche Schule*, 63 (1976), 348—369; D. K. Müller, 'Qualifikationskrise und Schulreform', in U. Herrmann (ed.), *Historische Pädagogik, Studien zur historischen Bildungsökonomie und zur Wissenschaftsgeschichte der Pädagogik, Beiträge zur Bildungstheorie und zur Analyse pädagogischer Klassiker, Literaturberichte und Rezensionen*, Zeitschrift für Pädagogik, Beiheft 14 (Weinheim, 1977), 13—35; D. K. Müller *et al.*, 'Modellentwicklung zur Analyse von Krisenphasen im Verhältnis von Schulsystem und staatlichem Beschäftigungssystem', *ibid.*, 37—77; D. K. Müller, *Sozialstruktur und Schulsystem: Aspekte zur Theorie und Praxis der Schulorganisation im 19. Jahrhundert*; W. Rüegg and O. Neuloh (eds.), Studien zum Wandel von Gesellschaft und Bildung 9 (Göttingen, 1977), esp. 274—280.

的阶段经常是在“生产过剩”阶段之后。一些学科领域和职业对大学毕业生需求的报告，会刺激录取率的增长。由于学生需要时间来完成他们的学业，而这种需求似乎在提高了大学入学率后还继续存在，这样就导致毕业生人数超过了最初的需求。而且，这些波动还会产生一个结果，即各种职业的年龄结构变得参差不齐，从而加剧了就业机会增减之间的振动。这种循环模式源自教育体系本身；但人们也会构想出一些来自教育体系外部的刺激因素，比如适龄年龄段人口的迅速变化。如果教育规划者认为这种人口的变化就能充分解释大学录取人数波动的话，几乎肯定是错误的；因为家长和教师会不自觉地平衡一个年龄段中大学入学人数的减少，例如，像此前大批有类似经历的人一样，找到几乎同等数量的大学招生对象。然而即使存在这些抑止性的“趋中”，“婴儿潮”(baby boom)也必然会引发大学入学率的波动，而且这种波动本身将以一种循环往复的方式持续下去。如
236 果进一步考虑到大学注册人数的增长会增加对受过培训的教师的需求，我们就会对高等教育体系中学生人数变化的内在因素持赞赏的态度了。④

德国大学录取人数的波动周期会持续大致 12 到 14 年；但各个学科的波动不一，这至少是因为各个学科的学习期限不同。事实上，德国数据的质量可允许研究者去确定毕业生供给与主要学术和职业领域的就业机会多少和等待时间长短之间的关系。然而，无论德国的范例如何准确、如何有说服力，它们都不能完全解决下面两种问题。第一，除了进行直接观察外，德国模式不能预测不同学科领域中的“生产过剩”循环阶段是否将重合起来，从而导致学术失业的更普遍危机。人们还会问，出于职业前景的考虑，学生们在多大程度上能够并且愿意改变他们的学科领域。第二，这种循环模式只充分适用于那些为一种特定职业或一组狭小范围内的职业(政府法律服务和私人法律事务开业)设置系列固定学习课程的培养体系；19 世纪的教育规划者也确实将这种模式运用到了上述体系中。⑤ 然

---

④ H. Titze, ‘Die zyklische Überproduktion von Akademikern im 19. und 20. Jahrhundert’, *Geschichte und Gesellschaft*, 10 (1984), 92—121. See Ringer, *Education and Society*, 49—50, 141—142, 327—328.

⑤ 除 Müller 注释 3 和 Titze 注释 1 中提到的德国例子外，1843 年法国教育部部长维尔曼 (Villemain) 的报告也是一个很好的例子。参见 Ministère de l'Instruction Publique, *Rapport au Roi sur l'instruction secondaire* (Paris, 1843), esp. 61—63.

而，它却不能适用于为无限可能的各种职业作准备的普通大学教育体系。另一方面，即使在上述体系中，当时人仍然会发觉大学毕业生“过剩”，而且他们的观察并非毫无道理。因为，即便抛开循环模式的计算方式，人们都会认为，每个年龄组中毕业生的迅速增多，都将导致传统上适合他们的就业岗位的相对缺乏。

从历史来看，这种循环模式最适合19世纪早期和中期的情况，而且最适合法国和德国的大学体系——但却不适合英国。在德法体系中，进入传统的学术职业是与明确的学术先决条件、国家考试和标准化的职业认证联系在一起的。不过，随着19世纪晚期学生的增多，以及两次大战之间人数更明显的增长，即使在法国和德国，特殊资格和特定职业之间的联系也在逐渐减弱。在这段时期中，大学毕业生就业的狭小职业领域开始非常缓慢地扩展。事实上，这些较近发生的学术“生产过剩”危机，可能有助 237
于动摇有关高等教育接受者适合职位的传统的社会观念。魏玛时期的一些证据表明，这一时期的“知识无产阶级”首次包括了大批在普通商业雇主那里就业的大学毕业生。⑥ 无论如何，对大学入学人数短时期波动的分析，都应将对容纳度水平的长期变化研究作为补充，这正是以下我们要做的工作。

表7.1显示了18世纪到两次大战之间德国体系的相关指标。数据表明，一直到1800年之前，学生的学术流动比率都较高，形成了多种大学入学考试。⑦ 通过统计各年龄组新增的入学考试，我们发现，当时大学的容纳度比原先预料的更适度。但在1870年前，所有德国大学的入学率都没能再次达到1800年前后的比率（普鲁士在1800年前后的入学率可能超过60%）。实际上，德国在1650年的入学率（2.8%）比1800年的（0.9%）更高。⑧ 1740年后，各年龄组的大学入学率经历了一段长时期的下滑，其

⑥ Ringer, *Education and Society*, 98—100.

⑦ W. Frijhoff, 'Grandeur des nombres et misères des réalités. La courbe de Franz Eulenburg et le débat sur le nombre d'intellectuels en Allemagne, 1576—1815', in D. Julia, J. Revel and R. Chartier (eds.), *Les universités européennes du XVI e au XVIII siècle. Histoire sociale des propulations étudiantes* (Paris, 1986), vol. Ⅰ, 23—27. See vol. Ⅱ, pp. 298, 303—304 (M. R. di Simone, 'Admission').

⑧ *Ibid.*, 311.

间有过短时期的迅速上涨。⑨ 前文中提到的有关毕业生过剩的论调，从 18 世纪晚期就不断反复出现，从而导致诸如 1788 年普鲁士高级中学毕业考试和证书这样审慎的调控政策出台。在稍后部分，我们将尽可能地解释这一引人注意的问题。

表 7.1 显示，德国大学入学率在 1830—1831 年创下一个新高，尽管从图表上我们不能看出这一次回复的细节；这次回复引起 19 世纪三四十年代对受教育者"生产过剩"忧虑的回潮。在经历了 19 世纪 30 年代的显著下降后，从 1840 年到 1870 年，大学注册学生在绝对人数和相对比例上都形成一个低谷——0.3‰到 0.4‰。在这些年，有关学生过多的悲叹渐渐减弱，这似乎表明在 19 世纪中期前后大学毕业生达到了供求之间的平衡。

238 **表 7.1　德国大学 1700—1930 年的入学情况[a]**

时间	相应年龄段中中学毕业生的百分比	相应年龄段中大学新生的百分比	总注册人数 (x 1000)	每千人中大学生的百分比	以 5 岁为一年龄段中大学生的百分比
1700		1.1			
1740		0.8			
1800		0.4			
1820—21				0.3	
1830—31			15.7	0.5	
1840—41			11.5	0.4	
1850—51			12.4	0.4	
1860—61			12.4	0.3	
1870—71	0.6	0.5	12.7	0.3	0.4
1880—81	0.8		21.9	0.5	0.6
1890—91	0.8	0.6	28.2	0.6	0.6
1900—01	0.9		34.3	0.6	0.7/1.0
1910—11	1.1	0.9	54.5	0.8	0.9
1920—21	1.3		86.9	1.4	1.2
1930—31	3.3		99.9	1.5	1.6/2.1

⑨ *Ibid.*

α 1800 年前的数据取自 W. Frijhoff，'Surplus ou déficit? Hypothèses sur le nombre réel des étudiants en Allemagne à l'époque moderne (1576—1815)'，*Francia*：*Forschungen zur westeuropäischen Geschichte*，7 (1979)，173—218。1921 年中学毕业生在 19 岁人口中的比例，以及 1870 年和 1931 年每一个年龄段中大学新生的比例，取自 Ringer，*Education and Society*，Appendix Table Ⅰ，Ⅴ。其他所有数据取自或计算自 H. Titze (ed.)，'Hochschulstudium'(注释 1)。以上数据只是涉及大学，各个年龄段中的人数是男女总人数。1830—1831 年的数据统计了 1830—1830 年冬季学期和 1831 年夏季学期的平均人数(以及 1830 年和 1831 年的平均人数)。1820—1821 年入学率，以及 1910—1911 年中学毕业生的百分比，只是普鲁士的统计数据。1870—1871 年每个年龄段中大学新生人数实际上是 20—23 岁每 4 岁一个年龄组的总注册人数；1890—1891 年以及 1910—1911 年的第一学年学生人数，相当于 1923 年第五学年学生人数的 1/5。结果显示，从 1890 年起，大学入学率与蒂策(Titze)使用的 19—23 岁五岁年龄组学生入学率密切相关，参见表的最后一列。最后一列中 1900—1901 年和 1930—1931 年这两行斜线后的数据，包括了理工学院与其他非大学的高等教育机构(学习期限可能是 4 年而非 5 年)的学生人数。在 19 世纪 90 年代到第一次世界大战期间，德国大学中的外国学生比例(纳入上表的统计)为 7%—8%，20 世纪 20 年代也保持该比例，此后所占比例有所下降，在 20 世纪 30 年代初为 4%左右。

从 1870 年到第一次世界大战后，大学注册人数在总人口数和年龄组人数中的比例又再次上升。表中最后两列数据显示了这次扩张，但它们有两个不足之处。第一，1870 年后大学平均学习期限显著增长，大约是 4 到 5 年。1870 年后，从普鲁士和德国的数据来看，19—23 岁五岁年龄组的学生比例会降低大学入学人数在每个年龄组中的比例。第二，该表只处理了德国大学的数据。因此，它忽略了理工学院中注册人数的增加，理工 239 学院在 1870 年后蓬勃发展，到 1899 年已在名义上取得了与大学同等的地位。而且，该表也没有列出 19 世纪晚期发展起来的很多学院以及其他教育机构的数据，它们中有一些已经达到了大学水平。1900—1901 年，在具有大学水平的机构中注册的学生中，大学注册人数占了大约 68%，理工学院比例增加了约 22%，其他机构占了 10%。1930—1931 年，大学注册人

数占总学生人数的 74%－75%，理工学院增加了 17%－18%。由于高等教育中非大学机构的平均学习期限比大学短，表 7.1 最后一列数据在 1900－1901 年可能增加到约 1.0，在 1930－1931 年可能为 2.1，这样才能反映出所有大学水平机构中大学新生的入学比例。

无论如何，1840－1870 年低谷后德国大学系统的注册人数至少经历了一次或者两次显著的增长。从 1870 年到第一次世界大战以及两次世界大战之间，大学入学人数稳定增长。于是，19 世纪 80 和 90 年代对“知识无产阶级”的关注再次兴起，而且这个术语就是在这一时期出现的。有关鉴定中等和高等教育各种竞争类型的争论变得白热化。限制大学入学的措施，尽管在短时期内取得了成功，但最后却不能阻止 20 世纪大学容纳度的扩大。实际上，一战后退伍士兵涌进德国大学，1923 年的通货膨胀以及 20 世纪 30 年代初的大萧条，都导致了注册人数空前增多，这种增长趋势只有在通货平抑的 1924 年才有所遏制。从 1933 年开始，纳粹党实行了非常严厉的大学入学控制措施，尤其影响了女学生。后来因为这些控制措施造成受过教育的专家数量锐减，所以最终被废止了。于是，这些控制措施在德国也只能暂时节制两次大战之间开始的入学率急增的趋势，而这种趋势在其他国家则持续到二战以后的时期。

如表 7.1 所示，自 1870 年起，普鲁士高级中学毕业生人数较同年龄段的德国大学入学人数多；但两组数据的差距不是太大。相关的数据包括了 1860 年以来的非完全古典中学[后来名为实科中学(*Realgymnasien*)]以及 1880 年以来的非古典中学的高级实科中学(*Oberrealschulen*)的情况。1870 年文科中学(*Gymnasium*)毕业生人数占中学毕业生总人数的约 90%，这个比例到 1900 年仍在 80%以上。因此，当大学以几乎同
240 等条件接受所有类型的中学毕业生时，通过古典中学考试而获得高级中学毕业考试证书的入学者，到 1911 年在入学总人数中所占的比例迅速滑落到2/3，此后持续降低。但在 19 和 20 世纪之交前，非完全古典中学和非古典中学的大量毕业生都进入理工学院中学习，这些数据没有包括在表 7.1 中。因此，在 1870 年后，进入某种类型的具有大学水平机构中学习的中学毕业生比例，应该比表 7.1 中的数据更高。

我们能用表格来比较准确地反映 19 世纪流入德国大学的学生人数，

但对于19世纪70年代之前法国的情况，我们则缺乏比较可靠和可供比较的数据。在大革命前夜的法国大学（实际上是各个院系的松散联合）包括了文学院、神学院、法学院和医学院，文学院在理论上是为学生在后三个"高级"学院的学习作准备。拥有完全课程的专门学校（*collèges*）提供了一套古典中学的课程，也包括最后两年的"哲学"课程——相当于大学水平。根据所搜集的最佳数据估计，1789年法国"高等"院系的学生占18岁年龄段总人数的约0.6%（或占18岁男性总人数的1.2%）。[10] 即使不算上哲学院的学生人数，这个比例和表7.1第二列中所有德国大学每年龄段0.4%的比例（或者占每年龄段中男性人数的0.8%）相比，也能反映出法国大学的容纳度达到了一个相当高水平，它非常接近推算中的普鲁士大学入学率。

当然，大革命扫荡了旧制度下的法国大学，还包括中等教育体系的一部分——以及一套慷慨的奖学金捐赠体系。[11] 拿破仑创建了一个公立中学体系［主要靠帝国财政资助的国立中学（*Lycées*）被称为皇家学校（*collèges royaux*），另外还有市立学校（*collèges*）］与私立或教会中学（也称为*collèges*）相竞争。他又在1808年的学士学位资格考试中设立了一个法国式的高级中学毕业考试证书，这成为接受高等教育以及获得学术职业的一个先决条件。旧有的法国大学被分解为机构各自独立的学院（faculties或school）。其中，法学院、医学与药学院这些职业性学院，较之文理学院（前身是传统的文学院），长期保持着更大的规模和更重要的地位。直到 241
19世纪晚期为止，后者实际上几乎招不到学生就读。它们负责学士学位考试，确认未来的中学教师的资格（主要测试内容为中学的课程），也为业余听众开设公开的讲座。到19世纪70年代末和80年代，这些非职业性的大学学院才开始招收正规学生，并进行严格的中学后教育；到1896年，

---

⑩ R. Chartier, D. Julia and M.-M. Compère, *L'Education en France du XVI e au XVIII e siècle* (Paris, 1976), 249—297 (written by Compère), esp. 273—276, 292；也参见294页注释7；R. Chartier and J. Revel, 'Université et société dans l'Europe moderne: position des problèmes', *Revue d'histoire moderne et contemporaine*, 25 (1978), 353—374, esp. 366—368.

⑪ R. R. Palmer, 'Free Secondary Education in France Before and After the Revolution', *History of Education Quarterly* (1974), 437—452.

当时已有的各学院开始联接起来组成地区性的“大学”。天主教神父的培养在高等神学院（*grands séminaires*）中占据了核心地位。[12] 但自 19 世纪以来，法国大学学院最强的竞争对手是著名的大学校（*grandes écoles*）。[13] 大学校每年通过竞争性的入学考试招收数量有限的学生，他们在接受 1 年或更长时间的特殊中学后“预备”课程学习后，通常还要学习 3 个学年的课程。从 19 世纪晚期开始，法国建立了非大学的高等教育机构，其中许多是技术专业，这些机构有时也被称为大学校。因此，在本章的时间范围内，我们在分析法国大学的入学人数时就要注意这一背景。

在 1843 年法国教育部提供可靠的统计数据之前，据估计，法国公立和私立中学在 1842 年的入学人数大致相当于 1789 年提供完全课程的学校的入学人数。[14] 1789 年到 1809 年，中学入学人数减少，随后大幅增加。1820 年和 1831 年，获得学士学位奖金的人数略超过 3000 人，但到 1842 年又降至 3000 人以下。这表明，19 世纪三四十年代发生在德国的受教育人口过剩的情况，在法国缺乏数据的支持。由于缺少 1789 年到 1870 年间的法国大学注册的统计，获得学士学位奖金者的比例就成为非常重要的数据。

假定在 1820 年到 1842 年间获得学士学位的人数相对稳定，再根据 1789 年已有大学 0.6%的入学率，我们可以得出一个假说：法国中等和高等教育的容纳度在 19 世纪早期保持着稳定的水平。应该指出的是，到 19 世纪末，法国学士学位奖金获得者在相应年龄段中的比例，通常要比大学入学人数所占的比例更高。很明显，不同于德国的高级中学毕业考试证
242 书，学士学位在 19 世纪经常是最终的学位。除了暂时性的起伏外，法国学士学位获得者的比例平稳但缓慢地增高，到两次大战之间，出现了一次急剧增长。大学入学率的变化呈现同样趋势，如果包括 19 世纪末、20 世纪初的大学校、高等神学院以及其他技术学校的数据，情况也同样如此。

---

[12] 参见第四章，第 113 页；第十章，第 396 页，第 399—400 页。

[13] 参见第二章，第 57 页。

[14] D. Julia and P. Pressly, ‘La population scolaire en 1789; les extravagances du Ministère Villemain’, *Annales: Economies, Sociétés, Civilisations* (1975), 1510—1561.

表 7.2　法国大学和德国大学 1840—1930 年的入学情况[a]

时间	法国		德国		
	相应年龄段中中学毕业生的百分比	以 4 岁为一年龄段中大学生的百分比	相应年龄段中中学毕业生的百分比	相应年龄段中大学新生的百分比	以 5 岁为一年龄段中大学生的百分比
1842	0.5				
1854	0.7				
1865	0.9				
1870—71			0.6	0.5	0.4
1876	0.8	0.5			
1880—81		0.5	0.8		0.6
1886—87	1.0	0.6			
1890—91		0.8	0.8	0.6	0.6
1898—1901	1.2	1.2	0.9		0.7/1.0
1910—11	1.1	1.7	1.1	0.9	0.9
1920—21	1.4	2.1	1.3		1.2
1930—31	2.3	2.1	3.3		1.6/2.1

α 该表数据取自或算自表 7.1，以及 Ringer，*Education and Society*，app. Tables Ⅸ，Ⅺ——根据出版的政府统计数据。学士学位奖金获得者的数据是他们在 17 岁男女青年中所占的百分比。法国大学注册学生在 19—22 岁年龄段（包括男女）中所占的比例，1880 年可能略低于大学入学率，在两次大战之间可能略高于大学入学率。法国非大学的高等教育机构（大学校、高等神学院以及一些高等技术学校）的学生人数没有被统计在该表中，大致估计它们招收的学生为大学生人数的 10%—15%。在法国大学的外国学生比例，从 1901 年的 6%，上升至 1911 年的 13%，到 1921 年再次达到 13%，在 1931 年为 22%。从 1900 年起，大学入学率明显超过学士学位奖金获得者的比率，这是由于学习期限的延长、外国学生的增多以及一些学生进入不授予学士学位的院系学习（作为不考学位的学生或特别生）。

法国的情况与德国的一样，非古典和半古典中学至少从 19 世纪 60 年代起开始发挥它们的作用。从当时的国立中学和学校中，发展出一套"专

门”或(后来的)“现代”课程。自 19 世纪 80 年代末以来,现代中学毕业生是否能够接受高等教育这个问题,引发了激烈的争论。虽然这些毕业生在 1902 年名义上取得了同等的地位,但学士学位奖金获得者的比例直到两次大战之间仍然保持相对稳定,在 1910—1911 年还略微有所下降。不
243 过,在 19 世纪 90 年代,“知识无产阶级”在法国比在德国遭受到更严厉的谴责。⑮ 可能是因为我们有关法国的数据不够准确,所以不能反映引发这种忧虑的短期注册人数的波动情况。

通过比较 19 世纪下半期法国和德国的数据,我们可以看出法国的中学毕业生比例稍高于德国。从 19 世纪 90 年代起,我们也能得到可靠的数据来计算法国大学注册人数在各年龄段中所占的比例,特别是我们还能将非大学的高等教育机构情况考虑进来。德国的理工学院在 19 世纪和 20 世纪之交才具有大学水平,它们在统计上的重要性有时不及我们所设想的。在法国,一流大学校在学术和社会声望上都高于大学学院,而一些声望不及它们的技术学校从 19 世纪末起也发展起来。因此,我们必须重新考察一项传统假设,即认为在德国高等教育对工业的推动比在法国更有力。事实上,考虑到数据必然不会精确无误,我们能从表 7.2 中得出的最重要的结论,便是在那一时期内,法国和德国的高等教育入学率非常接近,而且在用作比较的各时间段中,至少是到两次大战之间,两国的入学率都在增长。

19 世纪英格兰的中等教育是私立或“独立”的中学,包括持有特许状的“公学”(它们是寄宿学校),这些都在提供古典课程。1902 年教育法颁布后,“保留下来的”文法学校的发展影响了相应年龄段的大部分学生。尽管“公学”和其他独立的寄宿学校的学生人数有所减少,它们却继续控制着进入牛津和剑桥两所古老大学的渠道。1836 年伦敦大学作为考试和学位授予机构成立之前,这两所大学是英格兰仅有的两所大学。从 1851 年开始,特别是在 1870 年后,第二组具有大学水平的机构才发展起来。⑯

---

⑮ 有关现代中学教育和法国“知识无产阶级”的争论在下书中进行了分析。F. K. Ringer, *Fields of Knowledge: French Academic Culture in Comparative Perspective, 1890—1920* (Cambridge, 1922), 52, 127—140.

⑯ 参见第二章,第 53—55 页。

表 7.3 的第 2 列是牛津和剑桥大学的入学率。直到 19 世纪 40 年代，表中的数据都能反映英格兰和威尔士的大学入学全部情况，它们到 1870 年仍然是适当而又完整的数据。1870 年后，伦敦大学系统以及“红砖”大学的迅速发展，很快使英格兰大学的注册人数在相应年龄段中所占的比例翻了一番。必须指出的一点是，表中的比例计算了 1900 年之前一部分非全日制的学生人数，不过，值得一提的是，19 世纪晚期，整个英格兰大学的入学率十分接近法国（和德国）的水平。1900 年后，英格兰大学体系的发展却明显逊于法国大学学院的发展。如果加上教师教育学院以及其他继续教育机构（特别是技术教育）的入学人数，英国所有高等教育机构的容纳度指标在 1901 年为 1.2%（占相应年龄段人数），在 1924—1925 年为 2.7%。[17] 因此，英格兰与欧洲大陆国家在大学体系上基本的区别是，在 244

表 7.3 英格兰大学和法国大学 1700—1930 年的入学情况

（在相应年龄段男女人数中所占的百分比）[a]

时间	牛津和剑桥	英格兰大学	法国学士学位获得者	法国大学
1700s	0.5			
1800s	0.2			
1810s—40s	0.3			
1850s—60s	0.2	0.2	0.8	
1870s	0.3	0.3	0.8	0.5
1880s	0.3	0.6	1.0	0.6
1890s	0.3	0.8	1.2	0.9
1901		0.7		1.2
1911		1.0	1.1	1.7
1921		1.4	1.4	2.0
1931		1.3	2.3	2.9

⑰ 更多这方面的数据，参见 Ringer, *Education and Society*, 228—230，取自 Great Britain, Committee on Higher Education, *Higher Education: Report of the Committee... under the Chairmanship of Lord Robbins* ('Robbins Report', London, 1961—1963).

α 牛津和剑桥每十年入学新生人数在相应年龄组(包括男女性)所占的比例计算自 L. Stone (ed.), *The University in Society*, vol. Ⅰ: *Oxford and Cambridge from the 14th to the Early 19th Century* (Princeton, 1974), 91—92, 103, 以及 B. R. Mitchell (ed.), *Abstract of British Historical Statistics* (Cambridge, 1962); 相应年龄段的人数包括英格兰和威尔士的数据。斯通有关 17 世纪早期的数据显示,牛津和剑桥入学人数在相应年龄段所占的比例为近 1%。1861 年、1871 年等英格兰和威尔士大学的注册人数,包括了一些非全日制学生的人数,取自 R. Lowe, 'The Expansion of Higher Education in England', in K. Jarausch (ed.), *The Transformation of Higher Learning, 1860—1930: Expansion, Diversification, Social Opening, and Professionalization in England, Germany, Russia and the United States*, Historisch-sozialwissenschaftliche Forschungen 13 (Stuttgart, 1983), 37—56, esp. 52; 但洛(Lowe)的数据已经被校正(有所增长),以反映假定的 4 学年(不是 5 学年)学习期限,也使得这些数据与法国的数据有更大的可比性。直到 1961 年,54%进入牛津和剑桥的英国学生,是来自"独立"(independent)学校。也参见 Ringer, *Education and Society*, 220—230. 有关法国的数据,参见注释 16。

245 1850 年前两所古老大学入学率较低。牛津和剑桥当时的入学率仅为 0.2%—0.3%(占相应年龄段人数比例),这个数字远远落后于法国和德国大学体系的入学率。这种区别很大程度上,是因为在英格兰,律师和医生的职业培训分别是在培养律师的四个学院以及教学医院中进行的。两所古老大学在 19 世纪主要教授古典学科和文学,剑桥大学还包括数学。而在 1870 年前,法国大学的文理学院几乎没有几个学生。

表 7.4 欧洲各国大学注册人数在相应年龄段的比例

(在 20—24 岁的 5 岁年龄段中所占的百分比)[a]

国家	1840 年	1870 年	1880 年	1890 年	1900 年	1910 年
奥地利	0.9	0.7	1.0	0.9	1.1	3.8
比利时	0.5	0.7	1.0	1.0	0.9	1.3

续表

英格兰		0.4	0.6	0.7	0.8	1.3
芬兰	0.3	0.4	0.4	1.1	1.2	1.2
意大利		0.5	0.5	0.8	1.0	1.1
荷兰	0.6	0.4	0.5	0.7	0.7	1.1
挪威		0.7	0.5	1.0	0.7	0.8
葡萄牙		0.2	0.2	0.3	0.3	0.2
苏格兰		1.4	1.9	1.8	1.4	1.9
西班牙		0.9	1.0			1.2
瑞典	0.6	0.5	0.6	0.9	0.7	0.9
瑞士			0.7	0.9	1.4	2.2

αH. Kaelble, *Soziale Mobilität und Chancengleichheit im 19. und 20. Jahrhundert* (Göttingen, 1983), 200—202. 各个国家对具有大学水平的教育机构的界定都各有不同,表中的一些数据也适用于较指定时期或早或晚一点的时间段。1900 年前,奥地利的数据包括了奥匈帝国的数据;1900 年后的数据只涉及以后的奥地利共和国的区域。英格兰的数据包括了威尔士。

表 7.4 显示的是,如果考虑到平均学习期限的差异,19 世纪在 20—24 岁(包括男女性)的 5 岁年龄段中所占的比例,除法国和德国以外的欧洲大多数国家的大学以及某些具有大学水平的机构的注册人数,可能与真实情况有不同程度的出入。

由于平均学习期限比较接近 4 年而不是 5 年,表 7.4 中的数据可能较实际大学入学率低了近 25%。我们可能很难充分了解表中所列的各个国家的教育体系。尽管如此,我们还是能够从表中的数据得出两个一般性的结论。第一,除了个别因分类不同而带来的差异外,这组数据具有一定的典型性,与表 7.1 中由比较可信的德国数据推算出的情况相去不远。246
除少数例外,我们可以得出 1870 年前后欧洲国家的大学入学率为0.4%—0.7%(入学人数占 20—24 岁 5 岁年龄段的百分比)。第二,尽管从 1840 年到 1870 年没有数据显示入学率持续增高,但从 1870 年后大学容纳度的

水平都普遍提高，在世纪之交达到0.7%—1.2%（占上述5岁年龄段人数比例），入学率在第一次世界大战爆发前都保持了稳定的增长。鉴于所涉及到的复杂性，这些都是被非常精确界定了的一致性模式。只有葡萄牙的数据明显低于常数，当然英格兰的入学率从1870年起也相对较低。作为补充的1900年前苏格兰的数据，显示出该地区大学入学率提前有了增长，这点也值得我们进一步关注。

学生的准备与分布

当我们考察大学新生（包括外国学生和女学生）在中等教育中接受的预备学习，以及他们进大学后对院系或专业的选择时，虽然我们提出了一些细节的差别，但也同样能够得出一些总体的模式。尽管从19世纪60年代起，法国和德国的"实科"或"现代"中学就发展起来，但直到世纪之交，学习这些课程以及从这些学校毕业的学生才普遍为大学所接受。即使在当时，德国大学的新生仍有超过80%的人都是从文科中学获得高级中学毕业考试证书的。19世纪90年代，进入牛津大学的英国学生中约有60%来自古典中等教育机构，即在当时已经获得承认的"公学"。其他接受捐赠或收费的文法学校，也提供古典课程的教育，1902年后"保留下来"的文法学校仍是如此。因此，英格兰各类中学从未像法国和德国各类中学那样，在课程上有重大且明显的差异。另一方面，精英性独立中学在1902—1904年为牛津和剑桥提供了近2/3的新生，正如上文所提到的，20世纪30年代它们向牛津和剑桥大学输送的学生仍占新生的大多数。[18] 因此，英格兰的独立寄宿中学相当于德国的文科中学和法国（尤其是在巴黎）的国立中学。19世纪晚期，外国学生在英格兰、法国和德国大学中的人数较多，在两次大战之间也比较多。下表（表7.5）是他们在全部大学生中所占的比例。

---

⑱ *History of Oxford*, Ⅷ, 53, 表3.2.

表 7.5 德国、法国和英格兰外国学生情况(在全部大学生中所占的百分比)

	1900 年	1920 年	1930 年
德国	7		4
法国	6	13	22
牛津	6		12

瑞士大学同样吸引了较多的外国学生，包括一些有才华的女学生，她们在世纪之交通过这种途径来接受高等教育。[19]

从 1890 年到 1920 年的法国、德国和英格兰，女子中等和大学教育获得了重大发展。法国女子国立中学和学校在 19 世纪 90 年代取代了旧式的“女子中学课程”，到 1901 年，女学生在法国大学生中的比例达 3%。19 世纪 90 年代的德国，较早时期建立的“高等女子学校”增加了高级中学毕业考试证书的课程，少数女学生开始进入大学，她们通常是旁听生或不考学位的特别生。20 世纪前 10 年(普鲁士是 1908 年)，德国建立起经过认证资格完备的女子中学(*Lyzeen*)，大学也不再对招收女学生作任何限制。英格兰女子教育的变革开始得更早一些。从 1869 年到 1893 年，剑桥和牛津大学共成立了 8 个女子学院。[20] 从 1884 年起，女学生能够参加牛津的入学考试，从而促进了女子学院的发展；但直到一战后，女学生才能获得牛津和剑桥的学位。

表 7.6 显示了 1900 年到 1930 年间欧洲一些国家大学中女学生的比例。

一战前，瑞士女大学生的比例非常高；这反映出，瑞士大学与欧洲很多国家，尤其是俄国的大学相比，在早期女大学生的培养中占据了重要地位。伯尔尼 1903—1904 年女大学生占全部学生的近 35%，但这些女大学生中只有 1/10 是瑞士人。英国大学中女大学生的比例更引人注意，特别是在考虑到牛津和剑桥的入学率增长缓慢的情况下。法国女大学生的比例同样增长迅速。而在德国，女子高等教育直到 1930 年前后才取得重大

[19] 参见第二章，第 69 页，以及第十四章，第 585 页。

[20] *University of Cambridge*，Ⅳ，301—330.

248 进展，但不久之后纳粹党的政策又阻碍了这种发展。从 1920 年到 1930 年，意大利大学女学生比例下降，同样也是因为意大利法西斯政党的政策。另外，西班牙的指标也特别低，极不正常。㉑

表 7.6　1900－1930 年欧洲一些国家的女大学生在大学生中的比例
（在所有大学生中所占的百分比）[α]

国家	1900 年	1910 年	1920 年	1930 年
奥地利		8	14	17
法国	3	9	13	26
德国		4	9	18
英国	17	19	27	26
意大利		17	20	15
荷兰	7	14	15	18
西班牙			4	7
瑞典	3	8	10	15
瑞士	20	22	12	12

α 取自 Kaelble，*Soziale Mobilität*（表 7.4 的注释），222－224。1900 年到 1910 年的数据实际只包括英格兰和威尔士的数据，取自 J. Howarth and M. Curthoys，'The Political Economy of Women's Higher Education in Late Nineteenth and Early Twentieth-Century Britain'，*Historical Research*，60(1987)，208

㉑ See J. C. Albisetti，*Schooling German Girls and Women：Secondary and Higher Education in the Nineteenth Century*（Princeton，1988），204－305，esp. 297－301；S. Ulivieri，'Women and the University Studies in Italy'，in *Higher Education and Society in Historical Perspectives* [7th International Standing Conference for the History of Education]（Salamanca，1985），vol. Ⅰ，658－667；*Alma Mater Studiorum. La presenza femminile dal XⅧ al XX Secolo.* Ricerche sul rapporto Donne/Cultura Universitaria nell'Ateneo Bolognese（Bologna，1988）；M. Raicich，'Liceo，università，professioni：un percorso difficile'，in S. Soldani and F. Angeli（eds.），*L'educazione delle donne*（Milan，1989），147－181；J. Stephenson，'Girls' Higher Education in Germany in the 1930s'，*Journal of Contemporary History*，10（1975），41－69.

—231, esp. 210—211。德国和法国的数据与 Titze, 'Hochschulstudium'(注释 1)以及 Ringer, *Education and Society* 中的数据相同。一些时间段与表中所列的时间段有前后两年的出入。从 1910 年起,奥地利和荷兰的数据包含一些非大学的高等教育机构数据。

表 7.7 概括了法国和德国大学各主要院系及专业中学生分布的长期趋势。德国大学最重要的发展是天主教和新教神学的衰落,人文学科和自然科学的兴起,或更明显的"哲学院"的发展。这两种趋势几乎也能概括其他大学体系的发展特征。在法国,我们应该注意到,由于国家兴办的天主教神学院缺乏生源,它们最终在 1885 年停办;㉒在整个 19 世纪以及 20 世纪伊始,文理学院取代了以前的人文学院,法学院占据了领先的地位。由于文理学院系不够突出,法国的法学院显然发挥了多方面的作用。这 249 种模式可能是由于在法国传统中法律职业拥有高贵地位的缘故。直至 19 世纪 60 年代,法国法学院的学生中也只有一半人去从事法律职业。㉓ 从 19 世纪末起,法国的法学院还开设经济、政治和社会课程,力图扩展未来的政府官员的知识面。

表 7.7 1830—1914 年法国和德国大学各院系及学科中学生的分布情况
(各列的数据为整数百分比)[a]

德国大学	1830—1860 年	1860—1890 年	1911 年
神学	30	20	10
法学、政治学	30	25	20
医学	15	20	20
人文	15	15	25
科学	5	10	15
辅修专业	5	10	10

㉒ 参见第十章,第 396 页。

㉓ G. Weisz, 'The Politics of Medical Professionalization in France 1845—1848', *Journal of Social History*, 12 (1978—1979), 3—30, esp. 28. 接下来的论述也参见 Weisz, *Emergence*, 188—189.

续表

法国大学及学院	1850—1870 年	1870—1890 年	1911 年
法学、政治学	50	40	40
医学	25	35	25
文学	5	10	15
科学	5	5	15
辅修专业	15	10	5

α 引自 Ringer, *Education and Society*, 60, 149, 根据 app. Tables Ⅴ, Ⅺ。所有百分比都是近似值,旨在反映出长期趋势。对德国大学,没有区分天主教和新教的神学院;法学与政治学包括了财政学或政治科学(*Staatswissenschaften*);人文指的是人文学科(*Geisteswissenschaften*),通常还包括哲学院中的自然科学;辅修专业包括药学和农学。对法国大学,法学院实际上提供一些在德国大学被称为政治科学的专业;辅修专业指的就是药学;1850—1870 年的数据是根据学位奖金获得者的人数而非注册学生人数计算的。

无论如何,19 世纪法国大学中职业学科院系的发展与同时代牛津和剑桥大学课程所强调的重点之间的差异,并没有我们想象中的那么大。牛津大学尽管出现了一些新的学位科目(尤其是在 1870 年后),古典、文学和哲学课程却长期保持支配地位。剑桥大学数学和科学研究比较发达;
250 伦敦大学体系提供了很多科学、技术与医学方面的专业。进入 20 世纪后,正是在牛津和剑桥,而不是在德国大学,延续了洪堡的那种对通才教育的偏好。这也正好有助于解释英格兰高等教育的容纳度为什么从 19 世纪早期起就远不及法国和德国了。

大学学习的费用

在大致描述了一些欧洲大学系统学生的入学以及他们在各学习领域的分布后,我们应回到本章开始部分提出的一些问题上:导致大学注册人数的模式发生短期和长期变化的原因是什么,推动学生流入高等教育机构或者使他们不能进入的因素是什么?

在英格兰，天主教徒和非国教徒直到19世纪50年代才被获许进入牛津和剑桥，直到1871年才能获得高等学位。但这种情况只是一个绝对的例外。

到两次大战之间为止，欧洲的大学通常都要收学费；但学费一般都比较公道，只有牛津和剑桥的学院才收住宿费。对很多学生来说，多种正当的方式有助于减少他们大学学习的直接费用，例如，"免费名额"和(或)减收学费，由宗教和慈善团体(尤其是在英格兰)、个人或国家(尤其在1800年后的欧洲大陆国家)赞助奖学金等。从现代早期到19世纪，赞助和帮助贫困学生，尤其是神学院新生，成为欧洲高等教育中一项重要社会特征。㉔ 1899—1900年，普鲁士大学中约16%的普鲁士学生得到了奖学金，6%的学生获得了免费名额，17%的学生获得了某种资助；但这些比例不能累加起来，因为一些学生接受了不同种类的资助，他们的人数不能确定。㉕

中学的直接费用可能会比大学学费产生更重要的社会影响，实行寄宿制的英格兰"公学"以及法国的国立中学和私立或教会办的学校学费最贵。农村和小城镇的家庭，通常是付钱给离家最近的完全中学或较低水平的中学，让子女到这些中学读书。由拿破仑建立的国家奖学金所赞助的学生，还不及大革命前由基金和捐赠所资助的学生多；而且，法国的国家奖学金在19世纪往往落入下层官僚子女的囊中。㉖ 巴黎的国立中学为大学校升学考试开设的专门课程，成为一道严峻的经济屏障，尤其阻碍了那些没有突出学术成绩的外省年轻人。对中学学费和资助机会，我们也没有进行过系统的或比较的研究。在我看来，从平均的中学直接费用来看，英格兰和法国的学费比德国高；德国中学形成了一种比较密集的非区域性网络，其中包括较低级的中学，因此它们的学费可能相对较低。 251

㉔ 有关18世纪德国贫困的神学院学生生活环境和精神面貌的生动描述，参见 A. J. LaVopa, *Grace, Talent and Merit: Poor Students, Clerical Careers, and Professional Ideology in Eighteenth-Century Germany* (Cambridge, 1988).

㉕ Titze, 'Hochschulstudium' (注释1), 282; 不过，我们只能找到1886—1887年和1911—1912年的普鲁士大学的详细数据。因此，即使对一个国家，我们都很难概括出一个有关学费或资助机会的体系，更不用说进行跨国的比较研究了。也参见第四章，第108—109页。

㉖ Palmer, 'Free Secondary Education' (注释14).

不过，高等教育和中等学校的直接费用并非是影响大学入学人数的决定性因素。更重要的因素是在延缓年轻人进入劳动力市场期间的间接费用。经过大学学习阶段的竞争后，学术职业，尤其是法学和医学的应聘者，通常还要进行几年没有薪水的实习，如果遇到就业机会减少的时期，他们的实习期可能还会延长。从18世纪起，普鲁士以及更多国家形成了强烈的精英和政府传统，努力控制进入官僚阶层和学术职业的标准，从而形成了一套复杂的正规证书制度，如果毕业生要从事政府法律服务以及自由职业，就比担任神职和当中学教师更需要这些证书。㉗ 获得这些证书的间接费用必然会影响到一个家庭的计划，而且有关这些职业中人员过剩的说法也会得到认真考虑。因此，相对于全部间接费用，学费可能不是
252 决定性因素。例如，法国中学在1928年到1933年停收学费，但这一时期中学一年级的注册人数并没有迅速增加。㉘

另一方面，制度和课程方面的藩篱也意义重大，它们将初级和初级后(post-primary)学校与得到正式认可的中学区分开来，也与像德国的高级中学毕业考试和法国的学士学位考试这样的严格考试区分开来。实际上，正是中学的体制和课程真正调控着大学的入学情况。这再次引起我对19世纪晚期欧洲中等教育分轨重要社会意义的关注。我们能够实际观察到，甚至精确计算出中等教育体系迎合不同社会团体需要的不同"渠道"或"路径"。有关中学分轨的实例，在德国表现为文科中学与其他声望不高的中学在资格上的差异，在法国从1860年起表现为古典中学和"现代"中学之间的分野。在英格兰，中学在课程设置上似乎不存在差异，而这种独特的社会化模式也发挥了相似的作用。教育中尤其是在中等教育水平上的分轨，会使人们社会或身份上的差距长期保持下去。正如马克斯·韦伯所说，它们滋生和维持的身份等级，并不必然与现有财富与经济势力的层级相对应。用彼埃尔·布尔迪厄的术语来说，"文化资本"的分配与"经济资本"的分配不存在简单的一致性。总之，教育分割所累积的影响

㉗ See P. Lundgreen, 'Zur Konstituierung des "Bildungsbürgertums": Berufs-und Bildungsauslese der Akademiker in Preussen', in *Bildungsbürgertum*, esp. vol. Ⅰ, 79－89.

㉘ Ringer, *Education and Society*, 141－142, 327－328.

能使阶级差异合理化，并进一步扩大。[29]

在此，我对这个主题就不再深入了，只想指出，中等教育体系的分轨如何影响到家庭对子女接受高等教育的规划。正如 19 世纪晚期法国教育改革家所指出的那样，一个独立的工匠、小店主或小商人，可能不太愿意负担自己儿子在古典中学所需的间接费用，因为一个年轻人在古典中学学习的东西，只有在他取得优秀成绩并完成全部课程时，对他才是有用的。如果他不能做到这点，他在学校里学到的东西对他家庭的生意就派不上用场了。因此，如果可能，尤其当古典中学长期强调古代语言的学习而具有排他性时，到一所非古典的、有实用价值的中学读书，从经济上看是一种合理的选择。同时，一些纯粹的个人情绪也会妨碍来自殷实家庭 253
的学生进入最有声望的中学学习。这些学校所代表的小圈子的文化氛围，似乎令人难以接近；到它们中读书就像进入一个比较陌生的环境，可能遭受一些精神上的损失。因此，在某种程度上，那些在社会中不太有利的群体，可能会“自愿”放弃他们上大学的最可靠方式。

另一方面，当学生们真正进入中学后，由于各种原因，一些新的因素开始影响他们。对那些来自殷实家庭的、有前途的学生，老师们可能会鼓励他们去憧憬一个不同于他们父母所设想的未来。而且，既然每年读书都要花钱，那么学生们就更应该一直读完中学。因此，一些较低水平的中学逐渐(尽管有所反复)增加它们的课程，它们的毕业生人数也有所增多。比如，法国的“专门”或(后来的)“现代”中学的课程，在开办之初具有“实用的”倾向，后来就为一种更强调“通识性的”和学术性的课程所取代(“通才方向”)。这种课程呈现出那些最负名望的中学的许多特征，背离了教育规划者的明确意图。在这些学校中，教师和家长们更希望他们的学生能够获得同等的进入大学的资格；而那些更早设立的学校或课程体制的既得利益者则对此表示反对。因此，我们就有可能认清在 19 世纪欧洲中等教育体系的分割中存在着排斥和包容两种力量，也可以理解 1870 年后发生

[29] See Ringer, *Education and Society*, esp. 12—22, 28—30; D. K. Müller, F. Ringer and B. Simon (eds.), *Rise of the Modern Educational System: Structural Change and Social Reproduction 1870—1920* (Cambridge, 1987), esp. the Introduction (F. Ringer), 第二章 (F. Ringer), and 第四章 (H. Steedman).

的教育冲突(至少是发生在法国和德国的冲突)。

另一个影响中学生进入大学的主要因素被认为是社会对大学毕业生的"需求"。需求这一概念在某些方面本身就成问题。我们通常只知道大学生的"供给",而对"需求"的认识是间接,甚至是推测出来的。当然,我们可以说,既然有供给就是有"需求",可以用需求来"解释"供给。我们已经讨论了一些例子,它们能够证明或我们可以从中推论出:在短期内,(社会)对大学毕业生需求量的反复匮乏是能够发现或适当想象到的,然而入学人数的急增可能就会面临着受教育者的专业人员需求相对稳定的(矛盾)。从19世纪60年代起,法国建立了"专门"中学体系,中学入学人数的增多造成了直接且深刻的社会影响,从而将早已存在的社会需求问题相应地推向前台。但长期而言,大学入学的反复变化问题还存有争议,我们要分析这个问题就更加困难。我们对短期内大学教育供需之间不平衡的
254 理解,能否用来解释长期的循环趋势?实际上,我们又回到本章开始部分提出的一些问题上,回到那些与欧洲大学入学人数增长的主要趋势相关的问题上。到现在,我们是否应该对这些问题做一个总结性的回答呢?

大学入学人数的增长

我们需要对1800年到1870年间大学入学人数的增长做一个简要回顾。在德国,注册人数在1830－1831年首次增至一个高峰,接下来10年内持续减少,大约到1870年左右,相应年龄段中大学的入学率达到一个低谷。在1830－1831年高峰期,德国出现了对受教育者"过剩"的担忧,其他一些国家也出现类似情况。这非常符合短期内需求量匮乏的模式,随后入学率保持一种稳定水平,更证明了上述模式。如表7.4所示,在19世纪中叶前后,欧洲大多数国家的大学入学率(在以5岁为一年龄段的人中所占百分比)相对稳定,大致为0.4%－0.7%。在最近一项有意思的研究中,简·阿特(Jan Art)统计了比利时大学的登记(不是注册)情况后同样发现,学生人数在1828－1831年一度达到高峰,此后有所减少,到1870年

前后开始出现比较稳定的增长。[30] 我提出的假设是，在早期工业时期毕业生的供需之间达到了平衡状态，这种平衡反映的是传统学术职业中就业率的稳定增长，而不是那些直接与经济发展相关的职业的就业情况。而且，我也认为，在19世纪，大学入学率的发展似乎与经济周期的变化相反。[31] 比利时的研究支持了上述短期模式，也反映出大学学习在一定程度上是对经商的代替。实际上，中产阶级可以根据他们从事的不同职业领域分为两个部分。其中一部分人是在工业化和经济资本的积累中发家的，他们通常并没有接受大学教育。另一部分人则是不同层次的受过教育的专业人员，包括普鲁士和其他一些大陆国家的政府职员，他们拥有教育资格证书或"文化资本"。

1870年后，大学入学的变化更为复杂。一方面，法国也明显出现了蒂策所证明的那种发生在德国的学术"过剩"的短期反复模式。这种情况可能由于"大萧条"而被夸大了。另一方面，更长时期内的结构性变化正在进行。尤其是德国中等教育的变化，德特勒夫·米勒(Detlef Müller)将之概括为一个"系统化"进程。他认为，19世纪早期的普鲁士，文科中学招收了很多不准备读大学的学生，他们提前离开中学，从事各种不需要中学毕业资格的职业。这能使来自殷实家庭的学生接受中等教育，他们中一部分人最终能够完成中学学业并升入大学。然而，当各种课程的区别被明确界定、课程之间相互分离后，这种模式潜在的推动力就遭到了破坏。从19世纪60年代起，特别是在19世纪末，各类中学之间的界线被更严格地划定；课程和毕业资格被仔细确定，整个中等教育体系中各个部分在功能上的关系也充分体现出来。系统化过程在某种程度上是一种带有官僚性的合理化过程，但它也反映出社会分工中的一种冲突。先前那些提早离开文科中学的学生，在此时则流入实科和高级实科中学，这两种中学在很长时期内都没有完全获得承认。在法国和英格兰，我们也能发现一种系统化的进程。精英的大学预备教育、非精英的中等教育与高级小学所构成

255

[30] J. Art, 'Les Rapports triennaux sur l'état de l'enseignement supérieur: un arrière-fond pour des recherches ultérieures sur l'histoire des élites belges entre 1814 et 1914', *Revue belge d'histoire contemporaine*, 17 (1986), 187-224.

[31] Ringer, *Education and Society*, 50-51.

的复杂的教育等级结构，取代了之前的那种精英中等教育与民众初等教育的二元体制。[32]

在我看来，法国和德国中等教育的分割是在 1870 年之后才最为突出。在有关承认古典和“现代”两组课程的激烈争论中，教育保守主义者相当清楚地表达了他们的社会排斥意图。伴随这股排斥力，包容力也在发挥作用。法国的情况最明显，非古典中等教育课程的出现和发展，也给中等教育体系增添了新的社会群体。当非古典课程逐渐转向通才教育的方向、呈现出更学术化的特征时，它们的支持者也开始为它们的毕业生寻求升入大学的途径，而他们的要求总会得到满足。在 19 世纪和 20 世纪之交，不仅在法兰西共和国，而且在德意志帝国，完成了中学课程的中学毕业生大致都获得了进入大学学习的同等资格。中学毕业率和大学入学
256 率，尽管暂时有所下降，最终都保持了增长趋势，直到第一次世界大战爆发，而在一战后又继续增长。

1870 年后高等教育的发展，不仅表现为大学入学率的增长，还表现为新大学（在英格兰）以及其他非大学高等教育机构的建立，这些非大学高等教育机构很多是技术和专门学校，它们逐渐取得了与大学同等的地位。一种观点认为，这一时期内高等教育机构的扩充，更加密切了中等和高等教育与工业发达时期的职业体系之间的相互联系。这些职业体系需要年轻的专业人员，尤其是科学与技术方面的专家；和早期工业时期的专业人员相比，他们需要接受更多教育，而且他们中更多人将从事商业和工业职业，而不是旧式的自由和学术职业。我们不能简单把这些变化看作是教育对经济“需求”的适应。在当时有关教育的讨论中，社会和政治因素至少是与经济因素同等重要的。更有甚者，19 世纪末的普鲁士，直接决定了政府人员等级的严格的教育资格层级，对职业体系的塑造，远比职业体系对教育的影响更大。教育体系与职业体系之间是一种并不对等的互动关系。在这段时期内，我们可以毫不夸张地说是经济教育化，而不是教育产业化。总之，短期内大学毕业生供需的不平衡伴随着结构上的变化，这

[32] Müller, Ringer and Simon, *Rise*（注释 29），esp. 第一章（Müller） and 第三章（Simon）.

些变化在长期内引起对大学毕业生需求的增长。这就是我们对大学接纳度实际增长的解释，大多数欧洲学的入学率在 1914 年前已经达到 0.7%—1.2%（在以 5 岁为一年龄段的人数中所占的百分比）。

我们认为，大学毕业生人数的持续增长，甚至“过剩”，有时将会产生更大“需求”，因为新职业“需要”具有大学教育水平的从业人员。二战后，大多数欧洲国家的大学体系确实出现了这种情况。在晚期工业阶段的白领阶层中，接受高等教育成为一个必要而非充要条件。学术文凭的社会价值已经出现了一种“通胀”似的贬值。但大学入学发展的这一新阶段是从两次大战之间开始形成的；此时，女性开始大量进入中学和大学学习，中产阶级的改革者和稳健的社会主义政党逐渐消除了小学与中学教育之间的障碍，短期内注册人数的增长有助于改变一种既有观念——不同层次 257
的职业对应着不同的受教育水平。

哈特穆特·克尔贝勒（Hartmut Kaelble）已经指出（没有进行精确的数字统计），从 18 世纪晚期到 20 世纪早期，欧洲教育机会的演变经历了一个从“慈善”时期到“竞争”时期，再到“国家福利”时期的历程。[33] 大致与他的三阶段对应，尤其考虑到教育系统与经济之间关系的改变，我认为，这一时期高等教育的发展也经历了三个阶段：“早期工业”阶段、“工业发达”阶段、“晚期工业”阶段。克尔贝勒还提到其他观点以及非常重要的东西。在 18 世纪晚期到 19 世纪早期，虽然身份观念根深蒂固，但整个社会都接受，甚至积极支持一种个人的流动，即一些有资质的贫困学生可以通过教育来获得神职或教职。而 19 世纪以来，这种社会流动模式，不仅被教育机构之间的激烈竞争所破坏，也被民众寻求教育机会与保守主义者限制大学招生这两种力量的角逐所破坏。仅仅模糊地意识到这是一次涉及面广泛的变革，当然不足以解释它；对于 19 世纪欧洲高等教育入学的发展历程的重大阶段和其中的动力机制，我们仍然还没有完全认识和理解。

大学生的社会来源

我们已经谈到了很多有关大学生社会来源及其体现出的进步性内

---

[33] Kaelble, *Soziale Mobilität*（表 7.4），172—176.

容。如果在一个高等教育体系所接受的学生中，有很大比例是来自社会的中低阶层和低层，我们就认为这个体系具有进步性。在由教育引起的社会流动中，教育的进步性只是一个必要，但非充分条件，衡量进步性的数据基本上都是相对的。例如，一个大学体系的入学率为10%，而学生中有20%来自工人阶级家庭，工人阶级子女在这个体系中的入学机会或入学率就是1∶2，这种体系就具有相当的进步性。同样，相应年龄段中工人阶级子女入学率为5%，大学总入学率为10%，那么工人阶级子女在这个体系中的入学机会或入学率也可视为1∶2。实际上，由于数据的局限，我将着重强调来自各种职业群体的学生的比例。

258 **表7.8　1820—1930年德国大学生的社会来源（根据其父亲所在的不同社会群体来区分学生，计算不同群体学生在学生总数中所占的百分比）[a]**

父亲所在的社会群体	1821—1837年符腾堡的哈勒大学	1777—1867年五所大学	1874—1876年符腾堡的哈勒/莱比锡	1887—1891年普鲁士大学	1911—1912年普鲁士大学	1931年德国大学
贵族	3	12	4	2	5	1
学术职业	44	44	38	25	21	25
经济中上阶层	33	15	9	16	12	11
小独立业主	23	14	19	19	23	18
低级雇员				3	3	6
低级官员	20	8	16	20	27	32
农民	7		10	12	6	4
下层/工人	1	1	5	1	2	3

α 除1777—1867年五所大学的数据外，其他数据都取自Ringer, *Education and Society*, app. Tables Ⅵ—Ⅷ，倒数第三列的数据现在也可以参考Titze, 'Hochschulstudium'（注释1）。表中的数据根据以下绝对人数计算得出：(a)1821年和1834年哈勒大学的人数，加上1837年符腾堡邦中德国大学生的人数；(b)1874年哈勒大学的人数，以及1875年符腾堡邦中德国大学生的人数，再加上1876年莱比锡大学的人数。"学术职业"包括：高级官员（仅限于那些在1887—1891年和1911—1912年受过大学教育的人）、大学教授和中学教师（或受过大学教育的

教师)、教士、律师、内科医生,其他“自由”或“学术”(受过大学教育的)职业,以及少数军官。“经济中上阶层”包括:“工业家”(哈勒和莱比锡),其他“大商人”(符腾堡)或“保险业的独立业主”(1887－1891 年普鲁士);在最后两列中,他们通常是指:业主、经理以及大商业公司中的主管人员。在这两列之前,“小独立业主”几乎包括了所有层次的商人和店主。“低级官员”中包含了大量低层的教师(或没有受过大学教育的教师)。“下层/工人阶级”在 1874－1876 年中不包括工匠群体。有关五所大学的情况,参见注释 43。

表 7.8 简单勾勒了 1820 年到 1930 年德国大学学生的社会来源情况。1886 年后有关普鲁士大学的数据就相当准确了,从 1928 年到 1941 年有关所有德国大学的数据也很准确。有关较早时期的数据,我是根据 1821－1837 年以及 1874－1876 年一些大学的相关研究计算出的。

我们暂时不看第二列的数据,其他数据大致反映出一些长时期的变化,很多详细的分析和注解都能说明这些变化。㉞ 首先,19 世纪早期德国的大学生主要不是来自地主贵族和产业资产阶级家庭,而是来自受过教育的中上阶层家庭,包括家长所有受过大学教育的或从事“学术”职业的家庭。他们的父亲来自一个非常重要的社会群体——高级官员,大学教 259
授,“自由职业者”,尤其是医生和律师,教士和中学教师也在其中占了相当比例。19 世纪前 10 年,这些受过教育的精英家庭子女,约占德国大学生的 45%;在一些大学和一些时期中,他们的比例甚至超过了 50%。他们这种优势地位在 19 世纪 70 年代之前开始削弱,此后直到一战,他们的比例更迅速减少。除了魏玛时期一段持续的上升,这一群体所占的比例跌至最初比例的一半,约为大学注册人数的 20%－25%。他们“腾出”的部分,几乎都被来自另一个同样重要的社会群体的子女所填补,即下级官员,还包括很多小学教师。无论与哪个国家比较,这一群体都更突出地体现了德国现代大学体系的特点。在 19 世纪早期,就有相当数量的学生来自这一群体,占注册人数的 15%－20%;到 1930 年,这个比例增至 30%以上。他们的人数可以被准确统计出来。

㉞ Ringer, *Education and Society*, esp. 81－85, 89－94, 97.

然而，对于从事产业和商业职业的人，或者说经济上的上层和中低层，他们的人数我们就不太清楚。1911 年以前，我们都没有资料来区分下列三个阶层：大业主、经理和企业主管这些经济资产阶级，小独立生产者和小商人这些旧式的“中产阶级”（*Mittelstand*），低级雇员和职员这些“新中产阶级”（*neuer Mittelstand*）。表中的“经济中上阶层”，在 1821－1837 年、1874－1876 年和 1887－1891 年包括了“工业家”以及少数大商人和保险代理人。这段时期表中的“小独立业主”主要是商人、店主和旅店老板。低级雇员阶层中读大学的子女直到 19 世纪末都为数较少；农民子女所占的比例持续减少，工人阶级子女一直都被大学拒之门外，只有在 1874－1876 年中才有来自工匠群体的子女进入大学。19 世纪早期，经济上的中产阶级主要包括：早期的产业“市民”、小商人、小生产者和独立工匠。因此，1870 年后来自从事经济职业家庭的子女在德国大学生中的比例增长，并不能体现德国大学的进步性。工人和低级雇员在劳动人口中的比例显著增长，但他们的后代却很难进入大学。相比之下，到 20 世纪早期，人数只占很小比例的产业中上阶层，他们的子女在大学生中的比例却超过了 10%，从而为比例有所下降的旧式的受教育精英群体，注入了“财阀”势力。
260 当然，我们这么说并不是要否定，从 1820 年后，尤其是 1870 年到 1930 年间，德国大学的招生更具进步性。我们只是认为，德国大学这种进步性变化比很多人认为的更为适度，其实，德国大学在 19 世纪早期就比一般人观念中的更具进步性。㉟

表 7.9　1800－1910 年德国一些大学的学生社会来源（根据其父亲所在的不同社会群体来区分学生，推算不同群体学生在学生总数中所占的百分比）[a]

父亲职业	1797 年	1817 年	1837 年	1857 年	19 世纪 70 年代	19 世纪 90 年代	1910 年代
贵族	18	13	10	10			
学术职业	40	42	47	43	34	32	30

㉟ 参见 Jarausch，*Students Imperial Germany*，第 80 页；K. 雅拉什更简练、更准确地总结了我的结论；他的分析与我的一致，见第 122－126 页。

续表

经济中上阶层	7	12	15	21	31	35	36
中低阶层	21	23	21	18			
下层/工人	1	1	1	1	34	32	35
不详	13	9	6	7			

α 取自 K. H. Jarausch，‘Die neuhumanistische Universität und die bürgerliche Gesellschaft 1800－1870’，in C. Probst（ed.），*Darstellungen und Quellen zur Geschichte der deutschen Einheitsbewegung*，11（Heidelberg，1981），11－58，esp. 14－15，32，39，and Jarausch，*Students Imperial Germany*，122－128. 雅拉什(Jarausch)是根据出版的图宾根大学(1776－1817)、哥廷根大学(1779－1837)、爱尔兰根大学(1798－1843)、基尔大学(1827－1864)和海德堡大学(1807－1870)的录取记录来计算的。表中数据是根据他采用的职业分类而得出的，除不详情况所占的8%外，这些数据都印证了表7.8中“1777－1867年五所大学”的数据。第一列中的数据是有关贵族(姓名中使用von)家庭的；“经济中上阶层”包括土地所有者和商人。在*Students*(注释42)，雅拉什展示了1840年到1910年波恩大学学生社会来源的图表，该图表与上表类似。最后，雅拉什根据对柏林大学的调查所使用的职业分类，发现波恩大学的数据与19世纪60年代到1910年代柏林大学、莱比锡大学以及来自符腾堡邦的学生的调查数据是一致的。表7.9的最后三列数据就是雅拉什对表中三个年代的统计结果；在这三列数据中，“经济中上阶层”包括了各个层次的企业家和商人，“中低阶层”包括了低级官员(包括教师)、工匠和农民。

无论如何，这些都不能说明，从1800年到1914年，德国大学在进步性上有多么重大的发展。表7.9也证明了这点。如果忽略表中划定的时间段，从1797年到1857年五所大学的统计表明，受教育的中上阶层的子女在大学生中的比例并没有持续下降，当然它们也表明经济中上阶层的子女的比例逐渐上升。因此，即使将贵族子女比例的降低考虑在内，来自上层和中上阶层家庭的大学生比例实际上是从1797年的65%上升至1857年的74%。当然，这些学生在19世纪70年代、90年代和1910年代 261

所占比例的趋势，与 1857 年前的趋势并不一致；但这些年代的数据也表明，来自中低阶层的大学生的比例保持了相对稳定，并没有增长。

表 7.10 显示了 1874 年到 1931 年德国大学中主要院系和专业领域的学生社会构成，主要统计了两个最为重要且界定明确的职业群体的子女的情况。在分析该表时，我们必须将某个院系或专业的比例与所有专业的比例对照着分析。这样，我们很快就会发现，新教神学院以及人文学科中的文理（"哲学"）学院，由于负责培养中学教师，所以对于低级官员和小学教师的子女来说，便成为通过教育来提高社会地位的地方。新教神学专业也招收比例不等的来自学术职业家庭的学生；据推测它吸引了很多牧师之子前来学习。而在天主教神学院中，正如表下注释所指出的那样，

表 7.10　1874—1931 年德国各专业的大学生的社会来源

（其父亲属于表中指定社会群体的学生在学生总数中所占的百分比）[a]

学生所在的院系或专业	1874—1878 年 莱比锡大学 学术职业/低级官员	1900 年 普鲁士的大学 学术职业/低级官员	1931 年德国的大学 学术职业/低级官员
法学	39/9	27/17	26/27
医学	40/10	25/20	31/25
新教神学院	50/19	38/33	
天主教神学院		4/22	
人文学科	30/20	20/28	19/37
科学	27/13	19/22	16/38
技术			17/28
所有专业	37/13	23/21	22/32

α 取自 Ringer, *Education and Society*, 88,101。"人文学科"和"科学"专业的学生包括了文学与科学院的学生。"低级官员"包括了低级教师，与表 7.8 相同。在 1900 年，普鲁士大学的天主教神学院中，有近 26% 的学生来自农民家庭，而在所有专业中，农民子女只占 11%。1931 年在德国理工学院（技术）中有约 18% 的学生来自业主、经理或大公司的主管家庭，而在所有专业中，这些家庭的子女只占 11%。除了"技术"专业外，其他专业的学生都只是大学生（不是理工学院的学生）。

农民的后代占了相当比例。在“哲学”的科学专业中，来自学术职业家庭的学生比例一直比较小；直到 1900 年，在这个专业中，来自低级官员和教师家庭的学生的比例才明显增长，因为当时科学已经在中学课程中牢牢地占据了自己的位置。到 1931 年，科学专业的招生情况比人文学科更具有进步性。

262 正如我们所指出的，在 19 世纪和 20 世纪早期，学生很大比例来自政府文官和教师家庭，这是德国大学的一个突出特点。表 7.10 显示，这个特点主要体现在哲学和神学院中，主要体现在未来的中学教师和神职人员的培养中。相比之下，职业性系科则吸引了比例不等的来自中上阶层家庭的学生。1900 年前后，法学院在这个方面明显领先于医学院；但到了 1931 年，情况正好相反。进入医学和法学职业——包括需要接受法律培训的高等文官——所需的直接和间接费用，会使来自普通家庭的学生望而却步。最后到 1931 年，理工学院中来自经济上层和中低阶层的学生的比例，比来自表 7.10 中列出的社会群体的比例要高得多。正如表下注释所指出的，产业精英对德国高等教育中的技术教育部分特别关注。我们可以说这形成了一个不太明显的分割。

表 7.11 所勾勒的法国大学生社会来源情况，与德国模式形成了鲜明对比。可以肯定的是，已有数据只适用于法国高等教育的一部分，而不是整体。在分析法国大革命前的三个外省法学院的情况时，我们忽略了它们与巴黎法学院在学术和社会地位上的差别。有关 19 世纪 60 年代的一列数据，实际是中学毕业生对自己教育所作的设想，并不是所有人都能实现自己的学术理想。而且，在文理学院的地位无关紧要时，这些数据只适用于两个重要职业院系的情况。声望显赫的法学院，一度吸引了相当多并不想从事法律职业的学生前去就读。相比之下，有关两种非常著名的大学校的数据，是在非古典中学扩张并逐步获得承认时期的数据，非古典中学的发展，甚至使这些精英学习机构中学生的社会来源都发生了进步性的转变。表 7.11 统计得出的数据充分证明了这一点。遗憾的是，我们没有文理学院改革后的资料，它们在招生上无疑要比主要的大学校更具进步性。因此，表 7.11 不能反映出法国高等教育中最明显的分割，即大学校与大学院系，尤其是文理学院的区别。

即便如此，表7.11仍然表明，从18世纪晚期到1880年前后，在法国大学的职业学院以及工科学校(*Ecole Ploytechnique*)中，来自中上阶层家
263 庭的学生占了压倒多数的比例。在法国大学生中，大多数学生不仅来自自由职业和学术职业家庭(这点与德国情况相似)，而且来自旧制度下有权有势的富裕家庭，来自业主即19世纪的少数贵族地主和其他类型的资本所有者的家庭，以及产业精英家庭(他们的子女从19世纪晚期才开始大批到德国的大学学习)。在分析法国的情况时，我们可以使用"资产阶级"(*bourgeoisie*)这个术语，它指代了整个拥有资产和受过教育的中上阶层；到1864年，在法国的法学院中有75%—80%的学生来自资产阶级家庭，从1880年到1914年工科学校中有近60%的学生来自资产阶级家庭。而在1911—1912年，普鲁士的大学(见表7.8)中，来自土地所有者、学术

表7.11　1773—1914年法国大学水平教育机构学生的社会来源(根据其父亲所在不同社会群体来区分学生，推算不同群体学生在学生总数中所占的百分比)[a]

父亲职业群体	1773—1789年4所外省法学院	1864年有升学愿望的学生 法学	医学	1880—1914年工科学校	1880—1909年师范学校
土地贵族	3—4				
学术职业和官员	65—77	37	37	20	38
经济中上阶层	2—9	39	33	38	20
中低阶层	10—25			30	36
低层工人阶级	1—5	24	30	11	6

α有关外省法学院的数据取自Chartier, Julia and Compère, *L'Education*(注释10)，277—278。这些法学院所在地为：1773—1775年杜埃(Douai)，1782—1789年南希，1785—1789年第戎。"学术职业"在此包括两个规模相当的群体：(1)"高级自由职业者"和"高级官员"，(2)"低级自由职业者"和"低级官员"；"经济中上阶层"包括"资产阶级"，农村"中低阶层"有时也包括"商人"。有关打算学习法学和医学的中学毕业生数据，取自P. Hrrigan and V. Negila, *Lycéens et collégiens sous le Second Empire: Etude statistique sur les fonctions sociales de l'enseignement secondaire publique d'après l'enquête de Victor Duruy*(*1864—*

1865)(Paris, 1979), table 15。在来自“经济中上阶层”的中学毕业生中,打算学习法学的人有29%出自业主家庭,打算学习医学的人有22%出自业主家庭。工科学校的数据参见T. Shinn, *Savoir scientifique et pouvoir social: L'Ecole polytechnique, 1794－1914* (Paris, 1980);高等师范学校的数据参见R. J. Smith, *The Ecole Normale Supérieure and the Third Repubilc* (Albany, 1982);上表中的数据直接取自Ringer, *Education and Society*, 175－178。在工科学校,“经济中上阶层”学生中有13%来自业主和食利者家庭;“中低阶层”中有10%的店主,10%的中级官员和10%的低级官员;“低层/工人阶级”包括了广大平民。在师范学院,“学术职业”群体中包括了18%的中学和大学教师;“经济中上阶层”中包括了8%的业主和大农场主;“中低阶层”中包括了14%的中级和低级官员,10%的低级教师和13%的店主、工匠和低级白领雇员;“低层/工人阶级”是指技术工人。

职业、大商业和大工业的经济中上阶层、经理和主管人员家庭的学生还不 264
到40%。[36]

如果能找到1880年后法国文理学院的数据,这些数据肯定与相应的德国大学中的学院的数据更加接近。更进一步说,19世纪晚期法国大学的改革,使法国和德国的大学生在其社会来源上更加相似。从高级师范学校的招生情况中,我们就能找到19世纪法国与德国的高等教育在招生上的相似之处。因为这种与众不同的学校,它们的学生基本来自法国中产阶级中受过教育的群体的家庭,而不是业主家庭。1880－1909年,在这种培养优秀中学和大学教师的精英机构中,有超过1/3的学生来自中低阶层职业家庭,其中24%是中级和低级官员和教师(在1911－1912年的普鲁士大学中相应群体所占的比例是32%)。如果再加上来自大学和中学教师家庭的学生人数,我们就会发现,有28%的学生的父亲是教师。在法国大学体系中,师范学校明显是一个相对进步和重视学术的机构。

有关19世纪英格兰高等教育的情况,我们只能找到牛津和剑桥大学的数据(见表7.12)。虽然表中各个社会群体之间的界线比较模糊,但还是足以让我们分析长时间段中的变化。19世纪早期的牛津大学,属于不

---

[36] 参见Ringer, *Education and Society*, 170－180.

详部分的比例还明显较低。不详部分也只是一种模糊的划分，在知道其社会来源的部分中，19世纪早期的牛津和剑桥大学中来自土地乡绅和国教牧师家庭的学生，分别占到近1/3的比例。当时，来自其他世俗职业群体的学生约占20%，来自中产阶级商人家庭的学生比例排在第四位，但几乎没有学生来自工匠群体。此时，英格兰的世俗中产阶级无疑比法国和德国的更加富裕。直到19世纪中期，这种模式才开始发生缓慢且有些反复的变化；到19世纪末，来自各专业职业和商业群体的学生比例增加到50%—60%。但即使在此时的牛津和剑桥大学中，我们仍然可以肯定，来自整个中低阶层以及低级文官和教师群体的学生所占的比例，不能与欧洲大陆的大学，尤其是德国大学中的情况等量齐观。因此，直到20世纪，从所有欧洲大学的情况来看，英格兰高等教育中的牛津和剑桥大学几乎是最不具有进步性的。

265 **表7.12　1800—1900年英格兰大学生的社会来源(根据其父亲所在的不同社会群体来区分学生，推算不同群体学生在学生总数中所占的百分比)**[α]

父亲职业	剑桥		牛津			
	1800—1849年	1850—1899年	1818—1819年	1848—1849年	1878—1879年	1897—1898年
土地所有者	31	19	23	23	18	12
教士	32	31	25	23	25	16
专门职业	21	26	15	27	29	37
商业	6	15	12	9	18	27
零售商、职员和工人阶级			1	2	4	5
不详	10	9	24	16	6	3
总比例	100	100	100	100	100	100
净人数			378	444	740	795

α 剑桥大学的数据源自：H. Jenkins and D. Caradog Jones, 'Social Class of Cambrige University Alumni of the 18th and 19th Centuries', *British Journal of*

Sociology, 1(1950), 93－116, esp. 99. 根据 J. and J. Venn, *Alumni Cantabrigienses. A Biographical List of All Known Students, Graduates and Holders of Office at the University of Cambridge, From the Earliest Times to 1900*. Part Ⅱ: *From 1752 to 1900*, 10 vols. (Cambridge, 1940－1954)。牛津大学的数据源自:*History of Oxford*, Ⅶ, Part2, 578, Table 24.1。"土地所有者不属于专门职业群体","专门职业"包括法律、医生、教师和文官(政府部门官员、殖民地官员和外交官员)。有关剑桥大学,"不详"只包括"从事多种职业的人"(miscellaneous)。

最后,在表 7.13 中我们将大致介绍一战前夕瑞典和丹麦大学的情况。当时,瑞典大学体系在进步性上非常接近德国水平,来自学术职业家庭的学生的比例略高一些,来自农民和工人家庭的学生的比例也同样如此。不过,哥本哈根大学学生中来自中产阶级家庭的学生的比例,比德国相应学生的比例高一些。哥本哈根所有来自中低阶层家庭的学生的比例,比德国高等教育机构中相应学生的比例低一些,但来自农民家庭的学生的比例部分却弥补了这一比例的不足。总之,就英格兰、法国和德国大学的学生社会分类来看,它们之间在 1911 年的差异不再如 19 世纪早期时那么大。

自 18 世纪晚期以来,德国教育体系和就业体系之间就发生过一次交汇,我们还可以发现第二次这样的交汇。在晚期工业阶段,欧洲大学体系在其发展过程中呈现出一些特点,使它们有别于一个世纪之前的欧洲大学。各国大学的进步性得到了不同程度的发展;尽管从整个欧洲大学体 266
系来看,这种进步性在开始阶段发展得不太顺利,但在随后却较德国大学体系的发展还要迅速。很难讲教育较高水平的进步性是否也就增进了社会流动,但总体而言,我对此持怀疑态度。因为,当人们更容易接受高等教育时,高等教育本身就会丧失一些因稀缺而拥有的"市场"优势。虽然,当产业中产阶层开始赞助高等教育时,通过教育来实现向上的社会流动,在某种程度上取代了缺少大学参与的社会流动模式。但是,我们还远远不能理解其中的复杂性。本章中,我的目标只是大体上勾勒出 19 世纪欧洲大学的学生进入情况。

表 7.13　1910年前后德国、丹麦和瑞典大学的学生社会来源(根据其父亲所在的不同社会群体来区分学生,推算不同群体学生在学生总数中所占的百分比)[a]

父亲职业	1911—1912年的普鲁士大学	1910年瑞典大学	1913年丹麦大学
土地所有者	5	2	2
学术职业	21	24	33
经济中上阶层	12	10	14
小独立业主	23	19	12
低级雇员	3		7
低级官员	27	29	13
农民	6	9	12
工人阶级	2	5	4
其他,不详		2	3

α除普鲁士的数据是取自表7.8外,均源自Kaelble, *Soziale Mobilität*(注释21), 204—5, 根据于F. T. B. Friis, 'De studerende ved Kobenhavns universitet', *Nationalokonomisk Tidsskrift*, 57(1919);S. Moberg, *Verm blev Student och vad blev Studenten*? (Malmö, 1951). 丹麦(哥本哈根大学)样本的绝对数目是2692,瑞典样本的数目是1285。一些在私立和地方学校的教师包含在"低级官员"中,这一群体通常还包括国立学校的教师。

精选文献

Albisetti, J. C. *Schooling German Girls and Women: Secondary and Higher Education in the Nineteenth Century*, Princeton, 1988.

Conze, W. and Kocka, J. *Bildungsbürgertum im 19. Jahrhundert. Bildungssystem und Professionalisierung in internationalen Vergleichen*, Stuttgart, 1985.

Jarausch, K. H. *Students, Society, and Politics in Imperial Germany: The Rise of Academic Illiberalism*, Princeton, 1982.

Jarausch, K. H. (ed.) *The Transformation of Higher Learning, 1860—1930: Expansion, Diversification, Social Opening, and Professionalization in England, Germany, Russia and the United States*. Historisch-sozialwissenschaftliche Forschungen 13, Stuttgart, 1983.

Kaelble, H. *Soziale Mobilität und Chancengleichheit im 19. und 20. Jahrhundert*, Göttingen, 1983.

Müller, D. K. *Sozialstruktur und Schulsystem: Aspekte zur Theorie und Praxis der Schulorganisation im 19. Jahrhundert*; W. Rüegg and O. Neuloh (eds.), Studien zum Wandel von Gesellschaft und Bildung 9, Göttingen, 1977.

Müller, D. K., Ringer, F. and Simon, B. (eds.) *The Rise of the Modern Educational System: Structural Change and Social Reproduction 1870—1920*, Cambridge, 1987.

Ringer, F. K. *Education and Society in Modern Europe*, Bloomington and London, 1979.

Fields of Knowledge: French Academic Culture in Comparative Perspective, 1890—1920, Cambridge, 1992.

Toward a Social History of Knowledge, New York, 2000, esp. Ch. 3.

Titze, H. (ed.) *Das Hochschulstudium in Preussen und Deutschland 1820—1944*, Datenhandbuch zur deutschen Bildungsgeschichte Ⅰ: Hochschulen, Teil 1, Göttingen, 1987.

Weisz, G. *The Emergence of Modern Universities in France (1863—1914)*, Princeton, 1983.

269

第八章　学生运动

利弗·热韦尔　路易·福斯

在这部《欧洲大学史》的前面章节中，描述了大学生的社会生活，主要集中在日常生活的物质和教育方面。这种方法与学生生活历史的两个核心主题也是一致的。① 第三个核心主题就是政治参与，这有着完全不同的特征。（学生）的政治参与并不局限在大学这个小世界里，他们视大学为广阔社会的一种延伸。

对于 19 世纪和 20 世纪的历史而言，学生运动这一主题比局限于学生宿舍、酒馆和阶梯教室的学生日常生活的历史更具有意义。尽管从 19 世纪以来，大学生的业余生活依然疏远政治，他们依然坚持着传统风俗，依然与城镇居民存在着隔阂，但他们也隐约听到了来自广阔社会的召唤。他们认为，这种召唤不仅是鼓励他们直接参与政治，也是为他们以后生活作准备。在某个特定的时间段，努力去实现一个宏伟目标，竟成为个别学

① Jarausch, *Students in Imperial Germany*, 9—12.

生的首要任务和生存理由。要分析和描述这些发展,就要注意历史发展中各个事件和各种意识形态的相互作用,每一代人的形成及其相互差别,学生活动在历史中的影响,以及学生运动自身的发展。

从学生运动的"经典"范例看——无论是发轫于19世纪的学生运动,还是1968年的"新"学生运动——学生运动具有下列特征。② 它是由学生 270
自己领导的(程度不同地)、对社会产生影响的学生集体行动。一般而言,它与更广泛的政治运动或社会解放运动紧密相关,并在其中扮演着一种激进的开拓者的角色,并作为一种社会动员渠道为前者服务。由于学生运动接受了更广泛的社会运动的奋斗理想和目标,它也会对社会运动产生影响。一方面,它影响了整个社会;另一方面,它为其成员实现未来的目标提供了锻炼和准备的机会。这种锻炼始终包含实践的活动:未来领导者在实践中逐渐树立起自己的信念和理想。

任何社会运动都需要交流和动员的渠道,诸如集会、期刊和出版物。在社会运动中,各种社会组织可能会相互争斗以占据支配地位,也可能联合起来组成运动的核心。然而,某些组织的成员,实际上并不能代表那场运动的所有参与者。③ 学生运动中的积极分子逐渐形成了他们自己的形象,发起了他们的运动,其结果是他们在历史和社会中获得了他们自身的地位。④ 尽管随着时间的推移,这种"意识叙述"会发生变化,但每一个时

② L. Vos, 'Rebelse generaties. Het studentenprotest van de jaren zestig', in L. Vos, M. Derez, I. Depraeterre and W. Van der Steen, *Studentenprotest in de jaren zestig. De stoute jaren* (Tielt, 1978), 43－52; L. Vos, 'Student Movements: Some Theoretical Aspects', in B. Henkens *et al*. (eds.), *Student Protest in Contemporary Europe. ISHA Journal*, 3 (Louvain, 1995), 3－18; L. Vos, 'Nationalism and Student Movements: Conceptual Framework and a Flemish Case-Study', in M. Norrback and K. Ranki (eds.), *University and Nation: The University and the Making of the Nation in Northern Europe in the 19th and 20th Centuries*, (Helsinki, 1996), 77－87.

③ G. Langguth, *Die Protestbewegung in der Bundesrepublik Deutschlands, 1968－1976* (Cologne, 1976), 23－24; K. R. Allerbeck, *Soziologie radikaler Studentenbewegungen. Eine vergleichende Untersuchung in der Bundesrepublik Deutschland und den Vereinigten Staaten* (Munich and Vienna, 1973), 37.

④ S. K. Morrissey, *Heralds of the Revolution: Russian Students and the Mythology of Radicalism* (Oxford, 1998), 5. Allerbeck, *Soziologie* (注释 3), 40－44. See J. R. Gillis, *Youth and History: Tradition and Change in European Age Relations. 1770 to the Present* (New York, 1974).

代还会造就新的一代人，他们中不少人会前仆后继地投身到学生运动中去。⑤

在自 19 世纪以来兴起的现代一城市一社会中，大学生所具有的三个特点，使他们更容易受到一项事业的鼓舞。第一，大学生享有一种不寻常的社会地位，在他们的日常生活中，他们几乎能够不与其他同学交往，因而摆脱了现代社会特有的多重角色。一个大学生就是他们所要扮演（或
271 生活在其中）的全部角色，⑥因此角色冲突不会在他们身上发生；相对于大学校园外的人，他们更容易产生发自内心的情感；他们想要进行反叛，也不需要付出高额的社会代价。这就是为什么大学生比工人或年轻工人更愿意选择一种纯粹的原则，并愿意以一种富有表现力的或“宣告”的方式来捍卫这种原则，而不会采用一种工具性的、实用主义的手段来达成一种缺乏热情的妥协。⑦ 第二，大学生所养成的理智习惯，使他们容易观察和分析社会的问题，能以一种批判的态度去审视当前的价值和真理，并很容易掌握一套意识形态概念。第三，学生运动是由特定的某一代人进行的。每一代人的形成，都有一些标志其形成的事件，年龄或年龄段相仿的一代人在其社会化过程中共同经历了这些事件。⑧ 每一代人都会用新的眼光去审视流传下来的文化，在这种新的接触中，遂形成一种不同于前代人的表达方式。因此，我们不能仅仅把学生运动作为一种特定类型的社会运

---

⑤ Morrissey, *Heralds*（注释 4），他对俄国学生运动中的“意识叙述”作了分析，认为学生运动是“类似阶级和国家的现象”，因为，就如“对上述两种社会现象的界定”一样，学生运动主要通过“其成员的意识”而存在。

⑥ K. R. Allerbeck, ‘Eine Strukturelle Erklärung von Studentenbewegungen in entwickelten Industriegesellschaften’, *Kölner Zeitschrift für Soziologie und Sozialpsychologie*, 23 (1971), 482—490.

⑦ C. Verhoeven, ‘Dubieus idealisme’, *Jeugd en samenleving*, 3 (1973), 307—315.

⑧ K. Mannheim, ‘Das Problem der Generationen’, *Kölner Viertelsjahresheft für Soziologie*, 7 (1928), 157—185, 309—330; E. Pfeil, ‘Der Kohortansatz in der Soziologie. Ein Zugang zur Generationsproblem?’, *Kölner Zeitschrift für soziologie und Sozialpsychologie*, 19, 4 (1967), 645—657; A. B. Spitzer, ‘The Historical Problem of Generations’, *American Historical Review*, 57, 5 (1973), 1353—1385; R. G. Braungart, ‘The Sociology of Generations and Student Politics: A Comparison of the Functionalist and Generational Unit Models’, *Journal of Social Issues*, 30, 2 (1974), 31—54.

动来考察，而是应该把它们视为社会繁衍和转变中的某一历史时刻的运动。⑨

在更广泛的社会解放潮流中，作为在学生自己领导下的、有组织的学生运动，在某个特定的时间段、在欧洲的一些国家兴起，并由特定的几代学生进行下去。在谈到19世纪时，我们还要注意民族国家这一背景的重要性。民族主义在欧洲各国都有不同的发展，这使我们更难真正做出一种全面的概括。因此，本章将集中描述一些国家的学生运动。⑩

为自由而战的学生(1800—1830)

随着18世纪末的启蒙运动和浪漫主义运动，第一场现代学生运动掀
开了序幕。自由和博爱的新观念，以其字面的和象征的意义，深深吸引着 272
全欧洲的大学生，令他们感到自己肩负的使命，想要捣毁横亘在前方的路障，为自己所属的群体指出一条新的未来之路；因此，他们既是战斗中的先锋，又是理论上的先知。18世纪80年代，剑桥大学爆发了一场不太为人所知的学生运动；这是学生运动的早期典范，但并没能坚持下去。在英格兰启蒙运动的激进自由主义鼓舞下，塞缪尔·泰勒·柯勒律治(Samuel Taylor Coleridge)及其朋友，献身于对“自由和平等”的追求，在学生群体中成功地建立了一个宽阔的基础。但由于法国大革命的爆发，当时的知识分子在原则上几乎都成为了反革命者。随后，英格兰成为欧洲浪漫主义运动的发源地，涌现出威廉·布莱克(William Blake)、威廉·华兹华斯(William Wordsworth)、佩尔西·比希·雪莱(Percy Bysshe Shelley)、约翰·济慈(John Keats)以及柯勒律治(Coleridge)这些浪漫主义的代表。他们都讴歌大革命，站在“人民”的一方去反对复辟势力——它们在拿破仑

---

⑨ L. Rosenmayr, 'Jugend', in R. König (ed.), *Handbuch der empirischen Sozialforschung* (Stuttgart, 1976), vol. Ⅵ; See K. R. Allerbeck and L. Rosenmayr (eds.), *Aufstand der Jugend? Neue Aspekte der Jugendsoziologie* (Munich, 1971).

⑩ 我们将在某种程度上对德国、法国、俄国、英格兰、苏格兰、瑞典、芬兰、比利时、荷兰和旧多瑙河君主国(其中有波兰、捷克、斯洛伐克、斯洛文尼亚、克罗地亚和塞尔巴尼亚)的学生运动，作一个系统的分析。我们还会关注一下罗马尼亚、希腊、意大利和西班牙的情况。对于西班牙的学生运动，马里亚·费尔南多·曼塞沃(Maria Fernanda Mancebo)教授给我寄来一篇名为“Estudiantes”的论文。

政权垮台后重新掌权。然而，19 世纪早期的英格兰大学生却几乎没有被他们鼓动。⑪

在波兰第二次被瓜分后，波兰大学生于 1793 年发起了学生运动；这是第一次有组织的、打着民族主义旗帜的学生运动，它提出的目标为后来的学生运动所接受。⑫ 1794 年，在塔德乌什·柯斯丘什科（Tadeusz Košciusko，1746—1817）的领导下，波兰的民族主义运动达到了高潮。学生们热情地支持这场运动，他们还组建了自己的军队进行战斗。1791 年，在克拉科大学 387 名注册的学生中有近 200 名参加了运动。但这次革命失败了。波兰从地图上消失了，直到由扬·亨里克·东布罗夫斯基（Jan Hendrik Dąbrowski，1755—1818）指挥的波兰军团与拿破仑的军队一起占领波兰并建立华沙大公国后，波兰才在一定程度上获得了独立。

当波兰学生寄希望于拿破仑时，德国学生却将他视为德意志民族存
273 在的威胁。1806 年普鲁士的战败，为当时的青年学生指明了奋斗的方向，也锻造了他们那一代人。反抗法国的统治，最终使追求自由和市民解放的斗争，摆脱了个人层面的奋斗，转变为整个德意志民族这一共同体的抗争。渴望祖国解放的梦想，引发了德意志民族精神的复兴，促进了德国疆域的统一。1807—1808 年冬，受政治环境的影响，约翰·戈特利布·费希特（1762—1814）在其《告德意志人民书》中为这种文化民族主义提供了理智方面的合理性。恩斯特·莫里茨·阿恩特（1769—1860）继续为民族主义摇旗呐喊，1813 年他在一首诗中写道："德意志啊！我的祖国，你在哪里？""但待德意志人民挣脱套环"。在"论德国大学生群体"（*Über den deutschen Studentenstaat*）一文中，他对当时那一代的学生寄予了厚望，并

---

⑪ B. Simon, 'The Student Movement in England and Wales During the 1930s', *History of Education*, 16, 3 (1987), 189—203. 接下来的几代大学生遗忘了 1780 年的学生运动，因此它没能融入集体记忆之中。直到 150 年后，人们在历史研究中再次"发现"了它：p. 203，根据 B. R. Schneider, Wordsworth's Cambridge Education (Cambridge, 1957) 和 F. Knight, *University Rebel: The life of William Frend. 1757—1841* (London, 1971).

⑫ L. Révész, *Jugendbewegungen im Ostblock*, (Vienna, 1985), 63；它是根据 M. Francic, 'Cztery pokolenia studentów krakowskich (Od Oswiecenia do powstania 1848 r.)', in C. Bobińska (ed.), *Studia z dziejów mlodzieży Uniwersytetu Krakowskiego od oświecenia do polowy XX wieku*, vol. Ⅰ (Cracow, 1964), 19—106.

在学界引起了强烈共鸣。⑬

在这种新精神的影响下，学生运动在很多城市兴起。弗里德里希·路德维希·雅恩(Friedrich Ludwig Jahn，1778－1852)——体操运动的发起人——及其朋友、深受学生敬佩的哲学教授雅各布·弗里德里希·弗里斯(Jakob Friedrich Fries，1773－1843)，1811 年在柏林成立了秘密学生组织德意志同盟(*Deutscher Bund*)，准备迎接即将来临的解放斗争。两年后，耶拿的学生在一些教授的支持下，成立了首个"原初社团"(*Urburschenschaft*)，提出"荣誉、自由、祖国"(Ehre，Freiheit，Vaterland)的口号。这是第一个战斗的德意志民族组织，其目标是要建立一个统一的自由立宪制国家。那些发起者还希望打破当时不问政治的同乡会(*Landsmannschaften*)制度；这种制度鼓励地区性招生，并形成了一种各自为营的独立主义风气。他们也反对学术特权，反对贵族学生的服饰，提倡进行"学生生活的道德重建"，认为这种重建能够解放"男学生"，使他们成为"学术共同体中的公民"。⑭ 当然，他们也从当时学生传统中采纳了一些惯例和做法，同样也汲取了某些日耳曼民族和反犹太人浪漫主义思想。

许许多多德意志学生自愿为祖国的解放冲锋陷阵。他们加入了路德维希·阿道夫·威廉·冯·吕措将军(Ludwig Adolf Wilhelm von Lützow，1782－1834)的学生志愿军(*Freischar*)，该组织成员一度达到 2800 名，⑮他们制服的颜色——黑色的平民制服、红色的袖口、黄铜色的钮扣——后来成为了德意志民族的象征色：黑、红、金。志愿者们希望，在德意志民族统一和自由之战后，能够建立起一个基于人民主权的宪政国家。战争的磨炼，提高了学生的声望，增强了他们的自信；他们从战场上凯 274

⑬ M. Wawrykowa，'*Für eure und unsere Freiheit.' Studentenschaft und junge Intelligenz in Ost- und Mitteleuropa in der ersten Hälfte des 19. Jahrhunderts*，(Stuttgart，1985)，42，49.

⑭ K. H. Jarausch，'The Sources of German Student Unrest. 1815－1848'，in L. Stone (ed.)，*The University in Society*，vol Ⅱ：*Europe，Scotland and the United States from the 16th to the 20th Century* (London，1975)，533－567，这部分参见第 536－538 页.

⑮ R. A. Müller，*Geschichte der Universität. Von der mittelalterlichen Universitas zur deutschen Hochschule* (Hamburg，1996)，74ff.

旋后，以前的志愿者就成为了新的学生组织的骨干力量。[16]

当时属于政治氛围相对自由的萨克森—魏玛邦的耶拿，1816年制定出了一部耶拿宪法。再加上它位于德意志版图的中央地带，几乎每个德意志邦都有学生来到耶拿。因此，耶拿理所当然成为散播新思想和新活动的基地。此时，耶拿的学生再次掌握了领导权。[17] 学生社团（*Burschenschaft*）人员充足，成为学生们实践民主制度的场所，其中，每个学生都有权参与任何涉及该组织的重大事项的决策。该组织从最初的143名成员，发展到1815—1816年冬季学期时的650名成员。

耶拿的榜样具有强大的感召力，开创了这场学生运动的第一个阶段，即空想的狂热者（*Schwärmer*）阶段。[18] 学生社团很快就在海德堡、弗赖堡、图宾根和吉森成立起来。在哈勒，学生们成立了条顿学生会（*Teutonia association*），旨在强化日耳曼语言和文化的学习，激发对祖国的热爱。在德意志北部的基尔大学和哥廷根大学，以及规模稍小的格瑞夫斯沃德大学和罗斯托克大学，学生们也先后成立了学生社团。在当时新建立的柏林大学中，同乡会仍然占据支配地位，直到1810年代末情况才有所改观。

1817年10月18日，即宗教改革开始300周年纪念日，耶拿的学生在爱森纳赫（Eisenach）发起了瓦尔堡节（*Warburgfest*），掀起了学生运动的新一次高潮。大约450到500名学生宣布要建立一个自由的德意志民族统一政体，他们象征性地焚烧了反动的书籍和标志，并选择黑、红、金三色旗作为德意志民族"平等和自由"的象征。他们中约有一半人来自耶拿，另一半人则来自柏林、爱尔兰根、吉森、哥廷根、哈勒、海德堡、基尔和莱比锡。一年后，一个名为全德学生社团联合会（*Allgemeine Deutsche Burschenschaft*）的组织在耶拿成立。它是一个联合会，成员来自14所德意志大学。

---

[16] G. Bartol, *Ideologie und studentischer Protest. Untersuchungen zur Entstehung deutscher Studentenbewegungen im 19. und 20. Jahrhundert* (Munich, 1978), 56—58, 60—61; Wawrykowa, *Freiheit* (注释 13), 52.

[17] Bartol, *Ideologie* (注释 16), 82; W. Klose, *Freiheit schreibt auf eure Fahnen. 800 Jahre Deutsche Studenten*, (Oldenburg and Hamburg, 1967), 142.

[18] Bartol, *Ideologie* (注释 16), 63; Wawrykowa, *Freiheit* (注释 13), 42—44.

他们代表了当时全德约30%的大学生。⑲

德国学生运动中的意识形态，受到雅恩1819年出版的名为《德国的民族性》(*Deutsches Volkstum*)一书的强烈影响，该书带有浓厚的弥赛亚情结，几乎被学生们当作福音书来阅读。于是，“民族的”(*Volkstümlich*)和“大众性”(*Volkstümlichkeit*)成为了公认的浪漫主义词汇。这也很快导致“民族的”一词带有了极端排外和反犹太人的特征。在这种氛围中，犹太学生1819年被赶出学生社团(尽管纽伦堡和法兰克福的学生社团分别在1830年和1831年废除了这条规定，但是在19世纪90年代中期又开始执行此规定)。⑳ 然而在德意志民族主义这一共同旗帜下，纷繁多样的政治策略继续存在。㉑

在学生运动的自由民族主义一翼中，“吉森黑衣人”(*Giessener Schwarzen*)或“绝对派”(*Unbedingten*)很快就成为激进组织的代表。他们的组织是由超凡魅力型的演讲家卡尔·福伦(Karl Follen，1795—1840)建立的，他阐述了一种新的意识形态，将法国大革命的影响与浪漫主义的思想融合起来。激进的“黑衣人”并非运动的主流，他们拥护福利事业，高歌普罗大众，希望发动由知识分子领导的民众起义来推翻统治阶级的压迫。因此，他们努力在普通民众中进行系统的宣传。㉒

政府当局自然把这种运动视为某种骚动。属于“吉森黑衣人”组织的

---

⑲ J. Bauer, ‘Die Wartburg und die Studenten - Festerlebnisse’, *Aurora*, 59 (1999), 225—236; Müller, *Geschichte* (注释 15), 75; D. Düding, ‘The Nineteenth-Century German Nationalist Movement as a Movement of Societies’, in H. Schulze (ed.), *Nation-Building in Central Europe* (Leamington Spa, 1987), 19—49, 28; R. Müth, ‘Bekenntnis zu Schwarz-Rot-Gold. Die freiheitlich nationale Idee in der Tübinger Studentenschaft von 1813 bis 1848’, in H. M. Decker, H. G. Richter and K. Schreiner (eds.), 500 *Jahre Eberhard Karls Universität Tübingen*. Beiträge zur Geschichte des Universität Tübingen, *1477—1977* (*Tübingen*, 1977), 251—284.

⑳ D. Grieswelle, ‘Antisemitismus in deutschen Studentenverbindungen des 19. Jahrhunderts’, in O. Neuloh and W. Rüegg (eds.), *Student und Hochschule im 19. Jahrhundert. Studien und Materialien*, Studien zum Wandel von Gesellschaft und Bildung im Neunzehnten Jahrhundert 12 (Göttingen, 1975), 366—379, 这部分参见第367页.

㉑ Wawrykowa, *Freiheit* (注释 13), 49—50; D. F. Burg, *Encyclopedia of Student and Youth Movements* (New York, 1998), 36.

㉒ Bartol, *Ideologie* (注释 16), 70; Wawrykowa, *Freiheit* (注释 13), 45—46.

276 海德堡大学神学院学生卡尔·路德维希·桑德(Karl Ludwig Sand,1795—1820),㉓刺杀了德裔俄国外交官、作家奥古斯特·冯·科策比(August von Kotzebue,1761—1819),此事正好给了蓄谋对付学生运动的梅特涅(1773—1859)一次机会。他在波希米亚(Bohemia)的卡尔斯巴德组织了一次由德意志各邦代表参加的会议,劝说他们同意德意志联邦议会(*Bundestag*)于 1819 年 9 月 1 日所通过的一系列法令,将大学置于了政府专员的监管之下。这样,只有得到特殊的许可,学生社团和学生组织才能存在,大学自治和影响力在整个欧洲都受到了限制。㉔ 在接下来的 30 年中,德意志联邦一直执行着这些镇压措施,它们在一定程度上削弱了自由主义运动(至少是合法的自由主义运动)。㉕ 检举制度使学生社团转入地下,同时也必然使它们成为激进的组织。

德国学生运动也影响到了芬兰。这个国家从 1809 年起成为了一个由俄国沙皇统治的大公国。1816 年秋,奥布(土尔库)大学的学生模仿学生社团模式建立了独立的学生联谊会。但是,大学校方却并不赞同学生的举动,他们更愿意建立一个一般性的学术组织。学生痴迷和热爱着浪漫主义,校方则忠诚和执著于古典主义,双方的观念南辕北辙。这种紧张关系到 1817 年 4 月达到高潮,学生们为了争取更多的学术自由而发起了请愿和示威活动。校方最后满足了学生的大部分要求,两者的合作关系得以重建。㉖ 1826—1827 年,奥布(土尔库)学生与俄国军队之间的摩擦引发了几次事件,同年还发生了一场持续 3 天的火灾,将这个城市的大部分化为灰烬。于是,校方决定将大学迁至赫尔辛基,这也是芬兰大公国的新

㉓ Wawrykowa, *Freiheit* (注释 13), 46—48. 第一首献给他的"外国"诗歌是由俄国诗人亚历山大·谢尔盖耶维奇·普希金(Aleksandr Sergeevich Pushkin)创作的。参见 J.-C. Caron, *Générations romantiques. Les étudiants de Paris et le Quartier Latin*, (Paris, 1991), 245. 有关桑德的内容也请参见第十章。

㉔ R. Dudkowa, 'Les études des jeunes Polonais dans les universités étrangères au XIX e siècle. Une esquisse de problème', in M. Kulczykowski (ed.), *Pérégrinations Académiques. IV ième session scientifique internationale. Cracovie 19—21 mai 1983*. Prace Historyczne, Zeszyt 88 (Cracow, 1989), 131—160.

㉕ L. W. Cowie and R. Wolfson, *Years of Nationalism: European History 1815—1890* (London, 1985), 48—49; Nipperdey, *Bürgerwelt*, 281—285. 也参见第二章和第三章。

㉖ Klinge, *Universität Helsinki*, 239, 246—251, 253, 263—264.

都城。1928 年出台了多部旨在对学生生活给予更严格监控的新法令。同乡会被允许继续存在，但前提是必须接受教授更密切监管。[27]

在西班牙，法学院的学生尤其倾向自由主义阵营。他们在 1820 年革 277
命中发挥了重要作用，他们要求恢复被废除的 1812 年宪法。[28] 希腊 1821 年 5 月爆发了为争取民族独立的革命后，几乎所有在外求学的希腊学生和学者，都回到自己的家乡，参加到革命中去。[29] 他们将欧洲的启蒙观念带回希腊，并在 1824 年制定了一项在雅典建立希腊大学的计划。在希腊取得独立后，这项计划于 1837 年得以实现。

在波兰，大多数学生来自贵族（*Szlachta*）或乡绅家庭，而不像德国的学生和知识阶层大多来自城市中产阶级（the *Bildungsbürgertum*）家庭。直到 18 世纪末，乡绅这一社会阶层一直都自认为是国家的承载者；当时在启蒙运动的影响下，他们逐渐转变为一个更为开放的“知识阶层”。[30] 当波兰丧失了国家独立时，波兰人民深信大学对于本民族的延续负有责任，这种信念使波兰的学术活动得以持续下去。因此，在这个充满爱国主义精神的国度里，无论是华沙、维尔纽斯、克拉科和莱姆伯格（利沃夫）的大学生，还是其他各地的大学生，都成为意在复兴整个波兰民族（“民族”一词逐渐开始指所有的波兰人了）的自由主义和爱国主义潮流的代言人。[31]

这股潮流的代表就是维尔纽斯圈子中的“科学之友学会”（*Towarzystwo Filomatów*，该名称取自古希腊语“科学之友”）；该组织类似德国学生的组织，于 1817 年由 6 名学生成立，其中包括亚当·米茨凯维奇（Adam

---

㉗ *Ibid.*，279，283，295，298，301.

㉘ Mancebo，'Estudiantes'（注释 10）；也请参见：E. Hernández Sandoica，'De la Universidad complutense a la universidad central '，in J. L. Peset (ed.)，*Historia y actualidad de la universidad española*，6 vols.（Madrid，1985），vol. Ⅱ，466－502.

㉙ A. N. Tsirpanles，'Die Ausbildung der Griechen an europäischen Universitäten und deren Rolle im Universitätsleben des modernen Griechenland'，in R. G. Plaschka and K. Mack (eds.)，*Wegenetz Europäischen Geistes*，vol. Ⅱ：*Universitäten und Studenten. Die Bedeutung studentischer Migrationen in Mittel-und Südosteuropa vom 18. Bis zum 20. Jahrhundert*，(Vienna，1987)，250－272.

㉚ Wawrykowka，*Freiheit*（注释 13），13.

㉛ B. Klimaszewski (ed.)，*An Outline History of Polish Culture*（Warsaw，1984），163.

Mickiewicz,1798－1855)。[32] 从 1819 年起,该组织开始进行政治性的密谋活动。尽管在当时它还是一个纪律严密的秘密封闭组织,但后来它发展成为波兰秘密组织中分支机构最多的一个。[33]

与芬兰的学生组织一样,波兰的科学之友学会抛弃了刻板的古典主义,选择了浪漫主义作为年轻一代的精神和理想。正如米茨凯维奇在他的《青年颂》(*Oda dlo mlodości*)和《浪漫》(*Romantyczność*)[34]中写道,对于
278 学生和其他年轻人来说,忠诚和爱情对他们的影响,大大超过了研究和学习的影响。[35] 从 1817 年到 1823 年,在前波兰的疆域以及其他波兰人学习的地方,学生们成立了大约 50 个学生组织。其中许多组织的规模都很小,而且存在时间也很短;只有少数组织的成员达到了数百名,且活跃多年。

这些秘密社团在整个欧洲形成了自己的网络。1820 年,昔日的学生们在瑞士建立了一个革命委员会,该委员会成为当时政治移民最重要的活动中心,多项密谋在其中酝酿。该委员会所成立的一个社团,即著名的"男子同盟"(*Männerbund*),下设有活动小组,组织的目标是通过人民起义(*Volksaufstand*)和人民革命(*Volksrevolution*)来使德意志成为一个自由的共和国。[36] 其中一个流亡活动家就是来自"吉森黑衣人"的前任领导者福伦,他也流亡到瑞士,并且与整个密谋网络保持联系,直到 1823 年这一网络遭到围剿为止。此后,他就移居美国没再回来。

学生密谋激进组织中最重要的代表就是烧炭党(*Carbonari*),该组织最早于 1807 年在卡拉布里亚(Calabria)出现,1820－1821 年再度在西西里王国活跃起来,尤其是在那不勒斯和萨莱诺(Salerno)两地。这是一个

---

[32] J. Tazbir (ed.), *Zarys Historii Polski* (Warsaw, 1980), 401.

[33] Wawrykowka, *Freiheit* (注释 13), 84.

[34] 《青年颂》写于 1818 年至 1824 年间。直到 1827 年,该诗才在(奥地利的)利沃夫出版(可能是因为检查制度?)。该诗的法文版于 1841 年第一次出版,参见 Z. Makowiecka, *Mickiewicz w Collège de France. Październik 1840-maj 1844* (Warsaw, 1968), 213。这两个文本都出自 A. Mickiewicz, *Dziela－Tom 1 Wiersze* (Warsaw, 1949), 9－11, 102－104, 436－437。感谢鲁汶天主教大学的伊德斯博德·戈德里(Idesbald Goddeeris)博士提供上述信息。

[35] Wawrykowa, *Freiheit* (注释 13), 58－65; L. Vos, *De strijd van de witte adelaar. Geschiedenis van Polen* (Louvain, 2000), 152－153,该书接受了 I. 戈德里的帮助。See Klimaszewski (ed.), *History* (注释 31), 169－170.

[36] Wawrykowa, *Freiheit* (注释 13), 75－78.

秘密的军事社团，有自己的兵团、大队、百人队和小队。每个烧炭党人都很难认识其他任何烧炭党人，但他们所有人都要无条件地服从领导。其领袖菲利普·邦纳罗蒂(Filippo Buonarotti，1761—1837)当时也居住在瑞士，与其他志同道合的人在整个欧洲共同建立起了一个密谋的网络，来自德意志、波兰和法国的流亡学生都加入到他所领导的运动中。因此，在欧洲各国，警察们都在跟踪外国学生，以所谓的阴谋罪拘捕部分人。这样，自由主义阵营形成了国际化的网络，同时欧洲各国的警察系统也实现了跨国界的合作。[37] 警察还试图通过假扮为革命者的卧底来打进这些网络。这些人中最引起轰动的是约翰·维特—冯·德林(Johann Wit-von Dörring)(1800—1863)，他曾是“吉森黑衣人”的成员，后来成为普鲁士、奥地利、法国和波兰警察的密探。1824 年，“青年同盟”(*Jünglingsbund*)和“男子同盟”(*Männerbund*)的大部分成员都被逮捕。

1819 年春，在法国——巴黎和蒙彼利埃——爆发了罢课和示威游 279
行，示威者反对图书馆中实行的书籍检查制度、强制性的宗教崇拜，以及对敢于批评时政的教授所采取的处罚政策。[38] 1819 年 11 月，法国政府极力从保守主义的方向来修正当时的选举体制。这一举动再次引发了 1819—1820 学年学生的抗议运动，与此同时还爆发了由卡尔斯巴德法令所引起的抗议运动。学生们在巴黎、图尔(Tours)和雷恩组织了请愿。“真理之友”(*Les Amis de la Vérité*)开始秘密组织武装的学生队伍，准备发动起义。1820 年 2 月皇储被谋杀，这一事件促使政府采取更严厉的镇压措施，于是引发了新一轮的学生抗议运动。1820 年 4 月，抗议运动蔓延开来，开始是在索邦，后来发展到普罗旺斯地区艾克斯、雷恩、图卢兹、第戎、斯特拉斯堡和格勒诺布尔。

1820 年 6 月 3 日，巴黎的示威人群遭到便衣警察的攻击，在四处逃散中，法学院学生尼古拉·拉勒马尔(Nicolas Lallemand)遭枪击而身亡。他的“殉难”使骚乱蔓延至工人阶级居住区，原因是工人阶级遭受的社会经济苦难日益深重。于是，在格勒诺布尔、卡昂、图卢兹、斯特拉斯堡和雷恩

---

[37] Caron, *Générations* (注释 23), 271—272; Wawrykowa, *Freiheit* (注释 13), 77—78.

[38] Caron, *Générations* (注释 23), 239—269.

的学生发动了示威游行，不久后在布雷斯特（Brest）、南特、洛里昂（Lorient）和维特雷（Vitré）的工人和城市平民也发动了游行，普瓦捷、里昂和第戎还爆发了学生和民众一起参加的游行。“殉难者”也产生了长期的影响：它使法国学生萌生了“使命意识”，标志着真正学生运动的开始。少数站在既有秩序立场上的保皇党学生也频繁地发动示威游行。

法国政府对此进行了强有力地回击。1820年7月初，当局制定了一套严格的纪律制度，将学生这一群体——无论其是否在教育机构内——严密控制起来，因为当时正值考试临近时期，该制度执行起来更为顺畅。有时，所有学院都被停办，正如格勒诺布尔大学发生的事情。六月运动的最后一搏是1820年8月19日发动的政变，结果失败了。发动此次政变的主力是波拿巴主义的军官，但“真理之友”的一支由600名青壮年组成的武装队伍，也在圣－阿芒·巴扎尔（Saint-Amand Bazard，1791－1832）和哲学教授维克多·库新（Victor Cousin，1792－1867）的指挥下参与了政变。正如预料的一样，学生中大多数人没有参与这场阴谋活动，但是他们积极投
280 身于1821－1822年间高涨的反教权主义运动之中。他们所反对的教权主义包括杂乱无章的宗教仪式和非理性的宗教崇拜。

1821年5月，两名学生在巴黎成立了烧炭党在法国的第一个分支组织；这两名学生曾与那不勒斯的自由主义者并肩战斗过，学到了那场运动的原则。[39] 该组织迅速在巴黎的各学院中发展，并向外省扩展。其中，军人成为人数最大的支持者，占参加者近40%的比例；而学生，特别是之前“真理之友”的成员，则只占11.5%，远远少于前者。由于当时的波旁王朝加入了梅特涅体系，法国沦为第三等国家，所以该组织重在强调爱国主义精神和国家主权。烧炭党运动的政治倾向是自由主义的，尽管波拿巴分子并不是共和主义者。他们组织了一系列阴谋活动，但所有活动都失败了。[40]

1824年，查理十世（Charles X，1757－1836）继位后继续执行控制政策，为此还专门设立了宗教事务部与公共教育部部长一职。神职人员不

---

[39] *Ibid.*, 258.

[40] Wawrykowa, *Freiheit*（注释13），84.

断增多，教会势力日益强大，教会法规逐渐增加，全国各地兴建教堂，这些都增强了教权主义的势力。教会似乎希望横扫整个世俗社会。

然而，尽管建立了检查制度，19 世纪 20 年代法国的出版业仍然保持了自由主义主导的倾向。[41] 一本名为《环球》(*Le Globe*)的期刊——从 1824 年起由年轻人包括学生来担任编辑——产生了相当大的影响，它刊出政治诗歌，讴歌希腊人民为自由而战，在当时希腊独立主义的背景之下，希腊的独立运动吸引了整个欧洲的青年人。19 世纪 20 年代末出版了有关法国大革命新的历史研究，例如，由阿道夫·梯也尔(Adolphe Thiers，1797—1877)、奥古斯特·米涅(Auguste Mignet，1796—1884)和保罗·马蒂厄·洛朗·德·拉德切(Paul Matthieu Laurent de l'Ardèche，1799—1877)写作并讲授的法国革命史。因此，法国的年轻一代能够了解到 1778—1799 年革命岁月中的政治文化。法国大革命的理想重新得到关注，相比之下，当时法国的现实状况却令人感到痛心疾首。可能正是这些原因，1827 年 5 月法国学生再次发起了抗议运动。当时，有一个身为“教士”的人被任命为教授，此事成为公开的抗议示威游行的导火线。紧接着进行的法庭审判宣布学生们有罪，于是引发了一代青年学生政治热情的复苏。1830 年，他们已经为革命作好了准备。 281

革命和复辟(1830—1845)

1830 年自由主义和民族主义革命的波涛中，学生们身先士卒，掀起了欧洲各地的革命斗争。[42] 在法国的七月革命中——著名的“光荣三日”(7 月 27 日、28 日和 29 日)——巴黎理工学院的学生最为引人注目，因为他们身着统一的制服参加战斗，很快被民众誉为“七月英雄”。法学院、医学院和商学院的学生也筑起路障，参加了战斗，但是他们不太显眼，因为他们没有以学院为单位参加战斗，也没有穿上统一制服。学生是发动起义的决定性力量，还与其他社会群体一道共同投入到这次革命中。医学院

---

[41] Caron, *Générations* (注释 23), 270—273, 296.

[42] L. S. Feuer, *The Conflict of Generations: The Character and Significance of Student Movements* (New York, 1969), 264.

学生为斗争双方的伤员都提供了看护和救助服务。㊸

社会舆论对于即将建立的新王朝的性质存在争议。如同大多数法国公民的看法一样，大部分学生已倾向于建立一个类似于英国的立宪君主制王朝，拥立奥尔良的路易·菲利普(Louis Philippe of Orléans，1773—1850)成为君主。他积极与学生结盟，于 8 月 6 日向许多医学院和法学院的学生授予法国荣誉军团勋章(*Légion d'Honneur*)，8 月 10 日又接见学生代表。然而，共和主义者却仍然在各种俱乐部中积极活动。同时，前政权的少数旧臣还在 10 月 17 日到 20 日发动了暴力示威。他们得到了一些国民自卫军(*Garde Nationale*)和一定数量学生的支持，但他们仍然只是少数派。

1830 年 11 月重新开学后，巴黎的学生们再次在政治运动中崭露头角，他们要求获得自由结社的权利。发起这场运动的学生领袖是朱尔·泰奥菲勒·桑比克(Jules Théophile Sambuc，1804—1834)。他曾在德国几所大学读书，受到德国学生运动的影响，后来在洛桑继续学习，1830 年 9 月回到巴黎成为法学院学生。他积极推动建立一个独立的学生组织，实行民主选举的管理制度，并创办一份独立的刊物。他还提出要建立一个国际学生组织，联动欧洲的学生运动，同时通过建立通讯员网络构建欧洲的青年知识阶层。

革命同时也在欧洲其他地区爆发。首先是在荷兰联合王国的南部地
282 区展开，这里的学生们早就表达出自由主义的反对意见，他们的观点得到了一些年轻德国教授的鼓励。鲁汶 1821 年成立了第一个政治性学生组织，它模仿德国学生社团模式，推崇希腊的独立运动。㊹ 从 1827 年起，当天主教和自由主义反对派结成联盟后，大学开始明显政治化。学生们主要是在列日和鲁汶发起罢课，而根特的大学校园则相对平静。㊺ 比利时的革命爆发于 1830 年的夏季，学生们成为抗议运动的主力军。在抗议运动中，比利时从 1830 年 11 月起赢得了事实上的独立，学生们的斗争因此获

㊸ Caron, *Générations* (注释 23), 299, 310—319.

㊹ E. Lamberts and J. Roegiers, *De universiteit te Leuven. 1425—1985* (Louvain, 1988), 182.

㊺ R. L. Plancke (ed.), *Rijksuniversiteit Gent. 1817—1967* (Ghent, 1967), 15.

得了成功。1830年后，天主教会与自由主义的共济会成员之间的差异日益扩大，导致鲁汶的国立大学的解体，也促成两所带有意识形态色彩的大学的建立：1834年设于布鲁塞尔的具有自由主义（思想）的大学，以及1835年在鲁汶建立的一所天主教大学，它们毗邻当时根特和列日的国立大学。[46]

荷兰联合王国的北部地区，学生生活固守着传统，依然远离社会现实，珍视自己圈子中的交往和友谊，在评议会中打打闹闹，在社团里争论不休。只是1823年爆发了唯一的一次社会骚动，当时莱顿市当局试图终止给穷人分发"鲱鱼和白面包"的传统，学生们就自己组织起来在下一年延续这一传统。这里的学生也对浪漫主义作家怀着浓厚兴趣，例如，拜伦(Byron)、斯科特(Scott)、雨果(Hugo)和海涅(Heine)。第一个学生联合会于1815年在格罗宁根成立。紧接着其他各地的学生组织也建立起来。[47]比利时的起义，在（北部的）荷兰掀起了一股爱国主义和奥兰治情结的浪潮。[48]在阿姆斯特丹、格罗宁根、莱顿和乌特勒支，一些学生联合会组建了步兵志愿军。然而，前几个月的生活使这些学生志愿兵们极为不满：他们整天都要军事操练和站岗值勤，生活非常单调无聊。直到1831年8月的"十日战役"，他们才得以一展"英雄风姿"。此外他们就再也没有为自己赢得荣誉的机会了。当法国军队前来支援比利时后，战役结束了。但是，这些学生志愿军们在归途中却享受到像迎接英雄般的待遇：新学年为他们而延迟，他们还获得了一枚由校方颁发的青铜荣誉奖章。庆祝活动到1832年6月22日方结束，在最后的庆典上人们展示从比利时两个教士那 283

[46] 参见第二章第40页，第十章第347页；第684页的年代表。

[47] See G. Brom, *De omkeer in't studentenleven* (Delft, 1923)，特别是第一部分：'Het geslacht van Klikspaan', 5—80，该书以文献材料为基础，对这部分情况做了详尽的叙述。L. D. Frank and H. B. Wiardi Beckman, *Geschiedenis van het Leidsche Studentencorps* (Leiden, 1927), 12, 22; A. C. J. de Vrankrijker, *Vier eeuwen Nederlandsch studentenleven* ([Voorburg], 1939).

[48] F. Santegoets, '*Togae cedant armis*: een generatie getekend door de Belgische opstand', in W. van den Broeke and P. van Hees (eds.), *Studenten en nationaal gevoel in Nederland*. *Utrechtse Historische Cahiers*, 19, 3 (1988), 21—33; R. Hagendijk, *Het studentenleven*. *Opkomst en verval van de traditionele studentencultuur* (Amsterdam, 1980), 44—46.

里夺来的金属十字架。由于参加了此次战役——尽管站在既定秩序一方——荷兰的大学生完全融入到荷兰民族之中。[49]

正当俄国沙皇准备帮助荷兰王子镇压比利时的叛乱时，一场反对俄国的起义于1830年11月在华沙爆发了。这场起义是由彼得·维索茨基(Piotr Wysocki,1797—1874)指挥的军校学生发动的，他们得到了社会反对力量的广泛支援，其中尤为突出的是华沙大学的学生。1831年初，他们又得到了来自克拉科学生的支援，210名自愿者——比克拉克学生人数的一半还多——前来加入他们的行列。战斗持续了10个月，一些学生被关进了俄国监狱，其中一位一直被关到1834年。[50] 另外一些学生成为"伟大的移民"(*wielka emigracja*)，流亡国外，主要是到了法国(大约一半的华沙学生和大部分维尔纽斯的学生，维尔纽斯几乎所有的学生都参加了这次起义。[51] 在波兰失败后，华沙大学和维尔纽斯大学就被关闭了。

波兰起义在整个欧洲赢得了人们对波兰解放事业的热情支持，也加剧了人们对俄国的厌恶情绪。在法国发生的暴动尤其能体现这点，那里1830年冬季的经济危机首先打击了普通民众。1830年12月20日，巴黎爆发了骚动，激进的共和主义学生参加了这次骚动，如朱尔·桑比克、奥古斯特·布朗基(Auguste Blanqui,1805—1881)以及后来的巴黎公社社员夏尔·德莱克吕兹(Charles Delescluzes, 1809—1871)。圣诞节后当局很快便恢复了秩序，但共和主义学生却继续活动，坚持为自由结社而斗争。政府拒绝对结社权作出任何让步，校方也对激进学生采取了处罚措施。他们开除了桑比克和布朗基等人。为此，1831年1月22日爆发了一次暴力示威，结果激进学生领袖被捕，这次事件也标志着争取结社权运动的结
284 束。1831年9月15日当华沙投降的新闻传来时，巴黎举行了多种活动，展示人民的团结一致；同年12月传来波兰将领流亡到法国的消息，巴黎再

[49] Frank and Wiardi Beckman, *Geschiedenis* (注释 47), 12—13.

[50] Révész, *Jugendbewegungen* (注释 12), 63.

[51] B. Konarska, 'Les étudiants d'universités polonaises dans les universités de France après l'Insurrection de novembre (1832—1848) ', in Kulczykowski (ed.), *Pérégrinations* (注释 24), 161—180,本书参见第163页。

次举行了类似活动，在此之前，这些将领已经得到了斯特拉斯堡学生的欢迎。[52]

1831年12月，由于经济危机的打击和霍乱流行的威胁，巴黎再次动荡不安。政府认为新闻出版业过多地批判当局，于是立即对其进行了严厉的管制，还将激进的共和主义者抓去审判。[53] 这促使青年一代迅速转变为激进分子，他们这次选择了社会共和国的目标，将1793年罗伯斯庇尔的《人权和公民权宣言》(*Déclaration des droits de l'homme et du citoyen*)作为动力源泉，并寻求建立与工人的联系。1832年3月，霍乱真正蔓延开来，数百名学生自愿参加急救工作。同年6月5日，经过两年的酝酿，受压抑的张力终于得到释放，法国再次爆发了起义，旨在建立一个共和国。这次起义的主力是工人，学生们也和他们在街垒边并肩战斗，起义在两天后被镇压。此次失败使共和主义者进一步发展秘密活动。工人和学生都加入了一个名为"人权协会"(*La Société des Droits de l'homme*)的秘密社团，随着1830年革命三周年的到来，该协会的成员也日渐增多。1834年4月13日到14日，让政府当局惧怕的共和主义起义在巴黎爆发了；然而，几乎在同一天，这场起义就被扼杀，当局逮捕了嫌疑人，并在拉丁区挨家挨户搜缴武器。这次失败所产生的幻灭感，使法国政治生活在接下来的10年中保持了一种平静的状态。在那些年中，学生的活动主要限于维护"社团主义"(corporatist)的利益，以免年轻学生完全沉迷于时尚、舞蹈和女人之中。路易·菲利普王朝的合法性不再受到质疑了。

法国的改朝换代，比利时和希腊的独立，以及波兰的失败，自然促使其他地区的学生转变为了激进分子。西班牙国王费迪南德七世(Ferdinand Ⅶ，1784－1833)由于害怕爆发学生骚动，1830年决定关闭大学，直到两年后才重新开学。[54] 在芬兰，波兰的起义也考验了芬兰与俄国的关系。一些小事件都被视为反俄事件，比如一个学生在赫尔辛基的一

---

[52] 尽管有相当数量的波兰造反学生在法国继续他们的学业，但他们在1832年后才得到法国当局的许可。在获得流亡许可后，很多波兰学生都继续在法国学习：从1832年到1848年，在巴黎有89人，在普瓦捷有31人，在图卢兹有19人，在普罗旺斯地区艾克斯、第戎和斯特拉斯堡有10人。Caron, *Générations*（注释23），333，337－338，340.

[53] 这部分有关法国的情况，参见：Caron, *Générations*（注释23），338－357.

[54] Mancebo, 'Estudiantes'（注释10）.

285 家咖啡馆里为波兰的荣耀干杯，又如1831年4月一些喝醉酒的芬兰学生在东正教复活节的礼拜六晚上的仪式上闹事。芬兰政府威胁要关闭大学。1831年夏季霍乱在芬兰爆发，成为1831—1832年秋季学期关闭大学的最佳借口。1832年春，芬兰政府决定为学生制作统一的制服。有些令人惊讶的是，这一决定得到了学生们的赞同。学生与政府之间似乎重新达成了默契。此后，俄国沙皇决定向芬兰人民让步。1833年2月，他成立了一个芬兰语言、文学和历史的研究中心，旨在发扬芬兰的文化。1833年夏，沙皇到访赫尔辛基，学生们表现出了对他的忠诚。[55] 1840年俄国政府任命了第一位芬兰语言和文学教授。1842年俄国皇太子亚历山大·尼古拉耶维奇(Alexander Nikolayevich)出任新校长，在赫尔辛基受到了学术界的热烈欢迎。这些在赫尔辛基发生的卑下行径引起了在瑞典的芬兰移民的尖刻嘲讽。[56]

德国学生社团从1827年起进入第二活动阶段，即“民众领袖”(Demagogues)阶段。[57] 在活动早期，一个名为“条顿人”(Teutons)的组织尤为活跃，1830年和1831年举行了非法的学生日活动。他们赞美外国革命者，称他们为自由理想的斗士。他们计划组建一支“学术兵团”，去支援希腊人民和波兰人民的斗争，并随时准备在德意志发动一场革命。1831年，哥廷根和海德堡两地的学生宣布两地为“被解放的地域”。[58] 1832年在斯图亚特的社团活动日(*Burschentag*)上，学生们宣称，德意志的自由和统一将会通过革命来实现。[59] 宣传统一的观点也成为1832年5月27日举行的“汉巴赫节”(*Hambachfest*)的目标，共有25000人参加，其中多数是成年人，也有很多学生，他们主要来自“条顿人”组织。“汉巴赫节”曾举行过集会，导致当局对“新闻与祖国统一”(*Presse und Vaterlandsverein*)口号采取打压措施。因此，反对活动逐渐开始采用另外不同的策略，即暗中策划和秘密

---

[55] Klinge, *Universität Helsinki*, 305—320.

[56] *Ibid.*, 326, 340.

[57] Jarausch, ‘Sources’(注释14), 540.

[58] M. E. Boren, *Student Resistance: A History of the Unruly Subject* (New York, 2001), 32.

[59] 目标是通过发动革命，实现德意志的自由和统一，Bartol, *Ideologie* (注释16), 73—74.

准备起义。[60] 1833年4月3日，大约50名激进学生积极响应"祖国统一"的号召，与知识分子和工匠一道，突袭了法兰克福的警察总局，试图发动一场民众起义。这次哨兵暴动(*Wachensturm*)——德意志第一场武装暴动——失败了，导致当局对学生社团成员(*Burschenschäftler*)采取了更为严酷的镇压措施，即著名的第二次民众领袖迫害(*Zweite Demagogenverfolgung*)。从1832年到1838年，德意志23个邦总共对超过1800人提出了法律诉讼，其中至少有1200人是学生或学者。[61]

1837年，汉诺威国王恩斯特·格奥尔格·奥古斯特(Ernst Georg August, 1771—1851)免除了7名教授的教职，因为他们批评了他废除宪法的决策。这一事件立即引发了学生的抗议，抗议遭到军队的镇压。[62] 主要关注自我教育"条顿人"和"阿米尼人"(Armins)几乎完全停止了他们的活动。因此，学生社团成员也暂时中止了他们对德意志统一所发挥的重要作用。[63] 对学生社团成员活动的压制，使传统的非政治性的同乡会取得更大的发展。这些分布最广的组织逐渐发展为一个"学生联合会"(corps)，它汇集了学生亚文化中很多古老的习俗。"学生联合会"是佩戴色标派(*farbentragend*)(通过服饰的颜色以示不同)，他们戴的帽子、系的绸带和穿的服装都有特定的颜色；他们也是剑客(*schlagend*)，他们保持了用剑来决斗的仪式，即比剑(*Mensur*)，这种比赛只有身体的防护而不保护脸部。那些脸上因比赛而留下的伤痕，被视为勇敢的证明。每个"学生联合会"由一个老资格会员(*Seniorenconvent*)直接领导，成员包括有"新人"(*Füxe*，第一年的成员)和"骨干"(*Burschen*，入会一年以上的成员)，它也会得到毕业校友(*Alte Herren*)的支持。它们在学生圈子里占据了支配性地位，因为它们至少被认为是一种传统的、政治危害性小的组织。从19世纪40年代起，它们获得了各地方当局和校方的默认，从1848年起它们逐渐获得了官

---

[60] Düding, 'Nineteenth-Century' (注释 19), 35.

[61] L. Elm, 'Von der Urburschenschaft zur bürgerlichen Revolution', in L. Elm, D. Heither and G. Schäfer (eds.), *Füxe, Burschen, Alte Herren. Studentische Korporationen vom Wartburg bis Heute* (Cologne, 1992/1993), 38.

[62] Boren, *Resistance* (注释 58), 33. 也参见第五章第152页。

[63] Jarausch, 'Sources' (注释 14), 542; Bartol, *Ideologie* (注释 16), 74.

方的承认。[64]

1844 年，第一个新教学生社团——维根弗联合会(*Wingolfbund*)在爱尔兰根成立。在"建立在宗教基础上的品德、学识与交往"(*Sittlichkeit, Wissenschaftlichkeit und Geselligkeit auf religiöser Basis*)这一座右铭下，类似的新教学生社团组织在其他地区也建立起来，如哈勒(1843 年)、柏林(1845－1846 年)、波恩(1846 年)、哥廷根(1851 年)。1848 年后，由于获得了自由结社的权利，天主教学生组织才开始形成，大部分是从读书俱乐部(*Lesevereine*)发展起来的，例如，慕尼黑[埃纳尼亚(Aenania)，1851 年]，波恩[巴伐利亚(Bavaria)，1853 年]，柏林(Katholischer 读书俱乐部，1853
287 年)，布雷斯劳[温弗里迪亚(Winfridia)，1856 年]。更为虔诚的天主教学生组织是成立于 1853 年的尤尼塔斯(*Unitas*)，(在 1887 年之前)其成员仅限于神学院的学生。[65]

19 世纪 40 年代初，学生圈子中充满斗志的激进民主主义阵营发起了新的进步运动(*Progressbewegung*)。这是学生社团成员活动的第三个阶段，强调社会平等。[66] 这场运动于 1839－1840 年开始在哥廷根兴起，很快就赢得了学生社团成员以及不结社学生(the *Finken* or *Wilden*)的支持。其目标是要消除存在于学生和公民之间的不平等。因此，他们反对"学生联合会"坚持的学生传统和仪式，特别是比剑。他们成立读书俱乐部，成为了政治争论的中心。1844－1846 年，他们出版了德意志第一份重要的学生刊物《德意志高等学校》(*Zeitschrift für Deutschlands Hochschulen*)，指责大学沦为政府的工具，不能在教养(*Bildung*)和科学(*Wissenschaft*)的张力中培养出洪堡式的富于创造的人。他们这种观点获得了一些年轻评论家的支持，但是却遭到当局和"学生联合会"的反对。

在哈布斯堡帝国，尤其是那些在维也纳大学的波兰、捷克、斯洛伐克和斯拉夫学生中间的密谋活动，1830 年都有所增加。像"新波兰"(*Nowa*

---

[64] Müller, *Geschichte* (注释 15), 77－80.

[65] F. Schulze and P. Ssymank, *Das deutsche Studententum von den ältesten Zeiten bis zur Gegenwart* (Munich, 1931), 305－306; Burg, *Encyclopedia* (注释 21), 203. 'Unitas' 是在纳粹政权下继续生存的最后一个天主教学生组织，直到 1938 年 7 月才被解散。

[66] Jarausch, 'Sources' (注释 14), 542.

Polska）这样的秘密组织，1837 年与“青年萨尔马提亚人”（*Mloda Sarmacja*）及其宣传组织“祖国之子”（*Synowie Oczyny*）联合起来，并与在巴黎的“伟大的移民”保持着联系。他们还与由弗尔霍夫斯基（Vrchovský）和什图尔（Štúr）领导的斯洛伐克学生建有联系，这种联系是从帕塞尼（布拉迪斯拉发）福音派的吕克昂（Lyceum，学园）发展而来。他们给斯洛伐克学生提供组织和意识形态方面的指导，帮助他们发展“青年斯洛伐克人”活动。在读完左翼民主主义的波兰政治流亡者约阿希姆·勒莱韦尔为他们撰写的文章后，年轻的斯洛伐克民族主义者决定，他们必须反对封建制度，进一步向更为广大的人民群众开放。[67] 1834 年 8 月，在布尔诺（Brno）成立了秘密组织，标志着捷克—斯洛伐克—波兰学生的合作正式建立，该组织的发起人是医学院学生弗朗齐歇克·西里尔·坎佩里克（František Cyril Ka-
mpelik），他随后成为维也纳斯拉夫人圈子中的核心人物。1837 年当局查 288
禁了帕塞尼（布拉迪斯拉发）所有学生组织后，斯洛伐克学生亚历山大·博莱斯拉文·弗尔霍夫斯基（Alexander Boleslavín Vrchovský，1812－1843）成立了名为“互存”（*Vzájomnost*）的组织，该组织成为斯洛伐克民族复兴运动的核心组织，直至 1840 年被当局发现，其成员也被拘捕。19 世纪 40 年代，在卢多维特·什图尔（L'udovít Štúr，1812－1856）领导下形成了一个更为稳健的政治阵营，他们重点强调斯洛伐克民族的复兴，而没有过多地强调社会解放。

造反中的学生（1845－1850）

19 世纪 40 年代中期，一股社会批判浪潮横扫欧洲，其矛头不仅指向梅特涅体制，而且指向权力与所有制的内部关系。在各国政府看来，那股潮流似乎是一场国际阴谋，这主要是因为像“青年意大利”、“青年德意志”、“青年波兰”，以及“青年芬兰”一类的组织，无论其政治观点是否对立，都相

[67] V. Matula, 'Die politische Kreise Slawischer Studenten in Wien. Ihre Bedeutung für die Weltanschaulich politische Heranbildung junger Ideologen der Slowakischen Nationalen Befreiungsbewegung in den dreissiger Jahren des 19. Jahrhunderts', in Plaschka and Mach (eds.), *Wegenetz II*（注释 29），155－161.

继成立起来。[68] 他们不是通过阅读和讨论左翼读物去发现“社会问题”，而是亲眼目睹了经济危机、歉收、冬季饥荒以及霍乱流行所共同造成的悲惨情景。他们中一些人建立了一些组织，为处于危难之中的人提供社会援助；另一些人则对资本主义体制进行激进的批判。许多激进主义者梦想发动一场民族主义和社会主义的革命，以此来赢得自由和正义。实际上，学生们的观点变得更加多样化，从左派到右派的各种不同政治倾向都表现得更为明显，这些都反映出社会大背景下存在的思想差异。

在法国，“革命的葬礼”反映出学生思想上的这种变化。[69] 1844 年 5 月 30 日是 1830 年革命中民主运动领袖雅克·拉菲特（Jacques Lafitte，1767－1844）的下葬之日，有 1000 名学生加入了送葬的人流。在坟墓边，一个学生与一位工人的代表一起发表了争取更多民主权利的演讲，这是自 19 世纪 30 年代以来工人和学生首次一起参加公开活动。1845 年 5 月 7 日，在另一位 1830 年革命中的共和主义领袖费德弗鲁瓦·卡韦尼雅克（Godefroy Cavaignac，1801－1845）的葬礼上，他们再次走到一起。同年 6 月 8 日，第一份存在时间不长的期刊《学生》出版面世，该刊采用了一种独特的共和主义论调，梦想将“失去了一切影响力”的学生重新组织起来。在当局
289 攻击三位深受学生尊敬的法兰西学院教授——米茨凯维奇、埃德加·基内（1803－1875）和儒尔·米什莱（1798－1874）之后，学生运动的声势变得越来越大。1845 年 8 月，学生发起了第一次支持上述受威胁的教授的示威游行。1845 年 12 月，一名新上任的教育部部长提议解除基内的教职，结果有至少 3000 名学生团结起来举行示威。他们遭到巴黎警察的野蛮对待，有 11 名学生被捕。米什莱对学生们的表现非常满意，他宣称“青年民主主义”起义再次爆发，希望这场起义能够改变所有一切。

19 世纪 40 年代中期，实现现代化的诉求在芬兰也日益明显。在赫尔辛基，1844 年的毕业典礼是最后一场以传统方式、使用拉丁语进行的仪式。典礼中朗读的诗歌表达了要在未来建立民族国家的愿望。诗中也提到几年前兴起的斯堪的纳维亚主义和大芬兰的团结。同时，它还表达了

---

[68] Klinge, *Universität Helsinki*, 357－377.

[69] Caron, *Générations* (注释 23), 369－373.

学生们受到革命的自由主义理想的鼓舞，希望将其付之于行动。由于民族情感和社会情绪的高涨，在学术语言中开始拒绝使用拉丁语。学生们积极参加文学活动，使用芬兰语的出版物不断增多，这些都表现出芬兰人民对自己民族语言的热爱。许多学生都确信，俄国和瑞典的文化令芬兰保持了一种可耻的奴隶身份，他们必须行动起来，争取"民族、语言和国家"的解放。1846年春，芬兰兴起了一场改革学生组织的运动。如果整个民族都需要改革，那么学生群体必须成立一个广泛的学生联盟和一个学术阅读社团，包括修建一种设有餐厅和阅览室的学生宿舍。这样，学生和知识阶层就有机会通过阅读外国书刊来进行自学。这些计划在赫尔辛基、乌普萨拉和瑞典都付诸实践。

19世纪40年代，瑞典（当时还包括挪威）和丹麦产生了一种新的"学生身份"，它有着"国际的"和"国内的"两面。在"国际"层面，斯堪的纳维亚主义增强了它的影响。它成为一代激进学生的"伟大设想"。他们希望为"一个统一的、拥有一部'现代的'自由主义宪法的斯堪的纳维亚"而奋斗。⑳ 结果，到当时为止，在斯堪的纳维亚国家中，学生之间观点的分歧消失了，达成了某种相互的理解。这种新设想得到激进学生的欢呼，却遭到丹麦和瑞典政府的反对。1843年，他们计划在乌普萨拉举行一次学生会议，结果由于丹麦参加者被捕而告终。1845年，第二次会议在哥本哈根举行，遭到俄国政府以及丹麦和瑞典当局的反对。20年后，瑞典国王奥斯卡一世（Oscar Ⅰ，1799－1859）以及丹麦国王弗雷德里克七世（Frederick Ⅶ，1808－1863）则对此表达赞成。后者为1862年举行的斯堪的纳维亚学生会议安排了一次宴会，因为当时丹麦与德意志联邦在石勒苏益格－赫尔斯泰因地区（丹麦在1864年最终丧失了该地区）的冲突迫在眉睫，他希望能以此唤起学生对此事的关注。1869年和1875年，又召开了两次斯堪的纳维亚学生会议。此后，斯堪的纳维亚主义运动似乎就画上了句号。㉑ 在"国内"层面，学生们不愿再成为听从教授和校方安排的消极的知识接受者。他们也不再愿意封闭在自己的社交圈子里而完全远离外部社会。 290

⑳ C. Skoglund, *Vita Mössor under Röda Fanor. Vänsterstudenter kulturradikalism och bildningsideal I Sverige 1880－1940* (Stockholm, 1991), 263.

㉑ H. D. Baars, *Scandinaviē. Verwant cultuurgebied* (Meppel, 1951), 170－172.

1852 年新的瑞典大学校规，对新旧两种高等教育观念进行了调和；旧有观念认为，高等教育是传递知识的过程；新观念则认为，高等教育是教养的过程，为大学中的科学研究活动留出了更大的空间。[72] 然而，在 1848 年之后革命才遍及欧洲各地。

在克拉科自由市，这场革命在 1846 年就已经爆发了。起义的"红色"波兰学生既反对政府，也反对大学校方。[73] 这次起义的失败导致克拉科被奥地利兼并，它也在其他欧洲国家激起了对波兰解放事业热情的高涨，增强了人的左翼以及反俄反奥的倾向。1847 年 3 月，在克拉科起义一周年纪念日上，1200 名巴黎学生走上街头，显示了他们的团结。随着 1846—1847 年经济危机的冲击，他们进一步参与到社会事务当中。[74]

1848 年 1 月，米什莱的讲座被禁止，这一事件促使学生们发起了一次示威游行，参加者大约有 1000 到 3000 名，给人留下了极其深刻的印象。学生刊物《拉丁区的明灯》(*La Lanterne du Quartier Latin*)(1847 年 5 月创刊)、《先锋》(*L'Avant-garde*)和《学报》(*Journal des Écoles*)(1848 年 1 月创刊)掀起了一股抗议的浪潮。"改革者们"——推动革命的人——指挥了 1848 年 2 月 22 日的示威活动；当学生们高唱着《吉伦特派之歌》(*le*
291 *chant des Girondins*)向马德莱娜广场前进时，由工人和市民组成的队伍已经等在那里，并加入了他们的行列。[75] 示威游行横扫了波旁皇宫，闯入了议会。在接下来的一天中，示威者们在旱金莲花大道遭到枪击，示威活动在当晚结束。2 月 24 日，街道上垒起了路障。学生们(少于 1830 年革命时的人数)成为工人、市民和国民卫队的组织者和协调者；正是由于他们的斗争，国王才正式宣布退位。临时政府宣告了共和国的成立，呼吁维持公共秩序，避免因政局的变化而引起社会的骚乱。[76] 革命的热情弥散到

---

[72] Skoglund, *Vita Mössor* (注释 70), 264.

[73] C. Bobińska, 'Les générations d'étudiants en tant que groupes sociaux', in M. Kulczykowski, *Les étudiants- liens sociaux, culture, moeurs du moyen-age jusqu'an XIX e siècle. Vème session scientifique internationale. Cracovie 28—30 mai 1987*. Prace Historyczne, Zeszyt 93 (Warsaw, 1991), 135—145,143.

[74] Caron, *Générations* (注释 23), 368—370.

[75] 古斯塔夫·福楼拜 (Gustave Flaubert) 用"朴实的叙事"来描述发生的事情，概括自 Caron, *Générations* (注释 23), 375—376.

[76] Caron, *Générations* (注释 23), 381—383.

1848 年 3 月的整个欧洲，也感染了大学生。⑦

独立后的比利时理论上讲已经建立了一个自由主义政权，但选举权却只属于极少数人。1847 年，一个纯粹的自由主义政府首次掌权，提出了一项极为详尽的自由主义议程，旨在扩大选举权——增加一倍数量的选民。可能因为这项议程，比利时才没有爆发 1848 年革命。而且，由于担忧社会动乱，害怕被法国吞并，佛兰德运动放弃了革命。鲁汶的学生社团“时间与奉献”(*Met Tijd en Vlijt*)谴责了法国的二月起义，为了回应法国革命者在比利时边界发动的短暂的武力事件，该组织向比利时国王发表了一份充满爱国精神的祈祷宣言。⑧ 但比利时的大学也不是对革命氛围一直无动于衷。最值得关注的是 1848 年春在鲁汶发生的事情。在圣西门主义鼓舞下，那里的学生打破了其他地区——维也纳、耶拿和柏林——学生的沉默，发动了一场争取更多自由权利和社会公正的起义。鲁汶大学校长对此进行了压制，从而引发了一场反对大学严格的权力结构的请愿运动。当请愿运动毫无结果时，很多学生领袖离开鲁汶到其他地方继续他们的学业，因为他们认为此地已经成为保守主义的堡垒。在他们看来，布鲁塞尔或根特是更为开放的反教权的地方，在这两个地区形成了一个以进步 292
的教授弗朗索瓦·于埃(François Huet，1804－1869)为核心的圈子，他们采取一致行动，援助在法国起义中遇难的工人。⑨

在荷兰，欧洲革命的浪潮令当局者进行了一场迅速的自上而下的自由化改革，试图以此来阻止平民运动的发生。荷兰各地在外国革命形势发展的影响下也开始爆发一些动乱时，学生们站到了既有秩序的一边，成

⑦ 彼埃尔·杜邦 (Pierre Dupont) 在其 1849 年出版的《学生之歌》(“Chant des Etudiants”) 中描述了相关情景，引自 Caron, *Générations* (注释 23), 385; Feuer, *Conflict* (注释 42), 265. 有关学生和国家工场的情况，See E. Thomas, *Histoire des ateliers nationaux* (Paris, 1848)，概括自 H. P. G. Quack, *De socialisten. Personen en stelsels* (Amsterdam, 1911), vol. Ⅲ, 400－401; A. Prost, *Histoire de l'enseignement en France. 1800－1967* (Paris, 1968), 80－82.

⑧ 自 1841 年 J. B. 大卫 (J. B. David) 教授成为该组织主席到 1866 年，“时间与奉献”一直采取稳健的立场，有关 J. B. 大卫的政治观点，参见他在 1840 年对该组织的演讲，出自：T. Hermans, L. Vos and L. Wils (eds.), *The Flemish Movement: A Documentary History. 1780－1990* (London, 1992), 96－97.

⑨ L. Gevers, *Bewogen Jeugd. Ontstaan en ontwikkeling van de katholieke Vlaamse studentenbeweging. 1830－1894*, (Louvain, I 987), 26－28.

立民兵组织，帮助政府维持秩序，莱顿大学校长还颁布了组建民兵的命令。⑳ 旗帜鲜明地反对欺负一年级学生的传统，主张在其他大学城建立具有民主程序的一系列的“学生联合会”——大多数都在后来若干年后被学校当局认可了——这些都最能反映出荷兰大学生中的自由主义精神。㉑

1848 年 3 月，革命的浪潮到达了德国和哈布斯堡帝国。德意志各地的大学，比如慕尼黑、柏林、海德堡和波恩，进步的学生参加了宣传柏林和法兰克福议会的活动，寻求在知识阶层与民众之间建立联系，并试图唤起更多人，尤其是大学生的民主意识。维也纳起义的消息也使柏林成为动乱的温床。3 月 18 日，一场为争取自由和宪法的示威游行转变为巷战，工人和学生垒起了路障。大约 300 人牺牲。一天后，普鲁士国王腓特烈·威廉四世（Frederik Wilhelm Ⅳ，1795－1861）撤走了所有的军队，许诺满足改革者提出的要求。㉒

在活跃的政治圈子中，民主主义和自由主义的知识阶层自 3 月起就高举起革命的火炬，他们很多都是以前学生运动的成员。议会筹备会（*Vorparlement*）于 3 月和 4 月在法兰克福举行会议，与会者中超过 1/3 的是从前学生社团的成员，另外还有 118 名教授。1848 年 5 月，法兰克福议会发表了现代大学的基本原则，即“科学和学术研究以及教学的自由”（*die*
293 *Wissenschaft und ihre Lebre ist frei*），㉓这一原则在 1850 年普鲁士宪法和 1867 年奥地利宪法中获得承认。在 1848 年圣灵降临节举行的第二届瓦尔堡节上，1200 到 1500 名学生在爱森纳赫聚会，发表以下决议：建立有学生参与的大学自治，实现教学与研究的自由，废除卡尔斯巴德法令。㉔ 这一改革的方向在 9 月 25 日到 10 月 3 日在瓦尔堡召开的学生议会中得到了肯定，当时还成立了一个德意志学生的民主主义广泛联盟，该组织不久

---

⑳ Frank and Wiardi Beckman, *Geschiedenis*（注释 47），210; G. Brom, *Omkeer*（注释 47），57.

㉑ Frank and Wiardi Beckman, *Geschiedenis*（注释 47），35－47; Hagendijk, *Studentenleven*（注释 48），46－50.

㉒ Cowie and Wolfson, *Nationalism*（注释 25），171－172; Boren, *Resistance*（注释 58），38－41.

㉓ Müller, *Geschichte*（注释 15），80.

㉔ Jarausch, ‘Sources’（注释 14），559－560;有关决议的文本见：Müller, *Geschichte*（注释 15），78.

后被命名为学生总会（Allgemeine Studentenschaft）。[85] 在自由民主主义支配下的“进步运动”，很快就得到右翼的和属于教派的学生的回应。1848年5月，学生联合会的学生聚集到耶拿，成立一个联盟。7月，新教维根弗联合会召集自己的成员举行了第二届黑城堡宗教会议（*Zweites Schwarzburger Konzil*），由此偏离了第二届瓦尔堡节决议。

在哈布斯堡帝国内，匈牙利率先回应了法国的二月革命。[86] 应拉约什·科苏特（Lajos Kossuth，1802—1894）的呼吁，学生们1848年3月3日走上布达佩斯的街头，要求进行自由民主和民族主义的改革。当时，正在布达佩斯参加一年一度传统集市的农民随即加入了他们的行列。匈牙利、特兰西瓦尼亚（Transylvania）和克罗地亚（“圣斯蒂芬王冠之国”）合并成为一个独立的统一国家，并在3月中旬得到了哈布斯堡帝国皇帝的承认。匈牙利现代化者的强有力态度也促使学生和维也纳的进步市民采取行动。3月12日，他们向皇帝提出下列要求：组建一个新政府，实行民主选举，撤销新闻检查制度，建立一支国民卫队。3月13日，学生们发起的一场反对梅特涅的示威中爆发了枪战，在此以后动乱扩展到工人区。从3月15日开始，爆发了学生和工人的联合示威，皇帝被迫让步：解散了梅特涅政府，撤销了新闻检查制度，许诺制定一部新宪法，组建国民卫队。革命进入到自由主义阶段，现代化进程得以巩固。然而，学生们提出了更多要求。他们成立一个政治团体——学生委员会，并组建了一支“学术兵团”（Academic Legion）作为其武装力量。来自布尔诺学生兵团的600名青年学生，以及来自奥洛穆茨［Olmütz（Olomouc）］学生武装的250名青年学
生，都前来支持他们。布拉格的学生派来一个代表团，号召在维也纳的斯 294
拉夫学生参加这次起义。[87]

一个由学生和“国民卫队”成员组成的“革命委员会”掌控了维也纳政局，在郊区，工人们组成了社会主义委员会。“学术兵团”日益变得更加激进，新政府于4月提出的改革提案因被认为过于稳健而遭到否决。从5月

[85] Elm，‘Urburschenschaft’（注释61），42—43；D. Grieswelle，‘Zur Soziologie der Kösener Corps 1870—1914’，in Neuloh and Rüegg (eds.) *Student*（注释20），346—347.

[86] Cowie and Wolfson，*Nationalism*（注释25），154—157.

[87] Révész，*Jugendbewegungen*（注释12），39.

到8月，皇帝和政府在因斯布鲁克立稳脚跟，10月又到了奥洛穆茨。10月31日，经过3天的炮击，他们重新攻占了维也纳。这样，至少在奥地利又恢复了帝制。1849年夏季，奥地利、克罗地亚和俄国军队最终打败匈牙利民族主义者，匈牙利重归哈布斯堡帝国。[88]

布达佩斯和维也纳发生的事件也令布拉格激动兴奋起来，自由主义和民族主义的强烈诉求结合了起来。[89] 1848年3月15日，德意志和捷克学生共同阐明了对教育和社会民主化的要求，并且按照维也纳模式，组建了一支"学术兵团"，到当月底，该组织就已有2360名成员（学生总人数为3500人）。但是，该组织仍然处于教授的领导之下，他们能够限制学生们的激进主义。[90] 意见上的分歧使很多德意志学生进入到全德意志（*Alldeutsch*）这一反犹太人阵营中，而捷克学生选择了联合工人进行革命的方式，希望能够以此建立一个捷克共和国。在1848年的圣灵降临节，布拉格垒起了路障，在奥地利总司令阿尔弗雷德·温德施格拉茨王子（Prince Alfred zu Windischgrätz，1787—1862）的宫殿前爆发了示威游行和骚动，王子夫人在窗边被流弹击中身亡。[91] 总督撤离了布拉格市，并从周围的小山上对该城市进行了12小时不间断的炮轰，之后又下令攻城。在战斗中，只有不到1200人（该市共有10万居民）在路障边奋战，其中800人，占总数2/3的都是学生。起义的领导者被逮捕，大学恢复了日常活动。

当时，"学术兵团"在教授的领导下仍然存在，但维也纳的"学术兵团"在11月1日被查禁后，布拉格学生开始强调该组织的学生特征。为了增
295 强学生委员会在大学中的权威，他们选举出自己的代表。[92] 选举结果显示，激进民主一翼的影响力在逐渐增长。因此，政府于1849年6月查禁了"学术兵团"，并决定征召所有学生入伍。一个由3名捷克学生和2名德意志学生组成的学生代表团递交了一份请愿书，但却没有收到任何回应。

---

[88] G. Stimmer, 'Die Mythologisierung der Revolution von 1848 als Modell einer Studentenrevolution', in Neuloh and Rüegg (eds.) *Student* (注释 20), 243—302.

[89] J. Koči, 'Die Zusammenarbeit der Prager und Wiener Studenten während der Revolution von 1848', in Plaschka and Mack (eds.), *Wegenetz II* (注释 29), 214—224.

[90] Révész, *Jugendbewegungen* (注释 12).

[91] Cowie and Wolfson, *Nationalism* (注释 25), 158.

[92] Koči, 'Zusammenarbeit' (注释 89), 220—224.

于是,一个新成立的双语兄弟会准备于 1849 年 6 月同时在萨克森和布拉格发动一场起义。然而,这一密谋被发现了。14 名德意志学生 1850 年被判有罪,15 名捷克学生也于 1851 年被判有罪,但他们几年后就被释放了。[93]

在维也纳和格拉茨,斯洛文尼亚学生组织"斯洛文尼亚"于 19 世纪 40 年代中期诞生了,他们要求在卢布尔雅那(莱巴赫)[Laibach(Ljubljana)]建立一所斯洛文尼亚人的大学。然而,即使是在 1848 年的革命浪潮中,这一要求也没能得到满足,[94]但到了 19 世纪 50 年代,尤其是 60 年代,新一代学生重新开始为此奋斗。[95]

直到 3 月 10 日,法国二月革命的消息才传到芬兰,它几乎没有影响到芬兰学生。只是在 1848 年 4 月 6 日,学生们在瑞典的乌普萨拉举行的斯堪的纳维亚学生宴会上赞美了新的法国革命,以此来表达对俄国的强烈不满。一周后,俄国当局就禁止芬兰教授和学生出国。[96] 大学校方、教授和学生共同参加 1848 年 5 月 13 日的五月节,当天他们升起了一面芬兰旗帜,高唱一首名为"我们的祖国"(*Vårt Land*)的芬兰民族颂歌。然而,与此同时,芬兰学生又向俄国沙皇——视他为国家的领导人——以及政府、校长和教授表示敬意,这种情形在 1848 年欧洲其他任何国家都没有发生过。至少在这次学生运动初期,由于 1849 年春季的形势,学生们很快就厌恶了前几代学生运动的哲学意识形态,而选择了一种以唯物主义社会分析为基础的民主主义的左翼意识形态。同时,大学生们的日常生活方式也发生了变化,还发生了各种违法乱纪的事件,当时各国政府当局都对越来越多的学生饮酒和逛妓院表示关注。1849 年秋关于成立学生联盟的问题被提出来,该联盟将不依靠大学校方而独立活动。但由于一些同乡会 296

[93] Révész, *Jugendbewegungen* (注释 12), 40.

[94] V. Melik and P. Vodopivec, 'Die slowenische Intelligenz und die österreichischen Hochschulen. 1848—1918', in Plaschka and Mack (eds.), *Wegenetz II* (注释 29), 134—154.

[95] H. Haselsteiner, 'Die Bedeutung Wiens als Universitätsstadt in der zweiten Hälfte des 19. Jahrhunderts am Modell der Slovenischen Studenten', in Plaschka and Mack (eds.), *Wegenetz II* (注释 29), 294—302.

[96] Klinge, *Universität Helsinki*, 390—408.

的反对，这一设想并没能实现。

随着欧洲各国对革命所逐渐作出的反应，法国学生的支持者与共和国的反对者之间出现了意见分歧。共和国被总统路易·波拿巴扼杀了，他发动了一次政变，并宣布自己为皇帝拿破仑三世。两天后，学生举行的示威抗议以及巷战都再次被镇压下去。在随后的日子里，大多数学生开始厌倦政治，恢复了他们传统的学生活动。尽管学生的主流逐渐"去政治化"(de-politicization)，但仍有少部分学生继续在秘密小组中保存着革命的火种。这是一个"神话般"的年代：学生们在 1848 年革命中扮演了如此重要的角色，因此他们一直被视为学生革命的榜样(*Modell einer Studentenrevolution*)而留存在集体记忆中。[97]

整合或反抗(1850—1870)

1850 年法国的复辟并没有影响到德国学生组织的自由权利，在其后的 20 年中，多种多样的组织和联盟纷纷出现，并出台了各种制度规章，这些都成为此时学生运动的特征。"学生联合会"指出了发展的方向，1855 年成立了柯斯纳－会员－联谊会(*Kösener-Senioren-Convents-Verband*, *KSCV*)，其他"学生联合会"和许多同乡会不久都加入了该组织。它们赞同该组织的成员规则，允诺在开展活动时相互保持联系，计划在每年的圣灵降临节召开一次柯斯纳会议。即使一些"学生联合会"只在一所大学中，它们也在各地设有自己的组织或老会员大会(*Senioren-Konvent*)。按照 *KSCV* 规定，1859 年所有"学生联合会"成员都必须接受比剑的仪式。虽然大多数同乡会接受了这些惯例和规章，但一些进步组织——集中在哥廷根——不承认这些传统，成立了非佩戴色标派(*nicht farbentragende*)或著名的"黑色"(black)组织。没有参加学生联合会的组织还成立了很多庞大的联盟，但它们存在时间都不长，到 1868 年时只剩下了同乡总会(*Allgemeine Landsmannschaft*)。它既有"学生联合会"的一些特征，又与

---

[97] Stimmer, 'Mythologisierung'(注释 88), 243—302.

学生社团有类似之处。[98]

由于内部派系斗争，学生社团成员很难将其分支机构整合为一个广泛的联盟。1850 年，一些进步学生成功地建立了他们自己的庞大机构，但这些组织只存在了两年。1855 年，进步的北德意志联盟（*Norddeutsches Kartell*）也发展了自己的分支组织；1862 年，与其相关的红色联盟（*Rotes Kartell*）加入到该组织中。保守的学生社团成员在 1861 年成立了南德意志联盟（*Süddeutsches Kartell*），接着又建立了绿白红联盟（*Grünweiss-rotes Kartell*）。

1852 年，新教的学生社团成员成立了黑城堡俱乐部（*Schwarzburger Verein*），该组织只存在了一年时间，到 1858 年又成立了一个黑城堡同盟（*Schwarzburgbund*），它的存在时间较长。但与之相比，爱尔兰根的维根弗联合会更为独特，这个组织基本上抛弃了一切与宗教礼拜相冲突的事情，并从 1860 年起组建自己的联盟。天主教学生组织也获得了发展，形成了两个庞大的机构：社团组织联合会（*Cartell Verband*，*CV*）和卡特尔联合会（*Kartell Verband*，*KV*）。1863 年的天主教日（General Catholic Day），来自慕尼黑、布雷斯劳和柏林的三个天主教学生组织参加了集会，这不仅标志着他们获得了德国天主教徒组织的承认，也表明他们被成功地整合到天主教体制中。在波恩、曼斯特（Münster）、图宾根和维尔茨堡，天主教学生也成立了自己的组织。从 1867 年起，很多大学城中的天主教学生都建立起"博尼法蒂乌斯协会"（Bonifatius associations）。大约同时，由于受到意大利民族主义者反对教皇国的威胁，德国的天主教学生成立了"庇护协会"（Pius associations）。

一种新现象也与此同时出现：很多学生决定不参加上述组织。他们就是不结社学生（*Finken*）。这段时间他们人数虽然众多，却没有形成影响，只是在 1859 年（席勒诞辰一百周年），一个真正的不结社运动（*Finkenschaftsbewegung*）才开始形成——尤其是在哥廷根、耶拿和莱比锡，成员包括原"黑色"组织的成员和真正的不结社学生。1863 年，由于"黑色"组

[98] Schulze and Ssymank, *Studententum*（注释 65），301－302；Grieswelle，'Soziologie'（注释 85），346－347.

织与“野蛮”(wild)组织出现意见分歧,成立一个联合组织的计划流产了。进步学生成立了学生改革党(*Studentische Reformpartei*),他们反对“学生联合会”、决斗以及其他“中世纪”的制度。该组织首先在弗赖堡(1860—1864年)成立,随后相继在哈勒(1865年)、格瑞夫斯沃德(1865年)、海德堡(1867年)和柯尼斯堡(1867年)成立起来。1868年成立的“永久学生委员会”中,不结社学生获得了发言权;该组织首先在莱比锡成立,后来在柏林也发展起来。它开始出版《学术杂志》(*Akademische Zeitschrift*),该刊仅维持到1870年。[99]

1859年席勒诞辰一百周年,这一年民族主义的狂潮席卷了德意志全境,激起了学生们的民族使命感,在丹麦(1864年)和奥地利(1866年)还引发了战争。这进一步鼓舞了学生志愿军(*Freikorps*)或保卫队(*Wehr-*
298 *schaften*)。[100] 德国民族主义的右翼色彩日益浓厚,同时民主进步的潮流逐渐衰退。对讲其他语言的学生——尤其是波兰学生——来说,德意志大学的氛围,在萨克森以及德意志的南部和西部相对比较宽松,而在普鲁士和德意志北部则较为压抑。在普鲁士和德意志北部地区,他们的社会交往受到严格控制,活动也经常受到限制。[101]

1849年,哈布斯堡帝国所有的学生组织都被明令禁止。1857年,讲德语的奥地利学生组织了一次请愿,希望能再次成立读书俱乐部,但当局拒绝了他们的请求。虽然在1858年成立了“大学生合唱团”(*Akademischer Sangverein*),但连《让我们欢乐吧》(*Gaudeamus*)却都不能演唱,因为这首歌被认为有相当的政治危险性。克拉科在当时已经被奥地利并吞,该地1858年出现了一个秘密的学生政治组织,在波兰的其他大学也存在这样的组织。

从1859年席勒诞辰一百周年起,学生活动得到了某种程度的宽容。学生对社会的批判也随之重新兴起。他们抱怨在正式禁令与实际的宽容政策之间缺乏一致性,他们批判受天主教会相当影响的维也纳大学中传统和封闭的氛围。在这一点上,他们得到了自由主义教授的支持。学生们

---

[99] Schulze and Ssymank, *Studententum* (注释 65), 303.

[100] *Ibid.*, 301—302.

[101] Révész, *Jugendbewegungen* (注释 12), 64.

此时要求承认他们的公民权和请愿权，并希望制定一条有关结社的法律。[102]

1863 年，由于纪念莱比锡战役 50 周年以及石勒苏益格－荷尔斯泰因事件，爱国主义和政治化热情迅速高涨。维也纳学生强烈要求成立一个学生志愿军，并给基尔的学生写信，他们在信中提议将德意志民族的统一作为一个伟大的理想，但是统一要采取在奥地利领导下的大德意志方案。由于极其厌恶普鲁士在俾斯麦的独裁下实行的帝国主义和军国主义政策，学生们转而向哈布斯堡王朝表示忠诚。因此，1863 年，当奥地利皇帝弗朗兹－约瑟夫(Franz-Joseph，1830－1916)在参加完法兰克福的王侯议会(*Fürstentage*)回国时，维也纳学生对他表示热烈的欢迎。但奥地利当局仍不允许在 3 月 12 日举行维也纳大学建校 500 周年的庆典，(因为)这个日子也是 1848 年革命的纪念日。虽然如此，学生们自己在 3 月 12 日进行了庆祝活动，并抵制后来官方举办的庆典。1867 年，很多学生给刚刚重新设立的帝国议会(*Reichsrat*)送去一份宣言；在宣言中，学生们对政府与天主教会之间的协议表示了抗议。他们抗议教会势力过度扩张，批判像天主教教授那样的保守派，将这种抗议和批判视为 1848 年革命的继续。他们还得到天主教学生组织的支持，与此同时，天主教学生组织在德意志境内也迅速发展起来。[103] 299

针对结社的禁令一直执行到 19 世纪 60 年代，因此，在讲德语的奥地利学生中——而不像在德国学生中——都一致赞同大德意志方案，同乡会、学生社团和“学生联合会”之间的分歧也一直很小。[104] 这种一致也可能是因为在 19 世纪 60 年代奥地利出现了一个假日团队体系，它们在没课的时候聚集了来自不同大学和中学的学生。然而，也就是在 60 年代，学生中出现了观点的分歧，首先是对比剑仪式有不同的意见。布拉格和格拉茨的学生最早对此进行讨论，到 1863 年，维也纳的学生也开始讨论它。保守

[102] Schulze and Ssymank, *Studententum*(注释 65), 313.

[103] Heither, ‘Zwischen bürgerlicher Revolution und Erstem Weltkrieg’ in Elm, Heither and Schäfer (eds.), *Füxe* (注释 61), 66－92; Müller, *Geschichte* (注释 15), 80; Schulze and Ssymank, *Studententum* (注释 65), 309－312.

[104] Stimmer, ‘Mythologisierung’ (注释 88), 271－277.

的学生捍卫这一传统，而进步的学生则反对它。1864年，奥地利的第一个佩戴色标派组织（在因斯布鲁克）明确规定禁止比剑仪式。[105]

19世纪60年代，讲德语的学生与那些讲其他语言的学生之间的分歧更为明显和公开。[106] 布拉格的捷克学生和讲德语的学生之间首先发生了打斗事件。从1861年起，捷克学生离开了德意志联盟，成立了捷克学生自己的组织，在他们的期刊中明确反对德意志的文化霸权。普鲁士打败奥地利后，讲德语的匈牙利人与奥地利人之间关系紧张，这也导致1867年的“妥协”(*Ausgleich*)，哈布斯堡帝国由此变成奥地利—匈牙利帝国。奥地利这方对大学进行了一次改革，使学生结社合法化。

从这一时期开始，学生组织在政治倾向上出现了更多差异。在维也纳，“马可曼尼亚”(*Markomannia*)联盟明确拒绝使用学生社团这个名称。维也纳的“萨克逊人”(Saxonia)以及格拉茨的两个组织则成立了奥地利的“学生联合会”，他们也接受不讲德语的学生。这种组织遭到渴望统一日耳
300 曼人的组织的反对，其中包括保守的学生社团和大学读书俱乐部。格拉茨和维也纳的一些学生组织与学生主流断绝了关系，选择了俾斯麦的路线，自认为是——就如维也纳的“西里西亚人”(Silesia)一样——民族自由派(*vorgeschobene Posten der nationalliberalen*)的先驱。另一方面，上述“学生联合会”组织也遭到左翼学生组织的反对，如进步学生社团，该组织强调的是社会—民主改革。[107] 自1866年普奥战争后，奥地利学生组织与德国学生组织之间的良好共识也成为了过去。1867年，柯斯纳学生联合会就明确拒绝奥地利的学生联合会参加，德国的学生社团后来也如此表态。不过，在普法战争爆发后，一些奥地利学生宣誓要支援他们的德意志同胞，一些人甚至试图以志愿者身份加入普鲁士军队，但都未能实现。

19世纪中期，在哈布斯堡帝国内还有大约550万讲意大利语的人，他们主要居住在伦巴底(Lombardy)和威尼托(Veneto)，但这两个地区先后在1859年和1866年被奥地利割让给新成立的意大利，其中也包括帕多瓦

---

[105] Schulze and Ssymank, *Studententum*（注释65），314—315.

[106] S. Brzozowski, ‘Le problème d'études polonaises en Allemagne (1860—1918)’, in Kulczykowski (ed.), *Pérégrinations*（注释24），215—228.

[107] Schulze and Ssymank, *Studententum*（注释65），314—315.

大学和帕维亚大学。从此以后，大约 53 万讲意大利语的居民仍留在哈布斯堡帝国，他们再也不能在帝国境内接受到意大利语的学术教育。从 1864 年起，政府当局就试图解决奥地利境内的意大利人读大学的问题，在因斯布鲁克开办一些用意大利语授课的班级，并由一个中央考试委员会来举行用意大利语答题的国家考试。然而，在意大利民族主义的氛围中，讲意大利的学生对这些措施并不满意，他们要求建立一所独立的意大利人的大学，因为它有其象征意义。相应地，1859 年，德意志学生在因斯布鲁克成立了一个志愿军联合会(*Freikorps*)，致力于保卫德意志文化。

法国第二帝国时期的大学体制大体上仍延续拿破仑一世时期的制度：各个学院和系科都彼此独立，不相互联系，注重职业培训。[108] 拿破仑三世的独裁统治对于理智的自由是致命的威胁。1855－1856 年，索邦爆发了第二帝国时期唯一的一次学生抗议高潮，当时一些班级无法上课。当局采取了严厉的对策，两名教授和大约 10 名学生被捕入狱。[109] 尽管在 60 年代后法国进入一个更为自由的时期，政府制定了高等教育改革计划，[110] 301
但是对学生中持不同意见者，政府仍坚持打压政策。1865 年的列日国际学生会议上，法国学生代表打出黑色的旗帜，以示对祖国失去自由的悲愤。[111] 学生们用解散协商会(*consilium abeundi*)来支付抗议活动的费用。[112] 1870－1871 年巴黎公社时期，学生们几乎没人参加巷战，除非他们由于个人原因而出现在那里。第二帝国成功地打破了法国学生的革命传统。

19 世纪 50 年代和 60 年代，比利时学生运动在进步主义和亲佛兰德情感之间建立了联系。根特大学 1854 年成立了名为"*t Zal wel Gaan*"的学生组织，该组织受到于埃协会(*Société Huet*)激进自由主义思想，以及夹杂着狂热的反天主教主义的亲佛兰德情感的影响。[113] 19 世纪 60 年代，自

[108] R. D. Anderson, *Education in France, 1848－1870* (Oxford, 1975), 225－239.

[109] R. H. Guerrand, *Lycéens révoltés, étudiants révolutionnaires au 19e siècle* (Paris, 1969), 80－81.

[110] J. Minot, *Histoire des universités françaises* (Paris, 1991), 42－44.

[111] Anderson, *Education* (注释 108), 236; Feuer, *Conflict* (注释 42), 266.

[112] Prost, *Histoire* (注释 77), 80－82.

[113] Gevers, *Bewogen Jeugd* (注释 79), 40－49.

由主义者掌握了比利时政权，于是声势浩大的进步主义学生运动再次出现在比利时大学中。社会主义成为布鲁塞尔、根特和列日学生运动发展的催化剂。而在鲁汶的天主教大学中，学生运动的动力则来自亲佛兰德的信念，其目标是联合非天主教徒，并且希望实现讲荷兰语的中产阶级和工人阶级的解放。在国际学生会议(1865 年在列日；1867 年在布鲁塞尔；1868 年在根特)上，来自布鲁塞尔、根特和列日的学生与法国的学生代表一起，力图成立一个社会主义学生国际，但该组织最终没能建立起来。[114] 19 世纪 60 年代，天主教学生和自由主义学生的思想都很开放，在保护佛兰德语言的问题上还相互合作，但是这种情况并没有延续到 70 年代。

19 世纪的第三个 25 年中，荷兰大多数学生都怀着一种亲奥兰治的情感，其中夹杂着少许对社会主义的兴趣。莱顿大学学生联合会的书记员这样来总结 1865 年在列日召开的学生会议：这是一次"反对上帝存在和推翻秩序"的运动。[115] 但是，学生们也同情富有社会意识的作家，比如爱德华·道韦斯·德克尔(Eduard Douwes Dekker，1820－1887)，他以穆尔塔图利(Multatuli)为笔名，于 1860 年在其小说《迈克斯·哈佛勒》(*Max Havelaar*)中批评了荷兰当局的殖民地政策；又如雅各布·扬·克雷默
302 (Jacob Jan Cremer，1827－1880)，他为工人阶级代言。[116] 从 1862 年起，穆尔塔图利在代夫特(Delft)一个名为"自由研究"(*Vrije Studie*)社团的讨论会里有了自己的听众，1867 年他在乌特勒支也赢得了听众。当时，乌特勒支的学生十分仰慕左拉，因此穆尔塔图利的演讲有时能煽起学生们的激情。代夫特的学生联合会也同样对穆尔塔图利表示欢迎，而忘却了荷兰国歌《威廉》(the Wilhelmus)；1870 年，莱顿的学生也热衷于自由主义的原则。这些都说明了荷兰学生运动的变化，甚至莱顿也不例外。1856 年时，

---

[114] J. Bartier 'Etudiants et mouvement révolutionnaire au temps de la première internationale. Les congrès de Liège, Bruxelles et Gand', in *Mélanges offerts à G. Jacquemijns* (Brussels, 1968), 35－60.

[115] Minutes of 'Leidsch Studenten Corps' 1874 引自 Frank and Wiardi Beckman, *Geschiedenis* (注释 47), 96.

[116] 克雷默在莱顿大学给学生做的一次讲演[See Brom, *De omkeer* (注释 47), 89] 以 *Fabriekskinderen een bede, doch niet om geld* (Schoorl, 2nd edn, 1988) 为名出版。他还写了 *Betuwsche Novellen en een reisgezelschap* (Leiden s. d.，几次重印) 和 *Distels in't weiland: Over-Betuwsche Novellen* (Leiden, 1865).

学生联合会接受威廉王子为荣誉成员；而到1870年时，是否照例接受其弟亚历山大王子为成员，则引起了热烈的讨论。[117] 19世纪60年代末国际形势的威胁（就如1830年时），也促使荷兰学生志愿者们建立起自己的军事组织，第一个这样的组织于1866年在莱顿成立，名为"为了祖国"（*Pro Patria*），随后在其他大学也成立了类似组织。[118]

1845年至1857年的西班牙，当时的教育部长克劳迪奥·桑南涅戈制定了一项包括纪律和学生管理规定的新法律，对大学进行了一次彻底的改革。[119] 1857年，马德里中央大学校长朱立安·桑斯·戴尔·里奥（Julián Sanz del Rió，1814—1869）在他的就职演说中明确号召学生投身政治运动，因为阻拦他们进行政治活动的传统障碍已经被清除了。桑斯·戴尔·里奥在19世纪40年代就在海德堡，因此非常熟悉德国的大学体制，他还在那里学习了卡尔·克里斯蒂安·弗里德里希·克劳斯（Karl Christian Friedrich Kraus，1781—1832）的哲学，再将这种哲学带回了西班牙，并设立一个教席来讲授。1865年，共和主义政治家埃米利奥·卡斯特拉尔（Emilio Castelar，1832—1899）教授——他在教学中着重介绍了"克劳斯主义"——因猛烈抨击女王伊莎贝尔二世（Isabel Ⅱ，1830—1904）而被解职。于是，一些教授和学生举行了示威游行，表示他们与卡斯特拉尔站在一起。他们在游行中与警察发生了冲突，此事最终导致更大数量的学生和教授举行抗议游行，其中就有桑斯·戴尔·里奥和费尔南多·德·卡斯特罗（Fernando de Castro，1814—1874）。1868年9月，西班牙爆发了一场革命，伊莎贝尔二世被驱逐，（第一）共和国建立。被解职的教授重获教职，费尔南多·德·卡斯特罗担任了大学校长。1873年，埃米利奥·卡斯特拉尔成为共和国总统。这段时间是"克劳斯主义"的黄金时期，学生们和教授都非常关心政治，还为大学制定了一个改革计划，但没能实行。1875年西班牙的君主制复辟。 303

在俄国，1849年，当局发现了圣彼得堡的一个秘密社会主义团体，这

[117] Brom, *Omkeer*（注释47），92.

[118] Frank and Wiardi Beckman, *Geschiedenis*（注释47），95.

[119] Mancebo, 'Estudiantes'（注释10）；请对照Peset, *Universidad española*, ch. xviii: 1857, la ley Moyano 461—490; ch. xviii: El Estudiante burgués 525—550.

使得当局加强了对学生的控制。[120] 在赫尔辛基，由于录取条款的变化，那些经历了由“唯心主义”到“唯物主义”转变的学生被清除出学校。[121] 学生们必须每天身着校服，不得留胡须。相当于教授级别的学生督察，在 6 名助理人员的陪同下，负责监督学生的行为。芬兰还特别规定，要进入公共服务部门工作的法学院学生，在他们整个学习期间都必须师从俄国教师。从 1853 年 1 月起，新制定的法规开始生效，而且，从当年起，同乡会被视为叛乱的温床而被查禁。不过，它们仍秘密开展活动，而且变得更为激进，发展成为非法的带有特定政治色彩的组织。

1855 年，沙皇尼古拉一世逝世，亚历山大二世继位，标志着俄国进入一个在社会生活各个方面向自由主义转变的时期。学生们这才可能开展真正的学生运动。在当时的俄国大学中，只有波兰学生出于强烈的民族感情而进行政治活动，但他们和俄国同学并没有深交，因为他们之间的联系直到 19 世纪 70 年代几乎都是非法的。[122] 新沙皇放宽了对招生人数的限制，而且从原则上向俄国所有阶级的学生打开了大学的大门，因此大学入学人数从 1859 年的 5000 人增加到 1880 年的 8045 人。他还重新允许学生出国留学，放宽了购买外国书籍的检查制度。他还在大学中废除了军事纪律和强迫学生穿制服的规定。[123]

与此同时，学生组织开始扩展。在学生组织中最底层次的名为“*Zemliachestva*”，该组织聚集了所有来自同一地区的学生，他们能够在物质和精神上相互支持，这种组织在某种程度上类似德国的同乡会。另外，拥有相同思想观念的学生组成了一个叫“*Krushki*”的组织，该组织大约有
304 10 到 20 名成员。在这些学生组织中，圣彼得堡的“*Kassa Vzaimopomosh-chi*”是独一无二的，该组织为学生提供便宜的食宿，以达到学生自助和互助的目的，最终它发展成为一个成员来自各个社会群体的庞大的核心组织。在其他大学，正规的和非正规的学生基础设施也得到发展，比如图书

---

[120] Burg, *Encyclopedia* (注释 21), 155.

[121] Klinge, *Universität Helsinki*, 399－404, 414, 423－425, 537.

[122] Kassow, *Students Tsarist Russia*, 3; Brzozowski, ‘Problème d’études’ (注释 106) ;有关 19 世纪的数据取自 Dudkowa, ‘Etudes’ (注释 24), 229－246.

[123] Feuer, *Conflict* (注释 42), 113; Kassow, *Students Tsarist Russia*, 16.

馆、读书俱乐部、经费资助机构、合作和劳动办公室，以及其他各种自助组织。[124] 波兰学生成立了类似的“*Bratniaki*”或“*Bratnie Pomocy*”［正式名称为“学生兄弟援助社团”（*Towarzystwa Bratniej Pomocy Studentów*）］，该组织致力于维护学生的利益，但在波兰学术生活复苏后，该组织开始逐渐有了自己的政治主场。[125]

此时形成的一个新传统便是学生大会（*skhodka*），学生们在会议中讨论一般性和涉及共同利益的问题，其会议风格类似自由农民公社中的平等主义作风。学生大会遂成为一个基点，由此发展起一整套众多机构、讨论团体和学术期刊的代表体系，其中直接民主的氛围成为了主流。学生团体（*studentchestvo*）逐渐形成了明确的使命感，同时摒弃了那种以自我为中心的“庸俗”的和资产阶级的观念。[126] 这种新的学生自我形象以及使命意识，在新的文化知识阶层中得到强化。这一阶层被称为“*raznochinnia*”（字面意思是“不同阶级的人”），他们信奉在自然科学中进行理性的研究，信奉简单而真诚的人际关系，信奉一个建立在理性而非剥削和压迫之上的社会。[127]

19 世纪 50 年代末，喀山的学生要求解聘那些不称职的教授；1857 年，一些殴打学生的莫斯科警察受到了处罚。[128] 学生们还参与了有关废除农奴制的讨论，农奴制实际上在 1861 年就已被废止。在这个问题上，俄国学生与波兰和芬兰学生达成了良好共识。但由于 1861 年 2 月 15 日一位秘密警察在华沙杀害一名波兰学生，来自圣彼得堡、莫斯科和基辅的学生在 1861 年 3 月为遇害学生举行了悼念仪式，随后举行了示威游行。[129]

警觉的俄国政府试图再度加强对大学的控制。但新的大学法规遭到了学生的抗议，抗议运动首先在 1861 年的 9 月和 10 月在圣彼得堡爆发，

---

[124] Morrissey, *Heralds*（注释 4），30；Burg, *Encyclopedia*（注释 21），232；Kassow, *Students Tsarist Russia*, 77—87.

[125] C. Wankel, *Anti-Communist Student Organizations and the Polish Renewal*（Houndmills, 1992），7.

[126] Morrissey, *Heralds*（注释 4），20—23.

[127] *Ibid.*, 22.

[128] Feuer, *Conflict*（注释 42），127—129.

[129] Révész, *Jugendbewegungen*（注释 12），14—16.

305 结果数百人被捕，圣彼得堡大学被关闭。两年后，大学重新招生，入学人数从1861年时的1442人减少到265人。[130] 也是在1861年的9月和10月，莫斯科发生动乱，500名学生签名请愿，与警察发生了冲突，结果几名学生遇害，340人被捕，29人被判入狱。喀山和哈尔科夫也发生了类似事件。[131] 为了消除弥漫在大学中的不满情绪，政府当局1863年6月30日颁布了新的大学法规，大学重获1804年到1861年间享有的自治权利。[132] 教授再次获得了更大的权力，他们有权选择校长、任命教授和监督学生，学生们则仍然不许组建"*skhodki*"或成立其他组织。然而，政府的这些措施还是不能恢复校园里的平静。

在俄国控制的波兰区域内，1855年新沙皇亚历山大二世的继位也意味着一种社会氛围的变化。[133] 从1857年起，波兰人再次被允许担任公务员，1858年波兰中学能够使用波兰语作为教学语言，华沙还开办了一所波兰人的医学院。在这种新的氛围中，俄国大学中的波兰学生开始重建他们的秘密社团，这些组织都与波兰移民建立了联系。基辅的波兰学生占学生总人数的4/5，他们试图在大学引入波兰语，但却遭到了乌克兰学生的反对。[134] 1861年3月，针对没有彻底执行废除农奴制法规的问题，华沙爆发了抗议运动，结果当局使用武力镇压，导致5人死亡。这一事件促使波兰人民组成了一个统一战线，士兵、农民、工人、贵族和教士都联合起来，共同反对俄国政府当局。俄国政府对此进行了更严厉的镇压，直到1862年春沙皇才再次放宽了统治政策，以"重点学校"（*Szkola Glówna*）之名重开了华沙大学。新的压制政策引发了更激进的运动。俄国政府征召青年入伍服役，被公认为是对俄国在波兰统治最后的致命打击。

1863年1月22日，华沙爆发起义。医学院和美术学院的学生是首批策划者中的一员。他们的领袖是斯特凡·博布罗夫斯基（Stefan Bobrows-

---

[130] Feuer, *Conflict*（注释42），128；Burg, *Encyclopedia*（注释21），169—170.

[131] Feuer, *Conflict*（注释42），128—129.

[132] Kassow, *Students Tsarist Russia*, 27—28.

[133] Vos, *Strijd*（注释35），145—152；P. S. Wandycz, *The Lands of Partitioned Poland. 1795—1918*（Seattle, 1974），155—179.

[134] Dudkowa, 'Etudes'（注释24），236；Wandycz, *Lands*（注释133），159—160.

ki，1841—1863），由他成立的委员会在起义初期还充当临时政府的角色。[135] 无论从参加的人数还是分布的范围来看，这次革命都是19世纪波兰爆发的最大规模的起义，它还扩展到了立陶宛和乌克兰境内。克拉科的左翼学生为革命的最后阶段制定了一份详细的计划，"红色的"罗穆亚尔德·特劳古特（Romuald Traugutt，1826—1864）从1863年起成为这一 306
阶段革命的领导人，上述计划得到实行，最终特劳古特于1864年4月被捕并被判处死刑。[136]

起义爆发后，俄国政府对波兰的教士和知识阶层采取了高压政策。[137] 至少有400人被判处死刑，上千人被流放到西伯利亚，好几千名波兰贵族的财产被没收。所有独立存在的波兰公共机构都被废除，"俄属波兰"（Congress Poland）被改名为"维斯图拉兰德"（Vistulaland），波兰被分割成几个地区，全部受一个俄国总督统治。教育也被俄国化。1869年波兰的"Szkola Glówna"被查禁，取而代之的是华沙俄国帝国大学。在所有俄国大学中，波兰学生的人数急剧减少。这次起义的失败标志着波兰浪漫主义起义传统的终结。

英国进行的工业革命，为现代化铺平了道路；同时，由于延续了许多中世纪的制度——尽管它们也逐渐转变，英国仍然存在一道传统主义的壁垒。这一时期，英国和欧洲大陆不同，国内没有发生学生运动。这主要是因为牛津和剑桥的大学体制，它们既不是培养职业精英的场所，也不是科学研究的中心。直到19世纪70年代，"牛桥"仍然坚持进行那种古典的和纯科学性的"自由教育"。这使得英国没有出现"低薪和低就业率的大学毕业生阶层的过剩，而这恰恰是欧洲大陆革命的动力所在"。[138] 这两所古老大学中，学生们的"课外活动"被学院制度有力地管束着；课余时候，两校学生经常进行竞争性的体育比赛（划船和板球比赛），这是在19世纪上半叶形成的传统，以彰显"学院的精神"。这两所大学的学生们就很少会关心

---

[135] Wandycz, *Lands*（注释133），171—173.

[136] R. F. Leslie（ed.），*The History of Poland since 1863*（Oxford，1980），11；Bobińska，'Générations'（注释73），143.

[137] Tazbir, *Zaris Historii Polski*（注释32），491—492；Wandycz，*Lands*（注释133），193—196.

[138] M. Sanderson，*The Universities in the Nineteenth* Century（London，1975），4.

大学外面的社会问题。

1870年，俾斯麦挑起普法战争，德国学生在民族主义的狂热情绪中消除了等级之分。在所有的大学城中，无论是“学生联合会”、学生社团、同乡会，还是维根弗联合会或其他教派的学生组织，都常常开会到深夜。在很多地方，他们都自愿参军，有时甚至集体入伍；比如在哈勒，他们到当地驻军报到，打着旗帜前进；在不伦瑞克，当地理工学院中机械系的全体学生
307 都在海军舰队中服役；在海德堡，学生们在开赴法国前线时，请求海恩里希·冯·特赖奇克(Heinrich von Treitschke，1834－1896)为他们赠言。他欣然应允，并最后用费希特在1813年讲的一句话来结束他的赠言：“不是胜利或者死亡，而是只能胜利！”在莱比锡，大众舆论却盛行反普鲁士的情绪，报纸轻蔑地发问，萨克逊人是否应该为普鲁士的国王卖命。为此，学生们大批走上街头，从咖啡店和售货亭中搜出那些批判性的报纸，再把它们烧毁。然后，他们向普鲁士国王递交了一份有800名学生签名的宣言，表达他们愿意向祖国德国献出他们的赤诚。他们还以保卫德意志文化为名，呼吁奥地利学生支持他们反对法国的战斗。[139]

普法战争对德国学生的生活产生了重大影响，尽管他们没有单独成立“志愿军”，但相当多的学生参加了这场战争。在德国1870－1871年夏季学期，共有13 765名学生在大学注册，其中1/3的学生，即4510人都参了军，有248人战死。在很多地方，前线的学生士兵与“后方”的学生密切合作。例如，柏林的学生组织“行动”(*Motiv*)征召建筑学院的学生；1870－1871年冬，莱比锡新成立的一个学生组织，向他们在前线的60或70名同学送发报纸和期刊。[140]

统一和反自由主义(1870－1885)

巴黎公社失败后，自由主义潮流开始在欧洲消退，新老民族国家都期望巩固国家的统一。西欧和德国实行资产阶级民主，有关学生运动的政治观念也发生了转变，大学进入了一个平静时期。学生们似乎对社会问

[139] Schulze and Ssymank, *Studententum* (注释65), 317－319.

[140] *Ibid.*, 320－321.

题不抱任何兴趣：他们集体支持自己民族的发展，希望巩固和确保自己祖国的体制。在某些国家，这种统一无疑也受到意识形态和民族差异的威胁。旧多瑙河君主国中，在学生之间发生了民族冲突；俄国学生进行了艰苦的斗争，试图摆脱当局对大学自治的控制。

法国大学所经历的变化比欧洲其他国家的大学都更加彻底。1875年，法国成立第三共和国，不仅开创了一个全新的政治局面，也创立了一套有关高等教育的新政策。19 世纪末，法国重建了自己的大学，"文理学院开始招生"。[141] 法国的改革也模仿了德国大学模式，重点关注教育和在研究班及实验室中的科学研究。[142] 由于这些改革和入学学生的大量增多，学生状况发生了变化：大学生开始拥有独立的社会身份，学生们在这些年轻的学校中第一次形成了特有的社团生活。因此，法国大学在一定程度上赶上了德国大学的水平。在第三共和国政权巩固后，政府相当重视社会的整合，希望通过高等教育来弥合社会差异。学生组织被视为社会化的一种手段。1876 年，第一个学生组织在南希成立；到 1888 年，法国学生已经成立了 15 个学生组织。其中最著名的是"全国学生联合会"(*Association générale des étudiants*)，它于 1884 年在巴黎建立，不久就以缩写字母"A"而闻名。其成立一年后就有 400 名成员。在很长时间里，该组织从校方和政府那里得到了财政资助。在他们看来，"A"提供了一个理想的场所，未来国家管理的精英与"完善法国共和民主制度"的精英在其中建立起密切的关系。[143] 该组织持一种中立的立场：谨慎避免参与有关政治和宗教的讨论。它致力于维护学生的利益，建立了学生之家，组织各种服务和娱乐性活动。几十年前学生们还在街垒边奋战，而在第三共和国建立后大学则恢复了少有的平静。[144] 308

---

[141] F. Mayeur, 'Naissance de l'étudiant en sciences et lettres à la fin du XIX e siècle en France', in Kulczykowski, *Etudiants* (注释 73), 134－145；参见第二章第 55－57 页。

[142] Weisz, Emergence, passim; Ringer, *Education and Society*, 113－131.

[143] Y. Cohen, 'Avoir vingt ans en 1900: à la recherche d'un nouveau socialisme', *Le mouvement social*, 120 (July-September 1982), 11.

[144] G. Weisz, 'Associations et manifestations: les étudiants français de la Belle Epoque', *Le mouvement social*, 120 (July-September 1982), 31－38; Weisz, *Emergence*, 302－306.

英格兰城市学院的发展和威尔士学院的兴起，为中产阶级提供了一种改变社会地位、进入社会上层的方式。与此同时，牛津和剑桥也在进行改革，由此具备了现代大学的特点，并能更好地应对城市学院的竞争。然

309 而，它们仍带有独特的贵族精神，而且牛桥模式也成为城市学院模仿的标准。[145] 从1870年左右起，英国大学生在课余时间里组织了规模更大的活动，学生的生活方式经历了一次重大的变革。[146] 一套广泛的俱乐部和社团体系形成并发展起来。“运动革命”尤其引人注目。大学生们一直都进行体育运动，但直到1860年左右，大学才开始模仿英国公学，组织运动会。当时，一个学生的体育素质与其个性塑造、纪律观念、道德意识、良性竞争和团体协作并列，成为校长或大学校方评估学生的一个方面。各个学院纷纷成立橄榄球俱乐部、网球俱乐部、板球俱乐部、划船俱乐部，以及其他体育运动的俱乐部；从19世纪90年代起，英国大学十分注重增建体育运动的基础设施，以此来吸引更多的学生。[147]

从社会角度来看，英国大学生身上仍体现着传统上的精英观念。他们无疑都支持托利党的政策，对工会活动、有关工人的社会措施和大学的民主化道路持谴责立场。他们又特别富有爱国热情，愿意献身大英帝国的宏图大业。[148] 另一方面，从19世纪70、80年代起，英国的大学和学院开始表现出日益强烈的社会参与意识。剑桥大学和牛津大学积极响应“大学扩展运动”，以满足社会中较少特权群体对高等教育的需求。[149]

荷兰的大学中，学生联合会继续为学生生活设定基调。它们的特征仍然是：“排他性的，负责指导新生，拥有高傲的阶级意识，无限忠诚于奥兰治民族和合法的政权”。从其内部来看，它们都是“一个个争论的场所，年轻人的俱乐部，它们中的‘风俗’、肆意的欢笑、不同派别的争论、各种体育

---

[145] Sanderson, *Universities* (注释 138), 19, 75—84, 142—147; R. D. Anderson, *Universities and Elites in Britain since 1800* (London, 1992), 17, 21.

[146] J. Twigg, *A History of Queens' College, Cambridge 1448—1986* (Woodbridge, 1987), 265.

[147] Sanderson, *Universities* (注释 138), 19—22; Twigg, *Queen's* (注释 146), 252—261.

[148] Twigg, *Queens'* (注释 146), 242—252.

[149] B. Simon, *Education and the Labour Movement 1870—1920* (Southampton, 1974), 86—92; Sanderson, *Unversities* (注释 138), 146.

比赛、文化和消费，都延续着该组织的精神”。[150] 然而，19 世纪最后几十年，学生联合会开始瓦解。[151] 这种趋势是因为当时大学招收了更多来自中产阶级和受歧视宗教派别——天主教和归正宗（Reformed Church）——的年轻人，当然还有更多的女学生。联合会的高额费用使这些学生无法加入。而且，他们中很多人都反对联合会成员中盛行的贵族精神和联合会一些强制性的恶作剧规程。因此，他们开始在联合会外成立自己的组织。联合会傲慢地称这些新来者为“无政府主义者”、“外来人”或“猪猡”，还提高联合会的会费，从而制造更多的障碍，不让粗鄙的“外省人”进入。而且，从 19 世纪中叶起，大学校方也不准备承认这些非联合会的组织，因为这可能会引起各阶层学生之间的冲突。[152]

比利时的大学里，19 世纪 70、80 年代，学生生活也有了更好的组织，校园内建立了学生集团、区域性社会俱乐部、院系的社团，以及代表学生利益和维护他们利益的一般性组织。这种组织类似法国的“全国学生联合会”，分别于 1872 年和 1878 年在根特和鲁汶成立。尤其是在鲁汶的天主教大学，佛兰德学生运动非常强劲，新的佛兰德俱乐部纷纷创立。它们反映出，19 世纪 70 年代这一代正在成长的年轻人，具有复辟的思想和反自由主义的精神。他们支持统一语言，赞同天主教的信仰，认为保护语言是保护宗教信仰的一种方式。这些思想观念在天主教学院流传，从而促成“天主教佛兰德学生运动”的兴起，信仰天主教的中小学生、神学院学生

---

[150] Hagendijk, *Studentenleven*（注释 48），51；See Vrankrijker, *Vier eeuwen*（注释 47）；Frank and Wiardi Beckman, *Geschiedenis*（注释 47）.

[151] See P. A. J. Caljé, ‘De omkeer in ‘t studentenleven. de pogingen tot hervorming van het studentenleven rond 1920’, in *Groniek. Historisch Tijdschrift. Studentenleven*（Groningen, 1992），75－82.

[152] Hagendijk, *Studentenleven*（注释 48），54；G. Jensma and H. De Vries, *Veranderingen in het hoger onderwijs in Nederland tussen 1815 en 1940*（Hilversum, 1997），129－151；J. Kingma, W. R. H. Koops and F. R. H. Smit, *Universitair leven in Groningen 1614－1989. Professoren en studenten. Boek en uitgeverij*（Groningen, 1989），55ff.；W. Otterspeer, *De wiekslag van hun geest. De Leidse universiteit in de negentiende eeuw*（The Hague and Leiden, 1992），477ff.；*Studenten van Haver tot gort*（Delft, 1957），11－63.

与大学生也在这此运动中走向合作。[153] 在根特大学学习的亲佛兰德的自由主义学生，在这一时期则持一种更具挑衅性的反教权主义立场。[154]

西班牙 1875 年波旁王室复辟后，保守主义政府和教会都试图控制教育，也包括大学，使教育臣服于“王冠和宗教”。自由主义的学生和教授强
311 烈反对这种企图，并发起抗议示威。从 1884 年 10 月到 12 月，动荡局面从马德里大学扩展到其他的西班牙大学。同时伴随着一些院长和校长的解职和辞职。随后，反抗的情绪平静下来，但大学与政府、教会之间关系仍然紧张。[155]

德国 1870 年完成统一和建立帝国后，民族主义和反自由主义成为德国学生运动两大最重要的精神支柱。同时，学生之间的合作关系发展到颠峰，为其他国家提供了这方面的范例。在整个学生组织的体制中，学生社团成员不得不将领导权交给“学生联合会”(“柯斯纳一会员一联谊会”)。后者虽然没有具体的政治或社会目标，但宣称它能给学生提供发展个性的机会，从而弥补大学里进行的科学和职业教育的不足。“学生联合会”的训练包含三个主要方面：通过层级结构(社团新成员、入社一年的成员、老成员)和准入仪式，向成员传授有关秩序和权威的观念；通过强制性的决斗，培养学生的勇气和自律；通过强制性的饮酒，锻炼学生的酒量。“学生联合会”将军队中长官让下级无条件赎罪的理念带进了大学生活中。它的活动以独特的仪式主义和形式主义著称，其外在的标志包括帽子和缎带、制服和马刀。这种社团主义还带着浓厚的封建主义色彩，而这种中世纪的封建形态被赋予了浪漫主义的气息；其目标是通过它所提倡的学生活动，来展示一种在历史中被推崇的价值。一个联合会成员所过的生活，就像是一个上帝的选民在为自己的荣耀而战，他身上的伤痕正是其特权

---

[153] L. Gevers, ‘De Vlaamse studentenbeweging te Leuven (1836—1914)’, *Onze Alma Mater*, 29 (1975), 113—115; Gevers, *Bewogen Jeugd* (注释 79), 65—126; L. Gevers and L. Vos, ‘Studentenbeweging (Universitair onderwijs) Leuven’, in *Nieuwe Encyclopedie van de Vlaamse beweging* (Tielt, 1998), 2902—2903; L. Gevers and L. Vos, ‘Le mouvement estudiantin Flamand et Wallon à Louvain’, in J. Roegiers and I. Vandevivere (eds.), *Leuven/Louvain-la-Neuve. Aller Retour* (Louvain, 2001), 161—162.

[154] Gevers, *Bewogen Jeugd* (注释 79), 49—50; K. Palinckx, ‘Studentenbeweging (Universitair Onderwijs) Gent’, in *Nieuwe Encyclopedie* (注释 153), 2891—2892.

[155] Mancebo, ‘Estudiantes’ (注释 10).

地位的象征。他应该鄙视“大众”，应该抛弃男女平等的观念。这样的社团“教育”培养出的学生，都愿意服从独裁政府的统治，通常属于社会的右翼精英分子。具备所有这些品质以及非政治化和保守的爱国主义特质的联合会成员学生，成为了“魏玛时期的理想人物”。[156]

其他许多学生组织开始仿效联合会的模式。它们引入了“无条件赎罪”的观念和决斗的仪式，从而由佩戴色标的组织转变为战斗组织。学生联合会的老对手学生社团，就在1881年通过联合成为了社团会员总会(*Allgemeine Deputierten-Convent*，ADC)；同乡会也进行了重组，1882年合并为科堡同乡总会(*Koburger Landsmannschafter-Convent*，LC)。新教学生组织维根弗联合会基于基督教原则而反对决斗，继续佩戴色标。然而，1895年，它们为了避免内部的分裂也同意在特殊情况下举行决斗。在体操运动员协会(*Turnerschaft*)和歌咏团(*Sängerschaft*)中，社团主义的压力导致它们分裂为赞同决斗的一派和不进行决斗的一派。另一方面，在社团革新派(*Reformburschenschaft*)、天主教的社团组织联合会(*Cartell-Verband*，CV)和规模较小的新教黑城堡联盟以及犹太学生的组织中，仍然是纯粹的佩戴色标派组织。[157] 甚至在很多没有佩戴色标的非正式组织中，比如天主教卡特尔联合会(*Kartell-Verband*，KV)、类似的天主教统一联合会(*Unitasverband*)和新教的德意志基督教学生联合会(*Deutsch-Christliche Studenten-Vereinigung*，DCSV)、科学社团、体育和歌唱社团，社团主义的观念也普遍渗透进去；它们也有自己的仪式、旗帜和制服，以致于有时很难将它们与正式的佩戴色标的组织区分开来。50%以上的德国大学生都参加了某个组织。 312

从政治的角度看，从1880年左右起，德国学生运动的指导思想发生了变化：富有民族感情的自由主义让位于反自由主义的民族主义，大学生忠心支持新建立的政府。在德意志帝国时期，舆论普遍认为大学生不应该积极参与政治，而应该为他们以后将要扮演的重要角色作好准备，因此，

---

[156] Jarausch，*Students Imperial Germany*，239—250；Heither，‘Revolution’(注释103)，66—68；Schulze and Ssymank，*Studententum*(注释65)，327ff.

[157] Jarausch，*Students Imperial Germany*，250—258；Schulze and Ssymank，*Studententum*(注释65)，355—367，404—421.

这一时期的学生运动表现出非政治化的特征。但是，对学生保持政治中立的要求，又是与学生应该忠于并热爱自己的祖国这一前提分不开的。在学生社会化过程中，爱国精神最突出的一种表现形式就是到军队中当一年的志愿兵，许多学生都完成了这项任务。[158]

帝国成立的最初 10 年中，这种不断增强的民族主义主要针对的是那些被认为将威胁到德意志民族单一性的敌人。头号目标就是犹太人，其次是社会主义者、天主教徒和其他少数族裔，比如波兰人。1880 年 12 月 9 日，在柏林成立了德意志学生联盟(*Verein Deutscher Studenten*, *VDSt*)。该组织的成立反映出大学生们民族主义热情的高涨，它很快就在其他大学中发展起来。1881 年 8 月，各地方分支组织统一为屈弗霍斯联合会(*Kyffhäuser-Verband*)。通过组织起所有"真正的德意志学生"，这些组
313 织希望积聚力量来重新唤起德国大学中的民族精神。犹太人被排斥在这些组织之外。德意志学生联盟的许多分支组织都得到当地多数学生的支持。[159]

在哈布斯堡帝国中的奥地利部分，斯拉夫民族从 1867 年后逐渐获得了更多的权利，其中包括建立高等教育机构。[160] 相反在匈牙利，大学中兴起了一种强烈的马扎尔化趋势，非匈牙利的民族主义情绪几乎没有获得形成的机会。[161]

由于逐渐丧失了他们的霸权地位，奥地利讲德语的学生产生了一种受威胁感，他们急切要求更明确地肯定他们的地位。同时，1870 年德意志的统一在这些奥地利学生中激起了一股极端的德意志民族情感——其特

---

[158] Jarausch, *Students Imperial Germany*, 234—235, 258—262, 333—345.

[159] *Ibid.*, 348—353; Schulze and Ssymank, *Studententum* (注释 65), 342—354.

[160] Schulze and Ssymank, *Studententum* (注释 65), 368; G. Otruba, 'Die Universitäten in der Hochschulorganisation der Donau-Monarchie. Nationale Erziehungsstätten im Viervölkerreich 1850 bis 1914', in Neuloh and Rüegg (eds.) *Student* (注释 20), 93—104.

[161] Otruba, 'Universitäten' (注释 160), 78, 82, 104; P. Hanák, 'Wandlungen der Österreichisch-Ungarischen wissenschaftlichen Beziehungen im Laufe des 19. Jahrhunderts', in R. G. Plaschka and K. Mack, *Wegenetz. Europäischen Geistes*, vol Ⅰ: *Wissenschaftszentren und geistige Wechselbeziehungen zwischen Mittel-und Südosteuropa vom Ende des 18. Jahrhunderts bis zum Ersten Weltkrieg* (Munich, 1983), 343—355.

征为反自由主义，也使他们寻求与德意志帝国建立更紧密的联系。1871年在维也纳大学成立的维也纳德意志学生读书俱乐部（*Leseverein der Deutschen Studenten Wiens*）就能反映出上述观念。在其他奥地利大学中，比如在格拉茨、布拉格、因斯布鲁克和莱昂本，它们逐渐成为讲德语的学生的组织的支配思想。[162]

奥地利学生先于德国学生发表了第一份激进的反犹太人宣言。早在1867年，维也纳学生“奥林匹亚”社团就怀疑犹太人不具备日耳曼人的特征。到1878年，维也纳“解放”组织首次将犹太学生赶出该组织，这些犹太学生中还包括已经接受了基督教洗礼的人。从1883年起，许多其他学生组织：同乡会、学生社团、武装和社会俱乐部都纷纷效仿，只有在维也纳、格拉茨和布拉格的学生联合会抵制了这一政策，直到1900年为止。[163]

奥地利大学中斯拉夫裔学生的民族意识也日益增强，他们作为受压迫群体同样要求进行自由主义的改革。维也纳和格拉茨求学的“青年斯洛文尼亚人”，先后于1868年和1869年在卢布尔雅那（莱巴赫）召开了两 314
次泛斯洛文尼亚学生会议，提出了实现斯洛文尼亚统一，以及在此地建立一所斯洛文尼亚大学的要求。[164]

斯洛伐克学生加入了进来，他们建立了塔特拉（*Tatran*，19世纪60年代末，维也纳）和代特瓦（*Detvan*，1882年，布拉格）等团体。从一开始，布拉格的斯洛伐克学生在他们的捷克学生同胞那里所受到的待遇，就要比他们在塔特拉里的同胞那里获得的更为友好。维也纳的斯洛伐克学生组织比较强调独立的身份认同；相比之下，布拉格的斯洛伐克学生更欢迎捷克—斯洛伐克学生的合作。[165]

波兰尽管被俄国、普鲁士和奥地利三国瓜分，但对被奥地利控制的区

---

[162] W. J. McGrath, ‘Student Radicalism in Vienna’, *Journal of Contemporary History*, 2, 3 (July 1967), 183—201; A. J. P. Taylor, *The Habsburg Monarchy 1809—1918* (Harmondsworth, 1981), 169ff.; Schulze and Ssymank, *Studententum* (注释 65), 370.

[163] Schulze and Ssymank, *Studententum* (注释 65), 371.

[164] Melik and Vodopivec, ‘Intelligenz’ (注释 94), 145—147; Haselsteiner, ‘Bedeutung’, (注释 95), 298—300.

[165] E. Bosák, ‘Slowakische Studentenorganisationen in Wien, Prag und Budapest und ihre Zusammenarbeit’, in Plaschka and Mack (eds.), *Wegenetz II* (注释 29), 164, 173—178.

域来说，这一时期成为波兰大学体制发展的最佳时机。波兰加利西亚地区(Galician)的克拉科大学和莱姆伯格(利沃夫)大学，分别于 1870 年和 1871 年完全成为波兰人的大学，学生们再也不用为争取自由的浪漫主义斗争奔波求助，而更主要是学习一套“有组织的课程”，以发展波兰的科学、文化和经济。在俄国的华沙帝国大学，波兰学生中掀起了一场抗议浪潮，反对恐怖政策、警察制度和遍布各地的密探制度。许多俄属波兰的年轻人都来到加利西亚的波兰大学学习，他们的到来不仅增加了那些大学的入学人数，而且还推动了激进进步思想的发展。[166] 抗议活动是由“波兰青年联盟”(*Zwiazek Mlodzieży Polskiej*，以 *Zet* 闻名)领导的，该组织是在大学中成立的秘密组织，1886 年时由齐格蒙特·巴利茨基(*Zygmunt Balicki*，1858—1916)创立。[167]

其他俄国大学的学生运动也遭到了俄国政府的镇压。尽责的学生们开始投入到一项有组织的工作中，即提高农民的文化和物质生活水平，增强他们的政治意识。从 1872 年起，数百名学生来到农村，充当社会工作者、教师和医生。俄国政府认为此举是一种威胁，逮捕了近 1600 名民粹派成员(*narodniki*)，其中 525 名被送审，79 名被流放。[168] 然而，广大农民并没有积极回应民粹派的运动，于是学生运动于 1875 年后转向革命的道路。

315 1876 年，秘密组织“土地与自由”(Land and Freedom)在圣彼得堡成立，3 年后该组织一分为二：“黑色分部”(Black Partition)或“完整领土分部”(Total Land Partition)，选择渐进改革道路；革命的“人民意志”(Peoples' Will)组织则发动了一次反政府的暴力袭击，把沙皇作为攻击的主要目标。[169] 在他们刺杀圣彼得堡警察局长失败后，俄国政府 1879 年向

---

[166] J. Buszko, 'Organisatorische und geistig-politische Umwandlungen der Universitäten auf Polnischem Boden in der zweiten Hälfte des 19. Jahrhunderts', in Plaschka and Mack (eds.), *Wegenetz I*(注释 161), 132—145; Klimaszewski (ed.), *History*(注释 31), 195.

[167] Vos, *Strijd*(注释 35), 172—173.

[168] Burg, *Encyclopedia*(注释 21), 135.

[169] Feuer, *Conflict*(注释 42), 131; Burg, *Encyclopedia*(注释 21), 68—69, 121; Boren, *Student Resistance*(注释 58), 50—52; N. V. Riasanovsky, *A History of Russia*(New York and Oxford, 1984), 382—384.

大学派驻了检查官，授权他们对学生行使司法权。[170] 尽管如此，刺死沙皇的计划仍在进行。正当亚历山大二世宣布愿意考虑改革的提议时，他就遭到"人民意志"成员的暗杀。这一暗杀事件在俄国所有大学中都引起骚动，动荡局面一直持续到 1882 年。

社会和民族的解放(1885—1900)

以悠久的民主传统而著称的苏格兰大学，在 1884 年(爱丁堡、阿伯丁)到 1886 年间(格拉斯哥)成立了"学生代表委员会"(Student Representative Councils', SRCs)，该组织的目标是代表学生们的利益，鼓励学生和大学校方达成协议。1888 年，它们组成苏格兰"学生代表委员会"联盟(1935 年更名为苏格兰学生联盟)，1890 年它们组织了第一届苏格兰大学校际会议。两所英格兰城市学院尽管有些犹疑，但也先后参加了会议：利兹学院于 1891 年参加，利物浦学院于 1892 年参加。[171]

这一时期，在荷兰大学中，学生组织逐渐受到宗教的影响。莱顿大学的新教徒学生成立了"新教学生社团"(*Societas Studiosorum Reformatorum*, *SSR*, 1886 年)和"荷兰基督教学生会"(*Nederlandsche Christen Studenten Vereeniging*, *NCSV*, 1896 年)。天主教学生组织也同时兴起：时刻忏悔团(*Teneamus Confessionem*，莱顿，1874 年)，真理会(*Veritas*，乌特勒支，1890 年)，圣奥古斯丁会(*Sanctus Augustinus*，莱顿，1893 年)，圣托马斯·阿奎纳会(*Sanctus Thomas Aquinas*，阿姆斯特丹，1896 年)，大阿尔伯特会(*Albertus Magnus*，格罗宁根，1896 年)和 R. K. 学生联合会(R. K. *Studenten-Vereeniging*，代夫特，1898 年)——1903 年更名为圣女会(*Sanctus Virgilius*)。1900 年前，这些组织的基本目标都宣称：要深化基督教信 316
仰以及捍卫基督教原则，而这些都被理性化和具有怀疑精神的大学视为

---

[170] Feuer, *Conflict* (注释 42), 131—132; Kassow, *Students Tsarist Russia*, 28.

[171] Sanderson, *Universities* (注释 138), 187, 193; A. Marwick, 'Youth in Britain, 1920—1960: Detachment and Commitment', in *Generations in Conflict*, *Journal of Contemporary History*, 5, 1 (1970), 41.

批判的对象。[172]

在比利时，为解放事业而奋斗的亲佛兰德运动仍然支配着新兴的学生组织的活动。鲁汶的学生，以及来自根特、布鲁塞尔和列日的学者和学生，积极有力地在整个比利时鼓动起佛兰德情感。在短期内，这种热情促进了一系列语言措施和法律制度的出台，有利于推动佛兰德人公共生活的双语化。在这一时期，学生们怀着民主主义的思想而献身佛兰德运动，他们希望打破贵族的政治特权，实现中产阶级和民众的解放。[173]

19 世纪 80 年代初，在瑞典，新一波的学生激进主义潮流开始涌现，一直持续到 1910 年左右。起初，激进的学生反对 1852 年大学法规中有关教育方式的条文，认为它们有矛盾之处，且仍然不能确保学生完全自由地独立追求真知的权利。但该法规却帮助学生和知识分子扮演了一种新的角色：他们应该充当社会共同体中的独立批评家，只听从他们自己的良心。他们特别反对支配学术界五十多年的意识形态哲学。通过自然科学中的经验科学模式，他们形成了一种反形而上学和反教权主义的基本思想。他们追随赫伯特·斯宾塞的思想，认为世界和社会的发展是一个进化的过程，笃信“人之初，性本善”，认为个人通过独立研究和反思就能发展到一个更高的水平。这些理念在新成立的学生组织中得到充分体现，例如，乌普萨拉的“*Verdandi*”（1882 年），隆德的“*DUG*”（1885 年，因期刊 *Den Unge Gubben* 得名，意为“年轻的故人”），1896 年更名为“*DYG*”（*Den Yngre Gubben*，意为“更年轻的故人”）。伴随激进学生运动、工人运动开始兴起，社会民主党也于 1889 年成立了，他们联合起来共同反对保守的、意识形态化的、家长制的现存制度。[174] 在乌普萨拉，保守的学生——“*Verdandi*”的

---

[172] J. Janssen and P. Voestermans, *Studenten in beweging. Politiek, Universiteit en student* (Nijmegen and Baarn, 1984), 43－46。有关荷兰天主教学生组织的调查参见：T. Reul, 'Het ontstaan der katholieke studentenverenigingen in Nederland, ca. 1870-ca. 1900', *Archief voor de geschiedenis van de Katholieke Kerk in Nederland*, 17, 1 (1975), 10－42。有关新教学生组织参见：*De eeuwigheid nabij. Lustrumalmanak 1996 SSR Leiden* (Leiden, 1996)。

[173] Gevers, 'Vlaamse studentenbeweging' (注释 153), 115－120; Gevers, *Bewogen Jeugd* (注释 79), 136－168; Gevers and Vos, 'Studentenbeweging' (注释 153), 2903－2906; Gevers and Vos, 'Mouvement' (注释 153), 162－163.

[174] Skoglund, *Vita Mössor* (注释 70), 62, 80, 83, 265－267.

对手——于1891年成立了“*Heimdal*”组织，旨在捍卫瑞典的传统价值观念和教会的地位。[175]

法国的社会问题引起了很多学生的关心，他们一改当时大学生圈子中流行的对政治的消极态度。1891年，“学生社会主义革命者国际”(*Étudiants Socialistes Révoulutionnaires Internationalistes*，*ESRI*)在巴黎创立；该组织起初倾向于无政府主义，后来逐渐接近于信仰马克思主义的朱尔·盖德(Jules Guesde，1845－1922)的“工人党”。在巴黎，他们在期刊《新纪元》(*L'Ère nouvelle*，1893－1895年)上阐述自己的观点，后来他们又在图卢兹创办了《青年社会主义者》(*Jeunesse socialiste*，1895年)。然而，学生和知识分子在工人运动中所占的地位、所扮演的角色暂时还是不明确的。1894年8月，国际学生会议在苏黎士举行，此次会议仍保留与正统马克思主义一致的“知识无产阶级”概念。[176] 1896年，“学生联合组织”(*Groupe des Étudiants Collectivistes*)在巴黎成立，该组织代表了学生运动发展的第三种方向，它不同于无政府主义和盖德主义，旨在实现一种社会民主和人道主义意义上的社会主义现代化。它也为那些处于教育界中无产阶级地位的学生和知识分子指出了奋斗的目标，特别是在一种社会主义平民大学的语境中。该组织推动了法国社会主义的复兴，1901年，改革家让·饶勒斯(Jean Jaurès，1859－1914)成立了“法国社会主义党”，将社会主义的思想观念付诸实践。[177]

与此同时，倾向于社会主义的左翼天主教运动兴起，它以《田野》(*Le Sillon*，1894年)杂志为中心，马克·桑尼耶(Marc Sangnier，1873－1950)是其名义上的领袖。尽管从严格意义上讲，这场运动并不是学生运动，但它却得到了正在读书的学生们的有力支持。他们的目标是要在知识分子和工人之间建立起合作关系。为了达到这个目的，知识分子和工人一道成立了学习小组，他们在小组中都以平等的身份参加讨论。这场运动想

[175] Burg, *Encyclopedia* (注释 21), 93.

[176] Cohen, *Vingt ans* (注释 143), 13－23; J. Maitron, 'Le groupe des étudiants E. S. R. I. (1892 － 1902). Contribution à la connaissance des origines du syndicalisme révolutionnaire', *Le mouvement social*, 46 (January-March 1946), 3－26.

[177] J. Verstraelen, *Geschiedenis van de Westeuropese Arbeidersbeweging 1789 － 1914* (Brussels, 1954), 216; Cohen, *Vingt ans* (注释 143), 23－26.

要与社会主义平民大学运动（建立了很多平民学会）一较高低。《田野》还提倡成立合作社和工会组织。从 1906 年起，该运动步入法国的政治舞台。由于它反映出一种双元的政治倾向，即天主教左翼思想与进步社会纲要的结合，因此，它与宗教权威发生了冲突：1910 年，它遭到教皇庇护十世
318 (Pius X,1835—1914)的谴责。[178] 1900 年前后，一批教授和学生基于英国的“大学扩展运动”和“睦邻组织运动”(settlement movement)的模式，也开始致力于发展民众大学，而大学中支持左翼天主教运动的人数仍然相对有限。[179]

19 世纪 80 年代，除“大学扩展运动”外，英格兰兴起了第二种旨在弥合学术界与工人阶级之间社会鸿沟的运动，即“睦邻组织运动”：英国国教会成员和大学师生（其中包括许多学生）到城镇的贫困社区中生活，从而发展当地的社会和文化活动。1884 年，牛津大学在伦敦东区创立了“汤因比厅”(Toynbee Hall)，标志着这场运动的开始。这场运动没有受到社会主义的影响：相反，运动的参与者希望通过他们的投入来完善社会的和谐，并且实现他们建立一个有机社会的梦想。[180]

英格兰的模式启发了其他国家——比如荷兰。大约在 1890 年，阿姆斯特丹、代夫特和莱顿等大学都成立了“学生汤因比联合会”(*Studenten Toynbee Vereniging*)。同时，带有左翼倾向的学生杂志开始出现，在很多大学中还成立了一批社会主义组织或学习小组。然而，这些新创立的组织和刊物通常只存在了较短的时间，也只吸引到相当少的学生追随者。[181]

比利时鲁汶大学的教授和学生建立了社会天主教学习小组（1886 年名为“社会经济会议”，1901 年更名为“*Sociale Studiekring en Sprekersbond der Leuvensche studenten*”），他们在推动基督教民主主义潮流中发挥

---

[178] Cohen, *Vingt ans*（注释 143），22；R. Aubert，‘Die modernistische Krise’，in H. Jedin（ed.），*Handbuch der Kirchengeschichte*，vol. Ⅵ/2：*Die Kirche der Gegenwart*，2nd edn（Freiburg，Basle and Vienna，1985），494—496；G. Cholvy and Y. M. Hilaire，*Histoire religieuse de la France contemporaine*，vol. Ⅱ：*1880/1930*（Toulouse，1986），166—167；*Marc Sangnier et les débuts du Sillon*，1894（Paris，1995）.

[179] Weisz，*Emergence*，308—314.

[180] Simon，*Education*（注释 149），78—85；Sanderson，*Universities*（注释 138），147.

[181] Hagendijk，*Studentenleven*（注释 48），62—68；Janssen and Voestermans，*Studenten*（注释 172），32—34.

了重要作用。[182] 1892 年，来自根特的自由主义教授和学生，以“高等教育为人民”为名，开始推广高校教育。他们的理念得到了布鲁塞尔自由大学中亲佛兰德派学生的支持，也得到了鲁汶和安特为普的天主教学生的拥护。在这一时期，佛兰德情感和人民情感更加紧密地结合起来：佛兰德人中穷人和富人之间语言差距的缩小，一直在弥合社会鸿沟的过程中发挥了关键作用。除此之外，学生们还希望通过他们的努力，来证明荷兰语也 319
适用于高等教育的教学。[183]

1893 年，讲法语的教授还在布鲁塞尔自由大学发起了“大学扩展运动”。1890 年，该大学成立了“社会主义者学生小组”(*Cercle des Étudiants Socialistes*)，1891 年 12 月，该组织成员组织了一次国际社会主义学生会议。他们还质疑自己在布鲁塞尔大学所接受的教育，并在 1894 年决定建立著名的“新型大学”(*Université nouvelle*)。这一新的机构以自由研究为基本原则，还保护了学生们的实证主义、无政府主义和无神论的信念，和布鲁塞尔自由大学相比，它给了学生更多的机会。该机构具有强烈的国际化特征，吸引了很多外国教授和学生。从根本上，它希望成为一个研究机构，尤其强调个人研究和学生以及学术界的社会使命。该机构还有一个附属的高等技术学校，为工人提供高等教育的机会。[184]

德国学生仍然对社会问题没有兴趣，而且激进社会主义也很难在保守的军国主义氛围中发展下去。19 世纪 70 年代，激进社会主义在柏林胡

---

[182] L. Gevers, ‘Studenten en sociale kwestie. De “Sociale Studiekring en Sprekersbond der Leuvensche Studenten” ten tijde van Leo XIII’, *Onze Alma Mater*, 30 (1976), 222－224; Gevers, ‘Vlaamse studentenbeweging’(注释 153), 121－123; Gevers, *Bewogen Jeugd* (注释 79), 201－207; Gevers and Vos, ‘Mouvement’(注释 153), 163.

[183] Gevers, ‘Vlaamse studentenbeweging’(注释 153), 125－126; Gevers and Vos, ‘Studentenbeweging’(注释 153), 2906－2907; M. de Vroede, ‘Hogeschooluitbreidingen en volksuniversiteiten’, *Belgisch Tijdschrift voor Nieuwste Geschiedenis*, 10, 1－2 (1979), 255－278; D. van Damme, ‘Hooger Onderwijs voor het volk’, in *Nieuwe Encyclopedie* (注释 153), 1463; F. Scheelings, ‘Studentenbeweging (Universitair onderwijs) Brussel’, in *Nieuwe Encyclopedie* (注释 153), 2885.

[184] W. Van Rooy, ‘L’ agitation étudiante et la fondation de l’Université Nouvelle en 1894’, *Revue belge d’histoire contemporaine-Belgisch tijdschrift voor Nieuwste Geschiedenis*, 7, 1－2 (1976), 197－241; E. Goblet d’Alviella, *L’Université de Bruxelles pendant son troisième quart de siècle. 1884－1909* (Brussels, 1909).

萝卜俱乐部(*Mohrenclub*)和莱比锡梨树会(*Birnbaum*)中兴起,但到 80 年代,它们或者被右翼思想压服,或者遭到无情的镇压。1890 年废除反社会主义法后,国家警察部门减少了对社会主义者的迫害,但由于大学校方继续反对社会主义,有社会主义倾向的学生仍很难公开成立自己的组织或参加无产阶级组织。1895 年前后,一些社会主义学生在柏林发起了自己的活动,开办讲座,出版《社会主义大学》(*Der sozialistische Akademiker*)期刊。但他们几乎没有得到社会的共鸣。在大学生中,社团和民族主义的学生组织成功地抵制了这些社会主义的影响。[185]

因此,学生对社会问题的兴趣被调整到一种"无害的"和反社会主义的方向上。新教和天主教学生都以基督教所提倡的和谐模式来研究社会
320 问题。这些组织的代表有福音派社会科学学生联合会(*Evangelische Sozialwissenschaftliche Studentenvereinigung*,柏林,1893 年),以及在门兴格拉德巴赫(Mönchen-Gladbach)成立的天主教学生工作秘书处(*Sekretariat Studentenarbeit*),该组织由卡尔·松嫩沙因(Carl Sonnenschein,1876—1929)领导。在学生志愿者的倡导下,学生们也为工人开设了课程。与这些课程相辅相成的是所谓德国版的"大学扩展运动",即职业性的平民大学。

德国学生对社会和民主的回应在学生志愿者运动(*Freistudentenschaft*)或不结社运动(*Finkenschaft*)中体现得最为明显。1896 年,莱比锡成立了第一个不结社运动组织,很快德国其他大学也都纷纷效仿。随后,德意志不结社运动的总组织成立了,以便各分组织能更一致地采取行动。该组织将自身视为一个所有不结社学生的代表,向每个愿意加入的学生敞开大门,无论他们有怎样的政治信念和宗教信仰。该运动以民主为基础,将全体大会作为决策机构,它的目标是组织教育和休闲活动,为其广大的小资产阶级支持者提供社会服务。由此,不结社运动与学生圈子中的主流趋势——有组织的反民主的社团主义和反犹太人的民族主义——相抗衡。

---

[185] Jarausch, *Students Imperial Germany*, 353—362; Schulze and Ssymank, *Studententum* (注释 65), 333—337, 375ff.,下面有关德国的段落也引自该书。

然而，所有这些运动都未能阻止反犹太人的民族主义在德国大学生组织中更进一步地传播。反犹太人主义从文化的层面转向种族的层面，因此就连受洗过的犹太人也被排除在学生组织外。柏林率先开此恶风。从1880年起，“学生联合会”已经不再接受任何犹太人。1892年到1896年，学生社团也开始排犹，这种行为只受到少数成员和以前成员的反对，他们认为这是对该运动自由遗产的背叛。这种矛盾促使1896年社团革新派的成立。19世纪90年代，同乡会、体操运动员会（*Turnerschaft*）、科学联合会（*Wissenschaftlicher Verband*）以及新教和天主教的学生也开始排犹。少数仍然对犹太人保持友好态度的学生组织毕竟难以抵挡排犹的大潮。因此，自信的犹太人开始建立自己的社团或组织，很多人参加到犹太复国运动中去。[186]

1890年前后，在奥地利，具有批判精神的一代学生——聚集在年轻的维也纳文学青年，主要是犹太作家成立的组织中——掀起了一股反对资产阶级自由主义的潮流。他们从社会中抽身出来，在唯美主义和个体的艺术表达中寻求自身的解脱。他们使维也纳成为19世纪末欧洲的文化之都，成为一个充满魅力、熠熠生辉的国际化都市。[187] 然而，值得注意的是， 321
这场反叛运动的中心不是在大学，而是在文学界和艺术界。[188]

在这一时期内，奥匈帝国的大学生活进一步受到民族主义和反犹太人主义的控制。规模庞大的读讲联合会（*Lese- und Redeverein*）“日耳曼尼亚”（Germania）于1892年、1893年在布拉格和维也纳成立，都拒绝犹太人参加。1890年，有22个武装协会（weapons associations）联合起来组成女

---

[186] See Grieswelle, ‘Antisemitismus’（注释 20）；N. Hammerstein, *Antisemitismus und deutsche Universitäten. 1871－1933* (Frankfurt, 1995).

[187] A. Janik and S. Toulmin, *Wittgenstein's Vienna* (New York, 1973); *Vienne, Début d'un siècle, Seize études, par des écrivains d'aujourd'hui, sur quelques-uns des grands hommes qui ont vécu à Vienne vers 1900*, Critique 31 (1975), Nos. 339－340; W. Wucherpfennig, ‘The “Young Viennese” and Their Fathers: Decadence and the Generation Conflict Around 1900’, *Journal of Contemporary History*, 17 (1982), 21－49; J. W. Mason, *The Dissolution of the Austro-Hungarian Empire 1867 － 1918* (London and New York, 1985), 44－47.

[188] R. A. Kann, ‘Wien im Blickfeld von Mittel- und Südosteuropa unter dem geistesgeschichtlichen Aspekt des 19. Jahrhunderts’, in Plaschka and Mack (eds.), *Wegenetz I*（注释 161），377－379.

子联合会(*Maidhofener Verband*),该组织展现出极端的民族主义,极力推崇种族主义的反犹太人原则。1896 年 3 月 11 日,在维也纳的一次大规模学生集会上,最终确定了反犹太人的原则,规定犹太人不能享有"通过决斗来获得满足"的荣誉。维也纳和格拉兹的学生社团成员也赞成这一规定。

到 1882 年,犹太学生已经开始逐步组建自己的组织,首先是在维也纳成立了"*Kadimah*";⑱1893 年,读讲青年学生联合会(*Lese- und Redehalle jüdischer Studenten*)宣告成立,该组织为当时其他刚刚成立的犹太学生组织提供了集会场所。在信奉社会民主主义的学生组织中,犹太人也充当了推动性力量,这些组织在 19 世纪 80 年代和 90 年代开始在奥地利大学中发展起来。尽管这些组织的数目受到限制,有时因政府的镇压而很快解散,但它们在奥地利仍然比在德国有更多的生存机会。1895 年成立的社会科学教育联合会(*Sozialwissenschfatliche Bildungsverein*)存在的时间就很长。⑲

19 世纪 90 年代,斯拉夫人表现出强烈的觉醒意识,这更加刺激了德意志民族主义。布拉格成为这时的中心舞台。从 1889 年起,来自摩拉维亚(*Moravia*)和西里西亚(*Silesia*)讲捷克语的学生,组成了名为"*Moravská beseda*"的组织,要求在布尔诺建立第二所捷克大学。这一要求在捷克民众以及其他南部的斯拉夫族学生、克罗地亚族学生、塞尔维亚族学生、乌克兰族学生和斯洛文尼亚族学生中引起了强烈共鸣。但奥匈
322 帝国政府却延迟了一项关于摩拉维亚讲德语的社团要求再建立一所讲德语大学的决议。从 1898 年起,斯洛文尼亚族人也不断要求在卢布尔雅那建立一所自己的大学。⑲

19 世纪 90 年代的年轻捷克学生,将捷克一南斯拉夫的合作推进到一个新的阶段;他们进入布拉格大学,成立了进步组织"进步运动"

---

⑱ Schulze and Ssymank, *Studententum* (注释 65), 371—372.

⑲ *Ibid.*, 372—373, 426.

⑲ F. Hejl, 'Die Bestrebungen um die Erneuerung der aufgelösten Universität und um die Gründung einer zweiten Universität in Mähren in der zweiten Hälft des 19. und am Anfang des 20. Jahrhunderts', in Plaschka and Mack (eds.), *Wegenetz II* (注释 29), 128—131; Melik and Vodopivec, 'Intelligenz' (注释 94), 136—137.

(*Fortschrittsbewegung/pokrokové hnutí*)；他们的特点是信奉极端的民族主义和民主主义思想。他们的活动在南斯拉夫地区的学生中引起了共鸣，他们创办的期刊《捷克学生杂志》(*Časopis českého studentsva*)在维也纳、格拉兹和阿格拉姆(萨格勒布)的大学中传阅。他们在布拉格(1891年)和维也纳(1892年)发起了斯拉夫人大会，到会的还包括很多捷克学生、波兰学生、克罗地亚学生和塞尔维亚学生；学生们在会上表达出建立联邦制政权的愿望，塞尔维亚和克罗地亚学生也达成了更有益的共识，南斯拉夫的年轻一代还传播了进步的思想。[192] 他们接着在1894年举行了第三次会议。

在托马斯·加里格·马萨里克(Tomáš Garrigue Masaryk，1850—1937)的影响下，布拉格的南斯拉夫学生开始参军。马萨里克是一名法学院的教授，一度作为年轻捷克人的代表进入维也纳的帝国议会。学生组织"进步青年"(*Napredna Omladin*)和"团结的克罗地亚和塞尔维亚青年学生"(1896年)表达了一种塞尔维亚—克罗地亚联合的思想，反对马扎尔人的统治，反对克罗地亚人自19世纪90年代以来从社会和经济发展中获得的好处。后一个组织与来自布拉格的学生组织合作，发行了名为《民族思想》(*Narodna misao*，1897)的年鉴，由塞尔维亚和克罗地亚学生联合编写。[193]

马萨里克在与代特瓦联合后，对布拉格的斯拉夫学生社团也产生了重要影响，尤其是1890年到1892年间。与此同时，维也纳的斯拉夫学生组织塔特拉也沿着以民众为基础的、进步主义的斯拉夫民族主义方向发展，符合马萨里克的思想。在布达佩斯学习的斯洛伐克学生则深受马扎尔人思想的影响，他们对马萨里克却知之甚少。一个旨是文学和休闲活动的斯洛伐克学生的俱乐部"*Slovenský spolok*"，在1897年前后，由于受到著名的米兰·霍贾(Milan Hodža，1878—1944)影响，开始关心以民主为原则的一些政治议题，例如，普选和公平分配农村土地。霍贾也认识到，斯洛伐克人只有与其他在匈牙利的非匈牙利民族合作，他们才能增强自己的 323

---

[192] A. Suppan, 'Bildungspolitische Emanzipation und gesellschaftliche Modernisierung', in Plaschka and Mack (eds.), *Wegenetz I* (注释161), 311.

[193] *Ibid.*, 312—325.

权利。他着力促成一次非马扎尔人的学生会议在1897年11月16日召开。[194]

这种不满的民族主义情绪,在奥地利的斯拉夫族和其他非德意志民族的学生中表现得非常强烈,这引起了德意志族学生的密切关注。他们极力反对进一步削弱德语霸权的言行。在1897年1月召开的一次奥地利德意志学生会议中,他们起草了一份宣言,要求保持奥地利大学及其类似机构的德意志特征。[195] 同年,这些问题在格拉茨和维也纳引起了学生暴乱,在布拉格还引发了捷克族学生与德意志族学生的流血冲突。[196]

与此同时,德意志族学生组织还着重强调它们反对天主教学生的挑衅性政策。奥地利学生中天主教学生组织发展缓慢。它们仅仅在因斯布鲁克大学获得了支持,成立了“*Tirolia*”和“*Rhenania*”。1867年,反教权的学生在维也纳举行示威,反对奥地利政府与罗马签订的宗教事务协定,他们认为这些协定令人难以忍受,直到1876年,(奥地利)天主教学生组织才开始出现。从1883年起,在维也纳(*Norica*)、布拉格(*Ferdinandea*)和切尔诺维茨(*Unitas*),天主教学生组织的成员数量有了进一步稳定的增长。不久,这些组织的成员便与属于武装协会的德意志族学生发生了摩擦,因为后者否认其天主教同学有佩带武器的权利。1897年,天主教学生站在奥地利王朝的立场上,拒绝参加反对政府语言政策的学生抗议运动,这一事件使双方的紧张关系达到剑拔弩张的程度。在维也纳的一次集会中,德意志族学生宣布,他们要把人民从罗马教廷的枷锁中解救出来,让他们皈依更高尚、更自由、德意志民族的基督教新教,否则他们决不罢休。[197]

324 在俄国,1884年新沙皇亚历山大三世(Alexander Ⅲ,1845—1894)发布了大学法令,加强了政府对大学的监管。教授们失去了自治的权利,校长由教育部长任命,教育部长还给每所大学指派一名总监,校长必须服从总监的管理。[198] 学生被再次要求必须穿校服,以更方便警察的监管,学生

---

[194] Bosák, ‘Studentenorganisationen’(注释165), 164—181.

[195] Schulze and Ssymank, *Studententum* (注释65).

[196] Taylor, *Habsburg* (注释162), 196—197; Schulze and Ssymank, *Studententum* (注释65), 423.

[197] Schulze and Ssymank, *Studententum* (注释65), 372, 424.

[198] Kassow, *Students Tsarist Russia*, 28; Feuer, *Conflict* (注释42), 133.

活动受到限制和禁止。1887年，俄国政府开始对犹太学生强加10%的名额限制。所有这些政策引起了一连串的示威抗议，1887年抗议活动达到高潮，莫斯科和喀山还爆发了学生、大学校方和警察之间的暴力冲突，随后其他大学也爆发了声援示威。弗拉基米尔·伊利斯基·乌里扬诺夫(Vladimir Iljisch Ulyanov)，也就是后来著名的列宁(Lenion，1870—1924)，正是在1887年积极参与了喀山的学生运动。同年，他的哥哥亚历山大·乌里扬诺夫(Alexander Ulyanov)与其他四名圣彼得堡学生组织的成员，计划行刺沙皇，结果未遂，被判处死刑。这一波新的学生运动浪潮导致五所大学暂时被关闭，政府对学生采取了严厉的处罚，包括将他们关进劳改营，监禁、放逐或驱逐多名学生。[199]

另一方面，许多学生厌恶袭击和暴力示威，他们坚定地支持社会改革和在人民中进行建设性工作的理想。"*Zemliachestva*"就体现了这种态度，这些委员会的目标是集合持有不同政治和社会观点的学生，代表他们的利益。19世纪90年代初，一个规模庞大的总委员会(General Council)在莫斯科成立，成员由各大学的"*Zemliachestva*"一个代表组成。

19世纪90年代，俄国大学学生的抗议活动变成一种持续性而非偶然性的现象。1887年到1893年间，每年平均有2.5%的学生被逐出大学或被流放。1899年，抗议运动掀起一次高潮，成功发动了首次遍及全俄的学生联合罢课运动，旨在抗议在圣彼得堡学生示威活动中警察采取的野蛮行径。这次抗议冲击了俄国的法律和秩序，再次引起当局在全国范围内拘捕和放逐了数百名学生；然而，全国性的罢课运动无疑增强了年轻人的权力意识和相互团结的情感。它成为俄国学生运动一个重要新阶段的开端，最终引发了1905年革命。[200]

世界政治和社团主义(1900—1914) 325

1900年后，欧洲的学生运动必然会紧跟世界政治的变化。欧洲国家

---

[199] Feuer, *Conflict* (注释42), 134.

[200] Kassow, *Students Tsarist Russia*, 81—82, 87; Feuer, *Conflict* (注释42), 135; Burg, *Encyclopedia* (注释21), 6—7; Boren, *Resistance* (注释58), 54—55.

的结盟和战争威胁的迫近，逐渐阻碍了西欧和中欧那些帝国主义和整体民族主义的右翼活动。对各民族和各种族的特性的重视，增进了跨民族的社会运动，诸如泛斯拉夫主义和泛德意志主义；这些运动又广泛影响了大学生的社会活动，使这一时期的学生活动具有争取民族团结而非实现民主的特色。不过，势力更强大、组织更国际化的社会主义仍然继续影响学生运动。当俄国的学生运动迎头冲击沙皇制度时，旧多瑙河君主国的民族斗争也掀起了高潮。[201] 这一时期，还值得注意的是学生自信心的增强；这一点不仅表现为学生组织和庞大联盟的扩散，而且还体现在学生与校方在社团主义和学习利益上的冲突日益增多。这种自信还伴随着一种新的青年情结，它促使年轻人去塑造他们自己的文化和生活方式，从而形成一种他们看待成人世界的态度。因此，正是在这一时期——而非偶然——出现了第一次著名的青年运动，例如，德国的"流浪鸟"(*Wandervogel*)或者英国的"童子军"(Boy Scouts)。[202]

英国的大学生圈子，仍然坚持传统，继续保留其组织化程度较低和意识形态色彩较淡的特征。这一阶段英国大学的发展可以用"职业教育论"和"效率"这两个术语来概括，着重为大英帝国输送有才能的政府职员。[203] 大学校方认为，培养精英兼运动员的目标与学生的学习和研究是同等重要的，但这一目标却被一些人批判为"过分的体育狂热"。[204] "学生联盟"在众多英国大学中——包括牛津和剑桥——稳固地建立起来，但直到1914年，英国大学生仍然不太希望将它们在全国范围内联合起来。[205] 在一战前的几年中，发生在剑桥女王学院的冲突很有代表性，它反映出青年学生不断增强的争取解放的迫切要求；在这次抗议中，学生反对在学院食堂中卖酒，反对学院过早关校门。[206]

326

[201] Feuer, *Conflict* (注释 42), 135; Kassow, *Students Tsarist Russia*, 29, 83, 85—87.

[202] Boren, *Resistance* (注释 58), 58—59; W. Rüegg (ed.), *Kulturkritik und Jugendkult* ('Neunzehnes Jahrhundert', Forschungsunternehmen der Fritz Thyssen-Stiftung, Jahrhudertwende) (Frankfurt-am-Main, 1974).

[203] Sanderson, *Universities* (注释 138), 207.

[204] *Ibid.*, 21—22; Twigg, *Queens'* (注释 146), 259.

[205] Sanderson, *Universities* (注释 138), 187; Marwick, 'Youth' (注释 171), 41.

[206] Twigg, *Queens'* (注释 146), 245—246.

当然,顶尖大学的学生通常仍继续维护主流精英的保守主义和帝国主义的观念。1902 年的布尔战争(Boer War)重新点燃了苏格兰和英格兰大学生们的爱国主义热情。[207] 另一方面,大学中也出现了左翼和反军国主义活动发展的迹象。1912 年"大学社会主义者同盟"(University Socialist Federation)的建立为这些活动在剑桥的发展扫清了道路。[208] 牛津在 1903 年时也出现了另一种新的尝试,为了增强大学和较低阶级的联系,建立了"工人教育协会"。[209]

瑞典从 1900 年起出现了一种学生与工人合作的新形式。[210] 1902 年在乌普萨拉成立的学生组织劳动社(*Laboremus*),就明确表示它已经与社会民主党结盟。起初,它的成员支持工会的工作,不久以后他们就开始为工人安排课程。大多数保守的学生,将这种向民众发展的运动视为沟通不同阶级和防止革命的一种途径;而激进的学生则加入教育协会(*Bildung*),认为这才是社会中被压迫群体获得解放的方式。在 1914 年之前,一股保守的和反民主的反动思潮都一直主导着学生运动,这也对芬兰的学生运动产生了影响。

1909 年,荷兰随着全尼德兰社会主义学生联合会(*Algemeen Nederlandsche Vereeniging van Socialistische studenten*)的建立,支持社会主义的学生开始组织一些大学校际之间的活动。[211] 很多大学都成立了综合性的学生组织,它们既激发了那些非联合会(*non-corps*)学生的学习兴趣,又改善了他们的社会生活状况。这些新组织大都继承了联合会的风俗和精神,继续使学生远离校外的社会。这一时期女学生的组织也出现了,例如,1902 年成立的阿姆斯特丹学生联合会(*Amsterdamsche Vrouwelijke Stu-*

---

[207] R. D. Anderson, *The Student Community at Aberdeen*: *1860－1939* (Aberdeen, 1988).

[208] Marwick, 'Youth' (注释 171), 39.

[209] Sanderson, *Universities* (注释 138), 213.

[210] 下述有关瑞典的内容,参见 Skoglund, *Vita Mössor* (注释 70), 267－269.

[211] J. Janssen and P. Voestermans, *Studenten* (注释 172), 34－35; Hagendijk, *Studentenleven* (注释 48), 75.

denten Vereeniging)。[212] 同时,宗教性的学生组织与学生联合会展开了竞争。[213] 信仰基督教的学生之所以投身社会活动,除了宗教因素的影响之
327 外,还因为他们通常持反对革命的、保守的态度。[214] 他们还非常支持节欲和戒酒的运动。为了团结佛兰德人,荷兰从1895年起就出现了一种民族主义的大荷兰(Greater Netherland)的观念。由于受到南非布尔战争爆发的推动,这种观念得到进一步发展,并在1910年促成了全尼德兰学生联合会(*Algemeen Nederlandsch Studentenverbond*,ANSV)的建立,该组织旨在促进荷兰、佛兰德和南非学生之间的文化交流。不过,直到1914年,这些文化交流都没有什么政治上的重要意义。[215]

与此同时,比利时的学生组织则分裂为佛兰德学生的团体与讲法语学生的团体。[216] 这两个讲不同语言的学生群体只能在某些方面进行合作,比如他们共同对天主教会的反现代主义展开斗争。[217] 佛兰德学生不曾忽视语言的斗争,他们的基本目标是将根特国立大学"荷兰化"。[218] 鲁汶的大学生也组织活动,希望能将他们自己的天主教大学部分荷兰化。这导致了1909年红衣主教梅西耶(Mercier)与校方的冲突。这些激进的佛兰德民族主义情感使一些学生在一战中与德国占领者进行勾结。

大约从1908年起,鲁汶的学生就开始和德国的社会主义学生工作秘书处(*Sekretariat Sozialer Studentenarbeit*)保持联系。这种关系成为他们

---

[212] Hagendijk, *Studentenleven* (注释 48), 68-73; Caljé, 'Studentenleven' (注释 151), 81-82.

[213] Hagendijk, *Studentenleven* (注释 48), 74.

[214] J. Janssen and P. Voestermans, *Studenten* (注释 172), 45, 49-51; Hagendijk, *Studentenleven* (注释 48), 78-80.

[215] L. Vos, 'De Dietse studentenbeweging 1919-1940', in *Acta Colloquium over de Geschiedenis van de Belgisch-Nederlandse betrekkingen tussen 1815 en 1945, Brussel 10-12/12/1980* (Ghent, 1982), 451-455; P. van Hees, 'De Groot-Nederlandse studentenbeweging', in Broeke and Hees (eds.), *Studenten* (注释 48), 42-46.

[216] F. Scheelings, 'Studentenbeweging (Universitair onderwijs) Brussel', in *Nieuwe Encyclopedie* (注释 153), 2886.

[217] Gevers, 'Vlaamse studentenbeweging' (注释 153), 125-129; Gevers and Vos, 'Studentenbeweging' (注释 153), 2906-2907; Gevers and Vos, 'Mouvement' (注释 153), 163-164. 有关教会反现代主义的进攻,参见第十章,第395-404页。

[218] K. de Clerck, *Kroniek van de strijd voor de vernederlandsing van de Gentse universiteit*, 2nd edn (Ghent, 1985), 37ff.; Palinckx, 'Studentenbeweging' (注释 154), 2893.

开展天主教社会活动的新的推动力。在一战前的几年中，他们还受到了净化生活运动(the clean-living movement)的影响。就在这一时期，学生们认为，他们必须为其未来担负的领导人民的任务作好准备，因此必须注重自学、养性、节欲和护教。1911－1912 年名为“*Amicitia*”圈子的形成掀起了这股潮流，该组织还想将其与反对“无动于衷和三心二意这些扼杀理想的思潮”和反对俱乐部的斗争结合起来。但是，佛兰德学生和讲法语的学生在 1914 年 3 月爆发的反对大学校方不合理的严苛纪律的反抗斗争中实现了合作。他们举行示威和集会，要求校长下台以及学生在学校理事会 328
中有自己的代表，但是这场斗争却没能取得成功。[219]

法国学生们日益增长的自信在 1907 年达到了顶点，建立了全国性的庞大组织“法兰西学生联盟”(*Union Nationale des Étudiants de France*)。[220] 学生的骚动也急剧增多，部分是因为他们对大学教育存在的问题和弊端非常不满。特别是医学院的学生，他们遇到了招生过多、实习训练缺乏的不利形势，于是在 1902－1903 年对上述危机作出了回应。但学生们的抗议也表达出一种更深层次的不满，这是法国资产阶级对共和国政府激进政策的不满。这就为极右翼的政治运动“法兰西运动”(*Action Française*)及其学生组织“学生联合会”(*Fédération des Étudiants* 1905 年)的出现提供了有利的成长环境，上述运动在大学生中获得了支持，而“保皇派”运动(*Camelots du Roi*)的成员则更多是来自技术学校。[221] 虽然保皇派的运动从未在大学生中获得很多支持，但它为了自身的目的却能充分利用学生的骚动，并操纵示威运动转向了暴力行为。他们发动的抗议活动包括：反对有社会主义思想的日耳曼语学家、教授夏尔·安德勒(Charles Andler，1866－1933)到德国访学，反对将爱弥尔·左拉的遗体供放到先贤祠(Panthéon)，反对任命弗朗索瓦·阿梅代·塔拉马(François Amédée Thalamas，1867－1953)为索邦大学的临时讲师，因为他曾对圣女

---

[219] Gevers, 'Vlaamse studentenbeweging' (注释 153), 127－142; Gevers and Vos, 'Studentenbeweging' (注释 153), 2908－2910; Gevers and Vos, 'Mouvement' (注释 153), 166.

[220] Cohen, 'Vingt ans' (注释 143), 26－29; Weisz, 'Associations' (注释 144), 36.

[221] E. Weber, *L'Action française* (Stanford, 1962; French translation Paris, 1985), 84.

贞德的忠贞表示过怀疑。[222]

20 世纪初，西班牙学生终于开始捍卫他们大学的利益了。在此之前，他们只是在一些严重的危机或冲突中才联合起来；到了此刻，他们开始建立一些常设的组织。1901 年，成立了学生同盟（*Unión escolar*），1909—1911 年，全国学生联盟（*Federatión Nacional Escolar*）成为主要的学生组织。这些组织提倡改良和改革大学教育，涉及医学研究和注册费问题。学生起义、罢课以及与警察的对峙，经常扰乱大学的学习生活。[223]

德国民族主义的学生组织将其目标确定为学术青年的“精神重生”，
329 这种重生会沿着泛德意志激进主义和“民族自豪”的方向进行。1897 年，学生社团成员与全德意志联合会（*Alldeutscher Verband*）及其相关组织——如德意志东部地区联合会（*Ostmarkverein*）——联合，决定采取更有力的行动，反对德意志民族内部的敌人。对这种挑衅的、不宽容的民族主义，这些团体都有自己的表述，思想并不统一，但它们都驱使大多数德国学生走上这条道路。

反“非德意志元素”的“猎巫运动”（witch-hunt），不仅将矛头指向了犹太人、社会主义者和外国人，还包括天主教徒，因为他们被认为是信奉教皇至上论的人，而且还具有反国家的思想。这引发了大学文化战争（*Akademischer Kulturkampf*），它既表现出民族主义者对天主教学生的不宽容，也表达了学生们希望得到更多的自治和自由的要求。这场斗争开始于 1903 年，当时在耶拿的天主教学生组织被全体学生委员会驱逐出去，并禁止他们组织团体。普鲁士政府和大学校方宣布这些措施无效，于是这场反天主教运动就打着捍卫学术自由和学生委员会决策权的旗号，在其他大学里发展起来。由于校方坚持反对以及犹太人和学生志愿者的抗议，这场运动失败了，结果天主教学生组织获得了极大的发展。

在一战前的几年里，莱比锡（1911 年）、布雷斯劳（1912 年）、柏林（1913/1914 年）以及其他地区，自由主义的学生在“全体学生委员会”中引入了民主的自治机制。1907 年建立的大学志愿军（*Akademische Freis-*

---

[222] Weisz, *Emergence*, 304—307; Weisz, ‘Associations’（注释 144），35—44; Mayeur, ‘Naissance’（注释 141），162—163.

[223] Mancebo, ‘Estudiantes’（注释 10）.

char)，旨在将反资产阶级的青年文化精神的“流浪鸟”原则，与学生志愿者所追求的自我训练的理想结合起来。生活改革(*Lebensreform*)联盟的成立也体现了这场青年运动的影响，该联盟提倡禁欲和禁酒。[224] 社会主义青年国际于 1907 年在斯图加特的一次集会中成立。当年，它就拥有 5 万名成员，他们主要来自讲德语的国家。[225] 尽管如此，一战前夕德国的大多数学生仍坚持“君主主义、反犹太人主义、反社会主义、帝国主义”的立场。[226] 在奥地利影响下，1909 年成立的德意志民族学生联合会(*Deutsch-Völkische Studentenverband*)，在右翼民族主义倾向上更超过了其他民族主义者的组织。大型的决斗俱乐部(“学生联合会”、学生社团、*Turnerschaften* 和同乡会)，于 1913 年在马尔堡组建了一个庞大的联盟，成功地 330 压制了新思潮的出现。[227]

在奥地利，非德意志的民族更强烈地要求在大学教育中使用自己民族的语言，然而他们的要求却遭到德意志族学生的顽固抵制，在 1905 年 3 月维也纳的一次学生会议中，双方再次爆发冲突。布拉格讲捷克语的和讲德语的学生之间的流血冲突也在持续。奥地利政府计划设立一个独立的使用意大利语的法学院，因而造成了讲意大利语学生和讲德语学生之间的暴力冲突，这些冲突 1904 年发生在因斯布鲁克，1907 年和 1908 年在维也纳又接连发生。讲德语的学生成功阻挠了卢布尔雅那的南斯拉夫族大学的建立。[228]

1900 年后，学生们这种德意志情结比以往更多地掺进了一种抛弃奥地利王朝的想法。正是由于这个原因，同乡会几乎完全从学生运动的舞台上消失了；而杜恩施泰因老会员联合会(*Dürnsteiner Senioren Convents-Verband*)、学生社团和德意志东部地区保卫队学生屈弗霍斯联合会

---

[224] Jarausch, *Students Imperial Germany*, 363－384, 391.

[225] P. G. Altbach, 'The International Student Movement', *Journal of Contemporary History*, 5, 1 (1970), 159.

[226] Jarausch, *Students Imperial Germany*, 388.

[227] *Ibid.*, 384－392.

[228] S. Malfer, 'Italienische Studenten in Wien, Graz und Innsbruck 1848－1918', in Plaschka and Mack (eds.), *Wegenetz II* (注释 29), 183－185; *Schulze and Ssymank*, Studentum (注释 65), 423－424; *Otruba*, 'Universitäten' (注释 160), 101－104.

(*Kyffhäuser-Verband der wehrhaften Vereine deutscher Studenten in der Ostmark*),则采取一种纯德意志的立场,并主动向德国的学生组织示好。对犹太学生来说,在那种普遍的反犹太人氛围中,他们只能将注意力转向犹太复国运动。这种运动至少在维也纳大学、切尔诺维茨大学和布拉格大学获得了支持,但是在格拉茨和因斯布鲁克这一运动却并没有出现。[229]特别是切尔诺维茨大学,它吸引了很多犹太学生,犹太人的组织众多,因为他们几乎将布科维纳(Bukowina)视为他们自己的国家。[230]

讲德语的天主教学生组织支持德意志族学生的反犹太人主义,但他们仍继续支持奥地利王朝。天主教学生组织与剑客(*schlagende*)组织之间的关系变得非常紧张,因为天主教学生集体加入了"维也纳反决斗学生联盟"(*Wiener Akademische anti-Duell-Liga*, 1905),并展开"为天主教夺回大学"的斗争。1908年,双方的冲突进入白热化阶段,出现了著名的"奥地利高等教育斗争"(*Österreichischer Hochschulkampf*),政治家和社会舆论也卷入到这场斗争中。[231]

331 在斯洛文尼亚的学生中,天主教的学生团体与民族主义的学生团体之间也存在着比较清晰的意识形态差别。天主教学生在维也纳(*Danica*, 1893)、格拉茨(*Zarja*, 1901)和布拉格(*Dan*, 1910)都建立了自己的组织。1905年,"斯洛文尼天主教学生联盟"成立,它成为了各个天主教青年组织的大联盟,这些组织都会利用假期与大学学生和神学院学生进行接触。[232]

与此同时,新一代的斯洛文尼亚学生具有激进的民族主义思想。他们疏远了传统的派别,想要成为一代领导精英,为改善本民族的文化和精神而奋斗。他们在运动中为本民族创设了教育课程,大力倡导发展初等和中等学校,致力于解决斯洛文尼亚的社会和经济问题。1900年后不久,在维也纳的斯洛文尼亚人在激进民族主义者当中占据了优势,并在格拉茨(*Tabor*, 1904)和布拉格(*Adrija*, 1906)成立了学生组织。为了在假期

---

[229] Schulze and Ssymank, *Studententum* (注释 65), 424, 426.

[230] Otruba, 'Universitäten' (注释 160), 102; G. Stourzh, 'Die Frans-Josephs-Universität in Czernowitz, 1875—1918', in Plaschka and Mack (eds.), *Wegenetz I* (注释 161), 54—59.

[231] Schulze and Ssymank, *Studententum* (注释 65), 424—425.

[232] Melik and Vodopivec, 'Intelligenz', (注释 94), 147—148.

中继续开展活动，激进民族主义学生从 1904 年起开始组建假日联盟。他们还举行了几次全体斯洛文尼亚学生集会：1905 年在的里雅斯特（Trieste），1907 年在采列［Celje，即基利（Cilli）］，1909 年在卢布尔雅那。[233] 此外，他们还推动斯洛文尼亚学生发展与捷克族、克罗地亚族、塞尔维亚族，可能还有保加利亚族学生的联系。在他们的召集下，第一次南斯拉夫学生会议于 1905 年在布达佩斯举行。然而，斯洛文尼亚学生及其政治家不曾团结过任何非斯拉夫的民族，而这些民族也在为争取自己民族在哈布斯堡帝国中的权利而斗争。为了捍卫创办一所斯洛文尼亚人大学的要求，他们因而坚决反对其意大利同学也提出类似要求。

在 1901 年，俄国许多学生仍然坚信大学改革无须广泛的政治改革背景。但是，政府那些互相矛盾的改革方案很快就令他们明白，它们没有满足任何一个人的要求。从某些方面来看，这些新政策在当时的氛围中甚至标志着一种退步，例如，禁止举行全体学生会议（*Skhodki*），要求所有学生集会都必须在一名教授的监督下进行。[234]

从 1902 年起，"学生激进主义"的新学说开始形成，它是从圣彼得堡的"*Kassa Radikalov*"（激进学生的新组织）中发展而来的。他们既主张学生应当具有自己的团体身份和利益，也希望将学生抗议与其他社会群体更广泛的政治改革运动结合起来；这些政治改革提出争取言论自由、新闻和结社自由、罢工权力、实行八小时工作日和召开议会等要求。学生运动曾尝试着把当时流行的学术和政治观点综合起来。1902 年前几个月，爆发了一场反对政府改革方案的罢工和示威浪潮。同年 2 月，莫斯科大学举行了一次参加人数众多的非法学生集会；学生们在会议中通过一项决议，表示支持上述的政治改革要求。政府当局从中察觉到，学生运动已经变得前所未有的危险，于是很快就采取了措施。许多学生被判入狱，被流放到西伯利亚，但在几个月后，政府放松了对大学的控制，他们又都获得了特赦。 332

尽管如此，学生们还是继续向政治化方向推进他们的活动，这在一定

[233] *Ibid.*，149—151.

[234] 该部分以及下面段落中有关俄国的内容都是根据 Kassow，*Students Tsarist Russia*，141—151 编写而成。

程度上是因为他们在西伯利亚时受到了左翼持不同政见者的影响。1903 年 11 月在敖德萨举行了一次全国学生会议，来自圣彼得堡、哈尔科夫(Kharkov)、莫斯科、敖德萨、里加(Riga)和基辅的学生代表参加了会议，社会民主派和社会革命派学生再次指出了今后俄国学生运动的新道路：它必须包含为主要革命党派的目标服务的政治派别，同时也应该成为那些党派的青年组织。这种理论得到了大学生的支持：著名的学生联盟委员会(student coalition councils)取代了全体学生委员会，各个不同的政治党派的学生群体都可派代表参加。不过，仍然有很多学生不愿意按照这些计划行动。1904 年 11 月的工人和学生联合示威就遭到惨败。

日俄战争(1904 年 2 月—1905 年 9 月)和"流血星期日"(1905 年 1 月 22 日，数百名圣彼得堡手无寸铁的工人想要呈给沙皇一份请愿书，结果却遭到军队的大屠杀)给学生运动带来了新挑战。战争爆发后，学生们最初比较温和的爱国主义热情，迅速转变为一种反政府和反战的情绪。学生们对"流血星期日"的反应极为强烈。1905 年 2 月，高等教育机构中的学生决定举行一次罢课，一直到 9 月 1 日才结束，到时再根据形势决定是否继续。这次罢课不像 1899 年、1901 年和 1902 年的大规模示威，它不仅要求改革当局对大学的政策，还密切关注基本的政治改革，并且要求组建一个立宪的议会。教授们也开始对独裁统治表示不满。他们促使政府制定了一些临时性政策，这些政策在 1905 年 8 月 27 日被颁布执行，授予大学
333 更多的自治权利。同月，在与日本签订和约以及宣布举行咨询委员会性质的杜马选举后，政府似乎重新控制了局面。

尽管如此，在 1905 年 10 月爆发的革命浪潮中，大学仍发挥了至关重要的作用。1905 年 9 月 1 日，全俄学生会议决定结束罢课，重返大学，将大学作为反政府斗争的基地，用演讲厅来进行政治教育。到 9 月底，大学已经变成了政治集会的场所，越来越多的工人涌进了大学。年长的教授试图阻止这些集会的召开，他们威胁要关闭所有的大学。但更大的威胁来自校外：大学和学生成为反革命团伙攻击的目标。1905 年 10 月 13 日，铁路工人发动了罢工，这使得国家进一步瘫痪了。随后，政府决定关闭大学，并在 17 日发表了一项宣言，声称要给人民更多的自由权利，以及组建立宪制王朝。但这也不能平息全国的骚乱，相反，接下来发生了一场无节

制的暴力冲突，左翼要求进一步的改革，而右翼则对知识分子、学生，尤其是犹太人大打出手。

大学直到1906年9月才重新开学。由于革命的影响，大学发生了重要的转变。课程变得更加灵活，注册入学的人数几乎增加了一倍，以前妨碍犹太人和女学生入学的制度实际上也被废除了。从1906年到1908年，学生运动的性质发生了变化。尽管它仍然继续宣称要联合革命运动，但其主要精力却放在了维护学生群体的利益之上。学生组织，比如地方性组织“*zemliachestva*”，尽力为学生争取助学金，接管学生餐厅，并为学生提供就业机会。另外，还为学生创设了很多分期付款方式和信用合作社。除了学生运动取得的这些非政治方面的利益外，在政府发动反革命围剿的几年中，大学几乎被牢牢地束缚住了。1907年，全体学生的组织被查禁了，学生集会必须在警察的监视下进行。当学生们没有表示多大异议就屈从了这项决策后，政府进而制定出一套政策来控制大学：1908年，政府中止了1905年8月革命带来的相关自治政策，恢复了1884年的镇压法令。

1910年10月7日，大作家列夫·托尔斯泰(Leo Tolstoy)逝世，这一事件成为学生运动复兴的催化剂。当时，学生们自发在全国范围内组织纪念典礼，为纪念已故作家和支持废除死刑而举行示威游行。尽管这些 334
学生示威并没有革命的目标，但政府仍将它们视为新一轮革命浪潮的预兆。政府作出了完全不必要的粗暴反应，严厉惩罚了参加示威的学生，并在1911年1月11日发布一个通知，根据这个通知，学生集会只能在校外举行，这样就会经常受到警察的威胁。于是，各大学纷纷罢课，结果进一步恶化了政府与大学的关系。许多教授辞职，或者被政府调任。学生的骚动一直持续到一战爆发。不过，从意识形态角度看，学生自身的特性以及对其经济和物质利益的强调，仍然是学生运动最重要的特点。由于学生人数的急剧增长(1914年共有10万多名大学生)以及大学招生过多(尤其是莫斯科大学和圣彼得堡大学)，学生之间对宿舍和助学金的竞争变得更加激烈。

俄国发生的诸多事件也影响到俄国控制的波兰地区维斯图拉兰德(Vistulaland)，以及奥匈帝国控制的波兰地区加利西亚。1905年俄国革命

爆发后，维斯图拉兰德的工人发动了一次总罢工，知识分子、教师、大学生，以及中学生都加入其中。这次联合抗议行动在教育上的主要目标就是：重新使波兰语成为教学语言，重新任命被解聘的波兰教师，废除学校中的警察制度，上述主要目标影响到了整个波兰议会。随后政府采取的镇压措施，导致华沙大学以及很多中等学校被关闭，很多青年学生被流放或逮捕。高等教育不得不以秘密的“流动大学”(flying university)继续进行，“流动大学”于 1906 年转变为“科学课程学会”(Society of Scientific Courses)，1915 年德国占领华沙后，该学会为波兰大学的重建发生了重要作用。与此同时，青年人开始大规模从俄属波兰来到其他大学，尤其是到克拉科和莱姆伯格(利沃夫)。因此，这一时期波兰精神生活的中心区域得到了扩展。1905 年，克拉科和莱姆伯格爆发了一场激进的、具有自由主义思想的社会运动。为了支持那些受压迫的俄属波兰地区的人民，工人、教师和学生举行了示威游行和罢工，他们还支持扩大选举权，希望对加利西亚的学校制度进行民主化的社会改革，支持世俗化和男女平等。普鲁士管
335 辖的波兰地区还没有一所波兰人的大学，而且波兰科学研究的独立发展还必须克服德意志化的巨大压力。[235]

芬兰作为一个大公国，在俄罗斯帝国中享有不同的地位。从亚历山大二世继位后，它已经比较明显地成为一个独立的邦国。赫尔辛基的亚历山大大学是这个国家唯一的大学，在“芬兰问题”上扮演了关键角色。讲瑞典语与讲芬兰语的社团的出现，使芬兰的局势变得更为复杂。1898 年，尼古拉·伊万诺维奇·博布里科夫(Nikolai Ivanovich Bobrikoff，1839—1904)出任芬兰总督，他采取了一些更严厉的政策，旨在更牢固地将大公国控制在俄国“母国”手中。[236]

芬兰的学生们团结起来反对这些新政策。1899 年 2 月，他们起草了“大宣言”(great address)，他们希望通过宣言，向沙皇表达芬兰人民高涨的

---

[235] W. Bienkowski，‘Die Polnischen wissenschaftlichen Institutionen zwischen der Revolution von 1905 und dem Ersten Weltkrieg. Organisation，grundlegende wissenschaftliche und ideologisch-politische Problematik’，in Plaschka and Mack (eds.)，*Wegenetz I*（注释 161），157—177；Vos，*Strijd*（注释 35），178.

[236] 该部分以及接下来的部分是根据 Klinge，*Universität Helsinki*，497—573 编写而成。

民族主义诉求。他们带着宣言到全国各地，征集到50多万人的签名。与此同时，他们展开复兴本民族的强大攻势，在农村开设教人民读写的课程，还组织社会援助活动。这种社会活动在某种程度上带有保守主义色彩，因为它们也警告人民当心共产主义和无政府主义的"非分之想"。尽管如此，它们仍经常引起大学校方与俄国总督之间的矛盾，以至于大学被迫禁止这些学生集会。1904年6月16日，来自斯德哥尔摩的持不同政见者发动了一次恐怖袭击，博布里科夫被杀死。

博布里科夫"镇压"政策结束后，芬兰社会中的思想观念发生新的分野。在芬兰代表会议中，"芬兰党"作为贵族和资产阶级的代表，在当时——与立宪主义者一道——希望重新恢复1899年前的"合法关系"，从而重建它的阶级特权和芬兰的自治；而"新老芬兰人"(Old and Young Finns)则希望进行民主的社会改革，以解决农民和工业无产阶级的贫困问题。从1905年开始，这种民主思想在学生运动中体现得非常明显，它主要提出反对阶级制度和实行普选的主张。当芬兰工人1905年10月参加俄国的罢工运动时，学生几乎也一致同意加入罢工运动。然而，到11月4 336
日，当沙皇对立宪主义者的申述作出回应并同意召开议会的时候，学生们却又破坏了这个统一战线。

1906年到1908年间，芬兰学生分裂为两个派别。立宪主义者主要是在同乡会中来自尼兰(*Nyland*)和新地省(*Uusimaa*)的讲瑞典语的学生，他们谴责"老芬兰人"在博布里科夫统治期间想跟俄国妥协。他们到欧金·绍尔曼(Eugen Schaumann)——刺杀博布里科夫的刺客——墓前致敬，以显示他们的反对立场。而"老芬兰人"在同乡会中占多数，其成员主要是来自海梅(*Häme*)、索塔昆塔(*Satakunta*)和东波的尼亚(*Bothnia*)的讲芬兰语的学生，他们则指责立宪主义者的阶级利己主义，标榜自己的社会和民族倾向。他们推崇J. V. 斯内尔曼(J. V. Snellman，1806—1881)的思想，后者认为大学应该在国家生活中成为一个活跃的中心，知识分子应该和民众保持更紧密的团结。他们要求将大学迅速而彻底地芬兰化，因为大学中大多数学生讲芬兰语，而60%的课程却仍然用瑞典语讲授。在一次全体学生会议中，学生组织双语化的原则以勉强多数通过。讲瑞典语的学生认为这一举动是一种威胁，于是开始单独组建讲瑞典语的组织。

从 1908 年起，俄国开始对芬兰采取更为严厉的控制政策，这种局面结束了学生中立宪主义者与“老芬兰人”数年的纷争，“老芬兰人”也搁置了他们在语言问题上的反对意见。学生们逐渐厌恶直接的政治运动，而将他们的注意力集中到文化、哲学和艺术这些方面。当时唯一比较流行的学生出版物——使用芬兰语和瑞典语——主要也是文化和教育性质的，这一时期的新精神在诸如“学生文化组织”这些组织中也有所体现。芬兰学生模仿瑞典和丹麦学生的出版物，他们之间还有书信往来。丹麦的教授和学生非常崇拜尼采式的丹麦哲学家格奥尔格·布兰德斯（Georg Brandes，1842－1929）和哈拉尔·赫夫丁（Harald Høffding，1843－1931），而这两位学者也被聘为赫尔辛基大学的客座教授。大约从 1908 年起，学生运动开始更多地强调学生自身的利益。这种倾向显而易见和持久的后果，就是 1910 年开始动工为同乡会修建的宏伟建筑。各种组织也开始为学生提供住宿和工作。

337 在一战前的几年中，芬兰和其他斯堪的纳维亚国家一样，逐渐被德国文化帝国主义及其人种和权力的意识形态所征服，在此过程中“斯拉夫人”与“日尔曼人”的斗争是核心。除了反对那些被夸大了的俄罗斯化政策外，斗争的矛头还更坚决地指向了瑞典。大约从 1912 年起，讲瑞典语的学生开始走上一条瑞典—德意志道路，认为瑞典人的种族特征优于那些“讲芬兰语的民众”的种族特征。但芬兰的学生组织还是以一种泛德意志的倾向，来谋求与瑞典学生保持比较友好的关系，并且为即将爆发的战争作好了行动上的准备，树立起牺牲个人的理想。

1914 年 6 月，波斯尼亚的塞尔维亚族学生加夫里洛·普林西普（Gavrilo Princip，1895－1918）刺杀了奥匈帝国皇储，一战随之爆发。1900 年后，波斯尼亚地区的斯拉夫民族主义发展势头非常强劲，尤其是在 1908 年奥地利吞并了黑塞哥维那以后，这种民族主义运动就开始呈现出各种挑衅性的形式。新一代就在“青年波斯尼亚”运动（*Mlada Bosna*）中成长起来，他们已经不再采用议会和合法的方式来反对奥匈帝国的统治了。相比之下，贝尔格莱德大学（Belgrade）、萨格勒布大学和维也纳大学的波斯尼亚学生以及中学生，深受俄国革命思想和俄国学生运动中恐怖主义的影响。他们建立了自己的组织“塞波—克罗地亚民族主义激进青年会”

(Serbo-Croat Nationalist-Radical Youth),并在各个城市发行抗议出版物。他们还建立了自己的恐怖组织,有些人离开学校或大学加入一些特别的武装革命组织,例如,1911 年成立的“黑手”组织,其真正名称是“团结或死亡”(*Ujedinjenje Ili Smr*)。以俄国学生为榜样,波斯尼亚学生发动了一系列针对奥地利政府官员的袭击。奥地利当局对此的镇压,使民族主义者找到了他们事业的殉难者,从而引发了更多的恐怖活动。1912 年,在阿格拉姆(萨格勒布)大学和萨拉热窝(Sarajevo),年轻人和警察之间爆发了好几次流血冲突,随后还爆发了波斯尼亚各学校的总罢课。1914 年 6 月 28 日刺杀弗朗茨·费迪南德大公的事件,便是这一系列由波斯尼亚青年民族主义者所发动的暴力事件的极至。[237]

对于民主政治而言,世界形势安全吗?(1919—1939)

一战后的西欧和中欧所有大学,学生组织和学生运动都得到复兴。对战后社会问题所带来的挑战,他们作出了自己的回应,并勾画出了不同的蓝图,一些蓝图带有民主和社会主义特征,而另一些则带有民族主义和法西斯主义特征。 338

在法国,全国性的学生组织“法兰西学生联盟”(*Union Nationale des Étudiants Français*, *UNEF*)试图不涉足政治领域,其将其角色限定为内部协调和充当法国学生在国际上的代表:[238]“法兰西学生联盟”之所以采取这种非政治化立场,可能是因为学生们政治观念的差别很大。由夏尔·莫拉斯(Charles Maurras, 1868—1952)[239]领导的极端民族主义和激进右翼组织“法兰西行动”(*Action française*)获得了相当的支持,该组织还为暴力

---

[237] Feuer, *Conflict* (注释 42), 78—87; Burg, *Encyclopedia* (注释 21), 25, 158; Boren, *Resistance* (注释 58), 62—64.

[238] J.-P. Worms, 'The French Student Movement', in S. M. Lipset (ed.), *Student Politics* (New York, 1967), 267—279; On the inter-war period: 268—271 Burg, *Encyclopedia* (注释 21), 202.

[239] Weber, *Action français* (注释 221).

挑衅开展军事训练，以展开“反对共和国的最后冲锋”。[240] 他们有计划地扰乱那些被他们视为“共和主义者”教授的课堂，还有组织地殴打“红色”学生。1926 年教皇庇护十一世(Pope Pius XI)对“法兰西行动”的谴责，不但没有瓦解该学生组织，反而引发了坚决的抗议。[241]

随后，学生运动的重心，从激进右翼的骚乱转移到一个新团体“大学长枪党”(*Phalange universitaire*)所组织的活动上来：该组织在 1927—1928 年在全法国范围内发起了凯旋游行。这是一个右翼的、独裁的、反共产主义的和准军国主义的组织，到 1933 年，它已经有了 22 个分支机构，约 1 万名成员。因此，该组织在学生圈子中占据了优势地位。1936 年，由莱昂·布鲁姆(Léon Blum，1872—1950)领导的“人民阵线”在大选中获胜，左派上台，政府宣布“大学长枪党”和“法兰西行动”都是非法组织。尽管这些组织未能继续存在下去，但是各种小型的法西斯和极端民族主义的学生群体仍然坚持了激进右翼的传统。

面对右翼发动的暴力事件时，由于内部不统一，左翼学生组织在很长一段时间内都无力应对。20 世纪 20 年代，“光明运动”(*Clarté* movement)尤其具有吸引力。这是一个跨国和平组织，由共产党员、作家和和平主义者亨利·巴比塞(Henri Barbusse，1873—1935)在 1919 年创立。该组织既是政治活动的发起者，又是文化运动的先锋。从 1924 年《光明》期刊开始发行时，就对社会主义思想和现代文学进行了探讨，内容还涉及有重大
339 贡献的科学研究、批评性评论、空想社会蓝图，以及现代派诗歌。法国学生中的共产党员试图绕过“光明运动”组建一个左翼阵线，结果失败了；此后建立的“学生同盟”(*Union fédérale des étudiants*)受到莫斯科的控制，几乎没有自治权力。[242] 到 20 世纪 30 年代中期，共产党仍然不与非共产党的左翼社会主义阵营“社会与共和大学行动同盟”(*Ligue d'action universitaire républicaine et sociale*)进行合作。直到莫斯科和学生二者都接受了左

---

[240] P. Gerbod, 'Le monde étudiant française depuis un siècle: attitudes confessionnelles, idéologiques et politiques ,' in *Sciences de l'Homme et de son environnement. Cahiers de Clio* (Brussels and Liège, 1980), 29.

[241] Weber, *Action française* (注释 221), 264.

[242] J. Kotek, *La jeune Garde. La jeunesse entre KGB et CIA. 1917—1989* (Paris, 1996).

翼阵线的反法西斯思想，双方才开始合作，还成立了一个“反法西斯大学阵线”(*Front universitaire antifaciste*)。

1922 年，英国[243]成立了“全国学生联盟”(National Union of Students)，[244]该组织就像“法兰西学生联盟”一样，采取非政治化的立场，也并没有在 20 年代里成功地激发出学生的“集体社会良知”。[245]然而，国际和平主义为那些活跃的学生提供了更偏左翼立场的活动基础。这种活动在 20 年代前 5 年中经历了一次高潮，此后和平主义运动仍然存在，不过在 20 年代后 5 年中是去政治化倾向占了上风，而大约从 1933 年起激进化倾向又开始居于主导地位。此后，大学开始突破限制，将“和平、自由和社会公正”问题与反法西斯联系起来。出于对和平的关注，学生们在 20 年代对“国际联盟”产生了浓厚的兴趣，这从各个新成立的学生社团、俱乐部，以及国际性组织“国际学生联盟”(*Confédération Internationale des Étudiants*)的积极参与中都有所体现。[246]

对于很多学生而言，这种和平主义是与对共产主义的同情结合在一起的，[247]而右翼学生则怀疑每次学生运动背后都藏有共产党的阴谋。令人吃惊的是，站在最激进立场、重视新左派运动的学生，都是剑桥大学、牛津大学和伦敦经济学院的学生，到了 20 世纪 30 年代末，还包括了在伦敦的大学学院和贝德福德学院的学生。

1933 年 2 月 9 日，在这种背景下，参加牛津联盟的学生以 275 比 153 的票数通过了著名的“牛津誓言”。他们在该决议中宣称，“本联盟将不会卷入保卫国王和国家的战斗”，让社会舆论一片哗然。[248]这种立场在第二 340

[243] R. D. Anderson, ‘Universities and Elites in Modern Britain’, *History of Universities*, 10 (1991), 225—250; Anderson, *Universities* (注释 145), 22—23.

[244] Burg, *Encyclopedia* (注释 21), 141—142.

[245] E. Ashby and M. Anderson, *The Rise of the Student Estate in Britain* (London, 1970), 69—72. 引自 Simon, ‘Student Movement’ (注释 11), 189—204, esp. 196; Marwick, ‘Youth’ (注释 171).

[246] Kotek, *Jeune Garde* (注释 242), 43—44。有关 *CIE* 成立之前的情况参见注释 323。

[247] Kotek, *Jeune Garde* (注释 242), 45—46。据该作者对共产国际档案的研究，他认为这些活动都可以被视为由共产党的“潜艇兵”所发动的，至于这种观点是否属实，还有待研究。

[248] Burg, *Encyclopedia* (注释 21), 153.

次投票中得到了肯定，并得到其他大学，包括美国大学的赞同。在随后几年中，左翼学生和右翼学生还发生了数次街头冲突，例如，在由英国法西斯领袖奥斯瓦尔德·莫斯利(Oswald Mosley，1896—1980)主持的会议中爆发的冲突。1936 年，西班牙内战的爆发使得学生运动更加激进化。许多充满理想的学生站在西班牙共和派的一边，参加了国际纵队，许多学生组织为此提供了大量药品、食物、衣物和资金。就连年轻的保守主义者和那些不太明确支持左翼或和平主义的学生，也都开始反对法西斯主义，并从 1937 年起支持"未来五年的小组"(Next Five Years Group)，该组织号召"团结所有进步的思想，重新恢复和平，捍卫欧洲各国公民的自由"。[249]

当然，"全国学生联盟"也随之发生了变化。1937 年的年会上，它谈到了学术事业的问题，抛弃了非政治的立场。这自然就引出对以下问题的质疑，即"对于现代社会的需求而言"，大学有什么样的社会功能。基于德国大学未能在选举中击败法西斯主义的经验，英国在 1939 年进行了一项研究，以考察英国如何转变为"民主的堡垒"。这强化了英国民主的必要性，成为学生运动和要求言论自由的理由。

这种发展倾向在 1940 年 3 月于利兹举行的"英国学生国会"中达到了顶点，此次会议通过了"学生权利和责任宪章"，不仅要求政治自由，还要求社会平等。这次会议还提出一个彻底的教育体系改革方案，赞成实行计划经济，主张废除资本主义、帝国主义和殖民主义制度。此次会议要求允许印度独立，释放在印度被捕的 100 名学生活动家，结束战争。[250] 最后决议中有关社会的部分，为学生工团主义(syndicalism)思潮的兴起奠定了基础，而这种思潮在二战后不久就激起了整个欧洲的学生运动。[251]

比利时大学在 1919 年重新开学。所有四所大学都是讲法语的大学，不仅是在布鲁塞尔和列日的大学是这样，在根特的大学也是如此；在根特由德国人创办的讲荷兰语的大学早前已经被关停了，鲁汶讲荷兰语的大学也遭受了同样命运，尽管当地大部分学生都是讲荷兰语的。因此，随着
341 战争的爆发，讲法语的比利时人的民族主义情绪高涨，而佛兰德民族主义

---

[249] *The Democratic Front*, October 1937, 2, 引自 Marwick, 'Youth' (注释 171), 49.

[250] 该要求是在英国军队卷入战争之前提出的。

[251] 例如，格勒诺布尔宪章，Burg, *Encyclopedia* (注释 21), 42.

也日益变得更为激进，这两个群体间的分歧很快引发了冲突。

“全体佛兰德大学生联盟”(*Algemeen Vlaams Hoogstudentenverbond*)是佛兰德学生的一个庞大组织，该组织在20世纪20年代由鲁汶的学生控制，其目标是通过有关语言的立法来实现佛兰德人的单一语言体系。在比利时，佛兰德人——包括与这一人群相关的更广泛人群——对其不利地位的不满日益增强，终于使比利时政府从1930年起制定一个方案，以便在佛兰德人地区实行单一语言制。同年，根特国立大学开始排斥讲荷兰语的学生，而鲁汶大学则逐渐转变为只讲荷兰语与只讲法语的学生分庭抗礼的机构。不过，这些都没有妨碍佛兰德民族主义党派年轻骨干的成长，他们主要是佛兰德天主教学生，在30年代逐渐走上了法西斯道路。[252]

大多数讲法语的学生都反对佛兰德人的要求，他们受到“法兰西行动”组织的影响，崇拜墨索里尼和葡萄牙的萨拉萨尔政权，他们的思想中还混杂着一种比利时的民族主义，他们中的天主教徒都服从天主教的整体利益。大型组织“比利时天主教学生联盟”(*Fédération Belge des Étudiants Catholiques*)于1921年在鲁汶成立，在这个方面也发挥了自己的作用。讲法语的自由主义和左翼学生团体，主要是以列日和布鲁塞尔作为基地组织了一个反法西斯的阵线。布鲁塞尔爆发了一次大规模学生运动——参加者包括自由主义、社会主义和共产主义学生，他们支持成立一个“反法西斯警戒委员会”(*Comité de Vigilance Antifasciste*)。[253] 在讲荷兰语的根特地区，旧有的自由主义学生组织“*'t Zal wel gaan*”从1933年起开始领导学生反对法西斯的兴起。它还在西班牙内战期间派志愿者去

---

[252] 有关鲁汶的情况，参见 Gevers, ‘Mouvement’（注释 153），161－173。有关根特的情况，参见 K. Palinckx, ‘*Nu naar Gent*’ *Vlaams-nationale en katholieke studentenbeweging te Gent. 1928－1940* (Ghent, 1995)。也参见“学生运动”标题下的内容，见 *Nieuwe Encyclopedie*（注释 153），2881－2918，‘Brussels’ (F. Scheelings)，‘Ghent’ (K. Palinckx)，‘Leuven’ (L. Gevers and L. Vos)，‘Liège’ (L. Gevers and H. Balthazar)。还参见‘'t Zal wel Gaan’标题下内容 (R. Willemyns, G. Declercq and B. de Ruyver)，以及“青年运动”(youth movement)。有关这一时期天主教学校学生的情况，参见 L. Vos, *Bloei en ondergang*.

[253] A. Despy-Meyer, A. Dierkens and F. Scheelings (eds.), *5 novembre 1941. L'Université Libre de Bruxelles ferme ses portes* (Brussels, 1991).

参加国际纵队，[254]其他大学，比如布鲁塞尔大学，也派出了自己的学生。

在荷兰，社会主义领袖彼得·耶勒·特鲁尔斯特拉（Pieter Jelles Troelstra，1860—1930）1918 年试图发动一次革命，结果失败了，这一事件使得"旧式"的学生联合会组建了"学生旗帜"（student banners），但他们在
342 20 世纪 20 年代仍然基本上不涉足政治。[255] 去政治化和个人主义是这一时期一般学生的主流思想观念。[256] 经历了第一次世界大战后，更年轻的一代学生怀着一种和平主义者的使命感，成立了一些新的学生组织，并对国际联盟充满兴趣。然而，与英国学生的情况一样，这种兴奋感到 1925 年左右就消失了。[257] 这一时期，学生们还要求在一个更大的圈子里与国际学生组织保持联系，因此成立了非政治性的大型组织"荷兰学生组织"（*Nederlandsche Studenten Organisatie*，*NSO*），学生联合会在其中起领导作用，不过该组织到 1923 年就因为内部分裂而解体了。[258] 尽管"*Algemeene Senatenvergadering*"代替它加入了"国际学生联盟"，但是在荷兰直到 1940 年都不存在一个真正的大型学生组织。[259]

宗教派别——新教和天主教——的学生组织已经接替了学生联合会的工作，但由于它们的宗教信仰，这些组织更加具有社会性。一战后，天主教的一种思想流派就是"*Heemvaart*"运动，旨在使人的生活变得更为深刻。左翼学生组织则未能召集到大批的追随者。[260] 不过，在 20 世纪 30 年

---

[254] H. Balthazar, *Het taalminnend studentengenootschap 't Zal wel Gaan. 1852—1977* (Ghent, 1977), 18.

[255] Frank and Wiardi Beckman, *Geschiedenis* (注释 47), 209—211. Vrankrijker, *Vier eeuwen* (注释 47), 344—345.

[256] Hagendijk, *Studentenleven* (注释 48), 75; P. J. Knegtmans, *Een kwetsbaar centrum van de geest. De universiteit van Amsterdam tussen 1935 en 1950* (Amsterdam, 1998), 33.

[257] P. A. J. Caljé, 'Continuïteit en discontinuïteit in de studentencultuur van de twintigste eeuw. Studentencultuur als jeugdcultuur', in K. van Berkel and F. R. H. Smit (eds.), *Een universiteit in de twintigste eeuw. Opstellen over de Rijksuniversiteit Groningen. 1914—1999* (Groningen, 1999), 11—66, 特别是 20—21. Vrankrijker, *Vier eeuwen* (注释 47), 356—358.

[258] Frank and Wiardi Beckman, *Geschiedenis* (注释 47), 217—218.

[259] A. Droeve, 'Studentenraad', 见 *Studenten* (注释 152), 119.

[260] Hagendijk, *Studentenleven* (注释 48), 76—77; Caljé, 'Continuïteit' (注释 257), 23—24.

代，现有的学生组织对社会主义的兴趣日益增强。[261] 少数学生还怀有荷兰民族主义诉求，他们对大荷兰产生了兴趣，换句话说就是致力于合并荷兰人和佛兰德人的地区。他们组建了“*Dietsch Studentenverbond*”，该组织在大多数大学中都能吸引约10%的学生加入。[262] 在与“*DSV-Vlaanderen*”联合后，学生们在此基础上组建了“大荷兰学生会议”(*Grootnederlandse Studentencongressen*)，到20年代末，有数百名荷兰学生加入了该组织。[263] 1933年后，由于在对法西斯主义、新秩序和吸收激进右翼学生团体的讨论中出现意见分歧，该组织解体了。 343

1921年，瑞典开始出现一个非政治性的全国学生联盟“瑞典全国学生联盟”(Sveriges Förenade Studentkårer, SFS)。[264] 受“光明运动”的影响，左翼学生运动在20世纪20年代出现了一次高潮。左翼学生抵制法西斯主义和马克思—列宁主义，支持民主，认为知识分子的角色就是“社会的工程师”，知识分子应该从不断发展的社会科学和优生学中找到他们的“工具”。优生学主要是由1921年乌普萨拉大学建立的国家人种生物学研究所发展起来的。[265] 保守的和充斥着反犹太人思想的激进右翼学生组织赢得了不少追随者。那些准备从事政府工作的学生，非常容易从保守主义转变到法西斯主义。这引起了社会民主党政治家的警觉，该党1932年与农民党联合上台执政，执政时间长达44年。因此，他们试图尽可能隐藏他们的社会主义旗号，把自己塑造成一个左翼的中心党派。社会民主主义的学生组织也抛弃了马克思主义，尽力使它们的成员成为未来的政府职员。而“光明运动”的追随者，包括很多共产党员，都很自然地把这种行

---

[261] Vrankrijker, *Vier eeuwen* (注释47), 359—361.

[262] Vos, ‘Dietse studentenbeweging’ (注释215), 表2, 第468页: 1930年乌特勒支的数据：只有乌特勒支、格罗宁根和莱顿加在一起还不到学生的10%。也参见 Van Hees, ‘Studentenbeweging’ (注释215), 34—52, 图48—49.

[263] Vos, ‘Dietse studentenbeweging’ (注释215), 表1, 第467页; Van Hees, ‘Studentenbeweging’ (注释215), 34—52.

[264] Caljé, ‘Continuïteit’ (注释257), 22; Burg, *Encyclopedia* (注释21), 190.

[265] G. Broberg, *Statlig rasforkning. En historik Over rasbiologiska institutet* (Lund, 1995), 引自 V. Delporte, ‘Raciale beeldvorming rond de Valloner in Zweden. Het instituut voor rassenbiologie te Uppsala in het begin van de twintigste eeuw’ (经许可的未出版的论文, Catholic University of Louvain, 1999).

为视为对社会主义理想的一种背叛。一些旧有的学生组织加入到社会民主第二国际瑞典学生的支部中。㉖㉖ 此后，政府开始从激进主义圈子中吸收很多以往的大学生到政府服务，这一过程一直持续到 20 世纪 40 年代。到了 50 年代，这批学生中的很多人都出任高官，他们有助于二战后瑞典福利国家的形成。[267]

根据 1919 年的宪法，芬兰语和瑞典语在当时刚取得独立的芬兰都是地位平等的官方语言，因此在一战前就存在着的大学双语体制仍然得以保留。[268] 这在大学生中引发了一场语言战争，这场战争在两次大战之间一直是芬兰大学中最重要的争论，主要是因为从 20 世纪初起芬兰的中等教

344 育中讲芬兰语的学生人数日益增长。[269] 这场争论不仅是单纯的教学用语之争，而且还涉及那些受过大学教育的人与"芬兰人民"之间的关系问题（前者为了跟后者交谈不得不要学会讲芬兰民族语言），以及有关双语制度是否应该作为芬兰民族认同中的一个因素继续存在的问题。

激进的芬兰学生发起了一场"芬兰主权"运动，[270]成立于 1922 年的"卡累利阿学生协会"（*Akateeminen Karjala-Seura*）则成为这场运动的催化剂。该协会最初是由一些芬兰志愿者成立的，他们参加了东卡累利阿的战争，不过它很快就演变成一个准军国主义、民族社会主义的战斗组织。它的核心意识形态就是对俄国的刻骨仇恨以及建立大芬兰的梦想。从 1923 年起，由同乡会支持的最重要的学生期刊名为 *Ylioppilastlehti*，赞同"卡累利阿学生协会"的意识形态，在学生中吸引了很多追随者。[271] 1924 年，"卡累利阿学生协会"发起了一场破坏大学中有关俄国的纪念碑和纪念物的运动，并以此作为宣传，试图说服"本民族"建立一个新的、纯芬兰人的、民族社会主义的芬兰。[272] 1924—1925 年，大型的双语学生组织实际上分裂为芬兰全体学生联盟和瑞典全体学生联盟。从 1925 年起，"卡累利阿

[266] Baars, *Scandinavië*（注释 71），179.

[267] Skoglund, *Vita Mössor*（注释 70），275.

[268] Klinge, *Universität Helsinki*, 614—616, 620—621, 623.

[269] *Ibid.*, 625.

[270] *Ibid.*, 627, 629, 631.

[271] *Ibid.*, 642—643.

[272] *Ibid.*, 644—646.

学生协会”开展了一场重新评论 1923 年大学法令的活动，该法令为大学中双语制度提供了法律依据，从而使“瑞典上层社会支配了芬兰大众”。“卡累利阿学生协会”宣布 1928 年为高等教育芬兰化年，要在这一年结束芬兰人为争取自由所作的奋斗，扫除“长达 880 年的不公正”。他们组织了一次有 3014 名学生签名的请愿活动，这一人数可以说明该组织吸引了众多的追随者。

然而，大学校方和上一代讲瑞典语的人，以及保守的政治家，都认为这些方案过于激进、破坏力强而没有接受。“卡累利阿学生协会”还遭到了激进右翼、反自由主义和反共产主义的 *Lapua* 运动的抵制，该运动是在 1929 年经济危机爆发后出现的，它认为语言斗争远不如反对由苏联支持的芬兰共产党的斗争重要。

在这场希望继续推进大芬兰运动的年轻学生，与那些希望与讲瑞典语的上层联合起来组成反共产主义和反苏联战线的学生的斗争中，涌现出了 20 世纪 30 年代末芬兰的政治家，他们试图建立起一个全国性的反共产主义战线，其中就有后来的芬兰总统乌尔霍·凯科宁（Urho Kekkonen，1900—1986）。

1933 年到 1935 年，语言斗争如火如荼地进行着。在学生中占主流的思想是要求建立一所单一芬兰语的大学，而讲瑞典语的人则希望瑞典语继续作为一种教学语言，或者相应地提出建立一所彻底独立的瑞典语大学的要求。1935 年，身着制服的芬兰法西斯民族主义派别与当局发生了街战。随后，作为妥协，当局立法规定，在大学中既实行双语制度，又允许学生自己选择上用芬兰语或瑞典语教学的课。通过这种方式，语言斗争在一定程度上被平息下来，因此，在 20 世纪 30 年代末，芬兰的民族主义运动有所衰落。 345

种族的民族主义(1919—1939)

德国学生运动深受第一次世界大战各种后果的影响。[273] 1918年11月后,22所德国大学真正恢复招生,由于社会制度的一体化,[274]学生无产阶级的出现和失业,德国大学面临着一种结构性的危机。[275] 为了开展学生救助(*Studentenhilfe*),学生组织最初的工作是为学生寻找工作和住处,通过选举成立学生会总会(*Allgemeine Studentenausschüsse*, *ASta*)来为学生代言;这些组织,以及诸如1919年6月成立的德意志学生会(*Deutsche Studentenschaft*, *DSt*)这种大型组织,[276]都得到了各地方当局的承认,并拥有代表权。[277] 与法国或英格兰不同,德国的大型学生组织并没有只局限于获得"代表权",它们还号召学生为德意志民族服务。[278] 德意志学生会采取
346 "全德意志"(Alldeutsche)的立场,不仅希望能代表魏玛共和国的学生,还想代表所有讲德语的人——包括那些在其他国家的人。

在这一时期一开始,有关德意志民族应该走上哪种政治道路的分歧就存在。1918年,一小部分学生,尤其是慕尼黑的学生,选择了左派道路,

---

[273] 较之其他国家,有关德国学生运动的文献——包括两次大战之间——非常丰富,以至于几乎不可能作一个综述。M. S. Steinberg, *Sabers and Brown Shirts: The German Students' Path to National-Socialism* (Chicago, 1973), 225—232,其中的"文献评论"部分可以作为一个指南。本章最后"精选文献"中所列出的最重要的书刊,也可以作为接下来分析的参考。

[274] 参见 Jarausch, *Students Imperial Germany*, 131—132.

[275] 外交官鲁道夫·弗拉恩 (Rudolf Frahn) 提供了如下证据:1920年,他还是柏林大学的学生,他上的一些课竟然有1000到1500名学生去听课。Steinberg, *Sabers* (注释 273), 24.

[276] 有关打工学生的生活情况,参见 Jarausch, *Students Imperial Germany*, 144; See Steinberg, *Sabers* (注释 273), 35—36。1920年,有10%的学生属于"das Werkstudententum",到1922年几乎所有学生都属于这一类;在1923年,有53%的学生在打工,在假期,大约90%的学生都在打工。

[277] W. Zorn, 'Student Politics in the Weimar Republic', *Journal of Contemporary History*, 5 (1970), 298; A. Leisen, 'Die Ausbreitung des völkischen Gedankens in der Studentenschaft der Weimarer Republik' (Diss. Heidelberg, 1964), 41—42; Burg, *Encyclopedia* (注释 21), 61—62.

[278] A. Faust, *Der Nationalsozialistische Studentenbund. Studenten und Nationalsozialismus in der Weimarer Republik* (Düsseldorf, 1973), 19.

他们团结在和平主义者、退役士兵学生恩斯特·特伊勒(Ernst Toller, 1893—1939)周围，后者支持1919年4月的革命，这次革命在巴伐利亚建立起了苏维埃共和国。而在另一方面，大多数学生选择了右翼民族主义道路，认为德国当时的困境就是由犹太人和赤色分子造成的，[279]相信德国在凡尔赛是“遭人暗算”才蒙受“耻辱”的。[280]“大学志愿军”连同右翼学生，[281]镇压了巴伐利亚革命，随后上台的右翼巴伐利亚政府继续让学生留在议会中，直到1923年。[282]

1920年3月，很多柏林学生对卡普暴动(Kapp Putsch)表示支持，这次暴动试图通过发动一场政变来推翻共和国、复辟帝制。[283]但在左翼针对于此在图林吉亚(Thuringia)和鲁尔(Ruhrgebiet)发动革命起义时，很多具有民族主义反左翼习惯性思维的学生，却对政府和军队在镇压起义时的指挥问题出谋划策。[284] 1920年3月25日，马尔堡的学生在巴德塔尔(Bad Thal)枪杀了14名被捕的工人，因此，普鲁士政府禁止学生再进行任何武力行动，但是这些武装组织仍非法地存在。许多学生加入激进的反犹太人组织“保卫和防御联盟”(*Schutz- und Trutzbund*)，该组织——直到因其恐怖行为而遭到政府查禁——大约有20万名成员。“很多开展准军事活动的退役士兵学生，已经形成了一种军国主义的心理倾向。”[285]

比这种准军国主义心理倾向更为重要的是意识形态的转向，意识形态已经转变为一种自称为种族的右翼民族主义。[286]这一术语指的是一整套以人种和血统为德意志民族认同基础的思想，并且与反犹太人主义密 347
不可分。种族思潮梦想发动一场革命，真正使全体民众(*Volksgemein-*

[279] 1919年5月，一名柏林Roethe大学的德国文学教授宣称，‘Nur einem von Juden und Sozialisten verhetzten Volke konnte eine derartige Katastrophe zustossen’. See Klose, *Freiheit*(注释17)，213.

[280] Faust, *Studentenbund*(注释278)，20—21.

[281] Burg, *Encyclopedia*(注释21)，195; Klose, *Freiheit*(注释17)，211—213.

[282] Steinberg, *Sabers*(注释273)，50.

[283] *Ibid.*，49—50; Burg, *Encyclopedia*(注释21)，113. 布尔格(Burg)认为，有5万名学生参加了“卡普暴动”，这个数字似乎有点不实。

[284] Klose, *Freiheit*(注释17)，213.

[285] Steinberg, *Sabers*(注释273)，50—51.

[286] 学生们赋予了这个概念更多的内涵，参见Leisen，‘Ausbreitung’(注释277)，Ⅱ：‘Völkisches Gedankengut’，193—256.

schaft)成为民族的载体,它还指责德意志帝国造成了德意志民族的挫败,想要在德国建立第三帝国——这一名称源自1923年出版的由亚瑟·默勒·范·德尔·布鲁克(Arthur Moeller van der Bruck)(1876—1925)所著的同名书。[287] 这一帝国高高在上,它是由一个民族建立的民族国家,将会是一个真正的种族国家(*völkische Staat*),将用元首制(*Führerprinzip*)来取代议会进行统治。

1919年6月,退役军人学生在柏林成立了德意志高校学生团(*Hochschulring Deutscher Art*,即后来的*Deutscher Hochschulring*),大多数一战前的学生组织都加入该组织,正是它推动了种族的民族主义运动。[288] 作为一场"运动",种族的民族主义运动迅速在全德国范围传播开来,但它含糊不清的纲领却引起了内部三个政治派别之间的斗争:大约在1922年,其中一派可以称为青年保守主义者派,他们是旗帜鲜明的种族派,其势力在柏林最强;另一派是保守主义者派,他们是由旧式的学生联合会发展起来的,在很多地区都是由当地学生社团领导;最后一派是以巴伐利亚为中心的准军国主义、极端种族派,他们保持了"学生志愿军"的传统,民族社会主义者也在其中发挥了一些作用。第三种派别倾向为《德意志大学之声》(*Deutsche Akademische Stimmen*)这本期刊定下了基调。[289]

每年一次的"德国学生日"(*Deutsche Studententag*)成为最重要的论坛,高校学生团和其他学生组织在讨论中试图将学生运动引向特定的方向。1919年在符腾堡举行的第一次会议中,学生们对谁能算是德意志学生会成员进行了热烈的讨论。他们一致同意,那些在外国的不讲德语的学生不能算是,但讨论集中在这个问题上——应奥地利学生要求——即犹太人是否也应该被排除在外。意见不同的自由共和主义者和种族派民族主义者于1920年在哥廷根达成一个妥协,但从1921年起,这一问题又引发了在德意志学生会中争夺支配权的斗争,种族派民族主义者最终在

---

[287] J. Schwarz, *Studenten in der Weimarer Republik. Die deutsche Studentenschaft in der Zeit von 1918 bis 1923 und ihre Stellung zur Politik* (Berlin, 1971), 379.

[288] Zorn, 'Politics' (注释 277), 299; Leisen, 'Ausbreitung' (注释 277), 57; Schwarz, *Studenten* (注释 287), 168—174; Burg, *Encyclopedia* (注释 21), 96.

[289] Steinberg, *Sabers* (注释 273), 49—60.

1924 年获得了支配权。[290] 波兰和捷克斯洛伐克的全国性大型组织，都不承认德意志学生会拥有跨越魏玛共和国疆域的权利，在一些"国际学生联盟"中这一话题也引起了激烈的讨论。[291]

随着第一批完全在一战后成长的学生领袖的出现，种族思潮为这一时期定下了基调，高校学生团在 1924 年德意志学生会的夏季选举中大获全胜就足以说明这点。[292] 大约在这个时候，由鲁道夫·赫斯(Rudolf Hess，1894—1987)在慕尼黑成立了第一个民族社会党的学生组织，在此期间，希特勒作为当地冲锋队(SA 团)的一名成员参加了 1923 年 11 月 8 日到 9 日的暴动。[293] 这次暴动之后，同情希特勒的学生开始发动一些反犹太人和反天主教的动乱，他们在与警察的冲突中发生了一些悲剧。从 20 世纪 20 年代中期开始，德国进入到一个所谓的高校学生团革命时期，在此期间，"魏玛政府"逐渐被视为德意志民族的敌人。

1925 年，汉诺威理工学院的一位名为希奥多·莱辛(Theodor Lessing)的犹太讲师，发表了一篇批评共和国总统候选人陆军元帅冯·兴登堡(Field Marshal von Hindenburg)的文章，为此学生要求解聘他，此事还引发了学生对魏玛共和国的批评，这种批评成为学生运动与政府之间角力的预演。普鲁士教育部部长卡尔·海因里希·贝克尔(Carl Heinrich Becker，1876—1933)不同意学生的要求，为了表示抗议，汉诺威理工学院

---

[290] Jarausch，*Students Imperial Germany*，145—146. 在学生运动期间，有关日益增多的观念差异的研究，参见 Schwarz，*Studenten*（注释 287），223—276；Leisen，'Ausbreitung'（注释 277），38—65.

[291] Batowski，'Die Studentenvereine für internationale Freundschaft nach dem Ersten Weltkrieg am Beispiel Polens und der Tschechoslowakei'，见 Plaschka and Mack（eds.），*Wegenetz Ⅱ*（注释 29），55. 大约在 1929 年，一个新的——更民主的——（*Deutsche Studentenverein*）大型组织成立了，因此，捷克和波兰的学生与德国学生达成了妥协；然而，该组织在德国学生团体中却处于边缘地位，1933 年就解散了。

[292] 参见各个个案研究，包括对第一个"棕色"大学——爱尔兰根大学的研究：M. Franze，*Die Erlanger Studentenschaft，1918—1945*（Wurzburg，1972）；W. Kreutzberger，*Studenten und Politik 1918—1933. Der Fall Freiburg im Breisgau*（Göttingen，1972）；G. Mergner，'La mobilisation national-socialiste parmi les étudiants allemands'，*Le mouvement social* 120（1982），109—121.

[293] D. Heither and M. Lemling，'Die studentischen Verbindungen in der Weimarer Republik und ihr Verhältnis zum Faschismus'，in Elm，Heither and Schäfer（eds.），*Füxe*（注释 61），99—110.

的1500名学生中有1200名学生离开该校，到附近的不伦瑞克理工学院继续读书。[294] 贝克尔部长与右翼学生的第二次冲突开始于1926年，因为他
349 试图让学生组织向所有德国公民开放，包括犹太人。到1927年底，贝克尔部长同意让学生投票决定是否通过上述法律草案。这次公民投票的结果却显示了普鲁士政府民主化政策的挫败，在总共12315名学生中，有77%的人投票反对通过立法给予所有公民平等的权利。[295] 此次右翼学生的"胜利"，使学生中少数派的组织——民主主义的、共和主义的、犹太人的或社会主义倾向的组织——更加孤立了。[296]

1928年10月，高校学生团开始进行军训，该组织从1929年起与钢盔党（*Stahlhelm*）一起开始举行"战争运动"露营。但在接下来的几年中，高校学生团的声望逐渐被国家社会主义德意志学生联盟（*Nationalsozialistische Deutsche Studentenbund*，*NSDStB*）所取代。后者成立于1926年，1928年时由巴尔杜尔·冯·席拉赫（Baldur von Schirach，1907—1974）领导，该组织的成员都穿着统一的制服——棕色的衬衣、十字记号的袖章和靴子。[297] 国家社会主义德意志学生联盟反对所谓的"犹太人向大学的渗入"，提倡限制犹太学生的人数，以及在适当时候限制任用犹太人担任大学工作人员和教授。[298] 国家社会主义德意志学生联盟的发展非常顺利，在

---

[294] M. H. Kater, *Studentenschaft und Rechtsradikalismus in Deutschland. 1918—1933. Eine sozialgeschichtliche Studie zur Bildungskrise in der Weimarer Repubilk* (Hamburg, 1976), 159—162. 反对莱辛的运动是第一场由右翼学生发起的一系列反对民主主义教授——通常还包括犹太的教授——的运动，遭到反对的教授有E.科恩（E. Cohn，布雷斯劳）、E. J.贡贝尔（E. J. Gumbel，海德堡）、G.克塞勒（G. Kessler，莱比锡）、B. E.毛伦布雷歇尔（B. E. Maurenbrecher）和H.纳维雅斯基（H. Nawiasky）（两人都在慕尼黑）。有关反犹太人运动中犹太教授和学生的情况，参见：Kater，*Studentenschaft*，154—162；Jarausch，*Students Imperial Germany*，146—150；Hither and Lemling，'Verbindungen'（注释293），115—119.

[295] 每所大学的数据，参见：Steinberg，*Sabers*（注释273），69，基于1927年统计的数据以及Leisen，'Ausbreitung'（注释277），146.

[296] A. Götz von Olenhusen，'Die "nichtarischen" Studenten an den Deutschen Hochschulen. Zur nationalsozialistischen Rassenpolitik. 1933—1945'，*Vierteljahresheft für Zeitgeschichte*，14 (1966)，175—206.

[297] Heither and Lemling，'Verbindungen'（注释293），在第120—121页对此有所描述；也参见Mergner，'Mobilisation'（注释292），作者研究了爱尔兰根两个基督教学生组织（Uttenruthia和Bubenruthia），并引用了很多材料来支持这种陈述。

[298] Hammerstein，*Antisemitismus*（注释186），86—87，95—96.

1931 年于格拉茨举行的全国学生日中，它掌握了对德意志学生会的控制权。[299] 在纳粹的领导下，德意志学生会 1933 年 4 月 12 日发表了其《反非德意志精神的十二条论纲》，犹太人和自由主义者的出版物因此便成为焚书仪式上焚烧的对象。随着希特勒的上台，这些焚书活动在全德国范围内进行，从 1933 的年 4 月 26 日一直持续到 5 月 10 日。[300] 随后建立的"帝国学生领导"(*Reichsstudentenführung*)将有组织的学生整合到"*NS-Staat*"中，该组织由古斯塔夫·阿道夫·谢尔(Gustav Adolf Scheel)领导，他同时还控制了德意志学生会和国家社会主义德意志学生联盟。[301]

1935 年和 1936 年，旧式的学生联合会逐渐解体，它们都被吸收到国家社会主义德意志学生联盟中，到 1938 年，所有宗教性的学生组织都被解
散了。[302] 在国家社会主义党执政的时期，学生们肩负起各种责任("工作"、 350
"防务"、"为同伴服务")。他们还必须参加体力训练(击剑)。他们组成一个个的团队，重复地训练，因此大学校长向政府抱怨说留给学生们学习的时间太少了。[303] 在第三帝国的统治下，学术界就像帝国的其他机构一样，从来没有爆发过抗议，也没有发表过异议。帝国甚至在 1933 年就中止了学术自由的权利。

1918 年 11 月奥匈帝国解体，讲德语的部分变成了新的奥地利。奥地利共有三所重要的大学：维也纳大学、格拉茨大学和因斯布鲁克大学，这些大学中的学生团体从 19 世纪以来就形成了独特的德意志民族主义和反犹太人主义情结。[304] 20 世纪 20 年代，他们非常欢迎魏玛共和国的学生来

---

[299] Burg, *Encyclopedia* (注释 21), 62. Heither and Lemling, 'Verbindungen' (注释 293), 121－133.

[300] H.-W. Strätz, 'Die studentische "Aktion wider den undeutschen Geist" im Frühjahr 1933', *Vierteljahrsheft für Zeitgeschichte*, 16 (1968), 347－372.

[301] Burg, *Encyclopedia* (注释 21), 62.

[302] *Ibid.*, 203.

[303] Klose, *Freiheit* (注释 17), 241－242. W. Benz, 'Vom freiwilligen Arbeitsdienst zur Arbeitsdienstpflicht', *Vierteljahresheft für Zeitgeschichte*, 16 (1968), 317－346.

[304] 1929 年，维也纳大学有 11 337 名学生，格拉茨大学有 2421 名学生，因斯布鲁克大学有 1915 名学生，感谢韦尔特·霍夫勒谢纳 (Walter Höflechner) 提供的这些数据。参见 W. Höflechner, *Die Baumeister des künftigen Glücks. Fragment einer Geschichte des Hochschulwesens in Österreich vom Ausgang des 19. Jahrhunderts bis in das Jahr 1938* (Graz, 1989).

奥地利度暑假，在当时他们还把格拉茨大学称为“奥地利的海德堡”。到1933年，由于奥地利当局加强了管理和限制，这种德国学生的流入才突然结束。[305]

讲德语的奥地利学生远远比德国学生更厌恶“犹太人国际”(Jewish International)的影响。[306] 同时，他们还特别厌恶那些来自俄国和波兰的非德语学生，这些学生被新闻界描述为“布尔什维克”。[307] 20世纪20年代，天主教学生组织和德意志民族主义学生组织之间的意识形态差异稍有缩小，两种组织都具有反对犹太人主义和反马克思主义的思想，但是当德意志民族主义组织的主导思想——国家社会主义——遭到天主教学生组织排斥时，两者之间的意识形态差异又被再次拉大了。[308]

到1930年前后，格拉茨大学近2000名学生中就有约550—700名学生积极参与政治活动：约300到400名学生参加了某个德意志民族主义种
351 族组织，约200名学生参加了天主教学生组织，只有25到50个人加入了左翼团体。约40名犹太学生——一些人属于左翼，一些人属于正统派——逐渐转变为犹太复国主义的成员，他们在奥地利各地成立了自卫组织。纳粹学生组织早在1919年就在维也纳成立了，1923年在格拉茨成立，1929年在因斯布鲁克成立。从1931年起，它们迅速得到了学生们的支持。1931—1932年，它们在维也纳得到了37%的选票，在理工学院中，它们赢得49.5%的选票。1930年，格拉茨的理工学院成为讲德语区域中

[305] M. Gehler, ‘Korporationsstudenten und Nationalsozialismus in Österreich. Eine quantifizierende Untersuchung’, *Geschichte und Gesellschaft*, 20 (1994), 28.

[306] M. Gehler, ‘Vom Rassenwahn zum Judenmord am Beispiel des studentischen Antisemitismus an der Universität Innsbruck von den Anfängen bis ins “Anschluss”- Jahr 1938’, *Zeitgeschichte*, 16 (1989), 263—288, 引自 Gehler, ‘Korporationsstudenten’ (注释 305), 9.

[307] 有关格拉茨大学外国学生组织的情况，参见 W. Höflechner, ‘Ausländische Studierende an der Universität Graz. 1918—1938’, 见 Plaschka and Mack (eds.), *Wegenetz II* (注释 29), 269—289.

[308] M. Gehler, *Studenten und Politik. Der Kampf um die Vorherrschaft an der Universität Innsbruck*. 1918—1938 (Innsbruck, 1990). See Gehler, ‘Korporationsstudenten’ (注释 305), 1—28.

第一所由纳粹分子赢得全体学生支持的学校。[309]

从1932—1933年起，种族民族主义和国家社会主义学生组织与天主教学生组织之间的关系更加紧张起来。[310] 后者明确排斥纳粹主义，尽管它们也反对马克思主义。而纳粹学生这一方则与一战前的民族主义运动“来自罗马的自由”(Freedom from Rome)联系起来。1938年3月德国吞并奥地利后彻底接管了大学。他们把格拉茨大学改名为阿道夫·希特勒大学，发动了一场旨在“清除”犹太学生和政治反对派学生组织的运动。在格拉茨城，55.6%的大学生支持国家社会主义德意志学生联盟，而格拉茨理工学院大学生的支持率则高达70.3%。[311]

法西斯主义的魔力(1919—1939)

随着奥匈帝国的解体，中欧开始出现一系列新的民族国家，这些国家中的学生们感到自己肩负着民族复兴运动的责任。重新建立的波兰同样如此。[312] 早在战争真正结束之前，克拉科的学生就开始组织学生军团。后来，数百名学生参加了三次西里西亚起义，他们希望为波兰夺回整个西里西亚。在大型学生组织“波兰青年学生全国联合会”(*Związek Narodowy Polskiej Mlodzieży Akademickiej*, *ZNPMA*)中，占支配地位的是民族主义和反犹太人主义[313]的学生组织“泛波兰青年会”(*Mlodzież Wsechpolska*)。天主教学生团体“复活”(*Odrodzenie*)，于1918年重建，该组织成立之初是支持“波兰青年学生全国联合会”的，而到1923年它们之间却发生了冲突，因为天主教学生认为天主教教义高于民族主义。以维尔纽斯为 352

[309] D. Binder, ‘Der Weg der Studentenschaft in den Nationalsozialismus’, in C. Brünner and H. Konrad (eds.), *Die Universität und 1938* (Vienna and Cologne, 1989), 75—77, 82—86.

[310] *Ibid.*, 79—86, 88—89.

[311] *Ibid.*, 93.

[312] Révész, *Jugendbewegungem* (注释12), 64—65.

[313] 波兰的犹太人占其总人口数的9%—10%，20世纪20年代初，重要的大学中犹太学生的比例为1/4到1/3(克拉科大学中的比例为24%，利沃夫大学为31%，维尔纽斯为33%，华沙大学为23%)。A. Pilch, *Studencki ruch polityczny w Polsce w latach 1932—1939* (*The political student movement in Poland 1932—1939*) (Cracow, 1972), 144—171.

中心的更年轻的一代学生，1929 年时选择支持雅克·马利坦（*Jacques Maritain*，1882－1973）的基督教人格主义，[314]希望所有学生能抛弃统合性民族主义，形成一个共同阵线。但是，1932 年的（天主教）社会周（*Social Week*）中，已有的天主教组织阻止了这种进步趋势的发展，由此导致了天主教学生组织的分裂。

然而，1927 年成立的人民党的"波兰民主青年联合会"则走了一条中间路线，该组织的成员都是年轻人，毕苏茨基元帅（*Pilsudski*，1867－1935）——从 1926 年起成为波兰的一位铁腕人物——希望帮助这些年轻人实现"萨纳齐亚"（*Sanacja*）。"萨纳齐亚"是一项旨在重振道德、整肃政治和团结社会的专制主义计划。但在 20 世纪 30 年代初，"萨纳齐亚"支持的却是当时正在兴起的更激进的学生组织——"为人民工作的青年学生联合会军团"（Legion of the Young Academic Association of Working for the People），该组织倡导一种保守的社会改革。"萨纳齐亚"制度 1933 年解散了其他所有全国性学生组织，因此"泛波兰青年会"、"复活"，以及小规模的社会主义和共产主义学生组织都无一幸免。

在左翼阵营中，一些成员努力组建一条人民阵线来反击法西斯主义，他们主要是克拉科和华沙的共产党员。1935－1936 年冬季，人民阵线组织罢课，以抗议高等教育费用的增加，但是这些罢课遭到右翼和传统学生组织的破坏，他们组织了一帮暴徒，专门骚扰犹太教授和左翼教授的课堂，还残酷对待犹太学生和左翼学生。此外，在 1937 年和 1938 年，波兰警察和政府也将矛头对准了左翼人士。[315]

布拉格成为"捷克斯洛伐克"大型学生组织活动的中心，布尔诺（Brno，Brünn）也有一个斯洛伐克学生组织的支部，另外，布拉迪斯拉发（普雷斯

---

[314] 有关马利坦的情况见：第十章，第 403 页。1934 年，马利坦访问波兰，并参加了在波兹南（Poznań）举行的国际托马斯主义会议。他的思想主要通过一本名为《圣像牌》（*Pax*）（维尔纽斯）的月刊在波兰传播开来的，而从 20 世纪 30 年代末起则是名为 *Verbum*（华沙）的季刊来传播。二战前，他的作品有四部被翻译为波兰文。J. Babiuch-Luxmoore，'Her personalisme en de oppositie in Polen'，见 L. Bouckaert and G. Bouckaert，*Metafysiek en Engagement. Een personalistische visie op gemeenschap en economie*（Louvain，1992），25.

[315] Wankel，*Organizations*（注释 125），8.

堡)还有一个纯粹的斯拉夫大型学生组织。⑯ 布拉格还有一所俄国大学,其经费部分是由捷克斯洛伐克政府和一所乌克兰大学及其相应的俄国移民学生组织提供的。⑰ 上述两个组织关系紧张,但它们都向"国际学生联盟"派出自己的代表。当时的那些冲突,尤其是与讲德语学生之间的冲突,除了因为捷克官方对外国人怀有敌意外,还因为讲德语的学生在两次大战之间持激进的德意志民族主义立场。1920 年,当局通过了一项法案,规定查尔斯大学(Charles University)的校徽必须变更为捷克大学的校徽。但这一法案并没有得到执行。到 1934 年,捷克学生要求执行该法案,由此引发了民族主义者的暴力示威。骚乱持续了三天。捷克的法西斯分子竭尽全力想要掌控学生运动,但他们的阴谋没有得逞。另一方面,讲德语的学生公开支持国家社会主义。他们成立了著名的民众运动(*Volkssport*)团体,主要开展反捷克和反犹太人的活动,他们中被政府逮捕的领袖则成为所谓的"殉道者",继续吸引着学生们的支持。⑱

1939 年 3 月,德国占领波希米亚和摩拉维亚,这激起很多捷克学生的反抗精神,由此爆发的最为重要的系列活动便是 1939 年 10 月 28 日到 11 月 15 日的多次大型示威,不过它们都被镇压了。示威中发生了很多惨案,许多示威者被逮捕,所有捷克大学和技术学院都被关闭。在被逮捕的学生中,有 1200 名才 20 岁,还有更多学生被送到集中营。这正符合了纳粹想要灭绝捷克民族的计划,灭绝的手段要么是同化,要么——对于知识分

⑯ 'Ústredni svaz československého studentstva'(ÚSČS: Central Association of the Czechoslovakian Student Body, 捷克斯洛伐克学生团体中央联合会), 'Sväz československého studentstva'(Association of Czechoslovakian Students,捷克斯洛伐克学生联合会), 'Sväz slocenského studentstva'(Association of Slovakian Students,斯洛伐克学生联合会).

⑰ 'Obedinenie russkich emigrantskich studentčeskich organizacji'(Association of Student Organizations of Russian Emigrants,俄侨学生组织联合会); 'Central'nyj emigrantskij sojuz ukraïns'kych studentiv'(Central Association of Ukrainian Students in Emigration,乌克兰侨民中央联合会).

⑱ J. Havranek, 'Fascism in Czechoslovakia', 见 P. F. Sugar (ed.), *Native Fascism in the Successor States* (Santa Barbara, 1971), 47—55.

子——是驱逐或消灭。[319] 斯洛伐克的情况则有所不同，约瑟夫·季索(Jozef Tiso, 1887—1947)在那里建立起依附纳粹德国的傀儡政权。

一战结束后，罗马尼亚的疆域扩大了，因此人口总数也翻了一番，少数民族的人数亦有所增加。在这一背景下，那些属于"1922 年一代人"的学生，在法学院学生科内利乌·科德雷亚努(Corneliu Codreanu, 1899—354 1938)的领导下，发起了一场抗议运动，指责大学中人满为患，认为那些"外国人"，尤其是犹太人理所当然的是"来自布尔什维克的威胁"。排犹运动并没有立即获得成功，那些学生便策划了一起阴谋，企图暗杀自由主义的政治家和犹太银行家。阴谋策划者 1923 年被逮捕并送交审判，但他们把这次审判变成了一场对当下秩序的控诉。1924 年，科德雷亚努谋杀了一名警官，但由于受到学生街头暴乱的压力，当局对他的审判一拖再拖，陪审团最终竟宣判无罪，陪审团的所有成员都在他们的衣领上佩戴了纳粹的十字领章。1927 年，他组建了"米迦勒大天使军团"(Legion of the Archangel Michael)，即后来著名的"铁卫队"(Iron Guard)。"1922 年一代人"的学生领袖们转变为"罗马尼亚法西斯运动"的领导者，该组织成为在意大利和德国以外的最大的法西斯组织。[320]

在西班牙，米格尔·普里莫·德·德里维拉将军(General Miguel Primo de Rivera)于 1922 年建立起独裁政权。他废除了授予大学自治权利的法令，并且——虽不太成功——强迫学生加入他的联合政党"*Juventudes Patrióticas*"。从 1926 年起，学生组织开始更明确地反对独裁政权。1927 年，他们加入在马德里的"大学生联盟"(*Federación universitaria escolar*, *FUE*)，该组织的领导人是安东尼奥·玛丽亚·斯贝特(Antonio Maria Sbert, 1901—1980)。"大学生联盟"并没有获得正式存在的权利，但却得到一位教授以及作家何塞·奥尔特加一加塞特(José Ortega y Gasset,

[319] J. F. Zacek, 'Nationalism in Czechoslovakia', 见 P. F. Sugar and J. Lederer, *Nationalism in Eastern Europe* (Seattle and London, 1969), 166—207;"纳粹通过一种恐怖程序挑选出捷克的知识精英和中产阶级，约 20 万人被送到集中营，据报告在捷克被占领期间有 25 万人死亡"。*Ibid.*, 196—197.

[320] I. Livezeanu, 'Fascistes and Conservatives in Romania: Two Generations of Nationalists', 见 M. Blinkhorn (ed.), *Fascists and Conservatives: The Radical Right and the Establishment in Twentieth-century Europe* (London, 1990), 218—239.

1883—1955)的支持,后者 1930 年将其作品《大学的使命》(*Misión de la universidad*)献给该组织。不过,"大学生联盟"遭到来自"天主教学生联盟"(*Confederación de estudiantes católicos*)的反对,后者得到政府的支持,因为政府出于自身考虑而支持天主教大学。这些大学包括德乌斯比大学(Deusto)、纳瓦拉大学(Navarra)和埃斯科里亚尔大学(El Escorial)。

1928 年,西班牙政府授权这些天主教大学授予学位。这一举措激起了一场抗议运动,"天主教学生联盟"对此给予支持,但抗议运动遭到镇压,随后斯贝特也于 1930 年被流放到马略卡岛(Mallorca)。[321] 他的流放引起了学生们进一步的抗议。他们朝普里莫·德·德里维拉的房屋扔石头。马德里大学被关闭。1930 年 12 月 22 日,学生们发动了一场罢课,导致独裁者的垮台,此后,斯贝特凯旋归来。"天主教学生联盟"此时被宣布为合法组织,在共和国的前几年中,它变得更有影响力。它反对旧式的课程,支持学术自由和大学的自由化。

1931 年—1932 年,左翼学生组织倡导一种真正的"依靠人民的精神",提出建立平民高中;他们组织教育活动,到全国去巡游,搭起受到公众 355
欢迎的剧场(*La Barraca*),表演木偶剧,建成了一座"人民电影院"。

1936 年,西班牙内战爆发,许多学生都投入了战争,他们参加各种阵线、组织,既有左翼的也有右翼的。相当多的学生战死了。弗朗西斯科·佛朗哥(Francisco Franco, 1892—1975)建立的独裁政权,对民主主义和左翼学生运动采取镇压政策。"大学生联盟"被解散,反对活动只能秘密进行。学生圈子中占支配地位的是长枪党的"西班牙学生联盟"(Spanish Student Union),该组织完全受政府的控制。

意大利元首本尼托·墨索里尼(Benito Mussolini, 1883—1945)则喜欢摆出一副新一代代言人的姿态,将"年轻"的意大利法西斯政权与老态龙钟的"旧欧洲"进行对比。法西斯青年运动(*Opera Nazionale Balilla*)的最高层组织是"法西斯大学联盟"(*Gruppo Universitaro Fascista*, *GUF*),它面向 26 岁及不满 26 岁的学生招纳成员。1935 年,它的成员人数为 68,659 人。除了培养成员的法西斯主义信念外,它还组织运动会、娱乐活动

[321] Feuer, *Conflict* (注释 42), 294—295.

和准军事训练，其中就包括在现役军官的领导下接受为期一周的强制性准军事操练。对大学生来说，“法西斯大学联盟”主要的吸引力在于，它负责为学生提供住宿、医疗服务和助学金。[322] 从1932年起，“法西斯大学联盟”每年都组织 *Littoriali della Cultura e dell'Arte*。这是一种演讲辩论会，一种在官方意识形态的框架中，就社会和法西斯思想展开辩论的讨论会。任何人只要能基于科学而对现代日常生活提出实践性的建议，就会得到国家奖金。*Littoriali* 是法西斯意大利中最自由的讨论讲坛，是一个能对政府各方面提出批判的场所。学生们对以下争论很感兴趣：作为“社会革命”的法西斯主义，以及如何实行社团主义这种新的社会制度。“法西斯大学联盟”还主办了一些校际之间的体育运动方面的 *Littoriali*。

尽管意大利不存在独立的学生运动，但是还有些可供学生讨论的余地，就连“法西斯大学联盟”也面对来自天主教学生组织的竞争，这些组织加入了得到梵蒂冈支持的“意大利天主教大学联盟”（*Federazione Universitaria Cattolica Italiana*, *FUCI*），它们有鲜明的反法西斯倾向。1931年，政府想要取缔“*Azione Cattolica*”和“意大利天主教大学联盟”，于是“意大利天主教大学联盟”与“法西斯大学联盟”之间的关系日益紧张起来，不过
356 在墨索里尼和庇护十一世达成妥协后，这种紧张气氛又有所缓和。到20世纪30年代末，一大批学生逐渐对意大利与纳粹德国建立友好关系及当局激进的立法越来越不满。

无国界的学生运动(1919—1939)

一战后的历史似乎掀开了国际理解的新篇章。1919年，响应法国学生的号召，来自17个国家的学生代表举行了第一次国际学生会议，此次会议决定创立一个永久性的国际组织，作为各国学生组织的总部机构。最初的名称定为“学生同盟会议”（*Réunion des Etudiants Alliés*），它起初并

---

[322] M. Ostenc, *L'Education en Italie pendant le fascisme* (Paris, 1980). M. Ostenc, 'Les étudiants fascistes italiens des années 1930', *Le Mouvement Social* (July-September 1982), 95—106; R. J. Wolff, 'Fascisizing Italian Youth: The Limits of Mussolini's Educational System', *History of Education*, 13 (1984), 287—298; M. A. Ledeen, 'Italian Fascism and Youth', *Journal of Contemporary History*, 4 (1969), 137—154.

没有邀请欧洲主要强国的学生组织参加，这也是值得一提的。[323] 英国学生在荷兰学生的支持下，对这种排斥提出反对。1924 年，他们成功地争取到主要强国的学生组织对该组织的承认，并将其改名为“国际学生联盟”。

“国际学生联盟”增进了各国学生之间和国际性的学生设施之间的交流，也促进了有关高等教育和学生生活研究的交流。设在布鲁塞尔的总部，为加盟的学生组织提供各种服务，例如，提供旅游协助和就业信息、主办“国际大学生运动会”等。[324] “国际学生联盟”最切实的成果就是创办了一个“大学书籍中心”，为学生们提供价钱便宜的书籍，并且援助中欧和东欧的贫困学生。[325] 1937 年，国际联盟——此前曾组织了“世界青年会议”——正式承认“国际学生联盟”为世界范围内的学生代表组织。1940 年 5 月，德军侵略比利时，“国际学生联盟”暂时中止工作。

尽管严格遵守一种非政治化的立场，但“国际学生联盟”仍摆脱不了政治纷争的影响。首先是因为对战败国的憎恶，其次而且最重要的是因为它的一条原则：该组织只接受各国中的一个全国性大型组织，因此它很容易激起民族主义者的敌意。在捷克斯洛伐克，德意志学生会采取的是种族的立场，声称代表了所有讲德语的学生，却没有得到“国际学生联盟”的承认。1929 年，当一个新的、民主主义倾向的大型组织“德意志学生联 357
合会”（*Deutscher Studentenverein*）成立后，“国际学生联盟”就与其讨论伙伴关系。[326] 1933 年希特勒上台后，德意志学生联合会被取缔，此后德国学生就再也没有与“国际学生联盟”进行合作。

比利时在“国际学生联盟”的代表权就由讲法语的学生组织“比利时学生联盟”（*Union Nationale des Étudiants Belges*，*UNEB*）独占，而佛兰德学生则成立了他们自己的组织“佛兰德高校学生联合总会”（*Algemeen*

[323] Altbach，‘International Student Movement’（注释 225），156－174；Burg，*Encyclopedia*（注释 21），55. 1919 年，只有法国、卢森堡、西班牙、波兰、捷克斯洛伐克和罗马尼亚的代表商议成立一个各国学生的总部组织，这些国家也成为该联盟的成员国。它们因此成为常任成员国。而当时的其他西方国家则成为自由成员国。不过，常任成员国的数目也逐渐增多了。

[324] Frank and Wiardi Beckman，*Geschiedenis*（注释 47），217－218.

[325] Droeve，‘Studentenraad’（注释 259），115－132，esp. 119.

[326] 对照第 347－348 页的内容。

Vlaams Hoogstudentenverbond，*AVHV*)，该组织曾作为荷兰和斯堪的纳维亚学生的调解组织，参加了 1920 年 9 月于布鲁塞尔召开的第二次"国际学生联盟"会议，即便如此，它在当时以及随后的时间里都没被接纳为正式会员组织。[327]

很多国家中，其他的学生组织也致力于实现跨国协作的理想。支持国联和世界和平的学生组织[328]在中欧和西欧也发展起来，并通过"国际联盟之友"(Friends of the League of Nations)这种国际性会议来保持联系。该会议——1927 年在罗马、1928 年在巴黎、1929 年在布达佩斯、1930 年在布鲁塞尔、1931 年在里加(Riga)——密切了学生领袖之间的联系，并促进了各组织之间双边关系的发展。受它的影响，旨在增进两国双边理解的组织开始出现。例如，波兰和捷克斯洛伐克就成立了像"法国之友学术圈"(Academic Circle of Friends of France)之类的组织。[329]

具有鲜明意识形态的大型学生组织也成立起来了。天主教学生大型组织"罗马和平"(*Pax Romana*)，即现在的"天主教学生国际运动"(International Movement of Catholic Students，IMCS)于 1921 年在弗里堡(Fribourg)召开了成立大会，来自 17 个国家的代表参加了这次会议，该组织还获得了梵蒂冈的正式承认。[330] 它不仅就大量天主教议题举行一些国际性学生会议，也给学生提供服务：提供直接资助，帮助学生互换等，并且在国际论坛中充当天主教学生团体的代表机构。1929 年，斯拉夫国家中的天主教学生组织在华沙设立了一个永久秘书处，定名为"斯洛文尼亚天主教组织"(*Slavica Catholica*)，以示与"罗马和平"的区别。"罗马和平"于 1939 年在华盛顿召开了一次世界大会，反映出其在其他国家的扩展情况，从 1941 年起它又开始在拉丁美洲发展组织。

358 在十月革命后不久，共产国际学生和青年组织就开始活动，他们试图

---

[327] J. Vermeulen. *Geschiedkundig overzicht van de werking van het Algemeen Vlaamsch Hoogstudentenverbond sinds zijn ontstaan 1919 tot de viering van het II e lustrum 1929* (*Louvain*，*1929*).

[328] Batowski，'Studentenvereine'(注释 291)，49—56.

[329] *Ibid.*，51—53.

[330] B. Pelegri，*IMCS-IYCS*：*Their Option*，*Their Pedagogy* (Kowloon，Hong Kong，1979)，3—10.

通过学生建立一个苏维埃，从而将国际学生论坛都掌控起来，就像此前他们利用俄国学生运动一样。[331] 1919 年 11 月召开的战后第一次国际会议上，维利·明茨贝格(Willy Münzenberg, 1889—1940)没有邀请"右翼"或"中间"社会民主派，当时的组织变成了"青年共产国际"(Communist International of Youth，以俄语缩写 KIM 而闻名)。该组织 1921 年在耶拿召开了第二次会议。1921 年到 1924 年，"青年共产国际"遵循极端左倾的路线，将社会民主或其他左翼组织都视为敌人。在 20 世纪 20 年代，苏联的大学生组织都没有加入"国际学生联盟"。

到 20 年代末，苏联带头倡议召开各种国际裁军会议，并以"中立"的名义成立"阵线组织"，以便吸引非共产党员投身到实际是由共产党领导的运动中去。[332] 1927 年成立的"反帝国主义联盟"(League against Imperialism)便是这些组织其中之一，它在布鲁塞尔举行的会议上提出了一项反殖民主义的计划；[333]另外一个是由明茨贝格发起的"反战和反法西斯主义联盟"(League against War and Fascism)，该组织的成立大会是于 1932 年在阿姆斯特丹召开的世界反战大会，然而此次会议却遭到社会主义国际的抵制，[334]从 1937 年起，该组织就以"和平和民主联盟"(League for Peace and Democracy)而闻名。

1933 年 1 月希特勒上台后，反法西斯的和平运动获得了重大发展，这在同年于巴黎举行的"世界青年和平促进会"(World Youth Congress for Peace)中得到充分的体现，当时有超过 10 万的年轻人到会，使这次会议成为两次大战之间最大的一场青年示威活动。接下来的一次会议是 1934 年在布鲁塞尔召开的"世界学生反战和反法西斯会议"(World Student Congress Against War and Fascism)。[335] 同时，共产党实际上控制了"世界学生

---

[331] Kotek, *Jeune Garde* (注释 242), 20—29.

[332] G. van Maanen, *The International Student Movement. History and Background* (The Hague, 1966), 13—22.

[333] Kotek, *Jeune Garde* (注释 242), 31.

[334] Burg, *Encyclopedia* (注释 21), 9, "在这次会议的领导人中有美国作家舍伍德·安德森 (Sherwood Anderson) 和法国小说家亨利·巴比塞";"美国全国学生联盟"派出一名代表参加会议，该组织于 1932 年 12 月在芝加哥组织了一次"学生反战会议" (Student Congress Against War) 。

[335] Kotek, *Jeune Garde* (注释 242), 52.

联合会”(World Student Association)、“美国青年会”(American Youth Congress)和“美国全国学生联盟”(American National Student League)。[336]
359 从 1934 年起,莫斯科采取了一种新的国际路线,旨在建立反法西斯的“人民阵线”。因此,“青年共产国际”展开与其他左翼组织的合作,从而加强了它在反战运动中的领导地位。[337] 他们促成了“世界青年会议”(World Youth Congress)的召开,第一次会议于 1936 年在布鲁塞尔召开,两年后又在美国的瓦瑟(Vassar)召开第二次会议。这些会议影响了每个欧洲国家的左翼学生领袖,尤其是对英国——在 30 年代左翼学生运动占主流的唯一国家——的左翼学生领袖更是如此。1937 年前后,“世界学生联合会”(World Student Association/*Rassemblement mondial des Etudiants*, WSA/RME)成立,同情共产党的独立人士詹姆斯·克卢格曼(James Klugmann, 1912—1977)担任总秘书。“世界学生联合会”聚集了来自西方国家及其殖民地的学生组织,殖民地学生组织经常开展反帝国主义的活动。

1939 年 8 月签定的苏德条约,以及随后苏联与纳粹德国在同年 9 月和 11 月对波兰和芬兰发动的侵略,沉重打击了这些“阵线”组织,致使它们人数锐减并且分裂,因此这些“阵线组织”逐个退出了各国和国际舞台。[338] 在由新秩序所支配的欧洲,一项新的国际大型学生组织——欧洲联盟(*Jung Europa*)——开始在德国的领导下发展起来,1941 年时在德累斯顿(Dresden)召开了一次国际学生会议,到会的有一些二战前的全国性学生大型组织,例如,佛兰德学生的 VVS。[339]

1939 年 9 月,第二次世界大战爆发,纳粹德国政权比以前进一步加强了对学生圈子的控制,(可以说)根本没有为学生留下反对希特勒政策的空间。

---

[336] D. Caute, *The Fellow-Travellers: A Postscript to the Enlightenment* (New York, 1973), 132—140.

[337] Kotek, *Jeune Garde* (注释 242), 50—58.

[338] Gaute, *Fellow-Travellers* (注释 336), 189—199; Kotek, *Jeune Garde* (注释 242), 60—82.

[339] D. Martin, *De Rijksuniversiteit Gent tijdens de bezetting 1940—1944: leven met de vijand* (Ghent, 1985), 91.

精选文献

Allerbeck, K. R. *Soziologie radikaler Studentenbewegungen. Eine vergleichende Untersuchung in der Bundesrepublik Deutschland und den Vereinigten Staaten*, Munich and Vienna, 1973.

Anderson, R. D. *Universities and Elites in Britain since 1800*, London, 1992.

Bleuel, H. P. and Klinnnert, E. *Der deutsche Student auf dem Weg ins Dritte Reich, Ideologien-Programme-Aktionen. 1918 — 1935*, Gütersloh, 1967.

Boren, M. E. *Student Resistance: A History of the Unruly Subject*, New York, 2001.

Burg, D. F. *Encyclopedia of Student and Youth Movements*, New York, 1998. 360

Caron, J.-C. *Générations romantiques. Les étudiants de Paris et le Quartier Latin*, Paris, 1991.

Elm, L., Heither, D. and Schäfer, G. (eds.) *Füxe, Burschen, Alte Herren. Studentische Korporationen vom Wartburg bis Heute*, Cologne, 1992/1993.

Faust, A. *Der Nationalsozialistische Studentenbund. Studenten und Nationalsozialismus in der Weimarer Republik*, Düsseldorf, 1973.

Feuer, L. S. *The Conflict of Generations: The Character and Significance of Student Movements*, New York, 1969.

Gerbod, P. 'Le monde étudiant français depuis un siècle: attitudes confessionnelles, idéologiques et politiques', in *Sciences de l'Homme et de son environnement. Cahiers de Clio*, Brussels and Liège, 1980.

Gevers, L. *Bewogen Jeugd. Ontstaan en ontwikkeling van de katholieke Vlaamse studentenbeweging. 1830—1894*, Louvain, 1987.

Grüttner, M. *Studenten im Dritten Reich. Geschichte der deutschen Stu-*

dentenschaft. 1933—1945, Paderborn, 1995.

Hagendijk, R. *Het studentenleven. Opkomst en verval van de traditionele studentencultuur*, Amsterdam, 1980.

Jarausch, K. H. *Students, Society, and Politics in Imperial Germany: The Rise of Academic Illiberalism*, Princeton, 1982.

Kassow, S. D. *Students, Professors, amid the State in Tsarist Russia*, Berkeley and Los Angeles, 1989.

Kater, M. H. *Studentenschaft und Rechtsradikalismus in Deutschland. 1918—1933. Eine Sozialgeschichtliche Studie zur Bildungskrise in der Weimarerepublik*, Hamburg, 1976.

Klinge, M. *Eine nordische Universität. Die Universität Helsinki. 1640—1990*, Helsinki, 1992.

Klose, W. *Freiheit schreibt auf eure Fahnen. 800 Jahre Deutsche Studenten*, Oldenhurg and Hamburg, 1967.

Kotek, J. *La jeune Garde. La jeunesse entre KGB et CIA. 1917—1989*, Paris, 1996.

Morrissey, S. K. *Heralds of the Revolution: Russian Students and the Mythololy of Radicalism*, Oxford, 1998.

Neuloh, O. and Rüegg W. (eds.) *Student und Hochschule im 19. Jahrhundert. Studien und Materialien*, Studien zum Wandel von Gesellschaft und Bildung im Neunzehnten Jahrhundert 12, Göttingen, 1975.

Plaschka, R. C. and Mack, K. (eds.) *Wegenetz Europäischen Geistes*, vol. Ⅰ: *Wissenschaftszentren und geistige Wechselbeziehungen zwischen Mittel- und Südosteuropa vom Ende d. 18. jh. Bis zum Ersten Weltkrieg*, Munich, 1983.

Wegenetz europäischen Geistes, vol. Ⅱ: *Universitäten und Studenten. Die Bedeutung studentischer Migrationen in Mittel- und Südosteuropa vom 18. Bis zum 20. Jahrhundert*, Vienna, 1987.

Révész, L. *Jugendbewegungen im Ostblock*, Vienna, 1985.

Sanderson, M. *The Universities in the Nineteenth Century*,

London, 1975.

Schulze, F. and Ssymank, P. *Das deutsche Studententum von den ältesten Zeiten bis zur Gegenwart*, Munich, 1931

Schwarz, J. *Studenten in der Weimarer Republik. Die deutsche Studentenschaft in der Zeit von 1918 bis 1923 und ihre Stellung zur Politik*, Berlin, 1971.

Simon, B. 'The Student Movement in England and Wales during the 1930s', *History of Education*, 16, 3(1987), 189—203.

Skoglund, C. *Vita Mössor under Röda Fanor. Vänsterstudenter kulturradikalism och bildningsideal i Sverige 1880—1940*, Stockholm, 1991.

Steinberg, M. S. *Sabers and Brown Shirts: The German Students' Path to National-Socitalism*, *Chicago*, 1973.

Vos, L. 'Ideologie en idealisme, De Vlaamse studentenbeweging te Leuven in de periode tussen de twee wereldoorlogen', *Revue belge d'Histoire Contemporaine*, *Belgisch Tijdschrift voor Nieuwste Geschiedenis*, 6(1975), 263—328.

'De Dietse studentenbeweging 1919—1940', in *Acta Colloquium over de Geschiedenis van de Belgisch-Nederlandse betrekkingen tussen 1815 en 1945*, *Brussel 10—12/12/1980*(Ghent, 1982), 451—455.

'Nationalism and Student Movements: Conceptual Framework and a Flemish Case-Study', in M. Norrback and K. Ranki (eds.), *University and Nation: The University and the Making of the Nation in Northern Europe in the 19th and 20th Centuries*, Helsinki, 1996, 77—87.

Wawrykowa, M. '*Für eure und unsere Freiheit.*' *Studentenschaft und junge Intelligenz in Ost- und Mitteleuropa in der ersten Hälfte des 19. Jahrhunderts*, Stuttgart, 1985.

Weisz, G. *The Emergence of Modern Universities in France, 1863—1914*, Princeton, 1983.

363

第九章 毕业与职业

康拉德·H.雅拉什

导 言

人们在教育实践中时常违背而不是遵守这句箴言:不在于学校,而在于所学(*non scholae, sed vitae discimus*)。按照这种认识方式,大学史研究者已经对高等教育机构及其带来的变化进行了很多探究。但是,他们都经常忽视了这些机构的"产品",即对文化、社会和政治而言,这些教育带来了什么结果。"毕业与职业"这一标题只是偶尔在大学史著作中出现,而且通常是借"校友史"之名。在周年出版的《纪念特刊》(*Festschriften*)上,总是长篇累牍地刊载对母校(*alma mater*)培养出的著名人物的介绍,以及对培育这些杰出人才的学校的赞誉。有关19世纪的一个极端例子,就是在

东德咖啡店的一份菜单上印有卡尔·马克思在柏林大学读书的年份。①

在像德国这样有强大学生组织的国家，大学生联谊会的历史就反映了其中的一些内容。如果再附上校友的名单，这些业余组织便记录下了一个特定学生团体的编年史。它们所体现的怀旧之情，列出的毕业生从业名单，都成为招募那些羡慕毕业生成就的新成员的工具。② 在那些学术流动较少而院校忠诚更普遍的文化中，比如在英国，大学有时会编辑其著名校友的传记册。主要出于募集捐赠的目的，这些册子都以地址簿为目，它们可能是研究各个毕业生毕业后角色的重要资料。如果将它们与大学录取记录结合起来，就能够比较高等教育的"输入"和"输出"，从而揭示社会等级和流动性的模式。③ 这些资料要比高等学校毕业生的就业意向调查更为可靠，因为它们显示的是实际结果而不是预期的目标。④ 然而，除了提供有意思的资料，这些通讯录缺乏一种理论的延伸，来使它们的结论具有一般性意义。当前有关 20 世纪末和 21 世纪初高等教育与职业的研究，对本章的研究也几乎没有帮助，因为它们都过分关注劳动力市场的控制。⑤ 364

如果职业化理论与高等教育的联系更紧密，那么它就可能提供一种

---

① G. Steiger, R. Lange, E.-G. Schmidt and I. Taubert (eds.), *Die Promotion von Karl Marx-Jena 1843* (Berlin, 1983).

② M. Dreler (ed.), *Festschrift zur Feier des fünfzigjährigen Bestehens der Verbindung Thuringia an der Universität Halle-Wittenberg* (Halle, 1910). 参见已出版的 *Corpslisten and Burschenschaftlisten* 以及 K. H. Jarausch, *Deutsche Studenten, 1800－1970*, Edition Suhrkamp, n. S. 258 (Frankfurt-am-Main, 1984)。不过，兄弟会的名册对于统计有关事业的数据还不够，因为它们只包括了一小部分和非典型的学生群体。

③ P. Harrigan, *Mobility, Elites and Education in French Society of the Second Empire* (Waterloo, Ont., 1980), 32; D. K. Müller and B. Zymek (eds.), *Sozialgeschichte und Statistik des Schulsystems in den Staaten des Deutschen Reiches, 1800－1945, Datenhandbuch zur deutschen Bildungsgeschichte*, vol. Ⅱ: *Höhere und mittlere Schulen* Ⅰ (Göttingen, 1987).

④ *History of Oxford*, Ⅵ. 有关法国大学校毕业生的情况也有相当多的著作，比如 J. Weiss, *The Making of Technological Man: The Social Origins of French Engineering Education* (Cambridge, Mass., 1982)。不过，这些研究只提供了这一类高等教育机构的情况，因此更广泛的全国模式还有待探究。

⑤ U. Teichler, 'Forschung über Hochschule und Beruf', in D. Goldschmidt *et al*. (eds.), *Forschungsgegenstand Hochschule: Überblick und Trendbericht* (Frankfurt-am-Main, 1984), 193ff.

概念核心，因为它能系统地解释学术职业的角色。虽然没有得到大学史研究的帮助，但那些对研究学术职业的起源的社会史学者，和那些有志于研究提炼学术职业在社会中日益增长的重要性的社会科学家，就发展出了这样一种研究方法。⑥ 在只有少数对政治感兴趣的知识分子对知识分子或知识界持激进观点的情况下，将职业作为研究的核心便可以厘清有关所有高等教育毕业生的问题。⑦ 因为这种方法中的大多数概念都涉及处于第三级的培训以及通过考试来获得证书这些内容，所以它能系统地解释高深学问与随后的职业之间的关系。⑧ 虽然对这种学术工作的职业化有一些讨论，但大多数开业的律师、医生以及类似职业的人，都是以某种工作为中心的从业者，都远离学术界。为了使大学史的研究富有成效，
365 有关职业的研究就必须更系统地解释培训和资格认证的问题。⑨ 近期职业化理论研究的转向，即从最初以知识为基础的概念研究转变为一种揭穿职业自我中心的批判性研究，使这种研究的回归变得很困难。⑩ 研究者们更多关注的是欧洲大陆的经验，因此不仅注意到政府的重要作用，而且日益重视评价与英国学徒培训体制相对立的正规教育的重要性。⑪ 因此，

---

⑥ M. Burrage and R. Thorstendahl (eds.), *The Professions in Theory and History*, 2 vols. (London, 1990). See vol. Ⅱ 398ff. Note 132－135 (W. Frijhoff, 'Graduation and Careers').

⑦ C. Charle, *Les intellectuals en Europe au XIXe siècle. Essai d'histoire comparée* (Paris, 1996); J. Kuczynski, *Die Intelligenz. Zur Soziologie und Geschichte ihrer Grossen* (Cologne, 1987).

⑧ C. E. McClelland, 'Zur Professionalisierung der akademischen Berufe in Deutschland', 见 *Bildungsbürgertum*, 233ff.

⑨ 参见由 A. Engel, C. E. McClelland and C. E. Timberlake 所写的章节, in K. H. Jarausch, (ed.), *The Transformation of Higher Learning, 1860－1930: Expansion, Diversification, Social Opening, and Professionalization in England, Germany, Russia and the United States*, Historisch-sozialwissenschaftliche Forschungen 13 (Stuttgart, 1983), 293ff.; E. J. Engstrom, 'The Birth of Clinical Psychiatry: Power, Knowledge and Professionalization in Germany, 1867－1914' (Ph. D. diss, University of North Carolina, 1997).

⑩ T. Parsons, 'Professions', in *International Encyclopedia of the Social Sciences* (New York, 1968), vol. Ⅻ, 536ff. vs. R. Collins, *The Credential Society: A Historical Sociology of Education and Stratification* (New York, 1979).

⑪ M. Burrage, K. H. Jarausch and H. Siegrist, 'An Actor-Oriented Framework for the Study of the Professions: Prerequisites for a Theory', in Burrage and Thorstendahl (eds.), *Professions* (note 6), 203－225.

尽管我们缺乏有关1800年到1939年欧洲大学毕业生职业的系统资料，但从一种职业化的角度来探讨诸如培训、组织、劳动力市场和机构传统这些学术问题，似乎对我们的研究更有用，接下来的论述只能初步勾勒出这一时期发展的框架，还需要更详细地分析各国和各种职业的情况来加以充实。[12]

知识在职业兴起中的作用

有关知识在职业兴起中的作用问题存在着一些争议。功能主义者认为专业人员就是它活生生的体现，而批评者却认为知识只能证明一个人有资格从事某种职业。这些争议一直存在，然而人们对专门知识的结构却没有展开细致的研究。德国哲学家马克斯·舍勒(Max Scheler)对宗教知识、精英知识和政治知识(*Heils-, Leistungs- und Herrschaftswissen*)所作的界定，对解决这个问题也并不是特别的有益。[13] 对19世纪大学和职业进行的比较研究，反映出了类型学意义的不同。

高深学问和学术职业的一个先决条件是某种普遍的教养。无论被称为自由教育，还是大众教育(*Allgemeinbildung*)或者普通教育(*culture générale*)，这种普遍化的文化资本既是受教育者的共同基础，又是区分受教育者与社会地位低于他们的人的界限。对于第三级教育机构和职业来 366
说，更为特别的是专业化的科学知识，包括对某个学科的动态原则的掌握。这些专业知识(*Fachwissen*)都是具有初步知识的人所特有的财产，运用它们就能提出超出外行水平的灼见，因此它们能用来证明专业特权的正当性。实践能力虽然通常在学术争论中被低估，但最后在专业工作中却是这种能力的施展。这些职业知识(*Berufswissen*)由一套来自经验的原则和行为规范所组成，成为实践的基础，通常被认为比学术专门知识还

---

[12] 比较第一卷和第二卷的“毕业与职业”一章。

[13] J. Kocka, 'Einleitung', in *Bildungsbürgertum*, 17ff.

更为重要。⑭ 19 世纪，课程的重点从自由教育转变为科学教育，同时实践培训也变得更加细致。

这些不同方面的知识，自然会形成专业培训中的不同安排。自由教育通常被安排在古典中等教育机构——如文科中学、国立中学或公学——进行，以通过某种公认的考试——如高级中学毕业考试或中学毕业会考——为结束。然而，处于中学后教育层次、授予学士学位的英国学院的文科院系中，还保留着一些中世纪传统的遗风。而真正的科学教育，在诸如大学或大学校这些第三级教育机构中，通常是在高深学问的中期或后期才集中学习的。因此，为了确认科学教育的成就，"文学硕士"或"第一级国家考试"(*Erstes Staatsexamen*)才开始出现。获得博士学位通常还算是学术事业的一部分，但大约到了 19 世纪末，在医学和法学领域，博士学位头衔也成了一种专业的标签。

尽管大学或理工学院开设了一些实践培训的课程，但职业的社会化过程大部分仍然是在工作中的学徒体制中完成的，通常也是在完成了学术教育后进行的。因此，这第三级的资格认证普遍都更多地受到从业者的影响，他们要么是作为自治的法人在认证机构中发挥影响，要么是对"第二级国家考试"(*zweites Staatsexamen*)负有学术的、管理的以及实践方面的复杂责任。随着各地中等学校必修课程的增加，科学学习的课程变得更为丰富，非正规的学徒制也被整合到一套正规的高等教育序列中。⑮

367 考试体系在 19 世纪逐步演变为培训与实践之间至关重要的联系纽带。对专门职业而言，并不是专业知识，而是它的资格证书，才能创造文化资本。墙上的营业招牌，名片上的头衔，都是执照的象征，只有持有执照的人才能开业，同时持有执照也意味着达到了某一群体从业能力的最低标准。在一些官僚化国家，国家认可证书的重要性促成了一套真正的认证

---

⑭ P. Lundgreen, 'Wissen und Bürgertum. Skizze eines historischen Vergleichs zwischen Preuβen/Deutschland, Frankreich, England und den USA, 18－20. Jahrhundert', in H. Siegrist (ed.), *Bürgerliche Berufe: Zur Sozialgeschichte der freien und akademischen Berufe im internationalen Vergleich. Acht Beiträge*, Kritische Studien zur Geschichtswissenschaft 80 (Göttingen, 1988), 106ff.

⑮ K. H. Jarausch, 'Higher Education and Social Change: Some Comparative Perspectives', in Jarausch, (ed.), *Transformation* (note 9), 9ff.

制度的出现，即德语中的“资格证”(*Berechtigungswesen*)一词。除了公众对其刻板和僵化有很多批评外，这套管理法令及其非正式的实践，通过一系列不断提高的入门要求，对从事某一层次的工作提出一定程度的要求，从而调控着培训与就业之间的关系。位于职业层级顶端的，是那些接受过高等培训、获得了执照的专业人员，由此也确保了他们对市场的垄断。⑯

在更为开放的资本主义社会中，认证机构中的从业者们自己来确保设计出的专业考试具有类似的功能。控制职业入门，诸如律师职业考试这类测试，以及医学理事会等，虽然并不能真正保证对市场的垄断，但至少表现出了强有力的竞争优势。这些考试不仅是要测试应试者的学术成绩或实践经验，而且还起着一种调节专业入门的作用。因此，它们的标准和通过率，会根据就业市场的情况而变化。⑰ 尽管这种关系是复杂的，但各个专业的社会基石正是对这种抽象知识的高超运用，以及由认可的专业知识来保证的市场调控。

由于“知识就是力量”这种资产阶级信念的影响，对专业知识的控制促发了专业人员和教授之间不断的斗争，而官僚和顾客又成为这种斗争的调解者。通常而言，对初级自由教育的争议相对很少，即使那些有前途的职业，如牙医、兽医或工程师，也试图增加他们职业的必备知识，并将此作为获得其专业地位的一个重要环节。争议主要集中在科学教育的数量和种类上，因为从业者比教授更怀疑科学教育的实际价值。顾客们经常会抵制专业知识的学术化，从而催生出非专业的法官律师、民间医生以及类似群体。实习这一阶段也不时引起学术界和从业者之间的争论，前者坚持要在大学中实习，而后者要求实习应该更多地放在实际工作环境中 368

⑯ D. K. Müller, *Sozialstruktur und Schulsystem. Aspekte zum Strukturwandel des Schulwesens im 19. Jahrhundert*, W. Rüegg and O. Neuloh (eds.), Studien zum Wandel von Gesellschaft und Bild, 9 (Göttingen, 1977).

⑰ M. Ramsey, 'The Politics of Professional Monopoly in the 19th Century Medicine: The French Model and its Rivals', in R. Geison (ed.), *Professions and the French State* (Philadelphia, 1984), 225ff. See H. Titze *et al.*, 'Prüfungsauslese und Berufszugang der Akademiker 1880—40', in P. Lösche (ed.), *Göttinger Sozialwissenschaften heute, Fragestellungen, Methoden, Inhalte* (Göttingen, 1990), 181—233.

进行。⑱ 19 世纪末,国家开始逐步介入合法地培养政府公务员或专业管理人员的过程,因此,学徒制的最后一个阶段又被官僚化了。虽然在需要教授的科学专业知识的数量方面,大学和职业还能达成某种程度的一致,但它们在科学教育性质及其讲授场所方面则存在利益冲突。在这些冲突过程中,一度占支配地位的顾客慢慢丧失了他们参与的活力,变成了职业服务消极的消费者。虽然接受了能力标准的提高(这的确有好处),但很多"消费者"却开始厌恶了这种"医学化"或"法律化",因为这使他们置于专家们令人不快的怜悯之中。⑲

19 世纪知识的发展增强了职业正规培训的重要性。从古典到现代自由教育这一颇有争议的转变,也在一定程度上促进了职业正规培训的发展。不过,1800 年以来知识发现的增殖,才是在将传统学问改造为现代科学的过程中极其重要的一次突破。尽管实践中出现的转变——从引经据典到进行经验主义研究——比较温和,但这种变化仍然使学术中教学的优先地位让位给了研究。随着哲学知识这一整体的逐渐分解,学问开始沿着学科界限、围绕不同的核心问题和特殊的方法被迅速地组织起来。这在大学的教授教席制度、期刊和科学组织中就有所体现,⑳这样的著述共同体开始打破传统的系科,成为学术生活的主导力量。㉑

这种科学的爆炸也推动实践培训的改变。在欧洲大陆的官僚制政权下,在职业入行的最后一个阶段里,学术进程和考试被更紧密地结合起来。即使在那些有学徒制传统的国家,专业教育也逐渐回归到正规的高深学问机构中。而且,应用研究中一种全新的交叉领域还在技术或商业

---

⑱ M. Burrage, 'Practitioners, Professors and the State in France, the USA and England', in S. Goodland (ed.), *Educating for the Professions* (London, 1986).

⑲ H. Siegrist, 'Bürgerliche Berufe. Professionen und das Bürgertum', in Siegrist (ed.), *Bürgerliche Berufe* (note 14), 28ff. 有关医学化的情况请比较 R. Spree, *Soziale Ungleichheit vor Krankheit und Tod: Zur Sozialgeschichte des Gesundheitsbereichs im deutschen Kaiserreich*, Kleine Vandenhoeck-Reihe 1471 (Göttingen, 1981), 138ff.

⑳ 请比较第四部分,比如第 11 章。

㉑ R. S. Turner, 'The Growth of Professorial Research in Prussia, 1818 to 1848', *Historical Studies in the Physical Sciences*, 3 (1971), 137ff.; J. Ben-David, *The Scientist's Role in Society: A Comparative Study* (Englewood Cliffs, 1971).

学院中形成了。[22] 到1900年，社团的和官僚的这两种不同体制开始融合起来。用哈罗德·珀金(Harold Perkin)的话说，研究型大学重新收复了它们先辈所丧失的领地，成为现代社会的核心动力站。[23]

职业化的过程

19世纪，职业化过程尽管与高深学问的上述转变有密切的联系，但它还受到了其他方面的推动。不同于功能主义者的解释，职业化并不是科学化过程自然的结果，而是从业者的期望、国家的政策和顾客的愿望结合起来，与新生的大学体制相互作用的复杂结果。在资本主义国家，专业服务的市场日益开放，大学毕业生需要一些证据来表明他们具备了英才的优势。有什么能比一张令人难忘的教育文凭或职业证书更有说服力呢？同时，政府希望提高公众福利的意图，也使它们关注于提升诸如法律、健康或教育这些专业服务的标准，更不用提正在兴起中的工业对专业服务的需求了。因此，欧洲大陆的官僚体制创设了一套复杂的国家考试制度，对科学教育和实践技能提出了更高的要求。[24] 最后，顾客也叫喊着要保护他们免受庸医等人之害，希望在这个越来越缺少人情味的社会中保留一些一般性的标准，毕竟职业化的表现从根本上还是值得信赖的。对此，经过改良的培训和资格认证再次被证明是最具吸引力的方案。因此，从一种职业化的角度来看，关于科学知识对增进人们健康的实际贡献的争论在很大程度上是无关紧要的。一项职业计划成功与否，很少取决于多么高超的科学研究，更多地在于从业者、政府和公众是否相信它能更好地解

---

[22] R. Locke, *The End of the Practical Man: Entrepreneurship and Higher Education in Germany, France, and Great Britain, 1880—1940*, Industrial Development and the Social Fabric 7 (Greenwich, Conn., 1984).

[23] H. Perkin, 'The Pattern of Social Transformation in England', in Jarausch, (ed.), *Transformation* (note 9), 207ff.

[24] Titze *et al.*, 'Prüfungsauslese' (note 17).

决问题。[25]

新职业理念的提倡者，既有学术界的成员，又有学术界以外的人士。在“职业化”过程中，关键的一个群体便是学术专业群体，他们不仅是知识的生产者，也为实践活动树立起典范。19世纪，大学的教学逐渐变成一种
370 全职工作，而不仅仅是教师获得高等神职工作的跳板。教职的任命，并非教师家族内部的传承（学术裙带关系），而是逐渐通过自由竞争来决出学术上的优胜者。[26] 为了与更严格的科学培养保持一致，大学增设了申请教职的考试，甚至有时还会把那种马马虎虎的学位论文放在第二位，那种关于原创性研究的学位论文精品，在法国被称为国家博士论文（*thèse d'état*），在德国被称为大学执教资格的论文（*Habilitationsschrift*）。大学教师的工作重心，从辛劳的教学和照本宣科转变为基础性的研究和出版，同时对研究工作提出的标准也比教学声誉更为客观。新的研究精神赋予教授们一种较以往更高尚的使命，要求他们过一种内心世界苦行僧一般的生活，这种生活不再以宗教为基础，而是建立在世俗的启蒙基础上。最后，那些通常属于学术方面的组织，结成了一套严密的网络系统，它们在令人眼花缭乱和不断发展的各个新学科专业中，都倡导这种科学研究的新教义。[27]

从长远来看，学者的这种职业观念有着不可抗拒的吸引力，因为在推动经验发现和形成世俗的科学世界观方面，它都取得了巨大的成功。因此，它也被传给了那些从事官僚机构职业、学术职业或一般性职业的学生们。这样，在学术界外部，毕业生比照着教授们的典范，将教士、律师或医生这些传统行业重组为现代职业。如果忽略各国在机构设置上的不同，我们就会发现，高等培训的时间被延长了，超出了标准的三年期限。教学内容也发生了改变，从向初学者介绍公认的权威著作变为引入科学的方

---

[25] T. McKeown, 'A Sociological Approach to the History of Medicine', in T. McKeown and G. McLachlan (eds.), *Medical History and Medical Care: A Symposium of Perspectives, Arranged by the Nuffield Provincial Hospitals Trust and the Josiah Macy Jr. Foundation* (London, 1971), 6ff.; T. McKeown, *Die Bedeutung der Medizin. Traum, Trugbild oder Nemesis?* (Princeton, 1979).

[26] 参见第五章，第130－140页。

[27] 参见第一章，第9页。

法。认证考试也变得越来越细致和严格，测试中有关专业知识和职业技能的内容日益增加。㉘ 尽管还保留了很多社团的习俗和言辞，但从业者的自我映像，却逐渐从一种有学问的匠人意识，向一种建立在科学基础上的为人类服务的精神转变。㉙ 即使在偏远的乡村地区，医生们也通过对细菌学和化学的学术研究，慢慢改变了他们的治疗方法，开始使用各种新的化学药品代替各种草药秘方来治病。㉚

虽然有学术机构改革的推动，但各门职业发生这种转变也绝非注定的，而是传统主义者和改革者双方长期斗争的结果。㉛ 在无数的集会和演讲中，新派的专业人员支持一种学习和服务的新理念。为了改进工作，政府官员们剥夺了未受培训的竞争者——如"赤脚"医生——的从业资格，顾客也支持那些基于提高工作能力的许诺(有时也确有其事)而进行的革新活动。从业者中的绝大部分人，最终赢得了以科学为基础的职业主义事业的胜利，这种新的实践也增加了他们的收入，提高了他们的社会地位。㉜

新的职业不久就学会了取得上述成功的诱人秘诀，渴望建立自己的职业特权。先前从预备性哲学院系毕业的少数学生，开始争取实现教师这

㉘ R. S. Turner, 'University Reformers and Professional Scholarship in Germany 1760－1806', in L. Stone (ed.), *The University in Society* (London, 1974), vol. Ⅱ, 495－532; V. Karady, 'Teachers and Academics in 19th Century France: A Socio-Political Overview', in *Bildungsbürgertum*, 458ff.; S. Rothblatt, *The Revolution of the Dons: Cambridge and Society in Victorian England* (New York, 1968); A. J. Engel, *From Clergyman to Don: The Rise of the Academic Profession in 19th Century Oxford* (Oxford and New York, 1983).

㉙ 参见下列论文：S. Rothblatt, 'The Diversification of Higher Education in England', P. Lundgreen, 'Differentiation in German Higher Education' and J. McClelland, 'Diversification in Russian-Soviet Education', in Jarausch, (ed.), *Transformation* (note 9), 131ff.

㉚ C. Huerkamp, *Der Aufstieg der Ärzte im 19. Jahrhundert. Vom gelehrten Stand zum professionellen Experten. Das Beispiel Preussens*, Kritische Studien zur Geschichtswissenschaft 68 (Göttingen, 1985). 有关法律方面的情况 See D. Rüschemyer, *Lawyers and their Society: A Comparative Study of the Legal Profession in Germany and the US* (Cambridge, 1973).

㉛ 参见 K. H. Jarausch, *The Unfree Professions: Lawyers, Teachers and Engineers, 1900－1950* (New York, 1990), 8ff.

㉜ 有关这些斗争的精彩叙述，对照 A. J. Cronin, *The Citadel* (London, 1937).

一职业的职业化。[33] 从当时新建的后中等教育机构——如理工学院——毕业的学生，也积极活动，要将工程师职业变为一种羽翼丰满的职业。[34] 这些新兴的群体坚持要将他们的培训学术化，一种途径就是在大学内部建立他们的专业，另一种途径则是要求开办如理工学院这类相当于大学的机构。经过长期的斗争，他们还成功设立了颁发证书的资格考试，包括国家认可的考试[比如教师国家资格考试(*Staatsexamen*)、学术考试(比如工程学文凭)]，以及私人性质的考试[比如药剂师行业资格考试(*Verbandsexamen*)]。[35] 为了实现他们的目的，改革者为其职业发展出一种新的职
372 业自我意识，组织了很多像"教师协会"这样的压力集团，比如成立于 1837 年的德意志语言学联合会(*deutsche Philologenverein*)，1844 年该组织变为德意志语言学和东方学教师联合会(*Verein deutscher Philologen, Schulmänner und Orientalisten*)，[36]又如工程师组织——德意志工程师联合会(*Verein Deutscher Ingenieure*)。[37]

当时已有的职业经常试图抵制新职业群体的要求，它们担心如果让这些新群体也享有职业化带来的利益，它们自身的上等身份就会受损。因此，改革者必须在两条战线作战，对内要应付传统的从业者，对外要抵

---

[33] H. - E. Tenorth, 'Professionen und Professionalisierung. Ein Bezugsrahmen zur historischen Analyse des "Lehrers und seiner Organisationen"', in M. Heineman (ed.), *Der Lehrer und Seine Organisation*, Veröffentlichungen der historischen Kommission der Deutschen Gesellschaft für Erziehungswissenschaft 2 (Stuttgart, 1977), 457ff. 有关教师职业兴起的情况还需要进行比较分析。

[34] P. Lundgreen, 'Engineering Education in Europe and the USA, 1750—1930: The Rise to Dominance of School Culture and the Engineering Professions', *Annals of Science*, 47 (1990), 33—75.

[35] K. Gispen, *New Profession, Old Order: Engineers and German Society, 1815—1914* (Cambridge, 1989); K. Gispen, 'Engineers in Wilhelmian Germany: Professionalization, Deprofessionalization and the Development of Non-Academic Technical Education', in G. Cocks and K. H. Jarausch (eds.), *German Professions 1800—1950* (New York, 1990), 104ff.

[36] 见 K. A. Schmid (ed.), *Encyclopädie des gesammten Erziehungs-und Unterrichtswesens* (Gotha, 1865), vol. Ⅳ, 260ff., s. v. 'Lehrerversammlungen'.

[37] K.-H. Ludwig and W. Känig (eds.), *Technik, Ingenieure und Gesellschaft, Geachichte des Vereins Deutscher Ingenieure 1856—1981* (Düsseldorf, 1981). 参见 C. E. McClelland, *The German Experience of Professionalization: Modern Learned Professions and their Organization from the Early 19th Century* (Cambridge, 1991).

抗竞争对手。在这种斗争中，科学的发展是一种可资利用的有力论争武器，如果再打着公众利益的旗号，那么改善物质生活和提高社会声望的要求就会更有说服力。因此，富有创新精神的学者和要求改革的从业者经常联合起来共同斗争。㊳

但是，所有要求获得职业身份的群体都失败了。小学教师、药剂师和兽医只能长期保持一种"半职业"的身份，护士或社会工作者也没能实现他们的目标。㊴ 他们的失败，部分是因为缺乏知识，部分是因为其他社会政治群体的制约。这些"半职业"虽然也需要接受初等后教育，但却不能使它们的研究培训提升到第三级教育机构的层次。有时，像在教育学或社会工作中，学科的认识概念还被认为是相当贫乏和混乱的。财力有限或税收不足也经常是一种职业不能被提升到公职层次的重要原因之一。㊵ 在一些职业中，有部分从业者受到质疑，这也是一种障碍，比如护理职业通常被认为是女人的领地，或者如精神治疗等职业通常是宗教少数派（犹太人）的就业追求。㊶

这些失败都说明，光有知识进步并不能创造现代职业，知识的进步只是起到了有力的推动作用，并给从业者提供了令人信服的论据，使他们能组织起来去追求一种新的职业理念。教授作为科学进步的创造者，经常在这一过程中扮演媒人的角色，而成功与否最终取决于改革者自身的力量和努力。最后，还需要政府认可这些新职业，需要顾客认为这些新职业 373

㊳ J. Johnson, '"Academic, Proletarian, ... Professional": Shaping Professionalization for German Industrial Chemist, 1887－1920', in Cocks and Jarausch (eds.), *German Professions* (note 35), 123ff.

㊴ D. Skop, 'Auf der untersten Sprosse. Der Volksschullehrer als "Semi-Professional" im Deutschland des 19. Jahrhunderts', *Geschichte und Gesellschaft*, 6 (1980), 383ff.; C. Florin, *Kampen om Katedern. Feminiserings- och professionalisieringsprocessen inom den svenska folkskolans lärarkår 1860－1906* (Umea, 1987); M. Lamberti, *The Politics of Education* (New York, 2003).

㊵ A. J. LaVopa, *Prussian School-Teachers: Profession and Office, 1763－1848* (Chapel Hill, 1980).

㊶ J. Schneider, 'Volksschullehrerinnen: Women Defining Themselves and their Profession', Young Sun Hong, 'Femininity an Vocation: Gender and Class Conflict in the Professionalization of German Social Work', and G. Cocks, 'The Professionalization of Psychotherapy in Germany, 1928－1949', in Cocks and Jarausch (eds.), *German Professions* (note 35), 85ff., 232ff., 308ff.

比旧传统好而接受它们。

职业理念非常有吸引力，因此，它从实际存在的职业或自诩为职业的群体传播到了社会的其他领域。上层官僚机构中发生的从贵族朝臣到资产阶级专家的转变，使得公务员的招聘和工作更为"专业"。尽管与自由从业者相比，官僚阶层还存在政治依附和等级制度，但他们逐渐用解决问题的专业知识而不是封建效忠或政府权力来树立他们的权威。除了英国式的通才外，公务员们都成功得到了法律方面、技术方面或社会服务方面的证书。工商业中，白领的出现类似公务员的官僚化，他们在大型企业中实现了职业化。虽然依靠利润生存会限制这些商务人士的自治程度，但是职业的技能，比如管理技能和科技方面的专门经验，在 19 世纪末 20 世纪初时开始越来越突显出其重要性。

这种更广泛的职业化趋势改变了培训的模式，因此，法律课程中增设了行政管理课程，像社会工作这种服务专业得到了大学的承认，技术教育中也补充了管理或会计专业。因此，一套新的公务员考试制度，比如法国的"会考"(*concours*)、英国的文官考试(类似德国的第二级国家考试)，都在大学毕业后进行。最后，政府官僚制度的发展和企业白领的增加，开始缓慢地改变了大学毕业生的职业生涯，让他们由从事古典的自由职业转变为就职于公共服务或商业部门。[42]

374

各类职业就业人数的增长统计

因为大学更多关注的是录取情况而不是毕业情况，所以有关毕业生的统计数据极不完整。虽然各职业通常会保留其从业者的数据，但是有学生从业者与毕业率之间以及大学毕业生与职业新工作者之间的双重的数据误差，使得要把它们与先前的大学入学率的联系变得复杂起来。[43]

---

[42] R. Torstendahl, *Bureaucratisation in Northwestern Europe 1880－1985: Domination and Governance* (London, 1991)，特别是 18ff and 199－249. 也请参照 J. Caplan, 'Profession as Vocation: The German Civil Service', in Cocks and Jarausch (eds.), *German Professions* (note 35), 163－82.

[43] 有关中等学校毕业生就业意向的一些假想性的图表，对照：Ringer, *Education and Society*, 165, 280－1.

现在能获得的基本数据显示出一种明显的增长趋势：英格兰从 1880 年到 1911 年，8 种职业的从业人数从 127 354 人增加到 191 384 人，增加了 50%；法国从 1876 年到 1906 年，自由职业者和知识分子的人数从83 359 人增加到 121 257 人；德国从 1852 年到 1933 年，受过教育的从业者人数从 63 000 人(其中有 31 418 人在普鲁士)增加到 335 252 人；俄国从 1897 年到 1926 年，高等教育毕业生人数从 133 600 人增加到近233 000人。[44]

尽管各职业就业人数的绝对增长是相当可观的，但直到 1930 年每种职业的增长率仍很难超过 5%，而且还要取决于某种职业内部的官僚制度是否成熟。因此，各职业重要性的增长，很少是由其从业者的绝对数目而定，而更多取决于它们在工作进程中的影响力如何。如果一种职业能给从业者带来威信、自治权和绅士般的生活方式，那么，无论是对它的从业者，还是对它在商业和政府中的对手来说，这种职业都会具有相当的吸引力。[45]

在已有的数据中(如表 9.1 有关牛津大学的数据)，毕业生的就业情况显示了几个相关的发展变化。首先，19 世纪土地所有者所拥有的固定资产在各阶段逐渐减少。其次，在世俗化进程中，教士阶层的重要性也降低了，因为教学逐渐成为一种独立的职业。第三，从事法律和医学等自由职业的毕业生比例增长较快，但最终因从业者之间的激烈竞争而达到一种稳定水平。第四，由于第三级和中等教育机构的发展，大学培养出越来越多进入学术职业或教学职业的毕业生，因此教育机构的扩张也在一定程度上促进了其自身的发展。第五，国家、政府或地方官僚制度建立后，吸纳 375
了更多的毕业生，他们除了进入传统的武官阶层，还能当公务员。第六，商业的职业化，也逐渐打破了受过教育的人不愿从事工商业的成见，逐渐建立起学术界和应用事务领域的经常性联系。

---

[44] 数据取自：H. Perkin, *The Rise of Professional Society*: *England since 1880* (London, 1989), 80; C. Charle, 'Professionen und Intellektuelle', in Siegrist (ed.), *Bürgerliche Berufe* (note 14), 132; K. H. Jarausch, 'Die neuhumanistische Universität und die bürgerliche Gesellschaft, 1800－1870', in C. Probst (ed.), *Darstellungen und Quellen zur Geschichte der deutschen Einheitbewegung*, 11 (Heidelberg, 1981), 11－58; Jarausch, *The Unfree Professions* (note 31); Jarausch, 'Higher Education' (note 15), 33.

[45] Jarausch, 'Higher Education' (note 15), 33.

表 9.1　19 世纪牛津大学毕业生从事的职业[a]

职　业	录取年份									
	1818/19 年		1848/49 年		1878/79 年		1897/98 年		总　计	
	N	%	N	%	N	%	N	%	N	%
(1)土地所有者	123	15.5	105	11.8	145	9.8	82	4.8	455	9.3
(2)教会	410	51.7	438	49.2	453	30.6	298	17.3	1599	32.7
(3)专门职业	56	7.1	71	8.0	279	20.0	357	20.7	763	15.6
(4)教学	16	2.0	65	7.3	167	11.3	275	16.0	523	10.7
(5)政府	18	2.3	45	5.1	87	5.9	283	16.4	433	8.9
(6)商业	6	0.8	13	1.5	54	3.6	153	7.8	208	4.3
(7)不详	164	20.7	154	16.3	297	20.0	293	17.0	908	18.6
总　计	793	16.2	891	18.2	1482	30.3	1723	35.2	4889	

a 以上数据是根据 M. Curthoys,'Oxford and the Nation: The Careers of Oxford Men,1800—1914',见 *History of Oxford*,表 1 和表 2 重新计算得出。剑桥大学的数据见 Ringer,*Education and Society*,第 236 页。"土地所有者"=地主和独立业主;"教会"=教士和其他宗教性工作;"教学"=高等教育,学校教学;"政府"=军队,行政工作;"商业"=商业,财政,工业,工程;"不详"=早逝的年轻人,不详。

其他国家不完整的职业统计数据也显示了相似的职业化增长趋势。法国 1864 年迪吕伊调查所得到的丰富数据反映出,对中等学校毕业生来说,专业化职业的发展以及平凡的资产阶级职业的长期存在都具有非常重要的意义(参见表 9.2)。

独立的大学校的毕业生就业数据表明,他们的就业取向是某一特定的职业,比如师范生(*normaliens*)(4/5)的取向就是第三级和中等学校教师,理工学生(*polytechniciens*)(4/5)的取向就是进入军队,职业技术生(*arts et métiers*)(2/3)的取向就是进入工业领域。但是,除了从事行政工作和商业中领导职位的人数有一些增长外,由于缺乏可供比较的大学毕业生数据,我们很难断定有任何重要的趋势。[46] 类似的德国学生的有限数

376

[46] Weisz, *Emergence*, 236, 有相关程度的数据。请参照 R. J. Smith, *The Ecole Normale Supérieure and the Third Republic* (Albany, 1982), 51—52; Shinn, *Savoir scientifique*, 185; C. R. Day, 'The Making of Mechanical Engineers in France', *French Historical Studies* (1978), 439—460.

据也显示出职业的重要性以及官僚阶层和商业领域的吸引力在不断增长（见表9.3）。

表9.2 1864年法国中等学校毕业生从事的职业[a]

职业	国立中学%	学院%
(1)土地所有者/农场	7.8	15.3
(2)专门职业	48.4	30.8
(3)教学(高等)	1.8	1.2
(4)政府	8.2	9.8
(5)商业	4.4	9.8
(6)低等职业	29.6	38.7
总　计	6 974	9 048

a 以上数据是根据 Harrigan，*Mobility* (note 3)，表18重新计算得出。“土地所有者”这一行还包括农业(百分比分别为4.4%和11.4%)。“专门职业”包括了重要和次要的职业，但“教学”只包括中等及其中等以上教学。相对于多数天主教中学，国立中学是更具世俗性以及拥有更多优秀人才的机构。

表9.3 1928—1931年德国学生的职业计划[a]

职业	高等学校%	大学%	技术学院%
(1)教会	13.9	8.7	
(2)专门职业	40.4	36.5	9.6
(3)教学	14.2	31.3	15.5
(4)政府	7.1	11.9	18.0
(5)商业	17.1	7.9	51.8
(6)不详	7.0	2.8	5.0
总　计	5 843	99 432	20 280

a 以上数据是根据 Müller and Zymek (eds.)，*Datenhandbuch* (note 3)，Ii 213，表78.1以及表19均出自于 Ringer，*Education and Society*，第315页，表Ⅷ.3重新计算得出。高等学校的百分比是1928年普鲁士的数据，大学和技术学院的百分比是1931年的数据。至于各行的分类参照表9.1。

除了一些共同的趋势外，各个特定职业的重要性在各国都有所不同。在法国，法律职业是最有影响力的(45 512)；在德国，医生的人数增加最快(从 1876 年的 13 728 人增至 1909 年的 30 558 人)；在英国，学校教师成为人数最多的职业(68 651)；在俄国，工程师变成最热门的职业。㊼ 因此，职业化的程度在各国也有所不同，英格兰程度最高，接下来是法国和德国；俄国最低，因为其职业化起步较晚。

377 职业的兴起过程还伴随着周期性的劳动力市场危机。用经济术语来讲，毕业生人数的增长，可能是由于接受高深学问的人数增多从而增加了供应，或者是由于对专家需求的增长从而刺激了需求。㊽ 实际上，人力的供需只能勉强维持平衡。当缺乏受过训练的毕业生时，可以通过降低标准来解决；而当受过教育的人过剩时，就会反复出现对“知识无产阶级”的忧虑，并且引起政治上的动荡局面。㊾

有关学术过剩的研究只是探讨了德国(以及奥地利)的情况，所以在这里，这一特定研究又提出下面问题：职业的发展是否也伴随类似问题的出现。后洪堡时代大学的发展到 19 世纪 30 年代已经到了尽头，这一发展所带来的供应过剩直接导致了 1848 年革命的爆发。入学率的停滞不变最终在 19 世纪 60 年代创造出新的需求，由此促发了新一轮增长，而到 19 世纪 80 年代再次出现大学生过剩，著名的文凭危机(*Qualifikationskrise*)使大学生和毕业生都转向了反自由主义阵营。大学入学率在一战前的最后一个十年有所恢复，在 20 世纪 20 年代入学人数又再次达到最高峰，这次大学生过剩引发了更具灾难性的政治事件，因为它为纳粹这座磨坊提供

㊼ Huerkamp, Aufstieg (note 3), 151; P. L. Alston, 'The Dynamics of Educational Expansion in Russia', in Jarausch (ed.), *Transformation* (note 9), 89ff.

㊽ R. Torstendahl, 'Engineers in Industry, 1850—1910: Professional Men and New Bureaucrats', in C. G. Bernhard *et al*. (eds.), *Science, Technology and Society in the Time of Alfred Nobel: Nobel Symposium 52 held at Björborn, Karlskoga, 17—22 August 1981* (Oxford, New York and Frankfurt-am-Main, 1981), 253ff.

㊾ L. O'Boyle, 'The Problem of an Excess of Educated Men in Western Europe, 1800—1850', *Journal of Modern History*, 42 (1970), 471—495; K. H. Jarausch, 'The Sources of German Student Unrest', in Stone (ed.), *University in Society* (note 28), vol. Ⅱ, 533ff.; D. Brower, *Training the Nihilists: Education and Radicalism in Tsarist Russia* (Ithaca, 1975). 参见第七章第 238 页和第八章第 339 页。

了用以碾磨的谷物。[50] 单项职业也呈现出有规律的循环，在不足和过剩之间来回交替。在一个政府雇佣对大学生就业至关重要的赋权系统中，看似不可避免的这一连串危机引发了相当多的政治不满。[51] 各种职业一次又一次用名额限制来关闭就业的大门，而教授的数量却持续增长。

周期性的就业市场困境还不会受到调控的影响。19 世纪 30 世纪过剩时期，中欧的官僚机构就对大学毕业生提高了准入要求（制定高级中学 378
毕业考试法令），多次发布警告，并暂停雇佣毕业生。这些激烈的措施确实阻止了一代人大学入学率的增长，而其代价就是妨碍了那批过剩的受过教育者的就业。[52] 19 世纪 80 年代过剩时期，政府起用哥廷根经济学家威廉·莱克斯(Wilhelm Lexis)来编制精确的劳动力市场统计，以求得到更可靠的数据基础——这是一项不可能完成的任务，因为不能准确计算出对毕业生的需求量。由于紧缩助学金，政府的对策只能加剧危机，1900 年后，领导官员最终放弃了所有试图调节学术劳动力的努力。[53]

20 世纪 20 年代大学毕业生过剩时期，政府恢复雇佣毕业生，同时部分限制了毕业生进入教学职业，这些措施最初成功地缓解一战后的危机。

---

[50] D. K. Müller, 'Quantifikationskrise und Schulreform', in U. Herrmann (ed.), *Historische Pädagogik, Studien zur historischen Bildungsökonomie und zur Wissenschaftsgeschichte der Pädagogik, Beiträge zuy Bildungstheorie und zur Analyse pädagogischer Klassiker, Literaturberichte und Rezensionen*, Zeitschrift für Pädagogik Beiheft 14 (Weinheim, 1977), 13—35; D. K. Müller *et al.*, 'Modellentwicklung zur Analyse von Krisenphasen im Verhältnis von Schulsystem und staatlichen Beschäftigungssystem', *ibid.*, 37—77. See P. Windolf, *Expansion and Structural Change: Higher Education in Germany, the United States and Japan, 1870—1990* (Boulder, 1997).

[51] Jarausch, *Deutsche Studenten* (note 2), 71ff., 129ff.

[52] See H. Titze, *Der Akudeamikerzyklus. Historische Untersuchungen über die Wiederkehr von Überfüllung und Mangel in akademischen Karrieren* (Göttigen, 1990), 485ff. H. Titze, 'Der historische Siegeszug der Bildungsselektion: The Victorious Process of Educational Selection', *Zeitschrift für Soziologie der Erziehung und Sozialisation*, 18 (1998), 66—81; H. Titze, 'Wie wächst das Bildungssystem?' *Zeitschrift für Pädagogik*, 1/45 (1999), 103—120, 这是直到 1980 年的相关研究的一个摘要; H. Titze, 'Die Tiefenstruktur des Bildungswachstums von 1800 bis 2000', *Die deutsche Schule*, 2/95 (2003), 180—196.

[53] Jarausch, *Students Imperial Germany*, 23—77; K. H. Jarausch, 'Universität und Hochschule', in C. Berg (ed.), *Handbuch der deutschen Bildungsgeschichte*, vol. Ⅳ: *1870—1918, Von der Reichsgründung bis zum Ende des Zweiten Weltkriegs* (Munich, 1991), 314—319.

但当大危机夺走了公共部门或私人企业的工作机会时，20 年代中期那种正常化状态随即一去不返了。诸如官方警告、在培训中进行更严格的筛选，以及加剧竞争等自由主义措施，对于那些在学术生存斗争中落败的人来说被证明是没有吸引力的。[54] 在职业介绍办公室里，劳动服务方案或者同业合同可能会帮助一些人，但它们都无力缓解整个困境。从短期看，大学也做出了努力，它们让一些学生从教学专业转到神学专业，或者让他们从法学专业转到医学专业。但从长远看，所有职业都人满为患，只有强制性地降低入学率才能制造新的需求，而这样又会再次启动新一轮的循环。

高等教育学生人数持续的结构性增长，完全使所有有条理的限制毕业生人数的努力功亏一篑。尽管从长远看，对合格劳动力的需求会逐渐增加，但在短期内，由于高等教育入学的开放，毕业生的人数超过了政府部门、自由职业或工业部门所能提供的工作岗位数量。首先，在 19 世纪和 20 世纪初期，所有欧洲国家的中等教育机构毕业生都迅速增加。大学入学人数的增长，不仅是由于传统中学——如文科中学——的毕业生增加
379 了，还因为一些现代中学——如实科中学或高级实科中学——的毕业生也获得了进入大学的资格。[55] 其次，对学生群体成分的结构性分析已经表明，新的社会群体中有相当数量的子女开始接受高等教育。例如，19 世纪上半叶德国和奥地利学术界进行的人员自我补充，让旧的以及此后新兴的中产阶级大量涌入，他们的父母多数来自小资产阶级阶层。[56] 第三，宗教和文化上的少数群体开始获得接受高等培训的入学资格。因此，在 20 世纪的头十年中，天主教学生入学人数不足的情况结束了，犹太人这一少

---

[54] Jarausch, *The Unfree Professions* (note 31), 27—111.

[55] J. G. Albisetti, *Secondary School Reform in Imperial Germany* (Princeton, 1983) 以及在第 292 页中列出的比较研究文献。

[56] H. Kaeble, 'Educational Opportunities and Government Politics in Europe in the Period of Industrialization', in P. Flora and A. Heidenheimer (eds.), *The Development of Welfare States in Europe and America* (New Brunswick, 1981), 239ff. See G. B. Cohen, *Education and Middle Class Society in Imperial Austria, 1848—1918* (West Lafayette, Ind., 1996).

数族群非常渴望接受高等教养。[57] 最后，高深学问的有限开放最终也使妇女得以进入大学和其他第三级教育机构。[58] 在促进社会进步和平等的愿望的推动下，这些新群体涌入了大学，他们不仅改变了大学的组成，还加剧了正在兴起的各职业之间的竞争。

尽管造成了循环危机，但学生人数的增多也推动了各类机构的分化以及从业者组织的形成，从而促进了职业化的发展。大学为了接受不断增多的学生，不但拓展了已有的专业，而且紧跟专业化的步伐开辟了新的研究领域。在教授自身利益和学生要求的推动下，这些新专业——如化学——最后还极力争取到举行它们自己的考试，以此来作为其职业基础。[59] 但当传统的大学反应迟缓，不足以应对像技术这些领域所带来的经济发展的挑战时，进入新的第三级教育机构——如理工学院——的人数就增加了。[60]

尽管很多教授抵制，很多从业者也对进一步学术化持怀疑态度，但更新的高深学问机构还是出现了，比如商学院（*Handelshochschulen*）。[61] 专 380
业人员通过更有力的集体行动来回应毕业生人数增多的情况。对专业服务日益增长的需求，使他们能够提升自己的社会地位，增强自己的影响力。即便受过学术培训的人过多，却还密切了他们的合作。在相对过剩时期，像医生和律师这样的自由职业者组织起来，以限制竞争，并劝说公众

---

[57] N. Kampe, *Studenten und 'Judenfrage' im deutschen Kaiserreich. Die Entstehung einer akademischen Trägerschicht des Antisemitismus*, Kritische Studien zur Geschichtswissenschaft 76 (Göttingen, 1988). See Jarausch, *Deutsche Studenten* (note 2), 90.

[58] J. C. Albisetti, *Schooling German Girls and Women: Secondary and Higher Education in the Nineteenth Century* (Princeton, 1988); P. Mazon, *Gender and the Modern Research University* (Stanford, 2003).

[59] See J. A. Johnson, *The Kaiser's Chemists: Science and Modernization in Imperial Germany* (Chapel Hill, 1990).

[60] K.-H. Manegold, *Universität, Technische Hochschule und Industrie*, Schriften zur Wirtschafts- und Sozialgeschichte 16 (Berlin, 1970); K.-H. Ludwig and W. König (eds.), *Technik, Ingenieure und Gesellschaft* (note 37).

[61] A. Hayashima, 'Die Absolventen der Leipziger Handelshochschule, 1900—1920', *Kwansei Gakuin University Annual Studies*, 36 (1987), 113ff.; A. Hayashima, 'Die Absolventen der Preuβischen Handelshochschule'h, *Kwansei Gakuin University Annual Studies*, 37 (1988), 23ff. See 'European Universities and Similar Institutions in Existence Between 1812 and the End of 1944'.

到他们那里接受服务。在绝对供给过剩时期，由政府雇佣的那些专业人士——如教师就会团结起来，迫使政府增加雇佣的人数。在经济危机中，工商业的从业者也会联合起来，通过控制就业准入来保住自己的饭碗。[62]尽管供给过剩阻碍了一些发展，但是它也反映出社会对更严格的培训和准入要求的需求。

各国的差异

虽然职业化的世俗进程特征具有普遍性，但它在每个国家都有不同的制度模式。英国的职业化历程经常被视为经典案例，但具有讽刺意味的是，从比较研究的角度来看，英国模式是相对独特的，甚至与苏格兰的模式也有所区别。除了教士阶层还与牛津大学和剑桥大学保持着联系外，在现代早期，专业训练已经远离了大学校园。尽管大多数英国的从业者接受了公学或文法学校的教育，很多人也进入学院接受了普通教养，但他们基本上都是在四大法律协会(Inns of Court)或者皇家医学院中给专业人员当学徒。著名的“认证协会”(qualifying associations)控制了专业考试和认证，它本身是一个合作性的自治机构，完全独立于任何官方机构。[63]只是到了19世纪中期以后，英国大学进行的改革才逐渐开始将培训重新纳入到高等教育之中。虽然欧洲大陆德国模式的影响以及科学的迅速发展使专业教学重返大学，但考试和认证仍然是专业组织的特权。即使高等教育通过定位于教学的红砖大学和工科学校获得了发展，也没能打破
381 这种模式，而新的职业组织又都模仿法律和医学组织模式。[64] 因此，英国的职业规模比较小，而且比其他国家的职业群体更为团结。英国模式中的自治是由职业道德和自制来规范的，在普及这种自治理想时，英国大学和官僚体制中的自由就显得非常独特了。

---

[62] Jarausch, *Unfree Professions* (note 31), *passim*.

[63] G. Millerson, *The Qualifying Associations: A Study in Professionalization* (London, 1964); Burrage, 'Practitioners' (note 18), 26ff.

[64] R. Lowe, 'English Elite Education in the late Nineteenth and Early Twentieth Centuries', in *Bildungsbürgertum*, 147ff.; A. Engel, 'The English Universities and Professional Education', in Jarausch (ed.), *Transformation* (note 9), 293ff.

法国官僚控制模式虽然还带有一种特殊的选拔性特征，但其仍是更为典型的大陆模式。在旧制度下，各个职业组建了各自引以自豪的自治社团，以一种半公共的权威控制了就业的准入和从业活动。在大革命的狂热中，改革派专业人员废除了所有“择才而入的职业”(*les carrières ouvertes aux talents*)的限制，引入了非限制性的竞争，破坏了内部的团结。拿破仑在执政时期逐渐重建了各门职业，将它们置于政府的严密监控之下，他只对律师的集体抗议表示了妥协，而不理会那些分散的从业者之间的自由竞争。

大学校的建立培养出一部分享有特权的专业人员，特别是在技术（高级工程师）和教学领域，而更传统的法律和医学专业仍继续在衰落的大学中教授。结果是1848年前法国就出现了受教育者大规模过剩，从而滋生了大革命的激进主义。⑮直到19世纪下半叶，专业人员才得以重建他们的一些组织，恢复了一种集体认同感。同时，大学的改革也使他们的培训机构获得了新生。政府还出台了更为有利的法律，来限制竞争以及改善专业人员的生活水平。在这一政治进程中，律师占据了尤为重要的地位，以至于批评家把当时的法国称为“律师共和国”(*République des avoués*)。相比之下，在艺术、文学和新闻行业工作的知识分子群体，也接受过一些学术培训，他们人数迅速增加，但却没能顺利获得行业特权，因此，“有能力的人”(*capacités*)分裂为两个相互竞争的群体。⑯

德国的职业化模式也反映出政府强有力的控制，但其中还体现了大学的重要影响。既然大学职业指导处(*akademische Berufsstände*)的社团主义保持不变，那么有政府参与的职业现代化就是一种“自上而下的职业化”。从19世纪初开始，德国政府开始陆续设立一系列严格的国家考试， 382
专业涉及律师、医生、教士，最后还包括教师，从而形成了对学术职业的官

⑮ F. K. Ringer, ‘Education and the Middle Classes in Modern France’, in *Bildungsbürgertum*, 109ff.; M. Ramsey, ‘Review Essay: History of a Profession, *Annales* Style’, *Journal of Social History*, 17 (1983), 319ff.; Burrage, ‘Practitioners’ (note 18), 26ff.

⑯ Charle, ‘Professionen und Intellektuelle’ (note 44), 127ff. See Geison (ed.), *Professions* (note 17), *passim*. Charle的专著*Les Elites* (note 7) 提供了很多有关精英的材料，但没有从顶尖学校（the *hautes écoles*）或大学的角度来考察问题。

僚控制体系。除了提升对从业者理论和实践培训外，政府还监督认证、收费和职业道德，只是让从业者个人承担经济上的风险。因此，自由主义的职业改革者竟能在19世纪中期成功废除医学（1869年）和法学（1879）专业，这实在让人大为震惊。自由律师事务所（*freie Advokatur*）以及自由行医的出现，促进了强大的职业协会的形成，这些组织在管理上很大程度是模仿了西欧的自治模式。[67]

19世纪80年代的过剩危机波动中，专业人员倾向一种新的社团主义，其特点是实行一种议会式律师协会（*Anwaltskammern*）的自治：一方面利用政府权威来调控竞争，另一方面又不让政府支配各职业。与英国相比，大学在德国职业的形成中发挥了更重大的作用，因为一个领域如果能得到学术上的承认，就能作为一个新职业而得到法律和社会的接受。因此，中欧模式并不是完全由官僚控制，其特征是从业者在一套由官方许可和职业影响形成的体制中自我发展。[68]

在俄国，尽管政府力量是最强大的，但19世纪下半叶的俄国仍然出现了一种职业主义。沙皇政府的教育体制头重脚轻，最上级是一些有名望的大学，在它们之下是一堆质量参差不齐的中等教育机构（类似德国的同级机构），而在它们之下则是极不发达的初等教育机构。等级制的社会结构及其复杂的等级体系，给所有高级官员都加封贵族，却几乎没有给以专业知识为基础的中产阶级留出兴起的空间。19世纪60年代的亚历山大改革后，一些学术从业者开始联合起来，为他们的活动开辟了一定的公共空间，比如建立了一所律师学院。在自由主义的地方自治会（*zemstvo*）运

---

[67] H. Siegrist, 'Gebremste Professionalisierung-Das Beispiel Schweizer Rechtsanwaltschaft im Vergleich zu Frankreich und Deutschland im 19. und frühen 20. Jahrhundert' in *Bildungsbürgertum*, 301ff.; C. Huerkamp, 'Ärzte und Professionalisierung in Deutschland. Überlegungen zum Wandel des Arztberufs im 19. Jahrhundert', *Geschichte und Gesellschaft*, 6, 3 (1980), 349ff. See Cocks and Jarausch (eds.), *German Professions* (note 35), 27－160.

[68] K. H. Jarausch, 'The German Profession in History and Theory', in Cocks and Jarausch (eds.), *German Professions* (note 35), 9－24. See C. E. McClelland, 'Professionalization and Higher Education in Germany', 见 Jarausch (ed.), *Transformation* (note 9), 306ff. 以及 C. E. McClelland, S. Merl and H. Siegrist (eds.), *Professionen im modernen Osteuropa* (Berlin, 1995).

动中，专业人员起到了领导作用，他们试图提供医疗、法律咨询、教育等现代服务来改造俄国社会。由于俄国社会变化缓慢以及失业普遍，很多高等教育毕业生遭受挫败，因此加入到激进知识分子行列中，致力于推翻本国的压迫制度。[69]

20 世纪初期的俄国逐渐形成了一种协会生活，不过它是围绕学术追求而不是从业追求形成的。在当时的革命中，很多理想主义的专业人员加入了布尔什维克，猛烈抨击资产阶级的特权，却没有意识到这样做最终也会危及他们自己的特权。当发现专业人员想要维护他们的自治权利时，布尔什维克党解散了所有协会，只允许律师在政府控制的委员会中继续从业。布尔什维克政权喜欢的是听话的技术型干部，而不是自由自治的专业人员。[70]

在欧洲较小的国家中，专业化的趋势都受到某个大国模式的影响，但也都有地方性传统的特点。它们的相似之处通常有：或者都是直接受政治控制，或者都是间接受文化影响，或者具有相似的结构框架。在有着强大社团传统的社会，比如意大利，学术职业自治的古老模式留存得最为长久。[71] 与此相对照，英国式的从业者自治模式几乎只存在于实行基层民主的瑞士。[72] 以政府认证但公开竞争为特征的法国式政府控制和市场自由的混合模式，对比利时的职业化模式产生了一定的影响。[73] 德国式的"自上而下的职业化"以及紧密相关的高深学问模式，对奥地利、荷兰、斯堪的

---

[69] D. Geyer, 'Zwischen Bildungsbürgertum und Intelligentzija: Staatsdienst und akademische Professionalisierung im vorrevolutionären Russland', in *Bildungsbürgertum*, 207ff. See Brower, *Training the Nihilists* (note 49), *passim*.

[70] C. E. Timberlake, 'Higher Learning, the State and the Professions in Russia', in Jarausch (ed.), *Transformation* (note 9), 321ff. See Kassow, *Students Tsarist Russia*.

[71] M. Barbagli, *Education for Unemployment: Politics, Labor Markets and the School System - Italy, 1859—1973* (New York, 1982); See M. Malatesta (ed.), *Society and the Professions in Italy, 1860—1914* (Cambridge, 1995).

[72] Siegrist (ed.), *Bürgerliche Berufe* (note 14), 20ff.; H. Siegrist, 'Die Genfer Advokaten im 19. und frühen 20. Jahrhundert', in S. Brändli *et al*. (eds.), *Schweiz im Wandel. Studien zur neueren Gesellschaftsgeschichte* (Basle, 1990), 229—257.

[73] J. Art, 'Les Rapports triennaux sur l'état de l'enseignement supérieur: un arrière-fond pour des recherches ultérieures sur l'histoire des elites Belges entre 1814 et 1914', *Revue belge d'historie contemporaine*, 17 (1986), 187—224.

纳维亚地区和希腊的职业化模式产生了影响。[74] 最后，俄国式的晚期职业
384 化以及随之形成的激进知识分子阶层，在东欧和巴尔干地区的国家中能找到一些类似的经历。通过跨国的比较研究，我们能发现很多不同的职业化种类和设置，而不是只有一种主要的模式。在把这样一种令人迷惑的组合拼凑成一幅易于理解的图景之前，我们有必要先对单个国家——如西班牙——高深学问与职业形成之间的关系进行更详细的考察。不过，无论如何，在 20 世纪初，欧洲各国都形成了科学培训、公开认证、地位崇高、业务精湛、讲究职业道德以及组织严密的职业。

总　结

高深学问的转变对职业化进程产生了至关重要的影响。从传统的自由教育到科学培训的转变，创造出充满活力的知识基础，这已超越了纯粹的职业实用技能。因此，诸如医学这样的传统职业得以复兴，而像精神疗法这样的新职业则是学术专业化持续发展的结果。甚至连实习中的学徒制也得以正规化，并以一种更系统的形式重新与高等教育联系起来。学术职业的持续职业化进程，还成为了科学领域从业者进行改革的重要模型；不断增加的知识，不仅为一些实际问题（比如公共卫生或桥梁修建）提供了更好的解决方案，而且诉诸了当时流行的科学主义来支持争取职业特权的观点。不断发展和分化的第三级教育机构，培养出越来越多的毕业生，也对确认各专门职业的资格提出了要求。教授与从业者发生了利益冲突；前者希望培养更多学生，而后者希望免受过度竞争的损害。各种职业吸收新手的能力并不是稳定不变的，这样就造成一种技术劳动力过剩或不足的循环模式，从而引起社会对知识无产阶级的焦虑不安。19 世纪，尽管各国都有不同的制度化知识、专业组织和劳动力市场结构，但是

---

[74] Cohen, *Education and Middle Class Society* (note 56); M. M. Kovas, *Liberal Professions and Illiberal Politics: Hungary from the Habsburgs to the Holocaust* (Washington, 1994); W. J. Frijhoff, 'The Netherlands', in B. R. Clark and G. R. Neave, *The Encyclopedia of Higher Education* vol. Ⅰ: *National Systems of Higher Education* (Oxford, New York, Seoul and Tokyo, 1992), 491－505; 瑞士部分参考的是 Burrage and Thorstendahl (eds.), *Professions* (note 6).

大学和职业之间的关系在各国都变得更加紧密。既然专业人员对学术教育和实践培训的影响在不断加强，那么，我们可以说，高深学问的转变与现代职业的形成是相辅相成的。[75]

385

现代职业的兴起深刻地改变了大学毕业生的职业生涯。1800年时，很多毕业生仍然是进入教会或成为土地所有者，而到了1900年，大多数高等教育毕业生都进入法律、医学或像教学和工程这类全新的职业。除了自由职业外，政府服务以及发展中的商业领域也提供了就业机会。现代职业不仅具备高级的科学培训，而且还拥有有保证的资格证明，因此能形成对市场的垄断，或者至少说能提供强大的竞争优势。这样看来，全体专业人员收入的提高，以及他们整体社会地位的急剧上升，都不足为奇了，很多从业者由此跻身于社会的中上阶层行列。只有当需求增长不够迅速、造成供给过剩情况时，才会产生一些知识无产阶级。各类职业的从业活动，也迅速从一种由习俗和经验所指导的手工艺展示，转变为一种将学术知识和实践技能结合起来的更为智性的事务。

专业人员就以这种经专门训练所得到的技能为基础，不断向政府或顾客提出职业自治的要求。同时，他们的自我意识，从一个以自我为中心的、传统秘方的发放者形象，转变为一个要改善人类生活的、科学的改革者形象。因此，职业道德这个概念也改变了它的内涵，从调解竞争变为定义一种公共服务的精神。最后，从前那种喜爱饮酒作乐的集体组织，自行转变为各个以知识为基础、提倡职业利益和社会变革的团体。就这样，职业组织令人惊讶地将自我本位的需求与利他主义的言论结合起来。这种由学术领袖和进步主义的从业者所塑造的职业理想，拥有强大的影响力，成为非经济中产阶级（non-economic middleclass）的新的指导原则。

在一些研究者看来，"规模和影响的大规模增长"使得职业阶层"在20世纪成为支配阶层"。根据社会学中对专家崇拜的研究，他们提出了一些夸张的说法，比如"职业主义自上而下地遍布整个社会"。相对工业主义而

---

[75] 参见 Burrage and Thorstendahl (eds.), *Professions* (note 6) 的引言部分，以及 R. Thorstendahl, 'Knowledge and Power: Constraints and Expansion of Professional Influence in Western Capitalist Society', in M. Trow and T. Nybom (eds.), *University and Society: Essay on the Social Role of Research and Higher Education* (London, 1991), 35ff.

言，“职业等级所营造的社会金字塔，比地主，甚至比商业资本所塑造的，都要层级分明得多”。他们还提出，“一个职业的社会是一个充斥着职业的社会理念的社会”，这种观点已超出了职业自身狭义的定义。⑯ 从纯数据来看，这种对职业支配地位的断言会使人产生误解，因为直到1933年，大学
386 毕业生人数在劳动力总数中所占的比例也很难超过5%。即使加上中等学校的学生、准专业人员（proto-professionals）的学生、白领职员以及像小学教师或非学术性工程师这些半职业人员，其总人数在有收入的劳动力中所占比例最多也只能达到1/6。定性的结论更难得出，因为权利体制、以教育为基础的社会分层以及个人的价值——不是靠世袭封号或资本积累实现的，都已经非常普遍地存在。由于对金钱的蔑视，职业主义在1945年以前只部分地进入商业领域，很难触及到工人阶级。无论如何，我们不能因职业化带来一种令人羡慕的现代工作组织模式，而将它夸大为社会的主要原则。

更恰当、更准确地讲，在20世纪前30年中，职业主义逐渐支配了受过教育的中产阶级的生活。虽然这一群体在价值观念和生活方式上，与贵族和工人阶级有着明显区别，但国家的差别和意识形态的偏见，使我们极难准确地界定谁属于这一群体。⑰ 在西欧国家，工商业势力产生了资本家阶层，他们的权势足以盖过这些受教育的职业。在中欧，经济发展的缓慢和政府权力的强大，有助于形成一种独特的受教育的市民（*Bildungsbürgertum*）阶层，他们的特点是接受了古典教养，就职于公共部门，厌恶物质利益。在东欧社会，工业化水平更低，很多中产阶级职业都带着外国特征，再加上政治上的压迫，使当地形成了一批属于小资产阶级知

---

⑯ Perkin, *Professional Society* (note 44), xiiff., 3ff., D. Bell, *The Coming of Post-Industrial Society: A Venture in Social Forecasting* (New York, 1976) 一书也持类似观点。参见 D. Bell, *The Third Revolution: Professional Elites in the Modern World* (New York, 1996).

⑰ J. Kocka, 'Bürgertum und bürgerliche Gesellschaft im 19. Jahrhundert. Europäische Entwicklungen und deutsche Eigenarten', in *Bildungsbürgertum*, 11ff.

识阶层的激进分子。[78] 19世纪晚期，这些受教育的不同中产阶级群体，不仅在人数上迅速增加，而且，由于受到他们学术职业的职业化影响，从根本上改变了自己的世界观，树立起职业的理想。在英国，自由职业者成为非经济中产阶级的主体；在法国，职业化的官员和文人们一争高下；在讲德语的国家，大学职业指导处按照各专业领域重新组织起来；在斯拉夫族地区中，民族主义和自由主义的职业人员开始出现，他们取代了激进的知识分子。如果忽略国家之间的差异，高深学问转变所带来的一个重要结 387
果便是现代职业的形成。[79]

尽管教育界学者驻足于大学校门之内，而社会史学者又十分关注资本家问题，但我们仍有必要对职业化的影响进行充分研究。职业化进程对于高深学问机构来说相当重要，因为学术专业的兴起，为高等学校持续发展和分化，以及不断取得科学成就，都提供了强大的动力。而且，学术从业者职业生涯的转变，不仅保证大学毕业生能拥有间断性发展的就业市场，还强有力地推动了应用培训的精细发展。当然，一些在当时兴起的职业群体，如化学家或物理学家，主要是因工业化的第二阶段或第三阶段所带来的经济发展而出现的。对很多人来说，职业理想之所以具有吸引力，是因为它体现了一种在无限制竞争和财产安全之间妥协的精英阶层的观念，能在提供进入"择才而入的职业"的机会的同时，又能在一定程度上保证他们过体面的生活。在科学发展的背景之下，专业人员对社会问题的解决，也比外行或没有受过培训的竞争者更令人信服。[80]

尽管经常出现专业知识滥用的情况，但大学毕业生从整体上仍对人类福利作出了重大贡献。毫无疑问，一些受过良好培训的专业人员也卷

---

[78] 参见如下论文：E. Hobsbawm, 'Die englische *middle-class*, 1780－1920', H. Kaelble, 'Französisches und deutsches Bürgertum im Vergleich', B. Strath, 'Die bürgerliche Gesellschaft Schwedens im 19. Jahrhundert' and W. Dlugoborski, 'Das polnische Bürgertum vor 1918 in vergleichender Perspektive', all in *Bildungsbürgertum*, 79ff.

[79] Jarausch, 'Higher Education' (note 15), 28ff.

[80] 1896年，犹太工业家威廉·默顿（Wilhelm Merton）在缅因河上的法兰克福建立了一个"公共福利研究所"（*Institut für Gemeinwohl*），为他重要的慈善活动提供实用的科学方法。1901年，他成立了社会科学和商学协会（the *Akademie für Sozial und Handelswissenschaften*），该协会在1914年成为缅因河上的法兰克福大学。

入大屠杀和修建集中营的罪行，这些都是专业人员尽量试图遮掩的道德丑闻。[81] 然而，在更为自由的环境中，他们仍有助于推动社会的合理化，无论是在法律、卫生、教育还是技术领域。而且，虽然专业人员通常不会直接受到政治控制，但像律师这种重要职业群体，已经成为社会精英中极其重要的一个群体，到 1900 年时，律师在法国和比利时等国政府中已经占据了超过 1/3 的议席。[82] 在进行研究、发展经济、解决社会问题和治理国家方面，称职的专家正变得越来越不可或缺。

388

精选文献

Burrage, M. and Thorstendahl, R. (eds.) *The Professions in Theory and History*, 2 vols., London, 1990.

Charle, C. *Les intellectuals en Europe an XIXe siècle. Essai d'histoire comparée*, Paris, 1996.

Cocks, G. and Jarausch, K. H. (eds.) *The German Professions 1800—1950*, Oxford and New York, 1990.

Cohen, G. B. *Education and Middle Class Society in Imperial Austria, 1848—1918*, West Lafayette, Ind., 1996.

Conze, W. and Kocka, J. (eds.) *Bildungsbürgertum im 19. Jahrhundert*, vol. Ⅰ: *Bildungssystem und Professionalisierung in internationalen Vergleichen*, Stuttgart, 1985.

Geison, R. (ed.) *Professions and the French State*, Philadelphia, 1984.

Goodland, S. (ed.) *Educating for the Professions*, London, 1986.

Huerkamp, C. *Der Aufstieg der Ärzte im 19. Jahrhundert. Vom gele-*

---

[81] 事例参见：M. Kater, *Doctors Under Hitler* (Chapel Hill, 1989).

[82] Charle, 'Professionen und Intellektuelle' (note 44), 127ff., Art, 'Rapports' (note 73), 204—205. See W. Best, 'Abweichungen vom Sonderweg? Politische Modernisierung und Parlamentarische Führungsgruppen in Deutschland, 1867—1918', *Historial Social Research*, 13 (1988), 5—74; P. Lundrgeen, 'Akademisierung-Professionalisierung-Verwissenschaftlichung', *Geschichte in Wissenschaft und Unterricht*, 53 (2002), 678—687.

hrten Stand zum professionellen Experten. Das Beispiel Preussens, Kritische Studien zur Geschichtswissenschaft 68, Göttingen, 1985.

Jarausch, K. H. *Students, Society and Politics in Imperial Germany: The Rise of Academic Illiberalism*, Princeton, 1982.

Deutsche Studenten, 1800—1970, Edition Suhrkamp, n. S. 258, Frankfurt-am-Main, 1984.

Jarausch, K. H. (ed.) *The Transformation of Higher Learning, 1860—1930: Expansion, Diversification, Social Opening, and Professionalization in England, Germany, Russia and the United States*, Historisch-sozialwissenschaftliche Forschungen 13, Stuttgart, 1983.

Johnson, J. A. *The Kaiser's Chemists: Science and Modernization in Imperial Germany*, Chapel Hill, 1990.

Kassow, S. D. *Students, Professors and the State in Tsarist Russia*, V. E. Bonnell and L. Hunt (eds.), Studies on the History of Society and Culture 5, Berkeley, Los Angeles and London, 1989.

Kovacs, M. M. *Liberal Professions and Illiberal Politics: Hungary from the Habsburgs to the Holocaust*, Washington, 1994.

Locke, R. *The End of the Practical Man: Entrepreneurship and Higher Education in Germany, France, and Great Britain, 1880—1940*, Industrial Development and the Social Fabric 7, Greenwich, Conn., 1984.

Malatesta, M. (ed.) *Society and the Professions in Italy, 1860—1914*, Cambridge, 1995.

Manegold, K.-H. *Universität, Technische Hochschule und Industrie*, Schriften zur Wirtschafts-und Sozialgeschichte 16, Berlin, 1970.

McClelland, C. E. *State, Society and University in Germany 1700—1914*, Cambridge and New York, 1980.

McClelland, C. E. *The German Experience of Professions and their Organization from the Early 19th Century*, Cambridge, 1991.

Müller, D. K. *Sozialstruktur und Schulsystem. Aspekte zum Strukturwandel des Schulwesens im 19. Jahrhundert*, W. Rüegg and O. Neuloh

(eds.), Studien zum Wandel von Gesellschaft und Bildung 9, Göttingen, 1977.

Perkin, H. *The Rise of Professional Society: England since 1880*, London, 1989.

Ringer, F. K. *Education and Society in Modern Europe*, Bloomington and London, 1979.

Rüschemyer, D. *Lawyers and their Society: A Comparative Study of the Legal Profession in Germany and the US*, Cambridge, 1973.

Siegrist, H. (ed.) *Bürgerliche Berufe: Zur Sozialgeschichte der freien und akademischen Berufe im internationalen Vergleich. Acht Beiträge*, Kritische Studien zur Geschichtswissenschaft 80, Göttingen, 1988.

Stone, L. (ed.) *The University in Society*, 2 vols., Princeton, 1974.

Titze, H. *Der Akademikerzyklus. Historische Untersuchungen über die Wiederkehr von Überfüllung und Mangel in akademischen Karrieren*, Göttingen, 1990.

Torstendahl, R. *Bureaucratisation in Northwestern Europe 1880—1985: Domination and Governance*, London, 1991.

Trow, M. and Nybom, T. (eds.) *University and Society: Essay on the Social Role of Research and Higher Education*, London, 1991.

第四编 学术

393

第十章　神学与人文学科

瓦尔特·吕埃格

导　言*

自古代后期,神学与人文学科就密切地联系在一起。这两者都主要以语言文字作品作为其基础;前者根植于各种版本的《圣经》,如《神圣经典》(Holy Writ)、《圣经》(Bible)、《圣典》(*to biblion*)、《书之书》(the book of books),后者则是基于语言的日常运用及其客观性载体,如书信、作品和书

* 除了前言中提到的全国通讯者(National Correspondents),下面的同事为我提供信息或修改了我本章的相关部分:Carlo Bo, Urbinoe (†); Peter Brang, Zurich; Rüdiger von Bruch, Berlin; Carl Joachim Classen, Göttingen; Jean-Baptiste Duroselle (†), Paris; Thomas Finkenstaedt, Augsburg; Herbert Franke, Munich; Friedrich Wilhelm Graf, Munich; Willy Hirdt, Bonn; Axel Horstmann, Hamburg; Rudolf Sellheim, Frankfurt-am-Main; Stig Strömholm, Uppsala; Michael Werner, Paris.

籍。三种语言学科(文法、修辞和辩证法)和四种数学学科(算术、几何、天文和音乐),以及基于它们的三种哲学形式(物理、道德和形而上学),组成了人文学科群(*artes liberales*),它们在中世纪被视为"神学的婢女"(*ancillae theologia*)。随着人文主义的出现,当语言学和历史学的方法融入神学领域中的经院哲学和辩证法之后,这种现象依然没有改变。在神学院内部和外部新设的希腊语、希伯莱语教席,以及后来的阿拉伯语和其他东方语言的教席,更关注于圣经著作和其他宗教作品。17 世纪教父神学出现,意味着人文主义者对"教父"的关注在神学院已被提升到一门学科的地位。同样,17 世纪人文主义方面对世俗历史(profane history)的兴趣也促进了神学学科中教会史的产生。

394 一方面,人文学院限于预科教育的功能,以德国新教大学为例,这里的学生直到 19 世纪还只能在一所高级学院完成他们的学业,这通常是神学院或法学院。后来成为著名古代学学者的奥古斯特·沃尔夫(August Wolf,1759—1824),曾于 1777 年就读于哥廷根大学。据说他坚持要注册为一名语言学学生,而不是当时常见的神学院学生。另一方面,在近代的法国和英国,完成了人文学院的学业也就满足了教会低级职位的理论要求。实用性的神学训练是在后来的学院或神学院中进行的。[①]

自 13 世纪人文学院被禁止关涉有关神学问题开始,争论便开始出现了,并周而复始,这是因为它们在内容上与哲学,尤其是形而上学和神学有着密切联系,这也就是亚里士多德所谓的第一哲学(*prima philosophia*)。[②] 康德曾因其有关哲学著作涉及神学而于 1794 年被国王申斥过,1798 年他写下了《学院冲突》(Conflict of the Faculties)一文,来捍卫人文学院的独立性,从学术上看,人文学院也的确优于那些高级学院,因为它们的课程内容是由政府控制的,它们就是要服务于政府的需要。[③]

---

① 关于法国:Verger, *Universités en France*, 191. 在英国,仅在 19 世纪初,举办神学讲座才成为牧师职位的必需条件(*History of Oxford*, V, 401—411)。

② B. Uhde, 'Katholische Theologie und neuere Philosophie', in G. Stephenson, *Der Religionswandel unserer Zeit im Spiegel der Religionswissenschaft* (Darmstadt, 1976), 248ff.

③ I. Kant, *Der Streit der Facultäten in drey Abschnitten* (Königsberg, 1798); quotation in I. Kant, *Studienausgabe*, vol. VI (Darmstadt, 1964), 263—393, esp. 300.

到 19 世纪，人文学院无需再把自己从神学婢女角色中解放出来了。恰恰相反，艺术与科学的发展迫使天主教神学进入防御阶段，但新教神学则继续处于进攻态势之中，并在哲学和历史性质的文科学科中占据主导地位。在所有的这些发展中，它们之间相互联系是显而易见的，因此，将神学与人文学院那些关注于语言活动的学科相结合起来，诸如文艺、人文、文字、文学、文化哲学（*lettere e filosofia*）、精神科学（*Geistewissenschaften*）也是行得通的。历史在人文学院成为一门独立的学科，这是人文主义的成就，本卷将根据联合国教科文组织的分类将其与社会科学一起论述。

两门“书本学科”(book sciences)之间的密切联系，不仅显示了古典语言学家对《新约》研究的重要贡献，如卡尔·拉赫曼（Karl Lachmann，1793—1851）的批判，或理查德·赖岑施泰因（Richard Reitzensten，1861—1931）对圣保罗作品中希腊文化背景的建构。而且在重要神学家的传记中也得到了反映。柏拉图著作的经典德文译本，就是神学教授弗里德里希·施莱尔马赫（Friedrich Schleiermacher，1768—1834）的译作，它至今仍 395
在出版。神学家大多都愿意进入哲学院，比如卡尔·策勒（Eduard Zeller，1814—1908）和尤利乌斯·韦尔豪森（Julius Wellhausen，1844—1918）。两人通过对《圣经》的批判，在同事之间挑起了一次神学骚乱（*rabies theologica*）——事实上，策勒甚至挑起了 1847 年柏林的一次暴乱。闪族语教授韦尔豪森继续保持着其对《旧约》的前沿研究，而策勒则是作为哲学教授，声名远扬德国之外，尤其是其关于希腊哲学的里程碑式的研究。1914 年海德堡大学的体系神学教授，也是宗教自由主义主要代表之一的恩斯特·特勒尔奇（Ernst Troeltsch，1865—1923），接受了柏林大学的哲学教席。直到 19 世纪下半叶，天主教神学的关键性进展都要归功于语言学家和人文学者（*hommes de lettres*）的工作，这将在下一节中论述。

天主教神学与教皇至上主义的影响

法国大革命就像一场大地震，震撼了欧洲，就像第 2 章中描述那样，它也导致了大学的深刻断层。受影响最深的还是天主教教育。世俗化带来

了两方面的重要变化：随着对教会土地的没收，教皇的经济基础瓦解了；而且随着启蒙运动的胜利，教皇作为理智和精神保护人的角色也受到了挑战。这使得教皇在本卷涵盖的历史时期中，几乎无一例外地受到压制，并遭遇到新运动的挑战，这也不再是神学辩论，而是一种高压手段。

1863年，著名的慕尼黑教会史学家伊格纳茨·冯·德林格(Ignaz von Döllinger，1799－1890)宣称，德国神学家要用“枪”来捍卫天主教教义，而
396 与此同时罗马人用的还是“弓和箭”。④ 他的谴责目标主要是教皇至上主义(ultramontanism)，即罗马教廷反启蒙运动的传统主义和教会政治的集权观，这在拿破仑垮台后随着罗马权威的复兴而出现，在庇护九世(Pius IX)任教皇期间达到权力顶点，并随着第一次梵蒂冈大公会(First Vatican Council，1870)上教皇无谬论的提出而实现了教条化。

大学中的教皇至上主义首先反映在对那些持反对意见教授的处罚中。伊格纳茨·冯·德林格因在教学中猛烈攻击教皇无谬论，于1871年被逐出教会并被迫放弃了他在大学里的神学学说；之后国王路德维希二世(Ludwig II)旋即任命他为巴伐利亚科学院终身院长。而其他教授则要么退出了教学活动，要么放弃了职位。继更乐于接受现代精神的利奥十三世(Leo XIII，1878－1903)教皇之后，庇护十世(Pius X，1903－1914担任教皇)在1907年的《教皇通谕》(*Pascendi dominici gregis*)中裁定现代主义是“所有异端的源泉”，并于1910年要求所有从事传教和教学活动的牧师都必须进行所谓的反现代主义者宣誓。它“旨在清洗那些秘密抱有现代主义思想的有罪的神学家，将他们清除出教学和牧师队伍，从而防止教会信仰和生活的内部腐化”。⑤ 这一宣誓要求直到第二次梵蒂冈大公会才被正式废除，但在德国大学，它由于遇到强大的阻力而没有实行。

---

④ H. Jedin (ed.), *Handbuch der Kirchengeschichte* (*HKG*), vol. VI: *Die Kirche in der Gegenwart*, Erster Halbband: *Die Kirche zwischen Revolution und Restauration*, 2nd edn (Freiburg, Basle and Vienna, 1985), 673. 如果没在其他地方提及，下面关于天主教教会史的信息来自这部著作，包括第二部分‘Die Kirche zwischen Anpassung und Wilderstand (1878－1914)’, 2nd edn (Freiburg, Basle and Vienna, 1985)。第一部分中关于神学的一章是由R. Aubert, Louvain写的，第二部分是由O. Köhler, Freiburg im Breisgau写的。

⑤ W. Reinhard, ‘Modernismus’, *Lexikon für Theologie und Kirche* (*LThK*), 2nd edn (Freiburg im Breisgau, 1934), vol. VII, 253.

教皇至上主义导致的一个影响深远的体制性后果就是，神学普遍退回到由主教和宗教教派管理的神学院中。与大学中的学院相比，这能更好地维护正统信仰，这是因为在教会的监督之外，大学的神学教授仍享有较大的教学自由。罗马教皇拒绝承认在1806—1808年间在巴黎、波尔多、里昂和鲁昂（Rouen）重新开学的神学院，这使得它们的学位失去了实际价值，一开始它们每年培养的毕业生不足10人，到19世纪中期也仅仅上升到20人。1885年当这些学院关闭的时候，它们的学生总数也不足50人。⑥ 1886年，出现了另一种更多产的知识来源，那就是巴黎高等研究实践学院（*Ecole Pratique des Hautes Etudes*）引入了宗教学中的Ve部分（*Ve Section des sciences religieuses*）。⑦

西班牙的神学院在自由主义和反教权改革中幸免于难。1854年，为了培养高级牧师，神学院再次被引进到马德里、圣地亚哥、萨拉戈萨（Zaragoza）和塞维利亚（Seville）大学中。但它们过于僵化，为了避免大学的尴尬，它们于1868年被废除。在最初十年中只有一位教授出版过著作。“神学研究在神学院中避难；而国立大学在这十年所进行的研究，在数个世纪之后依然遥遥领先，并充斥着（大学中的）讲堂。”⑧ 397

在意大利，神学教学也集中在培养牧师的神学院中。统一之前，神学院在各个小公国中都存在，比如两西西里王国（Kingdom of the Two Sicilies）。⑨ 在梵蒂冈本土，也曾因1831年和1833年的《学习圣会》（*Sacra congregazione degli studi*）法令被迫暂停，教学被转移到培养主教的神学院和各教派的学校中去。⑩ 1861年后，意大利王国废除了国立大学中的所有神学院。⑪

---

⑥ Verger, *Universités en France*, 274—275.

⑦ E. Durkheim (ed.), *La vie universitaire à Paris* (Paris, 1918), 188—191.

⑧ Peset, *Universidad Española*, 712—728:关于学院的重新引入，参见723ff.；for publications 514ff., quotation 717.

⑨ G. Libertini, ‘La Università di Catania dal 1805 al 1865’, in M. Catalano *et al*., *Storia della Università di Catania dalle origini ai giorni nostri* (Catania, 1934), 314—317.

⑩ A. Sorbelli, ‘L'Università di Bologna e la rivoluzione del 1831’, *Studi e Memorie per la storia dell' Università di Bologna*, 9 (1926), 166—187；关于1931年9月12日以来的法令，参见167ff.

⑪ P. Nardi, ‘Italie’, in Jílek (ed.), *Historical Compendium*, 84.

在一些特殊情况下，罗巴教派也曾批准成立设有神学院的天主教大学。这其中就包括 1834—1835 年成立的鲁汶大学，它也是比利时主教改革的成果之一。1875 年，法国主教根据教学自由的新法律，按照鲁汶的模式在安格斯、里尔、里昂、巴黎和图卢兹创建了天主教大学或神学院。1889 年，瑞士创建了弗赖堡天主教大学，并得到教皇许可，引入了由多明我会修士(Dominicans)掌管的神学院。⑫

在德国和奥匈帝国，罗马教廷仅能部分地使用教皇至上主义来控制神学。1805 年，美因兹(Mainz)建立了一所主教神学院，并用其取代了在世俗化过程中消失的大学。这家神学院经过了短时间的停办之后，成为并一直是严格的教会神学的倡导者。直到 19 世纪末，牧师的培训一直是
398 神学院中最主要的内容。但与拉丁语国家相比，德国的天主教神学院发现它们深陷于与一些大学中相当的新教神学院进行深入的理性对话，这不仅从方法上看更具学术性，而且还能维持其地位，并使其立足于此，学习天主教神学的学生数如下图所示：

	1891/92	1912/13	1937/38
克拉科	66	90	
图宾根	172	160	230
曼斯特(Münster)	264	308	592
因斯布鲁克	275	429	453

它们主要在以下领域提供教授职位：《旧约》和《新约》注释、护教学(apologetics)、普通或特殊教义学，以及教会史，教会法，实践、道德和教牧神学，有时还包括普宗教通识学(general religions studies)，基督教考古学

⑫ 在法国，大学这个名称自 1880 年以来仅被用于国立大学，天主教大学被称作 *Faculté libre* 或 *Institut catholique*。参见附录：'European Universities and Similar Institutions in Existence Between 1812 and the End of 1944'. 关于教皇至上主义对建立 Fribourg 大学的影响：M. Zürcher, 'G. Ruhlands"Wirtschaftspolitik des Vaterunsers". Genese, Logik und Wirkung', in N. Graetz and A. Mattioli (eds), *Krisenwahrnehmungen im Fin de siècle. Jüdische und katholische Bildungseliten in Deutschland und der Schweiz* (Zurich, 1997), 211—229.

和传教学。⑬

在德国和奥匈帝国有16所天主教神学院不仅培训牧师，也负责重要的神学理论创新。它们证明了密切天主教学者和非天主教研究之间的联系的优势，这对其工作也产生了卓有成效的影响，但这之所以成为可能，是因为它们提供了较大的自主权——“真正脱离了正确的教条”。⑭ 教义学者格奥尔格·赫米斯（Georg Hermes，1775－1831）曾于1819－1831年间在波恩从事教学活动，由于其学派在德国和外国大学中赢得了很多重要的皈依者，因此几十年以来他的学说备受谴责。首先是1835至1836年间被格列高利十六世（Gregory XVI）的谕令和法令责难，后来在1846年受到庇护九世教皇通谕（*Qui pluribus*）的谴责，最后是在1870年的第一次梵蒂冈大公会上受谴责。赫米斯学派（Hermesians）的信徒们要么被迫放弃他们的教学活动，要么失去他们的教授职位。赫米斯在理性证明的基础上构建了其神学理论，他认为信仰是人类自发的产物，是道德—理性的统一体。⑮

与之相反的是图宾根学派，它将谢林（Schelling，1775－1854）的超越唯心论及其对神秘知识的高度重视，和黑格尔的现世精神（living spirit）及其渐进式的实现观相结合，植根于浪漫派的天主教神学。其影响扩展到曼斯特、布瑞斯高的弗赖堡，尤其是吉森（Giessen），1830至1851年间此地的美因兹主教神学院被天主教神学院所取代。图宾根学派把历史维度引入教义学，这种特点在图宾根史学家卡尔·黑弗勒（Karl Hefele）所编的不朽著作——七卷本“会议史（*Conciliengeschichte*）”中得以体现。 399

1825年，慕尼黑大学取代了兰茨胡特（Landshut），对欧洲的天主教主义发挥了重要的影响，这种影响甚至波及到神学之外。正是在这里，新教哲学家谢林综合了基督教，使其与天主教主义更加接近。前面提到的历史学家德林格（Döllinger）也赋予天主教教会史以新活力，神智学者（theo-

⑬ 关于所涉及大学的信息，参见 *Minerva*，*Jahrbuch der gelehrten Welt*，22（1912/13）（Strasburg，1913）；33（1938），Abteilung Universitäten und Fachhochschulen，I. Bd：Europa（Berlin，1938）。

⑭ *HKG* VI，1（note 4），290.

⑮ C. Andresen and G. Denzler，*dtv Wörterbuch der Kirchengeschichte*（Munich 1982），258ff.

sophist)、哲学家弗朗兹·克萨韦尔·冯·巴德尔(Franz Xaver von Baader,1765—1841)也为思辩教义学做出了同样的贡献。具有文化史学家和“政治预言家”⑯双重身份的约瑟夫·冯·格雷斯(Joseph von Görres,1776—1848)则在这里为其内容广泛多样的出版事业找到一个学术舞台。

德国后来在“天主教改革派”(Reformed Catholicism)的发展中发挥了作用,努力实现了现代科学和自由理念之间的对话。在这一过程中,它遭到教皇至上主义者的强烈反对,这些教皇至上主义者在1879年后在新经院哲学主义(New Scholasticism)中找到了新的教条基础。对中世纪经院哲学家的研究也使得这场运动获得了历史指向性,其中这些经院哲学家包括了慕尼黑大学教授克莱门斯·博伊默(Klemens Bäumer,1853—1924)、马丁·格拉布曼(Martin Grabmann,1875—1949)、鲁汶大学的教授莫里斯·德·沃尔夫(Maurice de Wulf,1867—1947)和梵蒂冈图书馆和档案馆的馆长弗朗兹·埃尔勒(Cardinal Ehrle,1845—1934),以及蒂罗那·多米尼卡(Tirolean Dominican)和一度担任格拉茨大学教授的海因里希·德尼夫勒(Heinrich Denifle,1844—1905),德尼夫勒也都在充分占有资料的基础上撰写了首部中世纪大学史。⑰ 1911年,曼斯特(Münster)的约瑟夫·施米德林(Joseph Schmidlin,1878—1944)将天主教传教学列为大学中的一门学科。结果,在两次世界大战之间,许多国家纷纷为这门新学科设立教授席位。实际上,1932年罗马的格雷戈里纳大学(Gregoriana)和宣教会学院(Propaganda College)也都设立了传教学学院。⑱

在法国,就像我们已经提到的那样,直到1875年,牧师培训完全掌握在神学院手中。在欧内斯特·勒南(Ernest Renan,1823—1892),他怀着对其前任教师的崇敬之情,称神学院在神学上是基于传统教义的,是与其保持一致的教科书。⑲ 然而,在巴黎的圣叙尔比斯(Saint Sulpice)神学院,
400 鼓励学习犹太语,并将其视为研习《圣经》的基础。对于斯特拉斯堡

---

⑯ Achim von Arnim, quoted by H. Raab, 'Görres', in *Staatslexikon*, 7th edn (Freiburg, Basle and Vienna, 1986), vol. II, 1081ff.

⑰ See vol. I, p. xxiii.

⑱ *HKG* VI, 2 (note 4), 593—597.

⑲ 特别参见标题为“Le séminaire d'Issy”一章。

(Strasburg)的神学院及其所属的、位于莫斯翰(Molsheim)的高等研究学校(*École des Hautes Études*)而言，它们更深刻地受到了德国大学发展的影响。在保存至今的80所牧师培训学校中，它们都不用科学的方法来从事神学研究。因而，任何神学创新都来自——起先处于辩护的目的——像夏多布里昂(Chateaubriand，1789—1848)、博纳尔(Bonald，1754—1810)这样的作家，和受格雷斯(Görres)影响的费迪南德·冯·埃克斯泰因(Dane Ferdinand von Eckstein，1790—1861)，以及最重要的个体研究者费利西泰·德·拉梅内(Félicité de Lamennais，1782—1861)。他的作品充满激情、引人入胜，尤其是他在1817和1823年间出版的四卷本《关于宗教冷漠的论文集》(*Essai sur l'indifférence en matière de religion*)，不仅在半个多世纪以来对法国、比利时、意大利和英国的天主教哲学和神学产生了巨大影响，而且还引发了德国赫米斯主义(Hermesianism)的发展。他把神学知识建立在最初揭示上帝的常识观念(*sens commun*)上，即人类的普遍理性，并发展了关于政教分离的思想，这孕育了在鲁汶、都柏林以及法国建立天主教大学的基石。他最初作为教皇至上主义的同盟而受打击，特别是其革命性的社会学说受到教皇的指责，他的这些学说于1834年结集出版，并在公众中大获成功。然而，他自始至终都坚持其宗教社会主义(religious socialism)的立场。⑳

欧内斯特·勒南的一生及其著作是非凡的，且影响深远。他在圣叙尔比斯神学院学会了希伯莱语，但通过对《圣经》的语言学研究，开始对天主教教条表示不满，并决定离开神学院。在完成了关于阿拉伯的亚里士多德评论家阿威罗伊(Averroes)的前沿研究，并参与了巴勒斯坦文物的挖掘之后，他于1862年被选为法兰西学院希伯莱语教授。他的就职演说以及1863年出版的《耶稣传记》(*Vie de Jésus*)，独创性地发展了德国关于耶稣生平的研究，他并没有把耶稣描述为上帝的儿子，而是将其视为一位改变历史进程的天才人物；这些都引起了相当多的争论，因此1864年在法国主教团的干预下，他被剥夺了职位，直到1871年帝国垮台之后才得以复

⑳ J. -B. Duroselle, *Les débuts du catholicisme social en France 1822—1870* (Paris, 1951).

职。他对闪族语的专门研究的影响力远不及他那辞藻华丽的宗教史以及哲学、文化和政治著作，他在其中不仅捍卫了研究和教学的自由，而且也捍卫了宗教和政治的自由主义。[21]

401 教皇对现代主义的艰难胜利

1864年，庇护九世（Pius IX）发表了《现代错误学说汇编》（*Syllabus errorum in Europa vigentium*）。现代主义的主要代表阿尔弗雷德·卢瓦西（Alfred Loisy，1857－1940）挑起了上文所提及的庇护十世（Piux X）1907年和1910年的声讨，他自1881年以来就在巴黎天主教学院（*Institut Catholique*）当任希伯莱语教授，自1889年起任《圣经》诠释学教授。1893年，他失去了教授职位，但到1900年他又得以继续在国立高等实践研究学校的宗教学科中任教，再后来从1909年起又在法兰西学院教学。他支持与神学教义相关的《圣经》批判自主权，并试图发展一种基于《新约》的护教学（apologetics），这使得教会的教义相对化。他的研究成果遭到了教皇的谴责，他自己也于1908年被逐出教会，但与此同时（他的研究成果）却在法国内外引起了广泛的共鸣。多明我会修士艾伯特·拉格朗日（Albert Lagrange，1855－1938）用历史方法来研究《旧约》，虽然这从学术方法上看是至关重要的，但其影响力仅限于专业人士。1890年，拉格朗日在他所属教派的支持下，在耶路撒冷建立了《圣经》研究实践学校（*École pratique des études bibliques*），但后来由于他的多部作品受到谴责而于1912年被解职。[22]

鲁汶天主教大学创建于1834年，拉梅内（Lamennais）的杰出信徒把持着大学中的要职。格扎维埃·德·拉姆（Xavier de Ram，1804－1865）是运用原始资料撰写国家教会史的第一人，他在这所大学中担任校长长达

---

[21] I. Goldziher, *Ernest Renan als Orientalist* (Zurich, 2000) (German translation of *Renan Mint Orientalista*, commemorative address, delivered in 1894 at the Hungarian Academy), Introduction by F. Niewöhner; O. Chadwick, *The Secularisation of the European Mind in the Nineteenth Century*, The Gifford Lectures in the University of Edinburgh for 1973－4 (Cambridge, London, New York and Melbourne, 1975), 212－224.

[22] C. Theobald, 'L' exégèse catholique au moment de la crise moderniste', in C. Savart and J. -N Aletti (eds.), *Le monde contemporain et la Bible* (Paris, 1985), 387－459.

31年，直到去世为止。在宗教研究领域，这所新大学是以东方学研究著称。多亏了德·拉姆的倡议，耶稣会才能在相隔50年后获准继续出版不朽的巴朗(Bolland)版《圣徒行录》(*Acta Sanctorum*)。在"鲁汶学派"掌门人、哲学教授格哈德·乌瓦格(Gerhard Ubaghs，1800—1875)不懈努力下，成功地在柏拉图哲学和奥古斯丁哲学传统之上构建了形而上学，他关于将所有理智上可知觉的真理与全能的上帝相等同的本体论思想，是拉梅内思想的延续。出于对新筹建的天主教大学的考虑，在罗马，乌瓦格的教学起初并没有受到公开批评，但在德·拉姆去世后，他们于1869年对其进行谴责，结果就是乌瓦格被迫屈服并辞职。

402 在意大利，复兴运动(Risorgimento)的结果，就是使得教皇国备受抨击，虽然最终该运动被废止，但与其他国家相比，教会面临更为强烈的政治与神学挑战。曾受过哲学教育的安东尼奥·罗斯米尼伯爵(Antonio Rosmini，1797—1855)在1826年创建了仁爱法规公会(*Congregation Institutum Charitatis*)，在他的形而上学中，将教会的超自然本质与其在维持人类个体内在自由社会机制方面的职能相结合。他抨击了教会干预政府、疏远人民，以及各种形式的理性和政治绝对论，并为教会与世俗社会进行对话、达成教会的内在新生，构建了一套具有连贯性的哲学体系。庇护九世在任教皇之初，想委任他担任枢机主教秘书(Cardinal State Secretary)，但却因遭到教皇至上主义者的反对而搁浅。实际上，到1849年，他们成功地在教会政治中谴责了罗斯米尼的著作；到1887年，对他的审查管制已有40条之多；但在这之前，罗斯米尼的许多思想早已超出了自己的圈子，并"攻占了意大利北部的诸多大学里的教职和研究班"。[23] 教皇至上主义者发起的所有制裁，在罗斯米尼看来都是无效的，现代主义在罗马是不可遏止的。现代主义的杰出代表、罗马牧师神学院中的教会史学家埃内斯托·博纳尤蒂(Ernesto Buonaiuti，1881—1946)的关于纯粹精神、社群取向、教会角色和激进的福音伦理学说，对意大利的教会改革产生了刺激性的影响。他于1906年被革职，1915年又在罗马国立大学被授予教会史教席。1924—1926年间，他被逐出教会。作为一个在国际上享有盛誉的教

---

[23] *HKG* VI，I(note 4)，307.

会史及其教义学权威，1932年他因拒绝向法西斯进行忠诚宣誓而被革职，到1944年时却并没有得以复职，这是因为他之前曾被开除教籍。

天主教神学的另一次革新运动，就是圣·托马斯·阿奎那本源学说的复兴，并最终在新经院哲学的胜利中达到了高潮。这也得到了准教皇(unqualified papal)的全力支持。在温琴佐·布泽蒂(Vincenzo Buzzetti，1777—1824)教授托马斯主义的皮亚琴察(Piacenza)，耶稣会的学说引起了人们的注意，这个人就是后来的利奥十三世(Leo XIII)。利奥根据1879年教皇通谕《永恒之父》(*Aeterni Patris*)就任教皇后，就宣布托马斯主义为教会的官方学说，并以此对当代世界中存在的问题进行充分的回应。㉔ 这使
403 得吸引了中世纪经院哲学学者的新经院哲学传播开来，部分是通过教皇的格雷戈里纳大学来传播的，部分是通过教皇支持的大量组织、出版和会议来传播的。一方面，它导致了许多毫无意义的辩论，比如关于前面提到的反对罗斯米尼40项宣判的辩论；另一方面，它也促使了更新后的天主教教义的广泛传播。在两次世界大战之间，它的主要倡导者是哲学家雅克·马利坦(Jacques Maritain，1882—1973)，1906年他从新教皈依，并从1914年起在巴黎的天主教学院任教，然后又到了加拿大和美国任教。继有关知识理论和道德与社会哲学等影响广泛的研究成果之后，他于1936年完成了《完整的人道主义》(*Humanisme intégral*)，为天主教教义和马克思主义之间日益严峻的对峙提供了哲学基础。同样也是在20世纪的法国，温和的反经院哲学的现代主义开始繁荣，其主要人物为耶稣会士德日进·德·夏尔丹(Teilhard de Chardin，1881—1955)，他旨在通过科学的进化论来复兴神学。同时，还有亨利·德·吕巴克(Henri de Lubac，1896—1991)，他的《新神学》(*Nouvelle Théologie*)曾在1950年遭到教皇庇护十二世的《人类通谕》(*Humani generis*)的声讨，然后在1983年约翰·保罗二世为其恢复名誉，并任命他为枢机主教。

整体而言，罗马教皇深感自己在神学上陷入四面楚歌之中。这种印象事实上早在利奥十三世时就已产生。1899年，他在写给法国主教的一

㉔ *HKG* VI, 2 (note 4), 316—327, quotation 317.

封教皇通谕中，就指责现代主义者打破了原本坚不可摧的城墙。㉕ 值得注意的是，唯一一部受到庇护九世支持的前沿学术著作是对罗马早期教会的考古学调查，这对教皇的最高权力而言是至关重要的。乔瓦尼·德·罗西(Giovanni de Rossi，1822—1894) 在这项调查过程中尽力把天主教的基督教考古和碑文调查建立在科学的基础之上。

正如前面所谈到的，如果德林格在 1869 年能够指责罗马以“弓和箭”这种不合适宜的传统神学保护手段来护卫天主教教义，那么后来这就不会成为全真(completyly true)。利奥十三世甚至利用自己的声望参与这场神学对抗中来，他们利用教皇至上主义这座层层防御的城墙来对抗现代主义，打开了寻求发展的城门，并最终导致第二次梵蒂冈大公会的出现。梵蒂冈之外的教皇至上主义和现代主义的紧张关系，已转变为相互促进的讨论和研究。在许多学术期刊和手册㉖、词典㉗、普通人士和专业研究 404
者的讨论论坛㉘，以及一系列的国际学术会议中都能找到端倪。这种组织形式首次出现在 1888 年，是由巴黎天主教学院的创始人，亦即院长莫里斯·迪尔(Maurice d'Hulst，1841—1896)组织的，最后一次是 1891 年在瑞

㉕ Theobald, Exégèse (note 22), 400; cf. H. Gazelles, 'L'exégèse scientifique au XXe siècle: l'Ancient Testament', in Savart and Aletti (eds.), *Monde contemporain* (note 22), 454: 'En fait, comme on l'a dit, l'Eglise catholicque se mettait "en état de siege".'

㉖ *HKG VI*，1 和 2 中的著作目录缩写(注释 4)，包括 1838 年至 1939 年间出版的 85 份期刊，以及同一时期的 20 多本关于天主教神学的手册；参见 Savart and Aletti (eds.), *Monde contemporain* (note 22), 454.

㉗ H. J. Wetze and B. Welte (eds.), *Kirchenlexikon oder Encyclopädie der kath. Theologie und ihrer Hilfswissenschaften*, 13 vols. (Freiburg, 1847—56) (predecessor of the *HLK* (note 4); J. Gillow (ed.), *A Literary and Bibliographical History, or Bibliographical Dictionary of the English Catholics from the Breach with Rome in 1534 to the Present Time*, 5 vols. (London and New York, 没有日期[1885—]; rpt. New York, 1968; Tokyo and Bristol, 1999); F. Vigouroux (ed.), *Dictionnaire de la Bible*, 5 vols. (Paris, 1895—1912); C. Herbermann et al. (eds.), *The Catholic Encyclopedia*, 17vols. (New York, 1907—1922); A. d'Alès (ed.), *Dictionnaire apologétique de la foi catholique*, 4 vols. (Paris, 1911—1928); A. Baudrillart et al. (eds.), *Dictionnaire d' histoire et de géographie ecclésiastique* (Paris, 1912—); A. Vacant, E. Mangenot and E. Amann (eds.), *Dictionnaire de théologie catholique*, 15 vols. (Paris, 1930—1950).

㉘ 1876 年，在格雷斯 (Görres)诞辰 100 周年时创建了'Görres-Gesellschaft'，1891 年'Leo-Gesellschaft'成立，利奥十三教皇予以赐名。

士的弗赖堡，约有3000人参加。㉙

在教皇至上主义和现代主义之间，没有人比约翰·亨利·纽曼(John Henry Newman，1801—1890)所扮演的角色更为显著和进步，德林格把他描绘为现代罗马天主教最重要的智囊。㉚ 这位牛津大学的牧师，在深入地学习了教父学并在倡导英国国教改革失败后，皈依了天主教。尽管他时常反对现代主义潮流，并接受了教皇无谬论学说，但教皇至上主义者却认为他是“自由的”，因而是不够格的，他甚至在1859年被一位英国教皇发言人宣布为“英国最危险的人”，简言之，他的思想和行动证明他是一位独立的神学知识分子，他虽然执着于用教义来巩固信仰，但他对当代科学发现也持有严肃的态度，并试图用它们来叙述自己的神学著作。纽曼的这种做法也使自己从早期左派与右派的战友中孤立出来。这令他的自由派盟友阿克顿男爵(Lord Acton，1834—1902)大为失望，作为一名史学家和天主教改革派成员，阿克顿对他的老师德林格保持着一以贯之的忠诚。纽曼在1879年被教皇利奥十三世任命为枢机主教之前，他一直都被牛津的同道皈依者、威斯敏斯特(Westminster)的教皇至上主义大主教、枢机主教曼宁(Manning，1808—1892)视为可疑的人物。㉛ 在被任命为1851年建立的都柏林天主教大学的第一任校长后，纽曼发现自己不能实现他1852年在《大学之理念》(*Discourses on the Idea of a Uninersity*)一书中所阐述的
405 一所理想大学的理念，于是在1858年辞职。这部独特的著作植根于19世纪的理念，他的神学思想是围绕着良知的圣洁展开的，这在第二次梵蒂冈大公会之前对天主教神学的复兴具有持久的影响。㉜

㉙ *HKG* VI, 2 (note 4), 263—264.

㉚ 引自V. Conzemius, 'Kirchenvater der Neuzeit. Zum 100. Todestag von John Henry Newman', *Neue Zürcher Zeitung*, 178 (4—5 August 1990), 49.

㉛ E. Norman, *The English Catholic Church in the Nineteenth Century* (Oxford, 1984), 287—344 (ch. 7: 'Catholic learning').

㉜ J. Roberts, 'The Idea of a University Revisited', in I. Ker and A. G. Hill (eds.), *Newman after a Hundred Years* (Oxford, 1990).

新教神学作为大学研究的一门学科

在欧洲只有100所大学在法国大革命及其后续的、直到1850年为止的革命中幸存下来，在这其中有2/3的大学在天主教国家中。㉝ 剩下的1/3则包括：俄国的4所东正教大学，苏格兰、荷兰和瑞士的10所新教大学，国教派的牛津和剑桥大学，以及斯堪的纳维亚和德国的17所路德教大学。这一小部分，尤其是德国的学院，在19世纪把神学变成一门在大学享有学术声望的学科。其中的原因并不是特别重要，那就是担任政府官员的新教牧师大多受过大学教育。1893年，在柏林大学的4870名学生中有620名学生，哈勒大学的1472名学生中有585人学习福音神学；1891至1892年，莱比锡大学学习神学的学生与学生总人数的比例是451∶3307，乌普萨拉大学是347∶1476，图宾根大学是306∶1185。而相比之下，学习天主教神学的学生只有172名。㉞

出现这种优势的一个更重要原因在于，缺乏具有普遍约束力的教义和教会规章的多样化，这使得学院从一开始就在教学中体现出多样化的理念；对教授而言也是如此，被一个邦国开除的教授，可以在另一个邦国重新任教。因此，教义的多元化发展，在大学之间要比在大学内部多得多，而且它也没有淹没在绝对论的辩论之中，反而促进了富有学术成效的辩论，并鼓励了具有宽容精神的国王为教学自由提供保障。在学术自由普遍盛行的19世纪，尽管不是没有遭遇过诸如1819年《卡尔斯巴德法令》(Carlsbad Decress of 1819)这样的倒退，但教义的多元化后来还是与民众 406

㉝ 参见第二卷中的地图，102ff.

㉞ 有关大学的信息，参见 Minerva, Jahrbuch (note 13), 2 (1892/93). 1918年后关系被颠倒。1928/1929年，德国大学培养了2166名天主教神学的学生和1895名新教神学的学生；1938/1939年，学习天主教神学的学生有2971名，学习新教神学的学生有878名(*Empfehlungen des Wissenschaftsrates zum Ausbau der wissenschaftlichen Einrichtungen*, vol. I: *Wissenschaftliche Hochschulen* (Tübingen, 1960), 462). 关于1914年德国新教学院的教学团体和神学发展的的数字：F. W. Graf, 'Rettung und Persönlichkeit, Protestantische Theologie als Kulturwissenschaft des Christentums', in R. vom Bruch, F. W. Graf and G. Hübinger (eds.), *Kultur und Wissenschaften um 1900*, *Krise und Glaube an die Wissenschaft* (Stuttgart, 1989), 104ff.

或学院对正统教义的反馈结合在了一起,这种渐进式的发展也体现在新教神学中。㉟

这种发展是由弗里德里希·施莱尔马赫(Friedrich Ernst Daniel Schleiermacher)发起并经由长时间的塑造形成的。20世纪与其神学地位相当的卡尔·巴特(Karl Barth,1886—1968)曾说,施莱尔马赫是19世纪名副其实的教会之父。他不仅创建了一个学派,而且造就了一个时代,㊱他在柏林大学的创建中也发挥了同样重要的作用。因此,在追溯神学成为大学中的一门学术科目的发展过程时,极有可能要回到柏林大学奠定的新基石之上。1808年,施莱尔马赫提交了一份关于现代大学的详细报告。㊲ 威廉·冯·洪堡在他掌管普鲁士教育系统的16个月中,将其推到了实现的边缘,并于1810年发表了一系列意义深远的并具有实践意味的备忘录,之后他才将执行的职责移交给了施莱尔马赫领导下的"启动委员会(start-up commission)"。柏林大学是现代大学中实现教学与科研相结合的典范,并总是与洪堡这个名字联系在一起,这在第2章中已有论述。

我们这里关注的是神学院的影响。1810年5月24日,施莱尔马赫起草了关于建立神学院的核心报告,并开始着手任命他的同事——一开始是两位。㊳ 他最喜爱的理念之一,就是在大学中引入一种特殊的崇拜形式,这虽然没能实现,但也表明了他对神学作为一门学术性学科的理解及其转向实践应用的方式方法:"如果我们能把学术精神与宗教意识统一起来,并把它转变成一种客观现实,那么这将极有可能为我们消除宗教世界与科学、商业世界之间的隔膜奠定基础,甚至还可以促进那些献身于这项

㉟ 关于德国学术自由的历史:R. A. Müller, 'Vom Ideal der"libertas philosophandi" zum Dogma der "Freiheit der Wissenschaft" (1848/9—1918/9)', in C. Friedrich (ed.), *Die Friedrich-Alexander-Universität Erlangen-Nürnberg, 1743—1993, Geschichte einer deutschen Hochschule*, Ausstellungskatalog (Erlangen and Nuremberg, 1993), 65—76.

㊱ K. Barth, *Die protestantische Theologie im 19. Jahrhundert. Ihre Vorgeschichte und Geschichte* (Zurich, 1947; 6th edn 1994), 379.

㊲ F. Schleiermacher, *Gelegentliche Gedanken über Universitäten im deutschen Sinn. Nebst einem Anhang über eine neu zu errichtende* (Berlin, 1808).

㊳ M. Lenz, *Geschichte der königlichen Friedrich-Wilhelms-Universität zu Berlin*, vol. I:*Gründung und Ausbau* (Halle, 1910);关于"筹备委员会",参见第220页;来自报告中的引用,第221—223页;关于他的同事 Marheineke and De Wette 参见第224—227页。

事业的人们的内在提升。”一方面，神学实践的目的是要赋予科学和实际生活以宗教意义。这是比以宗教灌输为道德教育核心的学校教育更为重要的，这就是说，“在学习期间，年轻人所吸收的东西是在自由自主中获得的，并将完全融入到他们的品格之中去”。[39]

另一方面，“科学精神与宗教意义的结合”为构建在自由原则之上的神学奠定了基础，这正如施莱尔马赫所理解及赋予的制度形式一样。这一点从教授教席的首次任命开始就是不言自明的：“在神学中盛行的、相互对立的观点与方法越多，那么将学习仅仅视为职业准备的年轻人的数量就越多，这就需要采取各种各样的教学模式，通过各种各样的途径来鼓励学生，并且还可以通过引入竞争，来维持教职人员之间的竞争意识。”要实现这一点，他感到并没有必要设置一个可代表各种方法的特定学科领域——后来许多学院的实际情况也正是如此。较好的方法是让注释学教授讲授教义，让教义学教授既能像历史学家那样教授历史，又能讲授注释学；因此，起初柏林大学只雇用了三位神学教授；施莱尔马赫本人负责教授教义学，这也成为了他的神学成就方面的一个主要领域。施莱尔马赫来自归正宗，他并不认同归正宗与路德派神学之间的差异；1817 年，在他的努力下，这两大教派实现了联合，这也是国王所喜闻乐见的。除施莱尔马赫外，其他教授有：理论教义学者和教会史学家菲利普·马海内克（Philipp Marheineke，1780－1846），《圣经》注释学家威廉·德·韦特（Wilhelm de Wette，1780－1849），以及从 1813 年开始在神学各分支领域开办讲座的教会史学家奥古斯特·内安德（August Neander，1789－1850）；这些教授在一定程度上是互为补充的，在一定程度上又是彼此独立的。神学中的传统要素——《圣经》研习、教会史、教义学系统神学、伦理学和护教学——对这些内容，施莱尔马赫都通过实践神学、说教术和教义问答的形式加以扩充。

学生人数的增加，为体现保守主义神学而引入的双教授职位，以及教学部门的专业化，促使了 19 世纪整个德意志神学教席的增加。在 1892 年

---

[39] *Ibid.*，222. 关于费希特的教育学，参见 Friedrich Schleiermacher，*Pädagogische Schriften*，ed. E. Weniger（Düsseldorf and Munich，1957；2^{nd}edn，Berlin，1983）.

的柏林大学中,《旧约》注释学和教会史各设有三个教席,《新约》注释学、教义学和宗教哲学各设有两个教席,实践神学和基督教考古学各有一个教席。同时,个别教授也涉猎邻近学科。例如,《旧约》专家们关注于犹太族
408
语,一位《新约》专家兼顾宗教教育学,宗教哲学家负责护教学或系统神学,而一位编外讲师在1938年之前进行传教学研究。教授人数再没有增加,但另有7位讲师负责核心学科,有5位教学人员负责诸如教会建筑和教会音乐这样的辅助学科。㊵

从1812年夏季学期开始,神学习明纳的开办对整个欧洲神学的研究产生了持续的影响。《偶然之思考》(*Gelegentliche Gedanken*)把这种在古典语言学中已经存在的学术习明纳看作是大学教学与研究相结合的制度核心,也正因如此,它有效地阻止了将研究向科学院的转移,尽管施莱尔马赫本人也是科学院的成员。㊶ 神学习明纳的"活动"因而应该被"主要"引向"神学学问"之事。㊷ 习明纳由两部分组成:语言学,包括《旧约》和《新约》研究中的一部分;历史学则局限于教会史内容。

习明纳由院长管理。习明纳的各部分与分部的管理者则应由教师团体中的各个成员轮值;但在实践中,这往往为各个在职的教授所把持——而且一把持往往就是几十年。被接受成为完全成员的20—30名学生有资格获得资助和奖学金。语言学系的学生必须对艰深的文本进行口译(直到该世纪中叶,翻译使用的语言都是拉丁语)。教会史系则要求学生在第一"负责人"内安德的领导下,写某个特定的研究领域的评论性小短文;而1888—1910年间在阿道夫·冯·哈纳克(Adolf von Harnack,1851—1930)领导下,写作则必须从与教会史相关的资料来源为基础。在1884年之前,奖金和奖品都颁发给了用拉丁语写作的论文作者。在不同的年份,论文的质量也是不同的,但在一个严格的"负责人"领导下,论文的质量往往都能达到出版的水平。随着奖金的撤销,习明纳也失去了作为一个能

㊵ *Minerva Jahrbuch* (note 13), 33 (1938), 54.

㊶ Schleiermacher, *Gelegentliche Gedanken* (note 37), 87—91.

㊷ M. Lenz, *Geschichte der königlichen Friedrich-Wilhelms-Universität zu Berlin*, vol. III: *Wissenschaftliche Anstalten*, *Spruchkollegium*, *Statistik* (Halle, 1910), 3. 下一段是第4—24页所提供的基于神学研讨班和收藏品的描述。

409

提供奖学金的制度机制的职能。1887年,它获得了一笔经费用于建设自己的图书馆,这样,从各种意义上来说,它都成为了一个进行严肃的学术工作的场所,在这里,不仅习明纳的学生成员能学会独立地对共同面临的问题作出解答,而且这里的教授也能通过与将来的学者之间的合作,对他们的研究有所启发。通过柏林大学模式,神学习明纳在现代研究型大学中找到了自己的位置。

为了训练学生们在说教学和教义问答方面的能力,神学习明纳于1876年增设了一项实践性研究活动。在此之前,施莱尔马赫的观点早已普及,他认为,"练习""并非在于学术研究和知识的深化,而是在于某些特定技巧和能力的锻炼",而这是需要在大学之外进行的。对"基督教考古学和碑文收藏"则有一种不同的态度。1810年的一份报告引入了关于教会文物的讲座,但大部分仅局限于文字材料,直到1843年,费迪南德·皮珀(Ferdinand Piper,1811—1889)在最显著的位置设立了纪念碑,并在1848年获准建立一个"教会纪念碑收藏室",用于服务神学教学。通过这种方式,基督教考古学和碑文研究成为了一门学术学科。

自由的原则不仅仅是神学日常讲座和教学的基础。施莱尔马赫一直主张神学教教学与研究应是自由的,不应受到国家或教会权威的干预。1819年9月他的同事德·韦特被开除,这是因为在一封发给最近被处死的学生桑德(刺杀科策比的凶手——即引发后来奥地利首相梅特涅所主持的卡尔斯巴德决议的事件——译者)的母亲的慰问信中,他赞扬"她儿子坚定和纯洁的信念",并原谅他的行为。神学院在一封由施莱尔马赫起草的信中就此事向政府提出申诉。它不仅是以同事的身份介入这件事,而且是为被梅特涅法令(Metternich' decrees)废除的"神学教学的无限自由"进行全力辩护。施莱尔马赫坚持认为,为了恢复其学术工作,德·韦特应该公开其被免职的有关文件。这既为他进入巴塞尔(Basle)大学打开了方便之门,也揭露了普鲁士政府的反动立场。

施莱尔马赫在大学评议会和科学院抵抗卡尔斯巴德法令的过程中也扮演了领导者的角色。教会和政府机关中的反动圈子多年以来通过谴责、警察传票和其他攻击方式,尽力迫使他保持沉默。这种政治迫害一直持续到1823年,当时政府动议要把施莱尔马赫赶出大学和圣坛,但却没有

执行。[43]

410

神学和宗教研究中的实证派与自由派

施莱尔马赫作为新时代奠基者的声望，不仅是因为他对柏林大学的建立和发展所做出的贡献。恰恰相反的是，这点基本上被人们所遗忘，这是因为它早已淹没在费希特的天才的、但未能实现的方案的哲学光环之下，更主要的是被淹没在洪堡的盛名之下——这也是合情合理的。施莱尔马赫以其宗教和神学理念而被认为是"19 世纪新教教会之父"，这也经历了几个阶段的发展。他的理念源于那些 18 世纪末支配着神学大辩论的诸多社会运动之中，即启蒙运动、理性主义、超自然主义（Supranaturalism）和虔信主义（Pietism），这些我们已知的神学要素将宗教意识与学术理性结合起来，并将其建立在自由的原则之上。

在很大程度上，施莱尔马赫要感谢理性主义，这使得他能用批判主义的方法论思维来考察基督教传统，并使他能以无畏的精神来阐释《圣经》，诸如用神话的形式将"神创论"描述为"一个虔诚的传奇故事。"但是，他反对用理性来证明宗教，而是将理性置于更深的宗教经验之中，这也就是他所说的"完全的依赖性"。他将这种经验，以及从中提炼出的职责与爱的伦理观归结为虔信主义，但他又与原教旨主义保持距离，认为这种虔信往往已经走火入魔了。的确，在他最初匿名出版的第一部著作中，他把这种感觉建立在宗教观念之上，后来，这被称之为浪漫主义，但从现在看来已经是非常现代的了。在他看来，宗教的本质"既不是思想，也不是行动，而是沉思和感觉"。一方面，这里有以宇宙为象征的，对自然界、对历史、对个体的沉思，而在它的"无限混沌中，每一个结点都代表着一个世界"。宇宙的确就是"宗教的最高象征"，而在这两者中只有"个体是真实和必要的"。另一方面，在有限中的无限显现之前，有种从内心涌现的敬畏感，这一感觉

---

[43] M. Lenz, *Geschichte der königlichen Friedrich-Wilhelms-Universität zu Berlin*, vol. IV: *Urkunden*, *Akten und Briefe* (Halle, 1910). 关于 De Wette 的免职，参见第 358—372 页；关于神学院的信，参见第 366—370 页；关于大学和科学院对限制学术自由的抗议，参见第 372—380 页；关于对费希特的政治迫害，参见第 380—444 页。

虽不能决定人类行为，却与之形影相伴，“人类做任何事都应具有宗教意识，而这并不是因为宗教”。[44]

宗教，早在其系统化之前，即出现祭典、神话或理性之前，就已经成为人类理性生活的根本表征。从这个意义上看来，基督教并不是唯一的正宗。这说明，事实上诸多“真正且必须”的任务中，宗教是至高无上的，但与其系统的学术科目一样，它受制于人类的局限性，也是容易出错的。因此，它不可能生产出绝对的确定性。施莱尔马赫构建的神学是一个无所不包的系统，同时又是对基督教教会的一种科学实证的研究；这是建立在作为历史原理科学的伦理学，从中提炼出的宗教哲学以及包含了基督教一般原理的神学哲学的基础上的。[45]

这种信仰教义与启蒙时期的神学体系有着非常明显的区别，然而它却继承了约翰·冯·赫尔德(Johann Gottfried von Herder，1744－1803)时代已出现的核心观原则，以及神学各学派相调和的理念，尤其是在哈勒大学的理性派与在柏林大学领导的正统虔信派之间，在柏林大学，亨斯滕贝格既是学院成员，又是福音教会报纸的编辑。虔信派在二战之前都一直坚持神学院和教会的“实证方向”——这是从施莱马赫那里借用的一个词汇。[46] 旨在实现各福音教会之间和解与联合的神学与政治学上的努力形成了这样一种局面，即像一位教会史学家在1908年所写的那样，“要充分描述施莱尔马赫的信仰教义的影响，就要写一部自施莱尔马赫以来的新教

[44] [F. Schleiermacher], *Über die Religion. Reden an die Gebildeten unter ihren Verächtern* (Berlin, 1799), 50, 60, 69; cf. K. Novak, *Schleiermacher und die Frühromantik. Eine literaturgeschichtliche Studie zum romantischen Religionsverständnis und Menschenbild am Ende des 18. Jahrhunderts* (Weimar and Göttingen, 1986), 119－229.

[45] Barth, *Protestantische Theologie* (note 36), 396; cf. Th. Lehnerer, 'Religiöse Individualität, Friedrich Daniel Schleiermacher (1768－1834)', in F. W. Graf (ed.), *Profile des neuzeitlichen Protestantismus* (Gütersloh, 1990), vol. I, 195－202, with extended bibliography.

[46] Schleiermacher, *Religion* (note 44), 242－245.

神学的历史”。㊼

正是从以他在基尔(Kiel)、巴塞尔(Basle)和苏黎世(Zurich)的同事、继承者和学生为代表的“折中神学”(theology of mediation)那里,我们看到了施莱尔马赫的深远影响。激进化的个人创新产生了他做梦也想不到的影响。源自于其个人虔信观念以及该观念所意味的对神学理性主义的拒斥,爱尔兰根学派(Erlangen School)为忏悔神学的兴起产生了卓有成效的影响。图宾根学派的费迪南德·克里斯蒂安·鲍尔(Ferdinand Christian Baur,1792－1860)及其学生大卫·弗里德里希·斯特劳斯(David
412 Friedrich Strauss,1808－1874),在《新约》去神话化的基础上,使用黑格尔的范畴建构了圣经批判主义。㊽ 在其第一部作品,即 1835－1836 年出版的《耶稣传》中,施莱尔马赫用 1500 页的篇幅,将基督在《圣经》中影像降格为一种神圣的普世精神的观念;这使得 1839 年㊾他被任命为苏黎世大学教授时,遭到了保守派民众的反对,这又使他不得不提前退休,成为了自由教师和相当成功的作家,他的作品的发行量极高,无人能及。同样是在巴黎,这部著作经利特尔翻译后引起了大骚动,将勒南也卷入到这场激烈的大辩论中。路德维希·费尔巴哈(Ludwig Feuerbach,1804－1872)在他 1841 年出版的《基督教的本质》(*Wesen des Christenthums*)一书中,以施莱尔马赫和黑格尔作品中上帝非客观性作为其反神学人类学的起点,这一做法影响了年轻的马克思。

㊼ 引自 H. Peiter, ‘Friedrich Schleiermacher’, in H. Fries and G. Kretschmann (eds.), *Klassiker der Theologie* (Munich, 1983), vol. II, 87. For the state of the art in this field see F. W. Graf, ‘Die Spaltung des Protestantismus. Zum Verhältnis von evangelischer Kirche, Staat und “Gesellschaft” im frühen 19. Jahrhunder’, in W. Schieder (ed.), *Religion und Gesellschaft im 19. Jahrhundert* (Stuttgart, 1973), 157－190; K. Nowak, *Geschichte des Christentums in Deutschland. Religion, Politik und Gesellschaft vom Ende der Aufklärung bis zur Mitte des 20. Jahrhunderts* (Munich, 1995).

㊽ F. W. Graf, *Kritik und Pseudo-Spekulation, David Friedrich Strauss als Dogmatiker im Kontext der positionellen Theologie seiner Zeit* (Munich, 1982); U. Köpf (ed.), *Historischkritische Geschichtsschreibung. Ferdinand Baur und seine Schüler*, 8. Blaubeurer Kolloquium (Contubernium 40) (Tübingen, 1984).

㊾ H. H. Schmid, *Universität, Öffentlichkeit und Staat. 150 Jahre Zürcher Wirren um David Friedrich Strauss* (Zurich, 1989); H. J. Loibl (ed.), *Annahme der Endlichkeit* (Zurich, 1993), 301－417.

宗教自由主义能够把施莱尔马赫算作其创建者之一，是因为它在各个方面都发展了施莱尔马赫的理念。图宾根学派践行的是强调史料批判分析与基于历史哲学的推理相结合，与之正相反的是哥廷根学派，在阿尔赫瑞切·里赖尔(Albrecht Ritschl，1822—1889)的领导下，将重心放在了神学的伦理学和文化学基础，反对形而上学。对阿道夫·冯·哈纳克(Adolf von Harnack)而言，1888—1930 年间他既是大学教授又是柏林科学院(Berlin Academy)的成员，福音书(Gospel)是"所有道德文化的唯一基石"的观点，成为了他作为一位教义史学家和教父遗书收藏创始人所进行的重要神学研究和教学活动的推动力与标准。这也是他在宗教与社会领域中具有首创精神，并主张由国家来推动研究的原因，这一思想也在 1911 年德国威廉皇家科学促进会(Kaiser-Wilhelm-Society for the Promotion of Science)的创建中达到了顶峰。[50]

在 20 世纪，包括《旧约》学者赫尔曼·贡克尔(Hermann Gunkel，1862—1932)，《新约》专家吉森大学的威廉·波舒哀(Wilhelm Bousset，1865—1920)，以及本章导言中提及的海德堡神学家特勒尔奇在内的宗教史学派，都从比较宗教学的角度审视基督教，并将其视为诸多宗教信仰中的一种。在一战后的危机情形下，新教自由派以辩证神学的形式回应了这场危机，从一开始，它就蕴含了上帝的绝对法则与人类世界的二元分裂，并试图在《圣经》信仰的启示中寻求一种激进的、全新的对神学的理解。对卡尔·巴特而言，他将接受上帝创世说作为正题，将置疑世界是基督的新造物作为反题，进而解放了《福音书》并将神学完全建立在对《圣经》的阐释之上；而鲁道夫·布尔特曼(Rudolf Bultmann，1884—1976)强调历史的情境与基督神启的去神话阐释，使其回到了施莱尔马赫。 413

德国的神学学派是整个欧洲(以及北美)的典范，而且往往还是神学理论发展的源头。在英国有剑桥学派，其领军人物包括了布鲁克·福斯·韦斯科特(Brooke Foss Westcott，1825—1901)、詹姆斯·巴伯·莱特富特(James Barber Lightfoot，1829—1889)，以及芬顿·约翰·安东尼·

[50] 引自 W. Schneemelcher, 'Harnack', in *Religion in Geschichte und Gegenwart, Handwörterbuch für Theologie und Religionswissenschaft* (*RGG*), 3rd edn (Tübingen, 1959), vol. III, 79.

霍特(Fenton John Anthony Hort,1828—1892),“据说他们提升了英国的神学,尤其是使英国的《新约》研究,从一个毫无理性可言的状态提升到能与德国的巅峰著作齐名的水平,同时还注入了典型的谨慎与严谨的英国气质”。[51] 这种水平因《新约》学者和东方学家弗朗兹·克劳福德·伯基特(F. C. Burkitt,1864—1935),以及后来的查尔斯·哈罗德·多德(Charles Harold Dodd,1884—1973)在柏林跟随哈纳克和维拉莫维茨(Wilamowitz)进行的研究而得以在 20 世纪延续。[52] 牛津也可吹嘘自己拥有具有世界水平的神学家。然而,“他们的著作并没有对基督教神学或英格兰教会产生影响”。[53] 苏格兰、荷兰和斯堪的纳维亚的大学也是如此,虽然它们的确重视严肃的神学训练,但却并没有对神学理论的发展作出特别的贡献。

宗教的科学研究则不是这样。本章的导言中已经提到,自人文主义时期以来,犹太语就伴随着《圣经》的解读进入了大学。后来它们又与其他东方语言相结合,成为了宗教文献的源泉,尤其是在莱顿、牛津和剑桥,对这些语言的研究日盛,这是因为殖民地不仅增强了人们对这些语言的兴
414 趣,而且使得图书馆的修建日益便捷。然而,正是语言学家、梵语专家麦克斯·穆勒(Max Müller,1823—1900)极大地推进了宗教的科学研究。他出生于德绍(Dessau)并在莱比锡接受教育,1850 年转到牛津,在这所大学教学的同时,他撰写了关于宗教人类学的著作以及 51 卷本《东方圣书》(*Sacred Books of the East*)的合集——这也是国际合作的结果。

从 1810—1812 年间始,海德堡大学语言学习明纳的创建者格奥尔格·弗里德里希·克罗伊策(Georg Friedrich Creuzer,1771—1858)的四卷本著作《古代民族的象征主义与神话:尤其是希腊人》引发了一场热烈讨论,这使得异教研究成为了考古系与语言学系的一项任务。这种发展并不局限于德国,比利时人弗朗兹·库蒙(Franz Cumont,1868—1947),丹麦

---

[51] H. Rashdall, *Principles and Precepts*, ed. H. D. A. Major and F. L. Cross (Oxford, 1927), quoted by B. M. G. Reardon, *Religious Thought in the Victorian Age: A Survey from Coleridge to Gore* (London and New York, 1971; 2nd edn, 1980), 346.

[52] W. G. Kümmel, *Das Neue Testament, Geschichte der Erforschung seiner Probleme* (Freiburg and Munich, 1958), 493ff.; Brooke, *University of Cambridge*, IV, 124—146, 409—417.

[53] P. M. Turner, 'Religion', in *History of Oxford*, VIII, 309.

人威廉·彼得·格伦贝格(Vilhelm Peter Grønbech,1873—1918),以及瑞典人马丁·尼尔松(Martin Persson Nilsson,1874—1967)的声名鹊起都说明了这一点。推动者还包括来自牛津的人类学家爱德华·泰勒爵士(Sir Edward Burnett Tyler,1832—1917)和剑桥的人类学家詹姆斯·弗雷泽爵士(Sir James George Frazer,1854—1941),以及包括巴黎大学的涂尔干(Emile Durkheim,1858—1917)及其在高等研究实践学校宗教科学部的学生马塞尔·莫斯(Marcel Mauss,1882—1950)在内的社会学家。由于它在宗教研究的各个领域中拥有 20 位学习导师(*Directeurs d'études*),这一制度使得宗教科学研究的专门化在德国习明纳里成为可能。[54]

正如前面所提到的,对其他宗教的研究是自由派神学家关注的焦点,他们中的有些人,像柏林大学的系统神学教授奥托·普夫莱德雷尔(Otto Pfleiderer,1839—1908),对宗教史进行了重要的研究。内森·瑟德布卢姆(Nathan Söderblom,1866—1931),是他把比较宗教史研究确立为大学的一门学科。约阿希姆·瓦赫(Joachim Wach,1898—1955)从 1924 年开始在莱比锡教授宗教研究,直至他 1935 年移民美国为止。改革天主教徒弗里德里希·海勒尔(Friedrich Heiler,1892—1967)是瑟德布卢姆(Söderblom)的学生,1920 年他作为路德派教授被马尔堡大学引入了这一学科。在他之前,那里有系统神学教授马丁·拉德(Martin Rade,1857—1940)和鲁道夫·奥托(Rudolf Otto,1869—1937),奥托于 1917 年出版了具有划时代意义的《论神圣》(*Das Heilige*),试图以一种科学的方式来发展施莱尔马赫的宗教观。

作为精神科学的语言学

415

19 世纪,德国的学院不仅在神学方面成为了学术教学和研究的标准、圣地、典范和巨人。勒南之所以放弃他的牧师天职就是因为语言学。其中

---

[54] See Durkheim, *Vie universitaire* (note 7);关于宗教研究的进展,参见 W. den Boer, 'Les historiens des religions et leur dogmes', in W. den Boer (ed.), *Les études classiques aux XIXe et XXe siècles et leur place dans l'histoire des idées*, Entretiens sur l'antiquité classique 26 (Vandoeuvres-Genève 1979), 1—53; on Otto 30ff.

最根本的原因是，他在阅读德国人的出版物后，深受学术批判主义的启发，于是使将其视为终生为之奋斗的事业。[55] 在他的著作《耶稣的一生》(*Vie de Jésus*)中，其出发点就是德国关于耶稣生平的研究。他也受到了德国的"古希腊热"的影响，并与史学家维克多·迪吕伊(Victor Duruy，1811—1894)站在同一战线上，反对人文学院中早已泛滥的词藻华丽、精雕细琢的修辞传统，同情支持语言学批判的文本解读。[56] 作为教育部部长，迪吕伊建立了之前提及的高等研究实践学校，这是一所在法律上独立的机构，但它通过共享教职工与教室和索邦相联系，完全致力于仿效德国大学习明纳的模式来培养研究者。

意大利也在德国语言学和哲学的影响下发生了从修辞学到文学研究的巨变。[57] 德国的学术成就不仅得到了英国研究者的推崇("深不可测的德国学问")，[58]而且也被大学奉为典范。[59] 乔治·圣茨伯里(George Saintsbury，1845—1933)在牛津引入语言学习明纳失败后，曾微妙地挖苦道，"德国几乎是所有知识分子的'好家长'(*bona patria*)"。[60] 作为爱丁堡大学的修辞学和英国文学教授，他并不承认语言学对其研究领域的意义：

416 "德国对于英国诗歌的评论从来都不具有太多的真正价值……关于哈姆雷特的感情的研究或关于《暴风雨》(Tempest)的起源研究，德国人的观点

---

[55] G. Pflug, 'Ernest Renan und die deutsche Philologie', in M. Bollak and H. Wismann (eds.), *Philologie und Hermeneutik im 19. Jahrhundert* (Göttingen, 1983), vol. II, 156—185, esp. 164.

[56] M. Jacob, 'Etude comparative des systèmes universitaries et la place des études classiques au 19ème siècle en Allemagne, en Belgique et en France', in Bollak and Wismann (eds.), *Philologie* (note 55), 112; cf. J. Seznek, 'Renan et la philologie classique', in R. R. Bolgar (ed.), *Classical Influence on Western Thought A. D. 1650—1870* (Cambridge, 1979), 349—362. 关于法国修辞学传统与德国语言学之间的精彩比较：M. Werner, '(Romanische) Philologie in Frankreich? Zu Geschichte und Problematik eines deutsch-französischen Wissenschaftstransfers im 19. Jahrhundert', in G. Martens and W. Woesler (eds.), *Edition als Wissenschaft, Festschrift für Hans Zeller* (Tübingen, 1991), 31—43.

[57] F. Schalk, Introduction to F. De Sanctis, *Geschichte der italienischen Literatur* (Stuttgart, 1941), vol. I, xviii-xxvi.

[58] U. Muhlack, 'Die deutschen Einwirkungen auf die englische Altertumswissenschaft am Beispiel George Grotes', in Bollak and Wismann (eds.), *Philologie* (note 55), 376—393, quotation 379.

[59] *University of Cambridge*, IV, 25, 84ff., 240, 428.

[60] G. Saintsbury, *A Scrap Book* (London, 1922), 289—293.

可能是有用的;但这些却与诗歌无关"。用更通俗的话说:"实际上,对于文学研究而言,我并不认为分析是一个适合的字眼。它对科学是有用的,但对艺术是无用的。"⑥¹

德国语言学在法国也遭遇到批判,1892年《两个世界杂志》(*Revue des Deux Mondes*)上的一篇文章这样写道:"它要把我们变成德国人",普鲁斯特(Proust)在其《追忆逝水年华》(*A la recherche du temps perdu*)小说中提到这样一个人物:"此外,他对新索邦毫不同情,这是因为就是在那里德国的精确科学观开始侵犯人文主义的地盘"。⑥² 古斯塔夫·朗松(Gustave Lanson,1857—1914)在《法国文学史》导言中(这本书几十年来一直为权威教科书)写道:"文学不是一个知识客体:它是一种实践,是一种爱好,是一种消遣。人不能'认识'或'学习'它,人只能创造它、陶冶它、热爱它。没有人能比笛卡尔的话语更好地总结它了:'读一本好书,就是和过往的许多高尚的人谈话。在交谈中他们将思想的精髓传递给我们。'"⑥³

这句话几乎是逐字重复了对话人文主义的教育理念,它对人文学院和高等教育整体改革的重要意义,在本丛书的第一卷和第二卷中已作论述。19世纪的人文主义传统依然在人文学院(包括lettres、lettere和letrados)和操拉丁语与盎格鲁—撒克逊语的各国学院中居支配地位,直到世纪之交,它才被德国的语言学所取代。

这种向科学方法的转变被当时在新索邦执掌法语修辞(*Éloquence française*)教席的朗松称之为"皈依"(conversion)。⑥⁴ 1902年他曾攻击"修辞学和有害的人文学科(*la rhétorique et les mauvaises humanités*)",并发展了"历史鉴赏"的(*goût historique*)概念,即通过运用历史方法,使"区别、评价、检查和限制"对文学著作的美的主观回应成为可能,⑥⁵进而使学生能 417

⑥¹ G. Saintsbury, *A Last Scrap Book* (London, 1924), 50, 78.

⑥² Jacob, 'Etude comparative' (note 56), 131, note 26.

⑥³ G. Lanson, *Histoire de la Littérature française*, 12th edn (Paris, 1912), viii.

⑥⁴ Lanson, *ibid.* 在他的第11版(1909)的*avertissement*中,随着他的判断发生的一些重要的变化,他宣布一些*note s de repentir ou de conversion*;但在所引用的63条注释的判断中并没有出现。

⑥⁵ R. Ponton, 'Durkheim et Lanson', in M. Espagne and M. Werner (eds.), *Philologiques*, vol. I: *Contribution d'histoire des disciplines littéraires en France et en Allemagne au XIXe siècle* (Paris, 1990), 252—267, quotation 261.

够将诸如希腊悲剧看作是特定文化的产物和镜像。⑯ 这一句话——后面即将详述——指出了德国人文学科研究的一个基本原则。这对人文学院产生了如此成功的影响，以至于直到1938年德语仍被推荐为从事这类研究所需的核心语言。⑰ 因而，接下来我们将努力勾画德国人文研究的成因、基本特征和结果。

精神科学（*Geisteswissenschaften*）的概念在其他语言中没有恰当的对应表达。它在英国和美国被翻译成"*humanities*"，在法国被翻译成"人文科学"（*sciences humaines*）或"社会科学"（*sciences de l'homme*）。从1849年开始它被翻译为道德科学（*moral science*），⑱但直到1883年后才开始传播，这要归功于威廉·狄尔泰（Wilhelm Dilthey），因为在他看来，"所有的科学，其主题都是历史与社会实在"。⑲ 20世纪，随着社会科学的日渐独立，精神科学也逐渐囿于语言学科，以及与哲学和历史的相关的研究。⑳

实际上，早在语言学被贴上精神科学的标签之前，人们早就开始这样理解它了。勒南早在1848年一篇关于"德国的语言学家和学校教师联合会"（创建于1837年）的短文中，就严肃地强调了语言学作为一门精确科学的科学本质，从其精神实质上看，它与自然科学是具有可比性的。"语言学从其精神实质而言，是一门精确科学。它与人文学科的关系就如同物理

---

⑯ G. Gengembre, 'L'esthétique des ideologues et le statut de la littérature', *ibid.*, 89—104, quotation 103.

⑰ 1938—1939年我出席的巴黎大学语言学讲座和高级学习实践学校的语言学研讨班中，MM. Bréhier and Rivaud, Ernout and Marouzeau 作出了相同的推荐。

⑱ J. S. Mill. *Systgem of Logic*, *Ratiocinative and Inductive*, I-II (London, 1843)中的最后一章中，该书的德语翻译是：J. Schiel. *System der deductiven und inductiven Logic*, I-II (Braunschweig 1839)', by M. Riedel, 'Geisteswissenschaften', in J. Mittelstrass (ed.), *Enzyklopödie Philosophie und Wissenschaftstheorie* (Mannheim, Vienna and Zurich, 1980), vol. I, 725.

⑲ W. Dilthey, *Einleitung in die Geisteswissenschaften*, *Versuch einer Grundlegung für das Studium der Gesellschaft und der Geschichte* (Leipzig, 1883). 在下部著作中重印：*Gesammelte Schriften* (Leipzig and Berlin, 1923), vol. I, 4.

⑳ W. Prinz and P. Weingart (eds.), *Die sog. Geisteswissenschaften*: *Innenansichten* (Frankfurt-am-Main, 1990); W. Frühwald, H. R. Jauss, R. Koselleck, I. Mittelstrass and B. Steinwachs, *Geisteswissenschaften heute. Eine Denkschrift* (Frankfurt-am-Main, 1991); H. Ritter (ed.), *Werksbesichtigung Geisteswissenschaften*, *Fünfundzwanzig Bücher*, *von ihren Autoren gelesen* (Frankfurt-am-Main, 1990).

学、化学与哲学的关系一样”。㉑ 通过将语言学视为人类科学(*la science de l'humanité*),勒南理解了精神的历史发展的精确研究㉒,并借助其信仰危机来加深这种理解,从而把德国的语言学转变成——稍具实证色彩的——哲学意义上的人文研究。

早在 1725 年,那不勒斯的修辞学教授詹巴蒂斯塔·维柯(Giambattisto Vico,1668—1744)就已经发展了这一观念。㉓ 在语言学的统领下,他将我们后来所谓的精神科学的各领域研究统合起来,并与哲学共同构成了这样一个统一体,即“每一个事件/事实都能从一般法则中推导出来,且每一条一般法则都来自于单个事件”。㉔ 他把这与最初来源于诗歌的“人民的精神”的表达相结合。维柯的重要性直到 1820 年之后才被人们认识到,这是因为古典语言学家弗里德里希·奥古斯特·沃尔夫(Friedrich August Wolf)在其对浪漫主义的语言与文学研究以及对历史的唯心主义哲学研究中也独立地提出了同样的观点。㉕ 这种发展受到“希腊热”的强烈影响,这是 18 世纪后半期在德国出现的,用于对抗法国的拉丁语修辞传统的复古行为。作为德意志国家教育的手段,新希腊精神在普鲁士解放战争期间成为了一种政治推动力。㉖

主流语言学家、担任柏林大学语言学习明纳负责人的奥古斯特·伯

㉑ E. Renan, *L'Avenir de la science: Pensées de 1848*, 4th edn (Paris, 1890), 148, quoted by Pflug, 'Renan' (note 55), 161—164, 他也提到勒南 1848 年论文, *Les congrès philologiques en Allemagne* (*Euvres completes d' Ernest Renan*, ed. H. Psichari (Paris, 1948), vol. II, 620—631). Renan 本人则以斜体字的方式显示精确科学(*science exacte*)。Cf. E. W. Said, 'Renan's Philological Laboratory', in Bollak and Wismann (eds.), *Philologie* (note 55), esp. 195.

㉒ Pflug, 'Renan' (note 55), 172.

㉓ G. Vico, *Principj d' una scienza nuova d' intorno alla natura delle nazioni*. (在后来的版本中,维柯将标题改为: *Principj di una scienza nuova d' intorno alla comune natura delle nazioni*).

㉔ E. Auerbach, 'Vorrede des Übersetzers', in Giambattista Vico, *Die Neue Wissenschaft über die gemeinschaftliche Natur der Völker* (Munich, 1924), 29.

㉕ E. Auerbach, 'Vico und der Volksgeist', in G. Eisermann (eds.), *Wirtschaft und Kultursystem* (Erlenbach-Zurich and Stuttgart, 1955), 46—60.

㉖ W. Rüegg, 'Rhetoric and Anti-Rhetoric in the Nineteenth-and Twentieth-Century Human Science in Germany', in R. H. Roberts and J. M. M. Good (eds.), *The Recovery of Rhetoric: Persuasive Discourse and Disciplinarity in the Human Sciences* (London, 1993), 87—100.

克(August Böckh,1785—1867)在关于方法论的讲座中,曾26次地重复批评人文学科缺少哲学和历史的魄力(*Wissenschaftlichkeit*)。他认为,由于运用"线性方法"(linear approach),使得伟大的荷兰语言学家自认为在通
419 往古代的康庄大道上行进,而在这一过程中他们获得的却仅是皮毛。"这种方法并不能使人抓住事物的核心。而唯一的正确的方法就是中心论,即把所有事物聚焦于一点,再从这一点出发去观照外围的方方面面。"伯克把这一中心定位为"一个民族或一个时代的原则",因为这是"全体存在最根本的内核"。[77]

1809年,当黑格尔在纽伦堡文科中学(Nuremberg Gymnasium)担任校长时形成了这样的观念:即使万事万物都与这样的一个核心相联系,即教育与文化论的哲学基础。他认为,"心灵的离心本质"使人与自然存在分离开来,并阐释了"将遥远的、陌生的世界引入年轻的理性之中"的必要性。这个世界会在语言和古代世界中找到:"它们的世界,将我们从自己中分离出来,这便是'一',同时也是所有起点和回归自我的途径,我们要与之亲密接触,重新发现自我,即在真实的精神普遍存在中的自我"。[78] 但黑格尔所谓的"与语言和古代世界"的"亲密接触",与笛卡尔的与古代圣贤谈话中所描绘的有教养的人彼此之间人文主义友谊是不同的。[79] 黑格尔将古代研究比作享受理性的沐浴与洗礼,"这给心灵奠定了最初的永恒基调,并将这种气质赋予品味与科学探究"。而且,我们还必须"与他们分享食物与住所,进而呼吸他们的气息、他们的理念、他们的风俗,甚至还可分享他们的错误与偏见,在他们的世界中找到宾至如归的感觉,这将是至美的存在……如果说,人的天性是第一个伊甸园的话,那么人的精神就将是第二个,也是更高层次的伊甸园,这是比待嫁的新娘从闺房中款步而出更美的

---

[77] A. Boeckh(根据他的诸多拉丁语作品是'oe'), *Encyclopädie und Methodologie der philologischen Wissenschaften*, ed. E. Bratuscheck (Leipzig, 1877), 47, 56.

[78] G. W. F. Hegel, *Werke*, *Vollständige Ausgabe durch einen Verein von Freunden des Verewigten*, *Ph. Marheineke u. a.*, vol. xvi: *Vermischte Schriften*, ed. Friedrich Förster and Ludwig Boumann (Berlin, 1834), 159, 144.

[79] 关于人文主义的友谊观念,See W. Rüegg, 'Christliche Brüderlichkeit und humanistische Freundschaft', in W. Rüegg, *Bedrohte Lebensordnung*, *Studien zur humanistischen Soziologie* (Zurich and Munich, 1978), 107; written for R. Schmitz (ed.), *Ethik im humanismus*, Beiträge zur Humanismusforschung 5 (Boppard am Rhein, 1979), 9—30.

自然、自由、深刻与愉悦。"[80]黑格尔认为，在古代诸民族中，只有希腊人与作为哲学民族的日耳曼人最接近，只要与他们在一起，"我们立刻就有宾至如归的感觉"。希腊人为我们提供了一种愉悦的年轻、清新的理性生活。这就是成熟的精神将接受自身为其愿望和知识内容的地方，但也是在这 420
种方式中，政府、家庭、法律和宗教合而为"一"，同时也成为了个体的目标，而个体也只有通过实现这些目标来达到自我实现。[81]

这样，"语言与古代世界"不再像人文主义那样，作为人文学科渴求的产物与知识而被人们研究和模仿，[82]而是作为客观精神的显现。因此，即使在名义上不是如此，语言学也在实践上成为了"精神科学"。古代语言的学习在其中发挥了最主要的作用，并且成为了19世纪德国的许多神学家、史学家以及语言和文学学者的标志性特征，其不再是人文学院、自由艺术学院或更高级的学院、修辞学和哲学学院的预备教育，而是作为首先在古希腊世界中客观显现出的精神的哲学研究。基于此，我们也就不难理解，基于古代世界的哲学与史学研究的古典语言学，成为了精神科学的决定性范式。

古典语言学的突破

1811年，26岁的海德堡大学教授伯克(Böckh)应邀来到柏林担任"雄辩与诗歌"(*Eloquentiae et Poeseos*)教授，因此，"根据长时间以来的传统，他所拥有的这个头衔也使人们将其视为首席语言学家。"[83]在乌普萨拉，直

---

[80] Hegel, 'Gymnasialrede', in *Werke* (note 78), vol. xvi, 39.

[81] G. W. F. Hegel, *Vorlesungen über die Philosophie der Geschichte*, Werkausgabe (Frankfurt-am-Main, 1970), vol. xii, 225. 我在以下著作中论述了这种范式的变化，'Die Antike als Begründung des deutschen Nationalbewusstseins', in W. Schuller (ed.), *Antike in der Moderne*, Xenia, Konstanzer Althistorische Vorträge und Forschungen 15 (Constance, 1985), 267—287，以及第76条注释所引用的文章。

[82] See J. Ziehen, *Aus der Studienzeit. Ein Quellenbuch zur Geschichte des deutschen Universiäts-Unterrichts in der neueren Zeit aus autobiographischen Zeugnissen* (Berlin, 1912); K. F. Werner, 'Historisches Seninar-Ecole des Annales, Zu den Grundlagen einer europäischen Geschichtsforschun', in J. Miethke (ed.), *Geschichte in Heidelberg, 100 Jahre historisches Seminar* (Berlin and Heidelberg, 1992), 11—15.

[83] Lenz, *Geschichte* (note 38), vol. I, 269. 在柏林大学建立之前，沃尔夫曾被哈勒大学辞退，来到柏林，并被高薪聘请为诗歌文学教授；沃尔夫认为，他以前的学生伯克的学术职位比他高，是对他的冒犯，因此，他辞掉大学教职，继续在科学院以院士的名义执教。

到1861年之前，一直存在着相同名称的教职；在隆德，它一直延续到1972年(限于拉丁语)，不过在19世纪70年代，它被埃纳尔·勒夫斯泰特爵士(Einar Löfstedt, Sr. 1831—1884)理解为德国式的历史学与语言学科目。“1890年，在瑞典，古典语言学的现代化方面出现了突破。”这场改革在此
421 卷所考察的历史阶段末期达到了最高峰，以小埃纳尔·勒夫斯泰特(Einar Löfstedt, Jr.)关于近代拉丁语的前沿著作，以及前面所提到的马丁·尼尔松的宗教研究为代表；马丁·尼尔松接受了隆德大学和乌普萨大学的“古典与古代史”教授职位，虽然在瑞典不乏对向德国研究方法转向的批判。[84]

在说德语的国家中，“古典语言学”一词是作为一种教授席位的名称而流传开来的。[85] 直到第一次世界大战为止，在马尔堡，古典语言学中的一个教职因为与修辞学相联系，显得尤为重要；但这并未对教学内容产生任何影响，仅仅是说明了具有该头衔的人是大学的官方发言人。在法国，索邦依然在拉丁语、希腊语和法语等主要教职的称谓上保留着“雄辩家”、“诗人”等人文主义字眼。[86] 到1938年，这些人文主义的痕迹中有一半已经被改成了各种文化的“语言和文学”教授教席，这在德语国家外也已经成为了通例。而拉丁语诗歌教授阿尔弗雷德·埃尔努(Alfred Ernout)受到的德国语言学的影响一点也不比他的同事、拉丁语与文学教授朱尔·

---

[84] 席位的名称取自 *Minerva*, *Jahrbuch* (note 13)；Bo Lindberg, Gothenburg，给予了我有关瑞典的有价值信息，不只是通过德语摘要 *Humanismus und Wissenschaft*, *Die klassische Philologie in Schweden vom Anfang des 19. Jahrhunderts bis zum Zweiten Weltkrieg* of his book entitled *Humanism och vetenskap. Den klassiska filologin i Sverige fran 1800—taleb borjan till andra världskriget* (Stockholm, 1987), 339—344.

[85] 古典语言学(*klassische Philologie*)一语在“各学院大学学习手册”中的一个讲座课程表中使用(可能是最早的)，该手册由沃尔夫的学生 Julius Koch (1764—1834) 1792年出版。多尔帕特(Dorpat)大学1803年第二学期的公告列出了沃尔夫的另一个学生 Karl Morgenstern (1720—1852) as *Ordentl. Professor der Beredsamkeit und altclassischen Philologie, der Ästhetik und der Geschichte der Literatur und Kunst*(演讲和古典文献、美学、艺术和文学史方面的讲座教授), *Hermes, Zeitschrift für Klassische Philologie* 130 (2002), 490—497. 关于“语言学”概念的历史，参见 A. Horstmann, ‘Philologie’, in J. Ritter and K. Gründer (eds), *Historischers Wörterbuch der Philosophie* (Basle, 1989), vol. VII, 552—572.

[86] 关于人文主义概念，参见第一卷第452页，第二卷36页，以及 W. Rüegg, ‘Der Humanismus und seine gesellschaftliche Bedeutung’, in R. C. Schwinges (ed.), *Wissenschafts und Wirkungsgeschichte der artistischen / philosophischen Fakultäten (13 — 19. Jht.)* (Basle, 1999), 150ff.

马鲁佐(Jules Marouzeau)对他的影响小。他们二人在巴黎的高等研究实践学校负责拉丁语言学(*philologie latine*),从术语中的这些细微区别里,我们已经可以清晰地看出教学职能与研究职能的区别。格拉斯哥为拉丁语教授职位保留了"人文"(humanity)一词。而此时在牛津,人文语言学(*litterae humaniores*)一开始是人文学院的一个部分,后来直到第一次世界大战后,它才与哲学一起成为了独立的古代文学和语言学院。一些具有国际声望的一流语言学家,比如吉尔伯特·默里(Gilbert Murray,1866—1957),埃里克·罗伯逊·多兹(Eric Robertson Dodds,1884—1973),以 422
及德国流亡者爱德华·弗兰克尔(Eduard Fraenkel,1881—1970),均在该学院中任教。

因此,教授席位的头衔仅允许他们在教学内容和所使用的方法上作出有限的决定。而论题性的专著能使我们更好地理解这一点,并充分说明语言学的新的发展方向。[87] 沃尔夫认为,这就是"古代研究","它通过研究古人遗留下来的作品,来了解古代世界中各个民族国家的方方面面,进而参透历史学与哲学知识的精华"。他分门别类地将各个学科列出,共划分 324 个部分,囊括了从语言哲学、解释学与批判,到地理学、历史学、年代学、钱币学和考古学的各个学科,这对该研究来说,是非常重要的。[88]

哈勒大学的伯克不仅是沃尔夫的学生,而且还是施莱尔马赫的学生,他出版了关于柏拉图哲学的著作。就像施莱尔马赫从包罗万象的宗教概念中抽取出基督教神学一样,伯克思想的出发点也是建立在包罗万象的柏拉图式的科学概念之上的。从广义上说,科学即哲学,是一门观念的科学,其任务是生产出关于心智的知识;而语言的科学,则是要认识已知的人类思想产物。语言学对"已知知识"的关注与对历史的关注是一致的:"历史性的产物就是已经被转化为实践的理性产物,虽然它是通过各种符

---

[87] T. Finkenstaedt, *Kleine Geschichte der Anglistik in Deutschland, Eine Einführung* (Darmstadt, 1983), 4,说明学科的设置过程中暗示个人理解也是恰当的。

[88] 参见 A. Horstmann, 'Die Forschung in der Klassischen Philologie im 19. Jahrhundert', in A. Diemer (ed.), *Konzeption und Begriff der Forschung in den Wissenschaften des 19. Jahrhunderts* (Meisenheim am Glan, 1978), 32—39; on pp. 35ff. Horstmann 将沃尔夫的讲课描述为'Encyclopädie der Alterthumswissenschaften',他从 1785 年到 1823 年定期阅读,这也包括了学科的系统分类。

号与象征”来进行沟通的，但从其知识上来看，依然是在语言中得到最全面地展示。从这种理论与解释学的起点出发，他明确承认各种文化具有同等的价值；但正如施莱尔马赫在将基督教与其他宗教进行比较时赋予基督教以特权地位一样，伯克因而也给古代典籍以特殊地位，这是因为“它对了解古典世界特别有价值，希腊和罗马的文化是我们整个教育的基础”。[89]

直到 20 世纪，这种二分法一直是德国传统中大多数古典语言学家的
423 典型特征。一方面，他们坚守杰出本质，或者说至少坚守着古代典籍博大精深的文化价值，尤其是希腊的文化价值。确实，他们中许多人在这里为失去了的基督教信仰找到了替代品。另一方面，他们竭尽全力对古典文本以及古代其他的生命痕迹进行学术性与批判性重建，并将其作为历史性的民族精神的典型代表。在这一过程中，充满青春活力的希腊文的理想形象不可避免地要让位于一种更加客观的分析。因而，早在 1817 年，伯克在其名作《雅典城邦的预算》(*Die Staatshaushaltung der Athener*)中从积极和消极两方面考察了雅典社会的各种具体关系，其结论是：“他们在自身中埋下了衰落的祸根，当这祸根开始腐化时，这棵大树必然就要倾覆。”[90]然而，这没有妨碍他努力实现自己理想的尝试，即通过诸多个案调查，在历史学与哲学的综合基础之上，构建整体的古代典籍，这囊括了从气象学到悲剧剧作家的研究，尤其是在柏林科学院发起的“古希腊语大全”(*Corpus Inscriptionum Graecarum*)的项目中得以体现。

从文本批评版本的生产到哲学和经济学史，由于它对各组成部分的强调程度是不同的，因此，这种理念在随后数年里成功地得以实现；1834 年，伦敦的《季刊评论》(*The Quarterly Review*)这样写道：“在通常意义上的死语言研究中，特别是希腊语和拉丁语的研究中，德国人走在了我们、甚至

---

[89] Boeckh, *Enzyklopädie* (note 77), 9—21; cf. A. Horstmann, 'August Boeckh und die Antike-Rezeption im 19. Jahrhundert', in K. Christ and A. Momigliano (eds.) *Die Antike im 19. Jahrhundert in Italien und Deutschland* (Berlin, 1988), 39—75.

[90] A. Boeckh, *Die Staatshaushaltung der Athener*, 3rd edn (Berlin, 1886), vol. I, 711. 关于伯克在皇家科学院的创新研究，参见 W. Rüegg, 'Ortsbestimmung. Die Königlich Preussische Akademie der Wissenschaften und der Aufstieg der Universitäten in den ersten zwei Dritteln des 19. Jahrhunderts', in J. Kocka, R. Hohlfeld and P. T. Walther (eds.), *Die Königlich Preussische Akademie Akademie der Wissenschaften zu Berlin im Kaiserreich* (Berlin, 1999), 23—40.

整个欧洲的前列，并取得了决定性的支配地位；它的左邻右舍们似乎也早已放弃了赶超它的所有希望，并满足于仅仅成为它伟大事业盲目的效法者。”㉑

然而，如果人们更加仔细地考察这些德国古典语言学家的个人作品，则会发现它们更多地具有依赖性与相似性，而疏于创新。㉒ 那么我们又该如何解释德国人的这项伟大事业呢？毫无疑问，这是在哲学基础之上，在整体的历史呈现之中，重建古典世界的理性。虽然从人文学科的传统研究到古典语言学的角度转变是十分成功的，但它依然需要制度性的保障，而这正是适时出现的柏林大学的新观念所要完成的任务。 424

当它进入大学，“唤醒了一个拥有一定崇高理性且已经拥有了广博知识的年轻民族的学术志向”时，㉓研究就成了教学的一部分。从制度上看，它最主要的影响就是习明纳以及博士培养工作。习明纳不再仅仅服务于师资培养的现实需要，而是允许特别有兴趣、有天赋的学生与教授一起，对文本问题或事实问题进行学术研究。㉔ 另一方面，博士论文也成为了最具独创性研究著作（*Meisterstück*），㉕而那些没有成为大学教师的博士生往往也以撰写

㉑ *The Quarterly Review*, 51 (1834), 144ff., quoted by P. Petitmengin, 'Deux têtes de pont de la philologie allemande en France: Le Thesaurus linguae Graecae et la "Bibliothèque des auteurs grecs" (1830—1869), in Bollak and Wismann (eds.), *Philologie* (note 55), 76.

㉒ A. Grafton, 'Polyhistor into Philolog: Notes on the Transformation of German Classical Scholarship, 1780 — 1850', *History of Universities*, 3 (1983), 161, 178ff.; Grafton, pp. 176ff., following R. Pfeiffer, *History of Classical Scholarship 1300 — 1850* (Oxford, 1976), 182, minimizes the opposition between the *Sachphilologie* of the *Altertumswissenschaften*, promoted by Wolf and Böckh, and the more traditional *Wortphilologie* represented by Gottfired Hermann, Professor in Leipzig. A. Grafton, *Defenders of the Text: The Tradition of Scholarship in an age of Science, 1450 — 1800* (Cambridge, Mass., and London, 1991; 2nd edn, 1994), 213—243，对沃尔夫的依赖性和部分未知的创新进行了深入分析。

㉓ Schleiermacher, *Gelegentliche Gedanken* (note 37), 33; cf. similar ideas expressed by Wilhelm von Humboldt in his '*Litauische Schulplan* (1809) and in his memorandum '*Über die innere und äussere Organisation der höheren wissenschaftlichen Anstalten zu Berlin*', drafted 1810, published 1900, W. von Humboldt, *Werke in fünf Bänden*, ed. A. Flitner and K. Giel, vol. IV: *Schriften zur Politik und zum Bildungswesen*, 2nd edn (Darmstadt, 1969), 191ff., 255ff.

㉔ Schleiermacher, *ibid.*, 87—91.

㉕ U. von Wilamowitz-Moellendorf, 'Philologie und Schulreform' (1892), in U. von Wilamowitz-Moellendorff, *Reden und Vorträge*, 3rd edn (Berlin, 1913), 107, quoted by A. Horstmann, 'Forschung' (note 88), 52.

年度学校报告、为百科全书写评论或撰文等形式继续从事学术工作。

因此，古典语言学家的活动本身已经实现了专业化，然而，在18世纪之前，它仅仅是通向高级职位的中间阶段。1837年建立了一家曾被勒南评论过的名为“德国语言学和学校教师协会”的专业组织。[96] 1827年出现
425 了第一家古典与语言学专业期刊，遗憾的是很快便夭折了。到1881年，作者和读者的数量已经足够多，在原有的三个国家级语言学期刊的基础上，又增加了一本语言学周刊。这种情况一直持续在到1944年。[97] 到二战前，语言学在学术世界一直保持着相当的地位，并拥有比今天的《自然》或《科学》这样的科学期刊更为广泛的受众。

柏林大学的改革者期望研究与教学的结合首先能为社会和政治精英带来一种更现代的教育。但它也促使古典语言学家的人数出现相当大地增长。伯克从1812年至1867年在柏林大学退休为止，他的习明纳共接纳了1602名成员，其中有许多人成为了著名学者。[98] 随着德国各大学都引入语言学习明纳，这使得古代文本、专著和论文的批判版本的数量和质量有了空前的增长。除此之外，还有哲学、历史和文学片断的合集，其中主要的项目有《拉丁语大全》(*Corpus Inscriptionum Latinarum*)，《拉丁语词典》(*Thesaurus Linguae Latinae*)，教父、古代医学作者、东罗马帝国的历史学家和权威的百科全书概述合集等。[99] 在世纪之交的前后十数年间，(这种做法)达到了顶峰。1902年，古典历史学家和诺贝尔文学奖得主西奥多·莫姆森(Theodor Mommsen，1817—1903)、希腊文化研究者乌尔里希·

---

[96] Grafton，‘Polyhistor’(note 92)，174—176，概述了该进程中的动人场面。该协会于1837年在哥廷根大学建立，当时这所大学在庆祝其100年校庆。1844年它被扩大了并成了 *Verein deutscher Philologen*，*Schulmänner und Orientalisten*：C. G. Firnhaber，‘Lehrerversammlungen’，in A. Schmid (ed.)，*Encyklopädie des gesammten Erziehungs-und Unterrichtswesens*，vol. iv (Gotha，1864)，264—268.

[97] *Rheinisches Museum für Philologie*，1827—；*Philologus*，1846-；*Hermes* 1866—；*Philologische Wochenschrift*，1881— 1883，1921—1944；该时间段之间是 *Berliner philologische Wochenchrift*.

[98] M. Hoffmann，*August Böckh*，*Lebensbeschreibung und Auswahl aus seinem wissenschaftlichen Briefwechsel* (Leipzig，1901)470，quoted by Horstmann，‘Boeckh’(note 89)，44.

[99] *Paulys Real-Encyclopädie der classischen Altertumswissenschaft*. New edition，begun by G. Wissowa (Stuttgart and Zurich，1894—1980)，84 vols. ；I. von Müller (ed.)，*Handbuch der klassichen Altertums-Wissenschaft* (Munich，1886—)，86 vols.

冯·维拉莫维茨一默伦多夫（Ulrich von Wilamowitz-Moellendorf，1848—1931)，以及1936年被哈佛大学授予“世界最著名的拉丁语学家”称号的爱德华·诺登（Eduard Norden，1868—1941)等人在柏林大学产生了非凡的影响。著名的波恩学派概述了以弗朗兹·比歇勒(Franz Bücheler，1837—1908)炉火纯青般的技艺为代表的语言批判主义，和以他的同事赫尔曼·乌斯纳(Hermann Usener)大量原创成果为代表的古典学术综合历史化之间的辩证关系，我们在前面讨论宗教问题时提到了乌斯纳。[100]

同样重要的不仅有以原创性著作与翻译作品，以及部分外国人来德 426
国学习访问为形式的知识与方法的输出，还有德国语言学家本人的输出。19世纪初，对那些具有文化和学术兴趣的外国人而言，巴黎仍是其麦加圣地。当然，像萨维尼、雅各布·格林、博普、亚历山大和威廉·冯·洪堡兄弟、波普(Bopp)和黑格尔这样的人物，他们访问的不是索邦，而是法兰西学院、东方语言学院(*École des Langues Orientales*)、徽章收藏馆(*Cabinet des Médailles*)，以及在这些机构中活跃着的学者。[101] 1830年后，有许多德国语言学家在巴黎工作，其中不仅有教授，如卡尔·本尼狄克·哈泽(Karl Benedikt Hase，1780—1864)，他作为拜占庭学者和语言学家而久负盛名，而且还有为菲尔曼·迪多(Firmin Didot)出版社工作的人们，他们是《希腊

---

[100] 古典学问的历史具有很好的文献材料。除了 Pfeiffer 的《历史》(note 92)，最完整的参考书就是 J. E. Sandys, *History of Classical Scholarship* (Cambridge 1908), vol. III，以及德国的 C. Bursian, *Geschichte der classischen Philologie in Deutschland von den Anfängen bis zur Gegenwart* (Munich and Leipzig, 1883), vol. II. 更短的评论在于：U. von Wilamowitz-Moellendorff, ‘Geschichte der Philologie’, in A. Gercke and E. Norden (eds.), *Einleitung in die Altertumswissenschaft* (Leipzig and Berlin, 1909), 1—80；以单独或完整版本重印 (Stuttgart, 1998)；A. Hentschke and U. Muhlack, *Einführung in die Geschichte der klassischen Philologie* (Darmstadt, 1972)；R. R. Bolgar, ‘Latin Literature: A century of Interpretation’, in Boer (ed.), *Les études classiques* (note 54), 91—120. 关于柏林：B. Kytzler, ‘Klassische Philologie’, in T. Buddenstieg, K. Düwell and K. -J. Sembach (eds.), *Wissenschaften in Berlin*, *Disziplinen* (Berlin, 1987), 97—101, quotation on Norden 100; cf. 关于1914年前柏林的古典研究的讽刺性描述，见 L. Hatvany, *Die Wissenschaft des Nicht-Wissenswerten*, *Ein Kollegienheft* (Berlin, 1908)；Rpt. with a Preface by J. Lloyd-Jones (Oxford and New York, 1986). 关于波恩学派：W. Schmid (ed.), *Wesen und Rang der Philologie. Zum Gedenken an Hermann Usener und Franz Bücheler* (Stuttgart, 1969)；关于哥廷根：C. J. Classen, Schlotter (ed.), *Die Geschichte der Verfassung und der Fachbereiche der Georg-August-Universität zu Göttingen* (Göttingen, 1994), 92—97.

[101] Jacob, ‘Etude comparative’ (note 56), 111.

语辞典》(*Thesaurus Linguae Graecae*)和《希腊作者的藏书室》(*Bibliothèque des auteurs grecs*)的合著者。[102] 与此同时还出现了构建在德国模式之上的语言学研究机构。1868年创建了前面所提到的高等研究实践学校的历史和语言学部;1869年,蒙彼利埃大学引进了一项习明纳,1880年后人文学院也开始"德国化"。[103] 1877年,一家在经营了20年之后,于1847年倒闭的古典学术期刊重新开张,且硕果累累;1923年,它最后的一期是拉丁语专刊——这成为了一种外部标志,即拉丁语现在已经成为了一种学术研究的对象,而不再是大众文化。这种转变也在同时期建立的保卫古典教育协会中得到了强调。[104]

427 1850年后,"当牛津运动失败后,牛津也被德国化了"。马克·帕蒂森(Mark Pattison,1813—1884)在德国旅行回国后"对德国科学带有强烈的偏爱",在他任职期间——1859年开始担任枢密院教育委员会视察员,1861年至1884年担任牛津林肯学院院长——他极力制止人文学术中学术的缺失,并认为它必须用于生产社会精英。为此,他开始尝试培训学院中的指导教师,并要将他们塑造成为德国式的研究者。[105] 尽管遭遇相当多的反对,帕蒂森的观点还是逐渐赢得了支持。1880年,英国出现了第一家古典语言学的专门期刊。[106] 德国的研究者,比如之前提及的著名梵语学者麦克斯·穆勒也于19世纪下半期来到牛津任教。1933年后,许多优秀的古典语言学家被逐出德国。前面提到的在大学里非常活跃的教授爱德华·弗兰克尔,一起的还有费利克斯·雅各比(Felix Jacoby,1876—1959)、

---

[102] Petitmengin, 'Têtes de pont' (note 91), 77—107. Werner 给出了更多的名字, 'Philologie' (note 56), 34.

[103] Jacob, 'Etude comparative' (note 56), 125.

[104] *Revue de philologie, de littérature et d'historie anciennes*, 1877—, *Revue des études grecques*, 1888—, *Revue des etudes anciennes*, 1899—, *Revue des etudes latines*, 1923—, *Bulletin de l'Association Guillaume Budé*, 1923—.

[105] 'Oxford went German when the Oxford Movement was defeated': A. Momigliano, 'Jacob Bernays', in A. Momigliano, *Quinto Contributo alla Storia degli studi classici e del mondo antico*, part I (Rome, 1975), 128; cf. *University of Cambridge*, 212; P. Slee, 'The Oxford Idea of Liberal Education 1800—1860: The Invention of Tradition and the Manufacture of Practice', *History of Universities*, 5 (1988), 69—87.

[106] *Journal of Hellenic Studies*, 1880—, *Classical Review*, 1887—, *Classical Quarterly*, 1907—.

保罗·马斯（Paul Maas,1880－1964）、鲁道夫·普法伊费尔（Rudolf Pfeiffer,1889－1979）和理查德·瓦尔策（Richard Walzer,1900－1975），他们都在牛津进行学术活动，并部分承担了牛津大学出版社出版的古典著作的编辑工作，直到他们最终获得学术职位为止。[107]

在荷兰，古典语言学的传统形式尤其是得到了杰出的古典语言学家卡吕斯·加布里埃尔·科贝特（Carl Gabriel Cobet,1819－1889）的保护，进而使其免遭受德国新学术的冲击。然而，在新独立的比利时，根特大学、鲁汶大学和列日大学——这三所大学都于1834年前后改组——最初都依赖于外国教师。古代语言方面的教师是德国人，它们还引进了语言学习明纳，虽然在名称上有所不同。"学术"也成为了比利时大学教育的正式目标，但与德国大学相比，它们明显是落后的。反映这种变化的期刊直到一战后才出现。[108]

在意大利实现统一之后，尤其是普法战争之后，德国学术便成为了意大利大学教育的理想。[109] 古典语言学同样如此。1878年科贝特注意到， 428
40年前他在意大利图书馆中研习手稿时，没有碰到一个对此感兴趣的意大利人，但这种情况现在开始变化了。到世纪之交，古典研究的觉醒（*il risveglio degli studi dell'antichità classia*）已经成为现实。1873年，德国出版人赫尔曼·勒舍尔（Hermann Loescher,1831－1892）在意大利创建了第一份语言学期刊，[110]并开始翻译德国的标准作品。不久，佛罗伦萨和其

[107] *History of Oxford*, VIII, 461.

[108] Jacob, 'Etude comparative' (note 56), 113－117; *Revue belge de philologie et d'historie*, 1922－, *Philologische studien*, 1929－, *Antiquité classique*, 1932－, *Etudes de philologie, d'archéologie et d'historie anciennes*, 1934－, *Latomus*, 1937－.

[109] 这里我大部分沿用的著述是 A. Penna, 'L'influenza della filologia classica tedeca sulla filologia classica italiana dell' unificazione d'Italia alla prima Guerra mondiale', in Bollak and Wismann (eds.), *Philologie* (note 55), 232－274; cf. B. Bravo, 'Giorgio Pasquali e l'eredità del XIX secolo', *ibid.*, 333－356; A. Momigliano, 'Capitano de Sanctis e Augusto Rostagni', in *Quinto contributo* (note 105), 187－201.

[110] *Rivista di filologia e d'istruzione classica*, 1873－, *Studi italiani di filologia classica*, 1893－, *Atene e Roma. Bolletino della società italiana per la diffusione e l'incorraggiamento degli studi classici*, 1898－1943, *Athenaeum*, *Studi periodici di letteratura e storia dell'antichità*, 1913－, *Aevum*, *Rassegna di scienze storiche, linguistiche e filologiche*, 1927－.

他大学城也效仿了这种模式。主流的教授们对德国古典语言学的方法与成就都比较感兴趣，这是因为他们都在德国受过教育，就像 20 世纪上半叶意大利最重要的语言学家之一乔治·帕斯夸利（Giorgio Pasquali，1885—1952）那样。

综合考虑其他欧洲国家的情况，总而言之，语言学的德国学术模式直到 19 世纪末才占据了支配地位。而且人们还可以说，正如说英格兰神学一样："它们对此注入了一种特征……严肃谨慎的精神"。然而在德国，拉丁文学和文化直到 20 世纪才被承认有其自身价值，而在其他国家，它却从未被贬为希腊语的一个苍白的仿品。西塞罗对大学人文主义目标的主要意义在这套书前面诸卷中已进行了论证，但他本人却遭到莫姆森（Mommsen）的责难。另一方面，他复杂的私生活和有争议的政治活动也使其获得了法国拉丁语学者，法兰西学院、师范学校和高等研究实践学校的教授加斯东·布瓦里耶（Gaston Boissier，1823—1908）的同情与公平对待，而西塞罗非凡而持久的影响力也得到了国际著名的语言学家塔杰乌斯·杰林斯基（Tadeus Zielinski，1859—1944）中肯评价，杰林斯基曾于 1887 年到 1922 年在圣彼得堡任教，之后在华沙任教。[111]

---

[111] 参见第 81 条注释所引用的本人论文，以及 W. Rüegg，'Cicero-Person und Wirkung in der abendländischen Geschichtete'，in B. Schefold (ed.)，*Vademecum zu einem Klassiker des römischen Denkens über Staat und Wirtschaft* (Düsseldorf，2001)，57—74. G. Boissier，*Cicéron et ses amis. Etude sur la société romaine du temps de César* (Paris，1866)；T. Zielinski，*Cicero im Wandel der Jahrhunderte* (Leipzig and Berlin，1897；4th edn，1926)；关于其曾被译为 6 种语言的小册子《古代和我们》(*Driewnij mir i my*)，参见我的文章，'Antike als Epochenbegriff'，*Museum Helveticum*，16，4 (1959)，309—318，W. Rüegg，*Anstösse*，*Aufsätze und Vorträge zur dialogischen Lebensform* (Frankfurt-am-Main，1973)书中重印，216—225；G. Walther，'Der Restaurierte Klassiker，Barthold Georg Niebuhrs wissenschaftliche Revolution am Beispiel seiner Cicero-Rezeption'，*Philologus*，137 (1993)，308—319，分析了柏林大学罗马史批判研究先驱给出的有关西塞罗的不同形象。关于拉丁文学的地位：Bolgar，'Latin Literature' (note 100)，带有 Momigliano 的评论(第 120 页)，5 位再评价拉丁文学的德国学者 (Friedländer，Traube，Leo，Norden，Heinze)中的 4 位是犹太人。关于俄国的古典研究：W. I. Kuenschin (ed.)，*Istoriografija antischnoi istorii* (Moscow，1980).

现代语言学的起源

伯克认为的基于哲学和历史学的语言学，也成了现代语言学的学术范式。⑫ 首先在德国，后来 20 世纪初又在欧洲其他地方，现代语言学代替了文学(*belles lettres*)的修辞学和人文主义传统，因此，这种先后顺序也决定了我们的阐述方式。

人文主义(*litterae humaniores*)目标就是对社会精英人士、绅士、尚礼人士(*honnête homme*)及世界上有教养的人进行普通教育。正是由于这个原因，18 世纪，改革后的哥廷根大学才对贵族有如此大的吸引力。它不仅进行学术性教育(特别是在法学方面)，而且也教授击剑、舞蹈和现代语言知识等贵族技能。然而，在世纪末，这所大学开始从博学的"文学历史"(*Literärgeschichte*)发生变化，将文学历史转变为人类理性的历史，转变为一些需要在哲学和美学中教授的内容。1806 年，古典语言学家格奥尔格·弗里德里希·贝内克(Georg Friedrich Benecke)举办了首个中世纪德国文学学术讲座，当时，他还是副教授，到 1814 年后，他才成为全职的哲学教授。⑬

对柏林(大学)的改革者来说，从事学术性的教育活动是获得教授席 430

⑫ K. Stackmann, 'Die Klassische Philologie und die Anfänge der Germanistik', in H. Flashar, K. Gründer and A. Horstmann (eds.), *Philologie und Hermeneutik im 19. Jahrhundert. Zur Geschichte und Methodologie der Geisteswissenschaften* (Göttingen, 1979), 240—249，在第 242 页提到了整个领域中的令人不满的状态。而在有价值的大会记录出版后，就不会再坚持这种判断了，像 F. Fürbert et al. (eds.), *Zur Geschichte und Problematik der Nationalphilologien in Europa. 150 Jahre Erste Germanistenversammlung in Frankfurt am Main (1846—1996)* (Tübingen, 1999) and the initiatives of the Marbacher Arbeitskreis zur Geschichte der Germanistik which prepared an '*Internationales Germanistenlexikonn* 1800—1950' in 3 vols., ed. by C. König (Berlin and New York, 2003)。现代语言学术语的第一次使用是在下面的著作中发现的：Carl Mager, *Drei Hefte moderner Humanitätsstudien*, Heft 1: *Die moderne Philologie und die deutschen Schulen* (Zurich, 1840)。

⑬ K. Stackmann, 'Die Germanistik an der Georgia August-ein historischer Rückblick', in Schlotter, *Verfassung* (note 100) 98; A. P. Frank, 'Die Entwicklung der Neueren Fremdsprachen in Göttingen', *ibid.*, 107; cf. E. Marsch (ed.), *Über Literaturgeschichts-schreibung. Die historisierende Methode des 19. Jahrhunderts in Programm und Kritik* (Darmstadt, 1975), 17ff.

位的前提。外语是由“语言教师”教授的，在大学的章程中，语言教师与马术教师、体育教师、击剑教师都是用相同的红色标题标出的。[114] 但东方语言是一个例外，这是因为它对神学及德国文学有重要的意义。后者，尤其是在中世纪，已经成为德国人文主义的研究的一门科目，并成为德国浪漫主义者的主要兴趣所在，诸如，1808 年海德堡的格雷斯(Görres)、1812 年维也纳的弗里德里希·冯·施莱格尔(Friedrich von Schlegel, 1772—1829)，以及他的哥哥奥古斯特·威廉(August Wilhelm, 1767—1845)，早在 1803—1804 年威廉就在柏林举办的私人讲座中将德语作为确定民族身份的一项因素。除此之外，威廉·冯·洪堡和弗朗兹·博普(Franz Bopp, 1791—1867)开创的语言现象还遭遇了哲学和学术性的对抗。

1810 年，弗里德里希·冯·德尔·哈根(Friedrich von der Hagen, 1780—1856)被柏林大学授予德国语言与文学副教授席位，但他从事的中世纪文学爱国主义编辑工作，要比他的学术工作更加引人注目。雅各布·格林(Jacob Grimm, 1785—1863)和威廉·格林(Wilhelm Grimm, 1786—1859)兄弟也曾受过律师教育，但作为萨维尼的学生，他们熟悉历史批判法；因而，1837 年，也就是这两人作为“哥廷根七杰”(教授)成员抗议宪法；而被解职的前后，他们成为了研究德国语言和大众文学的奠基人。1840 年，在他们得到一定的退休金后应召来到柏林成为普鲁士科学院(Prussian Academy)的成员，并在大学中任教。在这里，由于古典主义者卡尔·拉赫曼(Karl Lachmann, 1793—1851)自 1825 年来，除了教古典语言学外，还教德国语言和文学，因此，德语研究已经系统地并从方法论上发展成为了一门大学科目。他还出版了极为重要的中古高地德语文本(Middle High German Texts)的批判读本，比如《尼白龙根之歌》(*Nibelungenlied*)、《沃尔特·冯·戴尔·福格尔魏德》(*Walter von der Vogelweide*)、《帕西发尔》(*Parsifal*，亚瑟王传奇中寻找圣杯的英雄人物。——译者)，并编辑了莱辛(Lessing)的全部著作；他在编辑古代作品时自始至终都使用了相同的批判方法，其中还包括已经提及的由他编辑的《新约》。他努力将语言文本批判与悔罪(conviction)(后者过时了)相结合，进而使

---

[114] Lenz, *Geschichte* (note 38), vol. I, 272.

得伟大的史诗，比如荷马的《伊利亚特》(*Iliad*)或《尼白龙根之歌》，能够融入“整体精神之外的……共同诗歌作”之中去，而这也正是来源于特定时代的人民精神。[115]

德语与古典语言学的这种结合得到了拉赫曼的后继者莫里茨·豪普 431
特(Moritz Haupt，1808－1874)的延续，豪普特是著名莱比锡古典学者戈特弗里德·赫尔曼(Gottfried Hermann)的学生，曾编辑了古典文本，直至1846年他一直都只将德国语言学视为“古典主义的附属科学”。然而，1841年他创建了最早的，直至今天还存在的德语期刊，并编辑了许多中古高地德语文本。[116]“德语研究的语言学化被证明是迈向被承认并被确立为大学科目的决定性的一步”。[117] 通往被认可的道路是如此的崎岖漫长，一些重要德语学家都纷纷揭示出这一点，比如科纳德·布尔达赫(Konrad Burdach，1859－1936)，他曾被告诫不要从事德语研究，因为从职业发展的角度看，这是无出路的。[118] 1861年，“语言学家、学校教师和东方学者大会”接纳了德语作为分部。相应的期刊不久也开始成倍增加。[119] 然而，直到1872－1894期间，德语研究的大学习明纳——以1858年在罗斯托克设立的习明纳为模型——才开始被普遍接受。[120] 在德意志帝国建立后的几十年中，现代德语文学研究分别在1874年的慕尼黑和1877年的柏林获得了本领域的教授教席。[121]

在过去，文学作为与其他欧洲文学互动中民族精神的表达，一直是以

---

[115] Quoted by Stackmann, ‘Klassische Philologie’ (note 112), 249.

[116] I. Denneler and N. Miller, ‘Germanistik’, in Buddenstieg, Düwell and Sembach (eds.), *Wissenschaften* (note 100), 90; *Zeitschrift für deutsches Altertum und deutsche Literatur*, 1841－.

[117] J. Jahota (ed.), *Texte zur Wissenschaftsgeschichte der Germanistik*, vol. III: *Eine Wissenschaft etabliert sich* (Tübingen, 1960), 36.

[118] *Ibid.*, 2.

[119] *Ibid.*, 9. *Zeitschrift für deutsche Philologie* 1869－, *Anzeiger für deutsches Altertum und deutsche Literatur*, 1876－, *Germanistische Abhandlungen*, 1881－1934.

[120] Jahota (ed.), *Texte*, 51ff.; cf. U. Tewes, ‘Die Gründung germanistischer Seminare an den preussischen Universitäten (1875－1896)’, in J. Fohrmann and W. Vosskamp (eds.), ‘Von der gelehrten zur disziplinären Gemeinschaft’, *Deutsche Viertelsjahresschrift für Literaturwissenschaft und Geistesgeschichte*, 61 (1967), Sonderheft, 69#－122#.

[121] Jahota (ed.), *Texte* (note 117), 10.

"民享"(for the nation)的形式呈现的。这是"哥廷根七杰"中的第三号人物奥尔格·戈特弗里德·格维努斯(Georg Gottfried Gervinus,1806—1871),在1835年出版的《德国诗歌民族文学史》(*Geschichte der Poetischen Nationalliteratur der Deutschen*)导言中使用的表达。格维努斯曾被剥夺了历史与文学教授席位。他坚持认为,这项工作是为了展示诗歌的"理念"如何渗入整个世界历史的,而这也是他对"文学科学史"(Science of Literary History)的贡献。诗歌在古希腊达到顶峰,而接下来的历史则是一条"通往所有真正的的诗歌本源的大道,在其中欧洲各个民族都跟随在德国
432 人左右,虽然它们时常超越德国人,但最终还是一个接着一个地落马了"。[122]

还有一种类似的文学史的历史观与哲学观,而且其中的沙文主义态度也有所减弱,这就是赫尔曼·黑特纳(Hermann Hettner,1821—1882)在1856年提出的一种表达方式。起初,他曾是美学、艺术和文学史教授,后来成了德累斯顿的博物馆馆长和艺术史教授。他把18世纪的艺术史描述为"理念及其科学和艺术形式的历史",它经由法国启蒙运动到德国古典主义的全盛,囊括了自然科学、经验哲学以及17世纪英国文学中的自然神论的繁荣。"首先出现的是非常重要的政治和宗教的发展时期,紧随其后的是科学、艺术和诗歌中对这些发展的反应和反思"。[123] 正是由于这种方式,德语研究本身成为了一门特殊的科目——精神科学,而且还使其在经历了所有的语言学化后,依然保持着它自身潜在的民族甚至是民族主义的观念。二战期间,苏黎世的德国文学家埃米尔·施泰格(Emil Staiger,1908—1987)通过将内在解释应用于文学创作,进而给德国文学研究指明

---

[122] G. G. Gervinus, *Geschithte der poetischen Nationallitteratur der Deutschen*, 5 vols. (Leipzig, 1835—1842), introduction, reprinted in Jahota (ed.), *Texte* (note 117), quotations 184, 179—181.

[123] H. Hettner, *Literaturgeschichte des achtzehnten Jahrhunderts*, 3 parts (6 vols.) (Braunschweig, 1856—1870), 引自第一部分(*Die englische Literatur von 1660 bis 1770*)至第二部分封面,*Die französische Literatur im achtzehnten Jahrhundert*, 4th edn (1881).

了新的方向。[124]

起初，发展**拉丁文学研究**(Romance Studies)是出于学术性目的，后来是因为在(文科中学)文法教师中受到了来自现代语言学家的压力，他们要求获得与古典语言学家相同的地位，并要求获得具有相同学术价值的教育。数十年来，他们与古典语言学家的争论始终存在，而且那些为拉丁文学研究而振臂高呼的人，往往就是那些从事德国语言学和德语教学的人。从1823年开始在波恩执掌"中世纪和现代文学史"教职的"拉丁文学研究的缔造者"弗里德里希·迪茨(Friedrich Diez，1794—1875)就曾教授古高地德语(Old High German)、法语、意大利语、西班牙语，以及葡萄牙语与文学。[125] 1842年，阿达尔贝特·冯·凯勒(Adalbert von Keller，1812—1883)就任图宾根德语文学教授时，在发表任职演说中有目的地宣称："作为一种日尔曼语与拉丁语的学术性语法，作为中世纪和现代诗歌的历史，现代语言学应该名列第三位，仅次于东方语言学与古典语言学"。与这种观点相一致的是，他本人作为德语专家，也在教授英语和拉丁文学。[126] 433

将这些与德国语言学相联系，是出于两方面的原因：一方面，是为了追溯"现代欧洲两大最重要的语言群体的历史"，例如，首先是由雅各布·格林从1819年开始创作的"德语语法"，后来，迪茨继承了格林的衣钵，开

---

[124] W. Flitner, *Gesammelte Schriften*, vol. XI: *Erinnerungen 1889 — 1945* (Paderborn, 1986), 102, 德语研究语言学化的一个重要的例子："当著名的赫尔曼·保罗(Hermann Paul)提出《尼白龙根之歌》手稿问题时，我们在别处。两周后回来，我们听到他比较Hagen von Troje和Hagen von Tronje之间的区别，并继续讨论不同手稿的系谱。我们爆发大笑，引起普遍的不愉快和混战而离去。我们便来到充满诗歌热情的大学，但我们没有关于语言学的，尤其是德语研究的理念。"关于苏黎世的学校：S. Sonderegger, 'Germanistik', in P. Stadler, *Die Universität Zürich 1833 — 1983* (Zurich, 1983), 518ff., and W. Rüegg, 'Europa in Trümmern, Die Neuorientierung der Geisteswissenschaften nach 1945', *Neue Zürcher Zeitung*, *Literatur und Kunst*, 125 (25—26 May 1996), 65ff.

[125] H. Christmann, 'Romanistik und Anglistik an der deutschen Universität im 19. Jahrhundert. Ihre Herausbildung als Fächer und ihr Verhältnis zu Germanistik und klassischer Philologie', in *Abhandlungen der Akademie der Wissenschaften und Literatur in Mainz*, *Geistes-und sozialwissenchaftliche Klasse* (Stuttgart, 1985): I, 1—28, 对学科的建立和分化进行了一次极好的调查。W. Hirdt (ed.), Romanistik, *Eine Bonner Erfindung*, 2 vols. (Bonn, 1994), Part I: *Darstellung*, Part II: *Dokumentation*, 不仅包括关于波恩学派的丰富文献，也最先描述了从开始到现在以来整个学科的发展。

[126] Keller的就职讲座'Über die Aufgabe der modernen Philologie'在Jahota被再版(ed.), *Texte* (note 117), 263—277, quotation 277.

创了他自己的"拉丁语语法"(1836—1844)。另一方面,对日尔曼以及德意志民族精神的关注启发了人们对罗马尼亚精神的类似关注,这是因为它们是两类相邻的文化,都共同继承了拉丁文化的遗产。拉丁文学研究是学术训练的一种手段。迪茨在 55 年的教学生涯中,所培养的博士研究生至多不过五六人,而且来参加他的讲座的学生数总是比他那些教授实用语言课程或教授美学的助教或同事们的学生少。但既作为一名研究者,又作为一位极为重要的大学讲师的典范,他的影响却愈加深远。在第二次世界大战之前,拉丁文学研究的方向是语言学研究而不是外语和当代文学的培养。德语依然是教学用语,而且还是事实上的出版用语,这是因为,"在有身份的拉丁文化研究者当中,不说法语是他们之间进行区别的标志"。[127]

拉丁语言学要获得与古典语言学同等的地位,不仅必须要拥有自己
434 的专业教席,而且还要拥有自己的习明纳和期刊。1858 年当卡尔·巴尔奇(Karl Bartsch,1832—1888)被罗斯托克任命为教授时所拥有的头衔是"德语和拉丁语语言学教授",并且能在之前提及的"德国语言学习明纳"中和他的学生一起学习这两类知识。1872 年,阿达尔贝特·冯·凯勒(Adalbert von Keller)获准在图宾根举办一个"现代语言习明纳";1873 年,巴尔奇在海德堡也引入了一个相同名称的习明纳,但在 1877 年它被更名为"德语与拉丁文学研究习明纳"。1877 年在哈勒和彼恩出现了独立的拉丁文学研究习明纳;1896 年,柏林大学将 1877 年创建的拉丁文学与英语研究习明纳分开,进而也拥有独立的拉丁文学研究习明纳。[128] 这种特殊的结合,在 19 世纪下半叶是十分普遍的,这是由于新出现了许多合格的教师,并设立了现代语言与文学教职的缘故。哈勒是个例外,从 1822 年开始,那里就已经设立了拉丁文化研究教席了,第一个拉丁语言学教席是由之前的双教授制(double professorships)分化产生的,1867 年,第一个教席出现在柏林大学,是由迪茨的学生阿道夫·托布勒(Adolf Tobler,1835—1910)当任,后来在 1872—1911 年间,在其他的德国大学中也都出现了这

[127] Quotations from Hirdt (ed.), *Romanistik* (note 125), 8;波恩大学的拉丁演讲与博士论文类,1818—1916, *ibid.*, 323—456.

[128] Christmann, 'Romanistik und Anglistik' (note 125), 29—39.

种教席。[129] 与此同时，拉丁文化研究的期刊也开始传播，并且往往是独立于德国和英国语言学的。[130]

在第一次世界大战之前，拉丁文化研究仅限于语言学和语言的研究，不仅要研究像但丁和彼特拉克这样的伟大诗人，而且还要采用与古典语言学家研究古代作品时所采用的类似方法来研究较早的年代，即要将这种研究视为彰显特定民族与历史精神的手段。就这样，在德国，直到1933年之前，文艺复兴与人文主义都一直处于领先地位。[131] 另一方面，当代拉丁文化再没有引起像美学和哲学引起的那种关注。这种情形在1917年得以改变。作为德国的拉丁文化研究总中心，波恩大学被赋予从事“拉丁文化国家研究”的重任，并在大学部主任、波恩大学前任东方学家卡尔·海因里希·贝克尔（Carl Heinrich Becker，1876—1933）的提议下由教育部接
管。其研究重点为普遍意义上的法国文化，包括政治学、教育、艺术和社会 435
学。恩斯特·罗伯特·库尔提乌斯（Ernst Robert Curtius，1886—1956）在这方面发挥了主要作用，他最初是波恩大学的编外教师，也是贝克尔的朋友，从1929年开始在波恩大学任教授。他也使得欧洲文学的中世纪拉丁起源研究成为一个划时代的研究主题，尤其是在他1933年后在国内往来迁徙期间。[132]

英语是日尔曼语中的一个分支。德语专家研究并编辑了古老的英国

---

[129] *Ibid.*, 28.

[130] *Jahrbuch für romanische und englische Sprache und Literatur*, 1859—1876, *Zeitschrift für romanische Philologie*, 1877—, *Zeitschrift für neufranzösische Sprache und Literatur*, 1877—1888, 在1944年之前都是如此, *Romanische Forschungen*, 1883—, *Neuphilologisches Zentralblatt*, 1887—1906, *Romanische Bibliothek*, 1888—1926, *Literaturblatt für germanische und romanische Philologie*, 1888—1944, *Romanische Studien*, 1897—, *Germanistisch-romanische Monatsschrift*, 1909—.

[131] 开始于 G. Voigt, *Die Wiederbelebung des classischen Alterthums oder das erste Jahrhundert des Humanismus*, 2 vols.（Berlin, 1859）and J. Burckhardt, *Die Cultur der Renaissance, Ein Versuch*（Leipzig, 1860）. *Kulturwissenschaftliche Bibliothek Warburg* 达到高峰，并在1933年从汉堡迁到伦敦；参见 E. H. Gombrich, *Aby Warburg: An Intellectual Biography, with a Memoir on the history of the Library by F. Saxl*（London, 1970）.

[132] Hirdt (ed.), *Romanistik* (note 125), 24ff., 31—38; M. Werner, ‘Le prisme franco-allemand: à propos d' une histoire croisée des disciplines littéraires’, in H. M. Bock *et al*. (eds.), *Entre Locarno et Vichy, Les relations culturelles franco-allemandes dans les années 1930* (Paris, 1993), Vol. I, 307—310.

古典文本，并主导了英国语言与文学的学术研究。直到英格兰成为一个世界强国之后，直到现代语言的语言学研究开始成为中学教师中的一个专门职业，英语研究才最终从德语研究中逃离出来，尽管它们依然与拉丁文化研究保持着千丝万缕的联系。[133] 在1852年到1881年间，有数十个双教授教席在拉丁文化研究中发挥着重要作用，1852年，苏黎世大学创建了第一个英语研究的教授教席，1867年，波恩设立了第一个英国语言研究的教授职位；1872年，维也那也设立了同样的教职；1872年，斯特拉斯堡还设立了第一个英国语言学教职。但对这些执掌教席的人们来说，继续活跃于古罗马文化研究领域，也是十分重要的。[134] 在较早的现代语言期刊出现后不久，一些崭新的英国语言学研究期刊也出现了。[135] 1892年，除巴伐利亚之外，在德国的所有大学中都出现了独立的德国语言学、法国语言学和英国语言学教授席位，但不一定是独立的部门。柏林大学的创建者认为，"我们几乎不需要学英语，如果要学的话，向家庭教师学就可以了"，100年后，维拉莫维茨依然反复地向他的英语同事们重申这一点。[136] 但在1872年到1914年间，共设立了32个英国语言学的教职，这就"说明了盎格鲁—撒克逊国家的重要性在日益增加"；虽然就内容而言，英语科目大多都局限于英格兰。[137] 美国研究（除个别的先驱外）仅在魏玛时期才被引入，一开始是柏林大学在英语系内建立了一个"美国部"，后来其他大学就将这种制度作为一种固定的模式，"在欧洲的美国研究早期史中，几乎没有出现

436

[133] Finkenstaedt, *Anglistik* (note 87)在有远见的重要章节分析了20世纪学科的机构和个人发展，包括其与国家社会主义之间的纠缠；也参见 G. Haenicke and T. Finkenstaedt, *Anglistenlexikon 1825—1990, Biographien und bibliographische Angaben zu 318 Anglisten* (Augsburg, 1992).

[134] Christmann, 'Romanistik und Anglistik' (note 125), 23—28.

[135] *Archiv für das Studium der neueren Sprachen und Literaturen*, 1846—, *Englische Studien*, 1877—1944, *Anglia*, 1878—, *Die neueren Sprachen*, 1893—1943, *Zeitschrift Studien*, 1877—1944, *Anglia*, 1878—, *Die neueren Sprachen*, 1893—1943, continued as *Zeitschrift für neusprachlichen Unterricht* until 1943.

[136] A. Brandl, *Zwischen Inn und Themse. Lebensbeobachtungen eines Anglisten* (Berlin, 1936), 56, quoted by Christmann, 'Romanistik and Anglistik' (note 125), 19.

[137] Finkenstaedt, *Anglistik* (note 87), 123.

比德意志第一共和国的措施更有前景的发展。”[138]

斯拉夫语言与文学[139]早在18世纪就曾被在一些个别场合下教授，后来在文学和语言研究方面的专家以及德语专家和东方学家的努力下，到19世纪上半叶时这种教授活动逐渐增加。作为一门独立的学科，斯拉夫语研究要将其起源归功于伯克学派(Böckhian)提出的语言学观念，归功于比较语言研究的发展。这点将在后面论述。1849年，现代斯拉夫语研究的奠基人，弗朗兹·冯·米克洛斯基（Franz von Miklosich，1813－1891）因为弗朗兹·博普(Franz Bopp，1791－1867)的《印度日尔曼语系的语法比较》撰写评论，而引起人们的关注，并最终确立了他作为斯拉夫语言文化专家的声望，而且还应邀来到维也纳大学，执掌新设立的斯拉夫语言学教席。在这里，1852－1875年间，他出版了《斯拉夫语系的语法比较》，以格林和迪茨的著作为研究对象，追溯了他们的研究历史。费拉托斯莱弗·亚吉奇(Vratoslav Jagić，1838－1923)是柏林大学1874－1880年间斯拉夫语研究教席的首位教授，之后，他于1886年调入圣彼得堡大学，担任同样的职位，最后，他又来到维也纳，接替了他的老师米克洛斯基，他将伯克学派的深厚的学术氛围带到了由他创建的第一份《斯拉夫语研究期刊》(*Journal of Slavonic Studies*)中，也带入了由他帮俄罗斯科学院引进的《斯拉夫语言学百科全书》之中。1887年，他在维也纳创建了斯拉夫语习明纳。

---

[138] S. Skard, *American Studies in Europe: Their History and Present Organization* (Philadelphia, 1958), vol. I, 276, quoted by Finkenstaedt, *Anglistik* (note 87), 150.

[139] Peter Brang和Zurich告诉了我关于斯拉夫语言学起点及其参考文献的信息，包括：K. Krumbacher, 'Der Kulturwert des Slawischen und die slawische Philologie in Deutschland', in K. Krumbacher, *Populäre Aufsätze* (Leipzig, 1909), 337－372, 386－388; J. Hamm and G. Wytrzens (eds.), *Beiträge zur Geschichte der Slawistik in nichtslawischen Ländern*, Schriften der Balkankommission der Oesterr. Akademie der Wissenschaften, Linguist. Abt. XXX (Vienna, 1985); *Slawistik in Deutschland von den Anfängen bis 1945. Ein Biographisches Lexikon* (Bautzen, 1993); P. Brang, 'Slawistik', *Schweizer Lexikon*, vol. V (Lucerne, 1993), 325－326. 关于1892年、1914年和1938年存在的席位和习明纳的线索，来自*Minerva*, *Jahrbuch* (note 13)。下面的非斯拉夫语言的期刊显示了其他欧洲国家斯拉夫研究的有限兴趣：*Archiv für slawische Philologie*, 1876－, *Slavia occidentalis* (Poznań), 1921－, *Revue des études slaves*, 1921－, *Slavonic* (and *East European*, 1928－) *Review*, 1922－, *Slavia* (Prague), *Zeitschrift für slavische Philologie*, 1925－.

437 1841 年，在布雷斯劳设立了在俄罗斯之外的首个斯拉夫语言文学教席。之后，类似的教席陆续开始出现：1849 年出现在佩斯、布拉格和维也纳；近 20 年后，也就是 1867 年出现在格拉茨；1870 年出现在莱比锡；1874 年出现在柏林；1899 年出现在瑞士的弗莱堡。1892 年，阿格拉姆（萨格勒布）、捷尔诺维兹（Czernowitz）、克拉科夫和莱姆伯格（利沃夫）设立了教授职位。随后，1911 年，慕尼黑也设立了相同的教授职位。在德国，它是因为政治同盟的关系而受到欢迎；在多瑙河沿岸的君主国，它是因为能安抚日益难以驾驭的少数民族而受到欢迎；这使得教席的设立犹如脱缰的野马般不受羁绊地迅速发展起来。1914 年前，在布雷斯劳、格拉茨、克拉科夫、莱姆伯格（利沃夫）、隆德、布拉格和维也纳都已建有斯拉夫语言学习明纳。柏林和莱比锡则是在一战后才出现这样的习明纳。在二战爆发前，在德语国家新创建的教席为数不多：柯尼斯堡设立了一个副教授职位（1915）和一个讲座教授职位（1921），以及格瑞夫斯沃德（Greifswald）设立了一个荣誉教授职位。另外，瑞士弗莱堡设立的副教授职位于 1921 年被废止。直到二战后俄国成为世界强国之后，斯拉夫语研究才获得了与其他现代语言同等的地位。

斯拉夫语研究不仅在德国、奥匈帝国和说德语的瑞士陷入了灰姑娘的境地。在不说俄语的其他欧洲各国，斯拉夫语言学或俄国语言与文学均由副教授授课，如赫尔辛基、哥本哈根、牛津[教学教授（Reader）]、索非亚（Sofia）和乌普萨拉，而在里尔（Lille）、法兰西学院（自 1840 年）和巴黎的东方语言学校（*École des langues orientales vivantes*）则是由讲座教授进行教学。到 1914 年，在索邦有一个副教授职位，贝尔格莱德、布加勒斯特（Bucharest）、克里斯蒂安尼亚（Christiania，奥斯陆的旧称）、雅西（Jassy）和利物浦则分别设立了讲座教授职位。在两次世界大战之间，新独立的斯拉夫国家扩充了斯拉夫语研究教席，并建立了研究机构，如贝尔格莱德和切尔诺维茨（Czernowitz/Cernauti，罗马尼亚）。1915 年，伦敦的国王学院也开办了一个斯拉夫研究所。在哥本哈根和乌普萨拉，副教授职位得以提升，鲁汶、隆德、里昂、曼彻斯特、诺丁汉和斯特拉斯堡则建立了新的教授职位，而在罗马则设立了一个波兰语言和文学研究的讲座教授职位，但在斯拉夫语言学中则仅设立了一个副教授职位。索邦的情况也是如此，比

如，斯堪的纳维亚语言和文学就只设有一个正规职位。设立特殊岗位（讲师）的则有剑桥、克鲁日（Cluj，德文为 Klausenburg）和热那亚。

第二次世界大战前，在非斯拉夫语的欧洲大学中，教斯拉夫语言学或其中一种语言文化学的教授不到 30 人，这个数字与 20 世纪其他现代语言学的教授人数以及高度专门化的东方研究教授职位数相比，几乎少得可怜。这与那些 1945 年前出现并发展至今的为数不多的相关专业期刊的境况是相同的。当然，西方斯拉夫语学家数量相对较少并不意味着其教学和研究范围与质量会受限制。与德语专家、古罗马文化学家和英语学家相比，他们不仅要在专业领域内涉猎更多的语言与文学问题，而且他们还综合考虑了整个欧洲的政治、宗教和文化史因素，以及邻国的语言与文化，以便于区别外来因素对斯拉夫世界的影响，确立其独有特征。最后但并非不重要的是，当它成为学校的一门科目时，斯拉夫语研究显然缺乏人才和教育权威人士影响力的支持。 438

欧洲现代语言学的传播

1870 年后，现代语言学的德国模式在非德语国家变得重要起来。除了自 1861 年在比萨就已经存在的教授职位外，现代拉丁语言和文学很快地在米兰（1871）、佛罗伦萨（1874）、博洛尼亚和都灵（1875）、那不勒斯、罗马和帕多瓦（1876）均设立了新教席。[140] 1892 年，赫尔辛基和图卢兹设置了拉丁语语言学的教学职位，热那亚、格罗宁根和列日设置了副教授职位，克里斯蒂安尼亚（奥斯陆）则是设置了两个讲座教授职位，其中一个是与德国语言学结合，另一个是与英语语言学结合。哥本哈根和乌普萨拉拥有拉丁语系的讲座教授教席，隆德有一个副教授教席，而都灵则有一个法语语言学的教学职位。在伦敦和利物浦，是由教授负责教法语和意大利语的，在图卢兹负责教西班牙语和文学的也是教授，其他地方则通常是由助教来教授的。

---

[140] G. Gröber, *Grundriss der romanischen Philologie* (Strasburg, 1888), vol. I, 104. Unfortunately its 'Geschichte der romanischen Philologie', *ibid.*, 1—140, 欧洲的拉丁语语言学的比较史没有找到后继者。

1892年，在伯明翰设有德国语言学教席，隆德和乌普萨拉设有日耳曼语言学教席，格罗宁根、里尔、伦敦和米兰则设有德国语言文学教席。另外，在格拉斯哥、列日、里昂、巴勒莫(Palermo)和罗马均设有教学岗位。伯明翰、伦敦和牛津已经设立了英国语言学教授职位，但在欧洲大陆，只有列日、罗马和都灵设立了教学职位。在大不列颠之外，仅有都伯林、哥本哈根和图鲁兹设立了英国语言文学教授职位，里尔和巴黎也设立了相应教学
439 职位。在莱顿，盎格鲁撒克逊语则是与哥特语和中古高地德语合在一起的。

法国的所有大学都设有“外国文学”教席，而俄国只有部分大学设有“西方文学”教席。在第一次世界大战以前，拉丁语言学或拉丁语系方面的教授职位的数量才有了持续地增长，并且它的称谓有时是“现代拉丁语系与文学”，法国语言与文学的情况也是如此。在意大利大学中的德国语言与文学的情况也是如此，但它们往往都无足轻重，只有米兰和都灵除外，因为在那里设有讲座教授，而在帕多瓦和罗马则设有副教授席位。英国语言学以及英语语言和文学研究也是如此，法国、比利时、荷兰和斯堪的纳维亚的大学也都为其设立了教授职位。然而，在意大利，仅有米兰、罗马和佛罗伦萨出现了这种情况。在伊比利亚半岛，仅有里斯本(Lisbon)为三门现代语言学设立了教授职位。

1918年后，教授职位开始在各地盛行，并采取了专门的形式。我只举一个欧洲东南部和北部周边的例子。1892－1893年，匈牙利的阿格拉姆(萨格勒布)大学为下面的各门语言学设立了一个讲座教授职位：希腊语、克罗地亚语和斯拉夫语，并为拉丁语言学设立了一个副教授职位和一个高级教学职位。1913－1914年，他们为德国与匈牙利语系与文学，以及古典语言学设立了讲座教授职位。克罗地亚语语言学被划分为克罗地亚-塞尔维亚文学与克罗地亚语。1938年，当时尚处在南斯拉夫境内的萨格勒布大学的下列学科是由讲座教授来执教的：斯拉夫语比较语法、塞尔维亚－克罗地亚(Serbo-Croat)语、塞尔维亚－克罗地亚文学、斯拉夫尼亚(Slovenian)语言和文学、拉丁语言学、德国语言和文学，以及古典语言学。由副教授讲授古典语言学、现代南斯拉夫文学史，以及意大利语言和文学。讲师负责拉丁语法，以及捷克、德国和土耳其的语言。而除此之外的法语、俄语、德语和英语则是由助教来负责教授的。

在隆德大学，现代文学是由1801年设立的美学教授负责教授的，1858年，又增设了文学史和艺术史教席。1811年，一位东方研究教授为其侄子捐设了一个法语、德语和英语的教授职位。[141] 但只有1858年设立的现代欧洲语言学教席和1865年设立的北欧语言学教席，才真正具有语言学的特征。1877年创建了日耳曼语讲座教授职位，1887年创建了拉丁语系的 440
副教授职位，后来也升格为讲座教授职位。其后类似的就是1904年建立的英语教授职位和1905年建立的德语教授职位。1919－1920年，美学、文学和艺术史教席被分成了艺术史和理论以及文学和诗歌史两部分。1921年建立了一个斯拉夫语教席；到1938年，隆德在土耳其研究、历史和文化背景中的文学研究、北欧方言研究和冰岛语言学方面，都设立了高级教学职位。[142]

在第一次世界大战之前，只有为数不多的几个大学将习明纳制作为大学研究的中心，这大多是因为直接或间接地受到了德国模式的影响。到1892年，隆德已经为北欧语系、日尔曼语系和拉丁语系开设了习明纳，到1914年，又为犹太语与斯拉夫语系以及文学史开设了习明纳。乌普萨拉和哥德堡也沿用了这种模式。1914年，格罗宁根为英国研究、日尔曼研究和拉丁文化研究设立了独立的研究机构。同年，贝尔格莱德也为德国语言和文学以及比较文学史开设了习明纳。在布加勒斯特，有罗马尼亚语、拉丁文化和德国语言与文学习明纳，波希米亚的布拉格大学则设有斯拉夫和拉丁语言学以及英国研究和德国研究的习明纳。

1918年后，德国模式继续影响着处于重建之中的国家以及新建立的国家。克拉科夫、莱姆伯格（利沃夫）和波森（Poznan，今波兰的波兹南尼亚。——译者）为所有的现代语言学开设了习明纳，华沙则分别为文学和语言学设立了习明纳。在克鲁日和萨格勒布（阿格拉姆），从帝国时代延续下来的习明纳得到了充实，在新成立的布隆（Brunn）和布拉迪斯拉发（Bra-

---

[141] A. Zetersten, 'The Pre-history of English Studies at Swedish Universities', in T. Finkenstaedt and G. Scholtes (eds.), *Toward a History of English Studies in Europe: Proceedings of the Wildsteig Symposium, April 30-May 2, 1982*, Augsburger I-and I. Schriften 21 (Augsburg, 1983), 292.

[142] Bo Lindberg, Gothenburg 向我提供了瑞典语席位的日期；其他来自 *Minerva, Jahrbuch* (note 13).

tislava)大学也引入了以布拉格模式为基础的习明纳。在西部,阿姆斯特丹、布鲁塞尔和科英布拉也为现代语系设立了习明纳研究所。在意大利,1920 年学术性大学习明纳在教育部长本尼狄托·克罗齐(Benedetto Croce)的鼓励下形成了。[143] 到 1939 年,米兰、布拉格和罗马也已经引进了现代语系的学术性大学习明纳。在法国,至关重要的是,斯特拉斯堡是第一所设立习明纳的大学,尽管在索邦的高等研究实践学校也扮演着同样的角色。

德国语言学方法的这种传播,只能以法国为例来考察细节,这是因为我们可以清晰地从教席和习明纳创办的年度统计表中找到答案。在意大
441 利,除了教授教席出现得较为缓慢之外,我们仅能依靠一些诸如论文和专业期刊之类的间接证据,来说明在 19 世纪后半叶之前,现代语言学的科学研究方法从未在意大利真正站稳脚跟。在帕多瓦,1885 年的学位论文只有 40 到 100 页;到 1899 年,许多论文中已包含了严谨的科学性调查。[144] 19 世纪 70 年代创建的期刊不久便停刊了,直到 1883 年后才能得以复刊。[145]

1886 年,剑桥因其为中世纪与现代语言学举办荣誉学位考试,成为了第一所为现代语言与文学建立制度性保障的英国大学,它还于 1905 年出版了第一份专业期刊。自 19 世纪 80 年代就在大学中任教的德语专家卡尔·布罗伊尔(Karl Breul)也于 1910 年被授予了教授职位;1918 年还建立了现代人文学科研究协会。[146] 1914 年,伦敦(国王学院)和剑桥大学也出现了英语、德语和拉丁语的语言学教授。

---

[143] A. Satoni Rugiu, *Chiarissimi e Magnifici*: *il professore nell' università italiana* (*dal 1700 al 2000*) (Scandici and Florence, 1991), 152, 160—165.

[144] M. Isnenghi, 'Per una storia delle tesi di laurea. Tracce e campioni a Padova fra Ottocento e Novecento', in F. De Vivo and G. Genovesi (eds.), *Cento anni di università*, *L'istruzione superiore in Italia dall' Unità ai nostri giorni* (Naples, 1986), 102—105.

[145] *Rivista di filologia romanza*, 1872—1875, *Giornale di filologia romanza*, 1878—1883, *Giornale storico della letteratura italiana*, 1883—, *Studi di filologia romanza*, 1884—1902, *continued as Studi romanzi*, 1903—, *Studi di letteratura italiana*, 1899—1922, *Rivista di letteratura tedesca*, 1907—1911, *Studi di filologia moderna*, 1908—1914.

[146] *University of Cambridge*, 431—436; cf. K. Breul, 'Das wissenschaftliche Studium der neueren Sprachen in Cambridge', *Englische Studien*, 12 (1888), 244—270. *Modern Language Review*, 1905—, *Modern Language Teaching* (London), 1905—1915. In Groningen there appeared the *Neophilologus*, 1916—, in Amsterdam, *English Studies*, 1919—.

在法国，前面提到的法语修辞（*éloquence française*）和法语诗（*poésie française*）教席大都致力于文学（*belles lettres*）的阐释。在人文学院内部，它们的方向与其说是定位于学生不如说是定位于一般公众。就算是在今天，人文学家也是与真正的自然科学家和社会学家有诸多反差的，但在当时，他们都瞧不起语言学家，因为在他们眼中，语言学家只会拘泥于文本，对其进行学术考证。[147] 像我们前面章节中所指出的那样，早在19世纪，古典语言学家就开始了在法国传播德国的学术方法。教育改革者调查了在德国学校和大学中使用的方法，法国政府也为其直接管辖的区域总结了一些必要的结论。培养法国中学和大学教师精英的高等师范学校订阅了最重要的德国专门期刊，在一战前的几年里，他们购书预算的一半以上都是用于购买德国出版物。1839年，该学校引入了一个德语教学职位，并在1841年引入了一个教授教席。[148] 1840年和1841年法兰西学院为斯拉夫语、南欧和德国语言和文学，以及中世纪法国语言和文学设立了教席。这一教席的执掌者保兰·帕里斯（Paulin Paris）把他的儿子加斯东（Gaston）送到德国大学学习了两年，这不仅是为了学习德语，而且为了学习德国的研究方法，尤其是古典语言学和德语研究的研究方法。 442

加斯东·帕里斯（Gaston Paris，1839－1903）和其学生时代的朋友阿尔萨斯的保罗·梅耶尔（Paul Meyer，1840－1917），分别在高等研究实践学校和宪章学校（*École des Chartes*）担任最主要职位，他们不仅于1866年和1872年创建了专门期刊，[149]而且在1876年还创建了一家编辑古法语文本的协会。通过引入1863年迪吕伊发起的大学改革，他们在创建拉丁文学研究教席的过程中发挥了主要作用。后来这些教席于1876年被引入里昂，于1877年被引入巴黎大学，于1880年被引入蒙彼利埃，于1892年被

---

[147] Werner，'Philologie'（note 56），33. 下面的叙述也基于这份不错的研究摘要，这是由巴黎的CNRS在他及其同事Espagne的指导下，在*Institut des textes et manuscripts modernes*中进行的，参见Espagne and Werner（eds.），*Philologiques* I（note 65）.

[148] M. Espagne，F. Lagier and M. Werner（eds.），*Philologiques*，vol. II：*Le maître de langues. Les premiers enseignants d'allemand en France*（*1830－1850*）（Paris，1991），1162ff.

[149] *Revue critique d'histoire et de littérature*，1866－1935，*Revue des langues romanes*，1870－，*Romania*，1872－，*Revue de philologie française et provençale*，1887－1896，后来直到1927年更名为*Revue de philologie française et de littérature*.

引入波尔多。尽管他们的主要方向是中世纪法语和地方语研究，但在新索邦这仅在20世纪初才对现代法国文学产生影响。比如通过我们前面所提到的朗松(Lanson)机构。在皈依了德国的学术方法之后，“法语修辞学”的教授们开始专注于创作更多的现代文学批判版本，并试图为“品味”，即文学阐释的评价标准，找到一个科学的依据。[150]

东方研究和比较语言学

现代早期对犹太族语言的研究关注于解释《圣经》和应对伊斯兰教的护教学。此外，传教士、殖民者以及各种经济政治利益集团也需要东方语言与文化方面的实用知识。在罗马，从1584年起未来的传统士都要在玛洛民学院受训；从1677年开始，则要在慈善传教学院受训。为了促进法国与东方的贸易，科尔贝(Colbert)于1669年在君士坦丁堡建立了一所培养翻译人员的学校。1700年，一所名为青年语言学校(*Jeunes des Langues*)的机构搬到了巴黎。在维也纳，由于土耳其人就在家门口，因此从1674年开始，就设立了东方语系教席，并于1754年建立了东方学学院(Oriental
443 Academy)。18世纪，牛津和剑桥各自捐设了两个阿拉伯语教席。17和18世纪的莱顿，不仅在古典语言学，而且在东方语言学方面也居于领先地位。[151] 在殖民地，人们也开始对本地文化和语言产生了科学兴趣。1779年，荷兰东方学会(*Bataviaasch genootschap van kunsten en wetenschappen*)成立，并从一开始就创办了一份杂志(名为*Verhandelingen*)。1787年，继而在加尔各答创建了孟加拉亚洲协会(*Asiatic Society of Bengal*)，并拥有了自己的报刊——《亚洲研究》(*Asiatic Researches*)，在1788—1832年间共出版了20期，部分被翻译为法语和德语，后在1832—1936年间更名为《孟加拉亚洲协会杂志》(*Journal of the Asiatic Society of Bengal*)。

1774年，该协会的创始人、牛津大学学院的研究员威廉·琼斯(*Wil-*

---

[150] 同上，pp. 410—417.

[151] J. Fück, *Die arabichen Studien in Europa bis in den Anfängen des 20. Jahrhunderts* (Leipzig, 1955), 59.

liam Jones,1746—1794),曾用古典诗歌的范畴,来描绘伊斯兰诗歌之美。[152] 作为加尔各答最高法院的法官,他又将兴趣点扩展到了梵语,在认识到梵语与希腊语、拉丁语、凯尔特语、哥特语、古波斯语之间的结构相似性之后,他假设这些语言拥有共同的起源,由此刺激了比较语言学的发展。[153]

东方研究 在这个领域,虽然他们的先驱者时常有着千丝万缕的联系(《圣经》和宗教研究、传教士、贸易、殖民利益、本土文化研究、语言史和语言哲学研究),但他们之间的差异不仅导致了东方学研究的制度化与专门化,并拓展到中东以外的地区,而且还创建了比较语言研究,从历史的探究入手,将各种语言视为一个理性的有机体。

关于闪族语言研究的发展以及该领域的一些领军人物,如巴黎的勒南,哈勒、马尔堡和哥廷根的韦尔豪森,剑桥的伯基特,已在与宗教研究有关的内容中提及。[154] 东方学研究独立发展的制度性基础创建于巴黎,在那里,1795年创建了国立东方语言学校(*École Nationale des Langues Orientales*),主要教授现代阿拉伯语、土耳其语和波斯语,不久法兰西学院也设立了相应的教席。现代阿拉伯研究的奠基人安托万·德·萨西(Antoine Isaac Silvestre de Sacy,1758—1835)从1795年开始,在国立东方语言学校任教,从1806年开始就同时在国立东方语言学校和法兰西学院任教,由于其开创性工作而使他的学生遍布整个欧洲。1814年,法兰西学院获准创建梵语和汉语、满族语和鞑靼语与文学教席。拿破仑的埃及远征使得埃及学获得了稳固的基础,出版了首批学术出版物,并由让-弗朗索瓦·商波良(Jean-François Champollion,1790—1832)引入法兰西学院,尽管他英年早逝,但这一学科还是得到了显著的发展。[155] 而加斯东·马斯佩罗(Gaston Maspero,1846—1916)则将其推向了一个新高度,他从1868年开始在 444

---

[152] J. Fück, 'Geschichte der Arabistik', in B. Spuler (ed.), *Handbuch der Orientalistik*, vol. III: *Semitistik* (Leiden, 1954), 345.

[153] W. Jones, *Asiatic Researches*, 1 (1788), 422, quoted by H. Arens, *Sprachwissenschaft, Ein Gang ihrer Entwicklung von der Antike bis zur Gegenwart* (Freiburg and Munich, 1955), 128; cf. *History of Oxford*, V, 562 ff.

[154] 同上,p. 414.

[155] Durkheim (ed.), *Vie universitaire* (note 7), 147ff., 194ff.

新成立的高等研究实践学校任教，1873 年后在法兰西学院任教。他还创建了驻开罗的法国考古学分会（*Mission archéologique française au Caire*）。尤其在法国（但不仅是在法国），埃及学是与收藏紧密联系的，而这个领域的典型代表就是奥古斯特·爱德华·马里耶特（Auguste Edouard Mariette，1821—1881），他是罗浮宫埃及博物馆馆长、孟斐斯（Memphis）重大挖掘的负责人、开罗纪念博物馆的创建者，以及相应的考古报告的作者。

在英国，东方学研究的发展是以服务殖民地为宗旨并与教育密切联系的。1878 年剑桥创立了闪族语荣誉学位考试制度，1879 年创立了印度语荣誉学位考试。与此同时，大学图书馆也在这方面有所加强。然而，参加这类考试的学生几乎是微乎其微的，因而 1895 年它们就被并入到东方研究荣誉学位考试中去了。1884 年，牛津创建了印度研究所[156]，1917 年，伦敦创建了现代东方语言学校，它是由大学学院的一个部门和国王学院的一个部门共同构成的。俄国对亚洲文化的政治兴趣促使了 1814 年莫斯科的拉扎列夫研究所（Lazarev Institute）的建立——该研究所获准设立中东语言教授教席——也促成了 1818 年圣彼得堡亚洲博物馆的创建。前者在 1921 年转为东方学研究所，后者的转变则是在 1930 年。西班牙的历史使其尤其钟爱伊斯兰文化，以伊斯兰学者米格尔·阿辛·帕拉西奥斯（Miguel Asín y Palacios，1871—1944）和胡利安·里韦拉·y. 塔拉戈（Julián Ribera y Tarrago，1858—1934）为代表，而在意大利，伊斯兰教文化研究则与埃及和埃塞俄比亚文化联系密切。

在俾斯麦的支持下，1887 年，德意志帝国在柏林大学开办了"东方语言学习明纳"。[157] 这里教授的是对东非保护国来说非常重要的语言知识，以及对德国外交极为重要的内容——英语、法语、现代希腊语和西班牙语。1936 年，这个习明纳与其他学科合并成外国研究院（*Auslandswissenschaftliche Fakultät*），最后于 1945 年被废止。
445
东方学研究的学术追求对服务殖民地的有用性，可以从威廉·琼斯

---

[156] *History of Oxford*, VIII, 609.

[157] Lenz, *Geschichte* (note 38), vol. III, 239—247.

爵士的例子中看出。著名的荷兰伊斯兰学者克里斯蒂安·斯鲁克·胡尔格龙尼(Christiaan Snouck Hurgronje,1879－1936)在成为莱顿大学的教授之前,曾是荷兰东印度公司的一名顾问。与几百年前处于神学、商业和政治学的侍女或——进一步说——情妇地位的东方学研究相比,现在的东方学研究已是大学里与其他学科地位平等的一门学科,她现在需要的是基于古典语言学的学术训练。斯鲁克·胡尔格龙尼已经从他的东方学研究的老师那里学会了语言学方法,他的老师是米歇尔·扬·德·胡耶(M. J. de Goeje,1836－1909),是我们前面提及的著名的荷兰古典语言学家科贝特的学生。

与其他语言学相比,德国大学的阿拉伯研究并没有成为典范以及第一级的培养模式。19 世纪德国最具影响的阿拉伯学家海因里希·莱布雷希特·弗莱舍(Heinrich Leberecht Fleischer,1801－1888)学习了神学以及有关的闪族语之后,从 1824 年到 1828 年,师从萨西,通过研究巴黎的手稿珍藏品继续学习,1827 年在巴黎的《亚洲杂志》(*Journal Asiatique*)上发表了他的处女作。1835 年,弗莱舍来到莱比锡大学,担任东方语系教授,在那里,他培养了整整一代阿拉伯学者,而且还在 1844 年创建"德国东方学协会"及其会刊中发挥了重要作用。斯特拉斯堡的西奥多·内尔德克(Theodor Nöldeke,1832－1930)在《可兰经》的研究中所开创的历史和批判方法成为了一种国际范式,这大多要归功于斯鲁克·胡尔格龙尼,以及之前提及的东方学家、掌管大学的普鲁士官员贝克尔,弗莱舍的学生、布达佩斯的伊斯兰学家伊格纳茨·格莱泽赫尔(Ignaz Goldziher,1850－1921)。在阿拉伯研究领域中出现了以下重要的伊斯兰教学家:赛梦立塔(Sermoneta)公爵利昂·卡埃塔尼(Leone Caetani,1869－1935)、意大利的弗朗切斯科·加布里埃利(Francesco Gabrieli,1904－1996)、哥本哈根的弗朗兹·布尔(Frants Buhl,1850－1932)、乌普萨拉的托尔·安德烈(Tor Andrae,1885－1947)、爱丁堡的威廉·蒙哥马利·瓦特(W. Montgomery Watt,1909－)、牛津的汉密尔顿·吉布(Hamilton Gibb,1895－1971)爵士、巴黎大学的雷吉斯·布拉谢尔(Régis Blachère,1900－1973)和路易·马西尼翁(Louis Massignon,1883－1962)。此外也出现了专门的伊斯兰研

究期刊和百科全书。⑱

446 如上所述,巴黎也是埃及学发展的中心。在说德语地区,第一位埃及学教席的执掌者是理查德·累普济乌斯(Richard Lepsius,1810—1884),他最初在莱比锡、哥廷根和柏林学习语言学和语言,1833年以后通过几个阶段的学习,即分别在巴黎以及意大利和英国的博物馆和研究所研习了数年后,转向了埃及学。1842年他被任命为柏林大学的副教授,1846年被任命为讲座教授,在这期间,他负责了普鲁士国王的埃及挖掘工作,并在该学科引进了在今天视为传统的德国语言学方法。第二位埃及学教席出现在1867年的哥廷根,执掌者为海因里希·布鲁格施(Heinrich Brugsch,1827—1894),他曾在巴黎、伦敦、都灵和莱顿的博物馆工作并在孟斐斯与马里耶特(Mariette)合作过一些时期,1854年,在累普济乌斯的指导下,布鲁格施完成了大学教师资格论文。1864年,布鲁格施创办了《埃及语言和古代遗产杂志》(*Zeitschrift für ägyptische Sprache und Altertumskunde*),并先后在柏林埃及博物馆担任助手以及担任驻波斯外交官和驻开罗领事等。1860年,利奥·赖尼施(Leo Reinisch,1832—1919)在维也纳取得埃及学和东方史方向的任教资格,并于1865到1867年间在埃及工作,之后,他又来到墨西哥,担任皇家私人秘书。1868年,赖尼施获得了维也纳副教授职位,1872年成为该学科的讲座教授。后来,通过探险与出版工作,施尼施又全身心地投入东非语言的研习。当1870年莱比锡以及1872年斯特拉斯堡创建埃及学教席时,它们已经可以在那些曾与累普济乌斯和布鲁格施一起学习过的学者,以及那些在国外旅行中全身心专注于埃及的挖掘和其他研究的学者中挑选人才了。⑲ 1892和1914年间,伦敦的大学学院、牛津、乌普萨拉和都灵也开设了埃及学。

第三个东方学科目是汉学(SINOLOGY),作为一门学术科目,它的制度化也要归功于巴黎,1814年在法兰西学院,由之前提及的26岁的让—皮埃尔·阿贝尔—雷米萨(Jean-Pierre Abel-Rémusat,1788—1832)来执掌

⑱ Fück, *Arabistik* (note 152), 348; B. Spuler, 'Islamforschung', in *RGG* (note 50), vol. III, 926ff.

⑲ 德国和法国东方学者的生平日期主要来自 Brockhaus 的 *Konversationslexikon in 16 Bänden*, 14th edn (Leipzig, Berlin and Vienna, 1894).

该教席，[160]在他之后又有一批极有声望的学者，他们学术水准和阿贝尔—雷米萨不相上下。在本卷时间范围内，最后一位汉学家是亨利·马斯佩罗（Henri Maspero，1882—1945），他是埃及学家加斯东·马斯佩罗的儿子，他还没来得及发展他那些新奇的想法就卒于布痕瓦尔德（Buchenwald）集中营里。[161] 1843 年，鸦片战争之后，汉语就被引入国立东方语言学校（*École Nationale des Langues Orientales Vivantes*）。在英国，在 19 世纪下半期教授汉语是受到了来自外交、商业和传教方面的压力，主要的倡导者有剑桥的前外交官托马斯·韦德爵士（Sir Thomas Wade，1818—1895）、牛津的赫伯特·艾伦·吉尔斯（Herbert Allen Giles，1845—1935），以及传教士詹姆斯·理雅各（James Legge，1815—1897）。在荷兰，对远东的学术关注也是出于对之前提及的殖民利益的考虑，这从 17 世纪就开始了，因此，到 19 世纪下半期莱顿的人种学教席就是由杰出的汉学家古斯塔夫·施莱格尔（Gustav Schlegel，1840—1903）和扬·雅各布·玛丽亚·德·哥罗特（J. J. M. de Groot，1854—1921）来执掌。在鲁汶，梵语专家夏尔·德·埃雷（Charles de Herlez，1832—1899）也肩负着汉语和满族语研究。17 世纪，俄罗斯在征服了西伯利亚之后，就成为了中国的邻邦，并于 1689 年和 1727 年同中国签订过两次条约，俄国人对汉语感兴趣并不令人惊讶，尤其是在北京的俄国宗教使团出版了关于中国的民族、宗教、机制及其社会环境的著作，这部著作于 1858 年被翻译为德语。[162] 圣彼得堡的东方学院也创建了汉语和满族语教授职位。在西班牙和葡萄牙，尽管它们与东亚有联系，但却没有设立汉学教席。1892 年，佛罗伦萨和罗马也设立了远东语言和文学教授职位。柏林的东方学研究所从 1887 年创建伊始，其课程大纲就包括了汉语和日语。在大学里，人种学研究所的讲师是以特别教授的身份来讲授汉语和满族语语法的。德国的第一个汉学教席创建于 1909 447

[160] 下面内容是根据：H. Franke，'In Search of China：Some General Remarks on the History of European Sinology'，in *Europe Studies China*，*Papers from an International Conference on The History of European Sinology*（London，1995），11—25，with bibliography.

[161] H. Franke，'Orientalistik，1. Tei Sinologie'，in K. Hoenn（ed.），*Wissenschaftliche Forschungsberichte*. *Geistswissenschaftliche Reihe 19*（Berne，1953），21.

[162] Franke，'In Search of China'（note 160），15，25.

年，设在当时新成立的汉堡殖民研究所（Hamburg Colonial Institute）内，名为"东亚文学与历史"，1919 年在大学成立之后，它也就转入了大学之内。当时还建立了一个汉学习明纳，在这一时期，柏林和哥廷根也开办了类似的习明纳。

东方学研究的发展说明了业余爱好者的重要作用，这些业余爱好者都是来自其他学科的大学毕业生和大学教师。[163] 专业化得到了之前已提
448 及的机构、欧洲东方基金会[164]、各个学会[165]的支持，一开始，这个圈子里鱼龙混杂，既有学者，也有半吊子的所谓"专家"，但后来通过多次举办学术会议和期刊杂志的出版，这些团体都成为了专业团体。它们使得个别学科日益加速的专业化和跨学科合作之间在一定程度上实现了平衡。同时，它们又在大范围内赢得了事业爱好者的支持。此外，它们还拥有许多独立

[163] Franke, *ibid.*, 16ff，给出了汉学领域的例子。

[164] Institut d'Egypte, Cairo, with *Bulletin*, 1857－，英国在埃及的考古学校，with *publications*, 1895－, Institut d'archéologie russe à Constantinople, with *Bulletin*, 1896－1912, Ecole française d'Extrème Orient, Hanoi, with *Bulletin*, 1901－, Institut français d'archéologie orientale, Cairo, with *Bulletin*, 1901－, Deutsches evangelisches Institut für Altertumswissenschaft des Heiligen Landes zu Jerusalem, with *Palästinajahrbuch*, 1905－1941, Deutsches Institut für ägyyptische Altertumskunde in Kairo, with *Mitteilungen*, 1930－1943, Institut français d'archéologie de Stamboul, with *Mémoires*, 1933－.

[165] Société Asiatique, with *Journal asiatique*, 1823－，作为《杂志》(1824－1834)继续的是《大不列颠及爱尔兰皇家亚洲学会会报》(Royal Asiatic Society of Great Britain and Ireland), 1834－, Société Orientale de France, with *Revue de l'Orient*, 1842－1865, Deutsche morgenländische Gesellschaft, with *Zeitschrift*, 1847－, Koninklijk Instituut voor de Taal-, Land-en Volkenkunde van Nederlandsch Indië, with *Bijdragen*, 1853－, Deutscher Palästinaverein, with *Zeitschrift*, 1878－, Società italiana, with *Giornale*, 1887－1935, Deutsch-asiatische Gesellschaft, with '*Asien*', 1901－1919，作为 *Ostasiatische Rundschau* (1919－1944)继续的是，Deutsche Orient-Gesellschaft, with *Mitteilungen*, 1898－，东方（和非洲 1940－）研究学校（London), with *Bulletin*, 1917－, Societas orientalis Fennica, with *Studia Orientalia*, 1925－.

的期刊。[166] 可以说，在语言学领域中，没有其他任何一个方向能拥有比东方学研究更强有力的国际合作了。从 1873 年开始，它们还举办了国际会议。

非洲研究也起源于欧洲列强的传教活动和殖民政治，以及 19 世纪探索中非的远征活动的系统支持。为此，伦敦早在 1788 年就已建立了非洲协会(African Society)。1873 年柏林也建立了德国赤道非洲探索协会(*Deutsche Gesellschaft zur Erforschung Aequatorial-Afrikas*)。1876 年比利时国王提议建立中非文明和探险国际委员会(*Commission internationale d'exploration et de civilisation de l'Afrique centrale*)。1890 年，建立了中非委员会(*Comité de l'Afrique centrale*)，它与 1892 年建立的意大利非洲协会(*Società africana d'Italia*)一样，也出版自己的期刊。[167] 第一次世界大战后，非洲研究发展为了一门学术科目，在很大程度上是归功于在多哥兰(Togoland)做传教士的迪特里希·H. 韦斯特曼(Dietrich H. 449
Westermann，1875－1956)。1921 年，他得到了柏林的教授职位，并于 1936 年被邀请到伦敦非洲语言和文化国际研究所接替主任一职。其他东方语言和文化，就像从 19 世纪以来就被东方学家研究的闪族语和阿卡得语一样，在第一次世界大战后也获得了自己的教席。

比较语言学也创建于巴黎这个知识分子集中的地方，在那里无论什么样的种子，都能汇聚起来，生根发芽，成长为一片茂密的森林(借以比喻

---

[166] 所选择的其他欧洲期刊(除以前提到的外)：*Revue égyptologique*，1880－1924，作为 *Revue d'Egypte ancienne*，1924－1932，*Revue d' égyptologie* 1932－1938，*Wiener Zeitschrift für die Kunde des Morgenlandes*，1887－，*Keilinschriftliche Bibliothek*，1889－1915，作为 *Keilschrifturkunden aus Boghazköi* 继续，1921－，*Mitteilungen des Seminars für Orientalische Sprachen* (Berlin)，1898－1936，*Orientalische Literatur-Zeitung*，1898－，*Rivista degli studi orientali*，1907－，*Der Islam*，1910－，*Journal of Egyptian Archeology*，1914－，*Resznik Orientalistyczny*，1914－. *Ostasiatische Zeitschrift*，1912－1943，*Aegyptus*，*Rivista italiana di egittologia e di papirologia*，1920－，*Artibus Asiae* (Leipzig)，1925－，*Archiv Orientalni*，1929－，*Bulletin of the Museum for Far Eastern Antiquities* (Stockholm)，1929－，*Orientalia* (Vatican City)，1932－，*Al - Andalus* (Madrid)，1933.

[167] *Bulletin du Comité de l' Afrique centrale*，1891－1908，作为 *L'Afrique française* 继续，1909－，*Africa*，1892－1896，作为 *Bolletino della Società africana d'Italia*，1896－1912，*Africanaitaliana*，1912－1937，*Africa*，*International Institute for African Languages and Cultures* (London)，1928－，*Africa* 1938－.

学术成果,这在巴洛克时期很普遍,格林兄弟仍在使用)。

可以确定的是,在中世纪就已经出现了对不同的语言进行比较的现象,而语言之间的差异被认为是圣经巴别塔(Biblical Tower of Babel)造成的。随着人文主义的到来,他们特别关注将语言作为个人交流的表达,出现了用各种语言撰写的《圣经》版本[168]和亚里士多德《伦理学》的不同翻译版本。[169] 1555 年苏黎世的教授康拉德·格斯纳(Conrad Gessner,1516—1565)以 22 种语言出版了《主祷文》(Lord's Prayer);到 1806 年,克里斯托夫·阿德隆(Christoph Adelung,1732—1806)收集到了用近 500 种语言和方言撰写的版本,并在他的《普通语言学研究》(*Allgemeine Sprachkunde*)中对其进行案例分析。[170] 经过 16 世纪最重要的语言学家之一、日内瓦大学与莱顿大学教授约瑟夫·斯卡利杰尔(Joseph Justus Scaliger,1540—1609)的比较研究后,他提出了一种摆脱了圣经和古典主义偏见的欧洲语言分类方法。其影响是双重的:既打破了《圣经》的语言至上的信仰,同时又驳斥了拉丁语是从希腊语发展而来的论断。[171]

450 前面提到的威廉·琼斯被称为比较语言学的奠基人。[172] 的确,他提出的梵语与其他欧洲语言间的近似结构,启发了后人从历史比较的视角来研究语言。梵语在 19 世纪初就成为了一门大学学科,1850 年后,它与希

---

[168] 参见第二卷,第 36 页,460 页。

[169] *Decem librorum Moralium Aristotelis tres conversiones: Prima Argyropoli Byzantinij, secunda Leonardi Aretini, tertia vero Antiqua*, 2nd edn (Paris, 1505).

[170] C. Gessner, *Mithridates, de differentiis linguarum tum veterum tum quae hodie apud diversas nationes in toto orbe terrarum in usu sunt* (*Mithridates oder über die Unterschiede der alten und der heute bei den verschiedenen Völkern des ganzen Erdkreises gebräuchlichen Sprachen*) (Zurich, 1555); J. C. Adelung, *Mithridates oder Allgemeine Sprachenkunde mit dem Vater Unser als Sprachprobe in beinahe fünfhundert Sprachen und Mundarten*, 4 vols. (Berlin, 1806—1817), quoted by Arens, *Sprachwissenschaft* (note 153), 56ff., 129ff.; H. M. Hoenigswald, 'Linguistics' in P. P. Wiener (ed.), *Dictionary of the History of Ideas: Studies of selected Pivotal Ideas*, vol. III (New York, 1973), 73. 我为下面内容已使用了这两本著作。关于这一主题的详细故事,参见 A. Borst, *Der Turmbau von Babel, Geschichte der Meinungen über Ursprung und Vielfalt der Sprachen und Völker*, 4 vols. (Stuttgart, 1957—1963).

[171] Hoenigswald, 'Linguistics' (note 170); Arens, *Sprachwissenschaft* (note 153), 59.

[172] Sandys, *Classical Scholarship* (note 100, vol. II), 438ff.

伯莱语以及其他犹太语族语系一样，(这是因为)与它在语言研究中的关键性地位相比，印度文本在宗教研究中的重要性就要略逊一筹了。由于出现了这种情形，因此就有必要对琼斯的发现进行系统化和应用。许多德国学者的成就正在于此，19 世纪初他们受此启发而在巴黎展开了他们的工作。

之前提及的中世纪文学浪漫派发现人之一的弗里德里希·冯·施莱格尔，不仅在巴黎学会了波斯语和梵语，而且还受到古生物学家乔治·居维叶(Georges Cuvier，1769—1832)对语言研究的新理解的启发，他曾于 1801 至 1805 年间出版了《比较解剖学教程》(*Leçons d' anatomie comparée*)一书。1808 年，在施莱格系的一本关于印度语的著作中，他这样总结了这种新进步："尽管如此，这是依然是至关重要的，它阐明了这个领域中的一切问题都可以用语言的内在结构或比较语法来解释，这将使我们对语言的谱系有新的理解，就如同比较解剖学为自然的早期史提供了线索一样。"因而，比较语言研究的任务是"用学术和历史的方法考察语言及其起源"——施莱格尔本人也承认这是很难做到。[173] 1805 年曾在巴黎给萨维尼当助手的雅各布·格林，在他关于德语语法的开拓性著作中完成了这项任务，并在一定程度上延续了丹麦人拉斯穆斯·巴克(Rasmus Back，1787—1832)的研究，就像施莱格尔受居维叶的影响一样，巴克本人也受到瑞典植物学家林奈(Linnaeus)及其血型学的启发。

怀着对施莱格尔关于印度著作的崇敬，21 岁的学生弗朗兹·博普(Franz Bopp)于 1812 年来到巴黎，旨在追随德·萨西学习阿拉伯语和叙利亚语，并在帝国图书馆通过自学珍藏的手稿来掌握梵语。1816 年，该研究的成果几乎成为了印欧—日尔曼语系相结合的比较结构分析中的划时代作品。在伦敦学习以及 1821 年开始在柏林大学执掌"东方文学和普通

[173] F. Schlegel, *Über die Sprache und Weisheit der Inder. Ein Beitrag zur Begründung der Altertumskunde* (Heidelberg, 1808), chapter 3, text reprinted in Arens, *Sprachwissenschaft* (note 153), 140—142.

451 语言研究”教授职位期间，将此发展成印欧—日耳曼语言比较语法。[174] 著名的巴黎语言学家安托万·梅耶(Antoine Meillet,1866—1936)把博普的成就与哥伦布的成就相提并论，这是因为，自柏拉图以来的语言起源探索研究中，是他发现了现代意义上的比较语言科学。[175]

1812年，博普决定，“要将语言研究视为一项历史与哲学任务”，[176]这也使得他发现了自己的“新大陆”，期间他又受到了一位德国人的影响。这位德国人1797—1799年间他在巴黎进行语言研究，之后又来到西班牙，由于他1804年进入了政府部门工作，这使得他的研究成果直到1811年才得以发展，这就是威廉·冯·洪堡，他关注语言，并将其视为哲学人类学的基本要素，他还试图通过研习巴斯克语，以及在他退出政府部门后研究的各主要东方语系和美洲与爪哇的原始部落口头语，来探索他所描述的“普通语言研究”的真正对象。洪堡追求的是“语言的有机结构”，这将代表着“在整个历史长河中，处于同一时期的各个民族之间与不同世代之间相互施加的、最具智慧的影响力”。[177] 正如下面的引用所清晰说明的那样，对洪堡而言，比较语言学就之前由维柯·伯克、黑格尔、黑特纳和狄尔泰定义的“精神科学”：“在世界的运行过程中，心智的力量无处不在，这才是潜藏着的真正创造性原则，就如同人类的神秘发展一样。”[178]在这一过程中，洪堡感到，语言扮演着一个特殊的角色：“语言可谓是民族精神的外在显现；语言即精神，精神即语言，这两者之间的一致性无论如何强调都不为过。”[179]

在语言研究中，这种哲学的维度，即观念史，总是在持续发生作用的，

---

[174] F. Bopp, *Über das Konjugationssystem der Sanskritsprache in Vergleichung mit jenem der griechischen, lateinischen, persischen und germanischen Sprache* (Frankfurt, 1816); F. Bopp, *Vergleichende Grammatik des Sanskrit, Send Armenischen, Griechischen, Litauischen, Altslawischen, Gotischen und Deutschen*, 6 parts (Berlin, 1833—1852).

[175] A. Meillet, *La méthode comparative en linguistique historique* (Paris, 1924), quoted by Hoenigswald, 'Linguistics' (note 170), 68.

[176] Quoted by Arens, *Sprachwissenschaft* (note 153), 155.

[177] W. von Humboldt, *Über die Verschiedenheit en des menschlichen Spachbaus* (1827—1829), *Werke* (*note* 93), vol. III: *Schriften zur Sprachphilosophie* (Darmstadt, 1965), 155ff.

[178] *Ibid.*, 392.

[179] *Ibid.*, 414—415.

虽然有时是间接的产生影响。洪堡从来都没做过大学教师，然而，即便他从普鲁士学校和大学主管的职位上退休后，却依然在（教授）任命方面仍有较大的影响力。正是由于他，博普才在柏林大学获得教席。1818 年，洪堡的一位老朋友奥古斯特·威廉·冯·施莱格尔，成为了于当年创建的波恩大学的文学与艺术教授；施莱格尔是一位杰出的世界文学权威，也是莎士比亚作品的翻译者。1820 年，在他自己的要求下，由他负责建立了“德国梵语和印度文学研究”；同时，他还获得资助，可用于开办一家印度语的印刷厂。他是在巴黎与斯塔尔夫人（Madame de Staël）一起共处时学会这种语言的，1820 到 1830 年间，他在波恩出版了由他自己编辑和翻译的“印度书册”（Indian Library）。[180] 452

在大多数情况下，梵语的教授是作为印欧—日耳曼语言研究的一部分，但偶尔也会将其列入古典和东方语系的范围内，例如，1841 年之后鲁汶的费利克斯·内夫（Félix Nève，1816—1893），或者在加尔各答大学和梵语学院都发挥过巨大作用，1867 年在剑桥被授予梵语教席的爱德华·考埃尔（Edward Cowell，1826—1903）。同时他还负责教授其他东方语言，并在古典语言学和东方语言学两个领域都有显著成就的学生。[181] 正如我们在雅各布·格林身上看到的那样，比较语言研究也对现代语言学产生了影响。迪茨的《拉丁语法》在很大程度上也要归功于洪堡和格林。米克洛斯基的《斯拉夫语言比较语法》同样是建立在历史和比较语言研究的基础之上，法兰克女子学校的教师约翰·卡斯帕·宙斯（Johann Kaspar Zeuss，1806—1856）创作的《凯尔特语法》也一样，它于 1853 年创立了凯尔特语言学。

反过来说，语言研究也不断受到其他学科发展的启发。在多尔帕特，斯拉夫语学家扬·博杜安（Jan Baudoin，1846—1929）在 1926 年以特鲁别茨科夫王子（Prince Trubetzkoy，1890—1938）为首的布拉格学派（*Cercle*

---

[180] Schlegel 并非经常所说的德国印度学教席的第一个在职者，但在 1920 年，由于卡尔斯巴德法令的实施而他提出辞职时，政府授权把其广博的文学、艺术和文化史教学扩充进梵语和印度文学研究；参见 W. F. Schirmer, 'August Wilhelm von Schlegel', in *Bonner Gelehrte*, *Beiträge zur Geschichte der Wissenschaften in Bonn*, *Sprachwissenschaften* (Bonn, 1950), 15ff.

[181] *University of Cambridge*, 428.

Linguistique de Prague)中创建了音韵学的基础,即语言的语音结构研究;而哥本哈根学派(*Cerclede Linguistique de Copenhague*)和由费迪南德·德·索绪尔(Ferdinand de Saussure,1857—1913)创建的日内瓦学派则开辟了现代语言学。心理学对从1849年以来在柏林大学担任普通语言学教授的哈吉姆·施泰因塔尔(Hajim Steinthal,1823—1899)来说是非常重要的,以至于他在1859年与哲学家和心理学家莫里茨·拉撒路(Moritz Lazarus,1824—1903)一起创办了"民族心理学与语言学期刊"。
453 莱比锡的哲学教授威廉·冯特(Wilhelm Wundt,1832—1920)也在民族心理学的大背景下发表了一系列影响深远的将语言视为表达运动的研究成果。索邦和高级学校实践学校的爱弥尔·涂尔干也把他的经验主义社会学应用于语言领域。哲学家则将语言视为一种审美现象(内德托·克罗齐,Benedetlo Croce),将其与逻辑和现象学相联系(爱德蒙·胡塞尔,Edmunel Husserl,1859—1939),还将其视为一种象征形式(恩斯特·卡西雷尔,Ernst Cassirer,1874—1945)。所有的这一切都对学术产生了影响,但直到第二次世界大战后,它才使得语言学教职——以印欧-日尔曼语系为核心的比较语言学教职之外的教职——得以广泛建立。当然,这种变化也可以从期刊名称的变化中看出。[182]

哲　学

哲学是由物理学、伦理学和形而上学三大要素构成,从大学成立之初起,它就成为了具有预科性质的文学院中的桂冠,在现代初期,它就改名为我们现在熟知的"哲学院"。1798年,康德在其《学院的冲突》(*Streit der Fakultäten*)中就主张,文学院应位居神学院、法学院和医学院之上,这是

---

[182] *Zeitschrift für vergleichende Sprachforschung auf dem Gebiet des Deutschen, Griechischen und Lateinischen*, 1852—1874, continued with modification '*auf dem Gebiet der indogermanischen Sprachen*', 1876—, *Bulletin de la Société de linguistique de Paris*, 1868—, *Archivio glossologico italiano*, 1873—, *Indogermanische Forschungen*, 1891—, *Glotta, Zeitschrift für griechische und lateinische Sprache*, 1909—, *Indogermanisches Jahrbuch*, 1913—, *Norsk tidsskrift for sprogvidenskap*, 1928—, *Bulletin du Cercle linguistique de Copenhague*, 1934—, *Acta linguistica, Revue internationale de linguistique structurale*, 1939—, *Cahiers Ferdinand de Saussure*, 1941—.

因为，后三者都为教会和国家培养未来的仆从，它们都是不自由的；而前者，从其学科本质上来看，纯粹是为了追求知识，因此从自决和自由的角度看，它应处于最高级。柏林大学，从哲学理念上就将追求知识作为各学院教育的基础，并使得哲学院从“大学学术”的女仆上升为“大学学术”的女主人。（哲学）对神学的影响已在施莱尔马赫的例子中有所阐述。像其他神学家一样，他也教哲学。[183] 在德国，哲学考试（*tentamen philosophicum*）是成为律师和神学工作者的前提条件，它的影响力也常常体现在他们的著作中。但哲学家、教育学家弗里德里希·包尔森 1895 年曾断言：“在德 454
国，绝对哲学时代之后就将是一个绝对的非哲学时代。”[184]

文学院包括了数学类的“四艺”和语言学类的“三艺”，以及物理学、道德和历史——它们本身也都源自哲学。英国的文学院将这一传统一直延续到 19 世纪末。自然科学摆脱人文艺术是从苏格兰的大学开始的。[185] 但在当时仅仅是部分的，就像当时英格兰北部一些市立大学中技术科学一样，它本身就脱胎于技术学校。在法国，自拿破仑重组高等教育以来，人文与理工就被安排到不同的学院。1835 年成立不久的比利时政府也对人文哲学与科学采取了同样的部署。在西班牙，1845 年，哲学院对人文课程和科学课程进行区分，1857 年哲学和人文学院从科学院中独立出来。1861 年，在意大利统一之后，也分别组建了哲学和文学学院、物理学学院和自然数学学院。在荷兰，1876 年，人文哲学学院（*Fakulteit de letteren en wijsbegeerte* 也从自然科学学院中（*wis- en natuurkunde*）分离出来。1884 年俄国的大学章程也把历史和语言学院从物理学和数学院中分离出来。1892 年的克里斯蒂安尼亚（奥斯陆）既有哲学与历史学院（*historick-filosofiske*），又有数学与自然科学学院（*mathematisk-naturwidenskabelige*

[183] 同上，第 395 页。

[184] F. Paulsen, *Geschichte des gelehrten Unterrichts auf den deutschen Schulen und Universitäten vom Ausgang des Mittelalters bis zur Gegenwart. Mit besonderer Rücksicht auf den klassischen Unterricht*, 2nd edn (Berlin and Leipzig, 1921), vol. II, 671.

[185] 苏格兰大学法（The University Scotland Act, 1889）引入了独立的科学院，但直到 1892 年都没有实现。1913—1914 年，格拉斯哥校历把“科学”列为一个学院，又把它列为文学院的四个系之一，这在 1939 年攻读理学硕士（M. Sc）或文学硕士（MA）是一样的。这些学科在伦敦大学不同的学院是不同的。1914 年，科学在人文学院中成了独立的学院。在牛津，科学在 1892 年尚属人文学院，1912 年独立。

Fakultet)，同时，在哥本哈根第一批这些学院被称为哲学院（*Det filosofiske fakultet*）。

直到20世纪德国、奥匈帝国、瑞典和瑞士说德语的地区都完整地保持统一的哲学院。尽管如此，在瑞士的德语地区以及瑞典和巴伐利亚，一方面，它们有独立的语言学和历史学系（常包括社会和商务的相关学科），另一方面，又有数学和科学系。哲学的使命，那就是不仅要保证艺术、自然和社会科学在理性上的统一，而且要保证它们在制度上的统一，这一基本理
455 念在德国根深蒂固，以致于独立的数学和科学院直到一战后才出现，但图宾根（1869）、斯特拉斯堡（1872）、海德堡（1890）、弗莱堡（1910）和法兰克福（1914）则是例外。而在科隆、基尔和马尔堡，统一的哲学院一直保持到20世纪60年代，维也纳和格拉茨坚持到了1975年。[186]

在较具规模的大学哲学院中，哲学至少有两个教席，且经常在其他学院也有一个替补教席。其代表也决定了中学（文科中学）要教授哲学，并影响到那一时代的精神生活。从柏林的洪堡、施莱尔马赫，到巴黎的维克多·库新（Victor Cousin，1792—1867），再到罗马的内德托·克罗齐和乔瓦尼·泰梯利（Giovanni Gentile，1875—1944），哲学家们往往也是积极的大学改革家。但尽管如此，若问起哪位哲学家的影响力超越了他们学科、语言区或者时代限制等，答案将会是五花八门的。在德国，他们大都是一些大学教授，从伟大的理想主义者费希特、谢林、黑格尔，到受达尔文和恩斯特·海克尔（Ernst Haeckel，1834—1919）影响的进化一元论主义者，以及从生命哲学（*Lebensphilosophie*）和解释学的代表人物威廉·狄尔泰，到现象学家爱德蒙·胡塞尔、存在主义哲学家马丁·海德格尔（Martin Heidegger，1889—1976）和文化哲学家恩斯特·卡西尔；或者是放弃大学职业的学术人士，他们要么是出于自己的自由意志，像亚瑟·叔本华（Arthur Schopenhauer，1788—1860）那样，要么是因为他们的教学在意识形态上是不恰当的，像左翼分子黑格尔派的阿诺尔德·鲁格（Arnold Ruge，1802—

---

[186] 参见'Chronological List of European Universities'. 瑞典文学院1876年被分成自由艺术和科学两部分，参见'Faculty of Science at Uppsala University. Mathematics and Physics', in *Acta Universitatis Upsaliensis. Uppsala University 500 years*, vol. VIII (Uppsala, 1976), 1.

1880)和激进的唯物主义代表路德维希·比希纳(Ludwig Büchner,1824—1899),要么是因为疾病,像弗里德里希·尼采(Friedrich Nietzsche,1844—1900),或者像卡尔·马克思那样由于政治原因没有成就大学职业。

另一方面,如奥古斯特·孔德(Auguste Comte,1798—1857),他的影响力曾波及到南美洲,他通过出版、个人讲座以及像教会一样的慈善宗教(*Religion de l'humanité*)将实证主义传播到大学之外。约翰·斯图亚特·穆勒(John Stuart Mill,1806—1873)也是作为一个学术圈外人,发展了他划时代的经验科学原则以及激进的自由主义和功利主义。同样类似的还有赫伯特·斯宾塞(Herbert Spencer,1820—1903)和查尔斯·达尔文(Charles Darwin,1809—1882),[187]亨利·柏格森(Henri Bergson,1859—1941)也是在法兰西学院,而非巴黎大学,首先提出了他的生命流(*élan vital*)概念,成为了生物进化论(*évolution créatrice*)的基础,该观念在生物学、心理学和美学等领域都有着非常深刻的影响力。 456

这一根本性的差异把我们带回到了本章的开篇。在那些很晚才接受德国人文学科发展模式的国家里,哲学是传统人文主义教育的一部分。在法国,很明显的就是,国立中学或学院的最后一年是用于专攻哲学的。在其他国家,哲学似乎是人文教育的一部分,并应该为普通教育提供所必需的逻辑规则和道德准则。作为旨在让学生为教会或政府工作做准备的低级学院的一门学科,哲学在很大程度上受到了普遍的政府意识形态或教会教义学的影响。

在众所周知的洪堡大学中,哲学成为一门科学。极为重要的是,20世纪初在柏林大学章程中就清楚地把神学、法学和医学讲座列在"*Gottesgelahrtheit*"、"*Rechtsgelahrtheit*"和"*Heilkunde*"的标题之下,但哲学院的那些讲座——"历史和地理学,艺术和艺术史"除外——则列在"哲学、数学、自然、政府、语言学、重商主义和贸易诸科学"中。哲学作为一门专门学科,既包括了系统化的哲学,也包括宗教哲学、历史哲学和社会哲学,以及哲学史,知识论和逻辑,心理学和教育学。1847年(德国)召开了第一届哲学家大会。同时,由伦敦皇家学会于1665年创建的一份早期的学术期刊,

---

[187] 参见第十一章,第461页。

由于它具有无所不包的百科全书式的人文主义气息，因此也可以称它为“哲学的”，同样地，其他学术期刊名称中也有“哲学的”这个词语，但第一份真正专业化的哲学术期刊出现于1837年的德国。[188] 在19世纪70年代，耶拿、莱比锡、斯特拉斯堡和图宾根出现了哲学习明纳，20世纪其他德国大学以及奥地利、瑞士德语区、波兰、瑞典和匈牙利的大学中也出现了习明纳，有些是与教育和/或心理学习明纳合并在一起的，有些则是独立的。[189]

457 随着哲学教席中科学性的日益增强，其专业程度也在不断发展。与此同时，哲学在普遍的理性生活中的重要性也在不断降低。在法国和英国，知识分子都受到了充分的哲学教育，并成为大学之外新思想萌芽的基础；而包尔森所怨愤的德国精英界“总体上无哲学”状况，也使得他们无法产生必要的理性抗体，用于抵抗那些对精神科学（*Geistewissenschaften*）、人文主义，以及最后但绝不是最不重要的，即对人类本身有害的伪科学意识形态。

精选文献

Arens, H. *Sprachwissenschaft. Ein Gang ihrer Entwicklung von der Antike bis zur Gegenwart*, Freiburg im Breisgau and Munich, 1955.

Barth, K. *Die protestantische Theologie im 19. Jahrhundert. Ihre Vorgeschichte und Geschichte*, 6th edn, Zurich, 1994.

---

[188] *Philosophical Transactions of the Royal Society of London*, 1665—, *Philosophical Magazine*, 1798—, *Zeitschrift für Philosophie und philosophische Kritik*, 1852—, *Philosophische Monatshefte*, 1868—1894, continued as *Archiv für systematische Philosophie*, 1895—1924,... *und Soziologie*, 1925/1926—1930, *Revue philosophique de la France et de l'étranger*, 1876—, *Vierteljahrsschrift für wissenschaftliche Philosophie*, 1877—1902, ... *und Soziologie*, 1902—1916, *Kantstudien*, 1897—1944, *Rivista filosofica*, 1899—1908, continued as *Rivista di filosofia*, 1909—, *Filosofiske meddelelser*, 1909—, *Logos, Internationale Zeitschrift für Philosophie der Kultur*, 1910—1933, continued as *Zeitschrift für deutsche Kulturphilosophie*, 1933—1940.

[189] K. C. Kohnke, 'Philosophie, Institutionelle Formen, 19. und 20. Jh. Deutschland', in Ritter and Gründer (eds.), *Historisches Wörterbuch der Philosophie* (note 85), 832—839.

Bollak, M. and Wismann H. (eds.) *Philologie und Hermeneutik im 19. Jahrhundert*, 2 vols., Göttingen, 1983.

Borst, A. *Der Turmbau von Babel. Geschichte der Meinungen über Ursprung und Vielfalt der Sprachen und Völker*, 4 vols., Stuttgart, 1957—1963; paperback Munich, 1995.

Bruch, R., vom Graf, F. W. and Hübinger, G. (eds.) *Kultur und Wissenschaften um* 1900, *Krise und Glaube an die Wissenschaft*, Stuttgart, 1989.

Chadwick, O. *The Secularisation of the European Mind in the Nineteenth Century*, The Gifford Lectures in the University of Edinburgh for 1973—1974, Cambridge, London, New York and Melbourne, 1975.

Christ, K. and Momigliano, A. (eds.) *Die Antike im* 19. *Jahrhundert in Italien und Deutschland*, Berlin, 1988.

Durkheim, E. (ed.) *La vie universitaire à Paris*, Paris, 1918.

Duroselle, J.-B. *Les débuts du catholicisme social en France 1822—1870*, Paris, 1951.

Espagne, M. and Werner, M. (eds.) *Philologiques, vol. I: Contribution à l'histoire des disciplines littéraires en France et en Allemagne au XIXe siècle*, Paris, 1990.

Finkenstaedt, T. *Kleine Geschichte der Anglistik in Deutschland, Eine Einführung*, Darmstadt, 1983.

Flashar, H., Gründer, K. and Horstmann, A. (eds.) *Philologie und Hermeneutik im 19. Jahrhundert, Zur Geschichte und Methodologie der Geisteswissenschaften*, Göttingen, 1979.

Franke, H. 'In Search of China: Some General Remarks on the History of European Sinology', in *Europa Studies China: Papers from an International Conference on The History of European Sinology*, London, 1995.

Fück, J. *Die arabischen Studien in Europa bis in den Anfängen des 20. Jahrhunderts*, Leipzig, 1995.

Fürberth, F. et al. (eds.) *Zur Geschichte und Problematik der Nationalphilologien in Europa. 150 Jahre Erste Germanistenversammlung in Frankfurt am Main*(1846—1886), Tübingen, 1999.

Graf, F. W. (ed.) *Profile des neuzeitlichen Protestantismus*, 2 vols., Gütersloh, 1990.

Hamm, J. and Wytrzens, G. (eds.) *Beiträge zur Geschichte der Slawistik in nichtslawischen Ländern*. Schriften der Balkankommission der Österreichischen Akademie der Wissenschaften, Linguistische Abteilung XXX, Vienna, 1985.

Hirdt, W. *Romanistik*, *Eine Bonner Erfindung*, 2 vols., Bonn, 1994.

Jahota, J. (ed.) *Texte zur Wissenschaftsgeschichte der Germanistik*, vol. III: *Eine Wissenschaft etabliert sich*, *1810—1870*, Tübingen, 1980.

Jedin, H. (ed.) *Handbuch der Kirchengeschichte* (*HKG*), vol. VI, 1: *Die Kirche zwischen Revolution und Restauration*; vol. VI, 2: *Die Kirche zwischen Anpassung und Widerstand*, 1878—1914, 2nd edn, Freiburg im Breisgau, Basle and Vienna, 1985.

Jílek, L. (ed.) *Historical Compendium of European Universities*, *Répertoire historique des universités européennes*, Geneva, 1984.

Ker, I. and Hill, A. G. (eds.) *Newman after a Hundred Years*, Oxford, 1990.

Kjørup, S. *Humanities-Geisteswissenschaften-Sciences humaines*, Stuttgart and Weimar, 2001.

König, C. et al. (eds.) *Wissenschaftsgeschichte der Germanistik in Porträts*, Berlin and New York, 2000.

Marsch, E. (ed.) *Über Literaturgeschichtesschreibung*, *Die historisierende Methode des* 19. *Jahrhunderts in Programm und Kritik*, Darmstadt, 1975.

Norman, E. The English Catholic Church in the Nineteenth Century, Oxford, 1974.

Nowak, K. *Geschichte des Christentums in Deutschland*, *Religion*, *Politik*

und Gesellschaft vom Ende der Aufklärung bis zur Mitte des 20. Jahrhunderts, Munich, 1995.

Peset, M. and Peset, J. L. *La Universidad Española* (*siglos XVIII y XIX*), *Despotismo illustrado y revolución liberal*, Salamanca, 1974.

Pfeiffer, R. *History of Classical Scholarship 1300 — 1850*, Oxford, 1976.

Reventtow, Graf H. and Farmer, W. (eds.) 'Biblical Studies and the Shifting of Paradigms, 1850—1914', *Journal for the Study of the Old Testament*, Supplement Series 192, Sheffield, 1995.

459

第十一章　历史学与社会科学

阿萨·布里格斯

批判史学的兴起

在 19 世纪的思想界，有一股强大的史学推动力深刻地影响着欧洲大学的教学和研究。同时，也影响着大学之外的公共舆论与政策制定。在世纪之初，革命以及人们对革命的恐惧，使得人们越来越多地关注过去与将来。再者就是工业化，它在激发人们对"社会"的兴趣的同时，也使得人们开始为"社会"而担忧，以及其中的关系与问题。与此同时，在达尔文(Charles Darwin，1809－1882)前后出现的地理学和生物学进化论，拉长了时间纬度，也导致了社会学以及生物学的分化。今天(人们)对这些结构的"内在联系"及其后果早已是习以为常的了。发展的过程也是如此。这提高了历史的意识。20 世纪出现了一种反进化论和反进步观念的"回潮"。但尽管如此，当时专业化还是深刻地改变了大学研究的图谱。社会

科学必须与当前的战争相关,后来又与革命和经济危机相关,但它并非总是如此。特别是经济学,成为了一门学术科目,且直接与政策制定相关。强大的国家结构在前方的作用要比在后方大得多。

大学内部以及大学之间,将历史打造为一门独立的学科,其最终也是由专业人士控制的(而很少有例外),这也可被视为影响到其他学科的历史推动力的一种最佳的表现形式。知识非常渊博的英国历史学家阿克顿爵士(Lord Acton,1834－1902),像他的许多同行一样,陷入了对历史的本质与历史编纂的深思熟虑之中,他认为历史“不仅是一门特定的知识分支,而且也是一种特定论式和其他分支的知识法”。① 具有欧洲大陆贵族 460
与知识分子双重背景的阿克顿爵士——出生在那不勒斯,卒于巴伐利亚——考察了过去几个世纪与当前的历史画卷。

批判史学的兴起最先冲击到的学科之一就是最古老的学科神学。②哲学也同样受到了影响,这是因为“变革”成为了思考世界的核心主题。例如,1818－1831 年在柏林任教的黑格尔认为,宇宙就是历史。一切真理都是历史的真理。法理学也受到了哥廷根大学古斯塔夫·雨果(Gustav Hugo,1764－1844)的影响,他的学生、柏林大学教授卡尔·弗里德里希·冯·艾希霍恩(Karl F. von Eichhorn,1781－1854)与应召来到柏林的弗里德里希·卡尔·冯·萨维尼(Friedrich K. von Savigny,1779－1861),从普遍的、永恒的自然法转向了特殊的、以往的德国法律,并将它们与生活和精神相联系,即民族精神(*Vokgeist*)。

在 20 世纪,史学作为一门被承认了的学科,卷入了新的、多样化的联系之中,有法律、文学、艺术以及正在发展之中的专门化的社会科学,诸如经济学、地理学、社会学、心理学、人口统计学和人类学,大学里为当数不多

---

① Cambridge University Library, Add. 50111, 390,引自 H. Butterfield, *Man on His Past: The Study of Historical Scholarship* (Cambridge, 1955), 97.

② 参见本丛书第一、二卷第四编的“学术”(learning);关于德国新兴学科的发展,参见 Nipperdey, *Bürgerwelt*, 484－531 (ch. ‘Wissenschaft’);关于德国法学史的复兴,参见 J. Rückert, *Idealismus, Jurisprudenz und Politik bei Friedrich Carl von Savigny* (Ebelsbach, 1984).

的、积极的专业史学家看起来也更像社会科学家，而不像人文学家。③ 但尽管如此，到 19 世纪中叶，像英国亨利·托马斯·巴克尔（Henry Thomas Buckle，1821－1862）这样的实证主义历史学家，主张在一个更广阔的时代背景之下来研究历史，而主张实践出真知的卡尔·马克思（Karl Max，1818－1883）则开始行动，他以大英博物馆阅览室为基地，发现并解释了“资本主义社会的发展规律”。他从他的思想来源之一、法国政治与历史学家奥古斯丁·梯叶里（Augustin Thierry，1795－1856）那里总结出了“阶级斗争”政治学；从德国人那里总结出了黑格尔哲学；从英国人那里，特别是大卫·李嘉图（David Ricardo，1772－1823）那里总结出了“古典”政治经济学。辩证唯物主义（Dialectical materialism）是一种混合解释学。它还与达尔文有关系。（这是因为）马克思的好友兼合作者弗里德里希·恩格斯（Friedrich Engels，1820－1895）认为，马克思对社会的贡献就如同达尔文理论对生物学的贡献一样。④

461 无论是达尔文还是马克思，他们都不是大学教师。巴克尔也不是。甚至连创造了“社会学”一词的奥古斯特·孔德（Auguste Comte，1798－1857）在大学中职位也仅仅是“代课教授”（ambulatory professor），是巴黎理工学校的一名校外视察员（external examiner）。⑤ 但史学及其塑造它的“学术思潮”，无论它们的哲学基础是什么，无论是实证主义还是唯心主义，在整个 19 世纪，它们都要求获得一种批判的和启发性的视角。例如，阿克顿在 1895 年担任剑桥大学近现代史钦定教授（Regius Professor）的就职演说时曾说：“历史学的研究领域远远超出了国家事务。我们的职责就在于策划、领导思想的发展，因为这不是结果，而是公众事件的起因。”阿克顿是一位罗马天主教徒，他与慕尼黑的伊格纳茨·冯·德林格（Ignaz von

---

③ D. S. Landes and C. Tilly (ed.), *History as Social Science* (Englewood Cliffs, 1971).

④ 参见恩格斯在 1848 年《共产党宣言》序言, in K. Marx and F. Engels, *Collected Works*, vol. I (1911), 24, n. I. 除了 1917 年的苏维埃，马克思的史学方法及其学术影响，直至 1945 年才显突出。L. Kolakowski, *Marxism and Beyond: On Historical Understanding and Individual Responsibility* (London, 1969), and G. A. Cohen, *Karl Marx's Theory of History: A Defence* (Oxford, 1978).

⑤ P. E. de Berrêdo Carneiro and Pierre Arnaud (ed.), *Auguste Comte: Correspondance générale et confessions*, vol. I (Paris, 1973), 151.

Döllinger，1799－1890）交往甚密。他认为，人们首先应该关注宗教，其次才是自由，而这二者的历史是相互联系的。历史学家，无论是教师还是学习者，都应肩负着道义上的责任。“如果我们在历史方面降低了标准，我们也就难以在信仰和国家方面维持它了。”⑥

历史的学科问题是如何与其他新旧学科建立联系的，诸如神学、哲学、法学、地理学以及社会科学，这不仅涉及知识分子之间的辩论和大众争论，即通过“矛盾”来加深历史理解，而且对大学内部组织及其背景而言，它也存在诸多的矛盾。⑦ 作为一门研究科目，史学该处于什么样的位置呢？从年代上来划分，可以分为古代史、中古史、现代史、前工业时代、工业时代史；从空间上划分，可以分为地方史、区域史、国家史、欧洲史、帝国史、世界史；或者从专题上分，可以分为军事史、基督教史、宪法史、政治史、外交史、经济史、社会史与文化史等，这些也都给我们相似的结论。

从由大学出版和使用的大部分文章和书籍来看，它们都是用通俗的语言写成的，但在 19 世纪，出现了一些术语，其中有一部分是法律方面的，还出现了许多“主义”。但尽管如此，到 1914 年，社会科学后不再是这样了，出现了许多竞争性的专业词汇，即便是在经济领域也是如此。因此尽管许多学习历史的学生并不认同这一点，但是对史学家而言，在自己已有的语言知识之外，再掌握一门有用的语言知识成为了一种必需，对中古史学家而言，掌握了拉丁语是至关重要的。同时，还要在古文献的实际阅读 462
中掌握历史技巧。

在 20 世纪，“亚历史”继续得以繁殖，它们之间的界限也往往变得模糊起来。它们的地位和前景也随着时间和地点的改变而改变，长期以来，政治史与宪法史一直位于前列，而经济史和有时同样还需要的社会史则紧随其后。古代史和中古史在 18 世纪末和 19 世纪曾为更加批判的史学发

⑥ 讲演引自：G. P. Gooch, *History and Historians of the Nineteenth Century* (London, 1913), 386－387. 比较：K. Dockhorn, *Der deutsche Historismus in England: ein Beitrag zur englischen Geistesgeschichte des 19 Jahrhundert* (Göttingen, 1950).

⑦ 关于“学术精神”，参见 E. Shils, *Tradition* (London and Boston, 1981), 182. 对于批判史学，牛津大学首先表示质疑并长期持怀疑态度，参见 R. W. Southern, 'The Shape and Substance of Academic History', in F. Stern (ed.), *The Varieties of History* (London, 1970), 403－423.

展指明了出路，但却在20世纪让位于晚近的研究，即法国所谓的当代研究，但中古史在课程中始终属于重要的位置。古典学科在学校中的下滑——希腊语首当其冲——以及媒体的出现，也影响了人们的偏好。但每一门亚历史的研究者们，无论新旧，无论是古代史、中古史、现代史还是当代史，他们都始终特别强调他自己特定的关注范围，就像阿克顿将史学史置于（史学）图景的中央一样。

到1900年，教育史作为一门亚历史学科，其重要意义日益显著。尽管实际参与研究的人寥寥无几，但它关注的是19世纪和20世纪在制度转型和社会转型之中的人类活动。义务教育的影响力远远超出了儿童，它扩展到了扫盲领域。1808年，普鲁士首先创建了负责公共教化和教学的部门，并在19世纪末形成了义务的、免费的双轨制中小学学校系统。文化的深意，直到20世纪50年代，我们才深刻地体会到，这是因为在那里，从全球的视域中看，史学家和人类学家已经区分出了前工业社会和工业社会，区分出了社会与前文明社会。⑧

作为知识中心的大学史，将中世纪与变革着的现在联系起来，并缓慢地发展着，1895年，拉什达尔（Hastings Rashdall，1858—1924）出版了三卷本的中世纪欧洲大学方面的著作。实际上，早在1820年，约翰·瓦赫勒（Johann Ludwig Friedrich Wachler，1767—1838）就注意到了一部两卷本的历史文献著作，它是由1800年之前改革历史研究的早期中心哥廷根大学编著的，它认为如果不考虑到大学史，以及学术史、书籍、期刊与档案，历史难以准确地记述。⑨

463 期刊的数量在19世纪日益增多，在内容和方法上也日趋专业化，但尤其是在英国，许多关于历史的详细的文章，特别是关于大学里历史教学的文章，直到1914年才在综合性杂志上出现。在德国，慕尼黑大学教授海恩

⑧ J. Goody (ed.), *Literacy in Traditional Societies* (Cambridge, 1968); P. Gordon and R. Szreter (eds.), *History of Education: The Making of a Discipline* (London, 1989).

⑨ H. Rashdall, *The Universities of Europe in the Middle Ages*, 3 vols. (Oxford, 1895). F. L. Wachler, *Geschichte der historischen Forschung und Kunst, seit der Wiederherstellung der litterarischen Cultur in Europa*, 2 vols. (Gottingen, 1812—1820). 参照：K. Hammer (ed.), *Historische Forschung im 18. Jahrhundert* (Bonn, 1976).

里希·冯·济贝尔(Heinrich von Sybel,1817—1895)(罗马德意志历史研究院的创建者)于1859年创办了《历史杂志》(*Historische Zeitschrift*),这是第一份交流批判史学研究成果的杂志;同时,法国的加布里埃尔·莫诺(Gabriel Monod,1844—1912)也于1876年创办了《历史评论》(*Revue Historique*)。第一期《英国历史研究》(*English Historical Review*)创办于1886年,当时是由一位牧师,曼德尔·克赖顿(Mandell Creighton,1843—1901)担任编辑,他后来成为了伦敦主教;其中刊登了阿克顿的一篇关于《德意志历史学派》的著名文章,文章以名句开篇——"麦考利(Macaulay,1800—1859)曾悲叹道,在他的时代没有一位名副其实的德国历史学家","但现在,达梅斯特泰(Darmesteter,1846—1888)告诉我们,德国的历史研究已经领先于其他国家20年"。⑩ 事实上,麦考利写的历史是面向大众的,而不是面向大学的,并且他也承认利奥波德·冯·兰克(Leopold von Ranke,1795—1886)的观点,即"无论在何处研究德意志文化都将为人所知,并被人称道"。他的"原著",完全可以用小心创作、大胆思维来形容,他怀抱着崇敬的心情进行创作,并且摒弃了轻浮和偏见,既严肃又活泼,同时又不失宽容公正"。⑪

对真实性的寻求

早在阿克顿之前,兰克就在19世纪就提出希望能够开放个人与公共档案,开放教会与政宪档案。巴黎的宪章学院(*The Ecole des Chartes*)就是19世纪20年代的产物,它是1821年根据皇家法令创办的;而英国公共档案馆(British Public Records Office)则是议会选举委员会于1836年倡导

⑩ 'German Schools of History', Acton's *Historical Essays and Studies* (Cambridge, 1919)重印。

⑪ 参见 T. B. Macaulay, *Critical and Historical Essays*, vol. II (London, 1907), 38. 参照: W. Weber, *Priester der Klio. Historisch-sozialwissenschaftliche Studien zur Herkunft und karriere deutscher Historiker und zur Geschichte der Geschichtswissenschaft 1800—1970*, 2nd edn (Frankfurt, 1987); T. Schieder (ed.), *Hundert Jahre historische Zeitschrift 1859—1959* (Munich, 1959).

464 成立的。⑫ 前者提供三年的培训课程，是以职业为特征的。而后者则不提供课程，甚至连自己的职员也不培训。它们与德国一样，都集中于研究中古史，第一卷《日耳曼历史文献》(*Monumenta Germaniae Historica*)出版于1826 年。这些史料资源对历史学家来说，是格外重要的，对大学图书馆扩大对手稿、书籍和期刊的收集、归档、出版与分类而言，也是十分关键的，这至少适应了研究发展的需要。

直到 20 世纪，口头和影像档案才从文献档案中被分离出来，其重要性也才得到了充分地认识，随着发端于 19 世纪的录音和通信新技术的发展，又强化了人们对史学家就是“共同记忆管理人”的认识。⑬ 不过，在 19 世纪下半叶的文化史学家，特别是巴塞尔大学历史与艺术史学教授雅各布・布尔克哈特(Jacob Christoph Burckhardt，1818—1897)，已经像比他年长 23 岁的兰克醉心于搜索文献档案一样，开始探索艺术博物馆。布尔克哈特曾在柏林参加过兰克的讲座，并在他游览意大利一年后，也就是 1855 年出版了《导论》(*Cicerone*)一书，该书从建筑、雕塑和绘画三个方面引介了意大利的艺术宝藏。由于他的激情和丰富的想象力，布尔克哈特的经典之作《意大利文艺复兴时期的文明》(*The Civilization of the Renaissance in Italy*)(1860)，却因为他使用的官方文献有限和大量依赖于文学素材而受到人们的非议。⑭

19 世纪，在历史学的所有分支中都明确出现了对“一手资料”(primary sources)和“二手资料”(secondary materials)的甄别。这也就开启了对“真实性”的探索和对文献“权威”的寻求。由兰克及其学生创立的史学方法论

---

⑫ *Livret de L'Ecole des Chartes*, 1821—1891 (Paris, 1891); J. Favier, *Les Archives* (Paris, 1959); V. H. Galbraith, *The Public Record* (Oxford, 1934). 一些具体研究可参见：C. -O. Carbonell, *Histoire et Historiens, une mutation idéologique des historiens français, 1865—1885* (Toulouse, 1976); J. Voss, *Das Mittelalter im historischen Denken Frankreichs* (Munich, 1972); P. Levine, ' History in the Archives: The Public Record Office and its staff, 1838—1886', *English Historical Review*, 101 (1986), 20—41; H. Bresslau, *Geschichteder Monumenta Germaniae Historica* (Hanover, 1921).

⑬ Landes and Tilly (eds.), History (note 3), 5.

⑭ P. Burke, *Culture and Society in Renaissance Italy* (London, 1972); W. Hardtwig, *Geschichtsschreibung zwischen Alteuropa und moderner Welt. Jacob Burckhardt in seiner Zeit* (Göttingen, 1974); E. Schulin, ' Rankes Erstlingswerk', in *Schulin, Traditionskritik und Rekonstruktionsversuch* (Göttingen, 1974), 44—64.

的基本原则是整个学科出现了转型。自由主义者格奥尔格·戈特弗里德·格维努斯(Georg Gottfried Gervinus,1805—1871)在其著作《19世纪史》(*History of the Nineteenth Century*)中并没有遵循兰克的原则,也几乎没有写到他本人所处的世界的历史,兰克在为他的这位批评者撰写的悼词里,着重说明了格维努斯是如何时常倡导"科学应建立在与生活紧密联系之上"的。他又说道:"是的,但这必须是真科学。如果我们先有了特定立场并将其带进科学,那么就将是由生活操纵科学,而非科学引导生活。"⑮

另一位不满于兰克的方法与声望的德国史学家就是莱比锡大学的卡 465
尔·卡普雷茨(Karl Lamprecht,1856—1915),他认为历史"应首先是一门社会心理科学"。但尽管如此,他自己的方法和声誉也是值得质询的,1809—1909年间,他出版了12卷本的《德意志史》(*History of Germany*),之后又在莱比锡大学建立了"世界历史及文化史研究所"(Institute for Universal History and the History of Civilization)。这涉及一场在"卡普雷茨辩论"名义下的思想与政治暴力活动。但对保守主义者奥托·欣策(Otto Hintze,1861—1940)而言,他是一位有学者风范的管理史学家,是普鲁士制度的推崇者,他大胆尝试了比较史学,而不是通史,但是正是第一次世界大战赤裸裸的残暴,正是由于这场战争的后果与国家社会主义的抬头,削弱了卡普雷茨的方法与他的结论。由于欣策的夫人是一位犹太人,他于1938年从普鲁士科学院辞职。⑯

德国的大学在19世纪处在核心的位置,并且一直保持到1914年为止。19世纪80年代,柏林大学哲学教授威廉·狄尔泰(Wilhelm Dilthey,1833—1911)对历史的视野与方法论问题(以及它与社会科学的关系)提出了新的问题以及一些老问题。正是他和他在许多国家的信徒,将作为精神科学(这个概念已不再陌生)的历史与科学,包括社会科学,截然分开,这

⑮ Gooch, *History and Historians* (note 6), 101—102. On Gervinus: G. Hübinger, *Georg Gottfried Gervinus. Historisches Urteil und politische Kritik* (Göttingen, 1984);参见第十章。

⑯ N. Hammerstein (ed.) *Deutsche Geschichtswissenschaft um 1900* (Stuttgart, 1988),以及 L. Schorn-Schütte, 'Karl Lamprecht', 153—192; W. Schulze, 'Otto Hintze', 323—346.

遭到许多社会科学家的反对，但却没有遭到所有史学家的反对。狄尔泰认为，后者是从外部(*erklären*)作出解释，而前者则是从内部(*verstehen*)进行理解。

这一代人从丰富的视域出发，继续就此类论点进行辩论，例如，有观点认为，历史是一门具有"独特性"(ideographic)的学科，它关注的是唯一性；而包括社会科学在内的科学，是"通则性"(nomothetic)的，它关注的是普遍性。而最富有历史感的社会学家马克斯·韦伯(Max Weber，1864—1920)(他从没有以社会学家自称，也没有执掌这一学科教席)则拒绝接受这二者的区分。[17]

这发生在相对晚些时候。一开始阿克顿关注的不是兰克，而是出身在哥本哈根的古罗马史学家贝特霍尔德·格奥尔格·尼布尔(Barthold Georg Niebuhr，1776—1831)，他既是金融家、外交家，又是大学教授，曾在
466 新成立的柏林大学以及后来的波恩大学授课。西奥多·莫姆森(Theodor Mommsen，1817—1903)是他最著名的继任者之一，也是他的学生，对莫姆森而言，所有的史学家都是名副其实的，至少对那些不属于他这个学派的史学家而言是这样，他还举荐马克斯·韦伯作为他的接班人。莫姆森既是一位政治家又是一名大学教授和语言学家，以及法学和历史学权威，与尼布尔一样，他从1835年开始在基尔学习法律继而开始了他的职业生涯。萨维尼曾称尼布尔出版的三卷本《罗马史》(*Römische Geschichte*，1811—1832，英译本，1828—1842)启发了他撰写中世纪罗马法的灵感。[18] 由于他的自由主义言论，莫姆森于1850年离开莱比锡大学，于1852年到了苏黎世，1854年又转至布莱斯劳；在这里，他出版了自己的三卷本《罗马史》(1854—1856)，这也使得他于1902年获得了诺贝尔文学奖；1858年，莫姆森又从布莱斯劳到了柏林。

---

[17] W. Dilthey, *Einleitung in die Geisteswissenschaften* (Leipzig, 1883). 关于"表意文字"与"法律制订"的区别，参见 W. Windelband, *Geschichte und Naturwissenschaft* (Berlin, 1894). 参见 C. Antoni, *Dallo Storicismo alla Sociologia* (Bari, 1938).

[18] Gooch, *History and Historians* (note 6), 24. 关于 Mommsen: A Heuss, *Theodor Mommsen und das 19. Jahrhundert*, 2nd edn (Stuttgart, 1996); S. Rebenich, *Theodor Mommsen, Eine Biographie* (Munich, 2002); 关于 Niebuhr: G. Walther, *Niebuhrs Forschung* (Stuttgart, 1993).

18 世纪后期，在柏林大学成立之前，德国大学在历史研究方面已有了重要的进展，特别是在哥廷根大学，约翰·克里斯托夫·加特雷尔(Johann Christoph Gatterer，1727—1799)组织了历史习明纳，拓宽了史学研究领域，并促进了对与历史相关的学科的研究；在哈勒大学，年仅 24 岁的弗里德里希·奥古斯特·沃尔夫(Friedrich August Wolf，1759—1824)获得了古典语言学教职，1777 年，年仅 18 岁的沃尔夫进入哈勒大学学习，后来又执掌古典语言学教席长达 23 年，直到 1806 年拿破仑下令解散大学为止(歌德就曾为听他的讲学而从魏玛来到了哈勒)。随后，他又到了柏林，作为科学院院士在新成立的(柏林)大学讲学。在哈勒时期，他是菲利普·奥古斯特·伯克(Philipp August Böckh，1786—1867)的老师，1811 年伯克也成为了柏林大学古典语言学的主要教授，执掌教席 56 年。在伯克的第一批学生中就有卡尔·奥特弗里德·穆勒(Karl Otfried Müller，1797—1840)，1815 年他追随尼布尔来到了柏林，1819 年他又以教授的身份回到哥廷根大学，讲授考古学、神话和古代史。

19 世纪是一个群英荟萃的时代，起初兰克在其中并不耀眼。然而他长期以来在大学中为历史研究作贡献，这使得他最终成为为德国内外之翘楚。兰克强调要对所有史料的真实性进行严格地推敲并在出版物中声明他并不是要评价历史，而是要汇报真实发生过的事件，正如他著名的警句“盖史之所记，如其事而实书之，不参己见，并不偏倚”(‘wie es eigentlich gewesen’)所说的那样，他后来成为了历史主义(*Historismus*)的奠基人。兰克既不是黑格尔主义者，也不是实证主义者，对他而言，现代欧洲国家是神圣意志的体现。他认为历史的解释不仅仅需要史料的积累，还需要所谓的“ahnen”，即一种直觉认知，是一组塑造事件的观念的集合。他“漫步于世界史的广袤风暴中”，但他总结到，如果将世界史与国别史截然分 467

开，那么世界史就将沦为“空洞的理论与臆测”。⑲

兰克并不是一位出众的演说家，但由于他对习明纳的重大影响，以及得益于他的那些极具智慧且献身于史料的学生，他的著作，包括已经出版的讲稿，在整个欧洲，在那些无缘听讲的人们中广为传阅。他的一些著作在牛津成为了指定读物，虽然他的方法并不为历史教师所效法。兰克于 1886 年去世，享年 91 岁，他始终忠实地遵守着他自己的原则，被认为是首席欧洲史学家，他出版的著作不下 54 部。在他晚年，每当有儿孙围绕身旁时，他总这样说：“我还有另一个年头更长的家，那就是由我的学生以及学生的学生们组成的大家庭。”⑳

19 世纪，演讲是启发和指导学生的主要手段，专业讲座以及演讲者对即席听众的影响也是多种多样的。约翰·古斯塔夫·德罗伊森（Johann Gustav Droysen，1808—1884）曾相当有条理地纂写了《史学大全与方法论》（*Encyclopaedia and Methodology of History*），他的一位比利时学生、后来根特大学的教授保罗·弗雷德里克（Paul Fredéricq，1850—1920）曾这样评价他的演讲：“在一片寂静中，他像一位伟大的传道者一样慢慢地开始了他的演讲……你甚至可以听见针头落地的声音……他时而针砭时弊，时而充满创造力与热情，他常常用幽默的口吻来讲述奇闻轶事，使得他的演讲在一片欢笑声中结束。”㉑

468 那位曾谢绝邀请离开巴塞尔，后又追随兰克来到柏林的布尔克哈特，

---

⑲ 参见 T. H. Laue, *L. von Ranke: The Formative Years* (Princeton, 1950); W. J. Mommsen (ed.), *Leopold von Ranke und die moderne Geschichtswissenschaft* (Stuttgart, 1988); E. Breisach *Historiography: Ancient, Medieval and Modern* (Chicago, 1983), 132—134; F. Meinecke, *Die Entstehung des Historismus*, 2 vols. (Munich and Berlin, 1936—1937); U. Muhlack, ‘Leopold von Ranke’, in Hammerstein (ed.), *Geschichtswissenschaft* (note 16), 11—36. Ranke 的原则 ‘wie es eigentlich gewesen’: L. Ranke, *Geschichtender germanischen und romanischen und germanischen Völker von 1494 bis 1535* (Berlin, 1824; 3rd edn, Leipzig, 1885), vii.

⑳ 引自 Gooch, *History and Historians* (note 6), 117. 关于兰克对牛津大学的影响：P. R. H. Slee, *Learning and a Liberal Education: The Study of Modern History in the Universities of Oxford, Cambridge and Manchester, 1800—1914* (Manchester, 1986), 43.

㉑ J. Rüsen, *Begriffene Geschichte. Genesis und Begrundung der Geschichtstheorie J. G. Droysens* (Paderborn, 1969). Gooch, *History and historians* (note 6), 139. 1884 年，弗雷德里克访问英国，并撰写了报告：*The Study of History in England and Scotland* (Baltimore, 1887).

曾被他那位于1919年获得诺贝尔文学奖的学生卡尔·施皮特勒(Carl Spitteler,1854—1924)这样描述:"表达精妙,气势谦逊,但由于全被其主题力量所吸引而毫无装腔作势……他不咬文嚼字,一气呵成,从不粉饰自己,语言简练而高深。整个演讲犹如一场布道,充满着宗教般虔诚的史学传教士"。尽管布尔克哈特深刻地把握了当时的时代精神,并预见了未来最为重要的历史变化,但却并不希望他的演讲被出版。[在1874年给尼采(Nietzsche)的一封信中]他是这样叙述他的目的,他所做一切就是想让学生"能够以任何一种形式或方式在历史中找到属于自己的地方",后来他又谦逊地补充道,"或者至少不要让他们感到反感"。[22]

对德国著名大学的史学教授来说,分分合合并不是他们有意为之,因为在德国历史与政治有着密不可分的关系。教授职位在大学间的流动,时常要受制于政治上的考虑。对许多史学家而言,1848—1849年革命是一个转折点,如同自由主义史学家、兰克的批判者、著名的"哥廷根七杰"之一的格奥尔格·戈特弗里德·格维努斯那样,他由于抗议汉诺威新国王(维多利亚女王的叔父)单方面废除了国家基本法(*Staatsgrundgesetz*)而丢了职位。

黑格尔的学生、古典语言学学者德罗伊森则是另一个例子,他的结局恰恰相反。耶拿战争后第二年出生的他,是一位布卢歇尔军队(Blucher's army)中随军牧师的儿子,他是1848—1849法兰克福议会中诸位教授议员之一(其中许多教授都是史学教授),这段经历后来使他成为了普鲁士军事统一德国的坚定支持者。武力统一方面最强有力的发言人莫过于海恩里希·冯·特赖奇克(Heinrich von Treitschke,1834—1896),他是一位捷克裔的撒克逊教授;他的第一篇论文是关于社会学的,这一点后来连他自己都感到很"不幸"。他后来主要关注的是强权,而不是社会舆论,一直敦促普鲁士武装统一德国;他从莱比锡大学转到弗赖贝格大学,后来又去了基尔大学和海德堡大学,并于1874年到了柏林大学,并在此向学生进行了

---

[22] Carl Spitteler,引自 J. Burckhardt, *Reflections on History* (London, 1943)中的导论注释8-9,这是一本布尔可哈特1870—1871年的演说集,英文版译自 *Weltgeschichtlische Betrachtungen*,布尔可哈特去世后由其侄子雅各布·欧里斯(Jakob Oeri)结集出版。

多次情绪激昂的演讲。[23] 在这方面，他使用的语言与德罗伊森大相径庭，469 他指责英国和法国，指责议会政府、社会主义，当然，还有犹太人。

特赖奇克的《德国史》(*Deutsche Geschichte*)只写到1848年，人们常常将它和麦考利的《英国史》(*History of England*)进行比较，它的前两卷于1848年出版，后两卷则是在麦考利去世前的四年，也就是1855年才得以出版。他们都是英年早逝。他们都因使用了议会发言般华丽的词藻而受到广大公众的追捧。但是麦考利与特赖奇克不同的是，他没有大学方面的背景。他也不曾涉足外交政策。在方法上他也别具一格，强调了英国政治史和宪政史的连续性，并将其视为1688年"光荣革命"的核心与英国后续经济和社会进步的根本。这两个国家的历史，有助于解释他们的史学家的发展史，即便是不完整的。兰克比麦考利年长5岁，又比他多活了27年，他见证了德意志的分裂，认为宗教改革才是德国史的轴心。他在民族心灵(*Volksseele*)中寻找并识别出德国历史的一致性，并从中萃取出德意志精神。而麦考利则像其他"辉格派"(Whig)史学家一样，属于自由主义的道路。[24]

英国大学的历史教学发展较为晚近，这是与它自身的雄辩传统不无关系。在特赖奇克最后几年在柏林时，执掌牛津大学历史学的钦定教授席位的是詹姆斯·安东尼·弗鲁德(James Anthony Froude，1818—1894)，他与特赖奇克一样是一位引人注目的演讲家，在他的《英国史》(*History of England*)中，他认为英国历史上的轴心不是1688年"光荣革命"，而是1588年英国大败西班牙的"无敌舰队"。弗鲁德的这种浪漫色彩，受到了他的前辈爱德华·奥古斯塔斯·弗里曼(Edward Augustus Freeman，1823—1892)的严厉批判，弗里曼认为，历史是一门"科学"，而不是艺术，不是充斥着"英雄"与"恶棍"的"戏剧"。但对于小说家托马斯·卡

㉓ U. Langer, *Heinrich von Treitschke, politische Biographie eines deutschen Nationalisten* (Düsseldorf, 1998).

㉔ J. W. Burrow, *A Liberal Descent: Victorian Historians and the English Past* (Cambridge, 1981). 有关联系与比较，参见 C. E. McClelland, *The German Historians and England: A Study in Nineteenth-Century Views* (Cambridge, 1971), and J. Joll, 'National Histories and National Historians: Some German and English Views of the Past', *Annual Lecture, German Historical Institute, London* (London, 1984).

莱尔(Thomas Carlyle,1795—1881)和查尔斯·金斯利(Charles Kingsley,1819—1875)则是大不相同的,金斯利曾于1860—1869年期间在剑桥大学担任钦定历史学讲座教授,并曾激起过听众强烈的道德激情。㉕ 金斯利的继承者约翰·罗伯特·西利爵士(Sir John Robert Seeley,1834—1895),1869—1895年间剑桥大学的钦定史学讲座教授,其风格则完全不同。在他看来,剑桥是"政治家的摇篮",而政治学也需要依赖历史学走向自由,如果史学中缺少了政治学,那么史学就成了文学。西利在他的《英格兰的扩张》(*The Expansion of England*)中强烈地反对麦考利的孤立主义政策。这本书也轰动一时。他的一位学生曾写道:"西利在国内的影响是一个世纪的,而不是几十年,他以他的远见,横扫了整片天空。"与德国的许多史学 470
教授一样,西利根植于古典主义,但在他1870年发表的就职演讲中,他承认,在英国,要想让历史成为一门大学科目,就必须以清晰、明确、突出的语言来加以说明。㉖

这种需求是很急迫的,剑桥是如此,牛津也是这样,它们都是学院式大学,直到1873年才设立了独立历史学学位,无论是谁担任钦定教授,这门学科都是很薄弱的。1850年到1867年间,剑桥大学组织了一种新的道德科学荣誉学位考试制度(Moral Sciences Tripos),其中考试科目有5门,即现代史、法律(英国法)、法理学、政治经济学和道德哲学。每门课程都是由大学教授讲授,在这个新的荣誉学位考试制度实施之初,历史学方向就是由新上任的詹姆斯·斯蒂芬爵士(Sir James Stephen,1789—1859)负责,他之前曾是一位行政官员,原本是希望能成为英国法方向的政府委任教授(Downing Professer)(奇怪的是,虽然他强调他只懂英国法历史,但在讲座中,他谈的却是法国,而不是英国)。由于这种新荣誉考试制度的课程缺乏内在连贯性,因此,在1860年几乎没有人申请这种考试,这也就不足为奇了。这一年,成立了道德学科董事会(Board of Moral Sciences),从课程

㉕ O. Chadwick, 'Charles Kingsley at Cambridge', *Historical Journal*, 17 (1975), 303—325.

㉖ J. R. Seeley, *Lectures and Essays* (London, 1870), 290—317; D. Wormell, *Sir John Seeley and the Uses of History* (Cambridge, 1980). 关于德国人的看法,参见A. Rein, *Seely, Eine Studie über den Historiker* (Langensalza, 1912).

大纲中删除了英国法，增加了哲学、逻辑学和政治哲学（这为学生进行个人选择提供了机会）。尽管如此，1867年道德哲学教授提议应将历史（从大纲中）删除，获得了成功。

他们所给出的理由是，这门学科“太庞杂，不宜作为道德科学荣誉学位考试的一门子学科”[27]。这实际上为一种新的结合指明了出路——法学与历史荣誉学位考试——并且正如西利所坚信的那样，不久后就成为了单独的历史荣誉学位考试。法学学位荣誉考试也是后来才出现的一项革新，一些有影响的剑桥法学家常常以他们的专业为荣，从一开始就反对（法学和历史）这种组合考试。这也就解释了西利在他的就职演讲中所郑重提到的观点，他认为，极有必要为法学单独设立一个荣誉学位考试，将现代史从现在的考试制度中删去，而这样做的前提是后者也应成为一门新的、独立的荣誉学位考试。尽管如此，它们依然还是有联系的，这是因为它们是“同源学科”（cognate science），“理论研究要在历史中寻找证据”——宪法学、法理学、国际法、政治经济学、经济史，以及西利所钟爱的
471 政治学，在本卷覆盖的时间范围内，都成为了（大学中的）核心要素。学院教师在任命过程中考查的也主要是历史教学能力和课程大纲的学术组织能力。

国王学院在将历史学发展成一门教学科目的过程中扮演着战略性角色，该学院的乔治·沃尔特·普罗瑟罗（George Walter Prothero，1848—1922）在1876年从剑桥古典语言专业毕业后，就被选为教师，同时又成为了济贝尔（Sybel）的学生，他是学院教师中带头组织跨学院讲座计划的教师之一，并且他还在学院的监督下，为历史学的学习参加大学考试作好了准备。他本人也从讲授国际法转向了讲授中世纪，并于1894年撰写了《成文法与其他法规（含宪法）选编》（*Select Statutes and other* (*Constitutional*) *Documents*）一书，在本卷所涵盖的时间内，这本教材一直在剑桥被使用。普罗瑟罗和其他四位老师于1884年获得了历史学的大学讲师职位，这也意味着大学作为一个整体，它所承担的责任在不断增加；1885年，作为荣誉学位考试董事会的成员，他们在不久前被任命为迪克西教会史讲座教

[27] Slee, *Learning* (note 20), 36.

授(Dixie Professor of Ecclesiastical History)的曼德尔·克赖顿(Mansell Creighton,1843—1901)的支持下,对课程大纲和考试形式进行了重大改革,并得以延续。㉘ 他们将重点更多地放到了"原文根据"(original authorities)的研习中,这也成为了"特别学科"考试的核心;由威廉·坎宁安(William Cunningham,1849—1919)讲授的经济史从政治经济学中分离出来;政治学的考试依然是强制性的;而在其他"同源学科"中也出现了可能的替代性选择。

但尽管如此,直到1897年荣誉考试制度进一步深入开展之前,依然没有设置关于欧洲史的核心课程,而且学生的数量虽然有所增加,但依然是少数,比学习古典学科、自然科学或数学的学生人数要少得多。到1914年,在牛津大学,历史学已经成为一项规模最大的单独荣誉学位考试,这并非全是由于杰出的、但又是风格迥异的大师们的香火传承,或是由于它有更加稳固的研究基地,而是由于学校和学院中学生的供求关系发生了变化。用1894年到爱丁堡大学任教的普罗瑟罗的话说,就是它的成功证明了,"每一门伟大的学科,只要在教学过程中态度严肃、方法得当,它就能提供良好的思维训练"。他还补充道,历史学作为大学的一门课程,"特别适于进行特定的思维训练"。㉙

剑桥大学的钦定历史讲座教授的传承是从阿克顿开始的,他遗留下了多卷本《剑桥近代史》(*Cambridge Modern History*)工程未能在有生之年付梓;他的继承人是约翰·巴格内尔·伯里(John Bagnell Bury,1861—1927),他是《进步观念》(*The Idea of Progress*,1920)一书的作者,并与当时的《季度评论》(*Quarterly Review*)主编普罗瑟罗共同完成了该书的编辑工作。伯里对历史学"科学"本质坚信,给了他的继任者乔治·麦考利·屈威廉(George Macaulay Trevelyan,1876—1962)重点研究诗歌史的动力,屈威廉是麦考利的侄孙,他在1927年指出:克莱欧(Clio,希腊神话主管历 472

㉘ M. Creghton, 'The Teaching of Ecclesiastical History', *Historical Lectures and Addresses* (London, 1903); G. W. Prothero, 'The Historical Tripos', *Cambridge Review*, VI, 28 January 1885; J. R. Seeley, 'The Historical Tripos', *ibid.*, VI, 11 February 1885; and G. W. Prothero, 'The Historical Tripos, a Reply', *ibid.*, 18 February 1885.

㉙ G. W. Prothero, 'Why We Should Learn History', *An Inaugural Lecture*, Edinburgh University, 6 October 1894, 4.

史的女神——译者)就是一位缪斯！屈威廉将辉格派的史学解释带入了20 世纪,㉚受他的启发,后来的剑桥大学历史学教授(不是钦定教席的教授)赫伯特·巴特菲尔德(Herbert Butterfield,1900—1979)撰写了一篇极有影响力的批判性论文《辉格派的历史解释》(*The Whig Interpretation of History*,1931),但在其中却没有提及屈威廉的名字。但无论是伯里还是屈威廉,他们都不愿意对剑桥的课程与考试体制进行进一步大规模的“改革”。

在牛津,也和剑桥一样——出于相同的原因——“现代史”研究(即后古代史)直到 19 世纪后半期才成为学生的考试科目:其原因是这与 1850 年创建的法学与现代史的新的德国批判史史学学派的发展无关。由于牛津在古典学科方面的优势以及人文学院(faculty of *Literae Humaniores*)的中心地位,它们强调的是对既定考试课程内容的学习。学生们要学习的就是“书本中的所有知识”。㉛ 它的学科设立要比剑桥快得多——因为它没有被逐出之虞——但是,直到 1870 年,才出现了独立了历史学与法学院,早在 1859 年,弗里曼就曾指出,法学和现代史的考试“作为一个整体的和谐程度就像把法学和流体静力学放在一起考试一样”。㉜

弗里曼的《诺曼人的征服》(*Norman Conquest*)是被推荐的政治史核心教材之一,该书小心翼翼地辟开了宪政史,就像他的朋友约翰·理查德·格林(John Richard Green,1837—1883)的畅销书《英国人民简史》(*Short History of the English People*)一样,这部书首次构思于 1869 年,是一部详细重点记述日常生活的历史,而不仅是关注轰轰烈烈的大事件。这部
473 专为广大公众量身定做的著作说明了尽管历史职业主义已经兴起,但直

㉚ 参见 G. M. Trevelyan, *An Autobiography and Other Essays* (London, 1949), 以及 D. Cannadine, *G. M. Trevelyan* (Cambridge, 1994). 另见 P. B. M. Blaas, *Continuity and Anachronism: Parliamentary and Constitutional Development in Whig Historiography and the Anti-Whig Reaction between 1890 and 1930* (The Hague, 1978).

㉛ Slee, *Learning* (note 20), 第四章。参见 R. Soffer, 'Nation, Duty, Character and Confidence: History at Oxford, 1850—1914', *The Historical Journal*, 30 (1987), 77—104, 以及 'The Development of Disciplines in the Modern English University', *ibid.*, 31 (1988), 933—948; P. R. H. Slee, 'Professor Soffer's *History of Oxford*', *ibid.*, 30 (1987), 105—109.

㉜ E. A. Freeman, 'Historical Study at Oxford', *Bentley's Quarterly Review*, I (1859), 292.

到20世纪，在历史学界依然存在着一股强大的业余利益集团，这也影响到了成人教育，启发了经济与社会史学家、《宗教与资本主义的兴起》(*Religion and the Rise of Capitalism*)一书的作者理查德·亨利·托尼(Richard Henry Tawney,1880—1962)，使他在成为伦敦经济学院教授很久之后仍保持着他当初对新成立的工人教育协会的义务。

19世纪牛津最伟大的钦定史学讲座教授是1866年任命的威廉·斯塔布斯(William Stubbs,1825—1901)，他后来成为了彻斯特主教，他在牛津讲学20余年，并于1870年出版了他的《讲稿选集》(*Select Charters*)，这也成为了牛津和剑桥历史学学生的教材。他在就职演说中指出："现代史仅次于能最彻底地进行宗教思维训练的神学。"而在意识到"当今世界的生活、工作、思维和发展"时，斯塔布斯就将重点放到了宪法史。他坚信历史的整体是有意义的——"是向善的有目的运动"[33]——但是，他在牛津的授课却是听者寥寥。在历史发展成为一门学术性研究的过程中，在牛津，最主要的关注对象不是教授，而是学院导师，这一点牛津要比剑桥严重得多，这是因为，对学历史的本科生而言，他们全要靠学院教师来获得知识和指导。他们也没有受到哲学家和史学家罗宾·乔治·柯林伍德(Robin George Collingwood,1889—1943)的影响，柯林伍德在1935—1941年间担任韦恩弗利特形而上学哲学讲座教授(Waynflete Professor of Metaphysical Philosophy)，并在欧洲确立了声望。他的唯心主义哲学史首先在《精神镜像》(*Speculum Mentis*,1924)一书中提出，并在《历史的观念》(*Idea of History*)一书中加以总结，该书在他去世后的1946年才得以出版，并常被与意大利的本尼狄托·克罗齐(Benedetto Croce,1866—1952)相提并论。

出生于1866年的克罗齐，对祖国的哲学和历史学思想有着深远的影响。他最初是一位马克思主义者，在意大利前法西斯主义和法西斯主义之后的马克思主义成为他"思维的磨刀石"，磨砺了他的唯心主义哲学。[34]

---

[33] W. Stubbs, 'On the Purposes and Methods of Historical Study', in *Seventeen Lectures on the Study of Medieval and Modern History and Kindred Subjects* (Oxford, 1900), 86. Stubbs's *Constitutional History of England* (Oxford 1874—1875) 很快被多次重印。

[34] D. Thompson, 'Social and Political Thought', *Cambridge Modern History*, vol. XI (Cambridge, 1962), 116. 另见 *Benedetto Croce: An Autobiography*, R. G. Collingwood 翻译，(Oxford, 1927).

他也常被比做黑格尔，但与黑格尔不同的是，他从未得到过大学职位。除苏联外的大部分马克思主义史学家都是如此，即便是在苏联，普列汉诺夫(Georgiy Valentinovitch Plekhanov，1856－1918)在布尔什维克革命爆发
474 前就在大量短篇论文中提出了马克思主义史学观，但在 1918 年革命爆发后，他便逃离流亡至芬兰。苏联的史学研究更多地关注早期历史，而非 19 世纪，诸如英国中世纪经济与社会史等；马克思主义史学对苏联之外的大学产生的主要影响则是在本卷所述的时间之后。

在牛津参加过斯塔布斯讲座的本科生中，有一位后来成为钦定教授的查尔斯·哈丁·弗思(Charles Harding Firth，1857－1936)，1904 年他被任命为钦定教授并执掌教席直到 1925 年为止。作为一名既定的专业史学家和牛津内部著名的研究型历史学的支持者，弗思赞成“把教育学习世界史的学生的任务留给学院导师，并在学院教师的帮助下，将培养那些希望进一步深入研究的学生的任务留给教授和大学教师”。[35] 但由他倡导并设计的内容广泛的“高级史学研修”计划并没有吸引到很多博士研究生，却吸引了许多本科生。后者一直是由近代史协会(*Modern History Association*)严格把持的，该协会形成于 19 世纪 60 年代，主要负责历史课程，并的确发挥了很大的作用。尽管 1872 年“大学历史委员会”正式成立，但该协会的影响依然是在不断增强，且其中有些成员还有着反专业化的偏见。

历史在牛津的“导师制”下到底是如何由学院导师来教的，或者剑桥所谓的“督导”到底是什么，这是比讲座教什么或德国、法国的习明纳教什么更难说清楚的事情。不过，这两所大学中“特定课程”的发展——这也被英国其他大学所效仿——确实是英国体制的鲜明特征。在短时间内进行有深度的学习，并且有明确指定的学习资料，这些都是通往后续研究的桥梁，这不仅是对博士生的要求，而且是对进一步学习的个体研究者的要求，但却不是对史学导师的要求。1895 年，牛津引进了文学学士学位。一般来说，对本科生而言，研究是排在教学和考试之后的，1904 年，在牛津的贝利尔学院(其地位相当于剑桥里的国王学院)，有一位叫做亚瑟·莱昂

㉟ C. H. Firth, *A Plea for the Historical Teaching of History* (Oxford, 1904).

内尔·史密斯(Arthur Lionel Smith,1850－1924)的导师,他得到了他所有的学生的敬重,这不仅是因为他作为导师对学生尽心培养,还因为他为学生们准备了极细致的笔记,帮助他们通过考试。他的《走向斯塔布斯》(Steps to Stubbs)甚至比斯塔布斯的著作本身更为抢手。

自19世纪20年代以来,由于受到伦敦大学建立的影响,到1914年,牛津和剑桥两家已经明显丧失了垄断地位。尽管在19世纪历史学在大学里还不是一个独立的系,但20世纪波拉德(A. F. Pollard,1860－1948)创建了后来的"伦敦历史学院"。1903年还创办了史学研究所(Institute of Historical Research)作为研究生的研习中心,这里的习明纳也成为了有组织的研究生学习的一个突出特征。在地方上,1890年托马斯·弗里德里克·陶特(Thomas Frederick Tout,1855－1929)开始执掌曼彻斯特欧文学院(Owen's College)的历史学教席,他的前任阿道夫斯·威廉·沃德(Adolphus William Ward,1837－1924)则作为院长继续任教,他们与同事詹姆斯·泰特(James Tait,1863－1944)一起创建了"曼彻斯特学派"(Manchester School),并以其高度专业化的研究方法和专攻中世纪管理史而著称。 475

与牛津的学生不同的是,陶特的学生被"分成小组,每组人数不超过12人",而且每个小组"都由有相关研究专长的老师直接负责"。从1905年欧文学院升格为大学算起,至1914年,先后有80名学生在陶特的指导下毕业,其中有6个人后来成为了专业的历史学家。凭借自己的专业地位,陶特充耳不闻牛津和剑桥中的热烈争论,他相信他的"制度"并没有为少数人而牺牲了大多数人,"这对政治家、律师、教士、记者、公务员和商人,以及未来的历史学家来说,都是不错的"。㊱

两次世界大战期间,曼彻斯特大学一直保持着它作为史学研究中心的声望,其中的一位领军人物就是出生于波兰的欧洲外交史学家及18世纪英国政治史学家刘易斯·纳米尔(Lewis Namier,1888－1960),纳米尔曾十分向往能在牛津大学贝利尔学院任教,然而非常遗憾的是,他遭到了拒绝。但尽管如此,还是有其他来自地方大学的教授在牛津找到职位,其

㊱ 引自 Slee, *Learning* (note 20), 157.

中之一就是著名的中世纪学家弗里德里克·莫里斯·波威克(Frederick Maurice Powicke,1879—1963),他于1929年离开曼彻斯特来到牛津,成为了钦定史学讲座教授。㊲

在1914年之前,在牛津和苏格兰之间发生了一场重大的转移,在格拉斯哥,罗伯特·桑斯特·雷特(Robert Sangster Rait,1874—1936)——他不是在苏格兰出生的,但却是在阿伯丁国王学院受的教育,在他来到牛津之前曾于1911年北上——成为了苏格兰第一位史学与文学教授。1929年,他升任大学校长。与此同时,(牛津)贝利尔学院的导师理查德·洛奇(Richard Lodge,1855—1936)——此人也像史密斯一样为学生准备仔细的笔记——于1895年离开牛津到了格拉斯哥大学;同年,普罗瑟罗也从剑桥来到了爱丁堡大学,1899年洛奇又接任了普罗瑟罗在爱丁堡大学的教席,并在那里一直工作到1925年退休。但即便是在圣安德鲁斯和阿伯丁,苏
476 格兰历史研究也没有成为大学历史课程的核心,但雷特还是作出了重要贡献,并于1919—1929年间他成为了苏格兰皇家史料编纂学家(Historiographer-Royal for Scotland);而洛奇的研究则主要侧重于英格兰和欧洲大陆。与牛津大学的政治家兼学者,曾于1935年出版了广为传颂的三卷本《欧洲史》(*History of Europe*)的赫伯特·阿尔伯特·劳伦斯·费舍(Herbert Albert Laurens Fisher,1845—1940)一样,洛奇也是朗曼出版的《英格兰史》(*History of England*)的作者之一,该丛书在大学和学院中广为使用。

从米什莱到年鉴学派的法国历史学

在德国大学和英国大学大学历史学科的演进形成鲜明对照的同时,历史学在英国和法国的大学内外的发展也形成了同样明显的反差。当然,它们之间也存在着重大的联系。加布里埃尔·莫诺(Gabriel Monod,1844—1912)是浪漫主义史学家儒尔·米什莱(Jules Michelet,1798—1874)的重要推崇者,他曾为米什莱写过传记,也曾将约翰·理查德·格林

㊲ 波威克的历史观可参见其著作:*Modern Historians and the Study of History* (Oxford, 1955).

(John Richard Green,1837—1883)的作品翻译成法语。在巴黎政治科学学院(*Ecole libre des Sciences Politiques*)任教的埃利·阿累维(Elie Halévy,1870—1937)于 1902 年首次开课讲学(三年后,他拒绝了索邦的一个教席),他通过研究功利主义和卫理公会教义,进而开始研究英国史。他对英国没有爆发法国式的革命感到困惑,正如法国大革命困惑(或是惊吓)了许多与他身处同时代、将法国大革命视为法国历史轴心的人们一样。[38]

米什莱本人的多卷本著作出版于 1831 年,一开始这部著作名为《世界史导论》(*Introduction à I'histoire universelle*),其中就包括了文艺复兴史(这个词是他发明的),并在第七卷的大革命史到达了高潮,第一批大革命史学家之一的弗朗索瓦·阿方斯·奥拉尔(Franşois Alphonse Aulard,1849—1928)认为它生动,富于诗意和浪漫主义色彩,并且最真实地,虽然并不是最准确地叙述了大革命史,在这部历史中,只有一位英雄,那就是“人民”,这也是米什莱另一部作品的名称,它于 1846 年出版。1887 年,奥拉尔从波瓦第尔(Poitiers)荣迁至巴黎市议会在索邦大学为其设立的教席,并在此一直工作到 1922 年。他于 1904 年成为了法国大革命历史研究会(*Société de l'Histoire de la Révolution Française*)的主席。

到了 20 世纪,大学开始从各个方面、各个角度研究大革命,这是因为乔治·勒费弗尔(Georges Lefebvre,1874—1959)开辟了新的研究视野。他在巴黎组建了法国大革命史研究所,并于 1930 年出版了《法国大革命》 477
(*La révolution française*)一书,并作为由路易·阿尔方(Louis Halphen,1880—1950)和菲利普·萨尼亚克(Philippe Sagnac,1868—1954)主编的著名法国学术系列丛书《人民与文明》(*Peuples et Civilisations*)中的一部分。勒费弗尔在索邦大学的博士论文《北方农民》(*Les Paysans du Nord*),使他意识到“通行的(历史研究)思想方法阻碍了对历史的解读”,[39]但他的一些批评家却认识到,“在普遍水平上的思维方式早就已经阻碍了历史的举

[38] H. Guy-Loé, *Elie Halévy Correspondance*, *1891 — 1937* (Paris, 1996). See P. Stadler, *Geschichtsschreibung und historisches Denken in Frankreich 1789 — 1871* (Zurich, 1958).

[39] R. Cobb, 'Lefebvre the Historian', in *People and Places* (Oxford, 1985), 43.

证”认为“这根本就不是历史”，后来，他在著作《大恐慌》(*La Grande Peur*)中详细地为他的方法进行了辩护。

任何对大革命及革命战争的解释中，如何解释拿破仑的问题都是不可回避的，正如对历史文献具有强烈兴趣的荷兰历史学家乌特勒支大学教授彼得·海尔(Pieter Geyl，1887—1966)在其重要的研究——《拿破仑：赞誉和抵毁》(*Napoleon，For and Against*)解释的那样，这部著作的英译本直到 1949 年才得以出版。与其他法国史学家相比，海尔对拿破仑更多地是持批判态度的，认为他是“独裁”者(当时心中想着的是希特勒)，但同时，他也承认他是如何“持续不断地享用着其他法国史学编纂所提供的视角。这是怎样的人生与活力，这是怎样的创造力，这是怎样的不公正、想象力和勇气，这是怎样的理性与人格的反差！”[40]海尔的第一部著作品是饱受争议的，尤其是在他祖国，但海尔还关注了荷兰革命，撰写了《与史学家辩论》(*Debates with Historians*，1955 年在海牙出版)，在其中他对兰克进行批判性的研究。

在两次世界大战期间，是法国，而不是德国或者英国，在鼓励交叉学科和在“整体史”(total history)的名义下进行整合而不是分化的过程中，为历史学和正在发展中的社会科学构建了新型的关系。其中的关键人物就是吕西安·费弗尔(Lucien Febvre，1878—1956)，他是南锡市(Nancy)一位教师的儿子，曾就读于巴黎高等师范学校，在那里，他参加了被他称为“我的大师”莫诺(Monod)主持的习明纳。除了在索邦开设的讲座外，他还参加了许多由访问教授开设的讲座，其中包括亨利·柏格森(Henri Bergson，1859—1941)的哲学讲座、保罗·德·布拉什(Paul Vidal de la Blache，1845—1918)的地理讲座，以及爱弥尔·马勒(Emile Mâle，1852—1964)的艺术史讲座。费弗尔的早期研究集中于某一个区域的历史与地理，这是 1899 年布拉什在索邦大学所做的轰动性就职演讲中推荐的方法。在一战爆发时，他正着手筹划一部论述这两门学科关系的著作。战后，他成为了斯特拉斯堡(Strasburg)的教授，这所大学随着战后法国阿尔萨斯和洛林的回归，几乎被完全重建。

---

[40] P. Geyl, preface to *Napoleon*: *For and Against* (London, 1949).

就是在“战前的斯特拉斯堡大学”，德国最为博学的史学家弗里德里希·迈内克(Friedrich Meinecke，1862－1954)于1896年接替了特赖奇克，担任《历史杂志》(*Historische Zeitschift*)的主编，并于1936年发表了他从一战后开始潜心22年研究撰写的《历史主义的突现》(*Die Enstehung des Historismus*)。这也是他人生的顶峰。但迈内克的长寿也使得他可以在《德意志的灾难》(*Die deutsche Katastrophe*，1946)中深刻地认识现代德国历史，即在“极端民族主义”之前，迫切要求复兴德意志民族的宗教和文化的呼声。早在1905年，43岁的迈内克在斯特拉斯堡大学主持了一个习明纳，以纪念席勒(Schiller)逝世100周年，这也促使了他三年后出版了《世界公民与民族国家》(*Weltbürgertum und Nationalstaat*)一书(直到1972年它的英译本才得以出版)。《历史主义的突现》一书的英文标题为《历史主义：新史观的兴起》(*Historism：The Rise of a New Historical Outlook*)，这绝对是有讥讽意味的，它与皮特·伯克为1973年出版的第一部英译本的费弗尔论文集所取的名字《一种新史学》(*A New Kind of History*)非常相似，其中最早的论文是写于1928年，题目是《边疆、词语与概念》(*Frontière，the Word and the Concept*)。[41]

正是在1920年的斯特拉斯堡，费弗尔结识了研究中世纪的著名学者马克·布洛克(Marc Bloch，1866－1944)，并与其倾心交流了关于交叉学科的全部兴趣。八年之后，他们共同成为了《年鉴：经济与社会》期刊(*Annales：economies，sociétés*)的创办人，该杂志很快就产生了巨大的影响，并完全致力于问题取向的历史，即他们所构建的“整体史”研究。对他们而言，历史是“人的科学”，这是一种比“社会科学”更广泛的叙述类型。布洛克著名的未完成的论文《历史学家的技艺》(*Apologie pour l'Histoire，ou Métier d'Hisorien*)，就是献给费弗尔的，它写于1941年法国沦陷之际，在这部著作还未完成的时候，他就告别了学术生涯，投身于法国抵抗运动中去了。布洛克在德国集中营里受尽折磨，并于1944年6月被枪杀，而当时纳粹在法国的势力已经开始衰落了。

---

[41] *Revue de synthèse historique*，45 (1928)，Febvre's *Pour une histoire à part entière* (1962)中重印，并在下面书中译为英文：P. Burke (ed.)，*A New Kind of History from the Writings of Lucien Febvre* (London，1973).

在费弗尔论文的主题中，最著名的就是他追溯了历史概念的历史，像“文明”另外还有“历史主义”(historism)或“历史决定论”(historicism)。在这方面，有犹太血统的卡尔·波普尔(Karl Popper,1902—1994)首次于1936年在他的流亡途中表达了这种思想，并在1957年发表的《历史决定论的贫困》(*The Poverty of Historicism*)中进行了阐述；波普尔的犹太血统使得他无法在维也纳大学任教。该书是为了“纪念无数在‘残酷的历史决定论法则’下”来自不同国家、不同族裔、不同信仰的，成为民族主义和共
479 产主义信仰牺牲品的男男女女，以及儿童。但迈内克却从来不相信这些。㊷

社会科学的兴起

在本章所述的(时代)背景下，费弗尔所说的“同源”的人文科学，是有密切的相关性的，尽管它们慢慢才成为大学里的一门学科。在这其中，首先就是心理学，它在(德奥)“合并”前的维也纳大学是非常有名的一门学科，就是在那里西格蒙德·弗洛伊德(Sigmund Freud,1856—1939)确立了他在全世界的声望；其次是地理学，在20世纪30年代，它常常是以地缘政治学的形式出现的；再次是社会学，按照费弗尔的说法，它是在帝国主义风格引领下，“一切为史学研究领域提供理性分析的(知识)”。㊸

对这三门学科感兴趣的费弗尔却很少提及经济学，实际上在20世纪的欧洲大学中，在所有“社会科学”中，经济学得到了最普遍地研究，它是关于“人类科学”中另一类历史的术语。但尽管如此，第一次出现“经济”是在《年鉴》杂志第一期标题中，早在100年前，英国学者约翰·斯图亚特·穆勒(John Stuart Mill,1806—1873)就考查了经济学、社会学和政治学之间的关系，穆勒也许可以被称作是最早的“社会科学家”，但他却从未在大学中得到过拿薪酬的职位。在他的第一部书《逻辑体系》(*A System of Log-*

㊷ 布洛克论文的英文翻译：*The Historian's Craft* (Manchester, 1954)；波普尔在维也纳大学教授无望的处境促使他在(德奥)“合并”前移民，而他在布鲁塞尔曾做两天停留，是由M. H. 哈克根分析得出的，见：*Karl Popper—The Formative Years, 1902—1945: Politics and Philosophy in Interwar Vienna* (Cambridge, 2000), 309—311.

㊸ Burke, *A New Kind of History* (note 41), 29.

ic,1843)中,穆勒就使用了“当代史”这个术语,其中包括了关于社会科学的有趣的但又不失中肯的部分,十年后,在他的《政治经济学原理》(*Principles of Political Economy*)中他依然沿用了这种说法。

作为边沁式的功利主义者,穆勒在《逻辑体系》中仔细地将后来所说的“社会科学”中的政策制定方面与其背景联系起来。“例如,如果我们用政治经济学的专业知识来预测或指导任何一个国家的现象,那么,我们就必须能够解释与该国当前状态的普遍特征相关的所有商业或工业事实:要指明足以解释一切的理由,并要为假说提供证明或完善的基础,而所有这些理由都必须是真实存在的。”[44]

在解释“社会科学”是什么时间以及为什么被引入到19世纪和20世纪大学课程纲要中时,分析其时代背景常常是同样重要的。“由于它们的 480 传统各不相同,因此各个国家、各个大学的传统也各不相同。”[45]只有在德国,这类课程后来逐渐被称为“社会科学”。在19世纪以前,所谓的统计学(*Statistik*)涵盖了整个国家、人口、财富和资源的定量描述。它还与法学有着密切的联系,这不仅出现在德国,也出现在意大利、瑞典和其他国家,并一直延续到了20世纪,其重要性也在法理学的发展中与社会背景紧密联系在一起。[46] 政治学(*Staatswissenschaft*)则包含了宪法学与公法学、政治经济学和行政学——乃至财政学。

1851年,苏黎世大学设立了经济学特别教席(Nationalökonomie);1864年,伯尔尼大学也设立了该职位;但在其他德语大学中,“政治经济学”在1850年之后,依然被称为“Nationalökonomie”或“Volkswirtschaftslehre”,并依然由“国家学”(Staatswissenschaft)或“国家经济学”(Staafswirtschaft)教授任教。

---

[44] J. S. Mill, *A System of Logic* (1843), Ch. IX, ‘Of the Physical, or Concrete Deductive Method’.

[45] E. Shils, ‘The Universities, the Social Sciences and Liberal Democracy’, *Interchange*, 23 (1992), 184.

[46] F. Wieacker, *A History of Private Law in Europe with Special Reference to Germany* (Oxford, 1995); M. Rassem (ed.) *Statistik und Staatsbeschreibung in der fruhen Neuzeit* (Paderborn, Munich, Vienna and Zurich, 1980); K. W. Nörr, *Geisteswissenschaften zwischen Kaiserreich und Republik* (Stuttgart, 1994).

19 世纪经济学研究已经成为了德国大学中的一门学科，但它依然保持着浓重的历史取向，其代表人物有秉持着“专业知识的具体化”信念的、在莱比锡大学执教长达 46 年之久的以威廉·罗雪尔（Wilhelm Roscher，1817—1894）和将海德堡发展为著名的研究中心的卡尔·克尼斯（Karl Knies，1821—1898）。[47] 罗雪尔在《历史方法的国民经济学讲义大纲》（*Grundriss zu Vorlesungen über die Staatswirtschaft nach geschichtlicher Methode*，1843）中确立了这种范式。在古斯塔夫·冯·施穆勒（Gustav von Schmoller，1838—1912）领导下形成了一个“年轻的历史学派”，当时施穆勒也处于许多激烈的方法论交锋的中心，虽然其中有一些是出于误解；后来又为著名的奥地利经济学家约瑟夫·阿洛伊斯·熊彼特（Joseph Alois Schumpeter，1853—1950）所谓的“最年轻的学派”（youngest school）所继承，其代表人物有维尔纳·桑巴特（Werner Sombart，1863—1941）和马克斯·韦伯（Max Weber，1864—1920），后者也是“学术科学舞台上最具个性的人物之一”。[48] 无论是年长的学派，还有年轻的学派，抑或是最年轻的学派，其影响范围都在欧洲，并通过意大利、斯堪的纳维亚半岛和比利时，来到了美国。

正如创建于 1860 年的英国科学促进会（British Association for the Advancement of Science）F 部的几位主席接连发表的演说所显示的一样，英国也没有完全逃脱历史决定论的影响。[49] 但在英国，其理由又与法国有所不同，“政治经济学”的遗产不仅在大学中，而且在公共领域中也是十分
481 坚固的，因此，它成为了正统。正是这样，曾于 1857—1862 年在都柏林大学任经济学教授，以及后来 1867—1872 年在伦敦的大学学院（University College，London）任教的经济学家约翰·埃利奥特·凯尔恩斯（John Elliot Cairnes，1823—1875）才有可能自信地声称，“大不列颠，如果不是政治经济学的诞生地，那么也至少是它儿时的家乡。经济科学进程中的每一个

---

[47] J. A. Schumpeter, *History of Economic Analysis* (New York, 1954), 809.

[48] *Ibid.*, 817.

[49] R. L. Smyth (ed.), *Essays on Economic Method* (London, 1962).

重大步骤……英国思想家都取得了胜利。”[50]约翰·凯尔恩斯显然是在最广泛的意义上谈“大不列颠”的，这包括了苏格兰和爱尔兰。三年前他还同样自信地声称，经济学家的任务“都已经完满完成了”。这被证明是错误的。

英国科学促进协会在各城市循环举办会议时进行的演讲，大多数都不是由学术性的经济学家举办的——都柏林极力支持这一点——而是由市政官员举办的，这是因为，牛津大学自1827年才设立了由私人捐赠的杜蒙德政治经济学讲座教授（Drummond Professor of Political Economy）职位，剑桥大学则是1863年（才设立了经济学教席）；直到1903年剑桥才有单独的经济学荣誉学位考试，而牛津则没有设经济学学位——后来也一直只是“当代史著”课程中的一部分——直到1921年才最终设立了经济学学位。不管怎样，第一位执掌剑桥大学（经济学）教授席位的是著名的经济学家阿尔弗雷德·马歇尔（Alfred Marshall，1842－1924），他在从所谓的“古典政治经济学”向“新古典经济学”的转变中作出了巨大的贡献。他的《经济学原理》（*Principles of Economics*，1890）已与李嘉图的旨在论述“全球生产分配的调控法则”的《政治经济学及赋税原理》（*Principles of Political Economy and Taxation*，1817）大不相同。马歇尔执掌该教席直到1908年为止，后由亚瑟·塞西尔·庇古（Arthur Cecil Pigou，1877－1959）接任，并继续发扬着同样的传统。

经济学的“剑桥学派”（Cambridge School）直到20世纪后期才出现，但即便是在当时，在这些好胜的剑桥经济学家中也没有达成完全的一致意见。20世纪30年代以来，其领军人物是约翰·梅纳德·凯恩斯（John Maynard Keynes，1883－1946），1936年他出版了《就业、利息与货币通论》（*General Theory of Employment*，*Interest and Money*）一书，但他的批评者在剑桥内外都大有人在。剑桥与牛津，以及剑桥与1895年成立的、从一开始就是另一种思想和兴趣中心的伦敦经济学院（London School of Economics，LSE），在研究取向上都存在着明显的不同。然而，马歇尔在写给

---

[50] J. E. Cairnes, *Essays in Political Economy* (1873), 232; Smyth, *Essays* (note 49), 42.

这位比自己年轻23岁的伦敦经济学院首任院长威廉·阿尔伯特·塞缪尔·休因斯(William Albert Samuel Hewins,1865—1931)的信中提到:“与大西洋彼岸的任何一个经济学派相比,伦敦与剑桥在许多方面存在着密切的血缘关系。”[51]

伦敦经济学院虽然以经济命名,但却效法了巴黎的政治科学学院,大范围地囊括了包括地理学在内系列社会科学,它的学位(经济学)也涵盖着经济史、政治学、政治与社会行政和法理学。学院创立一年后,那批曾鼓励过它的人,包括费边主义社会学家西德尼·韦布(Sidney Webb,1859—1947)与比阿特丽斯·韦布(Beatrice Webb,1858—1943),又组建了一个与之相关的英国政治学图书馆(British Library of Political Science),这也被认为是“社会学研究的新实验室”。到1901年,英国政治学图书馆成为了“王国内研究生学习的最大中心之一”。[52]

伦敦经济学院之所以蜚声世界,是由于它拥有众多国际知名的学者,也是由于它吸引了大量海外留学生,像牛津一样,他们大部分是来自美国和印度。其中最著名一位教授就是出生于曼彻斯特的哈罗德·拉斯基(Harold Laski,1893—1950),他于1926年被任命为政治学教授,并一直工作到去世为止。与其说他是一位具有原创性或知识渊博的学者,不如说他是一位出色的演说家,如托尼(Tawney)一样,他在英国工党政治中扮演着重要的且富有争议的角色。

尽管19世纪的大学没有将政治科学分化为独立的“社会科学”,但它在法律研究和历史学中却都至关重要。因此,在剑桥,虽然直到1927年才设立了政治科学的教席,但西利早在半个世纪之前,就曾谦逊地强调,“历史如果离开政治,就将沦为文学”,而在这一论断中有一半在一个世纪之前早就被一位哥廷根教授提及,“历史如果离开政府就成了修道士的编年

---

[51] 1901年2月19日书信,引自 R. Dahrendorf, *A History of the London School of Economics, 1895—1995* (London, 1995), 211.

[52] A. H. John, *The British Library of Political and Economic Science: A Brief History* (London, 1971), 4, 6. 图书馆的名称1925年更名为英国政治经济学图书馆(British Library of Political and Economic Science)。

史”。[53]

19世纪和20世纪一些最有意思的政治科学文稿都出自意大利。盖塔诺·莫斯卡(Gaetano Mosca,1858—1941)与其说他是一位大学教授,不如说他是一位政治家和记者,他在墨索里尼崛起的前后,每年都要到罗马大学讲学,然而他所涉及的问题,在英国和德国的大学中则几乎没有人谈及,例如市政与军事的关系问题。在德国充分理解这种关系的是特赖奇克(Treitschke),他曾因在议会的演讲和在大学的讲座扬名,但是,他的言论在英国被视为一种宣传活动。直到1916年,他在第一次世界大战期间的政治演讲稿,即1897—1898年在德国出版的两卷本的《政治学》,才被翻译成英文。 483

发明了“生存空间”(*Lebensraum*)一词的德国地理学家弗里德里希·拉采尔(Friedrich Ratzel,1844—1904),曾执教于慕尼黑技术学院(Technische Hochschule),1886年成为了莱比锡大学教授。[54] 他所教的那种政治地理学,在20世纪30年代经由卡尔·豪斯霍费尔(Karl Haushofer,1869—1946)发展成了地缘政治学(*Geopolitik*);豪斯霍费尔将“生存空间”的探索视为一种伟大的政治使命,作为整体的地理学也被视为一种“生命的永恒追求”。地缘政治学在早期曾被瑞典的鲁道夫·克吉伦(Rudolph Kjellén,1864—1922)和曾创造了“核心地区”(heartland)概念的伦敦经济学院教授哈尔福德·约翰·麦金德(Halford John Mackinder,1861—1947)视为地理学与政治科学的混合物。在20世纪,瑞典一直是大学地理研究的中心,正如它的经济学一样。

克努特·维克塞尔(Knut Wicksell,1851—1926)曾在乌普萨拉大学学习科学和数学,并在伦敦、斯特拉斯堡和维也纳学习经济学,直到1895年他才获得经济学博士学位,当时,他被告知乌普萨拉大学(董事会)是“不可能”采取任何措施任命一位经济学教授或讲师的。[55] 因而,维克塞尔又于

---

[53] 引自 Butterfield, *Man on His Past* (note 1), 41. 关于特定政治科学的起源,参见 W. Bleek, *Geschichte der Politikwissenschaft in Deutschland* (Munich, 2001).

[54] G. H. Müller, *Friedrich Ratzel (1844—1904), Naturwissnschaftler, Geograph, Gelehrter* (Stuttgart, 1996).

[55] C. Y. Sahlin 教授1896年的书信,引自:T. Gardlund, *The Life of Knut Wicksell* (Stockholm, 1958), 168.

1899年取得了一个法学学位，此时，他在价格理论和货币供给方面的研究已是名扬瑞典之外了。1899年，他到隆德大学担任了临时经济学和税法学副教授，尽管面临着学术阻力，但1901年的皇家敕令使得该教席固定下来。

维克塞尔的矛盾思想及行为总是能够吸引人们的注意，尽管他著有经济学教材，但他在隆德大学的获得证书的学生不过3人。他是1917年在斯德哥尔摩成立的经济学家俱乐部的首任主席，但是他与和自己齐名的、但比他小15岁的瑞典经济学家古斯塔夫·卡塞尔(Gustav Cassell, 1866—1945)的关系并不好，后者在1904年到1933年间在斯德哥尔摩大学担任经济学教授。作为一名年轻的学者，卡塞尔因他的货币理论名扬天下，他反对边际效用理论(marginal utiligty theory)。该理论的领军人物包括：曾在政府部门短暂任职后，于1872—1903年间在维也纳大学法学院执掌政府经济学两个教席中的一个的卡尔·门格尔；1870年洛桑大学法学院经济学教席的首位执掌者瓦尔拉斯；出生于利物浦、在1866年来到欧文学院就任逻辑和道德哲学教授职位之前曾一度在奥地利学习社会经济学，10年后又来伦敦的大学学院执掌经济学教席的威廉·斯坦利·杰文斯。
484 曾创造“瓦尔拉斯体系”的熊彼特教授称赞杰文斯为“有史以来最具原创性的边际经济学家之一”，然而值得注意的是他本人却并没有自己的学生。[56]

在撰写到经济思想史——或者在谈及有关教学——的时候，我们不能不提到熊彼特的作品，他本人在经济学方面做出了重大的原创性贡献，虽然对于他在大学里经济学研究的背景我们几乎无可奉告，但我们要谈的是在他诸多经济史分析中的《时代精神》(*Zeitgeist*)一书，该书注释详尽，虽然是一部未完成的作品，但还是在他去世后，于1950年被出版。在其中一部分，他论述了俱乐部(最早的要数1801年成立的伦敦政治经济学俱乐部)以及被他称为“私人财产”的教科书和讲稿。[57] 虽然如此，但我们在谈及熊彼特时不能不谈及时代背景。早在1913年，他就曾在美国的哥

---

[56] Schumpeter, *History* (note 47), 998, 826.

[57] *Ibid.*, 380—383.

伦比亚讲学，在波恩居住了8年之后，他于1932年回到哈佛，成为了经济学教授。

与费弗尔一样，他也对概念史感兴趣，例如，他曾注意到是由斯堪的纳维亚的一位教授，拉格纳·弗里希（Ragnar Frisch，1895－1973）于20世纪30年代提出"计量经济学"（econometrics）这一具有广阔前景的术语的。熊彼特还简单提到另一位瑞典人贡纳尔·缪尔达尔（Gunnar Myrdal，1898－1987），他因《货币均衡论》（*Monetary Equilibrium*，1931出版，1939年翻译成英文），在二战后，他又因他的经济发展研究而获得声望，特别是在亚洲。1974年，缪尔达尔与比他小一岁的奥地利著名经济学家哈耶克（Friedrich August von Hayek，1899－1992）共同获得了诺贝尔经济学奖。哈耶克于1931年离开了维也纳，来到伦敦经济学院，他的《通往奴役之路》（*The Road to Serfdom*，1945）使其在英国政治中扮演了一个富有争议的角色，邱吉尔在1945年竞选时引用了这部作品之后，哈耶克就不仅是经济理论家，而且也成为了著名的哲学家。哈耶克与缪尔达尔都更关注哲学而非历史，而熊彼特则对政治学更感兴趣，这正体现在他的经济分析提纲中，其中除了涉及经济学外，他还简要论及了社会科学，包括心理学和社会学。

在法国，在19世纪，社会学在学术界和社会科学通史中都有着特殊的地位。那位先于孔德，并与圣西门（Henri de Saint Simon，1760－1825）处于同一时代，预见了工业主义的人，正是让·萨伊（Jean Baptiste Say，1767－1832），他深受亚当·斯密的影响，并于1803年发表了《政治经济学》（*Traite d'Economie Politique*）一书，该书后来成为了非常成功的一部教材。在拿破仑覆灭后，1819年萨伊在巴黎工艺技术学院（*Conservatoire des Arts et des Métiers*）获得了他的第一个政治经济学（后改名为工业经济学）学术职位；1827年，萨伊又转到法兰西学院任教授，"直到世纪末，该教职都一直由他的追随者把持着"。[58] 他面向公众讲学，并为1842年创刊的《经济学家报》（*Journal des Economistes*）以及《政治经济学会》（*Société d'Economie Politique*）撰稿。萨伊的后继者，特别是米歇尔·谢瓦利埃 485

[58] D. Winch, 'The Emergence of Economics as a Science' in C. M. Cipolla (ed.), *The Fontana Economic History of Europe*, vol. III (London, 1971), 41.

(Michel Chevalier,1806—1879)和自由贸易的宣扬者弗雷德里克·巴师夏(Frédéric Bastiat,1801—1850),是他们确立了经济法则对政治的统治地位。而与社会学无关,但又以正统自居的是孔德学派和马克思主义者。

孔德的职业生涯经历了几个明显的发展阶段,他在这每一个阶段的思想——后来都成为了学说——总能吸引到众多的信徒,其中有一些就来自大学。1851 年,他发表了《实证主义哲学体系》(*Systéme de politique positive et traité de sociologie, instituant la religion de l'humanité*)的第一卷。孔德有着国际性影响力,他的信徒也被视为孔德主义者,或者简单地说就是实证主义者。不过,法国本土还出现了一位学术性社会学家,那就是爱弥尔·涂尔干(Emile Durkheim,1858—1917),他不仅创立了社会学,还影响到人类学和心理学。他在巴黎的地位超出了 19 世纪后期在意识形态的和实践层面都经历过改革的“新索邦”大学。涂尔干是一位拉比(Rabbi,犹太人学者。——译者注)的儿子,1858 年,他出生于洛林的埃皮纳勒,这离斯特拉斯堡不远;起初他与孔德一样,将实证主义作为社会学教育的基础;但当他将社会视为一个“系统”时,他就开始明确地反对孔德,并于 1895 出版了他的《社会学方法论》(*Rules of Sociological Method*),这部作品的名称是以英文命名的,但直到 1982 年,作品内容才被翻译成英文。随着 1870 年法国在普法战争中的失败以及洛林的沦陷,涂尔干离开了巴黎高等师范学校,开始在一些国立中学任教,1879 年,他又回到巴黎高等师范学校求学;1885—1886 年在德国待了一年后,1887 年他成为了波尔多大学的第一位社会科学与教育学教授,这也是专门为他所设立的联合教授职位。后来涂尔干来到了巴黎大学,于 1906 年出任了社会学和教育学讲座教授。

对涂尔干而言,社会学与教育的结合是至关重要的。无论是在第三共和国的战争时期还是和平时期,涂尔干都是一位关键性的人物,他既是一名教育工作者——有许多出众的学生——又是一名宣传家。但尽管如此,涂尔干在法国也有一些批评者,这包括一些右翼人士,走在学术前沿的就是加布里埃尔·德·塔尔德(Gabriel de Tarde,1843—1904),在担任
486 司法部立法统计处处长之后,他撰写了不少关于社会学的专著,1900 年又被任命为法兰西学院的近代哲学教授。然而塔尔德没有使他的教席名称

成功地改为社会心理学。1917 年，涂尔干去世，他的儿子也在战争中牺牲，但当时涂尔干社会学理论的"传统"已经在法国确立，这部分要归功于他在 1896 年创办的《社会学年鉴》(*L'Année sociologique*)。这份《社会学年鉴》创刊的时间要比《意大利社会学评论》(*Rivista Italiana di sociologia*)早一年，比《美国社会学杂志》(*American Journal of Sociology*)晚一年。

在英国，社会学发端于大学之外，一些独立的积极投身于商业管理的商人，如船运家族的查尔斯·布思(Charles Booth，1840—1916)和巧克力家族公司主席本亚明·西博姆·朗特里(Benjamin Seebohm Rowntree，1871—1954)通过社会调查，开创了实证调查。直到 1907 年，伦敦经济学院才任命以社会进化传统的写作风格著称的自由撰稿人霍布豪斯(Leonard Trelawney Hobhouse，1864—1929)为它的第一位社会学教授。这也是整个英国的第一位社会学教授。早在三年前，英国就成立了伦敦社会学协会(Sociological Society of London)。1923 年，布思家族企业为纪念查尔斯·布思而在利物浦大学设立了社会科学教授职位，第一位就任者是人口统计学家、社会学家亚历山大·莫里斯·卡尔—桑德斯(Alexander Morris Carr-Saunders，1886—1966)，经过小范围的竞争，他于 1937 年就任伦敦经济学院院长。在这个"高雅的小圈子"(virtuous circle)之外，卡尔·曼纳海姆(Karl Mannheim，1893—1947)与赫尔曼·曼纳海姆(Herman Mannheim，1889—1969)从德国避难来到英国，并对社会学做出了重要的贡献。1934 年，卡尔在法兰克福大学失去了社会学教席后，他来到伦敦经济学院担任讲师，后来又成为伦敦大学教育学院的教授(1942 年)和院长(1945 年)。赫尔曼则是柏林大学的刑法教授，他在伦敦经济学院执教犯罪学整整 20 年，此外还有其他一些在法学界知名的德国流亡教授，其中包括法学家奥托·卡恩—弗洛伊德(Otto Kahn-Freund，1900—1979)。

尽管英国和欧洲大陆的学术制度化都比较缓慢，但英国强调经验的学术社会学则与欧洲大陆的社会学截然不同。意大利人韦尔弗雷多·帕累托(Vilfredo Pareto，1848—1923)曾为二者的综合作出伟大的尝试，这体现在 1916 年出版的 2 卷本《普通社会学通论》(*Trattato di Sociologia Generale*)中；但直到 1935 年，它才被翻译成英文，标题也被改为《理智与社

会》(*Mind and Society*)。但尽管如此,帕累托并没有执掌社会学教席,而是接替了瓦尔拉斯在洛桑大学的经济学教席,并为边际效用理论作出了自己的贡献。无独有偶,19 世纪的德国有些社会学家虽然享有个人声望,但他们所任的教职也非社会学。因此,费迪米安德·滕尼斯(Ferdinand
487 Tönnies,1855—1936)长年来都是在基尔大学任经济学教授。1881 年,作为哲学系的编外教师,他提交了《共同体与社会》(*Gemeinschaft und Gesellschaft*,1887)作为他的应聘资格论文,这在德国内外都产生了极大的影响。1909 年,他与桑巴特、韦伯,以及乔治·齐美尔(Georg Simmel,1858—1918)一起创立了德国社区社会学(Deutsche Gesellschaft für Sociologie)。[59]

在魏玛共和国时期,社会学教席终于先后在科隆大学[1919 年"国民经济学与社会学"(*Staatswissenschaften und Soziologie*)]、法兰克福大学[1919 年"社会学与经济学"(*Soziologie und Wirtschaftstheorie*)]、莱比锡大学[1925 年"社会学"(*Soziologie*)],以及柏林大学(教授会 1921 年成立)设立。此外,(慕尼黑)技术学院和一些师范学校、警察学校也开设了社会学课程。[60] 其中一些教学活动一直延续到国家社会主义出现之后。国家社会主义将社会学抨击为犹太人和马克思主义者的造物。其中明显不同的是法兰克福的社会学研究所(*Institut für Sozialforschung*)——法兰克福学派就是因此得名的——他们通过西奥多·阿多诺[Theodor Wiesengrand Adorno,(1903—1969)]关注的是与后来的传播学相关的"共他事物"(*inter alia*)等。马克思主义理论与弗洛伊德心理学的结合,产生了为其精明的领导者马克斯·霍克海姆(Max Horkheimer,1895—1973)所谓

---

[59] W. Lepenies (ed.), *Geschichte der Soziologie. Studien zur kognitiven, sozialen und historischen Identität einer Disziplin*, 4 vol. (Frankfurt-am-Main, 1981); D. Käsler, *Die Frühe Soziologie 1909—1934 und ihre Entstehungsmilieus* (Opladen, 1984).

[60] G. Lüschen (ed.), *Soziologie in Deutschland und Osterreich 1918—1945* (Opladen, 1981); Hammerstein, *Universität Frankfurt am Main*; B. Heimbüchel, *Die neue Universität*, Kölner Universitätsgeschichte II (Cologne and Vienna, 1988); J. Habermas, 'Soziologie in der Weimarer Republik', in H. Coing *et al.*, *Wissenschaftsgeschichte seit 1900. 75 Jahre Universität Frankfurt* (Frankfurt-am-Main, 1992), 29—53. R. König, 'Soziologie', in T. Buddensieg, K. Düwell and K. -J. Sembach (ed.), *Wissenschaften in Berlin* (Berlin, 1987), 149—153.

的“批判理论”(critical philosophy)。希特勒上台前两年,霍克海姆将研究所的基金从德国转移到了荷兰,并将研究所的一个分支机构迁到了日内瓦,1933 年又从法兰克福转移到了巴黎,1934 年来到了纽约的哥伦比亚大学。1941 年研究所再次转移到了加利福尼亚,二战结束后在这里发挥了重要的影响。[61]

尽管韦伯对美国的社会学研究产生了重大影响,但他依然没有获得社会学教席。1894 年、1897 年和 1919 年,他先后被弗赖堡大学、海德堡大学和慕尼黑大学聘为政治经济学教授。他对政治学,以及经济学、心理学,还有最重要的历史学,都有着浓厚的兴趣,并置身其中,他将它们视为“科学”(*Wissenschaft*),并将其视为他的“使命”或“天职”。[62] 他试图寻求不同 488
社会活动之间的联系,其跨度还包括了印度和中国。韦伯于 1920 年去世。其著作的英文翻译又一次出现了时间上的滞后。直到 1926 年托尼出版了《宗教与资本主义的兴起》(*Religion and the Rise of Capitalism*)之后,韦伯的《新教伦理与资本主义精神》(*Die protestantische Ethik und der Geist des Kapitalismus*,1904)才于 1930 年被翻译成英文。1922 年出版的韦伯未完成的手稿《经济与社会》(*Wirtschaft und Gesellschaft*)的英译本直到 1968 年才问世。在那个年代,社会学研究在世界各地都获得了朝气蓬勃的发展,尤其是历史学深受它的影响。

历史学也受到了人类学的影响。事实上,在所有正处在兴起阶段的学科间都存在着国际性的联系,但并非所有社会科学家都愿意这样描述他们自己:例如,1927—1942 年间伦敦经济学院的人类学教授布拉尼斯拉夫·马林诺夫斯基(Branislaw Malinowski,1882—1942),曾在莱比锡大学

---

[61] M. Jay, *The Dialectical Imagination*: *A History of the Frankfurt School and the Institute of Social Research 1923—1950* (Boston and Toronto, 1973); R. Wiggerhaus, *Die Frankfurter Schule* (Munich and Vienna, 1986). 关于马克思主义者的社会主义理论整体上对德国社会学的影响,参见 O. Rammstedt, *Deutsche Soziologie 1933 — 1945. Die Normalität einer Anpassung* (Frankfurt-am-Main, 1986). K. Wittebur, *Die deutsche Soziologie im Exil 1933—1945. Eine biographische Kartographie* (Münster, 1991).

[62] M. Weber, 'Politik als Beruf' (1918), and 'Wissenschaft als Beruf' (1918), 英文翻译添加了导言:H. H. Gerth and C. Wright Mills, *From Max Weber*: *Essays in Sociology* (London, 1947), 77—156; R. Bendix, *Max Weber*: *An Intellectual Portrait* (New York, 1960).

跟随威廉·冯特(Wilhelm Wundt,1832—1920)学习,他的第一学位是医学。他教授的第一门课程是1862年在海德堡大学开设的欧洲科学心理学;1879年,由于莱比锡大学没有心理学系,他又在那里建立了第一个心理学实验室。在跟随冯特学习前,马林诺夫斯基曾在克拉科大学获得了物理学和数学的博士学位。正是在这里,他厌恶了博士研究,却饶有兴趣地读到了英国人类学家詹姆斯·乔治·弗雷泽(James George Frazer,1854—1941)的《金枝》(*The Golden Bough*)一书。

尽管《原始文明》(*Primitive Culture*,1871)一书的作者爱德华·伯纳特·泰勒(Deward Burnett Tyler,1832—1917)于1884年被任命为牛津大学人类学高级讲师,还曾在大学博物馆中讲学,成为了皮特—里弗斯(Pitt—Rivers)人种学收藏室的负责人,但是,人类学方面大多数有趣且重要的探索奥秘、科学或宗教的著作,都是由大学之外的人士完成的。1895年泰勒试图设立人类学学位课程,但由于遭到了古典主义者和自然科学家们反对而失败,但在一年后他获得了一个个人教席。从学院方面看,人类学作为一门学位学科,是由一个委员会负责监管的,它还包括了考古学和地理学。

在德国,有一类与博物馆平行的协会组织,在那里,1866年阿道夫·巴斯蒂安(Adolf Bastian,1826—1905)在作为船医周游世界后被聘为柏林皇家博物馆(Royal Collection)馆长,并被聘为柏林大学人种学(即麦克
489 斯·穆勒所说的"泰勒科学"[63])的高级讲师。巴斯蒂安不仅创办了帝国民族博物馆(*Königliche Museum für Völkerkunde*, 1873),而且又与鲁道夫·菲尔绍(Rudolf Virchow,1821—1902)共同创办了"柏林人类学、人种学及史前史协会"(1869),这是在大西洋两岸都存在的诸多协会中的一个。这也形成了语言学、考古学、进化生物学、达尔文派与反达尔文派之间的横向联系。

在完成了太平洋的田野工作后,马林诺夫斯基著作成为了"人类学各学派中的经典",这也包括在帝国时代中所谓的"应用人类学"。英国人类

---

[63] 引自 *Hisotry of Oxford*, Vii, Part 2, 468;关于 Adolf Bastian: Buddensieg, Düwell and Sembach (eds.), *Wissenschaften* (note 60), 136;关于 Virchow: C. Andres, *Rudolf Virchow als Prähistoriker* (Cologne, 1973).

学者在英帝国内部开展了广泛的人类学野外考察，在两次世界大战之间发展了与美国的“文化人类学”(cultural anthropologists)相区别的“社会人类学”(social anthropologists)(1945 年后两者之间的差异更为突出)。与此同时，在德国，历史更悠久的“物理人类学”则成为了国家社会主义者种族宣传的工具。

因此，20 世纪的学术图景与 19 世纪乃至 16 世纪的培根主义的图景是一样的，对它们的考察都不能脱离政治背景。知识传播与交流的模式也是如此。在世纪之交，一场更大的变革呼之欲出。

精选文献

Bendix, R. *Max Weber: An Intellectual Portrait*, New York, 1960.

Berger, St., Lambert, P. and Schmann, P. (eds.) *Historikerdialoge. Geschichte, Mythos und Gedächtnis im deutsch—britiscben kulturellen Austausch 1750—2000*, Göttingen, 2002.

Blaas, P. B. M. *Continuity and Anachronism: Parliamentary and Constitutional Development in Whig Historiography and the Anti-Whig Reaction between 1890 and 1930*, The Hague, 1978.

Bleek, W. *Geschichte des Politikwissenschaft in Deutschland*, Munich, 2001.

Breisach, E. *Historiography: Ancient, Medieval and Modern*, Chicago, 1983.

Burrow, J. W. *A Liberal Descent: Victorian Historians and the English Past*, Cambridge, 1981.

Butterfield, H. *Man on His Past: The Study of Historical Scholarship*, Cambridge, 1955.

Carbonell, C.-O. *Histoire et historiens, une mutation idéologique des historiens français, 1865—1885*, Toulouse, 1976.

Dahrendorf, R. *A History of the London School of Economics, 1895—1995*, London, 1995.

490 Dilthey, W. *Einleitung in die Geisteswissenschaften*, Leipzig, 1883.

Dockhorn, K. *Der deutsche Historismus in England: ein Beitrag zur englischen Geistesgeschichte des 19 Jahrhundert*, Göttingen, 1950.

Duncan Mitchell, G. *A Hundred Years of Sociology*, London, 1968.

Firth, C. H. *A Plea for the Historical Teaching of History*, Oxford, 1904.

Gooch, G. P. *History and Historians of the Nineteenth Century*, London, 1913.

Gordon, P. and Szreter, R. (eds.) *History of Education: The Making of a Discipline*, London, 1989.

Hammerstein, N. (ed.) *Deutsche Geschichtswissenschaft um 1900*, Stuttgart, 1988.

Jay, M. *The Dialectical Imagination: A History of the Frankfurt School and the Institute of Social Research 1923 — 1950*, Boston and Toronto, 1973.

John, A. H. *The British Library of Political and Economic Science: A Brief History*, London, 1971.

Joll, J. 'National Histories and National Historians: Some German and English Views of the Past', *Annual Lecture*, German Historical Institute, London, 1984.

Klingemann, C. *Soziologie im Dritten Reich*, Baden-Baden, 1996.

Landes, D. S. and Tilly, C. (eds.) *History as Social Science*, Englewood Cliffs, 1971.

Laue, T. H. L. *von Ranke: The Formative Years*, Princeton, 1950.

Lüschen, G. (ed.) *Deutsche Soziologie nach dem Zweiten Weltkrieg*, Opladen, 1979.

Soziologie in Deutschland und Österreich 1918—1945, Opladen, 1981.

McClelland, C. E. *The German Historians and England: A Study in Nineteenth Century Views*, Cambridge, 1971.

Meinecke, F. *Die Entstehung des Historismus*, 2 vols., Munich and Ber-

lin, 1936—1937.

Mommsen, W. J. *Max Weber und die deutsche Politik 1890 — 1920*, Tübingen, 2nd edn, 1974.

Powicke, F. M. *Modern Historians and the Study of History*, Oxford, 1955.

Rammstedt, O. *Deutsche Soziologie 1933 — 1945. Die Normlität einer Anpassung*, Frankfurt-am-Main, 1986.

Rebenich, S. *Theodor Mommsen, Eine Biographie*, Munich, 2002.

Schumpeter, J. A. *History of Economic Analysis*, New York, 1954.

Shils, E. *Tradition*, London and Boston, 1981.

'The Universities, the Social Sciences and Liberal Democracy', *Interchange*, 23 (1992).

Slee, P. R. H. *Learning and a Liberal Education: The Study of Modern History in the Universities of Oxford, Cambridge and Manchester, 1800—1914*, Manchester, 1986.

Smyth, R. L. (ed.) *Essays on Economic Method*, London, 1962.

Stern, F. (ed.) *The Varieties of History*, London, 1970.

Stolleis, M. *Public Law in Germany, 1800—1914*, New York, 2001.

The Law under the Swastika: Studies on Legal History in Nazi Germany, Chicago, 1998.

Weber, W. *Priester der Kilo. Historisch-sozialwissenschaftliche Studien zur Herkunft und Karriere deutscher, Historiker und zur Geschichte der Geschichtswissenschaft 1800 — 1970*, Frankfurt-am-Main, 2nd edn, 1987. 491

Wieacker, F. *A History of Private Law in Europe with Special Reference to Germany*, Oxford, 1995.

Wittebur, K. *Die deutsche Soziologie im Exil 1933—1945. Eine biographische Kartographie*, Münster, 1991.

493 # 第十二章　数学与精确科学

保罗·布克斯塔尔

18 世纪末至 19 世纪初，数学和其他精确科学(exact sciences)的教学在欧洲大学经历了缓慢而又深刻的变化。数学、物理学、天文学和化学等自然科学从普通教育中的辅助性科学或元素发展成为了各自独立的学科。学院的等级也从几个世纪前遗留下来的预备学院发展为文学院。18 世纪自然科学的发展，不仅对经济、工业、采矿业、农业和军事科学的发展产生了巨大的影响，而且也使得物理学和化学的发展突破了大学的围墙，从之前单纯的辅助性学科，发展成为独立的基础科学。而它们在 19 世纪的进一步分化，产生出了许多新兴的专业，进而也影响到了大学。哲学院也就逐步摆脱了辅助性角色，开始获得自主发展。

除了传统的自然演绎法外，18 世纪还出现了一种教授自然哲学的新方法，它是建立在使用机器和仪器进行实验演示的基础上的。随着牛顿学说的推广，用数学法则来研究自然现象也在大学教育中获得了一定的

地位。但在这里，限制其发展的不仅包括学生数学知识的不足，也包括教授们数学知识的普遍局限。1800年前后，物理学（*Physica*）或自然哲学（*Naturlehre*）还不是一个边界十分清晰的科学学科。当时的物理学除了今天的含义外，还包括了天文学、地质学、采矿学、生理学以及解剖学。直到19世纪，这些不同学科的明确划分才得以形成。

494 数学还在哲学院占有一席之地。18世纪初，在大多数大学中，数学的教学水平很低。18世纪末，在德国的大学中，数学教学深受亚伯拉罕·卡斯滕纳（Abraham Gotthelf Kästner，1719—1800）《数学基础》（*Anfangsgründe der Mathematik*）一书的影响。由埃蒂安·伯祖（Etienne Bezout，1730—1783）撰写的多卷本的数学教科书被翻译成多国语言，并一直使用到19世纪，在法国之外的广大地区也是如此。[①] 在西班牙的贝尼托·贝尔斯（Benito Bails，1730—1797）受到了沃尔夫和伯祖的启发，用西班牙语撰写了18世纪最重要的数学百科全书。[②] 同样还值得我们关注的是胡安·胡斯托·加西亚（Juan Justo Garcia，1752—1830）所编写的《算术学、代数学与几何学基本原理》（*Elementos de Aritmética，Algebra y Geometría*），书中大量篇幅阐述了微积分学。该书作为教科书，在圣地亚哥大学（Santiago）、奥维耶多大学（Oviedo）、塞维利亚大学（Seville）、瓦来多利大学（Valladolid）以及萨拉戈萨大学（Zaragoza），都一直延用到19世纪。

显然，这些著作内容大大超出了数学课程的实际教学。关于学生最该学什么，数学教师尼古拉·路易·德·拉卡耶（Nicolas Louis de la Caille，1713—1762）的课程也许给出了最佳答案。1740年，他被聘为巴黎大学马尔萨林学院数学教授，第二年出版了他的教学讲义。[③] 在这部短小精悍的作品中，他对算术、代数和对数进行了分类总结。在几何中，他用一章论述平面三角形，分析讨论了圆锥截面的问题以及微积分的原理。拉

① E. Bezout，*Cours de mathématiques à l'usage des Gardes du Pavillon et de la Marine*，6 vol.（Paris，1764—1769）.

② B. Bails，*Elementos de matemática*，10 vols.（Madrid，1772—1776）.

③ N. L. de la Caille，*Leçons élémentaires de mathématiques，ou èlèments d'algèbre et de géométrie*（Paris，1741）.

卡耶的《课程》曾多次再版,并被翻译成拉丁语、意大利语、西班牙语、葡萄牙语、英语和希腊语。拉卡耶的继任者约瑟夫·弗朗索瓦·玛丽(Joseph François Marie,1738—1801)出版了一本新的、扩充版教材,它作为一本手册,19世纪在欧洲各大学中被使用了很长时间。总而言之,18世纪末,在绝大多数大学中,数学教学仍然是主要限于算术、线性代数学、二次方程、对数、平面几何学以及立体三角。在应用领域中,主要教授的有固体力学、液体力学、透视光学、天文学、地理学、测量学和年代学,而圆锥曲线、解析几何学与微积分,直到18世纪末仍属罕见。

与数学和物理学不同,就制度背景而言,化学不是从哲学院,而是从
495 医学院中发展成为一门学术学科的。在那里,化学的教学多委任于一名较年轻的教授,且是一种临时性的委任。这种情况一直延续到了18世纪末。从18世纪下半叶开始,化学则主要在农业和工业等非医学领域的运用,这在将化学从辅助性学科中解放出来,并使其成基础性学科中发挥了重要的作用。瑞典由于其丰富的矿产资源,使得化学研究的传统是从矿物学和采矿学中发展而来的。1749年,当乌普萨拉大学设立化学教席时,(他们)决定将其设在哲学院,而非医学院,同时,这里还培养管理学、经济学和采矿学的学生。④ 瑞典的组织模式是领先于时代的,这也为科英布拉和其他一些大学所效仿。直到19世纪,大部分的化学系依然设在医学院。18世纪,随着工业对技术工人的需要的增强,一些新学校出现了,其中一些学校具有大学水平,并为化学教学提供了广阔的空间。其典型代表是斯洛伐克位于谢默尼茨(Schemnitz)的矿山学院,1764年,它设立了采矿学、化学和冶金学的教席。该学院所引进的实验方法对化学教学产生了很大的影响,这种影响力远远超出哈布斯堡帝国的范围。⑤

数学和物理科学走向解放,并使它们形成了独立的学术学科的巨大意义就在于,18世纪末大革命法国的教育改革,同时1815年在拿破仑倒

④ C. Meinel, 'Artibus Academics Inserenda: Chemistry's Place in Eighteenth and Early Nineteenth Century Univeristies', *History of Universities*, 7 (1988), 89—115.

⑤ J. Vlachovic, 'L'enseignement technique supérieur des mines en Slovaquie au XVIIIe siècle', *Acta historiae rerum naturalium necnon technicorum*, special issue, I (1965), 65—84, esp. 75—82.

台之后，哲学院得以在德国大学所谓的洪堡精神中得以复兴。

1800 年后法国的数学与精确科学

在法国，大革命消灭了大学。[⑥] 作为高等教育的中心，仅存有皇家学园（*Jardin du Roi*），它于 1793 年被六月法令改建为国家自然历史博物馆（*Muséum d'Histoire Naturelle*）；以及皇家学院（*Collège royal*），它被改建为法兰西学院（*Collège France*），并于 1794 年 11 月 21 日开始重新招生。自然历史博物馆所开设的公开课程有地质学、采矿学以及化学。在讲师中包括教授基础化学和技术化学的安托万－弗朗索瓦·德·富克鲁瓦（Antoine-Françios de Fourcroy，1755－1809）和路易·尼古拉·沃基耶（Louis Nicolas Vauquelin，1763－1829）；和教授采矿学的勒内·朱斯特· 496
阿维（Rene Just Haüy，1743－1822）。但并没有开设现代意义上独立的物理学课程。约瑟夫·杰罗姆·德·拉朗德（Joseph Jérôme de Lalande，1732－1807）在法兰西学院教授数学和天文学。1807 年，让·巴蒂斯特·德朗布尔（Jean Baptiste Delambre，1749－1822）接替了他的职位。（学院）从 1769 年开始设立普通物理学教席，1786 年又设立了实验物理学教席。这两门课程于 1824 年合并为普通与实验物理学，该教席的首位执掌者是安德烈·玛丽·安培（André Marie Ampère，1775－1836）。化学与自然史教席设立于 1774 年，1800 年又被分开，由沃基耶执掌化学教席。1804 年，沃基耶的学生路易·雅克·泰纳尔（Louis Jacques Thénard，1777－1857）接替了这一职位。他在此执教到 1845 年，并取得了巨大的成功。

由国民大会在全国各地建立的中央学校（*Ecoles Centrales*）并不提供高等教育，但它们却尝试着在合理的水平上教授数学、物理学和化学。但尽管如此，其存续的时间不长，并没有发挥持续的影响。专门学校（*ècole spéciales*）位于中央学校之上，但二者并没有什么关系，它们与护理学校（*École de Médecine*）和工艺技术学校（*École de Arts et Métiers*）等一样，往往最具专业性。其中最为著名的就是 1794 年成立的巴黎理工学校（*École*

---

⑥ 参见第二章，第 34 页。

Polytechnique）。原名为巴黎市政工程学院（*École des Travaux publics*），这也无疑是法国大革命时期技术教育领域乃至更广阔的整个精确科学领域所取得的最重要的成就。巴黎理工学校原本是要取代所有军事和民用工程高等技术学校。不过，原计划很快就被搁置了。根据1795年10月22日的法令，巴黎理工学校的任务主要是为在某一更加专业的应用型学校进一步深造提供基础性的知识，诸如炮兵学校（*Ecole d'Artillerie*）、梅兹的工兵学校（*École du Génie militaire in Metz*）、路桥学校（*École des ponts et Chaussées*）、或军事机械学校（*École des Ingénieurs de Vaissaux*）等。最早提到的数学分析，除了被应用于画法几何学（descriptive geometry）外，还被应用于几何学和力学，进而被细分为立体几何学、建筑学和防御工程学。物理学也被分为普通物理学与特殊物理学或化学（special physics or chemistry）。普通物理学主要讲授人体、热能、光、电及磁学的基本特征。特殊物理学或化学主要是依次学习盐物质、有机物和矿物学。

巴黎理工学校的教授是从法国最好的学者中选拔出来的：讲授数学分析的约瑟夫·路易·拉格朗日（Joseph Louis Lagrange，1736—1813），讲授图形几何学的加斯帕尔·蒙日（Gaspard Monge，1746—1818），以及讲授化学的富克鲁瓦、沃基耶、克劳德·路易·贝托莱（Claude Louis Berthollet，1748—1822）等。尽管巴黎理工学校是一所应用型科学学校，但其从
497 一开始就十分注重纯科学教学。在它成立的最初几十年中，这点时常会引起批评。但不久后，它就发展成为世界上最好的科学学院。

1806—1808年间，法国的教育体制再次发生了变革。1808年3月17日法令建立了帝国大学，并将高等教育划分为五个独立的学院：神学院、法学院、医学院、理学院和文学院。非专业的学院，如文学院和理学院，成为了国立中学的附属。它们的任务依然主要是限于考试管理和学位的颁发。科学研究并不是它们的官方使命。

每所理学院至少有四位教师，分别教授微积分、力学与天文学、物理学与化学，以及自然科学史。他们对数学、物理学、天文学以及化学教学的影响不大。而巴黎的理学院却是例外，它可以召集到法兰西学院、国家自然历史博物馆以及巴黎理工学校的教授。学校于1811年4月22日开始授课。课程被分为两个部分：数学和物理学。在数学方面，由希尔韦斯特

·弗朗索瓦·拉克鲁瓦(Sylvestre François Lacroix,1765—1843)讲授微积分学,由西蒙·德尼·普安宋(Siméon Denis Poisson,1781—1840)讲授力学,由让—巴蒂斯特·毕奥(Jean-Baptiste Biot,1774—1862)讲授天文学,由路易·本亚明·弗朗克尔(Louis Benjamin Francoeur,1773—1849)讲授高等数学。这两个部分都必须修物理学,这是由约瑟夫—路易·盖伊—吕萨克(Joseph-Louis Gay-Lussac,1778—1850)讲授的。化学与自然科学史一起,属于物理学部分,由泰纳尔执教。

法国的教育政策也影响到了它的占领区及附属地区。意大利的大学虽然依旧保持着它们的统一性和组织结构,但它们也不得不为科学提供更多的空间,并建立了独立的物理和数学学院,并最终瓦解了传统文学院里的哲学。在日内瓦大学,为加强科学,1802 年新设立了一些教授职位,其中包括化学和采矿学。在荷兰王国被法国吞并后,根据 1811 年 10 月 22 日法令,莱顿大学和格罗宁根大学作为囊括了理学院的科研机构,被并入了帝国大学。拿破仑帝国覆灭后,独立的理学院为数学和物理学的发展提供了更多的机遇。由威廉一世在南部诸省建立的根特大学、鲁汶大学和列日大学,成立了数学与自然哲学学院,并聘请了一些数学、物理学、天文学和化学教授。

直到 1830 年前后,巴黎一直是数学分析、数理物理以及化学的教育和研究的重中之重。教授们出版的一些手册以及他们作为学者的显著声望,吸引着整个欧洲的学生,并维持着垄断地位。富克鲁瓦的《化学哲学》 498
(*Philosophie chimique*,第一次出版于 1792 年)在巴黎再版了三次,国外也多次再版。泰纳尔编写的《化学元素学:理论与实践》(*Traité de chimie élémentaire, théorique et pratique*)(4 卷,巴黎,1813—1816),第六版以 5 卷本的形式于 1834—1836 年出版,并由费希纳(Gustav Fechner, 1801—1887)将其翻译成德文,于 1825—1830 年在莱比锡出版。普安宋 1811 年撰写了《力学》(*Traité de mécanique*),作为教材在莱比锡大学和科英布拉大学一直用到 1830 年,并由威廉·休厄尔(William Whewell,1794—1866)重新创作为《力学原理》(*An Elementary Treatise of Mechanics*,1819),并再次发行。1799 年拉克鲁瓦接替拉格朗日成为了巴黎理工学校的数理分析教授,他将法国的数学方法推广到整个欧洲,甚至英国也不例外。蒙日

的《画法几何学教程》(*Leçons de géométrie descriptive*)也多次再版,并被翻译成多国文字。

那些曾在巴黎学习的留学生也促进了本国的教育改革,特别是在数学、数理物理和化学方面。有数量惊人的波兰和俄国留学生来到巴黎理工学校学习。其中包括:1810—1829 年间在克拉科大学担任化学和采矿学教授的约瑟夫·马尔科夫斯基(Jozef Markowski,1758—1829);在克拉科大学引入图形几何学的弗朗奇歇克·沙帕尔斯基(Franciszek Sapalski,1791—1838),以及卡罗尔·斯克罗茨基(Karol Skrodzki,1787—1832)和阿德里安·克日扎诺夫斯基(Adrian Krzyzanowski,1788—1852),他们分别在华沙大学教授物理学和天文学。扎哈里亚泽·涅姆奇夫斯奇(Zachariasz Niemczewski,1766—1820)于 1802—1807 年间在巴黎求学,后来成为了维尔纽斯大学(Wilna)教授,讲授拉克鲁瓦的数理分析学。在俄国人中有米哈伊尔·瓦西列维奇·奥斯特罗格拉茨基(Mikhail Vasilevich Ostrogradskii,1801—1862)和维克多·布尼亚科斯基(Viktor Buniakovskii,1804—1889),他们俩人都对俄国的数学教学产生了重要的影响。在西班牙,法国式的科学教学方法是由何塞·马里亚诺·巴列霍(Jose Mariano Vallejo,1779—1846)传播的,其曾在巴黎待过一段时间,并成为了彼埃尔·西蒙·德·拉普拉斯侯爵(Pierre Simon Marquis de Laplace,1749—1827)的朋友。

也有许多德国人来到巴黎深造科学。由于在德国大学中没有机会学习现代数学,1827 年,古斯塔夫·勒热纳·狄利克雷(Gustav Lejeune Dirichlet,1805—1859)来到巴黎,先后在法兰西学院和巴黎理学院(*Faculté des Science*)学习。后来在哥廷根大学他接替了高斯的教席。在德国化学家中,曾在巴黎工作过的有以《化学原理手册》(*Handbuch der theoretischen Chemie*)而知名的利奥波德·格梅林(Leopold Gmelin,1788—1853),还有著名的吉森化学学校的创建者尤斯图斯·冯·李比希(Justus von Liebig,1802—1873)。另一位在巴黎学习过的国外化学家是比利时化学家让·塞尔韦·斯塔斯(Jean Servais Stas,1813—1891)。他师从让-巴蒂斯特·杜马(Jean-Baptiste Dumas,1800—1884)工作和学习,直
499 到 1840 年,后来在布鲁塞尔的军事学校教授化学。巴黎对罗马尼亚的大

学和技术学院的影响更为突出，在 20 世纪很长一段时间里，大多数数学教授、物理学教授和化学教授都曾在索邦大学中学习过。它们的课程教材通常也是法国大学讲义的翻版或修订版。

在巴黎之外，当时的教育水平大体就是面向各类公众举办普及科学发现的讲座。理学院是颁发学位的主要机构。那种典型的德国大学的新观念，在 1830 年后逐步赢得了主导地位，特别是在物理学和化学方面。但尽管如此，在 19 世纪最后 25 年里，要求赶超德国的需求也重塑了法国的教育政策。理学院在更加现代和实验性的基础上，为教育重组赢得了更多的物质与科学资源。1896 年，大学的重建也产生了可喜的影响。在与地方企业的合作中，技术学院被建立起来了，⑦它们不仅教授应用与工业化学，而且也教授应用物理学与机械学。这一措施着眼于应用研究和工程师以及高质量的技术工人的培训，成为了改革和重新评估巴黎之外的理学院的最重要的动力机制。然而，在索邦大学——1905 年它与巴黎高等师范学院和法兰西学院的联合——其理论科学的教学仍继续处于支配地位。

德国大学中的精确科学

随着文科中学(*gymnasia*)的发展，以及大学入学考试(*Abitur*)制度的出现，中等教育机构日新月异，使学生们能够更好地为升入大学作好准备，同时也使得哲学院的基础课程更显多余。首先受到影响的是古典研究，其次是数学和科学。这次转变的最好例证就是数学教学。在 19 世纪刚开始的 25 年间，数学教学依然沿续着 18 世纪的传统。创新的推动首先来自东普鲁士小省柯尼斯堡大学的制度化。⑧

弗里德里希·威廉·贝塞尔(Friedrich Wilhelm Bessel，1784－1846)已将柯尼斯堡大学打造为天文学的研究中心，就在这时，1826 年，卡尔·古斯塔夫·雅各布·雅可比(Karl Gustav Jacob Jacobi，1804－1851)被任

⑦ 参见第十五章，第 616 页。

⑧ W. Lorey, *Das Studium der Mathematik an den Deutschen Universitäten seit Anfang des 19. Jahrhunderts* (Leipzig and Berlin, 1916).

500 命为柯尼斯堡大学数学教授。通过向学生介绍一些最新的发展动态，他大大超越了德国的一般教学水平。同年，萨洛蒙·诺伊曼(Salomon Neumann,1798—1895)来到柯尼斯堡大学成为一名编外教师。1829年，他被任命为矿物学和物理学教授。在贝塞尔和雅可比的影响下，诺伊曼将重点放在了数理物理学。并与雅可比一起，于1834年11月开办了数学与物理学习明纳。习明纳分为两部分，一组是他指导下的数理物理学，另一组是雅可比指导下的基础数学与应用数学。由于贝塞尔、雅可比和诺伊曼三人的成果和贡献，柯尼斯堡学校发展起来了，其中最引人瞩目就是在德国日益发展着的、对数学和物理学教育问题的关注。

最先感受到柯尼斯堡大学影响的是海德堡大学和吉森大学。1840年路德维希·奥托·赫塞(Ludwig Otto Hesse,1811—1874)在柯尼斯堡大学取得博士学位后，曾到过哈勒大学；并于1857年到了海德堡大学。同为柯尼斯堡大学校友的物理学家古斯塔夫·罗伯特·基希奥夫(Gustav Robert Kirchhoff,1824—1887)，也从1854年开始在海德堡大学讲授数学和实验物理学。柯尼斯堡的精神与方法是通过鲁道夫·弗里德里希·阿尔弗雷德·克勒布施(Rudolf Friedrich Alfred Clebsch,1833—1872)传播到吉森大学的。他在这里仿照柯尼斯堡创建了数学习明纳。1868年，当克勒布施来到哥廷根大学后，也对其产生了同样的影响。这里的数学习明纳创建于1850年，主要目标是为文科中学培养数学和物理教师，后来在克勒布施的领导下获得了蓬勃的发展。1872年克勒布施去世后，费利克斯·克莱因(Felix Klein, 1849—1925)将哥廷根大学打造成为了引领世界数学研究的中心之一。这也得益于在1895年来到哥廷根大学的大卫·希尔伯特(David Hilbert,1862—1943)和1902年来哥廷根执掌新成立的又一数学教授职位的赫尔曼·明科夫斯基(Hermann Minkowski,1864—1909)的帮助。甚至是德国多年的全国数学中心柏林，也在1900年前后被哥廷根大学超越了。

成立于1810年的、年轻的柏林大学，在最初的几年里与几所历史悠久的大学相比并无更多贡献。1825—1826学年的冬季学期，雅可比举办了关于微分几何学(differential geometry)的系列讲座反映了当时的科学水平。之后他便动身前往柯尼斯堡大学。1845年当他以普鲁士科学院

(*Preussische Akademie der Wissenschaften*)院士身份再次回到柏林大学时,情况已发生了巨大的变化。奥古斯特·利奥波德·克列尔(August Leopold Crelle,1780—1855)出版了《纯数学和应用数学杂志》(*Journal fur die reine und angewandte Mathematik*,1826)。狄利克雷也从1831年开始在这里任教。就像柯尼斯堡大学雅可比一样,他在课堂上就他的研究领域展开讨论,并向学生介绍一些最新的动态。随着恩斯特·爱德华·库默尔(Ernst Eduard Kummer,1810—1893)、利奥波德·克罗内克尔(Leopold Kronecker,1823—1891)和卡尔·魏尔施特拉斯(Karl Weierstrass,1815—1897)成为了这里的讲座教授后,19世纪的后50年,柏林大学作为数学中心发展到了顶峰。第一个纯粹的数学习明纳是在库默尔和魏尔斯特拉斯的建议下于1864年正式建立的。1920年,柏林大学聘请了首位应用数学的讲座教授理查德·冯·米泽斯(Richard von Mises,1883—1953),他建立并领导了柏林大学应用数学研究所。在柏林大学和哥廷根大学的带领下,德国其他大学也提高了数学的教学水平。讲师的频繁流动与教授的教学自由在这个一体化过程中发挥了重要的作用。像柏林大学一样,波恩大学(1866)、图宾根大学(1869)、格瑞夫斯沃德大学(1872)、维尔茨堡大学(1875)以及其他大学也建立了数学习明纳。在其他大学中,将数学和物理学习明纳相结合的柯尼斯堡模式也普及开来,例如慕尼黑大学(1856)。 501

在19世纪最初的几十年里,在德国的大学中,物理学在教学时往往与数学或化学相结合。这种数学与物理学相结合的模式在吉森大学、柏林大学、波恩大学、布雷斯劳大学、莱比锡大学、图宾根大学、耶拿大学都是很常见的。也有设立数学和化学讲座教授席位的大学,如海德堡、爱尔兰根、哈勒、维尔茨堡等,这种相结合的方式一直延续到1870年。在罗斯托克大学,哲学院将物理学、化学和植物学委派给同一位讲师,而在19世纪20年代之前柯尼斯堡大学,一位讲座教授要同时讲授着植物学、动物学、矿物学、化学,以及物理学。

在绝大多数大学里,物理实验所需要的器材是不足的,甚至有的根本就没有。教授不得不用个人开支来购买设备。在哥廷根大学,实验物理学的发展要归功于格奥尔格·克里斯托夫·利希滕贝格(Georg Christoph

Lichtenberg,1742—1799),他用自己的经费购买了教学所需的全套实验器械。这些设备后来被大学接管,这是因为在 19 世纪初该校已经拥有了物理实验柜(*physikalische Kabinett*)。⑨ 在吉森大学,格奥尔格·戈特利布·施密特(Georg Gottlieb Schmidt,1768—1837)则建了自己的物理实验柜。并且直到 1825 年,他才成功地获得一批学校资金,用于购买实验设备。他的继任者海因里希·布夫(Heinrich Buff,1805—1878),1838 年在他的仓库里建了一间教室和一间实验室。1844 年,政府开始向他支付年(租)金和维护费用。⑩ 莱比锡大学也是如此,大学里最初的实验设备同样也是来自教授们的个人募捐。在这些募捐的基础上,德国建立了物理学统计研究所(*staatlich physikalisches Institut*),这如果不是第一家,也是最早的几家之一。⑪

德国唯心主义在 19 世纪的前 30 余年一直影响着自然科学的发展。502 谢林唯心主义与浪漫主义的自然哲学反对将经验主义研究作为自然科学实践的基础。关于这一点,支持者与反对者在方法论和哲学上的冲突极大地影响了德国大学的化学与物理教学。浪漫主义自然哲学的主要反对者是路德维希·威廉·吉尔伯特(Ludwig Wilhelm Gilbert,1769—1824),他是哈勒大学的物理与化学教授,后来又到莱比锡大学任教。从 1799 年到 1824 年的 25 年中,他出版《物理学年鉴》(*Annalen der Physik*)并因此名扬天下,该年鉴后来也被称为《吉尔伯特年鉴》,即约翰·克里斯蒂安·波根多夫(Johann Christian Poggendorf,1796—1877)创立的《物理学、化学年鉴》(*Annalen der Physik und Chemie*)的前身。曾推崇谢林的唯心主义与浪漫主义哲学的化学家李比希也对“自然哲学”进行了无情的批判。1849 年出版了一本匿名的手册——《物理学与自然科学在大学中的地位》(*Von der Stellung der Naturwissenschaften, besonders der physikalisch-*

⑨ G. von Minnigerode, '250 Jahre Demonstrationsversuche in der Physik', in H. H. Voigt (ed.), *Naturwissenschaften in Göttingen. Eine Vortragsreihe*, Göttinger Universitätsschriften. Serie A: Schriften, 13 (Göttingen, 1988), 37.

⑩ *375 Jahre Universität Giessen 1607—1982. Geschichte und Gegenwart* (Giessen, 1982), 166.

⑪ *Festschrift zur Feier des 500 jährigen Bestehens der Universität Leipzig* (Leipzig, 1909), vol. IV: 2, 30ff.

en, an unseren Universitäten)，其中提出，更应关注经验取向的自然科学，特别是物理学。它的作者是基尔大学的物理学讲座教授古斯塔夫·卡尔滕(Gustav Karsten,1820—1900)，他主张德国每所大学都应组建数学和自然科学的学院，并建立物理学研究所。每家研究所都应有物理学所需的设备、报告厅、三间物理研究室、实习实验室，以及图书馆。物理学、化学和数学的教学应该委派给在这些科目受到专门训练的专业人员，实际上，这在当时已经被广为接受，大多数大学也实践了这条原则。[12] 卡尔滕的主张直到 19 世纪的后 30 余年才得到了彻底地贯彻。值得注意的是，倒是技术学院最先为学生建立了物理实验，最早的实用型实验室是 1853 年由卡尔斯鲁厄(Karlsruhe)的技术学院建立的。

数学方面的情况也是如此。德国物理教学的革新源自柯尼斯堡大学，其主要推动者就是弗朗兹·诺伊曼。1834 年，他接任了数学与物理习明纳的数学物理指导工作，并将柯尼斯堡大学建设成为了引领德国数学物理学的中心。多年来，诺伊曼为在柯尼斯堡大学建设物理实验室而奔走呼告。实验室终于在他退休 10 余年后的 1885 年完工。

1854 年，诺伊曼的学生基希奥夫成为了海德堡大学的教授。他在教学中采用的是柯尼斯堡模式，并引入了精确测量的练习。1875 年，他由于健康问题而被迫中止了实验工作，到柏林大学执掌理论物理学的首个教席。赫尔曼·冯·赫尔姆霍茨(Hermann von Helmholtz,1821—1894)就 503
一直在这里工作。新德意志帝国(第二帝国)为其修建了一个最大的物理研究所(1878 年完成)。这是柏林大学物理学的辉煌时刻，马克斯·普朗克(Max Planck,1858—1947)于 1889 年接替基希奥夫在此工作，他的几位同事也是诺贝尔物理学奖的获得者。在 19 世纪的最后 25 年和 20 世纪初的几年里，几乎所有德国大学都建立了物理研究所：维尔茨堡大学是 1879 年，图宾根大学是 1888 年，莱比锡大学是 1905 年，等等。

19 世纪之初，几乎所有的中欧大学都在化学方面设立了带薪岗位，除了个别情况外，大都设在医学院。耶拿是第一所将化学和医学分设的大

⑫ A. Hermann and A. Wankmüller, *Physik, Physiologische Chemie und Pharmazie an der Universität Tübingen* (Tübingen, 1980), 13.

学。1789 年,歌德成功地说服了魏玛公爵卡尔·奥古斯都,让他资助在哲学院设置化学及药学课程。约翰·沃尔夫冈·德贝赖纳(Johann Wolfgang Döbereiner,1780—1849)则独自开始了化学的教学工作。从 1820 年开始,他装修了最早的教学实验室之一,并在吉森大学的李比希之前,为学生引进了化学实验,这也成为德国所有大学(化学教学)的典范。[13]

在爱尔兰根大学,曾在医学院讲授化学的解剖学家格奥尔格·弗里德里希·希尔德布兰特(Georg Friedrich Hildebrandt,1764—1816)在 1796 年将化学从医学院转到哲学院。1799 年他获得了一间新的实验室。[14] 同年,哈勒大学也断然将化学学科转到了哲学院,[15]其他德国大学也逐步沿用了这种模式。1817 年,随着利奥波德·格梅林(Leopold Gmelin,1788—1853)受聘为海德堡大学的讲座教授,化学在医学院内也赢得了独立的教席。但直到 1852 年,在罗伯特·威廉·本生(Robert Wilhelm Bunsen,1811—1899)接替了格梅林的职位之后,化学教席才转到了哲学院。[16]

除海德堡大学的本生外,在 19 世纪还有三个中心人物引领着德国化学教学和研究的发展:吉森大学的尤斯图斯·冯·李比希(Justus von Liebig,1803—1873)、哥廷根大学的弗里德里希·韦勒(Friedrich Wöhler,1800—1882),以及柏林大学的奥古斯特·威廉·冯·霍夫曼(August Wilhelm von Hofmann,1818—1892)。

1824 年 5 月,黑森大公路德维希一世(Ludwig I,1753—1830)在亚历山大·冯·洪堡的建议下,在没有咨询学院的情况下直接聘任了 21 岁的
504 尤斯图斯·冯·李比希为吉森大学化学副教授。[17] 这标志着德国化学实验室教学的正式开始,虽然化学实验教学在法国和约恩斯·雅各布·贝

⑬ *Geschichte der Universität Jena 1548/58—1958* (Jena, 1958), vol. I, 294, 414—416; S. Schmidt (ed.), *Alma mater Jenensis. Geschichte der Universität Jena* (Weimar, 1983), 141ff.

⑭ K. Hufbauer, *The Foundation of the German Chemical Community* (*1720—1795*) (Berkeley, Los Angeles and London, 1982), 240.

⑮ *Ibid.*, 247.

⑯ M. Becke-Goehring, E. Fluck *et al.*, 'Betrachtungen zur Chemie in Heidelberg', in *Semper apertus*, *Schshundert Jahre Ruprecht-Karls-Universität* (Berlin, 1985), vol. II, 332—347.

⑰ *Universität Giessen* (note 10), 157.

泽留(Jöns Jakob Berzelius,1779—1848)所在的瑞典已经达到了较高的水平。李比希的特殊教学法强调课程和练习,意在尽可能快地让学生全面参与实验操作。从李比希的研究院走出了许多著名的化学家,他们对德国及其他地方的化学学术教学有着重要影响。

哥廷根大学于1783年创建了化学实验室。主要目的在于满足医学院的药学和化学的实验需求。弗里德里希·施特罗迈尔(Friedrich Stromeyer,1776—1835)在这里建立了一个教学实验室。他的继任者弗里德里希·韦勒,像李比希一样,也是19世纪最伟大的化学教师之一。韦勒将化学教席设在医学院而非哲学院,这给他带来很多实践活动的负担,但与他不知疲倦的研究事业一样,他也取得了惊人的教学成就。

在柏林大学,在化学讲座教授职位设立之初的一段时间内,它是与(普鲁士)科学院院士身份相联系的。第一位教席的执掌者是马丁·海因里希·克拉普罗特(Martin Heinrich Klaproth,1743—1817)。在他去世后,1822年,曾在斯德哥尔摩跟随贝泽留学习过一段时间的艾尔哈德·密切利希(Eilhard Mitscherlich,1794—1863)开始在此执教。第二位化学教授是海恩里希·罗斯(Heinrich Rose,1795—1864)。就在这两位化学大师几乎同时陨落之后,柏林大学的化学系又迎来了新纪元,即任命李比希的学生奥古斯特·威廉·冯·霍夫曼执掌教席。作为条件,霍夫曼提出要建一个配备有现代教学和研究实验室的研究所。这在1869年得以实现。与此同时,化学研究所在各大学相继建立:海德堡大学是1855年,维尔茨堡大学是1866年,波恩大学是1868年,等等。19世纪末,化学在德国大学已经形成了一个独立的研究领域,并专门化出了无机化学、有机化学、物理化学和分析化学。

由于教授的较强流动性,这使得邻近德语国家的大学可从德国的发展中直接受益,尤其是瑞士。1833年,按柏林大学的模式建立起的苏黎世大学,在20世纪相当长的一段时间内,它的所有数学教授几乎都是德国人。化学的教学也被德国人控制了许多年。1855年在苏黎世建立的联邦科技学院(*Eidgenössische Polytechnikum*),后来更名为联邦高等工业学院(*Eidgenössische Technische Hochschule*,*ETH*),给大学带来了新的契机,教授们可以在这两个机构中设置联合教授席位。在苏黎世大学和联邦高 505

等工业学院两个机构任教的教授有:德国物理学家鲁道夫·克劳修斯(Rudolf Clausius,1822—1888)、阿尔伯特·爱因斯坦(Albert Einstein,1879—1955)、彼得·德拜(Peter Debye,1884—1966)和马克斯·冯·劳厄(Max von Laue,1879—1960)。联邦高等工业学院成立的目的,就是要全面地教授高水平的数学和自然科学。考虑到培养这方面教师的需要,1866年又成立了数学与自然科学教师培训班(*Abteilung zur Bildung von Fachlehrern in mathematischer und naturwissenschaftlicher Richtung*),该机构主要分为两部分,一部分是自然科学学院,另一部分是数学与物理学院。后者的组织人是欧文·布鲁诺·克里斯托弗尔(Erwin Bruno Christoffel,1829—1900),他曾在德国留学。直到1940年,联邦高等工业学院中有许多数学教授也都具有德国渊源。

从17世纪到18世纪,巴塞尔大学一直是引领数学科学的中心,这要归功于著名的伯努利家族三代人中6位数学教授及其学生莱昂哈德·欧拉(Leonhard Euler,1707—1783)的努力。但到了19世纪上半叶,这里的数学兴趣日渐衰弱。1862年,柯尼斯堡大学的卡尔·诺伊曼(Carl Neumann,1832—1925),也就是弗朗兹·诺伊曼之子,被任命为巴塞尔大学的数学副教授。但由于学生数学知识匮乏的影响,他1865年又接受了图宾根大学的任命,并在这里引入了柯尼斯堡模式。1912年之后,直至20世纪50年代,在这里两个讲座教授的职位中就有一位是德国人。物理学和化学的讲座教授席位也大多是由德国人把持。

维也纳大学、格拉茨大学和布拉格大学也参与到德语地区的教授交流之中。1867年,恩斯特·马克(Ernst Mach,1838—1916)作为实验物理学教授,从格拉茨大学转入布拉格大学。他在这里执教30余年,并于1895年转入维也纳大学。1868—1883年间,几乎所有捷克的物理学学生都受教于他,大部分物理学家、数学家和天文学家也都是从担任马克的助教开始他们的学术生涯的。他的学生中有后来在阿格拉姆大学(Agram University,位于萨格勒布)任教授的切涅克·德沃夏克(Cenek Dvořák,1848—1922)和物理学家切涅克·斯特劳哈尔(Čeněk Strouhal,1850—1922),斯特劳哈尔是成立于1882年的捷克布拉格大学的首位实验物理学教授。1911年,苏黎世大学理论物理学副教授爱因斯坦,被任命为布拉格

德语大学讲座教授，一年后，他又回到了苏黎世的联邦高等工业学院，之后，1914 年他又来到柏林担任威廉皇家物理学研究院院长。维也纳大学的路德维希·波尔茨曼(Ludwig Boltzmann，1844—1906)曾先后在格拉茨大学、维也纳大学、慕尼黑大学任教；薛定谔(Erwin Schrödinger，1887—1961)曾在斯图加特大学、布雷斯劳大学、苏黎世大学、柏林大学、格拉茨大学、都柏林大学、维也纳大学任教；沃尔夫冈·泡利(Wolfgang Pauli，1900—1958)也曾执教于汉堡大学和苏黎世大学。

506

英国大学的精确科学

早在 17 世纪或 18 世纪，在牛津、剑桥，以及苏格兰的大学中，就已设立了数学教授职位。但尽管如此，直到 19 世纪初，它们所教的内容仍然十分落后。与法国不同，数学在大学中并没有发挥其应有的价值，并没有被当作一门专业的、对经济和军事有益的科学。它仅被视为有助于学生发展"逻辑思维"的理性训练，因此，成为了对年轻人进行绅士教育的有用工具。在牛津，数学科学长期以来没有在课程中得到过公正的对待，它们不属于考试科目。除研习经典之外，学院的教学集中在欧几里德几何学、代数学、圆锥截面、平面三角、球体三角、静力学、动力学、流体静力学、光学、微积分，以及牛顿《自然哲学之数学原理》(*Principia*)的第一卷。学生们也并不满足于此，时常通过聘请家庭教师或自学来补充知识。他们经常阅读法国数学家和天文学家的著作，特别是拉克鲁瓦、拉普拉斯和拉格朗日的作品。剑桥的学生则要付出更大的努力，因为在 1850 年之前这里的数学荣誉学位考试都是通向荣誉学位的唯一考试。优秀的考生被称作"Wranglers"，而"Wranglers"的第一名或以优异的"Wranglers"的成绩完成学业则更是莫大的荣誉。就这样，剑桥的荣誉考试逐渐成为了数学学习的制度化激励机制。在剑桥数学教学中重要事件是，1812 年由一群本科生建立了一个著名的、但又是昙花一现的"分析协会"。[18] 发起者的目的是

---

⑱ J. M. Dubbey, *The Mathematical Work of Charles Babbage* (Cambridge, 1978), 31—50; N. Guicciardini, *The Development of Newtonian Calculus in Britain 1700—1800* (Cambridge, 1989), 135—138.

"从记数法开始,普遍改革英国的数学"。但他们遇到了阻力。将大学降格为数学研究中心,这也不符合当时流行的教育观。但支持者们明确强调要注重几何和基础数学,这类声音一直延续到1840年后。1849年,在剑桥任命乔治·加布里埃尔·斯托克斯(George Gabriel Stokes,1819—1903)为卢卡斯教席之后,剑桥的数学逐步走向繁荣,斯托克斯在该职位上一直工作到1903年去世。他还促进了高等数学和数理物理的研究。

直到19世纪后的很长时间里,在苏格兰的大学中,数学教学毫无疑问依然是保守的和低水平的。虽然许多教授都是杰出的数学家,但是他们
507 的学生则没有为学习高等数学作好准备。他们入学平均的年龄是14岁至15岁。教学也往往是以大班为主,因此学生个体往往被忽视。从19世纪初开始,在都柏林大学,法国数学家和天文学家的影响是显而易见的,其中特别包括拉克鲁瓦、拉普拉斯、蒙日和普安宋。在英格兰和苏格兰的大学中,实验科学长期以来受到忽视,它们被仅仅看做是学位课程。剑桥尽管早在1848年就已经建立了自然科学荣誉学位考试制度,但很多人以热学和电学等科学不够成熟为由,强烈反对将它们加入考试科目。但尽管如此,到19世纪中叶,对更多科学知识的要求已是不可忽视的了。

1852年,皇家调查团考察了剑桥大学的状况、学科、学习及其财政收支并提交了报告。在报告中,调查团建议另增设一个化学教授的职位,并提高科学和数学教授的工资。报告指出了在课堂中进行实验演示的必要性。报告还建议(学校)为化学建立"装备齐全的实验室",使得教授和每位希望学习化学的大学人员都可自由地工作。但是,调查团却没有消除人们对引进热学与电学考试的抵制。调查团认为,"某些在荣誉学位考试中临时的、有争议的、其状态晦暗不明的、并充斥着大量的数学难题的数学物理理论,代表的虽是科学的前沿,而其范畴是不确定的(即,电学、磁学和热学),因此,不应成为考试科目"。⑲ 1863年,剑桥大学开始新建实验室。在随后的两年中,学校先后新建了动物学、化学、矿物学和植物学的实验室。在多年的讨论和磋商后,剑桥开始采取具体的措施,为实现实验物理

---

⑲ 引自 J. G. Crowther, *The Cavendish Laboratory 1874—1974* (New York, 1974), 9—10.

的系统教学和研究制定方案。1869 年，委员会在调查后提交了可行性报告，报告建议应为配套完善的实验室设立一个相应的实验物理学教授职位。德文郡七世公爵威廉·卡文迪什(William Cavendish, 1808－1891)为该实验室的建设及设备配套提供了一大笔资金。詹姆斯·克拉克·麦克斯韦(James Clerk Maxwell,1831－1879)被任命为剑桥大学的首位卡文迪什教授。在麦克斯韦任职期间，学习实验物理学的学生一直很少。在他1879 年去世后，约翰·威廉·斯特拉特·雷利男爵三世(John William Strutt,1841－1919)接替了他的职位。效法柏林大学的赫尔姆霍兹和海德 508
堡大学的基希奥夫，雷利男爵主张面向大部分学生系统地讲授初级实用物理。1884 年，约瑟夫·约翰·汤姆森(Joseph John Thomson,1856－1940)接替了雷利男爵的职位，在他的领导下，卡文迪什实验室在不到 20 年的时间里发展成为世界著名的物理学研究中心。

英国大学最早的实验室之一是由开尔文勋爵威廉·汤姆森(William Thomson,1824－1907)建立的，1846－1899 年间，他是格拉斯哥大学自然哲学教授。这可能也是最早的一所学生能够在教授直接指导下进行实验的物理学实验室。然而，这个实验室并不适合对大群组的学生进行实际指导。在牛津，1810 年，在皇家的资助下，设立了一个准教授职位(Readership)，将实验哲学引入大学。1867 年，物理学的动手实践也开始启动。克莱尔顿实验室也于第二年动工，并于 1870 年开始授课。伦敦大学的进展并不顺利。直到 1865 年，伦敦的大学学院才腾出一间小教室，用于实验物理学的讲课。伦敦国王学院的境况也与此相同，实用物理学的系统授课直到 1877 年才开始。

李比希开创的化学教学也使英国教育制度的弊端暴露无遗。为了改进并激励化学教学，伦敦新建了一个化学学院，并聘请李比希的学生奥古斯特·威廉·冯·霍夫曼(August Wilhelm von Hofmann,1818－1892)前来工作。1845 年，该学院在租来的房屋里开学，后来也有了自己的教学楼、实验室以及报告厅。作为一家私立机构，学院遇到的经费问题也制约了它的发展。1853 年国家接管了学院，将它改组为皇家煤矿学校(Royal School of Mines)的化学系。霍夫曼在此执教近 20 年，这对英国化学教学而言，是至关重要的。在维多利亚时代，曼彻斯特大学用一所崭新且装备

完善的物理学实验室取代了原有的实验室，并于1900年投入使用。1907年欧内斯特·卢瑟福(Ernest Rutherford，1871—1937)接任了这所实验室的朗格沃斯物理学教席(Langworthy Chair of Physics)并开始领导这所实验室。在卢瑟福的领导下，该系很快就升格为一所研究放射性物理学的学院，吸引了来自世界各地的研究者。1919年，卢瑟福接替汤普森，成为了卡文迪什实验室主任。

俄国高等教育中的精确科学

19世纪初，年轻的沙皇亚历山大一世政府对俄国的教育进行了一次
509 彻底的改革。1802年，成立了国民教育部，并在数学家尼古拉斯·富斯(Nicolaus Fuss，1755—1826)和斯捷潘·鲁莫夫斯基(Stepan Rumovskii，1734—1812)等著名学者的协助下制定了一整套的改革方案。新大学是按照德国模式建立起来的，并且都设立了数学与精确科学学院，其课程也出乎意料地被划分得井井有条，有纯粹数学和应用数学、理论物理学与实验物理学、化学、矿物学、天文学、农学和植物学。但俄国师资不足，难以在一开始就完全执行该计划。最先实践的是塔尔图德语大学。它的校长是物理学家格奥尔格·弗里德里希·帕罗特(Georg Parrot，1767—1852)，1805年，他招募到足够的教师。他本人也为严格意义上的物理学教学奠定了基础，并且还建立了设备齐全的实验室。在维尔纽斯大学，物理学和数学学院被划分为10个系，每个系有一名教授：物理学、化学、自然史学、植物学、农学、高等数学、应用数学、天文学、应用天文学和土木建筑学。同样，教授匮乏影响了其填补所有的空白。教学采用的是拉克鲁瓦、勒让德尔、毕奥、德朗布尔的著作。但尽管如此，大学在其达到鼎盛之前就于1832年被沙皇尼古拉一世关闭了。

莫斯科大学的物理学、力学、化学、天文学和其他学科都是由外国人讲授的。喀山大学在1808—1810年幸运地聘请到四位德国著名专家，他们是讲授基础数学的约翰·巴特尔斯(Johann Bartels，1769—1836)、讲授应用数学的卡斯帕·伦纳(Kaspar Renner，1780—1816)、讲授天文学的约瑟夫·利特罗夫(Joseph Littrow，1781—1840)和讲授物理学的弗朗兹·

克萨韦尔·布龙纳(Franz Xaver Bronner,1758—1850)。巴特尔斯在哥廷根大学时曾是数学家高斯的老师,在喀山大学他也培养了尼古拉·洛巴切夫斯基(Nikolai Lobachevskii,1792—1856)等学生。在哈尔科夫大学,数学是由季默费·奥西波夫斯基(Timofei Osipovskii,1765—1832)讲授的,他是19世纪初俄国最著名的数学家之一。他曾著有一部3卷本的数学著作,它整整影响了俄国的一代人;他也曾将拉普拉斯的《天体力学》(*Mécanique céleste*)翻译成俄文。

1820年前后出现的新问题,使得刚刚起步便困难重重的俄国科学教学更加雪上加霜。大学有时成为了俄国政府与外国专家激烈斗争的舞台。俄国国民教育体制的控制权又落入到保守派手中,他们鼓励在大学中实现虔信与神秘主义的结合。科学必须沉浸在基督教道德之中,大学的教学也必须从宗教观出发。理论与实验物理学必须用于证明上帝的全知全能与人类的局限性。甚至要对物理和化学书籍进行审查。除塔尔图大学外,这对大学的影响都是毁灭性的。一些学者被开除,或者自动辞职, 510
绝大多数外国专家也离开了俄国。许多岗位出现了空缺,大学沦为了科学的沙漠。俄国花了近四分之一个世纪的时间才从这场浩劫中彻底恢复。

恢复的第一步是从1827年开始的,俄国决定从莫斯科大学、喀山大学和哈尔科夫大学挑选出一些最有前途的学生,让他们在塔尔图大学学习三年,然后再送往国外深造两年。第一批学生于1834年从西欧回国,他们大多数是在柏林学习。同时,还有一批到巴黎工作的年轻学者也回到了俄国。其中就有P.A.扎捷普林斯基(P. A. Zateplinskiy,1794—1834),他是第一位在巴黎理学院获得博士学位的俄国人,1824—1834年间,他在哈尔科夫大学教授天文学。还有1822—1827年间在巴黎学习的米哈伊尔·奥斯特罗格拉茨基(Mikhail Ostrogradskii,1801—1862)。他回国后在圣彼得堡的多家科研机构中担任数学、分析力学和数学物理学的教学工作。

俄国大学不能满足国家对高水平数学家、物理学家和化学家的巨大需求,不过,它们确实培养出了大批的能够到西方著名学者那里攻读研究生的学生。正是由于大学,俄国才能在19世纪60年代逐步实现研究人才的自给自足,引进的外国专家也在减少。从那时起,特别是数学、力学和化

学等在俄国的大学和其他教育机构中获得了重大的解放。在这次的数学研究和教学复兴中扮演重要角色的就是维克多·布尼亚科斯基(Viktor Buniakovskii,1804－1889)。他于1825年在巴黎理学院获得了分析力学与数理物理的博士学位,1846年,他受聘成为圣彼得堡大学的纯粹数学与应用数学教授。一年后,帕夫努季·利沃维奇·切比雪夫(Pafnuty Lvovich Chebyshev,1821－1894)从莫斯科来到圣彼得堡,成为了副教授,主要讲授高等代数和数论。1850年,他被任命为特聘教授,1860年任命为正教授。与布尼亚科斯基一起,他为众所周知的圣彼得堡数学学院奠定了基础。之后,切比雪夫的工作由安德鲁·安德烈耶维奇·马尔科夫(Andrey Andreevich Markov,1856－1922)继任。从1878年到1905年近30年的时间里,他将高等代数学、数论、积分学、椭圆函数、差分法、概率学和应用力学方面的研究与教学结合在一起。

在物理学方面,圣彼得堡大学的知名学者是海因里希·弗里德里希·埃米尔·楞次(Heinrich Friedrich Emil Lenz,1804－1865),他曾在塔
511 尔图大学跟随帕罗特学习。从1836到1865年,他主要教授普通物理学、电磁理论和物理地理学。在化学方面,有亚历山大·A.沃斯克列先斯基(Aleksandr A. Voskresenskii,1809－1880),他师从柏林大学的密切利希和吉森大学的李比希,有条理地向学生介绍化学领域的新发现和新思想。另外,他还在圣彼得堡大学的教育学院任教。1868年,他的学生德米特里·伊万诺维奇·门捷列夫(Dmitrii Ivanovich Mendeleev,1834－1907)被圣彼得堡大学任命为普通化学教授。在他引荐下,喀山大学的亚历山大·米哈伊洛维奇·布特列罗夫(Aleksandr Mikhailovich Butlerov,1828－1886)也于1868年来到了圣彼得堡,并在此建立有机化学学院。在喀山大学,布特列罗夫是曾与吉森大学的李比希同事过的尼古拉·尼古拉耶维奇·济宁(Nikolai Nikolaevich Zinin,1812－1880)的学生,他于1854年被喀山大学聘为特聘教授,1857年晋升为正教授。

1834年尼古拉·德米特里耶维奇·布拉什曼(Nikolai Dmitrievich Brashman,1796－1866)被莫斯科大学聘任为应用数学教授,这就为理论力学与应用力学的教学奠定了基础。随着德米特里·费奥多罗维奇·叶戈罗夫(Dmitrii Fedorovich Egorov,1869－1931)和古拉·尼古拉耶维奇·

卢津(Nikolai Nikolaevich Luzin,1883—1950)的函数理论学派的形成,纯粹数学在20世纪初的30余年已走向了繁荣。[20] 1921年至1929年间,叶戈罗夫在莫斯科大学的数学与力学研究所担任主任;而卢津也培养出了一批"苏维埃数学家"。

专业化与科学研究:1870—1939

精确科学可分为三种不同的学术模式:法国或拉丁模式主要是专业取向的,德国模式是以科学研究为先,英国模式则将数学和其他自然科学视为全面教育的基本要素。经过19世纪之后,这三者之间的差异趋于模糊,到1900年为止,大学既是教育场所又是科研机构的观念已经被普遍接受。

社会与经济的新需要,以及特别是自然科学分化扩大,这在19世纪上半叶导致了哲学院中百科全书式课程的消失。1870年后数学、物理和化学的迅猛发展导致了专业化的日益增强。数学、物理、天文和化学的各个分支几乎都形成了自主的亚学科,每门都有着自己的术语和方法。在大部分大学中,这种发展导致了数学、物理、化学和其他自然科学的独立学位的产生。特别是自然科学中化学与物理学的发展,已达到了可为技术、 512
经济和工业提供协助的程度。新的研究领域发展起来了,如电子技术、农业化学、热力学技术等。这就意味着综合技术院校、农学院和医学院在教育和科学研究中将发挥越来越大的作用。

日益增长的专业化与教育组织之间的巨大差异,使我们很难为1900年前后的欧洲大学的科学研究勾画一幅条理清晰的图景。然而,我们还是可以找到一些普遍的特征。毫无疑问,这首先就是科研人员的专业化。之前,教授是以讲课为主,虽然也从事研究工作,但那仍然仅属个人行为。但是到了1900年,研究成为了教授工作不可分割的一部分。其次,到19世纪末,学生和助手也参与到科研之中。

1870年前后,柏林大学是世界数学研究的中心。随着经典数学的深

[20] E. R. Philips, 'Nicolai NIcolaevich Luzin and the Moscow School of the Theory of Functions', *Historia Mathematica*, 5 (1978), 275—305.

入发展，格奥尔格·康托尔（Georg Cantor，1845—1918）发展了集合论（set theory）。19世纪末20世纪初，数学研究的重心转移到了哥廷根大学。法国数学家们主要是对函数理论感兴趣，他们用集合论进行函数分析，并运用测量理论，归纳出了积分的概念。他们与意大利数学家一起，共同为数学的新兴分支学科——函数分析奠定了基础。1860年后意大利大学的数学研究取得了显著发展。这再一次与欧洲最先进研究潮流结合起来。其重要的中心有罗马大学、都灵大学、比萨大学和比萨高等师范学院（*Scuola Normale Superiore of Pisa*）。这些大学为意大利的代数几何学派奠定了基础。

一些重要的工作，特别是经典分析和函数分析，是在两次世界大战期间由匈牙利大学完成的。在塞格德大学（University of Szeged），弗里杰什·黎兹（Frigyes Riesz，1880—1956）和阿尔弗雷德·哈尔（Alfred Haar，1885—1933）共同创建了国际知名的亚诺什·鲍耶研究院（Janos Bolyai Institute），并创办了《数学学报》（*Acta Scientiarum mathematicarum*）。布达佩斯大学的利波特·费耶尔（Lipót Fejér，1880—1959）教授是成绩斐然的匈牙利分析学派的领军人物。㉑

一战后波兰获得了重建，华沙大学也一跃成为了一流的数学中心，这
513 应特别归功于齐格蒙特·雅尼谢夫斯基（Zygmunt Janiszewski，1888—1920）、瓦茨瓦夫·弗朗齐歇克·谢尔平斯基（Waclaw Franciszek Sierpiński，1882—1969）和斯特凡·马祖尔凯维奇（Stefan Mazurkiewicz，1888—1945）的努力。他们的兴趣主要在集合论、拓扑学、数学基础与逻辑学。1920年他们共同创办了杂志《数学基础》（*Fundamenta Mathematica*）。数学的另一传统分支——概率论，在帕夫努季·利沃维奇·切比雪夫（Pafnuty Lvovich Chebyshev，1821—1894）和他所创建的圣彼得堡数学学派的努力中也发展到了一个新阶段。现代概率论起源于20世纪初期，是由亚历山大·米哈伊洛维奇·利亚普诺夫（Aleksandr Mikhailovich Lyapunov，1857—1918）和马尔科夫提出的，在两次大战期间又得到了莫

㉑ R. Hersch and V. John-Steiner, 'A Visit to Hungarian Mathematics', *The Mathematical Intelligencer*, 15, 2 (1993), 13—26.

斯科大学的亚历山大·雅科夫列维斯基·欣钦(Aleksandr Jakowlewitsch Khinchin,1894—1959)和安德鲁·尼古拉耶维奇·柯尔莫哥洛夫(Andrey Nikolayevich Kolmogorov,1903—1987)的发展。

现代统计学的奠基者是卡尔·皮尔森(Karl Pearson,1857—1936),1884—1911年间,他在伦敦大学学院任应用数学和力学教授。他与优生学家和数学家们一起创建了第一个应用统计学系,伦敦因而也成为了引领统计方法教学与研究的国际中心。在斯堪的纳维亚半岛与荷兰的大学里,也出现了许多发展新兴学科教育的机会。在阿姆斯特丹的市政学院,卢伊岑·埃赫贝特斯·扬·布劳尔(Luitzen Egbertus Jan Brouwer,1881—1966)教授主张拓展、改进数学大纲,并增加数学教授职位。到1923年,该学院包括布劳尔在内已有四位教授。布劳尔除讲授函数理论外,还讲授集合论与基础数学。

纳粹的出现给数学和数理物理带来了灾难性的打击。1933年4月至11月期间,哥廷根大学的数学研究所实际上已经荡然无存。许多教职工移民到美国、英国或其他国家。理查德·冯·米泽斯(Richard von Mises,1883—1953)流亡至伊斯坦布尔,他在土耳其政府的要求下建立了纯粹数学与应用数学研究所。与数学一样,1933—1939年间欧洲的物理学与化学也是难逃厄运。在希特勒和墨索里尼统治下的国家里,许多学者都被解聘或驱逐,或者因条件的改变已使得他们无法继续工作。这其中就包括有物理学家爱因斯坦、德拜、博恩、费米和薛定谔。苏联也发生了同样的情况,叶戈罗夫因被指控参与"反革命"与"反动"组织而于1931年被逮捕,并被流放至喀山,最终在那里逝世。卢津也被指控为有"反苏维埃"的情绪,而被迫从大学辞职。[22] 尽管欧洲许多重要工作一直开展到1939年,但战备和战争 514
本身对科学的冲击致使科学在欧洲一直没有恢复到战前的主导地位。

巴黎在化学界的重要地位得益于贝托莱、杜马、盖伊—吕萨克、米歇尔—欧仁·谢弗勒伊(Michel-Eugène Chevreuil,1786—1889)。他们用一种激励机制将工业与学术有效地结合了起来,不过,他们并没有能够成功

---

[22] A. Shields, 'Yeas Ago', *The Mathematical Intelligencer*, 9, 4 (1987), 24—27, and 11, 2 (1989), 5—8; C. E. Ford, 'Dimitrii Egorov: Mathematics and Religion in Moscow', *The Mathematical Intelligence*, 13, 2 (1991), 24—30.

地阻止德国化学上的领先地位。英国的化学研究从没有像法国那样集中。尽管它在爱丁堡和曼彻斯特都有较强的化学研究中心，但还是难以达到德国的水平。

化学的日益复杂化，导致了崭新的、几乎独立的分支学科的诞生；而且它吸收了更多的数学，形成了物理化学。其奠基人是雅各布斯·范托夫(Jacobus van't Hoff，1852－1911)、斯万特·阿列纽斯(Svante Arrhenius，1859－1927)和威廉·奥斯特瓦尔德(Wilhelm Ostwald，1853－1932)；《物理化学杂志》(*Zeitschrift für physikalische Chemie*)创刊于1887年。

化学的另一个分支学科是生物化学。到19世纪中叶，包括李比希在内的一些化学家开始将他们的工作与生物学研究者的工作相融合。生理学家们在一开始也对生物化学做出了重要的影响，虽然这些影响没有什么连续性。到19世纪末，这些零碎研究终于整合到一起，现代生物化学得以浮出水面，这是化学家的动植物化学与生物学家和医学研究者的生理化学的交叉结合。然而，生物化学走向繁荣，则是1920年之后的事情。直到二战之后，生物化学才开始作为一门独立的亚学科，在大学课程中获得一席之地。

科学发现的大丰收是研究工作集中于大学及综合技术学院的结果。1890－1914年间，井井有条的学术实验室是许多原创性、系统性研究的基地。这些伟大的研究中心，除了有柏林大学物理研究所、剑桥大学的卡文迪什实验室之外，还包括了索邦大学的物理研究实验室。该物理研究实验室是在加布里埃尔·李普曼(Gabriel Lippmann，1845－1921)指导下建造装备的，他也于1886年成为了实验室主任。重要的原创性研究也出自曼彻斯特大学的物理实验室，尤其在卢瑟福领导时期。在荷兰的海克·卡默林·翁内斯(Heike Kamerling Onnes，1853－1926)和亨德里克·安东·洛伦兹(Hendrik Antoon Lorentz，1853－1928)领导下的莱顿大学物理学实验室，与约翰内斯·范德瓦耳斯(Johannes Diderik van der Waals，1837－1923)和彼得·塞曼(Pieter Zeeman，1865－1943)领导下的阿姆斯特丹实验室也都是繁忙的国际研究中心。

1891年，斯万特·阿列纽斯(Svante Arrhenius，1859－1927)被任命为

515 斯德哥尔摩技术大学物理学教授，1905 年又晋升为瑞典科学院诺贝尔研究所物理化学部主任。在他任教授期间，一大批来自瑞典和国外的学生追随他，来到斯德哥尔摩学习工作。尼尔斯·玻尔（Niels Bohr，1885—1962）完成了哥本哈根大学的学习后，1912 年来到曼彻斯特，并与卢瑟福一起合作研究。1918 年，他成为了哥本哈根大学理论物理学研究所首任所长。几年后，他的研究所就成为了世界理论物理学研究的圣地。

意大利的物理学研究主要仍集中在理论物理学方面。直到 1927 年之后，罗马大学和佛罗伦萨大学才发展起来一批重点研究中心，而都灵大学直到 1930 年之后才发展起重点研究中心。理论物理学的起源应当追溯到 19 世纪早期在法国、意大利和比利时的大学中教授的数学物理学。其内容包括有流体力学、弹力学、声学和光学。在 19 世纪，它发展了热力学、气体力学以及势能理论。数学物理学中最接近于可实验的部分后来被发展为理论物理学，这是 19 世纪和 20 世纪之交在威廉·托马斯（后称为开尔文勋爵）和弗朗兹·诺伊曼的努力下形成的。起初，理论物理学的教学通常被视为实验物理学的补充，因此，德国大学是让比正教授位置稍低的特聘教授来教授这门课程。19 世纪和 20 世纪之交，几乎所有的德国大学都设置了理论物理学的特聘教授职位。到 1914 年，其中有 9 位成为了正教授。但尽管如此，到 1900 年，德国在这方面已经取得了世界领先地位。

19 世纪绝大部分时间内，英国的物理教学都被剑桥大学数学荣誉学位的毕业生把持着。㉓ 教学工作要求候选人展示自己在解决力学、流体静力学和流体动力学方面的问题的能力，1860 年后又增添了光学和电磁学。直到 1914 年，在英格兰和苏格兰，几乎一半的物理学教授席位仍是由剑桥数学荣誉学位的毕业生把持。直到一战前他们都宣称有信心设计出一种英国式的力学模式。1910 年后，随着创建于 1848 年的自然科学荣誉学位声望的不断提升，随着城市大学中研究所的建立，特别是伦敦和曼彻斯特，随着物理理论对力学的重要性的不断提升，剑桥学派的影响力便逐渐消退了。由于物理学已成为农业学、医学和工程学的必备知识，其教学工 516

㉓ P. Forman, J. L. Heilbron and S. Weart, 'Physics circa 1900: Personnel, Funding and Productivity of the Academic Establishments', *Historical Studies in the Physical Sciences*, 5 (1975), 32.

作者也在 1900 年前后获得了大发展。即他们除了举办实验物理学、力学分析和理论物理学讲座之外，还讲授工业物理学、水力学、电学、电力技术学和天体物理学等专业课程。

在 19 世纪，还出现了天体数理学与天体物理学的分野。天体物理学是分别研究各种天体，观察太阳、行星和天体表面的变化。将这些研究应用于地球，就成为了气象学或者地球物理学。而天体数理学则主要是在计算行星、卫星之类的运行。天体运动研究的理论基础和行星轨道的计算就是天体力学。它在 19 世纪末走向繁荣，代表有弗朗索瓦·费利克斯·蒂斯克朗（Franscois Felix Tisserand，1845－1896）四卷本的《力学》（*Traité de mécanique céleste*，4 vols.，1889－1896）和亨利·庞加莱（Henri Poincaré，1854－1912）三卷本的《力学新方法论》（*Les méthodes nouvelles de la mécanique céleste*，3 vols.，1905－1910）。很少有大学有好的天文台，这就是 19 世纪天文学研究的基础。其中，莱顿大学（建立于 1633，1861 年重修）、哥本哈根大学（原建于 1650）、乌普萨拉大学（建于 1730 年）、格拉斯哥大学（建于 1760 年）、塔尔图大学（建于 1809 年）、剑桥大学（建于 1820 年）、波恩大学（建于 1836 年）和斯特拉斯堡大学（建于 1881 年）是例外。其他有天文台的大学还包括克拉科大学、维也纳大学、莱比锡大学、喀山大学、布雷斯劳大学、布达佩斯大学、巴塞尔大学和波尔多大学。

摄影的引入是天文学研究的一场革命。到 19 世纪末，摄影已几乎完全取代了肉眼观测。其重要性在于，它使得每所大学与学院都可通过分析别处所取得的影像来参与恒星的研究。这方面突出的事例为 1896 年创建于格罗宁根大学的雅各布斯·科尼利厄斯·卡普坦（Jacobus Cornelius Kapteyn，1851－1922）天文实验室，就是依靠分析在其他地方的照相底片，而卡普坦也成为了恒星研究的先驱之一。分光镜也为恒星天文学提供了新的契机。1817 年，约瑟夫·夫琅和费（Joseph Fraunhofer，1787－1826）将分光镜嵌入天文望远镜，1859－1861 年间基希奥夫和本生在固体基础上建立了天体光谱分析。这又发展出了天体物理学，它主要是研究天体物理与天体化学的。光谱分析被发现后，它就很快被英格兰的威廉·哈金斯（William Huggins，1824－1910）、罗马的安杰洛·塞基（Angelo Secchi，1818－1878）和德国的赫尔曼·卡尔·弗格尔（Hermann Karl Vogel，

1841—1907)应用于星体分析。最初虽然获得了成功,但天文学还是用了很长的时间才接受一些新观念、新方法和新设备,同时,这也使得它疏远了常规的观测工作。虽然天体物理学起源于欧洲,但却在19世纪末的美国取得了极大的进步。1910年前后,它已与传统的位置天文学(positional astronomy)一起构成了一个共同的研究方向。

从1900年开始,天文学家们将主要的时间和精力集中于研究银河系的结构与其中的单个星体。在这种背景下,天文学新分支学科——恒星统计学——也得以发展起来,其主要贡献者有慕尼黑大学教授雨果·冯·泽利格(Hugo von Seeliger,1849—1924),哥廷根大学教授、后来成为波茨坦天体物理学观测台主任的卡尔·施瓦茨席尔德(Karl Schwarzschild,1873—1948)。隆德大学教授、恒星统计学研究所的创建人、瑞典天文学家卡尔·沙利耶(Carl Charlier,1862—1934)也在理论发展中作出了一定贡献。

精选文献

Artz, F. B. *The Development of Technical Education in France 1500—1850*, History of Technology and Culture 3, Cambridge, Mass., and London, 1966.

Ausejo, E. and Hormigón, M. (eds.) *Messengers of Mathematics: European Mathematical Journals (1800—1946)*, Madrid, 1993.

Beckert, H. and Schumann, H. (eds.) *100 Jahre mathematisches Seminar der Karl-Marx-Universität Leipzig*, Berlin, 1981.

Biermann, K. R. *Die Mathematik und ihre Dozenten an der Berliner Universität 1810—1933. Stationen auf dem Wege eines mathematischen Zentrums von Weltgeltung*, Berlin, 1988.

Breidbach, O. *et al*. (eds.) *Lorenz Oken*, Weimar, 2001.

Caneva, K. L. 'From Galvanism to Electrodynamics: The Transformation of German Physics and its Social Context', *Historical Studies in the Physical Sciences*, 9 (1978), 63—159.

de Castro Freire, F. *Memoria historica da Faculdade de mathematica nos cem annos decorridos desde a reforma da Universidade em 1772 até o presente*, Coimbra, 1872.

Crosland, M. and Smith, C. 'The Transmission of Physics from France to Britain: 1800—1840', *Historical Studies in the Physical Sciences*, 9 (1978), 1—61.

Dhombres, J. 'Introduction: L'Ecole Polytechnique et ses historiens', in A. Fourcy, *Histoire de l'Ecole Polytechnique*, Paris, 1987, 5—69.

Fiocca, A. and Pepe, L. 'L'Insegnamento della matematica nell' Università di Ferrara dal 1771 al 1942', in *Università e cultura a Ferrara e Bologna*, Pubblicazioni dell' Università di Ferrara 1, Florence, 1989, 1—78.

Gericke, H. *Zur Geschichte der Mathematik an der Universität Freiburg i. Br.*, Beiträge zur Freiburger Wissenschafts- und Universitätsgeschichte 7, Freiburg im Breisgau, 1955.

Golab, S. *Studia z dziejów katedr Wydzialu matematyki, fizyki, chemii Uniwersytetu Jagiellocskiego*, Cracow, 1964.

Grattan-Guinness, I. 'Grandes Ecoles, Petite Université: Some Puzzled Remarks on Higher Education in Mathematics in France, 1795—1840', *History of University*, 7 (1988), 197—225.

518 Hájek, B., Niklicek, L. and Mannová, I. 'An Analysis of the Origin and Development of Czech Chemistry as a Part of the Formation of National Science', *Acta historiae rerum naturalium necnon technicarum*, Special issue 9 (1977), 111—132.

Harman, P. M. (ed.) *Wranglers and Physicists: Studies on Cambridge Mathematical Physics in the Nineteenth Century*, Manchester, 1985.

Jungnickel, C. 'Teaching and Research in the Physical Sciences and Mathematics in Saxony, 1820—1850', *Historical Studies in Physical Sciences*, 10 (1979), 3—47.

Lorey, W. *Das Studium der Mathematik an den Deutschen Universitäten*

seit Anfang des 19. jahrhunderts, Leipzig and Berlin, 1916.

Meinel, C. *Die Chemie an der Universität Marburg seit Beginn des 19. Jahrhunderts. Ein Beitrag zu ihrer Entwicklung als Hochschulfach*, Academia Marburgensis 3, Marburg, 1978.

Millan, A. 'Los estudios de geometría superior en España en el siglo XIX', *Llull*, 14 (1991) 117—186.

Pahl, F. *Geschichte des naturwissenschaftlichen und mathematischen Unterrichts*, Handbuch der naturwissenschaftlichen und mathematischen Unterrichts 1, Leipzig, 1913.

Reindl, M. *Lehre und Forschung in Mathematik und Naturwissenschaften, insbesondere Astronomie, an der Universität Würzburg von der Gründung bis zum Beginn des 20. Jahrhunderts*, Würzburg, 1966.

Rowe, D. E., '"Jewish Mathematics" at Göttingen in the Era of Felix Klein', *Isis*, 77 (1986), 422—449.

Scharlau, W. (ed.) *Mathematische Institute in Deutschland 1800—1945*, Braunschweig and Wiesbaden, 1990.

Schubring, C. 'Pure and Applied Mathematics in Divergent Institutional Settings in Germany: The Role and Impact of Felix Klein', in D. Rowe and J. McCleary (eds.), *The History of Modern Mathematics: Proceedings of the Symposium on the History of Modern Mathematics, Vassar College, Poughkeepsie, New York, June 20—24, 1989*, vol. II: *Institutions and Applications*, Boston, 1989, 171—220.

Shinn, 'F. 'The French Science Faculty System 1808—1914: Institutional Change and Research Potential in Mathematics and the Physical Sciences', *Historical Studies in Physical Sciences*, 10 (1980), 271—332.

Stichweh, R. *Zur Entstehung der modernen Systems wissenschaftlicher Disziplinen. Physik in Deutschland 1740—1890*, Frankfurt-am-Main, 1984.

Vucinich, A. *Science in Russian Culture: A History to 1860*, London, 1965.

519

第十三章 生物学与地球科学

安托·雷考拉

生物学的诞生

从某种意义上来说,1802 年是生物学发展史上的一个转折点。正是在这一年,现代意义上的生物学在莱茵河的两岸同时正式诞生了。在法国,巴黎自然历史博物馆教授让一巴蒂斯特·拉马克(Jean-Baptiste Lamarck,1744—1829)将生物学定义为"它是研究动植物的普遍特性,且这些特性将毫无例外地适用于所有生物的科学,是研究主体具有唯一性与普遍性的特定科学,是研究那些尚未被发现的、尚未被命名的主体的科学,这就是我所说的生物学"。① 1809 年,拉马克在其著名的《动物学哲

① J. B. Lamarck, 'Discours d'ouverture de l'An X', in J.-B. Lamarck, *Recherches sur l'organisation des corps vivants* (Paris, 1802).

学》(*Philosophie zoologique*)中又提及这一新学科,他指出,他已经为一本名为《生物学》(*Biologie*)的著作准备了很多的素材。但他略带遗憾地指出,"就我而言,这本著作还没有开始动笔"。②

拉马克是一个有争议的人物,因此,他的著作很快被人们遗忘了。但德国的戈特弗里德·赖因肖德·特雷维拉努斯(Gottfried Reinshold Treviranus,1776—1864)则比他幸运得多。1802年,年仅26岁的赖因肖德出版了巨著《生物学》(*Biologie*)。当时"生物学"还不是一个经常使用的词,但是,在特雷维拉努斯的著作中,他很好地定义了生物学这一概念,并使其在德语世界中流传开来:

> 我们研究的对象是生命的不同形式和不同现象,以及产生这一状态与影响它的条件与法则。从事这方面研究的科学就是生物学,即生命科学。因此,我们的研究必须从物质开始,研究那些至今还消散在其他学科,特别是自然史和理论医学中的物质。③ 520

1800年前后,生物学和地质学领域也发生了其他很多值得一提的事情。格扎维埃·比沙(Xavier Bichat,1771—1802)在1800年发表的《细胞学》(*Traité des membranes*)和1801出版的《普通解剖学》(*Anatomie générale*)中宣告了组织学的诞生。乔治·居维叶(Georges Cuvier,1769—1832)也发展了新的比较解剖学,虽然比较解剖学根植于文艺复兴时期,但乔治·居维叶在1800年第八次革命时期发表的《比较解剖学教程》(*Leçons d'anatomie comparée*)中赋予了全新的含义。两位意大利实验生理学家和物理学家路易吉·伽伐尼(Luigi Galvani,1737—1798)与亚历山德罗·沃尔塔(Alessandro Volta,1745—1827)对"电"的本质,特别是"动

② J. B. Lamarck, *Philosophie zoologique* (Paris, 1809; 1907 edn), Avertissement, p. xxii: '... j'ai fait usage des principaux matériaux que je rassemblais pour un ouvrage projeté sur les corps vivants, sous le titre de Biologie, ouvrage qui, de ma part, restera sans exécution'; cf. J. - B. Lamarck, *Zoological Philosophy. An Exposition With Regard to the Natural History of Animals* (Translated by Hugh Elloitt) (Chicago and London, 1984), 6.

③ G. Treviranus, *Biologie, oder Philosophie der lebenden Natur für Naturforscher und Ärzte*, 6 vols. (Göttingen, 1802—22), vol. I, 444.

物电”(animal electricity)的本质争论不休,直到伽伐尼去世为止;但他们的争论却为 19 世纪 40 年代神经心理学的诞生奠定了基础。

在地质学方面,1785 年,詹姆斯·赫顿(James Hutton,1726—1797)提出了“均变论”(uniformitarian theory),并在 1795 年出版的《地球概论》(*Theory of the Earth*)中对其进行扩展,但是,直到 19 世纪最初几年,他的理论才被人们普遍接受;此时,关于地壳形成要素的“水成论”代表——非常有影响的德国地质学家、矿物学家亚伯拉罕·戈特洛布·维尔纳(Abraham Gottlob Werner,1750—1817)——与“火成论”的支持者进行了长期的、激烈的争论。“水成论”的观点认为地壳的形成要素是水,而“火成论”则认为是火。

同时,19 世纪初也意味着亚历山大·冯·洪堡时代的来临,1804 年,他与好友艾梅·邦普朗(Aimé Bonpland,1773—1858)从南美旅行回来。如今,人们都知道亚历山大·冯·洪堡是探险家,植物地理学奠基者,但是在 19 世纪上半叶,亚历山大·冯·洪堡还对所有的科学思维方法产生过巨大的影响。特别是 19 世纪 20 年代,他在柏林大学的讲座在公众中引起了新的科学兴趣,这迅速使得德国在各个领域获得霸权地位,而不仅仅是在生物学领域。与 100 年后的爱因斯坦一样,亚历山大·冯·洪堡在他暮年时期(他活了 90 岁)成为了整个欧洲科学界的领袖。

521 在他的巨著《宇宙》(*Kosmos*,1845—1862)中,亚历山大·冯·洪堡认为世界是一个伟大的整体,是受普遍和谐的法则统率的,这一点与德国自然神论者(*Naturphilosophie*)的观点是一致的,尽管他的研究依赖的是观察和经验性的事实。自然神论者认为,经验主义是故步自封的,而在探索自然的终极奥密的时候,他们要充分地发挥自己的想象力。他们当中最有影响的一位就是洛伦兹·奥肯(Lorenz Oken,1779—1851),他的功绩在于发明了“纤毛虫”(infusoria)一词,用于指称最原始的生物。奥肯的哲学非常深奥、晦涩难懂——据说他的散文实际上对于不懂得浪漫主义哲学热情释放的现代学者来说是不可理解的——但是在浪漫主义思维的时代,他的《社会阶层的自然通史》(*Allgemeine Naturgeschichte für alle*

Stände)④得到了公众的青睐，尽管这本书出版的时候，自然科学中浪漫主义革命实际上已经结束了。此时潮流正在从自然神论转向了自然科学论，其标志就是西奥多·施沃恩(Theodor Schwann，1810—1882)和马蒂亚斯·施莱登(Matthias Schleiden，1804—1881)的细胞学说的提出，以及施沃恩所著教科书的出版，这本教科书在其修订版中使用了一个更加直白的名字——《植物发生论》(*Die Botanik als inductive Wissenschaft*)。⑤

1803年，奥肯出版了关于自然神论的研究报告，当时他只有24岁，还是一名大学生。在法国，浪漫主义哲学思潮在艾蒂安·若弗鲁瓦·圣-伊莱尔(Etienne Geoffroy Saint-Hilaire，1772—1844)的作品中达到顶峰，特别是19世纪30年代在他年长之后。19世纪30年代，艾蒂安·若弗鲁瓦·圣-伊莱尔(Etienne Geoffroy Saint-Hilarie，1772—1844)与居维叶男爵在关于动物结构统一性方面的激烈争论，使他变得非常著名，因为这场争论引起了歌德的关注，作为一个整体论者，歌德坚定地站在了若弗鲁瓦的一边。但是，浪漫主义的态度早在比沙(Xavier Bichat)的生命活力论(vitalism)中就显现出来了，并在其名句"所谓生机就是生命体死亡之前所有生命活动的总和"中准确地表达出来。⑥ 比沙早逝于1802年，在整个19世纪上半叶，他的作品都被广为传诵，并获得了高度评价，甚至那些反对他形而上学的生命活力论的学者，如孔德、克劳德·贝纳尔(Claude Bernard，1813—1878)，也是这样，1852年，在比沙逝世半个世纪后，新版的《研究》(*Recherches*)得以出版。

不同的形式：法国与德国

19世纪上半期，德国和法国在生物学研究中占据了主导地位。在大革命期间和大革命之后，法国的生物学研究是建立在专业研究基础上的。

---

④ L. Oken, *Allgemeine Naturgeschichte für alle Stände*, 13 parts (Stuttgart, 1833—1845).

⑤ M. Schleiden, *Grundzüge der wissenschaftlichen Botanik*, 2 vols. (Leipzig, 1842—1843).

⑥ X. Bichat, *Recherches physiologiques sur la vie et la mort* (1800; new edn, Paris, 1852), 1.

522 早在大革命前，巴黎的皇家科学院就是一个关键性的研究机构，这要归功于布丰伯爵、安托万・朱西厄(Antoine Juissieux，1686—1758)、安托万・劳伦・德・朱西厄(Antoine Laurent de Jussieu，1748—1836)等人的努力，即使1793年在原有的皇家园林的基础上建立了巴黎自然历史博物馆，即现在的植物园，也丝毫没有削减它的重要性。在接下来的一年中，又增加了一些重要的学术机构，特别是巴黎高等师范学校和巴黎理工学校；1795年，法兰西研究院建立，这是法兰西科学院与其他四所研究机构合并形成的。

自从17世纪以来，法国就是一个高度中央集权的国家，如果说大革命给它带来了一些变化的话，那就是它变得更加集权化了。科学研究的传统主要保存在皇家科学院、自然历史博物馆和高等专业学院而不是在大学中，但尽管如此，这些传统依然很薄弱。正是由于这种集权化的模式，才有可能使得像居维叶男爵这样的领军人物成为了"生物独裁者"；他不仅是自然历史博物馆教授、皇家科学院终身秘书长，而且在拿破仑、波旁王朝和路易—菲利普接连交替的几届政府中都身居要职。1814年，在波旁王朝复辟时期，他不仅成为新教大学(包括那些法国控制的德国地区)的校长，而且还成为了国家议员，其地位几乎与教育部长不相上下。1832年居维叶去世后，法国生物学研究则大不如前，尽管当时艾蒂安・若弗鲁瓦・圣—伊莱尔和他的儿子、因胚胎学实验扬名的伊西多尔・若弗鲁瓦・圣—伊莱尔(Isidore Geoffroy Saint-Hilarie，1805—1861)，动物学家阿希尔・瓦朗西安纳(Achille Valenciennes，1791—1864)、亨利・迪克罗泰・德・布兰维尔(Henri Ducrotay de Blainville，1778—1850)和布龙尼亚家族，包括地质学家亚历山大・布龙尼亚(Alexandre Brongniart，1770—1847)和儿子植物学家阿道夫・布龙尼亚(Adolphe Brongniart，1801—1876)，在各自的研究领域都获得了骄人的成就，但是生物科学的领先地位已经被德国大学的教师们所占据。

在德国，由于没有集权化的政治权力，所以在高等教育领域也没有形成集权化的制度，并且，尽管德国也有许多知名的学术协会，但不论是1652年在施魏因福特自然研究者学院(*Academia Naturae Curiosorum*)的基础上建立的利奥波尔迪纳科学院，还是1700年在莱布尼兹建立的柏林

科学院(Academy of Berlin),它们没有一个在科学研究中处于领军位置。科学研究是属于大学的,而大学往往又是隶属于王国、公国或者城市共和国等国家实体的。而且,医学教学以及相应的医学研究也是属于大学的,这不同于法国,在法国,许多教学与研究工作是在医学院或独立于大学的医院中展开的(尽管当时已经有大学了)。例如,拉马克与居维叶就曾在植物园工作过,比沙曾在巴黎主宫医院(当时称之为"*Grand Hospice d'Humanité*")从事教学研究,但是特雷维拉努斯却是不来梅学园的教授, 523
奥肯在来到苏黎世大学之以前,曾在哥廷根大学、耶拿大学、慕尼黑大学和爱尔兰根大学任教,因此,事实是在德语国家(包括了部分的瑞典、奥地利、波西米亚,甚至波罗的海沿岸的诸省,特别是塔尔图的多尔帕特大学)有一些大学和大学类的学院都为科学家提供了一定的流动性:他们可以去更好的大学找更好的工作,也可能像奥肯一样,当他由于激进的科学观与政治观导致他无法在之前的机构里继续工作生活的时候,可以换一个地方。

1810年柏林大学的建立,极大地影响了德国大学的"科学化"发展方向,这是由于它秉持自由的科学研究是大学生活的必要组成部分的信念。⑦ 同时伴随着大学教授与科研人员的流动,也使得许多新的科学观能够在乐于接受新事物的环境中得到更好地传播。对于国家来说,当大学不再是知识的仓库,而且涌现出大量科学创新后,大学中的科学成果也就以一种新的方式成为了民族的骄傲。

新兴的生理学

新德国精神的著名代表就是德国著名生理学家约翰内斯·缪勒(Johannes Müller,1801—1858)。缪勒在波恩大学学习自然神论,并于1822年获得了医学学位。他又在柏林师从著名的解剖学家卡尔·阿斯穆德·鲁道菲(Karl Asmund Rudolphi,1771—1832)——他是与浪漫主义意识形态决裂的第一人——深造之后,缪勒就回到波恩,并在那里当上了教授,

⑦ 参见第二章第47—52页和第六章第169—175页。

这一年他才 24 岁。1832 年，当缪勒的老师鲁道菲去世时，他已经在生理学界小有名气。他曾致信普鲁士教育部部长阿尔滕施泰因男爵，在信中他提到：

> 我和我国内外的许多朋友都认为我注定要领导一个伟大的研究机构。在这里我没有机会施展我所有的才华。现在我正值盛年，我知道自己在做些什么，在这关键性的时刻，我认为自己有义务并必须向阁下推荐我自己，这是因为，从其他科学生机勃勃的生命力中，我们可以看出并有理由相信，在未来若干年后，柏林一定能够出现诸多有着重要影响力的出色研究机构……⑧

524 缪勒希望能使柏林大学成为解剖学和生理学的中心，就像不久前刚刚终结的居维叶时期巴黎在动物解剖学中的地位一样。尽管缪勒在信中夸夸其谈的态度是很少见的，但最终他还是成为了柏林大学的教授，并兑现了他的承诺：柏林大学成为了欧洲生理学和比较解剖学的中心。在来到柏林大学之前，缪勒完成了《人体生理学手册》(*Handbuch der Physiologie des Menschen*)⑨的第一卷，它被看成是欧洲生理学发展史上的一个里程碑，它对科学的贡献能和上个世纪阿尔布雷希特·冯·哈勒尔(Albrecht von Haller，1708—1777)所著的《人体生理学基础》(*Elementa physiologiae corporis humani*)相提并论。19 世纪四五十年代，虽然缪勒将研究重点从生理学转向了低等生物的比较解剖学，但他的许多学生采用了缪勒所没有用过的实验方法，丰富了德国生理学派，唯一能与之抗衡的就是法国的贝纳尔。从理论上看，缪勒仍然是一个活力论者，但是时代已经改变，大多数学生都在有关生命进程的解释中表现出了唯物主义态度。

在缪勒的学生中有埃米尔·杜波伊斯—雷蒙德(Emil Du Bois-Reymond，1818—1896)，他是电生理学的先驱，也是缪勒在柏林大学的接班

---

⑧ 'Brief, 7. 1. 1833', in E. Du Bois-Reymond, *Gedächtnisrede auf Johannes Müller* (Berlin, 1860), 62.

⑨ J. Müller, *Handbuch der Physiologie*, vol. I (Koblenz, 1833); vol. II (Koblenz, 1837—1840).

人；卡尔·路德维希（Carl Ludwig，1816—1892），他不仅发明了波动曲线记录器和其他一些生理学研究仪器，而且他还是莱比锡大学的第一任生理学教授，在那里创办了第一个现代生理学研究所；恩斯特·冯·布吕克（Ernst von Brücke，1819—1892），他在柯尼斯堡大学和维也纳大学教授生理学，培养了生理语言学的巨人弗洛伊德，同时他还在生理学的其他研究领域作出了杰出的贡献；以及赫尔曼·冯·赫尔姆霍兹，他不仅在热力学、生理视觉和听觉、生理神经学以及物理的许多分支学科，诸如热力学和流体动力学中扬名，而且还先后在柯尼斯堡大学、波恩大学和海德堡大学教授生理学，最后还在柏林大学讲授物理学。所有这些杰出的生理学家都有许多学生，这些学生不仅来自德语国家，而且来自斯堪的纳维亚半岛，在那里，这些新的方法和观点通过诸如瑞典的弗里肖夫·霍姆格伦（Frithiof Holmgren，1831—1897）和芬兰的罗伯特·蒂格斯泰特（Robert Tigerstedt，1853—1923）等人传播开来的。19 世纪 80、90 年代，当缪勒及其学生们的时代终结后，整个欧洲的生理学研究已经在德国模式下构建完成，这在很大程度上要归功于许多大学教学与科研结合所取得的成效。

细胞理论 525

缪勒最有才华的弟子就是西奥多·施沃恩（Theodor Schwann，1810—1882），他是普通细胞理论的创始人。施沃恩曾受到德国植物学家马蒂亚斯·施莱登（Matthias Schleiden，1804—1881）的重要启发，他先是在海德堡大学学习法学，之后，他又在哥廷根大学和柏林大学学习了医学和植物学。当得知罗伯特·布朗（Robert Brown，1773—1858）发现了植物细胞核之后，施莱登于 1838 年发表了他的论文《植物发生论》（*Beiträge zur Phytogenesis*），形成了他自己的细胞理论，即所有的植物都是由细胞构成的，而每一个细胞又是一个独立的生命体，因此，植物的生命实际上是其细胞生命的结果。在施莱登发表之前，曾向他年轻的朋友施沃恩描述了细胞，当时施沃恩正在波恩大学给缪勒当助手，后来他在维尔茨堡学习了几年之后，又追随缪勒去了柏林大学。在那里，他发明了“肌肉秤”（muscular balance），用于测量肌肉的拉力——一个勇敢的尝试，将活力的现象简单

地看作是一种物理现象——同时施沃恩还首次发现了生理催化剂——胃蛋白酶，并提出了这样一个观点，后来为巴斯德所证实，即酒精发酵是由于酵母的作用（他认为酵母有机体）而腐烂是由微生物的活动引起的，并且是不可逆的。之后，他将施莱登的理论拓展到所有生命体，从那时开始，普通细胞理论就成为了生物科学的最基本的范式之一。但是，在施沃恩划时代著作——《显微研究》（*Mikroskopische Untersuchungen*）⑩发表之前，他遭到了著名化学家韦勒（Friedrih Wöhler，1800—1882）与反对酒精发醇理论的李比希的严厉批判与嘲弄，他在德国的大学职业生涯也因此而结束了。施沃恩接受了比利时鲁汶大学的邀请，成为了解剖学教授，不久后他又来到列日大学，但是他天才的创造力就此终结，他的思维转向了精神上的冥想。在比利时执教的40年中，他没有取得任何能够与他年轻时在柏林大学取得的杰出成就相提并论的成果。

但尽管如此，是缪勒将施沃恩的新细胞理论载入了《人体生理学手册》第二卷，这赋予了该理论所无法获得的或至少说无法如此迅速地获得的权威。这一理论迅速在实践中被人们所接受，并将其应用到胚胎学、生
526 殖学和生物学的其他研究领域中去；奇怪的是，“生命有机统一体”这一根本性突破几乎没有引起任何争议，特别是当它与20年后生物学中另一个伟大范式——进化理论所引起的巨大争议相比时，更是让人感到惊讶。

在德国大学那些对细胞理论的发展作出杰出贡献的人中，有艾伯特·克利克（Albert Kölliker，1817—1905），他认为卵、精子或者精虫事实上也是细胞（在卵细胞的问题上，他继承了施沃恩的卵细胞的观念）；卡尔·冯·西博尔德（Karl von Siebold，1804—1885），他指出原生动物是由单细胞组成的独立有机体；雅各布·亨勒（Jakob Henle，1809—1885），他运用了细胞学的理论，创建了现代组织学；弗朗兹·冯·莱迪格（Franz von Leydig，1821—1908），他在细胞理论的基础上，在教科书中，⑪比较了脊椎动物和无脊椎动物的组织；卡尔·冯·内格里（Karl von Nägeli，1817

⑩ T. Schwann, *Mikroskopische Untersuchungen über die Übereinstimmung in der Struktur und dem Wachstum der Tiere und der Pflanzen* (Berlin, 1839).

⑪ F. von Leydig, *Histologie des Menschen und der Tiere* (Frankfurt-am-Main, 1857).

—1891)，是他首次在细胞分裂过程中发现了染色体；罗伯特·雷马克(Robert Remak，1815—1865)，缪勒的学生，他认为两栖动物受精卵和鸟类卵细胞的分裂也是一种细胞分裂；鲁道夫·菲尔绍(Rudolf Virchow，1821—1902)，缪勒的又一个学生，他提出了细胞病理学理论，并且在舆论中压倒了施沃恩和施莱登提出的"一切细胞都是产生于原细胞的分裂"这一观念。这些专家学者的职业生涯，再一次反映了德国大学教授的流动性。例如，亨勒曾在波恩大学和海德堡大学学习，后来他跟随缪勒来到柏林大学，并成为了他的助教和实验伙伴，并先后在苏黎世大学和海德堡大学获得了教授职位，1852年，他最终在哥廷根大学安顿下来。瑞士人克利克，最初是在柏林大学接受缪勒、亨勒和雷马克的指导，后来他跟随亨勒来到了苏黎世大学，1847—1897年间，他在维尔茨堡大学整整执教50年。莱迪格曾在维尔茨堡大学和慕尼黑大学学习，1857年，他成为图宾根大学教授，1875—1887年间，他又转入波恩大学任教。菲尔绍在柏林大学获得医学学位，并于1849—1856年间成为了维尔茨堡大学的第一位德国病理学教授，之后，他应邀来到柏林大学担任病理学教授，直至1902年去世为止，他还对人类学和考古学感兴趣。人类学也曾是施莱登的爱好之一：19世纪60时代初，他甚至在塔尔图大学当过几年的人类学教授。

这些和其他许多职业案例说明，在大多数情况下，德语国家为科学人才提供了很好的机会，教授们往往从学生开始当起，然后是助教、编外教师，这就是一个孕育新科学家的循环。有时也会出现一些困难，比如有太激进观点，或者是太强有力的对手——以施沃恩为例——或者是生不逢时——以雷马克为例，因为他是波兰犹太人，所以直到1859年他才在普鲁士获得终身教职，此时他的学术生涯已经快要结束了。12年前，当雷马克首次举办讲座时，着实引起了轰动，这是因为他是第一个在柏林大学举办讲座的犹太人。但总体来说，洪堡的"科研和教学并重，二者相互促进"的原则收到了很好的成效。这使普通科学教育有了一个大的提升，并在许多领域内促进了科学的快速发展。 527

斯堪的纳维亚半岛国家也遵循了德国的模式办学，但其流动性必然受到诸多限制：丹麦、挪威和芬兰各自只拥有一所大学(丹麦只有哥本哈根大学，挪威只有克里斯蒂安尼亚大学，芬兰只有赫尔辛基大学)，瑞典有

两所大学，乌普萨拉大学和隆德大学；而在德语国家，到 19 世纪中期，大学的数量已经达到 20 所左右。在俄国，许多大学建立于 19 世纪初期，但实际上科学研究工作则主要由圣彼得堡科学院的院士和教授们来承担，他们往往都有一定的德国背景，受过德国式的大学教育。例如，圣彼得堡生物学系的知名院士卡尔·恩斯特·冯·贝尔(Karl Ernst von Baer，1792—1876)曾在塔尔图大学学习医学，后来又先后到柏林大学、维尔茨堡大学和维也纳大学深造；在 1817—1834 年间，他在柯尼斯堡大学讲授解剖学、动物学和人类学；从 1846 年开始，他成为了圣彼得堡科学院院士，并在那里度过了余生。贝尔在柯尼斯堡大学期间，发现了哺乳动物的卵细胞，为现代胚胎学奠定了基础，而在圣彼得堡期间，他又转向了地理学、人种学、人类学和养鱼学的研究；退休之后，他回到了塔尔图，并积极参与当地的爱沙尼亚自然主义者协会的工作。

在欧洲地中海国家，国际性的高水平研究相对较少，虽然在那里也出现了科学进步，但有时是相当滞后的。例如，直到 19 世纪 50 年代，贝尔的胚胎学理论和施沃恩的细胞学理论才在格拉纳达大学的马里亚诺·洛佩斯·马特奥斯教授(Mariano López Mateos，1800—1863)的影响下，在西班牙确立起来。直到 19 世纪最后十年，地中海国家才对组织学和细胞学作出新贡献：19 世纪 70、80 年代，在帕维亚大学任教的卡米洛·戈尔吉(Camillo Golgi，1843—1926)确立了神经元的现代观，即神经元是神经细胞及其派生物的总和；19 世纪 90 年代到 20 世纪，巴塞罗那大学教授圣地亚哥·拉蒙·卡扎尔(Santiago Ramón y Cajal，1852—1934)，后来到马德里大学任教继承了戈尔吉的事业，并与戈尔吉一起于 1906 年获得了诺贝尔奖。

528

贝纳尔与巴斯德

如上所述，法国的情况是截然不同的，并至少持续到 1896 年法国大学复兴为止。大多数生物科学研究都集中在巴黎，在巴黎科学院、自然历史博物馆和法兰西学院中。说起生物学和生物医学，我们就必须也谈谈医学院。法国生理学的伟大导师克劳德·贝纳尔来到巴黎，本来他想成为一名剧作家，后来在别人的建议下转学医学。他在医学院(*Faculté de*

Médicine)取得了学位，并来到主宫医院(the *Hôtel-Dieu* hospital)工作，在那里，法国生理学权威、后来法兰西学院的教授弗朗索瓦·马让迪(François Magendie，1783—1855)"发现"了他，两个人从此开始了长达15年的合作。马让迪是一位实验家，而贝纳尔虽然其实验技术至少也不比他的生理学理论差，但他却对生理学理论更感兴趣。马让迪去世后，贝纳尔接替了他在法兰西学院的职务。1865年，在贝纳尔生病期间，他撰写了《实验医学研究导论》(*Introduction à l'étude de la médecine expérimentale*)，这就是后来柏格森(Henri Bergson，1859—1941)声称能与笛卡尔的《方法谈》(*Discours de la Méthode*)相媲美的作品，左拉(Emile Zola，1840—1902)也称其为"实验小说"的指南针。⑫ 1854—1868年间，贝纳尔担任科学院教授，并且同时在两个不同的研究所中授课。在保罗·贝尔(Paul Bert，1833—1886)接替了他的工作之后，克劳德·贝纳尔获得了自然历史博物馆的教席，在那里，早些时候是由极具影响力的神经生理学家、贝纳尔在科学院的前辈彼埃尔·弗卢朗(Pierre Flourens，1794—1867)教授比较生理学的。这就样，虽然杰出的生理学家们在多个研究机构之间流动，但是他们都是在巴黎，而且没有一个人是在正规大学中任教。(因此)，德国的职业模式在法国是行不通的。

在巴黎，另一个大学的替代品就是巴黎师范高等专科学校，这里成为了19世纪法国另一个生物学巨匠路易·巴斯德的根据地。如果说贝纳尔开拓了生理学的新阶段，从他著名的"内环境平衡"(*milieu intérieur*)概念到生理规律的研究，并拓展了内分泌学的领域的话，那么巴斯德则为微生物学和免疫学奠定了基础。巴斯德曾在贝桑松的皇家学院学习，之后来到巴黎师范高等专科学校，在让-巴蒂斯特·毕奥(Jean-Baptiste Biot，1774—1862)的指导下学习化学。1846年，巴斯德通过了教师资格考试并去第戎任教，后来在斯特拉斯堡任教5年之后，他来到了里尔的新学院。 529
1854年，他应召回到巴黎师范高等专科学校，之后又来到了索邦的医学院，但他在那里只工作了一年就退休了，当时他只有46岁，他退休后还能

⑫ H. Bergson, 'Discours au Collège de France, le 30 décembre 1913', in R. Clarke, *Claude Bernard et la medicine expérimentale* (Paris, 1961), 197; E. Zola, *Le roman experimetal* (Pairs, 1929), 11.

获得全额的薪水。在巴黎师范高等专科学科时期是巴斯德作为科学家最为多产的时期，虽然巴黎师范高等专科学校的研究设备是十分落后的，至少在最初是这样。巴斯德完成了他最重要的生理学发现，包括发现胃液和肠液在消化中的功能、脂肪的吸收机理、肝脏的肝糖功能和血管舒缩下的血压规律，在简陋的地下实验室以及他的两个小阁楼里，巴斯德完成了他大部分的发酵试验。当时的法国社会和政府对资助科学研究并不感兴趣，但后来大多是由于贝纳尔和巴斯德的活动，以及他们的名誉和成就给法国带来的荣耀，使得这种情况大为改观。为了争取必要的实验设备，巴斯德曾直接向法皇拿破仑三世呼吁，"现在已经到了必须将实验科学学科从悲惨遭遇中解放出来的紧要关头"。⑬

虽然皇帝在原则上是持肯定态度的，但还需要新的呼吁。它包括 1868 年一篇列举了欧洲各国的实验经费的文章，文章指出："在过去的三十年中，资源充沛的大型实验室已经在德国建立起来了，并且每年都会建立新的实验室……出于同样的目的，英国、美国、奥地利和巴伐利亚等国家也对科研投入了很多。意大利也开始采取了相同的措施。"⑭

巴斯德终于获得了新的实验室，但是几年后，在普法战争之后，他又得到机会，向国人呼吁，法国必须实现科学的复兴。在巴斯德学术生涯即将结束的时候，另一个新的研究所成立了。这是受巴斯德在治疗狂犬病中获得的成功的启发，法兰西科学院决定筹集一笔经费，专门用于生产狂犬病疫苗，1888 年，巴斯德研究所正式落成，巴斯德成为了研究所的第一任所长。不久后，它又拓展到白喉病的治疗，同时在巴斯德的学生像爱弥尔·鲁(Emile Roux，1853－1933)、亚历山大·叶辛(Alexandre Yersin，1863－1943)和艾伯特·卡尔梅特(Albert Calmette，1863－1933)等人的不断努力下，理论研究也得到了大发展。在其他国家也成立了巴斯德研究所，它们有的是私人性质的，有的是政府组织的，而且在许多国家，它们都成为了微生物学和免疫学研究的中心，有时它们仅和最初的医疗功能有松散的联系。

⑬ R. Vallery-Radot, La *vie de Pasteur*, 2nd ed (Paris, 1905), 206.

⑭ *Ibid.*, 216.

达尔文与达尔文主义

在英国，大学的发展长期以来处于停滞的状态，至少就科学探索而言是这样。大学教育的目的更多地是为了培养绅士，而不是培养科学人才，在18世纪，数学及其相关领域，如天文学，成为了正规教学中仅有的科学内容。20世纪80年代早期，曾举办过一个剑桥科学回顾展，它恰如其分地被命名为“科学：少数人的爱好”。1819年，为了推动剑桥自然科学研究的发展，亚当·塞奇斯威克（Adam Sedgswick，1785－1873）和约翰·亨斯洛（John Henslow，1796－1861）成立了剑桥哲学协会。其实，早在1695年，在剑桥就设立了地理学的伍德沃德教授职位，但实际上，塞奇斯威克是第一个认识到科学重要性的、执掌该教席的教授。而1818年，当他接受任命的时候，他还从未进行过地质考察，并声称自己对这个领域一无所知。主要从事数学、化学和矿物学研究的亨斯洛，于1822年被任命为矿物学教授，三年后又成为新设立的植物学教授，从此之后，他因献身植物学而扬名天下。剑桥大学的植物园至今仍以他的名字命名。

这两个人对达尔文（1809－1882）的科学教育是有帮助的，亨斯洛曾是达尔文在植物园和野外工作中的导师，塞奇斯威克则曾在1831年8月，也就是达尔文环球旅行之前，带领他年轻的学生到北威尔士进行了地质学考察。当时在剑桥大学中，植物学和地质学都不属于常规课程，在牛津大学中也是如此。达尔文于1836年回国，奇怪的是，他既不想攻读博士学位，也不想在大学中任教，而是成为了伦敦地质协会的会员，后来还当上了秘书。这就是他的科学环境。1842年，他搬到了塘屋（Down House），并在这里度过了他的下半生，在此之前，他辞去了秘书的职务，但却没有放弃会员资格；当时，达尔文是皇家地质协会的会员，甚至是皇家协会的会员。后来还是林奈协会的会员，正是在这里，1858年，宣读了达尔文的划时代论文，以及阿尔弗雷德·拉塞尔·华莱士（Alfred Russel Wallace，1823－1913）的一篇类似的关于进化论和自然选择的论文。

尽管达尔文从未在大学中任教，但是德国和斯堪的纳维亚半岛的新闻界却都称他为“达尔文教授”，显然，这是因为，在这些国家中，作为一个

"自由学者"(*Privatgelehrter*),在大学之外生活、工作并不常见。所以,在这里给予科学家以教授的头衔要比在英国或法国更具有社会威望。达尔文和华莱士都是"自由学者"。另外还有 18 世纪伟大的地质学家詹姆斯·赫尔顿(James Hutton,1726—1797)、现代地质学奠基者、《地质学原理》
531 (*Principles of Geology*)[15]的作者查尔斯·赖尔爵士(Charles Lyell,1797—1875)。赖尔爵士的著作是对现实论的伟大胜利——其原理就是,历史上的地质变化可以而且必须能够通过力来解释它对当前的影响——这对于年轻的达尔文的思想发展而言,是不可或缺的。虽然作为教授,赖尔仅在国王学院教了三年书,但他却在科学政治中获得了重要的职位,并且多亏了他的影响力,科学课程才在牛津和剑桥中有所增强。1827 年,在赖尔不到 30 岁,还只是一个实习律师的时候,他就大学只关注古典学科而不关注其他任何事物的现象进行了抨击。

虽然英国没有形成法国那种集权化的科学文化,法国也没有出现可以与牛津、剑桥相匹敌的大学,但是这两个国家的科学研究还是有一个非常重要的共同点,那就是数量庞大的公共博物馆和园林为描述性研究和比较研究提供了许多机会,甚至可以说,巴黎博物馆就是为了实验研究而建立的。达尔文的好友和支持者约瑟夫·胡克爵士(Joseph Dalton Hooker,1817—1911)就是一位一流的植物学家,他像他的父亲威廉·胡克(William Jackson Hooker,1785—1865)——格拉斯哥大学前任植物学教授——一样,成为了克佑园林的主任。达尔文的最重要的对手之一就是理查德·欧文爵士(Richard Owen,1804—1892),他被认为是英格兰维多利亚时代最杰出的脊椎动物学家和古化石专家,他在英格兰皇家外科学院任亨特教授长达 20 年,晚年还成为大英博物馆(自然历史)的首位主任,在此之前,从 1856 年开始,他还是大英博物馆自然历史收藏部的主管。虽然他是一个著名的、受欢迎的演讲者,但是他从来没有涉足过常规的大学教学。

这些例子表明,1859 年达尔文《物种起源》的出版引起的科学和意识

[15] C. Lyell, *Principles of Geology*, 3 vols. (London, 1830—1833; German trans. K. Hartmann, 3 vols., Weimar 1841—1842).

形态方面的斗争并没有对英国的大学产生太大的影响，但是却导致了学术协会与其他团体会面时的冲突。例如，1860 年 6 月在牛津举办英国进步科学协会会议期间，发生在威廉·威尔伯福斯（William Wilberforce, 1805—1873）与托马斯·亨利·赫胥黎（Thomas Henry Huxley, 1825—1895）之间关于“达尔文牛头犬”的著名决斗。当时，赫胥黎并不是大学教师，只是一个海军外科医生，后来他才成为了伦敦矿务学院自然历史系的教授。但是，当达尔文的进化论来到德国之后——很快地——它就成为了大学教师之间辩论的对象。《物种起源》的翻译者——杰出的古化石学家海因里希·布龙（Heinrich Bronn, 1800—1862），就是海德堡大学自然历史教授。⑯ 他不接受达尔文的整个理论，当然，他对这个理论并没有敌意。 532

布龙不久后就去世了，曾在柏林跟随缪勒学习医学的另一位学生——恩斯特·海克尔（Ernst Haeckel, 1834—1919）在维尔茨堡听了菲尔绍的讲座后，成为了达尔文主义在德国的主要倡导者。1860 年，当他阅读了布龙翻译的《物种起源》之后，他便皈依了这个新学说。1862 年，在他的关于放射虫的专著中，他公开声明支持达尔文主义，四年后，他出版了著名的《普通生物形态学》（*Generelle Morphologie der Organismen*），随后很快又出版了关于“起源的历史”方面的畅销书，并获得了巨大的成功，但同时也成为了激烈冲突的焦点。在海克尔的著作中，他试图在进化论的基础上，构建起一个整体的世界观（*Weltanschauung*）；后来他在另一部畅销书《宇宙揭密》（*The Riddle of the Universe*）中进一步普及了这种观点，在这本书中，他充当了一个哲学家而不是生物学家。⑰

与其他德国学者不同的是，海克尔始终忠于耶拿大学，1861 年，他成为了耶拿大学的编外教师；1865—1909 年期间，他成为了耶拿大学的讲座教授，并且成为耶拿大学动物学研究院院长。但他的影响更多的是通过他的畅销书而非直接教学传播开来的，他关于达尔文主义大多数的言论

---

⑯ C. Darwin, *Über die Entstehung der Arten durch natürliche Zuchtwahl* (Stuttgart, 1860).

⑰ E. Haeckel, *Die Radiolarien* (Berlin, 1862); *Generelle Morphologie der Organismen*, 2vols, (Berlin, 1866); *Natürliche Schöphungsgeschichte* (Berlin, 1868; 8th edn, 1889). 它们被翻译成 12 国语言，其中翻译成英语的有：*The History of Creation* (1906); *Die Welträtsel* (Bonn, 1899)，在 1903 年，一共销售了 10 万册。

著作在德语世界和受到德国影响的国家里，成为了海克尔主义（从未被人用过的术语）和海克尔"一元论"。[18] 在更加科学的基础上，进化论得到了19 世纪下半叶德国著名的解剖学家卡尔·格根鲍尔（Carl Gegenbaur，1826—1903）的宣传。格根鲍尔曾求学于维尔茨堡大学；1856 年，他成为了耶拿大学的特聘教授；之后 1873 年，他在海德堡大学安定下来。虽然格根鲍尔与海克尔有着深刻的友谊，但是他并没有对进化论的终极原因或更直接的原因进行哲学探讨，而是满足于在进化论的基础上将比较解剖学改革为一门科学。他像生理学家一样，积极地筹备解剖学与生理学的分设；而这种教席的分设也在 19 世纪 60、70 年代影响了大多数的重要大学。

19 世纪后半叶，达尔文主义得到了地质学发展的明确支持。赖尔的《地质学的原理》（*Principles of Geology*）与《地质学基础》（*Elements of Geology*）为其奠定了基础，这两部著作在 19 世纪 40 、50 和 60 年代间，都
533 经过了多次改动和修订，这非但没有动摇它的地位，反而地质学中的许多细节都在稳步地增加，许多国家也都出版了新的地质学地图。这些地图大多是由国家地质调查而不是大学学者绘制的。当然，地质学与采矿业相联系，而采矿业与国家财政相联系，所以对整个民族国家而言，有充分的理由进行地质学勘察。

然而，地质学家可以是达尔文主义者，也可以是反达尔文主义者。1864 年赖尔公开宣布自己皈依达尔文主义，进而，他修改了《地质学原理》的第十版使之符合达尔文的学说。另一个地质学家路易·阿加西斯（Louis Agassiz，1807—1873），在开始的时候就对达尔文主义采取敌视态度，并在他的一生中始终保持这种态度。阿加西斯出生于瑞典，他先后在苏黎世大学、海德堡大学和慕尼黑大学求学，并且获得了哲学和医学博士学位。1832 年，他成为了纳沙泰尔大学教授；1846 年，他来到美国哈佛大学任教直至 1873 年去世。阿加西斯在鱼化石的研究中作出了重要的贡献，但是他在地质学领域最大的功绩就是提出了冰川期的概念。在对瑞

---

[18] E. Haeckel, *Der Monismus als Band zwischen Religion und Wissenschaft* (Bonn, 1892).

典、欧洲大陆的其他国家和英国进行了冰川形成的研究后，他得出了这样的结论，即曾经有一个巨大的冰川覆盖了大部分欧洲大陆；之后他又发现这一结论同样适用于北美洲。赖尔和达尔文，以及其他一些科学家都很快接受了阿格西斯的理论，但是阿格西斯本人却不能够放弃物种不变的理论，这部分是由于他大体上保守主义宗教信仰的缘故。

达尔文主义在德国引起的争论要比在其他地方多得多，而且这些争论不仅局限于宗教领域，还与政治问题结合起来了。根据海克尔学派的理解，达尔文主义意味着发展和进步，也包括国家和社会的发展与进步；但是以菲尔绍为代表的反对派宣称，从一个生物学理论中得出这样的结论是不可能的。菲尔绍写到，将社会看做是进化着的有机体将会为更加危险的理论鸣锣开道。如果将“适者生存”的口号用于整个国家，而不是个人的话(最初是斯宾塞提出的)，那么达尔文的选择理论，就成为了所谓的社会达尔文主义，它将使得放任自由资本主义与民族国家沙文主义的残暴统治变得合法起来。

1872 年，德国动物学家约翰·威廉·斯宾格勒(Johann Wilhelm 534
Spengel，1852—1921)试图将欧洲各国关于达尔文主义的著作和文章编纂成册。尽管这本小册子共有 34 页，记录了 315 位作者的名字，但它仍然是不完整的。⑲ 例如，在斯堪的纳维亚半岛，斯宾格勒仅记录了三条信息，但在那里的辩论极其激烈，尤其是在瑞典，而在斯堪的纳维亚半岛的其他国家也是如此。瑞典著名的动物学家、国立自然历史博物馆的系主任斯文·勒文(Sven Lovén，1809—1895)教授，在 1860 年 3 月召开的瑞典皇家科学院年会上开创性地以一种赞扬的态度就达尔文主义进行了演讲。之后，乌普萨拉大学的动物学教授第乔·图尔贝里(Tycho Tullberg，1842—1920)也成为了新学说的忠实拥护者。在芬兰，1864 年，动物学家弗里德里克·威廉·梅克林(Fredrik Vilhelm Mäklin，1821—1883)在芬兰科学家协会中对达尔文主义理论提出了诸多批评；同时，芬兰西海岸的一位默默无闻的年轻教师奥托·阿尔塞纽斯(Otto Alcenius，1838—1913)自费出版

⑲ J. W. Spengel, *Die Darwinsche Theorie: Verzeichnis über dieselbe in Deutschland, England, Amerika, Frankreich, Italien, Holland, Belgien und den Skandinavischen Reichen erschienenen Schriften und Aufsätze* (Berlin, 1872).

一本关于达尔文理论对自然植物体系所具重要性的小册子，[20]他甚至在进化论的基础上构建了新的植物分类系统。之后，大学中的许多年轻的生物学家都成为了达尔文主义的积极倡导者，其中就包括约翰·阿克塞尔·帕尔门(Johan Axel Palmén，1845—1919)，他出版了他的博士论文，在其中他运用进化论阐释了鸟类的迁徙，[21]1883 年，他成为梅克林教授的接班人，他的被提名甚至没有遭到赫尔辛基大学神学家们的反对。总体而言，斯堪的纳维亚半岛的大学极力避免将意识形态问题与对学术研究人员的任免混为一谈。

众所周知，在一段相当长的时期内，达尔文主义在法国并没有得到认同。他们还在就普遍意义上的进化论(transformism)进行辩论——拉马克没有被遗忘——虽然早在 1862 年，《物种起源》就被翻译成法语，但是它很少与达尔文联系起来。在法国，并没有出现像英国的赫胥黎、德国的海克尔这样达尔文主义的坚定拥护者，而对于在德国和其他国家出现的将普遍进步与达尔文主义相结合的观念，法国的老观念认为，“法国人不需要英国教师”。法国生物学界的著名人物——贝纳尔和巴斯德也回避了这个问题——巴斯德甚至对它采取了敌对的态度——还有巴黎科学院的
535 终身秘书长弗卢朗也曾著书反对达尔文。1909 年，在巴黎植物园正门边立起了一座拉马克的全身像，刻有碑文“进化论之父”。尽管“进化论”在当时，甚至更早的一段时期已经在拉马克的故乡取得突破性的进展，但是拉马克学派的学说在相当长的一段时间内仅仅局限于法国，事实上这种情况一直持续到现代，因此，值得关注的是，法国接受现代遗传学的时间要比欧洲大多数国家晚得多。

1864 年，在都灵大学动物学教授菲利普·德·菲利普(Filippo De Filippi，1814—1867)的介绍下，达尔文主义来到意大利，他发表了关于“人猿共祖”的讲座，进而引起了广泛的争论。同年，意大利帕多瓦大学动物学教授乔瓦尼·卡内斯特里尼(Giovanni Canestrini，1835—1900)和摩德纳大

---

⑳ O. Alcenius, *Betydelsen af Darwins theori för det naturliga vextsystemet* (Vasa, 1864).

㉑ J. A. Palmén, *Om foglarnes flyttningsvägar* (Helsinki, 1874)，德语版：*Über die Zugstrassen der Vögel* (Leipzig, 1876).

学圣卡罗学院自然史教师利奥纳多·萨林贝尼(Leonardo Salimbeni,1830—1889)将《物种起源》翻译成意大利语。特别是卡内斯特里尼,除了他的教学工作外,他还编辑了当时意大利第一本,也是唯一一本动物学杂志,他一生都是一个坚定的达尔文主义者,他与《人种起源》(*Descent of Man*)的翻译者、生物学家米歇尔·莱索纳(Michele Lessona,1823—1894)一起,为宣传达尔文的思想作出了很多贡献。在意大利,地方大学和地方学院中的文化差异可能比德国严重得多,因此,一些地方可能要比另一些地方更容易接受进化论。但值得我们关注的是,1875年,达尔文当选为著名的猞猁学会(Accademia dei Lincei)的会员;四年后,都灵科学院给达尔文颁奖,后来,达尔文将这项荣誉赠与那不勒斯动物学研究所的创始人安东·多恩(Anton Dohrn,1840—1909)。但在法国,达尔文的成功并没有带来那么多的荣誉:从1870年始,他曾6次被提名为巴黎科学院动物学部的院士,但是直到1878年,他才成为巴黎科学院植物学部的院士。

显而易见,对进化论的批评大多来自天主教,而且,显然,进化论在由天主教主导的大学中的境遇十分糟糕,尽管当时教会作为一个机构,并没有对该问题明确表态。用他们自己的话说,对自然科学探索的关注是后来才出现的;在19世纪,天主教虽然没有公开地反对科学,但至少也不愿意促进科学的进步。在一些极端的天主教国家中,如西班牙,这就意味着科学的停滞。至于达尔文主义,在西班牙1868年革命之前几乎没有人会在公开场合提到它。后来,在取消了审查制度之后,新科学课程才进入大学,新的系才得以建立。但随着1874年的复辟,这些又都毁于一旦,但讨论仍在继续着。1876年,《人种起源》被翻译成西班牙语,一年以后《物种起源》 536
被译为西班牙语,两年以后,海克尔的《真理》(*Schöpfungsgeschichte*)也被翻译成西班牙语。就像在其他许多国家一样,达尔文主义者的争论大多围绕着海克尔的理论展开,其中的典型代表就是巴伦西亚大学的解剖学教授佩雷格林·卡萨诺瓦·休拉纳(Peregrín Casanova Ciurana,1849—1919)。在他给海克尔的信中,他曾高度赞誉了他的德国同行的"准确判断

与崇高思想”，[22]1877 年，休拉纳以一种真正的海克尔主义精神，出版了一部关于普通生物学的专著。[23]

当达尔文在世时，在北欧和南欧，进化论作为一种生物学说，为大部分大学所接受，也就是说，被大部分的大学生物学家所接受，虽然在 19 世纪 80、90 年代，看似有理的选择理论依然引起了许多争论。奥古斯特·魏斯曼（August Weismann，1834－1914）试图证明既定特性中的非遗传现象，但是没有使大家信服。显而易见，根据 1940 年赫胥黎的说法，进化论在成为“现代综合进化论”之前，还缺少一些东西。[24] 这些东西就是遗传学，即遗传的科学。

新世纪的新领域

遗传学通常被认为是完全属于 20 世纪的科学，而事实也是如此；如果说，“生物学”概念的诞生是 18 世纪和 19 世纪的分水岭的话，那么，孟德尔法则的发现和孟德尔遗传学说的真正创立则极好地区分了 19 世纪和 20 世纪。然而，通往遗传学的道路在 19 世纪最后的 10 年间就已经准备好了，尤其是通过在德国大学中完成的细胞学工作。

许多生理学家在理解细胞分裂中作出了贡献，特别是在研究染色体的作用和特性上。越来越多的证据表明，染色体也许才是真正的遗传物质携带者，尽管在相当长的一段时间内，人们对它是否具有稳定的结构或是在每次有丝分裂时是否都会被重组还表示怀疑。长期在弗赖堡大学工作的魏斯曼教授（Weismann），提出了一种理论，他认为遗传物质只有在细胞系（cell line）中才有，包括从受精卵到生殖细胞，即种质（*Keimplasma*），而其他的细胞，实际上就是构成人体的全部细胞，它们是“无用的”体细胞（*Soma*），将会随着个体的消亡而消失。

537 孟德尔（Gregor Mendel，1822－1884）发现的遗传法则，曾于 1866 年

㉒ P. Casanova, ‘Letter to Ernst Haeckel form January 2, 1876’, in T. F. Glick, *Darwin in España* (Barcelona, 1982), 83.

㉓ P. Casanova, *Estudios biológicos*, vol. I: La biología (Valencia, 1877).

㉔ J. Huxley, *Evolution: The Modern Synthesis* (London, 1940).

发表在布尔诺自然学者协会的期刊上，但是在几十年内都没有引起人们的注意。遗传物质能够被一些孟德尔所说的微小的、不变的"元素"所携带，这种观念是陌生的，而且也与当时的进化论潮流相违背。孟德尔曾在维也纳大学求学，学习数学和自然科学，毕业后，他在布尔诺中学教授这些课程，在他进入修道院后，他便开始单独工作。我们无法确定孟德尔究竟向多少位科学家寄去了他的论文，但至少慕尼黑大学的植物学教授卡尔·冯·内格里(Karl von Nägeli，1817－1891)和因斯布鲁克大学植物学教授安东·克纳(Anton Kerner，1831－1908)收到过他的论文。布尔诺自然学者协会的期刊的传播范围比较广泛，但显然很少被摩拉维亚地区以外的人们所阅读。虽然孟德尔对达尔文进化论十分感兴趣，可他为什么不把他40余份论文中的一份寄给达尔文，其中的原因我们也就无法考证了。不管怎么样，在1900年，当雨果·德·弗里斯(Hugo de Vries，1848－1935)、内格里的学生卡尔·科伦斯(Carl Correns，1864－1933)和埃德勒·冯·切尔马克(Erich von Tschermak，1871－1962)发现了"没有孟德尔的孟德尔遗传学说"时，已经出现了关于遗传物质分配的细胞学阐释了。

1900年后，新的遗传学诞生了，1902年威廉·贝特森(William Bateson，1861－1926)将其正式命名为遗传学，并使其进入了高速发展时期。1901年，弗里斯发展了他的突变理论，使得孟德尔遗传学说与达尔文主义获得内在的统一；1902年，科伦斯、沃尔特·A. 坎农(Walter A. Cannon，1871－1945)和沃尔特·斯坦伯勒·萨顿(Walter Stanborough Sutton，1877－1916)，在西奥多·博韦里(Theodor Boveri，1862－1915)实验的基础上，证明了基因是固着在染色体上的，并且每个基因都发挥着不同的作用；1906年，贝特森首先发现了基因间的相互联系，并且提出了"等位基因"、"纯合体"和"杂合体"的概念；1907年，美国的托马斯·亨特·摩尔根(Thomas Hunt Morgan，1866－1945)培育了果蝇(*Drosophila*)，并将其作为遗传研究的动物模型。可以说，遗传学从一开始就是一门真正意义上的国际性科学，在这里很难区分不同国家中的学派。生物学在北美的发展足以与欧洲相匹敌，他们不仅已经进行了一般意义上的自然史研究，而且也开始了古生物学、生态生物学和海洋生物学的专门研究。斯堪的纳维亚半岛的科学家们也对这种国际性的经验与思想的交流作出了重要的

贡献，丹麦人威廉·约翰逊（Wilhelm Johannsen，1857—1927）发现了纯系（pure line）后代变异中的稳定性，并且提出了“基因”、“遗传型”、和“显型”的概念；瑞典人赫尔曼·尼尔松—埃勒（Herman Nilsson-Ehle，1873—1949）运用孟德尔学说解释了有机体的数量性状，提出了“多基因”的概念；芬兰人哈利·费德莱（Harry Federley，1879—1951）证明了飞蛾染色体中的个体性征，与此同时，摩尔根及其学派也正在绘制果蝇的基因图谱。

538 实验发育生物学，即实验胚胎学（*Entwicklungsmechanik*），其目的是为了合理解释胚胎发育和变异现象，它开始于 19 世纪末，当时从事前沿实验的有威廉·鲁（Wilhelm Roux，1850—1924）、汉斯·德里奇（Hans Driesch，1867—1941）和汉斯·施佩曼（Hans Spemann，1869—1941），但只有到 20 世纪前十几年，它才成为了生物科学中的一门独立的学科。施佩曼对此作出了巨大的贡献，许多来自德国和海外的学生都蜂拥来到他在弗赖堡大学的实验室里学习必要的操作技术——进而将这些技术再传授给他们的学生。1936 年，施佩曼获得诺贝尔奖，但是他所取得的成就，特别是他发现的脊椎胚胎学中的诱导现象，仅仅标志有关有机体发育中细胞交互的本质解释最为艰巨任务的开始。

如果说发育生物学的开端可以上溯到 19 世纪末的话，那么生物学中的又一个完全不同的分支学科，即海克尔 1866 年提出的生态学也是如此。海克尔将其定义为对有机体及其环境之间关系的研究，并且将其与“自然的经济”（economy of nature）相对应，事实上，这一术语已经被林奈所使用。尽管海克尔几乎没有对生态学作出进一步的贡献，但是这一术语在 30 年后欧根·瓦明（Eugen Warming，1841—1924）所著的教材再次出现。㉕ 瓦明是哥本哈根大学的植物学教授，他注意到，“相对于植物区系学（floral plant geography）生态作物地理学告诉我们，植物和植物群落是如何根据环境中的有效因子，如温度、光线、营养和水量，来调节自身的形式与行为的”。㉖ 植物生态学的另一重要组成部分是德国植物学家安德列亚斯·弗朗兹·威廉·申佩尔（Andreas Franz Wilhelm Schimper，1856—1901）

㉕ E. Warming, *Lehrbuch der Oekologischen Pflanzengeographie*, *übersetzt aus dem Dänischen* (Berlin, 1896)；英译本：*Oecology of Plants* (Oxford, 1909).

㉖ Warming, *Oecology* (note 25), 2.

的《以生理学为基础的植物地理学》(*Pflanzengeographie auf physiologischer Grundlage*,1898),1903年,在他去世后不久,这本著作被译成英语。申佩尔出身在一个斯特拉斯堡大学地质学和古生物学教授的家庭。申佩尔也在那里求学;之后他在巴尔的摩的约翰·霍普金斯大学深造;毕业后,他相继在波恩大学和贝塞尔大学中任教。波恩大学的著名植物学家爱德华·斯特拉斯布格尔(Eduard Strasburger,1844—1912)将申佩尔看做是其最杰出的同事之一。申佩尔没有试图创建生态学的理论,但却作出了一些重大的发现,例如,物理缺水和生理缺水的相似性,以及对影响植物生长的土壤因素和气候因素的差异。直到二战之前,植物生态学赖 539 以生存的基础部分是由瓦明和申佩尔奠定的,部分是由美国植物学家康韦·麦克米伦(Conway McMillan,1867—1929)和弗雷德里克·爱德华·克莱门茨(Frederic Edward Clements,1874—1945)奠定,同时,在世纪之交,克莱门茨还创建了他所谓的"生态动力学"。

1927年,大部分已知的动物种族的生态联系在查尔斯·埃尔顿(Charles Elton,1900—1991)的《动物生态学》(Animal Ecology)中得到了浓缩体现,并且这部著作的新版本也被许多大学当做教材,一直到20世纪50年代为止。但尽管如此,在20世纪20年代,生态学和遗传学更多地将焦点集中于全种群上,因此,数学的处理方法也成为了一种必需。在生态学方面,前沿性的工作是由阿尔弗雷德·詹姆斯·洛尔克(Alfred James Lotka,1880—1949)、维托·沃尔泰拉(Vito Volterra,1860—1940)做出的,他们起初都是数学家,而不是生物学家,后来还有格奥尔基利·弗兰茨克维奇·高斯(Georgri Frantsevitch Gause,1910—1986);1935年,牛津大学的教授亚瑟·G.坦斯利(Arthur G. Tansley,1871—1955)提出了生态系统的概念,整合了所有的有生命的生物群落和无生命的外部环境,这也标记出了后续生态学研究的特征。在遗传学研究中,戈弗雷·哈罗德·哈代(Godfrey Harold Hardy,1877—1947)和威廉·魏因贝格(Wilhelm Weinberg,1861—1937)于1908年为孟德尔族群设计了平衡条件;但是20世纪20、30年代,基因学家约翰·伯登·桑德森·霍尔丹(John Burdon Sanderson Haldane,1892—1964)、统计学家罗纳德·艾尔默·费舍(Ronald Aylmer Fisher,1890—1962)、芝加哥的遗传学家休厄尔·赖特(Sewall

Wright,1889—1988)、莫斯科的谢尔盖·S.切特维里科夫(Sergei S. Chetverikov,1880—1959)和帕萨迪纳的特奥多休斯·多布任斯基(Theodosius Dobzhansky,1900—1975)创立了群体遗传学,他们在实验群体和自然群体中用数学分析法分析了基因频率,成为了遗传学中的核心部分,为进化过程中新认识的出现铺平了道路。

另一门为充分巩固和理解进化论作出贡献的科学是地质学。在达尔文的《物种起源》出版后不久,人们就发现了始祖鸟的化石,大博物馆中化石标本的日益增多,在达尔文的时代,缺乏化石证据是进化论中最致命的一个环节,而现在却成为了进化事实最主要的证据。对公众而言,焦点往往为人类进化的新发现所左右,如从爪哇的"猿人"到南非的"南猿"的发现;但是对古生物进化学而言,能够找到进化过程中的一系列化石,并由此得出系统的进化规律则更为重要;这方面研究的最杰出成果是乔治·盖洛德·辛普森(George Gaylord Simpson,1902—1984)于1944年问世的《进化论的规律与模式》(*Tempo and Mode in Evolution*)一书。

石油开采也为生态地质学的进一步研究提供了新动力。1859年,宾夕法尼亚州的泰塔思维尔(Titusville)开凿了第一口油井,但是在20世纪20年代之前,人们还无法系统地勘探地下石油储藏,随着石油需求量的飞速增加,欧洲和北美的许多国家都开始积极地开发新的地质学和地球物
540 理学的技术。当然,这导致了各种关于石油和天然气形成的不同理论,这些问题往往与地质学中更为根本的问题结合在一起,如岩石的形成、山脉的产生和大陆的形成。在19世纪早期,玄武岩和花岗岩的成因成为了水成论者和火成论者争论的焦点。19世纪60年代,亨利·克利夫顿·索比(Henry Clifton Sorby,1826—1908)发明的偏光显微镜法为矿物学家们的研究开辟了一片新天地;卡尔·哈利·费迪南德·罗森布施(Karl Harry Ferdinand Rosenbusch,1836—1914)的专著[27]也成为了每一位地质学家和矿物学家不可或缺的工具。虽然大多数应用地质学都是由国家地质勘察团组织完成的,但罗森布施却是一位不折不扣的大学教授:1869年至1873

---

[27] K. H. F. Rosenbusch, *Mikroskopische Physiographie der petrographisch wichtigen Mineralien* (Stuttgart, 1873); *idem*, *Mikroskopische Physiographie der massigen Gesteine* (Stuttgart, 1877).

年间，罗森布施曾是弗赖堡大学的编外教师；之后，他又成为了斯特拉斯堡大学的特别教授；1878 年到 1908 年间，他成为了海德堡大学矿物学和地质学教授。虽然描述矿物学和岩石学取得了很大的进步，但是关于花岗岩的成因问题仍然存在着广泛的争论。在世纪之交，罗森布施与维也纳大学的爱德华·聚斯（Eduard Suess，1831－1914）、巴黎大学的奥古斯特·米歇尔－列维（Auguste Michel-Lévy，1844－1911）、赫尔辛基大学的雅各布·约翰内斯·塞德霍尔姆（Jakob Johannes Sederholm，1863－1934），以及斯德哥尔摩大学的佩尔·约翰·霍姆馈斯特（Per Johan Holmquist，1886－1946），纷纷发表了关于岩石变质的不同理论，但是"关于花岗岩的争论"却一直到 20 世纪上半叶才得以解决。

另一个持续了近一个世纪的大争论就是板块漂移学说。虽然在当时，大陆板块的水平漂移理论已经不再新奇——更不必说美妙的亚特兰提斯式的（Atlantis）"遗失的板块"——1910 年，阿尔卑斯的几位地质学家们接受了关于阿尔卑斯山是受非洲板块的挤压形成的理论。爱德华·聚斯在他的《地球的面貌》（*Das Antlitz der Erde*，1885－1909）一书中提出了新观点，即所有的大陆曾经是一个大板块"刚地瓦那大陆"（Gondwanaland），其中有许多板块，也就是现在的各大洲，特别是美洲与澳大利亚和南极洲是由于其他板块，即今天的印度洋和南大西洋的垂直下陷引起的。然而，德国地球物理学家阿尔弗雷德·韦格纳（Alfred Wegener，1880－1930）则对这种漂移的假说进行了严肃的地质学思考。韦格纳和他之前的许多科学家都注意到，南美洲东海岸和非洲西海岸的海岸线有着惊人的吻合，他还在地质学、古生物学、气候学、动物地理学和其他文化风俗等方面找到许多足够明显的证据，来支持这些大陆是漂移形成的观点。他甚至还坚信，在格林兰岛进行的测量显示出大陆的漂移仍在继续，并估计将以每年 10 米至 30 米左右的速度移动——从现代测量学的角度来看，这个数据被夸大了一千倍。韦格纳在经历了 5 年的资料收集后，于 1915 年出版了《大陆和海洋的形成》（*Die Entstehung der Kontinente und Ozeane*）一书，在漂移学说被证实之后，这本书成为了当今这一领域的经典著作，虽然其中也存在着错误。韦格纳在柏林长大，曾在大学中任职，起初是马尔堡物理研究所的讲师，从 1919 年开始在新成立的汉堡大学任气象学教授，

541

从1924年开始直到他去世为止，他一直是格拉茨大学的教授，那里还专门为他设立了一个气象学与地球物理学特别教席。

一战前，韦格纳曾两度参加格林兰岛的探险考察。在1929年和1930年，他又领导了两次格林兰岛的探险，最后卒于此。他的朋友最后一次见到他的时候正是他50岁生日的聚会。关于大陆漂移学说的争论在20世纪20年代达到了白热化，并在30年代逐步平息，韦格纳的理论几乎被人们所遗忘；但是二战后，随着古地磁学的理论成为地质学研究的工具，以及现代断块构造的发展，新的证据开始显示韦格纳的理论并不是完全错误的。其中板块漂移学说的一位最卓越的拥护者就是英国地质学者亚瑟·霍尔姆斯（Arthur Holmes，1890—1965），他曾先后在达拉谟大学和爱丁堡大学担任地质学教授；他利用放射化学分析法绘制了最现代的地质年代时间表，他认为，我们的地球已经有45亿岁了。

在两次世界大战之间的20年间，各个领域的科学研究都出现了大拓展，教学与科研相结合的大学模式，在欧洲大部分地区变得越来越相似。但是，甚至在有着研究型大学传统的德国，科学研究也不再是大学的专利，许多研究机构与大学系统没有直接联系，如威廉皇家科学促进协会（*Kaiser-Wilhelm-Society*），即现在的马克斯·普朗克科学促进协会（*Max-Planck-Gesellschaft*），它资助机构内部的研究工作，而这些机构与大学制度并无直接的联系。当然，这些研究人员都在大学中受过基本的训练并且有些专家还可在附近的大学中任教。19世纪下半叶的俄国，无论是在圣彼得堡科学院还是在大学，科学的力量都得到了迅猛的发展，苏维埃革命在一开始也是主张促进科学发展的。后来，尽管斯大林主义的高压摧毁了国家中大部分最优秀的科学成果，特别是遗传学，李森科的伪科学在意识形态上被认定为唯一正确的学说，这使得一些最优秀的遗传学家离开了祖国，其他人如尼古拉·伊万诺维奇·瓦维洛夫（Nikolai Ivanovich
542 Vavilov，1887—1943）则被流放到了西伯利亚。同样，掌握德国政权的国家社会主义者迫使许多最具创造力的科学家或放弃了自己的工作或移民到美国，这些移民使美国的科学研究获得了新的活力。

精选文献

Albarracín Teulón, A. *La teoría celular, Historia de un paradigma*, Madrid, 1983.

Aréchaga, J., Olagüe, G. and García Ballester, L. *La introducción de la teoria celular en España*, Granada, 1976.

Botting, D. *Humboldt and the Cosmos*, London, 1973.

Bowler, P. J. *The Fontana History of the Environmental Sciences*, London, 1992.

Burkhardt, R. W. *The Spirit of System: Lamarck and Evolutionary Biology*, Cambridge, Mass., 1977.

Clarke, R. *Claude Bernard et la médecine expérimentale*, Paris, 1961.

Coleman, W. *Biology in the Nineteenth Century: Problems of Form, Function and Transformation*, Cambridge, 1971.

Danielsson, U. 'Darwinismens inträngande i Sverige', *Lychnos*, 1963—1964 (1965), 157—210; 1965—1966 (1967), 261—333. Summary: 'The Penetration of Darwinism into Sweden'.

Delaunay, A. (ed.) *Présence de Pasteur*, Paris, 1973.

Florkin, M. *Naissance et déviation de la théorie cellulaire dans l'oeuvre de Théodore Schwann*, Paris, 1960.

Glick, T. F. *Darwin en España*, Barcelona, 1982.

Glick, T. F. (ed.) *The Comparative Reception of Darwinism*, Austin, Tex., 1974.

Hughes, A. *A History of Cytology*, London, 1950.

Kohn, D. (ed.) *The Darwinian Heritage*, Princeton, 1985.

Koller, J. *Johannes Müller-das Leben eines Biologen*, Stuttgatt, 1958.

Leikola, A. 'From Descriptive to Experimental Science: Some Trends and Changes in Finnish Zoology', *Eidema*, I (1982), 190—205.

'J. A. Palmén, the Darwinist Reformer of Zoology in Finland', *Eide-*

ma, I (1982), 206—20.

Montalenti, G. 'Il darwinismo in Italia', *Belfagor*, 38 (1983), 65—78.

Morton, A. C. *History of Botanical Science*, London, 1981.

Orel, V. and Armogathe, J.-R. *Mendel un inconnu célèbre*, Paris, 1985.

Raikov, B. F. *Karl Ernst von Baer 1792 — 1876. Sein Leben und sein Werk*, Leipzig, 1968.

Sturtevant, A. H. *A History of Genetics*, New York, 1965.

Szyfman, L. *Lamarck et son époque*, Paris, 1982.

Vallery-Radot, R. *La Vie de Pasteur*, 2nd edn, Paris, 1905.

Worster, D. *Nature's Economy: A History of Ecological Ideas*, 2nd edn, Cambridge, 1994.

543

第十四章　医　学

安东妮·鲁叶迪克·爱尔舒特*

导　言

1800 年以后，医护人员的培养成为了欧洲的焦点问题。大学不再是医学教育的唯一场所。它成为了一个令人感兴趣的三角形的中心，从三个角度影响着医学教育的发展。在三角形的顶端，是政府权威，它日益参与到医学教育的组织之中来，既提供经济支持，也提供专业的帮助。在右边，是飞速发展的科学在施展它的影响：为更好地治疗并治愈患者，出现了新药物和新方法，而且学生们则要做好准备来应对这一切事务。在左边，是新社会提出的社会需求：可控的卫生学、流行病的防治，为安全的从

* 作者在此感谢约翰·艾利斯爵士所给予的鼓励和批评。同时，作者还感谢格里高利·塔什金教授对关于俄罗斯和波罗的海国家章节的宝贵评论。

业者颁发从业执照,并要防止江湖术士。这个三角形的三个方面的互相影响的过程,塑造了医学教育的文化模式,使其在 19 世纪和 20 世纪早期得以发展。

在本研究中,将把医学教育视为一个文化的过程,进而在它的三角模式的背景下进行阐述。整个过程可以划分为:(1)浪漫主义时期(1790－1830);(2)新知识时期(1830－1870);(3)医学专业化发展时期(1870－1945),这一时期还包括所谓的"嘉年华时期"(Belle Epoque,1870－1914)、第一次世界大战和两次世界大战之间的时期。以上每一个阶段都有自己的"三角模式",在它的顶端是决定医学教育盛衰的政治和经济形势。在右
544 边是科学技艺的哲学与状态,它们对各国学校的声望做出了贡献。在左边是教师与学生在医院内外介入病人的病情,这也成为了社会改革的主要推动力。

欧洲主要的国家有英国、法国、奥匈帝国和德国。它们对医学教育的演讲做出了贡献,使之形成模式化的课程,在 1940 年左右,它几乎为所有的欧洲国家采用。这些课程包括基础科学、医学理论和门诊实践这三个部分。大约六年后,通过了国家考试委员会的考试后,学生就可以毕业并结束训练,进而获得执照开始行医。在许多国家,对外科医生和其他专科医生的专门化的培训则出现在考试之后。

1870 年以后,医学教育的费用迅速增加。实验室和医院医疗设备需要投资。当时许多国家已经有了由国家控制的医学培训课程,其中一些是在大学里,其余的则是在医院和医学机构中。教学和学习的学术自由,就如同研究设施一样,是一项重要的议题。这受到了政治环境的威胁,例如,欧洲的 1848 年革命和 1917 年俄国革命。纳粹主义的影响尤甚,它对医学教育的影响是以一种可怕的方式来迫害师生和病人。

19 世纪初,在拿破仑战争劫掠后的、贫穷的欧洲中,启蒙运动的影响主导着医学教育。1945 年,在二战劫掠后的欧洲,医学教育家们面临着高质量技术"不知是福是祸"的难题。而在这期间,"有趣的三角模式"发挥了它的作用。

浪漫主义时代(1790－1830):启蒙运动的影响

在 1790 年之前,启蒙运动已为医学世界带来了新进展。内科医生和

外科医生都越来越关注人民的疾苦:在医院照顾病人,在收容所中为流浪汉提供医疗,在战场上抢救伤员,以及与人类和牲口的流行病做斗争。启蒙运动的精神要求从物质和精神上改善人的境遇。帮助的基础不是基督教的博爱,而是理性。人类社会和自然界是不可分离的,应采用同样的方式来研究自然与社会。人类应该更好地了解自然规律及其对人类社会的影响。医学则应从能被观察研究的自然法则为基础,进而被改革为一个简单实用的系统。 545

有一个法国的团体,即所谓的意识形态者(*Idéologues*),追随感觉主义哲学家艾蒂安·博洛·德·孔狄亚克(Etienne Bonnot de Condillac,1715—1780),以"意识自由"、"宽容"和"社会变革"这三大原则为指导。他们出版了《劳作与行善的哲学基础》(*philosophie laborieuse et bienfaisante*),提出了勤劳、仁爱的哲学观。① 同时,意识形态者们还受到了雅克·特农(Jacques Tenon,1724—1816)所撰写的《巴黎医院备忘录》(*Mémoires sur les Hôpitaux de Paris*)的影响,这本书描绘了巴黎的医院——主宫医院和总医院(*Hôpital Général*)——的恶劣条件。它们皆以死亡、污染以及医疗与护理的失败著称。同时,在拘留所和收容所,如比塞特尔疗养院(the Bicêtre)、萨伯特医院(la Salpêtrière)和比提萨医院(la Pitié)中,许多多余的人被送往那里失踪了,这也是导致1789年法国大革命爆发的主要罪恶之一。② 在法国国内外有两位意识形态者为医学改革作出了贡献,他们是彼埃尔·让·乔治·卡巴尼斯(Pierre Jean Georges Cabanis,1757—1808)和菲利普·皮内尔(Philippe Pinel,1745—1826)。作为内科医生,他们特别信奉强调关注人的哲学,他们将"望"(观察凝视)作为掌握医学知识主要工具。他们主张医生应该从医学教条中解放出来,

---

① S. Moravia, 'Les Idéologues et l'Age du Lumières. Un problème de periodisation et de rehabilitation historique', *Tijdschrift voor Studie van de Verlichting*, 1 (1973), 344—396.

② M. Foucault, *The Birth of the Clinic: An Archeology of Medical Perception*, World of Men Series (New York, 1973) (由瑟丹·史密斯译自法文版); L. S. Greenbaum, 'Measures of Civilisation: The Hospital Thought of Jacques Tenon on the Eve of the French Revolution', *Bulletin of the History of Medicine*, 40 (1975), 43—56; T. Gelfand, 'Gestation of the Clinic', *Medical History*, 25 (1981), 169—180.

关注病患，发明新药来救治新的症状。③ 而为了了解新药，临床学校就必不可少，在那里，可以将化学和生物学进步与临床观察结合起来，进而进行类比。④ 在卡巴尼斯和皮内尔的呼吁下，哲学在医疗改革与社会重建中扮演了积极的并且通常是决定性的角色。他们的著作为欧洲的医学教育
546 引入了全新的根本性的观念。⑤这引起了两方面的主要变化：将医院作为医学教育的中心；决定赋予医学专业以受保护的、自由的地位。

在大革命期间，当法国的进步主义社会理念激励着医学改革家的时候，德国和中欧则面临了另一番景象。1779 年，约翰·彼得·弗兰克（Johann Peter Frank，1745－1821）的《医疗政策完全手册》（*System einer vollständigen medizinischen Polizey*）第一卷在曼海姆出版。其他 8 卷也陆续出版，最后一卷出版于 1872 年。虽然弗兰克讨论的主要是保健方面的议题，例如，营养、传染病的控制、卫生环境的改善、为弱势群体提供医疗救助等，但是，他的结论则与英法两国盛行的论断大不相同。⑥ 弗兰克受到了卢梭以及人与自然关系的影响。同时他还认可了城市是疾病的温床的流行观念。⑦ 但是，弗兰克的"综合医学政策制度"则是在约翰·海因里

③ Foucault, *Birth* (note 2), 100; E. Lesky, 'Cabanis und die Gewiszheit der Heilkunde', *Gesnerus*, 11 (1954), 152－182.

④ A. M. Luyendijk-Elshout, 'Die Revolution und Reformation der Heilkunde. Arbeitsame und wohltätige Philosophie von Pierre Jean George Cabanis (1757－1808)', in K. E. Rothschuh and R. Toellner (eds.), *Münstersche Beiträge zur Geschichte und Theorie der Medizin* (Münster, 1978), 49－59.

⑤ D. B. Weiner (ed.), *P. Pinel, The Clinical Training of Doctors: An Essay of 1793*, L. G. Stevenson (ed.), The Henry E. Sigerist Supplements to the Bulletin of the History of Medicine n. s. 3 (Baltimore and London, 1980); P. J. G. Cabanis, 'Rapport fait au Conseil des Cinqo-Cents sur l'organisation der Ecoles de Médecine. Séance du 29 Brumaire An VII', in *CEuvres complètes de Cabanis, accompagnées d'une notice sur sa vie et ses ouvrages* (Paris, 1823), vol. I, 361－402.

⑥ G. Rosen, 'The Fate of the Concept of Medical Police 1780－1890', *Centaurus*, 5 (1959), 97－113. 同时，也发表于：*From Medical Police to Social Medicine: Essays on the History of Health Care* (New York, 1974), 142－156. Cf. W. Rüegg, 'Der Kranke in der Sicht der bürgerlichen Gesellschaft an der Schwelle des *19*. Jahrhunderts', in W. Arlt and W. Rüegg (eds.), *Der Arzt und der Kranke in der Gesellschaft des 19. Jahrhunderts*, Studien zur Medizingeschichte des neunzehnten Jahrhunderts 1 (Stuttgart, 1967), 35－49, on Frank's notion of 'medizinische Polizey', 43.

⑦ E. Lesky, *Johann Peter Frank, Akademische Rede vom Volkselend als der Mutter der Krankheiten* (*Pavia 1790*), Sudhoffs Klassiker der Medizin 34 (Leipzig, 1960).

希·戈特洛布·尤斯蒂的学说的基础上提出的,尤斯蒂曾于 1750 年到 1753 年间在维也纳大学的泰雷西亚姆学院(*Collegium Theresianum*)就重商主义发表演说,后来还去了哥廷根。⑧ 尤斯蒂提倡开明专制。重商主义者认为统治者必须为人民负责,同时为中央集权和国家控制辩护。此外,他们鼓励人口增长。对于医疗护理来说,这意味着统治者应该尽其所能减少疾病,进而防止传染病的出现。为了实现这个目标,政府必须改进和鼓励医学的方方面面。⑨ 18 世纪末,“卫生警察”(medical police)这个观念启发了管理者和大学教师,这主要发生在中欧、德国和意大利。但是到了 19 世纪中叶,“卫生警察”的观念便落伍了,这是因为专制主义为更加自由和工业化的社会所取代。⑩

547 在法国,“卫生警察”这一概念从未流行过,并且不久就被“公共卫生”(*hygiène publique*)所取代。⑪ 通过 1829 年创刊的杂志——《公共卫生与医疗立法年鉴》(*Annales d'hygiène publique et médecine légale*),“公共卫生”的概念传遍了整个欧洲。此外,城市建立起了地方保健委员会。在低地国家中,他们称之为“医疗监督委员会”。这个委员会主要负责医疗从业者和药剂师的审查,以及制定防治传染病的规章。在英国,工业革命是引发与“公共健康”相关问题出现的主要原因。这个术语很快就取代了“卫生警察”,尽管 1798 年爱丁堡大学的教授安德鲁·邓肯(Andrew Duncan,1744—1828)曾引入了弗兰克的著作,这部着重体现弗兰克理念的著作于 1800 年出版。⑫ 但是,新的社会理论,例如,功利主义者边沁(Jeremy Bentham,1748—1832)提出的理论,也在英格兰新规章的实施过程中发挥了重

⑧ G. Rosen, 'Cameralism and the Concept of Medical Police', *Bulletin of the History of Medicine*, 27 (1952), 21—42.

⑨ J. H. G. von Justi, *Staatswirthschaf, oder systematische Abhandlung aller oekonomischen und Cameral-Wissenschaften, die zur Regierung eines Landes erfordert werden* (Leipizig, 1758), vol. I, 173—176. After Rosen, 'Cameralism' (note 8), 133.

⑩ Rosen, 'Medical Police' (note 6), 143.

⑪ R. H. Shryock, 'Medicine and Society in the Nineteenth Century', *Cahiers d'histoire mondiale*, 5 (1959), 116—145.

⑫ J. Roberton, *Medical Police: or the Causes of Disease with the Means of Prevention:... Adapted Particularly to the Cities of London and Edinburgh, and Generally to all Large Towns*, 2nd edn (Edinburgh, 1812). After Rosen, 'Medical Police' (note 6), 153.

要的作用。[13] 其中采用的最重要的方法就是卫生统计学，它是由英国医生爱德温·查德威克(Edwin Chadwick,1800—1890)在 1836 年引进的。他的报告清晰地阐述了不同的社会阶层的医疗卫生状况和寿命长短之间的关系。从此，统计学成为了医疗改革和社会改革的主要工具。[14]

在一些欧洲国家，有许多小的知识分子和文化团体，它们吸纳了中产阶级的精英，来推动保健和公共卫生。例如，他们注射了预防天花的疫苗，并将相关方面的书籍翻译成本国的语言。1798 年，爱德华·詹纳(Edward Jenner,1749—1823)发表了《天花的病因与防治》(An Inquiry into Causes and Effects of the *Variolae Vaccinae*)一文，并迅速被翻译成法、德、意、荷等语言。[15] 他们除了大力宣传"预防药物"之外，还领导了药剂师和助产士的培训，推动了深入研究，例如显微学。

在该世纪的下半叶，大学虽然获得了实验室及较好的研究设备，但它们却失去了影响力。与此同时，科学和医学的专业化导致了新的组织的
548 建立，它们团结会员，进而保护自身的专业利益和经济利益。[16]

自从法国和其他受法国影响的国家在大革命期间解散了旧有的外科医生和药剂师行会后，建立一种新的医学专业监督机制，用于预防庸医和不合格的诊所，就成为了必需。卡巴尼斯提出的要求为所有专业团体构建一个高质量的教育训练方案的设想虽然没有实现，但是医学教育却发生了剧烈的改革。[17] 1792 年，原来的巴黎医学院停办了。新的卫生学校(*Ecole de santé*)于 1795 年成立，设置了新课程，并根据掌握实践知识的需求进行了相应的调整。它代表着医学教育的新观念，即"少读、多看、多做"，这是由法国高等教育的重建者安托万—弗朗索瓦·德·富克鲁瓦

---

⑬ H. J. ten Have, *Geneeskunde en filosofie*, *De invloed van Jeremy Bentham op het medisch denken en handelen* (Leiden, 1983) with an English summary: *Medicine and Philosophy: Jeremy Bentham's Influence upon Medical Thought and Medical Practice*.

⑭ *Ibid.*, 180—210.

⑮ F. H. Garrison, *An Introduction to the History of Medicine*, 4th edn (Philadelphia and London, 1963), 374—375.

⑯ M. J. van Lieburg, 'Geneeskunde en medische professie in her genootschapswezen van Nederland in de eerste helft van de negentiende eeuw', *De Negentiende Eeuw*, 7 (1983), 123—146.

⑰ Cabanis, 'Rapport' (note 5), vol. I, 395.

(Antoine-Francios de Fourcroy,1755—1809)在1794年11月国民大会召开之前提出的。⑱ 最重要的改革就是恢复了医院对临床教学的兴趣。"多看"意味着要观察许多病人,当时巴黎最大的两所医院——主宫医院和总医院,成为了整个19世纪年轻医师训练中心。《巴黎医院内部档案》(*Ancien interne des hôpitaux de Paris*)详细记载了法国医生的姓名以及他们开业行医的时间。⑲

在这样的新形势下,两个重要的医学分支快速地发展起来:病理解剖学和外科学。当时医院中已经有了解剖室,可以在这里进行临床教学,例如,爱丁堡和维也纳的医院,但随着病理学这一新概念提出,人们也产生了新的兴趣。乔瓦尼·巴蒂斯塔·莫尔加尼(Giovanni Battista Morgagni,1682—1771)于1761年出版的著名的《疾病的位置与病因》(*De sedibus et causis morborum per anatomen indigatis libri quinque*)一书,也激发了这种兴趣。莫尔加尼的研究是标志着在人体中寻找患病部位的开始,而不再归结为血液问题。⑳

巴黎的学校提供了极好的观察机会,这也为病理学带来了诸多革新。出现了对隔膜的分类,人们根据它的属性和对刺激物特殊反应,如炎症,来对其进行分类。比沙(Xavier Bichat,1771—1802)奉行的准则是解剖、 549
实验和尸体解剖,这使他成为了组织特性原则的奠基人,也为病理学的过程提供了一种全新的理解。㉑

同时,让-尼古拉·科维萨尔(Jean-Nicolas Corvisart,1755—1821)通过重视对病人的体检,从而极大地改进了病理学过程中的临床诊断。1808

⑱ E. H. Ackerknecht, *Medicine at the Paris Hospital 1794 — 1848* (Baltimore, 1967), 32; C. Coury, 'The Teaching of Medicine in France from the Beginning of the Seventeenth Century', in C. D. O'Malley (ed.), *The History of Medical Education: An International Symposium Held February 5 — 9, 1968*, UCLA Forum in Medical Sciences 12 (Los Angeles, Berkeley and London, 1970), 121—130.

⑲ Ackerknecht, *Medicine* (note 18), 38.

⑳ S. Jarcho, 'G. B. Morgagni, his Interests, Ideas and Achievements, *Bulletin of the History of Medicine*, Ⅱ (1948), 503—527.

㉑ X. Bichat, *Recherches physiologiques sur la vie et la mort* (Paris, 1800) and *idem*, *Traité des membranes* (Paris, 1800). See E. Haigh, 'Xavier Bichat and the Medical Theory of the Eighteenth Century', *Medical History*, suppl. No. 4 (1984).

年，他引导学生重视叩诊法，这一方法早在1765年就已经被来自维也纳的利奥波德·冯·奥恩布鲁格尔（Leopold von Auenbrugger，1722—1809）详细阐述过。[22] 1819年，勒内·泰奥菲勒·拉埃内克（René Théophile Laennec，1781—1826）通过听诊器发明了听诊法，从而使得病理学与体检的关系变得更加密切。现在，胸部器官的疾病能够通过新的一系列的症状来诊断，从而使得内科医学发展到一个新的程度。[23]

以内部器官的局部病理学为基础的外科病理学，为新技术和更好的手术效果作出了贡献。[24] 在这方面，巴黎再次成为了指路明灯。来自各国的外科医生、内科医生、医学院的学生们都蜂拥来到巴黎，特别是来到主宫医院。在这里，纪尧姆·迪皮特朗（Guillaume Dupuytren，1777—1835）展示了他的技能。1815年后，他成为法国外科手术伟大进步的标志。外科学也从一种技巧型的手工活发展成为了一门受科学知识启发的，从解剖学、病理学和组织学新领域产生的技术。[25] 在外科学和病理学的发展中，欧洲没有任何一个国家能取得像巴黎一样的伟大成就。德奥外科学的崛起则是到了19世纪70年代。

在巴黎的伟大革新之前，欧洲就已经有了临床教学的传统。皮内尔曾在他1793年的论文中提及莱顿、维也纳、爱丁堡，以及帕维亚的学校。他赞扬了布尔哈弗，正是后者在维也纳和爱丁堡建立的教学医院启发了
550 他的学说；他还高度评价了西蒙·安德烈·蒂索（Simon André Tissot，

㉒ *Invention novum ex percussione thoracis humanis ut signo abstrusos interni pectoris morbos detegendi* (Vienna, 1761). See C. Coury, 'Les Débuts de la percussion thoracique, de son inventeur Autrichien et son promoteur Français', in E. Lesky (ed.), *Wien und die Weltmedizin: 4. Symposium der Internationalen Akademie für Geschichte der Medizin veranstaltet im Institue für Geschichte der Medizin der Universität Wien 17.—19. September 1973*, Studien zur Geschichte der Universität Wien 9 (Vienna, Cologne and Graz, 1974), 64—73.

㉓ R. Kervran, *Laennec: His Life and Times* (Oxford, London, New York and Paris, 1960)（由阿伯罕·库列尔译自法文版）。

㉔ D. de Moulin, *A History of Surgery: With Emphasis on the Netherlands* (Dordrecht, Boston and Lancaster, 1988), 262.

㉕ A. Richerand, *Histoire de progressrécent de la chirurgie* (Brussels, 1825). 1819年，卡尔·梅耶首次引入了组织学的一词。不久后，这个概念就被约翰内斯·米尔德所采用。See B. Lohff, 'Johannes Müllers Rezeption der Zellenlehre in seinem Handbuch der Physiologie der Menschen', *Medizinhistorisches Journal*, 13 (1978), 246—258.

1728—1797)以及他要在帕维亚建设一个此类医院的想法。[26] 此外,皮内尔还主张组织和挑选部分患者进入教学病房,就像在莱顿、维也纳以及帕维亚的做法一样。[27] 皮内尔在希波克拉底医学系统论的基础上创立了疾病分类学,并且他的课程指导思想则完全是建立蔻斯原则的基础上的。[28] 皮内尔疗法与其"等待原则"完全一致,即本草药物(*materia medica*)应该尽可能简单化,应从普通植物或非化合物中提取——"所有这一切的最大好处就在于将治疗简化为最简单的要素,并能使人在不受干扰的情况,清楚地展现自然的过程"。[29] "自愈力"(*vis medicatrix naturae*)是皮内尔秉持的第一个原则。他的"温和疗法"不仅被法国医学界所接受,而且也得到了维也纳医学界的认可。[30] 实际上,他的疗法与生理医学界的弗朗索瓦·约瑟夫·维克多·布鲁赛(François Joseph Victor Broussais,1772—1838)所采用的激进疗法是直接相对立的,布鲁赛否认疾病分类学的存在。[31] 皮内尔和布鲁赛之间的矛盾给人们留下了深刻的印象,也成为了那个世纪医学辩论中最热门的话题之一,尤其是从布鲁赛的观点来看,激进是无止境的。这场争论使得维也纳的约瑟夫·迪特尔(Joseph Dietl,1804—1878)接受了皮内尔的希波克拉底系统论,甚至还导致了治疗的虚无主义,虽然它并不完全反对本草药物,但要求寻找一种更加理性化的药物学。[32] 法国还没有达到虚无主义的程度,但是,他们著名的生理学家弗朗索瓦·马让迪(François Magendie,1783—1855)则开创了药物治疗的新时代,他通过实验证明了当时新发现的一些纯化学药物的价值(例如士的宁、吐根碱、

---

[26] S. A Tissot, *Essais sur les moyens de perfectionner lesétudes de médicine* (Lausanne, 1785). See Weiner (ed.), *Pinel* (note 5), 68.

[27] Weiner (ed.), *Pinel* (note 5), 68.

[28] W. Riese, ' Les Sources hippocratiques de l'oeuvre de Philippre Pinel', *Annuales Thérapeutiques de l'oeuvre de Philipre Pinel*, 4 (1969), 130—148.

[29] Weiner (ed.), *Pinel* (note 5), 83.

[30] E. Lesky, 'Von dem Ursprüngen des therapeutischen Nihilismus', *Sudhoffs Archiv für Geschichte der Medizin*, 44 (1960), 1—39.

[31] E. H. Ackerknecht, 'Broussais or a Forgotten Revolution', *Bulletin for the History of Medicine*, 27 (1953), 320—343.

[32] Ackerknecht, 'Broussais' (note 31); C. Wiesemann, *Joseph Dietl und der therapeutische Nihilismus: zum historischen und politischen Hintergrund einer medizinischen These*, Marburger Schriften zur Medizingeschichte 28 (Frankfurt-am-Main and Bern, 1991).

奎宁、碘酒、溴等)，并且对实验药理学的建立作出了贡献。[33]

法国的意识形态者们不仅关注普通医院的发展，也关注精神病院的发展。尽管皮内尔的《精神病和狂暴症患者疗法》(*Taité médico-philosophique sur l'aliénation mentale ou la manie*，1801)一书于 1806 年被译成英语，于 1801 年被翻译成德语，但是精神病治疗中最引人注目的观念是由外行人威廉·图克(William Tuke，1732—1822)提出的，他是约克郡"精神病疗养院"的创立者。在他的疗养院中，治疗必须服从以心理学和伦理学的基础的道德疗法。对患者进行安慰、减少约束、鼓励自制力，都是贵格教慈善家塞缪尔·图克(Samuel Tuke，1784—1857)在其《对疗养院的描述》中提倡的做法。[34]

551

19 世纪初，道德疗法成为了精神病学最重要的议题。它引导出一个新概念——悖德狂(moral insanity)，意指一些心灵上的疾病始于道德败坏，是道德情操的一种扭曲。[35] 尽管这些争论是学术上的，但是精神病学作为一门医学学科在大学里是受到排斥的。道德疗法，正如图克和皮内尔在不同的背景描述的那样，这将促使精神病患者护理的社会改革和人道主义改革，但这不会影响到大学教学，这是因为大学从不教授精神病学。

在浪漫主义时代，欧洲大学中的医学知识的内容发生了重大的变化，这不仅是由在医院中进行以患者为导向的教学引起的，而且还是由医学的新观念引起的。许多理论都是建立在健康和病中发挥作用的非实体机制的基础上的。生机论初期起源于蒙彼利埃，是在泰奥菲勒·德·博尔德(Théophile de Bordeu，1722—1776)撰写的《医学哲学》(*médecin-philos-*

㉝ E. H. Ackerknecht, 'Aspect of the History of Therapeutics', *Bulletin of the History of Medicine*, 36 (1962), 389—419. 论马让迪：J. M. D. Olmstedt, *François Magendie: Pioneer in Experimental Physiology and Scientific Medicine in XIX Century France* (New York, 1944).

㉞ R, Hunter and I. MacAlpine, *Three Hundred Years of Psychiatry (1535—1860): A History Presented in Selected English Texts* (London, New York and Toronto, 1963), 684—690; A. Digby, *Madness, Morality and Medicine: A Study of the New York Retreat 1796—1914* (Cambridge and New York, 1985).

㉟ J. C. A. Heinroth (1773—1843) & James Cowles Prichard (1786—1848). See Hunter and MacAlpine, *Three Hundred Years* (note 34), 837.

ophe)中首次提出的。[36] 博尔德的理论将身体的器官归结为一种特殊的力量,并为法国医学机构所接受。而欧洲其他国家则依然停留在18世纪初赫尔曼·布尔哈弗所提出的人体机械论中。但在1800年前后,爱丁堡医生约翰·布朗(John Brown,1735—1788)的理论开始在欧洲流行起来,主要是在德国和意大利的医学院。

所谓的"布朗主义"成为医学界最有影响力的运动之一。它简化了治疗,打破了由18世纪医学院极力推动的严格的治疗原则。它取代了残酷的放血疗法、清洗疗法以及一个复杂的、被称为"消炎剂"的治疗,它为病人提供酒精、清凉油、麝香,甚至是鸦片。学生们很容易理解亢奋性疾病和衰落性疾病的学说,以及使身体在兴奋和兴奋性之间达到的微妙平衡。[37] 同时,它所规定的养生法也很吸引人:新鲜空气,每天一杯白葡萄酒,以及时令的肉类和肉汤。这些处方都被收录到了普通医师所使用的教材中,例如,1836年威廉·克里斯托夫·胡费兰(Christoph Wilhelm Hufeland,1762—1836)编撰的《医学手册》(*Encheiridion Medicum*)。[38] 布朗主义是温和的,但是19世纪初的最初十年,刺激、兴奋性以及兴奋剂的提法主导着各类医学院。 552

此外,生命力还是同种疗法(homeopathy)中的主要原则,这是1833年由塞缪尔·哈内曼(Samuel Hahnemann,1755—1893)提出的。同时,弗朗索瓦·约瑟夫·维克多·布鲁赛著名的"生理学学说"也是建立在生物动力法的基础上的。[39] 他的做法以其严酷的的水蛭放血法而闻名:据说他的疗法使欧洲丧失的血液甚至超过了拿破仑战争。[40] 将医学建立在无形的生机论原则基础上,这在德国被淹没于"自然神论"的哲学推测之中。弗里

㊱ E. L. Haigh, 'Vitalism, the Soul and Sensibility: The Physiology of Théophile Bordeu', *Journal of the History of Medicine*, 31 (1976), 30—41; J. Roger, *Les Sciences de la vie dans la pensée française du XVIIIe siècle: La Génération des animaux de Descartes à l'Encyclopédie* (Paris, 1963), 618—630.

㊲ G. B. Risse, 'The Brownian System of Medicine: Its Theoretical and Practical Implication', *Clio Medica*, 5 (1970), 45—51.

㊳ *Ibid*.

㊴ K. E. Rothschuh, *Konzepte der Medizin in Vergangeheit und Gegenwart* (Stuttgart, 1978).

㊵ Ackerknecht, 'Broussais', (note 31).

德里希·冯·谢林(Friedrich von Schelling,1755—1854)相信,医学家和科学家有能力仅仅通过哲学反思就可以发现整个自然界形成的主要原理。[41]

约翰·布朗的医学思想体系对于这样一种哲学方法是最为合适的。安德列亚斯·勒施劳布(Andreas Röschlaub,1768—1835)接受了这种挑战,他在谢林自然神论的大旗下,在德国巴姆堡大学医学院设置了布朗主义的课程。[42] 这些"哲学家式的"医生都是谢林的学生,他们深信在自然科学的新发现,例如磁学、电学和化学等现象的基础上,能够建立起一套新的医学体系。他们深信,他们能够与这类诸如一个系统中的各种生命力等无形机制联系起来,能够连接起所有的自然力量。

一个复杂的、有活力的生理学,就是对这些器官物质的灵巧观念和生命现象的体现进行思考的结晶。尤其是约翰内斯·缪勒的医学著作被广
553 泛传诵。[43] 1833 年,当缪勒成为柏林动物解剖学博物馆的解剖学、生理学教授时,他将一个"现实的"生机论与积极的实验室研究结合起来。他指导并鼓励学生们运用化学和物理学的新实验法和概念法,认为生机论的解释仅仅是一种最后的补救方法。[44]

浪漫主义时代:医学教育的机构

法国医学教育的改革出现了两个主要问题:(1)医学教育只应在中心城市的大医院中开展,还是也要在地方的医疗机构中开展?(2)医疗机构工作人员的教育在多大程度上能够提升大学教育的水平?第二个问题蕴涵着政治上和经济上的深意,因此,它在相当长的一段时期内无法得以解决。在欧洲的大部分国家,直到 19 世纪的最后 10 年,药剂师和牙医的大学教育才得以实现。但是,在拿破仑战争期间和战争后,迫切需要大量的

---

[41] G. B. Risse, 'Kant, Schelling and a Science of Medicine', *Journal of the History of Medicine and Allied Sciences*, 27 (1972), 145—158.

[42] Rothschuh, *Konzepte* (note 39), 386; N. Tsouyopoulos, 'Die neue Auffassung der Medizin als Wissenschaft unter den Einflusz der Philosophie vom frühen 19. Jahrhundert', *Berichte der Wissenschaftsgeschichte*, 1(1978), 87—100.

[43] E. Benton, 'Vitalism in Nineteenth Century Scientific Thought: A Typology and Reassessment', *Studies in the History and Philosophy of Science*, 5 (1974), 17—48.

[44] *Ibid.*, 29.

医生和军医。随着行会在法国和其他受法国影响的国家中的瓦解，不合格的行医现象日益增多。1806 年 5 月 10 日法令建立了法兰西帝国大学，其中也包括在巴黎、蒙彼利埃和斯特拉斯堡建立医学院。在其他城市，也建立了国家层次的中学。从 1803 年起，法国的医疗工作者就被分为两大类：医生和外科医生，以及仅仅在卫生保健部门工作的保健人员。[45] 这种情形一直持续到 1892 年。

在拿破仑的扩张时期，这种系统的基本原则被法国统治下的国家所采纳，特别是一些低地国家，这些国家于 1810 年被并入法兰西帝国。那些没有与市医院合作的医学院全部被关闭了。[46] 其他的则变成了中学，例如乌特勒支大学。1813 年之后，当这些低地国家联合成一个王国的时候，有几个医学院重新活跃起来，但与大多数欧洲国家一样，它们始终不能将医学职业和卫生保健提升到一个更高的层次。它们还尝试在有普通医院愿意提供临床教学设施和有城市愿意提供经费的地方建立医学学校。[47]
1824—1828 年间，在北部建立了六所临床学校，其中就包括乌特勒支军事 554
医疗学院。在南部，1824 年安特卫普医学院也得到了复兴，但是由于地方政府缺少经费，有许多实用的方案被搁置。[48] 这些学校的教学计划往往比大学教育更具有实践倾向性。其学费也比较低，凡是年满 16 岁，具备一定的读写能力，并且没有不良记录的青少年都能够入学学习。[49] 他们受训的课程有外科学、药剂学和助产学。他们只能在国家的某一个地区行医。他们大多在农村或者是在一些小城镇行医，在那里他们既是外科医生，又是助产士，还是药剂师。在 1818 年到 1865 年间，这种类型的中等医学学校

---

[45] Coury, 'Teaching', (note 18).

[46] G. Legée, *Cuvier et la réorganization de l'enseignement sous le Consulat et l'Empire* (Paris, 1974).

[47] M. J. van Lieburg, 'Municipal Hiospitals and Clinical Teaching in the Netherlands During the 19th Century', *Clio Medica*, 21 (1987—1988), 125—152.

[48] R. Schepers, *De opkomst van het Belgisch Medisch Beroep: de evolutie van de wetgeving en de beroepsorganisatie in de 19de eeuw*, Nieuwe Nederlandse bijdragen tot de geschiedenis der geneeskunde en der natuurwetenschappen 32 (Amsterdam and Atlanta, 1989).

[49] M. J. van Lieburg, *Het medisch onderwijs te Rotterdam (1467—1967); een kort historisch overzicht*, Nieuwe Nederlandse bijdragen tot de geschiedenis der geneeskunde 3 (Amsterdam, 1978), 63.

在尼德兰地区相当普遍。[50]

1830 年，在比利时独立之后，大学逐步取代中学承担了培养医生的职能。1835 年，比利时是欧洲第一个将内科学、外科学、产科学和药剂学的教育提升到大学层次的国家。[51] 尼德兰在 1865 年也通过立法合并了医学教育，普鲁士则是在 1852 年。[52] 在英国，直到 1886 年，才要求学生必须修完药剂学、外科和产科的全部课程后，才能获得行医资格。1858 年，英国建立了医学教育与注册委员会，[53]但是，之前存在的内科学院、外科学院和药剂师协会依然分别具有为它们的专业举办入职考试的职能。医学教育委员会，将它们自己与牛津大学、剑桥大学、伦敦大学、苏格兰的四所大学——格拉斯哥、阿伯丁、圣安德鲁斯、爱丁堡大学和都柏林的三一学院，一起视为颁发执照的机构。

555 在苏格兰和爱尔兰，大学在慈善医院中进行临床教学，并强调由大学聘用的教师来举办讲座。牛津大学和剑桥大学没有临床学院，因此他们的毕业生在参与由皇家医学院在伦敦、爱丁堡或都柏林举办的任何一场关于行医执照的考试前，就要去伦敦或其他地方获取临床经验。1836 年伦敦大学成立，但是直到 19 世纪末它都只是一个帝国内部的考试机构。伦敦和其他地区主要城市的医学教育主要是在医学院进行，这些学院是在 18 世纪成立的慈善医院的基础上形成的。第一所真正的医学院成立于 1785 年，它是与伦敦医院一起成立的。在近一个世纪的发展过程中，它始终是一家私立学校，这是因为，在这段时期其他许多慈善医院的管理者都将医学院学生视为免费的医疗工作者。所以，医学院为学生开设讲座，并进行演示，但学习则是在作为实习生和临床助理参与到患者的照料中进

---

[50] M. J. van Lieburg, 'De tweede geneeskundige stand (1818－1865)', *Tijdschrift voor Geschiedenis*, 96 (1983), 433－453.

[51] Schepers, *Opkomst* (note 48), 106.

[52] C. Huerkamp, 'Arzte und Professionalisierung in Deutschland. Überlegungen zum Wandel des Arztberufs im 19. Jahrhundert', *Geschichte und Gesellschaft*, 6, 3 (1980), 349.

[53] C. F. Varlaam, 'The Origins and Development of the General Medical Council as a Socio-legal Institution', Ph. D., London (Economics), 1978, ch. I: 7－46. After Schepers, *Opkomst* (note 48), 107.

行的。[54]

在 1815 年《药剂师法》规定药剂师（在参加行医执照考试前）必须大范围地学习指定科目、必须有医院经历或学徒经历之前，行医执照考试的准考要求是很宽松的。后来，内科学院和外科学院又在准考要求中增添了更丰富的培训课程。[55] 越来越多的学生从药剂协会和外科学院那里获得执照，同时"外科—药剂师"也成为了全国首批最普遍的从业人员，当时关于妇产科的专业训练还很少见。虽然，19 世纪伦敦和其他地方成立了新的大学学院，[56]但是大学和医学学校之间的联系在二战之前一直都很松散。[57] 城市、大学和各地区的医学学校的数量已经达到了一个相当多的水平，但它们无法为任何一个医学专业举办入职考试，虽然当时在欧洲其他区类似的国家考试已经相当普遍了。[58] 但这与我们所见到的、由中学来培养医疗工作者的欧洲大陆的法国制度是不一样的。

556 在这一时期繁荣起来的另一种医学教育的形式就是军医教育。最早的军医学校是 1782 年约瑟夫二世在维也纳建立的。由赫拉德·范·斯温滕（Gerard van Swieten，1700—1772）在维也纳建立的"古代医科学校"中，就已经关注行军部队中的疾病。[59] 1896 年，在瓦-德-格哈斯成立了欧洲最著名的军医外科培训中心，之前，它是一所修道院。1820 年到 1837 年间，由布鲁赛担任中心的主任。[60] 在柏林，约翰内斯·格克（Johannes Goercke，1750—1822）创建了巴蒂内尔军医学校。在西班牙、俄罗斯、一些低地

---

[54] F. N. L. Poynter, 'Medical Education in England since 1600', in O'Malley (ed.), *Medical Education* (note 18), 235—245.

[55] J. Ellis, 'Medical Education in the U. K. and Europe', in J. Walton, P. B. Bason and R. Bodley Scott (ed.), *The Oxford Companion to Medicine* (Oxford and New York, 1986), 714—732.

[56] Poynter, 'Medical Education' (note 54), 243.

[57] Ellis, 'Medical Education' (note 55), 723ff.

[58] C. Newman, *The Evolution of Medical Education in the Nineteenth Century* (London, 1957), 227.

[59] G. van Swieten, *Kurze Beschreibung der Heilungsart der Krankheiten, welche am Öfftesten in den Feldlagern beobachtet warden* (Vienna, 1758). 这部书也相继被翻译成多国语言。

[60] A. Monery, *Le Val de Grâce* (Paris, 1951).

国家和意大利，相同的机构也开始出现。[61]

从 1798 年开始，圣彼得堡军医学院（现在的圣彼得堡海军学院）在日益发展起来的俄国军医培训中发挥了特殊的作用。由于在 19 世纪，圣彼得堡并没有自己的医学院，因此它所有的杰出的解剖学、外科学专家以及一些程度相当的生理学家都在科学院工作。这类机构为俄国的海军和陆军培养了大批外科医生。[62] 1844 年，圣彼得堡外科医学院下属的莫斯科外科医学院与莫斯科大学医学系合并。从 1832 年到 1844 年，维尔纽斯外科医学院也成为了重要的培训中心。[63]

这些军医培训中心利用了医院的优势，这些医院都处于它们的直接管辖之下，而且也都不是慈善机构。[64] 此外，军医的训练包括药物学和外科学两个方面。通过培训还能够将军事策略运用到预防传染病传播的战斗中去。培训中心有一个井井有条的管理体制和实习制度，每天都要报告情况。学生每天进行训练，而且还规定了学习时间。毕业生必须通过一场竞争激烈的考试，称之为“concours”。许多医学界的开拓者都在这类学校中受过训练。毕业生要被分配到各个殖民地的部队中服役。在乌特勒支的军医培训中心就培训了多位在日本服役的军医。其中就有约翰·利迪乌斯·卡塔里纳斯·蓬佩·范·梅尔德沃特（Johan Lidius Catharinus
557 Pompe van Meerdervoort，1829—1908），1857 年，他以乌特勒支军医培训中心为原型，在长崎建立了医学学校。[65] 19 世纪在非洲和亚洲的欧洲殖民地，建立了许多医学学校。例如，1835 年，加尔各答建立了新医学院，其目的是为了培养印度的青年。他们学习的是西方的知识，其中包括科学，

---

[61] D. de Moulin (ed.), '*s-Rijkskweekschool voor Militaire Geneeskundigen te Utrecht*' (1822—1865), Nieuwe Nederlandse bijdragen tot de geschiedenis der geneeskunde en der natuurwetenschappen 26 (Amsterdam, 1988), Introdution.

[62] M. M. Levit, 'Russia in the Period of the Decay of Feudalism During the First Half of the 19th Century', *The History of Medicine* (*Istoria meditsinij*), (1981), 121.

[63] V. P. Grizkevitch, *With Hypocrat's Torch*: *From the History of Medicine in Byelorussia* (Minsk, 1987), 175—188.

[64] Moulin, '*s-Rijkskweekschool*' (note 61), 3—14.

[65] J. Z. Bower, 'The History of Medical Education in Japan: The Rise of Western Medical Education', in O'Malley (ed.), *Medical Education* (note 18), 391—416; chapter 6, 224.

教学语言也是英语。1843 年,皇家外科学院也先后在加尔各答、马德拉斯和孟买成立了三所医学学校。这些学校都是以英国的医学学校为模型,并采用英国人编写的教科书。[66]

1795 年后,欧洲医学教育的改革不仅废除了许多旧的医学机构,而且还设置了新课程。在旧式的医学院中主要设有五个教授席位:解剖学教授、草本药物学教授、化学和药物学教授、理论医学教授以及临床医学教授。学生在通过理论考试并报告了毕业论文后才能毕业。医学理论依然是关键,尽管在法国专业培训是由政府统一管理的,而且实践训练也得到了各个医学学校的提倡。欧洲所有医学院的根本变化,就是为外科学和产科学设立了专门的教席,安排了医学政策或公共卫生以及法医的教学内容。此外,几乎所有的医学院都很看重它们的解剖学标本,并补充了病理学的标本使其得以丰富。由解剖学陈列室来保管这些标本,以及由人类学家收集头骨和骨骼。生物学家对自然历史的收集进行分类和系统化。因此,博物馆就像 19 世纪下半期的实验室一样,成为了学生们的工作间。德意志是由许多独立的邦国组成的,因此在"联邦"执照或医学教育和医学院的管理中,各邦国由于其领袖的哲学观和学术志向的不同而存在着差别。但一般来说,德意志的科学受到怀疑哲学的影响,正如卡尔·莱因霍尔德·奥古斯特·文德利希(Carl Reinhold August Wunderlich,1815—1877)指出的那样,它与自然神论是不同的。[57] 它鼓励医学院在大学结构内部进行研究,这也影响到欧洲的其他中心,使其采取了同样的做法。这也体现在教学计划中,它们有时还开设病理学史、人类学以及医学史等 558
课程。有两件重要的事情影响了医学教育,即威廉·冯·洪堡的医学教学备忘录的问世以及 1810 年柏林弗里德里希—威廉大学(*Friedrich-Wilhelms-Universität*)的成立。

洪堡坚信在大学中实现教学和科研的结合对教授和学生来说都有好处,他还坚决反对独立于大学之外成立的医学院,因此他非常看不起高等

---

[66] N. Kumar and H. Keswani, 'Medical Education in India since Ancient Times', in O'Malley (ed.), *Medical Education* (note 18), 329—366.

[57] O. Temkin, 'Wunderlich, Schelling and the History of Medicine', *Gesnerus*, 23 (1966), 188—195.

专科学校(*Fochhochschulen*),这其中就包括巴莠内尔军医培训中心。这正是法国式的临床学校没有在德国出现的原因之一,也是柏林大学成为德国所有大学的模式的原因。在整个 19 世纪,柏林大学提供了实验和临床研究。它后来成为欧洲医学教育的新中心。[68]

在瑞典,两所小型大学——乌普萨拉和隆德,遭到了自由主义政治家的抨击,他们希望关闭这两所大学,并将高等教育集中到斯德哥尔摩。新建立的卡罗林斯卡研究院有一位卓越的发言人——著名化学家约恩斯·雅各布·贝泽留(Jöns Jacob Berzelius,1779—1848)。他以法国为蓝本,计划将这家研究院建成一所应用医学的临床学校。斯德哥尔摩有大型医院,而且贝泽留认为,医学教育应该集中在这里,并且要摒弃阻碍现代自然科学研究的人文主义文化。但是,瑞典教育委员会(*Educational Committee*)于 1828 年作出决定,保留各地区的大学。这场著名的大学争论一直持续到 1873 年卡罗林斯卡研究院,以及乌普萨拉大学和隆德大学都同时获得了医学学士学位的授予权为止。[69] 在 1850 年之前,丹麦的哥本哈根大学和挪威的奥斯陆大学仍保持着其医学院的原有结构。1826 年,国立奥斯陆医院成立,并为临床训练提供了 100 张床位。哥本哈根和瑞典主要受到了德国和法国的影响。[70]

19 世纪初,俄罗斯在亚历山大一世的统治下开始了他们的领土扩张,这次扩张从 1801 年持续到 1825 年。1802 年,亚历山大在爱沙尼亚的塔尔图重建了原有的瑞典大学。[71] 起初,医学院是微不足道的,但 1810—
559 1814 年间在那里教授解剖学和生理学的卡尔·弗里德里希·布尔达赫(Karl Friedrich Burdach,1776—1847)却成为了那里最早的著名教授之一。

---

[68] H. H. Simmers, 'Principles and Problems of Medical Undergraduate Education in Germany during the Nineteenth and Early Twentieth Centuries', in O'Malley (ed.), *Medical Education* (note 18), 133—200.

[69] X. Almquist and X. Winsell, 'Uppsala in the Age of Romanticism', in S. Lindroth (ed.), *A History of Uppsala 1477—1977* (Uppsala, 1976), 146—157 (chapter V).

[70] W. Kock, 'Scandinavia since 1600', in O'Malley (ed.), *Medical Education* (note 18), 263—297.

[71] A. Buchholz, *Ernst von Bergmann. Mit Bergmann's Kriegsbriefen von 1866, 1870/71 und 1877*, 2nd edn (Leipzig, 1911), 84.

1803年,立陶宛古老的维尔纽斯学校升格为大学。⑫ 1804年,当约翰·彼得·弗兰克成为维也纳"不受欢迎的人"后,他应聘来到圣彼得堡,并在那里建立了军事外科学院。不久后,他又来到维尔纽斯大学组织临床教学,在弗兰克回到圣彼得堡之后,他的儿子约瑟夫·弗兰克(Joseph Frank,1771—1842)继承了他在那里的工作。⑬ 除了受革命运动影响思想较为激进以外,与波罗的海的小型大学相比,军事外科学院都可以为杰出的医生提供更多的条件。俄国医生马特维伊·雅科夫莱维奇·穆德罗夫(Matvej Jakovlevic Mudrov,1776—1831)曾先后在德国、维也纳和巴黎求学,之后他成了杰出的卫生学家和莫斯科著名的临床医学教授之一。在1809—1917年间,俄国人还主宰了赫尔辛基医学研究所。⑭

在中欧,1749年,随着由特蕾西娅女皇领导、由赫拉德·范·斯温滕(Gerard van Swieten,1700—1772)执行的将维也纳大学改组为医科大学的大改革的出现,奥匈帝国的中央行政(State Adminrstration)对布拉格和佩斯特的大学产生了重要的影响。匈牙利的学生,特别是那些德国裔和犹太裔的学生,都到维也纳去接受医学教育。布达佩斯大学医学院的现代化始于1867年之后,它是与医院的扩张、研究机构和实验室的建立密切相关的。⑮ 维也纳大学和布拉格大学之间的互相影响比较相似,但在特蕾西娅女皇的改革中,将布拉格大学改组为国家大学则要比匈牙利的改革成功得多,这是因为在匈牙利耶稣会由于害怕清教徒和犹太人而反对改革。

---

⑫ V. G. Mitselmacheris, *Essays on the History of Medicine in Lithuania* (Leningrad, 1967), 46—124; J. Kubilius, *A Short History of Vilnius University* (Vilnius, 1979), 51—53, 61—63, 75—79.

⑬ V. Kalnin, *The History of Tartu University*, *1632—1982* (Tallin, 1982), 58 [第三章 论医学]; V. Kalnin, 'The Role of TartuUniversity in the Development of Science in the 19th Century', *ibid.*, 116—124[第五章].

⑭ M. Grmek, 'The History of Medical Education in Russia', in O'Malley (ed.), *Medical Education* (note 18), 303—327.

⑮ P. Hának, 'Wandlungen der Österreichisch-Ungarischen Wissenschaftlichen Beziehungen im Laufe des 19. Jahrhunderts', in R. G. Plaschka and K. Mack (ed.), *Wegenetz Europäischen Geistes*, vol. I: *Wissenschaftszentren und geistige Wechselbeziehungen zwischen Mittel-und Südosteuropa vom Ende der 18. Jahrhunderts bis zum ersten Weltkrieg* (Vienna, 1983). 343—356.

在18世纪晚期和整个19世纪，波兰的学术生活和医疗保健受到了严重的瓜分与压制。在维也纳会议后，于1815年建立了由俄国沙皇统治的所谓的“议会王国”，在这里，1817年，亚历山大大学医学院在华沙成立。
560 1809年，拿破仑曾建立了医学系，但1817年它的课程被并入大学之中。[76]其中的教授大多是波兰人，这与其他波罗的海周边国家的大学吸引外国学者的做法不同。1815年之前处于奥地利统治下的克拉科大学医学院在维也纳会议后，获得了新的地位，从完全的奥地利模式转变为更加国际化的尤其是法国式的模式。

在1846年被并入奥地利并实现德国化之前，克拉科是一座自由城市，拥有一所发展良好的大学。尽管存在着吞并的问题，但是医学院还是与欧洲其他中心齐头并进，一同发展起来，特别是在维也纳医学院年轻的锐意改革的代表人物约瑟夫·迪特尔(Joseph Dietl，1804－1878)的帮助下。[77] 在经历了几次暴动后，华沙大学被俄国人镇压了；事实上，在1857年之前，波兰领土上的医学教育几乎消失殆尽，医生的数量急剧减少。[78]文盲成为了一个严重的问题。

罗马尼亚也存在着同样的问题，教育制度破坏殆尽，高等教育更是满目疮痍。急速的重建开始于1850年，并且重建工作是从小学开始的。1860年雅士建立了第一所现代大学。其缔造者——米卡埃尔·科加尔尼恰努(Mihàil Kogálniceanu，1817－1891)曾先后在法国和德国留学，当时，他是罗马尼亚自由主义政府的首相，主张在罗马尼亚建立一所囊括全部学科的大学。他吸引外国学者，例如，海德堡大学的德国科学家雅各布·齐豪克(Jacob Czihak)，来此创建自然科学学院。[79] 但尽管如此，由于资源有限，这所大学只开设了三个学院：神学院、法学院和自然科学学院。第四

---

[76] J. Topolskiego (ed.), *Dziejc Polski* (Warsaw, 1977), 443.

[77] L. Tochowicz *et al.*, *Outline of the History and the Structural Organisation of the Medical Academy in Cracow* (Cracow, 1981), 16－20.

[78] R. Sikorski and L. Kowieski, 'Reception and Assimilation of Innovative Medical Ideas in Poland in the 19th and Early 20th Centuries', *Clio Medica*, 21 (1987－88), 95－103.

[79] J. Livescu, 'Die Entstehung der rumänischen Universitäten', in Plaschka and Mack (ed.), *Wegenetz* (note 75), 21－35; J. Sadlak, 'The Use and Abuse of the University Higher Education in Romania 1860－1900', *Minerva. A Review of Science, Learning and Policy*, 29 (1991), 195－225.

个学院——医学院，直到 1879 年才建立起来。1864 年，罗马尼亚第二所大学在布加勒斯特成立。1869 年后，它成立了医学院。

希腊也存在着类似的情况。意大利与希腊有着紧密的联系，先后有 50 位学生毕业于帕多瓦、波伦那，尤其是比萨。1821 年希腊独立之后，这所大学的毕业生得以回到祖国，并成为了杰出的政治家、作家、法律顾问，以及成立于 1834 年的雅典大学的教授。医学院明显是效仿德国的教学制度。在整个 19 世纪，在国外受教育的医生，被称为"Hesperia"（即指在西方受教育），颇受尊重。⑳ 561

欧洲东南部的其他国家依然处于土耳其的统治之下。1827 年，在伊斯坦布尔军事医院中成立了第一所医学院。教师都是匈牙利人和土耳其人。他们主要效仿法国军医培训中心培养内科医生和外科医生。外科医生的教学使用法语，而内科医生的教学使用意大利语。1839 年，两所学校在伊斯坦布尔的加拉塔沙雷合并后，成立了医学院。此时的教学计划是以维也纳学校为标准制定的。许多奥地利的医生在梅特涅侯爵的引荐下，到苏丹穆罕默德统治下的土耳其任教授。1842 年，该学院拥有了一个有 1300 册法文藏书的图书馆。学院还拥有一个奥地利人管理的植物园、一个由约瑟夫·许特尔（Joseph Hyrtl，1811－1894）筹建的解剖学标本的博物馆，以及一些医疗器械和一个药房。临床教学、外科和产科教学，以及后来的助产士专门课程，在加拉塔沙雷有五间病房。与巴尔干半岛医学学校落后的设施相比，加拉塔沙雷医学院成为了当时地中海东南部设备最精良的医学学校。㉑

在拿破仑战争时期，地中海西岸的西班牙也与意大利一样经历了一场变革。许多古老的大学都失去了它们的医学院或者完全被关闭，例如萨拉曼卡。医学培训的中心位于马德里、瓦伦西亚和巴塞罗那。这三个地方分别于 1795 年、1787 年和 1797 年有临床医学培训。在马德里，学校是

⑳ Z. N. Tsirpanles, 'Die Ausbildung der Griechen and Europäischen Universitäten und deren Rolle im Universitätsleben des modernen Griechenland (1800－1850)', in Plaschka and Mack (ed.), *Wegenetz* (note 75), 250－272.

㉑ A. Terzioglu, 'Die Verdienste der österreichischen Ärzte bei der Gründung der modernen medizinischen Fakultät in der Osmanischen Reichshauptstadt Istanbul am Anfang der 19. Jahrhunderts', in Lesky (ed.), *Wien* (note 22), 136－146.

以法国为原型的。杰出的外科医生和塞·塞韦罗·洛佩斯(José Severo López,1754—1807)与卡巴尼斯和其他法国学者都保持着密切的学术联系。巴塞罗那,特别是瓦伦西亚,一直以来都是向维也纳看齐的。这些学校采用相同的教学方案,使用翻译维也纳的教科书,并且还支持马克西米连·施托尔(Maximilian Stoll,1742—1788)及其学派的疗法和临床观。1817年之后,西班牙通过新法令重组医学教育。1822年,马德里临床医学
562 学校与迁移的阿尔卡拉学校合并,形成了马德里大学。[82] 这种情形持续到1857年,莫亚纳法案的通过,保障了巴塞罗那、巴来多利、格拉那达,以及马德里医学院教师的职业安全。赛维尔和瓦伦西亚教师的职业安全已经在1847年立法的时候得到了保障。从1825年开始,葡萄牙在里斯本和奥波多的外科学校培养外科医生。1836年,科英布拉大学以里斯本学校为标准,实现了课程的现代化。1911年,里斯本和奥波多的外科学校也被合并到这些城市中新成立的大学中。[83]

1795—1830年间,意大利也经历了军事和政治动乱,这使得大部分医学院停办。热那亚是例外,它于1805年得到拿破仑的准许,成立一所独立的医学学校,主要用于培养外科医生。约翰·彼得·弗兰克在帕维亚进行了医学教育改革的首次尝试。从1785年到1786年,弗兰克在布朗主义的影响下,制定了一套全新的教学大纲,其中包括基础科学和生理解剖学。[84] 随着拿破仑帝国的垮台,学院也得以扩张;1817年,在弗兰克和他的继任者的提议下,设立了12个教授席位。其中两个席位非常特殊,一个是眼科学教授席位,另一个是兽医学教授席位。由于距离米兰很近,在那里已经有一所兽医实践学校了,这也使得在1859年教育法(卡萨蒂法)再次重组医学教育之前,这所学校能与帕维亚大学联合。[85] 波伦那和帕多瓦

---

[82] J. M. Lopez Piñero, 'The Relation between the "alte Wiener Schule" and the Spanish Medicine of the Enlightement', in Lesky (ed.), *Wien* (note 22), 11—26.

[83] F. Guerra, 'Medical Education in Iberoamerica', in O'Malley (ed.), *Medical Education* (note 18), 419—462.

[84] E. Lesky, 'Johan Peter Frank als Organisator des medizinischen Unterrichtes', *Sudhoff's Archiv für Geschichte der Medizin*, 39 (1955), 1—29.

[85] L. Belloni, 'Italian Medical Education after 1600', in O'Malley (ed.), *Medical Education* (note 18), 113.

的著名医学院都处于衰落之中，它们的许多设备都很有限。但在1800年左右，意大利科学的荣耀又回来了。保罗·马斯卡尼（Paolo Mascagni, 1755—1815）在完成了他先前的研究，并且为解剖学石蜡标本的制作作出贡献之后，他在佛罗伦萨从事着著名的解剖学图解研究。费利切·冯塔纳（Felice Fontana, 1720—1805）与娴熟的艺术家克莱门特·米开朗基罗·F.苏西尼（Clemente Michelangelo F. Susini, 1754—1814）的合作，也使得意大利的石蜡标本赢得了国际声誉。㊻

临床教学也在继续着，从维也纳还传来了叩诊法和听诊法，约瑟夫·斯科达（Joseph Skoda, 1805—1881）将这些技术结合起来，从而使得诊断能够更加精确。这个技术也得到了大学的认可，进而开创了莫尔加尼病理解剖学。㊼ 布朗主义没有为传统的意大利学院所接受。寻求医学的确定性也成为了欧洲各国的当务之急。这种确定性需要新的科学方法，而这种方法将在下一个时期出现。 563

新知识（1830—1870）

约翰内斯·缪斯在柏林的学校中践行的"新生理学"，开创了德国的现代科学精神。他的学生开始发现生机论是无用的，甚至把它作为不得以而为之的一种方法。缪勒启发他们要从目的的角度来研究生命现象，而此目的本身就是一种客体，甚至是一种数学的方法。㊽ 米尔德并不反对机械论的解释；但生机论和机械论之间的差别更多地是与哲学解释相关，而不是与研究的方案或方法相关。㊾ 这一点也能从他的《人体生理学手册》（*Handbuch der Physiologie des Menschen*）中看出，在书中他强调研究

㊻ B. Lanza and M. L. Azzaroli Pucetti *et al.*, *Le Cere Anatomiche della Specola* (Florence, 1979).

㊼ L. Premuda, 'Die anatomisch-klinische Methode: Padua-Paris-Wien-Padua', *Gesnerus*, 44 (1987), 15—32.

㊽ R. Shryock, *The Development of Modern Medicine: An Interpretation of the Social and Scientific Factors Involved* (New York, 1947), 200.

㊾ T. Lenoir, *The Strategy of Life: Teleology and Mechanics in Nineteenth-Century German Biology*, Studies in the History of Modern Science 13 (Dordrecht, 1982), 276—280.

的进步是要以观察和实验为本，而不能依赖于任何已有的体系。缪勒的观念是整体性的，事实上，他在大学里拥有五个教授席位，这就意味着他有五个接班人。他关于生命现象的宽广视角启发了许多著名的学生，其中一些学生是持反对意见，而另一些学生则是支持自己老师的。

自然科学的巨大发展促进了对进步的坚定信念。按照路德维希·费尔巴哈（Ludwig Feuerbach，1804－1872）的说法，历史发展的革命性力量来自自然科学中的真理，而不是政治。[90] 因此，反对毫无根据的权威是年轻人的使命，而进步主义研究者和自然科学是为它辩护的。费尔巴哈哲学也启发了许多年轻的知识分子，使他们开始反对将虚假的、不真实的唯心主义作为科学、政治学，甚至神学研究的先验条件。[91] 在他们当中就有所谓的"庸俗唯物主义"者：卡尔·福格特（Karl Vogt，1817－1895）、雅各布·莫勒斯霍特（Jacob Moleschott，1822－1893）和路德维希·比希纳（Ludwig Büchner，1824－1899）。在他们的著作中，我们可以发现，他们对"自然神论"和"非物质力量"的批判比缪勒对化约主义（reductionalist）方
564 案的批判要激烈得多。比希纳的《力与物质》（*Kraft und Stoff*）被唯物主义者奉为经典，并被翻译成17国语言。[92] 莫勒斯霍特1850年出版的《大众食品理论》（*Die Lehre der Nährungsmittel, Für das Volk*）和1852年出版的《生命的循环》（*Der Kreislauf des Lebens*）也同样得到了好评。从1845年到1847年间，福格特在《汇报》（*Allgemeine Zeitung*）上发表的一系列函件——《发展中的生理学理念》（*Physiologische Briefe für Gebildete aller Stände*）也被结集成册发行，它不仅多次再版，而且也被翻译成多国的文字。这些著作就是要普及生理学，要教育大众，要为崭新的"反唯心主义"的唯物主义寻求支持，它直接反对那些认为在力和物质之外还存在任何实体的观念，包括人的灵魂。

激进主义没有被德国的反动权威所接受。在所谓的"毕德迈厄时期"

---

[90] F. Gregory, *Scientific Materialism in 19th-Century Germany*, Studies in the History of Modern Science 1 (Dordrecht and Boston, 1977), 9.

[91] F. Gregory, 'Science versus Dialectic Materialism: A Clash of Ideologies in 19th-Century German Radicalism', *Isis*, 68 (1977), 206－223.

[92] W. Bölsche (ed.), *Ludwig Büchner's Kraft und Stoff* (Liepzig, 1932), xxv (Vorwort).

(Biedermeier period，1830—1850 年)，德国的中产阶级通过政治抵抗，来表达他们对迟到的社会政治改革的失望。许多年轻的知识分子和工人团结起来反对权威，在那些年，起义、流亡、监禁就成为了他们的宿命。那些参与了早期的共产主义和社会主义运动的许多学生和教师遭到了迫害。1842 年，维尔茨堡大学医学院的 5 位教授，由于他们关心民主和自由主义改革而被解职。[93] 从 1847 年起在吉森大学任教的福格特，在 1848 年革命后，不得不再次于 1849 年逃往伯尔尼。莫勒斯霍特从 1847 年开始在海德堡大学任教，1854 年，在受到禁止向学生宣传“猥亵”、“可恶”的政治信条的警告之后，他辞去了教授的职位。[94] 费尔巴哈因过分热心对莫勒斯霍特著作进行评论，将他的唯物主义观念进行了夸大，提出了如“思想是蛋白质的一种存在方式”等观点，也为对莫勒斯霍特的批判起到了推波助澜的作用。[95]

对许多学者来说，自然科学的变革引发了社会的变革。这在柏林的 1848 年革命中体现得尤为清晰。在那一年，年轻的鲁道夫·菲尔绍向普鲁士当局报告了上西里西亚地区爆发的、几乎是毁灭了饥寒交加的波兰少数民族的流行性斑疹伤寒症。这个报告成为向放任这类灾难出现的权力当局进行反抗的典范。菲尔绍在报告中要求的不是药品、物品或食物，
而是要求明确地实现完全的、无限制的民主，即“教育、自由和幸福”。[96] 在 565
菲尔绍及其那一代人的努力下，医学成为了一门社会科学。医生“自然而然地就成为了穷人的代言人”，[97]肩负着要求国家向工厂和监狱之类的场

[93] J. Bleker, ‘Biedermeiermedizin, Medizin der Biedermeier? Tendenzen, Probleme, Widerspruche 1830—1850’, *Medizinhistorisches Journal*, 23 (1988), 5—22.

[94] Gregory, *Scientific Materialism* (note 90), 97; O. Temkin, ‘Materialism in French and German Physiology of the Early 19th Century’, *Bulletin of the History of Medicine*, 20 (1946), 322—327.

[95] Gregory, *Scientific Materialism* (note 90), 91. 事实上，莫勒斯霍特是这样写的：“犹如没有脂肪就没有大脑的存在一样，没有蛋白质与钙也就没有骨的存在。”*Die Lehre der Nährungsmittel* (Erlangen, 1850), 80.

[96] E. H. Ackerknecht, *Rudolf Virchow: Doctor, Statesman, Anthropologist* (Madison, Wisc., 1953), 15; E. H. Ackerknecht, “Beiträge zur Geschichte der Medizinal Reform von 1848’, *Sudhoffs Archiv für Geschichte der Medizin*, 25 (1932), 61—129.

[97] *Anwalt der Armen*, 菲尔绍对医疗改革的贡献也体现在他 1879 年出版的 *Gesammelte Abhandlungen aus dem Gebiet der oeffentlichen Medizin und der Seuchenlehre* 中。

所提供医疗监督的职责。德国 1848 年的医疗改革运动源于工业革命。它也同样影响了医生们的社会地位。由于他们原来所属的旧有的中产阶级被迅速地无产阶级化了，因此他们失去了物质上的稳定性。阿克莱特非常重视德国医生的悲惨状况，他们不仅遭受着贫困和竞争激烈，而且还受到专制政府接连不断地、愚蠢的干预。[98]

因此，医生们高喊着“自由”参加到革命和医学改革运动之中去，不仅是为了他们的病人，也是为了他们自己。通过在《医疗改革》(*Die medizinische Reform*)周刊上的发表，菲尔绍、著名的卫生学家萨洛蒙·诺伊曼(Salomon Neumann，1819—1908)、精神病学家鲁道夫·洛伊布舍(Rudolf Leubuscher，1821—1861)，以及内科医生路德韦希·特劳贝(Ludwig Traube，1818—1876)，都成了有影响的医学政治家，他们的观点都获得了广泛的支持。但是，医学改革是缓慢的。法国在“公共卫生”这方面成了领路人。但在欧洲所有国家和在美国，医生、市政工程师和教师都一起参与到与当局者就卫生状况进行的大讨论之中来。天花、霍乱、伤寒、斑疹、黄热病等传染病的流行也迫使政府采取行动，所谓的卫生学家也参与到向政府报告统计数据、死亡率和调查报告的行动中来。与此同时，公众健康问题也越来越受到医学协会的集会及其出版物的关注。[99] 1851 年在巴黎召开的卫生会议，成为了卫生学家们互相交流的场所。[100] 许多知名人士参与到卫生改革运动中来，这也影响了大学的教学，并激发了学生参与到传染病和卫生保健领域的积极性。同时，菲尔绍和一些激进的医生们所倡
566 导的医疗改革也引起了社会的缓慢变革。菲尔绍在其 1848 年《医疗改革》杂志中宣称：“健康地生活是每一个公民的天赋权利！”[101]但他的主张多年以来都无法实现。

随着由李比希、韦勒以及欧洲其他著名化学家引领的有机化学的发展，在生理学研究中使用化学方法的重要性也在不断地提升。在浪漫主

---

[98] Ackerknecht, *Virchow* (note 96), 139.

[99] Shryock, *Development* (note 88), 211—247 (在关于医学和 1800—1880 年公共医疗卫生运动的相关章节中)。

[100] E. H. Ackerknecht, ‘Anticontagionism between 1821 and 1867’, *Bulletin of the History of Medicine*, 22 (1948), 562—593.

[101] Ackerknecht, *Virchow* (note 96), 131.

义时期，化学家们认为有机物的生产是一个受到“生机”影响的过程，并且这个过程是不能在实验室里重复的。1828年，韦勒曾致信极受尊敬的瑞典化学家贝泽留：“我要告诉你的是，我可以在没有肾脏，或者不使用任何动物，无论是狗还是人的情况下，生产出尿素！”[102]

不久后，其他有机物也在实验室中合成，但根据法国实证主义和科学社会学的创始人奥古斯特·孔德的观点，韦勒的首次发现依然是“人类哲学革命”中的标志。对孔德而言，韦勒的发现是高于其他一切变革的，对化学过程中的自然法则是具有决定性意义的变革。[103] 孔德所提出的哲学三阶段论——神学、形而上学以及建立在自然科学坚实基础上的实证主义，得到了广大生理学家的欢迎。孔德的《实证主义哲学》(*Cours de philosophie positive*)也广为流传。这部著作中有一个重要的部分涉及到“生物哲学”，它论及了生物学及其与其他科学的关系问题。首先，他讨论了生物学的研究方式和对观察的解释。孔德从研究对象的“静态与动态”之间的相互联系来考量实证主义生物学的目的，换句话说，就是形式与功能之间的联系。他强调了研究的有机物环境的重要价值，他希望能从与有机物整体的直接联系中进行思考。进一步，他又从“关键的一致性”的角度，将不同器官的生理行为联系起来。[104] 环境与有机物的直接联系也引起了贝纳德的关注。贝纳德认为环境不仅指外在环境，即空气和水中的不同构成，还包括了内在环境。这包括细胞周围的血液和组织液。这两种不同环境之间的相互作用就成为了他的生理学研究的核心。贝纳德在其著名的 567
《实验医学研究导论》(*Introduction à l'étude de la Médecine expérimentale*，1865)一书中构建了实验医学。在该书中，他构建了尊重有机现象的唯一特性的医学理论基础，并为医学决定论作出了贡献。[105] 贝纳

[102] Letter from Wöhler to Berzelius, 22 February－1828: O. Wallach, *Briefwechsel zwischen J. Berzelius und F. Wöhler* (Göttingen, 1901; Wiesbaden, 1966), vol. I, 206.

[103] R. Morgue, *La Philosophie biologique d'Auguste Comte* (Lyon, 1909), 35.

[104] Morgue, *Philosophie* (note 103), 20－26; G. Canguilhem, 'La Philosophie d'Auguste Comte et son influence en France au XIXe siècle', in G. Canguilhem, *Etudes d'Histoire et de Philosophie des Sciences* (Paris, 1968), 76－98.

[105] J. Olmsted and E. Harris Olmsted, *Claude Bernard and the Experimental Method in Medicine*, Life of Science Library 23 (New York, 1952), ch. 11; F. Grande and M. B. Visscher (eds.), *Claude Bernard and Experimental Medicine* (Cambridge, Mass., 1967).

德对实验科学所下的定义，提出的相应的实验方法论以及仪器的必要质量标准，至今依然是适用的。从 1852 年起，贝纳德在法兰西学院授课；从 1854 年起，他成为了索邦大学新聘的普通生理学教授。对研究和教学而言，法兰西学院的设施要好得多。在索邦大学，贝纳德无法向学生进行实验演示，他等了 10 年，才得到了一个实验室。[106] 因此，贝纳德主要的研究都是在大学之外进行的。

贝纳德成为了生理学杰出的领头人。他分析了消化的过程，发现了肝脏肝糖短缺的现象，还对糖类的新陈代谢现象进行了基础性研究。为了研究各种毒药，他进行大量的动物实验：特别是箭毒和一氧化物。通过将科学的方法运用到这个领域，贝纳德发现了药物对有机物的特定部位的特定作用，进而将药物学构建成为一门实验科学。这些研究揭示了药物何时以及如何作用于患病组织。[107] 它开拓了另一个研究的新领域：实验病理学。贝纳德区分了“经验主义医生”和“实验主义医生”。虽然他并不反对希波克拉底式的医术，但是他反对盲目的经验主义、经验式的盲目用药，以及消极的对患病机率的看法。[108] 贝纳德在科学的基础上构建了西方的医学，正如卡巴尼斯希望的那样，他为确定性提供了最佳的保障。

自从许多有机现象能够通过显微镜进行观察，以及科学家倾向于通过化学过程类比来解释结构以来，形态学研究的化学方法也变成了一个重要的议题。1837 年，施沃恩发现了胚轴原细胞结构，同时提出了细胞的重要新理论。[109] 施沃恩比较了细胞起源与结晶的化学过程。他的胚轴原细胞是一种非结晶物质，具有一定的可塑性，能够凝固成细胞核，进而形
568 成细胞。[110] 像蛋白质一样，胚轴原也是可以被分解的。

蛋白质和纤维素成为了重要的有机物；吉森大学的李比希和乌特勒支大学的赫拉尔杜斯·约翰内斯·穆德(Gerardus Johannes Mulder，1802

---

[106] Olmsted and Harris (eds.), *Bernard* (note 105), 85; cf. chapter 13, 528—529.

[107] Shryock, *Development* (note 88), 208, 210.

[108] C. Bernard, *Introduction à l' étude de la medicine expérimentale* (Geneva, 1945), 389 (ed. by C. Bourquin).

[109] Ackerknecht, *Virchow* (note 96), 70—85 ('On the Road to Cellular Pathology').

[110] *Ibid*, 73.

—1880)对此作了很多研究。从 1837 年之后,穆德最先使用了基础分析法。⑪ 施沃恩关于"胚轴原"是一种有机物的理论也引起了维也纳病理学家,在法国学派传统中取得杰出成就的卡尔·冯·罗基塔斯基男爵(Carl Freiherr von Rokitansky,1804—1878)的重视。在 1842—1846 年间,他出版了《解剖病理学手册》(*Handbuch der pathologischen Anatomie*)。他向学生们展现了一个器官病变的全景图,并对各种损伤和特定疾病进行了描述和分类。⑫

罗基塔斯认识到,许多疾病之所以无法被确诊,是因为我们观察到的损伤是无关紧要的,这使得疾病的致命进程无法得到解释。对于这些疾病,罗基塔斯指出,血液作为一种经常存在的有机物,它携带着蛋白质和其他物质会恶化成为一种叫做"dyskrasia"的物质,这是古代对病态的液体的一种称谓。他将对血浆和施沃恩的胚轴原进行了比较,并试图在《手册》的第三卷中,依据这种假说,对疾病进行分类。这使得一个新的研究领域——渗出病理学(*exsudat pathologie*)开始出现。⑬ 这在维也纳临床医生中非常流行,但化学家却无法理解。尽管如此,罗基塔斯的《体液病理学》(*Krasenlehre*)在 19 世纪中期的中欧学校占有优势。即使是曾严厉批判渗出病理学理论的菲尔绍也认为罗基塔斯对宏观病理形态学作出了重大贡献,并认为罗基塔斯所作出的贡献能够和林奈提出的植物分类法相提并论。⑭

菲尔绍的病理学研究则幸运得多。他认为胚轴原只是第二位要因,并将重点放在细胞上。菲尔绍在历史上最伟大的医学成就是为"细胞病理学"奠定了基础。在菲尔绍的理论中,他反对胚轴原理论,并于 1852 年形成了细胞分裂学说,并指出所有的生命体都是有直接的继承性的。1855 年,他在《年鉴》第 8 卷中提出著名的格言:"一切细胞来源于细胞",并认为

⑪ H. A. M. Snelders, 'The Mulder-Liebig Cntroversy Elucidated by Their Correspondence', *Janus*, 69 (1982), 199—221.

⑫ E. Lesky, *Die Wiener medizinische Schule im neunzehnten Jahrhundert*, Studien zur Geschichte der Universität Wien 6 (Graz and Cologne, 1965), 129—141.

⑬ *Ibid.*, 135.

⑭ In the *Wiener Medizinische Wochenschrift* from 1855, after Lesky, *Wiener Schule* (note 112), 132.

569 细胞是所有生命体和疾病的基本单位。[115] 因此，当时的医学为病理学所支配，并存在三种不同的病理学理论：通过尸检类比进行研究的法国病理学与克劳德·贝纳尔的病理生理学，与法国方法论学派相结合的维也纳渗透病理学，以及德国的“细胞病理学”。

尽管民族特性使得这三种学说彼此独立，但是英国、法国和德语国家的杰出科学家诊断出的新疾病则是同时出现的。事实上，病理学影响了医学的各个领域。例如，皮肤病被看做是一组病理学现象，它显现在皮肤上，并能根据发疹的不同程度将其进行分类。对于这一点，不同的学派有不同的观点，这也极大地困扰着学生。尽管许多分类都能被菲尔绍的建立在对细胞的病理学变化更具洞察力的“细胞病理学”所驳倒，但是病理学和病理解剖学依然在所有的专门领域内占据了核心地位，例如，神经学、眼科学、儿科学以及妇科学。[116]

对大脑的病理变化的关注也主导着精神病学家。他们现在相信诱发精神病的主要原因是脑部物质，这可以在新工具的帮助下进行分析，即在对脑部组织进行染色的化学物质的帮助下，进行微观研究。这一学派的典型代表就是西奥多·迈纳特(Theodor Meynert，1833－1892)，他研究大脑结构和脊椎，而这也为神经解剖学的进一步发展奠定了基础。[117]

1847 年，当伊格纳茨·塞麦尔维斯(Ignaz Semmelweis，1818－1865)还在维也纳妇产科医院担任助产士期间，病理学影响了他对产缛热起因的看法。极其强调尸体解剖的维也纳学派也进一步加深了学生与解剖室，以及产房中卧床女性的联系。塞麦尔维斯将产褥热发病的高比例归因于病毒感染，而这些病毒是由学生从解剖室带来的。进一步，他也以他的老师罗基塔斯的方式，警告生命有机物的分泌物具有有害性，这能使得产褥热在不同的妇女间传染。[118] 用漂白粉来洗手的方式，成为了一种解决

---

[115] Ackerknecht, *Virchow*(note 96), 82－83.

[116] Lesky's chapters in *Wiener Schule* (note 12) on the separate specialism; H. - H. Eulner, *Die Entwicklung der medizinischen Spezialfächer an den Universitäten des deutschen Sprachgebietes*, W. Artelt and W. Rüegg (eds.), Studien zur Medizingeschichte des neunzehnten Jahrhunderts 4 (Stuttgart, 1970), 95－112.

[117] Lesky, *Wiener Schule* (note 112), 377.

[118] *Ibid.*, 215.

570

办法，并逐步为整个欧洲所接受。在链球菌和其他细菌的发病机理为人们熟知之前，产房已开始使用大量的抗菌剂。[119] 1867年，约瑟夫·利斯特(Joseph Lister，1827—1912)发表了他的伤口消毒方法，一年后，这种方法就在大多数医院中得到了应用。[120] 1846年，麻醉术从美国引进英国，这也大大缓解了手术病人和难产产妇的痛苦。伦敦首先使用了吸入剂。一年后，麻醉术就在整个欧洲得到了广泛的使用。[121] 同时，在外科手术和剖腹产的过程中也开始尝试使用一些更加剧烈的手术方式，并提出了在医疗中使用海洛因。在“嘉年华”时代，新技术和复杂的仪器设备得到应用；20世纪则标志着技术的开端，这既成为了下一代人的福音，也成为了他们的负担。

医学机构的扩张

在1870年之前，欧洲几乎所有国家医学教育的目标都是要培养全科医生。这是在大学之中进行的，而且通常还处于政府的监督之下。医学教育的新观念是建立在将自然科学视为医学真正和唯一的基石的基础之上的，它要求设备精良的实验室和用于临床教学的传统医院的现代化。由于这种扩张所产生的费用是由政府支付的，因此其决策也往往带有政治性和民族特性。

除了实现原有的解剖机构的现代化之外，还要为生理学、病理解剖学和化学建设新建筑。在与医院合作的大学中，还急需安置传染病和性病患者的病房与产房。1876年，维也纳医生西奥多·巴尔罗特(Theodor

---

[119] H. Beukers, ‘De opkomst van het universitair onderwijs in de verloskunde en gynaecologie in Nederland’, in F. J. J. van Assen (ed.), *Een eeuw vrouwenarts* (Amsterdam, 1987), 241—258.

[120] J. Shepherd, ‘Lister and the Development of Abdominal Surgery’, in F. L. N. Poynter (ed.), *Medicine and Science in the 1860s*, Publication of the Wellcome Institute, n. s. 16 (London, 1968), 105—115.

[121] Moulin, *History of Surgery* (note 24), 280. See also J. Ruprecht and J. J. de Lange’s survey of the introduction of ether narcosis on the European continent, in J. J. de Lange *et al.*, *Van aether naar beter. Veertig jaar Nederlandse vereniging voor anaesthesiologie*, *1948—1988* (Utrecht, 1988), 5—12.

Billroth,1829—1894)曾发表了一篇著名的关于德语国家医学教育状况的报告。[122] 他对一所医学院现代化的成本进行了粗略的估算。据他估计,资
571 本成本为150万奥地利银元,年支出为30万奥地利银元。[123] 不用说,大多数欧洲国家对为医学院的新需求筹款态度消极。

人文主义的文实中学和欧洲其他中学,一般是不讲授化学、物理等基础科学的。因此,大学不得不在学生接受与应用化学相关的药物学、毒物学、法医学和卫生学的教学之前,开设基础科学的教学课程。[124] 由于流体动力学、电学、光学、声学的新发展,使得物理学变得很重要。[125] 在1850年后,在欧洲大部分大学中取消了拉丁语课程。学生们,特别是思想激进的学生们主张,用先进的自然科学来取代传统的人文主义知识。一些更加需要苦思冥想的学科,如逻辑学、社会学、医学史等也受到抑制。但尽管如此,多数大学不仅无法为医学院的学生提供化学的实践培训,而且这些年轻人也不受物理学实验室(Physical Cabinets)的欢迎。[126] 而新的实验室又需要配置用于实践操作的设备。这些只有到19世纪末或者20世纪初才得以实现。

解剖学是医学教育一个基本组成。但在1840年后,解剖学逐步让位于生理学和病理解剖学。从19世纪初开始,大部分大学都设有专为学生学习的解剖室和专为外科医生解剖尸体用的解剖室。在同一个建筑中,既有生理学实验室,也有病理解剖学实验室;解剖标本陈列室中也是既有正常的标本,也有病变的标本。随着标本的增加,如何保存这些标本成为了一个棘手的问题。解剖学家的主要兴趣是新生理学,他们并不急于扮演解剖陈列室看门人的角色,新的实验研究才是他们的首要兴趣。他们盼望着学科的分化。但答应为新聘任的教授建设的新建筑,并不总是在

---

[122] T. Brillroth, *Über das Lehren und Lernen der Medicinischen Wissenschaften an den Universitäten der Deutschen Nation, nebst allgemeine Bemerkungen über Universitäten* (Vienna, 1876).

[123] *Ibid.*, 405.

[124] *Ibid.*, 69.

[125] H. von Helmholtz, *Die Lehre von den Tonempfindungen als physiologische Grundlage für die Theorie der Musik* (Heidelberg, 1862).

[126] Billroth, *Lehren und Lernen* (note 122), 73, 80.

一个合理的时间段内完成。在索邦大学，贝纳德为得到他理想的实验室等了十年。而在德国和低地国家的一些大学中，直到 1870—1900 年间，才开始建设生理学实验室。[127]

在 1850 年到 1890 年间，病理解剖学实验室从医院的验尸房中搬离出来，并转入了更加适合的、能更好地存放病理标本的建筑中。病理学家们十分依赖于各类标本，用于向学生演示特定疾病引起的病变。许多大学 572
都购置了专门为教学设计的人造标本，例如，他们曾向病理解剖博物馆购买著名的、由费利克斯·蒂贝尔(Félix Thibert)制作的标本。[128] 它们是由塑料制成的浮雕。特别值得关注得是皮肤病的模型，由于浮雕是绘制的，所以病变得以以真实的形态展示。[129] 路易·托马斯·杰罗姆·奥祖(Louis Thomas Jérôme Auzoux，1797—1880)也为教学制作标本，他除了制造整体的人体标本外，还制造可拆分的标本。它们主要是由混凝纸制成的，并根据人体不同部位进行染色。[130] 奥祖的标本受到全世界的青睐，尤其是一些军医学院。[131]

到 1870 年为止，欧洲大部分的医学院都在解剖学教席之外增设了病理学教席，其中包括病理解剖学和生理学。[132] 1891 年，吉森成为了德国最后一所实现解剖学和生理学分设的医学院。[133] 与胚胎学和细胞病理学密切联系的组织学新分支，成为了解剖学、生理学和病理学这三门学科之间斗争的祸根。1850 年之前，组织学是解剖学家的研究内容，但很快地，生理学家就以活体组织研究和化学生理学研究为名，抢走了组织学。病理学家也因其与细胞病理学之间的关系，认定组织学是他们的领域；学生们

---

[127] *Ibid.*，508. Eulner，*Spezialfächer*(note 116)，63.

[128] G. T. Haneveld，*Bijdragen tot de geschiedenis der pathologische anatomie*：*Utrecht in de eerste helft van de negentiende eeuw*（Pathologische Anatomie in Utrecht，circa 1800—1850/Pathological anatomy in Utrecht circa 1800—1850）（Amsterdam 1978），283. 第一组标本于 1839 年展出。

[129] 这些标本至今仍然保存在巴黎圣路易斯医院的巴拉特博物馆中。

[130] Haneveld，*Bijdragen*（note 128），281—283.

[131] 蓬佩·范·梅尔德沃特就曾为日本长崎的军医大学向奥祖定制人体标本。See *Catalogue of the Historical Writtings and Materials in Early Stage of the Development of Modern Medicine in Japan*（Kyoto，1959），39.

[132] See the diagrams in Eulner，*Spezialfächer*（note 116），495—538.

[133] *Ibid.*，61.

应该观察病变的细胞，例如癌细胞。它们之间实现合作的经典范例出现在维尔茨堡，在那里，艾伯特·克利克（Albert Köelliker，1817－1905）从1848 年开始开设组织学常规课程。[134] 1849 年，在菲尔绍接受了维尔茨堡的任命后，他们吸引了一群年轻的、杰出的助手，并迅速地在"尤丽叶福利院的洞穴"中实现了解剖学与生理学教学的现代化。[135] 欧洲大多数其他国家也效仿了德国的模式。英国将新科学应用于医学教学和实践，但是医
573 院或者医学院教学和学习所需的新设施购置则必须得到公众的支持。俄国没有出现这样的发展，在那里，传统的强调临床教学和示范的方式依然得以维持，并获得比基础学科和实验研究优先发展的地位。[136] 但在 1863 年，尼古拉·皮罗戈夫（Nikolai Pirogov，1810－1881）发表了一篇关于医学改革的进步主义报告。它宣传了新大学章程，要求赋予大学更多的自主权，医学院的系主任有权设置课程，并处理与教授和学生有关的事务。[137] 弗琳也指出，从 19 世纪中期到一战前，俄国主要受到了德国模式的深刻影响，特别是哥廷根大学的影响。[138] 在德国的俄国留学生也逐渐接受了"新生理学"。他们偷偷地阅读了比希纳和莫勒斯霍特的著作。1848 年之后，唯物主义的观念在沙皇尼古拉时期遭到了严厉的禁止，"新生理学"也没有被大学接受，该领域中的一切革新都受到了怀疑。[139] 只有圣彼得堡科学院，特别是通过俄国神经生理学研究所之父伊万·M. 谢切诺弗（Ivan M. Sechenov，1839－1905）的研究，才为其提供了新的可能性。这种以生理－病理学为导向的研究和教学成为了整个圣彼得堡科学院时代的特征，并在伊万·彼得罗维奇·巴甫洛夫（Ivan Petrovič Pavlov，1849－1936）的著

[134] A. Koelliker, *Erinnerungen aus meinem Leben* (Liepzig, 1899), 181.

[135] *Ibid.*, 39.

[136] J. T. Flynn, 'Russia's University Question: Origins to Great Reforms 1802/1863', *History of Universities*, 7 (1989), 1－37.

[137] Grmek, 'Medical Education' (note 74). On Sechenov: K. S. Koshtoëiianëtis, *I. M. Sechenov* (*1829－1905*) (Moscow, 1950), 140

[138] Flynn, 'Russia's University' (note 136) 中曾提到哥廷根大学，这也许是因为哥廷根大学与圣彼得堡科学院有着紧密联系。

[139] A. Gaïssinovitch, *Elie Metchnikov Souvenirs. Recueil d'articles autobiographiques* (Moscow, 1959), 26.

作中得到最佳的体现。[140]

在 1830 年到 1870 年间，欧洲大部分国家的临床教学并没有获得显著的发展。它主要仅仅局限于演示。学校也不鼓励高年级的学生从事病人检查和写病历报告之外的活动。医院中的医疗设备也很落后。在 19 世纪 60 年代末期，卡尔·莱因霍尔德·奥古斯特·文德利希(Karl Reinhold August Wunderlich，1815－1877)引进了医用体温计。[141] 在当时，显微镜大多是教授、成功医生和富裕学生的私人财产。1858 年，路德维希·蒂尔克(Ludwig Türck，1810－1868)和约翰·内波穆克·切尔马克(Johann Nepomuk Czermak，1828－1873)引进了喉头镜，并立刻得到了普及，而且也成为 1870 年之后特定领域解禁的强大推动力。动画片里医生常用的打孔镜片也轻而易举地得到了采用。[142] 这些医用仪器操作简单，价格低廉。同时，汽油灯或煤油灯也提供了必要的照明。从 1855 年开始，尿液检查成为了一项常规检查；尿液的检验单为私人医生发现病变在一定程度上提供了简单的、崭新的分析方法。[143] 但在 1870 年之前，其他的检查体液的手段和相应的化学分析是否在大学医学教学中进行讲授，则无法考证。[144] 574

在法国，住院医生和非住院医生制度为学生提供了一定的实践经验。在英国，特别是在伦敦，课程为所有的学生都布置了大量的临床任务，使得他们能够主要通过照顾患者来学习。巴尔罗特曾在 1876 年抱怨，在德语国家的大学中，学生们缺乏诊断训练并完全缺乏实习医师的阶段。[145] 但大部分欧洲的大学医院不适合容纳这些助手和实习生。在一些规模较小

[140] Grmek，'Medical Education'(note 74)，319.

[141] C. R. A. Wunderlich, *Das Verhalten der Eigenwärme in Krankheiten* (Leipzig, 1868).

[142] Eulner, *Spezial cher* (note 116)，340－386(参见论耳鼻喉学科的相关章节)。

[143] W. D. Forster，'The Rise of Chemical Pathology'，in F. L. N. Poynter, *Chemistry in the Service of Medicine* (London，1963)，89－104.

[144] J. Blecker，'Medical Students-to the Bed-side or to the Laboratory? The Emergence of Laboratory-training in German Medical Education 1870－1900'，*Clio Medica*，21 (1987－1988)，35－46.

[145] Billroth, *Über Lehren und Lernen* (note 122)，99－106. 但他更满意 H. von Ziemssen 的文章，"Uber den klinischen Unterricht in Deutschland" *Deutsches Archiv für Klinische Medizin* (1875)，13.

的大学里，医院在暑假期间是关闭的，大部分病患被送回家。[146] 巴尔罗特坚持对医学院的学生们进行整体性的训练。他坚决反对促进专科化。临床医学、外科学和产科学必须是医学教育的基础学科。

学生们在门诊诊所中见到大多数的日常病历，有时也与大学医院联系，有时还在城市中的贫民施药所中学习。就这方面而言，小规模大学里的学生们可以学到更多的东西，一个施药所能够比大学医院中的住院病人提供更多的外科病例。但我们不应该忘记那些寻求治疗的病人，他们患有局部炎症，例如蛇头疮、溃疡、外伤以及烧伤。还有很多儿童被送到门诊救治，他们的父母不希望把孩子送到极易被感染的、儿童住宿条件和护理条件都极差的医院。1837 年，维也纳出现了第一家私人的儿童专科医
575 院。而在此之前，学生们要想研究儿童的疾病则需要去孤儿院，因为那里肯定聚集了许多患病的孩子。[147]

医学专业化的发展(1870—1940)

工业化以最显著的方式影响着医学。新产品受到了科学家的热烈欢迎，他们想要将化学、物理学和工程学应用到生物学研究和健康保健之中来，而且新设备和新药品的市场得到了快速的发展。在许多新的医疗器械，如心电图、血压计、X 光检查的辅助下，诊断得到了改善。随着无菌的不锈钢器具的制造，随着麻醉学的发展与麻醉的引入，外科手术得到了极大地改进。1880 年，爱迪生的电灯开拓了新的领域：人体体腔的检查。

光学在组织和微生物学的微观结构研究中发挥了极其重要的作用。制药工业也成为了新药应用、药品测试充分和标准化的关键。19 世纪流行的瘟疫，如霍乱、肺结核、梅毒以及许多威胁着欧洲殖民地的热带疾病，可以通过证实病原生物来确诊，并且能采取措施来限制病情。诸如糖尿

---

[146] 这主要发生在莱顿大学的加西里亚医院和诺索科姆研究所中，这种情况也一直持续到 1875 年。H. Beukers, 'De Leidse Medische Faculteit in het derde kwart der negentiende eeuw', in W. Otterspeer, *Een universiteit herleeft: wetenschapsbeoefening aan de Leidse Universiteit vanaf de tweede helft van de negentiende eeuw*, Studies over de geschiedenis van de Leidse Universiteit 2 (Leiden, 1984), 76—103.

[147] Eulner, *Spezialfächer* (note 116), 202—221 (有关儿童疾病章节)。

病和坏血症等疾病也可以通过分析而得到有效的治疗。在19世纪中期普遍出现的“对进步的坚定信仰”,最终开花结果了!

阿尔弗雷德·诺贝尔(Alfred Nobel,1833—1896)是当时欧洲最著名的工业家之一,他认识到新进展对人类的重要作用。因此,在1901年到1940年诺贝尔奖得主的名单及其成就,都标志着20世纪最初10年医学研究中的关键性进步。[148]

20世纪30年代,存在着对进步的坚定信念,但也存在着倒退。由于从业人员日常接触有毒特质,并且企业也缺乏必要的防护措施,这导致了职业病,进而开拓了一个新的问题领域。此外,还出现侵害性的外科诉讼和X光治疗的事故,医学道德也必须根据新情况和新危机进行调整。19世纪的医学伦理,以及由约翰·托马斯·珀西瓦尔(John Thomas Percival,1803—1876)所提出的医生的美德,已经不能满足20世纪“民法诉讼”(nobile officium)的要求。[149] 新药物和新仪器诱惑着年轻的医生利用人体 576
进行试验,有时造成了致命的后果。[150]

活体解剖受到了公开的批判,特别是在英国,长期反对活体解剖的传统在1840—1870年间阻碍了生理学的发展。新成立的反活体解剖的社团组织促进了1876年的立法。这部活体解剖法案对于英国实验生理学的发展利大于弊。[151] 工业化社会的一个后果,就是流产病例的增多,这引起了民众和医生们的注意,并导致了要求避孕和人口控制的新马尔萨斯运

[148] W. B. Huddleton, Slater in his Introducation to Daniel Kellner's *A Nobel Dijas Orvosk, életées munkassaga*. 这部著作从匈牙利文被翻译成德文,并于1940年被翻译成荷兰文。在书中,主要涉及了1901—1940年间诺贝尔奖的评奖情况。

[149] I. Waddington, ‘The Development of Modern Ethics: A Sociological Analysis’, *Medical History*, 19 (1978), 36—51.

[150] J. F. Rang, “Medisch experiment op de mens en strafrecht’, in A. G. M. van Melsen et al. (eds.), *Recent medisch-ethisch denken* II, Nederlandse Bibliotheek der Geneeskunde 60 (Leiden, 1970), 33—87.

[151] G. L. Geison, ‘Social and Institutional Factors in the Stagnancy of English Physiology, 1840—1870’, *Bulletin for the History of Medicine*, 46 (1972), 30—58; R. D. French, *Antivivisection and Medical Science in Victorian Society* (Princeton, 1975).

动。[152] 城市化和卖淫导致了性病的增加，对于性生活的正确理解变得至关重要。[153] 洁身自好成为了城市中产阶级道德观中的重要一环，它是克服意外怀孕危险的保护措施之一。在一些先驱人物，诸如理查德·冯·克拉夫特－埃宾男爵(Richard Freiherr von Krafft-Ebing，1840－1902)、奥古斯特·福雷尔(August Forel，1848－1931)、哈夫洛克·蔼里斯(Havelock Ellis，1859－1939)等人的倡导下，性科学成为了一门新学科，这也启发其他人开始致力于为更好性生活所进行的探索。[154] 他们的著作在新婚夫妇和学生中间广为流传。1927 年，福雷尔、蔼里斯和马格努斯·希施费尔德(Magnus Hirschfeld，1867－1935)建立了“性科学改革协会”。许多知识分子在这个社团中都很积极，特别是许多著名的左翼作家，如乔治·萧伯纳(George Bernard Shaw，1856－1950)和托马斯·曼(Thomas Mann，1875－1955)等人，都是早期成员。但将倡导生育控制，转变为中产阶级改革运动的一个根本原因，还有很长的路要走。最后强调说明的是，弗洛伊德提出了精神分析理论，认为无意识的性冲动是人类行为的主要动机。弗洛伊德的理论对精神病的诊断和治疗产生了巨大的影响；它使研究者的兴趣从人脑的疾病转向了多方面的对人类精神的干扰因素。

577 医学工业化的另一类结果是导致了顺势疗法的复兴，受到巴斯德研制的“狂犬病”疫苗以及科赫研制的结核菌疫苗启发，反唯物主义在医学界的影响日益增强。[155] 变革的社会要求新兴的特效药来对抗各类疾病，并预防衰老导致的不适。因此，“嘉年华”时代的领袖人物被细菌学和内分泌学中关于“回春”的新理论所吸引。在这方面最突出的后果是由俄国外科医生泽格·沃罗诺夫(Serge Voronoff，1866－1959)取得的，他将猴子的性腺激素注射到人体中，并且在他的书中描绘了老人重返青春的画面，这给

---

[152] M. Borell‘Biologists and the Promotion of Birthcontrol Research (1918－1938)’, *Journal of the History of Biology*, 20 (1987), 51－87; N. E. Himes, *Medical History of Contraception* (new York, 1963), 着重注意第八章。

[153] J. M. W. van Ussel, *Geschiedenis van het sexuele problem* (Meppel, 1968).

[154] J. de Bruijln, *Geschiedenis van de abortus in Nederland. Een analyse van opvattingen en discussies 1600－1979* (Amsterdam, 1979), 144.

[155] R. Tischner, *Die Homöopathie seit 1850* (Leipzig, 1939); F. von Hueppe, *Naturwissenschaftliche Einführung in die Bakteriologie* (Wiesbaden, 1896). After A. van't Riet, *August Bier en de Homeopathie* (Eindhoven, 1978).

许多医生留下了深刻的印象。[156]

工业化也改变了药剂师和仪器制作员这类行业。小商店为工业化的企业所取代，并在一个世纪之内发展成为了跨国企业，这影响了从基础科学到医院日常工作的整个医学世界。它们的技术人员还经常与大学合作。事实上，这是最为必需的一种安排。1896 年，德国企业家卡尔·蔡司(Carl Zeiss，1816—1888)主张在大学附近开办企业，他认为："与耶拿大学的合作，能够使我们的企业把握科学技术进步的脉搏，能够使我们最有效、最简便地改进我们的生产。"[157]在德国，从 1884 年开始，耶拿的蔡司公司就成为了医学市场中提供光学仪器的领头羊企业。[158] 他们的技术顾问之一是恩斯特·阿贝(Ernst Abbe，1840—1905)，他常与蔡司一起处理显微镜的聚焦问题。阿贝是哥廷根大学的物理学、数学教授，他十分关注医学问题。随着电灯在体腔检查中的使用，显微镜很快就成为"微观探索者"不可或缺的设备。爱迪生电灯的优势很快被"体腔观察者"——泌尿医生、喉科医生以及眼科医生所认可。同时，这个领域的医生们也开始和仪器制作商合作。在欧洲，有几个制作新仪器的著名公司，例如，伦敦的丹·布 578
朗有限公司(Down Bros. Ltd.)、斯德哥尔摩的艾尔伯特·斯蒂尔公司(Alb. Stille)、巴黎的鲁尔·马修斯企业(*Masions Luer and Mathieu*)、以及德国弗赖堡的费舍尔有限公司(Fischer and Co)。在美国，史密斯·怀特公司(S. White)成为了医疗器械的主要供应商。他们还专门生产手术室和假肢的相关设备。[159] 1869 年，鲁尔·马修斯企业生产出注射器，因为

[156] G. Greeman, 'An Introduction to Literature on the History of Geronology', *Bulletin of Medical History*, 31 (1957), 78—83; S. Voronoff, *Etudes sur la vieillesse et le rajeunissement par la greffe* (Paris, 1925—1926).

[157] A. Schomerus, 'Vor 120 Jahren und vor 90 Jahren. Carl Zeiss zum Gedächtnis', *Zeiss Notizen*, 32 (1936), 3—5.

[158] H. Hovestadt, *Jena Glass and its Scientific and Industrial Applications* (London, 1902) (translated by J. D. and Alice Everett).

[159] A. B. Davis and M. S. Dreyfuss, *The Finest Instruments Ever Made: A Bibliography of Medical, Dental, Optical and Pharmaceutical Company Trade Literature; 1700—1939* (Arlington, Mass., 1986) (ed. by Medical Historical Publications Associate).

制药企业的新药需要用药的新方法。[160]

尤其是化学在实验室诊断中的辅助作用，使其成为了大学中的重要议题。[161] 化学工业的迅速发展也为医生提供了简便地进行尿液检测和血液检测的手段。在 1870 年后，应用于纺织工业的新型化学染色剂，开始在有机组织和细菌中使用。它使得人们可以在显微镜下看到之前未被发现的新结构。[162] 在 19 世纪的最初 10 年，有许多生物碱被分离出来，例如，1806 年，由弗里德里希·威廉·塞尔特纳（Friedrich Wilhelm Sertüerner，1783—1841）分离出的吗啡，但是它们要被生产出来需要萃取、分离和提纯，而且它们的分子结构在当时还是不为人知。许多著名的制药企业，例如，巴塞尔的辛巴公司、艾尔贝弗德的巴耶公司，在广泛用于治疗的奎宁和阿斯匹林能够合成生产之前，是不会考虑涉及制药生产的。[163]

统一度量在工业社会是绝对必要的。1887 年，德国在夏洛腾成立了帝国技术研究所（*Physikalische Technische Reichsanstalt*），他们为精准仪器设立了标准。在可靠的仪器的帮助下，医生能够更可靠地用药。[164] 因此，在 20 世纪前，奥地利、俄国和英国都以帝国研究所为原型，设立了仪器测试中心。1901 年，美国也开始效仿。[165] 人寿保险公司也开始使用标准化的设备来预测他们客户的寿命，[166]同时他们还用标准化仪器来对从事特殊职业的雇员或应聘者进行体检。在 1881 年的国际医疗会议上，应美国
579 公路公司的要求，它们也为驾驶员设置了视力标准。[167] 1862 年，荷兰眼科医生赫尔曼·斯内伦（Herman Snellen，1834—1908）制定的视力测量表，

---

[160] A. B. Davis, *Medicine and its Technology: An Introduction to the History of Medical Jnstrumentation*, Contributions in Medical History 7 (Westport, Conn., London, 1981).

[161] S. J. Reiser, *Medicine and the Reign of Technology* (Cambridge, 1978), 第六章中论试验检测的诞生。

[162] W. Vershofen, *Die Anfänge der Chemisch-Pharmazeutischen Industrie. Eine Wirtschafthistorische Studie* (Berlin and Stuttgart, 1949), 72.

[163] *Vijftig jaar Bayer Geneesmiddelen (1888 — 1938)* (Leverkusen, 1938); Vershofen, *Anfänge* (note 162), 91.

[164] Davis, *Medicine* (note 160), 187.

[165] *Ibid.*, 187.

[166] *Ibid.*, 188—210 (第八章论人生保险)。

[167] *Ibid.* 215.

也成为了标准化量表。[168]

在医学界，制药业首先提出应该寻求统一的标准来规定处方药的规格、命名以及用量。[169] 他们主张采用1858年以来在德国使用的公制，并在处方中使用拉丁文药名。在耳科、眼科、药物学还有病理学和内科学等新学科的会议上，都强烈要求统一度量标准。1877年，在日内瓦召开的国际医学会议上，他们还提出了医疗报告的标准化问题。[170] 1880年之后，精确性已经成为了医学界的普遍追求：精确的仪器、精确的诊断，以及精确的药品管理。

医学教育的“现代化”

尽管成就斐然的巨人们，如米尔德、菲尔绍、巴斯德、科赫的研究引发了“嘉年华”时代的伟大发现，但是医学教育仍然是缓慢地适应着社会的需求。19世纪初，对确定性的要求成为了医学教育改革的关键。但到了20世纪初，人们寻求的则变成了安全性，并要求通过让医生掌握充分的知识来实现。1900年左右，欧洲大多数国家都要求医生必须获得由国家委员会批准的行医执照后才能开业行医。

医学教育并不完全是大学的事务，尽管它们有义务开设一些学科，如药学、牙科学和兽医学，但之前，这些学科的教学在大多数国家中都是在大学之外进行的。医学职业的注册制度消灭了不合格的行医，并为新社会提供了它所需要的、安全的全科医生。[171] 这个时期还需要受过良好训练的药剂师，药品的工业化生产也要求他们熟悉新标准、新规定和新法律。

---

[168] H. Snellen, *Optotypi ad visum determinandum*, Reports from the Dutch Ophthlmic Hospital (Utrecht, 1862). 被译为多国语言，于1902年第八次再版。

[169] Davis, *Medicine* (note 160), 221.

[170] E. Segiun, 'Uniformity in the Practice of Physic', *Medical Record*, 13 (1876), 556; Davis, *Medicine* (note 160), 224.

[171] Newman, *Evolution* (note 58), 135.

580 最后，牙科学获得了更高的标准，成为了一种"受人尊敬的职业"。[172]

虽然医学改革遍布整个欧洲，但是每个国家都面对着不同的问题，这是由不同的法律法规和医学培训的不同模式及其他问题造成的。医学教育的现代化要求在医学院引进新专业。1850年左右，大部分的医学院仍然设有5个教授席位：解剖学、草本药物学、外科学、产科学和内科学。20世纪初，医学院拥有15个教授席位，在基础医学方面有：解剖学、生理学、生物化学、病理学、药理学、细菌学；在临床医学方面有：内科、儿科、产科学、外科、眼科、耳科、皮肤科、精神病学和神经学。除此之外，还设有特别教席，例如，医学史。德语国家和北欧国家是第一批在其医学院中设系的国家，尽管他们为各学科提供的设备有所不同，但可以肯定他们并没有为每一个教席聘请讲座教授。

近来，对医学教育感兴趣的历史学家们回顾了亚伯拉罕·弗莱克斯纳(Abraham Flexner，1866－1959)的报告，发现了医学教育的两种模式：一种是在大学中发展起来的逻辑模式；另一种是在医院发展起来的自然模式。[173] 作为教师的弗莱克斯纳认为，逻辑模式要远远优于自然模式。他十分崇敬那些建构逻辑模式的先锋式的德国改革者们。这位教育家(起初是肯塔的校长)受雇报告美国医学教育的状况，并急风骤雨般地访问了各类型的医学学校。他采用了一种评价系统，从而使他能迅速判断出每一所学校的质量。[174] 弗莱克斯纳的调查是在1909－1910年间进行的，"在1910年之前美国医学学校的糟糕状况已不是秘密"。[175] 弗莱克斯纳考察了医学预科教育、入学要求及其实施，以及课程。他考察了教师、实验室和医院设施的质量。当他访问欧洲，与法国、英国和德国的不同制度进行对

---

[172] G. J. van Wiggen, *In meer eerbare banen. De ontwikkeling van het tandheelkundig beroep in Nederland van 1865－1940*, Nieuwe Nederlandse bijdragen tot de geschiedenis der geneeskunde en der natuurwetenschappen 23 (Amsterdam, 1987). 这部书主要介绍了在尼德兰地区牙科学逐步发展，对牙医要求不断提升，牙医地位逐步提高的过程。

[173] A. Flexner, *Medical Education: A Comparative Study* (New York, 1925), 18, 118.

[174] G. H. Brieger, 'The Flexner Report: Revised or Revistied?', *Medical Heritage*, I (1985), 1－25.

[175] R. P. Hudson, 'Abraham Flexner in Perspective: American Medical Education 1865－1910', *Bulletin for the History of Medicine*, 46 (1972), 545－561.

比时，在调查中也延用了这几条标准。弗莱克斯纳逐步形成了一种“现代大学理念”，他认为考察一所大学，应将它置于特定时期的整体社会组织中。1928 年，弗莱克斯纳在牛津大学举办的介绍性讲演中指出，医学教授应该首先是提出问题的学生，是人的塑造者，是能够开拓自己道路的人。对于弗莱克斯纳来说，大学首先是教学和研究的场所。在他看来，不论临床实践多么重要，都不足以作为学术认证的理由，但也不能把它完全排除在外。[176] 他认为，聘任全职的临床教授，是在美国创建能与德国相提并论的诊所的唯一有效的途径。弗莱克斯纳曾高度评价了 1882—1907 年间担任普鲁士文化部部长的弗里德里希·阿尔特霍夫(Friedrich Althoff，1839—1908)，他是一位卓有成效的管理者，正是他将研究引入了大学和其他相关机构。弗莱克斯纳认为，1876 年在德国和英国医学教育模式的影响下建立的约翰·霍普金斯大学医学院，极大地促进了医学研究的发展，并促成了 1901 年洛克菲勒医学研究所的成立。同时，弗莱克斯纳也十分赞赏西奥多·巴尔罗特(Theodor Billroth，1829—1894)，1876 年巴尔罗特在自然科学的基础上勾画了现代化的医学院，指出它必须在研究和教学领域都取得成就。弗莱克斯纳严厉地批评了法国临床式的医学教育模式，在那里，非大学医院任命的临床外科医生和内科医生在病房中来回走动，向学生演示，而且在那里基础科学也是由临床医生教授的。由外科医生讲解解剖学，内科医生讲解生理学。

法国中央集权式的医学教育传统，特别是在巴黎的医院中，严重阻碍了新兴的实验医学所必需的基础科学知识的发展。在 1830—1865 年间，当法国试图延续临床的辉煌，决定继续保持综合性，拒绝进行医学专业化时，一种私人医学教育在医学院之外悄然兴起。一些不属于医院和医学院的“自由”教授开始在法兰西学院和巴黎高等研究实践学校中开设选修课程，如显微镜的使用和组织学。[177] 弗莱克斯纳没有意识到法国的医学教

---

[176] A. Flexner, *Universities: American, English, German* (New York, London and Toronto, 1930); T. Neville Bonner, 'Abraham Flexner and the Historians', *Journal of the History of Medicine and Allied Sciences*, 45 (1990), 3—10.

[177] M. J. Imbault-Huart, 'The Teaching of Medicine in France and More Particularly in Paris During the Nineteenth Century (1794—1892)', in T. Ogawa (ed.), *History of Medical Education* (Tokyo, 1983), 55—83.

育在1870年普法战争结束之后所发生的显著变化。巴黎医学院的教授们纷纷去其他国家接受医学教育。在经过深思熟虑之后，他们为医学中专门化的分支学科设立了新教席，并在课程中给予基础科学，特别是解剖学以适当的地位，尽管这些课程都还在筹划之中。1892年的法案将这些改
582 变付诸实施，还一劳永逸地取缔了公共卫生官员的职务，并承认在医学研究中，基础科学是新实验医学必不可少的条件，而这最初起源于19世纪中期之前的德国。[178]

在英国，1886年，普通医学委员会获得授权仅为那些在最后的考试中证明自己"已掌握了有效行医以及外科与产科所必需的知识和技能"的人颁发执照，这样就保证了全科医师的行医安全。[179] 牛津和剑桥依然没有提供临床教学，但为了公正起见，它们为那些在其他地方学习临床课程的医学、外科学和产科学的毕业生，举办基础医学考试。那些通过考试的学生可以获得医学和外科学学士学位，并且能获得全科医师的行医执照。药剂师协会也扩大了意在颁发文凭的考试范围，为那些全科医师颁发执照。（伦敦、爱丁堡、格拉斯哥和都柏林的）皇家内科学院与外科学院开始合并颁发"联合"文凭，在二战之前，这一直是全科执照最常见的获得方式。1990年，伦敦大学重组成为教学科研型大学，而在各地区主要城市的大学学院则升格为大学，开始颁发他们自己的医学和外科学学士学位，以及医学博士和外科硕士等高级学位。但尽管如此，各地的医学教育在很大程度上仍然是一种实践和职业的训练。1913年，大学教育皇家委员会（霍尔丹调查团）倡导建立德国式的专业医科大学。著名的加拿大教授威廉·奥斯勒爵士（William Osler，1849—1919）从约翰·霍普金斯大学来到牛津大学，他敦促霍尔丹调查团，正如化学教授需要实验室和助手一样，医学教授也需要"临床"组织，使其能够行医、能够教学、能够研究。[180] 弗莱克斯纳和奥斯勒拥护的德国一霍普金斯模式，并没有马上被传统的英国大学

---

[178] Newman, *Evolution* (note 58), 241.

[179] *Ibid.*, 271.

[180] *Ibid.*, 269.

所采纳，几十年中在伦敦它都被完全得到实行。[181] 但是，渐渐地，研究成为了英格兰的一大特点。米歇尔·福斯特(Michael Foster，1836－1907)所创办的以心跳和神经系统反射活动研究为主的生理学研究所，就为剑桥大学成为现代生理学研究的前沿阵地作出了贡献。[182]

弗莱克斯纳关于医学教育的著作在欧洲和美国都产生了广泛的影响。20 世纪 20、30 年代，他的著作在医学中心和其他地方广为传阅。[183] 正如布里格所说的那样，弗莱克斯纳成为进步主义时代的核心；所向无敌的科学不可避免地、不可逆转地使得科学和医学结成了联盟。[184] 毫无疑问，他在欧洲内外的思想与制度改革中扮演了一个重要的角色。

在 20 世纪最初的十年，那些进入大学学习医学的学生，在许多方面都不同于他们的前辈。大学的入学要求只允许那些精通自然科学和数学的人被医学院录取。此外，他们要学习解剖学、生理学、细菌学、临床实验等实践课程。学生在学习中不仅要观察、聆听和记忆，还要在实验室和诊所实习。他们开始上课的第一件事就是要买显微镜和手术刀。他们从解剖鲫鱼和白鼠开始，进而分组进行人体解剖。在生理学实践课上，他们通过切除蟾蜍的大脑来研究反射现象，使用相当复杂的实验仪器，如波动曲线测量仪，并根据卡尔·路德维希的生理学发现来记录肌肉运动。学生必须切除硬化的组织，对其进行染色，并研究正常细胞和病变细胞。1900 年后，他们还要穿着白大褂、带着橡皮手套协助临床手术。他们要在面罩麻醉和注射麻醉中学习管理乙醚和氯仿。他们还要学习观察心电图和分析 X 光片。在每门课程中，他们都需要面对技术问题。

在完成培训之后，学生们也许要决定是否做一名专科医生。对专科

---

[181] T. Neville Bonner, 'Abraham Flexner as Critic of British and Continental Medical Education', *Medical History*, 33 (1989), 472－479; J. Ellis, *L. H. M. C. 1785－1985: The Story of the London Hospital Medical College, England's First Medical School* (Loughton, Essex, 1986).

[182] G. L. Geison, *Michael Foster and the Cambridge School of Physiology* (Cambridge, 1978).

[183] *Ibid.*, 476. 莱顿大学就收藏了弗莱克斯纳的十部著作，同时也保存了它们不同的德文译本。

[184] Brieger, 'Flexner Report' (note 174), 22; Neville Bonner, 'Flexner as Critic' (note 181), 476.

医生的培养和注册制度也成为医学教育史上的新篇章。但在德国和中欧国家的一些有影响力的教授将他们的全科医术转让给专科的同事之前，这还需要一些时间。这些教授都是无可争议的权威，他们也会小心地维持这种方式。1867年，布拉格首先出现了新的专科领域——耳科学。[185]

对于军医学校的学生来说，则相对简单一点儿。在军医学校被废除之后，如1870年奥地利著名的约瑟夫法案，许多国家的军医学校学生就被
584 并入大学培训课程或进行专门机构。[186] 对军事权威而言，正确地诊断外部感觉器官的疾病，如眼与耳，是极其重要的，这将帮助他们发现那些装病、想要拒服兵役的人。[187] 对那些注册要前往殖民地担任公务员医师或军医的学生来说，细菌学和热带卫生学是极其重要的。在1890年之后，除了欧洲人的健康之外，殖民地原住人口的健康问题也得到了越来越多的关注，对热带病的新知识与公共卫生服务相结合，使其从普通的卫生措施转向了以特定疾病为目标，并配合以特定的方法。[188] 为此，合格的医生是必不可少的。一个截然不同的专门学科——热带医学产生了，在大学内外都出现了相应的机构为其提供课程培训，例如利物浦、汉堡、波尔多、布鲁塞尔和阿姆斯特丹。[189]

最后要强调的是，女生也开始学习大学医学课程。第一所招收女生的大学是瑞士的苏黎世大学。之后，瑞士也开始免试招收或招收那些持有文实学校毕业证书的女性留学生。[190] 而这对于俄国的女生来说，这是至关重要的，因为1863年俄国的大学开始将女性排除在大学教育之外，在短暂的自由主义运动之后，她们才可以在圣彼得堡大学的讲演厅中旁听。

---

[185] Eulner, *Spezialfächer* (note 116), 29 ('Introduction' (Allgemeines)).

[186] Lesky, *Wiener Schule* (note 112), 594.

[187] E. Zaufal, 'Zur Geschichte der k. k. Deutschen oto-rhinologischen Klinik in Prag', *Archiv für Ohrenheilkunde*, 82 (1910), 110—131. After Eulner.

[188] M. Worboys, 'British Tropical Medicine and Tropical Imperialism: A Comparative Study', in *Medicine in the Dutch East Indies, 1816—1942* (Amsterdam, 1989), 149—163 (ed. in Dutch and in English).

[189] Worboys, 'British Tropical Medicine' (note 188); M. C. Treille, 'De l'Enseignement de la pathologie tropicale dans les Universités de l'Europe', *Janus*, 7 (1903), 238—244 and 281—287.

[190] A. Hibner Koblitz, 'Science, Women, and the Russian Intelligentsia', *Isis*, 79 (1988), 208—226.

在 1850 年到 1870 年间，许多俄国的年轻男性都到德国和瑞士的大学留学。他们一起参与到理性唯心主义的运动中去，希望自然科学能成为进步的新源泉，成为俄国普通民众幸福的新源泉。科学冲破了宗教和迷信的藩篱，用进化论的理论来证明了(和平的)社会变革自然法则。[191] 持有这些理想的女性也来到了瑞士的大学，加入到男同胞的同盟中去。但由于革命主义者将医学和科学视为社会行动主义的武器，因此这场理性运动也遭到了沙皇政府的怀疑。[192] 1873 年，女留学生被迫回国。但尽管如此， 585
她们是瑞士最大的一个团体，后来，她们也成为了其他大学，诸如巴黎的索邦和德国大学中的先锋。[193] 值得一提的是，美国已经出现了第一位女医生——伊丽莎白·布莱克韦尔(Elisabeth Blackwell，1821－1910)，1849 年，她毕业于纽约州的一个小型乡村大学。欧洲第一位具有行医资格的女医生是俄国人——娜杰日达·苏斯洛瓦(Nadezhda Suslova，1843－1918)，1867 年，她在苏黎世大学获得学位。[194] 其他国家紧随其后，但是没有一个国家能够像瑞士一样开放医学院。波恩那指出，直到 1907 年，共有 1000 多位女性在瑞士学习医学，这个数字比欧洲其他所有国家加起来还要多，与美国 150 所各类医学院(包括女子学校)招收的女生总数持平。[195]

两次世界大战之间

在两次世界大战之间，政治环境的两大变化影响了高等教育：俄国 1917 年十月革命之后的马克思主义和德国 1934 年的国家社会主义(纳粹主义)。一战给德国的经济带来了毁灭性的结果，并且使它丧失了在欧洲科学研究和高等教育的领导地位。俄国的十月革命也为苏维埃广袤领土的伟大未来打开了新的视野。大学发生了巨变，政府强化了说教，并加速

---

[191] *Ibid.*, 209. See Gaïssinovitch. *Elie Metchnikof Souvenirs* (note 139).

[192] Hibner Koblitz, 'Science' (note 190), 219.

[193] T. Neville Bonner, 'Pioneering in Women's Medical Education in the Swiss Universities 1864－1914', *Gesnerus*, 45 (1988), 461－474.

[194] T. Neville Bonner, 'Rendez-vous in Zurich: Seven who Made a Revolution in Women's Medical Education', *Journal of the History of Medicine*, 44 (1989), 7－27.

[195] Neville Bonner, 'Rendez-vous' (note 194), 25. 1887 年，朱塞平娜·卡塔尼成为了图灵大学的病理学讲师，参见第五章，第 133 页。

了对马克思主义教授的培养，将其作为更新师资的革命手段。[196] 学生被无产阶级化了；大学为工人阶级的子女降低了入学标准。同时，政府当局也保留了一批高度专业化的研究机构，如巴甫洛夫所在的试验医学研究所（1890 年成立）和俄国著名遗传学家尼古拉·康斯坦丁诺维奇·科利佐夫（Nikolai Konstantinovich Koltsov，1870—1940）所在的实验生物学研究所（1917 年成立）。[197]

586 直到 1928 年，马克思主义意识形态对科学研究的影响相对有限。苏维埃科学院认为科学是一门国际性的学科，因此他们也愿意与外国学者交流。但当局要的是苏维埃的科学，科学与意识形态之间的关联也成为了民族统一的战略步骤之一。[198] 他们怀疑试图与外国同行联系的个别科学家，特别是在 1930 斯大林当权之后。许多科学家都被流放或者监禁。斯大林的政治策略日益极端，并于 1937—1962 年间出现了著名的关于李森科事件的大辩论。这个时期，科学家们往往由于其科学观点与辨证唯物主义不符而遭到批判。斯大林执政后，更多科学家都遭到了审判或者流放；在斯大林晚期，更多自然科学本身遭到了废除和歪曲。[199]

正如我们所见，德国的医学教育模式一直在欧洲占据主导地位。苏维埃当局并没有改变这一结构。他们的首次决定受三方面因素的影响：希望马克思主义和列宁主义的结合，对传染病的恐惧，以及最后对大批行医人员的迫切需求。[200] 在当时的贫困地区成立了新的医学学校，如在格鲁吉亚成立的第比利斯医学院（Tiblisi，1918）、在乌兹别克斯坦成立的塔什干医学院（Tashkent，1919）等。1934 年后，又成立了许多医学学校，它们都是 20 世纪 30 年代早期的激进改革后从大学中分离出来的。它们中的大部分都位于苏联的边远地区，如西伯利亚的伊尔库茨克、哈萨克的撒马

---

[196] A. Vucinich, *The Empire of Knowledge: The Academy of Sciences of the USSR (1917—1970)* (Berkeley and London, 1984), 73.

[197] Z. A. Medvedev, *The Rise and Fall of T. D. Lysenko* (New York and London, 1969), 83—85 (translated by M. Lerner, with the editorial assistance of L. G. Lawrence).

[198] G. D. Komkov, B. V. Levsin and L. K. Semenov, *Geschichte der Akademie der Wissenschaften der UdSSR* (Berlin, 1981), 376 (translated by Conrad Grau *et al.*).

[199] Vucinich, *Empire* (note 196), 358.

[200] Grmek, 'Medical Education' (note 74), part II, note 57.

尔罕等地。这些所谓的主要医科大学由预防学与普通医学、卫生学和儿科学这三个学院组成。[201] 他们的教学方案不再仿照西方的模式，但是基础学科的教学则是一样的。马列主义的相结合，使得人们越来越关注卫生学和公共卫生，特别是流行病学家和保健人员的培训。总体而言，医学教育并没有发生根本性的变革，尽管他们对全体年轻医生进行研究生培训的某种形式走在了世界大多数国家的前面。只要教师和政府当局保持合作，就不会遭到迫害。只有在斯大林时期，许多医学学校才遭到破坏，特别是人类遗传学领域，在李森科事件中，对它的争论也日益严重。在 1936 年的大辩论期间，人类遗传学研究被错误地定性为种族主义和法西斯主义。该领域最著名的专家科利佐夫也遭到了极端的迫害。[202] 587

不仅是苏联，而且欧洲其他国家也都在担心德国日益强大的纳粹主义意识形态。在 1932 年到 1945 年间，德国的医学教育遭到了法西斯主义的戕害。在国家社会主义医生的倡导下进行了医学课程的改革，但大体上没有影响到医学院。[203] 纳粹医学家想要在生物学原则的基础上构建一个全新的德国医学教育：要加强德意志民族的健康和抵抗力，并且要保障优秀的德意志民族的健康生育能力。自由主义和马克思主义者将“健康”的概念与经济和社会因素联系在一起。但对纳粹来说，“健康”意味着政治权力。他们更加强调体质、基因和种族优生。所谓的遗传生物学因素，从 19 世纪早期就已经在德国科学领域中出现，但是现在它成为了核心。它要保护高贵的“血统”，毁灭低级的生命。

1933 年，大学中的犹太人和共产党人相继被开除。纳粹分子在对待犹太裔的教授时则更为谨慎；起初，那些一战中的英雄并没有遭到迫害。[204] 大学对课程作出了诸多调整，尤其强调了种族卫生学、优生学和军医的培养，包括空袭的影响与预防毒气战。进一步，体力活动受到更多的重视，学生们被要求去工厂、医院和部队的特殊部门中工作。

---

[201] *Ibid.*, 322－323.

[202] Medvedev, *Rise* (note 197), 78－85 (chapter 4, Medical Genetics in 1937－1940).

[203] H. van den Bussche, '*Im Dienste der Volksgemeinschaft*'. *Studienreform im Nationalsozialismus am Beispiel der ärztlichen Ausbildung* (Berlin and Hamburg, 1989), 193.

[204] E. Seidler, *Die Medizinishce Fakultät der Albert Ludwigs Universität Freiburg im Breisgau. Grundlagen und Entwicklungen* (Berlin, 1991), 305ff. (chapter 3).

尽管在医学院的学生中有一大部分人对"第三帝国"所带来的新生活充满了憧憬，但在德国大学中依然存在着抗议和抵抗的呼声。在柏林，有120名犹太教师和教务人员遭到了解雇和迫害，这种行为遭到了学校师生的抗议。[205] 德国的大学不安地接受了纳粹要求消灭劣等民族的命令，这意味着清理那些在德国大学医院和精神病院中有生理和心理疾病的患者和
588 在妇产科医院中严格地处理那些先天畸形和种族不纯净的新生儿。但是医学院的师生们还是接受了1933年7月14日法案，此法案要求彻底消灭那些影响种族优越性的遗传病基因的携带者。[206] 这就是所谓的种族健康安乐死计划，它是建立在长期以来生物进化论和社会达尔文主义的传统之上的，对人类的发展造成了深刻的影响。这也肯定影响到了二战后出现的医学院道德委员会。

总 结

1790年到1945年间，在欧洲，围绕着医学教育的有趣的三角形的各边与各角都在这一时期发生了深刻地变化，并以一种最显著的方式影响着医学教育。在顶端，我们可以清楚地看到政治变革的影响，它们主要包括了法国大革命、拿破仑战争以及第一次世界大战；在右角，是1850年左右辉煌的科技革命、工业革命，以及医用药品与仪器的新市场对医学课程的重要影响；在左角，1848年革命带来了社会与医学改革，这也得到了科学和社会正义中进步信念的支持。19世纪中期，在资本主义和科学的自由方法的基础上，浪漫主义逐步向反浪漫主义的实证主义过渡。在这个时期还出现了功利主义的思想，它主张以结果的好坏来判断行为，而这在1861年得到了约翰·斯图亚特·穆勒的宣传。

开业医生、外科医生和其他保健人员的职业化依然处于无组织的状态。英格兰保存了他们的学院和协会制度。但在19世纪，新规章与法律

---

[205] G. Krüger (ed.), *Die Humboldt Universität. Gestern-Heute-Morgen* (Berlin, 1960), 110－118.

[206] Seidler, *Medizinische Fakultät* (note 204), 360; H. F. Späte and A. Thom, 'Psychiatrie im Faschismus-Bilanz der Historischen Analyse', *Zeitschrift für die Gesamte Hygiene*, 26, 6 (1980), 553－560.

的颁布，在要求颁发执照的呼声中，医生的培养与考核实现了标准化。直到19世纪末之前，欧洲许多国家，特别是在法国统治之下的国家的临床与军事医学学校的入学要求很低。这些学校使用统一的医学和外科学方案，其目的是为国家、为部队、为殖民地培养全科开业医生。

1830年左右，先进的医学院——巴黎、维也纳和爱丁堡——开始提倡在外科学和内科学中进行临床教学，并出现一般希波克拉底式的潮流。病理学成为了医学培训中的重要议题。在大多数国家中，“卫生警察”的概念开始出现在教学计划中。589 但是，在学生获得较好的公共健康培训，如卫生学、产科学和儿科学之前，还需要很长一段时间。

1830年之后，洪堡的教育理念，不仅是大学的理念，而且也包括初等教育和中等教育的理念，不仅成为了德国高等教育腾飞的开端，也为德国建立科研与教学统一的研究型大学奠定了基础。柏林大学也成为了继维尔茨堡大学、海德堡大学和哥廷根大学之后的医学教育的中心。在法国，直到19世纪末，研究才成为大学的职能，但是索邦大学的贝纳德在他最终获得实验室之前，就已建立了实验医学。贝纳德的研究开拓了病理学、生理学和药剂学研究的新领域。这些新趋势完善了临床医学，产生了许多新专业，在整个欧洲，医学教育所需的政府投资也越来越多。随着越来越多的学生被医学院录取，学校也需要更多的教学和研究方面的贷款。并不是所有的欧洲国家都负担得起得这笔费用。大学医院也是如此，这使得它们缺少临床研究的设备或无法满足外科的新要求。在塞麦尔维斯、利斯特的倡导下，抗菌剂进入欧洲大部分医院，但医学院的学生们却更习惯于石炭酸的气味，而对消毒技术却不得要领。但是，英格兰以伦敦的盖伊医院拥有杰出的教师而自豪，例如，托马斯·艾迪生(Thomas Addison，1793—1860)和托马斯·霍奇金(Thomas Hodgkin，1798—1866)。在爱尔兰，都柏林医学学院还吸引了许多来自美国的留学生。而阿尔芒·特鲁塞(Armand Trousseau，1801—1867)在法国主宫医院的教学，使得法国的临床医学保持了非凡的吸引力。

在1870年后，医学的国际化遍及全球，影响到所有国家。尤其是在微生物学和外科学的重大发现，使得这个时期的医学界有着一种个人英雄主义的色彩，激励学生致力于这些科目的学习。他们从被动的聆听者转

变为实验室和病房的积极参与者。但新技术也带来了新的隐患：社会对患者治疗过程中的安全性和药物生产过程中的准确性提出了要求。随着对药品和 X 光射线管理控制的加强，药品与仪器的标准化也变得必不可少。处于扩张之中的欧洲，培养了热带医学专业的年轻医生为殖民地服务，这既是为了欧洲殖民者，也是为了当地民众。同时，女性也进入了课程学习中，但在她们应得的地位被承认之前，还有很长的路要走。

590 著名的弗莱克斯纳报告给欧洲大学的教职工留下了深刻的印象。1940 年以前，许多教授都拥护弗莱克斯纳提出的科研与深入教学相结合的原则。在两次世界大战期间，来自三角形结构顶端的新的、意想不到的变化进入了课程，这与不同国家的意识形态的变化紧密联系在一起。在 1917 年之后的俄国和第三帝国建立后的德国，意识形态上的显著变化都影响到了医学教育。尽管马克思主义影响了科学，但苏维埃的医学教育还是在缓慢地变革，学习方案也没有出现急剧地变化。在纳粹德国，所谓消灭低等生命的可怕计划在大学和私人机构中被实施。种族卫生学和纳粹推行的遗传生物学成为了医学培养计划中的必需。

虽然离法国意识形态者提出的“勤劳、慈善的哲学理念”还存在着一定的距离，但是在二战后，欧洲各国在面对医学教育的新问题和社会新需求时将会再次找到平衡点。

精选文献

Ackerknecht, E. H. *Rudolf Virchow: Doctor, Statesman, Anthropologist*, Madison, Wisc., 1953.

Medicine at the Paris Hospital 1794－1848, Baltimore, 1967.

Arlt, W. and Rüegg W. (eds.) *Der Arzt und der Kranke in der Gesellschaft des 19. Jahrhunderts*, W. Arlt and W. Rüegg (eds.), *Studien zur Medizingeschichte des neunzehnten Jahrhunderts* 1, Stuttgart, 1967.

Davis, A. B. *Medicine and its Technoloy: An Introduction to the History of Medical Instrumentation*, Contributions in Medical History 7, Westport, Conn., and London, 1981.

Ellis, J. *L. H. M. C. 1785—1985: The Story of the London Hospital Medical College, England's First Medical School*, Loughton, Essex, 1986.

Eulner, H. -H. Die *Entwicklung der medizinischen Spezialfächer an den Universitäten des deutschen Sprachgebietes*, W. Arlt and W. Rüegg (eds.), *Studien zur Medizingeschichte des neunzehnten Jahrhunderts 4*, Stuttgart, 1970.

Flexnel, A. *Medical Education: A Comparative Study*, New York, 1925.

Foucault, M., *Die Geburt der Klinik: eine Archäologie des ärztlichen Blicks*, Munich, 1973.

Garrison, F. H. *An Introduction to the History of Medicine*, *Philadelphia and London*, 4th edn, 1963, 374—5.

Geison, G. L. *Michael Foster and the Cambridge School of Physiology*, Cambridge, 1978.

Grande, F. and Vischer, M. B. (eds.) *Claude Bernard and Experimental Medicine*, Cambridge, Mass., 1967.

Gregory, F. *Scientific Materialism in 19th Century Germany*, Studies in the History of Modern Science 1, Dordrecht and Boston, 1997. 591

Legée, G. *Cuvier et la réorganisation de l'enseignement sous le Consulat et l'Empire*, Paris, 1974.

Lesky, E. *Die Wiener medizinische Schule im neunzehnten Jahrhundert*. Studien zur Geschichte der Universität Wien 6, Graz and Cologne, 1965.

Lesky, E. (ed.) *Wien und die Weltmediz in: 4. Symposium der Internationalen Akademie für Geschichte der Medizin, veranstaltet im Institut für Geschichte der Medizin der Universität Wien 17—19. September 1973*, Studien zur Geschichte der Universität Wien 9, Vienna, Cologne and Graz, 1974.

Medvedev, Z. A. *The Rise and Fall of T. D. Lysenko*, New York and London, 1969.

Moulin, D. de *A History of Surgery: With Emphasis on the Nether-*

lands, Dordrecht, Boston and Lancaster, 1988.

Newman, C. *The Evolution of Medical Education in the Nineteenth Century*, London, 1957.

Ogawa, T. (ed.) *History of Medical Education*, Tokyo, 1983.

O'Malley, C. D. (ed.) *The History of Medical Education: An international Symposium Held February 5—9, 1968*, UCLA Forum in Medical Sciences 12, Los Angeles, Berkeley and London, 1970.

Poynter, F. L. N. (ed.) *Medicine and Science in the 1860s*, Publication of the Wellcome Institute n. s. 16 (1968).

Rosen, G. *From Medical Police to Social Medicine: Essays on the History of Health Care*, New York, 1974.

Rothschuh, K. F. *Konzepte der Medizin in Vergangenheit und Gegenwart*, Stuttgart, 1978.

Seidler, E. *Die Medizinische Fakultät der Albert Ludwigs Universität Freiburg im Breisgau. Grundlagen und Entwicklungen*, Berlin, 1991.

Shryock, R. *The Development of Modern Medicine: An Interpretation of the Social and Scientific Factors Involved*, New York, 1947.

ten Have, H. J. *Medicine and Philosophy: Jeremy Bentham's influence upon Medical Thought and Medical Practice*, London, 1983.

van den Bussche, H., '*Im Dienste der Volksgemeinschaft.*' *Studienreform im Nationalsozialismus am Beispiel der ärztlichen Ausbildung*, Berlin and Hamburg, 1989.

Walton, J., Bason, P. B., and Bodley Scott, R. (eds.) *The Oxford Companion to Medicine*, Oxford and New York, 1986.

Worboys, M. 'British Tropical Medicine and Tropical Imperialism: A Comparative Study', in *Medicine in the Dutch East Indies, 1816—1942*, Amsterdam, 1989.

第十五章 技 术 593

安娜·古葛尼妮 *

导 言

18 世纪与 19 世纪之交，欧洲工程师教育主要采取的是学徒制和与实践并无必然联系的基础科学知识相结合的教学模式。总体来说，技术学科并没有被视为高等教育机构适宜的活动领域。进行应用科学教育的高级学校很少，它们主要的目标是培养为军队或国家服务的政府官员。到 19 世纪末，军事和行政院校的这个传统核心已经淹没在新机构的发展中，

* 本研究主要参考：R. Fox and A. Guagnini (eds.), *Education, Technology and Industrial Performance in Europe, 1850－1939* (Cambridge and Paris, 1993)。本章主要参考了该书所收录的论文，以及与论文作者讨论的相关内容。

并且在这个过程中，重点已经由公职人员的培养转向了工业专业人才的培养。这种技术教育新形式的发展方式是参差不齐的：各国提供工业职业教学的机构数量和入学人数都存在着显著的差异。但尽管如此，在一战之后，欧洲所有的工业化国家都已提供了大学层次的技术课程和学位。事实上，无论在哪里，技术教育都成为高等教育中发展最为迅速的部分之一。

高等技术院校和课程飞速发展的过程并不是线性的。其中，最主要
594 的特征之一就是其原始组成机构的多样性。这些新学校大多出现在大学之外，出现在截然不同的制度背景之中，并且它们被吸纳成为最高水平教育的过程是非常缓慢的。这些院校的升级普遍伴随着教育目标的重新制定和教学计划的重组。在这个转化的过程中，出现了更加统一的标准。但与此同时，高等技术院校依然保持了它们多样性的背景特征。这也是本研究的重点所在，即强调高等教育发展的多样的背景，我们不仅会在不同的国家背景中对其进行考察，而且也将在个别国家的疆域范围内进行考察。

毫无疑问，19 世纪高等技术院校的数量和规模的增长导致了教育系统上层的紧张状态。在欧洲所有的国家中，反对变革都是高等教育一个深刻而稳固的特征；毫无疑问，当工程院校已经被接纳成为大学系统的一个组成部分后，在很长一段时间内，新课程的“实用”特点依然使人们对技术教育怀有敌意。这些机构的飞速发展以及它们对经济资源的大量需要，也使得人们对它们的态度日趋强硬。

不可避免的是，学生数量的增长以及教学计划复杂性的日益增加，导致了内部的矛盾，加大了在教学过程中严格保证标准和进行严肃的学术研究的难度，并且还导致了由专业化和课程分化带来的无情的压力。这就是一战到二战间，高等技术教育史的主旋律，它们中的许多问题到 1945 年后依然没有得到解决。

培养公务员的技术教育

虽然科学的目标主要是理论性的，但它却总是从实践中获取灵感。

在18世纪下半期也毫不例外;但尽管如此,还是出现了其他方面的新尝试,即运用理论知识来解决产品问题。在这个过程中,人们对隐藏在机械和工序之中的科学原则的兴趣启发了实验研究和教学研究,产生了大量与实践问题相关的知识,特别是机械和流体静力学等方面的知识。① 同 595
时,这种相互作用也得到了机构发展的配合。在整个欧洲,这是一个自然哲学家日益参与到实践问题中来的时代。学会、科学协会和高等教育专业中的成员扮演了顾问和指导者的角色,或者偶尔担任公司建设工程或国有企业的负责人。② 18世纪80年代,化学家克劳德·路易·贝托莱成为了巴黎高布林皇家挂毯厂的印染顾问,这仅仅是自然哲学家发挥积极作用的事例之一。③

知识在机构中所处的位置也与实践地点有着额外的关联。机器模型虽然规模较小,但是作为演示和实验研究的工具,它们成为了自然哲学家世界中的关键组成部分。它们充当了学者和机器制造者之间联系纽带的核心,因此,也成为了科学和技术互相促进的渠道。④ 这种渠道在技术发展中的重要性在蒸汽机的冷凝器和其他改进设施的发明者詹姆斯·瓦特(James Watt,1735—1848)与格拉斯哥大学的科学社团中心之间的联系中得到了充分的体现。⑤

自然哲学家们深信,科学是实用技术发展和改良的必要基础。但是,科学教育机构的目的并不是为任何一门实用技术培训从业者;它们的重心是理论,但它们形成的抽象概念对那些具体参与制造业的设计与生产的人们而言是没有什么指导意义的。虽然科学委员会的成员确实对技术的发展作出了贡献,但是这些贡献只是其个人研究兴趣的结果。18世纪末的现实依然是:传统的知识中心所提供的科学课程,无法帮助从业工程

---

① 这方面主要参见:C. Singer, C. E. J. Holmyard, A. R. Hall and T. I. Williams, *A History of Technology*, vol. IV: *The Industrial Revolution* (Oxford, 1958).

② C. Gillispie, *Science and Polity in France at the End of the Old Regime* (Princeton, 1980).

③ Gillispie, *Science* (note 2), chapter VI.

④ L. Stewart, *The Rise of Public Science: Rhetoric, Technology and Natural Philosophy in Newtonian Britain* (Cambridge, 1992).

⑤ 论瓦特和格拉斯哥大学科学协会:D. S. I. Cardwell, *The Rise of Thermodynamics in the Early Industrial Age* (London, 1971).

师和技术工人解决他们的问题。

整个19世纪，无论是在个人层面还是在公共层面，科学家以个体的形
596 式参与技术事务的局面依然得以延续。但尽管如此，从18世纪下半期开始，随着一些政府事务部门的规模和复杂程度的日益增强，开始出现由专门的公务人员来负责技术事务。欧洲的许多国家在军队和其他公共职能部门设置了技术专家组织，例如采矿和公路部门，这是因为政府在这些部门有着直接利害关系并且能施展权力。正是由于要为这些部门准备后备力量，因此出现了专门以应用科学为核心的新学校。这些学校的目标是为当时的实用技术提供科学基础，同时也为部队和公共职能部门提供必要的合格公职人员。

根据职位的身份地位的不同，各国的新学校的学术标准也大不相同。即使是学校一开始仅处于一个很初级的水平，它们也会很快升级教学大纲，并采用更为严格的标准来要求申请入学的候选人。从这个方面来看，培养公职人员和部队军官的学校明显属于高等教育的更高层次，它们为19世纪大学层次的技术教育的后续发展提供了坚实的基础。但尽管如此，这些学校并没有被纳入高等教育系统。事实上，它们的一个显著特点，就是它们并不是由教育部门来建立或管理的，而是隶属于国防部、公共事业部，以及商业部。

第一批技术学校几乎无一例外地是在部队的需求下组织起来的。除了军事学院之外，军事建筑和炮兵专门学校也为技术军团培养军官，例如，军事防御工程的设计建造与维护，军需用品和军用武器的生产、运输和使用等。

在法国，这些学校得到了有效地组织。1748年，当时的国防部在梅斯城（Mézière）开办了军事工程学校（*Ecole du Génie Militaire*）。它招收年满15岁的学生，其中大部分学生都来自贵族或军人家庭，学生在入学前还要通过入学考试。学制两年，后来延长为3年，课程主要包括数学、自然哲学、机械设计、防御学、建筑学等，到18世纪末，化学也被纳入教学大纲。杰出的科学家教师和一些学生所取得的突出的科学成就给这些学校带来了巨大的学术荣誉，如夏尔·博叙（Charles Bossut，1752—1768）和加斯帕
597 尔·蒙日就是18世纪这类学校中的杰出人物。而法国的炮兵学校的发展

就有些相形见绌了。起初,各炮兵学校隶属于不同的营,1807 年该部分得以重组,炮兵学校被纳入军事工程学校中,并更名为炮兵工程学校(*Ecole de l'Artillerie et du Génie Militaire*)。⑥

在世纪之交,欧洲大多数国家都已出现了培养受过技术训练的军官的学校。但是由于当时动荡的政治环境,一些学校只是昙花一现。随着拿破仑战争的结束,这些学校的组织都得到了改进,这是因为当时各国政府越来越认识到新技术对军事技术的影响以及法国军事学校在科学技术领域所作出的重大贡献,这促使其他政府关注并提供了专门化的军事教育。1816 年,普鲁士国防部在柏林成立了炮兵工程学校(*Vereinigate Artillerie-und Ingenieurschule*)和霍格炮兵技术学校(*Högre Artilleriläroverket och Artillerioch Ing*)。1818 年,瑞典在玛丽亚温泉市成立了军工学院(*Högskolan*)。作为这项社会运动的一部分,从 1820 年开始,俄罗斯、西班牙、比利时以及意大利的一些城市也对军事建筑和炮兵学校进行了重组。

很显然,这些学校所提供的技术教育是非常有限的,这是因为当时时代还要求开设纯粹的军事学科和进行军事训练。同时,这些学校的招生规模也很小,因为军队每年只能吸收固定数量的人才。尽管如此,在 19 世纪最初十几年,当其他机构还没有提供这类与技术事务相关的教学时,这些学校已经在培养塑造新一代技术专家的过程中扮演了重要的角色。事实上,这些学校的影响力也远远超越了军事领域:为军队培养的工程师经常在公共设计和建设部门工作。例如,在瑞典,直到 19 世纪中期以前,市政工程部门一直处于军事工程师的监管之下。

处于大学系统之外的还有矿业学校,它们大多出现于 18 世纪晚期。当时在大部分的欧洲国家,自然地下矿藏是国有财产,这些学校的初衷要为国有采矿企业培养少量的公职管理人员。在这些学校中,历史最悠久、知名度最高的要数 1763 年在奥匈帝国矿藏资源最丰富地区之一——谢默尼茨成立的矿业学校。⑦ 两年后,萨克森的克萨韦尔王子(Prince Xaver, 598

---

⑥ R. Taton, 'L'Ecole Royale du Génie de Mézières', in R. Taton (ed.), *Enseignment et diffusion des sciences en France au dix-huitième siècle* (Paris, 1964), 559-615.

⑦ *Gedenkbuch der hundertjächrigen Gründung der Bergakademie Schemnitz* (Schemnitz, 1871).

1730—1806)在弗赖堡也成立了一个类似的学校，⑧1770 年，普鲁士政府在柏林也建立了矿业学校。这些学校的学制一般是 3 年，学习的课程主要包括几何学、水力学、矿业技术学、化学，并且开设一定的实验课程和地质勘查课程。19 世纪早期，弗赖堡也成为了欧洲著名的矿业教育中心。它吸引了很多留学生，并为一些邻国提供矿业管理人员，主要是波兰和北欧各国。然而，当时这些矿业学校的招生人数很少，如谢默尼茨矿业学校，它一年只招收 40 个学生，但在 18 世纪 70 年代，它已经是欧洲同类学校中招生人数最多的学校。

东欧矿业学校的建立是一个重要的标志，它标志着地方政府开始致力于矿产资源的勘探。它们的榜样作用也进而促进法国采取相同的措施。在这里，矿藏资源也是国家的财产，因此国家公共建设工程部也是一个政府部门，1783 年，它成立了培养矿业采矿工程师的专门学校——矿业学校(*Ècole des Mines*)。这个学校的主要目的是为矿业工程团(*Corps des Ingénieurs des Mines*)补充人员，并且最重要的是，这个学校并不是位于矿区，而是位于巴黎，紧临管理权力的核心部门。1802 年，国民大会关闭了矿业学校，并在矿区成立了两所学校。但是，1816 年，矿业学校在著名的旺多姆地区重新开设。⑨ 提供三年制课程的学科主要有采矿学、检验学以及采矿操作原则与管理。但尽管如此，学校仍以理论为主，实践主要是在假期里到矿上工作，在高级工程师的指导下进行的。

599 19 世纪上半叶，军事和矿业教育仍然是整个欧洲高等技术教育的重要组成部分，同时还进一步促进了制度的创新。军事训练的进一步扩张和专业化发展导致了新兴的炮兵与海军学校的出现。矿业学校在西班牙、法国、瑞典和奥匈帝国建立起来了；随着比利时蒙斯的矿业学校(1836)和伦敦皇家矿业学校(1851)的成立，私人企业也作出了它们的贡献。但是，最显著的发展出现在市政工程领域。这大部分要归功于为公共工程

---

⑧ *Bergakademie Freiberg. Festschrift zu ihrer Zweihundertjahrfeier am* 13. *Nov. 1965*. 2 vol. (Leipzig, 1965); F. Wächtler and F. Radzei, *Traditon und Zukunft. Bergakademie Freiberg 1765—1965* (Freiberg, 1965).

⑨ E. Grateau, *L'École des Mines de Paris. Histoire-organisation-enseignement, Elèves-ingénieurs et élèves extern*ces (Paris, 1865).

建设军团培养后备力量的学校的拓展。1748年，法国在这个领域迈出了第一步，在巴黎为路桥军团的雇员开设了专门课程。这些课程后来被改造进入了路桥学校，与它们附属的军团一样，它们都归商业部管辖。⑩

路桥学校的显著特点之一，就是直到18世纪末，其教师职位不是由专业教师来担任的。事实上，大部分的教学工作是由军团的军官和学校的优等生来完成的。在三年制课程中，第一年全面学习科学学科；第二年学习力学、水力学、几何学、测量学、材料力学和立体切割技术；最后一年主要在实际工程中进行训练。与军事和矿业学校一样，由于高素质的公职人员的就业机会是有限的，因此，这也限制了它的招生。事实上，在它招收的学生中有小部分是路桥军团中的年轻成员。第一个10年中，学校的招生人数不超过20人，其中每年有10人左右毕业。到1806年，人数上升到53人；1850年，为78人。1794年，随着理工学校（*École polytechniqne*，起初名为公共工程中心学校，*École Cenfrare des Travaux Publics*）的建立，路桥学校的特点开始发生变化。根据由蒙日设计并由拿破仑签署的原始方案，此类学校要代替路桥学校，作为培养高层次军事和行政事务官员的后备力量。这使得国家公务人员的整体培养制度发生了重组。结果，理工学校最终成为学生们进入现在所说的应用型学校，如炮兵工程学校、路桥学校和矿业学校的普通预备学校。就这样，理工学校成为了位于法国教育等级制度顶端的高级技术学校连锁制度的基石，并在声望和影响力方面 600
都远远超过了拿破仑时期法兰西大学中的诸学院。⑪

理工学校隶属于国防部，并从1804年拿破仑一世重组学校开始，学生就要进行军事训练。学生的入学要经过极具竞争性的国家考试制度，即"*concours*"，其中高等数学是考试的核心科目。同时考生必须通过中学毕业生会考（即公立中学为学生颁发的合格证书，并且在19世纪，大多数公立重点中学还为学生提供了额外的专业课程，这都成为了学生准备入学

⑩ A. Picon, *L'invention de l'ingénieur moderne*, *L'École des Ponts et Chaussées*, *1747—1851* (Paris, 1994).

⑪ *École polytechnique*. *Livre du centenaire 1794 — 1894*, 3 vols. (Paris, 1894—1897); T. Shinn, *Savoir scientifique et pouvoir social*. *L'École polytechnique*, *1794—1914* (Paris, 1980); B. Belhoste *et al*. (eds.), *La Formation polytechnicienne 1794—1994* (Paris, 1994).

考试的必需。一旦他们进入理工学校，学生就要进行两年紧张的课程学习，课程有高等数学、理论力学和几何学；实际上(理工学校)并没有提供技术教学。事实上，尽管从名字上看，理工学校是偏向技术的，但其目标却是教授作为工程学基础的普通科学学科。这个学校的显著特点之一是，从一开始课程就是由当时最著名的数学家和物理学家来教授的，如蒙日、拉格朗日、富克鲁瓦。

通过毕业考试的学生就可以进入应用型学校继续深造，对那些有志于从事公职的学生，可以去路桥学校和矿业学校；对那些想进入陆军或海军的，则可以去炮兵工程学校和海军学校。在这里，教学更加专业化，在课程大纲中应用型学科的特征也更加显著，但它们的教学依然是学术性的、抽象的，而不是实践性的。毫无疑问，19 世纪早期，理工学校和实用型学校成为了引领科学知识和工程科学发展的中心。但由于这些学校过分地强调了数学和智力技能，使它们成为了培养高层管理人员而不是实践工程师的中心。

法国模式的影响

在 19 世纪的第一个 10 年，法国(为我们)提供了一种令人钦佩的以国家为主导的科学教育来作为培养技术公职人员的基础的榜样。理工学校
601 和职业学校成为那些要求改革社会、发展经济的现代化倡导者们所推崇的对象，他们积极地在其他国家采取相同的行动。但尽管如此，这并不是其他国家能够并且愿意尽量模仿的模式。事实上，高等技术学校在法国的成功是与法国官僚体制的特殊结构和当时在巴黎出现的杰出的科学社团紧密联系的。这些条件在其他地方并不存在，虽然欧洲的其他国家也出现了许多培养科技公职人员的高等学校，但没有一所学校能够同样地成为国家层次上的权威。并且，至少在 19 世纪下半期之前，它们中也没有一所学校获得了与它们的法国对手相同的学术声望。

即便它们刻意地模仿法国的学校模式，但结果还是大相径庭。例如，1802 年，西班牙皇室在马德里建立了卡米洛斯炮兵学校(*Escuela de Caminos y Canales*)，该学校是由法国路桥学校的毕业生奥古斯丁·德·贝当

古(Augustin de Betancourt,1758－1824)设计筹划的。⑫ 在其他国家也是这样,法国应用型学校的毕业生在组织大体上相同的学校的过程中都发挥了重要的作用。1809年,在圣彼得堡建立的交通工程设计院就是一个例子。由于拥有在西班牙组建学校的经验优势,贝当古再次受俄国权力机构的邀请来为该设计院提供建设方案,并被任命为第一负责人。⑬ 圣彼得堡的学校还聘请了许多从法国路桥学校的毕业的学生,例如,加布里埃尔·拉梅(Gabriel Lamé,1795－1870)和爱弥尔·克拉佩龙(Emile Clapeyron,1799－1864),在19世纪20年代,他们俩都在这里讲授应用数学和物理学。

在西班牙和在俄罗斯一样,法国模式的影响明显表现在以下几个方面:它在这种模式下,学校与国家制度,即它们准军事化的政体之间有着密切的联系,并且十分强调应将科学作为工程学的基础。然而,在这两个国家,由于缺乏完善的市政服务体系,这使得它们缺乏对技术专家的不间断的需求,进而使得这些新学校无法茁壮成长。事实上,西班牙的炮兵学校是相当短命的,它于1835年停办。但效仿者与它们的法国原型之间的 602
差别还不仅表现在结果的学术质量上。虽然理工学校和应用型学校激励了欧洲其他国家的竞相效仿,这是毫无疑问的,但是作为设计蓝图,它们的作用是有待考察的。虽然它们的确是普遍地激发了相同的革新措施,但是学校的组织方式和教育方法则是必须根据大相径庭的经济、政治背景、当地的职业传统,以及既成的学校系统结构来加以高速的。因此,结果与原形相差甚远,也就不足为奇了。

---

⑫ A. Rumeu de Armas, *Ciencia y tecnologia en la España Ilustrada. La Escuela de Caminos y Canales* (Madrid, 1980).

⑬ I. Gouzévitch and D. Gouzévitch, 'Les contacts franco-russes dans le domaine de l'enseignement supérieur technique et l'art de l'ingénieur', *Cahiers du monde russe et soviétique*, 34 (1993), 345－368. I. Gouzévitch, 'Technical Higher Education in Nineteenth-century Russia and France: Some Thoughts on a Historical Choice', in A. Karvar and B. Schroeder-Gudehus, *Techniques, Frontiers, Mediation, Transnational Diffusion of Models for the Education of Engineers*, special issue of *History and Technology* 12 (1995), 109－117. 关于该机构早期史研究,参见 A. M. Larionov, *Istoriia Instituta Inzchenerov Putej soobshcheniia Imperatora Aleksandra I za pervoe stoletie sushchestvovaniia 1810－1910* (St Peterburg, 1910).

与西班牙一样，意大利与法国文化也有着长远深刻的渊源——这种联系在拿破仑占领时期得到了进一步的巩固。因此19世纪30年代那些大力崇尚文化与社会的现代化的意大利知识分子会如此地看好法国的高等技术教学制度也就不足为奇了。然而，政治动荡以及统治阶级中普遍存在着的保守主义，阻碍了对教育制度进行重大变革的一切尝试。与此同时，更特殊的是，高等技术学校的建立必然会带来其与牢固控制着高等教育的意大利大学之间的矛盾。它们的主要目的是为自由职业提供必要的合格人才，如医学和法律。但在一些特别的意大利大学里，如都灵、帕维古、帕多瓦和罗马，在18世纪下半期，它们的文学院和自然哲学学院已经开始为希望进入工程职业领域——无论是公职人员还是个人实践——的年轻人提供了专门的课程。事实上，在皮埃蒙特和伦巴底，要进入掌控着工程职业的公司，就需要获得大学文凭。⑭

19世纪40、50年代，虽然开办专门化的工程学校的方案也曾被提上议事日程，但是政治上的不稳定和长期以来形成的工程职业和大学之间的交流合作，阻碍了其进一步的发展。鉴于此，在统一后，工程学校成为了大学经济中的一个特殊组成部分。这些特殊组成部分被称为应用工程学院，它们招收完成了教学系或物理学系第二年课程的学生；而且，其教师
603 也是来自科学院。由于存在这种制度上的联系，再加上法国工程学校的深刻影响，使得它们的课程基本上都是理论性质的。事实上，到19世纪末，实践教学已经完全从意大利工程学校的课程大纲中脱离出来。⑮

普鲁士的方法则大不相同。1799年，柏林成立了建筑学校，它是以1810年柏林大学开办为高潮的教育系统各个部门的普遍重组中的一部分。这场改革的文化背景是由占优势地位的人文主义理念塑造的，并且在高等教育领域，它们完全相信知识的形成与提升是不能被功利主义玷

---

⑭ G. Bozza and J. Bassi，'La formazione e la posizione dell'ingegnere e dell'architertto nelle varie epoche storiche', in *Il centenario del Politecnico di Milano*, *1863－1963*（Milan, 1964）; C. Brayda, L. Coli and D. Sesia, *Ingegneri e architetti del Sei e Settecento in Piemonte*（Turin, 1963）.

⑮ G. C. Lacaita, *Istruzione e sviluppo industriale in Italia*, *1859－1914*（Florence, 1973）; A. Guagnini, 'Higher Education and the Engineering Profession in Italy: The Scuole of Milan and Turin, 1859－1914', *Minerva*, 26（1988）, 512－548.

污的。科学作为一种追求理性的方式与这种方法相结合，但科学的应用却被排除在教育领域之外。改革者们虽然清楚地了解到科学技术教育正在促进经济发展的重要性和法国工程学校所取得的科学成就的重要意义，但他们解决问题的方式却是通过建立一类独立的、学术水平较低的技术培训学校来实现的。因此，在筹划建立建筑学校时，他们的目标在一定程度上是与法国学校相似，即为市政服务培养合格的新成员，特别是在道路、隧道的建设和测量行业，但这些工作都被认为仅仅是技术工作，而并不是进入市政管理最高级别的跳板。因此，建筑学校的水平和教育方式是与大学截然不同的。科学的培养是属于大学的；而作为技术学院的建筑学校所提供的教育，则从本质上讲是职业教育。并且，最关键的是，建筑学校不仅独立于大学系统，而且它的教育等级低于大学教育的。⑯

对法国理工学校的学术声望的推崇，也清晰地体现在奥匈帝国的高等技术教育的倡导者当中。然而，其政府采取的方法是新奇的，甚至不同于普鲁士的方法。它的特点就是双轨制。第一，1815 年布拉格的波西米 604
亚技术设计研究所（*Polytechnisches Landesinstitut*）和维也纳的技术设计研究所（分别成立于 1806 年和 1815 年）被认定为是高等教育机构，虽然它们独立于大学系统之外。科学课程大多已在教学纲要中举足轻重，并被视为培养工程师的必要组成部分。同样重要的还有与学生的职业活动更加相关的学科。因此，技术学科得到尽可能广泛的和系统化的处理，并得到了与科学学科一样的重视。⑰ 第二，也是极具特色的一点，这就是它们还重视对学生进行与制造实践相关的教学指导，特别是应用化学和机械

---

⑯ W. Lexis, *Die Technische Hochschulen im Deutschen Reich* (Berlin, 1904); K. -H. Manegold, *Universität, Technische Hochschule und Industrie. Ein Beitrag zur Emanzipation der Technik im 19. Jahrhundert unter besonderer Berücksichtigung der Bestrebungen Felix Kleins*, Schriften zur Wirtschafts- und Sozialgeschichte *16* (Berlin, *1970*). 论柏林建筑学校的兴起与发展：R. Rürup (ed.), *Wissenschaft und Gesellschaft. Beiträge zur Geschichte der Technischen Universität Berlin 1879－1979*, 2 vols. (Berlin, Heidelberg and New York, 1979).

⑰ H. Gollob, *Geschichte der Technischen Hochschule in Wien* (Vienna, 1964); H. Sequenz (ed.), *150 Jahre Technische Hochschule in Wien 1815－1965*, 2 vols. (Vienna and New York, 1965); C. Hautschek (ed.), *Johann Joseph Prechtl. Sichtweisen und Aktualität seines Werkes* (Vienna and Cologne, 1990).

工程学。这反映维也纳和布拉格的技术学校在学生培养适应的就业岗位范围上，是与法国模式大不相同的：它们的目标不仅是要为国家培养技术官员，而且还要培养那些将来要去建筑业或制造业的私人部门中就业的年轻人。

20年后，比利时也采用了类似的方法。比利时也与法国有着根深蒂固的文化渊源，但是其反应却明确显示了教育模式是如何调整以适应不同的环境的。法国模式的影响力在这里也是非常深入的，就如同西班牙与意大利一样；与它们一样，在19世纪的第一个10年，比利时被法国占领，在此期间，法国政府效仿当时法国已有的模式在这里建立了技术团队。但同时，比利时也成为欧洲第二个工业化地区。它们既重视借鉴法国传统，培养受过技术训练的管理人员，又同样重视那些将来要去企业就业的年轻人的教学工作。1804年，在法国占领时期，比利时成立了路桥学校；1831年，比利时独立后，对这些学校进行了重组。4年后，比利时政府又收到了有关要求成立两所新学校，即根特的路桥学校和列日的矿业学校的方案。

起初，这两所新学校的目标就是要为市政服务部门和企业雇主培养技术人员。然而，到1838年学校建立的时候，这两所学校都分别被分裂为两所不同的学校：根特市政职业学校与根特工业艺术学校；列日矿业职业
605 学校和列日工业艺术学校。它们的应用型学校与法国的应用型学校是一样的，它们的学生都能优先进入市政服务部门，并且它们的课程都以理论为主。另一方面，工业艺术学校的教学大纲则更具实践性，其特征是简化数学课，加深制造实践的研习。虽然不可避免的是工业艺术学校在地位上要低于职业学校；但在比利时，由国家兴办的旨在培养技术人员的学校和培养企业工程师的学校是同时出现的，并且它们同为教育结构中的一部分。因此，到1840年，比利时已经完全形成了双轨制的高等技术学校系统。⑱

在欧洲大陆出现的为政府部门培养技术人员而新建学校的做法，在

⑱ J. C. Baudet, 'The Training of Engineers in Belgium, 1830－1940', in Fox and Guagnini (eds.), *Education* (note *), 93－114.

英国却没有发挥作用。英国的工业成就是与交通业的飞速发展是紧密联系的,这些交通方式包括运河、付费公路、桥梁、造船,以及19世纪20年代之后发展起来的铁路行业。但尽管如此,这些行业大都是由私人企业控制的。与其自由放任的政策相一致,政府认为自己既没有责任评估负责这些工作的技术人员,也没有责任为其提供相应的教育。不管此类教育形式在19世纪中期之前是否已经出现,技术专家培养都为工程团体内的严格的且井然有序的规章所控制。无论在私人实践中,还是作为工业企业的职工,经验和实践知识至今都被认为是期望成为最高级工程专家所必需具备的最重要的条件。学生们可以通过长期的学徒经历(通常是7年时间),或者以自费的方式(学费昂贵,但学制较短)向在有金字招牌的企业里工作的工程师或自由工程师学习,这些是仅有的通往真正技术岗位的道路。⑲

早在1771年市政工程师协会成立以来,这种职业的价值与规范就已经植入这些代表着工程学团体精英的专业协会的章程中了。1847年,机械工程师协会成立,它对职业资格采取了相同的态度。⑳ 在这两个例子中,准入条件都是以经验和职业成就作为根本的;相比之下,科学教育和学术学位实际上就变得无足轻重了。但这并不意味着协会低估了促进技术知识的提升和传播的重要意义。事实上,它们都积极地参与并支持科学研究、组织科研会议、鼓励自学以及成员之间的交流。但它们真正缺少的是用高等教育来取代经验的任何尝试。 606

显而易见,这种态度并没有为工程学校留下发展的余地。因此,19世纪二三十年代,那些较早出现的期望能为工程师设立专门化的高级课程的尝试的失败,也就不足为奇了。达拉谟大学和新成立的伦敦学院(大学学院和国王学院)设立了工程学教职,并为工程师开设了专业课程。但尽管如此,入学率一直很低;直到世纪的最后10年,正规教育才部分地取代

⑲ C. More, *Skill and the English Working Class, 1870－1914* (London, 1980).

⑳ R. A. Buchanan, *The Engineers: A History of the Engineering Profession in Britain 1750－1914* (London, 1989).

了学徒制，开始被认可成为工程协会的相关准入资格。㉑

工业工程的出现：1830—1850

至今为止，我们谈及的所有由国家管理的学校都至少提供一些与制造实践相关的学科课程，如化学和应用机械学。并且，有时候，这些学校的学生也能够进入企业工作。但尽管如此，大多数的欧洲政府并不愿意参加到为企业培养技术专家的计划中去。也正因为如此，企业也没有遭受到各种各样的来自中央政府的压力，从而使得它们可以更多地关注企业的发展。事实上，在 19 世纪第一个 10 年中，几乎没有制造商提出要进行以企业为导向的高等技术教学。

到 19 世纪 40 年代，化工企业的一些制造商开始出现了这种想法，并已经开始让年轻人去大学里受教育了，最重要的是，这不仅仅出现在德国。㉒ 这些年轻人所接受的分析方法和实验技术的教育，使得他们特别适于化验和检验的监督管理工作。尽管如此，大学在很大程度上满足了这
607 种需求。在这里，吉森大学就是个特别成功的典范，1825 年李比希在那里创办了他的教学研究实验室。㉓

除了这些早期的发展外，还有一点是必须强调的，在 1850 年以前，学术科学与工业实践之间的密切联系还很少见。在化学之外的制造业部门，例如冶金业、纺织业和机械工程业，尽管当时理论和实践是截然分开的，但制造商还是时常会就具体问题向科学家和大学教授们请教。这些问题包括蒸汽机与其他设备的生产效率和安全性、材料的强度和弹性、生产运动学中的分类问题等，它们在一些开拓性的著作，诸如让·尼古拉·尼科尔·哈谢特（Jean Nicole Pierre Hachette，1769—1834）的《基础力学》

㉑ H. Hale Bellott, *University College London, 1826—1906* (London, 1929); F. J. Hearnshawa, *The Centenary History of King's College 1828—1926* (London, 1929).

㉒ L. F. Haber, *The Chemical Industry During the Nineteenth Century* (Oxford, 1958).

㉓ J. J. Beer, *The Emergence of the German Dye Industry* (Urbana, III., 1959); J. B. Morrell, 'The Chemist-Breeders: The Research Schools of Liebig and Thomas Thomson', *Ambix*, 19 (1972), 1—46.

(*Traité élémentaire des machines*)和格哈德·约瑟夫·克里斯蒂安(Gérard Joseph Christian, 1776－1832)的《机械工业学》(*Traité de la méchanique industrielle*)中均被阐述过。尽管如此,虽然这些著作在评价当时飞速发展的制造技术领域的实践水平方面,机器、磨坊和发动机设计,以及冶金设计领域中,作出了巨大贡献,但是(发展的)速度依然是由有经验的人来决定的,而不是由科学家来决定的。[24]

由于这种对经验的强调,所以学徒制依然被制造商(英国比欧洲大陆更甚)视为企业职业培训的最佳方式,也就不足为奇了。这不仅体现在对技术能手的尊重上,也体现在年轻人对更高职位的渴求上,如工头、制图员或者是19世纪中叶之后大企业中的技术监督人员。而一些正规的科学教育及其应用(也体现在机械制图和外语等其他科目中)充其量也就是学徒制的补充。这就是机械协会的指导原则,在19世纪三四十年代,其大批会员都在英国的制造业中心为工人群众提供通俗易懂的讲座课程和筹备图书馆。而一些工业欠发达的国家,则主要是通过构建中等专业学校网络来培养技术能手。他们学习的主要课程包括数学和力学基础、制图,以及得到基本的各类工艺和贸易的个人指导。所有这些学校都完全独立于 608
高等教育之外,而且在社会地位上,它们也远远不如那些为公共部门培养技术专家的学校。

在这些学校中,完全属于初等教育的有法国私立的工艺技术学校,它是在法国大革命之前由德·拉罗什富科－利昂古公爵(La Rochefoucauld-Liancourt, Duc de, 1747－1827)筹划成立的。1780年,第一所工艺技术学校在利扬库尔成立,1799年,学校迁至蒙贝利亚尔。5年后,在波普尔也开办了一所工艺技术学校(1815年,为易热的一所学校所取代);1843年,第三所工艺技术学校在艾克斯成立。1845年,这类学校的招生总数达到了400人;随后,到该世纪的最后25年,招生人数激增至850－900人。起初,这些学校只提供基础的手艺培训。1832年在学校划归商业部管理之后,代数学、基础画法几何学、力学和制图学开始被纳入课程,学校的入学要求也被提高了。尽管如此,车间教学依然是这些课程的典型特征。即便

---

[24] Singer, Holmyard, Hall and Williams, *Technology* (note 1).

从 19 世纪中期开始，学校的教学内容逐步复杂化，但是学校依然坚持以最初的实践倾向性，并以远离高等教育为荣。[25]

工艺学校(*Gewerbeschulen*)是中等层次的技术学校，19 世纪二三十年代，它由德意志各邦国的政府负责筹建，并明确地具有职业特征。它们的目的十分明确，就是要繁荣经济发展，而且学校是由各邦国的商业部负责管理。1821 年，普鲁士首先在柏林成立了第一所工艺学校。[26] 正如上文提及的，在普鲁士的首都已经有一所培养技术官员的学校了，但这里两年制的新课程(1830 年扩充到三年)是专门为企业培养技术人员的。它从各地的中等专业学校中招生，平均年龄为 14 岁，并提供数学和科学的基本教学。这让我们想起了法国的工艺技术学校，车间实践是教学大纲的典型特征，并将大量的时间用于制图训练。

由于德意志的其他邦联中没有专门培养公职人员的学校，因此最初工艺学校目标的专门化课程较弱。[27] 学校主要培养低层次的公职人员和
609 商人，也为私人企业培养技术工人。但事实上，19 世纪上半期，工艺学校的大部分毕业生都在公共服务部门就业；从 19 世纪 40 年代开始，在私人企业中就业的学生人数才逐步提高。这些学校的典型特征是，为了让学生对各种不同的职业作好准备，它们开设了机械工程学、化工学、林学和建筑学等专业化课程。

1826 年，为了培养技术能手，瑞典政府在斯德哥尔摩建立了技术学校。在这里，科学教学是很有限的，大部分时间都用于实践教学。虽然到 1850 年为止，教学和科学科目在教学大纲中日益获得突出的地位，但服务于技术培训依然是它们自我定位中最明显的特色。直到 50 年后，在这所学校的基础上建立了一个新机构——皇家理工大学(*Kungl. Tekniska Högskola*，*KTH*)，才正式意味着这所学校跨入了高等教育领域。与这所由国家资助的学校形成鲜明对比的是 1829 年成立的查尔姆斯学院

㉕ C. Rodney Day, *Education for the Industrial World: The écoles d'arts et métiers and the Rise of French Industrial Engineering* (Cambridge, Mass., and London, 1987).

㉖ Rürup (ed.), *Wissenschaft und Gesellschaft* (note 16).

㉗ Manegold, *Technische Hochschule* (note 16); K. Gispen, *New Profession, Old Order: Engineers and German Society, 1815—1914* (Cambridge, 1989).

(*Chalmers Institution*)，它是由私人倡导建立的，并促使瑞典出现了另一类技术学校。这类学校的显著特征，是它坚信以科学为基础的教育是理解技术的前提条件。在这方面，它开创了一条与皇家理工大学截然不同的道路。[28]

1829 年，促成巴黎开办中央工艺与手工制造学校(*École Centrale des Arts et Manufactures*)的环境与促使查尔姆斯学院成立的环境十分相似。但就中央学校而言，发展成为培养企业工程师的高层次技术学校的目标过于遥远。该校是由一位富有的商人、一位化学家和一位理工学校的毕业生联合创办的。在学校创办之初，它就为自己设定了宏伟的目标，即要造就新一代彻底了解制造实践的科学基础的企业领导人。尽管学校的学费高昂，但它还是获得了巨大的成功：1840 年，学校的学生在校人数达到了 125 人；1845—1855 年间，学生人数超过了 200 人。此外，学校的声誉及其宏伟的目标还吸引了大批海外留学生：截至 1864 年，学校留学生人数占学生总数的四分之一。学校学制为三年。第一年，主要学习普通科学科目，尤其强调几何，特别是由于学生是以全日制为主，因此，教学计划也很紧凑；在第二年和第三年的学习中，教学的内容集中于应用学科，包括工 610
程力学、建筑学、道路工程学、解析化学和工业化学、蒸汽机原理，以及详细描述各类制造业的实践，其中包括纺织业、制陶业和造纸业。但尽管如此，与工艺技术学校形成鲜明对比的是，在这里，技术科目的研究都没有得到高水平实践教学的支持。[29]

多年来，车间培训的缺失和教学大纲中故意模糊专业的特征，一直是中央学校的突出特点。但在学校的学术标准上则的确发生了重大的变化。1856 年开始，它不再属于私人所有，而被划归法国农业与商业部。这一变化导致了学校开始采用严格的入学程序(包括效法理工学校，举办竞争性的入学考试)。考试的对象是那些报考理工学校，但却没有通过最后

---

[28] T. Althin, *KTH 1912—1962. Kungl. Högskolan I Stockholm under 50 år* (Stockholm, 1970); G. Ahlström, 'Technical Educaiton, Engineering, and Industrial Growth: Sweden in the Nineteenth and Early Twentieth Centuries', in Fox and Guagnini (eds.), *Education* (note *), 115—140.

[29] H. Weiss, *The Making of Technological Man: The Social Origin of French Engineering Education* (Cambridge, Mass., and London, 1982).

考核的学生。课程难度也提高了，达到原有的工程学校的水准。这些策略最后都取得了成功。到 19 世纪末，出于官方的考虑，中央学校获得了和理工学校与应用型学校同等的地位。

与其他此类学校一样，中央学校由此获得了相当的国际声誉，欧洲其他国家都以此为范例来改进以企业为导向的高等技术教育。但无论它们是模仿维也纳、布拉格技术学校模式还是模仿巴黎的中央学校，这些倡导者最主要的观点就是——特别是在那些工业化程度较低的国家——拥有了受过良好训练的技术工人就能促进发展。但是在现实中，教育与工业发展之间的交互机制往往更加复杂。

西班牙的例子就很好地说明了该机制在执行过程所遇到的阻力。1850 年，皇室敕令要建立三个层次的高等教育系统，包括初级、中级和高级的技术学校。起初，只有在马德里建有高级技术学校，随后，在 1855－
611 1857 年间，先后有 5 所类似的学校分别在瓦伦西亚、希洪、巴塞罗那、塞维利亚和贝尔加拉出现，这些学校被称为高等工业工程学校（*Escuelas Superiores de Ingenieros Industriales*）。这些学校的入学标准较高。招收的学生必须完成大学理学院的三年课程。该方案虽然野心勃勃，但却遭到了失败：截至到 1867 年，除了巴塞罗那的高等工业工程学校之外，其他所有的学校全部停学。只有在经济较发达的加泰隆尼亚首府，这类技术学校才找到了合适的生存环境。直到 19 世纪末，西班牙才在巴斯克地区的首府毕尔巴鄂——一个井井有条的采矿和冶金中心——建立了另一所高等技术学校。[30]

相比之下，公众支持与繁荣经济环境的结合为瑞士联邦高等工业学院的成功铺平了道路。1855 年，瑞士联邦议会决定在苏黎世建立一所理工学校，组织者虽然在各方面选择了与奥地利和德国相似的解决方案，但它的规模却要大得多。为了让课程适应大范围的职业选择，学校设立了

---

[30] J. M. Alonso Viguera, *La ingenieria industrial española en el siglo XIX* (Madrid, 1944); R. Garraboc, *Enginyers industrials, modernizació económica I burgesia a Catalunya* (*1850-inicis del segle XX*) (Barcelona, 1982); S. Riera i Tuèbols, 'Industrialization and Technical Education in Spain, 1850－1914', in Fox and Guagnini (eds.), *Education* (note ＊), 114－170.

不同的分部，如市政学院，建设与工程学院，应用化学学院（包括药学），以及林学院，最后还有第六部门负责通识教育。在入学时，候选人必须年满17岁，并有一定的数学、代数学、画法几何学和物理学知识背景。学校的课程具有一定的难度，特别是对三年制的建设与工程学院、市政学院而言，它们的学生要学习微积分学、几何学、实验物理学和化学，以及大量的技术科目，包括实践训练。不久后，联邦高等工业学院就以其高水平的教学标准、多样化的课程和低廉的学费吸引了大批的留学生。1862年，在校学生总数为225人，免费旁听学生的数量也超过了200人。㉛

萌芽时代：1850－1890

瑞士议会为新学校设置高标准的做法实际上是顺应了一种在其他国家已赢得支持的潮流。自19世纪中叶以来，其他国家原本用于培训技术 612
能手的技术学校，例如，法国的工艺技术学校，都已开始改进了自己的教学大纲。而这个过程在德国尤为显著。在这里，19世纪60年代，工艺学校变为了理工学校；19世纪70年代后期，在经历了一系列重组之后，它们又成为了技术大学，由工商部划归教育部统一管理，并获得了与大学同等的学术自治权利。㉜ 在学校的发展变革中，车间培训逐渐失去了它们在教学大纲中的主导角色，同时学校开始关注科学科目的教学，提高了在入学时对科学精通程度的要求。同时，聘用有优异的科学文凭的教师，并为他们创造与大学理学院相似的环境。特别值得一提的是，这些学校允许教师在一定程度上根据自己的兴趣来调整课程，同时，学生也获得了一定的选课权。

19世纪50年代到80年代，德国技术学校的主要特征是入学人数的激增。技术教学的转变与扩张，就像当时德国大学的化学系一样，它们作为企业专家的源泉的声望不断提高，并激发了国外的兴趣与关注。从19

㉛ *Eidgenössische Technische Hochschule, 1855－1955. École polytechnique Fédérale* (Zurich, 1955); 'Zur Entwicklung der ETH 1855－1960', in *Eidgenössische Technische Hochschule Zürich 1955－1980. Festschrift zum 125 jährigen Bestehen* (Zurich 1980), 17－83, 577－674.

㉜ Manegold, *Technische Hochschule* (note 16).

世纪中叶开始，德国的经济进入了飞速发展的时期，并以其工业的迅猛扩张为特征，尤其是在冶金、机械工程和化学行业。政府对普遍意义上的教育的贡献，尤其是对技术教育的贡献，在当时被视为促进深化发展的决定性因素，也是促进德国工业向前飞速发展的关键。在其他国家眼中，这种发展既是一种威胁，也被视为效仿的榜样，技术教育的倡导者们在面对公共权威和企业家时，总是喋喋不休地谈起德国的成功。

由于这是一种事后诸葛亮的做法，因此，人们也许会说，技术教育的倡导者们夸大了教育对工业的影响，也夸大了德国模式所取得的成就。但不可否认的是，这些主张和连续不断的游说极有效地使得越来越多的企业家和地方权力部门，尤其是在工业区，开始关注在本国施行由国家提
613 供的技术教学。这使得在 19 世纪的最后 25 年间，在欧洲其他国家出现革新的突起。

英国在 19 世纪中叶毫无进展可言。皇室的支持使得苏格兰的格拉斯哥大学和爱尔兰的女皇大学设立了工程学教授教席。但尽管如此，在英格兰，高等技术教育的措施并没有取得实质性的进展。1845 年在伦敦成立的皇家化学学院和 1851 年成立的皇家矿业学校，在英格兰科学社团的发展中发挥了重要的作用，但在为企业提供技术雇员方面，它们的贡献则让支持者们大失所望。[33]

19 世纪 70 年代，在国会展开的一系列调查后，在德国出现的教育与工业发展之间的联系几乎使人着迷，这也使得技术教育的倡导者们开始获益。但它们努力的结果不是继续开办专门化的技术学校，而且沿着伦敦国王学院和大学学院所采用的路线走下去。因此，不久后，在各主要地区城镇的大学学院中，工程学的新教席纷纷出现。

由于要建设地方性的高等教育机构，因此，在 19 世纪下半期成立了一

---

[33] G. K. Roberts, 'The Establishment of the Royal College of Chemistry: An Investigation of the Social Context of Early-Victorian Chemistry', *Historical Studies in the Physical Sciences*, 7 (1976), 437—475; R. F. Bud and G. K. Roberts, *Science Versus Practice: Chemistry in Victorian Britain* (Manchester, 1984); J. F. Donnelly, 'Chemical Engineering in England, 1880—1922', *Annals of Science*, 45 (1988), 555—590.

些学院。㉞ 它们的地位远远不如历史悠久的牛津、剑桥，而且在它们中还有许多学校是到20世纪之后才获得特许状正式成为独立大学的。事实上，一开始它们甚至没有颁发学位的权利；因此，它们只能是为学生去伦敦大学攻读学位作准备。但在它们的努力下，它们找到了一条位于古老大学的传统自由主义教育和更现代的教育方法中间的道路，并带来了新学科的专业教育的发展，尤其是医学和科学，包括了纯粹科学和应用科学。19世纪60年代，由于极为重视技术应用，化学系开始获得发展。很快地，工程课程也开始效仿它们。1868年，欧文学院(后来的曼彻斯特大 614
学)设立了工程学教授职位。㉟ 在之后的20年中，在英格兰和苏格兰出现了十几个其他教席。甚至是在剑桥，1891年，机械学的一个教席被改为工程学的教席，而牛津也效法它，于1907年开设立了工程科学的新教席。㊱

起初，市政工程学和机械工程学都是由同一位教授来授课的。但渐渐地，出现了分设的教席，开设了其他技术课程，新增了更加专门化的课程，并形成了系。这些系本身并不包含工程学部分，因此，它们主要依附于科学系来进行诸如数学、物理和化学等学科的教学。但尽管如此，那些完成了全部课程的学生一般需要2—3年，可以获得工程学的证书。学院虽然竭力鼓励学生们选择一个系统的教学过程，但从它们颁发的证书数量来看，就知道要说服学生有多么困难了。事实是，这些证书从学术上看是无法与正规大学的学位相提并论的，而且它们也不包含任何的职业资格。因此，学生们更热衷于选择个别课程，并为诸如由伦敦城市公联会(City and Guilds of London Institute)和科学艺术部的考试委员会举办的各个学科的名目繁多的考试作准备。

但尽管如此，上面提及的工程系范式的两个重要例外(它们在一开始

㉞ D. S. L. Cardwell, *The Organisation of Science in England* (1957; 2nd edn, London, 1972); M. Argles, *South Kensington to Robbins: An Account of English Technical and Scientific Education since 1851* (London, 1964).

㉟ R. H. Kargon, *Science in Victorian Manchester: Enterprise and Expertise* (Manchester, 1977); A. Guagnini, 'The Fashioning of Higher Technical Education in Britain: The Case of Manchester, 1851—1914', in H. F. Gospel (ed.), *Industrial Training and Technological Innovation: A Comparative and Historical Study* (London, 1991), 69—92.

㊱ T. J. N. Hilken, *Engineering at Cambridge University 1783—1965* (Cambridge, 1967).

就是按独立机构设置的)，都是在伦敦开办的。由于殖民地服务机构，特别是印度工务局，对技术人员的需要不断增多，1871 年，成立了皇家工程学院。学校的招生数量有限，学制三年(直到 1906 年学校停办为止，共招生 1623 人)，学校设施齐全，师资力量雄厚。[37] 其他主要的革新措施还包括在南肯辛顿开办的两所学校，1907 年，这两所学校被并入帝国科学技术学院。1878 年，伦敦八家同业公会与伦敦市法团(London City Corporation)成立了伦敦城市公联会技术教育促进会(City and Guilds of London Insitute for the Advancement of Technical Education)。三年后，他们又共同开办了一所初等技术学校——芬士伯里技术学校(Finsbury Technical School)；1884 年，他们还开办了更高层次的一所学校——中央学院(1893
615 年后，成为中央技术学院)。中央学院主要分为三个部分：市政、机械和电力，它是以培养高级而又非常“实用”的技术专家为目标的。虽然学校也招收临时的学员，但还是以全日制的学生教学为主。按照当时的标准，它还非常重视教学设备，它的车间与实验室装备精良。[38]

在一些主要的工业城市，都出现了许多独立的低级职业学校，并且它们的学术水平也在不断提高，就像 19 世纪中期德国的工艺学校一样。例如，曼彻斯特技术学校，在办学之初，它还只是一所夜校，到 1904 年，它已成为曼彻斯特大学技术学院。

法国的高等技术教育革新也远不如德国。但尽管如此，这并不意味着它没有进行促进技术知识传播的尝试。在法国的一些主要的工业和农业中心，事实上也出现了许多旨在促进与本地经济相关的教育革新。在 19 世纪之初，一些大都市就开始倡导应用学科的教学，学会和其他独立的社团也参与其中。例如，1857 年，在里尔的农业科学技术协会(*Société des Sciences, de l'Agriculture et des Arts*)组织下，成立了机车学校，主要教授蒸汽机的操作；波尔多的技术协会(*Société Philomatique*)也逐步扩充公共讲座的计划，不仅包括文化基础和算术，而且还涵盖了较高难度的学科，如

---

[37] J. G. P. Cameron, *A Short History of the Royal Indian Engineering College, Coopers Hill* (London, 1960).

[38] J. Lang, *City and Guilds of London Institute. Cantenary 1878 — 1978* (London, 1978).

酿酒化学、外语和经济学等。[39] 1826年成立的米卢斯工业协会(*Société Industrielle de Mulhouse*)则更加与众不同,它既关注当地企业精英的知识需求,又与市议会一起合作,在设计、纺纱、编织和商业的专门学校中培训工匠。[40]

虽然法国地区经济的这种扩张模式具有重要的意义,但是现实情况却依然没有得到改善。它们的课程既无法提供正规的资格证书,也肯定没有得到正式的承认或得到国家管理机构的物质支持,更没有将个人的改革行为与国家教育制度进行整合的尝试。19世纪五六十年代,技术学科课程形式的持续的支离破碎,说明了有利于国家干预的经济、社会和政治环境还不成熟。 616

直到1870年之后,才出现了新的要求改善设施,使教育制度能更好地为法国的利益服务的压力,并引起了实际的变革效果。其中最主要的促进因素就是法国在普法战争中的惨败。在战后的反省过程中,人们认为科学技术教育的缺失是导致军队失利的一个主要原因。虽然当时人们夸大了法国的落后状况,但色丹战役的惨败的确促使了法国社会中更加自由和现代化的势力,在辩论中,后者最终战胜了保守主义对处于萌芽状态的、日趋复杂的工业时代的怀疑以及对失败过后的新社会秩序的怀疑。起初,改革步伐比较缓慢。但1872年里尔的北方工业学院和1882年巴黎工业物理化学综合学校(*Ecole Municipale de Physique et de Chimie Industrielles*)的成立,标志着这股新势力的萌芽。从19世纪80年代后期开始,到整个19世纪90年代,改革的速度开始加快;至少现在看来,法国的教育制度开始获得突飞猛进的发展。

这个时期末的一些改革措施,给在法兰西大学的大伞统治管理之下的已有国家学院系统带来了最显著的成果(直到1896年根本性重组之前)。在这里,公共教学部提出了一项分权化的政策,鼓励更多地依靠地方

---

[39] R. Fox, 'Learning, Politics, and Polite Culture in Provincial France', *Historical Reflections/Réflexions Historiques*, 7 (1980), 543—564; also printed in R. Fox, *The Culture of Science in France, 1700—1900* (Aldershot, 1993).

[40] R. Fox, 'Science, Industry, and the Social Order in Mulhouse, 1798—1871', *British Journal for the History of Science*, 17 (1984), 127—168.

权力部门和私人的支持，鼓励开设有益于地方经济的课程与专门学校，例如，机械工程学、电力工程学、化学和农业科学等。1890 年，南锡大学合并了一所化工学院；1891 年波尔多大学，1894 年里尔大学也分别效仿南锡大学的做法。[41] 在电力工程学方面，成立于 19 世纪和 20 世纪世纪之交的电子技术学院（*Instiruts Electrotechniqnes*），促使里尔、南锡和格勒诺布尔的学院出现了重大的发展。1908 年，图卢兹也效法这一措施，并获得了成功。这些学院都提供系统化的课程教学，既包括理论科目，也包括实践科目，还能颁发专业证书与文凭。

617 19 世纪末，英国和法国的地方政府和私人利益团体在促进高等技术教育方面所做出的重要贡献，特别是在新型的以企业为导向的课程开发中的重要贡献是不能小觑的。地方政府的显著影响不仅体现在发达的工业国家中，也体现在一些中等工业国家中。例如，早在 1862 年，意大利米兰的高等技术学院（*Istituto Tecnico Superiore*）就开始颁发工业工程学学位；1879 年，图灵的应用工程技术学校也开始颁发类似的学位。这些城市都是北部地区经济最发达的核心区域，因此，它们也最关注制造业的状况。推动改革的并不是马上就要获得高层次技术专家的需求，而是认为工业的发展需要新一代技术专家的信念。[42] 起初，这些新学校的招生十分萧条，但到 19 世纪 80 年代后期，入学率得到了飞速的提高，并在接下来的 10 年中，赶超了那些市政工程学校。

地方团体在西班牙也发挥了重要的作用。1899 年，在第一次尝试建立工业工程学校失败 30 年后，在繁荣的工业化城市毕尔巴鄂成立了工业技术学校（*Escuela de Ingenieros Industriales*），同时，1859 年成立的巴塞罗那工业技术学校也在地方企业团体和政府的支持下进入了飞速发展的新阶段。[43] 在德国，各邦国政府也继续支持已形成的、网络化的技术学校

㊶ Weisz, *Emergence*; R. Fox, 'Science, University, and the State in Nineteenth-Century France', in G. L. Geison (ed.), *Professions and the French State, 1700－1900* (Philadelphia, 1984), 66－145; Paul, *Knowledge*.

㊷ A. Guagnini, 'Higher Education and the Engineering Profession in Italy: The Scuole of Milan and Turin, 1859－1914', *Minerva*, 26 (1988), 512－548.

㊸ R. Garrabou, *Enginyers* (note 30); Tuebols, 'Industrialization'" (note 30), 141－170.

的发展，各地方政府和企业团体也纷纷为学校设施的改善和学校的扩展慷慨解囊。

社会地位的寻求

19世纪的最后25年，是技术的理论和实验基础都获得显著进步的时代。在各个领域，从蒸汽机的制造设计到材料的性质研究，人们开始寻求一条在严格的分析方法、系统的实验和常常引发矛盾的实践工程学之间达成平衡的出路，并开始取得成果。而完全掌握了学科知识、具备了直接的工程学实践经验，并能将新技术教科书的生产的两方面结合起来的新 618
一代教师，在其中作出了重要的贡献。这些教材比19世纪中期的教材在理论上提出了更高的要求，但与此同时，它们也关注工程学学生的兴趣与目标。其中，威廉·约翰·麦夸恩·兰金（William John Macquorn Rankine，1820—1872）编写的《实用力学手册》（*Manual of Applied Mechanics*，1856）和《蒸汽机》（*The Steam Engine*，1859），以及弗朗兹·勒洛（Franz Reuleaux，1829—1905）编写的《机械运动学》（*The Kinematics of Machinery*，1876）成为了新教材的先驱。[44]

掌握这些教材中提供的知识，开始受到了实践世界的欢迎，不仅在相对热衷于新事物的市政工程学中是这样，而且在相对更反对新事物的制造业也是如此。对此最好的解释，就是材料强度和运动学开始被广泛地应用于机器设计之中。同时，更好地掌握热力学和液体理论，也在蒸汽机的进一步改进和新一代煤油机和柴油机的开发中扮演着至关重要的角色。良好的理论素养是评估日益复杂化的机器的性能和效能的根本，这在整个制造业也得到了越来越广泛的运用。但应该承认的是，几乎没有受过教育的天才发明家依然继续扮演了重要的角色，例如爱迪生。但是，新技术的发展和改进——通过渐进式的实验过程将发明转化为有商业价值的解决方案——更多的是有良好理论素养的技术人员的成就。

随着工业用电的飞速发展，科学和技术的密切关系变得越来越重要。

---

[44] 关于机械工程学特定领域演进的研究：S. Timoshenko, *History of Strength of Materials* (New York, 1953).

由于 19 世纪中期电报的成功使用，电力工业在 19 世纪 80、90 年代成为了最令人兴奋的新技术前沿。在这里，电力工程师和实验物理学家进行了最尖端的实验研究。虽然他们采取的方法各不相同，但是他们都非常依赖彼此对促进因素和信息的研究。㊺

619 不可避免的是，这些发展深刻地影响了技术学校的教学，进一步加速了教学内容的复杂化。越来越多的时间被用于教授技术的理论基础，被用于教授学习理论所必备的专业教学技能。为了避免可能出现的烦琐运算和不必要的复杂微积分，图文的方法得到了普遍的应用。教学大纲的升级也得到了学校教师的拥护，教师们也希望自己所在学科的变革性能得到重视，能够缩小他们与科学先锋之间的学术差别。但尽管如此，他们同时也急于指出，技术的学术文凭不再依附于科学之上了。尽管技术的理论基础是同等重要并且在理性上也是值得尊敬的，但技术的目的是不同于科学的，实用才是技术的根本目标。

技术教学大纲本质变化的一个标志，就是从 19 世纪 80 年代起实验教学所扮演的重要角色。当时一些技术学校已经拥有了实验设备，但是它们几乎全部并仅仅用于专业演示或个人研究：学生并没有在这些活动发挥积极的作用。19 世纪中期，化学是高等技术教育中唯一一个已经将更加实用的、以实验为基础的方法应用于教学的学科。在这里，定性分析和定量分析的训练是学生教学的一个重要组成部分；这种培训对进行纯研究的学生和为就业做准备的学生来说，是同样重要的。但尽管如此，直到 19 世纪 80 年代，实验教学才开始为技术教学中的其他学科所采用。

早在 19 世纪 70 年代，在美国的学校中就已经出现了机械工程学的教学实验室。在欧洲，其开拓者是慕尼黑工业大学的卡尔·冯·林德（Carl

---

㊺ W. König, *Elektrotechnik- Entstehung einer Industricowissenschaft* (Berlin, 1993); A. Grelon, 'Les enseignements de l' électricité' and ' La formation des hommes: du tournant du siècle *à* la première guerre mondiale', in F. Caron and F. Cardot (eds), *Histoire générale de l'électricité en France*, vol. I: *Espoirs et conquêtes*, *1881—1918* (Paris, 1991), 254—292 and 802—849; A. Guagnini, 'The Formation of Italian Electrical Engineers: The Teaching Laboratories of the Politecnici of Turin and Milan, 1887—1914', in F. Cardot (ed.), *Un siècle d'électricité dans le monde. 1880—1980. Actecs du Premier Colloque International sur l'Histoire de L'Electricité* (Paris, 1987), 283—299.

von Linde,1842—1934)和伦敦大学学院的亚历山大·布莱基·威廉·肯尼迪(Alexander Blackie William Kennedy,1847—1928)。[46] 后来到19世纪80年代,德国的技术大学开始广泛地采用这种方法;确实,这些设备的引入也成为19世纪最后20年里这些机构重组的最显著特点之一。拥有机械工程学、物质测量学(在市政工程学和机械工程学中运用)和技术化学的实验室,以及19世纪80年代中期后,在电力技术学中使用实验室,成为了现代、高质量学校的标志。特别是柏林技术大学(夏洛滕分校)的设备尤其丰富,这些实验室建造于19世纪90年代,是苏黎世联邦高等工业学 620 院复兴和扩张计划的一部分。[47]

与车间培训不同,车间培训的目标是要求学生掌握手工技巧并知道如何操作机械和引擎,而实验教学则意味着完成学生的理论准备。其主要目标之一是使学生熟悉精确质量测量的方法,这日益成为了工程师实践的核心组成部分。从某种程度上说,它的过程和使用的器材与物理和化学实验室里使用的是一样的。但是,其目标不是追求新的科学知识,而是为已经被运用的技术提供控制和改进的方法。为此,机械工程学的学生们必须学习测量不同物质的弹性和强度、检测不同机械和引擎的性能,以及记录并比较实验结果。对电力工程师而言,则要学会准确测量电流和电阻、校准仪表,以及测量发电机和电动机的功率。在所有这些活动中,强调的不是创新性,而是准确性和彻底性。

毫无疑问,教学大纲的升级和实验教学的发展极有力地说明了需要对高等技术学校的学术地位进行再评价。最关键的问题,已经不再是军事学校的地位或者诸如法国理工学校,以及与它相关的应用型学校,还有根特和列日的专门学校等为部队和市政各部门培养技术专家的学校机构的地位问题了。正如前面所提及的那样,虽然这些学校的文凭的学术性很高,但它们还是处于并依然处于大学系统之外。因此,问题是为私人企业培训市政工程师、机械工程师、化学工程师、冶金工程师和电力工程师

---

[46] V. Dwelshauvers-Dery and J. Weiler, *Referendum des Ingénieurs. Enquête sur l'Enseignement de la Mécanique* (Liège, 1893).

[47] Rürup (ed.), *Wissenschaft* (note 16); *Eidgenössische Technische Hochschule* (note 31).

的技术学校的地位问题。当这些学校成立的时候，它们是初等职业性质的学校，因此它们几乎没有资格进入高等教育领域。而实际上，虽然有些学校一开始是为培养工头或技术能手而成立的，但逐渐地它们的职能已经超越了这些较低级的机构，到 1880 年之前，它们已经开始实施较高层次的技术教育了。

在为技术教育争取享有与传统学术同等地位的过程中，最忠实的行动者就是学校教师。通过强调技术科学带来的进步以及技术进步对社会
621 的重要性，他们想方设法说明，他们的学校应与大学享有同等赞誉与地位。很明显，教师们这样做也是为了提高他们自己的学术地位。他们所追求的不仅仅是经济上和社会上的利益：他们还希望获得更多的时间和更好的设备来进行研究并吸引更优秀的学生。

在努力提高高等技术教育的地位的过程中，教师也与这些学校以前的毕业生以及一些专业的工程师协会结成了紧密的联盟。一开始这些协会仅仅是由个别技术学校的毕业生组织的，但是到 19 世纪末，这些协会已经发展成了全国知名的权威组织。该组织的目标主要是维护他们所代表的团体的社团利益，以及严格地控制职业名称的使用。该组织的另一个目标就是联合其成员，在获得社会认可的同时，提高经济实力。因此，他们极为关心的是他们所获得的学术资格的地位问题。

在德国，技术学校得到了联邦科学技术协会（*Verein Deutscher Ingenieure*，*VDI*）的支持。联邦科学技术协会成立于 1865 年，它在德国技术大学的发展和相关教育政策的制定方面扮演了重要的角色。[48] 该组织支持其成员和职业的策略在 30 年里发生了很大的变化，具体如下：虽然在 19 世纪 70 年代，联邦科学技术协会积极支持教学大纲的“科学化”改革；但是在之后的 10 年中，它却反对这条道路 ，并极力提倡实用导向的原则。但即便是在后一个时期，联邦科学技术协会依然是全力支持学校，希望它们能够被完全纳入高等教育的范畴。在这个过程中，技术大学达到了目的：1899 年，它们获得了大学地位。这也使其获得了博士学位的授予权，并进

---

[48] K. - H. Ludwig and W. König (eds.), *Technik*, *Ingenieure und Gesellschaft. Geschichte des Vereins Deutscher Ingenieure 1856－1981* (Dusseldorf, 1981); Gispen, *New Profession* (note 27).

入学术职业领域。同时这还使得这类学校教职员工获得与大学教授相同的地位。

在比利时，工程学协会也是法令的倡导者，1890 年法令授予布鲁塞尔、鲁汶、根特和列日的一些技术学校颁发矿业市政工程师和市政建筑工程师资格证书的权利，这些资格证书与根特和列日的那些传统的、更有声望的专门学校颁发的证书是一样的。这条法令还使得颁发这些文凭的高 622
等技术学校升格到大学层次。[49]

文凭的学术价值还引起了诸如英国工程部和法国技术研究所等嫁接在大学学院之上的机构的关注。虽然当时它们已经被纳入大学系统，但是它们所颁发的文凭和证书并没有得到与理学学位同样的待遇，凭此也不能进入学术职业。因此，在英国，学习工程学的学生，为了能在大学层次的学校中教授他们的学科，就必须要完成学业，拿到理学学士学位，这是再正常也不过的事了。直到 19 世纪 90 年代，大学中才开始设立工学学士学位。毫无疑问，这些学位一开始就受到传统学术精英的明确指责，但在形式上，它们的价值与大学学院颁发的其他证书并无二致。在高等教育被认为可成为专业职业的必备资格之前，很难说服学生继续深造、攻读工程学学位。这种情况在法国表现得更加复杂，因为法国学位或学历的价值是由颁发学位的学术机构的声望所决定的。1897 年，法国某部颁令在大学下属的技术学院颁发工程学文凭。很明显，这些文凭没有获得理工学校或者是应用型学校的学历的特权。然而，这些学院的努力仍然鼓励了地方雇主的信心，到 19 世纪末，它们的毕业生纷纷成为了各类企业，特别是技术型的化工企业或电力工程企业追逐的对象。[50]

那些被合并成大学学院或依附于大学进行科学学科教学的工程学校，还遇到了另一个极为棘手且复杂的问题，就是它们与母机构（parent institutions）之间的关系不尽如人意。显而易见，要获得与科学学院同等的学术地位首先就是要成为自治、独立的技术学院。即使是在意大利，那里的工程学校早在 19 世纪 60 年代就获得了与科学学院同等的地位，但是

---

[49] J. C. Baudet, 'Pour une histoire de la profession d'ingénieur en Belgique', *Technologia*, 7 (1984), 35－62.

[50] See texts in note 41.

623 这种对独立性的追寻直到世纪末才得以实现。问题的关键是应用工程学院要求报考的学生必须在前两年修完数学或物理学的课程之后，才能学习工程学课程。但随着工程技术学院的不断扩展，工程技术学校尝试自己开设预备课程以改变这种依附状态，特别是要使课程适应工程学学生的需要。[51] 早在 1862 年，米兰就已经达到了这个目标，但是意大利其他的工程学院直到 19 世纪末才实现这个目标。

很明显，高等技术学校升级的时间和特点在欧洲各国存在很大的差异，但是它们之间有一点是共通的，那就是从 19 世纪 80 年代开始，在这些学校向大学层次的机构转变过程中，都遭到了学术精英的强烈反对，其中不仅包括了传统自由学科的教授，也包括了纯粹科学学科的教授。尽管它们的教学大纲发生了变化，但由于与实用主义追求的密切联系，使其很难与高深学问的理念达成一致。无论是在工业化的国家中，还是在即将成为工业化的国家中，这种敌对态度都是很强烈的。

即使是在法国，虽然理工学校已位居于教育系统顶端位置，但从表面上看，它依然是一所工程学校，并且高等技术教育也不认可其发言人所享受的待遇就是它本身应得的待遇。此类学校的教学大纲以抽象、理论导向为特征，并极其重视数学，这至少证明其与基于人文主义的课程一样，是拒绝发展以企业为导向的课程的。就德国而言，虽然它的技术学校的发展已经获得同时代所有欧洲评论员的推崇，但这也并不意味着该国的传统教育精英会对现代课程持欢迎态度。恰恰相反，在 19 世纪 90 年代，反对技术大学升格的呼声是由于德意志皇帝本人的介入才得以平息。这位皇帝经常积极支持科学技术教育。

研究与多样化

尽管遭到了传统学术精英的反对，但在 19 世纪和 20 世纪世纪之交，欧洲大部分国家的工程学校都获得了与传统大学相当的社会地位。但尽

[51] Lacaita, *Istruzione* (note 15); A. Guagnini, 'Academic Qualification and Professional Functions in the Development of the Italian Engineering Schools, 1859－1914', in Fox and Guagnini (eds.), *Education* (note ∗), 171－195.

管如此，这些成功并不是决定性的和彻底的。相反，在一战前的20年间，高等技术学校在维护其学术声誉的道路上步履艰难。它们所取得的成功也成为了它们所面临的最主要的挑战之一。因为实际上在19世纪的最后 624
10年里，欧洲所有国家的工程学学生数量激增，这种增长势头一直持续到1914年。特别是机械工程学和新增的电力技术学的学生数量更是庞大。这几乎使得资金最为雄厚的学校中的教学实验室人满为患，学校师生比严重下降。例如，在意大利的工程学校中，这种现象尤为严重，它们19世纪90年代提出的改善实验设备、提高教学水准的口号遭到了严峻的挑战。

高等技术学校和工程学校的学术声望还面临着不断分化和专业化的教学大纲的挑战。事实上，为了与技术知识增长、工业应用的显著扩张相适应，课程的涵盖量也在稳步增加，增加了许多新的、而且常常是重点更加突出课程。但是对能进入教学大纲，且能够吸收三年制或四年制的学生，并授予学位的新领域是有数量限制的。因此，为了避免进行填鸭式的教学，它们在培养方案中增添了新的部分。19世纪80年代末，只有规模最大的学校在市政工程学和机械工程学的基础课程外，开设了电力技术、化学技术、矿业学和冶金学的专门课程；但到了世纪之交，许多技术学校都扩充了它们的培养方案，至少都增加了几门新专业。

领域的选择是与本地经济和工业化背景相适应的。例如，一些专门化的培养方案，如造船学、农业技术、林学、水利工程学这些技术分支的设立，大多是为了满足当地经济发展的需求。而且这些新技术学科课程的设置也往往得到了来自城镇或地区的公共部门或私人的倡导以及支持。[52]因此，从这个方面来看，专业化是控制教学大纲过度填鸭的措施，也是学校与其委托人建立紧密联系的手段。但尽管如此，毫无疑问，这些动向必须小心应对来自传统学术界的反对。这是因为，与实践应用的密切联系是许多新课程的特征，而这又进一步巩固了高等技术学校最初的职业宗
旨。实际上，教学大纲过度专业化和分化所引发的危险也遭到了部分工 625

[52] This is an issue that looms large in works such as Paul, *Knowledge*; M. Anderson, *The Universities and British Industry*, *1859－1970* (London, 1972); C. Divall, 'A Measure of Success: Employers and Engineering Studies in the Universities of England and Wales, 1897－1939', *Social Studies of Science*, 20 (1990), 65－112.

程学教师的指责，他们认为高等技术教育的目的是要提供一个广阔的技术基础。确实，专业化的支持者和工程学应采用宽泛的科学方法的提倡者之间的紧张关系，始终是两次世界大战之间激烈讨论的话题。

学生数量的增加和专业化程度的提高成为了影响工程技术学校学术声誉的潜在危险因素的同时，在 1914 年前出现了另一个新的趋势，它标志着高等教育的这个分支发展新阶段的开始。实际上，在 20 世纪的最初 10 年，一些技术机构开始提供研究机会。如上所指，在 19 世纪的最后四分之一时期中，工程学校的教师进行了大量的、原创性的研究。然而，研究不仅仅需要充足的经费，也需要正式的承认才可以繁荣发展。这一个过程中的著名的里程碑式的事件出现于 1900 年，由于德国的技术学院升格为大学，因此，它获得了颁发工程学博士学位的权利。这一新规章所产生的影响，就是它正式承认了这些机构已拥有了适宜的环境，来进行原创性的研究。1909 年，苏黎世联邦高等工业学院引入了高等学位；1901 年布拉格的高等技术学校也采取了相同的措施。但尽管如此，在一战之前，很少有学生利用这种机会，甚至直到 1918 年后，这些研究型学位的培养方案甚至在一些资金较充裕的学校中也处于边缘地位。在 1904 年到 1921 年间，亚琛的技术学校一共颁发了 37 个机械工程学博士学位和两三个电力工程学博士学位。[53] 其他学校的情况也是一样，只有极少一部分的工程学毕业生决定继续深造。

在英国，理学博士学位最早出现于 1878 年。在 1885 年它们开始将研究作为学位基础之前，学生们只要通过书面考试就能获得学位。但尽管如此，在 1912 年伦敦大学设立工程学博士学位之前，英国还没有建立专门的工程学研究学位。甚至在那个时候攻读工程学博士学位的学生依然还是少数。直到一战后，研究生的培养才在英国工程学的日程中扮演重要
626 的角色。但这是一个极其缓慢的过程，1912 年到 1926 年间，伦敦大学只为本国学生颁发了 20 个博士学位，为留学生颁发了 17 个博士学位。[54]

---

[53] H. Albrecht, *Technische Bildung zwischen Wissenschaft und Praxis. Die Technische Hochschule Braunschweig 1862—1914* (Hildesheim, 1987), 347.

[54] *University of London: The Historical Record 1836—1926* (London, 1926), 261—262.

法国在工程学研究学位的制定认可方面则更为落后。1923 年,内阁设立了工程学博士学位。但关键是工程学博士学位仅能由大学颁发,工程学校无权颁发。学位仅限于获得政府部门认证的学生;并且,要想获得博士学位,还必须在大学实验室中学习四个学期,并完成一篇论文。这些课程主要对工艺技术学校和中央学校的学生开放。但尽管如此,直到 1930 年,法国的大学缺乏必要的师资和设备来支持这一方案。

毫无疑问,参与研究使得高等技术学校的学术声望更容易被认可。但尽管如此,研究学位——在那些提供研究生学位的国家——仍然是少数。同时,这些研究生的就业前景也并不乐观,在 20 世纪的最初 10 年中,他们的就业机会很少,无论是在学术性生活中还是在经济生活中,他们的回报都不是特别丰厚。公共机构提供的工作岗位又十分有限,因此,只有极少部分的研究生为测试实验室所聘用,从世纪之交开始,这也开始成为最具创新意义企业的分支机构。事实上,即使是最有远见的制造商,也在整体上对在学术背景下的进行研究培训的价值持怀疑态度。毫无疑问,只有那些立志于在高等教育机构中从事教学工作的学生才追求研究生学位。因此,即使是工程系的学生也希望能在科学学院获得高级学位,虽然他们的论文(涉及化学、实验物理学或者是数学)仍然是以技术为主题。因此,由科学学院颁发的学位依然被认为更具有学术价值。

研究机构的发展

1914 年之前,即使是在最先进技术学校中,它们所进行的大量的所谓研究,并不是原创性的,而是为公共或私人客户提供常规性的测试。这些活动不仅由于收取费用而获得丰厚的报酬,而且也扶植了良好的公共关系。但另一方面,这样做也有明显的副作用,那就是浪费了教师的时间与 627
物质资源。

20 世纪初,在整个欧洲,科学技术研究的发展缺少充足的资源,这反复被学者,甚至一定程度上,被企业家所批评。这已经在上面指出了,在很大的程度上,用于组织教学和研究的实验室的资金来自个人或者地方政府。例如,19 世纪 90 年代,新建电子技术实验室的资金大多来自私人捐

赠。另一方面,中央政府并不愿意参与到以研究为主的高等教育机构中去,不管是科学机构还是技术学校。在一些例子中,如英国,大量的赠予交给了公共感兴趣的研究领域。但在1914年之前,这些措施普遍缺乏协调地发展;在英国和其他地方,主要的问题是,缺乏在国家层次支持研究的综合方案。

即使是多年来作为现代研究机构典范的德国研究所——技术物理帝国研究所,也必须依靠私人,即维尔纳·冯·西门子(Werner von Siemens,1816—1892)的捐赠来完成它们的研究。西门子于1887年领导建立的这个机构位于柏林,完全从事研究工作,并拥有充足的建设资金。这位德国的企业家坚持认为研究所的主要目标是发展创新性基础的研究,他们聘请德国著名物理学家赫尔曼·冯·赫尔姆霍兹担任新研究所的所长。另一方面,政府也同意分担该研究所的职责,因为它能立刻为企业和国家提供有用的服务,它所涉及的领域包括标准化、仪器的分析与测验等,这些对企业来说都是至关重要的。事实上,这类常规活动就成为了帝国研究所的日常事务,尽管其对新知识的探索仍使得研究所的成就获得了诺贝尔奖,例如,威廉·维恩(Wilhelm Wien,1864—1928)的热辐射模拟(thermal radiation)理论和普朗克的量子理论。[55]

既支持基础研究,又支持应用研究,是德国政府投资兴办的另一个科
628 研机构——威廉皇研究所的主要特征。威廉皇研究所成立于1911年,1946年后更名为马克斯·普朗克协会,[56]它在两次世界大战期间为德国研究的发展作出了重要的贡献。1902年,英国政府在试验物理学家们的要求下也成立了国家物理实验室。为了获得政府的支持,国家物理实验室早期是以坚持斗争为特色的。在1914年之前,实验室的设备资金远远低于它在成立之初的期望值。这时,正是私人的捐赠才使得它有能力购买设备,例如,德雷珀公司提供了电子仪器,阿尔弗雷德·F.亚罗(Alfred

---

[55] D. Cahan, *An Institute for an Empire: The Physikalisch-Technische Reichsanstalt 1871—1918*(Cambridge, 1988).

[56] *Forschung im Spannungsfeld*. From its 'Prehistory', written by B. vom Brocke (p. 91),它主要对技术物理帝国研究所中的那些获得诺贝尔奖的基础性研究作出了相关评价。

F. Yarrow,1842—1932)提供了造船实验模型所需的水箱。[57]

技术在国防和国家经济福利中的重要意义常常被反复多次地作为支持研究的理由。这个理由被证明是有效的,因为一战迅速地将技术推向了前沿。石油对于战争所产生的可憎影响,也许是技术所发挥的作用中最显著的标志。但是在其他领域,如航空、无线电通信以及制药等行业,技术的发展获得了尊重。在所有这些领域,军事需求成为了推动新技术飞速发展的重要因素。

战争使人们认识到制定更加完备详尽的技术组织方案,以及让公共部门承担起促进技术发展责任的重要性。在这次冲突中,欧洲各国纷纷制定了工业、教育和军事合作改革方案。战争影响了这些措施的目的与视野,并促进了国家研究委员会的成立。但尽管如此,当这些改革措施的第一推动力消失后,这一庞杂的研究体制中诸多问题及其巨额的花费也就浮出水面了。事情再一次重演,虽然在整个欧洲,干预的范围和结果各不相同,但其形式都是相似的。

1915 年,英国成立了科学与工业研究委员会(后来更名为科学与工业研究部)。该组织的目的就是要促进企业和国家公共部门中工程技术的 629 发展,并促进企业与大学的联系。结果,这直接导致了应用研究的发展。[58]

在法国,早前便成立了一个军事技术发展特别委员会:军事工程技术发展委员会。它成立 1887 年,并于 1894 年重组,但是它在很大程度上已经过时了。在战争时期,出现了建立更有效的组织结构的尝试。在数学家保罗·潘勒韦(Paul Painlevé,1863—1933)的领导下,该组织于 1914 年改组为教育委员会;1915 年,又更名为科技署(在 1916—1917 年间,它更名为国家教育实验委员会)。1919 年,战争结束的时候,它又成为了一个永久性的研究发展中心,在大学内外,促进工业科学的应用。1922 年的法令批准该机构为国家科学与工业研究中心,并与 1902 年成立的研究中心

[57] R. Moseley, 'The Origins and Early Years of the National Physical Laboratory: A Chapter in the Pre-History of British Science Policy', *Minerva*, 16 (1978), 222—250; E. Pyatt, *The National Physical Laboratory: A History* (Bristol, 1983).

[58] H. Melville, *The Department of Scientific and Industrial Research* (London, 1962).

(*Caisse de Recherche*)相联合。[59]

欧洲的其他国家也出现了结构相似的专业科学学院和高等技术学校。意大利在战后应企业家和工程学校教师的要求,建立了意大利国家工程技术学校。它从本质上说,是一个私人机构,但是它为新型的国家组织的建立铺平了道路。1923年,意大利成立了国家工程研究所(*Consiglio Nazionale delle Ricerche*)。在这里,为了鼓励应用研究,它们将其放在了首位,在法西斯政权时期,技术的偏好也为该政体增添了实力。[60]

两次世界大战之间的高等技术教育

战争时期,人们认识到了技术的重要性,这一点证明了教师们的主
630 张,也给了他们希望,他们以为这种喜好将在战后时期继续保持下来。实际上,不论是战胜国还是战败国都已经无力再投资用于改进高等技术学校。的确出现过改进设施的尝试,并为在战争中处于突出地位的各领域开设了新课程,如航空学、无线电通信以及光学技术。[61]

在某种程度上,就像战前一样,高等教育的供给出现了大扩张,这是最初的、低级的、以企业为导向的技术学校升格的结果。这种现象在法国最为普遍:1914年前法国建立的许多学校,大多是专门学校,是自足型的学校,并且有时是受私人捐助的,但战后,它们纷纷被并入大学。例如,1911年,法国多姆山省商业厅设立的化工技术学院,在1920年被并入了克莱昂一费兰德大学。到1938年,法国共有88个专业能够提供学位,其中有36个隶属于大学。1930年,法国17所大学中有10所大学设有一个

---

[59] T. Shinn, 'The Genesis of French Industrial Research 1880—1940', *Social Science Information/Information sur les sciences sociales*, 19 (1980), 607—640; Paul, *Knowledge*.

[60] R. Maiocchi, 'Il ruolo delle scienze nello sviluppo industriale italiano', in *Storia d'Italia. Annali*, vol. III: G. Micheli (ed.), *Scienza e tecnica nella cultura e nella societa dal Rinascimento ad oggi* (Turin, 1980), 863—999; A. Russo, 'Science and Industry in Italy Between the Two World Wars', *Historical Studies in the Physical and Biological Sciences*, 16 (1986), 281—320.

[61] 关于欧洲工程技术教育发展的详细报告,主要有:W. E. Wickenden, 'A Comparative Study of Engineering Education in the United States and in Europe', in Society for the Promotion of Engineering Education (ed.), *Report of the Investigation of Engineering Education 1923—1929* (Pittsburgh, 1930), 748—1015.

或多个此类机构。

一战后，英国国家政府对工程技术教育的投入不断增加，因此其工程学院也能不断作出重大贡献。专业课程安排被精心组织，设施的改进也达到了战前的水平，但并没有像预期的那样出现学生人数的激增。然而不可否认的是，战后一开始的确出现了入学人数的增长，这是由于退役军人进入高等教育机构引起的。在1912年到1913年间，英格兰和威尔士共有1487名全日制工程学在校生；到1922年，人数上升为3882人。然而，由于受到20世纪20年代后期经济危机的影响，英格兰的学生规模缩小到2959人。与这一趋势形成鲜明对比的是，两次战争期间最显著的现象，即初级的技术培训的扩张导致了教育委员会的新方案的出台。新方案包括了有关国家高等学历和文凭的规定。这些资格证书是职业性质的，并由教育委员会和专业团体颁发。申请证书的人是各类初级技术学校的毕业生，并且大多是在职学生。这些证书能使他们成为专业性机构的成员，如 631
机械工程所和电力工程所。实际上，在20世纪20年代后期，在机械工程学领域，获得国家高等学历和文凭的学生与普通学位的毕业生的比例越来越高：在1923年，普通学位的毕业生人数为663人，而高等学位的毕生生人数为168人；在1931年，则分别为2043人和749人。

战后入学人数的增长，到19世纪20年代末期则突然出现了下跌，这在整个欧洲的大学层次的机构中是一个普遍特征，但在高等技术学校中表现得尤为明显。入学人数的激增仅是因为被战争中断学业的年轻人回到了学校。战争引起大规模的破坏，重建的需要迫在眉睫，这都为有技术文凭的毕业生提供了良好的就业机会。这种扩张在德国的技术大学最为显著，1913—1914年入学人数为11 168人，到1927年，就发展为23 280人了。

然而，20世纪二三十年代的经济危机，结束了迅速复苏和稳步提升就业率的幻影。相反，在20世纪30年代，失业以及发展的不确定性成为了企业未来的特征。这种新环境产生的影响之一，就是高级技术学校必须顶住来自以企业为导向的新技术学校引发的压力，维护它们的学位地位与专业价值。这种现象出现在大部分工业化的国家中，从比利时到德国，

再到法国，并导致了工程专业团体内部的紧张关系。[62]

新一轮军事冲突的步步紧逼与战备的需要，使得技术再次扮演起关键性的角色，也暂时结束了这场危机。引人注目的是，另一场战争再次证实了技术教育和技术研究的重要性。

精选文献

Ahlström, G. *Engineers and Industrial Growth: Higher Technical Education and the Engineering Profession During the Nineteenth and Early Twentieth Centuries: France, Germany, Sweden and England*, London and Canberra, 1982.

Alonso Viguera, J. M. *La ingenieria industrial española en el siglo XIX*, Madrid, 1944.

Alter, P. *The Reluctant Patron: Science and the State in Britain 1850—1920*, Oxford, Hamburg and New York, 1987.

632 Baudet, J. C. *Les ingénieurs belges*, Brussels, 1986.

'Pour une histoire de la profession d'ingénieur en Belgique', *Technologia*, 7 (1984), 35—62.

Belhoste, B. and Picon, A. (eds.) *L'Ecole d'application de l'artillerie et du génie de Metz, 1802 — 1870: Enseigne ment et recherches*, Paris, 1996.

Belhoste, B., Dahan-Dalmedico, A. and Picon, A. (eds.) *La formation polytechnicienne 1794—1994*, Paris, 1994.

Bergsman, E. B. 'Fahlu Bergsskola 1819 — 1868. Sveriges första civila tekniska högskola', *Dalarnas fornminnes och hembygdsförbunds skrifter*, 29 (1985).

Berner, B. *Kunskapens vägar. Teknik och lärande i skola och arbetsliv*, Lund, 1989. *Teknikens varld*, Lund, 1981.

[62] A. Grelon (ed.), *Les Ingénieurs de la crise. Titre et profession entre les deux guerres* (Paris, 1986).

Björk, H. 'Bilder av maskiner och ingenjörskarens bildande: tekniska tidskrifter och introduktion av ny teknik i Sverige', *Polhem*, (1987), 267—310.

Björk, H. 'Pa de tillfälliga uppfinningarnas oroliga haf': tekniska tidskrifter i Sverige, 1800—1870', Polhem, 4 (1986), 57—126.

Buchanan, R. A. *The Engineers: A History of the Engineering Profession in Britain 1750—1914*, London, 1989.

Cardwell, D. S. L. *The Organization of Science in England*, London, 1957; 2nd edn, 1972.

Cohen, Y. and Manfrass, K. (eds.) *Frankreich und Deutschland. Forschung, Technologie und industrielle Entwicklung im 19. und 20. Jahrhundert*, Munich, 1990.

Cotgrove, S. F. *Technical Education and Social Change*, London, 1958.

Day, C. R. *Education for the Industrial World: The Ecoles d'Arts et Métiers and the Rise of French Industrial Engineering*, Cambridge, Mass., and London, 1987.

De Palas a Minerva. La formación cientifica y la estructura institucional de los ingenieros militares en el siglo xviii, Ediciones del Serbal, Consejo Superior de lnvestigaciones Cientificas, Barcelona and Madrid, 1988.

DeGeer, H. *Rationaliseringsrorelsen i Sverige*, Stockholm, 1978.

Divall, C. 'A Measure of Agreement: Employers and Engineering Studies in the Universities of England and Wales, 1897—1939', *Social Studies of Science*, 20 (1990), 65—112.

'Fundamental Science Versus Design: Employers and Engineering Studies in British Universities, 1935—1976', *Minerva*, 29 (1991), 167—194.

Donnelly, J. F. 'Chemical Engineering in England, 1880—1922', *Annals of Science*, 45 (1988), 555—590.

Emmerson, G. S. *Engineering Education: A Social History*, New York, 1973.

Eriksson, C. 'Kartläggarna. Naturvetenskapernas tillväxt och tillämpnigar i det industriella genombrottets Sverige 1870—1914', *Acta Ulniversitatis Umensis. Umea studies in the humanities* 15, Umea, 1978.

Ferraresi, A. 'Nuove industrie, nuove discipline, nuovi laboratori: Ia Scuola Superiore di elettrotecnica di Torino (1886—1914)', in E. Decleva, C. G. Lacaita and A. Ventura (eds.), *Innovazione e modernizzazione in Italia fra Otto e Novecento*, Milan, 1995, 376—494.

633 Fox, R. and Guagnini A. *Laboratories, Workshops and Sites. Concepts and Practices of Applied Research in Industrial Europe, 1800—1914*, Berkeley, 1999.

Fox, R. and Guagnini, A. (eds.) *Education, Technology and Industrial Performance in Europe, 1850—1939*, Cambridge, 1993.

Fox, R. and Weisz, G. (eds.) *The Organization of Science and Technology in France 1808—1914*, Cambridge and Paris, 1980.

Garrabou, R. *Enginyers industrials, modernització económica i burgesia a Catalunya (1850-inicis del segle XX)*, Barcelona, 1982.

Gispen, K. *New Profession, Old Order: Engineers and German Society, 1815—1914*, Cambridge, 1989.

Gooday, G. 'Teaching Telegraphy and Electrotechnics in the Physics Laboratory: William Ayrton and the Creation of an Academic Space for Electrical Engineering in Britain 1873—1884', *History of Technology*, 13 (1991), 73—112.

GrandmaÎtre, R. *L'ingénieur. Son rôle, so formation, la protection do son titre et de sa profession*, Paris and Liège, 1937.

Grelon, A. 'La formation des ingénieurs électriciens (1880—1900)', in F. Caron and F. Cardot (eds.), *Histoire générale de électricité en France*, vol. I: *Espoirs et conquêtes, 1881—1918*, Paris, 1991, 254—293.

'La Structuration du réseau de formation des ingénieurs électriciens (1900—1914)', in F. Caron and F. Cardot (eds.), *Histoire générale de l' électricité en France*, vol. I: *Espoirs et conquêtes, 1881—1918*,

Paris, 1991, 802—849.

Grelon, A. (ed.) *Les ingénieurs de la crise. Titre et profession entre les deux guerres*, Paris, 1968.

Guagnini, A. 'Higher Education and the Engineering Profession in Italy: The Scuole of Milan and Turin, 1859—1914', *Minerva*, 26(1988), 512—548.

König, W. 'Auffassungen von den Aufgaben des Faches Technikgeschichte zwischen 1900 und 1945 in der Ingenieurwelt', *Humanismus und technik*, 29 (1986), 23—45.

'Die historische Entwicklung des Beamtentums und der Berufsgruppe der Ingenieure', in J. Weber (ed.), *Ingenieure im öffentlichen Dienst: empirische Analyse zur Laufbahnreform*, Dusseldorf, 1982, 3—26.

'Stand und Aufgaben der Forschung zur Geschichte der deutschen Polytechnischen Schulen und Technischen Hochschulen im 19. Jahrhundert', *Technikgeschichte*, 48 (1981), 47—67.

Kurgan-van Hentenryk, G. and Stengers, J. (eds) *L'innovation technologique. Facteur do changement (XIXe-XXe siècles)*, Brussels, 1986.

Lacaita, G. C. *Istruzione e sviluppo industriale in Italia, 1859—1914*, Florence, 1973.

Locke, R. *The End of the Practical Man: Entrepreneurship and Higher Education in Germany, France, Great Britain 1880 — 1940*, Greenwich, Conn., 1984.

Lundborg, T. 'En blick pa tekniiska högskolans historia', *Teknisk Tidskrift*, (1927).

Lundgreen, P. 'Engineering Education in Europe and the U. S. A., 1750—1830: The Rise to Dominance of School Culture and the Engineering Professions', *Annals of Science*, 47 (1990), 33—75.

Techniker in Preussen während der frühen Industrialisierung. Ausbildung und Berufsfeld einer entstehenden sozialen Gruppe, Einzelveröffentlichungen der Historischen kommission zu Berlin 16. 634

Publikationen zur Geschichte der Indusrialisierung, Berlin, 1975.

Ingenieure in Deutschland, 1770 — 1990, Frankfurt and New York, 1994.

Maiocchi, R. 'Il ruolo delle scienze nello sviluppo industriale italiano', in *Storia d'Italia. Annali*, vol. III: G. Micheli (ed.), *Scienza e tecnica nella cultura e nella società dal Rinascimento ad oggi*, Turin, 1980, 863—999.

Manegold, K. -H. *Universität, Technische Hochschule und Industrie. Ein Beitrag zur Emanzipation der Technik im 19. Jahrhundert unter besonderer Berücksichtigung der Bestrebungen Felix Kleins*; Schriften zur Wirtschaftsund Sozialgeschichte 16, Berlin, 1970.

Minesso, M. *Tecnici e modernizzazione nel Veneto: La Scuola dell'Università di Padova e la professione dell'ingegnere (1806 — 1915)*, Trieste, 1992.

Morachiello, P. *Ingegneri e territorio nell'età della Destra (1860 — 1875). Dal Canalo Cavour all'Agro Romano*, Rome, 1976.

Peterson, A. 'Ingenjörsvetenskapsakademiens bildande i idé- och teknikhistorisk belysning', *Polhem*, 8 (1990), 108—123.

Pfetsch, F. R. *Zur Entwicklung der Wissenschaftspolitik in Deutschland 1750—1914*, Berlin, 1974.

Picon, A. *L'Invention de l'ingénieur moderne. L'Ecole des Ponts et Chaussées 1747—1851*, Paris, 1992.

Roca i Rosell, A. and Sánchez-Ron, J. M. *Esteban Terradas (1883 — 1950). Ciencia y técnica en la España contemporanea*, Madrid and Barcelona, 1990.

Rumeu de Armas, A. *Ciencia y tecnologia en la España Ilustrada. La Escuela de Caminos y Canales*, Madrid, 1980.

Runeby, N. *Teknikerna, vetenskapen och kulturen. Ingenjorsundervisning och ingenjorsorganzsationer i 1870—talets Sverige*, Uppsala, 1976.

'Vaganbonden, specialisten och folkerts banerförare', in J. Nybom

(ed), *Universitet och samhalle*, Stockholm, 1989; also in J. F. Battail (ed.), *La Suède intellectuelle of savante*, Uppsala Studies in the History of Science 3; M. Trow and J. Nybom (eds.), *University and Society: Essays of the Social Role of Research and Higher Education*, Higher Education Policy Series 12 (London, 1991).

Sanderson, M. *The Universities and British Industry, 1850—1970*, London, 1972.

Shinn, T. *Savoir scientifique et pouvoir social. L'Ecole polytechnique, 1794—1914*, Paris, 1980.

Sundin, B. *I teknikens backspiegel. Antologi i teknikhistoria*, Stockholm, 1987.

Ingenjörsvetenskapens tidevarv. Ingenjörs vetenskapsakademin, Pappersmassekontoret, Metallografiska institutet och den teknologiska forskningen i början av 1900-talet, Acta Universitatis Umensis, Umea Studies in the Humanities 42, Umea, 1981.

Tonelli, A. *L'istruzione tecnica e professionale di stato nelle strutture e nei programmi da Casati ai giorni nostri*, Milan, 1964.

Torstendahl, R. 'Engineers in Sweden and Britain 1820—1914: Professionalisation and Bureaucratisation in a Comparative Perspective', in W. Conze and J. Kocka (eds.), *Bildungsbürgertum im 19. Jahrhundert*, vol. I: *Bildungssystem und Professionalisierung in internationalen Vergleiche*, Stuttgart, 1985, 543—560. 635

Teknologins Nytta. Motiveringar for det Svenska, tekniska utbildningsväsendets framväxt Framförda av riksdagsman och utbildningsadministratöre 1810—1870, Uppsala, 1975.

Weiss, J. H. *The Making of Technological Man: The Social Origin of French Engineering Education*, Cambridge, Mass., and London, 1982.

637 # 尾声:20 世纪的大学与战争

诺克特尔·哈默施泰因

导 言

当看到“尾声”这一词时,我们希望看到的是一个简洁有力的结论。但尽管如此,本卷的主题并不允许做出此等支言片语般的结论。之前各章中所描述的欧洲个别大学的状况、不同学科的发展,以及高等教育系统的扩张,都持续了相当长的时间,并且由于其间的重大差异更使其无法平衡地实现向下一阶段与社会环境的过渡,关于这一点我们将在第 4 卷中涉及。虽然“国家社会主义”及其 12 年的恐怖统治对国际学术界及其发展很重要,但若认为纳粹“掌权”在大学和学术界的转向上起到了决定性的作用,则是错误的,尽管它的影响仍然存在。当然,它在本章所探讨的事件和

转变中并不是一个不重要的因素,但在很多方面,第二次世界大战的爆发及其进程是更为重要的。然而,即便是这个时期,这个历史时刻,对于解释战后初期大学和科学界的转变来说,仍然是有局限性的。可以认为,是更早期的普遍政治趋势导致了这种极端反应。

19 世纪和 20 世纪初期,人们对认知充满信心,也意识到了自我的价值,社会环境有利于研究工作的开展,并且硕果累累,本结语试图勾勒出从该时期向战后世界实现历史转型的原因。几乎没有具体的事件、有目的的行动,以及准确的日期可以援引。同样地,几乎没有一个历史转折点可以真正地以某一具体日期为新起点或终点。因此,这种转型是模糊不清的,依然是一个新旧的混合体,这也同样适用于知识及其机构。创新通 638
常需要花费很长一段时间才能实现——它们慢慢地自我展现,而且只能逐步为公众所接受。正如库恩(Thomas Kuhn)所言,尽管如此,虽然系统化的模仿尝试存在着可能的和实际的目的,我们还是有必要将事件和人物联系起来。前面各章说明了大学、学院、技术学院、学园,即所谓的高等教育机构,是如何缓慢发展的,个人的科学成就和偶然的发明及发现例外。最终,所有的这些机构都将其理念构建于传统之上。它们从标准的、可信的、可靠的知识中寻求确定性,因此,这类知识是值得传承的。只有这样,他们才能够使其转化为新知识。大学与学问并不是通过革命的方式来实现全面转变的——是缓慢地从已知走向未知的。也只有这样,才能使其震惊、受到激励、促其向前,并实现变革。

然而当我们回到尾声中谈论的关于转型或转折点的问题时,编者们都认为第二次世界大战末期标志着本卷所讨论的、始于 19 世纪的大发展的终结。虽然它本身是一个悲剧性的事件,但与一战相比,它更具标志性,使人感触更深,而且带来了更多的变革,因此,它的确比 1900 年前后这一时期更为合适。战胜希特勒德国,以及随后日本的战败,导致了欧洲大学与学问的历史持续了半个世纪的时期的结束。之前,各地各处的小细节都已改变。现在一股新潮流横扫了整个系统。当然这并不意味着 1944—1946 年间出现了深层次的停滞。但显而易见的是,在某些时候,特定方面必须要进行修订与重组,以适应整个新世界,努力造就一个新的世界秩序和新的世界政体,而其他已被证实的传统则应得以保留。从这一角度来

看,本部分的数据可能有些武断。下面所提出的支持编者所选截止日期的论据,会显示出这种武断的程度。

我们研究所面对的主要难点,也是本卷之前所有章节所要面对的共同问题,即我们对事件的认识是有限的,需要大量改进。我们几乎没有整体意义上的历史文献可用,大多数资料都尘封在档案馆里,因此虽然已有诸多重要且有帮助的成果,但仍存在许多障碍。无论专家研究的质量有多高,这一缺陷都是无法弥补的,这是因为,特别是那些有关自然科学史和医学史的研究,都不总能让普通史学家追寻到论点线索。因此,写现代
639 学术史所面临的一个主要问题就是,没有人确切地把握众多学科的整体面貌,更谈不上理解其学科问题了。正如本卷所言,这主要是源于学科的发展模式。正如我们现在所见,就算是处于本卷考察历史时期初期的康德,即便他似乎已阅读并出版了他那个时代的所有知识,但他依然无法充分、准确地把握所有学科。对今天的作者而言,这一问题更加显著。

背景:19 世纪的学术界

本卷阐述了现代科学及其机构和代表人物的起源与发展。尽管从外部形态来看,它们与古老的欧洲大学模式联系相当密切,但是,研究的现代概念已开始在应用科学和理论科学中获得一席之地。我们可以看到仍在继续产生影响的方法与观念的起源。柏林大学的理念,是由施莱尔马赫提出并由洪堡负责实施的,它标志着新的开端,也是与传统学术观念的一种决裂;从中我们可以看出现代研究者与中世纪和近代早期学者之间的显著差异。这种理念深刻地影响了整个世纪。然而,古老的“知识共同体”(*res publica litteraria*)得以延续,并超越了国境,成了囊括整个欧洲,甚至是整个世界的“知识的总和”(*universitas litterarum*)。学术争论具有并一贯具有国际性,而且不仅局限于理论层面。虽然也存在着抵抗、排他主义以及缺少尊重,但是国际交往、学术友谊与讨论是学术界的主要特征。

逐渐地,该理念自身与政治权威的观点和意见产生了矛盾。从主观意图上说,特别是 19 世纪六七十年代以来,科学发现、学术兴趣和技术成就都是与国家特征和特性密切联系的。科学与科学家之间相互竞争。重

大的科学成就全部轻而易举地就被视为民族尊严的标志。起源于18世纪后期的弊大于利的民族主义,被扩展到了一致被认为是客观公正的人类活动领域。例如,1870—1871年战争之后,许多法国人认为德国的胜利源于其大学制度的优越性。知识塑造了现代世界。到工业革命之前,科学的方法与学科形成了现代管理、外交与经济的基石,并帮助形成了一种世界观。因此,科学和国民教育制度,在国家生活中扮演了核心的角色,其地位日益提高。这种情形,特别是在政府供给和资助方面,各个国家之间存在着巨大的差异。但是,在欧洲和美国,知识大学、科学教育和培训对于许多职位、国家繁荣乃至国家的国际声望,都日益具有非凡的意义。 640

自从1901年诺贝尔奖设立以来,形势很快就明朗了,甚至在国际层次上,现代研究中心的位置被勾画出来。如果可能的话,我们还可以画出一个各个国家的"积分榜"。正如国际性的体育赛事一样,诺贝尔奖一开始并不那么引人注目,但同样受到了高度的尊重,并且在这种情况下,成了特别优秀的,具有前瞻性、科学性的成功的国家制度的标志。① 然而,认为科学是超国家的、科学家只献身于相关的科研工作,大学与科学大多是不受政治影响的传统观点,依然居于支配地位。客观公正,并尽可能地不受教会、特定世界观或国内方方面面关系的干预,在国际上被认为是取得学术成果和科学真理的前提条件。

毫无疑问,德意志第二帝国在国际竞争中居于领先地位。尽管德意志诸邦并无多少现代观念,它们既不自由也不开放,其学术政策在某种程度上也是专制和官僚化的(这是人们在后来才认识到的,当时并没有体会到),但是其大学和学术组织却享有极大的自由。② 德意志在研究和科学领域的伟大成就享誉海外。许多留学生来到德国完成学业,当他们回国后,将大大提高他们的就业前景。由此产生的另一种结果是私人联系与私人友谊的发展。这些毕业生崇敬他们所发现的学术自由,并试图将这

① M. Norrback and K. Ranki (eds.), *University and Nation: The University and the Making of the Nations in Northern Europe in the 19th and 20th Centuries* (Helsinki, 1996). C. Charle (ed.), *Les universitiés germaniques, XIXe-XXe siècles* (Paris, 1994).

② F. K. Ringer, *The decline of the German Mandarins: The German Academic Community, 1890－1933* (Cambridge, Mass., 1969); T. Nipperdey, *Deutsche Geschichte 1866－1918*, vol. I: *Arbeitswelt und Bürgergeist* (Munich, 1990), 568ff.

641 些有益的成果带回法国、美国、③俄国，甚至是英国，使其有所裨益。奥地利、比利时、尼德兰和瑞士的科学共同体具有相似性，并与北欧诸国有着密切的联系，这使得原有的科学联络得以保持，甚至得到加强。德语是最重要的学术语言之一，主流的科学杂志也都用德语出版发行，否则就会被视为严重的问题，甚至是难以接受的现象。受到正确引导的竞争是且一直是科学辩论的重要组成部分。学术界也习惯于从德国接收和采纳新观点，尽管它们是用德语写成的。当然，这也并没有阻碍德国学者访学法国、英国，甚至是美国，师从一些著名的学者，在那里他们可以提高个人的技能、精炼知识并建立亲密的学术友谊。

第一次世界大战及其后果

从表面上看，第一次世界大战进入了这个和平的、有序的、文明的世界中。几乎与此同时，国际性的“知识共同体”瓦解了。事实上几乎各方的所有学者都为民族主义的浪潮所淹没。几乎没有人认识到这将扭曲他们先前的理念——尤其是其恪守的科学客观性。早在1914年10月，德国方面就发布了一份“德意志帝国大学教师宣言”，宣称要反对“以英格兰为首的德国的敌人”，“他们认为将德意志的科学精神与普鲁士军国主义区分开来，是符合我们的利益的”。德国的大学教师们骄傲地宣称，“德意志军队的精神与德意志的精神是没有差别的，因为它们是同一的，而我们也将归属于此……”

几乎同时，也出现了对文明世界的呐喊——《呼吁世界文明》(*Appel au monde civilisé*)，它更加明确地摆明了控诉这场战争的权利，如果它不算是义务的话：它宣称，反对德意志所谓的军国主义并不意味着反对德意志文化的说法是不真实的，正如它的敌人虚伪地自称拥有德意志的信仰那样。《呼吁》宣称，如果没有德意志的军国主义，也许德意志的文化早

③ B. vom Brocke, ‘Der deutsch-amerikanische Professorenaustausch’, *Zeitschrift furKulturaustausch*, 31(1981), 128—182; L. Jordan and B. Kortländer (eds.), *Nationale Grenzen und internationaler Austausch* (Tübingen, 1995).

就被消灭了。关于德意志军队与德意志民族的同一性④的宣言,不仅得到了学者在精神上的支持,而且也得到了那些不久前宣称公正的、超国家的科学严谨性的人们的支持。自然,另一方面的反应同样也是声势浩大且强烈的。局面出现了转变并来势凶猛,国家主义责难的矛头直指那些在此次事件之前一直被尊为典范的同仁们。现在回顾起来,这些态度是很难理解的。1915年2月,巴黎的人文语言学院(*Académie des Inscriptions et des Belles Lettres*)和法兰西科学院(*Académie des Sciences*)开除了那些呼吁书的签名者。英国的"化学协会"也开除了9名德国成员。皇家学会和英国学院(British Academy)没有采取这种措施,但德国方面的"柏林学院"采取了类似的限制措施,这主要是源于马克斯·普朗克(Max Planck)的坚持。在巴黎被除名的科学家包括维拉莫维茨一默伦多夫、阿道夫·冯·哈纳克、阿道夫·冯·贝耶尔(Baeyer)、埃米尔·费舍(Emil Fischer)、费利克斯·克莱因等人。

无疑,入侵比利时引起了人们对德国人的怨恨,这不仅因为他们是侵略者,而且因为他们撕毁了条约。在西方,人们普遍认为这种非文明行为是不能赦免的。突然间,所有的西方民族和德意志的敌人们都在同一目标下团结起来了,而德国科学和艺术家的民族主义行为也进一步燃烧起他们的热情。一旦比利时的中立被打破,德国的战争行为对文化遗产的无视便一览无余了。英国教授与其德国同仁之间的合作誓言也在战争爆发后被抛到了九霄云外。用英国作家和学者一份宣言中的话说,"我们不能容忍任何国家有权借助暴力将自己的文化强加于其他民族之上,也不能容忍用普鲁士的铁血军阀政治来取代西欧的自由宪政,以此作为人类社会的更高形式。"⑤

正如一位敏锐的分析家所指出那样,事实证明,1914年之前科学界中的国际主义根本就不是真正意义上的无私、宽容的和没有国界的信念。

---

④ B. vom Brocke, 'Wissenschaft und Militarismus', in W. M. Calder III (ed.), *Wilamowitz nach 50 Jahren* (Darmstadt, 1985), 649—719, quotations 651; 657; *Idem*, 'La guerra degli intellettuali', in V. Cali G. Corni and G. Ferrandi (eds.), *Gli intellettuali e la Grande Guerra* (Bologna, 2000), 373, 408 (with recent bibliography).

⑤ 引自:B. vom Brocke, 'Wissenschaft' (note 4), 670; See S. Wallace, *War and the Image of Germany: British Academics 1914—1918* (Edinburgh, 1988).

实际上，它与民族主义狂热，或者温和一点讲是与爱国信念具有异常紧密的联系。这一点无须一一赘述了。而其进一步发展的决定性因素和更为重要的因素，是由欧美的所有德裔和非德裔学者的结局及其全部战后经历为代表的一个影响深远的转折点。完美的世界遭受了巨大的伤害，留下的是悔恨、恶意的偏见和显然难以调和的分歧。这不可避免地要影响到科学共同体、教授及其大学。

643 另一方面，现代战争也展示了许多现代科学学科的重要性。在医疗、军事装备和新技术，特别是航空学、化学、物理学和工程技术方面，科学成就有助于战争朝着新的方向发展，并创造了很多新机遇。其中的一个例子就是未来的诺贝尔奖获得者、威廉皇帝研究所(Kaiser Wilhelm Institute)化学部门的负责人、犹太裔的热心爱国者弗里茨·哈贝尔(Fritz Haber)的成果。他发现了如何利用氮气和空气生产氨水的方法，这使得德国解决了硝酸钠短缺的问题，同时还发现了生产炸药的新方法。哈贝尔在发展化学武器和毒气方面也作出了重要贡献，这虽然使得他名闻天下，但却没有给他带来荣誉与认可。⑥

战败后，德国沉浸在一片消沉中。他们不能理解，更不能相信，科学如此发达的民族——德意志民族及其文化底蕴——竟然没有取得胜利。⑦此外，在战争期间及战后，许多学者对其国外留学生的态度感到失望，指责他们忘恩负义、缺乏理解。另一方面，学者也受到了前所未有的欢迎。许多德国人和盎格鲁-萨克逊人尽管迟疑但还是张开了他们的双臂。但是，这种和睦却被《凡尔赛和约》(Treaty of Versailles)一扫而光，德国人认为这是耻辱，是不公正的。这也给大学及教授带来了沉重的精神压力。从一开始，他们的学生们就强烈地反对新的国家体制。对许多教授而言，也是如此，他们失去的是帝国时期实现的极为理想境界的环境，失去的是德意志科学的黄金时代和学术自由，这种创伤使得他们逐渐倾向于魏玛共和国及其政党。他们也克服了种种短缺与对西方民族的仇恨，甚至在学术学科中也是如此。

---

⑥ M. Szöllösi-Janze, *Fritz Haber 1868－1934. Eine Biographie* (Munich, 1998).

⑦ E. Kolb, *Die Weimarer Republik* (Munich, 1993).

1918 年 10 月在伦敦召开的国际科学学院(International Academy of Science)大会决定,在 20 年内,德国人不得参加任何国际会议。这被视为学术共同体内的《凡尔赛和约》,它不给德国人任何克服国际偏见,或至少是学科领域内的国际偏见的机会。⑧ 会议的决议在此无需赘述,但它并没有长时期地切断德国学者的国际联系。但这种集体谴责深深地伤害了他们。尽管之前的个人联系依然得以保留,但欧洲主导的官方科学政策是让德国靠边,要严厉惩罚这个科技领先的民族。从这个方面来看,科学政策依然是民族主义的,与个别国家相比,在更长的一段时间,它是反对真正意义上的国际合作的。 644

痛苦的现实就是这样,过去受人尊敬并居于领先地位的德国大学及其学术,不再像 1900 年前后那样享誉国内外了。在多年之后,留学生和外国教授才像以前一样开始重返德国,利用机会学习科学知识、提高技能。不过,直到 1938 年左右,德国杂志一直在许多学科方面保持着它们的领先地位,当时甚至索邦大学的学生还要学习德语,否则他们就无法阅读重要的科学文献。⑨

战争不仅使得美国,而且使得大多数欧洲国家明白,有序的(在多数情况下,其组织形式日益改进)科学系统和大学环境是十分重要的。尽管在 20 世纪 20 年代中期已经采用了标准化措施,但是战后遗留的许多复杂的问题意味着,在各种政治需要亟待解决的情况下,教育和培训只能被暂且放在一边了。因此,除了一些重组和改革外,几乎所有的国家都一如往常。特别是大学,正如本卷所描述的那样,它们又回到了各自所特有的正常轨道之中。至少是在欧洲,它们仍然仅向一小部分人开放,并大多保留了自己的阶级地位。与 19 世纪晚期相比,院校机构发展极其缓慢,"学院过剩"依然被视为一种威胁,它阻碍了大学的进一步开放。因此,大学认为回归传统才是合理的,实际上,这也是 20 世纪 20 年代以来许多学者的(共同)企盼。

---

⑧ B. Schroeder-Gudehus, *Deutsche Wissenschaft und internationale Zusammenarbeit 1914—1928. Ein Beitrag zum Studium kultureller Beziehungen in politischen Krisenzeiten* (Geneva, 1966).

⑨ 参见第十章,第 417 页。

20 世纪 20 年代后期的世界性经济危机给大学和教授带来了巨大的压力,更不用说学生了。不难理解,各国政府不得不集中绝大部分力量解决社会和国际问题,因而大多忽略了大学和教育。极大的压力与艰难困
645 苦,强化了极端主义观念,加强了大学中的民族主义和恐怖主义。这在德国最为突出,并导致了严重的后果。1933 年初,国家社会主义者开始掌权,这标志着 19 世纪古老的科学世界向 20 世纪晚期转型的开始,从世界范围来看,这花费了相当长的时间。因此,我们发现自己正身处于这场在第二次世界大战中达到高潮的转型之中。学术共同体的国际性进一步消退,不同国家中的科学界则根据其与纳粹政权以及战争事件的亲疏远近关系,而发展出了各自的特色。考试制度的确揭示了一些相同的变化和类似的现象,但以研究状况作为基础,就特定国家的深入发展进行讨论则更有意义。

两次世界大战之间的英国

在 19 世纪甚至是 20 世纪,英国继续秉承着大学应当提供自由教育的理念。⑩ 尽管红砖大学提供了实践取向课程,高等教育也向新的社会阶层,特别是中产阶级开放,但在一流院校中,即牛津和剑桥则依然保持着其课程的非功利性。由于工业革命中的诸多发现和技术革新,使得英国获得了巨大的成功。但尽管如此,诸如此类的成功大多出现在工业生产领域内部,而不是早期学术培训的成果。当然,英国学者在 19 世纪也进行了许多重要的研究,特别是在自然科学和医学方面。在物理学方面,英国也是欧洲的先进国家之一,但这仅指应用物理,而非理论物理。这些成功都是非主流的现象,并没有就此改变大学的结构。

苏格兰则是另一番情况。在那里,大学已提供并鼓励实用研究、道德研究和实践研究。但尽管如此,这仍是一个贫瘠的地区,虽然它在科学技

⑩ G. McCulloch. *Philosophers and Kings: Education for Leadership in Modern England* (Cambridge, 1991); R. N. Soffer, *Discipline and Power: The University, History and the Making of an English Elite, 1870—1930* (Stanford, 1994); R. D. Anderson, 'Universities and Elites in Modern Britain', *History of Universities*, 10 (1991), 225—250.

术领域小有所成,但其资源仍主要来自造船业和医学界。[11] 苏格兰大学提供的教育机会吸引着世界各地的学生,特别是其临近地区到南方地区的学生。

在第一次世界大战期间,英国政府认识到了自己在许多重要学科中的严重不足。这涉及到国家普遍缺乏科学技术,而不仅仅是技术生产和原材料的替代领域。这使得英国开始考虑设立一个永久性的组织,以鼓励科学与工业研究。[12] 1915年7月,有人提议要建立适当的机构,1916年12月,在枢密院院长(the Lord President)的支持下,成立了枢密院科学与工业研究委员会(Committee of the Privy Council for Scientific and Industrial Research)。同年,国家物理实验室从皇家学会分离出来,形成了科学与工业研究部(Department of Scientific and Industrial Research, DSIR)。这也充实了其他科学委员会,特别是1911年成立的医学研究委员会和农业研究委员会。到1936年,这类组织已进一步发展到24家工业研究协会。然而,机构的繁杂并没有产生系统有效的工业和研究政策。[13] 在许多致力于同一领域的协会中缺乏合作,这使得政府控制日益紧迫。其目标就是要促进关键性的研究。事实上,这的确使得医学和技术领域收获了关键性的知识与成果。

在两次世界大战之间,国家迅速倒退回高等教育的传统模式。而其他焦点的出现也使得向更广泛的人口群体开放大学和学院教育的问题被掩盖了。甚至在牛津、剑桥之外,其他大学大多也保留了阶级特性。这些大学的学生人数与其他国家也有很大的不同。在20世纪20年代中期,学生人数不足30 000人,其中女生约占8000人。这意味着每万人中接受大学教育的人数还不足8人。而在苏格兰,每万人中接受高等教育的却有21人,这也证明了苏格兰传统上对高等教育的倚重。[14]

---

⑪ N. Phillipson (ed.), *Universities, Society and the Future* (Edinburgh, 1983).

⑫ A. Marwick, *Britain in the Century of Total War* (London, Sydney and Toronto, 1968), 79.

⑬ P. J. Gummett and G. L. Price, 'An Approach to Central Planning of British Science: The Formation of the Advisory Council on Scientific Policy', *Minerva*, 15, 2 (1977), 119—143.

⑭ Marwick, *Britain* (note 12), 180.

647 战后，英国政府计划改善大学设施，并成功地推动大学的发展，因此1919年，成立了大学拨款委员会（University Grants Committee）。⑮ 但尽管如此，它却并没有对大学的情况产生决定性的或持续的影响。当然，大学拨款委员会并不是一个中央集权式的负责大学研究与培训的实体。其他传统和习俗，以及自由教育的古典主义理念，依然对理论教育和实践培训发挥着决定性的作用。因此，1939年在战争爆发之际，英国政府深感不安，尤其是在它意识到技术教育中的危机时。科学的基础学科、医学以及许多人文学科仍有诸多不足之处。在战争开始及其后的一段时间内，由于工程师奇缺，许多公司为此支付了高额薪水。培养工程学和科学知识丰富的新精英人才需要一定的时间，也需要政府制定一个为大众所普遍接受的培养政策。⑯

在二战之初，政府和议会面临着两个问题：一是能否充分运用已有的科学知识？二是从长远来说，国家是否有足够的人力来学习科学技术知识？很快地，它们便意识到，无论是自然研究理事会（National Research Council，NRC）还是科学与工业研究部（DSIR），都无法从根本上解决这些问题，充其量只能在出现具体问题时尽快解决。一份有关此问题的报告补充道："然而，此类临时调整仅基于已有的知识与方法，而更加完善的答案则有待于掌握更为根本的知识。"⑰

这使得科学和工业研究部再次活跃起来，并于1940年成立了战时内阁科学咨询委员会（Scientific Advisory Committee for the War Cabinet，SAC）。它由皇家学会的主席和两位秘书、科学与工业研究部和自然研究委员会的秘书长，以及农业研究委员会的主席组成，并从1942年起，获得了通过枢密院院长进入战时内阁的途径。该委员会的目的在于，就所有的科学事宜向政府提供建议，包括组织建议与实施措施。但尽管如此，许多科学相关的事务仍属于个别部门的职权范围。该咨询委员会对科研和大学教育的职责及其权限仍是不完全明确的。

可以理解的是，国家的一些重要的工业分支，比如那些与战备和其他

⑮ 参见第二章，第64页。

⑯ P. H. J. H. Gosden, *Education in the Second World War* (London, 1976).

⑰ Marwick, *Britain* (note 12) 11, 283.

648

必需品相关的领域从这次调整中受益颇多。最突出的事例就是汽车与航空业及其各类型的供应部门。它们的新发现和发明非常之多,而且不只是出现在英格兰。这是战争带来的普遍副产品,例如,在一战期间,它再次使人们感受到,"由于其成果可以得到有效地运用,因此,在和平年代,它也能造福于人类"。⑱ 这些福利的受益者不仅包括工业、议会和政府。对广大民众而言,现代研究、普及教育以及科技精英对一个国家及其延续的重要意义日益明确。科学家与工程师受到了前所未有的尊重;对战争机械及其使用,以及克敌制胜、击退进攻的成功报道,极大地推崇了科学家的成就。因此,在早年的犹豫不决与抗拒之后,在战时内阁中最终实现了枢密院院长领导下的科学事业的集中合作,他对所有科学事务负责,其职位也得到普遍认可。

就大学而言,它们努力支持战争及其他需要,将其知识与资源都投入到国家服务之中。它们特别为那些技术学科和自然科学的从事者,创建了中央档案,同时也囊括了其他社会科学和人文学科的工作者,这是因为他们也对战争的胜利作出了重要贡献。它们还为那些受空袭威胁的机构,特别是那些在伦敦的机构设置了转移场所。许多科学家,尤其是那些科学工作者(Scientific Worker)团队的成员们,都天真地希望英格兰能够按照苏维埃的路线发展,这是因为在这个方面,苏维埃堪称典范,其整个国家的政治与发展日益"科学化",科学家也因此受到尊重。

在档案工作和外国科学文献的使用方面也有许多事情要做。建于19世纪的科学资料系统——"Aslib"(即成立于1924年的"专业图书馆与情报协会" Association of Special Libraries and Information Bureaux——译者注),必须根据新情况作出适当的调整,1937年在美国也出现了类似的组织。⑲ 德国对欧洲广大地区的占领终结了图书贸易;而德国文献则经由荷兰和瑞士进行销售。因此,在战争期间,就必须建立一种新的、独立的信息渠道。从1941年11年始,《战时纲要》(*War-Time Guide*)开始报导敌方的

⑱ W. McGucken, 'The Control and Organization of Science and Technical Advice in the United Kingdom during the Second World War', *Minerva*, 17(1979), 33—69.

⑲ P. Speace Richards, 'Great Britain and Allied Scientific Information, 1933—1945', *Minerva*, 26 (1988), 177—198.

出版物。特别是驻瑞典和里斯本的英国新闻专员，他们收集有关公司、图书或其他重要的秘密科学信息，并将这些情报送回到英国。他们的工作
649 得到了葡萄牙的帮助，这是因为葡萄牙的法西斯政府从 1932 年开始掌权，其独裁者安东尼奥·德·奥利韦拉·萨拉萨尔曾在战争期间获得了牛津的荣誉博士学位。

科学家，以及许多政治家都深信，战争的结果将在很大程度上取决于科学的成就。正如《自然》(*Nature*)杂志所说的那样，没有哪一位科学家喜爱战争，但毫无疑问的是，“现在，正是科学在进行战斗”。这篇文章又接着说，“事实上，无论我们是喜欢与否，这都是一场科学之战”。[20] 因此，科学家们不仅受到了极大的支持与鼓励，而且他们还受到了同样的尊重，无论他们是技术人员、工程师、自然科学家，还是人文学科的代表。

同年，《自然》杂志还指出，英国大学是“思想自由的最后堡垒”，因而“要激励人类，使其理想重获生机”。品格塑造与科学培养是同等重要的。奥斯丁·H. 克拉克(Austin H. Clark)以《科学与战争》为题说道：“当前的战争不再只是在军事领域斗争，而是科学领域的斗争。很有可能出现前线赢得胜利，却在实验室输掉战争的情形。”[21]

自然，有许多英国科学家在战斗中都转向了战争服务。显而易见，随着时间的推移，他们在教学和研究方面都荒疏了。此外，还有许多人还在企业、公共服务或军队中从事管理工作。这是实验室或其他科学教育中心都面临的一个问题。完整的保密措施——这对于每个参战国而言都是极其重要的——也限制了科学的论争。而合适的解决方案就是找到问题，避免研究中的缺陷与不足。而面面俱到的制度安排是无法解决这些问题的，战时内阁科学咨询委员会的帮助也是有限的，这主要是因为邱吉尔更愿意接受其个人顾问，如林德曼等人的建议，所以委员会对政府的影响可以说是微乎其微。[22]

1943 年 1 月，一位极为重要的政府部长斯塔弗德·克里普斯(Staffond Gipps，1889－1952)在科学工作者协会(Associafion of Scientifrc

---

⑳ *Nature*, 150 (September 1942), 301.

㉑ *Nature*, 150 (July 1942).

㉒ Gummett and Price, 'Central Planning' (note 13).

Workers)大会上发表了题为《规划科学:战争与和平》的演讲,并在其中提及了这种复杂的状况。他说道:

> 在战争内阁中,枢密院院长对科学咨询委员会负责,并负责所有的科学事务;通过该委员会,内阁与皇家学会以及大英帝国内的所有学术社团的负责人保持联系……枢密院院长也对工程咨询委员会负责,后者在机械工程领域发挥着与科学咨询委员会相似的作用。 650

克里普斯指出,这些科学之间的密切合作与整合都是至关重要的,这些机构对于战争与赢得战争来说也都具有重要的意义。"在关于战争中科学家的合理使用问题中,我认为我们的主要问题是,我们没有及早认识到这是一场真正意义上的科学战争;没有及早认识到光靠种族体力上的优势是无法获胜的,它需要的是我们的中等教育机构——技术学院中培养出的创造性"。虽然这完全取决于英国自身的状况,即战争的需要,但他仍然感到,"事实上,战争时期的原则与和平年代的原则是相同的"。㉓ 这是一个反复出现,并已为大众毫无保留地接受,并已成定论的观点,即科学与研究机构,是未来的决定因素,事关现代世界的生死存亡。

因此,科学停滞的危险依然存在,必须对此有所考虑,并采取必要的措施来解决这一问题。英国大学的内在限制性及其根深蒂固的封闭结构,使其无法接纳那些因政治或种族原因离开德国以逃避纳粹的科学家们。这些科学家的潜能只有一小部分被用于科学创新或扩充,提高研究能力。因此,许多科学家移民到美国,这使得美国各个方面的科学研究都得以丰富、拓展。

本卷无法一一列出各门科学所取得的成就。海洋战,空间战,不同地区、不同气候环境下的军队部署,新闻与宣传策略以及各种重要成就都给战后时期带来了巨大的益处。在一个完全自足的时代中,促进科学发展、确保优秀人才得到最广泛的利用的重要意义得到了认同,科学威望的提高也不再是一个暂时的现象。这一影响到战后得以延续,这带来的结果

㉓ *Nature*, 151(6 February 1943), 152—153.

是，从那时起，就出现了各种措施以鼓励或保证更加广泛、更加开放的人才基础。1944年，国家教育制度根据《教育法》进行了重组，这部法案一直
651 施行了许多年。㉔ 1945年，由政界人士制定的，要求进行政府控制下的大学扩张的方案，因遭到对政治干预大学自治持拒绝态度的大学校长委员会（Committee of Vice-Chancellors and Principals）和大学拨款委员会的反对而流产。而大学方面也声明，它们将在自治的范围内，使得毕业生的人数翻一倍。㉕ 这将逐渐建立一种更加宽泛的教育制度，削弱教育培训中的阶级烙印。虽然它们并没有放弃自由教育的理念，但出现了越来越多的措施，致力于提高生活水平与教育、扩充知识基础，以及提高社会待遇与医疗条件。就此而言，大学拨款委员会感到"由战争激发的社会公正意识比以往任何时候都要强烈"。㉖ 这一现象不仅仅出现在英国，在整个欧洲大陆都出现了类似的观念与措施。㉗

在二战末期，大多数英国人比以往更清楚地认识到他们所期盼的现代文明工业社会是什么样的——体面的生活标准、收入与健康安全，以及有品味的、适度的生活享受：这种观念一旦确立，其自身就成为一个深入变化发展的原点。除此之外，战争加剧了科学、技术和经济发展的进程，这本身也在改变着社会。战争期间的无线电成为了国家的财富，这在20世纪30年代是不可能出现的；面向大众的电视也即将应运而生。几年之后，英国国家卫生署中的新药在治疗社会下层常见病症的疗效方面翻了一番。轻工业的快速增长为工人阶级提供了经济基础，这使得他们的工作与境遇和传统重工业时代大不相同。㉘

德军占领的国家

在**法国**，1944年，由临时政府任命的郎之万—瓦隆委员会开始考虑高

㉔ Gosden, *Education* (note 16).

㉕ G. L. Price, 'The Expansion of British Universities and Their Struggle to Maintain Autonomy: 1943－1946', *Minerva*, 16, 3 (1978), 357－381.

㉖ M. Maden, *England and Wales*, quoted in B. R. Clark (ed.), *The School and the University* (Berkeley, Los Angeles and London, 1985), 81.

㉗ 参见第四卷，第三章。

㉘ 引自：Marwick, *Britain in the Century of Total War* (note 12), 322.

等教育系统的改革问题，并提出了类似的民主化模式与法国高等教育的发展方向。㉙ 但尽管如此，法国的教育制度与英国模式及其大陆邻国的教育模式，一直有着很大的差异。

经过启蒙运动末期大革命之后的改革，尤其是《拿破仑法典》(Napoleonic Code)的颁行，法国高等教育系统虽然经历了数次的改革与完善，但仍在很大程度上保留了它的特殊性。㉚ 尽管1905年以来地方大学经历了多次的升格，但是巴黎依然是教育中心。法国的教育系统依然保留着中央集权的结构、标准化的管理以及统制主义的方式。社会精英在法学院和医学院中受教育，他们是在有着严格的选拔程序的、有威望的、由政府管理的大学校中接受教育的。高等教育依然承担着的各领域培养专家的职能，并被认为只是传授最新的知识。从这个方面来说，专门学校和学院是一样好的，有时甚至更好些。

在1870—1871年战败的震惊后，法国努力弥补其与德国在科学上的差距。㉛ 学生人数出现了增长，但将广大群众拒之门外的传统的选拔措施依然没有改变。进行明确的职业培训与社会最上层的教育，保证了政治上的稳定性，这依然是该制度的内在特性。从财政支出和人均学生数来看，法国依然落后于德国。㉜

一战的胜利证明了法国19世纪80年代至90年代改革的成功。法国人认为在科学和工程学方面，就算他们没有超越德国，也赶上德国了。然而，尽管法国认识到了现代科学的重要性，但他们并不认为这种创新或深入改革依然具有政治优先性。20世纪20年代的政治极权化和经济危机阻碍了该方面的进一步发展。即便是在1936年，法国在研究方面的投资也仅为德国的1/5。当然，其原因也包括法国往往低估了研究的价值。职业培训和知识的传授是重要的，而重点则是为公共部门培养专门人才和工程师。甚至在工业领域，法国仍然是规避研究，认为采纳国外的专利、发明或发现更为经济、有效。甚至是许多在美国受过教育，经历过不同的、更

㉙ G. Neave, 'France'", in Clark (ed.), *School and university* (note 26).

㉚ 此处及以下内容，参见第二章。

㉛ Charle, *République des universitaires*, 20ff.

㉜ Weisz, *Emergence*, 21ff.

653 现代的研究和企业环境的法国学者也没有着手改变这种情况。

随着德国国家社会主义的掌权，法国突然意识到要弥补各领域中科学研究的明显缺陷，尤其是为了国防利益的需要。然而，在大学中，这种想法却遭到了怀疑，甚至是直截了当的反对。许多已被技术和应用科学占据一席之地的科学学科都害怕它们自己将成为另一种形式的军事企业，尤其是军火企业。[33] 研究自由在法国出现的比较晚，并看似处于危险之中。因此，尽管有明确的规定以及巴黎大学的主导优势，但出人意外的是，整个国家依然无法满足战争的科学需求。

1938年5月，法国成立了国家应用科学研究中心(*Centre national de la recherche scientifique appliquée*)，这是一个负责管理地所有应用科学的中央政府组织。1939年10月又增设了另一个机构，旨在为对国家福利、国防有重要意义的各类研究收集数据，其中还囊括了各类促进基础研究的机构，它被命名为国家科学研究中心(*Centre national de la recherche scientifique*)。然而，较为重要的生物医学、生物学和细菌学研究仍然被大学之外的某个私人研究机构所垄断，尽管它在这些领域作出了重要贡献。[34] 当然这并不是法国被希特勒德国打败的原因，但这使得许多人认识到新的方法和改革的迫切需求。在过去，法国国内讨论很多，但却并没有实际行动。当然，德国的入侵、法国政府的覆灭，以及巴黎的沦陷，意味着这些方案一出现便失败了，但在未被占领的法国其他地区，这些方案依然得以执行。但尽管如此，由于缺少巴黎的明确指示，这使得这些方案的开展和执行都极为艰难。[35] 这使得许多计划都停留在讨论阶段。而由“抵抗运动”(*Résistance*)热烈讨论的方案，直到法国解放后才得以付诸实践。这带来了相对剧烈的改革，大学、大学校和企业不仅认识到了研究的重要性，而且还开始购置研究设施。

㉝ Paul, *Knowledge*, 309ff.

㉞ H. W. Paul and K. W. Schinn, 'The Structure and State of Science in France', *Contemporary French Civilisation*, 6 (1981/1982), 153—192.

㉟ J.-P. Rioux *et al*. (eds.), *La vie culturelle dans Vichy* (Brussels, 1990); L. Raphael, 'Die Pariser Universität unter deutscher Besatzung 1940—1944', *Geschichte und Gesellschaft*, 23 (1997), 507—534.

比利时和**荷兰**的情况则大不相同。[36] 荷兰的帝国特派员(*Reichskommissar*)和比利时的军事司令负责国内大部分事务,其中也包括了大学事务。同法国一样,德国的占领导致了关于宗教教育和世俗教育之间相冲突的古老观念的和解。起初,德国试图通过宣传共同的日尔曼血统和培养地方亲德人士,来争取荷兰、讲荷兰语比利时部分地区、丹麦以及后来的挪威等地人民的支持。[37] 但这是一种完全错误的判断,在这些国家,尤其是大学中,普遍存在的观念都使其疏远甚至完全反抗侵略势力。 654

甚至是第一次旨在清除公职部门以及大学中所有犹太人和"种族不洁净民族"的措施就遭到了顽强的抵抗。反对标语、学生游行和演讲辩论都是对震惊的德国人的挑战。新校长试图动用逮捕、流放和其他暴力手段。但在荷兰大学的师生中,很少有国家社会主义的支持者,他们大多持有否定甚至是公开反对德国的态度。与东欧和中欧不同,为了让大学免遭停办,他们并没有诉诸公开抵抗。在莱顿、阿姆斯特丹和提尔伯格(Tilburg)的占领者的部分行为,在很大程度上导致了地下活动并引发了地下抵抗组织的成立。[38]

1941 年,塞斯一因夸特(Seyss-Inquart)引入了领导原则以取代过去城市或地方的董事会(Boards of Directors),但不难想象的是,这并没有改变否定的态度,自然也就无法使其更接近于德国大学的组织形式。从 1942 年开始,许多学生被迫应征去德国工作,这也导致了反对和抵抗的进一步激化。越来越多的学者和学生加入到"半地下"的抵抗活动中来反对侵略者,这自然也针对那些看来对德友好的同胞们。1943 年,抵抗学生被要求对德国进行忠诚宣誓,但却以失败告终。除了代夫特技术学院(Delft Technical College)外,只有 25.6%的学生签署了忠诚宣誓,这使得了荷兰 655

---

[36] G. Neave 'War and Educational Reconstruction in Belgium, France and the Netherlands', in R. Lowe (ed.), *Education and the Second World War* (London and Washington, 1992), 84—127.

[37] G. Simon, '"Ihr Man ist tot unnd lässt sie grüssen", Hans Ernst Schneider alias Schwerte im Dritten Reich', *Sprache und Literatur in Wissenschaft und Unterricht*, 77 (1996), 82—114.

[38] E. G. Groeneveld, *The Dutch Universities Between 1940 and 1945: Teachers and Students under German Occupation* (Cracow 1979).

大学德国化政策惨遭失败，大学也随之停办。

比利时的情况也极为相似。布鲁塞尔大学因拒绝成为德国对抗拉丁西欧的桥头堡，而于1942年被关闭。起初，鲁汶大学得以保持其治外法权大学的地位，这是因为它是由天主教教会负责管辖的，但后来，其教学大多仅限于神学。另一方面，被一些德国人视为是佛兰德科学重心（在1941年3月之前，佛兰德语被认为是唯一的科学用语）的根特大学，也像荷兰大学一样对德国化政策毫无兴趣。在历史上兵戎相见的死对头，即国家教育制度的信徒和宗教教育制度的追随者们也在反德政策的大旗下达成了妥协，这也保障了新生学术界的未来，为战后提供了宝贵的经验。[39] 与法国的抵抗运动相同，比利时也有自己的抵抗组织，其中一些还是与流亡政府有联系的，这似乎减少了战后重建中的对立。从1947年11月开始的比利时学生强征（在劳工营中，*Service du Travail Obligatoire*），与荷兰一样，促进了积极的地下抵抗组织的形成。再次与荷兰相同的是，由于纳粹有意识地控制学生人数，这使得比利时出现了旨在扩大学生队伍的地下大学，并进行独立的自由教育。[40]

1943年及随后的1944年，由于战争的继续和训练有素的专家学者的匮乏，使得德国在军工企业和研究方面尝试起用荷兰科学家。但并没有产生较大的影响，由于大多数荷兰学者的仇德情绪，使得他们很难找到合
656 适的人选。[41] 但尽管如此，这意味着国家开始意识到学术训练的重要性。

荷兰和比利时的"亲德派"科学家不仅人数极少，而且他们的存在还激化了普遍的反德情绪。他们有时也向德国警察当局揭发反德言论与相

㊴ Neave, 'War' (note 36). 见：G. Hirschfeld, 'Die nationalsozialistische Neuordnung Europas und die "Germanisierung" der westeuropäischen Universitäten', in H. König *et al.* (eds.), *Vertuschte Vergangenheit. Der Fall Schwerte und die NS-Vergangenheit der deutschen Hochschulen* (Munich, 1997), 79—102.

㊵ G. K. Panham, *Comtribution à l'Histoire de la Résistance belge 1940 — 1944* (Brussels, 1971); A. Despy-Meyer, A. Dierkens and F. Scheelings (eds.), *5 novembre 1941. L'Université Libre de Bruxelles ferme ses portes* (Brussels, 1991); W. Warmbrunn, *The German Occupation of Belgium 1940—1944* (Frankfurt and New York, 1993).

㊶ G. Hirschfeld, 'Die Universität Leiden unter dem Nationalsozialismus', *Geschichte und Gesellschaft*, 23 (1997), 560—591; N. Hammerstein, *Die Deutsche Forschungsgemeinschaft in der Weimarer Republik und im Dritten Reich 1920—1945* (Munich, 1999), 64—81.

关人员。在一段时间后,这使得高等教育的中心成了不畏牺牲的政治抵抗中心,尽管它们大多是秘密组织。正如法国和英国一样,1945年后外部斗争的继续,使得内部矛盾也必然会得以缓解。不难理解的是,在德国的占领下,大学是无法再进行深入研究了。因此,在战争结束后,有许多研究工作都需要追赶。

在**东欧**和**中欧**,德国的反学术、反大学行为更为嚣张。1938年10月,希特勒颁布了一项秘密命令,要"解决"捷克斯洛伐克的剩余部分,这使得教育开始转向"德国化"原则,以保证将该国永久地纳入德意志帝国的版图之中。[42] 它们优先聘用亲德人士以及德裔人员,而捷克人则被永远地逐出学术界。早在1938—1939年冬,布拉格的日尔曼大学(The German university in Prague)就被更名为"国家社会主义大学"(之后使被纳入帝国大学系统),并向苏台德区和帝国内部的所有德国人开放。

1939年3月,德国科技部代表在柏林开会,讨论了"保护国"的地位问题。规定捷克所有的高等教育机构都应按"德国院校"的模式来运营,即要遵循第三帝国的规定。同年冬季学期之初,布拉格和布尔诺(Brno)出现了一系列蛮横逮捕所谓捷克反叛学生的事件。[43] 国家社会主义者就这样开始了系统地消灭捷克知识分子的战略。所有的捷克大学和学术机构都被关闭(共10所)。布尔诺的兽医学校、农业学院和矿业学院只能在限制范围内培养必需的专业人才。因而,捷克人要么被迫支持国家社会主义,要么放弃进入学术培训和学术职业的念头。根据苏台德区的模式,捷克斯洛伐克的其余地区,特别是知识文化生活方面,也要被永久地德国化。

德国镇压波兰人的行为则更为残酷。1939年11月6日,克拉科的雅盖隆大学(Jagiellonian)发生了一系列逮捕波兰著名学者的事件,引起了全 657

[42] D. Brandes, *Die Tschechen unter deutschem Protektorat* (Munich and Vienna, 1969), vol. I, 83ff.

[43] K. Litsch, 'Die "Aktion vom 17. November" 1939 in Prag', in B. Brentjes (ed.), *Wissenschaft unter dem NS-Regime* (Berlin, Bern, Frankfurt-am-Main and New York, 1992), 64—81.

国性的恐慌。[44] 党卫军和“盖世太保”组织的这次“发掘行动”(*Sonderaktion*)行动的目的,就是要消灭所谓的斯拉夫知识分子。有183名波兰学者被送到萨克森豪森集中营(Sachsenhausen),后来因国际社会的团结一致,他们中有部分人得救。而就在同一天,有一些学者和学生被带到卢布林天主教大学惨遭杀害。到9月份,这类行动再次上演,类似的行为几乎影响到全国每一所高等教育机构。德国政府当局几乎系统地摧毁了克拉科和其他大学中的绝大部分实验室和报告厅。与此同时,“老战士荣誉三角臂章”的获得者(the ‘alte Kämpfer’)——汉斯·弗兰克(Hans Frank,1900—1946,魏玛共和国时期希特勒的法律代表及纳粹司法部技术负责人)担任德国驻波兰总督。许多珍贵的仪器材料常常被盗,波兰科学院也被迫取缔。1940年4月,克拉科建立了“德意志东方研究所”(Institute for German *Ostarbeit*),并在其他地点设有办公室。其目的就是要将整个中欧和东欧地区的学术训练置于德国的控制之下。[45]

在克拉科和东欧的其他大学城中,出现了地下大学,这是因为在1942年之前,德国人都将波兰人的集结视为一种潜在的威胁。与占领当局仅允许德国人使用雅盖隆图书馆的意图相左的是,它成为了一个充满生机的地下学习和教育中心,直到1944年夏整个图书馆被关闭,所有图书被运往德国为止。

客观地说,波兰的苏维埃占领区的情况也好不了多少。苏维埃在莱姆伯格(利决夫)和维尔纽斯采取行动阻止学术教学。尽管教学人员仍在其岗,但大学被转变为苏维埃模式,并降格为苏维埃院校系统较低级的学
658 院。1941年当德国占领这里时,德国人是被当作解放者来欢迎的。不过,

---

[44] J. Hano, ‘Über die “Sonderaktion Krakau” 1939’, in Brentjes (ed.), *Wissenschaft* (note 43), 38—63; M. Rössler, ‘*Wissenschaft und Lebensraum*’. *Geographische Ostforschung im Nationalsozialismus* (Berlin and Hamburg, 1990); J. August (ed.), *Sonderaktion Krakau* (Hamburg, 1997).

[45] S. Gaweda, *Uniwersytet Jagiello ński w okresie okupacji hitlerowskiej 1939—1945* (Warsaw and Cracow, 1979); C. Klessmann, *Die Selbstbehauptung einer Nation. Nationalsozialistische Kulturpolitik und Polnische Widerstandsbewegung im Generalgouvernement 1939—1945* (Düsseldorf, 1971); Brentjes (ed.), *Wissenschaft* (note 43), 34; T. Wróblewska, *Uniwersytety Rzeszy w Poznaniu, Pradze i Strassburgu jako model hitlerowskiej szkol y wy Zszej na terytoriach okupowanych* (Torun, 1984).

波兰人很快就发现,波兰知识分子面对的是更为凶恶的敌人——汉斯·弗兰克。正如他在日记中所写的那样:"波兰人不得担任高级技师以上职务,不得在政府管理的综合院校中接受高等教育"。[46] 因此,一些学者只能私下召集学生,并对他们进行有限的教育。这可以达到一定的效果,但却代替不了正规的教育。尽管如此,这代表了波兰知识分子不畏险阻、不怕牺牲地进行抵抗,维护民族才智的坚强意志。

随着德国向**巴尔干地区**的推进,以及后来对**苏联**的占领,他们都采用了相似的,有时甚至更为极端的占领政策,可谓所到之处遍地荒芜。

早在 1940 年**丹麦**和**挪威**就被德国占领,在这里实施的是研究和教育的有限自由的政策。那些在德国大学传统中长大成人,并将其几乎原封不动地内化为自身品格的教授和研究者们,即使是在他们的祖国被德国征服者所占领的时候,也要维护洪堡的理念。正如荷兰和比利时一样,占领者最初的王牌是德意志的共同血统与利益,但同样地,几乎没有学者认同他们的观点。他们大多与占领者保持距离,或者以沉默表示反抗。1943 年 12 月,奥斯陆大学被迫停办,有 65 名教授和 1500 名学生被捕,其中一些只是临时的逮捕,但更多的是被押解到了德国。其中大部分被送往布痕瓦尔德集中营,而另一些人,特别是医学院的学生,则去了位于森河姆(Sennheim)的党卫军训练营。党卫军的科学与学术研究所——"圣遗物"(*Ahnenerbe*,即遗产),试图以这种方式来弥补德国有前途的科学家极其匮乏的情况,因此,它很快就从布痕瓦尔德调集了一批挪威学生。其中有 36 人得以在弗莱堡学习。他们在森河姆接受的训练是由来自斯特拉斯堡和弗莱堡的学者所主持的,正如希姆莱(Heinrich Himmler, 1900—1945)所指出的,这种训练旨在"以严格科学的方式,丝毫不含政治色彩地"开展,以"展示我们共同的德意志特征"。[47]

---

[46] Brentjes (ed.), *Wissenschaft* (note 43), 34; Wróblewska, *Uniwersytet* (note 45); C. Kleissmann and W. Diugoborski, 'Nationalsozialistische Bildungspolitik und polnische Hochschulen 1939—1945', *Geschichte und Gesellschaft*, 23 (1997), 535—559.

[47] S. Zimmermann, 'Berührungspunkte zwischen dem KZ-Buchenwald und der Medizinischen Fakultät der Üniversität Jena', in C. Meinel and O. Voswinckel (eds.), *Medizin, Naturwissenschaft, Technik und Nationalsozialismus. Kontinuitäten und Diskontinuitäten* (Stuttgart, 1994), 54—61. here 59.

659 纳粹在占领区的大学政策的主要特征具有相对同一性和逻辑连续性。在东部邻国,它遵循了上述的蔑视原则,要么让知识精英自动灭亡,要么主动消灭他们。大学也因此受到了极大的摧残。另一方面,被德国吞并的地区则长期以来在帝国大学的辅助下,经历着德国化的历程。它们首先出现在布拉格,然后又出现在波兰和斯特拉斯堡选聘支持国家社会主义观的教授,并根据当地情况,由党卫军、盖世太保、党务官员、阿尔夫雷德·罗森伯格办公室(Alfred Rosenberg's office)和军队来管理。从这方面看,如果说纳粹在整个欧洲占领区有统一政策,又是不恰当的。

中立国与德国的盟国

西班牙和**葡萄牙**置身局外,自主性相对较强。它们并没有被直接卷入战争,依然在专制政权的支持下,维护着原有的培训与高等教育政策。而意大利虽然被卷入了战争,但它起初是盟国,之后又成了第三帝国的敌国,因此无需改变高等教育的结构。法西斯政权试图保持教育制度的稳定,其主要关注的还是与教育相关的法律和政策。虽然引人注目的研究得到了相当大的支持,特别是技术专家得到了工业领域的支持,但这样会让人感觉不需要进行机构变革。

其他国家则更多地受到德国大学传统的深远影响。其中包括芬兰和中立的国家——瑞典与瑞士。在芬兰最初出现了抵制,后来在反苏斗争中与德国结成同盟。这些国家都认为没有必要改革高等教育制度,他们欣喜地看到,洪堡的大学理念在那些争取生存斗争和维持独立状态的国家中比其在德国的发展还要好些。

德　国

在魏玛共和国时期,许多德国学者和大学摆脱了国际孤立。情况看似恢复正常,科学成就、国际交流、相互间的学习项目或合作项目都趋于正常。大学仍然认为自己在总体上处于国际科研和教育的最前沿,特别
660 是在理论物理学、考古学、多数医学学科及数学等前沿学科中。他们仅仅

注意到了美国在同一时期不仅弥补，而且超越了他们先前的缺陷。虽然世界性的经济危机引发了大动乱，但德国的教授认为，在他们与政治无关的专家工作中，他们可以无视这些与科学无关的事情。问题与不安全的因素最多也就是强化了大部分教授的这样一个观点，即强大的国家和有能力的领导人是克服那个时期中的不确定性、动乱和迷茫的必需。[48]

这种极为保守的国家主义的普遍认同主导着当时的大学和教授(学生通常是较激进)，这意味着，当国家社会主义掌权时，它并没有被视为影响学术研究和教学的重要事件。当 1933 年通过一系列可疑的法案来强迫所有的"非雅利安人"(non-Aryans)和政治异己放弃自己的工作时，它也没有激起以"人类"或"真理"为旗号的普遍反抗。除了个别可敬的学者外，绝大多数德国教授都认为这就是国家有权采取的行政措施，它并不影响学术自由或大学的存在。[49]

随之而来的是体制性的变革:解散了大学理事会，政府引入了"领导原则"(Leadership Principle)，由行政任免校长和院长，以及"国家社会主义师生协会"和其他党派组织进行的政治教化。许多人都找到了一些聪明的方法来对付这些措施，并尽可能将其视为不影响学术事业的小事。因此，这就不难理解科学和学术的研究与教学没有受专制政权变革的影响这一事实了。

从范围上来看，纳粹的科学政策是极为有限的。[50] 希特勒及其党羽对所谓的"自由主义"学者，以及自我感觉良好的资产阶级虚荣学者很不信任。这些惨白无力的思想家是无法使第三帝国走向胜利的。第三帝国需 661

---

[48] D. Langewiesche and H. - E. Tenorth (eds.), *Handbuch der deutschen Bildungsgeschichte*, vol. V: 1918－1945. *Die Weimarer Republik und die nationalsozialistische Diktatur* (Munich, 1989)，特别是第 209 页前后;K. Sontheimer, 'Die deutschen Hochschullehrer in der Zeit der Weimarer Republik', in Schwabe, *Deutsche Hochschullehrer*, 215－224.

[49] H. Seier, 'Die Hochschullehrerschaft im Dritten Reich', in Schwabe, *Deutsche Hochschullehrer*, 247 － 296; H. Mommsen, *Beamtentum im Dritten Reich* (Stuttgart, 1966).

[50] Hammerstein, *Universität Frankfurt am Main*, vol. I, 171ff.; H. Seier, 'Universitäts- und Hochschulpolitik im nationalsozialistischen Staat', in K. Malettke (ed.), *Der Nationalsozialismus an der Macht* (Göttingen, 1984); M. Grüttner, 'Wissenschaft', in W. Benz *et al*. (eds.), *Enzyklopädie des Nationalsozialismus* (Munich, 1998), 135－153.

要的是健康和身体的力量。这种态度使得他们有可能出于种族的原因而驱赶一些国际知名学者。从表面上,这种科学专家而不再被看作是人的损失,是无所谓的。我们无法一一列出这些数量庞大的移民,他们约占德国大学所有的教职工人数的1/3——显而易见,若从理论知识的实际运用、德国的声望及其生存能力的角度来考虑,这将是一个重大的错误。通过发展德国物理或德国数学来取代这些人,这成了战争爆发前执政党堂而皇之的政策,这充分说明了国家的新主人缺乏远见卓识,思想狭隘。直到战争结束后,党魁和一些军事将领才意识到不应再继续无视科学及一些天才专家。但尽管如此,悔之晚矣。[51]

所谓的国家社会主义科学,例如军事研究、种族研究、史前史与古代史、特殊人种学,当然还包括其他一系列庞杂的因教学人员的因素而得到执政党批准的学科(主要是有关公共秩序、历史、管理和政策方面的问题),在这十二年里不断涌现。这些学科之所以能够延续、能够得以实施,并不是因为它们与残暴的国家社会主义观之间的联系,而是由于它们达到了基本的科学或学术要求。[52] 科学臆想的大杂烩与各种陈腐思想的混合,是不可能产生出一种系统深邃的理论或世界观的。

由于研究还在照常进行(对学生人数的限制和促进新学科的轻微倾向并不足以成为真正的障碍),由于也出现了一些重大的科学成就,所以许多教授就认为大学依然是一片净土。1936年提出的"四年计划",对政府和军队中的很多领导来说,显然是支持科学项目、扩张并提升对战争行为和战争期间人民生存有重要意义的专门学科的关键。特别是化学得到公共部门的大力支持,这也是由于从一战开始就有负起尽可能保障德国
662 不依赖于外援供给,并开发关键物质基础的替代性材料的任务。这使得化学成了"第三帝国"时期唯一占据领先地位的学科(甚至与其他国家

---

[51] Hammerstein, *Deutsche Forschungsgemeinschaft* (note 41).

[52] P. Lundgreen (ed.), *Wissenschaft im Dritten Reich* (Frankfurt-am-Main, 1985); M. Stolleis and D. Simon (eds.), *Rechtsgeschichte im Nationalsozialismus* (Tübingen, 1989); Meinel and Voswinckel (eds.), *Medizin* (note 47); F. R. Hausmann, '*Deutsche Geisteswissenschaft' im Zweiten Weltkrieg. Die 'Aktion Ritterbusch' (1940－1945)* (Dresden, 1998).

相比,也是如此)。[53]

除化学外,冶金学、食品科学和农学等各分支学科也得到了积极的推进,例如,在赫尔曼·戈林(Herman Göring)支持下的航空工程学。只不过这与大学或理工学院并无瓜葛。在帝国后期,许多研究机构得到发展,其中包括威廉皇帝协会(Kaiser-Wihelm-Society),[54]在大学之外进行的研究得到了"德国科学非常组织"(*Notgemeinschaft der deutschen Wissenschaft*)的支持,该组织从 1928 年起更名为"德意志研究联合会"(*Deutsche Forschungsgemeinschaft*),而由赫尔姆霍兹协会(Helmholtz Society)主管的研究机构和许多企业研究室也参与其中。科学发展沿着传统路线进行,并更多地效仿国外。专家顾问经常受到咨询,并带来一些新的研究项目,虽然有希特勒的专制束缚,但民主研究的共识保障了研究的质量。诸如此类的研究重点并不仅仅是战争的需要。从传统上看,科学家申请资金进行纯粹研究,并利用各种财政的政治资源,其目的是进一步深化其研究兴趣,而不是只开发军事所需、所用的项目。

为了防止德国研究沿着风格各异的路线发展,1937 年成立了国家研究所(*Reichs-Forschungs-Rat*),作为 1936 年"四年计划"的一部分。这种设计也帮助了 1934 年建立的科技部,其职责主要是在专家技术评估的基础上对基础研究进行集中管理,并对应用科学的合作研究进行中央调控。[55]至少,其初衷是如此。但尽管如此,军队与党派在科研政策中诸多庞杂且相冲突的利益博弈模糊了原本应是清晰的发展方向。例如,陆海空三军都坚持要求保留各自的研究中心,尽管最高级的军官都要求固守传统,因为他们认为军事精神要比物质资源重要得多。军校学生要接受这种精神教育,这将让他们获得比工程师或文职官员更高的社会等级。

繁杂的企业研究团队也使得合同性的合作研究更为艰难。由法本化 663

[53] L. Stern (ed.), *Die Berliner Akademie der Wissenschaften in der Zeit des Imperialismus*, vol. III: *Die Jahre der faschistischen Diktatur 1933 bis 1945* (Berlin<East>, 1979); M. Renneberg and M. Walker (eds.), *Science, Technology and National-Socialism* (Cambridge, 1994).

[54] K. Macrakis, *Surviving the Swastika: Scientific Research in Nazi Germany* (New York and Oxford, 1993); *Forschung im Spannungsfeld*.

[55] Hammerstein, *Deutsche Forschungsgemeinschaft* (note 41).

学信托公司(*IG-Farben-Industrie*)、联合钢铁公司(*Vereinigte Stahlwerke*)、与纳粹住房政策相关联的建筑公司、农业机构及其他类似机构展开的研究,与主要的科研机构中的研究一样,是极难达成合作的。由于他们都要求对其成果进行严格的保密,这使得他们无法交换信息,而这一情况也影响了实际的研究,对同样的问题,不同的研究机构往往会重复进行两三次的研究调查。[56]

说明这一混乱局面的一个典型事例,就是1938年12月奥托·汉恩(Otto Hahn)及其同事发现了核裂变。早在1939年1月他们报告了这一发现。但尽管如此,没有人认识到它在军事方面的潜力,没有人协调完善这项工作,没有人尝试推进这项工作。这在"德国物理"的亲纳粹信徒中产生了激烈的辩论,他们反对并排斥这一由"犹太裔理论家"作出的发现,而国家研究所的领导们对此也毫不感兴趣。由于著名的物理学家只对基础研究感兴趣,他们甚至没有想到要建立任何形式的系统的德国核政策。事后我们发现,新文职人员、新部门及其再分配的职责数量增长相当惊人,特别是由于它完全打破了研究的整体性,进而使其无法有效地服务于军事目的。[57]

这种混乱的局面也是国家研究所的特征。它在合作研究方面的不力导致了1940年炮兵将军、军事专家,该研究所所长卡尔·贝克(Karl Becker)的自杀。后由赫尔曼·戈林仓促接任。戈林并没有对纳粹空军研究的大批资金进行严格控制,对后者他也是负有责任的。但再一次,外部现象掩盖了内部所缺乏的明确职责与秩序系统。在苏联度过第一个冬天后,显而易见,要用闪电战来击溃对方的想法是不现实的,而且德国在工程学和研究领域也存在诸多缺陷。这使得重要的研究机构再次进行了重组:其首要任务是将物资分配给企业、研究所和大学,并且还成立了一个
664 战时经济办公室来协调分配,以保证成功。尽管如此,依然存在着协商不

---

[56] K. - H. Ludwig, *Technik und Ingenieure im Dritten Reich* (Düsseldorf, 1974); Renneberg and Walker (eds.), *Science* (note 53); P. Speace Richards, 'The Movement of Scientific Knowledge from and to Germany under NS', *Minerva*, 28, 4 (1990), 401—425; M. Walker, *Die Uran-Maschine. Mythos und Wirklichkeit der deutschen Atombombe* (Berlin, 1990).

[57] Walker, *Die Uran-Maschine*.

充分的现象,使得对该办公室的厚望终成泡影。1945 年 8 月一位负责调查德国科学家的英美观察员吃惊地发现:“在最后的这几年中,所有研究都得以批准,它们中许多还获得专项资金的援助,那些被校准为最高优先级的项目还可迅速获得专门器材与物质,许多具有最高优先级的项目都是与军事运用毫不相干的。”同一报告还将德国研究的总体情况特点概括如下:“一般的德国科学家对政治毫不关心,这种现象在更文明的国度中并不是不存在的。但对我们而言,难以理解的是,他们对基础研究有着狂热的兴趣,这也使得他们几乎与世隔绝。”[58]

就这样,国家研究所在经历了 1942 年的重组后没有实现其目标。对于科技领域中的明显亏损,他们别无选择,只有继续投入大量资金以维持这种十分低效的研究体制。1943 年,与政府联系密切的汉诺威技术学院(Hanover Technical College)的教师维尔纳·奥森伯格(Werner Osenberg,1900—1972)设计了一个办公室,用于处理卡片信息,以期实现科学家和工程师的更为系统、更为有效的布署。在这一过程中,希特勒不顾将军和其他官员的反对,下令释放了 15 000 名与军工企业有关的工程师、实验室技工和学者。但尽管如此,这一措施依然没有弥补同时出现的训练有素的科学家日益匮乏的问题,因此,1944 年,又成立了一个招募办公室,负责新的科学家与工程师的速成与部署。在这种背景下所采取的措施也包括雇用国外专家(甚至是从集中营中调取),以弥补某些特定学科的不足。但尽管如此,这仅仅是对问题表面的修补,究其原因,是政党、政府和军队的领导者始终相信杰出的发现与发明只靠个别杰出的研究者就能实现。另一方面,美国的研究是一个部门中的科学家团队共同努力的结果,他们不断交换信息、分享成果,这也继续被视为是非科学的、非日尔曼的,并且是特别没有前途的。就这样,“第三帝国”的领导者将他们的所有希望都放在了对杰出的发明家的幻想上,希望他们能够研发出克敌制胜、一举定乾坤的
“梦幻武器”(*Wunderwaffen*)。很快,甚至每句话都在强调这一幻想。但 665
尽管如此,接踵而来的是另一道法令,规定 1944 年后只有一些极重要的科

[58] Major E. W. B. Gill, 'German Academic Scientists and the War', Paper, Control Commission for Germany, 28 August 1945. *Irving Papers*. Archive of the *Institut für Zeitgeschichte*. Munich.

学研究才能得到资助。位于名单之首的是坦克工业，虽然由于燃料的匮乏，这种新型武器无法被投入使用，但至少能完成其研发。军队要员和纳粹党魁作为一个整体，长年以来忽视系统地支持研究和经营大学的重要性，已经没有时间改正错误了！

将德国的发展与同时期美国的发展进行对比，可以进一步突显这一情况。1944年，国家研究所下拨了360万马克的研究经费，美国则是4亿美元。在射频工程领域，美国的资助是德国的10倍，而在制冷——即冷冻食品方面——德国所实现的容量仅为美国的4%。其他各领域的情况也大同小异。[59]

希特勒德国的对手也相信纳粹政府的专制体制已形成了一套组织良好的研究政策。上述的内部保密制度使得很难通过间谍来了解德国科学研究的总体情况。就之前德国在科学界的地位而言，哈恩实现原子核裂变也证实了这一点，盟军希望能够加快原子弹的制造。生化武器也是如此，但是没有人知道希特勒在实践中并没有同意进行毒气战的研究，也没有意愿使用它（基于他在一战中的个人经验）。[60] 主要是希姆莱背着希特勒偷偷地推进了这项研究。希姆莱及其党卫军拥有自己的科研部门——“圣遗产”，1944年，他们打算接管科研工程，以便更好地找出日益显露的问题所在。最初的方案还是落空了，他们依然是一无所获，这主要是因为党卫军只是在极不情愿的情况下才释放了被捕的科学家——大多是数学家和化学家，而且也决不会改善他们的生活条件。同样不成功的还有也是始于1944年的、由强势的战争与经济部部长阿尔伯特·斯皮尔（Albert
666 Speer）发起的关于军事运用的科学研究。集中轰炸袭击和盟军的推进，终结了德国科学家发明一举定乾坤的梦幻武器的幻想。

大学的理性地位也受到了损害，这是由于学术精英们迷失了自我的目标——探索真理、正直的人格和人性的完善。1945年后，有1/3的研究

---

[59] 数字来源：Ludwig, *Technik* (note 56), 258－259; K. Zierold, *Forschungsförderung in drei Epochen* (Wiesbaden, 1968) 263.

[60] G. W. Gellermann, *Der Krieg, der nicht stattfand* (Koblenz, 1986), 208ff.; B. J. Bernstein, 'America's Biological Warfare Program in the Second World War', *The Journal of Strategic Studies*, 11 (1988), 292－317.

者和教师由于卷入"第三帝国"的工作而被迫辞职。魏玛共和国几乎没有留下年轻力壮而且清白的学者:其中1/3被驱逐或被杀害,而另外1/3则由于年事已高而未被列入名单。就这样,在1946—1947年后的重建时期,只留下一些年轻而缺乏学术训练的学者来主持工作。德国、德国科学家,以及作为科学用语的德语,全都失去了其在科学共同体中的主导地位。

苏联

苏联的情况则大不相同。在革命之后,立刻就开始了大学与研究的重组工作,并指定苏维埃科学院负责管理和协调这方面的工作。大学更多地是用于提供基本的学术训练,而非进行竞争性的研究。根据马克思主义理论,计划经济是必需的,它认为科学地运用标准程序能保证相对的一致性,即使是在战争年代,它也能最大限度地调动全国的资源。当然,这也导致了执政党封杀各种外国理论的局面,从而成为一些重要实验或发现的屏障。

德国入侵苏联,为西方盟军制造了一个新伙伴,至少是在战争之初,他们将自己的科技成就提供给苏联。特别是在英国,学者乐于将最新的科学发现告知苏维埃科学院。直到战争后期,官方才禁止发布新的研究结果,尽管无法完全禁止。在严格的计划经济体制下,苏维埃也制定了系统的、精确的研究策略,这使其格外重视并以各类研究和物质资源的应用为目标。苏联将研究重点(除了社会科学以外)放在了生物学、物理学、数学和化学。将研究成果用于保卫祖国、抗击纳粹德国,不仅提高了科学家的社会地位,而且也确保了苏联在许多领域与西方发达资本主义国家的发展保持着联系。由于技术和社会的进步受到同等的重视,这也使得理论和实践紧密地联系起来。的确,科学的马克思主义的目标就是,为人民争取更好的物质生活条件,并通过技术应用和规划为未来人类构建坚实基础。 667

美国

在战争爆发后,建立在研究与教学相联系的普鲁士模式之上的美国

高等教育系统，决定了美国的教育与研究发展方式。[61] 1940 年，欧洲战争促进了教育国防委员会（National Committee on Education）的成立。其任务是作为一种预防措施，考虑参战可能对教育系统产生的影响，例如，征召师生入伍对教学和大部分私立学院与大学的财政来源的影响。[62]

总体而言，大学的教育和研究延续着传统的方式，在许多学科中它们已与欧洲的大学并驾齐驱，甚至更先进一些。与英国和意大利相同，但却与德国或法国不同的是，美国的大学也教授技术学科。美国人在追求并促进基础研究与实践应用之间的联系及确保其可能性方面是没有问题的，并已获得了丰硕的成果，尤其是在原子能研究领域。由于美国的学院建立在宽泛的学系之上，而不是建立在与特定教席相联系的研究所之上，这便于研究者就共同任务开展工作。在战争研究方面，大学与军队的合作也比德国有效得多。

1941 年 7 月，美国政府根据重要学者和科学组织者的建议，成立了科学研究与发展局（Office of Scientific Research and Development，OSRD），其职责就是对所有自然科学研究和对战争有重要影响的其他学科的研究负责。个别学科则由分委会负责管理。其中最重要的分委会就是由哈佛大学校长科南特（James B. Conant，1893－1978）担任主席的国防研究委员会（National Defense Research Committee，NDRC），它与军队、企业和所有的大学研究中心都保持着密切的联系。医学研究委员会（Medical Research Committee，CMR）和新武器装备联合委员会（Joint Committee on
668 New Weapons and Equipment，JNW）则相对快捷并有效地补充了学院、企业和军队中的研究组织。[63]

该组织的成功典范就是研制了原子弹。早在 1942 年，在德国陆军机械局（*Heereswaffenamt*）的严格审查下，德国放弃了原子弹计划（从未正式展开），认为它与战局毫不相干，仅是允许威廉皇帝协会对该项目进行

---

[61] 参见第六章；E. Shils，'The Order of Learning in the United States from 1865 to 1920：The Ascendancy of the Universities'，*Minerva*，16，2（1978），159－195.

[62] D. D. Henry，*Challenges Past，Challenges Present：An Analysis of American Higher Education since 1930*（San Francisco，Washington and London，1975），38ff.

[63] K. T. Kompton，'Organisation of American Scientists for the War'，*Nature*，151（29 May 1943），601－606.

基础研究。[64] 同年 8 月,罗斯福总统将“曼哈顿计划”(Manhattan Project)移交给美国陆军部负责。在莱斯利·格罗夫斯(Groves)将军的领导下,芝加哥大学与加利福尼亚大学伯克利分校的原子研究人员携手合作,在橡树岭(Oak Ridge)和汉福德(Hanford)有效地开发了铀和钚,并在洛斯阿拉莫斯制造出了原子弹,于 1945 年 7 月 16 日在阿拉莫戈多(Alamogordo)成功地进行了试验。

甚至在一些更为机密的领域中,这些组织严密、目标明确的组织也取得了令人瞩目的成绩。在自然科学和工程方面进行质量监控和解决生产问题的需要,为统计学的发展提供了额外的推动力。在数学和控制论方面也是如此,它推动了信息社会的技术和社会进步。全球各个角落的频繁战争也促进了欧洲和亚洲的心理学与历史学研究,这也使得美国大学在文化和社会科学以及人文科学中跻身世界领先行列。

后 记

对各个国家情况的描述,体现了二战期间大学中以及与大学相关的科学研究的巨大意义。这是一场史无前例的战争,在研究和科学之外,它还拓展到人类活动的方方面面。从这个角度来说,在二战中,正是“科学战争”和中世纪中期发展起来的欧洲大学制度获得了胜利,战胜了大学之外的其他一切研究活动。这使得人们开始日益思考教育对国家利益的重要意义,甚至在战争期间,英国政府就受到启发,于 1944 年颁布了《教育法》 669
(Education Act)对教育系统进行重组。这也使得在阿尔及尔的法国流亡政府在其他国家召开的大学会议上,开始考虑战后促进大学崛起的措施与改革问题,使其能迎接新的挑战。只有纳粹的官方政策在迷茫中走向了另一条道路,它要么强迫“新欧洲”的知识分子倒向德国一边,要么就简单地终结当地人民的高等教育,尤其是在中欧和东欧。

许多国家的所有人群都被卷入二战,它也产生了比一战更深远、更持久地影响。前线士兵和国内市民都体验到了一种新的共同体。这是因为

---

[64] M. Walker, ‘Legenden um die deutsche Atombombe’, *Vierteljahrshefte für Zeitgeschichte*, 38 (1990), 45－74.

他们愿意互相帮助，互相扶持，克服了纳粹统治带来的风险。这些经历是一战无法企及的，它造就了一种跨越或消灭一切旧有的社会樊篱的意愿。一切愿意为一个自由美好的世界献出生命的人，都可以在战后说，世界是属于他的。它造就了一种新的、能与上流社会享受的教育相媲美的教育制度。在各个国家中，战争的经历都积极地促成了一场新的关于教育制度的辩论，并令人信服地提出了支持建立一个普遍的、基础更为广泛的制度主张。与 19 世纪的大讨论形成鲜明对比的是，它提出了研究的政治责任问题。与研究相关的是要促进尊严与个人的自我价值，而不再是封闭在象牙塔之中。

应用科学的巨大成功，逐渐克服了传统的认为理论科学优于应用科学的偏见。甚至在一战期间，就可以看出，对科学学科和科学进程的过度区分与评价，无论从事实上还是从道义上看，都是有失公正的。重大的新发明和许多可替代性原材料，交通运输的改进，以及以原子弹为集中代表的潜在的破坏力量，甚至是空间旅行，在二战期间及之后，都使人们认识到科学研究对于现代生活的影响范围与力度。大规模的生产与计划相结合，从此之后成为了更美好和更人性化的世界的保障。

670 在某些方面来看，这似乎是始于 19 世纪中叶的自然科学胜利进步到达的顶峰。起初受到怀疑并被视为边缘科学的自然科学和其他医学学科也日益获得尊重。因此，数学、物理学、生物学、化学和其他学科成了新的领军科学，并逐渐将古典科学——历史学和哲学——赶到了边缘。一些承诺通过设计和科学的方法能够分析、塑造现在与将来的人文学科，如社会学、心理学、某些形式的经济学，在一定程度上也被视为科学。

始于 19 世纪的民族主义在一战期间经历了第一次可怕的高涨，并在二战期间纳粹的恐怖统治中达到高潮。这种远远超出了 20 世纪欧洲文明想象的极端恐怖，促使人们开始审视新的社会秩序的需要，以便人们能在一个没有民族差异的世界中安居乐业。我们已讨论过很多不同形式的世界秩序，但其基本信念还是要回到"知识共同体"的古典主义理念，而这一次它也向尽可能多的人——如果不是全人类的话——敞开了大门。这也体现出一种新的公共经验，经历过战争的人们视之为不言自明的真理。正如它是可理解的且特征鲜明的一样，理性与学术往往说明了这一共同

体的目的,并以苏联模式为例,即建立在科学领导与规划基础上的国家制度。甚至在战争期间,西方世界也经常讨论,对科学发现保密的苏联,是否会因为自己被排除在外而不履行这一主张,进而挑起一场新的终极世界大战。

极端民族主义的经历并没有引发人们对于消除教育与大学中的民族差异,甚至是将它们全部消灭的要求。但尽管如此,要让越来越多的人参与学术训练与研究的主张,造就了新型的大学教师和学生。杰出的资产阶级教授逐步让位于年老的、经验丰富的、对实验室和习明纳都得心应手的同事。在服装和习惯方面,师生们都开始模仿美国的榜样。甚至在战争期间,越来越多的女性便出于需要,进入了高等教育领域。对理性不再是某一特定阶级或民族的特权的普遍经验,意味着1945年后大学与研究机构中的社会差别不再重要。因此,面向大众的大学之门已经开启,这也是一条几乎所有国家的必经之路。 671

总之,战争的经验表明,只有合作与可靠的筹划才能保障国家的生存。这也鼓励了早已存在于自然科学之中的主张,即科学的规划是一个神奇的要素。这是不可否认的,也不仅指大型研究。规划也可用于教育和研究领域之外,以便造福人类。好的规划能为尽可能多的人——如果不是全人类——营造自我体验,并使其理解现代科学的福祉。多年后,人们才了解到在战争中至关重要的科学与研究的规划,在和平年代将束缚自由的思想,抑制自由和创造力。这便是下一卷也是最后一卷的主题。

精选文献

Brentjes, B. (ed.) *Wissenschaft unter dem NS-Regime*, Berlin, Bern, Frankfurt-am-Main and New York, 1992.

Charle, C. *La République des universitaires* (*1870—1940*), Paris, 1994.

Charle, C. (ed.) *Les Universités germaniques, XIXe-XXe siècles*, Paris, 1994.

Clark, B. R. (ed.) *The School and the University*, Berkeley, Los Angeles and London, 1985.

Grüttner, M. *Studenten im Dritten Reich*, Paderborn, Munich, Vienna and Zurich, 1995.

Hammerstein. N. *Die Deutsche Forschungsgemeinschaft in der Weimarer Republik und im Dritten Reich 1920—1945*, Munich, 1999.

Heilbron, John L. *The Dilemma of an Upright Man: Max Planck as Spokesman for German Science*, Berkeley, 1986.

Henry, D. D. *Challenges Past, Challenges Present: An Analysis of American Higher Education since 1930*, San Francisco, Washington and London, 1975.

Langewiesche, D. and Tenorth, H.-E. (eds.) *Handbuch der deutschen Bildungsgeschichte*, vol. V: *1918—1945. Die Weimarer Republik und die nationalsozialistische Diktatur*, Munich, 1989.

Lowe, R. (ed.) *Education and the Second World War*, London and Washington, 1992.

Lundgreen, P. (ed.) *Wissenschaft im Dritten Reich*, Frankfurt-am-Main, 1985.

Marwick, A. *Britain in the Century of Total War*, London, Sydney and Toronto, 1968.

McCulloch, G. *Philosophers and Kings: Education for Leadership in Modern England*, Cambridge, 1991.

Nipperdey, T. *Deutsche Geschichte*, vol. I: *Arbeitswelt und Burgergeist*, Munich, 1983.

672 *Deutsche Geschichte*, vol. II: *Machtstaat vor der Demokratie*, 3rd edn, Munich, 1995.

Norrback, M. and Ranki, K. (eds.) *University and Nation: The University and the Making of the Nations in Northern Europe in the 19th and 20th Centuries*, Helsinki, 1996.

Panham, G. K. *Contribution à l'Histoire de la Résistance belge 1940—1944*, Brussels, 1971.

Renneberg, M. and Walker, M. (eds.) *Science, Technology and Nation-*

al-Socialism, Cambridge, 1994.

Ringer, F. K. *The Decline of the German Mandarins: The German Academic Community, 1890—1933*, Cambridge, Mass., 1969.

Schwabe, K. (ed.) *Deutsche Hochschullehrer als Elite, 1815—1945*, Deutsche Führungsgeschichten in der Neuzeit 17, Boppard am Rhein, 1988.

Wallace, S. *War and the Image of Germany: British Academics 1914—1918*, Edinburgh, 1988.

Warmbrunn, W. *The German Occupation of Belgium 1940—1944*, Frankfurt and New york, 1993.

Weisz, G. *The Emergence of Modern Universities in France, 1863—1940*, Princeton, 1983.

673

1812—1944 年间的欧洲大学及其类似机构:年表

瓦尔特·吕埃格

下面列表①根据各大学成立的年代顺序排列:

(1)该表包括了 1812—1944 年间成立的所有大学(甚至是短暂存在的),大学被视为所有高等教育的集合,这是由政府当局建立或认

① 年代表是由 Ulrich Herrmann, Bochum 和编者完成,参阅:Jílek, *Historical Compendium*, 其最初为编委会为《欧洲大学史》准备的手册,并由欧洲大学校长常设会议(CRE)出版;*Minerva*, *Jahrbuch der gelehrten Welt*, 1 (1891—1892)—33 (1838)。对于 1892 年以前每所大学的历史与组织,参见第二卷(1892—1893),直至 1910 年有 *Minerva*, *Handbuch der gelehrten Welt*, Vol. I. Strasbourg, 1911. 一些国家或大学的信息则是由以下各位仔细审查并完成,他们是 Rüdiger vom Bruch (柏林), M. Köhler (科隆), Eva-Maria Felschow (吉森), Gian Paolo Brizzi (佩鲁贾), Giuliana Limiti (罗马), Agostino Sottili (米兰), Carlo Bo (urbino), Wladimir Wladimirowitsch Zacharaow (俄罗斯), José Luis Peset and Mariano Peset (西班牙)。

可,并能够授予一门学科以上学术学位的机构。因此,英国的那些颁发伦敦大学学位的学院没有被列入。1800 年之前建立的大学及其在 19 世纪的发展可以参见第二卷。就所能掌握的资料而言,1800 年之后大学所属四所传统学院在组织方面的变化被列出。

(2)其他重要的高等教育机构,如科技的、商业的、教会的,以及其他一些此期间存在而没有并入大学的专业学校。此类院校仅有部分拥有学位授予权,有些机构根本就不授予学位,如法国的大学校,有些则是后来才获得了这项权利。如果它们被所在地的公共当局认可为仅招收中学生(牧师学校除外)的高等教育机构,本表则将其包括在内。它们在有些国家获得了大学的称号,但只有在除了其专业领域外,至少还要再包括一所其他古典学院的情况下,才会被列入该表中。苏联非大学的高等教育机构,仅在大学部分解散或全部解散的情况下才予以列出。 674

创建日期是根据公共当局所认可的大学或其他高等教育机构法令的日期确定的。字母顺序表将有助于读者在年代表中快速查找所有的高等教育机构。

以下缩写形式表示常用的学术和其他方面的术语:

agr. :农学(agriculture);

c. :世纪(century);

cat. :类型(category);

Cath. :天主教(Catholic);

chem. :化学(chemistry);

éc. :学校(的)(école <de>);

eco. :经济学(和商业)[economics (and commerce)];

eng. :工程学(engineering);

ev. :福音派(evangelical);

f. :建立(founded);

fac.：学院(科、系的)(faculty <of>，facoltà <di>，faculté <de(s)>)；

Hon. ：荣誉(Honours)；

inst.：研究所(院的)(institute <of>)；

math.：数学(mathematics)；

med.：医学(medicine)；

min.：矿业(mining)；

orth.：东正教(orthodox)；

pharm.：药学(pharmacy)；

phil.：文理科(arts and sciences)；

philos.：哲学(philosophy)；

pol.：政治学(political sciences)；

prép.：预备的(préparatoire)；

Prot.：新教(Protestant)；

Sc.：科学(sciences)；

sch.：学校(院的)(school <of>)；

tech.：工艺(technology，engineering)；

theol.：神学(theology，théologie)；

Univ.：大学(的)(University <of>，Universidad，Universidade，Università，Universität，Université，Universiteit)；

vet.：兽医学(veterinary medicine).

大　学

博洛尼亚(BOLOGNA，12 世纪末)：大学 ②：1802 年，归国家。1805 年，归君主。1815 年，归教会。1831/1832 年关闭，1849—1853 年保留考试委员会。1859/1860 年，一级大学(A 类，1923 年③)。院系：哲学和语言学

② 这些缩写表示常用的学术和其他方面的术语。

③ *All univerdhità di prim'ordine/cat*. A 类有四个基础学院：哲学和语言学(从 1868 年起为文学和哲学)，法学，医学和外科学，数学(从 1868 年起为物理学、数学和自然科学)。

（文学和哲学，1868），法学，数学（物理学、数学和自然科学，1868），医学和外科学（1859 年），后合并组建了药学院（1824 年建立），1933 年兽医学院（1851 年建立），④工程学院（1877 年建立），农学院（1903 年建立），工业化学学院（1921 年建立），1937 年经济学和商业研究所（1929 年建立）。⑤

巴黎（PARIS，13 世纪初）：1793 年被查封（与所有法国大学相似）。1795 年，成立公共卫生学院。学院：文学院、理学院、法学院、医学院、天主教神学院、1806 年新教神学院（这两个神学院都在 1885 年被查封）。1896 年，里亚法（LoiLiard）颁布后，大学重建（与所有法国大学相似）。

牛津（OXFORD，13 世纪初）：1852—1854 年、1877 年、1919 年根据国会法令和皇家委员会的建议进行了改革。1871—1893 年成立或重建了六所学院（其中四所是为妇女设立）。1899 年为劳动者成立拉斯金学院（Ruskin College），授予经济学和政治学的大学文凭。1937 年成立第一个男女兼收的学院（Nuffield）。1850 年成立自然科学荣誉学院。

蒙彼利埃（MONTPELLIER，13 世纪初）：1795 年成立公共卫生学校。1803 年药学，1804 年法学。学院：医学院，1808 年文学院（1815 年关闭，1838 年重开），1808 年理学院。

剑桥（CAMBRIDGE，1209—1225 年）：1850（1852）年、1919 年根据国会法令和皇家委员会的建议进行了改革。1800—1923 年成立了四个学院（其中两个是为妇女设立）。1848 年没自然科学的文学士荣誉学位考试。

萨拉曼卡（SALAMANCA，1218/1219 年）：由 *Ley Moyano* 进行改革。学院：哲学与文学院、法学院（1857 年）、理学院、医学院（1903 年）。⑥

---

④ 根据 1933 年 8 月 21 日第 1592 号令，改建为药学和兽医学院。

⑤ 根据 1935 年 6 月 20 日第 1071 号令，1935 年 11 月 28 日第 2044 号令，1936 年 5 月 7 日第 882 号令，改建为学院、其他学校以及研究机构。

⑥ Peset，*Universidad Española*，461-490. 有关 1845 年后十所西班牙大学的院系划分，参见 J.-L. Guereña，'L'Université espagnole à la fin du XIXe siècle. Approche sociologique du corps professoral'，in J.-L. Guereña，E.-M. Fell，J.-R. Aymes（eds.），*L'Université en Espagnole et en Amérique latine du Moyen-Age à nos jours*，vol. Ⅰ：*Structures et acteurs*，Actes du colloque de Tours 12—14 janvier 1990（Tours，1991），227—229.

帕多瓦(PADUA,1222 年):1866 年成立了一级大学(1923 年 A 型)。学院:1924 年政治学院,1933 年药学院,1935 年工程学院(1875 年建立研究所)。

那不勒斯(NAPLES,1224 年):1806－1812 年重建。1861 年成立了一级大学(1923 年 A 型),包括:药学院,兽医学院(1795 年建立),工程学院(1868 年建立),建筑学研究所(1923 年建立),农学院(1872 年在波蒂奇 *Portici* 建立),1935 年经济学与商业学院。

图卢兹(TOULOUSE,1233 年):1804 年法学院,1808 年医学院(1849 年预备医学和药学校,1891 年为学院)。神学院(1885 年被关闭),文学院,1808 年科学院。1826 年兽医学校。

奥尔良(ORLEANS,约 1235 年)。学院:1808 年文学院。1815 年被查封。

锡耶纳(SIENA,1246 年):1808 年被查封。1814 年重开。1851－1859 年与比萨大学合并为托斯卡纳大学。1862 年成为二级大学(1923 年 B 型)。学院:法学院,医学与外科学院,药学校(1933 年为学院)。

瓦拉多利德(VALLADOLID,13 世纪末):学院:法学院,1857 年文学与哲学院(法学的预备学科),1857 年理学院(医学的预备学科)。

676 里斯本(LISBON,1290 年):1825 年外科学院,医学与外科,1836 年药学。1837 年多科技术学院,1858 年文科。里斯本古典大学,学院:医学院,文科院,理学院(包括多科技术学院),1911 年药学院,法学院,1913 年教师教育学院(1930 年改建为文学教育系)

罗马,犹比斯学院(ROME, *studium urbis*,1303 年):1799 年关闭。1801 年重开。1872 年一级大学。还包括:政治学院,1925 年科学院(1924 年建立),1933 年药学院,统计学院,人口统计学院,建筑学研究所(1919 年建立),教师教育学院(1873 年建立),工程学院(1817 年建立)。1935 年分为土木和工业工程,矿业,航空学等学院。

科英布拉(COIMBRA,1308 年):学院:神学院被查封,医学院重组,文科院,理学院,1911 年药学院。

佩鲁贾(PERUGIA,1308 年):1824 年宗座大学。救赎大学(*Libera Univ.*),学院:法学院,医学与外科学院,1863 年物理、自然科学和数学

院（1885 年被查封），药学校，1895 年兽医学⑦（1933 年二者都成为学院），1896 年农业研究所（1935 年为学院）。国立大学（B 型）。1928 年法西斯政治学系。⑧

格勒诺布尔（GRENOBLE，1339 年）：1804 年法学校。学院：1808 年文学院，1811 年理学院，1820 年医学院。

比萨（PISA，1343 年）：1808 年帝国大学中的学院。1814 年为大学。1851 年与锡耶纳大学合并为托斯卡纳大学。1859 年国立大学。1862 年一级大学（1923 年 A 型）。包括：1933 年药学院、兽医学院、医学院，农学研究所（1840 年建立），1935 年工程学院。

布拉格（PRAGUE，1348 年）：1882 年分为德国的卡尔—费迪南德—大学（1920 年德国大学，1939 年帝国大学，1945 年被查封）和塞斯卡大学。卡尔—费迪南德（卡尔 1920 年）在 1939—1945 年被关闭。

佛罗伦萨（FLORENCE，1348 年）：1472 年迁到比萨。皇家高等教育研究所：哲学系，政治学系，医学和外科学系，1859 年药学校。大学（1923/1924 年 A 型）。包括：1933 年药学院，经济学与商业学院，教师教育研究所（1862 年建立），农学院（1913 年建立），1935 年建筑学院（1926 年创建），1938 年社会学与政治学院。

韦斯卡（HUESCA，1354 年）：1808—1814 年被关闭。1845 年最终被查封。

帕维亚（PAVIA，1361 年）：1791—1796 年被查封。1802/1803 年重建，但不设神学院。1840 年测量员、工程师和建筑师研究所合并。1847 年理学院。1848—1851 年被查封。国家大学。1859 年一级大学。药学校（1933 年为学院）。1926 年政治科学院。

克拉科（CRACOW，1364/1400 年）：1795 年关闭。1802/1809 年重开。1815 年亚盖隆大学（*Uniwersytet Jagiellonski*）。到 1939 年哲学院才分为：教育系，1920 年药学系，1923 年斯拉夫学，1923 年医学院中的体育和护理系，1923 年农学院。1939 年大学被查封，183 位教授被关进集中 677
营。1942—1944 年共 800 名学生进入 5 个本科院系。

⑦ G. Ermini, *Storia della Università di Perugia* (Bologna, 1947), 610—622.

⑧ P. Orano, 'La Facoltà Fascista di Scienze Politiche', in *Regia Università degli studi di Perugia* (Rome, 1937), XV, 24—25.

维也纳(VIENNA,1365 年):1819 年新教神学院。大学在 1848—1851 年根据普鲁士大学模式进行重建。哲学院直到 1975 年才分化。

埃尔福(ERFURT,1379 年):1379 年大学馆(最初意义上的大学,*Studium generale*)。1816 年大学关闭。

海德堡(HEIDELBERG,1385 年):1803 年鲁普莱希特—卡尔大学(*Ruperto-carola*)。1807 年天主教神学院搬到弗赖堡,1890 年科学与数学院。

科隆(COLOGNE,1388 年):1798 年被查封。1901 年商学院。1904 年临床科学院。1912 年行政管理与社会工作学院。1919 年由国家重建为地方性大学。学院:经济学与社会学院,医学院,法学院,哲学院,哲学院直到 1955 年才分化。

费拉拉(FERRARA,1391 年):1804 年被查封。1812 年宗座大学。1860 年自由大学。学院:法学院,医学与外科学院(1923 年关闭,1937 年重开前两年的课程),数学、物理学与自然科学院,1860 年药学校(1933 年为学院)。1942 年国立大学。

布达佩斯(BUDAPEST,1395 年):1920 年帕兹马尼·彼得大学(*Pázmány Péter*)。1934 年由经济学院转变为工科大学。

维尔茨堡(WÜRZBURG,1402 年):1802 年犹利斯—马克西米安大学(*Julius-Maximilian-Universität*)。1803 年法学院与医学院从班贝格搬迁,1873 年哲学院分解为:哲学与历史学,科学与数学(1937 年为哲学院,理学院)。

都灵(TURIN,1404 年):1792 年被查封。1800 年重建。1821—1823 年和 1830—1848 年关闭。1862 年一级大学(1923 年 A 型)。包括:1933 年药学院、兽医学院、医学院(1860 年建立),经济学与商业研究所(1906 年建立),农学院,1935 年教师教育学院。

艾克森省(AIX-EN-PROVENCE,1409 年):位于 Marseille 的医学校。学院:1808 年艾克森的神学院(1885 年被查封),文学院,1846 年在艾克森的法学院,1854 年在马赛的理学院。1896 年艾克森—马赛大学。

莱比锡(LEIPZIG,1409 年):1830 年重建。1923 年德雷斯顿的兽医学院合并为学院,1925 年哲学院分解为哲学与历史学系、数学与科学系。

圣安德鲁斯(SAINT ANDREWS,1411 年):1897 年与邓迪大学院(1881 年

建立)合并。

帕尔马(PARMA,1414 年):1831—1854 年被查封。1860 年二级大学。一级大学,学院:法学院,医学与外科学院,数学与科学院(1923 年被查封),1877 年(1923 年 B 型)。还包括药学校,1933 年兽医学院。

罗斯托克(ROSTOCK,1419 年):1923 年法学与经济学院。1945 年哲学院。

鲁汶(LOUVAIN/LEUVEN,1425 年):1797 年被查封。1816 年国立大学。1835 年被查封。1834 年位于马林(Malines)的天主教大学。1835 年搬到鲁汶。

普瓦捷(POITIERS,1431 年):1804 年神学校,1806 年医学校。1808 文学院(1815 年被查封,1854 年重建),1854 年理学院。

卡昂(CAEN,1432 年):1804 年法学校。医学院,理学院,1808 年文学院。 678

波尔多(BORDEAUX,1441 年):1807 年医学校。1808 年神学院(1885 年被查封),理学院,1838 年文学院,1870 年法学院,1874 年医学与药学院。

卡塔尼亚(CATANIA,1444 年):1862 年二级大学。1877 年一级大学(1923 年 A 型)。还包括以下院系:药学,1935 年经济学与贸易研究所(1919 年建立)。

巴塞罗纳(BARCELONA,1450 年):1837 年重建。学院:文学与哲学院,法学院,数学与科学院,医学院,1857 年药学院。

格拉斯哥(GLASGOW,1451 年):根据 1858 年与 1889 年大学(苏格兰)法进行改革,1872 年设科学学士学位。1883 年为女子高等教育建立了玛格丽特女王学院。1885 年造船学教授职位,1887 年日耳曼语言与文学教授职位。1889 年理学院。现代史教授职位,1893 年病理学,1896 年政治经济学,1913 年苏格兰历史与文学。

格瑞夫斯沃德(GREIFSWALD,1456 年):1637—1815 年由瑞典人管理。普鲁士大学,哲学院 1945 年才分化。

布瑞斯高的弗赖堡(FREIBURG IM BREISGAU,1457 年):1807 年天主教神学院从海德堡迁来。1818 年阿尔贝托—鲁道维西安大学。1910 年科学与数学院。

巴塞尔(BASLE,1459 年):1866 年哲学院分为哲学一历史学和哲学一科学两部分(1937 年两部分成为学院)。

帕塞尼(POSZONY/PRESSBURG/BRATISLAVA,布莱斯堡,布拉迪斯拉发,1465 年):1912 年伊丽莎白女王大学。1914 年法学院,1917 年医学院,1918 年哲学院。1919 年搬到布达佩斯和佩奇,位于布拉迪斯拉发的夸美纽斯大学。学院:1919 年医学院,法学院,1921 年哲学院。1939 年斯洛伐克大学。还包括新教神学院(1606 年中学,1881 年神学院,1934 年自治的国立学院),天主教神学院(1936 年建立),1940 年理学院。

热那亚(GENOA,1471 年):1821—1823 年和 1830—1835 年被关闭。1862 年二级大学。1885 年一级大学(1923 年 A 型)。包括:1933 年药学院,工程研究所(1871 年建立),1935 年经济学与商业学院(1884 年建立)。

萨拉戈萨(SARAGOSSA,1474 年):医学院,1843 年被查封。1876 年重建。1854 年神学院,1868 年被查封,文学与哲学院,1857 年法学院,1887 年理学院。

哥本哈根(COPENHAGEN,1475 年):1850 年科学院。

图宾根(TÜBINGEN,1476 年):埃尔旺根天主教大学(Ellwangen,1812 年建立)合并为 1817 年天主教神学院。首先在德国建立理学院(1863 年),经济学院(1882 年)。

乌普萨拉(UPPSALA,1477 年):文科学院 1876 年分解为文科和理学两个部分。

斯古恩匝(SIGÜENZA,1489 年):1807 年关闭。1824 年最终被查封。

阿伯丁(ABERDEEN,1495 年):国王学院(1505 年建立),马里夏尔学院(Marischal,1593 年建立)。1860 年合并为阿伯丁大学。学院:文学院,神学院,法学院,1889 年医学院,1894 年理学院。

阿尔卡拉德埃纳雷斯大学(ALCALÁ DE HENARES,1499 年):1836/1837 年迁到马德里。

巴伦西亚(VALENCIA,1500 年):1810—1812 年被关闭。文学与哲学院(法学的预备学习),理学院,法学院,1857 年医学院。

679 维滕贝格(WITTENBERG,1502 年):1817 年迁到哈勒。

塞维利亚(SEVILLA,1505年):学院:1854年神学院(1868年被查封),法学院,医学院(在卡地斯),1857年文学与哲学院。

托利多(TOLEDO,1521年):1807年被查封,1857年最后一个学院被查封。

圣地亚哥·德·康波斯特拉(SANTIAGO DE COMPOSTELA,1526年):1854年神学院,1868年被查封,法学院,医学与药学院,文学与哲学院(法学的预备学习),1857年理学院(同前者的医学院)。

马尔堡(MARBURG,1527年):1920年菲利普斯一大学。哲学院1964年分出。

格兰纳达(GRANADA,1531年):学院:法学院,药学院,医学院,文学与哲学院(1857年包括科学部分),1932年增设阿拉伯学院。

麦塞瑞塔(MACERATA,1540年):1824年二级宗座大学(1923年B型)。1860年神学院,理学院,1862年兽医学院,1880年除法学院外所有学院都被查封。

奥内特(OÑATE,1540年):1807年被查封。1815年重建。1842年最终被查封。

柯尼斯堡(KÖNIGSBERG,1544年):1860年阿尔贝蒂斯大学(阿尔贝蒂娜,*Albertina*)。1938年理学院。1944年大学被查封。

梅斯那(MESSINA,1548年):1679年被查封。1789年卡罗里诺学院(Collegio Carolino为贵族设立)授权颁发哲学和神学博士学位。1838年大学身份。1862年,二级大学。1885年一级大学(B型)。1923年哲学院被查封。包括:1933年药学研究所,兽医学院,教师教育学院(1920年建立),1936年。

奥苏那(OSUNA,1548年):1807年被查封。1814年重建。1820年停办。

奥里韦拉(ORIHUELA,1552年):1807年被查封。1815年重建。1824年停办。

奥斯马镇(BURGO DE OSMA,1555年):1807被查封。1841年被最终查封。

罗马 格雷戈里纳(ROME Gregoriana,1556年):1773年被查封。1824年重建。1876年教会法学院。1924年高级拉丁文法学校,还包括:圣经研

究所(1909年建立),1928年东方学研究所(1917年建立),传教学院,1932年教会史。

米兰(MILANO,1556年):1859年文理学院。大学(1924年A型),包括:兽医学院(1891年建立),1935年农学院(1880年建立)。

耶拿(JENA,1558年):1815年萨克森学园。1920年下萨克森地区大学。学院:1924年数学与科学院。1934年弗里德里希—席勒大学(*Friedrich-Schiller Univ.*)。

杜埃(DOUAI,1559年):1808年文学院(1815年被查封,1854年重建),1865年法学院。1887年两个学院都迁到里尔(Lille)。

澳洛穆茨(OLOMOUC,1570年):1782年中学。1827年大学。逐渐关闭。1851/1860年神学院变成一个独立的机构,1921年"济利禄与美铎第学院"(*Cyrilometodejká fakulta*)。

奥维亚多(OVIEDO,1574年):法学院,1857年文学与哲学院(预备学习),科学与数学院,政治学院,1895年社会科学院,1899年文学与哲学院(独立学院)。

680 莱顿(LEIDEN,1575年):1811年合并入帝国大学(数学与科学院)。1815年国立高等学校 。1876年国立大学。

巴勒莫(PALERMO,1578年):1862年一级大学(1923年A型)。包括:1933年药学院,工程研究所(1860年建立),1935年经济学与商业研究所。

维尔纳/维尔纽斯(WILNA/VILNIUS,1578年):1803年亚历山大一世大学(*Cesarski uniwersitet imine Aleksandra I*)。1832年被查封(神学院,医学院继续作为一个学院存在,1840年迁到基辅)。波兰的史蒂芬·帕特哥大学(Stephan Batorego)。人文学院,神学院,法学院,社会学院,医学院,1919年艺术学院。1939年被查封。

爱丁堡(EDINBURGH,1582/1583年):学院:神学院,法学院,医学院,文学院,理学院,1896年音乐学院,1929年神学院与新学院(1848年由苏格兰独立教会建立)合并,赫瑞—瓦特学院(1821年以爱丁堡文科与力学研究院为名建立,1854年更名为瓦特研究院与文科学院,1885年与乔治·赫瑞医院合并,更名为赫瑞—瓦特学院,位列"核心研究院",教授艺

术、商贸、技术、矿业、印刷和真菌学课程),1933年成为附属的联合学院。

费尔谟(FERMO,1585年):在18世纪后半叶衰落。1804/1816年作为宗座大学重建。1824年二级大学。1826年被查封。民法、刑法、教会法的教授职位直到1860年才被取消。

福若奈克(FRANEKER,1585年):1811年被查封。1815年国立博物馆。1843年关闭。

格拉茨(GRAZ,1585/1586年):1782年中学。1827年大学。1863年医学院,1939年神学院被查封,哲学院1975年分化。

艾斯克瑞尔(ESCORIAL,1587年):1837年被查封。1892年玛利亚·克里斯蒂高等教育学院。1931—1944年关闭。

都柏林三一学院(DUBLIN Trinity College,1592年):1921/1922年合并入爱尔兰教会教育学院。

卡利亚里(CAGLIARI,1606年):1862年二级大学。学院:法学院,医学与外科学院,数学与科学院,药学校(1933年为学院)。1902年一级大学(A型)。1923年哲学与文学院。

吉森(GIESSEN,1607年):1830—1859年天主教神学院,哲学院分为两个部分:第一部分包括:哲学、语言学、历史学、艺术史;第二部分包括:数学、科学、经济学;每部分都由一名院长负责,不过在1922年举行了全学院的会议。

格罗宁根(GRONINGEN,1612年):1811年数学与自然科学院与帝国大学合并。1813年被查封。1815年成立国立高等专科学校。1876年成立国立大学。

帕德博恩(PADERBORN,1614/1616年):1818年被查封。

萨萨里(SASSARI,1617年):二级大学。1877年成立法学院、医学与外科学院以及药学院。1901年升格为一级大学。(1923年B级)。1934年成立兽医学系。

萨尔茨堡(SALZBURG,1619年):1804年成立医学院。1810年成立声乐系。1850年成立神学院。1938年关闭。

斯特拉斯堡(STRASBOURG,1621年):1795年成立卫生学校。1801年举 681

行清教研讨会。1803 年成立医药学校。1804 年成立法学院、文学院。1808 年成立清教神学院。1871—1872 年成立威廉皇帝研究所。1903 年成立数学与科学院、天主教神学院。1919 年成立斯特拉斯堡大学。1921 年大学设立药学系。大学迁至克莱昂—费兰德。1940—1944 年间,大学为德国大学所取代。

曼斯特(MÜNSTER,1629 年):神学院,哲学院。1818 年成立教师培训中心。1827 年争取大学权利。1902 年成立法学院和经济学院。1907 年成立曼斯特大学。1914 年成立神学院。1925 年成立医学院,1948 年哲学院分裂。

多尔帕特(DORPAT/TARTU,塔尔图)(1632 年):1710 年被查封。1802 年间是俄国仅存的一所德语大学。1820—1859 年教育研究所。1850 年大学的哲学院分裂为历史学院、哲学院和心理-数学院。1893 年大学经历俄国化。1918 年大学撤至甫洛尼斯(Voronez)。1919 年成立爱沙尼亚大学,主要包括神学院、医学院、法学院、数学与科学院、农学院和兽医学系。

乌特勒支(UTRECHT,1636 年):1811 年在帝国大学内部成立中等学校。1815 年成立国立高等专科学校,设数学与自然科学院。1876 年成立国立大学。1925 年设立兽医学系(1820 年成立学院,1917 年正式升格为大学)。

赫尔辛基(HELSINGFORS/HEISINKI,1640 年):1640 年成立瑞典科学院。1811 年成立帝国大学。1828 年大学迁入新都赫尔辛基。1852 年哲学院分裂为人文学院与数学自然科学院两个部分,各由系主任统一管理。1896 年成立经济学系和农学院(1924 年更名为农学与林学院)。1944 年社会学与政治学院。

基尔(KIEL,1665 年):1867 年成立普鲁士基督阿尔伯特大学。1899 年开设国民经济学研讨会(经济学研讨会)。1914 年更名为国际经济学研究所(世界经济学研究所)。1937 年成立海事研究所。1963 年以上两个研究所与基尔大学合并,同时大学内部哲学院分化。

莱姆伯格(LEMBERG/LWOW,利沃夫,1661 年):1805 年查封。1817 年成立(奥地利)弗兰西斯大学。1894 年成立医学院。1919 年成立(波兰)

约翰·卡什米尔大学。1944 年成立(苏维埃)弗朗科大学。

因斯布鲁克(INNSBRUCK,1668 年):1869 年成立医学院,1938 年成立科学院。

隆德(LUND,1668 年):1876 年哲学院分化为人文学院与数学自然科学院。

乌尔比诺(URBINO,1671 年):1824 年成立教会大学,二级学院。1862 年成立省立自由大学,设立法学院、物理学院和数学院(1894 年遭查封)。1892 年成立医药学校(1934 年升格为医药学院),妇科学校(1923 年解散)。1923 年成立自由大学。1937 年成立教师培训学院。

贝桑松(BESANÇON,1691 年):1806 年成立医学校。1808 年成立神学院(1885 年解散)、科学院和文学院。1843 年预科学院、医学院和药学系。

哈勒(HALLE,1693 年):1806—1808 年关闭。1817 年成立哈勒—威登堡大学。1924 年成立自然科学院(包括农学院与医药学院)。

布雷斯劳(弗罗茨瓦夫)(BRESLAU/WROCLAW,1702 年):1811 年与法兰克福大学合并。1910 年成立西里西亚威廉皇帝大学。1937 年成立科学院。

第戎(DIJON,1722 年):1806 年成立法律学校(1808 年成立法学院)。 682
1808 年文学院、科学院。1843 年成立预科、医学院和药物学院。

圣彼得堡/彼得格勒/列宁格勒(ST PETERSBURG/PETROGRAD/LENINGRAD):1724 年学术型大学。1819 年成立帝国大学,开设历史学院、哲学院、物理与数学院以及法学院。1854 年成立东方语言系。1859 年合并了主要的教师培训学院。1861—1862 年大学关闭。1914 年成立彼得格勒大学。1919—1920 年成立国立大学。1920 年成立社会学系、自然科学院(包括建筑学与艺术史学系、语言文学系、社会教育学系、法学系和经济学系)、物理数学院(包括数学与天文学系、物理与天文学系、化学系和生物学系)以及劳工学院。1930—1932 年,大学暂时分化为各个专业学院。1934 年大学重建,⑨学院有数学与机械学院、物理

⑨ 1919—1920 年所有大学都创办了工人学院,1930—1931 年所有大学又都被解散为独立的学科机构,到 1932—1933 年大学又创建(没有医学院)。

学院、化学院、生物学院、地理与地质学院以及历史学院。1944 年学校迁到萨拉多夫(Saratov)。

卡梅里诺(CAMERINO,1727 年):1808 年遭查封。1816 年成立国家大学委员会。1824 年成立二级学院。1861 年成立自由大学,设立法学院、医学和外科学院(1923 年遭查封)。1933 年合并医药学校,设立化学与药物学院,合并兽医学校,开设兽医学系。

哥廷根(GÖTTINGEN,1737):1809 年与黑尔姆施泰特大学(Hemstedt)合并。1866 年在乔治二世的计划下成立哥廷根大学。1922 年成立数学与科学院。

爱尔兰根(ERLANGEN,1743 年):1900 年成立弗里德里希-亚力山大大学。1927 年成立自然科学院。

莫斯科(MOSCOW,1755 年):1804 年成立帝国大学,设有历史与哲学院、物理与数学院、法学院和医学院。1804—1859 年莫斯科第一大学,设有医学院、物理与数学院、社会学院、工人学院(Rabfac,即苏维埃俄国第一所工人学院,1908 年与 Schanjawskij 人民大学联合)。1930 年医学院改组为医学研究所。1934 年大学重建,效法圣彼得堡大学设立学院。

南锡(NANCY,1768 年):1802 年成立文学院(1815 年关闭,1854 年重新招生)。1809 年成立医学校(1872 年设立医学院)。1824 年成立国家水利森林学校。1854 年成立自然科学院。1862 年成立殖民地研究所。1864 年成立法学院。

摩德纳(MODENA,1772/1773 年):1796 年遭查封。1814 年重建。1862 年大学成立二级学院,设立法律、医学、外科学、物理、数学和自然科学院。1876 年成立药学校(1933 年成立药学院)。1878—1924 年间,设立兽医学院(1923 年转为 B 型)。⑩

雷恩(RENNES,1803 年):1803 年成立医学校。1806 年成立法学校。1808 年成立文学院(1815—1838 年关闭)。1840 年成立自然科学院。

卡桑(KASAN,1804 年):1804 年效法莫斯科大学,成立帝国大学,开设学

⑩ C. G. Mor and P. di Pietro, *Storia dell'Universitá di Modena* (Florence, 1975), vol. I, 169—175.

院。1812—1859 年设立教育研究所。1918 年效法莫斯科大学,成立喀山斯基学院(后来的国立大学)。1930 年成立列宁大学。同年大学分裂为医学研究所、化学研究所和科学技术研究所。1931 年成立经济学研究所与法学研究所。1932 年开设航天制造学。1934 年大学重建,开设生物学院、地质学院、物理学院、数学院和化学院。

恰尔科夫(CHARKOV,1804 年):1805 年效法莫斯科大学成立帝国大学。 683
1811—1859 年成立教育研究所。1918 年成为国立大学。1932—1933 年间大学分裂为教育研究所、医学研究所和药学研究所。1934 年大学重建,设立物理学与数学院、化学院、地质学院、地理学院、生物学院和经济学院。1944 年成为高尔基国立大学。

克莱昂—费兰德(CLERMONT-FERRAND,1805 年):1805 年成立医学校。1808 年成立文学院(1815—1853 年间关闭)。1854 年成立自然科学院。1913 年成立法学校。1920 年成立化学与工业技术研究所(1911 年最初设在多姆山,1930 年并入自然科学院)。

里昂(LYON,1808 年):1808 年成立神法学校(1885 年遭查封)。1808 年成立文学院和自然科学院(1815—1833 年两院都关闭)。1808 年成立医学校(1874 年成为学院)。1875 年成立法学院。

鲁昂(ROUEN,1808 年):1808 年成立文学院(1815 年关闭)。1808 年成立神学院(1885 年遭查封)。1821 年成立医学校。1854 年成立预备学校、自然科学校和文学校。

柏林(BERLIN,1810 年):1810 年成立弗里德里希—威廉大学。1806 年成立农业学校,1881 年升格为农学院。1790 年成立兽医学校,1887 年升格为兽医学院。1934 年这两个学院合并为农业与兽医学院。1936 年大学分为两个学院,数学院与自然科学院。

卢布尔雅那(LJUBLJANA,1810 年):1810 年是帝国大学中的一部分,名为莱巴赫大学(*Univ. de Laibach*)。1813 年遭查封。1919 年成为塞尔维亚—克罗地亚—斯洛文尼亚联合王国大学。

克里斯蒂安尼亚(奥斯陆 CHRISTIANIA/OSLO,1811 年):1860 年成立历史与哲学院、数学院和自然科学院。

华沙(WARSAW,1816 年):1817 年学校主体部分更名为皇家大学,下设

神学院、法学和公共管理学院、医学院、哲学院和艺术学院。1831 年学校关闭。1862 年华沙中心学校。1869 年效法莫斯科大学，成立帝国大学，下设学院。1905—1908 年间关闭。1915 年更名为波兰大学。1918 年成立天主教神学院。1922 年成立新教神学系和东正教神学系。1926 年成立人类学院、数学与物理学院、药学院、兽医学院（1920 年降格为系）。1939 年，大学虽然关闭，但仍继续为近 4000 名学生开设近 300 场秘密讲座。

列日（LIÈGE，1816 年）：在荷兰国王的倡导下成立，大学内开设了哲学与文学院、法学院、医学院、自然科学院。1835 年成为比利时大学。

根特（GHENT，1816/1817 年）：1835 年前与列日大学相似。1835 年成立市政工程、艺术与制造学校。1847 年开始设立教师培训机构。1914—1919 年间大学遭查封。1916—1918 年成立佛兰德语凡·毕斯格大学（*Van Bissig Univ.*）。1920 年成立佛兰德语农学院。1923 年大学实现双语教学。1930 年成为佛兰德语大学。

里尔（LILLE，1817 年）：1817 年成立医学校。1854 年成立自然科学院。1875 年成立医学与药学院。1887，法学与文学院由杜埃迁至里尔。

波恩（BONN，1818 年）：1777 年成立马克思科学院。1798 年关闭。1818 年从属弗里德里希·威廉大学。1934 年泡波尔斯多夫农学院（*Hochschule Poppelsdorf*，1847 年开始设立师范学院，1861 年成立农科院）并入农学院。1936 年大学开设数学院和自然科学院。

科孚（CORFU，1823 年）：伊奥尼亚科学院（Ionian Academy）。1823 年成立神学院与医学院（1828—1843 年关闭）。1828 年成立牧师教育学校。1837 年成立市政工程学院（1857 年关闭），1841 年成立药学院。1864 年科孚并入希腊后遭查封。

684 慕尼黑（MUNICH，1826 年）：1800 年大学从恩高达斯特迁入兰茨胡特，1826 年迁入慕尼黑。1865 年哲学院中分化出哲学系、文学与历史学系、数学系和自然科学系（1837 年哲学院成立），1914 年成立兽医学院（1790 年成立研究所）。

达拉谟（DURHAM，1832 年）：1833 年大学成立，学院设神学院、数学院和希腊语学院。1852 年纽卡斯尔的医学和外科学院（1832 年成立）合并入

医学院。1871 年成立达拉谟物理学院,1904 年后更名为阿姆斯特朗学院(Armstrong College,1937 年均合并到国王大学)。1913 年成立商学院。1918 年开始颁发博士学位。

苏黎世(ZURICH,1833 年):1525 年神学院改革。1558 年设立伦理学和自然科学教授职位,1715 年设立瑞士史与政治学教授职位。1802 年设立医学和外科学研究所。1806 年设立政治学研究所。1833 年学院升格为大学。1859 年哲学院分化为哲学系、文学和历史学系、数学系和自然科学系(1902 年设立哲学院第一分院与第二分院),1902 年设立兽医学院。

伯尔尼(BERN,1834 年):1528 年神学院改革。1787 年成立政治学研究所。1797 年成立医学研究所。1805 年升格为学院。1834 年升格为大学。1874 年哲学院分化为哲学系、历史学系、数学系和自然科学系(1921 年升格为学院),以及天主教神学系(教皇无谬性说颁布后)。1900 年设立兽医学系。

布鲁塞尔自由大学(BRUSSELS Free University,1834 年):1834 年由于自由主义思想家和共济会会员共同反对在鲁汶开设天主教大学,布鲁塞尔自由大学因此成立。1834 年成立了哲学院、文学院、法学院、自然科学院和医学院。1842 年成立药学院。1873 年成立应用科学院。1889 年成立政治学院。1894 年成立生理学研究所。1901 年成立社会学研究所。

基辅(KIEV,1834 年):1632 年成立神学院。1805 年在 Kremence 成立了文实中学。1818 年为高中。1832 年学校迁往基辅。1834 年帝国大学圣·弗拉基米尔校区成立了历史学院、哲学院和法学院,并设立了希腊语与罗马天主教神学教授职位。1834—1859 年成立教育研究所。1839—1840 年大学关闭。1842 年维尔那的医学与外科学园升格为学院。1920 年大学分裂为各个研究所,分别有医学研究所、法学研究所、为工人提供职业教育的人民教育研究所,以及社会教育研究所(1930 年研究所分化)。1934 年成为乌克兰国家大学。

伦敦(LONDON,1836):1826 年成立学院。1828 年成立国王学院。1836 年在皇家敕令下成立了伦敦大学,并设立了艺术学院、法学院和医学

院。1898 年颁布《伦敦大学法》，大学扩建了部分的学院、研究所和研究中心。

马德里（MADRID，1836 年）：成立阿尔卡拉德埃纳雷斯大学。1836 年大学迁往马德里，并更名为西班牙中心大学。1854 年成立神学院（1868 年查封）。1857 年成立文学院、法学院、自然科学院、医学院和药学院。学校直到 1970 年才开设博士点。

雅典（ATHENS，1837 年）：1841—1842 年成立药学院，文学研讨班。1904 年成立数学院和物理学院（包括了药学）。

贝尔法斯特（BELFAST，1845 年）：1814 年成立贝尔法斯特研究中心。1835 年成立医学院。1845 年颁发了女皇学院许可证，1849 年成立女皇学院。1850 年与爱尔兰女皇学院在考克郡与高威郡的分院合并。1879 年共同组成了爱尔兰皇家大学，成为一个完整的大学。1882 年取代了女皇学院。1908—1909 年爱尔兰皇家大学被爱尔兰国家大学所取代，原女皇学院组建为女皇大学。1909 年成立了自然科学院，1921 年成立商学院、应用科学和技术学院。1924 年成立农学院。1926 年成立神学院。1920 年牙科学院。

685

曼彻斯特（MANCHESTER，1851 年）：1851 年欧文学院，1872 年合并入曼彻斯特医学院。成员书院（Constituent College，1880 年）联合利物浦的学院（1884 年）和利兹的维多利亚大学（1887 年）共同开设教育学教授职位（英国大学中的先例）。1899 年学院（1914 年系）。1903 年曼彻斯特的维多利亚大学没有设立下属学院，1904 年却合并了欧文学院，开设了艺术学院、自然科学院、法学院、医学院、音乐学院、神学院和商学院。

都柏林（DUBLIN，1854 年）：1795 年梅努斯的圣帕特里克皇家学院（神学院）。1854 年都柏林成立爱尔兰天主教大学，由约翰·亨利·纽曼（John Henry Newman）任校长，1882 年都柏林学院成为爱尔兰皇家大学的成员书院（参见贝尔法斯特）。

雅西（IASI，1860 年）：1640 年学园。1835 年米海尔勒那学园。1860 年大学法学院、东正教神学院（1864 年查封）、哲学与文学院、自然科学院，1879 年成立医学院，1932 年成立农学院（1937 年更名为科学技术学校）。

布加勒斯特(BUCHAREST,1864 年)：1694 年圣萨瓦学园。1818 年圣萨瓦国家学院。1864 年大学成立法学院、哲学院和文学院，1869 年成立医学院，1884 年成立东正教神学院，1921 年成立兽医学院，1923 年成立药学院。

敖德萨(ODESSA,1864 年)：1817 年沙皇亚历山大一世(黎塞留大公)成立黎塞留学校。新俄罗斯帝国大学，1864 年成立历史与文学院、数学院和自然科学院，1897 年成立医学院(1920 年成为独立的研究所)。1920 年大学为人民教育研究所取代，设立职业教育学院和社会教育学院。1930 年研究所瓦解。1933 年国家大学重新成立，开设生命科学院、化学院、物理学院和数学院，1940 年成立地质与地理学院、历史与文学院。

阿格拉姆(AGRAM/ZAGREB,萨格勒布,1869 年)：1669 年成立耶稣学园。1776 年皇家科学园。1869 年弗朗兹一约瑟夫大学，1874 年开设法学院、经济学院、天主教神学院和文学院。1919 年塞尔维亚一克罗地亚一斯洛文尼亚王国大学，成立医学院、农学院、林学院、兽医学院、技术学院、文学院，之后，又重组为文学与历史学院和数学与自然科学院。

日内瓦(GENEVA,1872 年)：1559 年日内瓦学园，1809 年学园内设神学院、文学院、法学院、自然科学院，并开办研究生教育。1872 年升格为大学，1874 年成立医学院，1914 年成立经济学院和社会学院。1927 年成立国际高等教育研究所。1942 年成立翻译学院。

科洛斯堡/克卢日(KOLOSVAR/CLUJ,1872 年)：1556 年单一学院。1581 年耶稣学院。1776 年联合会学院。1872 年弗朗兹一约瑟夫大学，开设法学院、经济学院、哲学院、数学院、自然科学院和医学院(1775 年成为医科学校)。1919 年迁往塞格德(罗马尼亚)，更名为维克多一巴布大学。 686

切尔诺维茨(CZERNOWITZ,1875 年)：弗朗兹一约瑟夫大学，1875 年成立神学院、法学院、经济学院、哲学院、数学院和自然科学院。1918 年大学遭查封。1919—1940 年罗马尼亚大学。

安格斯(ANGERS,1875 年)：1875 年艺术院、法学院。1876 年文学院。1877 年自然科学院。1879 年神学院。1896 年西方天主教大学。

里尔(LILLE,1875 年)：1875 年艺术学院、文学院、自然科学院、医学院、法

学院。1877年天主教大学:神学院、药学院,1880年天主教学院。

里昂(LYON,1875年):1875年艺术学院、法学院。1876年天主教神学院、文学院、自然科学院。1878年神学院。1933年教会法规学院。1935年哲学院。

巴黎(PARIS,1875年):1876年艺术学院(1880年天主教研究所)、法学院、文学院、自然科学院。1878年神学院。1895年哲学院、教会法规学院。

图卢兹(TOULOUSE,1877年):1877年天主教研究所。1878年艺术学院、文学院。1879年教会法规学院、神学院、哲学院和法学院。1882年科技学校。

阿姆斯特丹(AMSTERDAM,1877年):1632年阿姆斯特丹雅典娜学院。1811年帝国大学二级学校。1815年大学中的市政研究所,无研究生招生权,开设数学院和自然科学院。1877年形成完整的大学体系。1922年设立商学院(1935年经济学院)。

斯德哥尔摩(STOCKHOLM,1877年):1863年开设公开讲座。1877年私立斯德哥尔摩学院,设数学系教授、自然科学教授职位。1904年获得自主考试权。1906年设数学与自然科学院、法学院和经济学院。1919年人文学院。

托木斯克(TOMSK,1878年):开学,1888年开设医学院,1898年开设法学院,1917年开设历史与文学院、物理与数学院。1921年历史与文学院遭查封,法学院调整为法学研究所,并迁往伊尔库次克。1930年医学研究所从大学中分立,1931年教育学院从大学中分立。1934年大学重建,开设物理与数学院、生物学院、化学院、地质与地理学院。

阿姆斯特丹自由大学(AMSTERDAM Free University,1880年):1880年开设艺术学院、神学院和法学院。1905年学位被正式得到承认。1930年开设数学与自然科学院。

利物浦(LIVERPOOL,1881年):私立大学、学院,整合为学院,利物浦学校、医院,1881年获得皇家许可状。1884年(曼彻斯特)维多利亚大学的成员书院。1892年开设法学系、渔业实验室。1895年开设建筑学校。1899年开设中学教育系。1903年大学开始授予艺术、自然科学、医学、

法学、外科学、建筑学、工程学位。

弗里堡(FRIBOURG,1889 年):1763 年设立民法教授职位。1818 年法学园。1882 年法学院。1889 年升格为大学,开设法学院和哲学院,1890 年开设天主教神学院[由多米尼克教派(Dominicans)控制]。1896 年成立自然科学院。

洛桑(LAUSANNE,1890 年):1537 年改组为神学院。1837 年成立文学院、自然科学院、法学院、神学院,1869 年工程学院(1853 年成立)合并入工程学院。1890 年大学开设医学院。1901 年社会政治学院。1909 年科学政治研究所。1911 年高等商科学校,囊括了所有的学校与研究所, 687
与法学院合作,1930 年获得独立。

加的夫(CARDIFF,1893 年):威尔士大学中的加的夫校区,包括威尔士爱博雷斯维斯学院(1872 年成立),北威尔士班戈学院(1884 年成立)、加的夫的南威尔士与蒙茅斯郡校区(1884 年成立)。1920 年成立斯温席学院。1931 年威尔士国立医学院。

伯明翰(BIRMINGHAM,1900 年):1828 年伯明翰皇家医学与外科学校,1842 年与女皇学院合并,1886 年西德纳姆学院,1898 年与梅森自然科学院(1875 年由约瑟夫·梅森爵士开办)联合,共同成立梅森大学。1900 年成立伯明翰大学,1917 年获得博士学位授予权。

伊斯坦布尔(ISTANBUL,1900 年):1863 年马德拉萨十四世,科学院。1871 年遭查封。1874 年帝国大学,开办法语授课的法学讲座。1881 年关闭。1900 年帝国大学,开设神学系、艺术学系、数学系、自然科学系、文学系。1924 年伊斯坦布尔大学,开设法学院、医学院、艺术学院和科学院,1925 年伊斯兰神学院。1933 年重建。

诺丁汉(NOTTINGHAM,1903 年):1873 年剑桥大学讲座被引入人民学院(People's College,1798 年成立)。1875 年获得匿名捐赠。1881 年成立诺丁汉大学,1903 年合并。

利兹(LEEDS,1904 年):1874 年约克郡科学院。1878 年约克郡学院(开设艺术教授职位),1884 年与利兹医学校(1831 年建立)合并,1887 年成为曼彻斯特维多利亚大学成员书院。1906 年开设燃油冶金系,1920 年开设法学院。

桑坦德(SANTANDER,1904 年):1890 年马尔奎斯·德·克密亚为培训拉丁裔美国牧师捐赠成立了研讨班。1904 年成立克密亚宗座大学。1935 年重建,开设哲学院、神学院和教会法规学院。

索非亚(SOFIA,1904 年):高等学校,1889 年开设历史西、哲学系、数学与物理学系,1892 年成立法学系(1894 年法学院)。1904 年升格为大学,1918 年开设医学院,1921 年农学院,1923 年开设神学院和兽医学院。

谢菲尔德(SHEFFIELD,1905 年):由 1828 年建立的谢菲尔德学校医学院、1879 年的海湾学院(Firth College)和 1884 年的谢菲尔德技术学校在 1897 年合并成为大学学院。1905 年成为大学,开设艺术学院、基础科学院、医学院、应用科学院、建筑学院和教育学院。

贝尔格莱德(BELGRADE,1905 年):1808 年教师培训学校。1838 年中学。1863 年升格为学院,设立哲学、法学和科学技术教授职位。1905 年升格为大学。1919 年成为塞尔维亚—克罗地亚—斯洛文尼亚王国大学,开设哲学院、法学院、东正教神学院、农学院和医学院。

罗马(ROME *Institutum Pontificum Internationale 'Angelicum'*,1908 年)1580 年圣·托马索书院(*Collegio di San Tommaso*),1727 年开设神学院,招收研究生,1892 年开设哲学院,1896 年开设教会法规专业,1908 年升格为大学。

688 布利斯托尔(BRISTOL,1909 年):布利斯托尔大学(1876 年建立)1893 年合并了布利斯托尔医学校(1833 年成立)。1909 年大学开设了艺术学院、科学院、工程学院和医学院,1933 年开设法学院。

纳沙泰尔(NEUCHATEL,1909 年):学园,1838 年在普鲁士国王、纳沙泰尔王子威廉腓特烈三世支持下成立。1848 年遭查封。1866 年在地方的支持下重建,开设法学院、文学院和自然科学院,1873 年改组神学院,1896 年开设医学预备研究所,1909 年升格为大学。

萨拉托夫(SARATOW,1909 年):尼古拉帝国大学,1909 年开设医学院。1920 年萨拉托夫国家大学,开设医学院、教育学院、社会学院、科学院、法学院(1924 年查封)、经济学院(1926 年查封)。1930—1931 年间,大学分化为医学研究所、法学研究所、教育学研究所、经济学研究所、金融研究所、苏维埃发展研究中心、计划研究所和技术研究所。1934 年大学

重建,开设生命科学院、化学院、物理学院、数学院和地质学院。

雷克雅未克(REYKJAVTK,1911 年):1847 年开办神学习明纳。1876 年开设医学校。1911 年成为冰岛大学,开设神学院、法学院、医学院和哲学院。

德布勒森(DEBRECZEN,1912 年):1538 年加尔文学院。1912 年史蒂芬·迪斯沙大学,开设神学院、法学院和哲学院。

缅因河上的法兰克福(FRANKFURT AM MAIN,1914 年):1901 年威尔姆·梅尔顿建立的社会与商学研究所。合并了森肯堡医学与自然科学研究所(成立于 18 世纪)而成为自治大学,得到了普鲁士政府的承认,1914 年开设法学院、医学院、哲学院、科学院、经济学院和社会科学院。1932 年更名为约翰·沃尔夫冈·歌德大学(法兰克福大学)。

穆尔西亚(MURCIA,1915 年):1929 年被无效查封。

顿河畔罗斯托夫(ROSTOV ON THE DON,1915 年):1915 年从华沙逃来大量遭到迫害的学生和教师组建顿河大学。1920 年顿河国立大学成立了教育学院(包括数学和物理学系)、社会科学院(包括法学和经济学)和医学院。1930—1931 年间,大学分化为医学研究所、经济学与金融研究所和教育研究所。1942 年大学重建,开设地质学院、物理与数学院、化学院、生物学院,并迁往吉尔吉斯。1944 年又迁回罗斯托夫。

奥布(ÅBO (TURKU 图尔库),1917 年):瑞典人捐赠新建奥布学园,1917 年开设科学院、人文学院、政治科学院,1919 年开始招生,1920 年设立化学技术学院,1924 年开设神学院,1927 年与高等商科学校联合。

彼尔姆(PERM,1917 年):1916 年为圣彼得堡大学的一个系。1917 年自治。1920 年国家大学,开设医学院、农学院、教育学院。1930 年以院为单位划分为研究所。1932 年大学重新招生,开设生命科学院、化学院、物理学和数学院、地质学院。

蒂布利斯(TIFLIS,1918 年):1918 年格鲁吉亚大学(私立)。1920 年国家大学,开设教育学院(前身为哲学科学院)、医学院和社会科学院。1930 年大学分化为教育研究所、医学研究所和农学研究所。1933 年大学重建,开设数学院、生命科学院、地理学院、地质学院,1934 年开设格鲁吉亚语学院、文学与历史学院,1935 年开设物理学院。

689 叶卡捷琳斯拉夫(斯维尔德洛夫斯克 JEKATER1NOSI. AW/DNJEPRO-PETROWSK,1918年):1916年女子高等医学校。1918年升格为大学,开设历史与文学院、物理与数学院、法学院。1930年大学分化为社会教育研究所、职业教育研究所、物理研究所、化学研究所、数学研究所和自然科学研究所。1933年大学重建,开设物理与数学院、化学院、地质学院、生命科学院、经济学院。1941—1944年大学遭查封。

下诺夫哥罗德(高尔基 NISNIJ-NOWGOROD/GORKIJ,1918年):国家大学,1920年开设医学院、机械学院和化学院。1930年大学分化为医学研究所和力学研究所。1932年大学重建,开设生命科学院、化学院、物理学院和数学院。

斯摩棱斯克(SMOLENSK,1918年):1918年国家大学,开设医学院、教育学院(1930年这两个学院都获得了自治)。1930年共产主义大学。

彼得格勒/列宁格勒(PETROGRAD/LENINGRAD,1918年):1921年共产主义 Zinov'ev 大学。1926年斯大林大学。

莫斯科(MOSCOW Ⅱ,1918年):1872年女子高等教育研究所(1886—1900年间被查封)。1918年第二国家大学,开设医学院、化学和药学院、教育学院。1930年大学解散,学院转变为研究所。

伊尔库茨克(IRKUTSK,1918年):国立大学,开设医学院、社会科学院、教育学院。1930—1931年大学解散,学院转型为苏维埃发展研究所。1931年大学更名为东西伯利亚国家大学,重新招生,开设生物学院、地质与地理学院、物理与数学院。

塔什干(TASCHKENT,1918年):1918年塔什干人民大学(中亚第一所大学),1923年开设医学院、农学院、灌溉工程学院、物理与数学院、社会科学院。1930—1931年间大学分化为医学研究所、工业研究所、教育研究所、农业研究所、经济学与金融研究所、灌溉工程研究所。1932年大学重新招生,开设生命科学院、物理与数学院、化学院。

沃罗内什(WORONESH,1918年):1918年大学由塔尔图迁往沃罗内什,开设医学院、历史与文学院、物理与数学院、法学院(1919年更名为社会科学院)。1930—1931年大学分化为医学研究所、教育研究所和经济学研究所。1932年大学重新招生,开设生命科学院、化学院、物理与数学

院、地质与地理学院。

华沙波兰自由大学(WARSAW Free Polish Univ,1919 年)：1906 年私立学院。1919 年大学开设数学与自然科学院，人文学院、政治与社会科学院、教育学院，1921 年开设管理学院，1925 年社会与教育工作学院，1927 年市政管理学院，1928 年在罗兹开办了四个学院。1933 年成为波兰自由大学。1933—1945 年间大学关闭，进行秘密教学。

巴库(BAKU,1919 年)：1919 年国立大学(在俄罗斯和土耳其办学)，开设医学院、历史与文学院(1930 年这两个学院都成为独立的研究所)、物理与数学院。1934 年吉洛大学(S. M. Kirow Univ.)，开设社会科学院、化学院、生命科学院、物理学与数学院。

布尔诺(BRNO,1919 年)：1919 年马萨利克大学，开设法学院、医学院，1920 年自然科学院，1921 年哲学院。1939—1945 年间关闭。

汉堡(HAMBURG,1919 年)：1895 年殖民地研究所。1919 年升格为大学(1933—1945 年汉撒大学)，开设法学与经济学院、医学院、文学院和自然科学院。1926 年设环境研究中心。

波兹南(POZNAN,1919 年)：1919 年开设经济学院、法学院和哲学院， 690
1920 年开设医学院，1922 年开设农学院和林学院，1924 年文学院分化为人文学院和数学与自然科学院。1933—1944 年间大学关闭，有秘密讲座。1941—1944 年波兰帝国大学，只招收德国人。

里加(RIGA,1919 年)：1862 年技术学校。1919 年拉脱维亚大学，开设农林学院、化学院、市政力学工程学院、建筑学院、哲学与文学院、神学院、医学与牙医学院、兽医学院、数学与自然科学院、法学院以及经济学院。

莫斯科(MOSCOW,1919)：共产主义斯维尔德洛夫大学(Communist M. Sverdlov—Univ.)。

卢布林天主教大学(LUBLIN Cath. Univ. ,1920 年)：天主教大学(1920 年)，1918 年由华沙主教建立，并得到了教皇的特许状。1920 年开设神学院、教会法规学院、法学与经济学学院、社会学院、人文学院。1938 年开始由政府接管，并开始颁发学位。1939—1944 年关闭，进行秘密教学。

土尔库(TURKU,1920 年)：1920 年私立的芬兰大学，1922 年开设自然科

学院与人文学院,1943 年开设医学院(得到了国家的资助)。

米兰圣心天主教大学(MILAN Univ. Cattolica del Sacro Cuore,1920 年):1924 年自由大学,1925 年与教师培训中心联合。1926 年开设法学院、文学与哲学院。1932 年开设政治学院、经济学与商学院(1926 年开设了商科学校),1944 年开设了统计学院(1932 年统计学校)。

萨马拉(古比雪夫 SAMARA/KUJBYSHEW,1920 年):1920 年市政大学,开设医学院。1930 年转型为研究所。

叶卡捷琳斯拉夫(斯维尔德洛夫斯克 JEKATERINOSLAW/SWERDLOWSK,1920 年):1916 年矿业研究所。1920 年国立大学,开设医学院(1925 年医学研究所)、化学与冶金学院、地质矿产学院。1925 年转型为乌拉技术学校。1931 年大学重新招生,开设物理与数学院、化学院和地质学院。1936 年更名为高尔基大学。

埃里温(EREWAN,1920 年):1920 年开设医学院、农学院、工程学院和社会科学院(1930 年全都转型为研究所)。1933 年大学重新招生,开设历史与文学院、经济学院、化学院、物理与数学院、生命科学院、地质与地理学院、法学院。

明斯克(MINSK,1921 年):1921 年白俄罗斯国家大学,开设医学院、教育学院和社会科学院。1930 年大学分化为医学研究所,1931 年分化出法学研究所、经济学研究所、科学技术研究所。1934 年大学重新招生,开设生命科学院、化学院、物理与数学院。

莫斯科(MOSCOW,1921 年):为西部少数民族开设的共产主义大学。

莫斯科(MOSCOW,1921 年):为东部人民开设的共产主义大学。

瓦莱塔(VALLETTA,1921 年):1592 年耶稣会学院。1674 年解剖学校。1769 年成为大学。1921 年马耳他大学,开设文学院、自然科学院、工程与建筑学院、法学院、神学院与医学院。

佩奇(PECS,1921 年):1367 年大学馆。1400 年消亡。1777 年杰尔哲学与法学园。1785—1802 年间,迁往佩奇。1921 年波佐尼/布拉迪斯拉发大学迁往佩奇,1923 年大学开设清教神学院、法政学院、医学院、哲学院(1940 年被查封)。

691 塞格德(SZEGED,1921 年):1921 年克路治大学迁往塞格德,开设法政学

院、医学院和哲学院。

考纳斯/考诺(KAUNAS/KOWNO,1922 年)：1920 年私立高等研究所。1922 年立陶宛国立大学,开设神学与哲学院、人文学院、法学院、自然科学院、医学院、技术学院。1939 年遭查封。1940 年苏维埃国立大学。

弗瓦迪沃斯托克(WLADIWOSTOK,1923 年)：1923 年远东大学,开设东方语言学院(1899 年成立研究所)、教育学院、工程学院和农学院。1930 年大学解体,工程学院和农学院转型为研究所。1932 年大学重新招生,开设东方语言学院、物理学院和化学院。1939 年大学关闭,学生分流到托木斯克、斯维尔德洛斯克、沃罗内什。

奈梅亨(NIJMEGEN,1923 年)：1923 年天主教大学,开设哲学院、哲学院和法学院。

巴里(BARI,1923 年)：1580 年耶稣会学院(1767 年分解)。1770 年皇家学院。1816 年获得颁发低级学位资格的中学。1923 年升格为大学(B 型),开设医学与外科学院,1925 年法学院,1933 年药学院(1923 年药科学校)、1935 年经济学与商学院(1886 年成立研究所)。

米兰(MILAN,1556 年)：1859 年人文社科学院。1924 年大学,开设法学院、文学与哲学院、医学院与自然科学院,1933 年兽医学院(1891 年成立),1935 年农学院(1870 年成立研究所)。

的里雅斯特(TRIESTE,1924 年)：1877 年帕斯瓜乐·罗沃尔塔勒男爵建立的高等商科学校。1920 年经济学与商业管理研究所。1938 年经济学商业研究大学(1924 年 B 型),大学,开设法政学院,1942 年开设航海工程学院,1943 年开设文学与哲学院。

塞萨洛尼基(THESSALONIKI,1925 年)：1907—1912 年法学校。1925 年希腊大学,1926 年开设哲学院,1927—1929 年开设法学院与经济学院,1928 年开设数学与自然科学院,1937 年开设农林学院,1941—1942 年开设神学院与医学院。

雷丁(READING,1926 年)：大学的下属学院,1892 年为支持牛津大学的科学与艺术讲座而设立的二级学院。1898 年雷丁学院,1902 年大学,1926 年开设文学院、自然科学院、农学园艺学院。

撒马尔罕(SAMARKAND,1933 年)：1933 年乌兹别克斯坦国立大学,开设

医学院、经济学院、物理与数学院、化学院、生命科学院和人文学院。

奥胡斯(AARHUS,1934 年):1928 年由国家和地方共同资助下的私立大学,1934 年大学,开设人文学院、医学院、法学院和经济学院。

阿拉木图(ALMA-ATA,1934 年):1934 年哥萨克科洛国立大学,开设化学院、物理学院和生命科学院。

萨拉曼卡宗座大学(SALAMANCA Univ. Pontificia,1940 年):开设神学院与教会法规学院。

其他重要高等教育机构

不伦瑞克,技术(BRAUNSCHWEIG,Tech. ,1745 年):1745 年科学技术研究大学堂(在法国战争其间,为军事研究所),1814 年重建。1862 年赫佐里奇理工学校,工程学系,贸易和人文系,1877 年卡洛-维尔海米纳理工学校,1900 年获得学位授予权,1936 年开设航空航天系。

692 谢默尼茨(SCHEMNIZ/SELMECBANYA BANSKA STIAVNICA, Min. ,塞尔梅克班雅,班斯卡·什佳夫尼察),矿业(1763 年):1735 年谢默尼茨(塞尔梅克班雅)的矿业学校,1770 年矿业学院,1836 年矿业与林业学院;匈牙利皇家矿业与林业学院,开设矿业学系、非铁金属冶炼系、钢铁工程系、力学工程学、建筑学系、林学系;1919－1920 年间大学瓦解,矿业学系、冶金学系和林学系等先后迁往索普朗和米什科尔茨,然而仍旧是一所保留的非匈牙利因素专业性学校。

弗赖贝格,矿业(FREIBERG, Min. ,1765 年):1765 年萨克森矿业学园,1899 年理工学院,1905 年开始颁发博士学位。

圣彼得堡,矿业(ST PETERSBURG, Min. ,1773 年):1773 年矿业学校,1834 年矿业研究所,1866 年重组。

维也纳,兽医学 (VIENNA, Vet. ,1777 年):1765 年马科类医学与外科学校,1777 年兽医院(教学型),1812 年大学,开设兽医学系;1852 年成立独立的学院,1897 年军事兽医研究所与兽医学院,1908 年获得学位授予权,1919 年兽医学院。

哥本哈根,兽医/农学(COPENHAGEN, Vet. /agr. ,1777 年):1773 年私

立兽医学院，1777 年获得皇家特许状，1858 年皇家兽医学院，开设基础理学院、食品与乳制品学院。

卡萨（KASSA/KASCHAU/KOSICE，Law，卡绍，科希策），法学（1777 年）：1657 年大学馆，1660 年卡绍大学，法学研究所，1777 年设法学与哲学教授职位，1850 年皇家法学院，1919 年大学关闭。

汉诺威，兽医学（HANOVER，Vet.，1778 年）：1778 年兽医学校，1887 年兽医学院，1910 年开设颁发博士学位。

巴黎，技术（PARIS，Tech. ，1794 年）：1794 年公共事业中心学校。

巴黎，技术（PARIS，Tech.，1795 年）：1747 年测量局，1775 年路桥学校，1794—1795 年国家路桥学校。

巴黎，技术（PARIS，Tech. ，1794 年）：理工学校。

巴黎，文理科（PARIS，Phil. ，1794 年）：1794 年师范学校（高等教师培训学校），1794 年动乱四个月后关闭，1808 年被师范女子寄宿学校所替代（主要为法兰西学院、理工学校和自然历史博物馆的职业研究人员提供住宿），1822 年关闭，由地方师范学校所取代，1826 年初等学校，1830 年师范学校（1845 年高等师范学校），1903 年与大学共同举行入学考试；1881 年塞弗勒女子高等师范学校。

圣彼得堡，技术（ST PETERSBURG，Tech. ，1797 年）：东正教神学院。

卡桑，神学（KASAN，Theol，1798 年）：东正教神学院。

莫斯科，医学（MOSCOW，Med. ，1798 年）：1708 年、1733 年军事医院中的学校，1798 年医学与外科学院，1808 年开设医学系、药物学系和兽医学系。

柏林，技术（BERLIN，Tech. ，1799 年）：1799 年建筑学院。1821 年技术学校。1827 年工艺研究所。1866 年学院，1879 年科技学院；1884 年《居住法》颁布，1899 年开始颁发博士学位；1913—1916 年与矿业学院（1770 年成立）合并；1922 年与一系列学院合并重组，开设普通科学学院（包括数学、物理学与经济学），市政学院、机械工程学院（包括电子技术和航天航空航海技术）。 693

卡林金，医学（KALINKIN，Med. ，1802 年）：1783 年医学、外科学校，1802 年帝国医学外科学研究所。

圣彼得堡，农学(ST PETERSBURG, Agr. ,1803 年)：1803 年帝国林学研究所。

巴姆堡，神学 (BAMBERG, Theol. ,1803 年)：1648 年神学院，获得大学权利。1803 年神学哲学院，1809 年开设医学外科学校，1923 年神学哲学校开始培训教士，1939—1945 年间关闭。

圣彼得堡，医学(ST PETERSBURG, Med. ,1808 年)：1733 年军事医院中的两所医学校，1798 年医学与外科学院，1800 年开始招生，1808 年帝国学院，开设医学系、药物学系和兽医学系。

圣彼得堡，技术(ST PETERBURG, Tech. ,1809 年)：1809 年亚历山大一世道路水利工程研究所；1842 年重组；1866 年专门研究所。

比萨，文理科(PISA, Phil. ,1810 年)：1810 年效法巴黎模式开设高等师范学校，1813 年关闭，1846 年重建，1928—1933 年重组。

莫斯科，经济学(MOSCOW, Eco. ,1810 年)：莫斯科批发工商业协会资助下开办的商科学院。

格拉茨，技术(GRAZ, Tech. ,1811 年)：1811 年约翰大公资助下开办的自然与技术科学学校。1864 年技术学院。1871—1872 年市政学校、机械工程学校、化学校和农学校。1874 年技术学院，1901 年获得学位授予权。

埃佩耶斯(EPERJES/PRESOV, Theol. ,普雷绍夫)，神学(1811 年)：1665 年大学馆。1811 年新教的法学园。1873 年新教神学园，联合法学院、公共管理学院和教师培训学院。1919 年被查封。

莫斯科，神学(MOSCOW, Theol. ,1814 年)：1685 年希腊—斯拉夫神学校。1701 年斯拉夫—希腊—拉丁学院，1814 年东正教神学院。

布拉格，技术(PRAGUE, Tech. ,1815 年)：1717 年联合大学中的工程学教授，设有军事和市政工程学专业。1806 年合并理工学校，在大学中开设理工学院。1815 年从大学中独立。1829—1832 年重组。1836 年分化。1868 年德意志与捷克技术学校。1879 年德意志理工学校(1945 年查封)，1879 年捷克斯洛伐克技术学校。1920 年捷克技术学院，1939—1945 年关闭。

莫斯科，文理科(MOSCOW, Phil. ,1815 年)：1815 年拉迦诺东方语言研

究所。

维也纳,技术(VIENNA, Tech.,1815):1815 年技术学校。1872 年技术学院,开设市政学系、机械工程学系、建筑学系、化学系、数学与物理学系(1928 年升格成学院)。1901 年获得学位授予权。

华沙,农学(WARSAW, Agr.,1816 年):1816 年华沙周围的玛丽蒙特研究 694
所,1861 年迁往新亚历山大里亚。

斯德哥尔摩,医学(STOCKHOLM, Med. ,1816 年):1663 年医学院,医生的考试机构(后来也开始教授医学科目),1810 年卡罗林斯卡医学与外科学研究所,1816 年卡罗林斯卡研究所。

巴黎,矿业(PARIS, Min. ,1816 年):1783 年矿业学校。1790 年关闭。1794 年重建。1802—1814/1815 年间,先后在萨尔州开办了煤铁学校,在萨瓦依开办了铜盐学校。1816 年巴黎矿业学校。

霍恩海默,农学(HOHENHEIM, Agr.,1818 年):1818 年皇家农学教育与研究学院。1847 年学院。1904 年农业大学。

基辅,神学(KIEV, Theol. ,1819 年):16 世纪,开办了斯拉夫、拉丁和波兰的文书学校,1819 年东正教神学院。

卡尔斯鲁厄,技术(KARLSRUHE, Tech.,1852 年):1825 年威布瑞嫩建筑学校(1800 年)、图拉工程学校(1808 年),以及 1825 年与一所理工学校、1865 年与某理工学院联合开办理工大学,开设建筑学系、市政学系、机械学系、电子工程学系、化学系(包括药物学)、普通教育学系。1889 年获得学位授予权。

布雷达,军事(BREDA, Mil.,1826 年):1826 年军事学校。1830—1836 年关闭。1940 年暂时迁往爪哇万隆(荷兰的东印度殖民地)。

斯德哥尔摩,技术(STOCKHOLM, Tech.,1827 年):1798 年职业学校。1813 年学院。1827 年皇家技术研究所。1876 年皇家科技大学。1927 年获得学位授予权。

德累斯顿,技术(DRESDEN, Tech.,1828 年):1742 年工程学园。1766 年炮兵学校。1816 年军事学园。1828 年技术学院。1851 年科学技术学校。1871 年技术学院。1890 年理工大学,开设建筑学系、市政学系、机械学系、化学工程学系、自然科学系。1900 年获得学位授予权。1924 年

合并了教师培训学院。1941 年合并了一所林学院(1786 年成立)作为其所属学院。

登海尔德,军事(DEN HELDER, Mil. ,1829 年):1829 年梅德布雷克皇家海军研究所。1850—1854 年与布雷达军事学院联合。1854 年迁往登海尔德附近的威廉斯奥德。1940—1945 年间关闭。

斯图加特,技术(STUTTGART, Tech. ,1829 年):1773 年军事学园。1775 年霍尔-卡尔斯学校。1781 年升格为大学。1794 年查封。1829 年联合语法学校、现代职业学校。1840 年技术学校。1876 年理工大学,开设建筑学系、市政学系、机械学系、化学工程学系、数学系和自然科学系。1895 年开设电学工程研究所、物理与化学研究所。1922 年 X 射线研究所。

哥本哈根,技术(COPENHAGEN, Tech. ,1829 年):1829 年丹麦理工大学。

汉诺威,技术(HANOVER, Tech. ,1831 年):1828 年中等职业学校。
695 1831 年高等职业学校。1847 年理工学校。1879 年理工大学。1899 年颁发博士学位。1922 年开设自然科学院、机械工程学院。

那慕尔,文理科(NAMUR, Phil. ,1831 年):1831 年学院、巴黎圣母院大学,1833 年开设文学与哲学院,1929 年颁发博士学位。

莫斯科,技术(MOSCOW, Tech. ,1832 年):1832 年科学技术学校,开设机械学系、技术学系。1912 年莫斯科技术学校。1920 年莫斯科职业技术学校。

马德里,矿业(MARDID, Min. ,1835 年):路桥工程学校。

开姆尼茨,技术(CHEMNITZ, Tech. ,1836 年):矿业工程学校。1796 年技术制图学校。1836 年皇家工艺学校。1900 年 *Gewerbeakademie*。1929 年国立技术学院。

莱昂本,矿业(LEOBEN, Min. ,1840 年):1840 年弗登堡矿业学园。1849 年迁往莱昂本。1861 年工业学院。1904 年矿业高等学院,获得学位授予权。1935—1937 年并入格拉茨科技理工大学。

华沙,兽医学(WARSAW,Vet. ,1840 年):1840 年兽医学研究所。1915 年迁往 Nowtscherkassk。

代夫特,技术(DELFT, Tech. ,1842 年):1842 年皇家市政工程学园。1864 年皇家技术学院,开设工程技术系、市政学系、结构学系、海事系、机械学与矿业工程学系。1905 年工程技术大学。

圣彼得堡,神学(ST PETERSBURG, Theol. ,1842 年):罗马天主教研讨班,由威尔那迁往圣彼得堡。

圣彼得堡,技术(ST PETERSBURG. Tech. ,1842 年):1842 年建筑学校。1882 年市政工程研究所,开设建筑学系和市政工程学系。

马德里,技术(MADRID, Tech. ,1844 年):建筑学校。

莱姆伯格(利沃夫),技术(LEMBERG/LWOW, Tech. ,1844 年):1817 年加里西亚第一所实科中学。1835 年分解为技术学校和商科学校。1844 年学园。1872 年理工大学。1939 年被查封。

莫斯科,农学(MOSCOW, Agr. ,1845 年):1845 年 Petrovskoje Razumowskoje 农学院。1891 年开设农学研究所、农学系和水利工程学系。1913 年开设渔业系。

奥东的比亚维西奥萨,矿业(VILLAVICIOSA DE ODON, Min. ,1846 年):1846 年高等工程学校。1870 年迁往埃斯科里亚尔。

多尔帕特(塔尔图),兽医学(DORPAT/TARTU, Vet. ,1848 年):1848 年兽医学研究所。

布尔诺,技术(BRNO, Tech. ,1849 年):1849 年(德意志)技术学校。1867—1870 年技术研究所。1873 年德意志理工大学,开设市政学校、机械学校、化学工程学校和普通学习学校。1945 年查封。1899 年捷克技术学校。1939—1945 年被查封。

恰尔科夫,兽医学(CHARKOW, Vet. ,1850 年):1850 年兽医学研究所。

马德里,技术(MADRID, Tech. ,1850 年):工业工程学校。

萨尔茨堡,技术(SALZBURG, Tech. ,1850 年):1620—1625 年大学,1810 年文科中学,哲学部门(1850 年查封),1850 年技术学科成立学院,1938—1945 年关闭。

维也纳,神学(VIENNA, Theol. ,1850 年):1819—1820 年清教神学院,1850 年开设分支学科,1861 年获得学位授予权。 696

布达佩斯,兽医学(BUDAPEST, Vet. ,1851 年):1786 年在大学医学院中

设兽医学教授职位。1851 年独立。1890 年匈牙利兽医学院。1934 年并入理工大学。

安特卫普，经济学(ANTWERP, Eco. ,1852 年)：国家高等商科学院。

坎彭，神学(KAMPEN, Theol. ,1854 年)：1854 年改革派神学院。

苏黎世，技术(ZURICH, Tech. ,1855 年)：1855 年技术学校(1911 年技术学院)，开设建筑系、市政系、机械学系、化学工程系、林学系和教育学系。1866 年物理与数学系。1871 年农学系。1899 年军事科学系。1908 年药学系。1935 年电子工程学系。(1908—1909 年间除了普通教育外，都获得博士授权。)

阿兰胡埃斯，农学(ARANJUEZ, Agr. ,1855 年)：1855 年初级农业学校。1869 年迁往马德里。

布达佩斯，技术(BUDAPEST, Tech. ,1856 年)：1782 年地质水利研究所。1846 年职业学校。1856 年约瑟夫技术学校。1871 年约瑟夫理工大学。1934 年约瑟夫·帕拉丁经济学与科学技术大学。1945 年被查封。

米兰，技术(MILAN, Tech. ,1862 年)：高等实科技术学院，1862 年合并入市政应用工程学院。1865 年开设建筑学(1933 年升格为学院)。1897 年电子工程学院，1897 年开办造纸研究型实验室。1908 年纺织与冶炼实验室。1923 年米兰皇家技术学院。

里加，技术(RIGA, Tech. ,1862 年)：1862 年技术研究所，亚历山大二世效法德意志理工大学建造，开设农学系、化学系、市政机械工程学系、建筑学系和商学系，以德语授课，1870—1917 年间以俄语授课。1919 年合并入立陶宛大学。1939 年被查封。1944—1945 年里加技术学院。

圣彼得堡，技术(ST PETERSBURG, Tech. ,1862 年)：1828 年技术学校。1862 年尼古拉一世开办的技术研究所，开设机械学系和化学系。

克劳斯塔尔，矿业(CLAUSTHAL, Min. ,1864 年)：1775 年为赫布塔兹矿区培养高级监督人才。1810 年重组为矿业学校。1864 年分解为中学和学院。1897 年后者获得学位授予权。1912 年升格为大学。1939—1945 年遭查封。

圣彼得堡，农学(ST PETERSBURG, Agr. ,1864 年)：1843 年高尔基地区“光荣的高尔基”农学院，1864 年迁往圣彼得堡。

圣彼得堡，神学（ST PETERSBURG，Phil. ，1867 年）：1867 年帝国学院，历史学和哲学（教师培训学院）。

威尼斯，经济学（VENICE，Eco.，1868 年）：1470 年大学馆。1868 年由于帕多瓦经济学金融与语言文法学院的成立而衰落。1926 年开设高级建筑学院。

巴黎，神学（PARIS，Phil. ，1868 年）：1868 年实用高等教育学校，开设历 697
史学与文学、数学、物理学、化学和自然科学等学科课程（后三者仅仅是名义上的），1886 年开设宗教课程。

慕尼黑，技术（MUNICH，Tech.，1868）：1827 年中央理工学校。1868 年理工学院，1872 年开设基础科学系、建筑学系、市政学系、机械工程系、化学系和农学系。1877 年巴伐利亚技术学院。1910 年获得学位授予权。1922 年合并贸易学院（1910 年成立），开设经济学。1928 年合并酿造与农学校（1803 年成立于维森），开设酿造专业。

亚琛，技术（AACHEN，Tech. ，1870 年）：1865 年在大卫·汉森曼的资助下成立技术学校。1870 年开始招生，1879/1880 年理工学院，开设建筑学系、市政学系、机械工程学系、化学系、矿学与冶金学系、数学系、自然基础科学系。1899 年获得学位授予权。1939—1940 年讲座遭查封。

巴黎，政治学（PARIS，Pol.，1872 年）：私立技术学校。

维也纳，农学（VIENNA，Agr. ，1872 年）：1813 年马里亚布纳的林学校。1872 年维也纳土壤学院。1878 年合并了马里亚布纳的林学院中的农学系。1906 年获得学位授予权。

维也纳，哲学（VIENNA，Phil.，1873 年）：1867 年东方学院。1873 年东方语言研究所（阿拉伯语、波斯语、土耳其语、西伯来语、俄语、保加利亚语）。1920 年东方语言公共研究所（现代希腊语、阿而巴尼亚语、罗马尼亚语和西班牙语）。

卡桑，兽医学（KASAN，Vet.，1873 年）：1873 年兽医学研究所。

内希恩（乌克兰），文理科（NESHIN（Ukraine） Tech.，1875 年）：中学，1805 年由别兹博罗德科王子创办。1832 年学园。1875 年历史哲学研究所（相当于大学中的学院）。

达姆施塔特，技术（DARMSTADT，Tech. ，1877 年）：1812 年成立学校。

1821 年与现代学校合并。1836 年高等职业学校。1868 年技术学校。1877 年黑森理工大学。1899 年获得学位授予权。

瓦赫宁恩，农学（WAGENINGEN，Agr.，1877 年）：1877 年国立农学院。1880 年开设殖民地农学系。1885 年开设林学系。1890 年开设殖民地林学系。1896 年国立农林学院。1904 年国立农林园艺学院。1918 年农业大学。

恰尔科夫，技术（CHARKOW，Tech.，1885 年）：1885 年亚历山大二世创办的技术研究所，开设机械学系与化学系。

雅典，技术（ATHENS，Tech.，1887 年）：1836 年培训基建工地工头所开设的技术教育假日学校。1843 年艺术学院。1887 年工业技术学校，开设市政工程学院、机械学院和地质学院。1915 年重建，开设建筑学院、化学院、地形学院、力学院、电子学院、市政工程学院。1929 年技术大学。

698 那不勒斯，文理科（NAPLES，Phil. ，1888 年）：1708—1723 年意大利传教士马国贤成立的中国学馆。1732 年得到教皇的承认。1888 年东方学院。

圣彼得堡，技术（ST PETERSBURG，Tech. ，1891 年）：1868 年通信技术学校。1891 年电子技术研究所，开设电子技术系、电子机械系、电报和电话技术系。

伦敦，技术（LONDON，Tech. ，1893 年）：1878 年伦敦先进电信教育城市行业协会。1884 年芬斯伯里技术学校。1893 年中心技术学院。

普日布拉姆，矿业（PRIBRAM，Min. ，1894 年）：1849 年矿业学校。1894 年升格为学院。1904 年矿业高等学院。1919 年 *Vysoká skola bánska v Príbrami*。1939—1945 年查封。

素尔福特，技术（MOSCOW，Tech.，1896 年）：1896 年帝国工程学校。

斯坦福，技术（SALFORD，Tech.，1896 年）：1858 年工人学院。1896 年素尔福特皇家技术学院。

圣加仑，经济学（ST GALLEN，Eco.，1896 年）：1896 年交通管理商科学院。1911 年商学院。1938 年获得学位授予权。

圣彼得堡，医学（ST PETERSBURG，Med.，1897 年）：1872 年为妇女提供医疗培训。1887 年由于政治动荡关闭。1897 年女子医学研究所。1904

年国立研究所，获得与医学院相当的权利。

基辅，技术（KIEV, Tech.，1898 年）：1898 年亚历山大二世技术工程研究所，开设工程系、机械系、化学系和农学系。

布鲁塞尔，哲学（BRUSSELS, Phil.，1898 年）：1898 年天主教哲学研究所（1858 年），成为圣路易斯学院。

莱比锡，经济学（LEIPZIG, Eco.，1898 年）：1898 年商业部成立的商学院。1920 年合并。

维也纳，经济学（VIENNA, Eco.，1898 年）：1872 年商学院。1877 年查封。1898 年出口学院。1919 年世界贸易学院。1930 年获得学位授予权。

维也纳，政治（VIENNA, Pol.，1898 年）：1754 年为外交人员提供培训的近东语言学院。1898 年领事学院。1920 年国际政治经济学研究所。

华沙，技术（WARSAW, Tech.，1898 年）：1826 年工程技术初级学校。1832 年与华沙同类学校相似遭到沙俄当局的查封。1898 年工程技术学校。1915 年华沙工程技术学院，开设农学系、化学系、市政学系、机械工程系。1920 年电子技术工程系。1921 年地质测量学系。1933 年建筑工程系。1939 年工程技术学校关闭。1941—1942 年逐步开办国家技术学院，开设建筑系、机械系、电子工程系和化学系。1944—1945 年间，关闭，瓦解。

叶卡捷琳斯拉夫（斯维尔德洛夫斯克），矿业（JEKATERINOSLAW/SWERDLOWSK, Min.，1899 年）：1899 年矿业铸造学院。 699

蒙斯，经济学（MONS, Eco.，1899 年）：1896 年高等商科咨询研究所。1899 年升格为大学中的学院。1921 年独立成为大学。

圣彼得堡，技术（ST PETERSBURG, Tech.，1902 年）：1902 年彼得大帝开办的工程技术研究所，开设冶金学系、海事工程系、电子机械学系和经济学系。1907 年市政工程系和机械系。

曼彻斯特，技术（MANCHESTER, Tech.，1902 年）：1824 年曼彻斯特力学研究所。1883 年技术学校。1902 年曼彻斯特市政技术学校（1918 年升格为学院）。

米兰，经济学（MILAN, Eco.，1902 年）：博科尼商业大学，私立大学，1902 年由费尔迪南多·博科尼出资新建。1906 年获得学位授予权。

波兹南，文理科（POZNAN，Phil.，1903年）：皇家进步科学教育学院。

但泽，技术（DANZIG，Tech.，1904年）：1904年技术学校。1944－1945年关闭。

柏林，经济学（BERLIN，Eco.，1906年）：1906年柏林商业联合会成立的商科学院。1926年合并成为经济学院。

莫斯科，经济学（MOSCOW，Eco.，1906年）：1906年普及商业知识协会开办的商科学院，开设贸易学系、科学技术系和经济学系。

图灵，技术（TURIN，Tech.，1906年）：1859年应用工程学校。1862年普及技术教育的工业博物馆。1906年高等文化技术研究所。1923年工程学校（1935年升格为学院）。1935年理工学院。1935年与建筑研究所合并成为二级学院。

蒙托邦，神学（MONTAUBAN，Theol.，1907年）：1598年改革派神学院。1685年关闭。1808年图卢兹大学神学院。1907年清教神学院。

曼海姆，经济学（MANNHEIM，Eco.，1907年）：1757年高等商科学院。1817年关闭。1907年市立商科学院。1908年得到大公的承认。1929年获得学位授予权。1933－1934年合并入海德堡大学。

诺沃切卡萨克，技术（NOWOTCHERKASAK，Tech.，1907年）：唐·阿利克谢工程技术研究所，开设力学系、化学系、矿业学系和农学系。

赫尔辛基，技术（HELSINKI，Tech.，1908年）：1847年技术学校。1872年工程技术学校。1879年工程技术研究所。1908年理工大学。

斯德哥尔摩，经济学（STOCKHOLM，Eco.，1909年）：1909年私立斯德哥尔摩商科学院。

伊斯坦布尔，技术（ISTANBUL，Tech.，1909年）：1773年帝国海军工程学院。1883年市政技术学校。1909年高等工程学校，开设建筑学系、高速公路铁路工程系、水利系和建筑系。1934年电子工程系。1940年机械工程系。1944年伊斯坦布尔理工大学，开设建筑学院、市政学院、力学院、电子工程学院。

莫斯科，医学（MOSCOW，Med.，1909年）：莫斯科女子医学校，私立，但由国家重组。

700 恰尔科夫，医学（CHARCOW，Med.，1909年）：恰尔科夫女子医学校（国

立研究所)。

布雷斯劳,技术(BRESLAU, Tech. ,1910 年):机械与电子技术工程系、化学系、矿业学系和自然科学系。

特隆赫姆,技术(TRONDHEIM, Tech. ,1910 年):挪威科技大学。

沃洛格达,农学(WOLOGDA, Agr. ,1911 年):为妇女开放的乳业研究所。

赫尔辛基,经济学(HELSINKI, Eco. ,1911 年):1898 年私立商科学校,在芬兰授课。1911 年为赫尔辛基商业学校,接受国家资助。

伊斯坦布尔,技术(ISTANBUL, Tech. ,1912 年):私立罗伯特学院,1863 年获得纽约州特许状开展自由教育,1912 年开办工程学校,开设市政学系、机械与电子工程学系。

凯斯特海伊,农学(KESZTHELY, Agr. ,1912 年):1797 年农业学校。1848 年被查封。1865 年国家林业学校。1906 年学园。1912 年升格为大学。

鹿特丹,经济学(ROTTERDAM, Eco. ,1913 年):尼德兰商科学院,1913 年由鹿特丹高等商业研究协会资助成立,1937 年得到法律认可,更名为尼德兰经济学高等学院,开设经济学。1939 年升格为大学。

沃罗内什,农学(WORONESH, Agr. ,1914 年)。

穆尔西雅,法学(MURCIA, Law. ,1915 年):1783 年举办中学毕业会考。1804 年停止举办。1915 年大学开设了法学院和预备课程。

伊斯坦布尔,经济学(ISTANBUL, Eco. ,1915 年):1883 年巴比阿里德高等贸易学校,随后在倍亚济也开设了类似的学校。1915 年重组,成为高等商科学校。

圣彼得堡,技术(ST PETERSBURG, Tech. ,1915 年):1906 年女子高等技术学校。1915 年理工大学,建筑系、基建系、电子机械学系、化学系。

恰尔科夫,经济学(CHARCOW, Eco. ,1916 年):1912 年商科学院,由恰尔科夫商业协会为进行高等商业培训出资开办。1916 年公共研究所,开设贸易学系和经济学系。

叶卡捷琳斯拉夫(第聂伯罗彼得罗斯克),技术(JEKATERINOSLAW/DNJEPROPETROWSK, Tech. ,1916 年):私立理工大学,1916 年由普拉丝和拉宾诺维斯卡为培训犹太人出资开办,开设机械学系和电子技

术系。

莫斯科，技术（MOSCOW，Tech.，1916年）：莫斯科女子理工大学（私立，但是由国家控制）市政工程。

罗斯托夫，医学（ROSTOW，Med.，1916年）：1906年女子医疗培训，1916年医学校。

基辅，医学（KIEW，Med.，1916年）：1906年女子医疗培训。1916年医学校。

乌特勒支，兽医学（UTRECHT，Vet.，1917年）：1820年国立兽医学校，1917年升格为大学。

布拉格，神学（PRAGUE，Theol.，1919年）：1919年匈牙利自治清教神学院。1939—1945年关闭。

布加勒斯特，技术（BUCHAREST，Tech.，1920年）：1851年工程学校。1861年私立市政工程学校。1881年国立学校。1920年理工学校。1938年与建筑学校（1897年成立）合并，升格为学院。

701 雅罗斯拉夫尔，法学（JAROSLAW，Law.，1920年）：1803年雅罗斯拉夫尔私立高等学校。1833年德米多夫中学。1874年德米多夫中学，获得与学院相当的权限。1920年升格为大学。

科隆，运动（COLOGNE，Sport.，1920年）：1920年德意志体育大学。1934年遭查封。

蒙斯，矿业（MONS，Min.，1920年）：1837年埃诺矿业学校，1920年理工学院。

那不勒斯，经济学（NAPLES，Eco.，1920年）：1920年高等海事研究所，由商业部、工业部和农业部联合成立。1931年海事大学。

索非亚，经济学（SOFIA，Eco.，1920年）：私立自由大学，效法巴黎的自由政治学院，与巴尔干半岛的东方研究所联合，1920年开设了外交与咨询事务学院、金融管理学院和商学院。1940年高等国立金融与管理学院。

安特卫普，经济学（ANTWERP，Eco.，1921年）：1852年耶稣商科学校。1901年获得颁发学位资格。1921年学科扩充到商学、咨询学和海事学，并升格为大学。

布加勒斯特，农学（BUCHAREST，Agr.，1921年）：1854年农学校。1921

年升格为大学。

巴姆堡,神学(BAMBERG, Theol.,1923 年):1648 年神学院,享有与大学相当的权利。1803 年学院,开设文学系和神学系。1809 年开设医学和外科学校。1923 年为培训牧师的哲学与神学院,1939—1945 年查封。

迪林根,神学(DILLINGEN, Theol.,1923 年):1549 年主教文学院。1553 年大学馆。1564 年德意志地区的第一所耶稣会大学。1803 年中学。1923 年哲学与神学院。

杜塞尔多夫,医学(DUSSELDORF, Med.,1923 年):1708 年医学校。1747 年外科解剖学院,1807 年效法法国,在理学院开设医学。1815 年遭查封。1907 年实用医学院。1923 年升格为大学。1935 年获得学位授予权。

艾希施泰特,神学(EICHSTATT, Theol.,1924 年):1563 年 *Willibaldinum* 学院国教神学院。1602 年遭查封。1619 年耶稣会神学院。1807 年遭查封。1837 年国教神学院。1843 年中学。1924 年 Bischofliche 文学神学院。

佩鲁贾,文理科(PERUGIA, Phil.,1926 年):意大利外国人大学。

伯明翰,技术(BIRMINGHAM, Tech.,1927 年):1854 年伯明翰与米德兰研究所。1895 年市政技术研究所。1927 年中央科技学院。

雅典,农业(ATHENS, Agr.,1929):1910 年农业高等学校。1929 年升格为大学。

里斯本,技术(LISBON, Tech.,1930 年):1830 年兽医学校。1852 年农学高等研究所。1913 年经济学金融高等研究所。1911 年工程高等研究所,农业研究所。1930 年里斯本科技大学。

罗马,神学(ROME, Theol.,1931 年):1773 年神学与哲学院,为培训牧师开设格里高亚学院。1853 年开设市政法。1913 年迁往拉特兰。1931 年爱特诺与罗马马列焦教皇研讨班(*Ateneo del Pontificio Seminarco Romano Maggiore*)。

帕塞尼(普雷斯堡)(布拉迪斯拉发),神学(POSZONY/PRESSBURG/BRATISLAVA, Theol.,1934 年):1606 年路德教中学。1881 年福音派神学院。1934 年国立学院,开设清教神学。1940 年与布拉迪斯拉发的 702

斯洛伐克大学合并。

马斯特里赫特，神学(MAASTRICHT, Theol.,1934年):1850年坎伦堡耶稣会神学校。1852年迁往马斯垂克。1932年获得学位授予权，耶稣会神学院。1934年与奈梅亨的哲学院合并为凯尼休斯学院。

奈梅亨，文科与科学(NIJMEGEN, Phil.,1934年):1845年哲学讲座。1866年威尔普哲学院。1929年迁往奈梅亨。1932年获教皇特许招收研究生。1934年贝希曼尼亚学院。

雅典，政治学(ATHENS, Pol.,1936年):1930年私立自由政治经济学社会学院。1936—1937年国立政治学校，大学，开设政治学与历史学、经济学和社会科学。

斯维什托夫，经济学(SVISTOV, Eco.,1936年):迪米特尔·奥普斯特罗夫·塞诺夫高等商学院，在柏林商科学院的基础上成立，开设金融管理系、银行学系、合作与保险学系。

特尔纳瓦，神学(TRNAVA, Theol.,1936年):1936年天主教神学院。1940年与布拉迪斯拉发的斯洛伐克大学合并。

雅西，技术(IASI, Tech.,1937年):1912年化学与电子学系。1937年格奥尔基·阿萨奇科技研究所。

布拉迪斯拉发，技术(BRATISLAVA, Tech.,1939年):1937年科西策的斯洛伐克科技大学。1939年关闭，迁往布拉迪斯拉发。

提耳堡，经济学(TILBURG, Eco.,1939年):1912年阿姆斯特丹的私立天主教教师培训学院。1913年迁往斯海尔托亨博思。1916年与当地高等商科学校合并。1918年共同迁往提尔堡。1938年天主教经济学院。1939年升格为大学。

富尔达，神学(FULDA, Theol.,1939年):1548年继承8世纪的主教学校传统，开设教皇神学院。1803年高中。1814年国教神学院，开设哲学院。1874—1886年关闭。1939年哲学—神学院。

萨罗姆，神学(SAROM, Theol.,1940年):1904年都灵的神学研究所。1940年爱特诺圣心教皇学校。

巴黎，政治学(PARIS, Pol.,1944—1945年):1848年法兰西学院管理学校。1944—1945年国立管理学校。

重要高等教育机构所在城市

Aachen,Tech. :亚琛,技术(1870 年)

Aix-En-Provence:普罗旺斯地区艾克斯(1409 年)

Aarhus:奥胡斯(1934 年)

Alcalá De Henares:埃纳雷斯的阿尔卡拉(1499 年)

Aberdeen:阿伯丁(1495 年)

Alma-Ata:阿拉木图(1934 年)

Åbo /Turku:奥布(图尔库)(1917 年)

Amsterdam Free Univ. :阿姆斯特丹(1877 年) 自由大学(1880 年)

Agram/Zagreb:阿格拉姆(萨格勒布)(1869 年)

Angers:安格斯(1875 年)

Antwerp, Eco. :安特卫普,经济学(1921 年)

Aranjuez, Agr. :阿兰胡埃斯,农学(1855 年)

Athens:雅典(1837 年) 技术(1887 年)、农学(1929 年)、政治学(1936 年)。

Baku:巴库(1919 年)

Bamberg:巴姆堡,神学(1803 年)、神学(1923 年)

Banská Stiavnica:班斯卡·什佳夫尼察,参见:谢默尼茨(Ŝchemnitz)

Barcelona:巴塞罗纳(1450 年)

Bari:巴里(1923 年)

Basle:巴塞尔(1459 年)

Belfast:贝尔法斯特(1845 年)

Belgrade:贝尔格莱德(1905 年)

Berlin, :柏林,技术(1810 年)、经济学(1906 年)

Berne:伯尔尼(1834 年)

Besançon:贝桑松(1691 年)

Birmingham:伯明翰(1900 年)、技术(1927 年)

Bologna:博洛尼亚(12 世纪末)

Bonn:波恩(1818 年)

Bordeaux:波尔多(1441 年)
Bratislava/Poszony/Pressburg:布拉迪斯拉发(帕塞尼)(普雷斯堡)(1465 年)神学(1934 年)、技术(1939 年)
Braunschweig, Tech. :不伦瑞克,技术(1745 年)
Breda, Military:布雷达,军事(1826 年)
Breslau/Wroclaw:布雷斯劳(弗罗茨瓦夫)(1702 年)、技术(1910 年)
Bristol:布利斯托尔(1909 年)
Brno:布尔诺(1919 年)、技术(1849 年)
Brussels:布鲁塞尔(1834 年)、哲学(1898 年)
Bucharest:布加勒斯特(1864 年)、技术(1920 年)、农学(1921 年)
Budapest:布达佩斯(1395 年)、兽医学(1851 年)、技术(1856 年)
Burgo de Osma:奥斯马镇(1555 年)
Caen:卡昂(1432 年)
Cagliari:卡利亚里(1606 年)
Cambridge:剑桥(1209—1225 年)
Camerino:卡梅里诺(1727 年)
Cardiff:加的夫(1893 年)
Catania:卡塔尼亚(1444 年)
Charkow:恰尔科夫(1804 年)、兽医学(1850 年)、技术(1885 年)、医学(1909 年)、经济学(1916 年)
Chemnitz, Tech. :开姆尼茨,技术(1836 年)
Christiania /Oslo:克里斯蒂安尼亚(奥斯陆)(1811 年)
Clausthal, Min. :克劳斯塔尔,矿业(1864 年)
Clermont-Ferrand:克莱昂一费兰德(1805 年)
Cluj:克卢日参见:科洛斯堡:(Kolosvar)
Coimbra:科英布拉(1308 年)
Cologne:科隆(1388 年)、运动(1920 年)
Copenhagen:哥本哈根(1475 年)、兽医学(农学)(1777 年)、技术(1829 年)
Corfu:科孚(1823 年)
Cracow:克拉科(1364/1400 年)

Czernowitz:切尔诺维茨(1875 年)

Danzig, Tech.:但泽,技术(1904 年)

Darmstadt, Tech.:达姆施塔特,技术(1877 年)

Debreczen:德布勒森(1912 年)

Delft, Tech.:代夫特,技术(1842 年)

Den Helder, Mil.:登海尔德,军事(1829 年)

Dijon:第戎(1722 年)

Dillingen, Theol.:迪林根,神学(1923 年)

Dorpat/Tartu:多尔帕特(塔尔图)(1632 年)、兽医学(1848 年)

Douai:杜埃(1559 年)

Dresden, Tech.:德累斯顿,技术(1828 年)

Dublin, Trinity College:都柏林,三一学院(1592 年)、爱尔兰大学(1854 年)

Durham:达拉谟(1832 年)

Düsseldorf, Med.:杜塞尔多夫,医学(1923 年)

Edinburgh:爱丁堡(1582/1583 年)

Eichstätt, Theol.:艾希施泰特,神学(1924 年)

Eperjes/Prešov, Theol.:埃佩耶斯(普雷绍夫),神学(1811 年)

Erewan:埃里温(1920 年)

Erfurt:爱尔福特(1379 年)

Erlangen:爱尔兰根(1743 年)

Escorial, El:埃斯科里亚尔(1587 年)

Fermo:费尔莫(1585 年)

Ferrara:费拉拉(1391 年)

Florence:佛罗伦萨(1349 年)

Franecker:弗拉讷克(1585 年)

Frankfurt am Main:缅因河上的法兰克福(1914 年)

Freiberg, Min.:弗赖贝格,矿业(1765 年)

Freiburg im Breisgau:布瑞斯高的弗赖堡(1457 年) 704

Fribourg:弗里堡(1889 年)

Fulda, Theol. :富尔达,神学(1939年)

Geneva:日内瓦(1872年)

Genoa:热那亚(1471年)

Ghent:根特(1816/1817年)

Giessen:吉森(1607年)

Glasgow:格拉斯哥(1451年)

Göttingen:哥廷根(1737年)

Granada:格拉纳达(1531年)

Graz:格拉茨(1585/1586年)、技术(1811年)

Greifswald:格瑞夫斯沃德(1456年)

Grenoble:格勒诺布尔(1339年)

Groningen:格罗宁根(1612年)

Halle:哈勒(1693年)

Hamburg:汉堡(1919年)

Hanover, Vet. :汉诺威,兽医学(1778年)、技术(1831年)

Heidelberg:海德堡(1385年)

Helsingfors / Helsinki:赫尔辛基(1640年)、技术(1908年)、经济学(1911年)

Hohenheim, Agr. :霍恩海默,农学(1818年)

Huesca:韦斯卡(1354年)

Iasi:雅西(1860年)、技术(1937年)

Innsbruck:因斯布鲁克(1668年)

Irkutsk:伊尔库茨克(1918年)

Istanbul:伊斯坦布尔(1900年)、经济学(1915年)、技术(1909年)、技术(1912年)

Jaroslawl, Law:雅罗斯拉夫尔,法学(1920年)

Jekaterinoslaw/Swerdlowsk:叶卡捷琳斯拉夫(斯维尔德洛夫斯克)(1920年)、矿业(1899年)

Jekaterinoslaw/Dnjepropetrowsk:叶卡捷琳斯拉夫(第聂伯罗彼得罗斯克)(1918年)、技术(1916年)

Jena 耶拿(1558 年)

Kalinkin, Med.：卡林金，医学(1802 年)

Kampen, Theol.：坎彭，神学(1854 年)

Karlsruhe, Tech.：卡尔斯鲁厄，技术(1852 年)

Kasan：卡桑(1804 年)、神学(1798 年)、兽医学(1873 年)

Kassa/Kaschau/Kosice, Law：卡萨(卡绍)(科希策)，法学(1777 年)

Kaunas/Kowno：考纳斯(考诺)(1922 年)

Keszthely, Agr.：凯斯特海伊，农学(1912 年)

Kiel：基尔(1665 年)

Kiev：基辅(1834 年)、技术(1898 年)、神学(1819 年)、医学(1916 年)

Kolosvar/Klansenburg/Cluj：科洛斯堡(克兰森堡)(克卢日)(1892 年)

Königsberg：柯尼斯堡(1544 年)

Lausanne：洛桑(1890 年)

Leeds：利兹(1904 年)

Leiden：莱顿(1575 年)

Leipzig：莱比锡(1409 年)、经济学(1898 年)

Lemberg /Lwów：莱姆伯格(利沃夫)(1661 年)、技术(1844 年)

Leningrad,：列宁格勒，参见：圣彼得堡(St Petersburg)

Leoben, Min.：莱昂本，矿业(1840 年)

Liège：列日(1816 年)

Lille：里尔(1817 年)、里昂(1875 年)

Lisbon：里斯本(1290 年)、技术(1930 年)

Liverpool：利物浦(1881 年)

Ljubljana：卢布尔雅那(1810 年)

London：伦敦(1836 年)、技术(1893 年)

Louvain：鲁汶(1425 年)

Lublin. Cath. Univ.：卢布林天主教大学(1920 年)

Lund：隆德(1668 年)

Lyon：里昂(1808 年)、(1875 年)

Maastricht, Theol.：马斯特里赫特，神学(1934 年)

Macerata：马切拉塔（1540 年）

Madrid：马德里（1836 年）、矿业（1835 年）、技术（1835 年）、技术（1844 年）、技术（1850 年）

Manchester：曼彻斯特（1851 年）、技术（1902 年）

Mannheim，Eco.：曼海姆，经济学（1907 年）

Marburg：马尔堡（1527 年）

Messina：默西拿（1548 年）

Milan：米兰（1556 年）、（1920），（1920 年）、技术（1862 年）、经济学（1902 年）

Minsk：明斯克（1921 年）

Modena：摩德纳（1772/1773 年）

Mons，Eco.：蒙斯，经济学（1899 年）、矿业（1920 年）

Montauban，Theol.：蒙托邦，神学（1907 年）

Montpellier：蒙彼利埃（13 世纪初期）

Moscow：莫斯科（1755 年）、（1918 年）、（1919 年）、（1921 年）、（1921 年）、医
705 学（1798 年）、经济学（1810 年）、神学（1814 年）、文理科（1815 年）、技术
（1832 年）、农学（1845 年）、技术（1896 年）、经济学（1906 年）、医学（1909
年）、技术（1916 年）

Munich：慕尼黑（1826 年）技术（1868 年）

Münster：曼斯特（1629 年）

Murcia：穆尔西雅（1915 年）、法学（1915 年）

Namur，Phil.：那慕尔，文理科（1831 年）

Nancy：南锡（1768 年）

Naples：那不勒斯（1224）、文理科、经济学（1920 年）

Neshin (Ukraine) Phil.：内希恩（乌克兰），文理科（1875 年）

Neuchâtel：纳沙泰尔（1909 年）

Nijmegen：奈梅亨（1923 年），文理科（1934 年）

Nisnij-Nowgorod/Gorkij：下诺夫哥罗德（高尔基）（1918 年）

Nottingham：诺丁汉（1903 年）

Nowotcherkasak，Tech.：诺沃切卡萨克，技术（1907 年）

Odessa:敖德萨(1864 年)

Olomouc:奥洛穆茨(1570 年)

Oñate:奥尼亚特(1540 年)

Orihuela:奥里韦拉(1552 年)

Orléans:奥尔良(1235 年)

Oslo:奥斯陆,参见:克里斯蒂安尼亚(Christiania)

Osuna:奥苏加(1548 年)

Oviedo:奥维耶多(1574 年)

Oxford:牛津(13 世纪初)

Paderborn:帕德博恩(1614/1616 年)

Padua:帕多瓦(1222 年)

Palermo:巴勒莫(1578 年)

Paris:巴黎(13 世纪初)、(1875 年)、文理科(1794 年)、技术(1794 年)、技术(1795 年)、矿业(1816 年)、文理科、政治学(1872 年)、政治学(1944/1945 年)

Parma:帕尔马(1414 年)

Pavia:帕维亚(1361 年)

Pécs:佩奇(1921 年)

Perm:彼尔姆(1917 年)

Perugia:佩鲁贾;文理科(1916 年)

Petrograd:彼得格勒,参见:圣彼得堡(St Pelersburg)

Pisa:比萨(1343 年);文理科(1810 年)

Poitiers:普瓦捷(1431 年)

Porto:波尔托(1911 年)

Poszony/Pressburg/Bratislava:帕塞尼(普雷斯堡)(布拉迪斯拉发)(1465 年)、神学(1934 年)、技术(1939 年)

Poznan:波兹南(1919 年);文理科(1903 年)

Prague:布拉格(1348 年)、技术(1815 年)、神学(1919 年)

Prešov:裴瑞秀,参见:埃佩耶斯(Eperjes)

Pribram, Min.:普日布拉姆,矿业(1894 年)

Reading:雷丁(1926 年)

Rennes:雷恩(1803 年)

Reykjavik:雷克雅未克(1911 年)

Riga:里加(1919 年)、技术(1862 年)

Rome:罗马(1303 年)、格雷戈里纳(1556 年)、安杰利肯(1908 年)、神学(1931 年)

Rostock:罗斯托克(1419 年)

Rostov On The Don:顿河畔罗斯托夫(1915 年)、医学(1916 年)

Rotterdam, Eco.:鹿特丹,经济学(1913 年)

Rouen:鲁昂(1808 年)

Saint Andrews:圣安德鲁斯(1411 年)

Salamanca:萨拉曼卡(1218/1219 年)(1940 年)

Salford, Tech.:索尔福特,技术(1896 年)

Salzburg:萨尔茨堡(1619 年)、神学(1850 年)

Samara/Kujbyshew:萨马拉(古比雪夫)(1920 年)

Samarkand:撒马尔罕(1933 年)

Santander:桑坦德(1904 年)

Santiago de Compostela:孔彼斯特拉的圣地亚哥(1526 年)

Saragossa:萨拉戈萨(1474 年)

Saratow:萨拉托夫(1909 年)

Sarom, Theol.:萨罗姆,神学(1940 年)

Sassari:萨萨里(1617 年)

Schemnitz/Selmecbánya/Banská Štiavnica, Min.:谢默尼茨(塞尔梅克班雅)(班斯卡·什佳夫尼察),矿业(1763 年)

Sevilla:塞维利亚(1505 年)

Sheffield:谢菲尔德(1905 年)

Siena:锡耶纳(1246 年)

Sigüenza:锡古恩萨(1489 年)

Smolensk:斯摩棱斯克(1918 年)

Sofia:索非亚(1904 年)、经济学(1920 年)

St Gallen, Eco.:圣加仑,经济学(1896 年)

St Petersburg/Petrograd/Leningrad:圣彼得堡(彼得格勒)(列宁格勒)(1724 年)、(1918 年)、(1773 年)、神学(1797 年)、农学(1803 年)、医学(1808 年)、技术(1809 年)、技术(1842 年)、技术(1862 年)、农学(1864 年)、技术(1891 年)、医学(1897 年)、技术(1902 年)、技术(1915 年)

Stockholm:斯德哥尔摩(1878 年)、医学(1816 年)、技术(1827 年)、经济学(1909 年)

Strasbourg:斯特拉斯堡(1621 年)

Stuttgart,Tech.:斯图加特,技术(1829 年)

Svistov, Eco.:斯维什托夫,经济学(1936 年)

Szeged:塞格德(1921 年)

Taschkent:塔什干(1918 年)

Thessaloniki:塞萨洛尼基(1925 年)

Tiflis:蒂布利斯(1918 年)

Tilburg, Eco.:提耳堡,经济学(1939 年)

Toledo:托莱多(1521 年)

Tomsk:托木斯克(1878 年)、技术(1896 年)

Toulouse:图卢兹(1233 年)、(1877 年)

Trieste:的里雅斯特(1924 年)

Trnava, Theol.:特尔纳瓦,神学(1936 年)

Trondheim, Tech.:特隆赫姆,技术(1910 年)

Tübingen:图宾根(1476 年)

Turin:都灵(1404 年)、技术(1906 年)

Turku:土尔库(1920 年)

Uppsala:乌普萨拉(1477 年)

Urbino:乌尔比诺(1671 年)

Utrecht:乌特勒支(1636 年)、兽医学(1917 年)

Valencia:瓦伦西亚(1500 年)

Valladolid:瓦来多利(13 世纪末结束)

Valletta:瓦莱塔(1921 年)

Venice, Eco.:威尼斯,经济学(1868年)

Vienna:维也纳(1365年)、兽医学(1777年)、技术(1815年)、神学(1850年)、农学(1872年)、文理科(1873年)、政治学(1898年)、经济学(1898年)

Villaviciosa De Odón, Min.:奥东的比亚维西奥萨,矿业(1846年)

Vilnius:维尔纽斯(1578年)

Wageningen, Agr.:瓦赫宁恩,农学(1877年)

Warsaw:华沙(1816年)、农学(1816年)、兽医学(1840年)、技术(1898年)、自由波兰大学(Free Polish Univ.,1919年)、波兰的自由大学(Free Univ. of Poland,1933年)

Wittenberg:维滕贝格(1502年)

Wladiwostok:弗瓦迪沃斯托克(1923年)

Wologda, Agr.:沃洛格达,农学(1911年)

Woronesh Agr. :沃罗内什(1918年)、农学(1914年)

Würzburg:维尔茨堡(1402年)

Zurich:苏黎世(1833年)、技术(1855年)

人名索引*

A

Abbe, Ernst 恩斯特·阿贝(1840－1905)，德国物理学家、企业家，577

Abel-Rémusat, Jean-Pierre 让－彼埃尔·阿贝尔－雷米萨(1788－1832)，法国汉学家，446

Acton, John Emerich Edward Dalberg (Baron Acton)约翰·埃默里希·爱德华·达尔贝尔·阿克顿(阿克顿男爵)(1834－1902)，意大利－德国－英国历史学家，404，459－462

Adams, Herbert Baxter 赫伯特·巴克斯特·亚当斯(1850－1901)，美国历史学家，171

Addison, Thomas 托马斯·艾迪生(1793－1860)，英国内科医生，589

Adelung, Johann Christoph 约翰·克里斯托夫·阿德隆(1732－1806)，德国语言学家，449

Adorno, Theodor Wiesengrund 西奥多·维森格伦德·阿多诺(1903－1969)，德国哲学家，487

Agassiz, Louis 路易·阿加西斯(1807－1873)，瑞士裔美国博物学家、地理学家，533

Alcenius, Otto 奥托·阿尔塞纽斯(1838－1913)，芬兰科学家，534

Alexander Ⅰ亚历山大一世(1777－1825)，俄国沙皇，35，123，508，558

Alexander Nikolayevich 亚历山大·尼古拉耶维奇(1818－1881)，俄国皇太子，285

Alexander Ⅱ亚历山大二世(1818－1881)，俄国沙皇，67，303，305，315，335

Alexander Ⅲ亚历山大三世(1845－1894)，俄国沙皇，324

Alexander of Oranje-Nassau 奥兰治－拿骚的亚历山大(1851－1884)，尼德兰王子，302

Ali, Mohammed 穆罕默德·阿里(1769－1849)，埃及总督，191

Altenstein, Karl Freiherr Vom Stein Zum 卡尔·佛瑞赫·沃·施泰因·苏姆·阿尔滕施泰因男爵(1770－1840)，普鲁士教育部长，523

Althoff, Friedrich 弗里德里希·阿尔特霍夫(1839－1908)，普鲁士公务员，135－137，581

Ampère, André Marie 安德烈·玛丽·安培(1775－1836)，法国物理学家，496

Andersen, Hans Christian 汉斯·克里斯蒂

* 人名索引及主题索引中的页码为原书页码。——译者

安·安德森(1805—1875),丹麦诗人,146
Andler, Charles 夏尔·安德勒(1866—1933),法国日耳曼语学家,328
Andrae, Tor 托尔·安德烈(1885—1947),瑞典福音派神学家,445
Angelesco, Constantin Ⅰ 康斯坦丁·安杰列斯科一世(1869—1948),罗马尼亚教育部长,95
Arago, Dominique François 多米尼克·弗朗索瓦·阿拉戈(1786—1853),法国天文学家、政治家,153
Ardèche, Paul Matthieu Laurent de l' 保罗·马蒂厄·劳伦·德·阿德什(1799—1877),法国历史学家,280
Aristotle 亚里士多德(前 384—前 322),希腊哲学家,19,394,400,449
Arndt, Ernst Moritz 恩斯特·莫里茨·阿恩特(1769—1860),德国散文家、诗人,24,273
Arrhenius, Svante 斯万特·阿列纽斯(1859—1927),瑞典物理化学家,514
Artin Pasha, Yacoub 雅各布·阿尔廷·帕沙(1842—1919),埃及政治家、作家,191
Asín y Palacios, Miguel 米格尔·阿辛·帕拉西奥斯(1871—1944),西班牙伊斯兰教学者,444
Auenbrugger, Leopold von 利奥波德·冯·奥恩布鲁格尔(1722—1809),奥地利内科医生,549
Aulard, François Alphonse 弗朗索瓦·阿方斯·奥拉尔(1849—1928),法国历史学家,476
Auzoux, Louis Thomas Jérôme 路易·托马斯·杰罗姆·奥祖(1797—1880),法国解剖学家,572
Averroës(Ibn Rushd)阿威罗伊(伊本·路西德,1126—1198),穆斯林哲学家和科学家,400

B

Baader, Franz Xaver Von 弗朗兹·克萨韦尔·冯·巴德尔(1765—1841),天主教哲学家,399
Back, Rasmus 拉斯穆斯·巴克(1787—1832),丹麦语言学家,450
Bacon, Francis 弗朗西斯·培根(1561—1626),英国哲学家、科学家、政治家,489
Baer, Karl Ernst von 卡尔·恩斯特·冯·贝尔(1792—1876),普鲁士—爱沙尼亚胚胎学家,527
Baeumer, Klemens 克莱门斯·博伊默(1853—1924),德国哲学家,399
Baeyer, Adolf von 阿道夫·冯·贝耶尔(1835—1917),德国化学家,642
Bails, Benito 贝尼托·贝尔斯(1730—1797),加泰罗尼亚数学家、建筑师,494
Balicki, Zygmunt 齐格蒙特·巴利茨基(1858—1916),波兰政治家、作家,314
Balzac, Honoré de 奥诺雷·德·巴尔扎克(1799—1850),法国诗人,147
Barbusse, Henri 亨利·巴比塞(1873—1935),法国作家,338
Bartels, Johann 约翰·巴特尔斯(1769—1836),德国数学家,509
Barth, Karl 卡尔·巴特(1886—1968),瑞士新教神学家,406,413
Bartsch, Karl 卡尔·巴尔奇(1832—1888),

德国语言学家,433,434

Bastian, Adolf 阿道夫·巴斯蒂安(1826—1905),德国人种学家,488,489

Bastiat, Frédéric 弗雷德里克·巴师夏(1801—1850),法国经济学家,485

Bateson, William 威廉·贝特森(1861—1926),英国生物学家,537

Baudoin de Courtenay, Jan 扬·博杜安·德·考特尼(1846—1929),波兰斯拉夫语言文化学者,452

Baur, Ferdinand Christian 费迪南德·克里斯蒂安·鲍尔(1792—1860),德国福音派神学家,411,412

Becker, Carl Heinrich 卡尔·海因里希·贝克尔(1876—1933),德国东方学学者、部长,348,434—435,445

Becker, Karl 卡尔·贝克尔(1879—1940),德国将军,663

Bellini, Vincenzo 温琴佐·贝利尼(1801—1835),意大利作曲家,30

Bello, Andrés 安德烈·贝洛(1791—1865),委内瑞拉学者,180

Benecke, Georg Friedrich 格奥尔格·弗里德里希·贝内克(1762—1844),德国日耳曼语学家,429

Bentham, Jeremy 杰里米·边沁(1748—1832),英国哲学家、经济学家、法学家,547

Bergson, Henri 亨利·柏格森(1859—1941),法国哲学家,455,477,528

Bernard, Claude 克劳德·贝纳尔(1813—1878),法国生理学家,13,18,151,521,524,528,529,534,566,567,569,571,589

Bernouli family 贝尔努利家族(17世纪—18世纪),瑞士商人家族,并出现了几位数学家和物理学家,505

Bert, Paul 保罗·贝尔(1833—1886),法国生理学家、政治家,528

Berthelot, Marcellin 马塞兰·贝特洛(1827—1907),法国化学家,151

Berthollet, Claude Louis 克劳德·路易·贝托莱(1748—1822),法国化学家,496,514,595

Berzelius, Jöns Jacob 约恩斯·雅各布·贝泽留(1779—1848),法国化学家,504,558,566

Bessel, Friedrich Wilhelm 弗里德里希·威廉·贝塞尔(1784—1846),德国天文学家,499,500

Betancourt y Molina, Augustin de 奥古斯丁·德·贝当古·y.莫利纳(1758—1824),西班牙工程师,601,602

Bezout, Etienne 埃蒂安·伯祖(1730—1738),法国数学家,150,494

Bianchi, Tommaso 托马索·比安基(1804—1834),意大利神父,30

Bichat, Xavier 格扎维埃·比沙(1771—1802),法国内科医生,520,521,522,549

Billroth, Theodor 西奥多·巴尔罗特(1829—1894),德国外科医生,570,574,581

Biot, Jean-Baptiste 让-巴蒂斯特·毕奥(1774—1862),法国物理学家、天文学家,150,497,509,528

Bismarck, Otto von 奥托·冯·俾斯麦(1815—1898),德国政治家,298,300,306,444

Blachère, Régis 雷吉斯・布拉谢尔(1900—1973),法国阿拉伯语学者,445

Blackwell, Elisabeth 伊丽莎白・布莱克韦尔(1821—1910),英裔美国内科医生,585

Blainville, Henri Ducrotay de 亨利・迪克罗泰・德・布兰维尔(1778—1850),法国动物学家,522

Blake, William 威廉・布莱克(1757—1827),英国诗人、艺术家、雕刻家、出版人,272

Blanqui, Louis Auguste 路易・奥古斯特・布朗基(1805—1881),法国革命社会主义者,30,283

Bloch, Marc 马克・布洛克(1866—1944),法国历史学家,478

Blucher von Wahlstatt, Gebhard Leberecht Fürst 格布哈特・莱布雷希特・布卢歇尔・冯・瓦尔斯塔特侯爵(1742—1819),普鲁士陆军元帅,468

Blum, Léon 莱昂・布鲁姆(1872—1950),法国政治家,338

Boas, Franz 弗朗兹・博阿斯(1858—1942),德裔美国人类学家,171

Bobrikoff, Nikolai Ivanovich 尼古拉・伊万诺维奇・博布里科夫(1839—1904),俄国将军,335—336

Bobrowski, Stefan 斯特凡・博布罗夫斯基(1841—1863),波兰学生领袖,305

Böckh, Philipp August 菲利普・奥古斯特・伯克(1786—1867),德国古典学者,15,19,174,418—419,420,422—425,429,436,451,466

Boerhaave, Herman 赫尔曼・布尔哈弗(1668—1738),荷兰内科医生,549,551

Bohr, Niels 玻尔・尼尔斯(1885—1962),丹麦物理学家,515

Boissier, Gaston 加斯东・布瓦里耶(1823—1908),法国拉丁语学者,428

Boltzmann, Ludwig 路德维希・波尔茨曼(1844—1906),奥地利物理学家,505

Bonald, Louis Gabriel Ambroise, Vicomte de 路易・加布里埃尔・安布鲁瓦斯・德・博纳尔子爵(1754—1810),法国政治哲学家、政治家,400

Bonpland, Aimé 艾梅・邦普朗(1773—1838),法国植物学家,520

Booth, Charles 查尔斯・布思(1840—1916),英国社会学家、商人,486

Bopp, Franz 弗朗兹・博普(1791—1867),德国语言学家,426,430,436,450—452

Bordeu, Théophile de 泰奥菲勒・德・博尔德(1722—1776),法国内科医生、哲学家,551

Born, Max 马克斯・博恩(1882—1970),德国物理学家,174,513

Bossut, Charles 夏尔・博叙(1752—1768),法国数学家,596

Bothe, Walther 瓦尔特・博思(1891—1957),德国物理学家,627

Boulanger, Georges 乔治・布朗热(1837—1891),法国将军、政治家,97

Bourdieu, Pierre 彼埃尔・布迪厄(1930—2000),法国社会学家,142,252

Bousset, Wihelm 威廉・波舒哀(1865—1920),德国福音派神学家,412

Boveri, Theodor 西奥多・博韦里(1862—

1915)，德国动物学家，537
Brandes，Georg 格奥尔格·布兰德斯（1842—1929)，丹麦哲学家，160，336
Brashman，Nikolai Dmitrievich 尼古拉·德米特里耶维奇·布拉什曼（1796—1866)，俄国数学家，511
Breasted，James Henry 詹姆斯·亨利·布雷斯特德（1865—1935)，美国埃及古物学者，171
Brentano，Lujo 卢霍·布卢塔诺（1844—1931)，德国经济学家，136
Breul，Karl 卡尔·布罗伊尔（1860—1932)，德国日耳曼语学家，441
Brockliss，Laurence 劳伦斯·布罗克利斯（1950—)，英国历史学家，12
Brongniart，Adolphe 阿道夫·布龙尼亚（1801—1876)，法国植物学家，522
Brongniart，Alexandre 亚历山大·布龙尼亚（1770—1847)，法国矿物学家、地理学家，522
Bronn，Heinrich 海因里希·布龙（1800—1862)，德国化石学家，531—532
Bronner，Franz Xaver 弗朗兹·克萨韦尔·布龙纳（1758—1850)德国—瑞士作家、教授，509
Broussais，François Joseph Victor 弗朗索瓦·约瑟夫·维克多·布鲁赛（1772—1838)，法国内科医生，550，552，556
Brouwer，Luitzen Egbertus Jan 卢伊岑·埃赫贝特斯·扬·布劳尔（1881—1966)，荷兰数学家，513
Brown，John 约翰·布朗（1735—1788)，英国内科医生，551，552
Brown，John 约翰·布朗（1800—1859)，美国废奴主义者，150
Brown，Robert 罗伯特·布朗（1773—1858)，英国植物学家，525
Brücke，Ernst von 恩斯特·冯·布吕克（1819—1892)，奥地利生理学家，524
Brugsch，Heinrich 海因里希·布鲁格施（1827—1894)，德国埃及古物学者，446
Bücheler，Franz 弗朗兹·比歇勒（1837—1908)，德国古典学者，425
Büchner，Ludwig 路德维希·比希纳（1824—1899)，德国内科医生、哲学家，455，563—564，573
Buckle，Henry Thomas 亨利·托马斯·巴克尔（1821—1862)，英国历史学家，150，460—461
Buff，Heinrich 海因里希·布夫（1805—1878)，德国物理学家，501
Buffon，Georges-Louis Leclerc，comte de 乔治—路易·勒克莱·布丰伯爵（1707—1788)，法国数学家、博物学家，149，522
Buhl，Frants 弗朗兹·布尔（1850—1932)，丹麦神学家、闪米特语学者，445
Bultmann，Rudolf 鲁道夫·布尔特曼（1884—1976)，德国福音派神学家，413
Buniakovskii，Viktor 维克多·布尼亚科斯基（1804—1889)，俄国数学家，498，510
Bunsen，Robert Wilhelm 罗伯特·威廉·本生（1811—1899)，德国化学家，503，516
Buonaiuti，Ernesto 埃内斯托·博纳尤蒂（1881—1946)，意大利教会史学家，402
Buonarotti，Filippo 菲利普·邦纳罗蒂（1761—1837)，意大利裔法国革命者，278

Burckhardt, Jacob Christoph 雅各布・克里斯托夫・布尔克哈特(1818—1897),瑞士艺术文化史学家,464,468
Burdach, Karl Friedrich 卡尔・弗里德里希・布尔达赫(1776—1847),德国生理学家,559
Burdach, Konard 科纳德・布尔达赫(1859—1936),德国日耳曼语学家,431
Burkitt, Francis Crawford 弗朗兹・克劳福德・伯基特(1864—1935),英国东方学家,413,443
Bury, John Bagnell 约翰・巴格内尔・伯里(1861—1927),爱尔兰历史学家,472
Butlerov, Aleksandr Mikhailovich 亚历山大・米哈伊洛维奇・布特列罗夫(1828—1886),俄国化学家,511
Butterfield, Herbert 赫伯特・巴特菲尔德(1900—1979),英国历史学家,472
Buzzetti, Vincenzo 温琴佐・布泽蒂(1777—1824),意大利神学家,402
Byron, George Gordon Noel, Lord (Lord Byron)乔治・戈登・诺埃尔・拜伦(拜伦勋爵,1788—1824),英国诗人,282

C

Cabanis, Pierre Jean Georges 彼埃尔・让・乔治・卡巴尼斯(1757—1808),法国内科医生,545,548,561,567
Caetani, Leone 利昂・卡埃塔尼(1869—1935),意大利伊斯兰教学者,445
Cairnes, John Elliot 约翰・埃利奥特・凯尔恩斯(1823—1875),爱尔兰经济学家,481
Calmette, Albert 艾伯特・卡尔梅特(1863—1933),法国细菌学家,529
Canestrini, Giovanni 乔瓦尼・卡内斯特里尼(1835—1900),意大利动物学家,535
Cannon, Walter A. 沃尔特・A. 坎农(1871—1945),美国神经学家、生理学家,537
Cantor, Georg 格奥尔格・康托尔(1845—1918),德国数学家,512
Carlos Ⅲ卡洛斯三世(1716—1788),西班牙国王,178
Carlyle, Thomas 托马斯・卡莱尔(1795—1881),英国历史学家、哲学家,469
Carnegie, Andrew 安德鲁・卡内基(1835—1919),美国工业家、慈善家,62
Carr-Saunders, Alexander Morris 亚历山大・莫里斯・卡尔—桑德斯(1886—1966),英国社会学家、人口统计学家,486
Casanova Ciurana, Peregrín 佩雷格林・卡萨诺瓦・休拉纳(1849—1919),西班牙解剖学家,536
Casati, Gabrio 加布里奥・卡萨蒂(1798—1893),意大利教育部长,96,118,562
Cassell, Gustav 古斯塔夫・卡塞尔(1866—1945),瑞典经济学家,483
Cassirer, Ernst 恩斯特・卡西雷尔(1874—1945),德国哲学家,453,455
Castelar y Ripoll, Emilio 埃米利奥・卡斯特拉尔・y. 里波利(1832—1899),西班牙作家、政治家,302
Castro y Pajares, Fernando de 费尔南多・德・卡斯特罗・y. 帕哈雷斯(1814—1874),西班牙哲学家,302
Cattani, Giuseppina 朱塞平娜・卡塔尼(1859—1914),意大利医学教授,133
Cavaignac, Godefroy 费德弗鲁瓦・卡韦尼

雅克(1801—1845),法国革命者,288
Cavendish, Spencer Compton, 8th Duke of Devonshire 斯宾塞·康普顿·卡文迪什(德文郡第八世公爵,1833—1908),英国政治家,62
Cavendish, William, 7th Duke of Devonshire 威廉·卡文迪什(德文郡第七世公爵,1808—1891),英国大学文学艺术赞助者,507
Cavour, Camillo Benso, conte di 卡米洛·本索·卡武尔伯爵(1810—1861),意大利政治家,29
Chadwick, Edwin 爱德温·查德威克(1800—1890),英国内科医生、社会改革家,547
Challemel-Lacour, Paul Armand 保罗·阿尔芒·沙拉梅尔—拉库尔(1827—1896),法国政治家、作家,69
Champollion, Jean-François 让—弗朗索瓦·商波良(1790—1832),法国埃及古物学者,444
Chang po-Lin (Zhang Boling)张伯苓(1876—1951),中国大学创办人,219
Chaptal, Jean Antoine 让·安托万·沙普塔尔(1756—1832),法国化学家,496
Charles Ⅹ查理十世(1757—1836),法国国王,280
Charlier, Carl 卡尔·沙利耶(1862—1934),瑞典天文学家,517
Chateaubriand, François René Viscount de 弗朗索瓦·勒内·夏多布里昂子爵(1789—1848),法国诗人,400
Chebyshev, Pafnuty Lvovich 帕夫努季·利沃维奇·切比雪夫(1821—1894),俄国数学家,510,513
Chekhov, Anton Pavlovich 安东·帕夫利沃维奇·契诃夫(1860—1904),俄国诗人,132,157
Chetverikov, Sergei S. 谢尔盖·S. 切特维里科夫(1880—1959),俄国遗传学家,539
Chevalier, Michel 米歇尔·谢瓦利埃(1806—1879),法国经济学家,485
Chevalier, Hippolyte Guillaume-Sulpice 希波吕忒·纪尧姆—叙尔皮斯·谢瓦利埃,见 Gavarni, Paul 保罗·加瓦尔尼
Chevreuil, Michel-eugène 米歇尔—欧仁·谢弗勒伊(1786—1889),法国化学家,514
Christian, Gérard Joseph 格哈德·约瑟夫·克里斯蒂安(1776—1832),法国工程师,607
Christoffel, Erwin Bruno 欧文·布鲁诺·克里斯托弗尔(1829—1900),德国数学家,505
Chulalongkorn, Rama V. 罗摩·朱拉隆功五世(1853—1910),暹罗国王,210
Churchill, Winston 温斯顿·丘吉尔(1874—1965),英国政治家,484,649
Cicero, Marcus Tullius 马库斯·图利乌斯·西塞罗(前 106—前 43),罗马作家、政治家,428
Clapeyron, Emile 爱弥尔·克拉佩龙(1799—1864),法国工程师,601—602
Clark, Austin H. 奥斯丁·H. 克拉克(1880—1954),美国动物学家,649
Clark, Jonas Gilman 乔纳斯·吉尔曼·克拉克(1815—1900),美国大学创办人,170—171

Clausius, Rudolf 鲁道夫·克劳修斯(1822—1888),德国物理学家,505

Clebsch, Rudolf Friedrich Alfred 鲁道夫·弗里德里希·阿尔弗雷德·克勒布施(1833—1872),德国数学家,500

Clements, Frederic Edward 弗雷德里克·爱德华·克莱门茨(1874—1945),美国植物学家,539

Cobet, Carolus Gabriel 卡吕斯·加布里埃尔·科贝特(1819—1889),荷兰古希腊语学者,427—428,445

Codreanu, Corneliu 科内利乌·科德雷亚努(1899—1938),罗马尼亚政治家,353—354

Coit Gilman, Daniel 丹尼尔·科伊特·吉尔曼(1813—1908),美国教育家、大学校长,168

Colbert, Jean-Baptiste 让—巴蒂斯特·科尔贝(1619—1683),法国政治家,442

Coleridge, Samuel Taylor 塞缪尔·泰勒·柯勒律治(1772—1834),英国作家,272

Collingwood, Robin George 罗宾·乔治·柯林伍德(1889—1943),英国哲学家,473

Comte, Auguste 奥古斯特·孔德(1789—1857),法国哲学家,455,461,484—485,521,566

Conant, James B. 詹姆斯·B. 科南特(1893—1978),美国教育家、科学家、大学校长,667

Condillac, Etienne Bonnot de 艾蒂安·博洛·德·孔狄亚克(1715—1780),法国哲学家,545

Constant, Benjamin 本亚明·贡斯当(1767—1830),瑞士作家,30

Correns, Carl 卡尔·科伦斯(1864—1933),德国植物学家,537

Corvisart, Jean-Nicolas 让—尼古拉·科维萨尔,(1755—1821),法国内科医生,549

Cousin, Victor 维克多·库新(1792—1867),法国哲学家、政治家,8,98,99,149,279,455

Cowell, Edward 爱德华·考埃尔(1826—1903),英国梵语学者,452

Creighton, Mandell 曼德尔·克赖顿(1843—1901),英国圣公会神学家,463,471

Crelle, August Leopold 奥古斯特·利奥波德·克列尔(1780—1855),德国数学家、工程师,500

Cremer, Jacob Jan 雅各布·扬·克雷默(1827—1880),荷兰作家,301—302

Creuzer, Georg Friedrich 格奥尔格·弗里德里希·克罗伊策(1771—1858),德国古典学者,414

Cripps, Stafford 斯塔弗德·克里普斯(1889—1952),英国政治家,649—650

Croce, Benedetto 本尼狄托·克罗齐(1866—1952),意大利哲学家,71—72,440,453,455,473

Cumont, Franz 弗朗兹·库蒙(1868—1947),比利时考古学家、语言学家,414

Cunningham, William 威廉·坎宁安(1849—1919),英国经济学家,471

Curie, Marie 玛丽·居里(1867—1934),波兰裔法国物理学家,133

Curtius, Ernst Robert 恩斯特·罗伯特·库尔提乌斯(1886—1956),德国古罗马文化

学者,435

Cuvier, Georges Baron 乔治·居维叶男爵(1769－1832),法国动物学家、政治家,17,450,520,522－524

Czermak, Johann Nepomuk 约翰·内波穆克·切尔马克(1828－1873),奥地利内科医生,573

Czihak, Jacob 雅各布·齐豪克,德国科学家,560

D

d'Hulst, Maurice 莫里斯·迪尔(1841－1896),法国天主教神学家、主教、大学创办人、校长,404

Dąbrowski, Jan Henryk 扬·亨里克·东布罗夫斯基(1755－1818),波兰将军,272

Dante Alighieri 阿利吉耶里·但丁(1265－1321),意大利诗人,434

Darmesteter, Arsène 阿尔塞纳·达梅斯特泰(1846－1888),法国语言学家,463

Darwin, Charles 查尔斯·达尔文(1809－1882),英国博物学家,455,459,460－461,530－532,533－535,536,537,539

Daumier, Honoré 奥诺雷·杜米埃(1808－1879),法国漫画家、画家、雕刻家,147

Debye, Peter 彼得·德拜(1884－1966),荷兰－美国物理化学家 505,513

Dekker, Eduard Douwes 爱德华·道韦斯·德克尔,见 Multatuli 穆尔塔图利

Delambre, Jean Baptiste 让·巴蒂斯特·德朗布尔(1749－1822),法国天文学家,509

Delescluze, Charles or Louis Charles 夏尔·德莱克吕兹(或路易·夏尔)(1809－1871),法国新闻记者、激进共和主义者,283

Denifle, Heinrich 海因里希·德尼夫勒(1844－1905),奥地利－德国教会史学家,399

De Ram, Xavier 格扎维埃·德·拉姆(1804－1865),鲁汶大学校长,121,401

Descartes, René 勒内·笛卡儿(1596－1650),法国哲学家、科学家,416,419,528

Dieffenbach, Johann Friedrich 约翰·弗里德里希·迪芬巴赫(1795－1847),德国外科医生,18

Dietl, Joseph 约瑟夫·迪特尔(1804－1878),德国－奥地利内科医生,550,560

Diez, Friedrich 弗里德里希·迪茨(1794－1875),德国古罗马文化学者,433－434,436,452

Dilthey, Wilhelm 威廉·狄尔泰(1833－1911),德国哲学家,417,451,455,465

Dirichlet, Gustav Lejeune 古斯塔夫·勒热纳·狄利克雷(1805－1859),法国－德国数学家,498,500

Döbereiner, Johann Wolfgang 约翰·沃尔夫冈·德贝赖纳(1780－1849),德国化学家,503

Dobzhansky, Theodosius 特奥多休斯·多布任斯基(1900－1975),俄国－美国生物学家,539

Dodd, Charles Harold 查尔斯·哈罗德·多德(1884－1973),英国神学家,413

Dodds, Eric Robertson 埃里克·罗伯逊·多兹(1884－1973),英国古典学者,422

Dohrn, Anton 安东·多恩(1840－1909),德国动物学家,535

Döllinger, Ignaz von 伊格纳茨·冯·德林格(1799—1890),德国教会史学家,395—396,399,403—404

Dreyfus, Alfred 阿尔弗雷德·德雷福斯(1859—1935),法国军官,97,151

Driesch, Hans(1867—1941),德国生物学家,538

Droysen, Johann Gustav 约翰·古斯塔夫·德罗伊森(1808—1884),德国历史学家,467—498

Dubois, Paul-François 保罗—弗朗索瓦·迪布瓦(1793—1874),法国哲学家,149

Du Bois-Reymond, Emil 埃米尔·杜波伊斯—雷蒙德(1818—1896),德国生理学家,524

Dumas, Jean-Baptiste 让—巴蒂斯特·杜马(1800—1884),法国化学家,498,514

Duncan, Andrew 安德鲁·邓肯(1744—1828),英国医学改革者,547

Dupuytren, Guillaume 纪尧姆·迪皮特朗(1777—1835),法国外科医生、病理学家,549

Durkheim, Emile 爱弥尔·涂尔干(1858—1917),法国社会学家,414,453,485—486

Duruy, Victor 维克多·迪吕伊(1811—1894),法国历史学家、政治家,12,55,103,375,415,442

Dvořák, Cenek 切涅克·德沃夏克(1848—1922),捷克物理学家,505

E

Eckstein, Ferdinand von 费迪南德·冯·埃克斯泰因(1790—1861),丹麦作家,400

Edén, Nils 尼尔斯·埃登(1871—1945),瑞典历史学家、政治家,156

Edison, Thomas A. 托马斯·A. 爱迪生(1847—1931),美国发明家,575,577,618

Egorov, Dmitrii Fedorovich 德米特里·费奥多罗维奇·叶戈罗夫(1869—1931),俄国数学家,511,513

Ehrle, Franz 弗朗兹·埃尔勒(1845—1934),德国耶稣会士、红衣主教、梵蒂冈图书馆馆长、中世纪研究家,399

Eichhorn, Karl Friedrich von 卡尔·弗里德里希·冯·艾希霍恩(1781—1854),德国法学家,460

Einstein, Albert 阿尔伯特·爱因斯坦(1879—1955),瑞士—德国—美国物理学家,505,513,520

Eliot, Charles William 查尔斯·威廉·艾略特(1834—1926),美国教育家,169,170

Ellis, Havelock 哈夫洛克·蔼里斯(1859—1939),英国心理学家,576

Elton, Charles 查尔斯·埃尔顿(1900—1991),英国生物学家,539

Ely, Richard Theodore 理查德·西奥多·艾利(1854—1943),美国政治学家,171

Engels, Friedrich 弗里德里希·恩格斯(1820—1895),德国哲学家,460

Ernout, Alfred 阿尔弗雷德·埃尔努(1879—1973),法国拉丁语学者,421

Ernst Georg August 恩斯特·格奥尔格·奥古斯特(1771—1851),汉诺威国王,286

Eucken, Rudolf 鲁道夫·欧肯(1846—1926),德国哲学家,154

Euclid 欧几里得(前365—前300),希腊数学家,506

Euler, Leonhard 莱昂哈德·欧拉(1707—1783),瑞士数学家,505

F

Fabrizi, Nicola 尼古拉·法布里齐(1804—1885),意大利法学家、(19 世纪为解放和统一意大利的)复兴运动领袖,28

Falconer, Robert Alexander 罗伯特·亚历山大·福尔克纳(1867—1943),加拿大神学家、古典学者,176

Falloux, Frédéric, comte de 弗雷德里克·法卢伯爵(1811—1886),法国教育部长,95

Fanti, Manfredo 曼弗雷多·凡廷(1806—1865),意大利将军、爱国者,28

Faure, Edgar 埃德加·富尔(1908—1988),法国法学家、政治家,85,120

Febvre, Lucien 吕西安·费弗尔(1878—1956),法国历史学家,477—479,484

Fechner, Gustav 古斯塔夫·费希纳(1801—1887),德国物理学家、哲学家,498

Federley, Harry 哈利·费德莱(1879—1951),芬兰动物学家,537

Fejér, Lipót 利波特·费耶尔(1880—1959),匈牙利数学家,512

Ferdinand Ⅶ 费迪南德七世(1784—1833),西班牙国王,284

Fermi, Enrico 恩里科·费米(1901—1954),意大利裔美国物理学家,175,513

Ferstel, Heinrich Freherr von 海因里希·费雷赫尔·冯·费斯特尔(1828—82),奥地利建筑师,104

Feuerbach, Ludwig 路德维希·费尔巴哈(1804—1872),德国哲学家,412,563—564

Fichte, Johann Gottlieb 约翰·戈特利布·费希特(1762—1814),德国哲学家,8,22,24,25,48,49,273,307,410,455

Filippi, Filippo De 菲利普·德·菲利普(1814—1867),意大利动物学家,535

Firth, Charles Harding 查尔斯·哈丁·弗思(1857—1936),英国历史学家,474

Fischer, Emil 埃米尔·费舍(1852—1919),德国化学家,642

Fisher, Herbert Albert Laurens 赫伯特·阿尔伯特·劳伦斯·费舍(1845—1940),英国历史学家,476

Fisher, Ronald Aylmer 罗纳德·艾尔默·费舍(1890—1962),英国统计学家、遗传学者,539

Fleisher, Heinrich Leberecht 海因里希·莱布雷希特·弗莱舍(1801—1888),德国东方学学者,445

Flexner, Abraham 亚伯拉罕·弗莱克斯纳(1866—1959),美国大学改革者,580—581,582—583,590

Flourens, Pierre 彼埃尔·弗卢朗(1794—1867),法国生理学家,528,534

Follen, Karl 卡尔·福伦(1795—1840),德国革命者,275,278

Fontana, Felice 费利切·冯塔纳(1720—1805),意大利科学家,562

Fontanes, Louis de 路易·德·丰塔纳(1757—1821),法国作家、政治家,88

Forel, August 奥古斯特·福雷尔(1848—1931),瑞士神经解剖学家、精神病学家、昆虫学者,576

Fortoul, Hippolyte 希波吕忒·福托尔(1811—1856),法国部长,90

Foster, Michael 米歇尔·福斯特(1836—1907),英国生理学家、教育家,582

Fourcroy, Antoine-Françios de 安托万—弗朗索瓦·德·富克鲁瓦(1755—1809),法国化学家、政治家,495—498,548,600

Fraenkel, Eduard 爱德华·弗兰克尔(1881—1970),德国古典学者,422,427

Franco, Francisco 弗朗西斯科·佛朗哥(1892—1975),西班牙将军、政治家,72—73,98,355

Francoeur, Louis Benjamin 路易·本亚明·弗朗克尔(1773—1849),法国数学家,497

Frank, Hans 汉斯·弗兰克(1900—1946),德国法学家,657—658

Frank, Johann Peter 约翰·彼得·弗兰克(1745—1821),德国内科医生,546—547,559,562

Frank, Joseph 约瑟夫·弗兰克(1771—1842),德国内科医生,559

Franz Ferdinand 弗朗兹·费迪南德(1863—1914),奥地利大公,337

Franz—Joseph Ⅰ 弗朗兹—约瑟夫(1830—1916),奥地利皇帝、匈牙利国王,298

Fraunhofer, Joseph 约瑟夫·夫琅和费(1787—1826),德国物理学家,516

Frazer, James George 詹姆斯·乔治·弗雷泽(1854—1941),英国人类学家、民俗学者、古典学者,414,488

Fredéricq, Paul 保罗·弗雷德里克(1850—1920),比利时历史学家、政治家,467

Frederick Ⅶ 弗雷德里克七世(1808—1863),丹麦国王,290

Frederick William Ⅲ 腓特列三世(1770—1840),普鲁士国王,18

Frederick Wilhelm Ⅳ 腓特列四世(1795—1861),普鲁士国王,292

Freeman, Edward Augustus 爱德华·奥古斯塔斯·弗里曼(1823—1892),英国历史学家,469,472

Freud, Sigmund 西格蒙德·弗洛伊德(1856—1939),奥地利精神病学家,479,487,524,576

Fries, Jakob Friedrich 雅各布·弗里德里希·弗里斯(1773—1843),德国哲学家,273

Frisch, Ragnar 拉格纳·弗里希(1895—1973),挪威经济学家,484

Fritz, Kurt von 库尔特·冯·弗里茨(1900—1980),德国古典学者,100

Froude, James Anthony 詹姆斯·安东尼·弗鲁德(1818—1894),英国历史学家,469

Fukuzawa, Yukichi 福泽谕吉(1835—1901),日本作家、教育家、出版人,224

Fuss, Nicolaus 尼古拉斯·富斯(1755—1826),德国数学家,509

G

Gabrieli, Francesco 弗朗切斯科·加布里埃利(1904—1996),意大利东方学学者,445

Galvani, Luigi 路易吉·伽伐尼(1737—1798),意大利内科医生、物理学家,520

Gandhi, Mahatma 圣雄甘地(1869—1948),印度政治家,205

García, Juan Justo 胡安·胡斯托·加西亚(1752—1830),西班牙数学家,494

Garibaldi, Giuseppe 朱塞佩·加里波第

(1807—1882),意大利爱国者、政治家,29,150
Gatterer, Johann Christoph 约翰·克里斯托夫·加特雷尔(1727—1799),德国历史学家,466
Gause, Georgyi Frantsevitch 格奥尔基利·弗兰茨克维奇·高斯(1910—1986),俄国数学家,539
Gavarni, Paul 保罗·加瓦尔尼,笔名,希波吕忒·纪尧姆—叙尔皮斯·谢瓦利埃(Hippolyte Guillaume-Sulpice Chevalier)(1804—1866),法国平版家、画家,147
Gay-Lussac, Joseph-Louis 约瑟夫—路易·盖伊—吕萨克(1778—1850),法国物理学家、化学家,150,497,514
Gegenbaur, Carl 卡尔·格根鲍尔(1826—1903),德国解剖学家,532
Geijer, Erik Gustaf 埃里克·古斯塔夫·耶耶尔(1783—1847),瑞典历史学家,145,148
Gentile, Giovanni 乔瓦尼·泰梯利(1875—1944),意大利哲学家、政治家,71,118,455
Geoffroy Saint-Hilarie, Etienne 艾蒂安·若弗鲁瓦·圣—伊莱尔(1772—1844),法国博物学家,17,521
Geoffroy Saint-Hilarie, Isidore 伊西多尔·若弗鲁瓦·圣—伊莱尔(1805—1861),法国动物学家,522
Gervinus, Georg Gottfried 格奥尔格·戈特弗里德·格维努斯(1805—1871),德国文学史学者,431,464,468
Gessner, Conrad 康拉德·格斯纳(1516—1565),瑞士内科医生、博物学家,449
Geyl, Pieter 彼得·海尔(1887—1966),荷兰历史学家,477
Gibb, Hamilton 汉密尔顿·吉布(1895—1971),英国东方学学者,445
Gilbert, Ludwig Wilhelm 路德维希·威廉·吉尔伯特(1769—1824),德国物理学家、化学家,502
Gilbert, William Schwenck 威廉·吉尔伯特(1836—1911),英国剧作家,147
Giles, Herbert Allen 赫伯特·艾伦·吉尔斯(1845—1935),英国汉学家,447
Gioberti, Vincenzo 温琴佐·焦贝蒂(1801—1852),意大利哲学家、政治家,153
Gmelin, Leopold 利奥波德·格梅林(1788—1853),德国化学家,498,503
Goeje, Michaël Jan de 米歇尔·扬·德·胡耶(1836—1909),荷兰东方学学者,445
Goercke, Johannes 约翰内斯·格克(1750—1822),德国军医,556
Goethe, Johann Wolfgang von 约翰·沃尔夫冈·冯·歌德(1749—1832),德国诗人,23,466,503,521
Goldziher, Ignaz 伊格纳茨·格莱泽赫尔(1850—1921),匈牙利东方学学者,445
Golgi, Camillo 卡米洛·戈尔吉(1843—1926),意大利内科医生、细胞学家,527
Gordon, Charles George 查尔斯·乔治·戈登(1833—1885),英国将军,192—193
Göring, Hermann 赫尔曼·戈林(1893—1946),德国政客,662,663
Görres, Joseph von 约瑟夫·冯·格雷斯(1776—1848),德国历史学家,399—400,

404,430

Grabmann, Martin 马丁·格拉布曼(1875—1949),德国天主教神学家,399

Green, John Richard 约翰·理查德·格林(1837—1883),英国历史学家,472,476

Gregory ⅩⅥ 格列高利十六世(1765—1846),教皇,398

Grimm, Jacob 雅各布·格林(1785—1863),德国日耳曼语学家,426,430,433,436,449,450

Grimm, Wilhelm 威廉·格林(1786—1859),德国日耳曼语学家,430,433,436,449,452

Gronbech, Vilhelm Peter 威廉·彼得·格伦贝格(1873—1918),丹麦历史学家,414

Groot, Jan Jacob Maria de 扬·雅各布·玛丽亚·德·哥罗特(1854—1921),德国汉学家,447

Groves, Leslie 莱斯利·格罗夫斯(1896—1970),美国将军,668

Guesde, Jules 朱尔·盖德(1845—1922),法国政治家,317

Guizot, François Pierre Guillaume 弗朗索瓦·彼埃尔·纪尧姆·基佐(1787—1874),法国历史学家、政治家,97,149

Gunkel, Hermann 赫尔曼·贡克尔(1862—1932),德国福音派神学家,412

Gustavus Ⅱ Adolphus 阿道弗斯·古斯塔夫二世(1594—1632),瑞典国王,84

H

Haar, Alfred 阿尔弗雷德·哈尔(1885—1933),匈牙利数学家,512

Haber, Fritz 弗里茨·哈贝尔(1868—1934),德国化学家,643

Hachette, Jean Nicole Pierre 让·尼古拉·尼科尔·哈谢特(1769—1834),法国工程师,607

Haeckel, Ernst 恩斯特·海克尔(1834—1919),德国动物学家、哲学家,143,159,455,532—536,538

Hagen, Friedrich von der 弗里德里希·冯·德尔·哈根(1780—1856),德国日耳曼语学家,430

Hahn, Otto 奥托·哈恩(1879—1968),德国化学家,663,665

Hahnemann, Samuel 塞缪尔·哈内曼(1755—1893),德国内科医生,552

Haldane, John Burdon Sanderson 约翰·伯登·桑德森·霍尔丹(1892—1964),英国—美国遗传学家、生理学家,539,582

Halévy, Elie 埃利·阿累维(1870—1937),法国哲学家、历史学家,476

Hall, Granville Stanley 格兰维尔·斯坦利·霍尔(1844—1924),美国大学校长,168—169,170—171

Haller, Albrecht von 阿尔布雷希特·冯·哈勒尔(1708—1777),瑞士生物学家,524

Halphen, Louis 路易·阿尔方(1880—1950),法国历史学家,477

Hardenberg, Karl August, Fütst von 卡尔·奥古斯特·冯·哈登贝格侯爵(1750—1822),普鲁士政治家、行政官员,22

Hardy, Godfrey Harold 戈弗雷·哈罗德·哈代(1877—1947),英国数学家,539

Hare, David 大卫·黑尔(1775—1842),英国裔印度钟表匠、银匠、印度学院创办人,

198,199

Harnack, Adolf von 阿道夫·冯·哈纳克(1851－1930),德国福音派神学家,61,408,412,413,642

Harper, William Rainey 威廉·雷尼·哈珀(1856－1906),美国大学校长,169,171,228

Hase, Karl Benedikt 卡尔·本尼狄克·哈泽(1780－1864),德国古典学者,426

Haupt, Moritz 莫里茨·豪普特(1808－1874),德国古典学者、日耳曼语学家,431

Haushofer, Karl 卡尔·豪斯霍费尔(1869－1946),德国军官、政治地理学者,483

Haüy, René Just 勒内·朱斯特·阿维(1743－1822),法国矿物学家,496

Hayek, Friedrich August von 弗里德里希·奥古斯特·冯·哈耶克(1899－1992),奥地利裔英国经济学家,484

Hefele, Karl Joseph von 卡尔·约瑟夫·冯·黑弗勒(1809－1883),德国天主教神学家,399

Hegel, Georg Wilhelm Friedrich 格奥尔格·威廉·弗里德里希·黑格尔(1770－1831),德国哲学家,30,130,398,412,419,426,451,455,462,468,473

Heidegger, Martin 马丁·海德格尔(1889－1976),德国哲学家,455

Heiler, Friedrich 弗里德里希·海勒尔(1892－1967),德国宗教学学者,414

Heine, Heinrich 海因里希·海涅(1797－1856),德国作家,282

Heinroth, Johann Christian August 约翰·克里斯蒂安·奥古斯特·海因罗特(1773－1843),德国内科医生,551

Heisenberg, Werner 维尔纳·海森伯(1903－1976),德国物理学家,174

Helmholtz, Hermann von 赫尔曼·冯·赫尔姆霍兹(1821－1894),德国物理学家、生理学家,19,503,508,524,627

Hengstenberg, Ernst Wilhelm 恩斯特·威廉·亨斯滕贝格(1802－1869),德国福音派神学家,411

Henle, Jakob 雅各布·亨勒(1809－1885),德国病理学家,526

Henslow, John 约翰·亨斯洛(1796－1861),英国植物学家,530

Herder, Johann Gottfried von 约翰·戈特弗里德·冯·赫尔德(1744－1893),德国神学家、哲学家,411

Hergé 赫格,笔名 Georges Rémi,乔治·雷米(1908－1975),比利时连环画艺术家,148

Herlez, Charles de 夏尔·德·埃雷(1832－1899),比利时梵语学者,447

Hermann, Gottfried 戈特弗里德·赫尔曼(1772－1848),德国古典学者,424,431

Hermes, Georg 格奥尔格·赫米斯(1775－1831),德国天主教神学家、哲学家,398

Herriot, Edouard 爱德华·赫里欧(1872－1957),法国政治家,89

Hess, Rudolf 鲁道夫·赫斯(1894－1987),德国政治家,348

Hesse, Ludwig Otto 路德维希·奥托·赫塞(1811－1874),德国数学家,500

Hettner, Hermann 赫尔曼·黑特纳(1821－1882),德国文学艺术史学者,432、451

Hewins, William Albert Sameul 威廉·阿尔伯特·塞缪尔·休因斯(1865—1931),英国数学家、政治家、伦敦经济学院院长,481

Hilbert, David 大卫·希尔伯特(1862—1943),德国数学家,500

Hildebrandt, Georg Friedrich 格奥尔格·弗里德里希·希尔德布兰特(1764—1816),德国内科医生,503

Himmler, Heinrich 海因里希·希姆莱(1900—1945),德国政治家,658,665

Hindenburg, Paul von 保罗·冯·兴登堡(1847—1934),德国陆军将军、魏玛共和国总统,348

Hintze, Otto 奥托·欣策(1861—1940),德国历史学家,465

Hippocrates 希波克拉底(前460—前370),希腊内科医生,550,567

Hirschfeld, Magnus 马格努斯·希施费尔德(1867—1935),德国性学家,576

Hitler, Adolf 阿道夫·希特勒(1889—1945)德国政客,89—91,94,98,100,175,348,349,357,358,359,477,487,513,656,657,660,662,665

Hobhouse, Leonard Trelawney 莱昂纳德·特里劳尼·霍布豪斯(1864—1929),英国社会学家、哲学家,486

Hodgkin, Thomas 托马斯·霍奇金(1798—1866),英国内科医生,589

Hodža, Milan 米兰·霍贾(1878—1944),捷克政治家,323

Hoff, Jacobus van't 雅各布斯·范托夫(1852—1911),荷兰物理化学家,514

Høffding, Harald 哈拉尔·赫夫丁(1843—1931),丹麦哲学家,336

Hofmann, August Wilhelm von 奥古斯特·威廉·冯·霍夫曼(1818—1892),德国化学家,503—504,508

Holmes, Arthur 亚瑟·霍尔姆斯(1890—1965),英国地质学家,541

Holmgren, Frithiof 弗里肖夫·霍姆格伦(1831—1897),瑞典生理学家,524

Holmquist, Per Johan 佩尔·约翰·霍姆馈斯特(1886—1946),瑞典矿物学家,540

Homer 荷马(生活于公元前850年左右),希腊诗人,430

Hooker, Joseph Dalton 约瑟夫·道尔顿·胡克(1817—1911),英国植物学家,531

Hooker, William Jackson 威廉·杰克逊·胡克(1785—1865),英国植物学家,531

Horkheimer, Max 马克斯·霍克海姆(1895—1973),德国哲学家、社会学家,487

Hort, Fenton John Anthony 芬顿·约翰·安东尼·霍特(1828—1892),英国圣公会神学家,413

Huet, François 弗朗索瓦·于埃(1814—1869),法裔比利时法学家,292

Hufeland, Christoph Wilhelm 威廉·克里斯托夫·胡费兰(1762—1836),德国内科医生,16,552

Huggins, William 威廉·哈金斯(1824—1910),英国天文学家,516

Hugo, Gustav 古斯塔夫·雨果(1764—1844),德国法学家,460

Hugo, Victor 维克多·雨果(1802—1885),法国作家,150—151,282

Humboldt, Alexander von 亚历山大·冯·洪堡(1769—1859),德国科学家、探险家,5,17,18,149,426,503,520—521

Humboldt, Wilhelm von 威廉·冯·洪堡(1767—1835),德国语言学家、哲学家、教育改革者,45,67,72,75,88,152,163,250,287,410,424,426,430,455,456,495,527,558,589,639,658,659

Husserl, Edmund 爱德蒙·胡塞尔(1859—1939),德国哲学家,453,454

Hutton, James 詹姆斯·赫尔顿(1726—1797),英国地质学家,520,530

Huxley, Julian 朱利安·赫胥黎(1887—1875),英国生物学家,536

Huxley, Thomas Henry 托马斯·亨利·赫胥黎(1825—1895),英国动物学家,218,531,534

Hyrtl, Joseph 约瑟夫·许特尔(1811—1894),奥地利解剖学家,561

I

Isabel Ⅱ伊莎贝尔二世(1830—1904),西班牙女王,302

J

Jackson, Thomas Graham 托马斯·格雷厄姆·杰克逊(1835—1924),英国建筑师,104

Jacob, Edgar Pierre 埃德加·彼埃尔·雅各布(1904—1987),比利时连环画艺术家 147

Jacobi, Karl Gustav Jacob 卡尔·古斯塔夫·雅各布·雅可比(1804—1851),德国数学家,499—500

Jacoby, Felix 费利克斯·雅各比(1876—1959),德国古典学者,427

Jagić, Vratoslav 费拉托斯莱弗·亚吉奇(1838—1923),克罗地亚斯拉夫语言文化研究者,436

Jahn, Friedrich Ludwig 弗里德里希·路德维希·雅恩(1778—1852),德国教师,273,275

Janiszewski, Zygmunt 齐格蒙特·雅尼谢夫斯基(1888—1920),波兰数学家,513

Jaurès, Jean 让·饶勒斯(1859—1914),法国哲学家、政治家,317

Jenner, Edward 爱德华·詹纳(1749—1823),英国内科医生,547

Jennings, Ivor 艾弗·詹宁斯(1903—1965),英国法学家,208

Jevons, William Stanley 威廉·斯坦利·杰文斯(1835—1882),英国经济学家,483—484

Jèze, Gaston 加斯东·热兹(1869—1953),法国法学家,100

Joan of Arc 圣女贞德(1412—1431),法国民族女英雄,328

Johannsen, Wilhelm 威廉·约翰逊(1857—1927),丹麦植物学家,537

John Paul Ⅱ约翰·保罗二世(1920—2005),教皇,403

Jolly, Julius E. 尤利乌斯·E·约利(1849—1932),德国印度学家,205

Jones, William 威廉·琼斯(1746—1794),英国东方学学者、法学家,443,445,450

Jorga, Nicolae 尼古拉·约尔加(1870—1940),罗马尼亚政治家,94

Joseph Ⅱ约瑟夫二世(1741—1790),奥地利

皇帝,556

Jussieu, Antoine 安托万・朱西厄(1686—1758),法国植物学家,522

Jussieu, Antoine Laurent de 安托万・劳伦・德・朱西厄(1748—1836),法国植物学家 522

Justi, Johann Heinrich Gottlob 约翰・海因里希・戈特洛布・尤斯蒂(1717—1771),德国经济学者,546

K

Kaelble, Hartmut 哈特穆特・克尔布勒(1940—),德国历史学家,257

Kahn-Freund, Otto 奥托・卡恩—弗洛伊德(1900—1979),德国法学家,486

Kamerling Onnes, Heike 海克・卡默林・翁内斯(1853—1926),荷兰物理学家,514

Kant, Immanuel 伊曼纽尔・康德(1724—1804),德国哲学家,8,22,48,148,394,453,639

Kapteyn, Jacobus Cornelius 雅各布斯・科尼利厄斯・卡普坦(1851—1922),荷兰天文学家,516

Karamzin, Nikolai Mikhailovich 尼古拉・米哈伊洛维奇・卡拉姆津(1766—1826),俄国历史学家,146

Carl August 卡尔・奥古斯特(1757—1828),魏玛公爵,503

Karsten, Gustav 古斯塔夫・卡尔滕(1820—1900),德国物理学家,502

Kästner, Abraham Gotthelf 亚伯拉罕・戈特黑尔夫・卡斯滕纳(1719—1800),德国数学家、作家,494

Keats, John 约翰・济慈(1795—1821),英国诗人,272

Kekkonen, Urho 乌尔霍・凯科宁(1900—1986),芬兰政治家,344

Keller, Adalbert von 阿达尔贝特・冯・凯勒(1812—1883),德国生理学家,433,434

Kennedy, Alexander Blackie William 亚历山大・布莱基・威廉・肯尼迪(1847—1928),英国工程师,619

Kerner, Anton, Ritter von Marilaun 安东・李特尔・冯・玛丽劳恩・克纳(1831—1908),奥地利植物学家,537

Keynes, John Maynard 约翰・梅纳德・凯恩斯(1883—1946),英国经济学家,481

Khinchin, Aleksandr Jakowlewitsch 亚历山大・雅科夫列维斯基・欣钦(1894—1959),俄国数学家,513

Kingsley, Charles 查尔斯・金斯利(1819—1875),英国作家、历史学家,469

Kirchhoff, Gustav Robert 古斯塔夫・罗伯特・基希奥夫(1824—1887),德国物理学家,499,502—503,508,516

Kjellén, Rudolph 鲁道夫・克吉伦(1864—1922),瑞典政治学家、政治家,483

Klaproth, Martin Heinrich 马丁・海因里希・克拉普罗特(1743—1817),德国化学家,504

Klein, Felix (Christian Felix)费利克斯・克莱因(克里斯蒂安・费利克斯)(1849—1925),德国数学家,174,500,642

Klugmann, James (Norman John)詹姆斯・克卢格曼(诺曼・约翰)(1912—1977),英国共产主义政治家、作家,358

Knies, Karl 卡尔・克尼斯(1821—1898),德

国经济学家,480

Kogálniceanu, Mikael 米卡埃尔·科加尔尼恰努(1817－1891),罗马尼亚政治家、历史学家,560

Källiker, Albert 艾伯特·克利克(1817－1905),瑞士－德国胚胎学家,526,572

Kolmogorov, Andrey Nikolayevich 安德鲁·尼古拉耶维奇·柯尔莫哥洛夫(1903－1987),俄国数学家,285,513

Koltsov, Nikolai Konstantinovich 尼古拉·康斯坦丁诺维奇·科利佐夫(1872－1940),俄国生物学家、遗传学家,585,587

Košciuszko, Tadeusz 塔德乌什·柯斯丘什科(1746－1817),波兰军官、政治家,24,272

Kossuth, Lajos 拉约什·科苏特(1802－1894),匈牙利政治家,293

Kotzebue, August von 奥古斯特·冯·科策比(1761－1819),德国作家,275,409

Kowalewsky, Sonia 索妮亚·科瓦莱夫斯基(1850－1891),俄国数学家,133

Krafft-ebing, Richard Freiherr von 理查德·冯·克拉夫特－埃宾男爵(1840－1902),德国神经精神医学家,576

Kraus, Karl Christian Friedrich 卡尔·克里斯蒂安·弗里德里希·克劳斯(1781－1832),德国哲学家,302

Kronecker, Leopold 利奥波德·克罗内克尔(1823－1891),德国数学家,500

Krzyzanowski, Adrian 阿德里安·克日扎诺夫斯基(1788－1852),俄国天文学家,498

Kuhn, Thomas S. 托马斯·S. 库恩(1922－1996),美国科学史家,638

Kume, Kunitake 久米邦武(1839－1931),日本历史学家,226

Kummer, Ernst Eduard 恩斯特·爱德华·库默尔(1810－1893),德国数学家,500

L

La Caille, Nicolas Louis de 尼古拉·路易·德·拉卡耶(1713－1762),法国数学家,494

Lachmann, Karl 卡尔·拉赫曼(1793－1851),德国古典学者,394,421,430

Lacroix, Sylvestre François 希尔韦斯特·弗朗索瓦·拉克鲁瓦(1765－1843),法国数学家,497－498,506－507,509

Laennec, René Théophile 勒内·泰奥菲勒·拉埃内克(1781－1826),法国内科医生,549

Lafitte, Jacques 雅克·拉菲特(1767－1844),法国革命者,288

Lagrange, Albert 艾伯特·拉格朗日(1855－1938),法国天主教神学家,401

Lagrange, Joseph Louis 约瑟夫·路易·拉格朗日(1736－1813),法国数学家,17,496－498,506,600

Lalande, Joseph Jérôme de 约瑟夫·杰罗姆·德·拉朗德(1732－1807),法国天文学家,496

Lallemard, Nicolas 尼古拉·拉勒马尔(卒于 1820),法国革命者,279

Lamarck, Jean-Baptiste 让－巴蒂斯特·拉马克(1744－1829),法国生物学家,519,522,534－535

Lamé, Gabriel 加布里埃尔·拉梅(1795－1870),法国数学家、物理学家,601－602

Lamennais, Félicité Robert de 费利西泰·罗伯特·德·拉梅内(1782—1861),法国天主教神学家、作家,400,401

La Mettire, Julien Offray de (Lamettrie)于连·奥弗雷·德·拉美特利(拉美特利)(1709—1751),法国内科医生、哲学家,150

Lamprecht, Karl 卡尔·卡普雷茨(1856—1915),德国历史学家,143,464

Lanson, Gustave 古斯塔夫·朗松(1857—1934),法国文学史家,416,442

Laplace, Pierre Simon Marquis de 彼埃尔·西蒙·德·拉普拉斯侯爵(1749—1827),法国数学家、天文学家,17,498,506,507,509

La Rochefoucauld-Liancourt, François Alexandre Frédéric Duc de,弗朗索瓦·亚历山大·弗里德里克·德·拉罗什富科—利昂古公爵(1747—1827),法国教育家、社会改革家,608

Laski, Harold 哈罗德·拉斯基(1893—1950),英国政治学家、教育家、政治家,482

Laue, Max von 马克斯·冯·劳厄(1879—1960),德国物理学家,174,505

Laval de Montmorency, François Xavier de 弗朗索瓦·格扎维埃·德·拉瓦尔·德·蒙莫朗西(1623—1708),加拿大主教,177

Lazarus, Moritz 莫里茨·拉撒路(1824—1903),德国哲学家、心理学家,453

Leclerc, Georges-Louis 乔治—路易·勒克莱,见 Buffon, comte de,布丰伯爵

Lefebvre, Georges 乔治·勒费弗尔(1874—1959),法国历史学家,476

Legendre, Adrien Marie 阿德里安·玛丽·勒让德尔(1752—1833),法国数学家,509

Legge, James 詹姆斯·理雅各(1815—1897),英国传教士、汉学家,447

Leibniz, Gottfried Wilhelm 戈特弗里德·威廉·莱布尼兹(1646—1716),德国哲学家、数学家,522

Lejeune-dirichlet 勒日纳—狄利克雷,见 Dirichlet,狄利克雷

Lelewel, Joachim 约阿希姆·勒莱韦尔(1786—1861),波兰历史学家,150,287

Lenz, Heinrich Friedrich Emil 海因里希·弗里德里希·埃米尔·楞次(1804—1865),波罗的物理学家,510

Leo XIII 利奥十三世(1810—1903),教皇,189,396,402—404

Lepsius, Richard 理查德·累普济乌斯(1810—1884),德国埃及古物学者,446

Lessing, Gotthold Ephraim 戈特霍尔德·埃弗拉伊姆·莱辛(1729—1781),德国诗人、批评家,430

Lessing, Theodor 希奥多·莱辛(1872—1933),德国作家、哲学家,348

Lessona, Michele 米歇尔·莱索纳(1823—1894),意大利生物学家,535

Leubuscher, Rudolf 鲁道夫·洛伊布舍(1821—1861),德国心理学家,565

Lexis, Wilhelm 威廉·莱克斯(1837—1914),德国经济学家、社会科学家,378

Leydig, Franz von 弗朗兹·冯·莱迪格(1821—1908),德国心理学家,526

Lichtenberg, Georg Christoph 格奥尔格·克里斯托夫·利希滕贝格(1742－1799),德国物理学家、作家,501

Liebig, Justus von 尤斯图斯·冯·李比希(1802－1873),德国化学家,50,498,502－504,508,511,514,525,566,568,606

Lightfoot, James Barber 詹姆斯·巴伯·莱特富特(1829－1889),英国圣公会神学家,413

Linde, Carl von 卡尔·冯·林德(1842－1934),德国工程师,619

Lindelöf, Lorenz 劳伦兹·林德勒夫(1827－1908),芬兰数学家,155

Lindermann, Cherwell Frederick Alexander 彻韦尔·弗里德里克·亚历山大·林德曼,Lindemann, 1st Viscount 林德曼子爵一世(1886－1957),德裔英国物理学家,649

Linnaeus, Carolus (Carl von Linné) 卡罗勒斯·林奈(卡尔·冯·林奈)(1707－1778),瑞典植物学家、探险家,450,538,568

Lippmann, Gabriel 加布里埃尔·李普曼(1845－1921),法国物理学家,514

Li Shu-Hua (Li Shuhua)李书华(1889－1979),中国政治家,218

Iister, Joseph 约瑟夫·利斯特,(1827－1912),英国外科医生,570, 589

Li Teng-Hui (Li Denghui)李登辉(1873－1947),中国大学校长,220

Littré, Emile 爱弥尔·利特尔(1801－1881),法国词典编纂者、哲学家,412

Littrow, Joseph 约瑟夫·利特罗夫(1781－1840),俄国天文学家,509

Lobachevskii, Nikolai 尼古拉·洛巴切夫斯基(1792－1856),俄国数学家,509

Lodge, Richard 理查德·洛奇(1855－1936),英国历史学家,475－476

Loescher, Hermann 赫尔曼·勒舍尔(1831－1892),德裔意大利出版人,428

Löfstedt jr., Einar(小)埃纳尔·勒夫斯泰特(1880－1955),瑞典拉丁语学者,421

Löfstedt sr., Einar 埃纳尔·勒夫斯泰特爵士(1831－1884),瑞典历史学家,420

Loisy, Alfred 阿尔弗雷德·卢瓦西(1857－1940),法国天主教神学家,401

Lönnrot, Elias 埃利亚斯·伦罗特(1802－1884),法国作家、民俗学者、语言学者,148

López, José Severo 和塞·塞韦罗·洛佩斯(1754－1807),西班牙外科医生,561

Lorentz, Hendrik Antoon 亨德里克·安东·洛伦兹(1853－1928),荷兰物理学家,514

Lot, Ferdinand 费迪南德·洛特(1866－1952),法国历史学家,92

Lotka, Alfred James 阿尔弗雷德·詹姆斯·洛尔克(1880－1949),奥地利裔美国数学家,539

Lou Chia-Lin (Lou Jialun) 罗家伦(1896－1969),中国大学校长,218

Loudon, James 詹姆斯·劳登(1841－1916),加拿大大学校长,176

Louis Philippe of Orléans 奥尔良的路易·菲利普(1773－1850),法国国王,281,284,522

Lovén, Sven 斯文·勒文（1809—1895），瑞典动物学家，534

Lubac, Henri de 亨利·德·吕巴克（1896—1991），法国天主教神学家，403

Ludwig I of Hessen 黑森的路德维希一世（1753—1830），黑森—达姆施塔特大公，503，717

Ludwig II of Bayern 拜恩（即巴伐利亚）的路德维希二世（1845—1886），拜恩的国王，396

Ludwig, Karl 卡尔·路德维希（1816—1892），德国语言学家，524，583

Luther, Martin 马丁·路德（1483—1546），德国神学家、宗教改革家，26，66

Lützow, Ludwig Adolf Wilhelm von 路德维希·阿道夫·威廉·冯·吕措（1782—1834），普鲁士少将，273

Luzin, Nikolai Nikolaevich 尼古拉·尼古拉耶维奇·卢津（1883—1950），俄国数学家，511，513

Lyapunov, Aleksandr Mikhailovich 亚历山大·米哈伊洛维奇·利亚普诺夫（1857—1918），俄国数学家，513

Lyell, Charles 查尔斯·赖尔（1797—1875），英国地质学家，530—531，532—533

Lysenko, Trofim 特罗菲姆·李森科（1898—1976），俄国生物学家、农学家，92，541，586

M

Ma Chien-chiuing（Ma Jianzhong）马建中（1844—1900），中国大学创办人，219

Ma Hsiang-Po（Ma Xiangbo）马相伯（1840—1939），中国大学创办人，219

Maas, Paul 保罗·马斯（1880—1964），德国古典学者，427

Macaulay, Thomas Babington 托马斯·巴宾顿·麦考利（1800—1859），英国历史学家，199，463，469，472

Mach, Ernst 恩斯特·马克（1838—1916），奥地利物理学家，505

Mackinder, Halford John 哈尔福德·约翰·麦金德（1861—1947），英国政治地理学者，483

Mäklin, Fredrik Vilhelm 弗里德里克·威廉·梅克林（1821—1883），芬兰动物学家，534

Magendie, François 弗朗索瓦·马让迪（1783—1855），法国生理学家，528，550

Magnes, Judah Leon 犹大·利昂·马格内斯（1877—1948），以色列政治家、犹太教神父，191

Mâle, Emile 爱弥尔·马勒（1852—1964），法国艺术史学家，477

Malinowski, Branislaw 布拉尼斯拉夫·马林诺夫斯基（1882—1942），英国人类学家，488—489

Mann, Thomas 托马斯·曼（1875—1955），德国作家，576

Mannheim, Herman 赫尔曼·曼纳海姆（1889—1969），德国法学家，486

Mannheim, Karl 卡尔·曼纳海姆（1893—1947），德国社会学家，486

Manning, Henry Edward 亨利·爱德华·曼宁（1808—1892），英国天主教神学家，404

Marheineke, Philipp 菲利普・马海内克（1780—1846），德国福音派神学家，407

Maria Theresia 玛丽亚・特蕾西娅（1717—1780），奥地利女皇，559

Marie, Joseph François 约瑟夫・弗朗索瓦・玛丽（1738—1801），法国数学家，494

Mariette, Auguste Edouard 奥古斯特・爱德华・马里耶特(1821—1881)，法国埃及古物学者，444，446

Maritain, Jacques 雅克・马利坦（1882—1973），法国哲学家，352，403

Markov, Andrey Andreevich 安德鲁・安德烈耶维奇・马尔科夫(1856—1922)，俄国数学家，510，513

Markowski, Jozef 约瑟夫・马尔科夫斯基（1758—1829），波兰化学家，498

Marouzeau, Jules 朱尔・马鲁佐（1878—1964），法国拉丁语学者，421

Marshall, Alfred 阿尔弗雷德・马歇尔（1842—1924），英国经济学家，481

Marx, Karl 卡尔・马克思（1818—1883），德国哲学家、政治家，363，412，455，460—461

Masaryk, Tomáš Garrigue 托马斯・加里格・马萨里克（1850—1937），捷克哲学家、捷克斯洛伐克第一任总统，322

Mascagni, Paolo 保罗・马斯卡尼（1755—1815），意大利解剖学家，562

Maspero, Gaston 加斯东・马斯佩罗（1816—1916），法国埃及古物学者，444，446

Maspero, Henri 亨利・马斯佩罗（1882—1945），法国汉学家，446

Massignon, Louis 路易・马西尼翁（1883—1962），法国东方学学者，445

Mateos, Mariano López 马里亚诺・洛佩斯・马特奥斯（1800—1863），西班牙内科医生，527

Matteucci, Carlo 卡洛・马托伊斯（1811—1868），意大利教育部部长，37，118

Maurras, Charles 夏尔・莫拉斯（1868—1952），法国作家，100，338

Mauss, Marcel 马塞尔・莫斯（1882—1950），法国社会学家、人类学家，414

Maxwell, James Clerk 詹姆斯・克拉克・麦克斯韦（1831—1879），英国物理学家，507

Mazurkiewicz, Stefan 斯特凡・马祖尔凯维奇(1888—1945)，波兰数学家，513

Mazzini, Giuseppe 朱赛普・马志尼（1805—1872），意大利宣传家、革命者，29—31，150

McMillan, Conway 康韦・麦克米伦（1867—1929），美国植物学家，539

Mechelin, Leopold von 利奥波德・冯・梅克林（1839—1914），芬兰法学家，155

Medici, Lorenzo de' 洛伦佐・德・美第奇，（1449—1492），佛罗伦萨政治家，27

Meillet, Antoine 安托万・梅耶（1866—1936），法国语言学家，451

Meinecke, Friedrich 弗里德里希・迈内克（1862—1954），德国历史学家，479

Mendel, Gregor 格雷戈尔・门德尔（1822—1884），奥地利植物学家，536—537

Mendeleev, Dmitrii Ivanovich 德米特里・伊万诺维奇・门捷列夫（1834—1907），俄国化学家，511

Menger, Carl 卡尔・门格尔(1840—1921)，

奥地利经济学家,483

Menshikov, Aleksander Sergeievich 亚历山大·谢尔盖耶维奇·缅什科夫(1787—1869),俄国军队司令,153

Mercier, Désiré 德叙尔·梅西耶(1851—1926),比利时天主教神学家,327

Metternich, Klemens Wenzel Fürst von 克莱门斯·文策尔·冯·梅特涅侯爵(1773—1859),奥地利政治家,24, 27, 50, 152, 153, 275, 280, 288, 293, 409,561

Meyer, Paul 保罗·梅耶尔(1840—1917),法国古罗马文化学者,442

Meynert, Theodor 西奥多·迈纳特(1833—1892),德国精神病学家,569

Michelet, Jules 儒尔·米什莱(1798—1874),法国历史学家,30, 99, 149, 289, 290, 476

Michel-Lévy, Auguste 奥古斯特·米歇尔—列维(1844—1911),法国地质学者,540

Michelson, Albert Abraham 阿尔贝特·亚伯拉罕·迈克逊(1852—1931),美国物理学家,171

Mickiewicz, Adam 亚当·米茨凯维奇(1798—1855),波兰作家,149, 277, 289

Mignet, Augtuste 奥古斯特·米涅(1796—1884),法国历史学家,280

Miklosich, Franz von 弗朗兹·冯·米克洛斯基(1813—1891),斯洛文尼亚斯拉夫语言文化研究者,436, 452

Miljukov, Pavel Nikolaievich 帕维尔·尼古拉耶维奇·米柳科夫(1859—1943),俄国历史学家、政治家,155

Mill, John Stuart 约翰·斯图亚特·穆勒(1806—1873),英国经济学家,218, 455, 479, 588

Minkowski, Hermann 赫尔曼·明科夫斯基(1864—1909),德国数学家,500

Mises, Richard von 理查德·冯·米泽斯(1883—1953),奥地利数学家、工程师,513

Mitscherlich, Eilhard 艾尔哈德·密切利希(1794—1863),德国化学家,504,511

Moeller van den Bruck, Arthur 亚瑟·默埃勒·范·邓·布鲁克(1876—1925),德国作家,347

Moleschott, Jacob 雅各布·莫勒斯霍特(1822—1893),荷兰生理学家,563—564,573

Mommsen, Theodor 西奥多·蒙森(1817—1903),德国历史学家,61, 69, 425, 428, 466

Monge, Gaspard 加斯帕尔·蒙日(1746—1818),法国数学家,496—498, 507, 596, 599, 600

Monod, Gabriel 加布里埃尔·莫诺(1844—1912),法国历史学家,463 476 477

Montesquieu, Charles de Secondat, Baron de la Brède et de 拉·布雷德·孟德斯鸠男爵(原名:夏尔·德·塞孔德,1689—1755),法国政治哲学家,218

Montgomery Watt, William 威廉·蒙哥马利·瓦特(生于 1909),英国伊斯兰教学者,445

Mookerjee, Ashutosh 阿舒托什·慕克吉(1864—1924),印度律师、数学家、教育家、作家,204

Morgagni, Giovanni Battista 乔瓦尼·巴蒂斯塔·莫尔加尼(1682—1771),意大利天文学家、病理学家,548,563

Morgan, Thomas Hunt 托马斯·亨特·摩尔根(1866—1945),美国动物学家、遗传学家,537

Mosca, Gaetano 盖塔诺·莫斯卡(1858—1941),意大利法学家、政治理论家,482

Mosley, Oswald 奥斯瓦尔德·莫斯利(1896—1980),英国政治家,340

Moyano Samaniego, Claudio 克劳迪奥·莫亚诺·桑南涅戈(1809—1890),西班牙教育部部长,118, 302

Mudrov, Matvej Jakovlevic 马特维伊·雅科夫莱维奇·穆德罗夫(1772—1831),俄国内科医生,559

Mulder, Gerardus Johannes 赫拉尔杜斯·约翰内斯·穆德(1802—1880),荷兰化学家,568

Müller, Detlef K. 德特勒夫·K. 米勒(生于1942),德国教育史学家,255

Müller, Johannes 约翰内斯·缪勒(1801—1858),德国生理学家,17—19, 523—526, 532, 549, 552—553, 563—564, 579

Müller, Karl Otfried 卡尔·奥特弗里德·穆勒(1797—1840),德国古典历史学家,466

Müller, Max 麦克斯·穆勒(1823—1900),德国语言学家,414, 427, 489

Multatuli, pseudonym of Dekker, Eduard Douwes 穆尔塔图利,笔名爱德华·道韦斯·德克尔(1820—1887),荷兰作家,301—302

Münzenberg, Willi 维利·明茨贝格(1889—1940),德国政治家、国际法专家,358

Murray, Gilbert 吉尔伯特·默里(1866—1957),英国古典学者,422

Mussolini, Benito 本尼托·墨索里尼(1883—1945),意大利政客,37, 89, 98, 100, 341, 355, 482,513

Myrdal, Gunnar 贡纳尔·缪尔达尔(1898—1987),瑞典经济学家、政治家,484

N

Nägeli, Karl von 卡尔·冯·内格里(1817—1891),瑞士裔德国植物学家,526, 537

Namier, Lewis 刘易斯·纳米尔(1888—1960),英国历史学家,475

Napoleon I (Napoleon Bonaparte)拿破仑一世(拿破仑·波拿巴)(1769—1821),法国皇帝,25, 149,240, 272, 300, 307, 381, 396, 444, 466,477, 485, 495, 497, 522, 544, 588, 597,602, 652—有关教育和大学 3, 31, 39, 445, 52, 61, 72, 74, 93, 97, 108, 120, 124, 129, 139, 159, 178, 186, 251, 454, 560

Napoleon Ⅲ,(Charles Louis Napoléon Bonaparte)拿破仑三世(查理·路易·拿破仑·波拿巴)(1808—1873),法国皇帝,69, 296, 300, 529

Neander, August,奥古斯特·内安德(1789—1850),德国福音派神学家,407

Nehru, Jawaharlal 加斯瓦哈尔拉尔·尼赫鲁(1889—1964),印度政治家,205

Nénot, Henri-Paul 亨利—保罗·内诺(1845—1934),法国建筑师,104

Nernst, Walther Hermann 瓦尔特·赫尔

曼·能斯托(1864－1941),德国物理学家,174

Neumann, Carl 卡尔·诺伊曼(1832－1925),德国数学家,505

Neumann, Franz 弗朗兹·诺伊曼(1798－1895),德国物理学家、矿物学家,499－500, 502,505, 515

Neumann, Salomon 萨洛蒙·诺伊曼(1819－1908),德国内科医生、政治家,565

Nève, Félix 费利克斯·内夫(1816－1893),法国东方学学者,452

Newman, John Henry 约翰·亨利·纽曼(1801－1890),英国神学家,先加入圣公会,后皈依天主教,93,404

Newton, Isaac 艾萨克·牛顿(1643－1727),英国数学家、物理学家、天文学家,493, 506

Nicholas I 尼古拉一世(1796－1855),俄国沙皇,152, 303, 509, 573

Nicholas II 尼古拉二世(1868－1918),俄国沙皇,154

Niebuhr, Barthold Georg 贝特霍尔德·格奥尔格·尼布尔(1776－1831),德国历史学家,55, 465, 466

Niemczewski, Zachariasz 扎哈里亚泽·涅姆奇夫斯奇(1766－1820),波兰数学家,498

Nietzsche, Friedrich 弗里德里希·尼采(1844－1900),德国哲学家、古典学者,455,468

Nilsson, Martin Persson 马丁·佩尔松·尼尔松(1874－1967),瑞典古典学者、历史学家,414,420－421

Nilsson-ehle, Herman 赫尔曼·尼尔松－埃勒(1873－1949),瑞典植物学家,537

Nobel, Alfred 阿尔弗雷德·诺贝尔(1833－1896),瑞典化学家、工程师、工业家,575

Nöldeke, Theodor 西奥多·内尔德克(1832－1930),德国东方学学者,445

Norden, Eduard 爱德华·诺登(1868－1941),德国古典学者,425, 429

O

Oken, Lorenz 洛伦兹·奥肯(1779－1851),德国科学家,521, 523

Ono, Azusa 大野梓(1852－1886),日本政治家、大学创办人,226

Oriohli, Francesco 弗朗切斯科·奥里奥希(1785－1856),意大利哲学家,27

Ørsted, Anders Sandøe 安德斯·桑德·厄斯泰兹(1778－1860),丹麦法学家、政治家,154

Ørsted, Hans Christian 汉斯·克里斯蒂安·厄斯泰兹(1777－1852),丹麦物理学家,154

Ortega y Gasset, José 何塞·奥尔特加-加塞特(1883－1955),西班牙文化哲学家,354

Oscar Ⅰ奥斯卡一世(1799－1859),瑞典和挪威国王,290

Osenberg, Werner 维尔纳·奥森米贝格(1900－1972),德国工程师,664

Osipovskii, Timofei 季默费·奥西波夫斯基(1765－1832),俄国数学家,509

Osler, William 威廉·奥斯勒(1849－1919),加拿大内科医生,582

Ostrogradskii, Mikhail Vasilevich 米哈伊尔·瓦西列维奇·奥斯特罗格拉茨基(1801—1862),乌克兰数学家,498, 510

Ostwald, Wilhelm 威廉·奥斯特瓦尔德(1853—1932),德国化学家,514

Otto Ⅰ奥托一世(1815—1867),希腊国王,43

Otto, Rudolf 鲁道夫·奥托(1869—1937),德国福音派神学家、哲学家、历史学家,414

Owen, Richard 理查德·欧文(1804—1892),英国解剖学家、古生物学家,531

P

Painlevé, Paul 保罗·潘勒韦(1863—1933),法国数学家、政治家,156, 629

Palmén, Johan Axel 约翰·阿克塞尔·帕尔门(1845—1919),芬兰动物学家,534

Pareto, Vilfredo 韦尔弗雷多·帕累托(1848—1923),意大利经济学家、社会学家,486

Paris, Alexis Paulin 阿历克西·保兰·帕里斯(1800—1881),法国文学史家,442

Paris, Gaston 加斯东·帕里斯(1839—1903),法国古罗马文化学者,442

Park, Robert 罗伯特·帕克,(1864—1944),美国社会学家,171

Parrot, Georg Friedrich 格奥尔格·弗里德里希·帕罗特(1767—1852),爱沙尼亚物理学家,509, 510

Pasha Artini, Yacoub 雅各布·帕沙·阿尔蒂尼,见 Artin Pasha, Yacoub 雅各布·阿尔廷·帕沙

Pasquali, Giorgio 乔治·帕斯夸利(1885—1952),意大利语言学者,428

Pasteur, Louis 路易·巴斯德(1822—1895),法国化学家、微生物学家,13, 18, 92, 151, 525, 528—529, 534, 577, 579

Pattison, Mark 马克·帕蒂森(1813—1884),英国教育改革家,168, 427

Pauli, Wolfgang 沃尔夫冈·泡利(1900—1958),瑞士裔美国物理学家,505

Paulsen, Friedrich 弗里德里希·包尔生(1846—1908),德国哲学家,20,454,457

Pavlov, Ivan Petrovič 伊万·彼得罗维奇·巴甫洛夫(1849—1936),俄国生理学家,573,585

Pearson, Karl 卡尔·皮尔森(1857—1936),英国数学家,513

Pedro Ⅱ佩德罗二世(1825—1891),巴西皇帝,182

Percival, John Thomas 约翰·托马斯·珀西瓦尔(1803—1876),英国内科医生,575

Perkin, Harold 哈罗德·珀金,英国历史学家,369

Pestalozzi, Johann Heinrich 约翰·弗里德里希·裴斯泰洛齐(1746—1827),瑞士教育改革家, 22

Petrarca, Francesco 弗朗切斯科·彼特拉克(1304—1374),意大利诗人,29, 434

Pfeiffer, Rudolf 鲁道夫·普法伊费尔(1889—1979),德国古典学者,427

Pfleiderer, Otto 奥托·普夫莱德雷尔(1839—1908),德国福音派神学家,414

Pigou, Arthur Cecil 亚瑟·塞西尔·庇古(1877—1959),英国经济学家,481

Pilsudski, Józef Klemens 约瑟夫·克莱门

斯·毕苏茨基（1867－1935），波兰政治家，352
Pinel，Philippe 菲利普·皮内尔（1745－1826），法国内科医生，545，549－551
Piper，Ferdinand 费迪南德·皮珀（1811－1889），德国福音派神学家、考古学家，409
Pirogov，Nikolai 尼古拉·皮罗戈夫（1810－1881），俄国外科医生、解剖学家，573
Pius IX 庇护九世（1792－1878），教皇，396，398，401，402，403
Pius X 庇护十世（1835－1914），教皇，317，396，401
Pius Xl 庇护十一世（1857－1939），教皇，338，356
Pius XII 庇护十二世（1876－1958），教皇，403
Planck，Max 马克斯·普朗克（1858－1947），德国物理学家，503，627－628，642
Plato 柏拉图（前427－前347），希腊哲学家，395，422，451
Plekhanov，Georgiy Valentinovitch 格奥尔基·瓦连金诺维奇·普列汉诺夫（1856－1918），俄国历史学家，473
Poggendorf，Johann Christian 约翰·克里斯蒂安·波根多夫（1796－1877），德国物理学家，502
Poincaré，Henri 亨利·庞加莱（1854－1912），法国数学家，516
Poinsot，Louis 路易·普安索（1777－1859），法国数学家，150
Poisson，Siméon Denis 西蒙·德尼·普安宋（1781－1840），法国数学家、物理学家，497－498，507
Pollard，Albert Frederick 阿尔伯特·弗里德里希·波拉德（1860－1948），英国历史学家，474
Pompe van Meerdervoort，Johan Lidius Catharinus 约翰·利迪乌斯·卡塔里纳斯·蓬佩·范·梅尔德沃特（1829－1908），荷兰海军驻日本的外科医生，572
Popper，Karl 卡尔·波普尔（1902－1994），奥地利裔英国哲学家，478
Powicke，Frederick Maurice 弗里德里克·莫里斯·波威克（1879－1963），英国历史学家，475
Prichard，James Cowles 詹姆斯·考尔斯·普里查德（1786－1848），英国内科医生、民族学者，551
Primo de Rivera y Orbaneja，Miguel 米格尔·普里莫·德·里韦拉·y.奥瓦内哈（1870－1930），西班牙将军、政治家，72－73，354
Princip，Gavrilo 加夫里洛·普林西普（1895－1918），塞尔维亚民族主义者，293
Prothero，George Walter 乔治·沃尔特·普罗瑟罗（1848－1922），英国历史学家，471－472，475
Proust，Marcel 马塞尔·普鲁斯特（1871－1922），法国作家，157，416
Puschkin（Pushkin），Aleksandr Sergeevich 亚历山大·谢尔盖耶维奇·普希金（1799－1837），俄国诗人，275

Q

Quinet，Edgar 埃德加·基内（1803－1875），法国历史学家，99，149，289

R

Rabelais, François 弗朗索瓦·拉伯雷(1494—1553),法国作家,147

Rade, Martin 马丁·拉德(1857—1940),德国福音派神学家,414

Rait, Robert Sangster 罗伯特·桑斯特·雷特(1874—1936),英国历史学家,475—476

Ram, (Pierre François) Xavier de(彼埃尔·弗朗索瓦)·格扎维埃·德·拉姆(1804—1865),比利时历史学家、大学校长,401

Ramón y Cajal, Santiago 圣地亚哥·拉蒙·y·卡扎尔(1852—1934),西班牙组织学家,527

Ranke, Leopold von 利奥波德·冯·兰克(1795—1886),德国历史学家,174, 463—465, 466—469, 477

Rankine, William John Macquorn 威廉·约翰·麦夸恩·兰金(1820—1872),英国工程师,618

Rashdall, Hastings 黑斯廷斯·拉什达尔(1858—1924),英国历史学家,462

Ratzel, Friedrich 弗里德里希·拉采尔(1844—1904),德国地理学者、人种学者,483

Rayleigh, John William Strutt, third baron 约翰·威廉·斯特拉特·雷利男爵三世(1841—1919),英国物理学家,507

Reinisch, Leo 利奥·赖尼施(1832—1919),奥地利埃及古物学者、非洲学学者,446

Reitzenstein, Richard 理查德·赖岑施泰因(1861—1931),德国古典学者,395.

Remak, Robert 罗伯特·雷马克(1815—1865),德国内科医生,526—527

Remsen, Ira 艾拉·雷姆森(1846—1927),美国化学家,171

Renan, Ernest 欧内斯特·勒南(1823—1892),法国历史学家,93, 15l, 399—400, 412, 4I5, 417—418, 424, 443

Renner, Kaspar-Fridrich Fedorovic 卡斯帕—弗里德里希·费多罗维奇·伦纳(1780—1816),俄国数学家,509

Reuleaux, Franz 弗朗兹·勒洛(1829—1905),德国工程师,618

Ribera y Tarrago, Julián 胡利安·里韦拉·y·塔拉戈(1858—1934),西班牙伊斯兰教学者,444

Ricardo, David 大卫·李嘉图(1772—1823),英国经济学家、银行家,460, 481

Richelieu, Armand Jean du Plessis, duc de 阿尔芒·让·杜·普莱西·黎萨留公爵(1585—1642),法国政治家、红衣主教,102

Riesz, Frigyes 弗里杰什·黎兹(1880—1956),匈牙利数学家,512

Ritschl, Alhrecht 阿尔赫瑞切·里敕尔(1822—1889),德国福音派神学家,412

Robert de Sorbon 罗伯特·德·索邦(1201—1274),法国神学家,107

Robespierre, Maximilien de 马克西米连·德·罗伯斯比尔(1758—1794),法国革命家、政治家,34, 284

Rodó, José Enrique 和塞·恩里克·罗多(1871—1917),乌拉圭哲学家、教育家、随笔作家,182

Rokitansky, Carl Freiherr von 卡尔·冯·罗基塔斯基·男爵(1804—1878),奥地利内科医生,568, 569

Roosevelt, Franklin Delano 富兰克林·德拉诺·罗斯福(1882—1945),美国总统,668

Roscher, Wilhelm 威廉·罗雪尔(1817—1894),德国经济学家,480

Röschlaub, Andreas 安德列亚斯·勒施劳布(1768—1835),德国内科医生,552

Rose, Heinrich 海恩里希·罗斯(1795—1864),德国化学家,504

Rosenberg, Alfred 阿尔弗雷德·罗森堡(1893—1946),德国政治家,659

Rosenbusch, Karl Harry Ferdinand 卡尔·哈利·费迪南德·罗森布施(1836—1914),德国地质学家,540

Rosmini-Servati, Antonio 安东尼奥·罗斯米尼—萨尔瓦蒂(1797—1855),意大利天主教神学家,402—403

Rossi, Giovanni Battista de 乔瓦尼·巴蒂斯塔·德·罗西(1822—1894),意大利艺术史家,403

Rousseau, Jean Jacques 让·雅克·卢梭(1712—1778),瑞士裔法国哲学家,4, 546

Roux, Emile 爱弥尔·鲁(1853—1933),法国细菌学家,529

Roux, Wilhelm 威廉·鲁(1850—1924),德国动物学家,538

Rowntree, Benjamin Seebohm 本亚明·西博姆·朗特里(1871—1954),英国社会学家、慈善家,486

Roy, Rammohun 拉默洪·罗伊(1772—1833),印度宗教、社会、教育改革家,599

Rudolphi, Carl Asmund 卡尔·阿斯穆德·鲁道菲(1771—1832),德国解剖学家,18, 523

Ruge, Arnold 阿诺尔德·鲁格(1802—1880),德国哲学家,455

Rumovskii, Stepan 斯捷潘·鲁莫夫斯基(1734—1812),俄国数学家,509

Runeberg, Johan Vilhelm 约翰·威廉·鲁内贝格(1804—1881),芬兰修辞学教授,548

Russell, William 威廉·罗素(1741—1793),英国历史学家,199

Rutherford, Ernest 欧内斯特·卢瑟福(1871—1937),英国物理学家,508, 514—515

Rydberg, Viktor 维克多·吕德贝里(1828—1895),瑞典作家、新闻记者,126

S

Sacy, Antoine Isaac Silvestre de 安托万·艾萨克·西尔韦斯特雷·德·萨西(1758—1835),法国东方学学者,443,445, 450

Sagnac, Philippe 菲利普·萨尼亚克(1868—1954),法国历史学家,477

Saint-Amand Bazard 圣—阿芒·巴扎尔(1791—1832),法国革命者,279

Saint-Simon, Claude Henri de Rouvroy, comte de 克劳德·亨利·德·鲁弗鲁瓦·圣西门伯爵(1760—1825),法国哲学家、社会理论家,30, 484

Saintsbury, George 乔治·圣茨伯里(1845—1933),英国文学史家,415

Salazar, António de Oliveira 安东尼奥·

德·奥利韦拉·萨拉萨尔（1889—1970），葡萄牙政治家，91，156，341，648—649

Salimbeni，Leonardo 利奥纳多·萨林贝尼（1830—1889），意大利自然史教师，535

Sambuc，Jules Théophile 朱尔·泰奥菲勒（1804—1834），法国革命者，281，283

Sanctis，Francesco De 弗朗切斯科·德·桑克蒂斯（1817—1883），意大利文学批评家，69

Sand，Karl Ludwig 卡尔·路德韦希·桑德（1795—1820），德国神学研究者，275，409

Sangnier，Marc 马克·桑尼耶（1873—1950），法国作家，317

Sanz del Rió，Julián 胡利安·桑斯·戴尔·里奥（1814—1869），西班牙法学研究者，302

Sapalski，Franciszek 弗朗奇歇克·沙帕尔斯基（1791—1838），波兰数学家，498

Sarraut，Albert 阿尔伯特·萨罗（1872—1962），法国政治家，211

Saussure，Ferdinand de 费迪南德·德·索绪尔（1857—1913），瑞士语言学家，452

Savigny，Friedrich Karl von 弗里德里希·卡尔·冯·萨维尼（1779—1861），德国法学家，14—15，426，430，450，460，466

Say，Jean Baptiste 让·巴蒂斯特·萨伊（1767—1832），法国经济学家，484—485

Sbert，Antonio Maria 安东尼奥·玛丽亚·斯贝特（1901—1980），西班牙学生领袖，354

Scaliger，Joseph Justus 约瑟夫·于斯特斯·斯卡利杰尔（1540—1609），法裔荷兰古典学家，449

Scelle，Georges Auguste Jean Joseph 乔治·奥古斯特·让·约瑟夫·塞勒（1878—1961），法国大学教授，89，100

Schaumann，Eugen 欧金·绍尔曼（1875—1904），芬兰民族主义者，336

Scheler，Max 马克斯·舍勒（1874—1928），德国哲学家，365

Schelling，Friedrich W. J. von 弗里德里希·W. J. 冯·谢林（1755—1854），德国哲学家，398—399，4—55，501—502，552

Schiller，Friedrich von 弗里德里希·冯·席勒（1795—1805），德国作家，148，297—298，477—478

Schimper，Andreas Franz Wilhelm 安德列亚斯·弗朗兹·威廉·申佩尔（1856—1901），德国植物学家，538—539

Schirach，Baldur von 巴尔杜尔·冯·席拉赫（1907—1974），德国政治家，349

Schlegel，August Wilhelm von 奥古斯特·威廉·冯·施莱格尔（1767—1845），德国文学历史家，430，452

Schlegel，Friedrich von 弗里德里希·冯·施莱格尔（1772—1829），德国作家、批评家，430，450

Schlegel，Gustav 古斯塔夫·施莱格尔（1840—1903），荷兰汉学家，447

Schleiden，Matthias 马蒂亚斯·施莱登（1804—1881），德国植物学家，521，525，526

Schleiermacher，Friedrich Ernst Daniel 弗里德里希·恩斯特·丹尼尔·施莱尔马赫（1768—1834），德国福音派神学家、哲学

家，24，25，395，414，422，453，455—柏林大学改革者，5，48，49，152，163，406，639

Schlözer，August Ludwig von 奥古斯特·路德韦希·冯·施勒策(1735—1809)，德国历史学家、语言学家，148

Schmidlin，Joseph 约瑟夫·施米德林(1878—1944)，德国天主教神学家，399

Schmidt，Georg Gottlieb 格奥尔格·戈特利布·施密特(1768—1837)，德国数学家，501

Schmoller，Gustav von 古斯塔夫·冯·施穆勒(1838—1912)，德国经济学家，480

Schönlein，Johann Lukas 约翰·卢卡斯·舍恩莱因(1793—1864)，德国内科医生，17

Schopenhauer，Arthur 亚瑟·叔本华(1788—1860)，德国哲学家，455

Schrödinger，Erwin 埃尔温·薛定谔(1887—1961)，奥地利物理学家，174，505，513

Schumpeter，Joseph Alois 约瑟夫·阿洛伊斯·熊彼特(1853—1950)，奥地利社会科学家，480，484

Schwann，Theodor 西奥多·施沃恩(1810—1882)，德国生理学家，521，567—568

Schwarzschild，Karl 卡尔·施瓦茨席尔德(1873—1948)，德国天文学家，517

Scott，Walter 沃尔特·斯科特(1771—1832)，英国作家，282

Secchi，Angelo 安杰洛·塞基(1818—1878)，意大利物理学家，516

Sechenov，Ivan M. 伊万·M. 谢切诺弗(1839—1905)，俄国生理学家，573

Sederholm，Jakob Johannes 雅各布·约翰内斯·塞德霍尔姆(1863—1934)，芬兰地质学家，540

Sedgswick，Adam 亚当·塞奇斯威克(1785—1873)，英国地质学家，530

Seeley，John Robert 约翰·罗伯特·西利(1834—1895)，英国历史学家，469—470，482

Seeliger，Hugo von 雨果·冯·泽利格(1849—1924)，德国天文学家，517

Semmelweis，Ignaz 伊格纳茨·塞麦尔维斯(1818—1865)，德裔匈牙利内科医生，569，589

Semper，Gottfried 戈特弗里德·森佩尔(1803—1879)，德国建筑师，104

Sertürner，Friedrich Wilhelm 弗里德里希·威廉·塞尔特纳(1783—1841)，德国药剂师，578

Seyss-Inquart，Arthur 亚瑟·塞斯—因夸特(1892—1946)，奥地利政治家，654

Shakespeare，William 威廉·莎士比亚(1564—1616)，英国剧作家，199，452

Shaw，George Bernard 乔治·萧伯纳(1856—1950)，爱尔兰作家，576

Shelley，Mary Wollstonecraft 玛丽·沃斯通克拉夫特·雪莱(1797—1851)，英国作家，147

Shelley，Percy Bysshe 佩尔西·比希·雪莱(1792—1822)，英国作家，272

Siebold，Karl von 卡尔·冯·西博尔德(1804—1885)，德国内科医生、动物学家，526

Siemens，Werner von 维尔纳·冯·西门子

(1816—1892),德国工程师,19, 627
Sierpiński, Waclaw Franciszek 瓦茨瓦夫·弗朗齐歇克·谢尔平斯基(1882—1969),波兰数学家,513
Simmel, Georg 乔治·齐美尔(1858—1918),德国社会学家、哲学家,487
Simon, Jules 朱尔·西蒙(1814—1896),法国政治家、哲学家,99
Simpson, George Gaylord 乔治·盖洛德·辛普森(1902—1984),美国古生物学家,539
Skoda, Joseph 约瑟夫·斯科达(1805—1881),奥地利内科医生,562
Skrodzki, Karol (Jürgen Karl)卡罗尔·斯克罗茨基(于尔根·卡尔)(1787—1832),波兰物理学家、大学校长,498
Small, Albion Woodbury 阿尔比诺·伍德伯里·斯莫尔(1854—1926),美国社会学家,171
Smith, Adam 亚当·斯密(1723—1790),英国经济学家,11, 148, 484
Smith, Arthur Lionel 亚瑟·莱昂内尔·史密斯(1850—1924),英国历史学家,474,475
Snellen, Herman 赫尔曼·斯内伦(1834—1908),荷兰眼科医生,579
Snellman, Johan Vilhelm 约翰·威廉·斯内尔曼(1806—1881),芬兰哲学家、政治家,148, 336
Snouck Hurgronie, Christiaan 克里斯蒂安·斯鲁克·胡尔格龙尼(1879—1936),荷兰伊斯兰教学者,445
Söderblom, Nathan 内森·瑟德布卢姆(1866—1931),瑞典福音派神学家、历史学家,414
Somnbart, Werner 维尔纳·桑巴特(1863—1941),德国社会学家,136, 480, 487
Sonnenschein, Carl 卡尔·松嫩沙因(1876—1929),德国天主教神学家,320
Sorby, Henry Clifton 亨利·克利夫顿·索比(1826—1908),英国地质学家,540
Spartacus 斯巴达克斯(卒于前 71),罗马奴隶、革命者,150
Speer, Albert 阿尔伯特·斯皮尔(1905—1981),德国政治家、建筑师,665
Spemann, Hans 汉斯·施佩曼(1869—1941),德国动物学家,538
Spencer, Herbert 赫伯特·斯宾塞(1820—1903),英国哲学家,218, 316, 456
Spengel, Johann Wilhelm 约翰·威廉·斯宾格勒(1852—1921),德国动物学家,534
Speransky, Mihail Mihajlovič count 米哈伊尔·米哈伊洛维奇·斯佩兰斯基伯爵(1772—1839),俄国政治家,125
Stael, Madame de 斯塔尔夫人(1766—1817),法国作家,452
Stáhlberg, Kaarlo 卡洛·斯托尔贝里(1862—1952),芬兰法学家、政治家,155
Staiger, Emil 埃米尔·施泰格(1908—1987),瑞士日耳曼语学家,432
Stalin, Joseph 约瑟夫·斯大林(1878—1953),苏共领导人,92, 586
Stas, Jean Servais 让·塞尔韦·斯塔斯(1813—1891),比利时化学家,498
Stein, (Heinrich Friedrich) Karl, Reichsfreiherr vom und zum(海恩里希·弗里德

里希)·卡尔·赖希斯弗赖霍尔·冯·楚姆·施泰因(1757－1831),德国政治家,22
Stein, Mark Aurel 马克·奥雷尔·斯坦(1862－1943),英国考古学家、地理学家,205
Steinthal, Hajim 哈吉姆·施泰因塔尔(1823－1899),德国语言学家,452
Stendhal 司汤达,笔名 Marie Henri Beyle,玛丽·亨利·培尔(1783－1842),法国作家,29
Stephen, James 詹姆斯·斯蒂芬(1789－1859),英国殖民地官员、历史学家,470
Stokes, George Gabriel 乔治·加布里埃尔·斯托克斯(1819－1903),英国数学家,506
Stoll, Maximilian 马克西米连·施托尔(1742－1788),德国内科医生,506
Strasburger, Eduard 爱德华·斯特拉斯布格尔(1844－1912),德国植物细胞学者,538
Strauss, David Friedrich 大卫·弗里德里希·斯特劳斯(1808－1874),德国福音派神学家,30, 411－412
Strindberg, August 奥古斯特·斯特林堡(1849－1912),瑞典作家,150
Stromeyer, Friedrich 弗里德里希·施特罗迈尔(1776－1835),德国化学家,504
Strouhal, Čeněk 切涅克·斯特劳哈尔(1850－1922),捷克物理学家,505
Strutt, John William 约翰·威廉·斯特拉斯,见 Rayleigh,雷利
Stubbs, William 威廉·斯塔布斯(1815－1901),英国历史学家,473－474
Stúr, Ludovít (L'udovít)卢多维特·什图尔(1812－1856),斯洛伐克学生领袖、语言学家、政治家、作家,288
Suess, Eduard 爱德华·聚斯(1831－1914),奥地利地质学家、古生物学家,540
Sullivan, Arthur Seymour 亚瑟·西摩·沙利文(1841－1900),英国作曲家,147
Sun Yat-Sen 孙中山(1866－1925),中国政治家,223
Susini, Clemente Michelangelo F. 克莱门特·米开朗基罗·F. 苏西尼(1754－1814),意大利雕刻家,562
Suslova, Nadezhda 娜杰日达·苏斯洛瓦(1843－1918),俄国内科医生,585
Sutton, Walter Stanborough 沃尔特·斯坦伯勒·萨顿(1877－1916),美国生物学家,537
Swieten, Gerard van 赫拉德·范·斯温滕(1700－1772),荷兰裔奥地利人,556,559
Sybel, Heinrich von 海恩里希·冯·济贝尔(1817－1895),德国历史学家,463, 471

T

Tagore, Rabindranath 罗宾德拉纳特·泰戈尔(1861－1941),印度作家、哲学家,207
Taine, Hippolyte 希波吕忒·泰因(1828－1893),法国哲学家、历史学家,151
Tait, James 詹姆斯·泰特(1863－1944),英国历史学家,475
Takata, Sanai 真木高田(1860－1938),日本政治学家、大学创办人,226
Tanaka Fujimaro 高田藤麿(1845－1909),日本政治家,224, 228

Tansley, Arthur G. 亚瑟·G. 坦斯利(1871—1955),英国植物学家,539

Tarde, Gabriel de 加布里埃尔·德·塔尔德(1843—1904),法国社会学家,485—486

Tawney, Richard Henry 理查德·亨利·托尼(1880—1962),英国经济史家,473,482,488

Tegnér, Esaias 埃萨亚斯·特根纳(1782—1846),瑞典主教,148,159

Teilhard de Chardin, Pierre 彼埃尔·德日进·德·夏尔丹(1881—1955),法国神学家、古生物学家,221,403

Tenon, Jacques 雅克·特农(1724—1816),法国内科医生,545

Thalamas, François 弗朗索瓦·塔拉马(1867—1953),法国历史学家,328

Thénard, Louis Jacques 路易·雅克·泰纳尔(1777—1857),法国化学家,496,497—498

Thibaudet, Antoine 安托万·蒂博代(1874—1936),法国文学史家,134,157

Thibert, Félix 费利克斯·蒂贝尔,法国人造医疗模型创始人,572

Thierry, Augustin 奥古斯丁·梯叶里(1795—1856),法国历史学家,460

Thiers, Adolphe 阿道夫·梯也尔(1797—1877),法国历史学家,280

Thomas Aquinas 托马斯·阿奎那(1224/1225—1274),意大利—法国神学家、哲学家,402

Thomson, Joseph John 约瑟夫·约翰·汤姆森(1856—1940),英国物理学家,508

Thomson, William, Lord Kelvin of Largs 威廉·汤姆森,拉格斯的开尔文勋爵(1824—1907),英国物理学家,156,508,515

Thun und Hohenstein, Count leo von 里奥·冯·图恩霍·恩施泰因伯爵(1811—1888),奥地利政治家,51

Tigerstedt, Robert 罗伯特·蒂格斯泰特(1853—1923),芬兰生理学家,524

Tiso, Jozef 约瑟夫·季索(1887—1947),斯洛伐克政治家,353

Tisserand, Fransçois Felix 弗朗索瓦·费利克斯·蒂斯克朗(1845—1896),法国天文学家,516

Tissot, Simon André 西蒙·安德烈·蒂索(1728—1797),瑞士内科医生,550

Tobler, Adolf 阿道夫·托布勒(1835—1910),瑞士古罗马文化学者,434

Toller, Ernst 恩斯特·特伊勒(1893—1939),德国作家,346

Tolstoy, Leo 列夫·托尔斯泰(1828—1910),俄国作家,333

Tönnies, Ferdimiand 费迪米安德·滕尼斯(1848—1923),德国社会学家,486

Topelius, Zacharias 扎卡里亚斯·托佩柳斯(1818—1898),芬兰—瑞典历史学家,146

Tout, Thomas Frederick 托马斯·弗里德里克·陶特(1855—1929),英国历史学家,475

Traube, Ludwig 路德韦希·特劳贝(1818—1876),德国内科医生,429,526

Traugutt, Romuald 罗穆亚尔德·特劳古特(1826—1864),波兰革命者,306

Treitschke, Heinrich von 海恩里希·冯·特赖奇克(1834—1896),德国历史学家,

307, 468—469, 478, 482

Trevelyan, George Macaulay 乔治·麦考利·屈威廉(1876—1962),英国历史学家,472

Treviranus, Gottfried Reinshold 戈特弗里德·赖因肖德(1776—1864),德国内科医生,519, 523

Troelstraa, Pieter Jelles 彼得·耶勒·特鲁尔斯特拉(1860—1930),荷兰作家,341

Troeltsch, Ernst 恩斯特·特勒尔奇(1865—1923),德国福音派神学家,395, 452

Trousseau, Armand 阿尔芒·特鲁塞(1801—1867),法国内科医生,589

Trubetskoi, Sergei Nikolaievich 谢尔盖·尼古拉耶维奇·特鲁别茨科伊(1802—1905),俄国大学校长,155

Trubetzkoy, Nikolai Sergejewich 尼古拉·谢尔盖耶斯维奇·特鲁别茨科夫(1890—1938),俄国语言学家,452

Ts'ai, Yuan-P'ei 蔡元培(1867—1940),218

Tschermak, Erich, Edler von Seysenegg von 埃德勒·冯·塞斯内格·冯·埃里西·切尔马克(1871—1962),奥地利植物学家,537

Tuke, Samuel 塞缪尔·图克(1784—1857),英国精神病学家,551

Tuke, William 威廉·图克(1732—1822),英国精神病学家,551

Tullberg, Tycho 第乔·图尔贝里(1842—1920),瑞典动物学家,534

Türck, Ludwig 路德维希·蒂尔克(1810—1868),奥地利内科医生,573

Tyler, Edward Burnett 爱德华·伯内特·泰勒(1832—1917),英国人类学家,414

Tytler, Alexander Fraser 亚历山大·弗拉泽·泰特勒(1747—1813),英国历史学家,199

U

Ubaghs, Gerhard 格哈德·乌瓦格(1800—1875),比利时哲学家、神学家,401

Ulyanov, Alexander 亚历山大·乌里扬诺夫(1866—1887),俄国革命者、列宁的兄弟,324

Ulyanov, Vladimir Iljisch 弗拉基米尔·伊里奇·乌里扬诺夫,见 Lenin 列宁

Usener, Hermann 赫尔曼·乌斯纳(1834—1905),德国古典学家,425

V

Valenciennes, Achille 阿希尔·瓦朗西安纳(1791—1864),法国动物学家,522

Vallejo, Jose Mariano 何塞·马里亚诺·巴列霍(1779—1846),西班牙数学家,498

Vauquelin, Louis Nicolas 路易·尼古拉·沃基耶(1763—1829),法国化学家,495—496

Vavilov, Nikolai Ivanovich 尼古拉·伊万诺维奇·瓦维洛夫(1887—1943),俄国植物基因学家,541

Verdi, Giuseppe 朱塞普·威尔第(1813—1901),意大利作曲家,30

Vico, Giambattisto 詹巴蒂斯塔·维柯(1668—1744),意大利哲学家、法学家,418, 451

Victoria 维多利亚(1819—1901),大不列颠及爱尔兰女王,192, 197

Vidal de la Blache, Paul 保罗·维达尔·

德·拉·布拉什(1845—1918),法国地理学家,477

Villemain, Abel-François 阿贝尔—弗朗索瓦·维尔曼 (1790—1870),法国文学史家,149, 236

Virchow, Rudolf 鲁道夫·菲尔绍 (1821—1902.),德国内科医生,19—20, 489, 526, 532, 533, 564—566, 568—569, 572, 579

Vogel, Hermann Karl 赫尔曼·卡尔·弗格尔(1841—1907),德国天文学家,516

Vogt, Karl 卡尔·福格特 (1817—1895),德国地质学家,69, 563—564

Volta, Alessandro 亚历山德罗·伏塔(1745—1827),意大利物理学家,174

Volterra, Vito 维托·沃尔泰拉 (1860—1940),意大利数学家、物理学家,539

Voronoff, Serge 泽格·沃罗诺夫(1866—1959),俄国—法国生理学家,577

Voskresenskii, Aleksandr A. 亚历山大·A·沃斯克列先斯基 (1809—1880),俄国化学家,511

Vrchovský, Alexander Boleslavín 亚历山大·博莱斯拉文·弗尔霍夫斯基 (1812—1843),斯洛伐克学者,287—288

Vries, Hugo de 雨果·德·弗里斯 (1848—1935),荷兰植物学家、基因学家,537

W

Waals, Johannes Diderik van der 约翰内斯·范德瓦耳斯(1837—1923),荷兰物理学家,514

Wach, Joachim 约阿希姆·瓦赫(1898—1955),德国—美国神学家,414

Wachler, Johann Ludwig Friedrich 约翰·路德韦希·弗里德里希·瓦赫勒 (1767—1838),德国历史学家,462

Wade, Thomas 托马斯·韦德 (1818—1895),英国汉学家,447

Waentig, Karl Heinrich 卡尔·海恩里希·温蒂希 (1843—I 917),德国大学官员,136

Wallace, Alfred Russel 阿尔弗雷德·拉塞尔·华莱士(1823—1913),英国动物学家,530

Walras, Marie Esprit Léon 玛丽·埃斯普里·莱昂·瓦尔拉斯 (1834—1910),法国经济学家,483—484, 486

Walter von der Vogelweide 沃尔特·冯·戴尔·福格尔魏德(1170—1230),德意志诗人,430

Walzer, Richard 理查德·瓦尔策 (1900—1975),德国古希腊语言学者、阿拉伯学者,427

Ward, Adolphus William 阿道夫斯·威廉·沃德 (1837—1924),英国历史学家、语言学家,475

Warming, Eugen 欧根·瓦明 (1841—1924),丹麦植物学家,538—539

Waterhouse, Alfred 阿尔弗雷德·沃特豪斯 (1830—1905),英国建筑师,104

Watt, James 詹姆斯·瓦特 (1735—1848),英国工程师、发明家,595

Webb, Beatrice 比阿特丽斯·韦布 (1858—1943),英国历史学家、社会改革家,482

Webb, Sidney 西德尼·韦布 (1859—1947),英国政治家,482

Weber, Max 马克斯·韦伯(1864—1920),德国社会学家、经济学家,60, 127, 136—537, 252, 465, 466, 480, 487—488

Wegener, Alfred 阿尔弗雷德·韦格纳(1880—1930),德国气象学家、地球物理学家,540—541

Weierstrass, Karl 卡尔·魏尔施特拉斯(1815—1897),德国数学家,500

Weinberg, Wilhelm 威廉·魏因贝格(1861—1937),德国基因学家,539

Weismann, August 奥古斯特·魏斯曼(1834—1914),德国动物学家,536

Wellhausen, Julius 尤利乌斯·韦尔豪森(1844—1918),德国福音派神学家,395, 443

Wennerberg, Gunnar 贡纳尔·文纳贝里(1817—1901),瑞典作家,125

Werner, Abraham Gottlob 亚伯拉罕·戈特洛布·维尔纳(1750—1817),德国地质学家,520

Westcott, Brooke Foss 布鲁克·福斯·韦斯科特(1825—1901),英国神学家,413

Westermann, Dietrich H. 迪特里希·H. 韦斯特曼(1875—1956),德国非洲学研究者,448—449

Wette, Wilhelm Martin Leberecht, De 威廉·马丁·莱布雷希特·德·韦特(1780—1849),德国福音派神学家,99, 407, 409

Whewell, William 威廉·休厄尔(1794—1866),英国哲学家,498

Wicksell, Knut 克努特·维克塞尔(1851—1926),瑞典经济学家,483

Wieger, Leon 利昂·维格(1856—1933),法国汉学家,221

Wien, Wilhelm 威廉·维恩(1864—1928),德国物理学家,627

Wiesengrund 维森格伦德,见 Adorno 阿多诺

Wilamowitz-Moellendorf, Ulrich von 乌尔里希·冯·维拉莫维茨—默伦多夫(1848—1931),德国古典学者,413, 425, 435, 642

Wilberforce, Samuel 塞缪尔·威尔伯福斯(1805—1873),英国主教,531

Wilberforce, William 威廉·威尔伯福斯(1759—1833),英国政治家、慈善家,150

Willem of Oranje-Nassau 奥兰治—拿骚的威廉(1840—1879),尼德兰王子,302

William Ⅰ威廉一世(1772—1843),尼德兰国王,39,497

Wilson, Woodrow 伍德罗·威尔逊(1856—1924),美国政治家、美国总统,155, 184

Windelband, Wilhelm 威廉·温德尔班德(1848—1915),德国哲学家,171

Windischgrätz, Alfred Prince zu 阿尔弗雷德·温德施格拉茨王子(1787—1862),奥地利陆军元帅,294

Wit-dörring, Johann von 约翰·冯·威特—多林(1800—1863),德国学生领袖,278

Wöhler, Friedrich 弗里德里希·韦勒(1800—1882),德国化学家,503—504, 525, 566

Wolf, Friedrich August 弗里德里希·奥古斯特·沃尔夫(1759—1824),德国古典学者,394, 418, 420, 422, 424, 466

Wolff, Christian 克里斯蒂安·沃尔夫（1679－1754），德国哲学家，494

Wood, Charles 查尔斯·伍德（1800－1885），英国政治家、企业家，200

Wordsworth, William 威廉·华兹华斯（1770－1850），英国作家，272.

Wright, Sewall 休厄尔·赖特（1889－1988），美国遗传学家，539

Wulf, Maurice de 莫里斯·德·沃尔夫（1867－1947），比利时哲学家、历史学家，399

Wunderlich, Carl Reinhold August 卡尔·莱因霍尔德·奥古斯特·文德利希（1815－1877），德国内科医师，557, 573

Wundt, Wilhelm 威廉·冯特（1832－1920），德国生理学者、心理学家，453, 488

Wurtz, Adolphe 阿道夫·武尔茨（1817－1884），法国化学家，505

Wysocki, Piotr 彼得·维索茨基（1797－1874），波兰革命者，283

X

Xaver of Saxony, Prince 萨克森的克萨韦尔王子（1730－1806），德国大学创办者，598

Y

Yarrow, Alfred F. 阿尔弗雷德·F. 亚罗（1842－1932），英国造船工程师，628

Yen, Fu 严复（1853－1921），中国大学校长，217

Yersin, Alexandre 亚历山大·叶辛（1863－1943），瑞士裔法国细菌学家，529

Z

Zárata, Antonio Gil de 安东尼奥·吉尔德·萨拉塔（1793－1861），西班牙大学改革者，118

Zateplinskiy, P. A., P. A. 扎捷普林斯基（1794－1834），俄国天文学家，510

Zeeman, Pieter 彼得·塞曼（1865－1943），荷兰物理学家，514

Zeiss, Carl 卡尔·蔡司（1816－1888），德国数学家、物理学家、企业家，577

Zeller, Carl 卡尔·策勒（1842－1898），奥地利歌剧作曲家，147

Zeller, Eduard 爱德华·策勒（1814－1908），德国福音派神学家、哲学家，395

Zeuss, Johann Kaspar 约翰·卡斯帕·宙斯（1806－1856），德国凯尔特语言专家，452

Zielinski, Tadeus 塔杰乌斯·杰林斯基（1859－1944），波兰古典学者，428

Zinin, Nikolai Nikolaevich 尼古拉·尼古拉耶维奇·济宁（1812－1880），俄国化学家，511

Zola, Emile 爱弥尔·左拉（1840－1902），法国作家，302, 328, 528

主题索引

A

Aachen (Germany) 亚琛(德国), technical school 技术学院, 625, UNIVERSITY 大学, 58

Aarhus (Denmark) 奥尔胡斯(丹麦), UNIVERSITY 大学, 110—126

Aberdeen (United Kingdom) 阿伯丁(英国), UNIVERSITY 大学, 36

Aberystwyth (United Kingdom) 阿伯里斯特威斯(英国), UNIVERSITY 大学, 36

Åbo 奥布, 见 Turku 土尔库

academic freedom 学术自由, 94—98, 169—170

Academies 学院, Académie des Inscriptions et des Belles Lettres 法兰西会名文与美文学术院, 642; Académie des Sciences in Paris 法兰西科学院, 17, 522, 529, 642; Academy of Mining in Slovakia 斯洛伐克矿业学院, 495; Academy of Sciences in Berlin 柏林科学院, 16; Academy of Sciences in Poland 波兰科学院, 657; Academy of Sciences in St. Petersburg 圣彼得堡科学院, 541, 586; Bergakademie of Schemnitz 谢默尼茨矿山学院, 642; Berlin Academy 柏林学院, 642; British Academy 英国学院, 642; Export Academy in Vienna 维也纳出口学院, 41; International Academy of Science 国际科学学院, 643; Leopoldina 利奥波尔迪纳, 522; Medical Academy in Moscow 莫斯科医学院; Medical Academy in St. Petersburg 圣彼得堡医学院, 556, 559, 373; Medical Academy in Vilnius 维尔纽斯医学院, 556; Oriental Academy in Vienna 维也纳东方学学院, 442; Soviet Academy of Sciences 苏维埃科学院, 666

academies and learned societies 学者团体, 16—17, 156, 447, 594—595, 参见 specialized schools 专科学校

accommodation 住宿; board and lodging 食宿, 102; halls of residence 学生宿舍, 104, 105—107; student houses 学生宿舍, 107, 110

Adelaide (Australia) 阿德雷德(澳大利亚), UNIVERSITIES 大学, 214

admission of students 学生入学; admission rates 入学率; requirements for admission 入学条件, 116—117, 377—378; university access 大学入学, 130—131, 238, 242, 244, 254—257

aesthetics 美学, 439

Africa 非洲; French colonies 法属殖民地, 193—196; UNIVERSITIES 大学(复), 191—198

African Studies 非洲学，448－449
Agram (Zagreb) (Croatia)阿格拉姆(萨格勒布)(克罗地亚)，student movements 学生运动，337；UNIVERSITIES 大学(复)，41；languages 语言，64－65
agriculture 农业，72，188，512；Agricultural Research Committee 农业研究委员会，646
Aix-en-Provence (France)普罗旺斯的艾克斯(法国)，UNIVERSITIES 大学(复)，buildings 建筑，102；finance 财政，111
Alcalá (Spain)阿尔卡拉(西班牙)37
Alexandria (Egypt)亚历山大(埃及)，UNIVERSITIES(Faruk the First University)大学(法鲁克一世大学)，192
Algebra 代数学，见 mathematics 数学
Algeria 阿尔及利亚，595
Algiers (Algeria)阿尔及尔(阿尔及利亚)，UNIVERSITY 大学，195
Allahabad University 阿拉哈巴德大学，200
American 美国，436
Amsterdam (Netherlands)阿姆斯特丹(荷兰)，UNIVERSITY 大学，38；mathematics 数学，513；physics 物理学，554
anatomy 解剖学，18，493，520，581；anatomical collections 解剖学收藏品，557，571－572；Chairs 教授职位，557，572；morbid anatomy 病理解剖学，571；neuroanatomy 神经解剖学，569；textbook 教科书，568
Angers (France)安格斯(法国)，天主教研究院，91，397
Anglican colleges 圣公会学院(复)，54，202，215
Ankara (Turkey)安卡拉(土耳其)，UNIVERSITY 大学，44
Anthropology 人类学，460，488－489，526
Antiquity 古代作品，11，419－420，421，422－425
Antwerp (Belgium)安特卫普(比利时)，medicine 医学，554
apprenticeships 学徒，607
Arabic Studies 阿拉伯学，186－191，443
Arabic world 阿拉伯世界，443
archaeology 考古学，414，526
archaeology，Christian 考古学 基督教，409
Argentina 阿根廷，183；UNIVERSITY 大学，179
arts，艺术，17. 34，66，93，366，454；*artes liberales* 人文学科，393；theology and 神学和，393－395
Aslib 专业图书馆与情报协会，648
assistants and amanuenses 助教和文书，144
astronomy 天文学，107，493，498，499，510
astrophysics 天体物理学，516
Athens (Greece)雅典(希腊)，UNIVERSITY 大学，43，561；finance 财政，87
atomic weapons 原子武器，668
Auckland (New Zealand)奥克兰(新西兰)，UNIVERSITY 大学，215
Austro-Prussian War (1866) 普奥战争(1866)，300
Australia 澳大利亚，UNIVERSITY 大学，models 模式，163
Austria 奥地利；careers 职业，383；Catholi-

cism 天主教,299, 323, 330－331, 350; *gymnasien and colleges* 高级文科中学和学院,51;human rights 人权,313;Jews 犹太人,313, 320－321, 350;languages 语言,330;nationalism 民族主义,313,322－323,350－351; student 学生,51; UNIVERSITIES 大学, autonomy 自治, 51; buildings 建筑; engineering 工程学,41; enrolments 注册,245;finance 财政,86－87;foundations 建立,41;mining 矿业,41; models 模式,51－52; philosophy 哲学, 19,51;women 妇女,248

Austria-Hungary 奥匈帝国,287－288, 292－295, 350;languages 语言,64－65;mining schools 矿业学院,598;student movements 学生运动,298－299; UNIVERSITIES 大学,118; faculties 学院,454; finance 财政,86－87;medicine 医学,559; models 模式,64－65;theology 神学,397－399

Ayn Warak 艾因瓦拉克,first college in the Lebanon 黎巴嫩第一所学院,187

B

Baghdad (Iraq) institutions of higher learning 巴格达(伊拉克)高等学校,186－187

Balkan countries 巴尔干国家, careers 职业,384

Baltic states 波罗的海国家, UNIVERSITIES 大学(复),buildings 建筑,103

Baltimore (United States)巴尔的摩(美国), 580－581; UNIVERSITY (The Johns Hopkins University)大学(约翰·霍普金斯大学),168, 170, 171

Bamberg (Germany)巴姆堡(德国),UNIVERSITY 大学,medicine 医学,552

Bangor (United Kingdom)班戈(英国),UNIVERSITY 大学,36

Banska Ŝtiavinca (Schemnitz) (Slovakia)班斯卡·什佳夫尼察(谢默尼茨)(斯洛伐克),Bergakademie 矿山学院,597－598

Barcelona (Spain)巴塞罗纳(西班牙),610; engineering 工程学,617;specialist schools 专门学校,72;UNIVERSITY 大学,37

Bari (Italy)巴里(意大利),specialist schools 专门学校;UNIVERSITY 大学,37

Basle (Switzerland)巴塞尔(瑞士),UNIVERSITY 大学,38; astronomy 天文学, 516;mathematics 数学,505

Bavaria 巴伐利亚, UNIVERSITIES 大学(复),faculties 学院,454

Beijing (China)北京(中国),220－221;institutions 教育事业机构,218－19; UNIVERSITY 大学,217－218,222

Beirut (Lebanon)贝鲁特(黎巴嫩),187,UNIVERSITY 大学,(American University of Beirut)(贝鲁特美国大学),187－188

Belfast (United Kingdom)贝尔法斯特(英国), Presbyterian College 长老会学院, 85,UNIVERSITY(Queen's University)大学(女王大学),engineering 工程学,613

Belgium 比利时;careers,职业 383;Catholicism 天主教,310,327,341,CIE 国际学生联盟,357;First World War 第一次世界大战,642;languages 语言,24－25,39,65, 301,316,318,319,327,340－341;mining school 矿业学院,599; revolution 革命,

282;Second World War 第二次世界大战,653;social emancipation 社会解放,318－319;specialized schools 专科学校,604－605;student associations 学生组织,316,341;student movements 学生运动,291－292,301,310,327－328,655;students 学生,310;technical schools,604－605,621;UNIVERSITY 大学;admission 入学,254;arts,454;Catholic university 天主教大学,91;enrolments 注册,245;medicine 医学,553－554;mobility 流动,65－66;models 模式,65－66;officials 官员,121;reforms 改革,39－40,65－66;research 研究,656;theology 神学,397

Belgrade (Serbia) 贝尔格莱德(塞尔维亚),student movement 学生运动,337

Bengal(India) 孟加拉(印度),colleges 学院(复),207

Berkeley (United States) 伯克利(美国),UNIVERSITY 大学,668

Berlin(German) 柏林(德国),16,411;Bergakademie 矿山学院,598;Institute for Oriental Studies 东方学研究所,447;Institute for Physics 物理研究所,514;Kapp Putsch 卡普政变,346;seminars and institutes 研究班和研究所,60,408－409,505;student associations 学生组织,297,329;student movements 学生运动,273,274,292,307,319,320;technical institute 技术研究所,505;UNIVERSITIES 大学(复),medicine 医学,556;UNIVERSITY 大学,7,12,14,16,20,34,58,124,149;chemistry 化学,503,504;finance 财政,60,86,111;German studies 日耳曼语学,430;history 历史学,465;humanities 人文学科,418;languages 语言,435,436,444;mathematics 数学,500－501;medicine 医学,558,564,587;mobility 流动,67;models 模式,21,33,47－53,57－61,74,171;philology 语言学,420,425;philosophy 哲学,453;physics 物理学,501,502,505;physiology 生理学,523－524;professors 教授,49,137;research 研究,523;state control 国家控制,99;theology 神学,405,406－408;参见 Helmholtz, Hermann von 赫尔曼・冯・赫尔姆霍兹;Humboldt, August von 亚历山大・冯・洪堡;Humboldt, Wilhelm von 威廉・冯・洪堡;Müller, Johannes 约翰内斯・穆德;Schleiermacher, Friedrich 弗里德里希・施莱尔马赫;Schwann, Theodor 西奥多・施沃恩;Virchow, Rudolf 鲁道夫・菲尔绍

Bern (Berne) (Switzerland) 伯尔尼(瑞士),UNIVERSITY 大学,38,247;professors 教授,69

Besançon (France) 贝桑松(法国),UNIVERSITY 大学,buildings 建筑,102;finance 财政,111

Bilbao (Spain) 毕尔巴鄂(西班牙),611,617

Biology 生物学,343,519－520,528－529;cell theory 细胞理论,19,525－527;genetics 基因,536－538,539;positive biology 实证生物学,566;research 研究,521－523,585;参见 botany 植物学

Birmingham (United Kingdom) 伯明翰(英

国),UNIVERSITY 大学,36;finance 财政,85
Bohemia (Czech Republic)波希米亚(捷克共和国),353
Bolivia 玻利维亚,183
Bologna (Italy)博洛尼亚(意大利),UNIVERSITY 大学,133;dissolution of 解散,27;freedom 自由,20—21;status 地位,27;student movements 学生运动,27
Bombay (India)孟买(印度),199,202;medical school 医学院,UNIVERSITY 大学,200—201
Bonn (Germany)波恩(德国),student associations 学生组织,297;UNIVERSITY 大学,astronomy 天文学,516;chemistry 化学,504;languages 语言,433;mathematics 数学,501;philology 语言学,415;参见 Strasburger, Eduard 爱德华·斯特拉斯
Books 书籍,142—143,availability 可借阅的书籍,106;参见 libraries 图书馆;textbooks 教科书
Bordeaux (France, Gironde)波尔多(法国,吉伦特河口湾),*Société Philomatique* 哲学协会,615;UNIVERSITY 大学,516;theology 神学,396
Bosnia 波斯尼亚,nationalism 民族主义,337
botany 植物学,botanical gardens 植物园,17,35,107,522;chair of 植物学教授席位
Bratislava (Poszony) (Slovakia)布拉迪斯拉发(帕塞尼)(斯洛伐克),287, 288;student movements 学生运动,352,UNIVERSITY 大学,41;buildings 建筑,103;languages 语言,64
Braunschweig 不伦瑞克,参见 Brunswick 不伦瑞克
Brazil 巴西,UNIVERSITIES 大学(复),181—182
Breslau (Wroclaw) (Poland)布雷斯劳(弗罗茨瓦夫)(波兰),student associations 学生组织,329;UNIVERSITY 大学,astronomy 天文学,516;languages 语言,437;mathematics 数学,501;physics 物理学,505
Bristol (United Kingdom)布里斯托尔(英国),UNIVERSITY 大学,36
Brno (Czech Republic)布尔诺(捷克共和国),287, 656;student movements 学生运动,293,321,352;UNIVERSITY 大学,41
Brunswick (Braunschweig) (Germany)不伦瑞克(德国),58;student movements 学生运动,306
Brussels (Belgium)布鲁塞尔(比利时),social emancipation 社会解放,318, 319;student movements 学生运动,301, 341;UNIVERSITY 大学,40,282,655
Bucharest (Romania)布加勒斯特(罗马尼亚),UNIVERSITY 大学,42,560
Buda 布达,参见 Budapest 布达佩斯
Budapest (Hungary)布达佩斯(匈牙利),293;student movements 学生运动,322;UNIVERSITY 大学,41;astronomy 天文学,516;finance 财政,84, 87, 111;languages 语言,64;mathematics 数学,512;medicine 医学,559
Buenos Aires (Argentina)布宜罗斯艾利斯(阿根廷), UNIVERSITIES 大学

(复),183

buildings and other properties 建筑和其他资产,102－105,149－150;'Cathedrals of Science',"科学大教堂",104;finance 财政,110,117;medical 医学院的建筑和其他资产,570;参见 laboratories 实验室

Bulgaria 保加利亚,specialist schools 专门学校,43－44;UNIVERSITIES 大学(复),foundations 基金会,42,43－44

Bureaucratization,官僚化,6－9

Burma 缅甸,UNIVERSITIES 大学,208－209

business schools 商学院,参见 specialized schools 专科学校

C

Caen (France)卡昂(法国),UNIVERSITY 大学,buildings 建筑,103

Cairo (Egypt)开罗(埃及),museums 博物馆,444;UNIVERSITIES 大学(复),Al Azhar University 爱资哈尔大学,164,191;American University of Cairo 开罗美国大学,192

Calcutta (India)加尔各答(印度),202,443;colleges 学院,198－199;medical schools 医学院,557;UNIVERSITY 大学,200－201,204,205

California, University of 加尼弗尼亚大学,参见 Berkeley 伯克利

Calvinism 加尔文宗,UNIVERSITIES 大学,39

Cambodia 柬埔寨,UNIVERSITIES 大学(复),210－211

Cambridge (United Kingdom)剑桥(英国),127;Cavendish Laboratory 卡迪文什实验室,507,508;student movements 学生运动,272,325,326,339;UNIVERSITY 大学,11,125;access 入学条件,244;admission 入学,92,116,243－245,247,250,264－265;astronomy 天文学,516;buildings 建筑,102;colleges 学院,139;degrees 学位,147;engineering 工程学,614;examinations 考试,54;Extension Programme 推广计划,309;finance 财政,62,64,84,111－112,117;foreign students 外国学生,205;history 历史学,469－474;humanism 人文主义,54;income 收入,108;languages 语言,443,444,447;mathematics 数学,506;medicine 医学,582;MML 中世纪和现代语言,441;natural sciences 自然科学,507,515,530;officials 官员,97,118－119;physics 物理学,514,515－516;physiology 生理学,582;privileges 特权,95;professors 教授,139,151,155;reforms 改革,61－64,308;research 研究,11－12,62;sciences 科学,531;social sciences 社会科学,481,482;state control 国家控制,95;students 学生,264－265;theology 神学,413

Cambridge (United States)剑桥(美国),UNIVERSITY (Harvard University)大学(哈佛大学),166,169,171

Cameralism 重商主义,546

Canada 加拿大,colleges 学院,176－177;UNIVERSITIES 大学,175－177;models 163

Cape of Good Hope (South Africa)好望角

(南非),UNIVERSITY 大学,196, 197
Cape Town (South Africa)开普敦(南非), UNIVERSITY 大学,196, 197
Cardiff (United Kingdom)加的夫(英国),UNIVERSITY,36
Carlsbad conference (1819)卡尔斯巴德会议,10, 151
Casablanca (Morocco)卡萨布兰卡(摩洛哥),196
Catholic associations 天主教组织,315, 319, 323;student associations 学生组织,297, 330—331, 357
Catholic countries and states 天主教国家,50—51
Catholic universities 天主教大学,39, 91, 92, 113, 121, 299, 310—311, 379, 397, 403;colleges 学院,202;Darwinism 达尔文主义,535—536; institute 研究所,91, 397, 404
Catholicism 天主教,131, 299, 323, 330—331, 350;modernism and 现代主义和天主教,401—405 ;Reformed Catholicism 改良天主教,399;student associations 学生组织,297, 330—331, 357;theology 神学,395—400
Central America 中美洲,UNIVERSITIES 大学,models 模式,163
Cernowitz 切尔诺维茨,参见 Czernowitz 切尔诺维茨
Ceylon 锡兰,207—208
chair of 教授席位;aesthetics 美学,439;anatomy 解剖学,557,572;Arabic 阿拉伯学,393;botany 植物学,557;chemistry 化学,495,496, 497, 503, 504, 557;economics 经济学,480;Egyptology 埃及古物学,445, 446;engineering 工程学,613;English studies 英语研究,435;Greek 希腊语,134,393;Hebrew 希伯来语,393;Latin 拉丁语,134,421;linguistics 语言学,453;*materia medica* 药物学,557;mathematics 数学,506;medicine 医学,579—580;metallurgy 冶金术,495;mineralogy 矿物学,495,497;obstetrics 产科学,557;ophthalmology 眼科学,562;oriental languages 东方语言,393, 443, 444;oriental studies 东方学,442;pathology 病理学,572;pharmacy 药学,557;philology 哲学,411, 422, 433,438—440;philosophy 哲学,420, 457;physics 物理学,496, 502,515;poetry 诗歌,134;practical medicine 实用医学,557;rhetoric 修辞学,134;Romance Studies 拉丁文学,433;Sanskrit 梵语,452;Sinology 汉学,447;Slavonic Studies 斯拉夫学,436—437;sociology 社会学, 486;surgery 外科学, 557;theoretical medicine (*Institutiones*)理论医学(机构),557;veterinary medicine 兽医学,562
chairs or professorships 席位或教授职位, 71,89—90, 119, 128—130, 172,参见 professors 教授
chancellor 大学校长,97, 119
Charkov (Ukraine)恰尔科夫(乌克兰),UNIVERSITY 大学,35,finance 财政,87
Chemistry 化学,379, 494—495, 497—498, 499, 501, 502, 503—504, 510, 554,

571, 578; agricultural chemistry 农业化学,512; bio-chemistry 生物化学, chair of 化学教授席位,495,496, 497,503, 504, 557; industrial 工业化学,606－607; Kaiser-Wilhelm－Institute 威廉皇帝研究所,643; laboratories 实验室,504, 507; organic chemistry 有机化学, 566; physical chemistry 物理化学,514; Royal College of Chemistry 皇家化学学院,508,613

Chicago (United States)芝加哥(美国),UNIVERSITY 大学,166, 169, 170, 171, 172, 668

Chile 智利, 183, UNIVERSITIES 大学(复),180

China 中国,'Boxer Indemnity'庚子赔款,222; colleges 学院,218; foreign languages 外国语,216－217; Fudan College 复旦学院,220; languages 语言,221; missionary colleges 教会学院,220－221; private institutions 私立学院 ,219－220; research 研究,221－222; UNIVERSITIES(复) 216－223; autonomy 自治,222－223

Christiania 克里斯蒂安尼亚,参见 Oslo 奥斯陆

Christianity 基督教,410－411,412－413

civil engineering 土木工程,599－600

Clark University 克拉克大学,参见 Worcester 伍斯特

Clarté movement 克拉尔泰运动,338, 343

Classicism 古典主义,276

Clermont-Ferrand(France)克莱昂－费兰德(法国),UNIVERSITY 大学,630

clinical schools 临床医学院,554

Cluj 克卢日,参见 Koloszvar 科洛斯堡

Coimbra (Portugal)科英布拉(葡萄牙),UNIVERSITY 大学,181; buildings 建筑,102; medicine 医学,562

Colleges,学院,3－4,7－8,9, 10, 11, 20, 36, 43, 51, 54, 62, 63, 85, 139, 155, 164－177,192－193,197,198－199,200, 201－203,207,215,218, 247,308,315, 380, 505,507,508,513,531, 614

colleges 学院,national 国家的,99

Cologne (German)科隆(德国),UNIVERSITY 大学,19,61

Colombia 哥伦比亚, UNIVERSITY 大学,179

communications studies 传播学,487

Communism 共产主义,87, 98, 100, 131, 338－339, 331, 357－358

Congress of Europe(1818)1818 年欧洲议会,152

Congresses 议会,130

Copenhagen (Denmark)哥本哈根(丹麦), UNIVERSITY 大学,40,66,265; astronomy 天文学,516; finance 财政,84; medicine 医学,558,参见 Warming, Eugen 欧根·瓦明

Córdoba (Argentina)科尔瓦多(阿根廷),UNIVERSITY 大学,182

Córdoba (Spain)科尔瓦多(西班牙),specialist schools 专门学校,72

Corporatism 社团主义,325－337

councils, academic 学术评议会,119－120, 129,130,647

Cracow (Poland)克拉科(波兰), 657,

student movements 学生运动,283, 290, 298, 305, 334, 351; students 学生,314; UNIVERSITY 大学,41,42,657; astronomy 天文学, 516; languages 语言, 64; mathematics 数学, 498; medicine 医学, 560; theology 神学,398

Croatia 克罗地亚,293; languages 64－65; student movements 322,337; UNIVERSITIES 大学(复),41

Czech Republic 捷克共和国, Catholicism 天主教,331; Fascism 法西斯主义,352－353; Jews 犹太人,321; languages 语言, 299, 330; nationalism 民族主义,313,322－323, 331; student movements 学生运动,293, 294－295, 321, 352; technical schools 理工学院,41, 603－604, 625; UNIVERSITIES 大学(复),41,287, 352, 656; finance 87; languages 语言,65; medicine 医学,559; physics 物理学,505

Czechoslovakia 捷克斯洛伐克, CIE 国际学生联盟,357; nationalism 民族主义,356; parliament 议会,156; Second World War 第二次世界大战,656; UNIVERSITIES 大学(复), buildings 建筑,103

Czernowitz (Bukowina)切尔诺维茨(布科维纳), UNIVERSITY 大学,41,330

D

Dakar (Senegal)达喀尔(塞内加尔),196

Damascus (Syria)大马士革(叙利亚),186－187

Danzig 但泽,参见 Gdansk 格但斯克,58

Darmstadt (Germany)达姆施塔特(德国), technical university 理工大学,58

Darwinism 达尔文主义,530－536

Debrecen (Hungary)德布勒森(匈牙利), UNIVERSITY 大学,41; languages 语言,64

degrees 学位,38－39, 46, 95, 120, 241－242

degrees: bachelor (baccalaureate) 学位:学士,7－8, 190, 241, 366; doctor, doctorate 博士 8, 137－138, 366, 625－626; engineering science 工程学,622; honorary degrees 荣誉学位,158; master of arts 文科硕士,366; Master of Surgery 外科硕士,582; medical degrees 医学学位,582

Delft (Netherlands)代夫特(荷兰), student movements 学生运动,302, 635

demography 人口统计学,460

Denmark 丹麦, constitutionalism 宪政,154; public education ministries 公共教育部, 88; Second World War 第二次世界大战, 658; students 学生,266; UNIVERSITIES 大学(复),40, 66, 265; admission 入学, 265; astronomy 天文学, 516; finance 财政,84; medicine 医学,558

dialectical materialism 辩证唯物主义,460

dialectics 辩证法,393

Dijon (France)第戎(法国), UNIVERSITY 大学, finance 财政,111

dissertations or theses 学位论文,8, 13, 370, 424, 441

documentation 文件,648

Dominican institutions 多明我会学院,212

Dorpat 多帕特,参见 Tartu 塔尔图

Dresden (Germany) 德累斯顿(德国), technical university 理工大学,58

dress 服装,132.,159,281,285,286,324

Dublin (Ireland)都柏林(爱尔兰),Medical School 医学院,589;Royal College of Physicians 皇家医学院,555;UNIVERSITY (Trinity College)大学(三一学院),11,36;mathematics 数学,507;physics 物理学,505;professors 教授,155

Durham (United Kingdom)达拉谟(英国),UNIVERSITY 大学,36;engineering 工程学,606

E

ecology 生态学,538—539

econometrics 计量经济学,484

economics 经济学,459,460,479,480—482;chair of 教授席位,480;specialized schools 专科学校,62,205,339,481—482,486

Edinburgh (United Kingdom)爱丁堡(英国),Royal College of Physicians 皇家医学院,555;UNIVERSITY 大学,36;chemistry 化学,514;medicine 医学,549;models 模式,175;philology 语言学,415;reforms 改革,11;state control 国家控制,95

education 教育,costs of,费用,250—254;history of 历史,462;phases of 阶段,237;pre-University 预科,239—240,242—243,246,247—248,255—256,650,669;Progressiveness 进步主义,257;public education ministries 公共教育部,88—90,96,109

Egypt 埃及,UNIVERSITIES 大学(复),191—192;Egyptian University (Fuad the First)埃及大学(福阿德一世),191—192

Egyptology 埃及古物学,444

electro-technology 电工学,512

engineering 工程学,41,75,602,606,613,614,615,617,623,625—626;chair of 教授席位,613;civil engineering 土木工程,599—600;electrical engineering 电机工程,618;Engineering Advisory Committee 工程顾问委员会,650;engineering science 工程学,622;industrial engineering 工业工程,611;marine 航海,44;textbooks 教科书,607

England 英格兰,careers 职业,374;Church of England 英国国教,166;education 教育,243,255,256;costs 费用,251;students 学生,264—265;theology 神学,413;UNIVERSITIES 大学(复),127;access 入学,244;admission 入学,243;chairs 教授席位,89;Dissenters 不信奉国教者,99,166;dress 服装,132;enrolments 注册,245;finance 财政,118;foreign students 外国学生,205;languages 语言,447;oriental studies 东方学,444;professors 教授,130—131

English studies 英语研究,435

Enlightenment 启蒙运动,411,544

Enrolments 注册,245

Erasmus University 伊拉斯谟大学,参见 Rotterdam 鹿特丹

Erlangen (Germany)爱尔兰根(德国),UNIVERSITY 大学,34;chemistry 化学,503;natural sciences 自然科学,503;theology 神学,411

ethnopsychology 民族心理学,453

European models 欧洲模式，4－15，53－55，163－164；参见 Humboldtian model 洪堡模式；Napoleonic model 拿破仑模式

evolutionism 进化论，459；参见 Darwinism 达尔文主义

examinations 考试，22，54，140，142，366－367，370，373

F

faculties（大学的）学院（科、系），faculty of arts 文学院，123，248，393－394，454，493；faculty of humanities 人文学院，145；faculty of law 法学院，50，114，129，132，145，248，262；letters 文学，129；mathematics 数学，133，454；medicine 医学，50，124，129，145，158，262，494，557－558，570－575，579－580；missionary studies 传教学，399；philosophy 哲学，48，50，51，132，248，262，453，493，511；physics 物理学，133；science 科学，123，129，454，497；theology 神学，50，113，123，129，145，158，248，262，393，396，405－409

Fascism 法西斯主义，94，341，343，351－352，358－359

finance 财政，II，46，56，62，64，115；education costs 教育成本，250－254；expenditure 开支，107－110；fees，费，45，52，68，116，118；financial dependence 财政依靠，84－88；gifts 捐赠，56，112；sources of 经费来源，111－114，117－118；state and 国家和财政，74

Finland 芬兰，Darwinism 达尔文主义，534；languages 语言，335，336，337，343－345；nobility 贵族，159；parliament 议会，155；Second World War 第二次世界大战，659；student associations 学生组织，344；student movements 学生运动，276，289，295－296，335－337，344－345；students 学生，24；UNIVERSITIES 大学（复），40，123，284；buildings 建筑，104；enrolments 注册，245；law 法律，303；officials 官员，159；professors 教授，154，155，158

First World War（1914－1918）第一次世界大战，337，638，641－645，652，669；research institutions 研究机构，628－629

Florence（Italy）佛罗伦萨（意大利），UNIVERSITY 大学，27，37；physics 物理学，515

Fort Hare（South Africa）福塔雷萨（南美洲），UNIVERSITY 大学，198

France 法国，academies and specialized schools 学院和专科学校，34－35，57，159，240，596－597，598，599－600，615－616，623，630；aristocracy，贵族，157；arts 文科，34；baccalaureate 学士学位，240，244；buildings 建筑，103－104；careers 职业，45，127，374，375－376，381；Catholicism 天主教，91，401；*Collège de France* 法兰西学院，99，288，455，496，567；Collèges 学院，34－35，240；colonies 殖民地，179，193－196，211；Communism 共产主义，338－339；Darwinism 达尔文主义，534－535；*écoles des arts et métier* 工艺学校，496；Edgar Faure Act（1968）《埃德加·富尔法》，5；education 教育，152，240，242－243，252，255

—256; costs 费用, 251; examinations 考试, 373; French Revolution 法国大革命, 24, 34, 240, 280, 476—477, 495; July 七月, 281; parliament 议会, 156; politics 政治学, 151, 153; public education ministries 公共教育部, 88, 89—90; research 研究, 629, 652—653; Restoration 复辟, 86; scholarships 奖学金, 251; sciences 科学, 34, 495—499; Second World War 第二次世界大战, 651—653, 669; seminaries 神学院, 399—400; social emancipation 社会解放, 317—318; student associations 学生组织, 338—339; student movements, 学生运动, 278—280, 288—289, 296, 300—301, 328; students 学生, 262—264; Third Republic 法兰西第三共和国, 307—308; Université Saint—Joseph 圣约瑟大学, 188—189; UNIVERSITIES 大学(复), 4—5, 114, 118; access 入学, 242, 244; admission 入学, 116, 240—243, 246, 247; arts 文科, 56, 93, 248, 454; autonomy 自治, 83, 85; biology 生物学, 521—522; buildings 建筑, 102; Catholic faculties 天主教学院, 57; Catholic universities 天主教大学, 91; colleges 学院, 7—8, 10; Communism 共产主义, 98; degrees 学位, 7—8, 46, 95, 120, 241—242; dress 服装, 132; engineering 工程学, 626; examination 考试, 140, 142; faculties 学院, 186, 249, 262—264, 497; finance 财政, 45, 46, 56, 85—86, 115; halls of residence 学生宿舍, 105—107; historiography 历史编纂, 476—479; income 收入, 108; Jews 犹太人, 98; languages 语言, 441—442; law 法律, 34, 248, 249, 262; letters 文学, 249; mathematics 数学, 495—499; medicine 医学, 18—19, 34—35, 249, 545—546, 553, 574, 581—582; mobility 流动, 205, 498—499; models 模式, 4—6, 44—47; natural sciences 自然科学, 16—17; officials 官员, 57, 85, 121; philology 语言学, 416—417, 421, 425—426; political dependence 政治依靠, 93; professors 教授, 7—8, 46, 56—57, 116, 139—140, 142, 153, 156—157, 288; reforms 改革, 34—35, 55—57, 307—308, 669; religious discrimination 宗教歧视, 93; replacements 代替, 3; research 研究, 12, 91—92, 522; resistance 反抗, 99; Romance philology 拉丁语系学, 12; scholarships 奖学金, 109; sciences, 科学 57, 113, 249; social sciences 社会科学, 484—486; slate control 国家控制, 95, 97; statutes and decrees 章程和学位, 93, 97; student movements 学生运动, 24, 93, 100; student numbers 学生人数, 101; students 学生, 56; teachers 教师, 108; theology 神学, 6, 396; women 妇女, 248; women 妇女, 247

Franco-Prussian War (1870)普法战争, 300, 306—307, 306—307, 616, 652

Franeker(Netherlands)弗拉纳克(荷兰), UNIVERSITY 大学, 39

Frankfurt-Am-Main (Germany)缅因河上的法兰克福(德国), 285, 292; UNIVERSITY 大学, 61; Jews 犹太人, mathematics 数学, 19; natural sciences 自然科学, 19

Fredericton 弗雷德里克顿，参见 New Brunswick 新不伦瑞克

Freiberg (Germany) 弗赖贝格(德国)，mining school 矿业学院，597－8

Freiburg im Breisgau (Germany) 布雷斯高的弗莱堡(德国)，student associations 学生组织，297；UNIVERSITY 大学，34，397；buildings 建筑，104；theology 神学，399

Freiburg/Fribourg (Switzerland) 弗里堡(瑞士)，UNIVERSITY 大学，38

G

Galicia (Austria) 加利西亚(奥地利)，42，314，334

Gdansk (Poland) 格但斯克(波兰)，58

genetics，遗传学 536－538，539

Geneva (Switzerland) 日内瓦(瑞士)，specialist schools 专门学校，69；UNIVERSITY 大学，38，69，70；professors 教授，69；sciences 497

Genoa (Italy) 热那亚(意大利)，medicine 医学，562；specialist schools 专门学校，71

geography 地理学，460，477，479，483；plant geography 植物地理学，520

geology 地质学，493，520，530－531，532－533，539－541

geopolitics 地缘政治学，483

Georgia (United States) 佐治亚(美国)，UNIVERSITY 大学，165

Germany 德国，academies and specialized schools 学院和专科学校，58，238－239，243，262，608－609，611－612，621，623，625，631；careers 职业，374，375－377，381－382；Catholicism 天主教，312，329；commercial colleges 商业学院，380；Darwinism 达尔文主义，533；education 教育，22－23，242－243，255－256；German Student Day 德国学生日，347；Jews 犹太人，275，312，313，320，347，349，587；journals 期刊，431；laboratories 实验室，504；museums 博物馆，488；nationalism 民族主义，24，94，273，297－8，311，312－313，328－330，345－351，478，513－514，587－588，641－642；parliaments 议会，153；*Physikalisch-Tecbnische Reichsanstalt* 帝国技术物理研究所，627；princes 王子，50；protest movements 抗议运动，99；Protestantism 新教，312；public education ministries 公共教育部，88；research 研究，541，627－628，661－665；Restoration 复辟，152，153；Romanticism 浪漫主义，275；schools 学校，22－23，120；seminaries 神学院，397；social emancipation 社会解放，319－321；student associations 学生组织，296－298，311－312，345；student movements 学生运动，272－276，285－287，292－293，295，306－307，311－313；students 学生，168，258，261－262；unification 统一，285；UNIVERSITIES 大学(复)，5－6，7，114，118，124；access 入学，238，242；admission 入学，235－240，246，247，254，257－262，377；autonomy 自治，59，292－293；biology 生物学，522－523；buildings 建筑，103，104；business 商业，61；disappearance 消失，3；engineering 工程

学，613；faculties 学院，249，261－262，454－455；finance 财政，60，86，115；German studies 日耳曼语学，430，432；Greek studies 希腊语学，23；humanism 人文主义，59；humanities 人文学科，249，417－420；laboratories 实验室，105；languages 语言，429－430；law 法律，129，249，262，394；mathematics 数学，19，494，499；medicine 医学，17－18，22，129，249，262，546，570，587－588；mobility 流动，205，526；models 模式，4－6，21，33，47－53，57－61，167－175，228；natural sciences 自然科学，17，19；non-Professorial staff 非教授工作人员，59－60；officials 官员，50，97；philology 语言学，415，421－428；philosophy 哲学，19，129，248，262，499；physics 物理学，515；physiology 生理学，563－565；professors 教授，8－9，49，59－60，89，116，119，128－129，131，134－139，152，153，157－158；reforms 改革，33－34；research 研究，60，292；resistance 反抗，100；sciences 科学，113，249，499－505，659－661；social sciences 社会科学，479－480，486－487；state control 国家控制，91，94，96，98；student movements 学生运动，24，26，94；students 学生，57；teaching 教学，128；theology 神学，129，248，249，262，394，395－396，397－399，430；women 妇女，248；Weimar Republic 魏玛共和国，94；women 妇女，247

Ghent（Belgium）根特（比利时），languages 语言，341，655；social emancipation 社会解放，318；student movements 学生运动，301，327；technical school 理工学校，604－605；UNIVERSITY 大学，39，65，282，655；mathematics 数学，497；sciences 科学，497

Giessen（Germany）吉森（德国），UNIVERSITY 大学，34，50；chemistry 化学，498，501，503－504，606；mathematics 数学，500，501；natural sciences 自然科学，501；theology 神学，399

Gijón（Spain）希洪（西班牙），610

Glasgow（United Kingdom）格拉斯哥（英国），11，UNIVERSITY 大学，36；astronomy，天文学，36；engineering 工程学，653；history 历史学，475；Latin 拉丁语，421；physics 物理学，508；sciences 科学，595；social composition 社会组成，63

Gothenburg（Sweden）哥德堡（瑞典），Chalmers Institution 查默斯学院，609；UNIVERSITY 大学，40

Göttingen（Germany）哥廷根（德国），394；aristocracy 贵族，429；student associations 学生组织，297；student movements 学生运动，274；UNIVERSITY 大学，34，94，123；buildings 建筑，103；chemistry 化学，503，504；history 历史学，466；mathematics 数学，500，512，513；natural sciences 自然科学，501；professors 教授，52，152，286，468；state control 国家控制，99；theology 神学，412

graduates 研究生，117，119，363－365，371－372，387；numbers of 人数，234－235；overproduction of 过剩，59，235，254，

256, 376—379, 384

Grahamstown (South Africa)格雷厄姆斯敦(南非), UNIVERSITY (Rhodes University College)大学(罗得斯大学学院),597

Granada (Spain)格拉纳达(西班牙), UNIVERSITY 大学,37

grants 拨款,64, 96, 118, 646, 651

Graz (Austria)格拉茨(奥地利), Catholicism 天主教,331; nationalism 民族主义,313, 323, 331, 350; student movements 学生运动,295, 299; technical school 工业学校,351; UNIVERSITY 大学,19, 41, 351; buildings 建筑,105; engineering 工程学,41; geology 地质学,541; physics 物理学,505

Greece 希腊, careers 职业,383; student movements 学生运动,277; UNIVERSITIES 大学(复),43, 114; finance 财政,87; foundations 基金会,42; medicine 医学,560

Greek 希腊语,23, 134

Greifswald (Germany)格瑞夫斯沃德(德国), student associations 学生组织,297; UNIVERSITY 大学,34; finance 财政,86; mathematics 数学,501

Grenoble (France)格勒诺布尔(法国), Institut Electronique 电子研究所,616; UNIVERSITY 大学, buildings 建筑,103

Groningen (Netherlands)格罗宁根(荷兰), UNIVERSITY 大学,39; astronomy 天文学,516; sciences 科学,497

H

Haifa (Israel)海法(以色列),191

Halifax (Canada)哈利法克斯(加拿大), UNIVERSITY (Dalhousie University), 大学(达尔豪西大学),575

Halle (Germany)哈勒(德国), 34, 411; student associations 学生组织, 297; student movements 学生运动,274, 306; UNIVERSITY 大学, 34, 466; buildings 建筑,103; chemistry 化学,503; natural sciences 自然科学, 501; theology 神学,405

halls of residence 学生宿舍,参见 accommodation 住宿

Hamburg (Germany)汉堡(德国),447; UNIVERSITY 大学, 61; physics 物理学,505

Hanover (Germany)汉诺威(德国), technical university 理工大学,58, 348

Hanoi (North Vietnam)河内(北越), UNIVERSITY 大学(复),211

Harderwijk (Netherlands)哈尔德韦克(荷兰), UNIVERSITY 大学,39

Harvard University 哈佛大学,参见 Cambridge (United States)剑桥(美国)

Hebrew universities 希伯来人大学,190

Heidelberg (Germany)海德堡(德国), student associations 学生组织, 297; student movements 学生运动,307; UNIVERSITY 大学,34; buildings 建筑,103; chemistry 化学,503, 504; finance 财政, 86; mathematics 数学, 19, 500; natural sciences 自然科学,19; physics 物理学, 500,501,502

Helsinki (Helsingfors) (Finland)赫尔辛基

(芬兰),40,285;languages 语言,289;philanthropy 慈善事业,146;student movements 学生运动,30;UNIVERSITY 大学,66—68,125,126,276,289;buildings 建筑,104;privileges 特权,125;professors 教授,152,158,336

Hermesianism 赫尔梅斯主义,400

Higher Polytechnical Schools 高等多科技术学校,10

Hindu institutions 印度的教育事业机构,198—199

History 历史学,authenticity 真实性,463—476;critical history 批判史学,459—463;historiography 历史编纂,14,476—479;historicism 历史相对论,477—479;journals 期刊,462—463;literary history 文学史,431—432

honorary titles 荣誉头衔,159

Hong Kong(East Asia)香港(东亚),UNIVERSITY 大学,216

hospitals 医院,545,548,549,589

humanism 人文主义,54,59,393,394,416,429,449,571

humanities 人文学科,145,249,417—420,441,670

Humholdtian model 洪堡模式,4—6,21,33,47—53,57—61,64—70,74,171,456

Hungary 匈牙利,careers 职业,65;Janos Bolyau Institute 亚诺什·鲍耶研究所,512;Jews 犹太人,41,65;nationalism 民族主义,313;public education ministries 公共教育部,90;student movements 学生运动,293—294;students 学生,51,323;Treaty of Trianon 特里亚龙条约,65;women 妇女,65;UNIVERSITIES 大学(复),administration 行政部门,90;buildings 建筑,103;finance 财政,86—87;foundations 建立,41;languages 语言,65,439;law 法律,51,65;mathematics 数学,512;models 模式,51—52,64—65;state control 国家控制,94,98;参见 Austria-Hungary 奥匈帝国

I

Iaşi (Romania)雅西(罗马尼亚),UNIVERSITY 大学,42,560

ideological discrimination 意识形态歧视,92—93

Imperial Physical-Technical Institute in Berlin 柏林帝国理工研究所,60

inclusiveness 包容性,235—246

India 印度,colleges 学院,201—203;languages 语言,199—200,206;medical schools 医学院,557;mobility 流动,205—206;research 研究,204—205;UNIVERSITIES 大学(复),198—207,227;models 模式,163;teachers 教师,205,206;women 妇女,207;

Indo-china 印度支那,UNIVERSITIES 大学(复),210—211;models 模式,163

Indonesia 印度尼西亚,UNIVERSITIES 大学(复),211—212

industrial engineering 工业工程,651

industries 工业,493,615,616,618,663;medicine and 医学和工业,576—578

Innsbruck (Austria)因斯布鲁克(奥地利),

300;languages 语言,330;nationalism 民族主义,313,350;UNIVERSITY 大学,41;theology 神学,398

insignia 勋章,26,273

institutes 研究所,参见 seminars and institutes 研究班和研究所

internationalism 国际主义

Iraq 伊拉克,UNIVERSITIES 大学(复),186

Ireland (Hibernia)爱尔兰,UNIVERSITIES 大学(复),11,36;finance 财政,85;mathematics 数学,507;medicine 医学,85,555,589;models 模式,214;physics 物理学,505;professors 教授,155

Islam 伊斯兰教,44,442,444,445;Islamic institutions 伊斯兰教教育机构,199

Istanbul (Turkey)伊斯坦布尔(土耳其),mathematics 数学,511;medicine 医学,561;UNIVERSITY 大学,44

Italy 意大利,Casati law,Legge Casati 卡萨蒂法,70,96;Catholicism 天主教,70,355—356,402;Darwinism 达尔文主义,535;engineering 工程学,617;Fascism 法西斯主义,94,355—356;graduates 研究生,560;languages 语言,300;public education ministries 公共教育部,88;research institutions 研究院,629;schools of commerce 商业学院,71;Second World War 第二次世界大战,659;secret societies 秘密社团,278;seminaries 神学院,397;technical schools 技术学校,602—603,622;UNIVERSITIES 大学(复),10,114,118,119;admission 入学,248;autonomy 自治,47,70,71;buildings 建筑,102;decrees 法令,96;distribution 分配,70;enrolments 注册,245;finance 财政,87;income 收入,108;mathematics 数学,512;medicine 医学,562;models 模式,13;officials 官员,121;oriental studies 东方学,444;philology 语言学,415,427—428;political dependence 政治依赖,94;professors 教授,71,140;reforms 改革,36—37,47,70—72;resistance 反抗,100;sciences 科学,497;social sciences 社会科学,482,486;state control 国家控制,96,98;status 地位,56;student movement 学生运动,26—31;students 学生,70,71,72;theology 神学,70,397;women 妇女,248

J

Japan 日本,languages 语言,private university 私立大学,226;UNIVERSITIES 大学(复),223—226,227;models 模式,163

Jena (Germany)耶拿(德国),577;Catholicism 天主教,329;student associations 学生组织,297;student movements 学生运动,273,274—275;UNIVERSITY 大学,34,125;chemistry 化学,503;mathematics 数学,501;参见 Haeckel,Ernst 恩斯特·海克尔

Jerusalem (Palestine)耶路撒冷(巴勒斯坦),UNIVERSITY 大学,189—191

Jesuits 耶稣会士,113,179,188—189,202,213,559

Jews 犹太人,19,65,67,126,320—321,350,352,379,663;access 入学条件,131,333,349,527;associations 协会,312,330;exclusions 排除,275,313,320,

347，587；numerus clausus 名额限制，41，65，349；purges 清洗，98；students 学生，41，42，275；support for 支持，654

Johannesburg（South Africa）约翰内斯堡（南非），UNIVERSITY（Witwatersrand）大学（威特沃特斯兰德），197

Johns Hopkins University 约翰·霍普金斯大学，参见 Baltimore 巴尔的摩

journalism 新闻，148

journals 期刊，11，338，441；Asiatic studies 亚洲学，443，445；chemistry 化学，514；ethnopsychology 民族心理学，453；history 历史学，462－463，478；mathematics 数学，500，512，513；medicine 医学，547；philology 语言学，425；philosophy 哲学，149，431，456；physics 物理学，502；research 研究，172；Slavonic studies 斯拉夫学，436

K

Kaliningrad 加里宁格勒，参见 Königsherg 柯尼斯堡

Karlsruhe（Germany）卡尔斯鲁厄（德国），technical university 理工大学，502；UNIVERSITY 大学，buildings 103

Kazan（Russia）喀山（俄国），35，513；student movements 学生运动，304，324；UNIVERSITY 大学，52；astronomy 天文学，516；officials 官员，98；sciences 科学，509

Kharkov（Russia）哈尔科夫（俄国），UNIVERSITY 大学，astronomy 天文学，510；mathematics 数学，509

Khartoum（Sudan）喀土穆（苏丹），UNIVERSITIES 大学（复），Gordon College 戈登学院，192－193；Kitchener School of Medicine 基奇纳医学院，193

Kiel（Germany）基尔（德国），UNIVERSITY 大学，19，34，50，274，502

Kiev（Ukraine）基辅，academies 研究院，36，students 学生，52，304，305

knowledge 知识，international identity 国际一致，130；professions and 专业和知识，365－369

Kolozsvar（Romania）科洛斯堡（罗马尼亚），UNIVERSITY 41；languages 语言，64

Königsberg（Kaliningrad）（Russia）柯尼斯堡（加里宁格勒）（俄国），student associations 学生组织，297；UNIVERSITY 大学，34；mathematics 数学，499－500；natural sciences 自然科学，501；physics 物理学，499－500，502

Korea 韩国，225

Krakow 克拉科夫，参见 Cracow 克拉科

L

laboratories 实验室，18，104－105，144，514；astronomy 天文学，516；chemistry 化学，504，507；physics 物理学，507，508，514，628，646；physiology 生理学，571；technology 技术，619－620

laboratory exercises 实验室练习，502，503

laicization 世俗化，6－9

Landshut（Germany）兰茨胡特（德国），34

languages 语言，24－25；Arabic 阿拉伯语，187，191，443；Chinese 中文，444，446－448；Croatian 克罗地亚语，65；Czech 捷克语，64－65；Dutch 荷兰语，319，341；Eng-

lish 英语，435—436，439；Finnish 芬兰语，289，335，336，337，343—345；Flemish 佛兰德语，24，39，65，301，316，318，341；French 法语，439；German 德语，439；Hungarian 匈牙利语，64—65；Italian 意大利语，300；Japanese 日语，447；Latin 拉丁语，428，571；Manchurian 中国东北话，444；Medieval and Modern Languages (MML) 中世纪和现代语言，441；modern 现代语言，438—442；Nordic 北欧语，439；oriental 东方语言，35，413，430，442—453；Persian 波斯语，443；Polish 波兰语，64—65；Romance 罗马语，438，439；Sanskrit 梵语，414，444，452；sciences of 语言学，393；semitic 犹太语，413，442，443；Slavonic 斯拉夫语，436—438；Tartar 鞑靼语，444；Turkish 土耳其语，443

Latin 拉丁语，421，571

Latin America 拉丁美洲，4；academies and institutions 研究院和教育事业机构，179—180；positivism 实证主义，178，180；private universities 私立大学，180；student movements 学生运动，182—185；UNIVERSITIES 大学(复)，177—185；reforms 改革，182—185

Lausanne (Switzerland) 洛桑(瑞士)，UNIVERSITY 大学，38，70

law 法律，65，187，480；national standards 国家标准，90

law 法律，jurisprudence 法学，460，480

law 法律，Roman law 罗马法，14—15

League of Nations 国际联盟，339，342，357

Lebanon 黎巴嫩，Jesuits 耶稣会士，188；UNIVERSITIES 大学，186，187—189；*Université Saint—Joseph* 圣约瑟大学，188—189

lectures 演讲，50，138，467—468

Leeds (United Kingdom) 利兹(英国)，315；UNIVERSITY 36

legal guarantees 立法保证，94—98

Leiden (Netherlands) 莱顿(荷兰)，student associations 学生组织，315；UNIVERSITY 大学，39，292；languages 语言，oriental studies 东方学，447；physics 物理学，514；sciences 科学，497

Leipzig (Germany) 莱比锡(德国)，student associations 学生组织，297，329；student movements 学生运动，307，319；UNIVERSITY 大学，34；astronomy 天文学，516；buildings 建筑，103；finance 财政，86；mathematics 数学，501；natural sciences 自然科学，501；oriental studies 东方学，445；physics 物理学，503；professors 教授，49；theology 神学，405

Lemberg (Lwow) (Ukraine) 莱姆伯格(利沃夫)(乌克兰)，student movements 学生运动，334；students 学生，314；UNIVERSITY 大学，41，42，657；engineering 工程学，41；languages 语言，64

Leoben (Austria) 莱昂本(奥地利)，nationalism 民族主义，313；UNIVERSITY 大学，41

León (Spain) 利昂(西班牙)，specialist schools 专门学校，72

libraries 实验室，105，144，173—174；book availability 可借阅的图书，106

Liège (Belgium) 列日(比利时), student movements 学生运动, 301; technical school 技术学院, 604－605; UNIVERSITY 大学, 39, 282; mathematics 数学, 497; sciences 科学, 497

Lille (France) 里尔(法国), Catholic Institute 天主教研究所, 91, 397; *Institut Industriel* 工业研究所, 616; *Société des Science* 科学团体, 615

linguistics 语言学, 452, 453

literacy 识字, 462

literary history 文学史, 429

literature 文学, literary history 文学史, 431－432

Liverpool (United Kingdom) 利物浦(英国), 315; UNIVERSITY 大学, 36; social sciences 社会科学, 486

Ljubljana (Laibach) (Slovenia) 卢布尔雅那(莱巴赫)(斯洛文尼亚) 330; nationalism 民族主义, 314, 322

logic 逻辑学, 479

Lombardy (Italy) 伦巴底(意大利), UNIVERSITIES 大学(复), engineering 工程学, 602

London (United Kingdom) 伦敦(英国), Central Technical College 中央技术学院, 62; City and Guilds 城市和行会, 614; colleges 学院, 54; Geological Society 地质学协会, 530; Guy's Hospital 盖伊医院, 589; Imperial College 帝国学院, 62, 614; Inns of Court 律师学院, 205; King's College 国王学院, 54, 200, 508; Linnean Society 林奈学会, 530; London School of Economics 伦敦经济学院, 62, 205, 339, 481－482, 486; Royal College of Chemistry 皇家化学学院, 508, 613; Royal College of Physicians and Surgeons 皇家医学院, 555, 582; Royal College of Science 皇家科学院, 62; Royal College of Surgeons 皇家外科学院, 531; Royal Engineering College 皇家工程院, 614; Royal Geographical Society 皇家地理协会, 530; Royal School of Mines 皇家矿业学院, 62, 599, 613; Royal Society of London 伦敦皇家学会, 530; student movements 学生运动, 339; technical institutes 技术研究所, 614－615; UNIVERSITY 大学, 36, 54, 126, 127, 202, 203; engineering 工程学, 606, 625－626; foreign students 外国学生, 205; history 历史学, 474; languages 语言, 441, 444; medicine 医学, 555, 574; models 模式, 165, 198, 200－201, 214; physics 物理学, 508; statistics 统计学, 513; University College 大学学院, 54, 200, 508, 513

Louvain (Belgium) 鲁汶(比利时), languages 语言, 341; social emancipation 社会解放, 318; student movements 学生运动, 301, 310, 327－328; students 学生, 291; UNIVERSITY 大学, 39, 282, 397, 655; mathematics 数学, 497; officials 官员, 97; oriental studies 东方学, 447; sciences 科学, 497; theology 神学, 401－402

Lublin (Poland) 卢布林, UNIVERSITY 大学, 657

Lund (Sweden) 隆德(瑞典), UNIVERSITY 大学, 40, 66, 125; buildings 建筑, 103; e-

conomics 经济学,483;finance 财政,84,87;philology 语言学,420;stellar statistics 恒星统计学,517

Lutheran universities 路德宗大学,132

Lutheranism 路德宗,158, 407

Lvov (Lwów)利沃夫,参见 Lemberg 莱姆伯格

Lyon (France)里昂(法国),Catholic Institute 天主教研究所,91, 397;UNIVERSITY 大学, buildings 建筑, 503; theology 神学,396

M

Madras (India)马德拉斯(印度), medical school 医学院, 557; UNIVERSITY 大学,200

Madrid (Spain)马德里(西班牙), specialist schools 专门学校,72;student movements 学生运动,354; technical school 技术学院,601; UNIVERSITY 大学, 37, 73, 302, 354;buildings 建筑,503;halls of residence 学生宿舍,107;medicine 医学,561;theology 神学,396

Mainz (Germany)美因兹(德国), seminary 神学院,397, 399

Malaya 马来亚, UNIVERSITIES 大学(复),209

Malines (Belgium)马林斯(比利时),39

Manchester (United Kingdom)曼彻斯特(英国), UNIVERSITY 大学, 36; chemistry 化学,514;engineering 工程学,614, 615;finance 财政, 85; history 历史学, 475;physics 物理学,508,514,555

Manila (Philippines)马尼拉(菲律宾),UNIVERSITIES 大学(复),212—213

Mannheim (Germany)曼海姆(德国), UNIVERSITY 大学,61;manufacturing industries 制造业,618

Marburg (Germany)马尔堡(德国),student movements 学生运动, 346; UNIVERSITY 大学, 19, 34, 50; buildings 建筑, 104; philology 语言学, 421; professors 教授,34

Marieberg (Sweden)马雷贝格(瑞典),military school 军事学院,597

materialism 唯物主义,563—564

mathematical sciences 数理科学,393

mathematics 数学,19,495—501, 505, 506—507, 508, 510;algebra 代数学,494;applied 应用数学,494;arithmetic 算术,494;calculus 微积分学,494;classical analysis 古典解析数学,512;faculty of mathematics 数学学院,133, 454;functional analysis 泛函分析数学,512;geometry 几何学,494;logic 逻辑学,513;mathematical analysis 数学分析,497;nationalism and 民族主义和数学,513—514;probability 概率,513;research 研究,511—514;set theory 集合论,512, 513;teaching 教学,494;topology,拓扑学,513

Maynooth (Ireland)梅努斯(爱尔兰),Royal Catholic College 皇家天主教学院,85

mechanics 力学,510,605,607—608

medicine 医学,Brownianism 布朗主义, 551—552,563;chairs 教授席位,557;chemistry 化学,578; degrees 学位,582; dermatology 皮肤病学,569; faculty expansion

学科扩张,570—575;histology 组织学,572;homeopathy 同种疗法,552,577;insane asylums 精神病院,550—551;medical education 医学教育,543—544,553—563;medical instruments 医疗器材,577—578;Medical Research Committee 医学研究委员会,646;medical schools 医学院,34—35,220,585,586—587;medical students 医科学生,587—588;military surgeons 军医,555—557;modernization 现代化,579—585;morbid anatomy 病理解剖学,569,571;national standards 国家标准,90;pathology 病理学,567—570;physiology 生理学,563—570;practical medicine 实用医学,557,573—575;professionalization 专业化,588;Reform Movements 改良运动,565—566;Romanticism and 浪漫主义和医学,544—553;specialization 专门化,575—579,583;vivisection 活体解剖,576;参见 Flexner A,A. 弗莱克斯纳

Medieval and Modern Languages (MML)中世纪和现代语言,441

Melbourne (Australia)墨尔本(澳大利亚),214;UNIVERS1TY 大学,214

metallurgy 冶金术,495

Mexico 墨西哥,181;UNIVERSITIES 大学(复),179

Michigan (United States)密歇根(美国),UNIVERSITY 大学,167,174

Middle East 中东,UNIVERSITIES 大学(复),186—191

Milan (Italy)米兰(意大利),UNIVERSITY 大学,37;engineering 工程学,71,617,623

military schools 军事学院,595—597

military service 兵役,583—584

military technology 军事技术,493,596—597,662

mineralogy 矿物学,493,495,497

mining schools 矿业学院,10,62,495,597—598,599,600,613

missionary colleges 教会学院,186,201—202,220—221

missionary studies 传教学,399

mobility 流动,65—66,67,69—70,74—75,205—206,526;foreign students 外国学生,74—75,205,278,498—499,510,584—585

Modena (Italy)摩德纳(意大利),UNIVERSITY 大学,27—29

modernism 现代主义,Catholicism and 天主教和现代主义,401—405

monographs 专论,172,540

Mons (Belgium)蒙斯(比利时),599

Montpellier (France)蒙彼利埃(法国),medical schools 医学院,34,153;参见 Bordeu,Théophile de 泰奥菲勒·德·博尔德

Montreal (Canada)蒙特利尔(加拿大),UNIVERSITY (McGill University)大学(麦吉尔大学),175,576

Moravia 摩拉维亚,321—321,353

Morocco 摩洛哥,195—196

Moscow (Russia)莫斯科(俄国),Medical Academy 医学院,556;student movements

学生,304, 305, 332;students 学生,324;UNIVERSITY 大学,35;buildings 建筑,102;languages 语言,444;mathematics 数学,513;mechanics 力学,511;sciences 科学,509;statutes 校规,305;students 学生,52

Mulhouse (France)牟罗兹(法国),*Société Industrielle* 工业协会

Munich (Germany)慕尼黑(德国),student movements 学生运动,346;UNIVERSITY 大学,34, 126;buildings 建筑,103;mathematics 数学,501;physics 物理学,505;theology 神学,399

Münster (Germany)曼斯特(德国),student association 学生组织,297;UNIVERSITY 大学,theology 神学,398, 399

museums, 博物馆 17, 35, 144, 444, 531, 557

music 音乐,145

N

Nagasaki (Japan)长崎(日本),557

Nagyszombat (Trnava) (Slovakia)瑙吉松博特(特尔纳瓦)(斯洛伐克),UNIVERSITY 大学,47

Nancy (France)南锡(法国),*Institut Electronique* 电子学院,616;student associations 学生组织,308

Nankai (China)南开(中国),UNIVERSITY 大学,219, 222

Naples (Italy)那不勒斯(意大利),specialist schools 专门学校,71;UNIVERSITY 大学,37, 70

Napoleonic model 拿破仑模式,4—5, 6, 44—47, 55,74, 83, 124, 497

nation states 民族国家,growth of 民族国家的发展,40—44

nationalism 民族主义,24, 75, 273, 289—290, 297—298, 307—315, 322—323, 328—330, 331, 337, 342, 345—351, 356, 478, 641—642, 670

nations 民族, rise of 民族的兴起,20

natural sciences 自然科学,16—17, 19, 130, 454, 501, 507, 515, 530, 539, 541;idealism 唯心主义,501—502;research 研究,511—517;status 地位,669

Neo-Hellenism 新希腊主义,418

Neo-Malthusian movement 新马尔萨斯运动,576

Netherlands 荷兰,careers 职业,383;Catholicism 天主教,342;colonies 殖民地,211—212;nationalism 民族主义,342;revolution 革命,281;Second World War 第二次世界大战,653;social emancipation 社会解放,318;socialism 社会主义,326—327;student associations 学生组织,315—316, 326—327, 341—343;student movements 学生运动,282—283, 301—302, 654;students 学生,292, 309—310;UNIVERSITIES 大学,114, 118;arts 艺术,66, 454;autonomy 自治,66;degrees 学位,38—39;enrolments 注册,245;foundations 基金会,39;models 模式,66;philology 语言学,427;physics 物理学,574;reforms 改革,38—39;women 妇女,248

Neuchâtel (Switzerland) 纳沙泰尔(瑞士),UNIVERSITY 大学,38

New Brunswick (Canada)新不伦瑞克(加拿大),UNIVERSITY 大学,175

New Haven (United States)纽黑文(美国),UNIVERSITY (Yale University)大学(耶鲁大学),166, 167, 172

New Scholasticism 新经院哲学,399, 402

New Zealand 新西兰,UNIVERSITIES 大学,214－215

Nijmegen (Netherlands)奈梅亨(荷兰),UNIVERSITY 大学,39

Nobel Prizes 诺贝尔奖,171, 484, 527, 538, 575,640－641

North Africa 北非,UNIVERSITIES 大学(复),models 模式,563

North America 北美,colonies 殖民地,COLLEGES AND UNIVERSSTIES 学院和大学,models 模式,164－177

North Carolina (United States)北卡罗莱纳(美国),UNIVERSITY 大学,165

Norway 挪威,Second World War,第二次世界大战,658;UNIVERSITIES 大学(复),40, 66, 658;enrolments 注册,245;medicine 医学,558

Nottingham (United Kingdom)诺丁汉(英国),UNIVERSITY 大学,36

numbers 数量,of graduates 毕业生人数,234－235;of students 学生人数,57,58,74,101－102,128,233－235,630, 646;of universities 大学数量,3

O

observatories 天文台,516,517

obstetrics 产科学,557

Odessa (Ukraine)敖德萨(乌克兰),student movements 学生运动,335;UNIVERSITY 大学,36

ophthalmology 眼科学,561

oriental studies 东方学,442－453

Oslo (Christiana) (Norway)奥斯陆(克里斯蒂安尼亚)(挪威),medicine 医学,558;UNIVERSITY 大学,66, 658

Otago (New Zealand)奥塔戈(新西兰),UNIVERSITY 大学,275

Oviedo (Spain)奥维耶多(西班牙),UNIVERSITY 大学,37,72

Oxbridge (＝ Oxford and Cambridge)牛津剑桥,63;careers 职业,375;models 模式,164－167, social composition 社会组成,63;参见 Cambridge 剑桥,Oxford 牛津

Oxford (United Kingdom)牛津(英国),'Oxford Pledge'"牛津誓约",339;socialism 社会主义,326;student movements 学生运动,326, 339;students 学生,264－265;UNIVERSITY 大学,11, 116, 127;access 入学条件,244;admission 入学,116,243－245, 246, 247, 250, 264－265;admission requirements 入学要求,92, 99;antiquities 古代,11;buildings 建筑,102, 104;colleges 学院,139;degrees 学位,247;ecology 生态学,539;engineering 工程学,614;Extension Programme 推广计划,309;finance 财政,64, 84, 85, 111－112, 117;foreign students 外国学生,205;history 历史学,469－474;humanism 人文主义,54;income 收入,108;languages 语言,441, 443, 444. 447;mathematics 数学,506;medicine 医学,

582;officials 官员,97,118－119;Oxford Movement 牛津运动,11,93;philology 语言学,426－427;physics 物理学,508;privileges 特权,95;professors 教授,139,151,155;reforms 改革,61－64,308;research 研究,11－12;scholarships 奖学金,109;sciences 科学,531;social sciences 社会科学,481;state control 国家控制,95;theology 神学,413

P

pacifism 和平主义,339

Padua (Italy)帕多瓦(意大利),UNIVERSITY 大学,27,300;engineering 工程学,602

Palestine 巴勒斯坦,UNIVERSITIES 大学(复),186,189－191

Palma (Spain)帕尔马(西班牙),specialist schools 专门学校,72

Paris (France)巴黎(法国),academies and specialized schools 学院和专科学校,16－17,529;*Bureau Universitaire de Statistique* 大学统计局,117;Catholic Institute 天主教研究所,91,397,404;*Collège de France* 法兰西学院,443;*École Centrale* 中央学校,609－610;*École des Ponts et Chaussées* 桥梁和道路学校,599;*École polytecbnique* 巴黎理工学院,496－497,599－600;hospitals 医院,545,589;*Institut National des Sciences et des Arts* 国家科学艺术研究所,17;medical schools 医学院,34,528－529,548,549,553;museums 博物馆,35,444,495;Physique et de Chemie lndustrielles 物理和化学工业,616;schools (*collèges*)学院,34,55,56,86;social emancipation 社会解放,317－318;student associations 学生组织,308;student movements 学生运动,148,281,283－284,290－291;*Université Impériale* 帝国大学,6,45,83,124,497;UNIVERSITY 大学,arts 文科,34;buildings 建筑,104;chemistry 化学,497－498,514;finance 财政,56,85－86;foreign students 外国学生,498－499,510;halls of residence 学生宿舍,107;law 法律,34;mathematics 数学,494,497－498;medicine 医学,34,528－529,548,549,553,556;mobility 流动,67;monopoly 垄断,95;officials 官员,88,93;oriental studies 东方学,443;philology 语言学,426;sciences 科学,497;Sorbonne 索邦,92,97,99,103,133,421. 499,514,567;student numbers 学生人数,101;theology 神学,34,396

Pasteur Institutes 巴斯德研究所,529

pathology 病理学,567－570,572

patronage 赞助,127

Pavia (Italy)帕维亚(意大利),hospital 医院,550;UNIVERSITY 大学,27,29－31,300;engineering 工程学,602;medicine 医学,562;参见 Golgi,Camillo 卡米洛·戈尔吉

Pécs(Hungary)佩奇(匈牙利),UNIVERSITY 大学,41

Peking 北京,参见 Beijing 北京

Persian language 波斯语,443

Peru 秘鲁,183,UNIVERSITIES 大学(复),179

Pest 佩斯，参见 Budapest 布达佩斯，41

pharmacology 药理学，550

pharmacy 药学，43，503，557，579

philanthropy 慈善，146

philhellenism 希腊独立主义，282

Philippines 菲律宾，UNIVERSITIES 大学(复)，212－213

philology 语言学，12，50，394，414，415－420；breakthrough of 语言学的突破，420－428；comparative philology 比较语言学，449－453；diffusion of 语言学的传播，438－442；oriental studies 东方学，442－453；origins of modern 现代的起源，438；seminars 研究班，440－441

philosophy 哲学，19，20，51，129，248，262，393，429，453，460，499；ancients，study of 古代哲学研究，419－420；faculty of philosophy 哲学院，48，50，51，132，262，453，454－455，493，511；journals 期刊，149，456；medicine and 医学和哲学，545－546；metaphysics 形而上学，394，401，521；natural philosophy 自然哲学，19－20，493，520－521，563；*philosophe* 哲学 148－149；stages of 哲学发展的阶段，566；status 地位，48；textbooks 教科书，566；theology and 神学和哲学，453－457

phonology 音韵学，452

photography 摄影术，516

physics 物理学，516，571；Cavendish laboratory 卡文迪什实验室，507，508；chair of 物理学教授席位，496，502，515；experimental physics 实验物理学，495－511，515；faculty of physics 物理系，133；Institute for Physics 物理研究所，514；journals 期刊，502；mathematical physics 数学物理，497，507，515；nationalism and 民族主义和物理学，513；research 研究，514－517；theoretical physics 理论物理学，515

physiology 生理学，493，523－524，571，582；textbooks 教科书，563

Piedmont (Italy)皮埃蒙特(意大利)，UNIVERSITIES 大学，engineering 工程学，60

Pietermaritzburg (South Africa)彼得马里茨堡(南非)，UNIVERSITY 大学，197

Pietism 虔敬主义，410，411

Pisa (Italy)比萨(意大利)，UNIVERSITY 大学，27；mathematics 数学，512

poetry 诗歌，134，415

Poland，Catholicism 351，波兰，天主教，351；CIE 国际学生联盟，357；Communism 共产主义，352；Fascism 法西斯主义，351－352；general strike 总罢工，334；gentry 乡绅，277－278；Jews 犹太人，42，352；languages 语言，64－65；mobility 流动，334；rebellion 叛乱，150；Romanticism 浪漫主义，277；Sanacja 萨纳齐亚，352；Second World War 第二次世界大战，656－658；student movements 学生运动，23，272，277－278，305－306，314；technical universities 技术大学，58；UNIVERSITIES 大学(复)，Catholic universities 天主教大学，91；medicine 559－560；state control 国家控制，91，94

political science 政治科学，481－484

politics 政治学，151－156，479

politics 政治学，political dependence 政治依赖，93－94
Portugal 葡萄牙，parliament 议会，156；Second World War 第二次世界大战，648，659；UNIVERSITIES 大学（复），admission 入学，246；enrolments 注册，245；finance 财政，87；medicine 医学，562；state control 国家控制，91，98
positivism 实证主义，178，180，455，460
Poszony 帕塞尼，参见 Bratislava 布拉迪斯拉发
Potsdam (Germany)波茨坦(德国)，517
Prague (Czech Republic)布拉格(捷克共和国)，Catholicism 天主教，331；Fascism 法西斯主义，352－353；Jews 犹太人，321；languages 语言，299，330；nationalism 民族主义，313，322－323，331；student movements 学生运动，294－295；technical schools 技术学校，41，603－604，625；UNIVERSITY 大学，45，352，656；finance 财政，87；languages 语言，65；medicine 医学，559；physics 物理学，505
Presbyterian colleges 长老会学院，85，202
Presbyterian universities 长老会大学，187，215
Pressburg 普雷斯堡，参见 Bratislava 布拉迪斯拉发
Pretoria (South Africa)比勒陀利亚(南非)，UNIVERSITY 大学，197
Pribram (Czech Republic)普日布拉姆(捷克共和国)，UNIVERSITY 大学，41
printing 印刷术，142
private universities 私立大学，110，126，180，191，219－220，226
professional schools 专业学院，34－35
professionalization 职业化，127－128，384－387，547，588，629－631；national variations 国家间的不同，384；process of 职业化过程，369－373；scientific research 科学研究，511－517
professions 职业，91，117，139；expansion of 职业的扩展，374－380，493；knowledge and 知识和职业，365－369，384；semi-Professions 半职业，372，386
professions，academic 学术职业，130－134，259，369－371；参见 professors 教授
professions，civil 公职，45，57，65，127，151，251，256，262，343，373，375；engineering 工程学，10，593，594－606；in royal or state service 在王室或政府服务，125；social workers 社会工作者，372
professions，commercial 商业职业，375
professions，ecclesiastical 神职，370，374，394，453
professions，educational 教职，374；schoolteachers 学校教师，372
professions，legal 法律职业，131，251，262，370，374，381，382，453
professions，medical 医生职业，131，251，262，370，374，382，384；dentistry 牙医，553，579；military surgeons 军医，555－557；nurses 护士，372；pharmacists 药剂师，372，553，582；pharmacy 药学，43，503，557，579；veterinarians 兽医，372
professions，scientific 科学职业，156
professorial typology 教授的类型，assistant

professor (*adjunctus*)助理教授,140;associate professors 副教授,119;chairholders 教授席位获得者,159, 129;extraordinary professor (*extraordinarius*)特派教授,138, 142;ordinary professor (*ordinarius*)讲座教授,129,131,138,141

professors 教授,appointment and requirements 任命和要求,49, 50, 89—90, 115, 126, 130, 134, 172 — 173;appointment procedures 任命程序,134—140;bureaucratization 官僚化,227—228;control of 教授的管理,115—116;education of 教授的教育,50;honorary titles 荣誉头衔,159;income 收入,49—50, 108;income and lifestyle 收入和生活方式,140—147;laicization 世俗化,123—127;mobility 流动,74 — 75;nepotism 裙带关系,131, 370;numbers of 教授人数,108;political role 政治角色,151—156;public image 公众心目中的形象,147—148;resignations and exile 辞职和流放,99—100;role of 教授的角色,21 — 22, 147 — 151;self-consciousness 自我意识,124, 159;social status 社会地位,59, 124, 132—133, 147—160, 670

professorship 教授职位,参见 chairs 教授席位

Protestant academies and universities 新教学院和大学,131, 188, 213, 394, 398

Protestant associations 新教组织, 297, 315, 319

Protestantism 新教,286

Prussia (Germany)普鲁士(德国),272;careers 职业,256, 374;education 教育,239—240, 255, 462;military schools 军事学院,597;public education ministries 公共教育部,88;qualifications 资格,251;reforms 改革,22—23;seminars and institutes 研究班和研究所,60;students 学生,266;UNIVERSITIES 大学,admission 入学,237, 239 — 240;finance 财政,250;models 模式,47 — 53;professors 教授,131, 134 — 135, 141 — 142;reforms 改革,34

psychiatry 精神病学,551,576

psycho-Analysis 精神分析,576

psychology 心理学,452, 460, 479

public authorities 政府当局,54

public education ministries 公共教育部,88—90, 96, 109

public lectures 公开演讲,149

publishing 出版,130, 172, 427, 648

Q

Quebec (Canada)魁北克(加拿大), UNIVERSITY 大学,177

Queensland (Australia)昆士兰(澳大利亚), UNIVERSITY 大学,214

R

Rabat (Morocco)拉巴特(摩洛哥),196

radioactivity 放射性,508

Rangoon (Burma)仰光(缅甸), UNIVERSITY 大学,208—209

Rationalism 理性主义,410

Reading (United Kingdom)里丁, UNIVERSITY 大学,36

rector/vice-chancellor 校长/副校长,52,57,

96,120,124;rector magnificus 神学院院长,97

religion 宗教,ideological discrimination 意识形态歧视,92－93;scientific study of 有关宗教的科学研究,413－414

Rennes (France)雷恩(法国),UNIVERSITY 大学,buildings 建筑,103

research 研究,47,105,170－171,368－369,585;finance 财政,91－92;professionalization 职业化,511－517;research institutions 研究机构,60,172,626－629,646,647,662;scientific spirit 科学精神,13－15;seminars 研究班,440－441;state control 国家控制,92;technology 技术,623－626;wars 战争,646,652－653;wartime 战时,649－651

resistance 反抗,98－100

rhetoric 修辞学,134,393

Rio de Janeiro (Brazil)里约热内卢(巴西),UNIVERSITY 大学,182

Rockefeller Foundation 洛克菲勒基金,221

Roman law 罗马法,14－15

Romance Studies 拉丁文学,12,432－435,438,439;chair of 拉丁文学的教授席位,433

Rumania 罗马尼亚,Fascism 法西斯主义,353－354;Jorga Law 约尔加法,94;medicine 医学,560;UNIVERSITIES 大学(复),10,41;chemistry 化学,498;foundations 基金会,42－43;mathematics 数学,498;physics 物理学,498;state control 国家控制,94,96,98

Romanticism 浪漫主义,275,276,277,282,398,410,430,502,520－521,543;Enlightenment and 启蒙运动和浪漫主义,544－553

Rome (Italy)罗马(意大利),specialist schools 专门学校,71;UNIVERSITY 大学,91;engineering 工程学,602;mathematics 数学,512;physics 物理学,515;student numbers 学生人数,101;UNIVERSITY(Gregoriana)大学(格雷戈里纳),403

Rostock (Germany)罗斯托克(德国),UNIVERSITY 大学,34;natural sciences 自然科学,501;professors 教授,34

Rotterdam (Netherlands)鹿特丹(荷兰),UNIVERSITY (Erasmus University)大学(伊拉斯谟大学)39;参见 Erasmus 伊拉斯谟

Rouen (France)鲁昂(法国),UNIVERSITY 大学,theology 神学,396

Russia 俄国,academies 学院,35－36,586;aristocracy 贵族,52－53,157;careers 职业,376,382－383;Communism 共产主义,87;education 教育,374;Jews 犹太人,333;parliament 议会,155;public education ministries 公共教育部,88;Revolution (1905) 1905 年革命,67,333;Revolution (1917) 1917 年革命,68,585;student movements 学生运动,25,303－306,314－315,323－324,331－334;UNIVERSITIES 大学,10－11,40,114,118,125;arts 文科,454;autonomy 自治,333;dress 服装,52;finance 财政,52,68,87;Jews 犹太人,67;languages 语言,444;

mathematics 数学，498；medicine 医学，67，558－559，573；mobility 流动，67；models 模式，52－53，66－68；natural sciences 自然科学，545；nobility 贵族，67；officials 官员，52；oriental studies 东方学，447；professors 教授，52，157，305；reforms 改革，35－36，68；sciences 科学，508－511；state control 国家控制，95，97－98；statutes 校规，67，68，333；students 学生，66－67；women 妇女，67，333；参见 USSR 苏联

Russo－Japanese War（1904－5）日俄战争（1904－1905），332

S

St Andrews（United Kingdom）圣安德鲁斯（英国），UNIVERSITY 大学，36

St Gallen（Switzerland）圣加仑（瑞士），UNIVERSITY 大学，38

St Petersburg（Russia）圣彼得堡（俄国），35；Academy of Sciences 科学院，541，586；'Bloody Sunday'"流血星期日"，332；Institute of Engineers 工程研究所，601；Medical Academy 医学院，556，559，573；museums 博物馆，444；student movements 学生运动，303，304，324；UNIVERSITY 大学，chemistry 化学，511；finance 财政，87；languages 语言，447；mathematics 数学，510；officials 官员，98；physics 物理学，510－511；professors 教授，152；students 学生，52

Salamanca（Spain）萨拉曼卡（西班牙），UNIVERSITY 大学，37；buildings 建筑，102；medicine 医学，561

Salzburg（Austria）萨尔茨堡（奥地利），UNIVERSITY 大学，41

sanctions 法令，97－98

Sanskrit 梵语，414，444，452

Santiago de Chile（Chile）智利圣地亚哥（智利），UNIVERSITY 大学，180

Santiago de Compostela（Spain）孔波斯特拉的圣雅各（西班牙），specialist schools 专门学校，UNIVERSITY 大学，37；theology 神学，397

Saragossa 萨拉戈萨，参见 Zaragoza 萨拉戈萨

Sarajevo（Bosnia）萨拉热窝（波斯尼亚），student movements 学生运动，337

Saratov（Russia）萨拉托夫（俄国），UNIVERSITY 大学，36

Scandinavia 斯堪的纳维亚，careers 职业，383；Scandinavianism 斯堪的纳维亚主义，289－290；UNIVERSITIES 大学（复），118；foundations 基金会，66；mobility 流动，527；models 模式，66；reforms 改革，40

Schemnitz（Banska Štiavnica）（Slovakia）谢默尼茨（班斯卡·什佳夫尼察）（斯洛伐克），Bergakademie 矿山学院，598

scholarships 奖学金，108－109，250，251

Scotland 苏格兰，students 学生，62，646；UNIVERSITIES 大学（复），36，53－54，645；admission 入学，246；councils 大学董事会，99；engineering 工程学，613；finance 财政，11，62，118；mathematics 数学，506；medicine 555；models 模式，165；officials 官员，97；reforms 改革，63；scholar-

ships 奖学金，109；social composition 社会组成，62－63；state control 国家控制，95
Second World War 第二次世界大战，638；sciences and 科学和第二次世界大战，649－651
Second World War（1939－45）第二次世界大战（1939－1945），359，647－671
secondary schooling 中等学校教育，costs of 中等学校教育的费用，250－254
secret societies 秘密社团，278，284，287，298
secularization 世俗化，参见 laicization 世俗化
seminaries 神学院，113，396，397，399
seminars and institutes 研究班和研究所，50，60，172，408－409，505；agricultural institutes 农业研究所，646；Catholic institutes 天主教研究所，91，188，397，404；City and Guilds 城市和行会，654；Dominican institutes 多明我会研究所，212；engineering 工程学，617；Experimental Biology 实验生物学，585；Experimental Medicine 实验医学，585；Hindu Institutes 印度研究所，198－199；Imperial Physical-Technical Institute in Berlin 柏林帝国物理技术研究所，60；Institute for Physics 物理研究所，514；*Institue Electronique* 电子研究所，616；*Institut lndustriel* 工业研究所，616；*Institut National des Sciences et des Arts* 国家科学艺术研究所，17；Institute of Engineers 工程研究所，601；Janos Bolyau Institute 亚诺什・鲍耶研究所，512；Kaiser-Wilhelm－Institute 威廉皇帝研究所，505，643；Kaiser-Wilhelm-Society 威廉皇帝协会，33，60；Karolinska Institute，卡罗林斯卡研究所院 40，558；languages 语言，440；mathematics 数学，513；Max-Planck Institutes 马克斯－普朗克研究所，541；Pasteur Institutes 巴斯德研究所，529；*Physikalisch-Technische Reichsanstalt* 帝国技术物理研究所，627；technical institutes 技术研究所，238－239，243，505，608－609
service staff 服务人员，115
set theory 集合论，512
Seville（Spain）塞维利亚（西班牙），610；UNIVERSITY 大学，37；theology 神学，397
Shanghai（China）上海（中国），221；UNIVERSITY 大学，219－220，225
Sheffield（United Kingdom）谢菲尔德（英国），UNIVERSITY 大学，36
Silesia 西里西亚，321，351
Singapore 新加坡，209
Sinology 汉学，446－448
Slavonic studies 斯拉夫学，436－438
Slovakia 斯洛伐克，353；Academy of Mining 矿业学院，495；student movements 学生运动，287－288；UNIVERSITIES 大学（复），41
Slovenia 斯洛文尼亚，Catholicism 天主教，330－331；nationalism 民族主义，313，331
social class 社会阶层，bourgeoisie 资产阶级，263；lower-Middle class 中下阶层，259，264；middle class 中产阶级，258，259，264，379，386；upper-Middle class 中上阶

层,259

social sciences 社会科学,394, 417, 459, 461, 484—486;rise of 社会科学的兴起,479—479

sociology 社会学,460, 461, 479, 484—488

Sofia (Bulgaria)索非亚(保加利亚),UNIVERSITY 大学,43—44

South Africa 南非,UNIVERSITIES 大学(复),196—198;models 模式,163

South America 南美,UNIVERSITIES 大学(复),46—47;models 模式,163

Southampton (United Kingdom)南安普敦(英国),36

Spain 西班牙,Catholicism 天主教,354;Civil War 内战,340, 341, 355;colonies 殖民地,46—47;Fascism 法西斯主义,354—355;public education ministries 公共教育部,88;Second World War 第二次世界大战,659;specialist schools 专门学校,72;student movements 学生运动,276, 302—303, 310—311, 328, 354—355;technical schools 技术学校,601—602, 610—611;UNIVERSITIES 大学(复),3, 114, 284;administration 行政部门 90;arts 文科,454;attendance 入学,72;autonomy 自治,46—47, 72, 118;biology 生物学,527;buildings 建筑,103;Catholic universities 天主教大学,91;engineering 工程学,617;enrolments 注册,245;finance 财政,87;graduates 研究生,72;income 收入,108;languages 语言,73;mathematics 数学,494;medicine 医学,561—562;models 模式,72;oriental studies 东方学,444;privileges 特权,95;professors 教授,72, 89, 108;reforms 改革,37—38, 72—73, 90, 302;sciences 科学,498;state control 国家控制,95, 98;status 地位,56;theology 神学,6, 396—397;women 妇女,248

Spanish America 西属美洲,UNIVRRSITIES 大学(复),179

specialization 专门化,6—9, 623—626;medicine 医学,575—579

specialized schools 专科学校,57—59, 101;administration 行政部门,57;agriculture 农业,72, 512;buildings 建筑,103—104;business 商业,38, 39, 44, 57, 71, 72;chemistry 化学,508;commerce 贸易,71, 380;economics 经济,62, 205, 339, 481—482, 486;languages 语言,35;medical 医学,34—35, 193, 528—529, 548, 549, 553—563, 586—587, 589;military 军事,496, 595—597;mining 矿业,62, 495, 597—600, 613;natural history 自然史,495;oriental studies 东方学,444—445;veterinary medicine 兽医,72, 562;参见 technical schools 技术学校

sport 运动,107, 309, 325

state control 国家控制,academic freedom 学术自由,94—100;

statistics 统计学,553

Stellenbosch (South Africa)斯特伦博斯(南非),UNIVERSITY 大学,197

Stockholm (Sweden)斯德哥尔摩(瑞典),Jews 犹太人,126;Karolinska Institute 卡罗林斯卡研究院,558;technical institutes 技术研究所,609;UNIVERSITY 大学,

40, 126, 133; medicine 医学, 558; physics 物理学, 514

Strasbourg (France) 斯特拉斯堡(法国), Catholic Theology Faculty 天主教神学院, 91; medical schools 医学院, 553; professional schools 专业学院, 34; UNIVERSITY 大学, astronomy 天文学, 516; history 历史学, 477－478; mathematics 数学, 19; natural sciences 自然科学, 19

student houses 学生宿舍, 107, 110

student movements 学生运动, 23－31, 100, 148, 153, 269－271; consolidation and anti-Liberalism 统一和反自由主义, 307－315; 'Corps' "(德国大学的)学生联合会", 286, 296; fighting for freedom 为自由而战, 271－280; integration 整合, 296－307; international 国际学生运动, 356－359; nationalism 民族主义, 345－351; Philomaths 科学爱好者, 277－278; revolution and restoration 革命和复辟, 281－288; social and national emancipation 社会和民族解放, 315－324; students in revolt 起义中的学生, 288－296; world politics and corporatism 世界政治和社团主义, 325－337

students 学生, 114, 115, 166; attendance 入学, 116; behaviour 行为, 309, 311－312; distribution of 学生的分类, 248－250; dress 服装, 52; female students 女学生, 584－585; financial assistance 财政支助, 108－109; mobility 流动, 74－75, 205, 278, 498－499, 510, 584－585; numbers of 学生人数, 57, 58, 74, 101－102, 128, 233－235, 630, 646; preparation of 学生的准备, 246－254; responsibilities of 学生的责任, social origins 社会来源, 257－266; student associations 学生组织, 20－21, 296－298, 308, 310－314, 316, 320, 329, 341, 344, 345; women 妇女, 59, 67, 69, 207, 247－248, 326, 333, 379, 584－585

Stuttgart (Germany) 斯图加特(德国), technical university 理工大学, 58; UNIVERSITY 大学, 34; physics 物理学, 505

Sudan 苏丹, UNIVERSITIES 大学(复), 192－193

surgery 外科学, 557, 582

Sweden 瑞典, 597; careers 职业, 343; Chalmers Institution 查默斯学院, 609; Darwinism 达尔文主义, 534; Fascism 法西斯主义, 343; Jews 犹太人, 126; Karolinska Institute 卡罗林斯卡研究所, 558; medical institutes 医学研究所, 40; military schools 军事学院, 597; parliament 国会, 155; Scandinavianism 斯堪迪纳维亚主义, 289－290; Second World War 第二次世界大战, 659; socialism 社会主义, 326; student movements 学生运动, 295, 316; students 学生, 266, 316－317, 343; technical institutes 技术学院, 609; UNIVERSITIES 大学(复), 40, 66, 125, 126, 133, 316, 534; admission 入学, 265; astronomy 天文学, 516; buildings 建筑, 103, 160; chemistry 化学, 495; economics 经济学, 483; enrolments 注册, 245; faculties 学院, 454; finance 财政, 84, 87; medicine 医学, 558;

models 模式,66; philology 语言学,420,421; physics 物理学,514; professors 教授,150, 155; racial biology 种族生物学,343; reforms 改革,289; social sciences 社会科学,483; stellar statistics 恒星统计学,517; theology 神学,405; women 妇女,248

Switzerland 瑞士, careers 职业,70; Second World War 第二次世界大战,659; secret societies 秘密社团,278; technical schools 技术学校,611; UNIVERSITIES 大学(复), admission 入学,247; chemistry 化学,504－505; enrolments 注册,145; faculties 学院,454; mathematics 数学,504－505; mobility 流动,67, 69－70; models 模式,68－70; women 妇女,248; women 妇女,69

Sydney (Australia)悉尼(澳大利亚), UNIVERSITY 大学,214

Syria 叙利亚, UNIVERSITIES 大学(复),186－187; models 模式,163

Szeged(Hungary)塞格德(匈牙利), UNIVERSITY 大学, 41; mathematics 数学,512

T

Taiwan 台湾, UNIVERSITY, 大学,125

Tananarive (Madagascar)塔那那利佛(马达加斯加),156

Tartu (Dorpat) (Estonia)塔尔图(多帕特)(爱沙尼亚), UNIVERSITY 大学, 35, 123, 510, astronomy 天文学,516; medicine 医学,558; physics 物理学,309

Tashkent (Russia)塔什干(俄国), medical school 医学院,586

Tasmania (Australia)塔斯马尼亚,(澳大利亚), UNIVERSITY 大学,214

teachers 教师, assistants and amanuenses 助教和文书,144; language 语言,430

teaching appointments 教学职务,89－90

teaching hospitals 教学医院,548, 549, 589

teaching 教学, private 私人的,49, 50, 128, 137－138, 141, 172－173

technical schools 技术学校,10, 68, 351, 505, 512, 593－594, 595－600, 615－16, 621, 622; certificates and diplomas 证书和文凭,629－631; diversification 多样化,623－626; doctorates 博士学位,625－626; engineering 工程学,599－600; industrial engineering 工业工程,611; models 模式,600－606; syllabuses 课程提纲,618－619

technical universities 技术大学,58

technology 技术, for public servants 公共用途,594－600; status 地位,617－623

textbooks 教科书,526, 527; anatomy 解剖学,568; chemistry 化学,497－498, 502; engineering 工程学,607; materialism 唯物主义,564; mathematics 数学,494, 497－498; medicine 医学,546, 548, 552, 566, 567; natural sciences 自然科学,509, 539; philosophy 哲学,566; physics 物理学,502; physiology 生理学,563; technology 技术,617

Thailand 泰国, UNIVERSITIES 大学(复),209－210

theology 神学, academic theology 学术性神

学，6，34，70，129，248，249，262，430；archaeology 考古学，409；arts and 文科和神学，393－395；Catholic 天主教神学，91，395－402；dogmatics 教义学，398，399，407；faculty of theology 神学院，50，113，123，129，145，158，248，262，393，396，405－409；liberalism 自由主义，410－414；Lutheran 路德教神学，407；mediation 调和，411－412；philosophy and 哲学和神学，453－457，460；Protestant 新教神学，398，399，405－409；Thomism 托马斯主义，402

theology 神学，biblical exegesis 圣经注释，398，407

thermodynamics 热力学，512

Tiblisi（Russia）蒂布利斯（俄国），medical school 医学院，586

Tilburg（Netherlands）提耳堡（荷兰），UNIVERSITY 大学，39

Tokyo（Japan）东京（日本），UNIVERSITIES 大学（复），224－225，226；professors 教授，226

Tomsk（Siberia）托木斯克（西伯利亚），UNIVERSITY 大学，36

Toronto（Canada）多伦多（加拿大），UNIVERSITY 大学，（University College）（大学学院），176－177

Toulouse（France）图卢兹（法国），Catholic Institute 天主教研究所，91，250，397

Transylvania 特兰西瓦尼亚，293

Trinity College 三一学院，Dublin 都柏林，参见 Dublin 都柏林

Trnava 特尔纳瓦，参见 Nagyszombat 瑙吉松波特

Tübingen（Germany）图宾根（德国），student associations 学生组织，297；UNIVERSITY 大学，34；mathematics 数学，19，501，505；natural sciences 自然科学，19；physics 物理学，503；professors 教授，34；theology 神学，398，405，411，412

Tunisia，突尼斯，195－196

Turin（Italy）都灵（意大利），specialist schools 专门学校，71，617；UNIVERSITY 大学，engineering 工程学，602；mathematics 数学，512；physics 物理学，515；professors 教授，133，153

Turkey 土耳其，UNIVERS1TIES 大学（复），foundations 基金会，44

Turkish language 土耳其语，443

Turku（Åbo）（Finland）土尔库（奥布）（芬兰），40，66；student movements 学生运动，24，276；UNIVERSITY 大学，125

Turnau 图尔瑙，参见 Nagyszombat 瑙吉松博特

U

Ukraine 乌克兰，UNIVERS1TIES 大学（复），35，36，41，42

ultranmontanism 超短波示波器，395－400，402

United Kingdom 英国，careers 职业，61，245，376，381；Chemical Society 化学协会，642；civic colleges 城市学院，308，315；Civil Engineers Institutes 土木工程研究所，605；education 教育，55，246；Education Act（1944）教育法案（1944 年），650，669；examinations 考试，373；Inns of Court

律师学院，380；learned societies 学术团体，156；Mechanics' Institutes 力学研究所，605，607；medical schools 医学院，554－555；museums 博物馆，531；National Physical Laboratory 国家物理实验室，628，646；parliament 议会，153；Royal College of Physicians 皇家医学院，380；Royal Society of London 伦敦皇家学会，456，642；schools 学校，127；Second World War 第二次世界大战，645－651；social emancipation 社会解放，318；students 学生，306，325－326，339－40，646；technical schools 技术学校，605－606；University Grants Committee 大学拨款委员会，64，96，118，646，651；wars 战争，645－651；UNIVERSITIES 大学（复），11－12，114；access 入学条件，130－131；admission 入学，243－245；arts 文科，366；buildings 建筑，103，104；Catholics 天主教徒，131；chairs 教授席位，89；civic universities 城市大学，55，62；colleges 学院，63；councils 理事会，98；engineering 工程学，613－615，625－626，630－631；finance 财政，62，85，115，118；foundations 基金会，36；income 收入，108；Jews 犹太人，131；medicine 医学，547，572，574，576，582；models 模式，53－55，164－167，193；natural sciences 自然科学，17；officials 官员，96，121；physics 物理学，515－516；privileges 特权，95；professors 教授，156；reforms 改革，61－64，380；religious discrimination 宗教歧视，92；research 研究，627，628，646；sciences 科学，506－508；social composition 社会组成，62－63；social sciences 社会科学，482，486；sport 体育运动，309，325；state control 国家控制，95；women 妇女，248

United States 美国，academic institutes 学术研究所，172；atomic weapons 原子武器，668；libraries 图书馆，173－174；politics 政治学，155；Rockefeller Foundation 洛克菲勒基金，174；Second World War 第二次世界大战，665，667－668；UNIVERSITIES 大学（复），164－167，227；academic freedom 学术自由，169－170；Egyptian university 埃及大学，192；foreign students 外国学生，205；medicine 医学，580－581；mobility 流动，168；model 模式，163，192，221；professors 教授，169；research 研究，170－172，665；social sciences 社会科学，487；students 学生，166

universitates，大学，20－21

university administration 大学管理，115－121，144；councils 理事会，98－99；education 教育，90－94；staff 职员，107－108；state control 国家控制，88－94

university autonomy 大学自治，13－14，46－7，51，59，66，70，71，72，83－84，85，90－100，117－21，222－223，292－293，333

university models 大学模式，4－13，15，21，33，166，175，200－201，214，227－229；参见 Cambridge 剑桥；European models 欧洲模式；Humboldtian model 洪堡模式；Napoleonic model 拿破仑模式；

North America 北美;Oxford 牛津
university officials 大学官员,bursar 会计,85;commissar 委员,50;curator 学监,50,97;Grand Master 总监,88, 93;inspector general 总长,96;secretary 秘书,115;visitor 视察员,97;参见 chancellor 校长;rector/vice-chancellor 校长/副校长
university presses 大学新闻部,172, 427
university reforms 大学改革,7－8, 11, 33－40,47, 54, 57,61－64,65－66,68, 70－73,90,182－185,302, 307－3088, 380, 669
university typology 大学的类型,4;private universities 私立大学,110,126,180,191, 219－220,226;student movements 学生运动,295, 316;UNIVERSITY 大学,40, 125, 534, astronomy 自治,516;buildings 建筑,103, 160;chemistry 化学,495;finance 财政,84, 87;models 模式,66;philology 语言学,420;professors 教授,150;racial biology 人种生物学,343;reforms 改革,289;social sciences 社会科学,483;theology 神学,405
Uruguay 乌拉圭,183;UNIVERSITY 大学,180
USSR 苏联,10;Communism 共产主义,100;Marxism 马克思主义,585－587;medical schools 医学院,586－587;non-communists 非共产党人,358;public education ministries 公共教育部,88;Second World War 第二次世界大战,666－667;UNIVERSITIES 大学(复),buildings 建筑,103;resistance 反抗,100;state control 国家控制,91, 94, 98
utilitarianism 功利主义,588
Utrecht (Netherlands) 乌特勒支(荷兰),student movements 学生运动,302;UNIVERSITY 大学,39,533;medicine 医学,544, 556;teachers 教师,108

V

Valencia (Spain)巴伦西亚(西班牙),610;UNIVERSITY 大学,37, 536
Valladolid (Spain)瓦来多利(西班牙),UNIVERSITY 大学,37
Varna (Bulgaria)瓦尔纳(保加利亚),44
Vergara (Spain)贝尔加拉(西班牙),610
veterinary medicine 兽医学,72,562
Victoria (Canada)维多利亚(加拿大),colleges 学院,176
Victoria (New Zealand)维多利亚(新西兰),215
Vienna (Austria)维也纳(奥地利),19;Catholicism 天主教,323, 331;Export Academy 出口学院,41;Jews 犹太人,320－321;languages 语言,330;nationalism 民族主义,313, 323, 350, 351;student movements 学生运动,51, 287－288,293－294, 295, 298－299, 337;technical school 技术学校,603－604;UNIVERSITY 大学,41;astronomy 天文学,516;buildings 建筑,102,104,105;engineering 工程学,41;finance 财政,87;languages 语言,436, 441;law 法律,51;medicine 医学,549, 556,562,574;physics 物理学,505;students 学生,42;参见 Rokitansky, Carl 卡尔·罗基塔斯基

Vietnam 越南，UNIVERSITIES 大学(复)，210—211
Vilnius (Vilna) (Lithuania)维尔纽斯(维尔纳)(立陶宛)，Medical Academy 医学院，556；student movements 学生运动，277；UNIVERSITY 大学，35，283，657；mathematics 数学，498；medicine 医学，559；physics and mathematics 物理学和数学，509；professors 教授，152
Vistulaland (Poland) 维斯图拉兰德(波兰)，334
vitalism 生机论，521，551—553，563

W

Wales 威尔士，colleges 学院，308；UNIVERSITIES 大学(复)，36
Warsaw (Poland) 华沙(波兰)，305，357；revolution 革命，305—306；student movements 学生运动，283，314；UNIVERSITY 大学，42，306；astronomy 天文学，498；mathematics 数学，512；medicine 医学，560；physics 物理学，498
Wellington (Sooth Africa) 惠灵顿(南非)，UNIVERSITY 大学，197
West Africa 西非，UNIVERSITIES 大学(复)，models 模式，163
Western Australia 西澳大利亚，UNIVERSITY 大学，214
Windsor (Canada) 温索尔(加拿大)，UNIVERSITY (Kings College) 大学(国王学院)，175
women 妇女，59，67，69，207，247—248，326，333，379；female professors 女教授，65，126，133；philanthropy 慈善，146
Worcester (United States) 伍斯特(美国)，UNIVERSITY (Clark University) 大学(克拉克大学)，169，170，171
Würzburg (Germany) 维尔茨堡(德国)，student associations 学生组织，297；UNIVERSITY 大学，34；chemistry 化学，504；mathematics 数学，501；medicine 医学，564；natural sciences 自然科学，501；physics 物理学，503

Y

Yale University 耶鲁大学，参见 New Haven (United States) 纽黑文(美国)
Yugoslavia 南斯拉夫，UNIVERSITIES 大学，buildings 建筑，103

Z

Zagreb 萨格勒布，参见 Agram 阿格拉姆
Zaragoza (Saragossa) (Spain) 萨拉戈萨(西班牙)，UNIVERSITY 大学，37，73；theology 神学，397
Zionism 犹太复国主义，330
zoological parks 动物园，107
Zurich (Switzerland) 苏黎世(瑞士)，Federal Polytechnical 联邦工艺学校，68，504—505，611，625；UNIVERSITY 大学，38；buildings 建筑，104；chemistry 化学，104；mathematics 数学，504；medicine 医学，584；physics 物理学，505；professors 教授，69；theology 神学，412